Stober/Paschke (Hrsg.)

Deutsches und Internationales
Wirtschaftsrecht

Kohlhammer

Deutsches und Internationales Wirtschaftsrecht

Grundzüge des Wirtschaftsprivat-, Wirtschaftsverwaltungs- und Wirtschaftsstrafrechts

herausgegeben von
Professor Dr. jur. Dr. h. c. mult. Rolf Stober (Hrsg.)
Universität Hamburg
Professor Dr. Dr. h. c. Marian Paschke
Universität Hamburg

unter Mitwirkung von

Dr. Klaus Bitterich, Heidelberg
Daniel Bolm, Hamburg
Dr. Stefan Bretthauer, Hamburg
Dr. Sven Eisenmenger, Hamburg
Dr. Christoph Goez, Münster
Christian Graf, Hamburg
Professor Dr. Rainer Keller, Hamburg
Dr. Sebastian Mock, Hamburg
Dr. Eckhard Moltrecht, Hamburg
Dr. Søren Pietzcker, Hamburg
Dr. Jürgen Plate, Hamburg
Dr. Martin Schellenberg, Hamburg
Dr. Alexander Schall, Hamburg
Dr. Martin Schellenberg, Hamburg
Professor Dr. Hans-Jörg Schmidt-Trenz, Hamburg
Professor Dr. Wolfgang B. Schünemann, Dortmund
Professor Dr. Achim Schunder, Frankfurt/Main
Dr. Ronen Steinke, Hamburg
Professor Dr. Jörg Ph. Terhechte, Hamburg

2., überarbeitete Auflage

Verlag W. Kohlhammer

Alle Rechte vorbehalten
© 2012 W. Kohlhammer GmbH Stuttgart
Umschlag: Gestaltungskonzept Peter Horlacher
Gesamtherstellung:
W. Kohlhammer Druckerei GmbH + Co. Stuttgart
Printed in Germany

ISBN 978-3-17-021848-2

Vorwort

Das Werk vereint in einem Band die wichtigsten Regelungsbereiche des Wirtschaftsrechts, die intradisziplinär aus wirtschaftsprivatrechtlicher, wirtschaftsverwaltungsrechtlicher und wirtschaftsstrafrechtlicher Perspektive behandelt werden. Das Lehrbuch wird durch einen ökonomischen Beitrag eingeleitet, der sich mit den grundlegenden Institutionen und Funktionen der Marktwirtschaft befasst. Inhaltlich beruht es auf Veranstaltungen im Rahmen von Studiengängen zum Internationalen Wirtschaftsrecht an mehreren ausländischen Universitäten.

Die zweite Auflage, die nunmehr von beiden Mitherausgebern betreut wird, bringt die einzelnen Beiträge des Lehrbuchs auf den Stand des Sommers 2011. Gegenüber der ersten Auflage ist der Inhalt des Lehrbuchs um eine immer wieder nachgefragte Einführung in das Seehandelsrecht ergänzt worden.

Die Herausgeber danken den Autoren sehr herzlich für ihre Mitwirkung und die engagierte Arbeit bei der Abfassung der Beiträge. Für Anregung und Kritik sind wir aufgeschlossen.

Hamburg, im August 2011   Rolf Stober
                                                                   Marian Paschke

Inhaltsübersicht

Teil I: Wirtschaftsprivatrecht

A	Recht und Ökonomie	1
B	Grundlagen des Wirtschaftsprivatrechts	12
C	Privates Wirtschaftsvertragsrecht	74
D	Internationales Wirtschaftsvertragsrecht	126
E	Recht der Logistik	186
F	Grundzüge des Seehandelsrechts	215
G	Gesellschaftsrecht	244
H	Recht der Unternehmensgründung und -finanzierung	267
I	Organisations- und Personalwesen	310
J	Kaufmännische Alternativen zu den staatlichen Gerichten	352

Teil II: Öffentliches Wirtschaftsrecht

K	Grundlagen des Wirtschaftsrechts – der internationale und europarechtliche Rahmen	377
L	Grundlagen des Öffentlichen Wirtschaftsrechts II – Deutsches Öffentliches Wirtschaftsrecht	401
M	Grundzüge des Internationalen Steuerrechts	423
N	Grundzüge des deutschen und internationalen Wirtschaftsstrafrechts	438
O	Wettbewerbs- und Kartellrecht	463
P	Recht der Finanzdienstleistungen	505
Q	Öffentliche Aufträge	522

Inhaltsverzeichnis

Vorwort V
Inhaltsübersicht VI
Inhaltsverzeichnis VII
Abkürzungsverzeichnis XXIX

Teil I: Wirtschaftsprivatrecht 1

A Recht und Ökonomie: Über die grundlegenden Institutionen und die Funktionsweise einer Marktwirtschaft *(Hans-Jörg Schmidt-Trenz)* 1

Kapitel 1 Die Interdependenz von Rechtsordnung und Handelsordnung 1
§ 1 Einführung 1
§ 2 Die ideale Rechtsordnung 1

Kapitel 2 Ein Gedankenexperiment: Von der Anarchie zum rechtsbegründenden Sozialvertrag 2
§ 1 Die Handelsordnung in einer Anarchie 2
§ 2 Die Inhalte des Sozialvertrags, mit dem Recht geschaffen wird: Eigentums- und Vertragsrecht 2
§ 3 Der protektive Staat 3
§ 4 Gefahren aus der Existenz des protektiven Staates 3

Kapitel 3 Optimierung des protektiven Staates 4
§ 1 Vorteile des protektiven Staates 4
§ 2 Grenzen des protektiven Staates 4
    I. Kosten der Justiz 4
    II. Justiz als Managementaufgabe 6
    III. Justiz unter Finanzierungsgesichtspunkten 6
    IV. Entlastung der Justiz 7
        1. Entlastung durch alternative Streiterledigungsmechanismen .. 7
        2. Entlastung durch Delegation auf die Selbstverwaltung 8

Kapitel 4 Ergänzende institutionelle Bausteine 8
§ 1 Stabiles Geld 8
§ 2 Unternehmensrecht 9
§ 3 Kartellrecht 9
§ 4 Internationales Privatrecht, Lex Mercateria 9

Kapitel 5 Ohne Vertrauen geht es nicht 10

Inhaltsverzeichnis

B Grundlagen des Wirtschaftsprivatrechts
(Jürgen Plate) 12

Kapitel 1 Einführung 12

Kapitel 2 Allgemeiner Teil 13
- § 1 Verhältnis des Wirtschaftsprivatrechts zum Öffentlichen Wirtschaftsrecht und Wirtschaftsvölkerrecht....................... 13
  - I. Verhältnis des Wirtschaftsprivatrechts zum Öffentlichen Wirtschaftsrecht 13
  - II. Verhältnis des Wirtschaftsprivatrechts zum Wirtschaftsvölkerrecht.. 15
  - III. Verhältnis des Wirtschaftsprivatrechts zum Wirtschaftssanktionsrecht...................................... 15
- § 2 Rechtsquellen des Wirtschaftsprivatrechts 16
  - I. Wirtschaftsvölkerrecht als Rechtsquelle des Wirtschaftsprivatrechts.. 16
    1. Internationale Verträge 16
    2. Völkergewohnheitsrecht 17
    3. Allgemeine von allen Kulturvölkern anerkannte Rechtsgrundsätze.. 17
  - II. Das Recht der Europäischen Union (Gemeinschaftsrecht) als Rechtsquelle des Wirtschaftsprivatrechts 17
    1. Unmittelbare Anwendbarkeit auf das Wirtschaftsprivatrecht. 18
    2. Gemeinschaftskonforme Auslegung 20
  - III. Staatliches Einheitsrecht als Rechtsquelle des Wirtschaftsprivatrechts.. 20
  - IV. Nichtstaatliches Einheitsrecht als Rechtsquelle des Wirtschaftsprivatrechts.. 20
  - V. Nationales Recht als Rechtsquelle des Wirtschaftsprivatrechts.. 21
    1. Das deutsche Wirtschaftsprivatrecht....................... 22
    2. Das englische Wirtschaftsprivatrecht 27
    3. Das Wirtschaftsprivatrecht der Vereinigten Staaten von Amerika 28
    4. Internationales Privatrecht 30
  - VI. Wirtschaftsverwaltungsrecht als Rechtsquelle des Wirtschaftsprivatrechts 32
  - VII. Das Wirtschaftssanktionsrecht als Rechtsquelle des Wirtschaftsprivatrechts.. 33

Kapitel 3 Der Unternehmer als Subjekt des Wirtschaftsprivatrechts..... 33
- § 1 Der Staat als Unternehmer 34
  - I. Die Rechtslage im Allgemeinen............................ 34
  - II. Die Rechtslage in Deutschland 36
- § 2 Internationale Organisationen als Unternehmer.................... 36
- § 3 Natürliche Personen als Unternehmer............................. 37
  - I. Die Rechtslage im Allgemeinen............................ 37
  - II. Die Rechtslage in Deutschland 37
- § 4 Juristische Personen als Unternehmer............................. 37
  - I. Die Rechtslage im Allgemeinen............................ 37
  - II. Die Rechtslage in Deutschland 38
    1. Aktiengesellschaft (AG)................................... 38
    2. Die Europäische Aktiengesellschaft, Societas Europae (SE).. 40
    3. Gesellschaft mit beschränkter Haftung (GmbH)............ 41

		4. „Limited"	43
		5. Die Stiftung.	43
§ 5		Personengesellschaft als Unternehmer.	44
	I.	Die Rechtslage im Allgemeinen	44
	II.	Die Rechtslage in Deutschland	45
		1. Gesellschaft bürgerlichen Rechts (GbR).	45
		2. Offene Handelsgesellschaft (oHG)	46
		3. Kommanditgesellschaft (KG)	47
		4. Die Partnerschaftsgesellschaft.	48
		5. Stille Gesellschaft	48
		6. Europäische Wirtschaftliche Interessenvereinigung (EWIV) . .	48
§ 6		Die rechtliche Bedeutung des Unternehmerbegriffs für Rechtsgeschäfte (§ 14 BGB)	48
§ 7		Unternehmensgruppen (Konzerne)	49

Kapitel 4 Der Verbraucher als Subjekt des Wirtschaftsprivatrechts 49

Kapitel 5 Besonderer Teil: Rechtliche Grundlagen wirtschaftlicher Betätigung (nur deutsches Recht). 49

§ 1		Die „Privatautonomie" und das „Rechtsgeschäft".	49
§ 2		Das Rechtsgeschäft Vertrag	50
	I.	Abschlussfreiheit.	50
	II.	Die Technik des Vertragsschlusses	51
	III.	Vertretung.	54
	IV.	Wirksamkeitshindernisse, Beendigung	55
	V.	Der Inhalt von Verträgen	55
		1. Verpflichtende Verträge („Verpflichtungsgeschäft"), Beispiel: Kaufvertrag	55
		2. Verfügende Verträge („Verfügungsgeschäft"), Beispiele: Übertragung einer Forderung, Übereignung von Sachen	61
		3. Das Verhältnis von Verpflichtungs- und Verfügungsgeschäft zueinander („Trennungsprinzip" und „Abstraktionsprinzip")	63
§ 3		Der Kauf als Beispiel eines typischen Geschäfts des Wirtschaftsprivatrechts	66
	I.	Der Kauf (BGB)	66
		1. Der Sachkauf	66
		2. Der Kauf von Rechten und sonstigen Gegenständen	69
	II.	Der Handelskauf (HGB, CISG).	70
		1. Der nationale Handelskauf (HGB)	70
		2. Der internationale Handelskauf (UN-Kaufrecht, CISG)	70
		3. Incoterms	72

C Privates Wirtschaftsvertragsrecht
(Marian Paschke) 74

Kapitel 1 Einführung und Grundlagen			74
§ 1		Konzeption des Privaten Wirtschaftsvertragsrechts	74
	I.	Rechtlicher Charakter	74
	II.	Besonderheiten	74

Kapitel 2 Allgemeines Wirtschaftsvertragsrecht			75
§ 1		Privatautonomie als Grundlage marktwirtschaftlichen Vertragsrechts	75
	I.	Privatautonomie und Vertragsfreiheit	75

Inhaltsverzeichnis

	II.	Vertragsfreiheit und Wettbewerbsrecht	75
§ 2		Die Ausprägungen der Vertragsfreiheit	76
	I.	Abschlussfreiheit, Zustandekommen von Wirtschaftsverträgen .	76
		1. Abschlussfreiheit	76
		2. Kontrahierungszwang	77
		3. Formfreiheit	78
	II.	Inhaltsfreiheit, Inhalt von privaten Wirtschaftsverträgen	79
		1. Gestaltungsfreiheit	79
		2. Geschäftsbedingungen	80
	III.	Vertragsbeendigungsfreiheit	81
		1. Arten der Vertragsbeendigung	81
		2. Kündigungsfreiheit	82

Kapitel 3 Privates Wirtschaftsvertragsrecht – Besonderer Teil 83

§ 1		Überblick	83
§ 2		Absatzverträge	84
	I.	Einleitung	84
	II.	Warenbezogene Vertragstypen	84
		1. Kaufvertrag	84
		2. Gebrauchsüberlassungsverträge	92
	III.	Dienstleistungsbezogene Vertragstypen	95
		1. Dienstverträge	95
		2. Werkverträge	96
§ 3		Recht des Zahlungsverkehrs und der Finanzierung	97
	I.	Reine (nichtdokumentäre) Zahlungsinstrumente	97
	II.	Dokumentäre Zahlungs- und Sicherungsinstrumente	97
		1. Dokumenteninkasso	97
		2. Dokumentenakkreditiv	97
		3. Garantiegeschäfte	98
	III.	Refinanzierungs- und Absicherungsinstrumente	99
	IV.	ICC-Rules für internationale Finanzdienstleistungen	100
§ 4		Vertriebs- und Vertriebsorganisationsverträge	100
	I.	Einführung	100
	II.	Typen von Vertriebsverträgen	100
		1. Handelsvertreterverträge	101
		2. Vertragshändlerverträge	105
		3. Kommissionsagenturvertrag	108
		4. Franchiseverträge	108
§ 5		Transport- und Speditionsverträge (ohne Seehandelsrecht)	111
	I.	Einführung	111
	II.	Deutsches Transportrecht und Speditionsvertragsrecht	111
		1. Allgemeines Frachtrecht	111
		2. Multimodaler Transport	116
		3. Spedition	117
		4. Lagerhaltung	118
	III.	Internationales Transportrecht	119
		1. Allgemeines	119
		2. Straßentransportrecht (CMR)	120
		3. Eisenbahntransportrecht	122
		4. Lufttransportrecht	123
		5. Binnenschiffstransportrecht	124
		6. Multimodaler Transport	125

D Internationales Wirtschaftsvertragsrecht
(Klaus Bitterich) 126

Kapitel 1 Einführung 126
§ 1 Überblick 126
  I. Rechtsquellen.. 127
  1. Gemeinschaftsrecht... 127
  2. Einheitsrecht.. 129
  3. Einzelstaatliches Recht...................................... 129
  4. Nichtstaatliches Recht....................................... 129
  II. Wechselwirkung zwischen IPR und Rechtsvereinheitlichung.... 129
§ 2 Grundlagen des internationalen Privatrechts..................... 130
  I. Grundregeln der Anknüpfung 131
  1. Kollisionsnormen 131
  2. Qualifikation 131
  3. Verweisung 132
  4. Auslegung 133
  II. Ergänzungen 133
  1. Erstfrage/Vorfrage... 133
  2. Substitution... 134
  3. Teilfragen 134
  III. Korrektur der Verweisung durch den ordre public-Vorbehalt... 134
  IV. Eingriffsnormen 135

Kapitel 2 Die Rom I-Verordnung 135
§ 1 Anwendungsbereich 136
  I. Sachlicher Anwendungsbereich 136
  1. Begriff des Vertrags... 136
  2. Einordnung der culpa in contrahendo 136
  II. Zeitlicher Anwendungsbereich 137
§ 2 Rechtswahl 137
  I. Rechtswahlvertrag 137
  II. Wählbare Rechtsordnungen..................................... 139
  III. Wirkung der Rechtswahl 139
  IV. Schranken der Rechtswahlfreiheit............................. 139
  1. Inlandssachverhalt... 139
  2. Binnenmarktsachverhalt 140
  3. Schutz der schwächeren Vertragspartei 141
§ 3 Objektives Vertragsstatut....................................... 141
  I. Vorbemerkung: gewöhnlicher Aufenthalt........................ 141
  II. Objektives Vertragsstatut gem. Art. 4 Rom I-VO.............. 142
  1. Katalog des Art. 4 I Rom I-VO 142
  2. Charakteristische Leistung 144
  3. Engere Verbindung (Ausweichklausel).......................... 144
  4. Generalklausel (Grundsatz der engsten Verbindung) 144
  5. Gemischte Verträge... 145
  III. Beförderungsverträge (Art. 5 Rom I-VO)...................... 145
  1. Güterbeförderung 145
  2. Personenbeförderung 146
  IV. Verbraucherverträge.. 147
  1. Verbrauchervertrag 147
  2. Räumlicher Bezug... 147

Inhaltsverzeichnis

		3. Objektives Verbrauchervertragsstatut.	150
		4. Rechtswahlbeschränkung	150
		5. Richtlinienkollisionsrecht (Art. 46b EGBGB)	151
	V.	Versicherungsverträge	152
		1. Sachlicher Anwendungsbereich	152
		2. Versicherungsverträge über Großrisiken	152
		3. Versicherungsverträge über Massenrisiken	152
	VI.	Individualarbeitsverträge	153
		1. Arbeitsvertrag.	153
		2. Rechtswahl	153
		3. Objektives Arbeitsvertragsstatut	153
		4. Eingriffsnormen im Bereich des Arbeitsrechts	154
		5. Kollektives Arbeitsrecht.	155
§ 4	Geltungsbereich des Vertragsstatuts.		155
		1. Zustandekommen und Wirksamkeit (Art. 10 Rom I-VO)	155
		2. Wirkungen des Vertrags (Art. 12 Rom I-VO).	155
		3. Beweislastregeln und gesetzliche Vermutungen (Art. 18 Rom I-VO)	156
§ 5	Vorbehalt des ordre public.		157
§ 6	Eingriffsnormen		157
	I.	Eingriffsnormen	158
		1. Definition	158
		2. Abgrenzungsprobleme bei Sonderprivatrecht	158
		3. Ermittlung des internationalen Geltungsanspruchs	159
	II.	Sonderanknüpfung inländischer Eingriffsnormen	159
	III.	Beachtung ausländischer Eingriffsnormen (des Erfüllungsorts)	160
§ 7	Weitere Vorschriften (Art. 14 bis 16 Rom I-VO)		160
	I.	Abtretung	160
	II.	Gesetzlicher Forderungsübergang	161
	III.	Gesamtschuldnerausgleich bei „mehrfacher Haftung"	161
§ 8	Teilfragen.		161
		1. Form.	161
		2. Rechts-, Geschäfts- und Handlungsfähigkeit	162
		3. Stellvertretung	163
Kapitel 3	**Internationales Zivilverfahrensrecht mit Bezug zum internationalen Vertragsrecht**		**163**
§ 1	Internationale Zuständigkeit nach der EuGVO		164
	I.	Anwendungsbereich.	164
		1. Räumlicher Anwendungsbereich	164
		2. Sachlicher Anwendungsbereich	165
		3. Zeitlicher Anwendungsbereich.	165
	II.	Allgemeiner Gerichtsstand	165
		1. Wohnsitz natürlicher Personen.	166
		2. Wohnsitz juristischer Personen.	166
	III.	Besondere Gerichtsstände	166
		1. Erfüllungsortsgerichtsstand.	166
		2. Gerichtsstand der unerlaubten Handlung (Verschulden bei Vertragsschluss).	168
		3. Gerichtsstand der Niederlassung	168
		4. Besondere Gerichtsstände des Sachzusammenhangs	169
	IV.	Gerichtsstände mit Schutzfunktion.	169

		1. Konkurrenzfragen	170
		2. Schutzmechanismus	170
	V.	Ausschließliche Gerichtsstände	170
	VI.	Gerichtsstandsvereinbarung	171
		1. Vorbemerkung	171
		2. Voraussetzungen	171
		3. Rechtsfolge	172
		4. Ausblick	172
	VII.	Rügelose Einlassung	172
	VIII.	Prüfung der Zuständigkeit	173
	IX.	Rechtshängigkeit und Parallelverfahren	173
		1. Identität des Klagegegenstands	173
		2. Gefahr widersprüchlicher Entscheidungen	174
§ 2	Internationale Zuständigkeit nach autonomem deutschen Recht		174
§ 3	Anerkennung und Vollstreckung im Überblick		174
	I.	Anerkennungsregime der EuGVO	175
		1. Anerkennung	175
		2. Vollstreckung	175
	II.	Anerkennungsregime der ZPO	176
§ 4	Exkurs: Deutsche Gerichtsbarkeit		176
	I.	Staatenimmunität	176
	II.	Immunität staatlicher Repräsentanten	177

Kapitel 4 Grundzüge des UN-Kaufrechts ... 177

§ 1	Einführung		177
	I.	Einheitsrecht	177
		1. Autonome Auslegung	178
		2. Lückenfüllung	178
§ 2	Anwendungs- und Regelungsbereich		179
	I.	Internationaler Kaufvertrag über Waren	179
		1. Kaufvertrag über Waren	179
		2. Internationaler Kaufvertrag	179
		3. Räumlicher Bezug zu einem Vertragsstaat des CISG	179
	II.	Abdingbarkeit des UN-Kaufrechts	180
	III.	Regelungsbereich	180
§ 3	Materielles Kaufvertragsrecht		180
	I.	Vertragsschluss	180
	II.	Wesentliche Vertragsverletzung	181
	III.	Rechte und Pflichten der Vertragspartner	181
		1. Vergleich mit dem deutschen autonomen Kaufrecht	182
		2. Pflichten des Verkäufers	182
		3. Pflichten des Käufers	185
		4. Schadensersatz	185

E Recht der Logistik
(Wolfgang B. Schünemann) ... 186

Kapitel 1 Grundlagen ... 186

§ 1	Ökonomischer Gegenstandsbereich und Entwicklung des Logistikrechts	186
§ 2	Internationale und nationale (deutsche) Rechtsquellen im europa-rechtlichen Ordnungsrahmen	187

XIII

Inhaltsverzeichnis

Kapitel 2 Das „magische Dreieck" logistischer Beziehungen zwischen Absender (Verkäufer), Transporteur und Empfänger (Käufer). 189
§ 1 Der Distanzkauf als Basis des logistischen Kalküls 189
    I. Versendungskauf und Transportrisiko 189
    II. Trade terms und „Incoterms" 190
       1. Begriff und praktische Bedeutung von Handelsklauseln im Allgemeinen 190
       2. Das kaufvertragliche Pflichtenprogramm nach den „Incoterms" im Besonderen 191
       3. Rechtliches Management der Lieferzeit, insbesondere das JIT-Geschäft 192
       4. Eigentumsverhältnisse und Sicherungsrechte 195
§ 2 Struktur, Abwicklung und Störung des Transportvertrages 196
    I. Rechte und Pflichten des Transporteurs („Frachtführers" im Spiegel des Transportfortschritts) 196
       1. Transitorische Pflichten, Entgelte und Aufwendungsersatz... 196
       2. Die frachtvertragliche Rechtsstellung des Empfängers 198
       3. Informations- und Verpackungspflichten 198
       4. Typische Transportpapiere 199
       5. Spezialformen des Transports und ihr Rechtsregime 201
§ 3 Das transportrechtliche Haftungssystem 202
    I. Haftung des Frachtführers und seiner Leute 202

Kapitel 3 Speditionsrecht 205
§ 1 Vertragstypik der Spedition 205
    I. Die „Besorgung" des Transports 205
    II. Vergütung, Aufwendungsersatz und Sonstiges 206
§ 2 Das speditionsrechtliche Haftungssystem 207
    I. Haftung des Spediteurs 207
    II. Keine quasivertragliche Haftung eines Unter-Spediteurs 208
    III. Haftung des Versenders 208

Kapitel 4 Lagerrecht 208
§ 1 Rechtsbegriff und Rechtstypologie der Lagerung 208
    I. Der Lagervertrag als Verwahrungsvertrag 208
    II. Lagergut und Lagerarten 209
§ 2 Die rechtliche Ausgestaltung des Lagerverhältnisses 210
    I. Rechte und Pflichten der Vertragsparteien 210
    II. Haftungsfragen 211
    III. Der Lagerschein 211

Kapitel 5 Logistik und Versicherung 212

Kapitel 6 Auf dem Weg zum Logistikdienstleister 214

F. Grundzüge des Seehandelsrechts
(Marian Paschke/Daniel Bolm) 215

Kapitel 1 Grundlagen 215
§ 1 Einführung in die Charakteristika des Seehandelsrechts 215
    I. Konzeption 215
    II. Unterschiede zwischen allgemeinem und Seefrachtrecht 216
       1. Rechtsbeziehungen der Beteiligten am Seehandelsgeschäft ... 216

		2. Grundlagen der Haftung	216
		3. Wichtige Besonderheiten des Seefrachtrechts	217
§ 2		Kodifikation des Seehandelsrechts in Deutschland	218
	I.	Erster Abschnitt (§§ 476 bis 483)	218
	II.	Zweiter Abschnitt (§§ 484 bis 510)	218
	III.	Dritter Abschnitt (§§ 511 bis 555)	219
	IV.	Vierter Abschnitt (§§ 556 bis 663 b)	219
	V.	Fünfter Abschnitt (§§ 664 bis 678)	219
	VI.	Sechster Abschnitt (§§ 679 bis 699)	220
	VII.	Siebenter Abschnitt (§§ 700 bis 739)	220
	VIII.	Achter Abschnitt (§§ 740 bis 753a)	220
	IX.	Neunter Abschnitt (§§ 754 bis 777)	220
	X.	Zehnter Abschnitt (§§ 778 bis 900)	220
	XI.	Elfter Abschnitt (§§ 901 bis 904)	221
§ 3		Anwendungsbereich	221
	I.	Sachlicher Anwendungsbereich	221
	II.	Internationaler Anwendungsbereich	221
		1. Seefrachtverträge	221
		2. Bereichsausnahme für Verpflichtungen aus Konnossementen	222
§ 4		Internationale Konventionen	222
§ 5		Das deutsche Seehandelsrechts im Reformprozess	223

Kapitel 2 Wesentliche Akteure im Seehandelsrecht 224

Kapitel 3 Begründung und Inhalt von Rechtsbeziehungen
bei der Güterbeförderung 225

§ 1		Vertragsschluss im Seefrachtrecht	225
§ 2		Das Konnossement als besonderes Rechtsverhältnis	226
	I.	Unterschiedliche Ausgestaltungen	226
	II.	Ausstellung	226
	III.	Wirkungen	227
§ 3		Pflichtenkreis der am Seetransport beteiligten Personen	228
	I.	Pflichtenkeis des Verfrachters	228
		1. Beförderung	228
		2. Ladungsfürsorge	228
		3. See- und ladungstüchtiges Schiff	229
		4. Vorlegung des Schiffes	229
		5. Bereitstellung und Verladung der Güter	229
		6. Konnossementsausstellung	230
		7. Fürsorge für die Güter	230
		8. Einhaltung der Reiseroute	231
		9. Direktionsrecht der Ladungsbeteiligten	231
		10. Ausladen im Löschhafen („Löschen")	231
		11. Auslieferung im Bestimmungshafen	231
	II.	Pflichtenkreis des Befrachters	232
		1. Zahlung der Beförderungsvergütung (Fracht)	232
		2. Lieferung der Güter	232
		3. Richtige Kennzeichnung der Güter	232
	III.	Pflichtenkreis des Abladers	232
	IV.	Pflichtenkreis des Empfängers	233
	V.	Abweichende Spezifika des Raumfrachtvertrags	233
		1. Verladung am angewiesenen Platz	233
		2. Dauer und Vergütung der Ladezeit	233

Inhaltsverzeichnis

		3. Ablieferung und Dauer der Löschzeit	233
		4. Vergütung für nicht bereitgestellte Fracht (Leerfracht)	234
	§ 4	Tatbestände der Haftung für den Verfrachter	234
		I. Kategorien der Haftung	234
		1. Bereitstellung eines see- und ladungsuntüchtigen Schiffes	234
		2. Sorge für die Ladung	235
		II. Ausschluss der Haftung bei besonderen Gefahren	235
		III. Haftung für Verlust und Beschädigung der Güter	236
		1. Ersatz des gemeinen Handelswerts der Güter	236
		2. Obergrenzen der Haftung	237
		IV. Wegfall der Haftungsobergrenzen	238
		V. Dispositivität der Haftung und ihre Grenzen	238
		VI. Beschränkung von Seeforderungen	239
		VII. Ansprüche aufgrund der Verspätung von Gütertransporten	240
		VIII. Ansprüche aufgrund sonstiger Pflichtverletzungen	241
	§ 5	Tatbestände der Haftung für den Befrachter und den Ablader	240
	§ 6	Einstandspflicht des Reeders für die Schiffbesatzung	240

Kapitel 4 Transportnotlagen 241
  § 1 Haverei 241
  § 2 Schiffskollision 242

Kapitel 5 Bergung 243

G Gesellschaftsrecht
(Sebastian Mock/Alexander Schall) 244

Kapitel 1 **Einleitung** 244
  § 1 **Personengesellschaften und Kapitalgesellschaften** 244
      I. Personengesellschaften 244
      II. Kapitalgesellschaften 246
  § 2 **Die Rechtsquellen des Kapitalgesellschaftsrechts** 248
      I. Gesetze 248
      II. Richterrecht 248
      III. Verhaltensstandards („soft law") 249
      IV. Höherrangiges Recht 249
          1. Verfassungsrecht 249
          2. Europarecht 249
          3. Exkurs: Auslandsgesellschaften in Deutschland nach Inspire Art 250
  § 3 **Unterschiede zwischen GmbH und AG** 251

Kapitel 2 **Die Gründung der Kapitalgesellschaft** 252
  § 1 **Die Stadien der Gründung** (Vorgesellschaft, Vorgründungsgesellschaft) 252
  § 2 **Einpersonengründungen** 253
  § 3 **Der Inhalt der Satzung** 253
      I. Zwingende Erfordernisse 253
      II. Nicht-korporative Satzungsbestandteile 254

Kapitel 3 **Die Organisationsverfassung von AG und GmbH** 255
  § 1 **Grundstruktur** 255
  § 2 **Die Verfassung der AG** 256

Inhaltsverzeichnis

		I.	Der Vorstand (§ 76 AktG)	256
			1. Geschäftsführung (Innenverhältnis)	256
			2. Exkurs: Konzernrecht	257
			3. Vertretungsmacht (Außenverhältnis)	257
			4. Pflichten des Vorstandes	257
		II.	Aufsichtsrat	259
		III.	Hauptversammlung	259
		IV.	Die Rechtsstellung der Aktionäre	260
	§ 3	Die Verfassung der GmbH		261
		I.	Geschäftsführer (§ 35 GmbHG)	261
		II.	Gesellschafterversammlung	262
		III.	Gesellschafter	262

Kapitel 4 Die Finanzverfassung von AG und GmbH ... 263
  § 1 Grundsätzliches ... 263
  § 2 Kapitalaufbringung ... 264
    I. Grundsatz ... 264
    II. Umgehungsschutz ... 264
  § 3 Kapitalerhaltung ... 265
    I. AG ... 265
    II. GmbH ... 265
  § 4 Haftungsdurchgriff bei „Existenzvernichtung" ... 266

H Recht der Unternehmensgründung und -finanzierung (*Wolfgang B. Schünemann*) ... 267

Kapitel 1 Europarechtliche Rahmenbedingungen ... 267

Kapitel 2 Privatrechtliche Grundlagen der Unternehmensgründung ... 269
  § 1 Die Freiheit der Rechtsformwahl und ihre Grenzen ... 269
    I. Die Unternehmensgründung als Existenzgründung ... 269
    II. Der Existenzgründer: Schon „Unternehmer" oder noch „Verbraucher"? ... 270
    III. Prinzipielle Aspekte der Rechtsformwahl bei der Unternehmensgründung ... 271
      1. Einzelperson versus Gesellschaft als Unternehmensträger ... 271
      2. Ausgewählte Entscheidungsparameter bei der gesellschaftlichen Unternehmensgründung ... 273
      3. Randbedingungen der Wahlfreiheit: Gewerbe, Handelsgewerbe„ freier" Beruf ... 276
  § 2 Die Registrierung der Unternehmung ... 278
  § 3 Spezialfragen der Unternehmungsgründung ... 279
    I. Besondere Haftungsaspekte bei der GmbH-Gründung ... 279
    II. Subventionen und Existenzgründungskredite ... 280

Kapitel 3 Rechtsstrukturen der Unternehmensfinanzierung ... 282
  § 1 Geldkredit und Warenkredit ... 282
    I. Ökonomische Funktionen und rechtliche Einkleidung der Finanzierung ... 282
    II. Der Geldkredit im Allgemeinen ... 283
    III. Der Geldkredit beim „drittfinanzierten" Geschäft im Besonderen ... 285

Inhaltsverzeichnis

§ 2	Finanzierungsleasing	287
§ 3	Factoring	288
§ 4	Bartering (multilaterale Kompensationsgeschäfte)	290

Kapitel 4 Rechtsstrukturen der Kreditsicherung ... 291

Kapitel 5 Interne Kreditsicherheiten ... 292
- § 1 Außerordentliches Kündigungsrecht ... 292
- § 2 Wertsicherungsklauseln ... 293

Kapitel 6 Externe Kreditsicherheiten ... 294
- § 1 Personalsicherheiten ... 294
  - I. Bürgschaft ... 294
  - II. Schuldbeitritt und Forderungsgarantie ... 296
  - III. Patronage ... 298
  - IV. Forderungspfandrecht und Sicherungszession ... 299
    1. Wirtschaftlicher Funktionszusammenhang, Globalzession und Mantelzession ... 299
    2. Rechtliche Funktionen der Sicherungsabrede ... 299
  - V. Forfaitierung ... 300
  - VI. Dokumenten-Akkreditiv ... 301
- § 2 Realsicherheiten ... 301
  - I. Eigentumsvorbehalt ... 301
    1. Einfacher Eigentumsvorbehalt ... 301
    2. Verlängerter Eigentumsvorbehalt ... 302
    3. Erweiterter Eigentumsvorbehalt ... 303
  - II. Sachpfandrecht ... 304
    1. Hypothek und Grundschuld als Grundpfandrechte ... 304
    2. Warenpfandrecht ... 306
  - III. Sicherungsübereignung ... 308

I Organisations- und Personalwesen, Arbeitsrecht und Handelsvertreterrecht
(Achim Schunder) ... 310

Kapitel 1 Grundlagen und Rechtsquellen des Arbeitsrechts ... 310
- § 1 Grundlagen ... 310
  - I. Begriff ... 310
  - II. Individual- und Kollektivarbeitsrecht ... 310
  - III. Am Arbeitsleben beteiligte Personen ... 311
    1. Arbeitnehmer ... 311
    2. Arbeitgeber ... 311
    3. Abgrenzung zu anderen Beschäftigten ... 311
  - IV. Betrieb und Unternehmen ... 312
    1. Betrieb ... 312
    2. Unternehmen ... 312
- § 2 Rechtsquellen des Arbeitsrechts ... 312
  - I. EG-Recht ... 313
  - II. Grundgesetz ... 313
  - III. Bundesgesetze ... 313
  - IV. Landesgesetze ... 314
  - V. Tarifliche Regelungen ... 314
  - VI. Betriebsvereinbarungen ... 314

	VII. Arbeitsvertrag	314
	VIII. Quasi normative Gestaltungsmittel des Arbeitgebers	315
	1. Direktionsrecht	315
	2. Betriebliche Übung	315
	IX. Richterrecht	315
Kapitel 2	**Bewerbung, Einstellung und Arbeitsvertrag**	316
§ 1	Personalplanung/Stellenausschreibung	316
§ 2	Einstellungsgespräch	317
	I. Offenbarungspflicht des Bewerbers/Fragerecht des Arbeitgebers	317
	II. Rechtsfolgen der Falschbeantwortung	318
	III. Bewerbungs- und Vorstellungskosten	318
§ 3	Abschluss und Inhalt des Arbeitsvertrags	319
	I. Vertragsinhalts- und Abschlussfreiheit	319
	II. Abschluss des Arbeitsvertrags	319
	III. Fehler des Arbeitsvertrags	320
	IV. Inhalt des Arbeitsvertrags	321
§ 4	Sonderformen von Arbeitsverhältnissen	325
	I. Probearbeitsverhältnis	325
	II. Befristetes Arbeitsverhältnis	325
	1. Formvorschriften	325
	2. Befristung mit Sachgrund	325
	3. Sachgrundlose Befristung	326
	4. Rechtsfolgen der Befristung	326
	III. Teilzeitarbeitsverhältnis	326
	1. Klassische Variante	326
	2. Geringfügige Beschäftigungsverhältnisse	327
	3. Altersteilzeit	327
Kapitel 3	**Rechte und Pflichten aus dem Arbeitsverhältnis**	327
§ 1	Verpflichtungen des Arbeitnehmers	327
	I. Hauptpflicht des Arbeitnehmers	327
	II. Nebenpflichten des Arbeitnehmers	328
§ 2	Verpflichtungen des Arbeitgebers	328
	I. Hauptpflichten des Arbeitgebers	328
	II. Nebenpflichten des Arbeitgebers	328
	1. Arbeitsschutz	329
	2. Beschäftigungspflicht	329
	3. Wahrung von Persönlichkeitsrechten	329
	4. Sozialversicherungsbeiträge und Steuern	329
	III. Sonstige Arbeitgeberpflichten	329
	1. Urlaub	329
	2. Entgeltfortzahlung bei Krankheit	330
	3. Betriebsstörung in Folge eines Betriebsrisikos – Fürsorgepflicht des Arbeitgebers	330
	4. Arbeitsverhinderung aus persönlichen Gründen	331
	5. Zeugniserteilung	331
§ 3	Pflichtverletzungen der Arbeitsvertragsparteien und Rechtsfolgen	331
	I. Fehlverhalten des Arbeitnehmers	331
	1. Arbeitnehmerhaftung	331
	2. Haftung des Arbeitgebers	332
§ 4	Verjährung, Verwirkung, Verfall	332
	I. Arbeitsrechtliche Ansprüche	332

Inhaltsverzeichnis

	II.	Verwirkung	332
	III.	Verfallfristen	333

Kapitel 4 Beendigung von Arbeitsverhältnissen ... 333
§ 1 Beendigung des Arbeitsvertrags durch Kündigung ... 333
  I. Kündigungserklärung ... 333
  II. Kündigungsformen ... 334
     1. Ordentliche Kündigung ... 334
     2. Außerordentliche Kündigung ... 334
  III. Änderungskündigung ... 335
  IV. Kündigungsschutz ... 335
     1. Allgemeiner Kündigungsschutz ... 336
     2. Kündigungsgründe einer ordentlichen (fristgerechten) Kündigung im Einzelnen ... 336
     3. Betriebsbedingte Kündigung ... 338
  V. Besonders geschützte Personengruppen ... 339
     1. Werdende Mütter – Mutterschutz ... 339
     2. Elternzeit ... 340
     3. Schwerbehinderte Menschen ... 340
     4. Kündigungsschutz für Betriebsratsmitglieder ... 340
  VI. Beteiligung des Betriebsrats (§ 102 BetrVG) ... 340
§ 2 Aufhebungsvertrag ... 341
  I. Sozialversicherungsrechtliche Folgen ... 342

Kapitel 5 Kollektives Arbeitsrecht ... 342
§ 1 Tarifvertragsrecht ... 342
  I. Abschluss und Formen der Tarifverträge ... 342
  II. Normativer Teil ... 343
  III. Schuldrechtlicher Teil ... 343
§ 2 Betriebsverfassungsrecht ... 343
  I. Betriebsrat ... 343
  II. Betriebsversammlung ... 344
  III. Rechte des Betriebsrats ... 345
  IV. Betriebsvereinbarungen ... 345
     Mitbestimmungspflichtige Regelungen ... 345
§ 3 Arbeitskampf ... 346
  I. Streik ... 346
  II. Aussperrung ... 347
  III. Rechtsfolgen rechtmäßiger Arbeitskämpfe ... 347

Kapitel 6 Arbeitsgerichtsbarkeit ... 348
§ 1 Aufbau der Arbeitsgerichtsbarkeit ... 348
§ 2 Zuständigkeit der Arbeitsgerichte ... 348
§ 3 Verfahren vor den Arbeitsgerichten ... 348
§ 4 Kosten des arbeitsgerichtlichen Verfahrens ... 349

Kapitel 7 Handelsvertreterrecht ... 349
§ 1 Begriff und Abgrenzung ... 349
§ 2 Arten ... 350
§ 3 Das Handelsvertreterverhältnis ... 351
§ 4 Ausgleichsanspruch ... 351

Inhaltsverzeichnis

J Kaufmännische Alternativen zu den staatlichen Gerichten – Schiedsgerichtsbarkeit und Wirtschaftsmediation *(Christian Graf)* 352

Kapitel 1 Einleitung 352

Kapitel 2 Kriterien für ein kaufmännisches Konfliktmanagement 353
§ 1 Kosten.................... 353
§ 2 Verfahrensdauer................ 353
§ 3 Verfahrensqualität............... 353

Kapitel 3 Das Verfahren vor den staatlichen Gerichten.............. 354
§ 1 Struktur des staatlichen Gerichtssystems 354
§ 2 Verfahrensbeginn................ 355
§ 3 Zuständiger gesetzlicher Richter 356
§ 4 Mündliche Verhandlung.............. 356
§ 5 Öffentlichkeit der Verhandlung 357
§ 6 Beweisaufnahme.................. 357
§ 7 Das Urteil..................... 357
§ 8 Rechtskraft und Rechtsmittel 359
§ 9 Der Vergleich................... 359
§ 10 Vollstreckung................... 360
    I. Vollstreckung deutscher Rechtstitel in Deutschland......... 360
    II. Vollstreckung ausländischer Urteile in Deutschland........ 361

Kapitel 4 Schiedsgerichtsbarkeit 361
§ 1 Grundlagen.................... 361
§ 2 Die Schiedsvereinbarung 362
§ 3 Bildung des Schiedsgerichts............ 364
§ 4 Der Schiedsrichtervertrag............. 365
§ 5 Das Verfahren vor dem Schiedsgericht........ 365
§ 6 Abschluss des Schiedsverfahrens.......... 367
    I. Der Schiedsspruch................ 367
    II. Der „Schiedsspruch mit vereinbartem Wortlaut" 367
    III. Sonstige Beendigungsgründe 367
§ 7 Rechtsmittel gegen einen Schiedsspruch 368
§ 8 Vollstreckung................... 368
    I. Vollstreckung deutscher Schiedssprüche im Inland........ 368
    II. Vollstreckung ausländischer Schiedssprüche in Deutschland 369
§ 9 Abgrenzung zum Schiedsgutachten 369
§ 10 Schiedsgerichtsinstitutionen 369

Kapitel 5 Wirtschaftsmediation 370
§ 1 Grundlagen.................... 370
§ 2 Mediationsvereinbarung.............. 371
§ 3 Auswahl des Mediators 371
§ 4 Vertrag mit dem Mediator............. 371
§ 5 Das Mediationsverfahren 372
§ 6 Praktische Erfahrungen.............. 372

Kapitel 6 Schlichtung 373

Kapitel 7 Schlussbetrachtungen 373
§ 1 Kosten....................... 374

Inhaltsverzeichnis

§ 2 Verfahrensdauer 375
§ 3 Verfahrensqualität 375

Teil II: Öffentliches Wirtschaftsrecht 377

K Grundlagen des öffentlichen Wirtschaftsrechts I – der internationale und europarechtliche Rahmen *(Sven Eisenmenger)* 377

Kapitel 1 Einführung 377
  § 1 Öffentliches Wirtschaftsrecht als Ausschnitt des Wirtschaftsrechts ... 377
    I. Wirtschaftsprivatrecht 377
    II. Öffentliches Wirtschaftsrecht 378
    III. Wirtschaftsstrafrecht 378
  § 2 Die unterschiedlichen Rechtsebenen des Öffentlichen Wirtschaftsrechts 379

Kapitel 2 Internationales Öffentliches Wirtschaftsrecht 379
  § 1 Internationales Öffentliches Wirtschaftsrecht als Teil des Wirtschaftsvölkerrechts 379
  § 2 Komponenten des Internationalen Öffentlichen Wirtschaftsrechts 380
  § 3 Vertiefung: Das Übereinkommen zur Errichtung der WTO und seine Anhänge 380
    I. Das WTO-Übereinkommen 380
    II. Multilaterale Handelsübereinkommen, insbesondere das GATT 381
    III. Plurilaterale Handelsübereinkommen 384
  § 4 Vertiefung: Das Seerechtsübereinkommen 384

Kapitel 3 Europarechtlicher Rahmen 385
  § 1 Die Europäische Union 385
    I. Grundlagen, Ziele und Grundsätze der Europäischen Union 385
      1. Vertragliche Grundlagen 385
      2. Ziele 386
      3. Grundsätze 386
    II. Organe der Union 386
    III. Primär- und Sekundärrecht und das Rangverhältnis zum nationalen Recht 388
      1. Primärrecht 388
      2. Sekundärrecht der EU-Organe 388
      3. Rangverhältnis des Unionsrechts zum nationalen Recht 389
  § 2 Grundrechte auf europäischer Ebene 389
    I. Grundrechte im Unionsrecht und ihre Funktionen 389
      1. Die Charta der Grundrechte der Europäischen Union 389
      2. Funktionen der Grundrechte 390
    II. Anwendungsbereich der Grundrechte auf europäischer Ebene .. 391
  § 3 Die Grundfreiheiten des gemeinsamen Binnenmarktes 392
    I. Überblick und Funktionen der Grundfreiheiten 392
    II. Dogmatik der Grundfreiheiten 392
      1. Schutzbereich 392
      2. Beeinträchtigung der Grundfreiheit 393
      3. Rechtfertigung 393

       III. Die Grundfreiheiten im Einzelnen 394
            1. Freier Warenverkehr 394
            2. Niederlassungsfreiheit 395
            3. Freier Dienstleistungsverkehr 396
            4. Freizügigkeit der Arbeitnehmer 398
            5. Freier Kapital- und Zahlungsverkehr 398
       IV. Grundrechte und Grundfreiheiten 398
§ 4   Der Einfluss des Europarechts auf die Wirtschaftsverwaltungs-
      organisation: Das Beispiel „Einheitlicher Ansprechpartner" 399

L Grundlagen des Öffentlichen Wirtschaftsrechts II – Deutsches Öffentliches Wirtschaftsrecht
(Jörg Philipp Terhechte) 401

Kapitel 1 Einführung 401
§ 1   Bedeutung und Begriff des Öffentlichen Wirtschaftsrechts 401
§ 2   Wandel durch Europäisierung und Internationalisierung 402

Kapitel 2 Die Wirtschaftsverfassung des GG 402
§ 1   Grundlegung 402
       I.   Soziale Marktwirtschaft – Politisches Programm oder
            normative Verpflichtung? 403
       II. Rechtsprechung des BVerfG 404
       III. Überformung durch das Unionsrecht 405
§ 2   Relevante Staats- und Rechtsprinzipien 405
       I.   Sozialstaatsprinzip 406
       II. Rechtsstaatsprinzip 406
       III. Gewaltenteilung und Bundesstaatsprinzip 407
§ 3   Grundrechtsschutz privater Wirtschaftstätigkeit 408
       I.   Berufs- und Unternehmensfreiheit (Art. 12 GG) 408
            1. Schutzbereich 408
            2. Eingriff 408
            3. Rechtfertigung 408
       II. Eigentumsfreiheit (Art. 14 GG) 409
            1. Schutzbereich 410
            2. Eingriff 410
            3. Rechtfertigung 410
       III. Allgemeine Handlungsfreiheit (Art. 2 Abs. 1 GG) 410
            1. Schutzbereich 411
            2. Eingriff 411
            3. Rechtfertigung 411

Kapitel 3 Grundzüge des Wirtschaftsverwaltungsrechts 412
§ 1   Aufgaben und Instrumente des Wirtschaftsverwaltungsrechts 412
       I.   Wirtschaftsaufsicht 412
       II. Wirtschaftslenkung 413
       III. Wirtschaftsförderung 413
       IV. Regulierung 413
§ 2   Die wirtschaftliche Betätigung der öffentlichen Hand 414
       I.   Grundlegung 414
       II. Begriff des öffentlichen Unternehmens 414
       III. Grenzen 414

Inhaltsverzeichnis

§ 3 Besonderes Wirtschaftsverwaltungsrecht 415
    I. Gewerberecht 415
    II. Gaststättenrecht 416
    III. Handwerksrecht 417
    IV. Wettbewerbs- und Kartellrecht 417
    V. Subventionsrecht. 418
    VI. Regulierungsrecht 420

Kapitel 4 Ausblick 421

M Grundzüge des Internationalen Steuerrechts
(Christoph Goez) 423

Kapitel 1 Einleitung 423

Kapitel 2 Rechtsquellen. 423

Kapitel 3 Der Auslandsbezug beim Steuerinländer 425
    § 1 Die unbeschränkte Einkommensteuerpflicht 425
    § 2 Die unbeschränkte Körperschaftsteuerpflicht 427
    § 3 Die unbeschränkte Erbschaftsteuerpflicht 428

Kapitel 4 Der Inlandsbezug beim Steuerausländer. 429
    § 1 Die beschränkte Einkommensteuerpflicht 429
    § 2 Die beschränkte Körperschaftsteuerpflicht 430
    § 3 Die beschränkte Erbschaftsteuerpflicht. 431

Kapitel 5 Vermeidung der Doppelbesteuerung 431
    § 1 Doppelbesteuerungsabkommen 432
    § 2 Das Außensteuergesetz 434

Kapitel 6 Besonderheiten des europäischen Steuerrechts 435

N Grundzüge des deutschen und internationalen Wirtschaftsstrafrechts
(Rainer Keller/Ronen Steinke) 438

Kapitel 1 Was ist Wirtschaftsstrafrecht? 438

Kapitel 2 Zur historischen Entwicklung. 439

Kapitel 3 Sozioökonomische Bedeutung 439
    § 1 Auswirkungen auf das Wirtschaftssystem 439
    § 2 Wirtschaftskriminalität und Strafverfolgung 440

Kapitel 4 Allgemeine Normen des Wirtschaftsstrafrechts. 441
    § 1 Kausalität. 441
    § 2 Zulässige und unzulässige Gefährdung. 442
    § 3 Business judgement und Strafrecht 442
    § 4 Arbeitsteilung und Aufsichtspflicht 443
    § 5 Entscheidung in Gremien, Verabredung, conspiracy 444
    § 6 Strafbarkeit von juristischen Personen, insbesondere Unternehmen .. 445
    § 7 Subjektive Voraussetzungen der Haftung 446
    § 8 Sanktionen. 446

Inhaltsverzeichnis

Kapitel 5	Einzelne Wirtschaftsstraftaten	446
§ 1	Betrug	446
§ 2	Betrugsähnliche Delikte, unlauterer Wettbewerb	448
§ 3	Untreue, Unterschlagung	448
§ 4	Hehlerei, Geldwäsche	450
§ 5	Kapitalmarktdelikte	450
§ 6	Verstöße gegen das Kartellrecht	450
§ 7	Preisüberhöhung, Wucher und ähnliche Delikte	451
§ 8	Verletzung von Geschäfts- und Betriebsgeheimnissen, Produktpiraterie	451
§ 9	Insolvenzdelikte	452
§ 10	Korruption	452
§ 11	Steuer- und Zollhinterziehung	452
§ 12	Gefährdung und Schädigung durch Produkte, Umweltdelikte	452
Kapitel 6	Besonderheiten des Strafprozesses bei Wirtschaftskriminalität	453
Kapitel 7	Internationales Wirtschaftsstrafrecht	453
§ 1	Grundlagen	453
§ 2	Territorialprinzip, Wirkungsprinzip, Flaggenprinzip	455
	a) Tatort, Ort der Handlung, Ort des Schadens	455
	b) Grenzüberschreitende Umweltdelikte	455
	c) Grenzüberschreitende Wettbewerbsdelikte	456
	d) Grenzüberschreitende Internetdelikte	456
	e) Beteiligung mehrerer Personen, Transitdelikte	457
	f) Reichweite des Territorialprinzips auf See, Flaggenprinzip	457
§ 3	Schutzprinzip, Strafrechtsanwendung zugunsten anderer Staaten und der EU	458
§ 4	Aktives und passives Personalprinzip, Universalprinzip	458
Kapitel 8	Europäisches Wirtschaftsstrafrecht	459
§ 1	Grundlagen	459
§ 2	Europäischer Einfluss auf nationales Wirtschaftsstrafrecht	460
§ 3	Strafrechtssetzung durch die EU, Verpflichtung der Staaten zur Strafrechtssetzung	461
§ 4	Europäisierung der Strafverfolgung, Doppelbestrafungsverbot, Europäischer Haftbefehl	461

O Wettbewerbs- und Kartellrecht
(Søren Pietzcker/Stefan Bretthauer) 463

Kapitel 1	Einführung	463
§ 1	Der Begriff „Wettbewerb"	463
§ 2	Gegenstand des Wettbewerbs- und Kartellrechts	464
§ 3	Regelwerke	464
	1. Wettbewerbsrecht	464
	2. Kartellrecht	465
§ 4	Verhältnis von Wettbewerbs- und Kartellrecht	465
Kapitel 2	Wettbewerbsrecht	465
§ 1	Entwicklung des Wettbewerbsrechts	465
§ 2	Systematik des UWG	467
§ 3	Schutzzweck des UWG	467

Inhaltsverzeichnis

§ 4	Wettbewerbsrechtliche Unzulässigkeit	468
	I. Unzulässigkeit nach § 3 Abs. 1 UWG	469
	1. Geschäftliche Handlung	469
	2. Geeignetheit zur Beeinträchtigung der Marktteilnehmerinteressen	469
	3. Spürbarkeit	469
	4. Unlauterkeit	469
	II. Unzulässigkeit nach § 3 Abs. 2 UWG	478
	III. Unzulässigkeit nach § 3 Abs. 3 UWG	478
	IV. Unzulässigkeit nach § 7 UWG	478
	1. § 7 Abs. 1 UWG	478
	2. § 7 Abs. 2 UWG	479
	V. Einzelfallbetrachtung	480
§ 5	Rechtsfolgen	480
	I. Beseitigungsanspruch und Unterlassungsanspruch	480
	II. Schadensersatzanspruch	481
	III. Gewinnabschöpfungsanspruch	481
	IV. Verjährung	481
§ 6	Durchsetzung der wettbewerbsrechtlichen Ansprüche	482
	I. Hauptsacheverfahren	482
	II. Einstweiliges Verfügungsverfahren	482
	III. Abschlusserklärung	483
	IV. Abmahnung	484
	V. Zusammenfassung	484

Kapitel 3 Kartellrecht ... 485

§ 1	Entstehungsgeschichte des europäischen und des deutschen Kartellrechts	485
	I. Europäisches Kartellrecht	485
	II. Deutsches Kartellrecht	485
§ 2	Die drei Instrumente des Kartellrechts	486
	I. Verbot wettbewerbsbeschränkender Vereinbarungen	486
	II. Missbrauchskontrolle über marktbeherrschende Unternehmen	487
	III. Fusionskontrolle	487
§ 3	Das Verbot wettbewerbsbeschränkender Vereinbarungen	490
	I. Europäisches Kartellrecht	490
	1. Art. 101 Abs. 1 AEUV	490
	2. Art. 101 Abs. 3 AEUV	491
	3. Rechtsfolgen eines Verstoßes gegen Art. 101 AEUV	492
	4. Vollzug des Art. 101 AEUV	493
	II. Deutsches Kartellrecht	493
§ 4	Missbrauchskontrolle über marktbeherrschende Unternehmen	494
	I. Europäisches Kartellrecht	494
	1. Vorbemerkung	494
	2. Relevanter Markt	494
	3. Marktbeherrschung	495
	4. Missbrauch der marktbeherrschenden Stellung	496
	II. Deutsches Kartellrecht	496
§ 5	Fusionskontrolle	497
	I. Vorbemerkung	497
	II. Europäisches Kartellrecht	497

                1. Verhältnis zwischen nationaler und europäischer
                   Fusionskontrolle 497
                2. Tatbestand des Zusammenschlusses 498
                3. Gemeinschaftsunternehmen 500
                4. Ausnahmen... 500
                5. Gemeinschaftsweite Bedeutung des Zusammenschlusses..... 501
                6. Erhebliche Behinderung wirksamen Wettbewerbs........... 501
                7. Fusionskontrollverfahren nach der FKVO.................. 502
         III.   Deutsches Kartellrecht.. 503

P Recht der Finanzdienstleistungen
   (Eckhardt Moltrecht).. 505

Kapitel 1 Das Bankensystem in Deutschland.......................... 505
§ 1 Die Deutsche Bundesbank im System der Zentralbanken 505
§ 2 Die Geschäftsbanken (Kreditinstitute) 506

Kapitel 2 Bankenaufsicht in Deutschland 507

Kapitel 3 Die Rechtsbeziehung zwischen den Banken
und ihren Kunden 509
§ 1 Der Bankvertrag.. 509
§ 2 Das Konto/die Kontoarten 510
     I.   Einzelkonto und Gemeinschaftskonto 510
     II.   Sonderkonto... 510
     III. Anderkonto 510
     IV.   Sperrkonto 510
     V.   Kontokorrentkonto 511
     VI.   Sparkonto... 511
§ 3 Das Einlagengeschäft 511
§ 4 Der Kreditvertrag... 512
§ 5 Kreditsicherheiten 512
     I.   Bürgschaft 513
     II.   Garantie 513
     III. Patronatserklärung...................................... 514
     IV.   Sachsicherheiten 514
           1. Pfandrecht... 514
           2. Sicherungsübereignung............................. 514
           3. Sicherungsabtretung (Zession) 514
           4. Grundpfandrechte.................................. 515
           5. (Exkurs) Exportkreditgarantien der Bundesrepublik
              Deutschland 515
§ 6 Girogeschäft und Zahlungsverkehr 516
§ 7 Effektengeschäft 516
§ 8 Depotgeschäft 516
§ 9 Emissionsgeschäft 517
§ 10 Akkreditivgeschäft 517

Kapitel 4 Grundzüge des Versicherungswesens
und des Versicherungsrechts 518
§ 1 Grundprinzip der Versicherung................................. 518
§ 2 Versicherungsaufsicht 518
§ 3 Versicherungsunternehmen 519

Inhaltsverzeichnis

§ 4 Versicherungsvertragsrecht 519
    I. Abschluss des Versicherungsvertrages 519
    II. Inhalt des Versicherungsvertrages 520
    III. Ende des Versicherungsvertrages 521

Q Öffentliche Aufträge
(Martin Schellenberg) 522

Kapitel 1 Einführung 522
    1. Wirtschaftliche Bedeutung 523
    2. Wettbewerb als Grundprinzip des Vergaberechts........... 523
    3. Historie 524

Kapitel 2 Das Vergabeverfahren im Überblick 525
    1. Bedarfsdefinition 525
    2. Vergabeunterlagen....................................... 526
    3. Dokumentation 526
    4. Verfahrenswahl 527
    5. Veröffentlichung 528
    6. Bieterfragen 529
    7. Wertung der Angebote 529
    8. Rügepflicht 530
    9. Nachprüfungsverfahren 530

Kapitel 3 Einzelfragen 532
    1. Öffentliche Auftraggeber................................ 532
    2. Öffentlicher Auftrag..................................... 534
    3. Ausnahmen von der Ausschreibungspflicht............... 535
    4. Leistungsbeschreibung 536

Kapitel 4 Fair Play 539
    1. Verstöße öffentlicher Auftraggeber 539
    2. Verstöße von Bietern 540

Kapitel 5 Compliance-Anforderungen an große Infrastrukturprojekte... 541

Hinweise zu den Verfassern 543

Stichwortverzeichnis 544

Abkürzungsverzeichnis

AbfG	Abfallwirtschaftsgesetz
Abs.	Absatz
AEntG	Arbeitnehmerentsendegesetz
AEUV	Vertrag über die Arbeitsweise v. 09.05.2008
a.F.	alte Fassung
AG	Aktiengesellschaft; Die Aktiengesellschaft (Zeitschrift)
AGG	Allgemeines Gleichbehandlungsgesetz
AktG	Aktiengesetz
AO	Abgabenordnung
ArbGG	Arbeitsgerichtsgesetz
Art.	Artikel
AStG	Außensteuergesetz
AWG	Außenwirtschaftsgesetz
BAG	Bundesarbeitsgericht
BauGB	Baugesetzbuch
BauPG	Bauproduktegesetz
Bay	Bayern/bayerisch
BBankG	Gesetz über die Deutsche Bundesbank (Bundesbankgesetz)
Bbg	Brandenburg/brandenburgisch
BDSG	Bundesdatenschutzgesetz
BetrVG	Betriebsverfassungsgesetz
BewG	Bewertungsgesetz
BFH	Bundesfinanzhof
BGB	Bürgerliches Gesetzbuch
BGB-InfoV	Verordnung über Informations- und Nachweispflichten nach bürgerlichem Recht
BGBl.	Bundesgesetzblatt (Jahr, Band, Seite)
BGH	Bundesgerichtshof
BGHZ	Entscheidungen des Bundesgerichtshofs in Zivilsachen
BHO	Bundeshaushaltsordnung
BMF	Bundesministerium der Finanzen
BörsG	Börsengesetz
BRAO	Bundesrechtsanwaltsordnung
bspw.	beispielsweise
BStBl.	Bundessteuerblatt
BUrlG	Bundesurlaubsgesetz
BVerfG	Bundesverfassungsgericht
BVerfGE	Entscheidungen des Bundesverfassungsgerichts
BVerwG	Bundesverwaltungsgericht
BVerwGE	Entscheidungen des Bundesverwaltungsgerichts
BW	Baden-Württemberg/baden-württembergisch
CIM	Internationales Übereinkommen über den Eisenbahnfrachtverkehr
CISG	Übereinkommen der Vereinten Nationen über Verträge über den internationalen Warenkauf (UN-Kaufrecht)
CIV	Einheitliche Rechtsvorschriften über den Vertrag über die internationale Eisenbahnbeförderung von Personen und Gepäck
CMR	Übereinkommen über den Beförderungsvertrag im internationalen Straßengüterverkehr

Abkürzungsverzeichnis

COTIF	Übereinkommen über den internationalen Eisenbahnverkehr 1999
DBA	Doppelbesteuerungsabkommen
DIS	Deutsche Institution für Schiedsgerichtsbarkeit
DVBl.	Deutsches Verwaltungsblatt
EATUGB	Entwurf eines Allgemeinen Teils eines Umweltgesetzbuches
EBLR	European Business Law Review
EBOR	European Business Organization Law Review
ECFR	European Company and Financial Law Review
EFZG	Entgeltfortzahlungsgesetz
EGBGB	Einführungsgesetz zum Bürgerlichen Gesetzbuch
EGMR	Europäischer Gerichtshof für Menschenrechte
EGV	Vertrag zur Gründung der Europäischen Gemeinschaft
EGVVG	Einführungsgesetz zum Versicherungsvertragsgesetz
EMRK	Europäische Menschenrechtskonvention
ErbStG	Erbschaftssteuer- und Schenkungsteuergesetz
EStG	Einkommensteuergesetz
EU	Europäische Union
EÜ	Genfer Europäisches Übereinkommen über die internationale Handelsschiedsgerichtsbarkeit
EuG	Europäisches Gericht Erster Instanz
EuGH	Europäischer Gerichtshof
EuGR-Charta	Charta der Grundrechte der Europäischen Union
EuGVO	VO (EG) Nr. 44/2001 des Rates über die gerichtliche Zuständigkeit und die Anerkennung und Vollstreckung von Entscheidungen in Zivil- und Handelssachen
EuGVÜ	Europäisches Übereinkommen über die gerichtliche Zuständigkeit und die Vollstreckung gerichtlicher Entscheidungen in Zivil- und Handelssachen
EuZW	Europäische Zeitschrift für Wirtschaftsrecht
EVÜ	Europäisches Schuldvertragsübereinkommen
EWiV	Europäische Wirtschaftliche Interessenvereinigung
ff.	fortfolgende
FKVO	Fusionskontrollverordnung
G	Gesetz
GbR	Gesellschaft bürgerlichen Rechts
GewArch	Gewerbearchiv
GewO	Gewerbeordnung
GG	Grundgesetz für die Bundesrepublik Deutschland
GmbH	Gesellschaft mit beschränkter Haftung
GmbHG	Gesetz betreffend die Gesellschaften mit beschränkter Haftung
GmbHR	GmbH Rundschau
GPSG	Gesetz über technische Arbeitsmittel und Verbraucherprodukte
GRUR	Gewerblicher Rechtsschutz und Urheberrecht
GüKG	Güterkraftverkehrsgesetz
GVG	Gerichtsverfassungsgesetz
GWB	Gesetz gegen Wettbewerbsbeschränkungen (Kartellgesetz)
Hess	Hessen/hessisch
HGB	Handelsgesetzbuch
HGrG	Gesetz über die Grundsätze des Haushaltsrechts
HWG	Heilmittelwerbegesetz
HwO	Handwerksordnung
HypBG	Hypothekenbankgesetz

Abkürzungsverzeichnis

IHK	Industrie- und Handelskammer
InsO	Insolvenzordnung
IntHK	Internationale Handelskammer
IWF	Abkommen über den Internationalen Währungsfond
JArbSchG	Jugendarbeitsschutzgesetz
JÖR	Journal öffentlichen Rechts
Kap.	Kapitel
KG	Kommanditgesellschaft
KSchG	Kündigungsschutzgesetz
KStG	Körperschaftsteuergesetz
KWG	Kreditwesengesetz
LFGB	Lebensmittel-, Bedarfsgegenstände- und Futtermittelgesetzbuch
lit.	Litera (Buchstabe)
LMA	Landesmedienanstalt
LuftVG	Luftverkehrsgesetz
LugÜ	Luganer Übereinkommen über die gerichtliche Zuständigkeit und die Vollstreckung gerichtlicher Entscheidungen in Zivil- und Handelssachen
MA	Montrealer Abkommen (1999)
MarkenG	Markengesetz
MitbG	Mitbestimmungsgesetz
MuSchG	Mutterschutzgesetz
n.F.	neue Fassung
NJW	Neue Juristische Wochenschrift
NJW-RR	NJW-Rechtsprechungs-Report Zivilrecht
NW	Nordrhein-Westfalen
NZA	Neue Zeitschrift für Arbeitsrecht
NZG	Neue Zeitschrift für Gesellschaftsrecht
OECD-MA	Musterabkommen zur Vermeidung der Doppelbesteuerung der „Organisation for Economic Cooperation and Development"
oHG	offene Handelsgesellschaft
OVG	Oberverwaltungsgericht
OWiG	Gesetz über Ordnungswidrigkeiten
PatentG (PatG)	Patentgesetz
PartGG	Partnerschaftsgesellschaftsgesetz
PBefG	Personenbeförderungsgesetz
PolG	Polizeigesetz
Reg.HH	Regulativ der Handelskammer Hamburg
RG	Reichsgericht
RGZ	Entscheidungen des Reichsgerichts in Zivilsachen
RP	Rheinland-Pfalz
RStV	Rundfunkstaatsvertrag
RVG	Rechtsanwaltsvergütungsgesetz
s.	siehe
S.	Satz
ScheckG	Scheckgesetz
SE	Societas Europaea (Europäische Aktiengesellschaft)
SGB	Sozialgesetzbuch
SigG	Signaturgesetz

Abkürzungsverzeichnis

SigV	Signaturverordnung
Slg.	Sammlung der Rechtsprechung des Europäischen Gerichtshofs
StabG	Stabilitätsgesetz
StGB	Strafgesetzbuch
str.	streitig, strittig
SubVVO	Verordnung (EG) Nr. 659/1999 über besondere Vorschriften für die Anwendung von Art. 88 des EG-Vertrags
SubventionsG	Subventionsgesetz
SZR	Sonderziehungsrechte des Internationalen Währungsfonds
Thür	Thüringen/thüringer
TKG	Telekommunikationsgesetz
TMG	Telemediengesetz
TRG	Transportrechtsreformgesetz
TVG	Tarifvertragsgesetz
Tz.	Teilziffer, Textziffer
TzBfG	Gesetz über Teilzeitarbeit und befristete Arbeitsverträge
UCC	Uniform Commercial Code
UGB-KomE	Umweltgesetzbuch, Entwurf der Unabhängigen Sachverständigenkommission
UmwG	Umwandlungsgesetz
UNÜ	New Yorker UN-Übereinkommen über die Anerkennung und Vollstreckung ausländischer Schiedssprüche
UrhG	Urheberrechtsgesetz
Urt.	Urteil
UWG	Gesetz gegen den unlauteren Wettbewerb
v.	von, vom
Verf.	Verfassung
VGH	Verwaltungsgerichtshof
VVG	Gesetz über den Versicherungsvertrag
VwVfG	Verwaltungsverfahrensgesetz
WAG	Warschauer Abkommen (Abkommen zur Vereinheitlichung von Regeln über die Beförderung im internationalen Luft-verkehr)
WG	Wechselgesetz
WiStG	Wirtschaftsstrafgesetz
WpHG	Wertpapierhandelsgesetz
WpÜG	Wertpapierübernahmegesetz
WRP	Wettbewerb in Recht und Praxis
WRV	Verfassung der Weimarer Republik
ZGR	Zeitschrift für Unternehmens- und Gesellschaftsrecht
ZIP	Zeitschrift für Wirtschaftsrecht
ZPO	Zivilprozessordnung
ZVG	Zwangsversteigerungsgesetz

Die Texte der Vorschriften der Bundesrepublik Deutschland sind zu finden unter http://www.gesetze-im-internet.de, die der Europäischen Union unter http://dejure.org/gesetze/.... Die Fundstellen weiterer Vorschriften sind von Fall zu Fall angegeben.

Teil I: Wirtschaftsprivatrecht

A Recht und Ökonomie: Über die grundlegenden Institutionen und die Funktionsweise einer Marktwirtschaft

Hans-Jörg Schmidt-Trenz

Kapitel 1   Die Interdependenz von Rechtsordnung und Handelsordnung

§ 1 Einführung

Moderne Gesellschaften weisen eine **Varietät der Handelsordnung** auf, wie sie niemals von einem einzelnen Individuum erdacht oder geplant werden könnte. Diese Vielfalt ist Ergebnis der Organisation unserer Volkswirtschaften durch Märkte und damit durch Preissignale, die Produzenten und Konsumenten zu einem Tun (Steigerung der Produktion bzw. des Konsums) oder Unterlassen (Drosselung der Produktion bzw. des Konsums) anregen. In der Marktwirtschaft treten also an die Stelle des zentralen Planers einer Zentralverwaltungswirtschaft die individuellen millionenfachen Planungen der einzelnen Wirtschaftssubjekte. Diese treffen Entscheidungen innerhalb gewisser Spielregeln, welche in der Summe durch ihren Einfluss auf das Verhalten der Wirtschaftssubjekte eine spontane Ordnung entstehen lassen, die durch einen ungeheuren Umfang und eine Bandbreite an Produkten gekennzeichnet ist. Wie leistungsfähig eine Marktwirtschaft bei der Schaffung komplexer Handelsordnungen ist, hängt dabei entscheidend von der Konfiguration der ihr zugrundeliegenden Regeln ab. Alternativ könnte man auch von den zugrundeliegenden Institutionen sprechen oder auch vom Rechtssystem, welches den Rahmen für die Wirtschaft setzt.   1

§ 2 Die ideale Rechtsordnung

Ohne funktionierendes Recht ist eine funktionierende Marktwirtschaft undenkbar. Denn der Austausch von Gütern ist de facto ein **Austausch von Rechten** und zwar **von Verfügungsrechten über Güter**. Damit ein solcher Austausch optimal funktioniert, müssen diese Rechte   2
- vollkommen spezifiziert sein
- und klar personell zugeordnet werden können,

ferner muss die Nutzung dieser Rechte
- perfekt kontrollierbar sein,

- wobei Dritte von der Nutzung definitiv ausgeschlossen werden können müssen, und die Rechte müssen
- vollkommen transferierbar sein.

Ist dies alles gegeben, dann liegt eine ideale Rechtsordnung vor und die marktwirtschaftliche Ordnung ist im Ergebnis vollkommen, sofern auf den Märkten Wettbewerb herrscht.

Kapitel 2 Ein Gedankenexperiment: Von der Anarchie zum rechtsbegründenden Sozialvertrag

§ 1 Die Handelsordnung in einer Anarchie

3   Die Bedeutung des Rechts für eine funktionierende Marktwirtschaft kann man sich umgekehrt auch dadurch klarmachen, dass man sich eine Welt ohne ein funktionierendes Rechtssystem vorstellt. Eine Welt ohne Recht befindet sich volkswirtschaftlich gesehen im Zustand der Anarchie.
Eine anarchische Welt war beispielsweise der Ausgangspunkt von *Thomas Hobbes* in seinem Werk „Leviathan or the Matter, Form and Power of a Commonwealth Ecclesiastical and Civil", welches im Jahr 1651 erschien. Die zentrale Spielregel einer anarchischen Gesellschaft lautet „Jeder gegen Jeden", es gilt das Recht des Stärkeren. Eine solche Welt erscheint auf den ersten Blick chaotisch, unterliegt aber trotzdem gewissen Gesetzmäßigkeiten. Spieltheoretisch gesehen wird sich früher oder später ein Gleichgewicht innerhalb der Anarchie einstellen.
Zwischen welchen Polen wird dies geschehen? In einer Welt ohne Rechtssystem hat der Einzelne im Grundsatz drei Möglichkeiten, um seinen Lebensunterhalt und den seiner Familie zu bestreiten:
Er kann entweder die dazu nötigen Güter produzieren, er kann diese Güter von anderen rauben oder er kann bereits von ihm produzierte oder geraubte Güter gegen andere Räuber verteidigen.
Die beiden Alternativen, Produkte zu rauben, also andere anzugreifen, oder sich aber gegen Angreifer zu verteidigen, sind militärische Optionen. Diese Optionen sind letzten Endes unproduktiv, da sie nicht zur Vermehrung der in einer Volkswirtschaft vorhandenen Produkte beitragen. Es geht dabei lediglich um eine gewaltsame Umverteilung beziehungsweise deren Vermeidung.
Ökonomisch viel besser wäre es, alle verfügbaren Ressourcen in die Produktion zu investieren. Diese Schlussfolgerung liegt ausgesprochen nahe. Deswegen geht *Hobbes* wie übrigens auch andere Protagonisten der Theorie des Sozialvertrags wie *John Locke* und *Jean-Jacques Rousseau* davon aus, dass die Menschen im Sinne einer kollektiven Rationalität einen Gesellschaftsvertrag schließen, der dieses Optimum hervorbringt.

§ 2 Die Inhalte des Sozialvertrags, mit dem Recht geschaffen wird: Eigentums- und Vertragsrecht

4   Dieser **Gesellschaftsvertrag** muss grundsätzlich zwei einfache, fundamentale Regeln enthalten:

Zunächst wird die Institution des **Eigentums** eingeführt, also das Recht, die Produkte, die man selber hergestellt hat, zu besitzen und zu verzehren bzw. zu nutzen, das heißt umgekehrt, Dritte von diesen Möglichkeiten auszuschließen.

Zweiter Grundpfeiler dieses gesellschaftlichen Konsenses ist die Ausformung eines **Vertragsrechtes**, das den friedlichen Austausch von Produkten ermöglicht. Hierzu müssen die vorgenannten Verfügungsrechte transferiert werden können.

Dann können die Menschen ein höheres Wohlfahrtsniveau durch Spezialisierung und Arbeitsteilung erreichen. Wenn sich nun alle Menschen an diese beiden einfachen Grundregeln halten, ist ein ökonomisches Optimum für eine Gesellschaft praktisch garantiert.

§ 3 Der protektive Staat

Im Grunde wäre dies eine ideale und außerordentlich begrüßenswerte Welt voller ehrbarer Kaufleute. So sind die Menschen aber leider nicht, jedenfalls nicht alle. Um unsere nun nicht mehr anarchische Gesellschaft funktionsfähig zu erhalten, brauchen wir also irgendeine Instanz, die dem Gesellschaftsvertrag, also dem Rechtssystem aus Eigentums- und Vertragsrecht, zur Durchsetzung verhilft. Diese Instanz ist der Staat und zwar in der Ausprägung des **protektiven Staates**.

Recht muss, wenn man von einem Menschenbild mit Opportunismus ausgeht, mit Sanktionen versehen sein. Vereinbaren die Menschen einen protektiven Staat, geben sie ihre Waffen an diesen Staat ab, der fortan das **Gewaltmonopol** ausübt. Einrichtungen dieses protektiven Staates sind im Innenverhältnis (gegenüber Rechtsordnungsgenossen) Gerichte, Polizei und Gefängnisse. Im Außenverhältnis gegenüber Rechtsordnungsfremden gibt es das Militär, um rechtswidrige Übergriffe anderer Staaten auf die eigene Bevölkerung und das eigene Territorium zu verhindern.

§ 4 Gefahren aus der Existenz des protektiven Staates

Der protektive Staat verhält sich idealtypisch, wenn er alles tut (aber auch nicht mehr), um dem Recht zu seiner Durchsetzung zu verhelfen. Wir alle kennen aber die Gefahr, dass staatliche, also bürokratische, Apparate ein Eigenleben entfalten. Wenn der Staat das Monopol auf alle Waffen und Machtmittel hat, kann nicht ausgeschlossen werden, dass er diese Mittel gegen sein Volk, sozusagen gegen seine Aktionäre, einsetzt. Eine solche Situation führt in weniger entwickelten Gesellschaftssystemen häufig zu einer **Diktatur** oder zu einem Polizeistaat.

In modernen, höher entwickelten Staaten sind diese negativen Erscheinungen subtiler. Hier geht es um die Selbstbedienung bürokratischer Apparate und Funktionäre, also um die opportunistische Ausnutzung staatlicher Machtmittel zum eigenen Gewinn. Letztlich stellt sich für alle ökonomischen Theorien des Rechtsstaats die zentrale Frage „Who guards the guardians?" Positiv gewendet geht es um die Suche nach einem Gleichgewicht von **Checks and Balances** zwischen Staat und Bürger.

Diese Systeme sind nie perfekt. In den Vereinigten Staaten wird auch heute noch von einigen viel zitierten Ökonomen die Ansicht vertreten, dass ein weitgehend anarchischer Zustand ähnlich wie im Wilden Westen besser sei als das amerikanische Justizsystem. Die Bürger sollen danach wieder ihre eigenen Waffen tragen und sich selber um ihre Rechtsdurchsetzung kümmern. In totalitären Staaten sieht man als entgegengesetztes Extrem eine Justiz, die zum Handlanger egoistischer Interessen degeneriert ist, welche sich den Staat zur Beute genommen haben.

Kapitel 3 Optimierung des protektiven Staates

§ 1 Vorteile des protektiven Staates

7 Justiz ist kein Selbstzweck. Ihr Sinn ergibt sich vielmehr implizit aus dem Gesellschaftsvertrag, welcher der Kitt unserer Gesellschaft ist, die diesem Vertrag durch ihr friedliches Zusammenleben jeden Tag aufs Neue ihre implizite Zustimmung gibt. Das muss nicht immer so sein, wie die Erfahrungen mit zahlreichen unfriedlichen und neuerdings auch friedlichen Revolutionen zeigen.

Der Bürger als „homo oeconomicus" hat eine relativ einfache Motivationslage: Justiz und Polizei müssen für ihn wirtschaftlich vorteilhafter sein als es der Naturzustand der Anarchie wäre. Nur wenn die individuelle Steuerlast, die für den kollektiven Rechtsdurchsetzungsapparat aufzuwenden ist, niedriger ist als die Kosten einer gleichwertigen individuellen (also nicht-staatlichen) Absicherung gegen Übergriffe Dritter, ist die staatliche Absicherung besser.

Für das gemeinsame Sicherheitssystem des protektiven Staates spricht, dass sich sehr offensichtliche Skaleneffekte ergeben. Wenn jedermann individuell eine Mauer um sein Haus ziehen müsste, wäre der Aufwand schon von der Anzahl der laufenden Meter an Mauerwerk her deutlich größer, als wenn sich die Menschen zusammenschlössen und eine gemeinsame Mauer um ihr Dorf zögen.

§ 2 Grenzen des protektiven Staates

I. Kosten der Justiz

8 Gleichwohl hat auch der volkswirtschaftliche Nutzen des kollektiven Sicherungssystems aus Justiz, Polizei und Gefängnissen seine Grenzen. Der Reinzustand des protektiven Staates wäre nämlich, dass kein Bürger mehr irgendeine Sorgfalt auf seine eigene Sicherheit und Rechtsdurchsetzung verwenden würde. All dies würde er vom Staat erwarten. Dann müsste aber vor jedem Haus ein Polizist stehen, da niemand mehr seine Türen abschließen würde.

Man sieht also an dieser sicherlich modellhaften Betrachtung sehr schnell, dass an Stelle einer unbezahlbaren, hundertprozentigen Sicherheitsproduktion durch den Staat eine Balance zwischen staatlichen und privaten Schutzvorkehrungen in irgendeinem Mix zu einem volkswirtschaftlichen Optimum führen muss.

Dies gilt insbesondere für den gerichtlichen Rechtsschutz. Hier geht es um die Frage, ob man einen sehr teuren Rechtsschutz um jeden Preis, also einen Zugang zu staatlichen Richtern zum Nulltarif für jedermann, gewährleisten möchte, oder ob man erwartet, dass jeder Bürger in Mitverantwortung seine eigenen Angelegenheiten so betreibt, dass

Grenzen des protektiven Staates   Kap. 3 § 2   A

es nur bei unvorhersehbaren und schweren Störungen zu einer Inanspruchnahme der staatlichen Richter kommt.
Da, wo private Schutzvorkehrungen sinnvoll sind, wird sich sehr schnell auch ein Markt entwickeln. Es wird zu einem Wettbewerb zwischen den Herstellern von Tresoren kommen, aber auch zwischen staatlichen und privaten Richtern, wie die Erfolge der privaten Schiedsgerichtsbarkeit zeigen.
Wir müssen uns also fragen, ob wir mit dem Recht so umgehen können, als ob es nichts kosten würde. Dies ist theoretisch möglich, aber volkswirtschaftlich viel zu teuer und führt aus den geschilderten Gründen zur Implosion des Rechtsstaats. Die Menschen an sich spüren im Übrigen, dass wir keinen hundertprozentigen Rechtsstaat haben und nehmen es in gewissem Umfang auch willentlich in Kauf. Wir sehen Straftaten, Vertragsbrüche und Verstöße im Straßenverkehr sicherlich sehr widerwillig, gleichwohl aber wissend, dass eine hundertprozentige Vermeidung all dessen vollkommen unbezahlbar wäre. Wir leben also täglich mit einem gesellschaftlich akzeptierten Risiko des Versagens des Rechtstaates.
Diese Aussage stößt bei Richtern und Politikern sehr häufig auf eine Art konditionierten Abwehrreflex. Legt man nicht mit einer derartig relativierenden Betrachtung des hohen Verfassungsgutes Rechtsgewährung die Axt an unseren Rechtsstaat? Soll es Recht etwa nur für die Reichen geben?
Der Ökonom stellt die Gegenfrage: Muss nicht auch das Recht im Gesamtzusammenhang mit allen Gemeinschaftsgütern gesehen werden?
Blicken wir also auf den Gesamtzusammenhang:
Das föderale Justizbudget der Bundesrepublik Deutschland betrug für 2009 ca. 491 **9** Millionen Euro, für 2010 wurden 489 Millionen Euro eingeplant. Das sind 0,17 Prozent des Gesamtvolumens von 292 Milliarden Euro Gesamtausgaben des Budgets der Bundesrepublik Deutschland für 2009 und 0,15 Prozent des Gesamtvolumens von geplanten 320 Milliarden Euro für 2010.
Hamburgs Haushalt weist auf der Basis des Doppelhaushaltes 2009/2010 für 2009 und 2010 jeweils rund 11 Milliarden Euro Gesamtausgaben aus. Davon entfallen auf die Justiz 2009 rund 473 Millionen Euro und 2010 rund 475 Millionen Euro. Dies entspricht jeweils rund 4,3 Prozent.
Hier zeigt sich zunächst, dass die wesentliche Last der Rechtsgewährung in Deutschland bei den Bundesländern liegt, die föderale Ebene finanziert – naturgemäß – vor allem die Bundesgerichte.
Weiterhin ist anzumerken, dass die Justiz auch Einnahmen generiert. Den genannten föderalen Ausgaben von ca. 491 Millionen Euro standen 2009 Einnahmen von ca. 401 Millionen Euro gegenüber. Darin waren allerdings zu einem ganz erheblichen Anteil die Einnahmen aus dem Deutschen Patent- und Markenamt enthalten.
Eine derartig sprudelnde Einnahmequelle fehlt in den Ländern. Der Haushaltsplan der Hamburger Justizbehörde weist für 2009 Einnahmen in Höhe von rund 169 Millionen Euro und für 2010 von 164 Millionen Euro aus. Der Deckungsgrad liegt hiernach bei 35,7 Prozent (2009) und 34,5 Prozent (2010).
Die politökonomisch spannende Frage lautet: Ist nun dieser zahlenmäßig recht geringe Anteil der Justiz (von 0,17/0,15 resp. 4,3 Prozent) am Gesamthaushalt zu hoch, zu niedrig oder angemessen?
Ein Indiz könnte hier etwa die Richterdichte im internationalen Vergleich sein. In Deutschland hatten wir 2008 ca. 20 000 Richter auf Lebenszeit, auf Zeit, kraft Auftrags und auf Probe. Dies entspricht bei 82 Millionen Einwohnern einer Richterdichte von ca. 24 Richtern auf 100 000 Einwohner. Dieses Verhältnis ist etwa 5 Mal so hoch wie es etwa aus den Vereinigten Staaten berichtet wird.
Derartige Vergleiche finden sich in der justizpolitischen Diskussion recht häufig. Selbstverständlich sind sie als griffige Kennzahlen auch von einem gewissen Wert. Allerdings

muss man sich doch sehr hüten, voreilige Schlüsse zu ziehen, da es sich beispielsweise bei diesem Index um eine reine Aufwandsgröße handelt, die nur bewertet werden kann, wenn man den damit erzielten Nutzen berücksichtigt.

Dass der in Deutschland eingesetzte Aufwand im internationalen Vergleich einen gewissen Nutzen erbringt, zeigt sich jedenfalls in der Zivilrechtspflege daran, dass deutsche Gerichte bei weltweit anerkannter hoher fachlicher Qualität auch relativ schnell und kostengünstig arbeiten. Dies wird jeder bestätigen, der sich z.B. mit Verfahrensdauern in Italien oder Verfahrenskosten in den angelsächsischen Ländern auseinandersetzen musste.

Welche Ansätze für eine kontinuierliche ökonomische Optimierung der Justiz sind in diesem Sinne denkbar? Grundsätzlich gibt es drei Stellschrauben, an denen reguliert werden kann. Man kann – (1.) die internen Abläufe effizienter machen, man kann – (2.) die Einnahmeseite gestalten und man kann – (3.) die Arbeitsbelastung reduzieren.

Der letzte Aspekt bietet aus ökonomischer Sicht die größte Effizienzreserve. Konkret geht es um die ergänzende oder vollständige Wahrnehmung von heute noch bei der Justiz angesiedelten Aufgaben durch private Unternehmen oder die funktionale Selbstverwaltung.

Ich möchte daher die beiden ersten Punkte nur kurz anreißen:

II. Justiz als Managementaufgabe

10   Die Verbesserung der **internen Abläufe** der Justiz ist im Wesentlichen eine Managamentaufgabe. Viele Richter weisen diese Aufgabe von sich, weil sie die Managementaufgabe im Konflikt mit dem hohen Gut der richterlichen Unabhängigkeit wähnen. Häufig erscheint dies als Abwehrreflex, um anstrengenden Veränderungsprozessen etwas aus dem Wege zu gehen. Die Einsicht darin, dass die richterlichen Resourcen knapp sind und daher effizient eingeteilt werden müssen, ist dagegen vielmehr die Voraussetzung für eine Unabhängigkeit, die nicht zur Willkür entartet.

III. Justiz unter Finanzierungsgesichtspunkten

11   Etwas näher betrachten möchte ich allerdings die Frage nach der Gestaltung der **Einnahmen in der Justiz**, etwa durch eine denkbare andere Struktur der Gerichtsfinanzierung. Dies möchte ich beispielhaft am Justizhaushalt der Freien und Hansestadt Hamburg erläutern, welche ein föderales Subjekt der Bundesrepublik Deutschland ist. Der Haushaltsplan 2009/2010 der Hamburger Justizbehörde zeigt, dass von den ca. 169 Millionen Euro geplanten Einnahmen für 2009 und von 164 Millionen Euro für 2010, ca. 136 Millionen, also 80,5 Prozent (2009) und 82,9 Prozent (2010), von den ordentlichen Gerichten erzielt werden.

Diese Gerichte haben zwei Geschäftsfelder, nämlich die Zivilsachen und die Strafsachen. Die Familiensachen, die Vollstreckungssachen und die Angelegenheiten der Freiwilligen Gerichtsbarkeit rechne ich der Übersichtlichkeit halber den Zivilverfahren zu. Die Einnahmen der ordentlichen Gerichte stammen zum größten Teil aus den Gerichts- und Registergebühren, die von den Nutzern der Ziviljustiz gezahlt werden. Da die geplanten Gesamtausgaben in 2009/2010 bei jeweils ca. 242 Millionen Euro liegen, arbeiten die ordentlichen Gerichte insgesamt mit einem Kostendeckungsgrad von 56 Prozent. Etwa 44 Prozent des Budgets werden aus Steuergeldern finanziert.

Was lässt sich aus diesen Zahlen ableiten?

Fiskalpolitisch scheint folgender Grundsatz doch sehr naheliegend zu sein:

Die Strafverfolgung und -vollstreckung ist eine klassische Gemeinschaftsaufgabe des Staates, die durch Steuermittel zu finanzieren ist. Daher ist es systematisch richtig, etwa den Justizvollzug und die Staatsanwaltschaft ganz überwiegend aus Steuermitteln zu bezahlen. Dass Straftäter zu Bußgeldern und Gewinnabschöpfungen herangezogen werden, ist gerecht, fällt aber vom Volumen her wenig ins Gewicht.
Der Ansatz der überwiegenden Finanzierung durch die Allgemeinheit kann auch für die Strafsachen vor den ordentlichen Gerichten gelten. Diese Vorgänge sind jedoch gemessen an der Anzahl der Verfahren und am Personaleinsatz untergeordnet.
Damit haben wir hier ein systematisches Problem: Ein Großteil der Ressourcen der ordentlichen Gerichte werden für den zivilrechtlichen Bereich eingesetzt, vor allem für den Rechtsschutz der Bürger gegeneinander oder für Registervorgänge etwa im Grundbuch oder im Handelsregister. Diese Inanspruchnahme der staatlichen Ressourcen durch den Bürger ist rein individualnützig und sollte durch den Verursacher bezahlt werden, also etwa im streitigen Verfahren durch den Verlierer eines Rechtsstreits. Der Deckungsbeitrag der Verursacher erreicht jedoch nur ca. 56 Prozent. Der Rechtsschutz ist also wohl deutlich zu billig!
Damit kommen wir wieder zurück zum Ausgangspunkt: Wieviel Justiz brauchen wir, wieviel können und wollen wir uns leisten? Um erste Bedenken gleich im Ansatz zu zerstreuen: Soziale Ungleichgewichte können etwa über das Instrument der Prozesskostenhilfe ausgeglichen werden. Ungewollte prohibitive Effekte durch die Schwelle des Kostenvorschusses bei der Klageeinreichung können durch Versicherungslösungen abgefedert werden. In der Familiengerichtsbarkeit vor allem beim Amtsgericht mag es in Teilbereichen ernstzunehmende soziale Gesichtspunkte geben, die auch kostenseitig in der Gesamtschau zu berücksichtigen sind.
All dies sind keine grundsätzlichen Argumente gegen eine konsequente Kostendeckung durch den Verursacher in der Zivilgerichtsbarkeit. In jedem Fall gewänne man auf diese Weise einen stärkeren Filter gegen eine leichtfertige Inanspruchnahme unserer Gerichte. Und wenn jemand im Recht ist, muss er die Gerichtskosten nach dem in Deutschland insoweit vollkommen richtigen System nicht tragen, ganz egal, wie hoch diese sind. Die Zeche zahlt nämlich der Prozessverlierer, also derjenige, der im Unrecht ist. Inkonsequent und falsch ist hier übrigens die abweichende Regelung beim deutschen Arbeitsgericht!
Endziel wäre es, die Fallzahlen der Gerichte insgesamt durch den genannten Filtereffekt zu reduzieren, was wohl vor allem die Amtsgerichte entlasten würde.
Alle verbleibenden Fälle des individuellen Rechtsschutzes würden dann kostendeckend abgewickelt. Damit hätten wir eine klassische volkswirtschaftliche Optimierung erreicht.
Neben der Steigerung der internen Effizienz und der verursachungsgerechten Strukturierung der Einnahmen hatte ich die Reduzierung der Aufgabenlast der Justiz als dritte Stoßrichtung einer ökonomischen Optimierung angesprochen.

IV. Entlastung der Justiz

1. Entlastung durch alternative Streiterledigungsmechanismen

Die Aufgabenlast lässt sich zum einen reduzieren durch stärkere Förderung und Inanspruchnahme **alternativer Streiterledigungsmechanismen** wie Mediation, Schlichtung oder Schiedsgerichtsbarkeit. Diese sind in der Regel schnell, kostengünstig und diskret, was die Aufrechterhaltung einer Geschäftsbeziehung gegenüber einer Situation erleichtert, in der vor einem staatlichen Gericht vor den Augen der Öffentlichkeit gestritten wird. Besonders relevant ist die Schiedsgerichtsbarkeit bei internationalen Transaktionen, da hier die staatliche Gerichtsbarkeit an besondere Grenzen stößt, die sich aus der Möglichkeit von Normkollisionen der tangierten Rechtsordnungen und aus dem möglichen Streit um die Frage ergeben, wessen Landes Gerichte zuständig sind und wie ein Anspruch im Ausland durchgesetzt werden kann. Schiedsgerichte, deren Schiedsrichter von den Parteien selbst ausgewählt werden, können in diesem Kontext die erforderliche Neutralität gewährleisten.

Staaten sind gut beraten, wenn sie alternative Streitbeilegungsmechanismen gesetzlich fördern und Schlichtungs- und Schiedsgerichtssprüche ohne Zögern durchsetzen, falls dies notwendig ist. Die Ressourcen der staatlichen Gerichtsbarkeit werden so gespart für diejenigen Fälle, bei denen es auf einen staatlichen Richter ankommt.

2. Entlastung durch Delegation auf die Selbstverwaltung

14 Ein zweiter wichtiger Ansatzpunkt für die Entlastung der Justiz besteht in der stärkeren Nutzung von **Selbstverwaltungseinrichtungen**, für die es in Deutschland aufgrund des Subsidiaritätsprinzips eine lange Tradition gibt. Dieses Prinzip besagt, dass Betroffene ihre Angelegenheiten selber regeln können sollen, weil davon bessere Ergebnisse zu erwarten sind, als wenn höhere staatliche Ebenen ohne Sachnähe entsprechende Sachverhalte entscheiden sollen. Im Bereich der Wirtschaft tritt Selbstverwaltung in Deutschland in Form der durch Bundesgesetz geschaffenen öffentlich-rechtlichen **Industrie- und Handelskammern** in Erscheinung. Im Bereich der ihnen übertragenen hoheitlichen Aufgaben sind sie z.B. verantwortlich für die Überwachung der Ausbildungsbetriebe, die Prüfungsabnahme im Rahmen der Berufsausbildung sowie das Sachverständigenwesen. Nicht zu ihrem Aufgabengebiet gehört, im Gegensatz etwa zur Regelung in den Niederlanden oder in Italien, die Führung des Handelsregisters. Rechtlich gibt es keinen zwingenden Grund, das Handelsregister durch staatliche Gerichte zu führen. Vielmehr muss ständig überprüft werden, ob es nicht ein volkswirtschaftlich effizienteres System gibt.

Die Führung des Handelsregisters darf nach der Rechtsprechung des EuGH maximal zu kostendeckenden Gebühren erfolgen. Das Handelsregister darf also kein Profit-Center der Justiz sein, mit dem andere Bereiche quersubventioniert werden. Es gibt somit auch keine fiskalischen Gründe, das Handelsregister bei den Gerichten zu führen, es ist für die Justiz bestenfalls ein Nullsummenspiel.

Somit bleibt als einziger Maßstab der **Subsidiaritätsgrundsatz**. Das Handelsregister betrifft die Unternehmen. Daher sollte es auch durch die Selbstverwaltung der Unternehmerschaft geführt werden. Selbstverständlich dürfen dadurch die Kosten nicht steigen, und die Servicequalität muss in vollem Umfang gewährleistet bleiben und weiter gesteigert werden.

An all diesen Beispielen wird sichtbar: Eine ökonomische Optimierung der Justiz kann also unter vielen Gesichtspunkten angegangen werden. Um es zugespitzter zu formulieren: Die ökonomische Optimierung der Justiz ist die einzige nachhaltige Garantie des Rechtsstaats.

Kapitel 4 Ergänzende institutionelle Bausteine

§ 1 Stabiles Geld

15 Eigentumsrecht, Vertragsrecht und eine funktionierende Justiz sind also die wesentlichen Präliminarien einer funktionierenden Marktwirtschaft, also einer Marktwirt-

schaft, die komplexe Handelnsordnungen hervorbringen kann, die von Wohlstand für breite Bevölkerungskreise geprägt sind. Damit ist aber der elementare institutionelle Rahmenkranz noch nicht vollständig beschrieben.
Hinzukommen muss eine stabile Währung, die arbeitsteiliges Handeln durch das Vertrauen in die langfristig ungeschmälerte Kaufkraft von Papiergeld ermöglicht. Dies ist nur auf der Grundlage spezieller Regeln für die Zentralbank möglich, die unabhängig von der Versuchung Einzelner sein muss, die Notenpresse als Instrument persönlicher oder staatlicher Bereicherung zu betrachten.

§ 2 Unternehmensrecht

Gleichwohl gibt es ökonomische Bereiche in unserer Gesellschaft, die zulässigerweise nicht über Märkte koordiniert werden. Dies gilt für alle Transaktionen, die dem Markt durch Inkorporation in eine Unternehmung entzogen werden, soweit dadurch kein marktbeherrschendes Unternehmen entsteht. Unternehmen sind Hierarchien, keine Märkte. Ihr grundlegender Vertragstyp sind der Gesellschaftsvertrag und Arbeitsverträge. Die grundlegenden Rechte, auf die es in diesen Zusammenhängen ankommt, sind jene auf Unternehmensgründung und Ressourcenpooling, das Recht zur Einstellung und zur Kündigung.   16

§ 3 Kartellrecht

Hinzukommen muss außerdem ein Kartellrecht und eine Kartellbehörde, die mit den Machtmitteln ausgestattet ist, die Kräfte auszuschalten, die auf eine Aufhebung des Wettbewerbs als der zentralen Triebfeder des Marktes gerichtet sind.   17

§ 4 Internationales Privatrecht, Lex Mercateria

Der grundlegende Gesellschaftsvertrag, mit dem Recht geschaffen wird, umfasst den Wirtschaftsraum, in dem die Wirtschaftssubjekte wirtschaften. Insofern ist der optimale Rechtsraum zunächst einmal deckungsgleich mit dem optimalen Wirtschaftsraum. Produktion und Handel finden also nur mit Rechtsordnungsgenossen statt.
In einer dynamischen, von technischem Fortschritt geprägten Welt ist dies allerdings kein stabiler Zustand. Schon durch eine fortwährende Senkung der Transportkosten vergrößert sich der optimale Wirtschaftsraum. Vollzieht der Rechtsraum diese Entwicklung nicht mit, tritt das Problem der Territorialität des Rechts auf. Dies betrifft den Umstand, dass die Geltung des Rechts und seine Durchsetzung in der Regel territorial beschränkt ist, was nur dann ein Problem darstellt, wenn Wirtschaftssubjekte Handel mit solchen Akteuren treiben wollen, die nicht Vertragspartner des eigenen Gesellschaftsvertrages sind. Ich spreche in diesem Fall auch von Rechtsordnungsfremden. Das dann entstehende Problem ist dreierlei: 18
1)   Welches Recht bzw. wessen Staates Recht gilt?
2)   Wessen Staates Gerichte sind zuständig?
3)   Wie kann ich mein Recht in einem Staat durchsetzen, dem ich nicht angehöre?
Die Schwierigkeiten bei der Beantwortung dieser Fragen, ökonomisch betrachtet *Transaktionskosten*, können prohibitiv wirken, so dass es nicht zu internationalem Handel kommt.

A Kap. 5　　　　　　　　　　　　　　　　　　　　　　　　Recht und Ökonomie

Es gibt gute Gründe, weshalb der Rechtsraum die Größenentwicklung des Wirtschaftsraums nicht in jedem Fall nachvollzieht. Die Schaffung eines größeren Rechtsraums bedeutet nämlich in der Regel, auf eingelebte Rechtsnormen zugunsten eines international harmonisierten Rechts zu verzichten, welches für die Wirtschaftssubjekte angesichts der Rechtsunterschiede nur unter Aufwendung von Kosten zu erlernen ist. Niederschwelligere Abhilfe kann da die Schaffung eines Internationalen Privatrechts leisten, welches ausschließlich Sachverhalte regelt, bei dem Rechtsordnungsfremde aufeinandertreffen. Da jedoch jeder Staat sein eigenes Internationales Privatrecht schafft, kann es auch hier zu Normkollisionen und Durchsetzungsproblemen kommen.

19　Glücklicherweise hat die „international business community" in Form der lex mercatoria Wege gefunden, diese Probleme auch durch selbstgeschaffenes Recht zu überwinden. So helfen die Industrie- und Handelskammern durch internationale Vertragsklauseln (die *Incoterms*), auf die sie sich im Zusammenschluss der Internationalen Handelskammer geeinigt haben, bei der Vertragsinterpretation. Internationale Schiedsgerichte treten an die Stelle der durch Zuständigkeitsstreitigkeiten notleidenden staatlichen Gerichtsbarkeit. Und internationale Netzwerke, welche die Wiederbegegnungswahrscheinlichkeit von Handelspartnern erhöhen, erzeugen kooperative Verhaltensweisen der Akteure, da ein Fehlverhalten eines Akteurs im Einzelfall den Ausschluss aus dem gesamten Handelsnetzwerk zur Folge haben könnte.

Kapitel 5　　Ohne Vertrauen geht es nicht

20　Alle vorgenannten Regeln zeichnet aus, dass sie keine konkreten Umstände von Ort und Zeit spezifizieren, sondern **allgemein** sind und den Wirtschaftssubjekten Handlungsspielräume eröffnen, die sie im Rahmen der Vertragsfreiheit privatautonom nutzen. Eigentum, Vertragsfreiheit, Privatautonomie und Kartellverbot sind das Wesen der Institutionen, die eine funktionierende Marktwirtschaft auszeichnen. Diese Konstrukte werden aber erst dadurch zu Institutionen, in dem die Wirtschaftssubjekte Vertrauen in die Durchsetzung dieser Regeln aufweisen und dementsprechend ihre Erwartungen und Handlungen ausrichten. Anders gewendet: Marktwirtschaft fußt auf dem Vertrauen der Wirtschaftssubjekte in die grundlegenden Institutionen, die eine Marktwirtschaft tragen. Dieses Vertrauen zu fassen fällt umso leichter, je ausgeprägter gemeinsam geteilte Moral- und ethische Vorstellungen über ehrbares Verhalten in einer Gesellschaft vorliegen. Und es fällt ebenso um so leichter, je konsequenter der Staat dem Recht ohne Ansehung der Person Durchsetzung verschafft. Aufgabe des Staates ist es, dieses Vertrauen zu fördern und zu rechtfertigen.

Literatur:

Hayek, F. A. v.: Die Verfassung der Freiheit, 1971.
Hobbes, T.: Leviathan oder Stoff, Form und Gewalt eines bürgerlichen und kirchlichen Staates, herausgegeben von Prof. Dr. Iring Fetscher, 1966.
Hoppmann, E.: Fusionskontrolle, 1972.
Richter, R.: Geldtheorie. Vorlesung auf der Grundlage der Allgemeinen Gleichgewichtstheorie und der Institutionenökonomik, 1987.
Schmidt-Trenz, H.-J.: Außenhandel und Territorialität des Rechts. Grundlegung einer Neuen Institutionenökonomik des Außenhandels, 1990.
Schmidtchen, D.: Wettbewerbspolitik als Aufgabe. Methodologische und systemtheoretische Grundlagen für eine Neuorientierung, 1978.

Internationales Privatrecht, Lex Mercateria   Kap. 5   A

Stützel, W.: Preis, Wert und Macht., Analytische Theorie des Verhältnisses der Wirtschaft zum Staat, 1972.
Vanberg, V.: Markt und Organisation. Individualistische Sozialtheorie und das Problem korporativen Handelns, 1982.

B   Grundlagen des Wirtschaftsprivatrechts

Jürgen Plate

Kapitel 1   Einführung

21   Unter dem Begriff **Wirtschaftsrecht** versteht man die Summe aller den Wirtschaftsverkehr rechtlich regelnden Normen des Privatrechts, des Öffentlichen Rechts, des Völkerrechts und des Sanktionsrechts. Wenn es heißt, dass das **Privatrecht** derjenige Teil der Rechtsordnung ist, der das Miteinander der im Staat lebenden und handelnden untereinander gleichgeordneten Personen regelt, so handelt es sich beim **Wirtschaftsprivatrecht** um den Bereich des Privatrechts, der die Rechtsbeziehungen der am Wirtschaftsleben teilnehmenden privaten Personen normiert. Diese privaten Personen, von denen hier die Rede ist, sind zum Einen die **Unternehmer.** Darunter versteht man natürliche und juristische Personen und rechtsfähige Personengesellschaften, die als **Rechtsträger** eines **Unternehmens** in Betracht kommen. Das Wirtschaftsprivatrecht befasst sich, was deren Rolle angeht, zum Einen mit den **Rechtsverhältnissen**, die **zwischen Unternehmern** bestehen können, also z.B. aus einem Kaufvertrag zwischen der A-AG und der B-GmbH oder aus einem Leasingvertrag zwischen der C-oHG und dem Leasinggeber L. Zum anderen gehört zur Materie des Wirtschaftsprivatrechts auch die Regelung der **Rechtsverhältnisse**, die bestehen, wenn mehrere Personen z.B. als Aktionäre oder Gesellschafter an der Rechtsträgerschaft eines Unternehmens **beteiligt** sind. Die schwerpunktmäßig andere Gruppe der am Wirtschaftsleben teilnehmenden Personen bilden die **Verbraucher.** Und daher ist es weiterhin die Funktion des Wirtschaftsprivatrechts, die **Rechtsverhältnisse** zwischen **Unternehmern** und **Verbrauchern** zu regeln. Wenn man vom Wirtschaftsprivatrecht spricht, meint man in erster Linie natürlich das **materielle Privatrecht**, das darüber befindet, ob und gegebenenfalls wem welche Rechte gegen wen zustehen. Aber wegen des Sachzusammenhanges befassen sich Darstellungen des Wirtschaftsprivatrechts, also auch dieses Buch, ebenfalls mit dem Recht des **Konfliktmanagements** (Zivilprozessrecht, Schiedsgerichtsverfahren, Mediation, Schlichtung) und am Rande mit dem Zwangsvollstreckungsrecht und dem Insolvenzrecht. Die **praktische Bedeutung** des **so verstandenen Wirtschaftsprivatrechts** besteht in erster Linie darin, im streitfreien **Tagesgeschäft** dem Wirtschaftstreibenden das rechtliche Instrumentarium für die wirtschaftliche Betätigung und im **Konfliktfall** die rechtlichen Möglichkeiten zur Durchsetzung bzw. zur Abwehr von Inanspruchnahmen zur Verfügung zu stellen. Und außerdem hat das Wirtschaftsprivatrecht eine bedeutende **wirtschafts(-außen)politische Dimension.** Im Zeitalter grenzüberschreitender Investitionen ist allein die bloße Existenz eines modernen Wirtschaftsprivatrechts – natürlich nur in Verbindung mit rechtsstaatlichen Anforderungen genügenden Möglichkeiten, Ansprüche zu realisieren oder abzuwehren – ein für Investitionsentscheidungen maßgebliches Strukturelement des gastgebenden Staates, ebenso bedeutsam wie eine ausgebaute Infrastruktur z.B. auf den Gebieten des Verkehrswesens oder der Energieversorgung.

Kapitel 2 Allgemeiner Teil

§ 1 Verhältnis des Wirtschaftsprivatrechts zum Öffentlichen Wirtschaftsrecht, zum Wirtschaftsvölkerrecht und zum Wirtschaftssanktionsrecht

Rein rechtstheoretisch gesehen regelt das Wirtschaftsprivatrecht gänzlich andere Fragen als das Öffentliche Wirtschaftsrecht, als das Wirtschaftsvölkerrecht und als das Wirtschaftssanktionsrecht. Die Rechtspraxis zeigt jedoch, dass es auch Überschneidungen der jeweiligen Regelungsbereiche gibt. Diese für das moderne Wirtschaftsprivatrecht typischen Schnittstellen finden ihre Entsprechung bei den im Anschluss daran skizzierten Rechtsquellen des Wirtschaftsprivatrechts (s.u. § 2).

I. Verhältnis des Wirtschaftsprivatrechts zum Öffentlichen Wirtschaftsrecht

Die Kriterien für die **Abgrenzung** des Wirtschaftsprivatrechts zum Öffentlichen Wirtschaftsrecht ergeben sich in erster Linie aus dem allgemeinen Ordnungsprinzip eines jeden Staates, das durch Überordnung und Unterordnung gekennzeichnet ist. Der Staat ist die übergeordnete Ebene; ihr untergeordnet ist die Ebene der Privaten. Rechtsnormen, die die Rechtsverhältnisse des Staates gegenüber den Privaten regeln, gehören zum Bereich des Öffentlichen Rechts, das wir, soweit es um das Wirtschaftsrecht geht, das Öffentliche Wirtschaftsrecht nennen. Das sich in Wirtschaftsverwaltungs- und Wirtschaftsverfassungsrecht aufgliedern lassende Öffentliche Wirtschaftsrecht befasst sich mit den Rechtsverhältnissen zwischen dem Staat bzw. den Kommunen einerseits und den Unternehmern sowie den Verbrauchern andererseits, und es bestimmt auch, ob der Staat Rechtsträger von Unternehmen sein kann. Das Wirtschaftsverwaltungsrecht ist eine Konkretisierung des ihm übergeordneten Wirtschaftsverfassungsrechts, das sich aus dem nationalen Verfassungsrecht, aus dem EU-Gemeinschaftsrecht und aus dem Völkerrecht ergibt. Im Verhältnis zu den Adressaten des Wirtschaftsverwaltungsrechts, den privaten Unternehmern und den privaten Verbrauchern, kann die Exekutive beim Vorliegen einer gesetzlichen Ermächtigungsgrundlage einen Einzelfall durch einen „Verwaltungsakt" rechtlich verbindlich regeln. Vom Inhalt her kann ein solches staatliches Handeln entweder ein die Möglichkeit privaten Handelns begrenzender Eingriff oder eine das private Handeln erst ermöglichende Genehmigung sein. Auf der Ebene der Privaten gibt es dagegen keine derartige rechtliche Über- und Unterordnung. Die am Rechtsleben teilnehmenden Rechtssubjekte stehen vielmehr horizontal zueinander. Und – wie bereits ausgeführt – werden die Rechtsverhältnisse unter ihnen durch das Privatrecht geregelt, das man, soweit es das Miteinander der am Wirtschaftsleben Beteiligten betrifft, Wirtschaftsprivatrecht nennt. Das klassische Gestaltungsmittel des rechtlich relevanten Handelns unter Privaten ist der „Vertrag". Selbst wenn es durch unterschiedliche wirtschaftliche Machtverhältnisse bedingt Über- und Unterordnungsverhältnisse auch zwischen Privaten gibt, so sind diese rein tatsächlicher Art und haben keine rechtliche Konsequenz dahingehend, dass der „Übergeordnete" die Rechtsverhältnisse des „Untergeordneten" einseitig regeln könnte. Im Gegenteil: Der Gesetzgeber hat sich in vielerlei Hinsicht der „Untergeordneten" angenommen. So hat – weil beim Verhältnis zwischen „Unternehmern" (§ 14 Bürgerliches Gesetzbuch[1], BGB) und „Verbrauchern" (§ 13 BGB) die Über- und Unterordnungsverhältnisse struktureller Art sind – der europäische Gesetzgeber die Rechtsstellung des Schwachen gegenüber dem Starken

22

durch dem Schutz des Verbrauchers dienende Richtlinien, die inzwischen in nationales Recht umgesetzt worden sind, gestärkt. Aus diesen Ausführungen darf jedoch nicht der voreilige Schluss gezogen werden, dass allein wegen einer Beteiligung des Staates am Wirtschaftsleben das Öffentliche Wirtschaftsrecht anwendbar ist. Denn auch der Staat kann, wenn er keine unmittelbaren staatlichen Aufgaben wahrnimmt, wie ein Privater handeln und damit dem Privatrecht, speziell dem Wirtschaftsprivatrecht, unterliegen. Das ist zum einen der Fall bei den sogenannten fiskalischen Geschäften, bei denen der Staat sich die für die Erfüllung seiner staatlichen Aufgaben nötigen Mittel beschafft. Wenn also die Bundesrepublik Deutschland Kraftfahrzeuge für die Bundespolizei kauft, gehören die abgeschlossenen Kaufverträge dem Wirtschaftsprivatrecht an. Und der Staat handelt auch dann wie ein Privater, wenn er sich als Unternehmer am Wirtschaftsverkehr beteiligt, indem er z.B. ein Eisenbahnunternehmen als ein aus der Staatsverwaltung ausgegliedertes Sondervermögen oder durch eine vom Staat beherrschte juristische Person betreibt. Umgekehrt darf man aber auch nicht aus der Tatsache, dass immer dann, wenn ein Staat wie ein Privater handelt, folgern, dass bereits deshalb ausschließlich das Privatrecht, speziell das Wirtschaftsprivatrecht, gilt. Denn ein moderner Staat kann einige seiner staatlichen Aufgaben auch in privatrechtlichem Gewande erfüllen, ohne dass dadurch die Geltung des Öffentlichen Rechts gänzlich verdrängt würde. So kann die Subventionierung von Wirtschaftsunternehmen in der Weise realisiert werden, dass z.B. eine staatliche oder staatlich beherrschte Bank einem Unternehmen ein Darlehen gewährt (§§ 488 ff. BGB) oder ihm durch einen Bürgschaftsvertrag zur Seite tritt (§§ 765 ff. BGB). Das wäre der wirtschaftsprivatrechtliche Anteil einer Wirtschaftsförderungsmaßnahme. Was jedoch die Entscheidung angeht, ob eine solche Subventionierung überhaupt erfolgen soll, ist der Staat nicht frei, sondern ist an die Regeln des dem Öffentlichen Wirtschaftsrecht zugehörigen Wirtschaftsförderungsrechts gebunden, die auf nationaler Ebene zumindest eine haushaltsrechtliche Absicherung der Wirtschaftsförderungsmaßnahme erfordern. Daher rechnet man ein solches „zweistufiges" staatliches Handeln auch nicht zum Wirtschaftsprivatrecht, sondern zählt es zum Öffentlichen Wirtschaftsrecht. Nach dieser Skizze der Abgrenzung des Wirtschaftsprivatrechts und des Öffentlichem Wirtschaftsrechts voneinander soll nun die Rede sein von möglichen **Überschneidungen** der beiden Rechtsbereiche: So kann das Öffentliche Wirtschaftsrecht zwischen Privaten bestehende wirtschaftsprivatrechtliche Beziehungen deshalb unmittelbar beeinflussen, weil im Einzelfall eine Nichtbeachtung von Bestimmungen des Öffentlichen Wirtschaftsrechts zur Nichtigkeit von Verträgen zwischen Privaten führen kann. Zu denken ist z.B. an die Verletzung von Bestimmungen des zum **Wirtschaftsverwaltungsrecht** gehörenden Außenwirtschaftsrechts, die staatliche Eingriffe in den grenzüberschreitenden Warenhandel zulassen, oder an Normen, die die Freiheit des internationalen Kapitalverkehrs einschränken. Dass das Zuwiderhandeln Privater gegen derartige Bestimmungen des nationalen Öffentlichen Wirtschaftsrechts privatrechtliche Konsequenzen haben können, ist ohne weiteres vorstellbar (§ 134 BGB). Es wird sich aber auch zeigen, dass zuweilen – dies sogar im Widerspruch zu dem als Völkergewohnheitsrecht geltenden Interventionsverbot – ein Verstoß gegen ausländisches Öffentliches Wirtschaftsrecht zur Nichtigkeit eines Vertrages führen kann. Dass auch das **Wirtschaftsverfassungsrecht**, das für den Privaten, also auch für Unternehmensträger und Verbraucher, vom Prinzip her nur von mittelbarer Bedeutung ist, auch einmal einen unmittelbaren Einfluss auf das Wirtschaftsprivatrecht haben kann, zeigt z.B. Art. 9 Abs. 3 des Grundgesetzes (GG).

---

1 http://www.gesetze-im-internet.de/aktuell.html; hier findet man alle deutschen Gesetze

II. Verhältnis des Wirtschaftsprivatrechts zum Wirtschaftsvölkerrecht

Unter dem **Wirtschaftsvölkerrecht** versteht man diejenigen Regeln des Völkerrechts, die der Ordnung der wirtschaftlichen Beziehungen zwischen Staaten und/oder internationalen Organisationen dienen. Daher hat das Wirtschaftsvölkerrecht für den **privaten Wirtschaftsverkehr** traditionell nur eine mittelbare Bedeutung. Dass es jedoch, namentlich in Deutschland, auch zu **Überschneidungen** kommen kann, zeigen Art. 59 Abs. 2 S. 1 GG, nach dem „gesetzesinhaltliche" und politische Verträge, denen der Gesetzgeber zugestimmt hat, auf der Rangstufe einfachen Bundesrechts stehen. Und dass die allgemeinen Grundsätze des Völkerrechts vom Rang her sogar über den Bundesgesetzen stehen, ergibt Art. 25 S. 2 GG. Es kann daher nicht überraschen, dass es Konstellationen gibt, bei denen die wirtschaftsprivatrechtlichen Beziehungen unmittelbar vom Völkerrecht betroffen sind. Darauf wird bei der Darstellung der Rechtsquellen des Wirtschaftsprivatrechts noch einzugehen sein. Hingewiesen werden soll hier schon einmal auf Art. VIII Abschnitt 2 lit. b Satz 1 des Abkommens über den Internationalen Währungsfonds (IWF) von 1944.

23

III. Verhältnis des Wirtschaftsprivatrechts zum Wirtschaftssanktionsrecht

Das **Wirtschaftssanktionsrecht** hat im deutschen Recht zwei Erscheinungsformen. Ein Verstoß gegen eine Regelung des Wirtschaftsrechts kann kraft gesetzlicher Anordnung eine durch Verhängung einer Geldbuße seitens der Verwaltung zu ahnende **Ordnungswidrigkeit** sein. Es sind dies die Fälle eines geringfügigen Fehlverhaltens ohne moralische Vorwerfbarkeit, zu deren Sanktionierung sich der Gesetzgeber aus Gründen der Abschreckung entschlossen hat. Demgegenüber ist das **Wirtschaftsstrafrecht** schweren und auch moralisch vorwerfbaren Verstößen vorbehalten und droht als Kriminalstrafen – ausschließlich von der Rechtsprechung zu verhängende (Art. 104 GG) – Geld- oder gar Freiheitsstrafen an, deren primäre Ziele es sind, die Gerechtigkeit durch Schuldausgleich herzustellen, die Allgemeinheit abzuschrecken, den individuellen Täter von weiteren Straftaten abzuhalten und ihn zu resozialisieren. Das Wirtschaftsprivatrecht hat mit dem Wirtschaftssanktionsrecht keine unmittelbaren Berührungspunkte. Als derjenige Teil der Rechtsordnung, der das Miteinander untereinander gleichgeordneter Personen regelt, enthält es kein Sanktionsrecht. Die Möglichkeit der Vereinbarung einer „Vertragsstrafe" (§ 339 BGB) steht dem nicht entgegen, denn eine Vertragsstrafe hat nichts mit einer Ahndung von Unrecht zu tun, sondern ist lediglich ein „Druckmittel", durch das ein Schuldner zur Erfüllung einer Verbindlichkeit angehalten werden soll. Dass das in anderen Rechtsordnungen nicht so trennscharf wie im deutschen Recht gesehen wird, soll jedenfalls erwähnt werden: Nach dem US-amerikanischen Deliktsrecht können bei unerlaubten Handlungen dem Gläubiger außer dem Schadensersatzanspruch auch ein Anspruch auf Zahlung eines „punitive damage" zustehen, dessen Funktion ähnlich der einer als Kriminalstrafe verhängten Geldstrafe die Bestrafung des Schadensersatzschuldners für ein im Einzelfall als besonders verwerflich anzusehendes Verhalten ist und die auch der spezial- und generalpräventive Abschreckung dienen soll. Aber trotz aller das deutsche Recht beherrschenden Gegensätze von Strafrecht und Privatrecht gibt es auch einige **Berührungspunkte** des Wirtschaftsprivatrechts und des Wirtschaftssanktionsrechts. So kann die Ordnungswidrigkeit oder die Straftat zugleich ein Verstoß gegen ein gesetzliches Verbot sein, der zur Nichtigkeit eines Rechtsgeschäfts führt (§ 134 BGB). Und es gibt die selten genutzte Möglichkeit der §§ 403 ff. StPO,

24

denen zufolge der durch eine Straftat Verletzte gegen den Beschuldigten einen vermögensrechtlichen Anspruch, der zur Zuständigkeit der ordentlichen Gerichte gehört und der noch nicht anderweit gerichtlich anhängig gemacht worden ist, im Strafverfahren geltend machen kann, im Verfahren vor dem Amtsgericht auch ohne Rücksicht auf den Wert des Streitgegenstandes.

§ 2 Rechtsquellen des Wirtschaftsprivatrechts

I. Wirtschaftsvölkerrecht als Rechtsquelle des Wirtschaftsprivatrechts

25 Die Rechtsquellen des **Völkerrechts**, und damit auch die des Wirtschaftsvölkerrechts, sind nach **Art. 38** des **Statuts** des **Internationalen Gerichtshofs** die internationalen Verträge, das Völkergewohnheitsrecht, die von allen Kulturvölkern anerkannten allgemeinen Rechtsgrundsätze, richterliche Entscheidungen und die Völkerrechtslehre. Ob das **Völkerrecht** in einem Staat auch als **innerstaatliches Recht** gilt, hängt von der nationalen Rechtsordnung des jeweiligen Staates ab. In Deutschland sind nach Art. 25 GG die allgemeinen Regeln des Völkerrechts den Gesetzen vorgehendes Bundesrecht. Den Gesetzen der Bundesrepublik Deutschland gleich stehen solche völkerrechtlichen Verträge, die sich auf Gegenstände der Bundesgesetzgebung beziehen, sowie politische zwischenstaatliche Verträge, dies aber erst nach einer Zustimmung der für die Gesetzgebung jeweils zuständigen Organe (Art. 59 Abs. 2 GG).

1. Internationale Verträge

26 In dem bereits genannten Abkommen von **Bretton Wood** von 1944 über den Internationalen Währungsfonds (IWF) verpflichten sich die Mitgliedsstaaten zur Beachtung fremder Devisenregelungen, und zwar mit Wirkung auch für das Wirtschaftsprivatrecht. Denn Art. VIII Abschnitt 2 lit. b Satz 1 des Abkommens über den Internationalen Währungsfonds (IWF) von 1944 bestimmt: „Aus Devisenkontrakten, welche die Währung eines Mitglieds berühren und den von diesem Mitglied in Übereinstimmung mit diesem Übereinkommen aufrechterhaltenen oder eingeführten Devisenkontrollbestimmungen zuwiderlaufen, kann in den Hoheitsgebieten der Mitglieder nicht geklagt werden"[2]. Unter einem „Devisenkontrakt" im Sinne dieses Abkommens versteht man alle Verträge, die zu Zahlungen im Wege eines laufenden Zahlungsverkehrs verpflichten und die in irgendeiner Weise den Devisenbestand eines Mitglieds des IWF beeinträchtigen können oder dessen Zahlungsbilanz berühren oder sich auf diese auswirken können. Wenn ein Vertrag gegen eine Devisenkontrollbestimmung eines Mitgliedsstaates verstößt, ist dieser Vertrag zwar wirksam, der geschuldete Betrag kann aber in den Hoheitsgebieten der Mitglieder nicht eingeklagt werden. Ohne diese vertragliche Regelung wäre wegen des als Völkergewohnheitsrecht geltenden Interventionsverbots kein Staat verpflichtet gewesen, die nationalen Devisenkontrollbestimmungen eines jeweils anderen Staates zu beachten. Dass man derlei vereinbart hat, war im Jahre 1944 eine völkerrechtliche Besonderheit, heutzutage denkt man in dieser Beziehung „internationaler", wie z.B. Art. 9 Abs. 3 der EG-Verordnungen des Europäischen Parlaments und Rates über das auf vertragliche Schuldverhältnisse anzuwendende Recht vom 17. Juni 2008 („Rom I") zeigt, auf den wir – wie auch auf Art. VIII Abschnitt 2

---

2 http://www.imf.org/external/pubs/ft/aa/index.htm

lit. b Satz 1 des Abkommens über den Internationalen Währungsfonds (IWF) von 1944 – noch vertiefend eingehen werden.

2. Völkergewohnheitsrecht

Völkergewohnheitsrecht entsteht durch ein lang andauerndes, von einer Rechtsüberzeugung getragenes Verhalten von Völkerrechtssubjekten. Für das Wirtschaftsprivatrecht können von Bedeutung sein: Der Völkerrechtssatz über die **Staatenimmunität** und der Grundsatz der **Staatensukzession** über die Haftung der Nachfolgestaaten bei einem Zerfall von Staaten. Dass es sich hierbei um keine rein theoretischen – und daher im Folgenden auch vertieft erörterten – Fragen handelt, macht schon die einfache Überlegung deutlich, dass z.B. eine Bank als Gläubiger eines fremden Staates wissen muss, ob der Anspruch auf Rückzahlung eines Darlehens überhaupt gerichtlich bzw. schiedsgerichtlich und im Fall des Obsiegens im Prozess auch durch eine Zwangsvollstreckung durchsetzbar ist. Und dass in diesem Zusammenhang auch die Frage der Staatensukzession von Belang sein kann, leuchtet angesichts der Veränderungen in der Staatlichkeit der Tschechoslowakei, der Sowjetunion oder Jugoslawiens ohne weiteres ein.

27

3. Allgemeine von allen Kulturvölkern anerkannte Rechtsgrundsätze

Die zum Bestand des Völkerrechts gehörenden allgemeinen und von allen Kulturvölkern anerkannten **Rechtsgrundsätze** entstammen den kodifizierten (i.d.R. kontinentaleuropäischen) Zivilgesetzbüchern (**Civil Law**) und dem **Common Law** des angelsächsischen Rechtskreises. Für das Wirtschaftsprivatrecht bedeutsam ist, dass es hiernach völkerrechtlich gewährleistet wird, dass es weltweit (in Deutschland in den §§ 812 ff. BGB) einen zivilrechtlichen Rückgewähranspruch aus **ungerechtfertigter Bereicherung** gibt, wenn ein Rechtssubjekt aufgrund eines unwirksamen Vertrages Leistungen erbracht hat, und dass es überall auf der Welt (in Deutschland in den §§ 677 ff. BGB) im Falle einer **Geschäftsführung ohne Auftrag** zivilrechtliche Ansprüche gibt, und zwar für den jeweiligen „Geschäftsführer" gegen denjenigen, für den das Geschäft geführt worden ist („Geschäftsherr"), einen Anspruch auf Ersatz von Aufwendungen und umgekehrt einen Anspruch des „Geschäftsherrn" gegen den „Geschäftsführer" auf Herausgabe des durch die Geschäftsführung Erlangten. Auch der im Wirtschaftsprivatrecht bedeutsame Grundsatz von **Treu und Glauben** hat in seinen verschiedenen Ausprägungen völkerrechtliche Qualität: Es gelten hiernach weltweit (in Deutschland nach § 242 BGB) die Institute des Rechtsmissbrauchs, der Verwirkung und das Verbots des „venire contra factum proprium", also das Verbot, sich in treuwidriger Weise in Widerspruch zu einem eigenen früheren Verhalten zu setzen. Zu den von allen Kulturvölkern anerkannten allgemeinen Rechtsgrundsätzen gehört auch die weltweit (in Deutschland gesetzlich nicht ausdrücklich geregelte) bestehende Möglichkeit eines **Haftungsdurchgriffs** auf den sich mittels eines unterkapitalisierten privaten Unternehmens am privaten Wirtschaftsleben betätigenden Staates oder eines solchen Staates, der sich zum Zwecke des Rechtsmissbrauchs eines unterkapitalisierten Unternehmens bedient.

28

II. Das Recht der Europäischen Union (Gemeinschaftsrecht) als Rechtsquelle des Wirtschaftsprivatrechts

Die Mitglieder der Europäischen Union haben im großen Umfang Hoheitsrechte einschließlich der Rechtsetzung auf die Europäischen Gemeinschaften übertragen, so dass es in großem Umfang **Gemeinschaftsrecht** gibt, das in den Mitgliedsstaaten als **inner-**

29

staatliches Recht gilt und das zugleich absoluten Vorrang vor den entgegenstehenden Regelungen der nationalen Rechtsordnungen hat[3].
Das Gemeinschaftsrecht ist zum einen das **primäre Gemeinschaftsrecht**. Dieses ergibt sich aus den zur Gründung der Gemeinschaften führenden **Gemeinschaftsverträgen** und aus **allgemeinen Rechtsgrundsätzen**, die den Rechtsordnungen der Mitgliedsstaaten gemeinsam sind. In der Rechtsordnung der Europäischen Gemeinschaften nimmt das Primärrecht die oberste Rangstufe ein, geht also dem nur den zweiten Rang einnehmenden Völkerrecht vor. Das von den Organen der Europäischen Gemeinschaft nach Maßgabe des Primärrechts erlassene Recht bezeichnet man als **sekundäres Gemeinschaftsrecht**. Es geht hier um die Verordnungen, die Richtlinien und um Einzelentscheidungen der Kommission, die aber dem Öffentlichen Wirtschaftsrecht zuzurechnen sind. In der Rechtsordnung der Europäischen Gemeinschaften ist das sekundäre Gemeinschaftsrecht gegenüber dem primären Gemeinschaftsrecht und dem Völkerrecht nachrangig.

1. Unmittelbare Anwendbarkeit auf das Wirtschaftsprivatrecht

30 a) **Primärrecht, speziell: Gemeinschaftsverträge.** Die **Gemeinschaftsverträge** wirken an sich nur zwischen den Staaten. Sie können aber unter bestimmten Voraussetzungen auch für und gegen den einzelnen Gemeinschaftsbürger gelten („**Durchgriffswirkung**"): Dazu muss zum einen die in Frage stehende Bestimmung des Gemeinschaftsrechts hinreichend genau **bestimmt** sein, was der Fall ist, wenn sie unzweideutig eine Verpflichtung begründet. Zum anderen muss die Bestimmung **unbedingt** sein. Das setzt voraus, dass die Verpflichtung weder an eine Bedingung geknüpft ist noch zu ihrer Erfüllung und Wirksamkeit einer Maßnahme der Gemeinschaftsorgane oder der Mitgliedsstaaten bedarf. Die in dem – seit dem 1. Dezember 2009 geltenden und an die Stelle des EG-Vertrags (EGV) getretenen – „Vertrag über die Arbeitsweise der Europäischen Union" (AEUV) geregelten Marktfreiheiten, wie die Warenverkehrsfreiheit (Art. 34 AEUV), die Arbeitnehmerfreizügigkeit (Art. 45 AEUV), die Niederlassungsfreiheit (Art. 49 AEUV), die Dienstleistungsfreiheit (Art. 56 AEUV) und das allgemeine Diskriminierungsverbot (Art. 18 AEUV) erfüllen diese beiden allgemeinen Voraussetzungen für eine Durchgriffswirkung des Gemeinschaftsrechts. Das Bestehen einer Durchgriffswirkung bedeutet im Grundsatz aber nur, dass **Rechte und Pflichten** im **Verhältnis Staat-Bürger** entstehen, so dass sich der Einzelne gegenüber nationalen Behörden und Gerichten auf das Gemeinschaftsrecht berufen kann oder dass der Gemeinschaftsbürger im Verhältnis zum Staat Pflichten unterliegt, die sich aus dem Gemeinschaftsrecht ergeben. Die hier bei der Darstellung des Wirtschaftsprivatrechts interessierende Fragestellung ist jedoch eine andere: Es geht darum, ob das Gemeinschaftsrecht auch **unter** den einander **gleich geordneten Privaten**, also – speziell hier interessierend – unter den Wirtschaftstreibenden selbst, unmittelbar anwendbar ist. Es geht also um die Frage einer über die Durchgriffswirkung hinausgehenden „**Drittwirkung**" des Gemeinschaftsrechts. Die **Rechtsprechung** des **EuGH**[4] bejaht eine solche Drittwirkung, wenn, wie im **Fall Angonese**, zwischen einem Arbeitgeber und einem Arbeitnehmer oder, wie im **Fall Bosman**, wenn zwischen einem Berufssportverband und einem ihm angehörigen Berufssportler ein strukturelles Über- und Unterordnungsverhältnis besteht. Im Rechtsgeschichte machenden Fall Bosman wurde entschieden, dass Profi-Fußballer innerhalb Europas normale Arbeitnehmer im Sinne des EG-Vertrages

---

3 http://europa.eu
4 Seit 1954 unter: http://eur-lex.europa.eu/de/index.htm aufzufinden und seit dem 17.6.1997 unter: http://curia.europa.eu/jcms/jcms/j_6/

(heute des AEUV) seien und dass die dort (insb. Art. 45 AEUV) festgeschriebene Freizügigkeit nicht nur für behördliche (also staatliche) Maßnahmen gilt, sondern sich auch auf Vorschriften anderer Art erstreckt, die zur Regelung der Arbeit dienen, wenn es sich dabei um kollektive Bestimmungen handelt, also um solche, die einen bestimmten Bereich abschließend und einem staatlichen Gesetz vergleichbar regeln. Daher verbot der Gerichtshof alle Forderungen nach Zahlung einer Ablösesumme für den Wechsel eines Spielers von einem EU-Staat in einen anderen EU-Staat nach Vertragsende. Außerdem sind die damals in einigen Ländern geltenden Ausländerregelungen, nach denen nur eine bestimmte Anzahl von Ausländern in einer Mannschaft eingesetzt werden durften, für ungültig erklärt worden, soweit davon Spieler aus den EU-Staaten betroffen waren. Die deutsche Rechtsprechung sieht die Grundfreiheiten des EG-Vertrages bzw. des AEUV als Verbotsgesetze i.S.d. § 134 BGB an, so dass z.B. ein Vertrag, der gegen die Grundfreiheiten des AEUV verstößt, wegen eines Verstoßes gegen ein gesetzliches Verbot nichtig ist.

b) **Sekundärrecht, speziell: Verordnungen, Richtlinien.** Die **EU-Verordnungen** gelten in jedem Mitgliedstaat wie ein innerstaatliches Gesetz unmittelbar (§ 288 Abs. 2 AEUV). Sie sind aber nur in wenigen Fällen ein privatrechtliches Regelungsinstrument. Ein Beispiel dafür sind die durch Verordnungen europaeinheitlich neu geschaffenen Rechtssubjekte der Europäischen Aktiengesellschaft, genannt **Societas Europae** (SE), und der **Europäischen Wirtschaftlichen Interessenvereinigung** (EWIV). Als jüngste Beispiele für Verordnungen, die auch für das Wirtschaftsprivatrecht von Bedeutung sind, muss man die EG-Verordnungen des Europäischen Parlaments und Rates über das auf vertragliche Schuldverhältnisse anzuwendende Recht vom 17. Juni 2008 („Rom I") und die EG-Verordnung über das auf außervertragliche Schuldverhältnisse anzuwendende Recht („Rom II") vom 11. Juli 2007 nennen. Ansonsten ist der Hauptanwendungsbereich für EU-Verordnungen das Agrarrecht, das Zoll- und das Außenwirtschaftsrecht, das Arzneimittel- und das Umweltrecht. Insoweit haben EU-Verordnungen im deutschen Wirtschaftsprivatrecht allenfalls die Bedeutung eines gesetzlichen Verbots i.S.d. § 134 BGB, so dass gegen eine EU-Verordnung verstoßende Verträge nichtig sind.

Anders als Verordnungen gelten die **Richtlinien** nicht innerstaatlich, sondern lediglich zwischen den Staaten und enthalten inhaltliche Vorgaben für gesetzliche Regelungen, die die Mitgliedstaaten in ihr nationales Recht umsetzen müssen (Art. 288 Abs. 3 AEUV). Beispiele hierfür sind die Produkthaftungsrichtline von 1985, aufgrund derer in Deutschland das Gesetz über die Haftung für fehlerhafte Produkte (ProdHaftG) ergangen ist; die Handelsvertreterrichtlinie von 1986, die in die §§ 84 ff. Handelsgesetzbuch (HGB) eingearbeitet worden ist; und die EG-Richtlinie über den Verbraucherschutz bei Vertragsabschlüssen im Fernabsatz vom 20. Mai 1997, die im Jahre 2002 zu einer völligen Umgestaltung großer Bereiche des BGB geführt hat. Seit dem 18. August 2006 gilt in der Bundesrepublik Deutschland das Allgemeine Gleichbehandlungsgesetz (AGG), durch das drei Antidiskriminierungsrichtlinien aus den Jahren 2000 bis 2003 durch ein Gesetz umgesetzt worden sind, mit dem Ziel, Benachteiligungen aus Gründen der Rasse, der ethnischen Herkunft, des Geschlechts, der Religion oder Weltanschauung, einer Behinderung, des Alters oder der sexuellen Identität zu verhindern oder zu beseitigen. Und zuletzt ist im Jahre 2009 das BGB in den §§ 675 c bis § 676 c BGB, in denen die „Zahlungsdienste" (kurz: der bargeldlos Zahlungsverkehr) geregelt ist, aufgrund einer Richtlinie des Europäischen Parlaments und Rates neu gefasst worden. Für den Fall, dass Mitgliedstaaten bei der Umsetzung von Richtlinien untätig bleiben, gibt es keine unmittelbare („horizontale") Drittwirkung von Richtlinien zu Lasten Einzelner im Privatrechtsverkehr, sondern allenfalls einen Schadensersatzanspruch Einzelner gegen den untätigen Staat.

2. Gemeinschaftskonforme Auslegung

33 Innerhalb Europas müssen die Gerichte bei der Anwendung nationalen Rechts, insbesondere bei der Anwendung einer Vorschrift eines speziell zur Durchführung einer Richtlinie erlassenen Gesetzes, das nationale Recht **gemeinschaftskonform**, und speziell auch im Lichte des Wortlauts und des Zwecks der Richtlinie, also „**richtlinienkonform**", auslegen.

III. Staatliches Einheitsrecht als Rechtsquelle des Wirtschaftsprivatrechts

34 Aufgrund von internationalen Abkommen gibt es in manchen Bereichen des Wirtschaftsprivatrechts in den Vertragsstaaten als nationales Recht geltendes staatliches Einheitsrecht. So z.B. das aufgrund des Genfer Abkommens von 1930 und 1931 über das internationale Wechsel- und Scheckrecht in Kontinentaleuropa, Südamerika und Japan, aber nicht im angelsächsischen Rechtskreis eingeführte einheitliche **Wechsel- und Scheckrecht**. Zum staatlichen Einheitsrecht zählt auch das im Jahre 1980 geschaffene **UN-Kaufrecht (CISG)**, das inzwischen nahezu weltweit als innerstaatliches Recht anzuwenden ist[5]. Daneben gibt es weitere Übereinkommen zum Kaufrecht, von denen das wichtigste das **UN-Übereinkommen** über die **Verjährung** beim internationalen Warenkauf von 1974 ist.[6]. Das Recht des Gütertransports auf der Straße ist im Jahre 1956 durch das **CMR** geregelt worden[7], der Transport von Gütern auf der Schiene durch das COTIF 1999, das zum 1. Juli 2006 in Kraft getreten ist[8]. Die seither ständig veränderten **Haager Regeln** über das **Seefrachtrecht** stammen aus dem Jahre 1924; die neueste Fassung sind die Hamburg Rules[9].

IV. Nichtstaatliches Einheitsrecht als Rechtsquelle des Wirtschaftsprivatrechts

35 Neben den soeben erörterten einheitlich bestehenden Regelungen aufgrund internationaler Rechtssetzung spielen neuerdings eine immer bedeutendere Rolle für das Wirtschaftsprivatrecht die für eine bestimmte Branche oder die für bestimmte Transaktionen typischen Verhaltensweisen der Rechtspraxis. Durch die Gewöhnung an bestimmte praktische Übungen in bestimmten Bereichen des Wirtschaftsprivatrechts hat sich mit der Zeit ein Bestand an Übereinstimmungen bei der rechtlichen Handhabung herausgebildet, der – obwohl noch unterhalb der Schwelle zum Gewohnheitsrecht – begrifflich als **Lex mercatoria** oder **Transnational Law** zusammengefasst wird.
Zu den Elementen dieses nichtstaatlichen Einheitsrechts gehören zum einen die vielen **rechtlichen Gemeinsamkeiten** unterschiedlicher Rechtsordnungen. Weiterhin gehören zum nichtstaatlichen Einheitsrecht die „**Incoterms**". Wenn die Incoterms Inhalt eines Vertrages geworden sind, sind die von der Internationalen Handelskammer in Paris dazu aufgestellten Auslegungsregeln verbindlich[10]. Im deutschen Recht entnimmt man

---

5   http://www.cisg-online.ch/cisg/conv/convde.htm
6   http://www.vilp.de/d15.htm
7   http://www.transportrecht.org/dokumente/CMRdt.pdf
8   http://www.otif.org/veroeffentlichungen.html
9   http://www.admiraltylaw.com/statutes/hamburg.html
10 http://www.iccwbo.org/

Rechtsquellen des Wirtschaftsprivatrechts   Kap. 2 § 2 **B**

das § 346 HGB. Danach hat z.b. die Benutzung von Kurzbezeichnungen in Verträgen, wie z.b. die Verwendung von Klauseln in Handelsverträgen (FOB, CIF) die Geltung ganz bestimmter Gefahrtragungs- und Kostenzuordnungsregeln zur Folge. Gleiches gilt für die **Richtlinien** für die **Behandlung** von **Dokumentenakkreditiven**[11] und für **Vertragsgarantien** der Internationalen Handelskammer von Paris[12]. Auch sollen bestimmte ständig verwendete **Musterverträge** mittlerweile zur Herausbildung eines entsprechenden nichtstaatlichen Einheitsrechts geführt haben, so der FIDIC-Mustervertrag für Ingenieurbauverträge[13]. In den letzten Jahrzehnten haben sich allenthalben **neue Märkte** mit spezifischen Regelungsbedürfnissen, die sich auf keine gewachsenen Rechtsstrukturen stützen können, herausgebildet. Das gilt vor allem für den Handel mit Derivaten auf dem internationalen Finanzmarkt. Als Anzeichen dafür, dass diese sich mittlerweile ihr eigenes Recht geschaffen haben, wird angesehen, dass nach der Herausbildung erster allgemein anerkannter Grundregelungen von den Vereinigungen der Marktteilnehmer bestimmte Vertragsmuster entwickelt worden sind, z.B. das ISDA-Master-Agreement für derivative Finanzprodukte[14]. Wenn man in diesem Sinne von nichtstaatlichem Einheitsrecht spricht, muss man andererseits auch sehen, dass die Strukturelemente eines solchen nichtstaatlichen Einheitsrechts meist noch sehr vage sind. Fraglich ist, ob ein **staatlicher Richter** derartiges nichtstaatliches Einheitsrecht überhaupt anwenden darf. Vor allem in der deutschen Rechtswissenschaft wird mit einiger Berechtigung die Eigenschaft nichtstaatlichen Einheitsrechts als Rechtsquelle bezweifelt. Wohl zutreffend ist es, für die Geltung der „Lex mercatoria" zu fordern, dass die Geltung der in Frage stehenden Regeln im Einzelfall vereinbart worden ist. Allerdings wird zuweilen von den staatlichen Gerichten die Einbeziehung bestimmter Grundsätze des nichtstaatlichen Einheitsrechts in einen Vertrag vermutet. In der **Schiedsgerichtspraxis** ist diese Frage weniger kompliziert. Nicht selten wird nämlich von streitenden Parteien nichtstaatliches Einheitsrecht als das von Schiedsgerichten anzuwendende Recht vereinbart (vgl. § 1051 ZPO), so durch die Vereinbarung einer Geltung der „Gesamtheit der Regeln des internationalen Handelsverkehrs, welche die Praxis herausgearbeitet hat und welche die Billigung der Rechtsprechung nationaler Gerichte erfahren hat".

V. Nationales Recht als Rechtsquelle des Wirtschaftsprivatrechts

Meist jedoch ist das Wirtschaftsprivatrecht **nationales Recht**. Da sich beim grenzüberschreitenden Wirtschaftsverkehr stets die Frage stellt, welche Rechtsordnung auf einen Sachverhalt anwendbar ist, werden in diesem Zusammenhang auch die Grundsätze des hierfür maßgeblichen **Internationalen Privatrechts** angesprochen werden müssen. Um die **Strukturen nationalen Wirtschaftsprivatrechts** deutlich zu machen, werden hier als Repräsentant für das kontinentaleuropäische Civil Law, für das ein in Kodifikationen zusammengefasstes geschriebenes Recht typisch ist, die Grundlinien des **deutschen Wirtschaftsprivatrechts** und für die Common-Law-Staaten, das im Grundsatz ohne vorgegebene Rechtsquellen auskommt, die Strukturen des **englischen** und **US-amerikanischen Wirtschaftsprivatrechts** vorgestellt. Hierbei wird sich zeigen, dass das angel-

36

---

11 http://www.icc-deutschland.de/index.php?id=47
12 http://www.wirtschaftslexikon24.net/d/einheitliche-richtlinien-fuer-auf-anforderung-zahlbare-garantien-erg/einheitliche-richtlinien-fuer-auf-anforderung-zahlbare-garantien-erg.htm
13 Münchener Vertragshandbuch, Hrsg. Schütze, Weipert, München, 2007, S. 517 ff.
14 http://www.isda.org/

sächsische Wirtschaftsprivatrecht durchaus gesetzliche Regelungen kennt, während es im deutschen Recht auch ungeschriebenes Recht gibt.

1. Das deutsche Wirtschaftsprivatrecht

37 a) **Das Grundgesetz (GG).** Das GG ist die kodifizierte deutsche Verfassung. Für das im Wirtschaftsleben bedeutsame Grundrecht der Koalitionsfreiheit wird in **Art. 9 Abs. 3 S. 1 GG** eine sogenannte „**unmittelbare Drittwirkung**" des Grundrechts in das Privatrecht angeordnet: „Das Recht, zur Wahrung und Förderung der Arbeits- und Wirtschaftsbedingungen Vereinigungen zu bilden, ist für jedermann und für alle Berufe gewährleistet. Abreden, die dieses Recht einschränken oder zu behindern suchen, sind nichtig, hierauf gerichtete Maßnahmen sind rechtswidrig." Ansonsten ist das in den **Grundrechten verkörperte Wertesystem** bei der Rechtsanwendung und bei der Fortentwicklung des Privatrechts bindend (vergl. Art. 1 Abs. 3 GG). Daher können die Grundrechte über die sogenannten „**Generalklauseln**" (§138 Abs. 1 BGB: „gute Sitten"; § 242 BGB: „Treu und Glauben"; § 823 Abs. 1 BGB: „sonstiges Recht"; § 826 BGB: „gute Sitten") als „**Einfallstore**" mittelbar in das **Privatrecht** hineinwirken („mittelbare Drittwirkung der Grundrechte").

38 b) **Privatrechtliche Kodifikationen.** Die in erster Linie maßgebliche **Kodifikation** der rechtlichen Regeln für die **Durchführung** der **Wirtschaftstätigkeit** ist das für jeden Privaten – also auch für den Wirtschaftstreibenden – geltende **Bürgerliche Gesetzbuch (BGB).** Das BGB regelt im Ersten Buch (**Allgemeiner Teil**) in den §§ 1–240 BGB für das gesamte Zivilrecht geltende Fragen, wie z.B. die Voraussetzungen der **Rechtsfähigkeit** natürlicher Personen (§ 1 BGB) oder bestimmter juristischer Personen (§§ 21 ff. BGB). Weiterhin findet man hier die Bestimmungen über die Vornahme von **Rechtsgeschäften,** wie die Voraussetzungen der **Geschäftsfähigkeit** in den §§ 104 ff. BGB, über die Auslegung von Willenserklärungen (§§ 133, 157 BGB), die Fragen der Beachtlichkeit eines **Irrtums** oder der Beeinflussung der Willensfreiheit durch arglistige Täuschung oder rechtswidrige Drohung bei der Vornahme von Rechtsgeschäften in den §§ 119 ff. BGB und den Folgen einer deswegen erklärten Anfechtung (§§ 142, 143 BGB), ferner die Regeln über die Technik des **Abschlusses eines Vertrages** als des bedeutendsten aller Rechtsgeschäfte (§§ 145 ff. BGB), über die **Auslegung** von geschlossenen Verträgen (§§ 133, 157 BGB) und über die Voraussetzungen und Folgen einer **Stellvertretung** bei der Vornahme von Rechtsgeschäften (§§ 164 ff. BGB). Abgerundet wird der Allgemeine Teil durch Bestimmungen über die **Zustimmung** (§§ 182 ff. BGB) und **Fristen, Termine** (§§ 186 ff. BGB) und über die **Verjährung** (§§ 196 ff. BGB). Am Schluss finden sich u.a. Regeln über **Rechtfertigungsgründe** etc. (§§ 226 ff. BGB) Aufgrund eines „**Ausklammerungsprinzip**" genannten Aufbauprinzips des BGB gelten – wie gesagt – die im Allgemeinen Teil des BGB getroffenen Regelungen im Grundsatz für alle folgenden Bücher des BGB, ja sogar für das in anderen Gesetzen enthaltene Sonderprivatrecht, also z.B. für das Handelsgesetzbuch (HGB) oder das Versicherungsvertragsgesetz (VVG), letztlich also für das gesamte deutsche Privatrecht. Das Zweite Buch des BGB enthält das **Recht der Schuldverhältnisse,** das in den §§ 241–853 BGB diejenigen rechtlichen Beziehungen von Personen zueinander regelt, die man deshalb „Schuldverhältnisse" nennt, weil bei ihnen eine Person einer anderen Person etwas schuldet: „Kraft des Schuldverhältnisses ist der Gläubiger berechtigt, von dem Schuldner die Leistung zu verlangen" (§ 241 Abs. 1 S. 1 BGB). Das **Zustandekommen** von Schuldverhältnissen regelt in erster Linie das „**Besondere Schuldrecht**" in den §§ 433 bis 853 BGB: Entweder können sie vom Gläubiger und Schuldner gewollt durch ein **Rechtsgeschäft,** speziell durch einen Vertrag, begründet werden (§ 311 Abs. 1 BGB). Das ist z.B. der Fall, wenn zwei Personen einen Kaufvertrag über eine Sache schließen. Dann schuldet der Verkäufer dem Käufer die Lieferung der Sache (§ 433 Abs. 1 S. 1 BGB) und der Käufer dem

Rechtsquellen des Wirtschaftsprivatrechts   Kap. 2 § 2   **B**

Verkäufer die Zahlung des Kaufpreises (§ 433 Abs. 2 BGB). Schuldverhältnisse können aber auch ungewollt von den Schuldnern und Gläubigern **kraft Gesetzes** entstehen. Wenn z.b. ein Radfahrer rechtswidrig und schuldhaft einen Fußgänger anfährt, schuldet der Radfahrer (Schuldner) dem Passanten (Gläubiger) Schadensersatz aus §§ 823 Abs. 1, 249 ff. BGB („Delikt"). Für das Wirtschaftsrecht ist in diesem Zusammenhang bedeutsam, dass als „sonstiges Recht" i.S.d. § 823 Abs. 1 auch der durch „Rechtsfortbildung" entwickelte „eingerichtete und ausgeübte Gewerbebetrieb" als „sonstiges Recht" angesehen wird und mangels einer anderen Schutznorm bei unmittelbar betriebsbezogenen und rechtswidrigen sowie schuldhaften Eingriffen (z.B. durch ungerechtfertigte Schutzrechtsverwarnungen, durch physische Eingriffe, durch Boykottaufrufe etc.), die ihn in seinem Kernbereich und allen seinen Ausstrahlungen treffen, Schadensersatz aus § 823 Abs. 1 BGB geschuldet wird. Die Inhalte der einzelnen, in den §§ 433 ff. BGB aufgeführten und entweder „durch Rechtsgeschäft", namentlich durch Vertrag, oder „kraft Gesetzes" entstandenen Schuldverhältnisse werden ebenfalls im „Besonderen Schuldrecht" geregelt, dies bei vertraglichen Schuldverhältnissen aber nur für den Fall, dass die Vertragspartner nichts anderes vereinbart haben; in einem solchen Fall typisiert das Gesetz in den §§ 433 ff. BGB die Inhalte von als solchen geschlossenen Verträgen, u.a. Kaufverträgen (§§ 433 ff. BGB), Mietverträgen (§§ 535 ff. BGB), Dienstverträgen (§§ 611 ff. BGB), Werkverträgen (§§ 631 ff. BGB), Verträgen über die Erbringung von Zahlungsdiensten, also über den „bargeldlosen Zahlungsverkehr" (§§ 675 e ff. BGB), Gesellschaftsverträgen betreffend die „Gesellschaft Bürgerlichen Rechts", kurz: „GbR" (§§ 705 ff. BGB), Bürgschaftsverträgen (§§ 765 ff. BGB). Die Inhalte von gesetzlichen Schuldverhältnissen aus Geschäftsführung ohne Auftrag (§§ 677 ff. BGB), Ungerechtfertigter Bereicherung (§§ 812 ff. BGB) oder aus Unerlaubter Handlung (§§ 823 ff. BGB) werden naturgemäß nur durch das Gesetz bestimmt. Aber auch im Zweiten Buch ist dem Besonderen Teil ein Allgemeiner Teil („**Allgemeines Schuldrecht**") vorangestellt. Dieser gilt aufgrund des auch hier erkennbaren „Ausklammerungsprinzips" des BGB für alle vertraglichen oder gesetzlichen Schuldverhältnisse, also zum Einen für die rechtsgeschäftlichen und gesetzlichen Schuldverhältnisse aus den §§ 433–853 BGB, zum Anderen aber auch – und das ist zu beachten – für solche Schuldverhältnisse, die in den anderen Büchern des BGB, ja sogar in privatrechtlichen Sondergesetzen, wie dem HGB oder dem VVG etc., geregelt sind. Denn – so puristisch ist die Systematik des BGB nun auch wieder nicht – „Schuldverhältnisse" gibt es nicht nur im „Recht der Schuldverhältnisse" des Zweiten Buches des BGB, sondern überall im Gesetz: So z.B. in § 122 BGB, in § 179 BGB (Allgemeiner Teil) oder in §§ 985 ff. BGB im Dritten Buch des BGB (Sachenrecht), ferner in den §§ 1601 ff. BGB im Vierten Buch des BGB (Familienrecht) und schließlich im Fünften Buch des BGB (Erbrecht) in den §§ 2147 ff. BGB (Erbrecht). In diesen allgemeinen Regeln der §§ 241–432 BGB („Allgemeines Schuldrecht") geht es um die Bestimmung des rechtlichen Schicksals eines Schuldverhältnisses oder einzelner sich aus Schuldverhältnissen ergebender Forderungen, z.B. in den §§ 280 ff. BGB durch die Regelung der Folgen von Leistungsstörungen seitens eines Schuldners (Nichtleistung, Verspätung, Schlechtleistung), in den §§ 346 ff. durch die Regelung des Rücktritts und seiner Folgen oder in §§ 362 ff. BGB durch Bestimmungen zu den Voraussetzungen und den Folgen der Erfüllung, oder in §§ 398 ff. BGB durch Aufstellung der Voraussetzungen für die Übertragung von Forderungen aus Schuldverhältnissen durch Vertrag („Zession") oder kraft Gesetzes („cessio legis") und die Regelung der sich daraus ergebenden Folgen. Im **Sachenrecht** des Dritten Buches des BGB wird die rechtliche Beziehung von Personen zu Sachen bestimmt. So regelt das Gesetz z.B., wie man den „Besitz" an einer Sache, also die rein „tatsächliche Sachherrschaft", erwirbt oder verliert (§§ 854 ff. BGB) und wie die Rechtsstellung des Besitzers geschützt ist (§§ 859 ff. BGB). Den Erwerb des „Eigentums" an einer Sache, die „rechtliche Sachherrschaft", durch das Rechtsgeschäft „Übereignung" regeln die §§ 929 ff. BGB für die beweglichen Sachen und die §§ 873, 925 BGB für die Grundstücke. Dass man auch Eigentum kraft Gesetzes erwerben kann, ergeben u.a. die §§ 946 ff. BGB und §§ 953 ff. BGB. Geregelt wird außerdem der rechtsgeschäftliche Erwerb anderer Rechte an Sachen, nämlich z.B. die der „beschränkt dinglichen Rechte", wie z.b. der Erwerb von Sicherungsrechten an Sachen, etwa eines Pfandrechts an einer beweglichen Sache (§§ 1204 ff. BGB) oder einer Hypothek an einem Grundstück (§§ 1113 ff. BGB) mit den jeweils dazu gehörigen Rechtsfolgen. Und außerdem – darauf wurde schon hingewiesen – sind im Dritten Buch des BGB auch Schuldverhältnisse geregelt. So ist in den §§ 985 ff. BGB bestimmt, dass der Eigentümer einer Sache (in dieser Beziehung: Gläubiger) von einem nicht berechtigten Besitzer (in dieser Beziehung: Schuldner) deren Herausgabe und ggf. Schadensersatz und Herausgabe von gezogenen Nutzungen verlangen kann. Umgekehrt kann der unrechtmäßige Besitzer vom Eigentümer Ersatz seiner Verwendungen auf die Sache fordern (§ 994 ff. BGB). Und § 1004 BGB ordnet an, dass der Eigentümer (in dieser Beziehung: Gläubiger) gegen einen Störer (in dieser Beziehung: Schuldner) einen Anspruch auf Abwehr von Störungen des Eigentums hat. Ähnliches ist für den Besitzer in den § 861 BGB und § 862 BGB geregelt. Das im Vierten Buch des BGB geregelte **Familienrecht** und das im Fünften Buch des BGB enthaltene **Erbrecht** sind für das Wirtschaftsprivatrecht durchaus nicht bedeutungslos – man denke nur an die Regelung der Nachfolge in der Rechtsträgerschaft eines Unternehmens bei natürlichen Personen und Personengesellschaften – aber eben doch nur von mittelbarer und sehr spezieller Bedeutung, so dass hiervon in dieser Einführung nicht weiter die Rede sein wird. Aber das BGB ist für die Wirtschaftstreibenden nicht die einzige Quelle des Privatrechts. Denn es wird in mancherlei Hinsicht durch ein **Sonderprivatrecht**, das insbesondere wirtschaftsprivatrechtliche Fragen regelt, variiert oder ergänzt. So ist das **Privatrecht** der durch **Handel** am Wirtschaftsverkehr Teilnehmenden im **Handelsgesetzbuch** (HGB) enthalten, ein Gesetz, das, soweit der Regelungsgegenstand identisch ist, dem BGB als „lex specialis" vorgeht. Die Vorschriften des HGB richten sich aber nicht an jeden handeltreibenden Unternehmensträger, sondern nur an diejenigen, die zugleich „Kaufmann" sind. Das HGB regelt, wieder nach dem auch dieses Gesetz beherrschenden „Ausklammerungsprinzip" durch die Voranstellung eines **Allgemeinen Teils** im Ersten Buch, unter welchen Voraussetzungen man ein „Kaufmann" ist (§§ 1–7 HGB), wobei sich aus § 6 HGB ergibt, dass „Kaufmann" nicht nur einzelne natürliche Personen sind, sondern auch die Handelsgesellschaften, also die „Offene Handelsgesellschaft" (oHG) und die „Kommanditgesellschaft" (KG), aber auch bestimmte juristische Personen, nämlich nach § 3 AktG die „Aktiengesellschaft" (AG) oder nach § 13 Abs. 3 GmbHG die „Gesellschaft mit beschränkter Haftung" (GmbH). Es folgen dann Bestimmungen über das **Handelsregister** (§§ 8–16 HGB), die **Firma** (§§ 17–37a HGB) und die handelsrechtliche **Stellvertretung** (§§ 48–58 HGB). Von Bedeutung für das Wirtschaftsprivatrecht sind weiterhin die Bestimmungen für bestimmte **Personalgesellschaften**, und zwar über die oHG in §§ 105–160 HGB und über die KG in §§ 161–177a HGB. Das Vierte Buch des HGB regelt einzelne Handelsgeschäfte, beinhaltet also das **Schuldrecht der Kaufleute**. Und zwar werden auch hier nach dem „Ausklammerungsprinzip" zunächst **Allgemeine Vorschriften** vorangestellt, die für alle Handelsgeschäfte gelten (§§ 343–372 HGB). Im Anschluss daran werden in einem **Besonderen Teil** mögliche Vertragsinhalte für den Fall, dass die Vertragspartner nichts oder nichts anderes vereinbart haben, typisiert, und zwar für den **Handelskauf** in §§ 373 ff.HGB, für den **Kommissionsvertrag** in §§ 383 ff. HGB, für den **Frachtvertrag** in §§ 407 ff. HGB, für den **Umzugsvertrag** in §§ 451 ff HGB, für den **Frachtvertrag mit verschiedenartigen Beförderungsmitteln** in §§ 452 ff HGB, für den **Speditionsvertrag** in §§ 453 ff. HGB, für den **Lagervertrag** in §§ 467 ff. HGB und für den **Seefrachtvertrag** in §§ 476 ff. HGB. Nie darf man aus dem Auge verlieren, dass

Rechtsquellen des Wirtschaftsprivatrechts   Kap. 2 § 2 **B**

immer dann, wenn im Sonderprivatrecht des HGB keine speziellen Regelungen vorhanden sind, die Bestimmungen des BGB gelten. Das **UN-Kaufrecht** (CISG) regelt als lex specialis den internationalen Handelskauf. Die für das Wirtschaftsprivatrecht bedeutsamen gesetzlichen Bestimmungen über die **Aktiengesellschaft** finden sich im **Aktiengesetz** (AktG) und für die **Gesellschaft mit beschränkter Haftung** im **Gesetz betreffend die Gesellschaften mit beschränkter Haftung** (GmbHG). Für das Wirtschaftsleben von großer Bedeutung sind auch die in Sondergesetzen enthaltenen Regelungen des Privatversicherungsrechts im **Versicherungsvertragsgesetz** (VVG) und die des Wechsel- und Scheckrechts im **Wechselgesetz** (WG) und **Scheckgesetz** (ScheckG). Dies war eine (keineswegs abschließende) Übersicht über das in deutschen privatrechtlichen Kodifikationen und im Sonderprivatrecht enthaltene geschriebene Recht, das die Ausübung der Wirtschaftstätigkeit regelt.

Die den Wirtschaftstreibenden ebenfalls interessierende **private Kontrolle** der **Wirtschaftstätigkeit** wird zum Teil durch das **BGB**, z.B. durch die §§ 12 BGB in manchen Fällen i.V.m. § 17 HGB Namens- und Firmenschutz), in 1004 BGB (Eigentumsschutz), und durch **Sondergesetze**, wie bei der Verletzung von **gewerblichen Schutzrechten** z.B. bei Patentverletzungen durch das **Patentgesetz** (PatG) in § 139 PatG ermöglicht. Wenn es aber speziell um Ansprüche auf Unterlassung wettbewerbswidrigen Verhaltens eines Konkurrenten geht, bietet das **Gesetz gegen den unlauteren Wettbewerb** (UWG) den erforderlichen gewerblichen Rechtsschutz. Auch das Kartellrecht kann man zum Wirtschaftsprivatrecht zählen; geregelt ist es im **Gesetz gegen Wettbewerbsbeschränkungen** (GWB).

Was die Frage der **Verwirklichung von Rechten** angeht, so gibt es für die Verfahren eines modernen Konfliktmanagements im Wege der „Mediation" oder der „Schlichtung" praktisch keine gesetzlichen Regelungen. Das Recht der **prozessualen Durchsetzung** von Ansprüchen durch **Gerichte** oder **Schiedsgerichte** ist in der **Zivilprozessordnung** (ZPO) geregelt. Das Recht der **Zwangsvollstreckung** ist ebenfalls zum größten Teil in der ZPO geregelt. Regelungen zur Durchsetzung von Ansprüchen in der Insolvenz enthält die **Insolvenzordnung** (InsO).

c) Gewohnheitsrecht. Im deutschen Recht kann auch das Gewohnheitsrecht eine **39** Rechtsquelle für das Wirtschaftsprivatrecht sein. Die **Voraussetzungen** für die Anerkennung eines Rechtssatzes als Gewohnheitsrecht sind, dass die Rechtspraxis über längere Zeit hinweg bestimmte Regeln beachtet hat und dass die Rechtsgemeinschaft davon überzeugt war, dass dies Recht sei. Das **klassische Beispiel** für Gewohnheitsrecht im deutschen Wirtschaftsprivatrecht ist die Möglichkeit eines Zustandekommens von Verträgen nicht nach den Regeln der §§ 145 ff. BGB, sondern nach den Grundsätzen über das **Schweigen** auf ein „**Kaufmännisches Bestätigungsschreiben**": Wenn Kaufleute oder sonst am Wirtschaftsverkehr teilnehmende Personen über einen Vertragsschluss verhandelt haben, ohne jedoch zu einem Abschluss des Vertrages gekommen zu sein, aber einer der Verhandlungspartner der Auffassung ist, man habe bei dieser Gelegenheit bereits einen Vertrag geschlossen und deshalb dem anderen Teil schriftlich mitteilt, „ich bestätige den Abschluss eines Vertrages mit dem folgenden Inhalt: ......", so kommt, wenn der Empfänger diesem „Kaufmännischen Bestätigungsschreiben" nicht unverzüglich widerspricht, der Vertrag mit dem Inhalt des Bestätigungsschreibens zustande.

d) **Handelsbrauch**. Die Handelsgewohnheiten unter Kaufleuten werden „Handels- **40** brauch" genannt. Auch wenn es sich dabei nicht um Rechtsnormen, auch nicht um Gewohnheitsrecht handelt, gelten nach deutschem Recht die Handelsbräuche unter Kaufleuten (§§ 1 ff., 346 HGB). Dafür ist es ohne Bedeutung, ob dies im Einzelfall von den Kaufleuten gewollt war oder nicht. Es kommt nicht einmal darauf an, ob die Beteiligten den Handelsbrauch im Einzelfall kennen. Wenn z.B. im Geschäftsverkehr die Geltung der „Incoterms" vereinbart werden oder deren Vereinbarung vermutet wird, so ist die nach der maßgeblichen Interpretation der Internationalen Handelskammer den „Incoterms" beigemessene Bedeutung einzelner Klauseln (z.B. FOB, CIF) als Handelsbrauch für das deutsche Recht nach § 346 HGB verbindlich.

41 e) **Gesetzesauslegung, Korrekturen, „Analogie", „Richterrecht".** Mittels der **Gesetzesauslegung** bestimmt man den Inhalt einer gesetzlichen Norm, wobei man sich bestimmter in einer bestimmten Abfolge anzuwendender Methoden bedient. Wenn eine vom **Wortlaut** ausgehende und den Sprachsinn ermitteln sollende Auslegung zu keinem Ergebnis führt, interpretiert man die Norm vom Regelungsumfeld ausgehend **systematisch**. Wenn dies nicht weiterführt, muss man versuchen, den **historischen** Willen des Gesetzgebers zu erschließen und schließlich den Inhalt der Norm von ihrem Zweck her („**teleologisch**") zu bestimmen. Dabei ist man zusätzlich gehalten, die Norm „im Lichte der Verfassung", man sagt: „**verfassungskonform**", und, wenn es um aufgrund von Richtlinien erlassenes Recht geht, sie auch „**richtlinienkonform**" auszulegen. Zu (methodisch gesehen nicht mehr der Inhaltsbestimmung durch Auslegung zuzuordnenden) **Korrekturen** kann man als Rechtsanwender gezwungen sein, wenn der Normzweck eine Erweiterung („**teleologische Extension**") oder eine Einschränkung des Anwendungsbereichs („**teleologische Reduktion**") fordert. Wenn man nach Ausschöpfung der Möglichkeiten der Auslegung feststellen muss, dass für eine bestimmte Frage überhaupt keine rechtliche Regelung im kodifizierten Recht oder im Gewohnheitsrecht existiert, und wenn sich weiterhin herausstellt, dass dies vom Gesetzgeber nicht gewollt ist („**planwidrige Lücke**"), kann bei der Rechtsanwendung die Lücke durch den Richter geschlossen werden. Dies kann innerhalb des Gesetzes („intra legem") geschehen durch eine entsprechende bzw. „**analoge**" **Anwendung** anderer Gesetzesbestimmungen, die einen ähnlichen Interessenkonflikt betreffen. Wenn es aber keine im Wege der Analogie anwendbare vergleichbare Gesetzesbestimmung gibt, kann die planwidrige Lücke in den seltenen Konstellationen, in denen ein dringendes rechtspolitischen Bedürfnis besteht, auch außerhalb des Gesetzes („extra legem") durch **richterliche Rechtsfortbildung** geschlossen werden, durch die dann „**Richterrecht**" entsteht. Der Richter verlässt dann die im Civil Law dem Richter zugewiesene Rolle als „Diener des Rechts" und übernimmt Aufgaben, die man an sich vom Richter des Common Law kennt. Dabei bewegt er sich in einem verfassungsrechtlich bedenklichen Grenzbereich, denn die Aufgabe der Rechtsetzung ist an sich der gesetzgebenden Gewalt im Staat (Legislative) übertragen und nicht Sache der rechtsprechenden Gewalt (Judikative). Ein für das Wirtschaftsprivatrecht bedeutsames Beispiel der richterlichen Rechtsfortbildung ist, dass die Rechtsprechung den „**eingerichteten und ausgeübten Gewerbebetrieb**", also praktisch das „Unternehmen", als sonstiges Recht i.S.d. §§ 823 Abs. 1, 249 ff. BGB und daher auch nach § 1004 BGB geschütztes Recht anerkennt. Das hat zur Konsequenz, dass ein Unternehmen unter bestimmten zusätzlichen Voraussetzungen durch Schadensersatzansprüche (§§ 823 Abs. 1, 249 ff. BGB) und auch durch Abwehransprüche (§ 1004 BGB) ebenso geschützt wird wie das Eigentum an einer Sache. Ein weiteres ganz aktuelles Beispiel für eine richterliche Rechtsfortbildung ist, dass nach der Rechtsprechung des BGH vom Jahre 2001 an davon auszugehen ist, dass eine am Rechtsleben teilnehmende und daher als „**Außengesellschaft Bürgerlichen Rechts**" bezeichnete Gesellschaft bürgerlichen Rechts (GbR) als rechtsfähig behandelt wird (§§ 705 ff., 14 Abs. 2 BGB), so dass sie Rechte und Pflichten begründen kann, klagen und verklagt werden kann und mit der weiteren Folge, dass den Gläubigern nicht nur die GbR mit ihrem Gesellschaftsvermögen haftet, sondern daneben auch die einzelnen Gesellschafter mit ihrem privaten Vermögen als Gesamtschuldner für eine Forderung gegen die GbR einstehen müssen.

42 f) **Rechtsprechung, Rechtswissenschaft.** Abgesehen von den vorstehend skizzierten seltenen Fällen einer richterlichen Rechtsfortbildung ist die **Rechtsprechung** im **Civil Law** in erster Linie **Rechtsanwendung**; man nennt die Judikative daher zuweilen auch sehr plastisch: „Dienerin des Rechtes". Die Gerichte sind dabei an Gesetz und Recht gebunden (Art. 20 Abs. 3 GG) und nicht an irgendwelche Weisungen (Art. 97 GG). Die verfassungsrechtlich geschützte Unabhängigkeit der deutschen Gerichte geht so weit, dass Gerichte bei ihren Entscheidungen auch dann in ihrer Entscheidung frei sind, wenn andere Gerichte, ja sogar Obergerichte zu bestimmten Rechtsfragen eine abweichende ständige Rechtsprechung entwickelt haben. Auch eigene frühere Entscheidungen eines Gerichts binden ein Gericht nicht selbst. Um aber jedem Missverständnis vorzubeugen: Auch in Deutschland sind frühere gerichtliche Entscheidungen des entscheidenden Gerichts oder anderer Gerichte, speziell der Obergerichte, eine wichtige Entscheidungshilfe bei der Rechtsfindung eines jeden Gerichts. Aus jenen Entscheidungen lässt sich ablesen, wie das entscheidende Gericht selbst oder wie andere Gerichte gleich gelagerte oder ähnliche Rechtsfragen in zurückliegender Zeit entschieden haben. Man kann sich als Gericht mit Gründen versehen diesen früheren Entscheidungen anschließen oder, wenn man anderer Ansicht sein sollte, diese Entscheidungen ablehnen und – natürlich nicht willkürlich, sondern ebenfalls mit Gründen versehen – eine abweichende Lösung finden. Die bedeutsamsten Gerichtsentscheidungen werden allgemein zugänglich veröffentlicht: Die Entscheidungen der oberen Bundesgerichte, speziell die Entscheidungen des als oberste Instanz für das Zivilrecht besonders bedeutsamen BGH, sind in einer amtlichen Sammlung (BGHZ) publiziert und können auch im Internet nachgelesen werden[15]. Die **Rechtswissenschaft** leistet durch ihre vorwiegend dogmatische, aber auch empirische Forschung unverzichtbare Vorarbeiten für das Verständnis des Rechtes, für die Ermittlung des Inhalts von Normen durch Auslegung, für eine eventuelle teleologische Korrektur von Normen, für die Lückenschließung im Wege der Analogie und im Extremfall durch richterliche Rechtsfortbildung. Ferner leistet sie Vorarbeiten für die Weiterentwicklung des Rechts durch den Gesetzgeber. Publiziert werden die dabei gewonnenen Erkenntnisse in „Kommentaren" zu Gesetzen, das sind oft vielbändige Buchveröffentlichungen, in denen jede einzelne Vorschrift des geltenden Rechts unter Bezugnahme auf die Rechtsprechung und auf Stellungnahmen der Wissenschaft ausgelegt wird. Ferner publizieren Rechtswissenschaftler ihre Forschungsergebnisse in groß angelegten und wissenschaftlich vertieften Monographien oder in aktualitätsbezogenen Aufsätzen und Entscheidungsrezensionen in Fachzeitschriften. Dazu kommen die der Profilierung zum Hochschullehrer dienenden Habilitationsschriften und eine Vielzahl von Dissertationen von jungen, meist noch sehr der Theorie verhafteten Wissenschaftlern. Wie intensiv die Rechtswissenschaft in Deutschland betrieben wird, kann man daran erkennen, dass die Zentralbibliothek der Fakultät für Rechtswissenschaft an der Universität Hamburg im Jahre 2010 einen Präsenzbestand von ca. 370 000 Bänden und 900 laufenden Zeitschriften aus allen Rechtsgebieten aufweist.

2. Das englische Wirtschaftsprivatrecht

Die wichtigste Rechtsquelle des englischen Privatrechts ist das „**Common Law**", bei dem es sich um vorgegebenes, also nicht um „gesetztes" Recht handelt, wie es das Civil Law ist. Aufgedeckt, also sichtbar gemacht, wird das Common Law seit Jahrhunderten durch gerichtliche Entscheidungen von Einzelfällen, bei der jede neue Entscheidung sich grundsätzlich und verbindlich an einer zeitlich vorangegangenen Entscheidung zu orientieren hat. Aber weil jeder Fall vom Tatsächlichen her gesehen anders gelagert ist als ein zuvor entschiedener Fall, entdeckt der Richter bei seiner Rechtsprechung nicht nur das Recht, sondern entwickelt es stets ein wenig fort. So entsteht ein auf einem System von Präjudizien basierendes Fallrecht, genannt „**Case Law**", bei dessen Herausbildung sich jede neue Entscheidung in einem bestimmten hierarchischen System nach einer

43

---

15 http://www.bundesgerichtshof.de/

vorhergehenden Entscheidung zu richten hat: Die Entscheidungen des höchsten Gerichts, des „House of Lords", binden alle nachfolgend entscheidenden Gerichte. Zeitlich vorrangige Entscheidungen des „Court of Appeal" binden alle niedrigeren Gerichte, also die „High Courts" oder die „Magistrates Courts". Die Entscheidungen der „High Courts" und der „Magistrates Courts" binden niemanden, nicht einmal diese Gerichte selbst. Die Entscheidungen der oberen Gerichte verlieren ihre Bindungswirkung nur dadurch, dass sie durch eine spätere eigene Entscheidung oder durch die eines höheren Gerichts außer Kraft gesetzt werden oder wenn der Gesetzgeber die Entscheidung aufhebt. Das verleiht dem Rechtssystem des Common Law die nötige Beweglichkeit und macht eine Anpassung an die Gegenwart möglich und sichert diesem System zugleich die – im Civil Law durch Gesetze geschaffene – in einem Rechtsstaat erforderliche Rechtssicherheit und Berechenbarkeit der Entscheidungen. Das „Common Law" kann nicht beseitigt werden; es dauert „ewig" fort. Nur in einzelnen Bereichen oder zu einigen Fragen können Gesetze („statutes") das Common Law abändern. Das ist der eine Grund dafür, dass es im angelsächsischen Rechtskreis außer dem „Case Law" auch **Gesetzesrecht** („Statutory Law") gibt. Wenn eine Materie sowohl durch „Case Law" als auch durch „Statutory Law" geregelt ist, ist das „Statutory Law" lediglich eine Rechtsquelle zweiten Ranges und dient allein dazu, Unklarheiten und Lücken des „Case Law" zu bereinigen. Der zweite Grund für vermehrtes Gesetzesrecht sind europäische Verordnungen und Richtlinien. Aber z.B. das **Vertragsrecht**, also das Recht, welches unter anderem die Fragen der Geschäftsfähigkeit, die Fragen des Zustandekommens von Verträgen, die der Folgen eines Irrtums, die Fragen der Voraussetzungen der Stellvertretung, die der Vertragsinhalte, die der Vertragsauslegung und die Fragen der Leistungsstörungen regelt, ist fast ausschließlich aus dem Common Law hervorgegangenes „Case Law". Eine spezifische Besonderheit ist die rechtliche Regelung der Begründung von (vertraglichen) Leistungsversprechen. Wenn ein solches nicht in Form einer „deed", d.h. unterschrieben, gesiegelt und zugestellt, erklärt worden ist, ist es unverbindlich, wenn ihm keine Gegenleistung („consideration") des Versprechensempfängers gegenübersteht. Auch das **Recht** der **unerlaubten Handlung** ist ausschließlich „Case Law". Der **Warenkauf** hingegen ist durch den „Sale of Goods Act" aus dem Jahre 1979, das wiederum durch andere, Spezialfragen betreffende, Gesetze ergänzt wird, gesetzlich normiert. Und für den internationalen Handelskauf gilt auch in England das **UN-Kaufrecht** (CISG). Das **Gesellschaftsrecht** ist, was die Gesellschaftsform der Partnership angeht, teils durch „Case Law" und teils durch Gesetze geregelt. Das **Sachenrecht** ist, was den Warenkauf angeht, im „Sale of Goods Act" geregelt. Soweit es um das **Grundstücksrecht** geht, ist teils das „Case Law", in Teilfragen auch ein Gesetz, das „Law of Property Act" aus dem Jahre 1925, einschlägig. Dieses Gesetz regelt partiell auch das ansonsten weitgehend vom „Case Law" bestimmte **Kreditsicherungsrecht**. Im **Handelsrecht** ist das Handelsvertreterrecht seit dem Jahre 1994 gesetzlich geregelt. Das gilt auch für das **Recht** der **Kapitalgesellschaften**, das durch den „Companies Act" vom Jahre 1989 bestimmt wird. Das deutlich vom kontinentaleuropäischen Recht abweichende **Wechsel-** und **Scheckrecht** ist ebenfalls gesetzlich geregelt. Auch das den privaten **Schutz** der **unternehmerischen Betätigung** regelnde **Recht** des **gewerblichen Rechtsschutzes** ist gesetzlich geregelt. Aufgrund von Gesetzen, Rechtsverordnungen und Verfahrensrichtlinien ist das **Zivilprozessrecht** weitgehend Gesetzesrecht. Beim Recht der **Zwangsvollstreckung** steht eine solche Regelung unmittelbar bevor. Das **Insolvenzrecht** ist bisher nur unvollständig gesetzlich geregelt.

3. Das Wirtschaftsprivatrecht der Vereinigten Staaten von Amerika

44 Auch nach der erkämpften Unabhängigkeit von Großbritannien galten – und dies bis heute – in den Vereinigten Staaten von Amerika schon aus praktischen Gründen die

Rechtsquellen des Wirtschaftsprivatrechts   Kap. 2 § 2   B

englischen Rechtsgrundsätze fort. Allerdings wurden die englischen Traditionen des Common Law intensiver weiterentwickelt als im Mutterland des Common Law. Denn das System des Prinzips der Bindung der Gerichte an Präjudizien hatte wegen der verfassungsrechtlichen Besonderheit eines Bundesstaates und wegen des Nebeneinanderbestehens von Bundesgerichts- und Einzelstaatengerichtsbarkeit und schließlich auch wegen einer Tendenz der amerikanischen Gerichtsbarkeit zur Lockerung im Umgang mit Präzedenzfällen zu einer beträchtlichen Unsicherheit der Rechtsquellenlage geführt. Dem war man zunächst durch eine im Jahre 1923 begonnene Sammlung des Fallrechts („Restatement of the Laws") begegnet, einer mittlerweile dreißigbändigen Sammlung des Fallrechts, die mit Anmerkungen versehen und systematisch aufgebaut und wie ein Gesetz formuliert den Zustand des Common Law abbildet und weiterentwickelt („prestament"). Dies ist zwar keine Rechtsquelle, wird aber in Zweifelsfragen von den Gerichten herangezogen. Außerdem hatte man schon im Jahre 1892 mit der Erarbeitung von Einheits- und Mustergesetzen („Uniform State Laws") begonnen, die den Einzelstaaten zur Übernahme angeboten wurden. Inzwischen gibt es etwa hundert solcher **Uniform State Laws** auf zivil-, handelsrechtlichen und prozessualen Gebieten, die allerdings meist nur in einer kleineren Anzahl von Staaten gelten. Was jedoch die zentralen Fragen der **Wirtschaftstätigkeit** angeht, gibt es den „**Uniform Commercial Code**" (UCC) aus dem Jahre 1952. Dieses von fast allen Staaten vollständig übernommene Modellgesetzbuch bestimmt nicht nur die Rechtsverhältnisse bezüglich einzelner Verträge, sondern viele der aus Gründen des Sachzusammenhangs dazu gehörige Geschäftsvorgänge, die man als commercial transactions bezeichnen kann, dies aber nicht, wie man es aus den systematischen Kodifikationen des kontinentalen Rechts gewohnt ist, in logischen, sondern in praktischen Zusammenhängen. Das UCC ist auch kein Sonderprivatrecht für Kaufleute, sondern gilt auch für Nichtkaufleute. So sind im UCC zunächst der **Warenkauf** und die **Miete** geregelt (Art. 2 und 2 A UCC) und an anderer Stelle auch der **Wertpapierhandel** (Art. 8 UCC). Dann finden sich Bestimmungen zu den verschiedenen Arten der **Bezahlung**, speziell Bestimmungen zur **Abwicklung** des **Zahlungsverkehrs** durch dafür eingeschaltete Banken, und Regeln über die **Finanzierung** einer Zahlungsverpflichtung durch die Verwendung von Wertpapieren oder durch die Einschaltung von Banken (Artt. 3, 4, 4 A, 5 UCC). Weiterhin geht es um die rechtliche Regelung der **Lagerung** und **Versendung** von **Waren** (Art. 7 UCC). Auch die **Kreditsicherung** durch dingliche Rechte an beweglichen Sachen ist im UCC geregelt (Art. 9 UCC). Ergänzt wird das Recht der „commercial transactions" durch insoweit **vorrangiges Bundesrecht**, z.B. im **Verbraucherschutzrecht**, beim internationalen Handelskauf durch das **UN-Kaufrecht** (CISG) und im **Scheckrecht**. Auch wenn das **Gesellschaftsrecht** in den Einzelstaaten geregelt ist, gibt es eine weitgehende Rechtseinheit, weil das Recht der Einzelstaaten auch insoweit oft Modellgesetzen des Bundes folgt oder sich den Gesetzen von Staaten anschließt, deren Recht von anderen Staaten als qualitativ führend angesehen wird. Die Rechtsquelle des **Deliktsrechts** („law of torts") ist abgesehen vom Straßenverkehrsrecht und dem Recht der Arbeitsunfälle und einiger der Haftungsbeschränkung dienender Gesetze wie auch in England weiterhin „Common Law". Gekennzeichnet ist es u.a. im Bereich der für das Wirtschaftsprivatrecht besonders bedeutsamen Produkthaftung durch eine zunehmend angenommene Verschuldensunabhängigkeit („strict liability") und in vielen Staaten auf der Rechtsfolgenseite bei besonders verwerflichem Verhalten des Schädigers durch die Zuerkennung eines Strafschadensersatzes („punitive damage"). Was die **private Kontrolle der Wirtschaftstätigkeit** angeht, so ist **der gewerbliche Rechtsschutz**, jedenfalls hinsichtlich des Warenzeichenrechts, teilweise gesetzlich geregelt. Es gibt in diesem Zusammenhang auch eine Reihe von bundesgesetzlichen Regelungen, die aber nach europäischem Rechtsverständnis kein Privatrecht, sondern verwaltungsrechtlicher Art sind. Das **Kartellrecht** ist gesetzlich geregelt und beruht auf drei sich ergänzenden und teilweise auch überlagernden Bundesgesetzen, dem „Sherman Act", dem „Clayton Act" und dem „Federal Trade Commission Act". Was die Durchsetzung von Rechten angeht, so sind das **Zivilprozessrecht** und das Recht der **Zwangsvollstreckung** jeweils in den Einzelstaaten und auch als **Bundesrecht** geregelt. Nach den Regeln des Bundesprozessrechts und dem vieler Einzelstaaten kann – und das ist eine gerade für das Wirtschaftsprivatrecht wichtige Besonderheit – mit Hilfe des Instituts der „Class Action" beim Vorliegen eines Rechtsverstoßes, z.B. bei fehlerhaften Produkten, ein Anspruch auf Feststellung, Unterlassung und Schadensersatz durch selbst ernannte Einzelkläger mit Wirkung für und gegen alle geltend gemacht werden. Das **Insolvenzrecht** ist Bundesrecht. Somit kann man sagen, dass das **US-amerikanische Wirtschaftsprivatrecht** überwiegend **gesetzlich** und zugleich **inhaltlich** auch **einheitlich** geregelt ist.

4. Internationales Privatrecht

45 Für die moderne Wirtschaft, speziell die deutsche exportorientierte Wirtschaft, sind grenzüberschreitende Geschäftsvorfälle typisch. Bei deren rechtlicher Beurteilung geht die erste Frage meist dahin, welches nationale Recht anzuwenden ist. Beantwortet wird sie durch das **Internationale Privatrecht** oder **Kollisionsrecht** des Staates des für die Entscheidung in der Sache zuständigen Gerichts. Aus diesem sachbezogenen Grunde gehört das Internationale Privatrecht auch zum Wirtschaftsprivatrecht. Im Rahmen dieser Einführung können selbstverständlich auch jetzt nur die **Strukturen** des **Internationalen Privatrechts** vorgestellt werden.

In **Deutschland** ergibt sich nach **Art. 3 Nr. 1** des **Einführungsgesetzes zum Bürgerlichen Gesetzbuch** (EGBGB) das anzuwendende Recht in erster Linie aus den speziellen Kollisionsnormen des **europäischen Gemeinschaftsrechts**. Das sind die EG-Verordnungen über das auf vertragliche Schuldverhältnisse anzuwendende Recht vom 17. Juni 2008 (Rom I) und die EG-Verordnung über das auf außervertragliche Schuldverhältnisse anzuwendende Recht (Rom II) vom 11. Juli 2007[16]. Außerdem ist nach **Art. 3 Nr. 2 EGBGB** vorrangig das Recht aus **völkerrechtlichen Vereinbarungen**. Nur nachrangig **gilt** nach **Art. 3 letzter Halbsatz EGBGB** das Recht aus den **Kollisionsnormen** des **EGBGB**.

Im **Vertragsrecht** gilt der Grundsatz der freien Rechtswahl (Art. 3 Abs. 1 Rom I). Zulässig ist auch die Wahl ausländischen Rechts bei einem reinen Inlandsfall, nicht aber eine damit verbundene Abwahl zwingender Bestimmungen des Inlands- bzw. des Gemeinschaftsrechts (Art. 3 Abs. 3 bzw. Abs. 4 Rom I), ferner keine Rechtswahl, durch die bei Verbraucher- und Arbeitsverträgen und bei Beförderungs- und Versicherungsverträgen der Schutz verkürzt wird, den zwingendes Recht ohne die Rechtswahl geboten hätte (Artt. 5 – 8 Rom I). Eingeschränkt ist eine Rechtswahl auch durch Art. 9 Abs. 1 Rom I, so dass man sich durch die Rechtswahl nicht einer „Eingriffsnorm" entziehen darf. Das können z.B. sein: Bestimmungen des Außenwirtschaftsrechts, des Devisenbewirtschaftungsrechts, des Kulturgüterschutzrechts, des Verbraucherschutzrechts, oder die Anordnung der Unzulässigkeit der Vereinbarung von Erfolgshonoraren nach § 49 b Abs. 2 BRAO. Ist keine Wahl getroffen, wird nach Art. 4 Abs. 1 Rom I das Recht für eine Reihe von Vertragstypen konkret festgelegt; so gilt beim Warenkauf das Recht des Staates, in dem der Verkäufer seinen gewöhnlichen Aufenthaltsort hat (Art. 4 Abs. 1 lit. a Rom I). Verträge, die nicht in die acht Punkte umfassende Liste einzuordnen sind, unterstehen dem Recht am gewöhnlichen Aufenthaltsort der Partei, die die

---

16 http://eur-lex.europa.eu/LexUriServ/LexUriServ.do?uri=OJ:L:2008:177:0006:0016:DE:PDF und http://eur-lex.europa.eu/LexUriServ/LexUriServ.do?uri=OJ:L:2007:199:0040:0049:DE:PDF

charakteristische Vertragsleistung erbringt (Art. 4 Abs. 2 Rom I). Letztlich sind diese Anknüpfungen aber nur Vermutungen, denn in Art. 4 Abs. 3 Rom I heißt es: „Ergibt sich aus der Gesamtheit der Umstände, dass der Vertrag eine offensichtlich engere Verbindung zu einem anderen als dem nach Abs. 1 oder 2 bestimmten Staat aufweist, so ist das Recht dieses anderen Staates anzuwenden". Nach dem so ermittelten Vertragsstatut richten sich das Zustandekommen und die Wirksamkeit des Vertrages (Art. 10 Rom I), die Auslegung, die Erfüllung, die Folgen der Nichterfüllung, das Erlöschen und die Nichtigkeitsfolgen (Art. 12 Abs. 1 Rom I).
Bei **Delikten** gibt es ein Wahlrecht (Art. 14 Rom II), das jedoch nicht gilt bei unlauterem, ausschließlich einen Wettbewerber betreffenden Wettbewerb (Art. 6 Abs. 2 Rom II) und bei Verletzung geistigen Eigentums (Art. 8 Abs. 3 Rom II). Wenn beide Parteien den gleichen gewöhnlichen Aufenthaltsort haben, gilt das Recht dieses Ortes (Art. 4 Abs. 2 Rom II EGBGB), wenn nicht Art. 5 Rom II (Produkthaftung) oder Art. 9 Rom II (Arbeitskampf) eingreifen. Bei Umweltschädigungen kann der Geschädigte bestimmen, seinen Anspruch auf das Recht des Staates, in dem das schadensbegründende Ereignis eingetreten ist, zu stützen (Art. 7 Rom II). Ansonsten gilt Art. 4 Abs. 1 Rom II, demzufolge „das Recht des Staates anzuwenden (ist), in dem der Schaden eintritt, unabhängig davon, in welchem Staat das schadensbegründende Ereignis oder indirekte Schadensfolgen eingetreten sind". Aber auch dies ist wieder nur eine Vermutung, die widerlegt ist, wenn sich – wie es in Art. 4 Abs. 3 Rom II heißt – „aus der Gesamtheit der Umstände (ergibt), dass die unerlaubte Handlung eine offensichtlich engere Verbindung mit einem anderen als dem in den Absätzen 1 oder 2 bezeichneten Staat aufweist, so ist das Recht dieses anderen Staates anzuwenden". Das Gesetz denkt dabei an die Fälle, in denen zugleich eine vertragliche Beziehung besteht.
Über **sachenrechtliche Vorgänge** entscheidet nach Art. 43 Abs. 1 EGBGB das Recht des Ortes, an dem sich die Sache befindet („lex rei sitae"). Ändert sich der Lageort der Sache, wirkt ein im Ausland bereits begründetes Recht mit den Wirkungen fort, die dem vergleichbaren Rechtsinstitut des Inlands zukommen (Art. 43 Abs. 2, 3 EGBGB). Bei einer Ware, die sich auf dem Transport befindet, gilt das Recht des Bestimmungsortes. Für das **Gesellschaftsrecht** war in Deutschland bis vor kurzem die Sitztheorie herrschend. Daher galt für alle Vorgänge, die das Leben der Gesellschaft (Gründung, innere Struktur, Haftung und Vertretung, Auflösung) betreffen, das Recht am Sitz der tatsächlichen Hauptverwaltung der Gesellschaft. Die Artt. 49 und 54 AEUV und die Rechtsprechung des EuGH zur Niederlassungsfreiheit von Gesellschaften[17] haben jetzt zumindest innerhalb der EU zu einem Wandel geführt. Es gilt nunmehr das Recht des Gründungsorts der Gesellschaft.
Was die kollisionsrechtliche Rechtslage in **England** angeht, so gelten auch dort die Verordnungen **Rom I** und **Rom II**. Bezüglich der dadurch nicht geregelten **sachenrechtlichen Vorgänge** ist auch in England das Recht des Ortes anwendbar, an dem sich die Sache befindet („lex rei sitae"). Bei grenzüberschreitend aktiven **Gesellschaften** bestimmt nach englischem Kollisionsrecht der Ort der Gründung, nach welchem Recht eine Gesellschaft gegründet wird und beendet wird, ob sie rechtsfähig ist und wie sie vertreten werden kann.
Da in den **Vereinigten Staaten** jeder Einzelstaat sein eigenes Privatrecht hat, umgekehrt aber das Wirtschaftsleben die Grenzen zwischen den Staaten ignoriert, muss bei fast jeder Rechtsfrage das anwendbare Recht durch ein in den Einzelstaaten geltendes und von Staat zu Staat unterschiedliches **interlokales Kollisionsrecht** ermittelt werden. Das Problem ist im Wirtschaftsprivatrecht dadurch wesentlich entschärft worden, dass in den meisten Staaten die Bestimmungen des „Uniform Commercial Code" (UCC) gelten,

---

17 http://www.beckmannundnorda.de/ueberseering.html

so dass jedenfalls einzelne wichtige Fragen des Vertragsrechts in fast jedem Staat inhaltlich gleich geregelt sind. Für den die **Außengrenzen** der Vereinigten Staaten **überschreitenden Rechtsverkehr** gibt es kein gesondertes internationales Kollisionsrecht. Vielmehr wird in dieser Hinsicht das Ausland wie ein anderer amerikanischer Bundesstaat gesehen, so dass das interlokale Kollisionsrecht gilt. Wegen dessen Unübersichtlichkeit lassen sich keine Regeln, an denen sich ein Ausländer orientieren könnte, entwickeln. Immerhin ist es im Grundsatz allgemein anerkannt, dass es die Möglichkeit einer **Rechtswahl** gibt.

Wenn nach dem jeweiligen nationalen Internationalen Privatrecht ausländisches materielles Recht anzuwenden ist, nehmen die Gerichte davon aber in solchen Fällen Abstand, in denen dieses zu einem Ergebnis führt, das mit den wesentlichen Grundsätzen der eigenen Rechtsordnung („**Ordre Public**") nicht zu vereinbaren ist (vgl. für Deutschland: Art. 6 EGBGB).

VI. Das Wirtschaftsverwaltungsrecht als Rechtsquelle des Wirtschaftsprivatrechts

46 Auch wenn speziell die Eingriffsregelungen des **nationalen Wirtschaftsverwaltungsrechts** dem Öffentlichen Wirtschaftsrecht zuzurechnen sind, können sie von mittelbarer Bedeutung für das **nationale Wirtschaftsprivatrecht** sein. Nach § 134 BGB „(ist) nichtig ein Rechtsgeschäft,...", also auch ein Vertrag, „...das gegen ein gesetzliches Verbot verstößt, wenn sich nicht aus dem Gesetz ein anderes ergibt". Das größte Potential an „Verbotsgesetzen" entstammt dem **Wirtschaftsverwaltungsrecht**[18]. Ein für das **Internationale Wirtschaftsrecht** besonders bedeutsames Beispiel ist das zum Wirtschaftsverwaltungsrecht gehörende **Außenwirtschaftsgesetz** (AWG), das die Aufstellung von den Außenhandel beschränkenden Regeln zulässt, deren Nichtbeachtung nach § 134 BGB zur Nichtigkeit privatrechtlicher Verträge führt: So wird z.B. ein nach Art. 41 der UN-Charta[19] durch den Sicherheitsrat verhängtes Handelsembargo dadurch umgesetzt, dass ein Verstoß hiergegen nach § 5 AWG i.V.m. § 134 BGB zur Nichtigkeit privater Lieferverträge führt. § 6 AWG dient der Abwehr schädigender Einflüsse aus fremden Wirtschaftsgebieten oder der Eindämmung inflationsträchtiger Kapitalzuflüsse. § 7 AWG schützt die Sicherheitsinteressen Deutschlands. Wie aber sieht es mit ausländischen Eingriffsnormen aus? Eine schon lange geltende geregelte **Ausnahme** vom Prinzip der Nichteinmischung ist bekanntlich Art. **VIII Abschnitt 2 lit. b Satz 1 des Abkommens über den Internationalen Währungsfonds (IWF)** von 1944. Hiernach entfällt die Klagbarkeit von Ansprüchen aus Devisenkontrakten, welche die Währung eines Mitglieds berühren und die nach diesem Abkommen zulässigen Devisenkontrollbestimmungen zuwiderlaufen. Neuerdings ist in der **EU** durch Art. **9 Abs. 3 Rom I** bestimmt, dass „den Eingriffsnormen des Staates, in dem die durch den Vertrag begründeten Verpflichtungen erfüllt werden sollen oder erfüllt worden sind, ...Wirkung verliehen werden (kann), soweit diese Eingriffsnormen die Erfüllung dieses Vertrages unrechtmäßig werden lassen. Bei der Entscheidung, ob diesen Eingriffsnormen Wirkung zu verleihen ist, werden Art und Zweck dieser Normen sowie die Folgen berücksichtigt, die sich aus ihrer Anwendung oder Nichtanwendung ergeben würden". Eine mittelbare Relevanz für das nationale Wirtschaftsprivatrecht kann ausländisches Wirtschaftsverwaltungsrecht haben, wenn vertragliche Verpflichtungen deshalb nicht erfüllt werden können, weil eine von einem ausländischen Lieferanten vertraglich versprochene Lie-

---

18 Siehe die Kasuistik bei Palandt-Ellenberger § 134 Rdn. 12 ff.
19 http://www.runiceurope.org/german/charta/charta.htm

ferung von Waren, z.B. Rohstoffen, durch den Staat des Lieferanten gesetzlich oder administrativ untersagt wird. In einem solchen Fall wird regelmäßig eine zum Ausschluss des Anspruchs auf Lieferung führende Unmöglichkeit vorliegen (§ 275 Abs. 1 BGB). Wenn aber der zur Lieferung verpflichtete Vertragspartner ein Staatsunternehmen ist, wird das Leistungshindernis nicht zur Befreiung führen, wenn der Verpflichtete nicht unabhängig vom Staat ist bzw. wenn er mit dem die Lieferung verbietenden Staat kollusiv zusammenwirkt, um seiner Lieferungsverpflichtung zu entgehen.

VII. Das Wirtschaftssanktionsrecht als Rechtsquelle des Wirtschaftsprivatrechts

Das Wirtschaftssanktionsrecht ist deshalb auch eine Rechtsquelle für das Wirtschaftsprivatrecht, weil nicht nur die oft als **Ordnungswidrigkeiten** zu ahndenden Verstöße von wirtschaftsverwaltungsrechtlichen Verboten zur Nichtigkeit nach § 134 BGB führen[20], sondern auch die objektive und subjektive Verwirklichung einzelner Tatbestände des **Wirtschaftsstrafrechts** diese Folge haben. So ist z.B. bei einem durch Submissionsbetrug zustande gekommenen Vertrag der Vertrag wirksam, nicht aber die Vergütungsabrede[21].

47

Kapitel 3   Der Unternehmer als Subjekt des Wirtschaftsprivatrechts

Der **Unternehmer** ist das eine der in Betracht kommenden **Subjekte des Wirtschaftsprivatrechts**. Hierunter versteht man natürliche oder juristische Personen oder rechtsfähige Personengesellschaften, die als Träger eines Unternehmens am Markt planmäßig oder dauerhaft Leistungen gegen ein Entgelt anbieten. Dass nicht das **Unternehmen als solches**, sondern der jeweiligen **Rechtsträger** des Unternehmens, also der **Unternehmer** das maßgebliche Subjekt des Wirtschaftsprivatrechts ist, ist eine dem juristischen Laien nicht unmittelbar einleuchtende Vorstellung. Das Abstellen auf die Rechtsträgerschaft eines Unternehmens ist aber deshalb erforderlich, weil ein Unternehmen begrifflich lediglich ein auf Gewinnerzielung und Maximierung des Nutzens gerichteter, organisierter und aus einer Zusammenfassung von einzelnen Vermögensgegenständen bestehender Komplex ist. Diese für das Bestehen eines Unternehmens unerlässlichen einzelnen Vermögensgenstände können z.B. sein: „Herrschaftsrechte" an Sachen, z.B. das Eigentum an einem Betriebsgrundstück, an der Büroeinrichtung, an dem Maschinen- oder Wagenpark (§ 903 BGB) oder an unkörperlichen Gegenständen (z.B. ein „Patent" genanntes Recht an einer Erfindung, § 9 Abs. 1 Patentgesetz, PatG). Es können auch lediglich „schuldrechtliche Rechte" sein, wie z.B. Rechte aus den Arbeitsverträgen mit Arbeitnehmern (§§ 611 ff. BGB), aus dem Mietvertrag über das Betriebsgebäude (§§ 535 ff. BGB), Kaufpreisforderungen (§ 433 Abs. 2 BGB) bzw. Vergütungsansprüche (§ 631 Abs. 1 BGB) oder Lieferungsansprüche (§ 433 Abs. 1 BGB) oder Herstellungsansprüche (§ 631 Abs. 1 BGB). Zu den Vermögensgegenständen eines Unternehmens gehören auch rein tatsächliche Beziehungen wie die „Corporate Identity" des Unternehmens oder Marktanteile, Geschäftschancen, „Good Will" etc. Aber als solcher

48

---

20 Siehe die Kasuistik bei Palandt-Ellenberger § 134 Rdn. 12 ff.
21 Palandt-Ellenberger § 134 Rdn. 24

rechtsfähig ist dieser „Komplex", den wir „Unternehmen" nennen, nicht. Dazu bedarf es eines Rechtsträgers, dem die einzelnen Vermögensgegenstände in rechtlicher Hinsicht (als Eigentümer, als Patentrechtsinhaber, als Gläubiger) zustehen, den Unternehmer nämlich. Die Bedeutung des Unternehmerbegriffs besteht also zum Einen darin, die möglichen Rechtsträger von Unternehmen begrifflich zu erfassen.

49 Zeigen wird sich dann weiterhin (s.u. § 6 und *Kapitel 4*), dass der Unternehmerbegriff eine weitere Funktion hat. Aufgrund der in Deutschland gesetzgeberisch umgesetzten EG-Richtlinie über den Verbraucherschutz bei Vertragsabschlüssen im Fernabsatz vom 20. Mai 1997 ist zum Einen bestimmt, dass bestimmte **Schutznormen nicht gelten**, wenn Unternehmer bei Abschluss eines Rechtsgeschäft in Ausübung ihrer gewerblichen oder selbständigen beruflichen Tätigkeit handeln und zum Anderen geregelt, dass auf sog. **Verbrauchergeschäfte** spezielle verbraucherschützende Rechtsnormen anwendbar sind. Unter Verbrauchergeschäften versteht man Rechtsgeschäfte von Unternehmern, die diese in Ausübung ihrer gewerblichen oder selbständigen beruflichen Tätigkeit (§ 14 BGB) mit natürlichen Personen abschließen, die weder deren gewerblicher noch selbständiger beruflicher Tätigkeit zugerechnet werden können und die daher Verbraucher genannt werden (§ 13 BGB).

§ 1 Der Staat als Unternehmer

I. Die Rechtslage im Allgemeinen

50 Ein Staat selbst ist – wie wir bereits wissen – ein Subjekt des Wirtschaftsprivatrechts, wenn er bei **fiskalischen Geschäften** Bezieher von Waren oder Dienstleistungen ist, die er zur Realisierung seiner Staatstätigkeit benötigt, so beim Einkauf von Büromaterial für die Verwaltung oder beim Abschluss eines Vertrages mit einem privaten Bewachungsunternehmen, das militärische Sicherheitsbereiche überwacht. Ein Staat kann aber auch – und das ist für uns ein neuer Aspekt – **Wirtschaftstätigkeit** verrichten und deshalb als Unternehmer ein Subjekt des Wirtschaftsprivatrechts sein. Er kann z.B. ihm gehörige Rohstoffe wie Öl, Gas oder Erze, oder andere Wirtschaftsgüter wie elektrische Energie aus staatlichen Kraftwerken an nationale oder internationale Kunden verkaufen und liefern. Ein Staat kann auch Dienstleistungen erbringen, wie z.B. bei der Besorgung des Personen- und Güterverkehrs, ferner bei der Ermöglichung der Post- und Telekommunikation, auch beim Betrieb des Rundfunks oder des Fernsehens und schließlich durch den Betrieb von Banken. Eine solche staatliche Wirtschaftstätigkeit kann rein theoretisch durch den **Staat selbst** erfolgen, wobei der Rechtsträger des Unternehmens in rechtskonstruktiver Hinsicht i.d.R. ein entweder nicht-rechtsfähiges oder rechtsfähiges **Sondervermögen** des Staates sein dürfte. Üblich ist heute allerdings die Konstruktion einer **Kapitalgesellschaft** als Rechtsträger des Unternehmens. Meist wird es eine Aktiengesellschaft sein, deren alleiniger Aktionär oder Mehrheitsaktionär der Staat ist, der auf diese Weise mittelbar auf die Geschäftsführung Einfluss nehmen kann. Die Frage ist, ob der Staat, wenn er in dieser Weise als Privater am Wirtschaftsleben teilnimmt, allein aufgrund seiner besonderen Stellung als Staat bei Fragen der Haftung und der Durchsetzung von Rechten anders behandelt werden muss als ein Privater. Zuweilen werden Staatsunternehmen und deren Rechtshandlungen trotz ihrer rechtlichen Ausgliederung aus der Staatsverwaltung durch die Wahl einer privatrechtlichen Rechtsform bezüglich der Unternehmensträgerschaft dem dahinterstehenden Staat zugerechnet, wenn sie gleichwohl ein Staatsorgan sind. Als solche unterlägen sie keiner fremden Gerichtsbarkeit und hätten das – sogleich erläuterte – Privileg der

Staatenimmunität. Umgekehrt kann sich z.B. die Frage stellen, ob – sollte sich der Staat durch ein von ihm rechtlich unabhängiges Staatsunternehmen wirtschaftlich betätigen und sollte dieses seine privatrechtlichen Verpflichtungen nicht erfüllen können – ein Gläubiger des Staatsunternehmens den Staat im Wege eines **Haftungsdurchgriffs** in Anspruch nehmen kann. Das soll möglich sein, wenn der Staat das Unternehmen nicht in ausreichender Weise mit Finanzmitteln ausgestattet hat (Unterkapitalisierung) oder wenn die Konstruktion eines anstelle des Staates selbst handelnden Staatsunternehmens dem Rechtsmissbrauch dient. Im Zusammenhang mit der Rolle des Staates als eines in der einen oder anderen Weise Wirtschaftstreibenden stellt sich weiterhin die Frage, ob dann, wenn der Staat aufgrund eigener wirtschaftlicher Tätigkeit oder aufgrund eines Haftungsdurchgriffs haftet, gegen ihn bestehende Rechte überhaupt durchgesetzt werden können. Einer Inanspruchnahme des Staates könnte nämlich das Prinzip der **Staatenimmunität** entgegenstehen. Bei innerstaatlichem Rechtsverkehr werden meistens die nationalen Gesetze diese Frage regeln. Wenn es aber um Verbindlichkeiten eines Staates aus grenzüberschreitendem Wirtschaftsverkehr geht und diese in einem fremden Staat gerichtlich durchgesetzt werden sollen, könnte der als Völkergewohnheitsrecht geltende Rechtssatz einschlägig sein, demzufolge ein Staat nicht der Gerichtsbarkeit eines anderen Staates unterliegt („Immunität im Erkenntnisverfahren"). Und weiterhin könnte der das Funktionieren des Staates und seiner Einrichtungen gewährleisten sollende Rechtssatz des Völkergewohnheitsrechts gelten, dass ein Staat vor Maßnahmen der Zwangsvollstreckung in staatliches Vermögen geschützt ist („Vollstreckungsimmunität"). Die Frage ist aber, ob der Grundsatz der Staatenimmunität auch für das Wirtschaftsprivatrecht gilt. Die früher herrschende Lehre von der „absoluten Staatenimmunität" wird heute nicht mehr vertreten. Vielmehr soll nur eine „eingeschränkten Staatenimmunität" bestehen. Das ergibt sich zum Einen aus völkerrechtlich verbindlichen Festlegungen für die Grenzen der Staatsimmunität, wie z.B. aus dem Negativkatalog des „Europäischen Übereinkommens über Staatenimmunität".[22] Hiernach sind Streitigkeiten über Warenlieferungsverträge, über Darlehensverträge und über im Gerichtsstaat zu erfüllende Verträge aus der Staatenimmunität ausgenommen. Außerdem hat sich im Völkergewohnheitsrecht ein Wandel vollzogen: der Grundsatz der Staatenimmunität soll nicht mehr bei Streitigkeiten über Grundstücke gelten, die im Gerichtsstaat liegen, oder bei Streitigkeiten aufgrund einer unerlaubten Handlung im Gerichtsstaat oder bei Streitigkeiten, die daraus entstehen, dass ein Staat deshalb auf Finanzmärkten auftritt, um durch die Ausgabe von Schuldverschreibungen seine Liquidität zu verbessern. Danach ist der Staat im Erkenntnisverfahren auch dann, wenn er grenzüberschreitend am allgemeinen Wirtschaftsleben teilnimmt, praktisch ungeschützt, kann also auch von Gerichten eines anderen Staates verurteilt werden. Daher ist im Wirtschaftsprivatrecht eigentlich nur die Frage der „Vollstreckungsimmunität" von Belang. Ob ausländisches Staatsvermögen vor der Zwangsvollstreckung geschützt ist, soll nach heutigem Völkergewohnheitsrecht davon abhängen, ob der Gegenstand der Zwangsvollstreckung hoheitlichen Zwecken gewidmet ist. Bei den in Anspruch genommenen Staat existentiell bedrohenden Zahlungsschwierigkeiten kommt überdies eine Berufung auf den im Völkergewohnheitsrecht anerkannten **Staatsnotstand** in Betracht, sofern dieser nicht in vorwerfbarer Weise von dem Schuldnerstaat selbst verursacht worden ist. Der Staat kann unter diesen Voraussetzungen Neuverhandlungen oder eine Umschuldung zu günstigeren Bedingungen verlangen.[23]

---

22 http://conventions.coe.int/Treaty/Commun/QueVoulezVous.asp?NT=074&CM=8&DF =3/7/2006&CL=GER
23 vergl. zu diesem aktuellen Thema (im Mai 2010: Griechenland) Herdegen, Internationales Wirtschaftsrecht, § 25 , 3

II. Die Rechtslage in Deutschland

51 In Deutschland kann es **Bundesbetriebe** geben. Das sind abgesonderte Teile des Bundesvermögens (Sondervermögen), die durch Gesetz oder aufgrund eines Gesetzes entstanden und die der Erfüllung einzelner Aufgaben des Bundes dienen, wobei diese rechtlich unselbstständig, aber durch gesetzliche Bestimmungen in der Weise teilrechtsfähig sein können, dass sie klagen können und verklagt werden können. Ebenso gibt es in den Bundesländern und in den Kommunen Unternehmen, die als Sondervermögen **Eigenbetriebe** bzw. **Landesbetriebe** genannt werden. Vielfach erfolgt der Betrieb von Unternehmen des Bundes, der Länder und der Kommunen jedoch durch von ihnen beherrschte **Kapitalgesellschaften**. So ist z.B. aus der „Deutschen Bundesbahn", die bis zum Jahre 1994 als ein im vorgenannten Sinne teilrechtsfähiges Sondervermögen des Bundes existierte, die „Deutsche Bahn AG" hervorgegangen, deren Mehrheitsaktionär die Bundesrepublik Deutschland ist.

§ 2 Internationale Organisationen als Unternehmer

52 Zu den Subjekten des Wirtschaftsprivatrechts gehören auch diejenigen internationalen Organisationen, deren Aufgabe es ist, die Weltmarktpreise für bestimmte Rohstoffe zu stabilisieren, indem sie diese bei sinkenden Preisen ankaufen und bei infolge der künstlichen Verknappung wieder steigenden Preisen verkaufen. Dies sind z.B. die „Internationale Kaffeeorganisation", das Internationale Naturkautschuk-Übereinkommen („International Natural Rubber Agreement") oder der „Internationale Zinnrat". Was die Frage der **Haftung** für Verpflichtungen der Organisation angeht, so müssen, weil diese Organisationen unabhängig von den Mitgliedsstaaten existieren, die einzelnen Mitgliedsstaaten in der Regel nicht einstehen („**Trennungsprinzip**"). Eine Haftung der einzelnen Staaten im Wege des **Durchgriffs** kommt aber dann in Betracht, wenn die Mitgliedsstaaten die Organisation nicht in ausreichender Weise mit Finanzmitteln ausgestattet haben (Unterkapitalisierung), weiterhin wenn die zu erfüllende Verpflichtung darauf beruht, dass die Mitgliedsstaaten einem mit dem Organisationszweck oder mit den unternehmerischen Sorgfaltspflichten offensichtlich unvereinbaren Verhalten der Organisation nicht entgegengetreten sind oder wenn die Berufung auf die rechtliche Selbstständigkeit aus anderen Gründen rechtsmissbräuchlich wäre. Was die Frage angeht, ob Dritte ihre aus der Wirtschaftstätigkeit internationaler Organisationen entstandenen Rechte gegen die Organisationen durchsetzen können, so könnte man daran denken, dass auch die internationalen Organisationen **Immunität** beanspruchen. In den Staaten ihres Sitzes ist diese Frage meistens vertraglich geregelt. Soweit keine Regelungen bestehen oder gelten, wird zum Teil angenommen, dass die internationalen Organisationen für die Handlungen, die sich aus ihren Funktionen ergeben, Immunität genießen. Andere meinen demgegenüber, dass die internationalen Organisationen nicht besser stehen können, als sich wirtschaftlich betätigende Staaten. Soweit die Mitgliedsstaaten im Wege der Durchgriffshaftung für die Verbindlichkeiten der Organisation einstehen müssen, genießen sie, weil es sich um eine Haftung des Staates aus einer privaten Wirtschaftstätigkeit handelt, nach den obigen Grundsätzen keine Immunität im Erkenntnisverfahren, sondern nur Vollstreckungsimmunität in den bereits genannten Grenzen. Auch die durch einen Staatsnotstand gesetzten Grenzen wären zu beachten.

§ 3 Natürliche Personen als Unternehmer

I. Die Rechtslage im Allgemeinen

Jeder Mensch ist als im Rechtssinne „natürliche Person" aufgrund der ihr zukommenden **Rechtsfähigkeit** zum Betrieb eines Unternehmens als Unternehmer in der Lage. Ihre Fähigkeit, rechtserheblich zu handeln, setzt ihre **Geschäftsfähigkeit** voraus. Weil es bei natürlichen Personen **keine Trennung** von **Privat-** und **Geschäftsvermögen** gibt, haftet den Gläubigern des von einer natürlichen Person betriebenen Unternehmens das gesamte Vermögen des Unternehmers. Im Falle des Todes des Unternehmers ist die Kontinuität gewährleistet, weil das Unternehmen von dem oder den **Erben** weiterbetrieben wird. 53

II. Die Rechtslage in Deutschland

In Deutschland sind besonders im **Kleingewerbe** und im **Mittelstand** die Rechtsträger von Unternehmen häufig einzelne Menschen, also „natürliche Personen". Ihre Rechtsfähigkeit, die sie zum Rechtsträger eines Unternehmens befähigt, erlangen sie durch die Vollendung der Geburt (§ 1 BGB). Die volle **Geschäftsfähigkeit**, also die uneingeschränkte Fähigkeit, selbstständig durch Rechtsgeschäfte, z.B. durch Verträge, Rechte und Pflichten zu begründen, beginnt mit der Vollendung des 18. Lebensjahrs (§§ 2, 104 ff. BGB), wenn nicht die in der Praxis extrem seltene Konstellation des § 112 BGB vorliegt. Natürliche Personen sind auch parteifähig, können also klagen oder verklagt werden (§ 50 ZPO). Wenn natürliche Personen ein Handelsgewerbe betreiben, sind sie zugleich **Kaufmann** (§§ 1 ff. HGB). Dies hat unter anderem zur Folge, dass auf von ihnen geschlossene Verträge die gegenüber dem BGB speziellen Vorschriften des HGB Anwendung finden können. Was die **Haftung** angeht, so haftet den Gläubigern eines von einer natürlichen Person betriebenen Unternehmens deren gesamts Vermögen, also ungetrennt das geschäftliche und auch das private Vermögen. Im Falle des Todes des Unternehmers wird das Unternehmen von dem oder den **Erben** weiterbetrieben (§ 1922 BGB). 54

§ 4 Juristische Personen als Unternehmer

Unter den als Rechtsträger eines Unternehmens in Betracht kommenden juristischen Personen des Privatrechts versteht man bestimmte Vereinigungen und die Stiftungen.

I. Die Rechtslage im Allgemeinen

Unter einer juristischen Person in Gestalt einer **Vereinigung** versteht man einen vom Gesetz als rechtsfähig anerkannten Zusammenschluss von Mitgliedern, der sich so sehr gegenüber diesen Mitgliedern verselbstständigt hat, dass seine Existenz vom jeweiligen Mitgliederbestand unabhängig ist. Als Rechtsträger von Unternehmen treten vor allem die als „**Kapitalgesellschaften**" bezeichneten Vereinigungen in Erscheinung. Für sie ist typisch, dass das Kapital der Vereinigung ihren Mitgliedern in Kapitalanteile zerlegt zusteht. Die für das Wirtschaftsleben bedeutsamsten Arten von Kapitalgesellschaften sind diejenigen, bei denen die Mitgliedschaft in im Grundsatz übertragbaren Wertpa- 55 pieren verbrieft ist. Als juristische Personen sind die Kapitalgesellschaften kraft Gesetzes rechtsfähig und kommen damit auch als Rechtssubjekte des Wirtschaftsprivatrechts in Betracht. Wie jede juristische Person kann auch eine Kapitalgesellschaft nur durch ihre Organe, nämlich durch ihre Innen- und Außenorgane, handeln. Was die Frage der Haftung für Gesellschaftsschulden bei Kapitalgesellschaften angeht, so haftet den Gläubigern nur das Gesellschaftsvermögen, nicht aber das der Anteilseigner („Trennungsprinzip"). Auch sind die Anteilsinhaber weder der Gesellschaft noch den anderen Gesellschaftern zur Leistung von Nachschüssen an die Kapitalgesellschaft verpflichtet. Das hieraus resultierende Risiko für die Gläubiger wird in manchen Rechtsordnungen durch das Erfordernis eines von der Gesellschaft für die Gläubiger zu erhaltenden Grundkapitals kompensiert. Weil bei einer juristischen Person in Gestalt einer Vereinigung ohne Änderung ihrer Identität Mitglieder eintreten oder austreten können, sind die Mitgliedschaftsrechte übertragbar; und beim Tod der Mitglieder einer Kapitalgesellschaft geht die Mitgliedschaft auf die Erben über. In **Deutschland** ist die **Aktiengesellschaft** (AG) das wichtigste Beispiel für eine Kapitalgesellschaft. Bei ihr sind die Kapitalanteile in Aktien zerlegt, die zu den leicht übertragbaren und damit ohne große Probleme handelbaren Wertpapieren gehören. Die Leitung des Unternehmens ist dualistisch aufgespalten in einen die Geschäfte führenden und die Gesellschaft nach außen vertretenden Vorstand als Außenorgan und in einen Aufsichtsrat als Innenorgan, der nur im Verhältnis zum Vorstand zugleich auch Außenorgan ist. Als weiteres Organ kommen hinzu die nur in der Hauptversammlung ihre Rechte geltend machen könnenden Aktionäre als reines Innenorgan. Eine vor allem in Deutschland vorkommende weitere Variante der Kapitalgesellschaften ist die **Gesellschaft mit beschränkter Haftung** (GmbH). Was das **englische Recht** angeht, entspricht die „**Public Company**" der deutschen Aktiengesellschaft. Und die **Private Company** mit dem Namenszusatz „**Limited**„ ist der deutschen GmbH vergleichbar. In den **Vereinigten Staaten von Amerika** entspricht die dort außerordentlich häufige „**Public Corporation**" der deutschen Aktiengesellschaft. Und die **Closed Corporation** ist der englischen „Limited" und damit auch der deutschen GmbH ähnlich. Was die Leitung von Kapitalgesellschaften angeht, so gibt es im angelsächsischen Recht, abweichend vom dualistischen System des kontinentalen Rechts, nur ein einziges „Board of Directors", das besetzt ist mit zum Teil exekutiven und zum Teil nicht exekutiven Managern. Außer den als Rechtsträger von Unternehmen in Betracht kommenden juristischen Personen in Gestalt von Vereinigungen kommen dafür auch die **Stiftungen** in Betracht. Eine Stiftung ist eine vom Gesetz als rechtsfähig anerkannte Vermögensmasse.

II. Die Rechtslage in Deutschland

1. Aktiengesellschaft (AG)

56 Wie gesagt: Das klassische Beispiel einer als Unternehmer in Betracht kommenden juristischen Person in Gestalt einer Vereinigung, speziell einer Kapitalgesellschaft, ist auch in Deutschland die **Aktiengesellschaft** (AG). Sie ist die typische Rechtsform für **Großunternehmen** mit großem **Kapitalbedarf**. Der Hauptvorteil dieser Gesellschaftsform besteht in der Möglichkeit einer direkten Beschaffung des Eigenkapitals, weil die AG einen Zugang zur Börse hat, dem gesetzlich vorgeschriebenen Markt beim Handel mit Kapitalanteilen.
Der Gründungsaufwand ist beträchtlich. Die **Entstehung** der Aktiengesellschaft setzt den Abschluss eines notariell zu beurkundenden Vertrags voraus, in dem die Satzung festgestellt wird (§ 23 AktG). An der Feststellung der Satzung müssen sich „eine oder mehrere Personen beteiligen" (§ 2 AktG), so dass auch eine „**Einmann-Gründung**"

möglich ist, bei der dieses Rechtsgeschäft dann kein Vertrag, sondern ein „einseitiges Rechtsgeschäft" ist. Die Satzung muss enthalten: Firma, Sitz, Gegenstand des Unternehmens, Höhe des Grundkapitals von mindestens € 50 000,-, Zerlegung des Grundkapitals in Nennbetragsaktien oder Stückaktien, Anzahl der Vorstandsmitglieder (§ 23 AktG). Die Satzung einer Aktiengesellschaft darf von den Bestimmungen des AktG nur abweichen, wenn dies im Gesetz ausdrücklich zugelassen ist (§ 23 Abs. 5 AktG). Erfüllt die Satzung diese Mindestanforderungen nicht und ist die Gesellschaft gleichwohl gegründet worden, ist sie nicht ohne weiteres nichtig, sondern muss durch gestaltendes Urteil für nichtig erklärt werden (§ 275 AktG). Der erste Aufsichtsrat und – seitens des ersten Aufsichtsrats – der erste Vorstand müssen bestellt werden (§ 30 AktG). Der von den Gründern zu erstellende schriftliche Gründungsbericht enthält Angaben über den Hergang der Gründung und ist von den Mitgliedern des Vorstands und des Aufsichtsrats zu überprüfen (§§ 32 ff. AktG). Wenn die Gründer die Aktien gegen Geld- oder Sacheinlagen (§§ 27 ff. AktG) übernommen haben, ist die Aktiengesellschaft „errichtet". Die bei einer Mehrpersonen-Gründung dann bestehende **Vorgesellschaft** ist ein „eigenständiges, von ihren Gründern und Gesellschaftern verschiedenes körperschaftlich strukturiertes Rechtsgebilde mit eigenen Rechten und Pflichten" (BGH), weder eine BGB-Gesellschaft, noch ein Verein, sondern eine Gesamthandsgemeinschaft eigener Art. Wird jetzt, obwohl die Gesellschaft vor der Eintragung in das Handelsregister nicht besteht, von Organen im Namen der noch nicht entstandenen Gesellschaft gehandelt, so haftet der Handelnde „persönlich und solidarisch" (§ 41 Abs. 1 AktG). Eine Streitfrage ist, ob auch alle Gründer (Aktionäre) haften. Die Gesellschaft ist bei dem Gericht von allen Gründern und Mitgliedern des Vorstands und des Aufsichtsrats zur Eintragung in das Handelsregister anzumelden. Die Anmeldung darf erst erfolgen, wenn auf jede Aktie, soweit nicht Sacheinlagen vereinbart sind, der eingeforderte Betrag ordnungsgemäß eingezahlt worden ist und er endgültig zur freien Verfügung des Vorstands steht (§ 36 AktG). Die Eintragung in das Handelsregister ist für die Entstehung der AG als juristische Person und für die Erlangung der **Rechtsfähigkeit** konstitutiv (§ 41 Abs. 1 Satz 1 AktG). Abgesehen davon, dass mit der Entstehung manche Gründungsmängel geheilt werden, können von diesem Zeitpunkt an sonstige Gründungsmängel nicht zur rückwirkenden Vernichtung der Gesellschaft führen, sondern berechtigen nur zu einer Nichtigkeitsklage, bei dem das stattgebende Urteil nur für die Zukunft wirkt. Die AG ist unabhängig vom Gegenstand des von ihr betriebenen Geschäfts eine **Handelsgesellschaft** (§ 3 AktG) und damit aufgrund ihrer Rechtsform **Kaufmann** (§ 6 HGB), so dass auf von ihr vorgenommene Rechtsgeschäfte die für Kaufleute geltenden und im Verhältnis zum BGB speziellen Vorschriften des HGB Anwendung finden. Zum Mitglied einer AG, also zum **Aktionär**, wird man entweder durch die Beteiligung an der Gründung der AG oder durch den Erwerb des Eigentums an der Aktie unter Lebenden oder von Todes wegen durch Erbfall (§ 1922 BGB). Die Aktie verbrieft das **Mitgliedschaftsrecht** in Gestalt eines Anspruchs auf Gewinnteilhabe, genannt Dividende, grundsätzlich auch auf ein Stimmrecht in der Hauptversammlung (§ 118 AktG), auf ein Auskunftsrecht (§ 131 AktG) und auf ein Recht zur Anfechtung von Hauptversammlungsbeschlüssen durch Klage (§§ 241 ff., 243, 251, 254, 255 AktG). Wie jede juristische Person kann auch eine AG nur durch ihre **Organe** handeln. Das oberste (Innen-)Organ der AG ist die **Hauptversammlung der Aktionäre** (§ 118 Abs. 1 AktG). Die Aktionäre haben damit aber keinen unmittelbaren Einfluss auf die Geschäftsführung. Sie können nur über den von der Hauptversammlung gewählten Aufsichtsrat personalpolitisch auf die Unternehmenspolitik Einfluss nehmen. Denn es ist der **Aufsichtsrat**, der zuständig ist für die Bestellung und Abberufung des Vorstandes (§ 84 AktG), für die Vertretung der Gesellschaft gegenüber Vorstandsmitgliedern (§ 112 AktG), für die laufende Überwachung seiner Geschäftsführung (§ 111 Abs. 1 AktG), für die Einberufung der Hauptversammlung, wenn das Wohl der Ge-

B Kap. 3 § 4 Grundlagen des Wirtschaftsprivatrechts

sellschaft dies erfordert (§ 111 Abs. 3 AktG), für die Prüfung des Jahresabschlusses (§ 171 AktG) und für die Erhebung einer Anfechtungsklage gegen rechtswidrige Beschlüsse der Hauptversammlung (§ 245 Nr. 5 AktG). Auf diese Weise hat der Aufsichtsrat auch mittelbar Einfluss auf die Unternehmenspolitik und die Geschäftsführung. Der vom Aufsichtsrat bestellte **Vorstand**, der aus einer oder mehreren Personen bestehen kann, ist das (Außen-) Organ der AG. Der Vorstand führt die Geschäfte der AG in eigener Verantwortung (§§ 76, 77 AktG). Der Vorstand ist im Verhältnis zu anderen zur unbeschränkten und unbeschränkbaren Vertretung der AG berechtigt (§ 78 Abs. 1 AktG). Anders als bei der „ultra-vires"-Doktrin des angelsächsischen Rechts gibt es keine Beschränkung der Vertretungsmacht des Vorstandes auf den Gesellschaftszweck. Durch die Rechtsgeschäfte des Vorstandes wird die AG verpflichtet und berechtigt. Bei einer verschuldensabhängigen Schadensersatzhaftung innerhalb bestehender Schuldverhältnisse haftet die AG nach §§ 280, 278 BGB i.V.m. § 76 AktG oder nach §§ 280, 31 BGB. Für unerlaubte Handlungen des Vorstandes oder eines verfassungsmäßig berufenen Vertreters kann ein Dritter sich an die Handelnden halten (§ 823 BGB) aber auch an die AG (§§ 823, 31 BGB). Im **Prozess** kann die rechtsfähige und damit parteifähige AG klagen oder verklagt werden (§ 50 ZPO). Den **Gläubigern der AG** haftet nur das Gesellschaftsvermögen (§ 1 Abs. 1 Satz 2 AktG). Dabei ist davon auszugehen, dass das Gesellschaftsvermögen nicht mit dem Grundkapital identisch ist. Das ist der Fall, wenn die Aktien zu Preisen ausgegeben werden, die über dem Nennbetrag liegen. Oder dies ergibt sich später durch die Bildung von Rücklagen. Dagegen haften nach dem bei juristischen Personen geltenden **Trennungsprinzip** die Aktionäre nicht für die Schulden der Gesellschaft; sie sind auch nicht zu Nachschüssen an die AG verpflichtet (§ 54 Abs. 1 AktG). Das sich aus dem Trennungsprinzip ergebende Risiko für die Gläubiger wird bei der AG durch das Erfordernis der Erhaltung des Grundkapitals kompensiert. Zum Schutz der Gläubiger gibt es eine Reihe von Vorschriften, die das Grundkapital vor Schmälerungen bewahren sollen: Verbot der Aktienemission unter dem Nennwert (§ 9 AktG), Verbot der Befreiung der Aktionäre von ihren Leistungspflichten (§ 66 AktG), Verbot der Rückgewähr von Einlagen an die Aktionäre (§ 57 AktG), Verpflichtung zur Bildung von gesetzlich bestimmten Rücklagen (§ 150 AktG), Verpflichtung zur Passivierung des Grundkapitals bei der Erstellung der Bilanz etc. Beim Tod eines Aktionärs geht die Mitgliedschaft auf die **Erben** über (§ 1922 BGB).

2. Die Europäische Aktiengesellschaft, Societas Europae (SE)

57 Die im Jahr 2004 durch eine Verordnung neu geschaffene Institution der Europäischen Aktiengesellschaft, **Societas Europae** (SE), bietet einer Aktiengesellschaft die Möglichkeit, EU-weit als rechtliche Einheit aufzutreten. Die SE ermöglicht es damit den innerhalb Europas tätigen Unternehmen, ihre Geschäfte in einer Gesellschaft zusammenzufassen, anstatt wie bisher für jedes Land eine eigene Gesellschaft zu gründen und sie dann zentral zu verwalten. Grenzüberschreitende M & A Unternehmenstransaktionen werden vereinfacht. Damit können vor allem kleine und mittlere Unternehmen auf unbürokratische Weise ihr Engagement im Ausland verstärken, indem sie eine Expansion und Neuordnung ohne die teuren und zeitraubenden Formalitäten für die Gründung mehrerer Tochtergesellschaften in den einzelnen Staaten vornehmen. Die ersten praktischen Erfahrungen bei der Umwandlung einer großen börsennotierten Aktiengesellschaft in eine SE sammelt derzeit die Münchener Allianz AG.
Grundsätzlich können sich nur Gesellschaften aus EU- und EWR-Mitgliedsstaaten an der **Gründung** beteiligen. Eine SE ist dazu verpflichtet, sich eine Satzung zu geben. Diese geht abweichenden nationalen Gesetzen vor (Art. 9 SE-VO). Welche Rechtsträger zur Gründung einer SE berechtigt sind, hängt von der jeweiligen Gründungsform ab. Zur

Gründung einer SE durch Verschmelzung sind ausschließlich Aktiengesellschaften berechtigt. Eine Holding-SE kann durch Aktiengesellschaften und durch Gesellschaften mit beschränkter Haftung gegründet werden. Eine gemeinsame Tochter-SE kann von juristischen Personen oder von Personengesellschaften gegründet werden. Eine Gründung durch Umwandlung in eine SE ist wiederum nur Aktiengesellschaften möglich. Eine wesentliche Voraussetzung für die Gründung einer SE ist ein grenzüberschreitendes Element, abhängig von der jeweiligen Gründungsform (Art. 2 SE-VO). Die SE ist eine **juristische Person** mit einem **in Aktien zerlegten Kapital** von mindestens 120 000 Euro. Sie ist eine **Handelsgesellschaft**. Daher finden die für Kaufleute geltenden und dem BGB als Spezialnormen vorgehenden Vorschriften des HGB Anwendung (§ 6 HGB). Die SE handelt durch ihre Organe. Sie kann entweder, wie in Kontinentaleuropa üblich, eine **dualistische Verwaltungsstruktur**, die in Vorstand und Aufsichtsrat aufgeteilt ist, haben, oder wie im angelsächsischen Rechtsraum üblich, eine **monistisch strukturierte Verwaltung**, bei der es ein Board of Directors mit teils exekutiven und teils nicht exekutiven Managern gibt.

3. Gesellschaft mit beschränkter Haftung (GmbH)

Die Gesellschaft mit beschränkter Haftung (GmbH) ist eine typische Rechtsform für die Rechtsträgerschaft bei **kleineren** und **mittleren Unternehmen**. Was die Rechtsnatur angeht, so ist die GmbH eine **juristische Person** mit einem den Gesellschaftern zustehenden in Stammeinlagen zerlegten Stammkapital. Die Vorstufe zur Errichtung einer GmbH ist sehr oft ein auf Abschluss eines Gesellschaftsvertrages gerichteter Vertrag, die eine „**Vorgründungsgesellschaft**" zur Folge hat. Hierbei handelt es sich um eine BGB-Gesellschaft. Soll dieser Vertrag zur Gründung einer GmbH verpflichten, bedarf er zu seiner Wirksamkeit der Form des eigentlichen Gesellschaftsvertrages nach § 2 GmbHG (notarielle Beurkundung), sofern nicht von der Erleichterung nach § 2 Abs. 1a GmbHG Gebrauch gemacht wird (Verwendung einer amtlichen Mustersatzung und öffentliche Beglaubigung der Unterschriften). Wird diese Vorgründungsgesellschaft gewerblich tätig, ist sie offene Handelsgesellschaft (oHG), die als rechtsfähig behandelt wird (§ 124 HGB) und bei der die Gesellschafter als Gesamtschuldner für Gesellschaftsverbindlichkeiten haften (§ 128 HGB). Auch die **Entstehung** der GmbH setzt den Abschluss eines notariell zu beurkundenden **Gesellschaftsvertrags**, oft „**Satzung**" genannt, voraus (§ 2 GmbHG). Die Besonderheit ist, dass die Gesellschaft durch eine oder mehrere Personen errichtet werden kann (§ 1 GmbHG), also auch eine „**Einmann-Gründung**" möglich ist, bei der dieses Rechtsgeschäft also ein „einseitiges Rechtsgeschäft" ist. Die Satzung muss mindestens enthalten (§ 3 Abs. 1 GmbHG): Gegenstand, Firma, Sitz, Betrag des Stammkapitals und den Betrag der von jedem Gesellschafter zu leistenden Stammeinlage (§ 3 GmbHG). Das **Stammkapital** der Gesellschaft muss mindestens fünfundzwanzigtausend Euro betragen § 5 Abs. 1 GmbHG). Der Nennbetrag jedes **Geschäftsanteils** muss auf volle Euro lauten. Ein Gesellschafter kann bei Errichtung der Gesellschaft mehrere Geschäftsanteile übernehmen (§ Abs. 2 GmbHG). Die Summe der Nennbeträge aller Geschäftsanteile muss mit dem Stammkapital übereinstimmen (§ 5 Abs. 3 GmbHG). Wenn **Sacheinlagen** geleistet werden sollen, so müssen der Gegenstand der Sacheinlage und der Nennbetrag des Geschäftsanteils, auf den sich die Sacheinlage bezieht, im Gesellschaftsvertrag festgesetzt werden (§ 5 Abs. 4 GmbHG). Eine Gesellschaft, die mit einem Stammkapital gegründet wird, das den Betrag des Mindeststammkapitals nach § 5 Abs. 1 unterschreitet – es muss mindestens Eur 1,- betragen – , muss in der Firma die Bezeichnung „**Unternehmergesellschaft (haftungsbeschränkt)**," oder „**UG (haftungsbeschränkt)**" führen. In der Phase zwischen dem Abschluss des Gesellschaftsvertrages und der Eintragung in das Handelsregister besteht eine „**Vorgesellschaft**", auch „**Vor-GmbH**" genannt. Die bei einer Mehrpersonen-Gründung dann bestehende „**Vorgesellschaft**" ist ein „eigenständiges, von ihren Gründern und Gesellschaftern verschiedenes körperschaftlich strukturiertes Rechtsgebilde mit eigenen Rechten und Pflichten", weder eine BGB-Gesellschaft, noch ein Verein, sondern eine Gesamthandsgemeinschaft eigener Art. Sie ist partei- und insolvenzfähig und kann Trägerin eines Unternehmens sein und eine eigene Firma führen. Zum Schutz des Rechtsverkehrs wird der für die GmbH gewählten Firmierung der Zusatz „in Gründung" oder „i.Gr." beigefügt. Wird jetzt, obwohl die Gesellschaft vor der Eintragung in das Handelsregister nicht besteht, von Organen im Namen der noch nicht entstandenen Gesellschaft gehandelt, so haftet der Handelnde „persönlich und solidarisch" (§ 11 Abs. 2 GmbHG). Eine der zentralen und ungeklärten Streitfragen des GmbH-Rechts ist, ob auch die Gesellschafter haften. Erst mit der notariell beglaubigt zu beantragenden Eintragung in das Handelsregister **erlangt die GmbH ihre Rechtsfähigkeit** (§§ 7, 11 Abs. 1 GmbHG). Die Anmeldung zur Eintragung in das Handelsregister muss öffentlich beglaubigt werden. Die Anmeldung, deren Inhalt § 8 GmbHG bestimmt, setzt u.a. voraus, dass vor der Eintragung ein Geschäftsführer bestellt worden ist. Die Anmeldung darf nach § 7 Abs. 2 GmbHG erst erfolgen, wenn auf jeden Geschäftsanteil, soweit nicht Sacheinlagen vereinbart sind, ein Viertel des Nennbetrags eingezahlt ist. Insgesamt muss auf das Stammkapital mindestens so viel eingezahlt sein, dass der Gesamtbetrag der eingezahlten Geldeinlagen zuzüglich des Gesamtnennbetrags der Geschäftsanteile, für die Sacheinlagen zu leisten sind, die Hälfte des Mindeststammkapitals gemäß § 5 Abs. 1 GmbHG erreicht. Sacheinlagen sind vor der Anmeldung der Gesellschaft zur Eintragung in das Handelsregister so an die Gesellschaft zu bewirken, dass sie endgültig zur freien Verfügung der Geschäftsführer stehen (§ 7 Abs. 3 GmbHG). Bei einer „**Unternehmergesellschaft (haftungsbeschränkt)**" darf abweichend von § 7 Abs. 2 GmbHG die Anmeldung erst erfolgen, wenn das Stammkapital in voller Höhe eingezahlt ist. Sacheinlagen sind ausgeschlossen. **Zwischen** der Vor-GmbH und der durch Eintragung entstandenen **GmbH** besteht **Identität**, so dass alle entstandenen Rechte und Pflichten ohne besondere Übertragung auf die GmbH übergehen. Mit der Eintragung der GmbH endet eine eventuelle Außenhaftung der Gesellschafter aus Verbindlichkeiten der Vor-GmbH, ebenso die Handelndenhaftung aus § 11 Abs. 2 GmbHG. Kommt es nicht zur Eintragung der GmbH („**unechte Vor-GmbH**") haften die Gesellschafter, wenn sie den Geschäftsbetrieb fortsetzen, nach § 128 BGB analog. **Keine Identität** besteht **zwischen** der **Vorgründungsgesellschaft und der Vor-GmbH**, so dass es keinen automatischen Übergang der Rechte und Verbindlichkeiten gibt. Mit der Eintragung in das Handelsregister erlangt die GmbH ihre **Rechtsfähigkeit** (§§ 7, 11 Abs. 1 GmbHG). Die von der Vor-GmbH erworbenen Rechte und ihre Verpflichtungen gehen auf die nun entstandene GmbH über. Abgesehen davon, dass mit der Entstehung manche Gründungsmängel geheilt werden, können sonstige Gründungsmängel nicht zur rückwirkenden Vernichtung der Gesellschaft führen, sondern berechtigen nur zu einer Nichtigkeitsklage, bei dem das stattgebende Urteil nur für die Zukunft wirkt (§ 75 GmbHG). Die GmbH ist unabhängig vom Gegenstand der Geschäftstätigkeit eine **Handelsgesellschaft** (§ 13 Abs. 3 GmbHG) und damit Kaufmann allein wegen ihrer Rechtsform (§ 6 HGB), so dass die für Kaufleute geltenden und dem BGB als Spezialnormen vorgehenden Vorschriften des HGB Anwendung finden. Nicht aber sind Kaufleute die Gesellschafter oder Geschäftsführer. Zum **Gesellschafter** einer GmbH wird man durch Beteiligung an der Gründung oder durch den notariell zu beurkundenden Erwerb des Geschäftsanteils (§ 398 BGB § 15 Abs. 1, 3, 4 GmbHG) oder als Erbe von Todes wegen (§ 1922 BGB). Wie jede juristische Person kann eine GmbH nur durch ihre **Organe** handeln. Die **Gesellschafterversammlung** ist das oberste (Innen-)Organ der GmbH. Auch bei der GmbH kann es einen **Aufsichtsrat** geben (§ 52 GmbHG). Die Aufgabe eines solchen Aufsichtsrats besteht in der Überwachung der Geschäftsführung, der Einberufung der

Gesellschafterversammlung, der Entgegennahme des Berichts des Geschäftsführers, der Prüfung des Jahresabschlusses und der Vertretung der GmbH gegenüber dem Geschäftsführer. Die GmbH muss als Außenorgan mindestens einen **Geschäftsführer** haben (§ 6 Abs. 1 GmbHG). Wenn nicht der Aufsichtsrat, dann bestellen die Gesellschafter den oder die Geschäftsführer. Die Aufgaben des Geschäftsführers bestehen darin, die Geschäfte der Gesellschaft zu führen. Die Geschäftsführungsbefugnis kann im Innenverhältnis durch den Gesellschaftsvertrag oder durch Beschluss der Gesellschafter beschränkt werden (§ 37 Abs. 1 GmbHG). Selbst Einzelanweisungen sind möglich. Dadurch können die Gesellschafter Einfluss auf die Unternehmenspolitik und auf das Tagesgeschäft nehmen. Insoweit unterscheidet sich die GmbH von der AG. Der Geschäftsführer vertritt die GmbH unbeschränkt und unbeschränkbar gegenüber Außenstehenden (§§ 6, 35 ff. GmbHG). Eine Beschränkung der Vertretungsmacht auf den Gesellschaftszweck gibt es anders als bei der „ultra-vires"-Doktrin des angelsächsischen Rechts auch hier nicht. Durch die Rechtsgeschäfte der Geschäftsführung wird die GmbH verpflichtet und berechtigt. Bei einer verschuldensabhängigen Schadensersatzhaftung innerhalb bestehender Schuldverhältnisse haftet die GmbH nach §§ 280, 278 BGB i.V.m. § 6 GmbHG oder nach §§ 280, 31 BGB. Für unerlaubte Handlungen des Geschäftsführers oder eines verfassungsmäßig berufenen Vertreters kann ein Dritter sich an die Handelnden halten (§ 823 BGB), aber auch an die GmbH (§§ 823, 31 BGB). Im **Prozess** kann die rechtsfähige und damit parteifähige GmbH klagen oder verklagt werden (§ 50 ZPO). Was die **Haftung** angeht, so haftet den Gläubigern der Gesellschaft im Grundsatz nur das Gesellschaftsvermögen (§ 13 Abs. 2 GmbHG), das in der Regel das Stammkapital durch angesammelte Gewinne übersteigt. Haben aber die Gesellschafter ihre Einlage – wie im Gesellschaftsvertrag festgelegt – erbracht, sind sie auch im Falle einer Insolvenz der GmbH frei. Ist die Einlage dagegen noch nicht in voller Höhe erbracht, müssen die Gesellschafter im Insolvenzfall lediglich den noch ausstehenden Differenzbetrag entrichten. Dass die Gesellschafter ansonsten nicht für die Schulden der Gesellschaft haften, ergibt sich aus dem bei juristischen Personen geltenden **Trennungsprinzip**. Der hieraus resultierenden Gläubigergefährdung wird dadurch begegnet, dass das gesetzlich vorgegebene (Mindest-)Stammkapital während des Bestehens der GmbH geschützt und erhalten wird (§ 30 Abs. 1 GmbHG). Der Gesellschaftsanteil geht auf den **Erben** über (§ 1922 BGB).

4. „Limited"

Die in Art. 49 AEUV geregelte Niederlassungsfreiheit in der EU erlaubt es nach der Rechtsprechung des EuGH, dass EU-ausländische Gesellschaften ihren Verwaltungssitz unter Beibehaltung ihrer Rechtsform in ein anderes EU-Land, also auch nach Deutschland, verlegen können und damit ihre gesamte Geschäftstätigkeit über eine Zweigniederlassung in jenem anderen Land ausüben können. Entschieden ist dies bisher nur für Kapitalgesellschaften. Diese Rechtsprechung ist der Grund dafür, dass im Bereich des Mittelstandes die Geschäftstätigkeit in Deutschland in zunehmender Weise durch die englische „Limited" anstatt durch eine GmbH, deren Gründung um vieles aufwendiger ist, betrieben wird. Die für die Gründung einer GmbH erfolgte Zulassung der „Unternehmergesellschaft (haftungsbeschränkt)" soll dem entgegenwirken.

59

5. Die Stiftung

Bei der gesetzlich nicht definierten Stiftung handelt es sich anders als bei den Vereinigungen nicht um einen Personenzusammenschluss, sondern um ein rechtsfähiges Vermögen, dessen Erträge einem vom Stifter bestimmten Zweck dienen. Die Stiftung

60

entsteht durch ein sog. Stiftungsgeschäft unter Lebenden (§ 81 BGB) oder von Todes wegen durch Testament oder Erbvertrag und eine staatliche Anerkennung (§ 80 BGB). Das Außenorgan einer Stiftung ist der Vorstand (§§ 86, 26 BGB). Im Wirtschaftsprivatrecht ist die Stiftung deshalb von Bedeutung, weil sie für den Einzelunternehmer eine besondere Gestaltungen der Nachfolge möglich macht. Gibt es nämlich unter den als Erben in Betracht kommenden Personen keinen geeigneten Nachfolger, so kann eine vom Einzelunternehmer errichtete Stiftung als Rechtsträger eines Unternehmens das Lebenswerk eines Unternehmers über dessen Tod hinaus sichern. Auf diese Weise erhalten die Erben nur die Erträge, haben aber sonst keinen Einfluss auf das Unternehmen.

§ 5 Personengesellschaft als Unternehmer

I. Die Rechtslage im Allgemeinen

61 Wenn mehrere Personen sich vertraglich dazu verpflichten, einen gemeinsamen Zweck insbesondere durch die Leistung von Beiträgen zu fördern, bilden sie eine Personengesellschaft. Die Personengesellschaft ist anders als der zu einer Vereinigung führende Personenzusammenschluss keine juristische Person. Denn anders als bei den unabhängig von ihren Mitgliedern existierenden Vereinigungen ist eine Personengesellschaft identisch mit den Gesellschaftern. Sie kann aber gleichwohl rechtsfähig sein. In **Deutschland** sind die **oHG** und die **KG** ausdrücklich als Unternehmensträger konzipiert, nämlich als „eine Gesellschaft, deren Zweck auf den Betrieb eines Handelsgewerbes unter gemeinschaftlicher Firma gerichtet ist..." (§§ 105 bzw. 161, 105 HGB). Auch die als rechtsfähig anerkannte (**Außen-)GbR** kann Unternehmensträger sein. Dagegen sind keine Rechtsträger von Unternehmen die zwischen der oHG und der (Außen-)GbR stehende und dem Zusammenschluss Angehöriger freier Berufe dienende **Partnerschaftsgesellschaft**, ferner die **stille Gesellschaft** und die immerhin rechtsfähige **Europäische Wirtschaftliche Interessenvereinigung (EWIV)**. Die Möglichkeit, dass Personengesellschaften rechtsfähig sind, hat der Gesetzgeber in § 14 Abs. 2 BGB anerkannt und für die oHG und KG in § 124 HGB bzw. §§ 161, 124 HGB angeordnet. Für die (Außen-)GbR hat dies die Rechtsprechung bestimmt. Weil eine Personengesellschaft auch im Falle ihrer Rechtsfähigkeit keine juristische Person ist, handelt sie nicht durch Organe, sondern durch die zur Geschäftsführung und zur Vertretung befugten Gesellschafter. Gläubigern der oHG haftet zum einen das Gesellschaftsvermögen und zum anderen das Privatvermögen der als Gesamtschuldner einstehenden Gesellschafter (§ 128 HGB). Die deutsche KG hat die Struktur der oHG, aber ein anderes Haftungssystem. Weil die Personengesellschaft keine juristische Person ist, sind, wenn im Gesellschaftsvertrag nichts anderes vereinbart ist, die Gesellschafterrechte und die Gesellschaftsanteile nicht übertragbar. Der Tod eines Gesellschafters ist grundsätzlich ein Auflösungsgrund für die Gesellschaft. Im **englischen Recht** gibt es die der deutschen GbR und der oHG in wirtschaftlicher Hinsicht vergleichbare Personengesellschaft der **Partnership** und die der deutschen KG vergleichbare Gesellschaftsform der **Limited Partnership**. Im **US-amerikanischen Recht** entspricht in wirtschaftlicher Hinsicht der deutschen oHG in etwa die **General Partnership** und der deutschen KG die **Limited Partnership**.

II. Die Rechtslage in Deutschland

1. Gesellschaft bürgerlichen Rechts (GbR)

Die Gesellschaft bürgerlichen Rechts (GbR) hat im deutschen Wirtschaftsleben eine **62** beachtliche Bedeutung, z.b. beim Zusammenschluss von Unternehmen zu einer Holding, bei der Bildung eines Kartells, beim gesellschaftlichen Zusammenschluss von gemeinsam praktizierenden Ärzten, Rechtsanwälten, Steuerberatern und beim Zusammenschluss von Unternehmen zu einer Arbeitsgemeinschaft, die ein gemeinsames wirtschaftliches Vorhaben, wie etwa ein großes Bauprojekt, realisieren wollen. Der Aufwand für die **Gründung** ist bei der GbR sehr gering. Sie entsteht durch den grundsätzlich formfrei möglichen Abschluss eines Gesellschaftsvertrages, in dem die Gesellschafter sich verpflichten, die Erreichung eines gemeinsamen Zwecks zu fördern (§ 705 BGB). Nur wenn sich ein Gesellschafter zur Einbringung eines Grundstücks verpflichtet, muss der Gesellschaftsvertrag notariell beurkundet werden (§ 311b Abs. 1 BGB). Jeder Gesellschafter hat den von ihm nach dem Gesellschaftsvertrag geschuldeten **Beitrag** zur Erfüllung des Gesellschaftszwecks zu leisten und muss den Gesellschaftszweck fördern. Die GbR ist, wenn sie am Wirtschaftsleben teilnimmt, als (Außen-)GbR **rechtsfähig** (§ 14 Abs. 2 BGB). Dies hat zwar nicht der Gesetzgeber bestimmt, wohl aber die Rechtsprechung im Wege der richterlichen Rechtsfortbildung. Ist die GbR entstanden und in Vollzug gesetzt, können Gründungsmängel nicht mehr zur rückwirkenden Vernichtung der Gesellschaft führen. Vielmehr kann bei einer „fehlerhaften Gesellschaft" die Nichtigkeit oder Anfechtbarkeit des Gesellschaftsvertrages nur mit Wirkung für die Zukunft durch Kündigung aus wichtigem Grund geltend gemacht werden (§ 723 Abs. 1 BGB). Die GbR ist auch als (Außen-)GbR **keine Handelsgesellschaft** und damit auch nicht nach § 6 HGB Kaufmann, so dass nicht die für Kaufleute geltenden und dem BGB als Spezialnormen vorgehenden Vorschriften des HGB Anwendung finden. Zum **Gesellschafter** einer GbR wird man durch den Abschluss des Gesellschaftsvertrages oder, wenn dies ausnahmsweise möglich ist, durch rechtsgeschäftlichen Erwerb eines Gesellschaftsanteils oder durch Erbfall. Grundsätzlich können Gesellschafter einer GbR ihre **Anteile** an der Gesellschaft **nicht übertragen** (§§ 717, 719 BGB). Auch ist die **Gesellschafterstellung** im Grundsatz **nicht vererblich**; vielmehr führt der Tod eines Gesellschafters zur Liquidation der Gesellschaft (§ 727 BGB). Die Übertragbarkeit und die Vererblichkeit können jedoch durch den Gesellschaftsvertrag ermöglicht werden, so dass man auch durch Übertragung oder Erbgang zum Gesellschafter werden kann. Die Übertragung ist auch formfrei möglich, dies selbst dann, wenn zum Gesellschaftsvermögen ein Grundstück gehört. Was die Frage der **Handlungsfähigkeit** angeht, so hat die GbR, die ja keine juristische Person ist, keine Organe. Zur **Geschäftsführung** und **Vertretung** sind vielmehr grundsätzlich sämtliche Gesellschafter gemeinschaftlich berechtigt und verpflichtet (§§ 709 Abs. 1, 714 BGB). Damit ist der Stillstand programmiert. Der Gesellschaftsvertrag kann aber praktikablere Regelungen über die Geschäftsführung und Vertretung der Gesellschaft vorsehen, z.B. das Mehrheitsprinzip oder eine Alleingeschäftsführungsbefugnis und „Hand in Hand" damit eine Alleinvertretungsbefugnis eines Gesellschafters. Was die **Rechte** und **Pflichten** und die **Haftung** angeht, so wird durch Rechtsgeschäfte der vertretungsbefugten Gesellschafter die rechtsfähige (Außen-)GbR verpflichtet und berechtigt. Bei einer verschuldensabhängigen Schadensersatzhaftung innerhalb bestehender Schuldverhältnisse haftet sie nach §§ 280, 278 BGB oder nach §§ 280, 31 BGB analog. Für unerlaubte Handlungen des die Geschäfte führenden Gesellschafters kann der Verletzte sich an den Handelnden selbst (§ 823 BGB), aber auch an die (Außen-)GbR halten (§§ 823, 31 BGB analog). Die Gesellschafter haften für die Ansprüche gegen die (Außen-)GbR nach § 128 HGB analog als Gesamtschuldner. Ob sie, wenn es um Ansprüche aus einem Vertrag geht, erfüllen müssen oder nur zum Schadensersatz verpflichtet sind, ob sie also „schulden" oder nur „haften", ist eine komplizierte Frage. Ob die Haftung der Gesellschafter vertraglich ausgeschlossen werden kann, ist bislang ungeklärt. Bei der nicht rechtsfähigen GbR wird aus einem Rechtsgeschäft nicht die GbR, sondern werden alle Gesellschafter als Gesamtschuldner verpflichtet (§§ 714, 421 BGB), wobei sich wiederum die zuvor aufgeworfene Frage stellt. Zur Zwangsvollstreckung in das Gesellschaftsvermögen einer nicht rechtsfähigen GbR muss der Gläubiger einen Titel gegen alle Gesellschafter erwirken. Für unerlaubte Handlungen der geschäftsführenden Gesellschafter müssen bei einer nicht rechtsfähigen GbR die anderen Gesellschafter nicht einstehen, weil § 31 BGB nicht analog angewendet werden kann. Die rechtsfähige (Außen-)GbR ist parteifähig und kann im **Prozess** auch klagen und verklagt werden. Bei nicht gegebener Rechtsfähigkeit müssen alle Gesellschafter verklagt werden oder klagen. Die Gesellschaft wird mit dem **Tode** eines **Gesellschafters** aufgelöst, sofern nicht aus dem Gesellschaftsvertrag sich ein anderes ergibt (§ 727 BGB) und der Gesellschaftsanteil nicht auf den Erben übergeht (§ 1922 BGB).

2. Offene Handelsgesellschaft (oHG)

63 Die offene Handelsgesellschaft (oHG) ist die typische Gesellschaftsform des Mittelstandes. Sie ermöglicht den gemeinschaftlichen Betrieb eines Handelsgewerbes und gilt als besonders kreditwürdig.

Der Aufwand für die **Gründung** ist sehr gering. Wie bei der GbR setzt ihre Entstehung den Abschluss eines im Grundsatz formfreien Gesellschaftsvertrages voraus, in dem die Gesellschafter sich verpflichten, die Erreichung eines gemeinsamen Zwecks zu fördern, der aber, anders als bei der GbR, nicht in jedem erlaubten Zweck bestehen kann, sondern darin bestehen muss, ein Handelsgewerbe unter gemeinschaftlicher Firma zu betreiben (§ 105 Abs. 1 HGB). Nur wenn sich ein Gesellschafter zur Einbringung eines Grundstücks verpflichtet, muss der Gesellschaftsvertrag notariell beurkundet werden (§ 311b Abs. 1 BGB). Für die Entstehung im Verhältnis zu Dritten ist außer dem Abschluss des Gesellschaftsvertrags der Beginn der Geschäfte oder die Eintragung in das Handelsregister erforderlich (§ 123 HGB). Ist die oHG entstanden und in Vollzug gesetzt, können Gründungsmängel nicht zur rückwirkenden Vernichtung der Gesellschaft führen. Vielmehr kann die Nichtigkeit oder Anfechtbarkeit des Gesellschaftsvertrages nur mit Wirkung für die Zukunft durch Auflösungsklage geltend gemacht werden (§ 133 HGB). Als Personengesellschaft muss die oHG nicht mit einem Mindestkapital ausgestattet sein. Jeder Gesellschafter hat den von ihm nach dem Gesellschaftsvertrag geschuldeten **Beitrag** zur Erfüllung des Gesellschaftszwecks zu leisten und muss den Gesellschaftszweck fördern. Die oHG ist **rechtsfähig** (§ 124 HGB). Sie ist also nach § 14 Abs. 2 BGB eine rechtsfähige Personengesellschaft. Die oHG ist eine **Handelsgesellschaft** und damit Kaufmann allein wegen ihrer Rechtsform (§ 6 HGB), so dass die für Kaufleute geltenden und dem BGB als Spezialnormen vorgehenden Vorschriften des HGB Anwendung finden.

Weil der persönlich haftende Gesellschafter das Unternehmen im eigenen Namen und auf eigenes Risiko betreibt, ist auch er Kaufmann. Zum Gesellschafter wird man durch den Gesellschaftsvertrag oder, wenn dies ausnahmsweise möglich ist, durch rechtsgeschäftlichen Erwerb oder Erbfall. Die Gesellschafter können ihre **Anteile** an der Gesellschaft **nicht übertragen** (§§ 717, 719 BGB). Die **Gesellschafterstellung** ist auch **nicht vererblich**; vielmehr führt der Tod eines Gesellschafters zur Liquidation der Gesellschaft (§ 727 BGB). Die Übertragbarkeit und die Vererblichkeit kann jedoch durch den Gesellschaftsvertrag ermöglicht werden, so dass man auch durch Übertragung oder Erbgang Gesellschafter werden kann. Die Übertragung ist auch formfrei möglich, dies selbst dann, wenn zum Gesellschaftsvermögen ein Grundstück gehört. Was die **Hand-**

lungsfähigkeit der oHG angeht, hat die oHG keine Organe, denn sie ist ja keine juristische Person. Hinsichtlich der **Geschäftsführung** gilt im Grundsatz, dass jeder Gesellschafter die Alleingeschäftsführungsbefugnis hat (§§ 114 ff. HGB). Damit ist das Chaos programmiert. Daher ermöglicht es das Gesetz, dass im Gesellschaftsvertrag die Geschäftsführungsbefugnis anders geregelt werden kann, so dass das Mehrheitsprinzip gilt oder nur ein einziger Gesellschafter zur Geschäftsführung befugt ist. Zur **Vertretung** der oHG gegenüber anderen ist jeder der zur Geschäftsführung befugten Gesellschafter einzeln berechtigt, wenn der Vertrag nichts anderes bestimmt (§ 125 Abs. 1 HGB). Was die **Rechte** und **Pflichten** und die Frage der **Haftung** angeht, so wird durch Rechtsgeschäfte der vertretungsbefugten Gesellschafter die rechtsfähige oHG verpflichtet und berechtigt. (§ 124 HGB). Bei einer verschuldensabhängigen Schadensersatzhaftung innerhalb bestehender Schuldverhältnisse haftet die oHG für deren Verhalten nach §§ 280, 278 BGB oder nach §§ 280, 31 BGB analog. Für unerlaubte Handlungen des die Geschäfte führenden Gesellschafters kann der Verletzte sich an den Handelnden selbst (§ 823 BGB), aber auch an die oHG halten (§§ 823, 31 BGB analog). Die Gesellschafter haften für die Ansprüche gegen die oHG nach § 128 HGB als Gesamtschuldner. Ob sie, wenn es um Ansprüche aus einem Vertrag geht, erfüllen müssen oder nur zum Schadensersatz verpflichtet sind, ob sie also „schulden" oder nur „haften", ist eine sich auch bei der oHG stellende komplizierte Frage. Anders als bei der GbR kann diese Haftung nicht ausgeschlossen werden. Damit ist die oHG besonders kreditwürdig und auch für Geschäftspartner besonders interessant. Die oHG kann im **Prozess** klagen und verklagt werden (§ 124 HGB). Die Gesellschaft wird mit dem **Tode** eines **Gesellschafters** aufgelöst, sofern nicht aus dem Gesellschaftsvertrag sich ein anderes ergibt (§ 727 BGB) und der Gesellschaftsanteil nicht auf den Erben übergeht (§ 1922 BGB).

3. Kommanditgesellschaft (KG)

Die Kommanditgesellschaft (KG) hat die Struktur der oHG. Wie diese besteht der allein mögliche Gesellschaftszweck darin, ein Handelsgewerbe zu betreiben. Was die Rechtsverhältnisse angeht, kann weitgehend auf die vorstehenden Ausführungen verwiesen werden. Die Besonderheit ist allerdings, dass es bei der KG zwei Gruppen von Gesellschaftern gibt: Dies sind zum einen die persönlich haftenden Gesellschafter, die **Komplementäre**, von denen es mindestens einen geben muss, die die Stellung der Gesellschafter einer oHG haben, also die Geschäfte führen, die Gesellschaft nach außen vertreten und wie die Gesellschafter einer oHG als Gesamtschuldner für die Gesellschaftsschulden haften (§§ 171, 128 HGB). Die andere Gruppe der Gesellschafter einer KG sind die **Kommanditisten**, von denen es mindestens einen geben muss. Diese sind nicht zur Geschäftsführung berechtigt. Deren Haftung ist gegenüber den Gesellschaftsgläubigern auf den Betrag einer bestimmten Vermögenseinlage (Hafteinlage) beschränkt und sie erlischt durch deren Erbringung. Um die aus wirtschaftlicher Sicht oft unerwünschte Komplementärhaftung, die ja das gesamte Vermögen betrifft, also wegen des nicht geltenden Trennungsprinzips auch das Privatvermögen einschließt, zu vermeiden und um gleichzeitig die Vorteile einer Personengesellschaft gegenüber einer Kapitalgesellschaft (steuerliche Vorteile, Erleichterung der Beschaffung von Eigenkapital durch Kommanditeinlagen) zu haben, wird oft die Konstruktion einer **GmbH & Co. KG** gewählt, bei der eine GmbH der Komplementär ist und eine oder mehrere natürliche Personen als Kommanditisten hinzutreten. Wenn bei dieser Konstruktion die GmbH eine Ein-Mann-Gesellschaft ist und der einzige Gesellschafter der GmbH zugleich der einzige Kommanditist ist, also insgesamt nur eine einzige natürliche Person an der GmbH & Co. KG beteiligt ist, nennt man dies eine **Einheitsgesellschaft**. Das nicht selten vorkommende andere Extrem ist die Publikums-KG, bei der es eine große

Zahl von Kommanditisten, die keinerlei Kontakt miteinander haben, und nur einen Komplementär, vorzugsweise eine GmbH, gibt.

4. Die Partnerschaftsgesellschaft

65 Nach deutschem Recht betreiben die Angehörigen der sog. Freien Berufe, wie die Rechtsanwälte, die Steuerberater, die Architekten oder die Ärzte keinen Gewerbebetrieb und können daher, wenn sie sich zu einer Gesellschaft zusammenschließen wollen, auch keine Handelsgesellschaft, also keine oHG oder KG, gründen. Sie weichen daher oft auf die GbR aus, oder sie gründen eine GmbH. Die im Gesetz über Partnerschaften Angehöriger Freier Berufe (PartGG) geregelte Partnerschaftsgesellschaft, die, was die Fragen der Rechtsfähigkeit, der Geschäftsführung, der Vertretung und der Haftung angeht, einer Handelsgesellschaft ähnelt, bietet ihnen eine bislang wenig genutzte Alternative.

5. Stille Gesellschaft

66 Die in den §§ 230 ff. HGB geregelte stille Gesellschaft ist trotz der Bezeichnung als Gesellschaft kein Rechtssubjekt und auch kein Unternehmensträger. Bei ihr handelt es sich um eine GbR zwischen einem Kaufmann und einem stillen Gesellschafter, der sich am Gewerbebetrieb des Kaufmanns mit einer Geldeinlage beteiligt, ohne nach außen in Erscheinung zu treten.

6. Europäische Wirtschaftliche Interessenvereinigung (EWIV)

67 Die nach Eintragung in ein Register rechtsfähige EWIV scheidet als Rechtsträgerin eines Unternehmens aus. Denn eine EWIV darf keinen Gewinn für sich selbst erzielen wollen. Sie dient vielmehr allein dazu, die wirtschaftliche Betätigung ihrer Mitglieder dadurch zu unterstützen, dass sie der grenzüberschreitenden Kooperation von Wirtschaftstreibenden einen rechtlichen Rahmen gibt. Gedacht ist dabei an gemeinschaftliche Vorhaben, z.B. solche der Forschung und der Entwicklung, der Durchführung eines gemeinschaftlichen Inkassos, des Betriebs eines gemeinschaftlich genutzten Rechenzentrums etc. Ausdrücklich untersagt ist es, einer EWIV Leitungs- und Kontrollrechte über andere Unternehmen, etwa wie bei einer Holding, einzuräumen.

§ 6 Die rechtliche Bedeutung des Unternehmerbegriffs für Rechtsgeschäfte (§ 14 BGB)

68 Wie bereits oben angedeutet (vor § 1) erschöpft sich die rechtliche Bedeutung der Unternehmerstellung nicht darin, dass der Unternehmer eine natürliche oder juristische Person oder eine mit Rechtsfähigkeit ausgestatteten Gesellschaft ist, die als Rechtsträger eines Unternehmens in Betracht kommt. Vielmehr hat die Rechtsstellung als Unternehmer aufgrund der in Deutschland gesetzgeberisch umgesetzten EG-Richtlinie über den Verbraucherschutz im Fernabsatz vom 20. Mai 1997 auch Auswirkungen auf die Rechtsgeschäfte, die der Unternehmer in Ausübung seiner gewerblichen oder selbständigen beruflichen Tätigkeit handelnd (§ 14 BGB) abschließt. In diesen Fällen gelten bestimmte bei der Zugrundelegung von Allgemeinen Geschäftsbedingungen sonst anwendbare Schutznormen nicht (§ 310 Abs. 1 BGB). Und weiterhin ist die Unternehmereigenschaft i.S.d. § 14 BGB Anwendungsvoraussetzung für verschiedene Normen des Verbraucherschutzrechts (dazu sogleich mehr unter *Kapitel 4*).

§ 7 Unternehmensgruppen (Konzerne)

Private Unternehmen können nationalen oder transnationalen Unternehmensgruppen angehören. Einen **Konzern** bilden sie dann, wenn ein Verbund von Unternehmen einheitlich geleitet wird. Strukturiert sein kann ein Konzern dadurch, dass es ein leitendes Unternehmen gibt, das dann „**Konzernmutter**" genannt wird, während die beherrschten Unternehmen „**Tochterunternehmen**" heißen. Ein solcher Konzern kann durch einen Vertrag begründet werden oder auf dem Erwerb von Mehrheitsbeteiligungen beruhen. Die Verwaltung mehrerer einen Konzern bildenden Unternehmen kann auch durch eine **Holdinggesellschaft** erfolgen, in Deutschland z.B. durch eine GbR.

69

Kapitel 4 Der Verbraucher als Subjekt des Wirtschaftsprivatrechts

Das weitere in Betracht kommende Subjekt des Wirtschaftsprivatrechts ist der Verbraucher. Damit wird zum einen der Personenkreis beschrieben, der – gewissermaßen am Ende eines Wirtschaftsprozesses stehend – ausschließlich zu privaten Konsumzwecken am Wirtschaftsleben teilnimmt. Als rein volkswirtschaftlich relevanter Begriff hätte er in einer Darstellung des Wirtschaftsprivatrechts nichts zu suchen. Es gibt aber auch den **Verbraucher im Rechtssinne (§ 13 BGB)**. Darunter versteht man jede natürliche Person, aber auch eine sich aus natürlichen Personen zusammensetzende GbR, die ein Rechtsgeschäft zu einem Zweck abschließt, der weder ihrer gewerblichen noch ihrer selbständigen beruflichen Tätigkeit zugerechnet werden kann, sondern dem Zweck des privaten Konsum dient. Aufgrund der in Deutschland gesetzgeberisch umgesetzten EG-Richtlinie über den Verbraucherschutz im Fernabsatz vom 20. Mai 1997 ist die Verbrauchereigenschaft eine Anwendungsvoraussetzung für Normen des **Verbraucherschutzrechts** aus bestimmten Rechtsverhältnissen, i.d.R. Verträgen, zu Unternehmern, wenn diese in Ausübung ihrer gewerblichen oder selbständigen beruflichen Tätigkeit handeln (§ 14 BGB; *Kapitel 3 § 6*): z.B. in §§ 241 a; 310 Abs. 3; 312 ff; 355 ff; 474 ff; 481 ff; 491 ff; 499 ff; 505, 506; 661 a BGB; §§ 449 Abs. 1 S. 1; 451 a Abs. 2; 451 b Abs. 2, 3; 451 g Abs. 1; 451 h Abs. 1; 455 Abs. 3; 466 Abs. 1; 468 Abs. 2 S. 1; 472 Abs. 1 S. 2; 475 HGB.

70

Kapitel 5 Besonderer Teil: Rechtliche Grundlagen wirtschaftlicher Betätigung (nur deutsches Recht)

§ 1 Die „Privatautonomie" und das „Rechtsgeschäft"

Das Privatrecht, also auch das Wirtschaftsprivatrecht, überlässt es dem Einzelnen, seine Lebensverhältnisse eigenverantwortlich zu gestalten („**Privatautonomie**"). Die Privat-

71

autonomie befähigt ihn dazu, Rechte und Pflichten zu begründen, zu ändern und aufzuheben. Die wichtigsten Erscheinungsformen sind die „Vertragsfreiheit", die „Vereinigungsfreiheit", die „Testierfreiheit" und die „Eigentumsfreiheit". Zur Verwirklichung der Privatautonomie stellt das Gesetz das **technische Mittel** des „**Rechtsgeschäfts**" zur Verfügung. Ein solches Rechtsgeschäft kann aus einer einzigen „Willenserklärung" bestehen, z.B. bei der „Kündigung" eines Mietvertrages. Das Rechtsgeschäft „Vertrag" besteht aber aus mehreren Willenserklärungen. Zuweilen muss für die Wirksamkeit des Rechtsgeschäfts auch ein äußeres Moment hinzutreten. So ist für das Rechtsgeschäft der Übereignung beweglicher Sachen nach § 929 Satz 1 BGB zusätzlich zu der „Einigung" – das ist ein Vertrag mit dem Inhalt, dass das Eigentum übergehen soll – eine „Übergabe" – das ist eine Besitzverschaffung – der zu übereignenden Sache erforderlich. Oder es muss ein behördlicher Akt hinzutreten, z.B. in Gestalt der bei der Übereignung unbeweglicher Sachen nach §§ 873 Abs. 1, 925 BGB zusätzlich zu der „Einigung" in der Form des § 925 BGB („Auflassung") erforderlichen „Eintragung in das Grundbuch".

§ 2 Das Rechtsgeschäft „Vertrag"

72 Eines der Mittel zur eigenverantwortlichen Gestaltung der Lebensverhältnisse unter Personen und damit auch unter Wirtschaftstreibenden, ist das Rechtsgeschäft **Vertrag**. Darunter versteht man die von zwei oder mehreren Personen durch Willenserklärungen zum Ausdruck gebrachte Willensübereinstimmung zur Herbeiführung eines bestimmten rechtlichen Erfolges. Den Vertragsschließenden steht dabei eine weitreichende „Vertragsfreiheit" zu, deren wichtigste Ausprägungen die „**Abschlussfreiheit**", die „**Formfreiheit**" und „**Inhaltsfreiheit**" sind.

I. Abschlussfreiheit

73 Von wenigen Ausnahmen abgesehen, können die am Rechtsverkehr Beteiligten frei entscheiden, ob und mit wem sie einen Vertrag abschließen wollen (**Abschlussfreiheit**). Ein „Abschlusszwang" besteht nur in seltenen Fällen. Bestehen kann er, wenn dies gesetzlich bestimmt ist, z.B. bei bestimmten Anbietern, nämlich Monopolunternehmen des öffentlichen Versorgungswesens (z.B. Energieversorgung: § 18 Abs. 1 EnergiewirtschaftsG; Transport: §§ 22, 47 PersonenbeförderungsG, Luftverkehr in den Grenzen der Zumutbarkeit: § 21 Abs. 2 LuftVG), bei Dienstleistern in der **Rechtspflege** (Pflichtverteidigung: §§ 48 ff. BRAO), bei **Versicherungsunternehmen** (§ 5 Abs. 2 PflVersG) und bei **marktbeherrschenden Unternehmen** (§ 20, 19 Abs. 4 GWB). Ein Kontrahierungszwang besteht auch, wenn die Ablehnung eines Vertragsschlusses durch Nichtannahme des Antrags eine vorsätzliche sittenwidrige Schädigung bedeuten würde (§ 826 BGB). Das ist der Fall beim **Angebot** von **Gütern** oder **Dienstleistungen** mit einer für den Antragenden **lebenswichtigen Bedeutung**, also auch bei kulturellen Bedürfnissen, wenn es für ihn keine zumutbare Ausweichmöglichkeit gibt. Erörtert wird neuerdings, ob sich bei einem Verstoß gegen ein zivilrechtliches Benachteiligungsverbot (§ 19 AGG) ein **Abschlusszwang** aus § 21 AGG ergeben kann. Da dort jedoch die Rechtsfolgen von Verstößen gegen Benachteiligungsverbote in Gestalt von Beseitigungs- und Unterlassungsansprüchen aus § 21 Abs. 1 AGG und Schadensersatzansprüchen aus § 21 Abs. 2 AGG abschließend geregelt sind und ein Kontrahierungszwang ausdrücklich nicht angeordnet worden ist, kann man nur entweder durch die Konstruktion eines Folgenbeseitigungsanspruchs (§ 21 Abs. 1 AGG) oder nach allgemeinen

Grundsätzen zu einem Kontrahierungszwang kommen (§§ 280 Abs. 1, 311 Abs. 2 BGB; § 826 BGB).

II. Die Technik des Vertragsschlusses

Für den Abschluss des Rechtsgeschäfts „Vertrag" sind mindestens zwei auf den Abschluss eines Vertrages gerichtete Willenserklärungen, genannt „Angebot" bzw. „Antrag" und „Annahme", erforderlich. Bei mehrseitigen Verträgen, wie bei Gesellschaftsverträgen, können auch entsprechend mehr Willenserklärungen erforderlich sein. Ein **Angebot** setzt unter anderem voraus, dass der Anbietende sich aus der Sicht einer vernünftigen neutralen Person rechtlich binden will, also einen **Rechtsbindungswillen** hat. Damit die Erklärung als Angebot zum Abschluss eines Vertrages angesehen werden kann, muss sie inhaltlich mindestens die „essentialia negotii" des gewollten Vertrages enthalten. Bei **typisierten Verträgen** ergeben sich diese aus der „vertragsbestimmenden Norm" (also aus §§ 433 Abs. 1, 535 Abs. 1 BGB etc.). Ob der hiernach erforderliche Mindestinhalt gegeben ist, lässt sich durch eine „Testfrage" sehr einfach feststellen: Immer dann, wenn nach einem bloßen, die Annahme erklärenden „Ja" oder „ich bin einverstanden" des anderen Teils ein von beiden Seiten erfüllbarer Kaufvertrag, ein Mietvertrag etc. zustande kommen würde, enthält das Angebot die „essentialia negotii". So muss für das Vorliegen eines Angebots zum Abschluss eines Kaufvertrages mindestens der Kaufgegenstand, der Kaufpreis und (in manchen Fällen) auch der Vertragspartner bezeichnet werden. Bei **nicht typisierten Verträgen** muss der gesamte Inhalt des beabsichtigten Vertrages im Angebot enthalten sein. So muss z.B. für ein Angebot zum Abschluss eines im Gesetz nicht typisiert geregelten Leasingvertrages verlangt werden, dass in ihm „alle Einzelheiten" des abzuschließenden Vertrages enthalten sind. Das jeweilige Angebot muss nicht mit Worten, sondern kann auch konkludent erklärt werden, also z.B. bei einem beabsichtigten Kaufvertrag durch die Hingabe der mit einer Preisauszeichnung versehenen zu verkaufenden Ware. Da das Angebot eine „**empfangsbedürftige Willenserklärung**" ist, wird es aber nicht schon mit der als solcher erforderlichen **Abgabe**, sondern erst mit dem **Zugang** bei demjenigen, mit dem der Vertrag geschlossen werden soll, wirksam (§ 130 Abs. 1 Satz 1 BGB). Ein Zugang liegt vor, wenn die Erklärung dem anderen Teil zugegangen ist oder jedenfalls dergestalt in dessen Machtbereich gelangt ist, dass unter regelmäßigen Umständen mit der Kenntnisnahme zu rechnen ist. Bis zum Zugang kann eine bereits abgegebene Erklärung noch widerrufen werden (§ 130 Abs. 1 Satz 2 BGB). Weiterhin ist für den Abschluss eines Vertrages, also eines Kaufvertrages, eines Mietvertrages etc. die Erklärung der **Annahme** des anderen Teils erforderlich. Wie gesagt: Wegen Erfordernisses der Erklärung der „essentialia negotii" im Angebot reicht für die Annahmeerklärung in inhaltlicher Hinsicht entweder ein bloßes „Ja" oder ein „Einverstanden" aus. Aber auch ein konkludentes Verhalten kann eine Annahmeerklärung sein, so dass bereits durch die Entgegennahme oder gar durch den Verbrauch einer gelieferten Ware ein Kaufvertrag zustande kommen kann. Dies gilt – wie das Gesetz in § 241 a BGB klarstellend bestimmt – nicht, wenn ein Unternehmer (§ 14 BGB) einem Verbraucher (§ 13 BGB) unbestellt Waren liefert. Dagegen führen ein bloßes Schweigen oder eine bloße Untätigkeit desjenigen, dem ein Angebot gemacht worden ist, in der Regel nicht zum Vertragsschluss. Davon gibt es im Wirtschaftsprivatrecht eine bedeutsame Ausnahme: Geht einem Kaufmann, dessen Gewerbebetrieb die Besorgung von Geschäften für andere mit sich bringt, ein Antrag über die Besorgung solcher Geschäfte von jemandem zu, mit dem er in Geschäftsverbindung steht, so ist er verpflichtet, unverzüglich zu antworten; sein Schweigen gilt als Annahme des Antrags (§ 362 Abs. 1 Satz 1 HGB).

Auch die Annahmeerklärung ist empfangsbedürftig und wird nicht schon durch die als solche erforderliche **Abgabe**, sondern erst durch ihren **Zugang** wirksam (§ 130 Abs. 1 Satz 1 BGB), dies aber nicht, wenn einer der beiden Ausnahmefälle des § 151 BGB vorliegt, also der Anbietende auf den Zugang verzichtet hat oder nach der Verkehrssitte kein Zugang erforderlich ist. Auch die bereits abgegebene Annahmeerklärung kann bis zum Zugang widerrufen werden (§ 130 Abs. 1 Satz 2 BGB). Zu einem Vertragsschluss führt die Annahme aber nur dann, wenn sie dem Anbietenden zu einem Zeitpunkt zugeht, in dem das **Angebot** noch **nicht erloschen** ist. Zum einen ist ein Angebot erloschen und kann daher nicht mehr angenommen werden, wenn es dem Anbietenden gegenüber **abgelehnt** worden ist (§ 146 1. Fall BGB). Wer also einmal „Nein" gesagt hat, kann dann, wenn er dies bereut, nicht plötzlich durch ein „Ja" den Vertrag doch noch zustande bringen. Das Angebot besteht ferner auch dann nicht mehr, wenn die **Annahme nicht rechtzeitig erklärt** worden ist (§ 146 2. Fall BGB): Das ist zum einen der Fall, wenn die Annahme nicht innerhalb einer vom Anbietenden gesetzten **Annahmefrist** erklärt wird (§ 148 BGB). Wenn aber vom Anbietenden **keine Annahmefrist** gesetzt worden ist, verliert ein unter **Anwesenden** gemachtes Angebot seine Wirksamkeit, wenn es nicht sofort angenommen wird (§ 147 Abs. 1 BGB). Schließlich wird ein unbefristetes Angebot, das einem **Abwesenden** gemacht worden ist, unwirksam, wenn es nicht bis zu dem Zeitpunkt angenommen worden ist, bis zu welchem der Antragende den Eingang der Antwort unter regelmäßigen Umständen erwarten darf (§ 147 Abs. 2 BGB). Das Fristversäumnis nach §§ 147 Abs. 2, 148 BGB kann jedoch unter den Voraussetzungen des § 149 BGB geheilt werden. Eine hiernach eventuell **verspätete Annahmeerklärung** besteht als **neues Angebot** fort (§ 150 Abs. 1 BGB). Dieses neue Angebot kann dann durch den ursprünglichen Anbieter angenommen werden. Dazu ist er aber nicht verpflichtet. Ein bloßes Schweigen oder eine bloße Untätigkeit des ehemals Antragenden ist grundsätzlich keine Annahme des neuen Angebots. Grundsätzlich sind die zu einem Vertragsschluss führenden Willenserklärungen nicht an eine Form gebunden („**Formfreiheit**"). Die grundsätzliche Formfreiheit des BGB ist wie die „Abschlussfreiheit" Ausdruck der „Vertragsfreiheit". Als für das Wirtschaftsprivatrecht bedeutsame Ausnahmen von der Formfreiheit sind im Auge zu haben: Für die Gültigkeit eines der Sicherung eines Kredites dienenden Bürgschaftsvertrages ist die „schriftliche Erteilung" des Angebots des Bürgen erforderlich (§ 766 Abs. 1 BGB). Ist der Bürge aber ein Kaufmann (§§ 1 ff. HGB) und ist die Bürgschaft zugleich ein „Handelsgeschäft" (§§ 343, 344 HGB), muss diese Form nicht gewahrt werden (§ 350 HGB). Bei Abschluss eines Vertrages zum Erwerb oder zur Veräußerung eines Grundstück, muss der Vertrag, müssen also beide Willenserklärungen, Angebot und Annahme, notariell beurkundet werden (§ 311b Abs. 1 Satz 1 BGB). Ein Vertragsschluss welchen Inhalts auch immer setzt weiter voraus, dass die beiden Willenserklärungen Annahme und Angebot **inhaltlich deckungsgleich** sind. Der für die Feststellung der inhaltlichen Kongruenz bekannt sein müssende Inhalt der Willenserklärungen muss durch **Auslegung** ermittelt werden: Dabei wird zunächst nach § 133 BGB auf den „wirklichen Willen" der Erklärenden abgestellt, also darauf, ob der Wille der Vertragsschließenden unabhängig von dem Wortlaut der Erklärungen deckungsgleich ist. Lässt sich eine Willensübereinstimmung auf diese Weise nicht feststellen, wird der Inhalt der Willenserklärungen danach bestimmt, wie eine vernünftige neutrale Person sie in der Empfängerrolle verstehen konnte (§ 157 BGB). Wenn die zum Vertragsschluss führende Willensübereinstimmung auf diese Weise, also durch eine nach objektiven Maßstäben aus der Sicht einer vernünftigen neutralen Person vorgenommene Auslegung, ermittelt worden ist, wird sich in manchen Fällen die Frage stellen, ob und gegebenenfalls wie einem vom Auslegungsergebnis abweichenden wirklichen Willen eines der beiden Erklärenden Rechnung zu tragen ist, wenn also der Anbietende, der „A" sagen wollte, aufgrund eines Versprechers für jedermann vernehmlich „B" gesagt hat, woraufhin der

Das Rechtsgeschäft „Vertrag" Kap. 5 § 2 **B**

Annehmende hierzu „Ja" erklärt hat. Dann ist der Vertrag mit dem Inhalt „B" zustande gekommen. Welche Bedeutung hat aber der Versprecher des Anbietenden? Das deutsche Zivilrecht löst diese Frage so: Der jeweilige Erklärende, der sich bei der Abgabe seiner Erklärung geirrt hat, weil er eine Erklärung mit dem durch die Auslegung ermittelten Inhalt nicht abgeben wollte („Erklärungsirrtum") oder weil er andere Vorstellungen von ihrem Inhalt hatte („Inhaltsirrtum"), kann sich von seiner Erklärung durch die Erklärung einer **Anfechtung wegen Irrtums** lösen (§ 119 Abs. 1 BGB). Hier könnte der Anbietende seine Erklärung („B") wegen eines Inhaltsirrtums anfechten. Darüber hinaus kann man als Erklärender seine Willenserklärung auch dann anfechten, wenn man sich über eine im Verkehr als wesentlich angesehene Eigenschaft einer Sache oder Person geirrt hat (§ 119 Abs. 2 BGB). Nicht aber kann man eine Erklärung anfechten, wenn man sich in seinem Motiv zur Abgabe der Erklärung geirrt hat. Die Folge einer – aus Gründen der Rechtssicherheit nur fristgebunden möglichen (§ 121 BGB) – Anfechtung wegen Irrtums nach § 119 Abs. 1, 2 BGB ist, dass die angefochtene Willenserklärung („B") als von Anfang an nichtig anzusehen ist (§ 142 Abs. 1 BGB). Der Vertrag wäre daher mangels eines Angebots des Anbietenden nicht zustande gekommen. Die Anfechtung bleibt aber für den Anfechtenden nicht folgenlos: Er ist dem anderen Teil zum Ersatz des Schadens verpflichtet, den dieser dadurch erlitten hat, dass er auf die Wirksamkeit der angefochtenen und nunmehr rückwirkend beseitigten Willenserklärung und gegebenenfalls auf den Vertrag vertraut hat (§ 122 BGB): Er kann verlangen, so gestellt zu werden, „als ob er den Anfechtenden nie gesehen hätte". Der Anbietende hätte also dem anderen Teil, der im Vertrauen auf die Wirksamkeit des Vertrages über „B" wirtschaftliche Entscheidungen getroffen hätte, die jetzt entwertet sind, den entstandenen Schaden zu ersetzen. Darüber hinaus – das hat aber mit einer „Irrtumsanfechtung", die bisher erörtert wurde, nichts gemein – kann auch derjenige, der durch eine arglistige Täuschung oder durch eine rechtswidrige Drohung zur Abgabe einer Willenserklärung veranlasst worden ist, diese mit der Folge des § 142 Abs. 1 BGB anfechten (§ 123 BGB), auch dies natürlich nur fristgebunden (§ 124 BGB). Eine Schadensersatzpflicht des arglistig getäuschten oder bedrohten Anfechtenden besteht naturgemäß nicht. Wenn aber die Auslegung nach §§ 133, 157 BGB dazu führt, dass die Willenserklärungen nicht übereinstimmen, also **kein** „**Konsens**", sondern ein „**Dissens**" vorliegt, und deshalb kein Vertrag zustande gekommen ist, liegt in der vom Angebot abweichenden Annahmeerklärung ein **neues Angebot** des Annehmenden (§ 150 Abs. 2 BGB). Dieses neue Angebot kann der ursprünglich Anbietende seinerseits annehmen. Verpflichtet ist er dazu aber nicht. Ein bloßes Schweigen oder eine bloße Untätigkeit von seiner Seite ist grundsätzlich keine Annahme des neuen Angebots. Dies ist das idealtypische Modell eines Vertragsschlusses. Der in der Wirtschaft tätige Rechtspraktiker weiß, dass ein Vertrag zuweilen in einer hiervon abweichenden Weise zustande kommt, wenn nämlich andere Personen als die späteren Vertragspartner, z.B. ein Makler oder ein Rechtsanwalt oder ein Notar, einen Vertragsentwurf erarbeiten und die den Vertrag abschließen wollenden Parteien diesem Entwurf lediglich zustimmen, dies oft sogar gleichzeitig. Dass dadurch ein Vertrag zustande kommt, ist im Ergebnis unzweifelhaft. Was aber das „Wie" des Zustandekommens angeht, so passen auf einen solchen Vertragsschluss die auf einer historischen Abfolge von Angebot und Annahme aufbauenden §§ 145 ff. BGB nicht. Es wird daher vorgeschlagen, einen **Vertragsschluss** durch „**Zustimmung zu einem Entwurf**" zu konstruieren, auf den die §§ 145 ff. BGB entsprechend angewendet werden. Ob Verträge auch durch ein „**sozialtypisches Verhalten**" zustande kommen können, also z.B. durch die Inanspruchnahme einer Leistung (Aufdrehen des Wasserhahns, bevor ein Vertrag mit dem Versorger geschlossen ist), ist eine umstrittene Frage. Mit ein wenig juristischer Phantasie wird man in Fällen dieser Art mittels der §§ 145 ff. BGB einen Vertragsschluss konstruieren können.

III. Vertretung

75 Die Willenserklärungen Angebot und Annahme, die zu einem Vertragsschluss führen sollen, müssen – von wenige Ausnahmen abgesehen – in den meisten Fällen nicht zwingend von den Vertragschließenden höchstpersönlich abgegeben oder empfangen werden. Alles andere wäre in der auf Arbeitsteilung angelegten Wirtschaft fatal. Die Vertragschließenden können sich vielmehr i.d.R. eines Vertreters bedienen. Dessen Willenserklärungen werden dem Vertretenen zugerechnet, als ob er sie abgegeben oder empfangen hätte (§ 164 Abs. 1, 3 BGB). Eine wirksame Vertretung setzt außer der generellen **Zulässigkeit** einer Vertretung, die bei höchstpersönlich vorzunehmenden Geschäften (z.B. nach § 2064 BGB der Errichtung eines Testaments) nicht gegeben ist, zunächst voraus, dass die dritte Person, die wir dann „Vertreter" nennen können, bei der Abgabe oder bei der Inempfangnahme der Willenserklärung **im Namen** des **Vertretenen** handelt (§ 164 Abs. 1, 3 BGB). Für und gegen den Vertretenen wirkt ein zulässiges Handeln im Namen eines Vertretenen aber nur, wenn der Vertreter auch **Vertretungsmacht** hat (§ 164 Abs. 1 BGB). Eine Vertretungsmacht kann dem Vertreter vom Vertretenen durch ein einseitiges Rechtsgeschäft erteilt werden; dann nennt man sie **Vollmacht** (§§ 166 Abs. 1, 167 BGB). Die Erteilung der Vollmacht bedeutet nicht, dass der Vertreter auch für den Vertretenen handeln muss. Eine solche Pflicht zum Tätigwerden kann sich nur aus einem der Vollmacht zugrunde liegenden Rechtsgeschäft ergeben, z.B. aus einem Arbeitsvertrag zwischen dem Vertretenen als dem Arbeitgeber und dem Vertreter als Arbeitnehmer (§§ 611 ff BGB). Üblicherweise gibt es eine solche der Vollmacht zugrunde liegende rechtliche Beziehung zwischen dem Vertretenen und dem Vertreter; sie ist aber für die Wirksamkeit einer Vollmachtserteilung nicht nötig. Die Vollmacht erlischt durch Widerruf oder durch die Beendigung eines ihr gegebenenfalls zugrunde liegenden Rechtsgeschäfts, also z.B. des Arbeitsvertrages (§ 168 BGB) oder durch die Erreichung des Zwecks einer Vollmacht. Ein Kaufmann (§§ 1 ff. HGB) kann einem Vertreter **Prokura** erteilen (§ 48 HGB), die sich von der allgemeinen BGB-Vollmacht durch den gesetzlich bestimmten Umfang unterscheidet (§§ 49 f. BGB). Auch kann ein Kaufmann einem anderen nach § 54 HGB „Handlungsvollmacht" mit einem gesetzlich bestimmten Umfang erteilen. Eine Vertretungsmacht kann sich aber auch aus dem **Gesetz** ergeben; dann nennt man sie gesetzliche Vertretungsmacht. Ein Beispiel dafür sind die **Eltern** als gesetzliche Vertreter des minderjährigen Kindes (§ 1629 BGB). Die **Außenorgane juristischer Personen**, also z.B. der Vorstand einer AG oder der Geschäftsführer einer GmbH, sind rein technisch gesehen keine gesetzlichen Vertreter der juristischen Person, weil die juristische Person selbst durch die Organe handelt; sie haben aber „die Stellung eines gesetzlichen Vertreters" (§ 26 BGB). Für ein wirksames, den Vertretenen berechtigendes oder verpflichtendes Vertreterhandeln ist schließlich erforderlich, dass der Vertreter **innerhalb der** ihm zustehenden **Vertretungsmacht** handelt. Der Umfang der Vertretungsmacht ergibt sich bei der **Vollmacht** aus dem Rechtsgeschäft, durch das die **Vollmacht** erteilt wird (§ 167 BGB). Hat ein Kaufmann (§§ 1 ff. HGB) einem Vertreter **Prokura** erteilt (§ 48 HGB), dann ergibt sich der Umfang der Vollmacht aus dem Gesetz. Nach § 49 Abs. 1 HGB ist der Prokurist zu allen Arten von gerichtlichen und außergerichtlichen Geschäften und Rechtshandlungen befugt, die der Betrieb (irgend-)eines Handelsgewerbes mit sich bringt. Allerdings kann der Prokurist ohne eine besonders erteilte Befugnis keine Grundstücke veräußern und belasten (§ 49 Abs. 2 HGB). Die Prokura kann anderen gegenüber nicht beschränkt werden (§ 50 Abs. 1 HGB), auch nicht dadurch, dass dem Prokuristen, wie es oft vorkommt, in dem der Prokura zugrunde liegenden Arbeitsvertrag die Vornahme bestimmter Geschäfte untersagt werden. Eine solche Vereinbarung hat nur Bedeutung für das „Innenverhältnis" zwischen Arbeitgeber und Arbeitnehmer. Eine **Handlungsvollmacht** erstreckt sich auf alle Geschäfte, die der Betrieb eines der-

Das Rechtsgeschäft „Vertrag" Kap. 5 § 2 B

artigen Handelsgewerbes oder die Vornahme derartiger Geschäfte gewöhnlich mit sich bringt (§ 54 Abs. 1 HGB), bevollmächtigt aber ohne besondere Befugniserteilung nicht zur Veräußerung oder Belastung von Grundstücken, zur Eingehung von Wechselverbindlichkeiten, zur Aufnahme von Darlehen und zur Prozessführung (§ 54 Abs. 2 HGB). Bei **Ladenangestellten** wird ein bestimmter Vollmachtsumfang fingiert (§ 56 HGB). Der Umfang einer **gesetzlichen Vertretungsmacht** ergibt sich aus dem Gesetz. So ist der nach § 26 BGB wie ein gesetzlicher Vertreter behandelte Vorstand einer AG nach § 78 AktG im Verhältnis zu anderen zur unbeschränkten und unbeschränkbaren Vertretung der AG berechtigt, ebenso der Geschäftsführer einer GmbH (§§ 6, 35 ff. GmbHG). Die Vertretungsmacht dieser Organe ist nach deutschem Recht auch nicht, wie bei der „ultra-vires-Doktrin" des angelsächsischen Rechts, auf den Gesellschaftszweck beschränkt.

IV. Wirksamkeitshindernisse, Beendigung

Mit der bloßen Feststellung des – gegebenenfalls unter Mitwirkung eines Vertreters erfolgten – Abschlusses eines Vertrages ist oft noch nicht viel gewonnen. Denn dem „als solchen" zustande gekommenen Vertrag können **Wirksamkeitshindernisse** entgegenstehen. Der Vertrag kann z.B. nichtig sein, weil einer der Vertragschließenden bei Vertragsschluss geisteskrank (§ 105 Abs. 2 BGB), geschäftsunfähig (§§ 104, 105 Abs. 1 BGB) oder beschränkt geschäftsfähig war (§§ 106 ff. BGB) und die erforderliche Zustimmung der gesetzlichen Vertreter fehlt. Oder der Vertrag kann unwirksam sein, weil er nicht die erforderliche Form aufweist (z.B. nach §§ 311b Abs. 1, 125 BGB). Nichtig kann ein Vertrag auch sein, weil er gegen ein gesetzliches Verbot (z.B. nach § 134 BGB i.V.m. § 7 AWG) oder gegen die guten Sitten verstößt (§ 138 Abs. 1 BGB), oder deshalb nichtig sein, weil sein Inhalt den Tatbestand des Wuchers erfüllt (§ 138 Abs. 2 BGB). Selbst wenn ein geschlossener Vertrag wirksam ist, können aus ihm keine Rechte hergeleitet werden, wenn der **Vertrag beendet** ist. Das wäre z.B. der Fall bei einem vom Käufer wegen nicht erfolgter Lieferung der Kaufsache erklärten Rücktritt (§§ 433 Abs. 1, 323, 346 BGB), bei einer Kündigung eines Mietvertrages durch den Vermieter wegen nicht erfolgter Mietzahlung (§§ 535, 542, 543 BGB), bei einem Widerruf eines Verbrauchers bei einem „Haustürgeschäft" (§§ 433, 13, 14, 312 Abs. 1, 355 BGB) oder bei einem Aufhebungsvertrag.

76

V. Der Inhalt von Verträgen

Die vorstehenden Ausführungen, die gezeigt haben, wie ein Vertrag zustande kommt und dass er darüber hinaus wirksam sein muss und nicht beendet sein darf, um Rechte aus ihm herleiten zu können, dürfen einen nicht in die Irre führen: Es gibt keinen „Vertrag als solchen", sondern immer nur einen Vertrag mit einem ganz bestimmten Inhalt. Was die möglichen Inhalte von Verträgen angeht, so gibt es im deutschen Recht zwei scharf voneinander zu trennende Kategorien: Die eine Gruppe von Verträgen sind die **verpflichtenden** Verträge, die andere Gruppe sind die **verfügenden** Verträge.

77

1. Verpflichtende Verträge („Verpflichtungsgeschäft"), Beispiel: Kaufvertrag

Wenn ein Vertrag eine Pflicht zur Erbringung einer Leistung begründet, nennen wir ihn einen **verpflichtenden** Vertrag. Durch einen solchen Vertrag entsteht nach §§ 311

78

Abs. 1, 241 Abs. 1 BGB ein Schuldverhältnis zwischen einem „Gläubiger" – das ist der Vertragspartner, der eine Leistung verlangen kann – und dem „Schuldner" – das ist der Vertragspartner, der ihre Erbringung schuldet. Das dem Gläubiger zustehende Recht, vom Schuldner ein bestimmtes Tun oder ein Unterlassen zu verlangen, nennt man **„Anspruch"** (§ 194 Abs. 1 BGB). Bei den meisten verpflichtenden Verträgen sind beide Vertragspartner zugleich „Gläubiger" und „Schuldner". Wir nennen diese Verträge „zweiseitig verpflichtende Verträge". Beim Kaufvertrag z.B. ist der Käufer „Gläubiger" des Lieferungsanspruchs (§ 433 Abs. 1 BGB) und „Schuldner" der Zahlungsverpflichtung (§ 433 Abs. 2 BGB) und der Verkäufer ist „Gläubiger" des Zahlungsanspruchs und „Schuldner" der Lieferungsverpflichtung. Welchen Inhalt die Ansprüche aus verpflichtenden Verträgen haben – „wer" also „von wem" „was" verlangen kann – hängt vom **Inhalt** des jeweiligen **Vertrages** ab.

Auf den ersten Blick scheinen sich die **möglichen Inhalte** von **verpflichtenden Verträgen** und damit der **Inhalt der Ansprüche** der Vertragspartner gegeneinander ausschließlich aus dem Abschnitt 8 des Zweiten Buches des BGB (Recht der Schuldverhältnisse) zu ergeben, denn dort sind die **Inhalte** von **verpflichtenden Verträgen**, nämlich von Kaufverträgen (§§ 433 ff. BGB), von Darlehensverträgen (§§ 488 ff. BGB), von Mietverträgen (§§ 535 ff. BGB), von Werkverträgen (§§ 631 ff. BGB), von Gesellschaftsverträgen (§§ 705 ff. BGB) etc. **gesetzlich bestimmt**. Das aber ist eine voreilige Annahme. Denn dort werden die **möglichen Vertragsinhalte** lediglich **typisiert**, indem das Gesetz hier nur für den Fall Regelungen geschaffen hat, dass die Parteien des Vertrags selbst in ihrem Vertrag nichts anderes bestimmt haben. Denn das Prinzip der **Vertragsfreiheit**, das sich wiederum aus der Privatautonomie ergibt, besagt unter anderem, dass die Partner eines verpflichtenden Vertrages gerade nicht daran gebunden sind, was das Gesetz zu den Inhalten von verpflichtenden Verträgen, also z.B. in den §§ 433 ff., 535 ff. etc., bestimmt hat, sondern dass sie den Inhalt von verpflichtenden Verträgen selbst frei gestalten können. Wir nennen diese sich aus der Vertragsfreiheit ergebende Möglichkeit die **„Inhaltsfreiheit"**. So kommt es also dazu, dass es verpflichtende Verträge gibt, deren Inhalt nicht mit jener gesetzlichen Typisierung übereinstimmt. Allerdings besteht **keine Inhaltsfreiheit**, wenn das Gesetz **zwingende Regelungen** aufstellt (z.B. beim Verbrauchsgüterkauf durch §§ 475, 13, 14 BGB oder im Wohnraummietrecht durch § 558a Abs. 5 BGB). Die **Inhaltsfreiheit** ist auch faktisch **eingeschränkt**, wenn von einem der Vertragspartner **Allgemeine Geschäftsbedingungen** (AGB) verwendet werden, die einen Vertragsinhalt vorsehen, der vom typisierten Recht abweicht. Dann muss nach der Feststellung, dass die AGB Inhalt des Vertrages geworden sind (§§ 305 ff. BGB, nach §§ 310 Abs. 1, 14 BGB bei gegenüber Unternehmern verwendeten AGB unter erleichterten Voraussetzungen) sorgfältig geprüft werden, ob die AGB wirksam sind (§§ 305c ff. BGB, wobei nach § 310 Abs. 1 BGB die §§ 308 und 309 BGB bei gegenüber Unternehmern verwendeten AGB nicht gelten). Andererseits geht die Inhaltsfreiheit so weit, dass die Vertragspartner sogar verpflichtende Verträge schließen können, deren Typ als solcher im Gesetz überhaupt nicht vorgesehen ist. Man nennt sie Verträge eigener Art („**sui generis**"). Sie haben ausschließlich den von den Vertragspartnern gewollten Inhalt (§ 311 Abs. 1 BGB). Klassische Beispiele dafür sind Leasingverträge oder Franchisingverträge. Für diese in das Wirtschaftsprivatrecht einführende Darstellung soll, was den möglichen Inhalt von verpflichtenden Verträgen und die daraus resultierenden Ansprüche der Vertragspartner angeht, der **Kaufvertrag** als Beispiel dienen. Aufgrund eines **Kaufvertrags** über eine **Sache** als verkauftem Gegenstand hat der Käufer das Recht, also den Anspruch, vom Verkäufer die Übereignung und die Übergabe der Kaufsache frei von Sach- und Rechtsmängeln zu verlangen (§ 433 Abs. 1 BGB). Und der Verkäufer hat das Recht, also den Anspruch, vom Käufer die Zahlung des Kaufpreises zu fordern (§ 433 Abs. 2 BGB). Entsprechendes gilt für den Vertrag über den Kauf von Rechten und sonstigen Gegenständen (§ 453 BGB).

Das Rechtsgeschäft „Vertrag" Kap. 5 § 2 **B**

Nach diesen Ausführungen ist der Leser in die Lage versetzt, zu prüfen, **ob** dem Käufer und/oder dem Verkäufer ein **Anspruch** aus einem Kaufvertrag zusteht. Diese Prüfung setzt als erstes voraus, dass ein Vertrag mit dem vorgenannten Inhalt, den man „**Kaufvertrag**" nennt (*Kap. 3 § 2 V 1*), **abgeschlossen** worden ist (*Kap. 3 § 2 II, III*), dass ihm keine **Wirksamkeitshindernisse** entgegenstehen und dass er **nicht beendet** ist (*Kap. 3 § 2 IV*). Wenn man aufgrund dessen zu dem Ergebnis gekommen ist, dass der Käufer (aus § 433 Abs. 1 BGB) oder der Verkäufer (aus § 433 Abs. 2 BGB) einen Anspruch gegen den jeweils anderen Vertragspartner hat, bedeutet dies aber noch nicht, dass der jeweilige Anspruchsteller die geltend gemachte Leistung auch verlangen kann. Denn der einmal entstandene **Anspruch** kann wieder **erloschen sein.** z.B. dadurch, dass der Schuldner, z.B. der Verkäufer als Schuldner der Lieferungsverpflichtung aus § 433 Abs. 1 BGB diese bereits durch Übergabe und Übereignung der Kaufsache erfüllt hat (§ 362 Abs. 1 BGB) oder der Käufer seine Zahlungsverpflichtung durch eine Zahlung (§ 362 Abs. 1 BGB) oder eine Aufrechnung mit einem Gegenanspruch gegen den Verkäufer zum Erlöschen gebracht hat (§§ 387 ff. BGB). Schließlich kann einem entstandenen und nicht erloschenen Anspruch auch eine die Durchsetzung hindernde **Einrede** entgegenstehen, z.B. die Einrede der Verjährung (§ 214 Abs. 1 BGB).
Ein **Fall** und seine Bearbeitung sollen die soeben theoretisch vorgestellten Voraussetzungen des Abschlusses eines Vertrages, speziell eines Kaufvertrages, demonstrieren. Der Sachverhalt ist aus didaktischen Gründen, wie auch bei den weiteren Fällen, bewusst konstruiert, also nicht sehr lebensnah.

Fall 1: Der wohlhabende Kunstsammler K, ein in Toronto lebender deutscher Staatsbürger, möchte vom derzeit weltberühmtesten Maler V ein von vielen Kaufinteressenten begehrtes Bild käuflich erwerben. Auch der V ist deutscher Staatsbürger. Sein Lebensmittelpunkt ist Berlin. Er hat aber ein Atelier in New York, wo er sich hin und wieder zum Malen aufhält. Hier befindet sich auch das Bild. Der K hatte es sich dort auch bereits Anfang Mai 2010 angesehen und seine Kaufabsicht für den von V geforderten Preis von „1 Millionen Dollar" zum Ausdruck gebracht, wobei er dem V erklärt hatte, dass dieser ihm für den Fall des Kaufes das Bild Anfang Juni 2010 in Berlin, wohin er umzuziehen im Begriff sei, Zug-um-Zug gegen die Kaufpreiszahlung ausliefern solle. Das Bild ist für das neue Haus des K in Berlin bestimmt. Der K wusste von V, dass zeitgleich eine Reihe von Kunstsammlern am Erwerb des Bildes interessiert waren, sich aber noch nicht entschlossen hatten. Kurz nach der Besichtigung bietet der V dem nach Toronto zurückgekehrten K das Bild am Montag, dem 10. Mai 2010, um 12.00 Uhr per Fax „zum Preise von 1 000 000,- Dollar, zahlbar in Berlin Zug-um-Zug gegen Lieferung des Bildes am 1. Juni 2010" zum Kauf an. Der K, der davon ausging, dass der Preis für das Bild „1 Million kanadische Dollar" betragen solle, entscheidet sich sofort dafür und sendet noch am gleichen Tag per Kurier einen dann aber erst doch am Mittwoch, den 12. Mai 2010, um 15.00 Uhr bei V eingehenden Brief, in dem er sein „Einverständnis mit dem Angebot des V" erklärt. Der V erkannte aufgrund des die Übernahme durch den Kurierdienst anzeigenden Datums- und Uhrzeitstempels auf dem Briefumschlag und aufgrund seiner Kenntnis von den Beförderungszeiten, dass der Kurierdienst den Brief normalerweise bereits am Nachmittag des Dienstag, des 11. Mai 2010, ihm hätte zustellen sollen. Inzwischen hatte jedoch am Mittag des Dienstag, des 11. Mai 2010, der V dem weiteren Kaufinteressenten X, einem in New York lebenden US-amerikanischen Staatsbürger, als dieser sich das Bild noch einmal ansah, mitgeteilt, dass er das Bild gestern dem K für „1 Million Dollar" zum Kauf angeboten hätte. Daraufhin erklärte der X, er werde am 1. August 2010 Zug-um-Zug gegen Lieferung des Bildes 1 500 000,- US-Dollar zahlen. Der V, der sich damit sofort einverstanden erklärt hatte, reagierte deshalb nicht mehr auf das Schreiben des K. Auch der mit seinem

57

Umzug nach Berlin befasste K meldete sich nicht mehr bei V. Als K am 1. Juni 2010 von dem sich inzwischen auch wieder in Berlin aufhaltenden V – das Bild hatte er für den X in New York hängen lassen – Lieferung des Bildes verlangt, weigert sich V. K klagt vor dem zuständigen Landgericht Berlin auf Übereignung und Übergabe des Bildes. Der V beantragt die Abweisung der Klage, hilfsweise macht er geltend, dass er – wenn überhaupt – nur Zug-um-Zug gegen Zahlung des Kaufpreises zur Lieferung verpflichtet ist

Lösungsvorschlag: K könnte von V die Übereignung und Übergabe des Bildes aufgrund eines Kaufvertrags zwischen beiden verlangen. – 1. Der Fall hat, was die Frage eines bestehenden Kaufvertrags angeht, Auslandsberührung, so dass ermittelt werden muss, welches Recht auf den Sachverhalt anzuwenden ist. Darüber entscheidet der deutsche Richter nach deutschem Internationalen Privatrecht. – a) In Deutschland ergibt sich das anzuwendende Recht – aa) nach Art. 3 Nr. 2 EGBGB vorrangig aus völkerrechtlichen Vereinbarungen. Hier muss man bedenken, dass bei einem Kaufvertrag über nicht dem persönlichen Gebrauch des Käufers dienende Waren (= bewegliche Sachen) und ähnliche Gegenstände, dessen Partner ihren gewöhnlichen Aufenthaltsort in verschiedenen Vertragsstaaten haben (hier sind dies: Kanada und Deutschland), jedes in Betracht zu ziehende nationale Recht hinsichtlich des Abschlusses einschließlich der Förmlichkeiten und hinsichtlich der Rechte und Pflichten aus dem Kaufvertrag durch das UN-Kaufrecht (CISG) ersetzt wäre. Im vorliegenden Fall dient der Kauf aber dem persönlichen Gebrauch des K. Also wird der deutsche Richter nicht das UN-Kaufrecht (CISG) anwenden. – bb) Daher ist nach Art. 3 Nr. 1 lit. b EGBGB für die Frage des anzuwendenden Rechts einschlägig die EG-Verordnung über das auf vertragliche Schuldverhältnisse anzuwendende Recht vom 17. Juni 2008 („Rom I"). – aaa) Möglich ist, dass die Parteien das anzuwendende Recht gewählt haben (Art 3 Abs. 1 Rom I). Das ist hier nicht zu erkennen. – bbb) Mangels einer Rechtswahl unterliegt nach Art 4 Abs. 1 lit. a Rom I beim Warenkauf der Vertrag, was die Fragen des Zustandekommens, der Wirksamkeit (Art. 10 Rom I), der Auslegung, des Erlöschens und der Nichtigkeitsfolgen (Art 12 Abs. 1 Rom I) angeht, dem Recht des Staates, in dem der Verkäufer seinen gewöhnlichen Aufenthaltsort hat. Das ist Berlin; also ist hier deutsches Recht anzuwenden. – 2. Jetzt muss man im deutschen Recht, nach einer Norm suchen, aus der sich ergibt, dass beim Bestehen eines Kaufvertrags der Käufer (das ist hier der K) vom Verkäufer (das ist hier der V) die Übereignung und Übergabe verlangen könnte. Man nennt eine solche Norm „Anspruchsgrundlage". Dies ist § 433 Abs. 1 Satz 1 BGB, denn es heißt dort: „Durch den Kaufvertrag wird der Verkäufer einer Sache verpflichtet, dem Käufer die Sache zu übergeben und das Eigentum an der Sache zu verschaffen. Man erkennt ohne weiteres, dass § 433 Abs. 1 Satz 1 BGB in zwei Teile „zerfällt", nämlich in einen Voraussetzungsteil („Durch den Kaufvertrag...") und einen Rechtsfolgeteil („....wird der Verkäufer einer Sache verpflichtet, dem Käufer die Sache zu übergeben und das Eigentum an der Sache zu verschaffen"). Geprüft werden muss daher, ob der Sachverhalt diejenigen Tatsachen enthält, die den Voraussetzungsteil erfüllen. Diesen Arbeitsvorgang nennt man „Subsumtion". Damit ein Anspruch des K gegen den V aus § 433 Abs. 1 Satz 1 BGB gegeben ist, muss also zwischen dem V und dem K ein Kaufvertrag geschlossen worden sein. – aa) In der Rechtspraxis muss vor einer „Subsumtion" sehr häufig zunächst der Sachverhalt ermittelt werden. Den Parteien einer rechtlichen Auseinandersetzung ist der Sachverhalt meistens bekannt, nicht aber dem Gericht. Wenn es zu einem Prozess kommt und die Parteien den Sachverhalt übereinstimmend darstellen, dieser also „unstreitig" ist, besteht kein Aufklärungsbedarf. Das Gericht entscheidet nur die sich stellenden Rechtsfragen. Wenn aber die Parteien den Sachverhalt unterschiedlich darstellen, wird das Gericht

Beweise erheben z.B. durch Heranziehung von Urkunden, durch Zeugenvernehmung, durch ein Sachverständigengutachten oder durch Parteivernehmung. Im vorliegenden Fall ist davon auszugehen, dass der Sachverhalt unstreitig ist. – bb) Für das Vorliegen eines Kaufvertrages sind nötig zwei von einem Rechtsbindungswillen getragene und die „essentialia negotii" enthaltende auf den Abschluss eines Kaufvertrages gerichtete Willenserklärungen, genannt Angebot und Annahme, die jeweils durch Zugang wirksam geworden sind (§ 130 Abs. 1 Satz 1 BGB). Das Angebot darf zur Zeit des Zugangs der Annahme nicht bereits erloschen sein (§§ 146 ff. BGB) und das Angebot und die Annahme müssen inhaltlich übereinstimmen. – aaa) Das Vorliegen eines Angebots setzt unter anderem voraus: Der Anbietende muss aus der Sicht einer vernünftigen neutralen Person den Willen haben, sich rechtlich zu binden. Das ist hier bei der Erklärung des V der Fall. Inhaltlich muss die Erklärung des V, um als Angebot zum Abschluss eines Vertrages, hier eines Kaufvertrages, angesehen werden zu können, so bestimmt sein, dass sie mindestens die „essentialia negotii" enthält. Dies sind beim Kaufvertrag der Kaufgegenstand, der Kaufpreis und der Vertragspartner. Die Erklärung des V erfüllt alle diese Voraussetzungen. Das Angebot des V wird aber erst mit dem Zugang wirksam. Die Erklärung des V hat den K am Montag, dem 10. Mai 2010, per Fax erreicht. – bbb) Der K hat mittels seines Schreibens die Annahme erklärt. Die Annahmeerklärung ist dem V am Nachmittag des Mittwoch, des 12. Mai 2010, zugegangen. – ccc) Das Angebot des V darf aber zum Zeitpunkt des Zugangs der Annahmeerklärung nicht bereits erloschen gewesen sein (§§ 146 ff. BGB). Das wäre der Fall, wenn die Annahme nicht rechtzeitig erklärt worden wäre (§ 146 2. Fall BGB). Das am Montag, dem 10. Mai 2010, dem K zugegangene Angebot des V könnte beim Zugang der Annahmeerklärung des K am Mittwoch, dem 12. Mai 2010, nach §§ 146, 147 Abs. 2 BGB bereits erloschen gewesen sein. Die Annahmefrist des § 147 Abs. 2 BGB setzt sich zusammen aus einer angemessenen Überlegungszeit für denjenigen, dem das Angebot zugegangen ist (K), und aus der Summe der Zeiträume für den Transport der Erklärungen. Die Überlegungszeit für K ist hier sehr kurz. Denn er kannte das Bild. Das Angebot des V entsprach aus seiner Sicht preislich seinen Erwartungen. Dem K war auch bewusst, dass es viele Kaufinteressenten für das Bild gab. Unter diesen Umständen ist eine ganz kurze Überlegungszeit angemessen. Die hat er auch eingehalten, denn er hat sich „sofort" entschieden. Die für die Fristberechnung im Rahmen des § 147 Abs. 2 BGB weiterhin zugrunde zu legende Dauer des Transportes der Annahmeerklärung vom Annehmenden (K) zum Anbietenden (V) beträgt nur wenige Minuten. Denn der Annehmende muss aus der Sicht des Anbietenden für die Übermittlung seiner Erklärung ein mindestens ebenso schnelles Transportmittel wählen wie der Anbietende es für seine Erklärung gewählt hatte, also mindestens ein Fax versenden. Daher konnte der V mit der Annahme noch am Nachmittag des Montag, des 10. Mai 2010, rechnen, keinesfalls aber mehr am Nachmittag des Mittwoch, des 12. Mai 2010. Auch der Ausnahmefall des § 149 BGB greift nicht ein. Denn selbst bei regelmäßiger Beförderung hätte der Brief des K den V erst am Nachmittag des Dienstag, des 11. Mai 2010, erreicht, also nicht rechtzeitig i.S.d. § 147 Abs. 2 BGB (= Nachmittag des Montag, des 10. Mai 2010), sondern zu spät. Aufgrund der verspäteten Annahmeerklärung war das Angebot des V am 3. April 2007 bereits erloschen (§§ 146 Satz 2, 147 Abs. 2 BGB). Die Annahmeerklärung des K ging also ins Leere. Ein Kaufvertrag ist daher nicht durch das Fax des V und den per Kurier überbrachten Brief des K zustande gekommen. – cc) Ein Kaufvertrag könnte jedoch gleichwohl zustande gekommen sein. – aaa) Die verspätete Annahmeerklärung des K ist nämlich ein neues Angebot des K (§ 150 Abs. 1 BGB). Dieses ist dem V auch zugegangen. – bbb) Zustande gekommen wäre der Kaufvertrag, wenn der ursprünglich Anbietende V die Annahme erklärt hätte. – aaaa) Ausdrücklich hat der V sie nicht erklärt. – bbbb)

Aber zu prüfen wäre, ob das Schweigen des V auf das neue Angebot des K wie eine Annahmeerklärung zu behandeln ist: Grundsätzlich hat ein Schweigen jedoch nicht die Bedeutung einer Annahmeerklärung. Ein Schweigen kann aber nach § 242 BGB als Annahmeerklärung anzusehen sein, wenn es treuwidrig wäre, dass der Empfänger eines neuen Angebots i.S.d. § 150 Abs. 1 BGB dem anderen Teil nicht erklärt, dass er den Vertrag im Hinblick auf die Verspätung der Annahmeerklärung nicht mehr abschließen will. Das könnte man vielleicht dann annehmen, wenn es für V erkennbar gewesen wäre, dass K auf Klarheit angewiesen wäre und die Fristüberschreitung geringfügig gewesen wäre. So aber liegt es hier nicht. Der Kaufvertrag ist also nicht zustande gekommen.

Variante: Wie wäre es, wenn der K sofort per Fax sein Einverständnis erklärt hätte?

Lösungsvorschlag: – 1. Ein für einen Anspruch aus § 433 Abs. 1 BGB erforderlicher Abschluss eines Kaufvertrags würde voraussetzen, dass sich die (in der Variante: rechtzeitige) Annahmeerklärung des K und das Angebot des V inhaltlich decken. Das ist hinsichtlich des Preises zweifelhaft. V hatte in seinem Fax erklärt: „zum Preise von 1 000 000,- Dollar"; und der K hatte sein „Einverständnis" zum Ausdruck gebracht. Angesichts der Möglichkeiten einer Einigung auf US-Dollar oder auf kanadische Dollar (andere Dollar-Währungen kommen nicht in Betracht) und der unterschiedlichen Vorstellungen von V und K dazu, kann eine Willensübereinstimmung nicht ohne Weiteres festgestellt werden. Ob und mit welchem Inhalt eine Willensübereinstimmung erzielt wurde, muss dann durch eine Auslegung der Willenserklärungen ermittelt werden. Nach Art 4 Abs.1 lit. a Rom I richtet sich dies beim Warenkauf ebenfalls nach dem Vertragsstatut (Art 12 Abs. 1 Rom I), also nach deutschem Recht, und zwar nach §§ 133, 157 BGB. Hiernach muss, wenn es schutzwürdige Personen gibt (z.B. bei empfangsbedürftigen Willenserklärungen, insbesondere natürlich bei Angebot und Annahme) der Inhalt der Erklärung in erster Linie durch eine „normative Auslegung" ermittelt werden: Es soll darauf ankommen, wie der jeweilige Erklärungsempfänger, und zwar der K bzw. der V, die Willenserklärung des jeweils anderen Teils nach Treu und Glauben unter Berücksichtigung der Verkehrssitte verstehen durfte, also auf den jeweiligen „objektivierten Empfängerhorizont". – a) Was den Antrag des V angeht, so kommt man unter Berücksichtigung der gesamten Umstände (der Inhalt der Vorverhandlungen ist zwar unergiebig, aber die sonstigen Umstände helfen weiter: die Verhandlungen fanden in New York statt, der Kaufgegenstand befand sich in New York) zum Ergebnis, dass der Erklärungsempfänger K die Willenserklärung des V nach Treu und Glauben unter Berücksichtigung der Verkehrssitte so verstehen musste, dass V erklärt hat: „1 Million US-Dollar". – b) Das „Einverständnis" des K bezieht sich auf den gesamten Inhalt des Antrags des V und aus der objektivierten Sicht des Erklärungsempfängers V durfte dieser sie dahingehend verstehen, dass K sich mit „1 Million US-Dollar" einverstanden erklärt hat. – c) Das Angebot und die Annahme decken sich also vollständig. – d) Der Vertrag ist auch nicht durch Anfechtung rückwirkend unwirksam geworden. Nach Art 4 Abs.1 lit. a Rom I richtet sich dies beim Warenkauf ebenfalls nach dem Vertragsstatut (Art 10 Abs. 1 Rom I), also nach deutschem Recht, und zwar nach §§ 119, 142 Abs. 1 BGB. – aa) Im Bestreiten des Vertragsschlusses durch V liegt keine schlüssig erklärte wirksame Anfechtung nach §§ 119 Abs. 2, 142 Abs. 1 BGB, weil V sich nicht geirrt hat: Er wollte „US-Dollar" und hat „US-Dollar" erklärt. – bb) Der sich irrende K hingegen bestand auf Lieferung, hat also den Kaufvertrag nicht angefochten. Danach ist der Kaufvertrag zustande gekommen und der Anspruch aus § 433 Abs. 1 BGB entstanden. – 2.) Der Anspruch könnte jedoch ausgeschlossen sein, wenn dem V die Lieferung unmöglich wäre (§ 275 Abs. 1 BGB). V könnte nicht erfüllen, wenn

Das Rechtsgeschäft „Vertrag" Kap. 5 § 2 **B**

der X bereits Eigentümer des Bildes geworden wäre. Weil Art. 3 Nr. 1 und Nr. 2 EGBGB unanwendbar sind, bestimmt Art. 43 Abs. 1 EGBGB, welches Recht auf die Frage der Übereignung anzuwenden ist: Es ist das Recht des Ortes, an dem sich die Sache befindet („lex rei sitae"), also das US-amerikanische Recht. Das gilt auch nach US-amerikanischem Kollisionsrecht, so dass schon deshalb eine Rückverweisung („Renvoi") ausgeschlossen werden kann bzw. im Ergebnis unbeachtlich wäre. Nach dem US-amerikanischenn Privatrecht geht das Eigentum an der Kaufsache - a) nach dem Common Law, falls dieses anwendbar ist, durch den Kaufvertrag auf den Käufer über. Das Leistungsversprechen des V ist jedoch mangels einer Gegenleistung des Käufers X („consideration") noch nicht bindend, so dass V weiterhin Eigentümer ist und der Anspruch des K gegen den V nicht nach § 275 Abs. 1 BGB ausgeschlossen ist. – a) Wenn hingegen das UCC Geltung haben sollte, dann richtet sich die Übereignung nach § 2 – 401 (1) UCC nach der Parteivereinbarung, so dass eine bloße Einigung ausreichen kann. In Ermangelung einer solchen Vereinbarung geht nach § 2 – 401 (2) UCC das Eigentum über durch die Erbringung der vom Verkäufer geschuldeten Leistung, also z.B. durch die Übergabe. Wie auch immer: Ohne die Zahlung des Kaufpreises durch X ist eine das Eigentum übergehen lassende Einigung nicht anzunehmen, und eine Übergabe des Bildes an X hat auch nicht stattgefunden. Weil V demnach noch Eigentümer ist, ist der Anspruch des K gegen V nicht ausgeschlossen. – 3.) Die Verurteilung des V zur Übereignung und Übergabe an den K würde jedoch nicht uneingeschränkt erfolgen, sondern nach §§ 320, 322 BGB nur Zug-um-Zug gegen Zahlung des Kaufpreises seitens des K in Höhe von 1 Million US-Dollar.

2. Verfügende Verträge („Verfügungsgeschäft"),
Beispiele: Übertragung einer Forderung, Übereignung von Sachen

Durch einen Vertrag können aber nicht nur – wie durch einen Kaufvertrag – Verpflichtungen begründet werden, sondern es kann hierdurch auch über bestehende Rechte „verfügt" werden, indem diese übertragen, belastet, inhaltlich geändert oder aufgehoben werden. Man nennt Verträge, die dies bewirken, im Gegensatz zu den verpflichtenden Verträgen „**verfügende Verträge,**" oder, weil bei manchen Verfügungen außer dem Abschluss eines verfügenden Vertrages weitere Erfordernisse hinzutreten müssen, „Verfügungsgeschäfte". Als Beispiele für verfügende Verträge sollen hier Verfügungen über Forderungen und über Sachen in Gestalt von deren Übertragung dienen.
Was die als Beispiel für eine **Verfügung** über eine **Forderung** gewählte rechtsgeschäftliche Übertragung der Forderung bzw. Zession angeht, so ist die einzige Voraussetzung hierfür der Abschluss eines verfügenden Vertrages zwischen dem bisherigen Gläubiger G 1, dem „Zedenten", und dem neuen Gläubiger G 2, dem „Zessionar", also eines Vertrages mit dem Inhalt, dass die Forderung von dem Zedenten auf den Zessionar übergehen soll. (§ 398 Satz 1 BGB). Die Rechtsfolge eines solchen Vertrages ist, dass die Forderung nunmehr dem G 2 (Zessionar) zusteht (§ 398 Satz 2 BGB). Wenn man sich fragt, warum man als Gläubiger einer Forderung diese abtreten will, dann kann dies z.B. deshalb der Fall sein, weil der G 1 dazu dem G 2 aufgrund eines zwischen beiden geschlossenen Kaufvertrags über die Forderung verpflichtet war (§§ 433, 453 BGB) oder weil die Forderung aufgrund eines Sicherungsvertrages zum Zwecke der Sicherung einer Darlehensforderung des G 2 gegen den G 1 abgetreten worden ist („Sicherungszession").
Auch bei den **Verfügungen** über **Sachen** wollen wir uns als Beispiel für einen verfügenden Vertrag auf die Übertragung des Eigentums, die **Übereignung** also, beschränken. Hier muss man unterscheiden, ob es um die Übereignung einer beweglichen Sache oder

79

B Kap. 5 § 2 Grundlagen des Wirtschaftsprivatrechts

um die Übereignung eines Grundstücks geht. Wenn der bisherige Eigentümer E 1 einer **beweglichen Sache** diese an den E 2 übereignen will (z.B. weil er dazu aufgrund eines Kaufvertrags nach § 433 Abs. 1 BGB verpflichtet ist), ist dafür zweierlei erforderlich: Es muss zwischen E 1 und E 2 ein verfügender Vertrag, genannt „Einigung", mit dem Inhalt geschlossen werden, dass das Eigentum von E 1 auf E 2 übergehen soll (§ 929 Satz 1 BGB). Aber anders als bei der Übertragung von Forderungen muss zu diesem verfügenden Vertrag noch ein „Vollzugsmoment" hinzukommen: Dieses ist in der Regel die Übergabe der Sache, also die Verschaffung des Besitzes an E 2 (§ 929 Satz 1 BGB). Wenn aber der Erwerber E 2 schon im Besitz der Sache sein sollte, weil der E 1 sie zuvor dem E 2 geliehen oder vermietet hatte, ist natürlich nur die Einigung erforderlich (§ 929 Satz 2 BGB). Das Vollzugsmoment der Übergabe kann auch durch „Übergabesurrogate" ersetzt werden (§§ 930, 931 BGB). So kann vereinbart werden, dass der bisherige Eigentümer E 1 im Besitz der Sache bleibt, er aber die Sache nicht mehr für sich, sondern jetzt für den E 2 besitzt z.B. als Mieter, Entleiher, Verwahrer oder Sicherungsgeber bei der „Sicherungsübereignung" (§§ 929 Satz 1, 930, 535 bzw. 598 bzw. 688 BGB bzw. ein „Sicherungsvertrag"). Sollte die zu übereignende bewegliche Sache sich im Besitz einer anderen Person befinden, z.B. weil sie vom derzeitigen übereignenden Eigentümer E 1 an den M vermietet ist (§ 535 BGB), so kann bei einer Übereignung an den E 2 nach § 931 BGB die Übergabe dadurch ersetzt werden, dass der übereignende E 1 seinen gegenwärtigen bzw. künftigen Herausgabeanspruch aus dem Mietvertrag gegen den M (§ 546 BGB) an den E 2 abtritt, so dass der E 2 das Eigentum dann nach §§ 929 Satz 1, 931, 546 BGB erwerben würde. In diesen Fällen war es stets so, dass der **Übereignende (E 1) Eigentümer der Sache** war. Eine für die Rechtspraxis außerordentlich wichtige Frage geht dahin, ob dann, wenn der **Übereignende**, also der E 1, **nicht der Eigentümer** der Sache ist, der Erwerber E 2 das Eigentum erwerben kann, wenn er den E 1 für den Eigentümer hält. Das Gesetz bejaht dies im Interesse des Verkehrsschutzes in den Fällen, in denen der Erwerber E 2 hinsichtlich des Eigentums des E 1 „**gutgläubig**" ist, also weder weiß noch infolge grober Fahrlässigkeit nicht weiß, dass der Übereignende E 1 nicht der Eigentümer ist. (§§ 932–934 BGB). Eine Ausnahme macht das Gesetz allerdings bei solchen beweglichen Sachen, die dem Eigentümer oder einer für ihn besitzenden Person abhanden gekommen sind (§ 935 Abs. 1 BGB), wobei die Unterausnahme für den Erwerb von Geld zu beachten ist (§ 935 Abs. 2 BGB). Der ursprüngliche Eigentümer, der kraft des gutgläubigen Erwerbs sein Eigentum verliert, kann sich nur an den halten, der sie (sich als „Eigentümer" ausgebend) wirksam übereignet hat und von ihm außer Schadensersatz (§ 280 Abs. 1 BGB und/oder § 823 BGB sowie §§ 687 Abs. 2, 678 BGB) als Ausgleich für den Verlust seines Eigentums auch Herausgabe desjenigen verlangen, was der Nichteigentümer infolge der Übereignung erlangt hat (aus §§ 687 Abs. 2 S. 1, 681 S. 1, 667 und vor allem aus § 816 Abs. 1 Satz 1 BGB); nur bei einer Schenkung des E 1 an den E 2 kann der ehemalige Eigentümer von E 2, obwohl dieser ja Eigentümer geworden ist, Herausgabe der Sache selbst zwar nicht nach § 985 BGB, wohl aber Rückübereignung an sich verlangen (§ 816 Abs. 1 Satz 2 BGB). Für eine Übereignung eines **Grundstücks** durch den bisherigen Eigentümer E 1 an den neuen E 2 ist ebenfalls ein verfügender Vertrag zwischen dem das Eigentum Übertragenden (E 1) und dem neuen Eigentümer (E 2), mit dem Inhalt, dass das Eigentum übergehen soll, erforderlich (§ 873 Abs. 1 BGB). Dieser verfügende Vertrag heißt im Grundsatz ebenfalls „Einigung". Er muss aber, um wirksam zu sein, die Formvorschrift des § 925 BGB erfüllen und wird dann „Auflassung" genannt. Das erforderliche Vollzugsmoment ist bei der Grundstücksübereignung nicht die Übergabe wie bei der Übereignung beweglicher Sachen, sondern die Eintragung der Rechtsänderung dahingehend, dass E 2 als neuer Eigentümer in das Grundbuch eingetragen wird (§§ 873 Abs. 1, 925 BGB). Wie kommt es dazu, dass der neue Grundstückseigentümer auch Besitzer wird, also den Schlüssel für das ihm übereignete Haus erhält? Zur Besitzverschaffung ist ihm der das

Haus Übereignende verpflichtet, z.b. aus dem Kaufvertrag, der den Verkäufer nicht nur zur Übereignung verpflichtet, sondern – lesen Sie § 433 Abs. 1 BGB genau – auch zur Übergabe der Kaufsache. Auch hier gibt es einen „gutgläubigen Erwerb": Ist der übereignende E 1 in Wahrheit nicht der Eigentümer, sondern zu Unrecht als Eigentümer im Grundbuch eingetragen, kann der Erwerber E 2 das Eigentum vom Nichteigentümer gleichwohl erwerben (§ 892 BGB). Nur bei Kenntnis des Erwerbers vom Nichteigentum des Übereignenden entfällt der gutgläubige Erwerb. Hier bestehen die gleichen Ausgleichsansprüche des ehemaligen Eigentümers wie zuvor. Da der Erwerb des Eigentums an einem Grundstück die Eintragung im Grundbuch voraussetzt, auf deren Durchführung die Beteiligten, namentlich auch der Käufer keinen Einfluss hat, besteht die Gefahr, dass vor der Eintragung der Verkäufer, der ja noch Eigentümer ist, das Grundstück an einen anderen, ihm einen höheren Kaufpreis zahlenden Käufer, verkauft und übereignet oder dass er das Grundstück zur Sicherung eines Kredites mit einer Hypothek belastet. Der Käufer als zukünftiger Eigentümer kann derlei „Zwischenverfügungen" verhindern, indem zu seinen Gunsten eine **Vormerkung** in das Grundbuch eingetragen wird (§§ 883 ff. BGB). In einem solchen Fall sind diese „Zwischenverfügungen" ihm gegenüber unwirksam (§§ 883 Abs. 2 BGB).

3. Das Verhältnis von Verpflichtungs- und Verfügungsgeschäft zueinander („Trennungsprinzip" und „Abstraktionsprinzip")

Es ist eine Besonderheit des deutschen Rechts, dass beim Kauf der Käufer das Eigentum an der gekauften Sache oder die Rechtsinhaberschaft eines gekauften Rechts, z.B. einer Forderung, nicht schon durch den Abschluss des Kaufvertrags erlangt, sondern erst durch eine zusätzliche Übereignung der Kaufsache (§§ 929 ff BGB bzw. §§ 873 Abs. 1, 925 BGB) oder Übertragung des gekauften Rechts z.B. durch Zession (§ 398 ff BGB); wir nennen dies das **Trennungsprinzip**. Im deutschen Recht begründet der Kaufvertrag nur eine Verpflichtung des Verkäufers, dem Käufer den Kaufgegenstand zu verschaffen: „Durch den Kaufvertrag wird der Verkäufer einer Sache verpflichtet, dem Käufer die Sache zu übergeben und das Eigentum an der Sache zu verschaffen" (§ 433 Abs. 1 Satz 1 BGB); entsprechendes gilt bei anderen Kaufgegenständen (§ 453 BGB). Der Kaufvertrag ist also nur ein verpflichtender Vertrag. Die Erfüllung der Pflicht zur Verschaffung des Eigentums erfolgt durch ein gesondertes Verfügungsgeschäft. Diese Trennung von Verpflichtungs- und Verfügungsgeschäft bereitet in gedanklicher Hinsicht keine Vorstellungsschwierigkeiten bei solchen Geschäften, bei denen zwischen dem verpflichtenden Vertrag und dem seiner Erfüllung dienenden verfügenden Vertrag bzw. dem Verfügungsgeschäft ein zeitlicher Zwischenraum liegt, wenn also heute der Kaufvertrag über eine Kaufsache geschlossen wird und morgen der verpflichtende Kaufvertrag durch Übereignung erfüllt wird. So liegt es stets bei der Veräußerung eines Grundstücks. Hier liegt zwischen dem Kaufvertrag (§§ 433, 311b Abs. 1 BGB) und der Übereignung durch Auflassung und Eintragung in das Grundbuch (§§ 873 Abs. 1, 925 BGB) geraume Zeit, weil die nötige Eintragung in das Grundbuch aus rechtlichen und tatsächlichen Gründen Zeit erfordert. Schwieriger ist dagegen die Vorstellung des Trennungsprinzips bei einem Geschäft des täglichen Lebens, wie z.B. dem Zeitungskauf, bei dem der verpflichtende Vertrag und der seiner Erfüllung dienende verfügende Vertrag bzw. das Verfügungsgeschäft praktisch zeitgleich erfolgen. Aber auch bei diesen Geschäften gilt nach deutschem Recht das Trennungsprinzip.

Damit ist die oben aufgeworfene Frage nach dem Verhältnis eines verpflichtenden Vertrages und dem seiner Erfüllung dienenden verfügenden Vertrag bzw. dem Verfügungsgeschäft aber nur teilweise beantwortet. Es stellt sich nämlich weiterhin die Frage, ob die Wirksamkeit des zur Verfügung verpflichtenden Vertrages Voraussetzung für die

Wirksamkeit der Verfügung ist. Wäre das der Fall, würde im Fall der Nichtigkeit des verpflichtenden Vertrages automatisch auch der seiner Erfüllung dienende verfügende Vertrag bzw. das Verfügungsgeschäft nichtig sein. Wäre das dagegen nicht der Fall, so wäre der verfügende Vertrag bzw. das Verfügungsgeschäft gleichwohl wirksam. Das deutsche Recht hat sich dafür entschieden, dass verfügende Verträge bzw. Verfügungsgeschäfte für ihre Wirksamkeit nicht das Vorliegen eines ihnen zugrunde liegenden wirksamen verpflichtenden Vertrages benötigen, sondern losgelöst von einem verpflichtenden Vertrag („abstrakt") existieren können. Daraus folgt, dass die Unwirksamkeit eines z.B. zu einer Übereignung verpflichtenden Kaufvertrages nicht automatisch die Unwirksamkeit der zum Zwecke der Erfüllung vorgenommenen Übereignung nach sich zieht (**Abstraktionsprinzip**). Das hierdurch entstandene wirtschaftliche und rechtliche Ungleichgewicht (der Verkäufer hat trotz Nichtigkeit des Kaufvertrags in der irrigen Vorstellung, hierzu verpflichtet zu sein, die Ware übereignet und übergeben) wird dadurch ausgeglichen, dass derjenige, der dadurch einen Vermögensnachteil erlitten hat, dass trotz eines unwirksamen Verpflichtungsgeschäfts das dessen Erfüllung dienende Verfügungsgeschäft wirksam geblieben ist, einen Ausgleichsanspruch aus § 812 Abs. 1 Satz 1 1. Fall BGB hat und daher Herausgabe des durch die wirksam gebliebene Verfügung erlangten Vermögensvorteils verlangen kann. Das Abstraktionsprinzip gilt natürlich auch bei anderen Verfügungen, wie z.B. einer Zession, die aufgrund eines unwirksamen Verpflichtungsgeschäfts erfolgt ist.

Zwei einfache Beispielsfälle sollen das „Trennungsprinzip" und das „Abstraktionsprinzip" verstehen helfen.

Fall 2: Der E 1 als Verkäufer und der E 2 als der Käufer schließen am 1. Juli 2007 einen Kaufvertrag über eine im Eigentum des E 1 stehende bewegliche Sache (seltene Antiquität). Nach dem Inhalt des Kaufvertrags soll der E 2 den Kaufpreis erst am 3. Juli 2007 bezahlen. Die verkaufte Sache bleibt daher bei E 1 stehen. Am 2. Juli 2007 zerstört der X die Sache. Am 3. Juli 2007 zahlt der E 2 den Kaufpreis an den E 1. Erst jetzt stellt sich heraus, dass die Sache inzwischen von X zerstört worden ist.

1. Der E 2, der die Sache mit Gewinn hätte weiterveräußern können, verlangt Schadensersatz einschließlich des ihm entgangenen Gewinns. a) von X b) und von E 1.

2. Der E 1 verlangt Schadensersatz von X einschließlich des aus dem Kaufvertrag mit E 2 entgangenen Gewinns.

Lösungsvorschlag: – 1. Schadensersatz könnte der E 2 – a) von X, der die Sache rechtswidrig und vorsätzlich zerstört hat, verlangen, wenn der E 2 am 2. Juli, als der X die Sache zerstört hatte, bereits Eigentümer der Sache gewesen wäre (§§ 823 Abs. 1, 251 Abs. 1 BGB). – aa) Nach dem Trennungsprinzip hat der Abschluss des Kaufvertrages zwischen E 1 und E 2 am 1. Juli 2007 nicht dazu geführt, dass das Eigentum schon am 1. Juli 2007 auf den E 2 übergegangen wäre. Der Kaufvertrag begründet nämlich nur eine Verpflichtung des E 1 zur Übergabe und Übereignung an den E 2 (§ 433 Abs. 1 Satz 1 BGB), ändert aber nichts daran, dass der E 1 bis zu einer Übereignung nach §§ 929 ff. BGB Eigentümer der Kaufsache bleibt. – bb) Die Voraussetzungen einer Übereignung des E 1 an den E 2 vor der Zerstörung der Sache liegen nicht vor. Hier fehlt es nämlich schon an einer Einigung i.S.d. § 929 S. 1 BGB. Denn nach dem Willen von E 1 und E 2 sollte der E 2 erst mit der Zahlung des Kaufpreises Eigentümer werden. Also hat der E 2 keinen Anspruch auf Schadensersatz gegen den X wegen der Zerstörung einer in seinem Eigentum stehenden Sache. – b) Von E 1 könnte der E 2 nach §§ 280 Abs. 1, Abs. 3, 283, 252 BGB Schadensersatz statt der Leistung verlangen. Da aber der Verkäufer E 1 die in der Nichterfüllung des Kaufvertrags zu sehende Pflichtverletzung nicht zu vertreten hat (§ 276 Abs. 1

Das Rechtsgeschäft „Vertrag" Kap. 5 § 2 **B**

BGB), ist er dem Käufer E 2 nicht schadensersatzpflichtig. – 2. Wohl aber kann der E 1 von X Schadensersatz aus §§ 823 Abs. 1, 251 Abs. 1 BGB verlangen, denn das Eigentum des E 1 (E 2 ist nicht Eigentümer geworden!) ist durch die Zerstörung der Sache durch den X rechtswidrig und schuldhaft verletzt worden. Der E 1 hat auch einen Schaden erlitten, denn der E 2 ist ihm gegenüber von seiner Verpflichtung zur Kaufpreiszahlung frei geworden (§ 326 Abs. 1 BGB) und kann daher den gezahlten Kaufpreis zurück verlangen (§ 326 Abs. 4 BGB). Da die Herstellung der Sache nicht möglich ist, muss der X den E 1 in Geld entschädigen; auch ist ihm der entgangene Gewinn zu ersetzen (§ 252 BGB).

Fall 3: Der E 1 hat dem E 2 telefonisch eine bestimmte Maschine zum Kauf für einen Preis von „170 000.- Euro" angeboten. Der E 2 hat in dem Telefonat das Angebot des E 2 zu einem Kaufpreis von „117 000.- Euro" angenommen. Beide hatten sie bei dem Telefonat nicht richtig hingehört und gingen daher trotz der unterschiedlich lautenden Erklärungen davon aus, sich geeinigt zu haben, und zwar der E 1 zu einem Preis von 170 000.- Euro und der E 2 zu einem Preis von 117 000.- Euro. E 1 und E 2 waren in dem Telefonat übereingekommen, dass der E 2 den Kaufpreis erst einen Tag nach der Übergabe und Übereignung der Maschine an den E 1 zu zahlen brauche. Als der E 2 am Tag nach der an ihn erfolgten Übergabe und Übereignung nur 117 000.- Euro in bar an den E 1 zahlt und auf die Aufforderung des E 1, er möge bitte weitere 53 000.- Euro zahlen, erwidert er, man habe sich doch auf 117 000.- Euro geeinigt, erkennen die beiden, dass sie sich in Wahrheit über den Preis nicht geeinigt hatten. Weil sie sich auch nicht mehr auf einen Preis verständigen können, verlangt – 1. der E 1 von dem E 2 die Maschine zurück und – 2. der E 2 von E 1 die gezahlten 117 000.- Euro. Zu Recht?

Lösungsvorschlag: – 1. Ansprüche des E 1 gegen den E 2: – a) Der E 1 könnte von E 2 Herausgabe der Maschine nach §§ 985, 986 BGB verlangen, wenn er der Eigentümer der Maschine geblieben wäre. Das ist aber nicht der Fall, weil der E 1 das Eigentum durch Übereignung an den E 2 verloren hat (§ 929 Satz 1 BGB) und weil der Umstand, dass der ihn dazu verpflichtende Kaufvertrag wegen einer fehlenden Einigung über den Kaufpreis nicht zustande gekommen ist, wegen des „Abstraktionsprinzips" nicht dazu führt, dass deshalb auch die Übereignung des E 1 an E 2 unwirksam geworden wäre. – b) Der E 1 könnte jedoch gegen den E 2 einen Anspruch aus § 812 Abs. 1 Satz 1, 1. Variante BGB auf Herausgabe des durch seine Leistung erlangten Vermögensvorteils haben. – aa) Der E 2 hat das Eigentum und den Besitz an der Maschine, also „etwas" erlangt. – bb) Der E 2 hat diesen Vermögensvorteil durch eine bewusste, zweckgerichtete Mehrung seines Vermögens durch E 1, also durch eine „Leistung" des E 1 erlangt. – cc) Wegen der Nichtigkeit des Kaufvertrages hat der E 2 ihn auch „ohne rechtlichen Grund" erlangt. – dd) Also muss der E 2 den erlangten Vermögensvorteil an den E 1 herausgeben. Das bedeutet, dass der E 2 dem E 1 die Maschine nach den §§ 929 ff. BGB zurückübereignen und ihm auch den Besitz durch Verschaffung der tatsächlichen Sachherrschaft übertragen muss (§ 854 BGB).
2. Die Frage nach den Ansprüchen des E 2 gegen den E 1 auf Rückzahlung der 117 000.- Euro kann der Leser jetzt selbst beantworten.

§ 3 Das Umsatzgeschäft „Kauf" als Beispiel eines typischen Geschäfts des Wirtschaftsprivatrechts

Nach der vorausgegangenen Darstellung ausgewählter, aber keinesfalls aller wesentlichen Grundlagen des deutschen Wirtschaftsprivatrechts soll in einem besonderen Teil als Beispiel für ein typisches Geschäft des Wirtschaftsprivatrechts das Umsatzgeschäft „Kauf" in seiner schuld- und sachenrechtlichen Dimension vorgestellt werden.

I. Der Kauf (BGB)

82 Der Inhalt von Kaufverträgen ist in den §§ 433–479 BGB typisiert geregelt. Beim Sachkauf (§ 433 BGB) kommen als Kaufgegenstand bewegliche und unbewegliche Sachen in Betracht. Auf den Kauf von Rechten, z.B. von Forderungen oder von sonstigen Gegenständen des wirtschaftlichen Tauschverkehrs, z.B. eines Unternehmens, Strom oder Wärme, Ideen oder Erfindungen etc., werden nach §§ 453 Abs. 1, 433 BGB die Vorschriften über den Sachkauf entsprechend angewendet. Beim Kaufvertrag muss als geschuldeter Kaufpreis eine Gegenleistung in Geld vereinbart werden. Wird eine andere Art der Gegenleistung vereinbart, wäre der Vertrag ein Tauschvertrag (§ 480 BGB).

1. Der Sachkauf

83 a) **Rechte, Pflichten, Gewährleistungsrechte.** Der **Verkauf** einer **beweglichen Sache** ist formfrei möglich. Verkauft werden kann eine ganz bestimmte Sache, z.B. ein gebrauchtes Auto oder eine nur der Gattung nach bestimmte Sache, z.B. ein fabrikneues Auto durch einen Händler. Der **Kaufvertrag** über ein **Grundstück** kann nur über ein bestimmtes Grundstück geschlossen werden. Er muss von einem Notar beurkundet werden (§ 311b Abs. 1 BGB), sonst ist er nichtig (§ 125 BGB). Aufgrund eines Kaufvertrags über eine Sache ist der **Verkäufer** dazu **verpflichtet**, dem Käufer die Sache zu übergeben und ihm das Eigentum an der Sache zu verschaffen (§ 433 Abs. 1 Satz 1 BGB), und zwar vorbehaltlich einer anderen Vereinbarung am Ort der gewerblichen Niederlassung des Verkäufers (§ 269 BGB). Weiterhin hat der Verkäufer die Pflicht, dem Käufer die Sache frei von Sach- und Rechtsmängeln zu verschaffen (§ 433 Abs. 1 Satz 2 BGB). Der **Käufer** ist dazu **verpflichtet**, den Kaufpreis an den Verkäufer zu zahlen und die Kaufsache abzunehmen (§ 433 Abs. 2 BGB). Was die **Erfüllung** der **Verpflichtungen** aus dem Kaufvertrag angeht, so erfolgt die vom Verkäufer geschuldete **Übergabe** der verkauften Sache unabhängig davon, ob es sich um eine bewegliche Sache oder um ein Grundstück handelt, nach § 854 BGB. Was die vom Verkäufer weiterhin geschuldete **Übereignung** angeht, so muss man differenzieren: Geht es um eine bewegliche Sache, so wird das Eigentum an ihr durch eine Übereignung nach den §§ 929 ff. BGB auf den Käufer übertragen. Ein verkauftes Grundstück wird nach §§ 873, 925 BGB übereignet. Der Käufer erfüllt die Verpflichtung zur **Kaufpreiszahlung** aus § 433 Abs. 2 BGB nach der gesetzlichen Regel durch Barzahlung, also durch Übereignung des Kaufpreises nach den §§ 929 ff. BGB. Im Wirtschaftsleben wird jedoch so gut wie nie in bar gezahlt, sondern fast nur bargeldlos. Die Ermächtigung dazu erhält der Käufer z.B. durch die Angabe des Kontos des Verkäufers auf der Rechnung (vgl. § 364 Abs. 1 BGB). Wenn bei **Gefahrübergang** (z.B. bei Übergabe der Kaufsache nach § 446 BGB) feststeht, dass die verkaufte Sache einen **Sachmangel** aufweist, weil ein Qualitätsmangel vorliegt oder weil der Verkäufer statt der gekauften Sache eine andere Sache oder eine zu geringe Menge geliefert hat, oder wenn feststeht, dass andere Personen in Bezug auf die Kaufsache

Das Umsatzgeschäft „Kauf" Kap. 5 § 3 B

Rechte geltend machen können, sie also einen **Rechtsmangel** aufweist (§§ 434, 435 BGB), hat der **Käufer Gewährleistungsrechte:** In erster Linie kann der Käufer **Nacherfüllung** durch Beseitigung des Mangels oder Lieferung einer mangelfreien Sache verlangen (§§ 437 Nr. 1, 439 BGB). Weiterhin kann der Käufer vom Kaufvertrag **zurücktreten** (§§ 437 Nr. 2, 323/326 Abs. 5 BGB) oder unter den gleichen Voraussetzungen den Kaufpreis **mindern** bzw. den bereits zuviel gezahlten Kaufpreis zurückverlangen (§§ 437 Nr. 2, 441 BGB). Schließlich kann der Käufer auch **Schadensersatz** statt der Leistung aus §§ 437 Nr. 3, 280 Abs. 1, 3, 283 bzw. 281 BGB oder §§ 437 Nr. 3, 311a Abs. 2 BGB verlangen. Dies soll an einfachen Beispielsfällen illustriert werden, wobei die Rechtsmängel außer Betracht bleiben. Auch die Regelungen des BGB in den §§ 275 ff., 323 ff. BGB zu den Rechtsfolgen von **Vertragsverletzungen anderer Art** (verspätete Erfüllung, Nichterfüllung infolge von Unmöglichkeit) werden im Rahmen dieser Einführung nicht erörtert.

Fall 4: Der K kauft von V einen gebrauchten Sessel für sein Wohnzimmer. Erst nachdem V den Sessel geliefert hat, stellt K fest, dass einer der Füße abgebrochen ist, so dass der Sessel nicht sicher steht. K verlangt die Lieferung des Sessels mit vier Füßen.

Lösungsvorschlag: Nach Gefahrübergang (§ 446 Satz 1 BGB) hat der K gegen den V - a) keinen Anspruch mehr aus § 433 Abs. 1 Satz 2 BGB, - b) sondern nur noch einen Nacherfüllungsanspruch auf Beseitigung oder Lieferung eines anderen gleichwertigen und gleichartigen Sessels mit vier Füßen aus §§ 434 Abs. 1, 437 Nr. 1, 439 Abs. 1 BGB. Der Unterschied zu dem im Ergebnis identisch erscheinenden Erfüllungsanspruch aus § 433 Abs. 1 Satz 2 BGB ist die im Vergleich zur allgemeinen Verjährungsfrist des § 195 BGB kürzere Verjährungsfrist des § 438 BGB für Gewährleistungsrechte.

Fall 5: Der V verkauft an den K eine Waschmaschine und übergibt und übereignet sie Zug-um-Zug gegen Zahlung des Kaufpreises von 180.- Euro. Die Waschmaschine hat bei Übergabe an den K einen Motorschaden. Diesen hatten V und K zuvor nicht bemerkt. Der Defekt kann durch den Einbau eines Ersatzteils ohne große Schwierigkeiten beseitigt werden. Als der K den Defekt bei der ersten Wäsche bemerkt, verlangt er von V unter Setzung einer Frist von zwei Wochen die Reparatur. Als der V nicht reagiert, erklärt der K gegenüber dem V den Rücktritt und verlangt von V Zug-um-Zug gegen Rückübereignung und Rückgabe der defekten Waschmaschine den gezahlten Kaufpreis zurück.

Lösungsvorschlag: Der Anspruch ergibt sich aus §§ 437 Nr. 2, 434 Abs. 1 Satz 2 Nr. 2, 323 Abs. 1, 346 Abs. 1 BGB.

Fall 6: Der V verkauft an den K eine gebrauchte Waschmaschine für 180.- Euro. Der K zahlt sofort in bar. Die Maschine soll aber erst am nächsten Tag von V übergeben und übereignet werden. Gleich nach dem Abschluss des Kaufvertrags benutzt der V die Waschmaschine noch ein letztes Mal. Dabei beschädigt er durch sein Verschulden den Motor. Eine Reparatur ist nicht mehr möglich, weil es das erforderliche Ersatzteil nicht mehr gibt. Dennoch liefert V die Waschmaschine an K aus. Als der K bei der ersten Wäsche den Mangel bemerkt, will er die Maschine, die im mangelfreien Zustand 200.- Euro wert gewesen wäre, nicht mehr haben und verlangt Schadensersatz in Höhe von 200.- Euro gegen Rückübereignung und Rückgabe der Waschmaschine.

> **Lösungsvorschlag:** Der Anspruch auf Zahlung 200.- Euro ergibt sich aus §§ 433, 434 Abs. 1 Satz 1, 437 Nr. 3, 275 Abs. 1, 280 Abs. 1, 3, 283 BGB („Schadensersatz statt der Leistung").
>
> **Fall 7:** Der Motor der von V an K verkauften Waschmaschine war bereits bei Abschluss des Kaufvertrags defekt. Weder V noch K hatten den Defekt bemerkt. Gegen Zahlung der 180.- Euro wird die Waschmaschine an den K übergeben und übereignet. Als der K den Sachmangel bemerkt, will er die Maschine, die im mangelfreien Zustand 200.- Euro wert gewesen wäre, nicht mehr haben und verlangt Schadensersatz in Höhe von 200.- Euro gegen Rückübereignung und Rückgabe der Waschmaschine. Der Defekt kann nicht repariert werden, weil es das dafür nötige Ersatzteil nicht mehr gibt.
>
> **Lösungsvorschlag:** Der K kann Schadensersatz „statt der Leistung" in Höhe von 200.- Euro gegen Rückübereignung und Rückgabe der Waschmaschine aus §§ 433, 434 Abs. 1 Satz 1, 437 Nr. 3, 311a Abs. 2, 275 Abs. 1 BGB verlangen („Schadensersatz statt der Leistung"). Der Unterschied zum im Ergebnis identischen vorhergehenden Fall besteht darin, dass die Kaufsache schon vor Vertragsschluss unbehebbar mangelhaft war.

84 b) **Eigentumsvorbehalt.** Eine für das Wirtschaftsprivatrecht besonders bedeutsame Form des Kaufes ist der **Kauf** einer **beweglichen Sache** unter Eigentumsvorbehalt. Der Ausgangspunkt für ein derartiges Geschäft ist eine ganz alltägliche Situation: Sowohl der Verkäufer als auch der Käufer können – aus ganz unterschiedlichen Motiven (der Käufer hat nicht genügend Geld und der Verkäufer will ihn trotzdem als Kunden gewinnen) – ein Interesse daran haben, dass der Käufer die Kaufsache erhält und nutzen kann, ohne zuvor den gesamten Kaufpreis gezahlt haben zu müssen. Um dies möglich zu machen, werden sie einen Kaufvertrag abschließen, in dem vereinbart wird, dass der Käufer den Kaufpreis erst zu einem späteren genau bezeichneten Zeitpunkt entrichten muss. Wenn der Verkäufer nunmehr zum Zwecke der Erfüllung des Kaufvertrages dem Käufer die Kaufsache nicht nur übergeben würde, sondern sie ihm auch übereignen würde, stünde er schlecht da: Ohne den Kaufpreis erlangt zu haben, hätte er sein Eigentum verloren und müsste Pfändungen anderer Gläubiger des Käufers hinnehmen; und für den Fall einer Insolvenz des Käufers würde die Sache zur Masse gehören. Die Erklärung eines Rücktritts nach § 323 BGB würde nur zu einem schuldrechtlichen Rückgewähranspruch führen (§§ 346 ff. BGB), der vor erfolgter Rückübereignung keine Wirkung hätte gegenüber dem Zugriff anderer Gläubiger oder einer Insolvenz. Um davor sicher zu sein, hätte der Verkäufer Eigentümer geblieben sein müssen. Denn dann könnte er im Fall von Pfändungen anderer Gläubiger erfolgreich dagegen klagen (§ **771 ZPO**, „**Drittwiderspruchsklage**") und im Fall der Eröffnung des Insolvenzverfahrens nach Rücktritt vom Kaufvertrag Herausgabe der Sache vom Insolvenzverwalter verlangen (§ **47 InsO i.V.m.** §§ **985, 449 Abs. 2 BGB** „**Aussonderung**"). Das daher aus Sicht des Verkäufers erstrebenswerte Fortbestehen seines Eigentums an der Kaufsache kann man rechtstechnisch dadurch ermöglichen, dass die Übereignung nach §§ **929 Satz 1, 158 Abs. 1 BGB** durch die vollständige Zahlung des Kaufpreises aufschiebend bedingt vereinbart wird. Dies kann entweder gesondert **bei der Übereignung vereinbaren** oder dadurch, dass der Verkäufer und der Käufer sich **im Kaufvertrag einig** sind, dass der Verkäufer sich das **Eigentum** bis zur Zahlung des Kaufpreises **vorbehält**. Dann ist nämlich „... im Zweifel anzunehmen, dass das Eigentum unter der aufschiebenden Bedingung vollständiger Zahlung des Kaufpreises übertragen wird (Eigentumsvorbehalt)" (§ **449 Abs. 1 BGB**). Durch den Eigentumsvorbehalt können übrigens auch andere Forderungen als die Kaufpreisforderung aus dem

Das Umsatzgeschäft „Kauf" Kap. 5 § 3 **B**

konkreten Geschäft, z.B. Forderungen aus früheren noch nicht bezahlten Lieferungen des Verkäufers an den Käufer oder aus einem noch nicht getilgten Darlehen des Verkäufers an den Käufer in der Weise gesichert werden, dass das Eigentum an der jetzt verkauften Sache erst dann auf den Käufer übergeht, wenn „alle bestehenden Ansprüche des Verkäufers gegen den Käufer erfüllt sind". Unzulässig ist dagegen ein „Konzernvorbehalt" (§ 449 Abs. 3 BGB). Beim **Grundstückskauf** ist ein Eigentumsvorbehalt dagegen nicht möglich (§ 925 Abs. 2 BGB). Hier gibt es andere Konstruktionen, z.B. die Übereignung an den Käufer verbunden mit einer Sicherung der Kaufpreisforderung durch ein Grundpfandrecht, z.B. eine „Restkaufpreishypothek".

2. Der Kauf von Rechten und sonstigen Gegenständen

a) **Kauf von Rechten, insbesondere: Forderungskauf, Factoring.** Auch eine Forderung kann Gegenstand eines Kaufvertrages sein (§§ 433, 453 BGB). Der **Forderungskauf** ist formfrei möglich. Aufgrund eines solchen Kaufvertrages ist der Verkäufer verpflichtet, die verkaufte Forderung an den Käufer zu übertragen. Die Übertragung erfolgt durch eine Abtretung (§ 398 BGB). Ein besonderer Fall des Forderungskaufes ist das gesetzlich nicht typisierte **Factoring**: Derjenige, dem als Gläubiger gegen einen Schuldner eine Forderung auf Zahlung einer Geldsumme zusteht, kann diese Forderung als Factorer an einen Factor, der meist eine Bank ist, bei dem der Factorer ein Konto hat, verkaufen. Zum Zwecke der Erfüllung des Vertrages überträgt der Factorer die Forderung an den Factor. Dieser schreibt dem Factorer auf dem Konto einen Geldbetrag, der sich aus dem Nennwert der Forderung abzüglich eines Abschlags errechnet, gut. Wenn der Factor nach dem Inhalt des Vertrages das Risiko der Erfüllung der Forderung durch den Schuldner trägt, handelt es sich um ein „**echtes Factoring**". Dieser Vertrag ist ein Kaufvertrag über eine Forderung (§§ 433, 453 BGB). Wenn dagegen der Factor das Risiko der Durchsetzung der Forderung gegen den Schuldner nicht übernimmt und die dem Factorer erteilte Gutschrift nicht endgültig erteilt, sondern diese nur unter dem Vorbehalt der Leistung des Schuldners an den Factor erfolgt, und wenn im Fall der Nichterfüllung seitens des Schuldners der Factorer von dem Factor zurück belastet werden kann, handelt es sich um ein „**unechtes Factoring**". Dieses Geschäft ist kein Forderungskaufvertrag, sondern ein Kreditgeschäft. Durch das Unidroit-Übereinkommen über das Internationale Factoring von 1988 ist das Factoring faktisch einheitsrechtlich geregelt. 85

b) **Unternehmenskauf.** Das **Unternehmen** gehört zu den „sonstigen Gegenständen" i.S.d. § 453 BGB und kann daher als solches verkauft werden (§§ 453, 433 BGB). Hierzu gibt es zwei Vertragsgestaltungen: Entweder ist der Verkäufer aus dem Kaufvertrag verpflichtet, alle einzelnen Gegenstände, die zum Inbegriff des das Unternehmen ausmachenden Vermögens gehören, zu übertragen („**asset deal**"). Ein solcher Kaufvertrag ist grundsätzlich formfrei möglich, wenn aber – was häufig der Fall ist – zum Unternehmen ein im Eigentum des Rechtsträgers stehendes Geschäftsgrundstück gehört, muss der Vertrag insoweit notariell beurkundet werden (§ 311b Abs. 1 BGB). Die Erfüllung eines Kaufvertrages über ein Unternehmen durch den Verkäufer erfolgt bei einem solchen „asset deal" durch eine Übertragung der einzelnen verkauften Gegenstände: Sachen werden übereignet (§§ 929 ff., 873, 925 BGB). Forderungen werden nach § 398 BGB übertragen. Verträge, z.B. ein Mietvertrag über das angemietete Geschäftsgrundstück, werden durch einen dreiseitigen Vertrag zwischen Vermieter, Verkäufer und Käufer übertragen. Sollen auch Schulden übernommen werden, richtet sich dies nach §§ 414 ff. BGB. Auch die Firma, also der Name des Kaufmanns, kann übertragen werden (§§ 17 ff. HGB). Wenn aber, wie meistens der Fall, der Rechtsträger des Unternehmens eine juristische Person oder eine Gesellschaft ist, deren Anteile übertragbar sind, gibt es auch die Möglichkeit eines Kaufvertrages über die dem Ver- 86 käufer zustehenden Kapital- oder Gesellschaftsanteile („share deal"). Bei einem „share deal" werden zum Zwecke der Erfüllung nur die Kapital- oder Gesellschaftsanteile übertragen, nicht aber die einzelnen Vermögensgegenstände, denn an ihnen ist die juristische Person, an deren Identität sich durch die Veräußerung der Anteile nichts ändert, berechtigt. Grenzüberschreitende Unternehmenstransaktionen können innerhalb Europas durch die Rechtsform einer SE vereinfacht werden.

II. Der Handelskauf (HGB, CISG)

Im Wirtschaftsverkehr sind die Vertragspartner meistens Kaufleute (§§ 1 ff. HGB). Beim nationalen Kaufvertrag gelten dann unter bestimmten Voraussetzungen die Vorschriften über den Handelskauf im HGB und beim Internationalen Kauf unter anderem die des UN-Kaufrechts (CISG) sowie weiteres international geltendes Recht.

1. Der nationale Handelskauf (HGB)

87 Der Handelskauf ist ein Kaufvertrag über bewegliche Sachen, genannt Waren, oder Wertpapiere, bei dem mindestens einer der Vertragspartner Kaufmann ist und der Kaufvertrag zum Betrieb seines Handelsgewerbes gehört (§§ 1 ff., 381 Abs. 1, 343 HGB). Es gelten dann die Vorschriften der §§ 373 ff. HGB, die den sonst geltenden Regeln über den Kaufvertrag (§§ 433 ff. BGB) vorgehen. Aus dem in erster Linie interessanten **Gewährleistungsrecht** ist eigentlich nur eine Vorschrift von praktischer Bedeutung: Wenn der Kauf sowohl für den Verkäufer als auch für den Käufer ein Handelsgeschäft ist, weil sie beide Kaufleute sind und der Kaufvertrag zum Betrieb ihres Handelsgewerbes gehört („beiderseitiger Handelskauf"), muss der Käufer die gekaufte Ware unverzüglich nach der Ablieferung darauf untersuchen, ob ein Mangel vorliegt. Wenn ein Mangel entdeckt wird oder wenn er sich später zeigt, muss er dem Verkäufer unverzüglich Anzeige davon machen. Anderenfalls gilt die Ware als genehmigt (§ 377 HGB). Soweit nicht die Regeln der §§ 373 ff. HGB den sonst geltenden allgemeinen Regeln über Leistungsstörungen vorgehen, sind die Bestimmungen des BGB zu **Vertragsverletzungen anderer Art** (verspätete Erfüllung, Nichterfüllung infolge von Unmöglichkeit) aus §§ 275 ff. BGB und §§ 323 ff. BGB auch hier anwendbar.

2. Der internationale Handelskauf (UN-Kaufrecht, CISG)

88 Bei **Kaufverträgen** und **vergleichbaren Verträgen** (Art. 3 CISG) über **Waren und ähnliche Gegenstände**, nicht aber über Wertpapiere, Flugzeuge, Schiffe und über Elektrizität (Art. 2 CISG), die **nicht für den persönlichen Verbrauch des Käufers** bestimmt sind, wird das nationale Recht weitgehend durch das **UN-Kaufrecht (CISG)** ersetzt, wenn beide Vertragsparteien in **verschiedenen Vertragsstaaten niedergelassen** sind (Art. 1 Abs. 1 lit. a CISG) oder wenn das **Internationale Privatrecht des angerufenen Gerichts zum Kaufrecht eines Vertragsstaates führt** (Art. 1 Abs. 1 lit. b CISG). Auch das im Lande des mit der Sache befassten Gerichts geltende Internationale Privatrecht wird verdrängt. Allerdings ist für Fragen, die das CISG nicht regelt und für die auch keine anderen Staatsverträge gelten, das anwendbare Recht nach den Regeln des Internationalen Privatrechts (in Deutschland nach Artt. 27 ff. EGBGB) zu ermitteln (Art. 7 Abs. 2 CISG). Das gilt z.B. für Gültigkeitsfragen, die das CISG nicht regelt (Art. 4 lit. a CISG). Das CISG ist aber **kein zwingendes Recht**; vielmehr gilt das Prinzip der Gestaltungsfreiheit und die Vertragspartner können die Nichtgeltung des CISG ganz oder teilweise vereinbaren. Eine Vertragsbestimmung mit dem Inhalt „es gilt deutsches

Das Umsatzgeschäft „Kauf" Kap. 5 § 3 B

Recht" hätte jedoch keinen Ausschluss des CISG zur Folge, da das CISG ja Teil des deutschen Rechtes ist. Soweit das CISG reicht, verdrängt es alle nationalen Regelungen. Das CISG regelt zum einen die **Technik des Vertragsschlusses** (Artt. 14–24 CISG). Ein Vertrag kommt grundsätzlich nur bei deckungsgleicher Angebots- und Annahmeerklärung zustande (Artt. 19 und 23 CISG). Die Artt. 14 und 18 CISG definieren, was dabei unter einem Angebot und was unter einer Annahme zu verstehen ist. Wenn die Annahme nur unwesentlich vom Angebot abweicht, kommt ein Vertrag zustande, wenn der Anbietende der Annahme nicht widerspricht (Art. 19 Abs. 2 CISG). Allerdings sind nach Art. 19 Abs. 3 CISG fast alle Abweichungen wesentlich. Eine Annahme eines Angebots mit wesentlichen Änderungen ist ein neues Angebot (Art. 19 Abs. 1, 2 CISG). Das im deutschen Recht gewohnheitsrechtlich anerkannte Rechtsinstitut des Zustandekommens von Verträgen durch das Schweigen auf ein kaufmännisches Bestätigungsschreiben gilt nicht (Art. 18 Abs. 1 Satz 2 CISG), es sei denn, es besteht ein entsprechender internationaler Handelsbrauch (Art. 9 Abs. 2 CISG) oder ein vereinbarter Brauch oder eine Gepflogenheit dieser Art zwischen den Parteien (Art. 9 Abs. 1 CISG). Die in diesen Zusammenhang gehörenden Fragen der Geschäftsfähigkeit, der Stellvertretung, Willensmängel und ihre Folgen und die Folgen von Verstößen gegen nationales Recht richten sich nach nationalem Recht. Die Formfreiheit des Abschlusses (Art. 11 CISG) und der Vertragsänderungen oder Aufhebung in Fällen des formfrei geschlossenen Vertrages (Art. 29 CISG) gilt nicht in Staaten, die insoweit einen Vorbehalt zugunsten von Formvorschriften erklärt haben (z.B. Russland, China, Ungarn). Ob – wie z.B. in Deutschland – wegen Art. 7 CISG in der Vertragsanbahnungsphase vorvertragliche Schutzpflichten entstehen können, deren schuldhafte Verletzung Schadensersatzansprüche aus „culpa in contrahendo" begründen, also z.B. im Fall eines willkürlichen Abbruchs von kurz vor dem Vertragsschluss stehenden Vertragsverhandlungen, ist im Hinblick darauf, dass derlei in anderen Rechtsordnungen, wie z.B. im angloamerikanischen Rechtskreis, unbekannt ist, zweifelhaft. Das CISG regelt weiterhin die **Rechte und Pflichten** aus dem Kaufvertrag. Den **Verkäufer** trifft die Pflicht zur **Lieferung** und **Übereignung** (Art. 30 CISG) vertragsgemäßer Ware (Art. 35 CISG), und zwar vorbehaltlich einer anderen Vereinbarung beim praktisch regelmäßig vorliegenden Beförderungsverkauf am Ort der Übergabe an den ersten Beförderer (Art. 31 lit. a CISG). Bei einer vereinbarten Lieferung „frei Haus", muss durch eine Auslegung ermittelt werden, ob eine Bringschuld gewollt war oder nur eine Kostentragungsregelung. Für die Übereignung der Ware gibt es keine Regelung im CISG (Art. 4 CISG). Nach den Regeln des Internationalen Privatrechts wird das Recht der Belegenheit der Sache („lex rei sitae") anzuwenden sein. Der Käufer kann daher je nach der anzuwendenden Rechtsordnung das Eigentum bereits mit Kaufvertragsschluss, erst nach einer zusätzlichen Übergabe der Kaufsache oder, wie im deutschen Recht, erst nach einem gesonderten Übereignungsgeschäft nach den §§ 929 ff. BGB erwerben. Wegen der Gestaltungsfreiheit kann auch ein Eigentumsvorbehalt vereinbart werden (Art. 6 CISG). Die sich daraus ergebenden sachenrechtlichen Fragen, also ob der Käufer automatisch mit der vollständigen Bezahlung des Kaufpreises das Eigentum erlangt und ob er in der Zeit bis zum Bedingungseintritt ein sog. Anwartschaftsrecht, wie man im deutschen Recht annimmt, erlangt, richten sich nach dem anwendbaren nationalen Sachenrecht (Art. 4 CISG). Nicht selten kommt es dazu, dass der Verkäufer seine Pflichten nicht erfüllt. So kann die Ware **Sach-** und **Rechtsmängel** haben. Ein **Sachmangel** der Ware liegt vor, wenn die Ware bei Gefahrübergang (Art. 36 CISG) nicht vertragsgemäß ist, also bei Qualitätsabweichungen, Mengenfehlern, Anderslieferungen und allen sonstigen Abweichungen: z.B. Lieferung von Stoffen in einer anderen Farbe als geschuldet (Art. 35 CISG). Der Verkäufer muss die Mangelfreiheit beweisen. Wenn aber der Käufer die Ware abnimmt, ohne sie zu rügen, muss er die Mangelhaftigkeit bei Gefahrübergang beweisen. Zur Erhaltung von Gewährleistungsrechten muss der Käufer jede Lieferung der Ware und auch dann, wenn vorher mangelfrei geliefert worden ist, innerhalb kurzer Frist untersuchen (Art. 38 CISG); bei zur Verarbeitung bestimmter Ware ist eine Probeverarbeitung geboten. Der Käufer hat die Vertragswidrigkeit innerhalb angemessener Frist gegenüber dem Verkäufer zu rügen (Art. 39 CISG). Weil die Lieferung nicht vertragsgemäßer Ware ein Fall der Vertragsverletzung durch den Verkäufer ist, ergeben sich die Rechtsbehelfe des Käufers aus den Artt. 45 ff. CISG. Der Käufer kann Mängelbeseitigung verlangen (Art 46 CISG). Nacherfüllung kann er allerdings nur verlangen, wenn es sich um eine wesentliche Vertragsverletzung handelt (Art. 25 CISG), d.h. wenn sie für die andere Partei einen solchen Nachteil zur Folge hat, dass ihr im wesentlichen das entgeht, was sie nach dem Vertrag hätte erwarten dürfen, es sei denn, dass die vertragsbrüchige Partei diese Folge nicht vorausgesehen hat und eine vernünftige Person der gleichen Art, diese Folge unter den gleichen Umständen auch nicht vorausgesehen hätte. Außerdem muss die Ersatzlieferung zusammen mit der Mängelanzeige oder innerhalb angemessener Zeit verlangt werden (Art. 46 Abs. 2 CISG). Der sonst gegebene Anspruch auf Nachbesserung besteht auch nicht, wenn diese für den Verkäufer unzumutbar ist (Art. 46 Abs. 3 CISG). Die Vertragsaufhebung kann der Käufer nur als letzte Möglichkeit bei einer wesentlichen Vertragsverletzung seitens des Verkäufers erklären (Artt. 49 Abs. 1 lit. a, 25 CISG) oder dann, wenn der Verkäufer die Ware auch nicht innerhalb einer gesetzten Nachfrist liefert oder erklärt, dass er diese Lieferung nicht innerhalb der Frist leisten wird. (Art. 49 Abs. 1 lit. b CISG), dies bei bereits erfolgter Lieferung aber auch nur innerhalb angemessener Frist (Art. 49 Abs. 2 CISG). Der Käufer kann den Kaufpreis auch mindern (Art. 50 CISG). Kumulativ neben anderen Ansprüchen kann der Käufer bei Vertragsverletzungen des Verkäufers, sofern sie nicht außerhalb der Einflussmöglichkeit des Verkäufers liegt, auch Schadensersatz verlangen (Artt. 45 Abs. 2, 79 CISG), und zwar in Höhe des infolge der Vertragsverletzung entstandenen Verlusts einschließlich des entgangenen Gewinns, begrenzt allerdings auf die bei Vertragsschluss für die haftende Partei vorhersehbaren Folgen (Art. 74 CISG). Die **Rechtsmängelhaftung** des Verkäufers und die Regelungen des CISG zu Vertragsverletzungen anderer Art (verspätete Erfüllung, Nichterfüllung infolge von Unmöglichkeit) bleiben im Rahmen dieser Einführung außer Betracht. Der **Käufer** ist zur **Kaufpreiszahlung** und zur **Abnahme der Ware** verpflichtet (Art. 53 CISG), und zwar, vorbehaltlich anderer Vereinbarungen, am Sitz des Verkäufers (Art. 57 Abs. 1 lit. a CISG). Die Leistungen müssen, falls keine Pflicht zur Vorleistung vereinbart ist, Zug-um-Zug erbracht werden (Art. 58 CISG). Auch wenn die Ware nach Gefahrübergang auf den Käufer untergeht oder sich verschlechtert, muss der Käufer zahlen, wenn diese Umstände nicht dem Verkäufer zuzurechnen sind (Art. 66 CISG). Auch der Käufer kann seine Pflichten verletzen. Dann kann der Verkäufer im Fall einer wesentlichen Vertragsverletzung, z.B. bei der unberechtigten Verweigerung der Abnahme, oder bei Nichtzahlung des Kaufpreises innerhalb einer dazu gesetzten Nachfrist oder einer vorab erklärten Absicht, die Frist nicht beachten zu wollen, die Aufhebung des Vertrages erklären (Artt. 64 Abs. 1 lit. a, b, 25 CISG). Wenn der Käufer den Kaufpreis nicht rechtzeitig zahlt, kann der Verkäufer ohne Mahnung Schadensersatz (Artt. 61 Abs. 1 lit. b, 74 ff. CISG) und Zinsen (Art. 78 CISG) verlangen.

3. Incoterms

89 Bei den Incoterms (International Commercial Trade Terms) handelt es sich um internationale Handelsklauseln[24]. Inhaltlich regeln die Incoterms die wesentlichen Pflichten

---

24 ww.icc-deutschland.de

der Parteien eines Kaufvertrages. Zusätzlich zu jenen Pflichten, die übrigens identisch im UN-Kaufrecht enthalten sind, wird vor allem für jede Klausel im Einzelnen genau festgelegt, zu welchem Zeitpunkt die Gefahr übergeht, welche Partei den Vertrag über die Beförderung und die Versicherung der Ware abzuschließen und wer dafür die Kosten zu tragen hat, ferner wer für Ein- und Ausfuhr und für die Verzollung zu sorgen hat. Um das Risiko einer unterschiedlichen Interpretation der Incoterms auszuschließen, gibt es von der Internationalen Handelskammer in Paris erarbeitete Interpretationsregeln für eine Anzahl besonders verbreiteter Klauseln. Die Incoterms sind in vier Gruppen (**CDEF-Klauseln**) aufgeteilt: Die **C-Klauseln** „cost, freight" (CFR), „cost, insurance, freight" (CIF), „cost paid to" (CPT), „cost, insurance paid" (CIP) bestimmen, dass der Verkäufer den Transport und zum Teil die Versicherung besorgen und bezahlen muss. Bei den **D-Klauseln** „delivered at frontier" (DAF), „delivered ex ship" (DES), „delivered exquai" (DEQ), „delivered duty unpaid" (DDU), „delivered duty paid" (DDP) handelt es sich um Ankunftsklauseln; der Verkäufer muss den Transport und sonstige Kosten bis zum Bestimmungsort übernehmen; er hat keine Versicherungspflicht, trägt aber das Risiko des Verlusts oder der Beschädigung bis zum Bestimmungsort. Die **E-Klausel** „ex work" (EXW) ist eine Abholklausel (ab Werk). Die **F-Klauseln** „free carrier" (FCA), „free alongside ship" (FAS), „free on board" (FOB) bestimmen, dass der Käufer den Transport und die Versicherung besorgen und bezahlen muss. Die Incoterms gelten immer dann, wenn die Parteien sie durch ausdrückliche Bezugnahme in ihren Vertrag einbezogen haben (z.B. „CIF Hamburg Incoterms 1990" oder „Für diesen Vertrag gelten die Incoterms 1990"). Dass eine solche Einbeziehung möglich ist, ergibt sich für Kaufverträge nach dem BGB oder dem HGB aus dem Prinzip der Vertragsfreiheit und speziell für das CISG aus Art. 6 CISG. Vielfach wird die Einbeziehung der Incoterms sogar vermutet. Die Incoterms sind auch dann heranzuziehen, wenn von Parteien, die vor einem Schiedsgericht streiten, nach § 1051 ZPO als anzuwendendes Recht die Geltung der „Gesamtheit der Regeln des internationalen Handelsverkehrs, welche die Praxis herausgearbeitet hat und welche die Billigung der Rechtsprechung nationaler Gerichte erfahren hat" vereinbart wird. Unter Kaufleuten sind in Deutschland die Interpretationsregeln als Handelsbrauch verbindlich (§§ 1 ff., 346 HGB). Selbst wenn also ein Kürzel wie CIF ohne Bezug auf die Incoterms verwendet wird, ziehen deutsche Gerichte diese Regeln im Grundsatz zur Interpretation heran.

Verwendete Literatur:

Bernstorff v., Einführung in das englische Recht, 3. Aufl., 2006.
Bork, Allgemeiner Teil des Bürgerlichen Gesetzbuchs, 2. Aufl., 2006.
Herdegen, Internationales Wirtschaftsrecht, 8. Aufl., 2009.
Koch/Magnus/Winkler von Mohrenfels, IPR und Rechtsvergleichung, 4. Aufl., 2010.
Palandt, Bürgerliches Gesetzbuch, 70. Aufl., 2011.
Reimann, Einführung in das US-amerikanische Privatrecht, 2. Aufl., 2004.
Schünemann, Wirtschaftsprivatrecht, 6. Aufl., 2011.

C   Privates Wirtschaftsrecht

Marian Paschke

Kapitel 1   Einführung und Grundlagen

§ 1 Konzeption des Privaten Wirtschaftsvertragsrechts

I. Rechtlicher Charakter

90 Das Private Wirtschaftsvertragsrecht bezeichnet keine eigenständige Rechtsdisziplin. Es ist Bestandteil des Wirtschaftsrechts und enthält zugleich Elemente des Vertragsrechts. Es ist das Vertragsrecht der Wirtschaft. Das Vertragsrecht der Wirtschaft insgesamt weist eine hybride Struktur auf, enthält sowohl privatrechtliche als auch öffentlich-rechtliche Bereiche. Der öffentlich-rechtliche Bereich ist vor allem dann eröffnet, wenn der Staat mit der Wirtschaft bzw. den Akteuren der Wirtschaft Verträge schließt. Dieser öffentlich-rechtliche Vertrag steht im Wirtschaftsverkehr unter eigenen, durch das öffentliche Recht geprägten Regelungsgrundsätzen.

91 Das hier behandelte Private Wirtschaftsvertragsrecht hat eine ausschließlich privatrechtliche Struktur. Seine Eigenart ergibt sich aus dem Bezug zur privaten Wirtschaft einerseits und zum privaten Vertragsrecht andererseits. Sein Charakteristikum ist der Wirtschaftsbezug des privaten Vertragsrechts. Die Besonderheit des Wirtschaftsvertragsrechts besteht in seinem wirtschaftsbezogenen Regelungsbereich. Im Unterschied zum privaten Lebensbereich, erfasst das Private Wirtschaftsvertragsrecht ausnahmslos solche Regelungsbereiche, die den außerhalb der privaten Sphäre liegenden Wirtschaftsbereich betreffen. Seine Regelungen betreffen nur solche Sachverhalte, bei denen mindestens eine Vertragspartei am Wirtschaftsleben teilnimmt, sei es als Unternehmer, sei es als Vertragspartner eines Unternehmers.

92 Das Wirtschaftsrecht ist zu unterscheiden vom Handelsrecht. Das Handelsrecht wird nach hergebrachtem Verständnis in Deutschland als Sonderprivatrecht des Kaufmanns (subjektives System) definiert. Das so verstandene Handelsrecht hat keine Zukunftsperspektive, weil für die moderne Rechtsentwicklung nicht das auf den Stand der Person abstellende Rechtsverständnis im Vordergrund steht, sondern die die Wirtschaft gestaltenden und an ihr beteiligten Einheiten. Insofern gehört die Zukunft dem Unternehmens- oder Wirtschaftsrecht. Das Private Wirtschafts- und Wirtschaftsvertragsrecht ist Teil dieser modernen Entwicklung der Rechtsordnung zu einem Recht der Unternehmen, zu einem Recht der Wirtschaft.

II. Besonderheiten

93 Inhaltlich ist das Private Wirtschaftsvertragsrecht durch die Geltung der Grundsätze des allgemeinen Vertragsrechts geprägt. Es beruht somit auf dem Grundsatz der Privatautonomie und der Gewährleistung der Privatautonomie durch sie schützende Normen. Das Private Wirtschaftsvertragsrecht weist aber eine Reihe von Besonderheiten gegenüber dem allgemeinen Vertragsrecht auf:

Konzeption des Privaten Wirtschaftsvertragsrechts   Kap. 2 § 1   C

1. Es beruht auf einer freiheitlicheren Konzeption im Vergleich zum allgemeinen Vertragsrechts (beispielsweise sind formfreie, mündliche Rechtsgeschäfte in weitem Maße wirksam).
2. Es dient der Rationalisierung des Geschäftsverkehrs, das heißt es soll diesen vereinfachen und beschleunigen (bei Verletzung der kraft Gesetzes bestehenden Rügeobliegenheiten verliert der Anspruchsberechtigte seinen Anspruch).
3. Es dient der Sicherheit des Rechtsverkehrs, insbesondere dadurch, dass bestehende Handelsbräuche als Rechtsquelle anerkannt werden.
4. Es strebt – empirisch und normativ betrachtet – nach universeller Geltung. Dies zeigt sich durch eine zunehmend fortschreitende Schaffung von Einheitsrecht für internationale Wirtschaftsverträge (z.B. Einheitskaufrecht für Handelskaufverträge durch die Convention on International Sales of Goods, CISG).

Kapitel 2 Allgemeines Wirtschaftsvertragsrechts

§ 1 Privatautonomie als Grundlage marktwirtschaftlichen Vertragsrechts

I. Privatautonomie und Vertragsfreiheit

Das Vertragsrecht der Bundesrepublik Deutschland und der Europäischen Union beruht auf dem Grundsatz der Privatautonomie. Darunter versteht man die verfassungsrechtlich verbürgte Befugnis aller Privatrechtssubjekte, also der natürlichen und juristischen Personen gleichermaßen, ihre Rechtsverhältnisse grundsätzlich autonom, nach den je eigenen Vorstellungen und Bedürfnissen im Rahmen der Rechtsordnung zu regeln. **94**

Private Autonomie kommt insbesondere in dem Grundsatz der Vertragsfreiheit zum Ausdruck, der sich seinerseits in den Grundsätzen der Abschlussfreiheit, der Gestaltungsfreiheit und der Beendigungsfreiheit niederschlägt. Die Privatrechtssubjekte sind danach grundsätzlich frei in der Entscheidung, ob und mit wem sie Verträge schließen, wie sie diese gegebenenfalls inhaltlich gestalten und wann sie diese beenden. **95**

Die entwickelte, moderne Privatrechtsordnung kennt diese Grundsätze allerdings nicht (mehr) uneingeschränkt an. Die Abschlussfreiheit ist durch einen unter bestimmten Voraussetzungen insbesondere für Unternehmen der Daseinsvorsorge und marktbeherrschende Unternehmen kraft Gesetzes bestehenden Kontrahierungszwang ergänzt worden. Der Inhalt von Verträgen unterliegt, namentlich bei Vereinbarung Allgemeiner Geschäftsbedingungen, einer gesetzlichen Inhaltskontrolle und an die Stelle der Beendigungsfreiheit ist in wichtigen Regelungsbereichen, namentlich am Arbeitsrecht und Mietrecht, der Gedanke des Kündigungsschutzes gesetzlich verankert worden. **96**

II. Vertragsfreiheit und Wettbewerbsrecht

Der den Grundsatz der Privatautonomie konkretisierende Grundsatz der Vertragsfreiheit steht in der marktwirtschaftlichen Ordnung der Europäische Union und der Bundesrepublik nicht allein und für sich. Die marktwirtschaftliche Ordnung entfaltet sich im Wettbewerb, der seinerseits vom Wettbewerbsrecht geschützt wird. Nur durch die **97**

Wettbewerbsverfassung ist gewährleistet, dass die Vertragsfreiheit die ihr zugedachten Ergebnisse erreichen kann.

98 Dem Wettbewerbsrecht kommt die fundamentale Aufgabe zu, die Freiheit der am Wirtschaftsleben Beteiligten insbesondere bei der Begründung, der Gestaltung und der Beendigung von Vertragsbeziehungen mit anderen Teilnehmern am Wirtschaftsverkehr zu schützen. Dieser Freiheitsschutz wird nach aller empirischen Erfahrung zu aller erst durch funktionsfähigen Wettbewerb gewährleistet. Der Staat ist mittels hoheitlicher Planung und dirigistischer Eingriffe in das freiheitlich organisierte Wirtschaftsgeschehen nicht in vergleichbarer Weise in der Lage, die Freiheitsrecht aller Teilnehmer am Wirtschaftsverkehr zu gewährleisten.

99 Es ist dies die wesentliche Erkenntnis, auf der die freiheitliche Verfassung einer marktwirtschaftlichen Wettbewerbsordnung beruht. Sie hat in den Europaverträgen und im nationalen Verfassungsrecht der Bundesrepublik Deutschland ihren systembildenden rechtlichen Niederschlag gefunden. Diese Freiheitsverfassung für die Wirtschaft (und andere Lebensbereiche der Gesellschaft) schließt nicht aus, dass der Staat in das Wirtschaftsgeschehen durch hoheitliche Maßnahmen und Regelungen eingreift. Solche Eingriffe sind aber nach der normativen Grundkonzeption nur in den Fällen des Marktversagens und zur Erreichung von Regelungszielen im Interesse des Gemeinwohls ausnahmsweise zulässig.

100 Die Wettbewerbsordnung schützt den funktionierenden Wettbewerb insbesondere vor freiheitsgefährdender Machtansammlung in den Händen weniger, aber marktmächtiger Wirtschaftsteilnehmer (sog. Monopol- oder Missbrauchskontrolle), sowie vor einer den Wettbewerb ausschließenden und damit freiheitsgefährdenden Kartellbildung.

101 Dann wenn sich Wettbewerb nicht von selbst einstellt, hat der Staat die Aufgabe, Wettbewerb in möglichst vielen Bereichen des Wirtschaftslebens herzustellen. Verkrustete oder gar monopolisierte Marktstrukturen sind aufzubrechen und in eine Wettbewerbswirtschaft zu überführen. Die Liberalisierung der Telekommunikations- und Energiewirtschaft durch europäische und nationale Regelung sind anschauliches Beispiel für die Möglichkeiten einer zunehmenden Marktöffnung; auch von Wirtschaftsbereichen, die bisher als natürliches Monopol galten und für Wettbewerb als unzugänglich angesehen wurden. Der Übergang von einem Wirtschaftsmonopol zur Markt- und Wettbewerbsöffnung eines Wirtschaftssektors muss vom Gesetzgeber des Wirtschaftsrechts sorgfältig begleitet und durch maßvolle Regulierung durch staatliche Behörden überwacht und gesteuert werden. Erst wenn dieser Transformationsprozess abgeschlossen ist, kann das Private Wirtschaftsvertragsrecht und die darin geltende Vertragsfreiheit unter Bedingungen effektiven Wettbewerbs zur Geltung kommen.

§ 2 Die Ausprägungen der Vertragsfreiheit

I. Abschlussfreiheit, Zustandekommen von Wirtschaftsverträgen

1. Abschlussfreiheit

102 Die Abschlussfreiheit ist derjenige Grundsatz des Wirtschaftsvertragsrechts, der gewährleistet, dass sich die am Wirtschaftsvertrag beteiligten Partner frei entscheiden können, ob sie einen Vertrag schließen oder nicht. Die sog. positive Abschlussfreiheit bezeichnet dabei die Fähigkeit, sich (positiv) für einen Vertragsschluss, die negative Abschlussfreiheit die Fähigkeit, sich gegen einen Vertragsschluss entscheiden zu können.

Die Ausprägungen der Vertragsfreiheit   Kap. 2 § 2 C

Die Freiheit umfasst sowohl die Wahl des Vertragspartners als auch die Auswahl des   103
Vertragsgegenstandes. Beide Freiheitsbereiche verdienen nur dann diese Bezeichnung,
wenn eine echte Wahlfreiheit in dem Sinne besteht, dass dem am Vertragsschluss
interessierten Wirtschaftsverkehrsteilnehmer tatsächlich Alternativen zur Verfügung
stehen. Wahlfreiheit in dem genannten Sinn besteht nur dann, wenn mehrere mögliche
Vertragspartner und mehrere mögliche Vertragsgegenstände zur Wahl stehen. Dass
diese Voraussetzungen vorliegen, ist eine Funktionsbedingung des privatrechtlichen
Vertragsmodells im Wirtschaftsrecht. Ist diese nicht erfüllt, kann die Vertragsabschlussfreiheit nicht die Wirkungen erreichen, die mit ihr verbunden sein sollen.
Die Wahlfreiheit hat eine unsichtbar steuernde Wirkung, weil die Wirtschaftsverkehrs   104
teilnehmer aus ihrem eigenen Nutzenkalkül heraus keine für sie inakzeptablen Verträge
schließen werden. Da jede Vertragspartei und jeder Wirtschaftsverkehrsteilnehmer
denselben utilitaristischen Impuls spürt und verfolgt, hat die Gewährleistung von Abschlussfreiheit eine insgesamt die allgemeine Wohlfahrt steigernde Bedeutung.
Die Abschlussfreiheit gibt den Wirtschaftsverkehrsteilnehmern die Möglichkeit, einen   105
Vertragsschluss abzulehnen. Diese Freiheit geht soweit, dass sie die Fähigkeit zur Diskriminierung einschließt. Die Diskriminierung beim Vertragsschluss ist deshalb grundsätzlich kein Missbrauch der Abschlussfreiheit, sondern sie ist von ihr als Ausdruck der
Abschlussfreiheit gedeckt. Sie ist gerechtfertigt und erträglich, weil in einer Wettbewerbswirtschaft der abgelehnte Vertragsschluss mit einem anderen Vertragspartner
geschlossen werden kann. Wenn neuerdings der europäische und der deutsche Gesetzgeber ein allgemeines Anti-Diskriminierungsgesetz für erforderlich hält, insbesondere
Diskriminierungen aus Gründen des Geschlechts, der Rasse oder der Religion zu unterbinden, so ist dies ein Akt ordnungspolitisch gewollter Steuerung, der die Freiheitsrechte der Wirtschaftsverkehrsteilnehmer einschränkt.

2. Kontrahierungszwang

In den Fällen, in denen die Funktionsbedingungen des Grundsatzes der Abschlussfrei   106
heit nicht gegeben sind, versagt das Instrument der Abschlussfreiheit als Steuerungsinstrument für das Wirtschaftsgeschehen. Deshalb werden in solchen Fällen Monopolanbieter von wichtigen Leistungen der Daseinsfürsorge von der Rechtsordnung zum
Vertragsschluss gezwungen. Es besteht dann ausnahmsweise ein Vertragsabschlussoder Kontrahierungszwang.
Der Kontrahierungszwang gibt einen gesetzlich gesicherten Anspruch auf Abschluss   107
eines nicht freiwillig gewährten Vertrages. Der Anspruch kann vor den Zivilgerichten
durchgesetzt werden. Regelmäßig hat der Gesetzgeber auch dafür zu sorgen, dass der
Inhalt des Vertrages in solchen Fällen gesetzlich vorgeformt ist, damit nicht der Anspruch auf Abschluss des Vertrages durch das Fordern unangemessener Vertragsbedingungen konterkariert werden kann.
Ein Kontrahierungszwang besteht in einer marktwirtschaftlichen Ordnung nur aus   108
nahmsweise. In der Bundesrepublik Deutschland sieht die Rechtsordnung solche Fälle
nur dann vor, wenn eine Monopol- oder monopolnahe Situation bei bestimmten Produkten oder Dienstleistungen für die Versorgung des Einzelnen mit wichtigen Gütern,
die zum angemessenen Dasein gehören, den Kontrahierungszwang erforderlich macht.
Er kann dann gestützt auf Generalklauseln der Privatrechts eingefordert und erforderlichenfalls vor den Gerichten eingeklagt werden. Spezielle Fälle des Kontrahierungszwangs sieht auch das Energierecht, das Telekommunikationsrecht und das Eisenbahnverkehrsrecht vor, indem es den Wettbewerbern eines marktstarken Anbieters in den
betroffenen Wirtschaftsbereichen einen Anspruch auf Zugang zu der für ihre Wirtschaftstätigkeit unabdingbar notwendigen Infrastruktur ermöglicht. Auf diese Weise

haben Unternehmen der angesprochenen besonderen Wirtschaftsbereiche die Möglichkeit, das Stromnetz, das Telefonnetz oder das Schienennetz ihres marktmächtigen Wettbewerbers am Markt gegen Zahlung einer angemessener Gegenleistung diskriminierungsfrei mitzubenutzen.

109 Daneben kennt das europäische und das deutsche Kartellrecht einen Anspruch auf Vertragsschluss in allen Fällen, in denen ein marktbeherrschendes Unternehmen seine Marktstellung dadurch missbräuchlich ausnutzt, dass es den Vertragsschluss insbesondere über wichtige Einrichtungen und Leistungen (sog. essential facilities) mit einem Unternehmen ohne sachlich gerechtfertigten Grund ablehnt. Im deutschen Recht ist dieser Anspruch dahingehend erweitert, dass ohne Rücksicht auf die marktbeherrschende Stellung der Anspruch auf Vertragsschluss schon immer dann besteht, wenn ein kleineres oder mittleres Unternehmen von einem anderen abhängig, also auf seine Leistungen angewiesen ist. Insbesondere die Hersteller von bekannten Markenartikeln unterliegen insofern einem erweiterten Kontrahierungszwang.

3. Formfreiheit

110 Zum Grundsatz der Vertragsfreiheit im Wirtschaftsvertragsrecht gehört ferner der Grundsatz der Formfreiheit. Verträge und Rechtsgeschäfte sonstiger Art bedürfen grundsätzlich keiner besonderen Form, weil die Autonomie der Parteien so verstanden wird, dass es ihnen grundsätzlich selbst überlassen wird, für die Dokumentation von rechtserheblichen Erklärungen und deren Beweisbarkeit zu sorgen, sowie die zutreffende Einschätzung der Bedeutung eines Vertrages vorzunehmen. Deshalb sind grundsätzlich alle mündlichen und schriftlichen, unmittelbar oder auf technischem Wege übermittelten Erklärungen gleichermaßen erheblich und wirksam. Der Gesetzgeber trägt damit dem Bedürfnis des Wirtschaftsverkehrs Rechnung, der insbesondere die Abwicklungen von Willenerklärungen über das Telefon, das Telefax oder via E-mail oder durch das Internet nutzen möchte, ohne an besondere Formanforderungen gebunden zu sein. Die Gewährleistung der Beweis- und Warnfunktion, die der Gesetzgeber mit besonderen Formvorschriften typischerweise verfolgt, muss im Wirtschaftsvertragsrecht grundsätzlich von den Wirtschaftsverkehrsteilnehmern selbst beachtet werden.

111 Ausnahmen bestätigen diese Regel. Diese Ausnahmen rühren von den Regelungen des allgemeinen Vertragsrechts her und haben deshalb keinen wirtschaftsvertragsrechtlichen Hintergrund. Beispielsweise ist der Abschluss eines Grundstückskaufvertrages formbedürftig (er unterliegt dem Erfordernis einer notariellen Beurkundung); dies ist bei Wirtschaftsverträgen nicht anders als bei Verträgen zwischen Privatpersonen gleichermaßen zwingend vorgeschrieben, um die damit verbundene Beratungsfunktion durch den Notar erfüllen zu können. Ein spezifisches Formerfordernis im Wirtschaftsvertragsrecht gibt es nicht.

112 Verträge sind deshalb im Wirtschaftsrecht grundsätzlich formlos wirksam. Verträge, die im allgemeinen Vertragsrecht einer besonderen Form unterstellt sind – etwa der Bürgschaftsvertrag, der ohne Einhaltung der Schriftform unwirksam ist –, sind im Wirtschaftsvertragsrecht vielfach sogar ohne Einhaltung einer besonderen Form wirksam. Mit der Einführung des elektronischen Geschäftsverkehrs mittels Internet und via E-mail hat der Gesetzgeber die sog. elektronische Form eingeführt, die immer dann, wenn das Gesetz ausnahmsweise die Schriftform verlangt, genutzt werden kann und die Schriftform der Erklärung ersetzt. Diese vom europäischen Recht europaweit eingeführte Möglichkeit ist für den elektronischen Wirtschaftsverkehr von erheblicher Bedeutung. Die elektronische Form beruht auf einem Verschlüsselungssystem, dass durch bestimmte zertifizierter Unternehmen am Markt angeboten wird. Durch die Benutzung solcher sog. qualifizierte elektronischer Signaturen wird die gesetzlich vorgeschriebene Schriftform wirksam ersetzt.

Die Ausprägungen der Vertragsfreiheit   Kap. 2 § 2 C

Die Privatautonomie und die Vertragsfreiheit ermöglichen den Wirtschaftsverkehrsteilnehmern, Formvorschriften zu vereinbaren. Solche Vereinbarungen können insbesondere zum Gegenstand haben, dass die Begründung oder die Änderung eines Vertrages nur bei Einhaltung der vereinbarten Schriftform wirksam ist. Solche Formvereinbarungen sind wirksam und führen bei Nichteinhaltung vereinbarungsgemäß zur Unwirksamkeit der Erklärung bzw. des Vertrages. Allerdings ist zu beachten, dass die Parteien eine vereinbarte Schriftformregelung auch wieder aufheben können. Wegen des Grundsatzes der Formfreiheit ist nicht nur die Vereinbarung, sondern auch die Aufhebung der Schriftform formfrei möglich. Insofern ist bei vereinbarter Schriftform regelmäßig zu prüfen, ob die Parteien diese Vereinbarung ausdrücklich oder angesichts der Umstände konkludent wieder aufgehoben haben. In einem solchen Fall gilt die vereinbarte Schriftform nicht mehr.   113

Wirtschaftsverträge sind nicht anders im allgemeinen Vertragsrecht auf dem Konsens der Parteien aufbauend und in ihrer Wirksamkeit nur von diesem Konsens abhängig (sog. Konsensprinzip). Die Konsensualverträge haben in der Rechtswirklichkeit unserer Tage die sog. Realverträge, deren Wirksamkeit neben dem Konsens der Vertragspartner ein zusätzliche reales Moment, etwa die Übergabe von Gegenständen, voraussetzt beinahe vollständig verdrängt. In einem Teilbereich des Wirtschaftsvertragsrecht, nämlich im Eisenbahntransportrecht, hat sich allerdings ein bedeutsames realvertragliches Element erhalten: Ohne den erforderlichen Stempel der Eisenbahngesellschaft kommt der Vertrag nach den einschlägigen internationalrechtlichen Bestimmungen nicht wirksam zustande (nähere Angaben im Kapitel zum Transportrecht).   114

II. Inhaltsfreiheit, Inhalt von privaten Wirtschaftsverträgen

1. Gestaltungsfreiheit

Die Freiheit Rechtsgeschäfte und insbesondere Verträge inhaltlich frei zu gestalten ist ein weiterer Grundsatz des Wirtschaftsvertragsrechts. Es gehört zur verfassungsrechtlich geschützten Autonomie der Wirtschaftsverkehrsteilnehmer, dass sie selbst die Handlungsformen festlegen, die sie für ihr wirtschaftliches Handeln für angemessen und richtig halten. Die Parteien des Vertrages sind dabei auch befugt, von den Bestimmungen des Gesetzesrechts abzuweichen, wenn sie das im Konsens vereinbaren. Eine Ausnahme bilden nur diejenigen Gesetzesbestimmungen, die nicht-dispositives Recht, nämlich zwingendes Gesetzesrecht, enthalten.   115

Verträge können jedenfalls grundsätzlich frei gestaltet werden, ohne dass der Gesetzgeber besondere Vorkehrungen für die Kontrolle des Vertragsgeschehens vorsehen muss. Dies erscheint nur auf den ersten Blick überraschend und keine gerechten Ergebnisse versprechend. Auf den zweiten Blick zeigt sich, dass es wiederum der Wettbewerb im marktwirtschaftlichen Geschehen ist, dem die Fähigkeit zugemessen wird, für Fairness und Gerechtigkeit in den Vertragsbeziehungen zu sorgen. Der regulierenden Hand des Gesetzgebers bedarf es deshalb nicht und er soll sich aus dem Inhalt von Verträgen auch bewusst heraushalten, weil die Parteien am besten wissen, welche Inhalte der Vertrag sinnvoller Weise aufweisen sollte. Kommen die Parteien bei den Vertragsverhandlungen nicht zu einem Konsens über den zu vereinbarenden Inhalt, werden sie von einem Vertragsschluss absehen und den Vertrag mit einem anderen Vertragspartner schließen. Vereinbarungen über den Vertragsinhalt – so lässt sich der Grundsatz der Gestaltungsfreiheit zusammenfassen – sind richtig und vernünftig, weil die vertragsschließenden Parteien sie so wollen.   116

Die Gestaltungsfreiheit erlaubt den Vertragsparteien Verträge zu erfinden, die im Gesetz gar nicht vorgesehen sind. Im Wirtschaftsverkehr ist beispielsweise der Leasing-   117

C Kap. 2 § 2   Privates Wirtschaftsrecht

Vertrag durchaus beliebt und gelangt häufig zur Anwendung, obwohl das deutsche Zivilrecht diesen Vertrag nicht regelt, zumal er sich vom gesetzlich geregelten Mietvertrag dadurch grundsätzlich unterscheidet, dass der Leasingvertrag typischerweise als Vertrag über die Finanzierung wirtschaftlich genutzter Güter des Vermögens eines Unternehmens vereinbart wird. Dennoch bestehen an der prinzipiellen Wirksamkeit von Leasing-Verträgen nicht die geringsten Zweifel, weil eben die Gestaltungsfreiheit auch die Freiheit umfasst, neue, kreativ gestaltete Vertragsformen und -varianten zu vereinbaren.

2. Geschäftsbedingungen

118 Ein besonderes und regelungsbedürftiges Phänomen stellen die Standardbedingungen eines Vertrages dar, die sog. Allgemeinen Geschäftsbedingungen. Sie sind dadurch definiert, dass eine Vertragspartei diese Bedingungen einseitig aufstellt und vorformuliert. In Bestellformularen, vorgedruckten Vertragsurkunden und im PC gespeicherten Vorlagen finden Allgemeine Geschäftsbedingungen häufige Verwendung. Werden diese Bedingungen nun Vertragsinhalt, so ist die Richtigkeitsgewähr des vertraglichen Konsenses nicht gegeben, weil sie eben einseitig aufgestellt und vorformuliert sind, ohne dass der andere Vertragspartner auf sie Einfluss nehmen konnte und ihren Inhalt verändert hat. In dieser Situation findet nach der Rechtslage in der Bundesrepublik Deutschland eine Kontrolle des Inhalts dieser Geschäftsbedingungen statt. Nach der europäischen Rechtslage ist dies nur für Verträge mit Verbrauchern geboten; in Deutschland besteht die Kontrollmöglichkeit aber über die Verbrauchergeschäfte hinaus im Wirtschaftsvertragsrecht insgesamt.

119 Der Gesetzgeber sieht eine Kontrolle vor, die in § 307 BGB darauf abstellt, ob die Bedingungen die Interessen des Vertragspartners unangemessen benachteiligen. Es findet somit eine Fairness-Kontrolle des Inhalts der Geschäftsbedingungen statt. Das Abweichen von wesentlichen Grundgedanken vorhandener gesetzlicher Regeln ist ein weiterer Prüfungsgegenstand der Inhaltskontrolle von Allgemeinen Geschäftsbedingungen. Insgesamt wird damit die Vertragsfreiheit, nämlich die inhaltliche Gestaltungsfreiheit durch Verwendung Allgemeiner Geschäftsbedingungen, erheblich eingeschränkt. Die Kontrolle findet als gerichtliche Kontrolle vor den Zivilgerichten statt. Sie kann dadurch erfolgen, dass sich eine Partei in einem Zivilprozess auf ihre Allgemeinen Geschäftsbedingungen beruft. Das Gericht hat dann die Wirksamkeit der Geschäftsbedingungen nach den soeben genannten Gesichtspunkten der gesetzlichen Kontrolle zu überprüfen. Möglich ist auch eine vom Einzelfall unabhängige, sog. abstrakte Kontrolle; diese kann von den dazu autorisierten Verbänden und Einrichtungen des Wirtschaftsverkehrs (Industrieverbände, Verbraucherverbände, Handelskammer) ebenfalls bei den Zivilgerichten klageweise geltend gemacht werden.

120 Mit den International Commercial Terms (INCOTERMS) stellt die Internationale Handelskammer zu Paris (ICC) dem Wirtschaftsverkehr ein allgemein anerkanntes Klauselwerk zur Verfügung, das für die Aufnahme in Wirtschaftsverträge gedacht und geeignet ist. Die INCOTERMS regeln bestimmte Fragen der Risikoverteilung zwischen Vertragsparteien, die insbesondere im grenzüberschreitenden und damit internationalen Handelsverkehr eine große praktische und auch rechtliche Bedeutung haben. Es geht bei den INCOTERMS vor allem um Fragen der vertraglichen Risikoverteilung zwischen Verkäufer und Käufer und um die Verteilung der Kosten für den Transport, die Versicherung, die Verpackung und die Zollfreimachung von Waren.

121 Zu diesem Zweck hat die ICC insgesamt 13 Klauseln entworfen bzw. aus der international verbreiteten Vertragspraxis entnommen und diese in zahlreichen Modernisierungen immer wieder den sich verändernden Verhältnissen angepasst. In der Novelle von 1980 beispielsweise erfolgte eine Berücksichtigung des Containerverkehrs bei der Klau-

selgestaltung und die Novelle von 1990 stellte die INCOTERMS ein auf die Verhältnisse des elektronischen Daten- und Dokumentenverkehrs im internationalen Handel.
Die ICC-Klauseln sind in vier Gruppen aufgeteilt, die ihrerseits nochmals unterteilt sind, und enthalten Pflichteninhalte, die beginnend mit einer reinen Abholklausel (exw = „ex works") dem Käufer weitgehende Risiken und Pflichten der genannten Art auferlegen; auf der anderen Seite des Spektrums stehen die sog. D-Klauseln, die wiederum dem Verkäufer weitgehende Verpflichtungen und Risiken auferlegen (bei der DDP-Klausel („delivery duty paid") hat der Verkäufer die geschuldete Ware auf eigene Kosten und auf eigenes Risiko dem Käufer zu liefern. Die beiden anderen Klauselgruppen variieren das Pflichtprogramm zwischen den Vertragsbeteiligten: Bei der FOB-Klausel („free on board") hat der Verkäufer die Ware nur an den bestimmten Übergabeort insbesondere in einen Hafen zu liefern; die Kosten und die Verantwortung für den Transport trägt dann der Käufer. Bei der CIF-Klausel („cost, insurance, freight") ist der Pflichteninhalt des Verkäufers umfassender; er hat insbesondere auch die Kosten des Transports und der Versicherung zu tragen. Durchweg liegt des Charakteristikum der ICC-INCOTERMS darin, dass die Vertragsparteien durch die Verwendung des Drei-Buchstaben-Kürzels ein ganzes Risiko- und Pflichtenprogramm in den Vertrag integrieren können. In der damit einhergehenden Rationalisierung des Vertragsinhalts, die beinahe weltweite Anerkennung und Verwendung gefunden hat, liegt die große Bedeutung und Leistung der INCOTERMS.

122 INCOTERMS sind keine Gesetze und ihre gewohnheitsrechtliche Verbreitung ist nicht allgemein anerkennt. Deswegen handelt es sich nach dem Rechtsverständnis in der Bundesrepublik Deutschland um Allgemeine Geschäftsbedingungen. Sie werden Vertragsinhalt, wenn die Vertragsparteien ihre Geltung einvernehmlich vereinbaren. Fehlt es an einem entsprechenden Konsens, wird die INCOTERMS-Klausel danach nicht Vertragsbestandteil. Die damit verbleibenden Vertragslücken sind dann im Zweifel mit dem geltenden Gesetzesrecht auszufüllen.

III. Vertragsbeendigungsfreiheit

1. Arten der Vertragsbeendigung

123 Die Beendigung eines einmal geschlossenen Vertrages ist ebenfalls dem Prinzip der Privatautonomie und dem daraus abzuleitenden Prinzip der Vertragsfreiheit unterstellt. Das bedeutet vor allem, dass die Parteien an einen wirksam geschlossenen Vertrag gebunden sind und ihn während der Vertragslaufzeit nicht willkürlich beenden dürfen. Allerdings haben die Parteien die Freiheit einen geschlossenen Vertrag einvernehmlich wieder aufzuheben. Die Aufhebung des Vertrages im Konsens ist das Gegenstück zur Eingehung des Vertrages im Konsens.

124 Die Anerkennung der Autonomie jeder Vertragspartei verlangt ferner, dass jeder Vertragsbeteiligte bei unbefristeten Dauerschuldverhältnissen das einseitige Recht haben muss, sich von der Dauerbindung zu lösen. Dementsprechend gibt es im deutschen Recht ein gesetzlich gewährleistetes Recht zur einseitigen Vertragsbeendigung, die sog. Kündigung. Das Recht zur sog. ordentlichen Kündigung eines unbefristeten Dauerschuldverhältnisses ist nicht inhaltlich konditioniert, nach dem Gesetzesrecht aber an die Beachtung bestimmter Fristen gebunden.

125 Darüber hinaus gibt es ein Recht zur außerordentlichen einseitigen Beendigung eines Vertragsverhältnisses, das auch bei befristeten Dauerschuldverhältnissen besteht. Im Hinblick auf die sich aus der Bindung an den geschlossenen Vertrag ergebenden Erfordernisse ist dieses einseitige Recht zur außerordentlichen Kündigung aber nur gegeben, wenn ein wichtiger Grund für die Kündigung vorliegt.

126 Der Unterschied der beiden Vertragsbeendigungsvarianten liegt darin, dass die Vertragsaufhebung ein Instrument der konsensualen, aber im Übrigen unkonditionierten Vertragsbeendigung darstellt, während die außerordentliche Kündigung ein einseitiges Recht zur Vertragsbeendigung schafft, das aber an bestimmte Voraussetzungen gebunden ist.

127 In einzelnen Bestimmungen zum Schutz des Verbrauchers gibt der Gesetzgeber dem Verbraucher ein zwingendes Recht zum Widerruf des Vertrages. Dies ist insbesondere bei Geschäften über das Internet oder mittels anderer Fernkommunikationsmittel (Telefon, Telefax, E-mail) gerechtfertigt, weil der Verbraucher bei diesen Geschäften keine Gelegenheit hatte, den Gegenstand des Vertrages näher zu betrachten und auf seine Eignung für die Verwendungszwecke des Verbrauchers zu begutachten. Die im Fernabsatz liegenden Chancen der Wirtschaft werden durch diesen aus der Sicht der Unternehmen sehr belastenden Nachteil der unkonditionierten Beendigung des Vertrages deutlich relativiert.

2. Kündigungsfreiheit

128 Die Kündigung von Verträgen ohne Angabe von Gründen und damit die willkürliche Kündigung ist nur bei unbefristeten Verträgen möglich. Hierin verwirklicht sich in offenkundiger Weise der Grundsatz der Parteiautonomie. Die Autonomie der Wirtschaftsverkehrsteilnehmer soll auch dann geschützt werden, wenn sie sich durch Vertrag einer unbefristeten Bindung unterworfen haben. Diese den Grundsatz der Kündigungsfreiheit konkretisierende Befugnis ist für jede Vertragspartei unverzichtbar gewährleistet; sie kann vertraglich nicht ausgeschlossen werden.

129 Die außerordentliche Kündigung hat eine vergleichbare Zielsetzung. Sie soll gewährleisten, dass dann, wenn ein Festhalten am Vertrag nicht mehr zumutbar ist, die Freiheitssicherung sich gegenüber der eingegangenen Vertragsbindung durchsetzt. Dies soll selbst dann gewährleistet sein, wenn die vertragliche Bindung zeitlich begrenzt war. Diese Möglichkeit der Freiheitssicherung durch außerordentliche Kündigung besteht aber nicht uneingeschränkt, sondern nur bei Vorliegen eines wichtigen Grundes. Ein wichtiger Grund ist nach dem Gesetzesrecht (§ 314 BGB) nur gegeben, wenn einer Partei das Festhalten an dem Vertrag unter Abwägung der beiderseitigen Interessen der Vertragsparteien nicht zugemutet werden kann.

130 Die Kündigung ist grundsätzlich nur unter Einhaltung von Fristen möglich. Die Fristbindung ist Ausdruck der Rücksichtnahme auf die Interessen des anderen Vertragspartners, die durch eine fristlose Kündigung regelmäßig missachtet werden. Nur dann, wenn ausnahmsweise ein wichtiger Grund für eine außerordentliche Kündigung vorliegt, kommt eine fristlose Kündigung in Betracht. Dann aber verlangt die gebotene Rücksichtnahme auf die Interessen des Vertragspartners selbst bei der außerordentlichen Kündigung zumindest grundsätzlich, dass der Kündigende dem Kündigungsempfänger Gelegenheit gibt, das beanstandete Verhalten abzustellen (sog. Abmahnung).

131 Durch das Gebrauchmachen von der Freiheit zur Kündigung wird der gekündigte Vertrag nicht unwirksam. Der Vertrag ist und bleibt wirksam, er muss allerdings rückabgewickelt werden; die bereits ausgetauschten Leistungen müssen zurückgegeben werden; für gezogene Nutzungen muss grundsätzlich Wertersatz geleistet werden.

Überblick   Kap. 3 § 1 C

Kapitel 3   Privates Wirtschaftsvertragsrecht – Besonderer Teil

§ 1 Überblick

Das Private Wirtschaftsvertragsrecht beruht auf keiner in sich geschlossenen Kodifikation. Es ist vielmehr über zahlreiche Gesetze und Regelungsmaterien verstreut. Nach einer didaktisch motivierten, auf die ökonomischen Geschehensabläufe in Wirtschaftsunternehmen abstellenden Systematik lässt sich das Wirtschaftsprivatrecht hauptsächlich in folgende Bereiche gliedern: **132**

1. Organisationsverträge: mit ihnen werden Unternehmen gegründet und umgestaltet; sie unterliegen insbesondere den Regelungen des Gesellschafts-, Umwandlungs- und Konzernrechts.
2. Zulieferverträge: mit ihnen erwerben die Unternehmen, die für die Produktion von Waren und Dienstleistungen erforderlichen Produktionsmittel. Bei hochwertigen Produkten haben die Verträge nicht selten den Charakter von komplexen Kooperationsverträgen; sie sprengen dann die hergebrachte Differenzierung von Austausch- und Gemeinschaftsverträgen.
3. Absatzverträge: mit ihnen vertreiben die Unternehmen Waren und Dienstleistungen an ihre Kunden, insbesondere über Kauf-, Miet- und Leasingverträge. Im internationalen Handel sind darüber hinaus weitere Vertragsformen – wie die an Tauschverträge angelehnten Barterverträge – bekannt.
4. Vertriebsverträge: mit ihnen organisieren Unternehmen den Vertrieb von Waren und Dienstleistungen über Absatzmittler, wie Handelsvertreter oder Vertragshändler, bzw. über Vertriebssysteme; ferner kommt der Vertrieb über Filialen eines Unternehmens oder über Gemeinschaftsunternehmen (Joint-Ventures) in Betracht.
5. Transport- und Speditionsverträge: sie dienen der Organisation und der Durchführung des Warentransports vom Lieferanten zum Empfänger.
6. Finanzierungsverträge: sie dienen der Finanzierung der unternehmerischen Maßnahmen und ihrer Erhaltung und Erweiterung. Hierzu zählen insbesondere die vielfältigen Formen der durch Banken finanzierten Kreditverträge einschließlich ihrer Besicherung durch Personal- oder Realsicherheiten. Das Gesellschafts-, Bank- und Börsenrecht kennt zahlreiche weitere Formen der Investitionsfinanzierung.
7. Marketingverträge: zu ihnen gehört der weite Bereich der Werbeverträge, denen für den Absatz von Produkten und Dienstleistungen nicht selten eine maßgebliche Rolle zukommt. Dabei ist zu beachten, dass werblichen Maßnahmen insbesondere vom Wettbewerbsrecht Grenzen gesetzt werden.

Für alle diese Regelungsbereiche gelten in den Grundlagen übereinstimmende gemeinsame Rechtsgrundsätze. Sie bilden das Allgemeine Private Wirtschaftsvertragsrecht (vgl. dazu Kapitel 1). Sie werden in den Regeln des besonderen Privaten Wirtschaftsvertragsrecht sachverhaltsspezifisch ergänzt und variiert.

Die Übersichtlichkeit des Wirtschaftsvertragsrechts wird dadurch erschwert, dass für **133** zahlreiche Wirtschaftsbereiche vertragsrechtliche Sonderregeln bestehen. So gelten für Banken und Versicherung eigene vertragsrechtliche Bestimmungen. Für Energieversorgungsunternehmen sind die besonderen Regeln des Energiewirtschaftsrechts einschlägig. Für Medienunternehmen gelten wiederum andere Bestimmungen, mit denen auf die besondere Aufgabe der Medienunternehmen für die Verwirklichung der Berichterstattungsfreiheit eingegangen wird. Diese besondere Regeln entziehen sich einer einheitlichen oder auch nur zusammenfassenden Darstellung.

134 Nachfolgend kann deshalb nur ein knapper Überblick über einzelne Bereiche des Besonderen Wirtschaftsvertragsrecht gegeben werden. Dabei sollen orientiert an der Systematisierung nach ökonomischen Geschehensabläufen die Absatzverträge, die Vertriebsverträge, die Finanzierungsverträge und die Transportverträge näher dargestellt werden.

§ 2 Absatzverträge

I. Einleitung

135 Das Recht der Absatzverträge bildet den im Wirtschaftsgeschehen bei quantitativer Betrachtung wohl bedeutsamsten Teil des Besonderen Wirtschaftsvertragsrechts. Unter den Begriff des Absatzvertrages lassen sich all jene privatautonom gestalteten Vertragsverhältnisse zusammenfassen, die den Absatz, d. h. die zumindest vorübergehende Weitergabe des in Bezug genommenen Produkts an einen Dritten, der sowohl Endabnehmer als auch Zwischenhändler sein kann, bezwecken. Zur Systematisierung der unterschiedlichen Vertragsgattungen und -arten bietet sich eine Orientierung am Gegenstand des konkreten Rechtsgeschäfts an. So kann grundlegend zwischen warenbezogenen Absatzverträgen einerseits (unter 2.) und dienstleistungsbezogenen Absatzverträgen andererseits (unter 3.) unterschieden werden: Während erstere – mit Ausnahme des praktisch ebenfalls bedeutsamen Rechtskaufs – bei typologischer Betrachtung dem Grunde nach den Umsatz materieller, d. h. verkörperter Güter betreffen, werden mit letzteren regelmäßig unverkörperte Leistungen (die Tätigkeit) rechtsgeschäftlich erfasst.

II. Warenbezogene Vertragstypen

136 Im Rahmen der warenbezogenen Vertragstypen ist weiter anhand des Zeitmoments zu differenzieren. Das abzusetzende Gut kann dem Vertragspartner zum einen auf Dauer, d. h. endgültig überlassen werden; rechtsgestalterisch ist dies – abgesehen von Tausch und Schenkung, die in der Wirtschaftsrealität kaum Bedeutung erlangen – nur per Abschluss eines Kaufvertrages möglich. Zum anderen kann das Interesse der Vertragsparteien aber auch auf die lediglich vorübergehende Überlassung der Ware zum bloßen Gebrauch gerichtet sein. Für diesen Fall stellt die Rechtsordnung als Rechtsgestaltungsoptionen in erster Linie Miet- und Pachtvertrag sowie den in der Praxis besonders relevanten Leasingvertrag zur Verfügung.

1. Kaufvertrag

137 Nach welchen Rechtsregeln sich Abschluss und inhaltliche Ausgestaltung des zur dauerhaften Überlassung eines Gegenstandes geschlossenen Kaufvertrages im konkreten Einzelfall beurteilen, hängt maßgeblich davon ab, ob die Vertragsparteien im Zeitpunkt des Vertragsabschlusses ihre Niederlassung einheitlich in Deutschland haben oder ob es sich um einen grenzüberschreitenden Absatzsachverhalt handelt. Je nach Sachlage ist der Kaufvertrag auf rein nationaler oder auf übergeordnet internationaler Ebene zu

Absatzverträge	Kap. 3 § 2 C

verorten. Ein originäres europäisches Kaufvertragsrecht für innereuropäische Absatzgeschäfte konnte sich bislang nicht etablieren.

a) Nationale Ebene. Handelt es sich bei dem Kaufvertrag um kein grenzüberschreitendes Absatzgeschäft, findet in erster Linie das Bürgerliche Gesetzbuch (BGB) Anwendung. Häufig sind ergänzend weitere Regelwerke heranzuziehen, namentlich das Handelsgesetzbuch (HGB), sofern zumindest eine Vertragspartei ein sog. Kaufmann ist. Unabhängig von Kaufmanns-, Unternehmer- oder Verbrauchereigenschaft der Parteien unterliegt jeder beliebige Kaufvertrag dem Reglement der §§ 433 – 453 BGB. **138**

Der Abschluss eines Kaufvertrages über eine bestimmte Sache begründet auf beiden Seiten Rechte und Pflichten. Der Verkäufer wird durch den Kaufvertrag verpflichtet, dem Käufer 1. die Sache zu übergeben und 2. das Eigentum hieran zu verschaffen, d. h. den Gegenstand zu übereignen. Mit dieser Pflicht des Verkäufers korrespondiert ein klagbarer Erfüllungsanspruch des Käufers auf Übergabe und Übereignung. Umgekehrt ist der Käufer verpflichtet, dem Verkäufer 1. den für die Sache als Gegenleistung vereinbarten Kaufpreis zu zahlen und 2. den Kaufgegenstand auch tatsächlich abzunehmen. Entsprechend steht der verkaufenden Partei ein einklagbarer Anspruch auf Zahlung und Abnahme zu. **139**

Die dem *Verkäufer* obliegende Pflicht zur Übergabe bedeutet regelmäßig die Übertragung des unmittelbaren Besitzes an der Ware, d. h. der Käufer muss die tatsächliche Gewalt über den Kaufgegenstand erlangen. Dies ist allerdings nicht zwingend erforderlich: Es genügt auch, dass der Verkäufer einen außerhalb des Vertragsverhältnisses stehenden Dritten zur Übergabe der Kaufsache an den Käufer veranlasst. Ebenso ist es möglich, dass nicht der Käufer selbst, sondern ein Dritter die Sachherrschaft über den verkauften Gegenstand erlangt. Typischerweise ist dies der Fall, wenn der Käufer seinerseits die Ware an einen Abnehmer weiterverkauft hat. Man spricht in diesem Fall von einem sog. Streckengeschäft. **140**

Die Eigentumsverschaffung an der Ware muss frei von Rechten Dritter erfolgen. Nach deutschem Recht ist zur Übertragung des Eigentums an einer beweglichen Sache neben der Übergabe der Sache an den Erwerber ein weiterer, vom zugrunde liegenden Verpflichtungsgeschäft abstrakter Verfügungsvertrag erforderlich. Dieser konstituiert sich ausschließlich aus der Einigung beider Parteien darüber, dass das Eigentum an der Sache übergehen soll. Regelmäßig erfolgt dieser zusätzliche Vertragsschluss konkludent, etwa in dem die Ware einverständlich übergeben und angenommen wird. **141**

Über die Übergabe- und Eigentumsverschaffungspflicht hinaus treffen den Verkäufer auch verschiedene Nebenpflichten. So muss er nach der gesetzlichen Ausgangssituation an sich die Kosten der Übergabe einschließlich Verpackungs- und Versendungskosten tragen. Die Wirtschaftsrealität bringt freilich eine regelmäßige Abbedingung dieser Kostentragungspflicht mit sich. In Gestalt sog. INCOTERMS (International Commercial Terms) werden die Kosten auf den Käufer verlagert. Aus Treu und Glauben können sich gegebenenfalls weitere Pflichten des Verkäufers zu Aufklärung und Instruktion ergeben. Die Verpflichtung des *Käufers* zur Zahlung des vereinbarten Kaufpreises, der die gesetzliche Mehrwertsteuer nicht notwendigerweise bereits beinhalten muss, stellt eine sog. Geldschuld dar. Diese ist in der inländischen Währung zu erfüllen, seit dem 1.1.2002 mithin in Euro. Ob die Erfüllung in bar, d. h. durch Übereignung von Geldzeichen, oder – rechtstatsächlich bedeutsamer – in Form sog. Buchgeldes, also durch Überweisung von einem Konto auf das andere oder durch Übersendung eines Schecks, erfolgt, unterliegt der Disposition der Vertragsparteien. **142**

Neben der Verpflichtung zur Preiszahlung muss der Käufer dem Verkäufer die Ware auch abnehmen. Der Verkäufer soll von dem unmittelbaren Besitz der Kaufsache, der u. U. erhebliche Kosten verursachen kann (z. B. Lagerung, Pflege), entlastet werden. Nimmt der Käufer die Ware nicht (rechtzeitig) ab, kann er sich eventuell schadensersatzpflichtig machen. **143**

85

144 Die kaufvertraglichen Leistungs- und Gegenleistungspflichten sind synallagmatisch verknüpft, d. h. sie stehen zueinander im *Verhältnis der Gegenseitigkeit*. Der jeweils Verpflichtete kann damit die ihm obliegende Leistung bis zur Bewirkung der Gegenleistung verweigern, es sei denn, es besteht ausnahmsweise eine – etwa rechtsgeschäftlich vereinbarte – Vorleistungspflicht. Mit dieser Einrede des nicht erfüllten Vertrages wird zum einen die Sicherung des vertraglichen Anspruchs und zum anderen eine Drucksausübungsfunktion auf den Schuldner bezweckt. Im Regelfall sind die Kaufvertragsparteien gehalten, die Leistungen Zug-um-Zug auszutauschen.

145 Sofern der Verkäufer seine Hauptpflichten zur Eigentumsverschaffung und Übergabe verletzt, indem er nicht oder zu spät leistet, muss er dem Käufer gegenüber prinzipiell haften. Dessen Rechte ergeben sich aus den allgemeinschuldrechtlichen Bestimmungen. Ist die Erfüllung des kaufvertraglichen Primäranspruchs dem Verkäufer unmöglich, etwa weil die zu übereignende Ware nachträglich zerstört worden ist, kann der Käufer Schadensersatz statt der Leistung verlangen, z. B. gerichtet auf Kompensation etwaiger Mehrkosten oder des entgangenen Gewinns. Ebenso (und sogar kumulativ) ist es dem Käufer im Falle der Unmöglichkeit gestattet, vom geschlossenen Kaufvertrag zurückzutreten. Im Falle der verspäteten Erfüllung durch den Verkäufer kann der Käufer gegebenenfalls Ersatz seines sog. Verzögerungsschadens verlangen, also jenes Schadens, der gerade in der Verspätung der Leistung seine Ursache hat. Der Verkäufer muss in diesem Fall den Käufer so stellen, als ob rechtzeitig erfüllt worden wäre. Diese Ersatzpflicht kann beträchtliche Ausmaße erreichen, etwa wenn aufgrund der verspäteten Lieferung von Rohstoffen Produktionsausfälle zu verzeichnen sind.
Während sich Nicht- und Spätleistung durch den Verkäufer nach den allgemeinen Regeln beurteilen, sieht das BGB für den Fall der mangelbehafteten Erfüllungsleistung (Schlechtleistung) eine Reihe besonderer Rechtsregeln vor.

146 Ausgangspunkt der kaufvertraglichen Gewährleistungshaftung des Verkäufers ist die Feststellung eines Sachmangels. Ein Sachmangel liegt vor, wenn die wirkliche Beschaffenheit der Sache (sog. Istbeschaffenheit) zum Nachteil des Käufers von der vertragsgemäßen Beschaffenheit der Sache (sog. Sollbeschaffenheit) abweicht. Die Istbeschaffenheit ist regelmäßig ohne weiteres festzustellen und einem Beweis zugänglich. Als problematisch kann sich dagegen im Einzelfall die Ermittlung der maßgeblichen Sollbeschaffenheit erweisen. Nach § 434 BGB ist hierfür auf drei Kriterien abzustellen. In erster Linie muss die Kaufsache bei Gefahrübergang der von den Vertragsparteien vereinbarten Beschaffenheit entsprechen, sog. subjektiver Fehlerbegriff. Wurde keine Beschaffenheit vereinbart, ist maßgeblich, ob sich die Ware für die nach dem Vertrag vorausgesetzte Verwendung eignet. Zuletzt ist darauf abzustellen, ob sich die Kaufsache zumindest für die gewöhnliche Verwendung eignet und eine Beschaffenheit aufweist, die bei Sachen der gleichen Art üblich ist und die der Käufer nach Art der Sache erwarten kann. Dem hiernach begründeten Sachmangel steht es gleich, wenn der Verkäufer eine andere Sache (sog. aliud) oder eine zu geringe Menge (sog. minus) liefert. Ein Sachmangel ist überdies auch dann gegeben, wenn die vereinbarte Montage unsachgemäß durchgeführt worden ist oder die der Sache beigefügte Montageanleitung mangelhaft ist.

147 Steht die Mangelhaftigkeit der Kaufsache fest, kommen für den Käufer eine Reihe von Rechtsbehelfen in Betracht: Er kann Nacherfüllung verlangen, vom Vertrag zurücktreten, den Kaufpreis mindern, aber auch Schadensersatz oder Ersatz vergeblicher Aufwendungen geltend machen. Zu berücksichtigen ist allerdings, dass das deutsche Recht dem Verkäufer ein „Recht zur zweiten Andienung" gewährt. Es besteht mithin ein Primat der Nacherfüllung, innerhalb der der Käufer aber immerhin die Wahl hat, ob er die Beseitigung des Mangels (also Reparatur der Kaufsache) oder die Lieferung einer mangelfreien Sache (gegen Rückgewähr der mangelhaften) verlangt. Ein Recht zur Selbstvornahme der erforderlichen Reparatur billigt das Gesetz dem Käufer nicht zu.

Selbst der – berechtigten – Forderung nach einem Anspruch zugunsten des ausbessernden Käufers auf Ersatz der vom Verkäufer ersparten Aufwendungen will die Rechtsprechung nicht nachkommen. Der Käufer muss also unweigerlich mit seinem Nacherfüllungsbegehren an den Verkäufer herantreten.

148 Da der Verkäufer die zum Zwecke der Nacherfüllung erforderlichen Aufwendungen zu tragen hat (z. B. Transport-, Arbeits- und Materialkosten), kann das dem Käufer zustehende Wahlrecht zwischen den beiden Arten der Nacherfüllung zu einer unverhältnismäßigen Kostenbelastung des Verkäufers, insbesondere im Hinblick auf den Wert der Sache im mangelfreien Zustand und die Bedeutung des Mangels, führen. Für diesen Fall wird dem Verkäufer ein Recht zur Einrede zugestanden; er kann den Käufer auf die andere, weniger kostenintensive Nacherfüllungsvariante verweisen. Nur im Ausnahmefall wird er dagegen die Nacherfüllung gänzlich verweigern können.

149 Erst wenn die vorrangige Nachbesserung oder Ersatzlieferung fehlgeschlagen ist oder vom Verkäufer verweigert wurde, kann der Käufer auf seine übrigen Rechte zurückgreifen. Sofern der Mangel nicht unerheblich ist und der Verkäufer die ihm grundsätzlich einzuräumende Nacherfüllungsfrist ungenutzt bzw. fruchtlos hat verstreichen lassen, kommt insoweit insbesondere der Rücktritt vom Kaufvertrag in Betracht. Die bis dato nicht erfüllten Pflichten aus dem Kaufvertrag entfallen sodann; die bereits erbrachten Leistungen sind vorrangig in Natur zurückzugeben oder alternativ durch entsprechenden Wertersatz auszugleichen. Statt zurückzutreten kann der Käufer den Kaufpreis aber auch mindern. Entschließt er sich hierzu, darf er die mangelhafte Kaufsache behalten und muss nur den verhältnismäßig reduzierten Kaufpreis begleichen. Da der Kaufpreis in dem Verhältnis herabgesetzt wird, in welchem zur Zeit des Vertragsschlusses der Wert der Sache in mangelfreiem Zustand zu dem wirklichen Wert gestanden haben würde, läuft die Wahl des Käufers zwischen Rücktritt und Minderung auf ein wirtschaftliches Rechenexempel hinaus: Hat der Käufer günstig gekauft, wird er sich vernünftigerweise zur Minderung entschließen, weil ihm dann der ursprüngliche Vorteil verbleibt. Im Falle eines ungünstigen Kaufs ist dem Käufer dagegen anzuraten, die Möglichkeit des Rücktritts nutzen; auf diesem Weg kann er sich von dem nachteiligen Geschäft ohne weitere Einbußen lösen.

150 Häufig können Rücktritt und Minderung allein die für den Käufer aus dem Sachmangel folgenden Nachteile nicht ausgleichen, insbesondere wenn dem Käufer durch die Mangelhaftigkeit anderweitige Schäden entstanden sind. Unter verschiedenen Voraussetzungen gewährt das BGB dem Käufer daher nicht nur einen Anspruch auf Erstattung der sog. Mangelschäden (diese liegen in der Kaufsache selbst), sondern auch der außerhalb der Kaufsache auftretenden sog. Mangelfolgeschäden. Dem Käufer werden auch zwei Arten der Schadensberechnung zugestanden: Entweder er behält die mangelhafte Ware und verlangt als sog. kleinen Schadensersatz bloß die Wertdifferenz zu dem vertragsmäßigen Zustand ersetzt. Oder er lehnt die mangelhafte Sache ab bzw. gibt sie zurück und fordert das volle Erfüllungsinteresse in Geld. Diese Variante des sog. großen Schadensersatzes ist allerdings nur möglich, wenn der Mangel nicht nur unerheblich ist. Eine wesentliche Bedeutung kommt im Rahmen dieser Schadensersatzansprüche dem Erfordernis des Verschuldens (Vorsatz und Fahrlässigkeit) zu: Der Verkäufer muss nur dann die kausal entstandenen Schäden ersetzen, wenn ihm hinsichtlich der Mangelhaftigkeit ein Verschuldensvorwurf gemacht werden kann, d. h. der Verkäufer muss zumindest die im Verkehr erforderliche Sorgfalt außer Acht gelassen haben.

151 Sämtliche Mängelrechte des Käufers sind ausgeschlossen, wenn dieser bei Vertragsschluss den Mangel gekannt hat. Erforderlich ist positive Kenntnis; ist dem Käufer der Mangel dagegen lediglich infolge grober Fahrlässigkeit unbekannt geblieben, haftet der Verkäufer nur, wenn er den Mangel arglistig verschwiegen oder eine Garantie für die Beschaffenheit der Sache übernommen hat. Die gleiche Einschränkung gilt, wenn die

Parteien qua Individualvertrag die Mängelhaftung des Verkäufers an sich ausgeschlossen oder beschränkt haben. Sofern die Haftungsbeschränkungen durch Allgemeine Geschäftsbedingungen begründet werden sollen, d. h. durch faktisch einseitigen Gestaltungsakt des Verkäufers, sind die recht engen gesetzlichen Grenzen zum Schutze des Käufers zu beachten.

152 Aus rechtstatsächlicher Perspektive ergibt sich eine weitgehende Verdrängung der Sachmängelhaftung des BGB. Die gesetzlichen Gewährleistungsrechte des Käufers werden häufig durch gleichsam überprivilegierende Garantieversprechen von Verkäufer und insbesondere Hersteller verdeckt, mögen sie auch neben der Garantie unbeschadet fortbestehen. Begrifflich ist die Garantie eine Vereinbarung, in der der Verkäufer oder ein Dritter die Gewähr dafür übernimmt, dass die verkaufte Sache zur Zeit des Gefahrübergangs eine bestimmte Beschaffenheit aufweist (sog. Beschaffenheitsgarantie) und/oder für eine bestimmte Dauer behält (sog. Haltbarkeitsgarantie). Je nach inhaltlicher Ausgestaltung kann sich die Garantie auf die Mangelfreiheit der gesamten Kaufware oder nur auf einzelne bezeichnete Mängel beziehen. Mitunter erklärt sich der Garantiegeber auch dazu bereit, innerhalb eines bestimmten Zeitraums verschuldensunabhängig für etwaige zukünftige Schäden einzustehen. Wenn der Käufer die Mangelhaftigkeit des Kaufgegenstandes entdeckt zu haben meint, beruft er sich erfahrungsgemäß nicht auf die gesetzlichen Gewährleistungsrechte, sondern auf die individualvertraglichen Garantieversprechen.

153 In Nuancen weicht die rechtliche Behandlung sog. Verbrauchsgüterkäufe von den allgemeinen Regeln ab bzw. ergänzt diese. Entsprechend der zugrunde liegenden EG-Richtlinie 1999/44/EG „Zu bestimmten Aspekten des Verbrauchsgüterkaufs und der Garantien für Verbrauchsgüter" vom 25.5.1999 liegt ein Verbrauchsgüterkauf vor, wenn ein Verbraucher von einem Unternehmer eine bewegliche Sache kauft. Maßgeblich sind mithin die Verbrauchereigenschaft auf Käufer- und die Unternehmereigenschaft auf Verkäuferseite: Verbraucher in diesem Sinne ist jede natürliche Person, die den Kaufvertrag zu einem Zweck abschließt, der weder ihrer gewerblichen noch ihrer selbständigen beruflichen Tätigkeit zugerechnet werden kann. Unternehmer kann dagegen eine natürliche oder juristische Person oder eine rechtsfähige Personengesellschaft sein, sofern sie bei Kaufvertragsabschluss in Ausübung ihrer gewerblichen oder selbständigen beruflichen Tätigkeit handelt.

154 Bedeutsam für den Verbrauchsgüterkauf ist insbesondere, dass die Vorschriften über die Mängelhaftung des Verkäufers zugunsten des Verbrauchers einseitig zwingendes Recht darstellen und der Unternehmer sich daher nicht auf eine zum Nachteil des Verbrauchers abweichende Vereinbarung berufen kann. Auch der Verkürzung der gesetzlichen Verjährungsfristen sind enge Grenzen gesetzt. Zudem statuiert das Gesetz zum Vorteil des Verbrauchers eine Beweislastumkehr hinsichtlich des Zeitpunkts der Mangelhaftigkeit, was die Mängelhaftung des Unternehmers faktisch zu einer Haftung für die Haltbarkeit der Ware umfunktioniert.

155 Sofern der Unternehmer die verkaufte (neu hergestellte) Sache als Folge ihrer Mangelhaftigkeit zurücknehmen musste oder der Verbraucher den Kaufpreis gemindert hat, erleichtern die §§ 478, 479 BGB in mehrerlei Hinsicht die Rückgriffsansprüche des Unternehmers gegenüber seinem Lieferanten. So wird dem Unternehmer etwa ein eigener Aufwendungsersatzanspruch hinsichtlich jener Kostenposten zugebilligt, die er im Verhältnis zum Verbraucher im Rahmen der Nacherfüllung zu tragen hatte. Hinter den im Detail recht komplizierten Regelungen steht die gesetzgeberische Erwägung, dass im Ergebnis die Kosten des Verbraucherschutzes auf denjenigen abzuwälzen sind, der den Mangel auch verursacht hat.

156 In Deutschland haben Handelskaufverträge eine besondere Regelung im HGB gefunden. Sie ergänzen und modifizieren die Grundregeln der bereits dargestellten allgemeinen Vorschriften. Intendiert ist damit eine schnelle(re) und einfache(re) Abwicklung der

Absatzverträge   Kap. 3 § 2 C

Geschäfte. Dies geschieht namentlich durch eine nicht unerhebliche Stärkung der Rechtsstellung des Verkäufers.

157 Der Handelskauf ist ein Kaufvertrag über Waren (oder Wertpapiere), der für zumindest eine Partei ein Handelsgeschäft darstellt, d. h. es muss sich um das Geschäft eines Kaufmannes im Sinne der §§ 1 ff. HGB handeln, das seinerseits zum Betrieb seines Handelsgewerbes gehört. Der Anwendungsbereich der handelsrechtlichen Spezialvorschriften ist also bereits dann eröffnet, wenn entweder auf Verkäufer- oder auf Käuferseite ein Kaufmann steht.
Die wichtigste handelskaufspezifische Modifikation ist in § 377 HGB normiert. Hier wird zu Lasten des Käufers eine weitreichende Untersuchungs- und Rügeobliegenheit aufgestellt: Der Käufer hat, sofern der Kauf für beide Teile ein Handelsgeschäft ist, die Ware unverzüglich, also ohne schuldhaftes Zögern, zu untersuchen. Zeigt sich im Rahmen dieser nach ordnungsgemäßem Geschäftsgang tunlichen Untersuchung ein Mangel, muss er den Verkäufer hiervon unverzüglich in Kenntnis setzen. Unterlässt der Käufer jedoch diese – Art und Umfang des konkreten Mangels hinreichend genau angebende – Rüge, gilt die Ware qua Gesetz als genehmigt (sog. gesetzliche Fiktion), es sei denn, der Verkäufer hat den Mangel arglistig verschwiegen. Mit der fingierten Genehmigung entfallen alle andernfalls bestehenden Gewährleistungsrechte. Weder Qualität noch Menge der gelieferten Ware kann mit Erfolg beanstandet werden. Auch wenn die Ware Mängel aufweist oder mengenmäßig zu wenig geliefert wurde, muss der Käufer den vollen vereinbarten Kaufpreis zahlen. Gleiches gilt, wenn sich erst später ein Mangel zeigt und nicht ohne vermeidbare Verzögerung nach der Entdeckung dem Verkäufer mitgeteilt wird. Auch wenn die Nacherfüllung nicht ordnungsgemäß erfolgt ist, soll nach der Rechtsprechung eine unverzügliche Mängelrüge erforderlich sein.

158 Um Herstellern die vor diesem Hintergrund dringende Eingangskontrolle zu ersparen, werden häufig zwischen Herstellern und Zulieferern sog. Qualitätssicherungsvereinbarungen geschlossen. Hiermit übernehmen die Zulieferer eine besondere Garantie für die Mangelfreiheit der gelieferten (Teil-)Produkte. Der Hersteller muss demgemäß weder untersuchen noch rügen, sondern kann unmittelbar mit der Weiterverarbeitung beginnen. In der Praxis werden bei sog. just-in-time-Lieferverträgen, also bei Verträgen, in denen eine zeitgenaue Lieferung vereinbart wurde (z. B. Fließbandproduktion), die abdingbaren Untersuchungs- und Rügeobliegenheiten des § 377 HGB individualvertraglich vom Käufer auf den (zuliefernden) Verkäufer abgewälzt. Inwieweit eine Abbedingung mittels AGB rechtlich möglich ist, ist noch nicht vollends geklärt.

159 In Modifikation der allgemeinen Regeln ist im Rahmen eines Handelskaufvertrages auch der käuferseitige Annahmeverzug geregelt. Ist der Käufer mit der Annahme der Ware im Verzuge, kann der Verkäufer die Ware auf Gefahr und Kosten des Käufers hinterlegen. Darüber hinaus ist er befugt, die Ware auf Rechnung des säumigen Käufers selbst zu verkaufen, freilich erst nach vorheriger Androhung und nur im Rahmen einer öffentlichen Versteigerung (bei der Verkäufer und Käufer ebenfalls bieten können). Der Verkäufer hat also ein echtes Wahlrecht zwischen Hinterlegung und Selbsthilfeverkauf. Bemerkenswert ist zuletzt die gesonderte Regelung des sog. Fixhandelskaufs, § 376 HGB. Der Fixhandelskauf ist ein Handelskaufvertrag, in dem vereinbart wird, dass zumindest eine Partei ihre Leistung genau zu einer fest bestimmten Zeit oder innerhalb einer fest bestimmten Frist erbringen muss. Das Übereinkommen über die bestimmte Leistungszeit muss so wesentlicher Bestandteil des Vertrages sein, dass mit ihrer Einhaltung oder Versäumung der ganze Vertrag steht oder fällt. Es muss auf der Hand liegen, dass der Gläubiger an einer verspäteten Leistung kein Interesse mehr haben kann. Wird die Leistung zu dem fixen Zeitpunkt nicht erbracht, kann der Käufer – ohne vorherige Fristsetzung – vom Vertrag zurücktreten. Alternativ besteht die Möglichkeit der Schadensersatzforderung wegen Nichterfüllung, sofern der Verkäufer im Verzug ist.

160 Da das Gesetz (anders als nach den allgemeinen Regeln) beim Fixhandelskauf davon ausgeht, dass der Gläubiger an der Anspruchserfullung trotz Versäumung des vereinbarten Zeitpunkts in aller Regel kein Interesse hat, kann der Käufer Erfüllung nur dann beanspruchen, wenn er sofort nach Ablauf der Zeit oder der Frist dem Gegner sein unverändertes Erfüllungsverlangen signalisiert.

161 b) Internationale Ebene. Beim Absatz mittels Verkauf ist auf internationaler Ebene die United Nations Convention on the International Sale of Goods (CISG) vom 11. April 1980 zu beachten. Die CISG (auch „Wiener Kaufrecht" genannt, da die Abschlusskonferenz in Wien stattfand) ist ein multilaterales Abkommen, das für die Vertragsstaaten unmittelbar anwendbares, objektives Recht im Hinblick auf internationale Kaufverträge enthält. Im Rahmen seines Anwendungs- und Regelungsbereichs gelangt es automatisch zur Anwendung (die Parteien müssen also noch nicht einmal von der Existenz der CISG wissen) und verdrängt insoweit die kaufrechtlichen Regelungen des nationalen Rechts, in Deutschland also vornehmlich die des BGB und des HGB. Das UN-Kaufrecht ist in Deutschland am 1. Januar 1991 in Kraft getreten.

Ob die CISG im jeweiligen Einzelfall Anwendung findet, wird vom objektiven Anwendungsbereich bestimmt. Insoweit ist zwischen dem räumlichen, sachlichen, persönlichen und zeitlichen Anwendungsbereich zu differenzieren.

162 In *räumlicher* Hinsicht ist zunächst klarzustellen, dass das UN-Kaufrecht ausschließlich internationale Kaufsachverhalte betrifft, d. h. für reine Inlandskäufe greift unverändert allein das nationale Kaufrecht. Nach Art. 1 Abs. 1 CISG ist das Übereinkommen auf Kaufverträge über Waren zwischen Parteien (nur) anzuwenden, wenn die Parteien ihre Niederlassung in verschiedenen Staaten haben. Unter „Niederlassung" ist dabei grundsätzlich jede Zweigstelle zu verstehen, die im eigenen Namen und mit relativ autonomer Entscheidungsgewalt am geschäftlichen Verkehr teilnimmt. Über diesen Auslandsbezug hinaus ist erforderlich, dass entweder die Staaten Vertragsstaaten sind oder die Regeln des internationalen Privatrechts zur Anwendung des Rechts (zumindest) eines Vertragsstaates führen. Irrelevant ist die Staatsangehörigkeit der Parteien. Gegenwärtig sind 67 Staaten Vertragsstaaten der CISG, darunter das Gros der EU-Mitgliedsstaaten, China und Russland, ferner auch die Schweiz und die USA.

163 Der *sachliche* Anwendungsbereich des UN-Kaufrechts umfasst (lediglich) Kauf- und Werklieferungsverträge über Waren. Unter den Warenbegriff fallen nach allgemeiner Ansicht lediglich bewegliche Gegenstände (nicht also Grundstücke und Unternehmen). Geklärt ist mittlerweile, dass die Ware nicht ausnahmslos verkörpert sein muss, so dass im Einzelfall z. B. der Handel mit Software von der CISG erfasst wird. Hinsichtlich des Begriffs des Kaufvertrags – mangels Definition kann insoweit auf den Kaufbegriff des BGB zurückgegriffen werden – ergeben sich besondere Abgrenzungsprobleme. Tauschverträge, Barterkontrakte und Kompensationsgeschäfte sind nach überwiegender Auffassung nicht Gegenstand der CISG. Lediglich das Kompensationsgeschäft in Form zweier rechtlich unterscheidbarer, aber miteinander verknüpfter Kaufverträge soll dem Übereinkommen unterliegen. Gesichert ist, dass Mietkauf, Leasing und Verträge mit überwiegendem Dienstleistungsanteil nicht dem sachlichen Anwendungsbereich der CISG unterliegen.

164 In *persönlicher* Hinsicht beschränkt sich die Anwendbarkeit des UN-Kaufrechts auf unternehmerische Käufe. Der Kauf durch den Verbraucher, also „von Ware für den persönlichen Gebrauch oder den Gebrauch in der Familie oder im Haushalt" (Art. 2 a) CISG), ist ausgeschlossen. Dies gilt allerdings nur aus der Perspektive des Käufers: Sofern ein Verbraucher Ware an einen unternehmerischen Käufer veräußert, findet die CISG sehr wohl Anwendung. Bemerkenswert (und gegensätzlich zum HGB, vgl. oben) ist, dass es für den unternehmerischen Bezug des Kaufgeschäftes nicht darauf ankommt, ob die Parteien Kaufleute oder Nichtkaufleute sind.

Der *zeitliche* Geltungsbereich des UN-Kaufrechts schließlich hat in Art. 100 CISG eine detaillierte Regelung erfahren. **165**

Die Erfüllung der räumlichen, sachlichen, persönlichen und zeitlichen Voraussetzungen bedeutet nicht unausweichlich die Anwendung der CISG. Vielmehr steht es den Parteien nach Art. 6 CISG frei, die Anwendung des Übereinkommens – ganz oder zum Teil, ausdrücklich oder stillschweigend – auszuschließen. Ebenso können sie von einzelnen Bestimmungen abweichen oder die Rechtswirkung dieser Regelungen modifizieren. Hierfür bedarf es regelmäßig einer entsprechenden Einigung der Parteien. **166**

Das UN-Kaufrecht umfasst gegenständlich zwar weite Bereiche kaufrechtlich relevanter Sachverhalte, ist gleichwohl aber nicht im Sinne einer umfassenden Vollständigkeit zu verstehen. Vielmehr ist das Abkommen in mancher Hinsicht durchaus – und bewusst – lückenhaft gefasst. Neben einigen allgemeinen Bestimmungen, etwa zur Auslegung von Parteierklärungen, zur Beachtlichkeit von Handelsbräuchen und zum Grundsatz der Formfreiheit, beinhaltet es zum einen Regelungen zum Abschluss des Vertrages durch Angebot und Annahme (Artt. 14-24 CISG) und zum anderen Bestimmungen zum Pflichtenkatalog von Verkäufer und Käufer sowie zu den Folgen von Leistungsstörungen. Demgegenüber betrifft es sachlich insbesondere und ausdrücklich (vgl. Art. 4 CISG) nicht die Gültigkeit des Vertrages oder einzelner Vertragsbestimmungen (z. B. Probleme der Geschäftsfähigkeit oder Willensmängel) sowie sachenrechtliche Fragen (Eigentumserwerb an der Kaufsache, dingliche Sicherung des Verkäufers mittels Eigentumsvorbehalt). **167**

Die Pflichtenstellung von Verkäufer und Käufer ist in der CISG ausführlich geregelt. Während es dem Verkäufer obliegt, die Ware insbesondere hinsichtlich Menge, Qualität und Art vertragskonform zu liefern, die die Ware betreffenden Dokumente zu übergeben und das Eigentum an der Ware zu übertragen (Artt. 30-51 CISG), ist der Käufer verpflichtet, den vereinbarten Kaufpreis zu zahlen und die Ware abzunehmen (Artt. 53-65 CISG). Wird einer dieser Vertragspflichten nicht (ausreichend) nachgekommen, liegt ein Fall der Leistungsstörung vor. Das Leistungsstörungsrecht des UN-Kaufrechts differenziert nicht zwischen verschiedenen Leistungsstörungstypen (etwa Verzug, Unmöglichkeit, Schlechtleistung), sondern knüpft an einen einheitlichen Tatbestand der Vertragsverletzung an. Dieser wird erst auf Rechtsfolgenseite näher ausdifferenziert, indem den Parteien im Falle von Störungen vier Basisrechtsbehelfe an die Hand gegeben werden. Diese bestehen aus 1. dem Anspruch auf Erfüllung und Nacherfüllung, 2. verschiedenen Zurückbehaltungsrechten, 3. dem Anspruch auf Schadensersatz als rechtspraktisch wichtigstem Rechtsbehelf (zu dessen Umfang vgl. Artt. 74-77 CISG) und 4. die Möglichkeit zur Aufhebung des Vertrages. Die letztgenannte Loslösungsoption greift allerdings immer nur dann, wenn die Pflichtverletzung des anderen Teils eine „wesentliche Vertragsverletzung" im Sinne des Art. 25 CISG darstellt. Dem Käufer gewährt das UN-Kaufrecht über diese Behelfe hinaus ein weiteres Recht: Er kann den Kaufpreis im Falle der vertragswidrigen Beschaffenheit der Ware auch verhältnismäßig mindern, Art. 50 CISG. **168**

c) Auf europäischer Ebene. Das gegenwärtige deutsche Kaufvertragsrecht ist bereits in vielerlei Hinsicht durch die Umsetzung europäischer Vorgaben gekennzeichnet (z. B. durch die schon erwähnte Verbrauchsgüterkauf-Richtlinie). Durch das gesamte Schuldrecht zieht sich der erhebliche Einfluss der EG, deren vornehmliches Aktionsziel häufig im Streben nach mehr Verbraucherschutz begründet liegt. Gleichwohl wurde bislang kein einheitliches europäisches (Kauf)Vertragsrecht kodifiziert; vielmehr wird (nach wie vor) über Sinn und Zweck sowie mögliche Strukturen eines „Europäisches Systems der Vertragsrechte" debattiert. Es bleibt abzuwarten, ob sich auf kurz oder lang tatsächlich ein Europäisches Vertragsgesetzbuch im Sinne einer weitgehenden Rechtsvereinheitlichung etablieren lässt. De lege lata ist für die rechtliche Behandlung von **169**

Absatzkaufverträgen in erster Linie auf die Regelungen von BGB, HGB und CISG zurückzugreifen.

2. Gebrauchsüberlassungsverträge

170 Ist der (Handels-)Kaufvertrag auf die endgültige Übertragung von Gegenständen gerichtet, bezweckt der Abschluss von Miet-, Pacht- und Leasingvertrag lediglich die vorübergehende Überlassung der Ware. Diese sog. Überlassungsverträge zielen also nicht auf die Übertragung der rechtlichen Inhaberschaft, namentlich des Eigentums, sondern auf die bloße Einräumung der Nutzungsmöglichkeit an Sachen, Rechten und anderen Gegenständen. In der Regel handelt es sich um Dauerschuldverhältnisse.

171 a) **Mietvertrag.** Die ausführlichste Regelung der entgeltlichen Besitz- und Nutzungsüberlassung einer Sache auf Zeit hat im deutschen Recht der Mietvertrag in den §§ 535 ff. BGB gefunden.

Der Mietvertrag ist ein gegenseitig verpflichtender Vertrag, der in aller Regel ohne Beachtung einer Form abgeschlossen werden kann. Mit der formfreien Einigung wird die Verpflichtung des Vermieters begründet, dem Mieter das Mietobjekt auf bestimmte oder unbestimmte Zeit zum Gebrauch zu überlassen, und zwar in einem zum vertragsgemäßen Gebrauch geeigneten Zustand. Zudem muss der Vermieter dafür Sorge tragen, dass die Mietsache während der gesamten Mietzeit in eben diesem Zustand bleibt. Diese Pflicht zur Erhaltung der Mangelfreiheit durch Instandhaltung und Instandsetzung wird in der wirtschaftlichen Rechtspraxis unter Privaten in aller Regel auf den Mieter abgewälzt, was häufig zu Beanstandungen seitens der Gerichte führt. Nach der jüngsten Rechtsprechung des BGH ist überdies aber auch bei gewerblichen Mietern eine Auferlegung der kompletten Erhaltungslast mittels AGB nicht (mehr) ohne weiteres möglich. Vielmehr ist stets das gesetzliche Leitbild zu berücksichtigen, wonach in erster Linie der Vermieter für Reparaturen und Erhaltungsarbeiten bei Gewerberäumen und etwaigen Gemeinschaftsanlagen verantwortlich zeichnet.

172 Zu beachten ist, dass sich Verpflichtungen des Vermieters nicht nur auf die Überlassung der Hauptsache beschränkt, sondern sich im Zweifel auch auf deren wesentliche und unwesentliche Bestandteile sowie das Zubehör erstreckt. Im Gegenzug steht ihm gegen den Mieter ein Anspruch auf (rechtzeitige) Entrichtung des vereinbarten Mietzinses zu. Von dieser Zahlungspflicht wird der Mieter auch nicht dadurch befreit, dass er durch einen in seiner Person liegenden Grund an der Ausübung seines Gebrauchsrechts gehindert ist.

173 Das Mietobjekt ist mit einem Mangel behaftet, wenn dessen tatsächliche Beschaffenheit zum Nachteil des Mieters von derjenigen abweicht, die für die Gebrauchstauglichkeit der Mietsache erforderlich ist (z. B. Unbenutzbarkeit eines gewerblichen Gebäudes wegen Bauschäden oder Luftverschmutzung). Ist dies der Fall und mindert der Mangel den vertragsgemäßen Gebrauch in erheblicher Weise oder hebt ihn sogar auf, stehen dem Mieter gegen den Vermieter Gewährleistungsansprüche zu. Diese reichen von der vollständigen Befreiung von der Zahlungspflicht bzw. der Herabsetzung auf einen angemessenen Mietzins (Minderung) über die Zuerkennung eines Schadensersatz- und Aufwendungsersatzanspruchs des Mieters bis hin zur Möglichkeit der sofortigen Beendigung des Mietverhältnisses, sofern der Mangel einen zur außerordentlichen Kündigung berechtigenden wichtigen Grund darstellt (z. B. erhebliche Gesundheitsgefährdung). Allerdings ist dem Mieter – ähnlich wie beim Kauf – jegliche Anspruchsgeltendmachung verwehrt, wenn ihm der Mangel der Mietsache bereits bei Vertragsschluss positiv bekannt war; auch wenn ihm der Mangel infolge grober Fahrlässigkeit unbekannt geblieben ist, stehen ihm die Rechte grundsätzlich nicht zu, es sei denn, der Vermieter hat den Mangel seinerseits arglistig verschwiegen.

Absatzverträge   Kap. 3 § 2 C

Für die Grundstücksmiete sieht die deutsche Rechtsordnung ein besonderes (Sicherungs-)Recht für den Vermieter vor. Nach § 562 Abs. 1 BGB hat der Vermieter für seine Forderungen aus dem Mietverhältnis an den eingebrachten, pfändbaren Sachen des Mieters ein gesetzliches Pfandrecht. Das Pfandrecht soll insbesondere den Anspruch des Vermieters auf Mietzinszahlung sichern; es entsteht ohne weiteres, bedarf also keiner Erklärungen oder dergleichen, und vermittelt dem Vermieter eine Vorrangstellung gegenüber anderen Gläubigern des Mieters. Zwar erlischt das Pfandrecht mit der Entfernung der Sachen von dem Grundstück, doch kann der Vermieter dies durch seinen Widerspruch verhindern. Sogar ein Selbsthilferecht wird ihm insoweit zugestanden. **174**

Nach Beendigung des Mietverhältnisses – sei es durch regulären Ablauf der von vornherein bestimmten Mietzeit, wegen einverständlicher Vertragsaufhebung oder auf Grund einer ordentlichen oder außerordentlichen Kündigung einer der Parteien – ist der Mieter verpflichtet, die Mietsache zurückzugeben. Nach Rückgabevollzug steht der Mieter wieder ohne jeden Besitz dar; der Vermieter hat hingegen die Möglichkeit, das Mietobjekt abermals (anderweitig) zu vermieten. **175**

b) **Pachtvertrag.** Typologisch ist der in den §§ 581 ff. BGB geregelte Pachtvertrag dem Mietvertrag auf den ersten Blick recht ähnlich: Auch er ist ein entgeltlicher, gegenseitiger Vertrag zur Überlassung auf Zeit. Gleichwohl unterscheidet sich die Pacht von der Miete in zweierlei Hinsicht wesentlich. Zum einen beschränkt sie sich nicht auf Sachen, sondern umfasst jeden „Gegenstand" und damit insbesondere auch Rechte (z. B. die Lizenzierung geistiger Ausschließlichkeitsrechte). Und zum anderen berechtigt sie über die Nutzung des Pachtgegenstandes hinaus auch zum Genuss derjenigen Früchte, die nach den Regeln einer ordnungsmäßigen Wirtschaft als Ertrag anzusehen sind. **176**

Damit handelt es sich in aller Regel um einen Pachtvertrag, wenn andere Gegenstände als eine Sache überlassen werden. Dies gilt insbesondere für die Überlassung eines (kompletten) Unternehmens: Hier wird die Gesamtheit von Sachen (z. B. Maschinen), Rechten (z. B. Patent- und Markenrechte) und sonstigen Vermögenswerten (z. B. know how) für einen gewissen Zeitraum dem Pächter zur Nutzung und Fruchtziehung überlassen. Kundenlisten, Geschäftsadressen und sonstige unternehmensbezogene Unterlagen sind daher als Ertrag des Pachtgegenstandes „Unternehmen" dem Pächter zugänglich zu machen. **177**

Das Ertragsrisiko liegt beim Pachtvertrag in der Regel beim Pächter, da vertraglich überlassen nicht etwa ein konkreter Nutzungserfolg, sondern bloß die abstrakte Nutzungsmöglichkeit wird. Allerdings kann eine Beteiligung des Verpächters an diesem Risiko durch vertragliche Abrede vereinbart werden. Dies geschieht in der Praxis beispielsweise durch sog. partiarischen Vertrag, wonach sich der Pachtzins nach der Höhe des Umsatzes oder dem erzielten Gewinn bemisst. Hiermit geht zugleich ein Schutz des Verpächters vor den Folgen der Geldentwertung einher. **178**

Das Gesetz ordnet die entsprechende Anwendung der mietvertraglichen Vorschriften auf den Pachtvertrag an, soweit das Recht des Pachtvertrages nicht selbst Sonderregelungen vorsieht. Solche finden sich vor allem hinsichtlich des Pächterpfandrechts am Inventar und der einzuhaltenden Kündigungsmodalitäten zur Beendigung des Pachtverhältnisses. **179**

c) **Leasingvertrag.** Das Leasing ist eine gesetzlich nicht geregelte, nicht mehr ganz „moderne Erfindung" der wirtschaftlichen Vertragspraxis. Es beruht auf der Erkenntnis, dass nicht das Eigentum an einem Wirtschaftsgut, sondern allein dessen Nutzung Werte schafft. Im Wirtschaftsverkehr ist das Leasing von kaum zu überschätzender Bedeutung: So sind in Deutschland gegenwärtig Wirtschaftsgüter im Wert von weit über 200 Milliarden € verleast; der Wert der neu angeschafften Objekte ist im Jahre 2005 auf den Rekordwert von 50 Milliarden € gestiegen. **180**

181 Generell ist das Leasing dadurch gekennzeichnet, dass spezialisierte Unternehmen (sog. Leasinggeber) für interessierte Kunden (sog. Leasingnehmer) wunschgemäß Gegenstände von Dritten erwerben und anschließend diesen Kunden den Gegenstand zum vorübergehenden Gebrauch gegen ein ratenweise zu zahlendes Entgelt überlassen. Für den Kunden hat das Leasing mehrere Vorteile: Er spart nicht nur eine kapitalintensive Eigeninvestition, sondern kann auch auf die sich regelmäßig ergebende steuerliche und betriebswirtschaftliche Besserstellung vertrauen, da das Leasinggut nicht bilanziert werden muss und die zu zahlenden Leasingraten als Betriebsausgaben das steuerpflichtige Einkommen mindern.

182 Nicht selten sind Leasinggeber und –nehmer in verschiedenen Staaten ansässig, so dass es sich um einen grenzüberschreitenden Leasingsachverhalt handelt. Sofern es sich um ein Finanzierungsleasingvertrag handelt, sind für solche internationalen Leasinggeschäfte in den wenigen Ratifikationsstaaten der Konvention die Vorschriften der Unidroit Convention on International Financial Leasing vom 28. Mai 1988 (Ottawa) zu berücksichtigen.

183 Die Bedürfnisse der Praxis haben dazu geführt, dass zwischen verschiedenen Arten des Leasings zu unterscheiden ist. Die häufigste Form des Leasings ist das sog. Finanzierungsleasing. Der Leasinggeber schafft das Leasinggut auf eigene Kosten an und stellt es dem Leasingnehmer auf Grundlage des Leasingvertrages gegen Entgelt zur Verfügung. Charakteristisch für das Finanzierungsleasing ist, dass der Vertrag über eine längere Zeit läuft und während der vereinbarten Grundmietzeit unkündbar ist. Das vom Leasingnehmer in dieser Zeit insgesamt zu zahlende – steuerwirksame – Entgelt entspricht den Anschaffungs- und Finanzierungskosten zuzüglich Kreditrisiko und Gewinn für den Leasinggeber; es findet eine Vollamortisation statt. Wirtschaftlich ähnelt das Finanzierungsleasing sehr dem Abzahlungsgeschäft; das Investitionsrisiko trägt der Leasingnehmer.

184 Demgegenüber trägt beim sog. Operatingleasing das Risiko der Amortisierung der Investitionskosten der Leasinggeber: Die vertragliche Überlassungszeit ist unbestimmt oder nur (sehr) kurz und die Kündigung durch den Leasingnehmer erheblich erleichtert. Demgemäß wird der Aufwand des Leasinggebers auch nur zum Teil durch die Leasingraten amortisiert. Allerdings sieht der Operatingleasingvertrag häufig Verlängerungsmöglichkeiten vor, sei es für den Leasingnehmer in Form einer Erwerbsoption, sei es für den Leasinggeber.

185 Neben dieser grundlegenden Unterscheidung haben sich weitere Leasingsonderformen herausgebildet. Das sog. Immobilienleasing bezieht sich auf die längerfristige Immobilienfinanzierung. Das sog. Herstellerleasing zeichnet sich dadurch aus, dass der Hersteller selbst – und nicht ein Dritter – der Leasinggeber ist. Veräußert und übereignet der Leasingnehmer zunächst das Leasinggut an den Leasinggeber, um es anschließend von diesem „zurückzuleasen", spricht man von sale-and-lease-back. Schließlich liegt ein sog. Null-Leasing vor, wenn für die zeitweise Überlassung kein Zins verlangt wird, der Leasinggeber aber das Gut nach Vertragsende dem Leasingnehmer zu einem bereits fest vereinbarten Preis zum Eigentumserwerb anbietet.

186 Regelmäßig sieht der jeweilige Leasingvertrag detaillierte Regelungen hinsichtlich der beiderseitigen Rechte und Pflichten vor. Sofern es jedoch an solchen fehlt oder z. B. allgemeine Geschäftsbedingungen am Maßstab des maßgeblichen zwingenden Rechts zu kontrollieren sind, stellt sich die Frage nach der Qualifikation des Rechtsverhältnisses zwischen Leasinggeber und –nehmer. Hier ist zu unterscheiden: Das Operatingleasing ist nach den §§ 535 ff. BGB zu beurteilen, da es sich hierbei nach überwiegender Auffassung um einen klassischen Mietvertrag handelt. Wegen der Finanzierungsfunktion ist dagegen der Finanzierungsleasingvertrag als ein atypischer Mietvertrag zu qualifizieren, mit der Folge, dass zwar auch, aber nicht ausschließlich und nur mit gewissen Modifikationen die §§ 535 ff. BGB Anwendung finden.

187 Ein typischer, in der rechtlichen Beurteilung zweifelhafter Störungsfall ist die Mangelhaftigkeit des überlassenen Leasingguts. Kraft Parteivereinbarung ist eine – gesetzlich an sich vorgesehene – Mängelhaftung des Leasinggebers in aller Regel ausgeschlossen. Stattdessen werden dem Leasingnehmer lediglich die Mängelrechte abgetreten, die dem Leasinggeber gegenüber dem Lieferanten zustehen. Diese sog. Abtretungskonstruktion ist sachgerecht, weil der Leasingnehmer den in seinem Interesse erworbenen Gegenstand ursprünglich ausgesucht hat und damit der Mangelgefahr näher steht. Er muss sich also unmittelbar mit dem Hersteller auseinandersetzen. Nur wenn der Leasingnehmer im Verhältnis zum Lieferanten zurücktritt, ergibt sich nach der Rechtsprechung des BGH eine besondere Konstellation: Mit dem Rücktritt soll nicht nur der Kaufvertrag im Verhältnis von Leasinggeber und Verkäufer rückabgewickelt werden, sondern auch der Leasingvertrag (rückwirkend) seine Geschäftsgrundlage verlieren, so dass der Leasingnehmer die erbrachten Zahlungsraten – abzüglich einer Entschädigung für die erfolgte Nutzung des Leasingguts – zurückverlangen kann.

III. Dienstleistungsbezogene Vertragstypen

1. Dienstverträge

188 Zu den im weiteren Sinne auf Dienstleistung bezogenen Vertragsarten zählen namentlich der Werkvertrag und der Dienstvertrag. Hier geht es nicht um die Übertragung oder Überlassung von Sachen, Rechten etc., sondern um die Erbringung bestimmter Dienste und die Herbeiführung definierter Erfolge.

189 Gegenstand des Dienstvertrages können Dienste aller Art sein. Die Anstellung als Geschäftsführer einer GmbH und der Zugang zum Internet über einen Access-Provider sind ebenso wie die spezialgesetzlich normierte Handelsvertretung (§§ 84 ff. HGB, vgl. dazu unten) und Spedition (§§ 453 ff. HGB, vgl. dazu unten) Dienste in diesem Sinne. Kennzeichnend ist jeweils, dass durch den Dienstvertrag derjenige, der Dienste zusagt (sog. Dienstverpflichteter), zur Leistung der versprochenen Dienste, hingegen der andere Teil (sog. Diensthere) zur Gewährung der vereinbarten – nicht notwendigerweise aus Geld bestehenden – Vergütung verpflichtet wird.

190 Charakteristisch, insbesondere in Abgrenzung zum Werkvertrag nach §§ 631 ff. BGB, ist für den Dienstvertrag, dass der Dienstverpflichtete sich nicht zur Herbeiführung eines bestimmten Erfolges („zum Werk"), sondern lediglich zum Tätigwerden, „zum Wirken" verpflichtet. Wird nach Sinn und Zweck des (vertraglichen) Gesamtzusammenhangs (lediglich) eine Tätigkeit geschuldet, und trifft das Risiko des Ausbleibens des Erfolges den Berechtigten, so liegt ein Dienstvertrag vor (z. B. die umfassende steuerliche Beratung durch einen Steuerberater). Schuldet der Verpflichtete dagegen über das bloße Tun hinaus auch einen konkreten Erfolg, so handelt es sich um einen Werkvertrag.

191 Auch der gesamte Bereich unselbständiger Arbeit und damit das gesamte Arbeitsrecht sind Ausdruck dienstvertraglicher Beziehungen. Gleichwohl ist es notwendig, Dienst- und Arbeitsvertrag voneinander abzugrenzen, da eine Vielzahl von Rechtsnormen lediglich auf eine Vertragsform, insbesondere den Arbeitsvertrag, anwendbar ist. Maßgebliches Abgrenzungskriterium ist insoweit die Stellung des Verpflichteten als Arbeitnehmer und damit das Merkmal der Selbständigkeit: Während der Arbeitnehmer bei typologischer Betrachtung in unselbständiger Stellung, d. h. in persönlicher Abhängigkeit und im Rahmen einer von Dritten bestimmten Arbeitsorganisation die Dienste leistet, kann der auf Grund eines Dienstvertrages Verpflichtete auf Grund seiner originären Selbständigkeit seine Tätigkeit im wesentlichen frei und zeitlich autonom gestalten.

192 Das BGB geht davon aus, dass der zur Dienstleistung Verpflichtete die Dienste im Zweifel in Person zu leisten hat; ebenso kann der Anspruch auf die Dienstleistung grundsätzlich nicht auf Dritte übertragen werden. Der Dienstverpflichtete ist dabei regelmäßig vorleistungspflichtig: Erst wenn die Leistung vertragsgemäß und vollständig erbracht wurde, hat der Dienstherr die Vergütung zu entrichten.

193 Sofern der Dienstherr mit der Annahme der Dienste in Verzug gerät (Annahmeverzug), kann der Verpflichtete für die infolge des Verzuges nicht geleisteten Dienste die vereinbarte Vergütung verlangen. Zur Nachleistung ist er nicht verpflichtet, selbst dann nicht, wenn die Leistung noch möglich ist. Der Dienstverpflichtete muss sich lediglich anrechnen lassen, was er durch das Unterbleiben seiner Leistung erspart oder zu ersparen böswillig unterlassen hat

194 Das Dienstverhältnis endet, sofern es von vornherein für eine bestimmte Zeit eingegangen wurde, durch Zeitablauf. Wenn nur eine gegenständlich klar abgegrenzte Tätigkeit geschuldet war, wird es auch durch Erfüllung der Dienstleistungspflicht beendigt. Zur Beendigung des zeitlich unbegrenzten Dienstvertrages schließlich bedarf es einer ausdrücklichen, grundsätzlich nicht formgebundenen Kündigung. Ebenso wie im Mietrecht ist zwischen verschiedenen Kündigungsformen (ordentlich oder außerordentlich) zu unterscheiden, §§ 621 ff. BGB.

2. Werkverträge

195 Der Werkvertrag, normiert in den §§ 631 ff. BGG, ist maßgeblich dadurch charakterisiert, dass hier nicht lediglich die Tätigkeit als solche, sondern die Herbeiführung eines konkret definierten Erfolgs geschuldet wird. Das Gesetz spricht insoweit von der „Herstellung des versprochenen Werkes". Während hierzu der sog. Unternehmer verpflichtet ist, muss der Werkberechtigte (sog. Besteller) die vereinbarte, in Ermangelung einer Vereinbarung die taxmäßige oder übliche Vergütung entrichten. Gegenstand des Werkvertrages kann neben der Herstellung oder Veränderung einer Sache auch ein anderer durch Arbeit oder Dienstleistung herbeizuführender Erfolg sein, z. B. der Bau eines Gebäudes, die Installation und Instandhaltung von Anlagen, die Erstellung eines Gutachtens, die Anfertigung einer Bilanz durch den Steuerberater.

196 Das Werkvertragsrecht ist (mittlerweile) in weitem Umfang dem Kaufvertragsrecht angeglichen worden. Auch der Unternehmer ist – ebenso wie der Verkäufer – im Falle eines Verstoßes gegen die Pflicht, das Werk frei von Sach- und Rechtsmängeln zu verschaffen, dem Besteller in erster Linie zur Nacherfüllung, also zur Mangelbeseitigung oder Herstellung eines neuen Werkes, verpflichtet. Zugleich stellt dies aber auch sein gutes Recht dar: Regelmäßig kann der Besteller erst und nur zurücktreten oder mindern, wenn der Unternehmer den Mangel trotz Setzung einer angemessenen Nachfrist nicht beseitigt hat. Auch das Recht zur Selbstvornahme des Bestellers, d. h. zur eigenständigen Beseitigung des Mangels, besteht nur, wenn die Nacherfüllungsfrist erfolglos abgelaufen ist. In diesem Fall hat der Besteller allerdings – anders als der Käufer – ein Anspruch auf Ersatz der erforderlichen Aufwendungen.

197 Der Besteller ist seinerseits verpflichtet, das vertragsmäßig, also fehlerfrei hergestellte Werk abzunehmen; wegen unwesentlicher Mängel kann er die Abnahme nicht verweigern. Mit der Abnahme ist zugleich die Vergütung zu entrichten. Insbesondere zur Sicherung dieses Vergütungsanspruchs gewährt das Gesetz dem Unternehmer – ähnlich wie dem Vermieter, vgl. oben – ein gesetzliches Pfandrecht an den von ihm hergestellten oder ausgebesserten beweglichen Sachen des Bestellers. Voraussetzung ist nur, dass diese Sachen im Rahmen der Erfolgsherbeiführung in seinen Besitz gelangt sind (z. B. der zur Reparatur überlassene Lkw). Zum Schutz vor unberechtigter Zahlungsverzögerung wird dem Unternehmer auch unter gewissen Voraussetzungen das Recht gewährt, für in sich abgeschlossene Teile des Werkes Abschlagszahlungen zu verlangen.

§ 3 Recht des Zahlungsverkehrs und der Finanzierung

Das Recht des Zahlungsverkehrs und der Finanzierung wirtschaftlicher Transaktionen umfasst eine breite Palette von Finanzdienstleistungen, die typischerweise unter Einschaltung von Banken abgewickelt werden. Die Bankdienstleistungen beruhen ausnahmslos auf vertraglicher Grundlage. Sie beziehen sich bei reinen Inlandsgeschäften auf Rechtsgrundlagen des nationalen Rechts. Für grenzüberschreitende, internationale Transaktionen steht in hohem Maße international einheitlich verwendetes Bankvertragsrecht zur Verfügung, das vor allem von der Internationalen Handelskammer zu Paris (ICC) entwickelt wurde. Zu unterscheiden sind insbesondere Zahlungsinstrumente, die ohne Dokumente auskommen, sodann die dokumentären Zahlungsinstrumente sowie typische Finanzierungs- und Refinanzierungsinstrumente. Nachfolgend soll ein Überblick gegeben werden, der nicht den Anspruch auf Vollständigkeit erhebt. **198**

I. Reine (nichtdokumentäre) Zahlungsinstrumente

Bei den ohne Dokumente des Handelsvertrages über die Zahlungspflicht des Vertragspartners auskommenden Zahlungsinstrumenten dominieren die Überweisungen, die unter Einschaltung von Korrespondenzbanken auch im Auslandsgeschäft eingesetzt werden. Scheck- und Wechselgeschäfte sind bis heute nicht weniger verbreitet. Im Auslandsgeschäft allerdings spielen sie eine deutlich geringere Rolle, weil in diesem Bereich die dokumentären Zahlungs- und Sicherungsinstrumente deutlich im Vordergrund stehen. **199**

Für den internationalen Überweisungsverkehr besteht ein UNCITRAL-Modellgesetz vom 15.5.1992, nach dem mangels einer Rechtswahl das Recht der Empfängerbank auf die Vertragsverhältnisse Anwendung findet. In der Europäischen Union hat die Überweisungsrichtlinie vom 27.1.1997 die Rechtslage für grenzüberschreitende Überweisungen bis zu einem Wert von 50.000,- Euro neu gestaltet. Außerdem regelt eine Verordnung der EU für grenzüberschreitende Überweisungen bis zu derselben Höhe die zulässigen Gebühren nach dem Grundsatz der Gebührengleichheit. **200**

II. Dokumentäre Zahlungs- und Sicherungsinstrumente

1. Dokumenteninkasso

Das Dokumenteninkasso ist so angelegt, dass der Auftraggeber, nämlich der Verkäufer/Exporteur, die Inkassobank beauftragt seine Kaufpreisforderung beim Käufer/Importeur gegen Aushändigung der Warendokumente einzuziehen. Bei den Dokumenten handelt es sich um Handelspapiere (insbesondere um Rechnungen und Verladedokumente) sowie um Zahlungspapiere (z. B. Scheck und Wechsel). Es handelt sich um ein reines Zahlungsgeschäft ohne Sicherungsfunktion, weil – anders als beim Akkreditiv – die Inkassobank kein eigenes Schuldversprechen zugunsten des Gläubigers (Verkäufer/Exporteur) abgibt. **201**

2. Dokumentenakkreditiv

Das Dokumentenakkreditivgeschäft wird vor allem im Auslandshandelsgeschäft eingesetzt und ist in diesem Bereich sehr verbreitet. Dieses Akkreditiv ist die Verpflichtungserklärung einer Bank gegenüber dem Verkäufer/Exporteur, gegen Vorlage von im **202** einzelnen benannten Dokumenten, welche die verkaufte Ware repräsentieren, für die Erfüllung der Verbindlichkeiten des Käufers/Importeurs einstehen zu wollen. Das Zahlungsversprechen ergeht auf Antrag des Käufers/Importeurs. Die Zahlungspflicht der Akkreditivbank hängt von der Erfüllung der Verpflichtung des Verkäufers/Exporteurs ab, dass er der Bank die im Akkreditiv genannten Dokumente vorlegt.

203 Für das Akkreditivrecht gilt der Grundsatz der Dokumentenstrenge. Dieser besagt, dass die Bank mit der nach den Vertragsbedingungen gebotenen angemessenen Sorgfalt prüfen muss, ob die vorgelegten Dokumente den Akkreditivbedingungen formell entsprechen. Eine Prüfung der inhaltlichen Richtigkeit der Dokumente oder des zugrundeliegende Handelsgeschäfts obliegt der Bank dagegen nicht. Das Akkreditiv begründet eine abstrakte, vom Grundgeschäft (z.B. dem Außenhandelskaufvertrag) gelöste Verpflichtung der Akkreditivbank gegenüber dem Verkäufer (Exporteur). Ist das Akkreditiv eröffnet, ist also der Anspruch des Verkäufers/Exporteurs auf Zahlung des Akkreditivbetrages gegenüber der Akkreditivbank wirksam entstanden, liegt es allein am Verkäufer/Exporteur) die Akkreditivbedingungen zu erfüllen. Darin liegt die wesentliche Zahlungssicherungsfunktion für den Verkäufer/Exporteur. Insbesondere Mängel der gelieferten Ware beeinträchtigen die Wirksamkeit und Fälligkeit des Akkreditivanspruchs nicht.

204 Ist das Akkreditiv von der Akkreditivbank bedient worden, hat sie also den Zahlbetrag an den Verkäufer/Exporteur geleistet, steht der Akkreditivbank gegen ihren Auftraggeber ein Anspruch auf Ausgleich des gezahlten Akkreditivbetrags zuzüglich der Kosten für das Akkreditiv zu. Diesem Anspruch wiederum kann der auftraggebende Käufer/Importeur keine Einreden entgegen halten, die das Grundgeschäft (den Kauf-/Exportvertrag) betreffen. Der Auslagenersatzanspruch wird immer dann ausgelöst, wenn die Akkreditivbank das Akkreditiv zu Recht bedient hat, also nach sorgfältiger Dokumentenprüfung die Akkreditivsumme zu Recht ausgezahlt hat. Dagegen steht ihr dieser Anspruch nicht zu, wenn sie das Akkreditiv zu Unrecht bedient hat, insbesondere deswegen, weil nicht die im Akkreditiv festgelegten Dokumente vorgelegt wurden und die Bank dies sorgfaltswidrig nicht erkannt hat.

3. Garantiegeschäfte

205 Beim Garantiegeschäft beauftragt der Auftraggeber seine Bank (die Garantiebank), gegenüber dem Garantiebegünstigten eine Garantie zu stellen. Die Erfüllungsgarantie soll dem Begünstigten für den Fall Sicherheit bieten, dass der Vertragspartner seine vertraglichen Verpflichtungen nicht erfüllt. Dabei ist zu unterscheiden zwischen der Liefergarantie, die das Risiko der Nichtlieferung abdecken soll, der Leistungsgarantie, die das Risiko der Nichterfüllung abdecken soll, und der Gewährleistungsgarantie, die die Erfüllung etwaiger Gewährleistungsansprüche absichern soll. Durch eine Zahlungsgarantie wird der Zahlungsanspruch des Exporteurs gesichert.

206 Der Zahlungsanspruch aus dem Garantievertrag entsteht mit dem Eintritt des Garantiefalls. Nur für diesen Fall verspricht der Schuldner, die Garantiebank, eine Zahlung. Im Garantievertrag wird im Detail festgelegt, wann und unter welchen Voraussetzungen der Garantiefall vorliegt. Der Nachweis über den Eintritt des Garantiefalls liegt beim Begünstigten.

207 Die Besonderheit des Garantieversprechens liegt wiederum in der Unabhängigkeit von dem zugrunde liegende Grundgeschäft. Die Zahlungspflicht der garantiegebenden Bank besteht unabhängig von dem die Zahlungspflicht begründenden Kauf- bzw. Export-/Importgeschäft. Die Bank hat daher die Wirksamkeit dieses Geschäfts bzw. die Fälligkeit des Kaufpreiszahlungsanspruchs und dieser entgegen stehenden Einreden nicht zu prüfen. Hierin liegt die Zahlungssicherungsfunktion für den Gläubiger, aber auch das Risiko für den Schuldner, der von der garantierenden Bank auf Erstattung des

Garantiebetrags in Regress genommen werden kann, sobald diese den Garantieanspruch zu Recht erfüllt hat.

Eine besondere Form des Garantiegeschäfts stellen Zahlungsgarantien auf erstes Anfordern dar. Bei dieser Variante wird die Zahlungspflicht der Bank durch die bloße Behauptung des Begünstigten ausgelöst, die Voraussetzungen des Garantiefalls seien gegeben. In der internationalen Praxis wird diese Art der Garantie als sog. Demand Guarantee vereinbart. Sie hat in den Einheitlichen Richtlinien der ICC für die Demand Guarantee (ERDG) eine verbreitete Regelung gefunden. Darin ist bestimmt, dass die Verpflichtung des Garanten darin besteht, den Garantiebetrag gegen schriftliche Anforderung oder Vorlage bestimmter Dokumente zu zahlen. **208**

III. Refinanzierungs- und Absicherungsinstrumente

Das Bankrecht stellt dem Zahlungspflichtigen eine Vielzahl von Varianten zur Verfügung, um den von der Bank ausgereichten Zahlbetrag im Bedarfsfall zu finanzieren. Neben dem allgemeinen Kreditgeschäft sind in der Praxis vor allem folgende Instrumente verbreitet: **209**

Beim Kontokorrentkredit unterhält der Kreditnehmer bei seiner Bank ein in laufender Rechnung geführtes Konto, auf dem die Soll- und Haben-Posten infolge von Zahlungsein- und -ausgängen periodisch verrechnet werden (Kontokorrent). Der Kontoinhaber wird nun berechtigt, sein Kontokorrentkonto zu überziehen. Können die Überziehungen beliebig häufig erfolgen, handelt es sich um einen revolvierenden Kredit. **210**

Beim Akzeptkredit handelt es sich um einen Wechselkredit, also einen Kredit, der in der Weise gegeben wird, dass die Bank den vom Kreditnehmer auf sie gezogenen Wechsel akzeptiert. Auf dieser Grundlage erhält der Kreditnehmer den Kreditbetrag und verpflichtet sich, rechtzeitig vor Verfall des Wechsels die erforderliche Deckung zu beschaffen; gelingt dies vertragsgemäß, muss die durch die Diskontierung des Wechsels refinanzierende Bank nicht effektiv zahlen.

Eine besondere Form des Akzeptkredits stellt der Remburskredit dar. Der Remburskredit wird dem Käufer/Importeur eingeräumt, der bis zum Verfall des Wechsels sein Handelsgeschäft durch den Weiterverkauf der Importware refinanzieren kann. Der Verkäufer/Exporteur erhält gegen den Wechsel und die Übergabe der Transportdokumente den Erlös aus dem Diskontgeschäft von seiner ausländischen Bank. Diese reicht den Wechsel nebst den Dokumenten zum Akzept an die Rembursbank weiter. **211**

Die Forfaitierung stellt ein Finanzierungsgeschäft dar, das auf einem Forderungskauf beruht. Die forfaitierende Bank kauft die später fällig werdenden Forderungen des Exporteurs aus dem Außenhandelsgeschäft an. Dieser Forderungskauf erfolgt unter ausdrücklichem Verzicht auf jeden Regress der Bank im Falle der Uneinbringlichkeit der Forderung. Dies ist der wesentliche Sinn des Zusatzes „à forfait" (ohne Regress), der im Kaufvertrag und im Abtretungsvertrag über die Forderung vereinbart wird. Daraus ergibt sich, dass die forfaitierende Bank das Bonitätsrisiko des Zahlungsschuldners, also des Käufers/Importeurs aus dem Außenhandelsgeschäft übernimmt. Die Forfaitierung hat deshalb vor allem eine Zahlungssicherungsfunktion. **212**

Auch beim Exportfactoring geht es um ein Geschäft, bei dem die künftigen Forderungen des Exporteurs angekauft werden. Im Unterschied zum Forfaitierungsgeschäft übernimmt die Factoringbank allerdings das Bonitätsrisiko des Importeurs regelmäßig nicht oder allenfalls teilweise. Hierin kommt zum Ausdruck, dass beim Exportfactoring die Finanzierungsfunktion im Vordergrund steht. **213**

IV. ICC-Rules für internationale Finanzdienstleistungen

214 Die Internationale Handelskammer zu Paris (ICC) hat für die Abwicklung internationaler Finanzdienstleistungen zentral bedeutsame Einheitliche Richtlinien zur Anwendung empfohlen, denen in der Bankpraxis eine wichtige Bedeutung zukommt. Dies sind

- die Einheitlichen Richtlinien und Gebräuche für Dokumentenakkreditive (ERA 500)
- die Einheitlichen Richtlinien für Inkassi (ERI)
- die Einheitlichen Richtlinien für Vertragsgarantien (ERVG)
- die Einheitlichen Richtlinien für Demand Guarantees (ERDG).

215 Dabei handelt es sich nicht um gesetzliche Regelungen. Die ICC hat keine gesetzgebende Befugnis. Vielmehr handelt es sich jeweils um die Sammlung von in der Praxis häufig verwendeten und von der ICC für die Verwendung in der Praxis bereit gestellten Bedingungswerke für Finanzierungsgeschäfte. Sie haben den Charakter von Allgemeinen Geschäftsbedingungen. Daraus ergibt sich, dass sie nur anwendbar sind, wenn sie im Einzelfall in den Vertrag mit der Bank einbezogen sind. Im internationalen Bankverkehr ist dies allerdings sehr üblich. Einige ihrer Grundsätze haben wohl auch den Charakter von Handelsbräuchen und gelten deshalb auch dann, wenn keine ausdrückliche Vereinbarung über ihre Geltung vorliegen sollte.

§ 4 Vertriebs- und Vertriebsorganisationsverträge

I. Einführung

216 Der Begriff des Vertriebs bezeichnet den Weg eines Produkts vom Produzenten zum Endabnehmer, der es selbst konsumiert oder weiterverarbeitet. Bei diesen Produkten kann es sich sowohl um Waren als auch um Dienstleistungen handeln. Dem Produzenten stehen dabei grundsätzlich verschiedene Möglichkeiten zum Vertrieb seiner Produkte zur Verfügung. So kann er diese selbst oder durch seine eigenen Angestellten dem Endabnehmer direkt andienen (Direktvertrieb). Denkbar ist hierfür ein Produktabsatz an der Hauptniederlassung, über (ggf. ausländische) Zweigniederlassungen, durch (ausländische) Tochtergesellschaften oder über ein Joint Venture (mit ausländischem Partner). Er kann den Vertrieb aber auch über Dritte abwickeln, also einen oder mehrere Absatzmittler einsetzen (indirekter Vertrieb).

217 Die genaue Ausgestaltung und Organisation des indirekten Vertriebs ist Gegenstand des Vertriebsvertragsrechts. Vertriebsverträge sind somit all diejenigen Verträge, die zwischen Unternehmen unterschiedlicher Wirtschaftsstufen in der Weise geschlossen werden, dass das nachgeordnete Unternehmen die vom Unternehmen höherer Stufe bezogenen Produkte einen Schritt näher an den Endverbraucher heranbringt.

II. Typen von Vertriebsverträgen

218 Für den Produktabsatz im Wege des indirekten Vertriebs stehen dem Unternehmer verschiedenste Vertragsmodelle zur Verfügung. Da der Gestaltungsfreiheit der beteiligten Unternehmen im Hinblick auf die Ausgestaltung solcher Vertriebsverträge grundsätzlich keine Grenzen gesetzt sind, entwickelte sich im Laufe der Zeit über die ursprünglich gesetzlich verankerten Vertragsformen hinaus eine Vielzahl weiterer Typen des Vertriebsvertrags. Die Unternehmen entwerfen so diejenigen Absatz- und Vertriebsformen, die auf ihre jeweiligen Bedürfnisse zugeschnitten sind. Diese unterscheiden sich unter anderem hinsichtlich des Grades an rechtlicher und wirtschaftlicher Selbständigkeit und Unabhängigkeit der eingesetzten Absatzmittler. Exemplarisch sind hier die verbreiteten Formen des Handelsvertreter-, Vertragshändler-, Kommissionsagentur- und Franchisevertrags anzuführen, die im Folgenden näher betrachtet werden sollen.

1. Handelsvertreterverträge

Als eine klassische Form des Vertriebsvertrags ist der Handelsvertretervertrag ausdrücklich gesetzlich geregelt. Auf europäischer Ebene findet sich dazu die Richtlinie 86/653/EWG des Rates vom 18.12.1986 zur Koordinierung der Rechtsvorschriften der Mitgliedstaaten betreffend die selbständigen Handelsvertreter (ABl. EG L 382/17 vom 18.12.1986). Die Umsetzung der Richtlinie und mithin die genaue Ausgestaltung der Vorschriften über den Handelsvertreter(vertrag) ist Gegenstand der nationalen Rechtsordnungen. Die folgende Darstellung bezieht sich insoweit auf die Umsetzung der Richtlinie nach deutschem Recht in den §§ 84 ff. HGB. **219**

a) **Gegenstand des Handelsvertretervertrages.** Handelsvertreter ist nach dem Wortlaut von Art. 1 Abs. 2 der EG-Handelsvertreter-Richtlinie (ABl. EG L 382/17 vom 18.12.1986), wer als selbständiger Gewerbetreibender ständig damit betraut ist, für eine andere Person (Unternehmer) den Verkauf oder Ankauf von Waren zu vermitteln oder diese Geschäfte im Namen und für Rechnung des Unternehmers abzuschließen. § 84 Abs. 1 S. 1 HGB erfasst demgegenüber nicht nur den An- oder Verkauf von Waren, sondern stellt auf die Vermittlung oder den Abschluss von „Geschäften" ab, worunter neben den Waren auch Dienstleistungen fallen. **220**

Vertragsparteien eines Handelsvertretervertrags sind somit der Unternehmer auf der einen und der Handelsvertreter auf der anderen Seite. Als Unternehmer kommt grundsätzlich jede beliebige Person in Betracht, die Waren oder Dienstleistungen im Rahmen ihrer gewerblichen Tätigkeit absetzen möchte. Die Person des Handelsvertreters hingegen erfährt eine detailliertere gesetzliche Beschreibung. **221**

So muss der Handelsvertreter als selbständiger Gewerbetreibender ständig mit der Vermittlung oder dem Abschluss von Geschäften für den Unternehmer bzw. in dessen Namen betraut sein. Wichtig für die Abgrenzung von anderen Formen des Vertriebs sind dabei vor allem die Merkmale der Selbständigkeit und der ständigen Betrauung. Das Kriterium der Selbständigkeit bewirkt eine Abgrenzung zum Angestellten des Unternehmers und mithin zum Anwendungsbereich des Arbeitsrechts. Als selbständig in diesem Sinne gilt, „wer im Wesentlichen frei seine Tätigkeit gestalten und seine Arbeitszeit bestimmen kann" (vgl. § 84 Abs. 1 S. 2 HGB). Es bedarf allerdings zur zutreffenden Einordnung des jeweiligen Einzelfalls einer umfassenden Gesamtbetrachtung der konkreten Umstände. **222**

Die ständige Betrauung des Handelsvertreters mit seiner Tätigkeit für den Unternehmer, ist die Grundlage verschiedener spezifischer gesetzlicher Regelungen zum Handelsvertretervertrag. Indem der Handelsvertreter nämlich ständig für den Unternehmer tätig ist, ergibt sich eine stärkere Bindung an den Unternehmer sowie eine erhöhte Abhängigkeit von diesem, was eine erhöhte Schutzbedürftigkeit des Handelsvertreters zur Folge hat. Dieser Schutzbedürftigkeit wird dementsprechend mit Regelungen zu Gunsten des Handelsvertreters, wie etwa dem Ausgleichsanspruch nach § 89 b HGB (vgl. dazu näher unten), Rechnung getragen. Das Merkmal der Ständigkeit ist erfüllt, wenn die Tätigkeit für eine gewisse Dauer und auf eine unbestimmte Vielzahl von Geschäften angelegt ist. **223**

b) **Vertragsinhalte im Einzelnen.** Hauptpflicht des Handelsvertreters ist es, für den Unternehmer Geschäfte zu vermitteln oder solche in dessen Namen abzuschließen. **224**

Unter der Vermittlung von Geschäften ist eine Einwirkung des Handelsvertreters auf einen Dritten zu verstehen, mittels derer er den Geschäftsabschluss fördert. Hierfür reicht eine Mitursächlichkeit der Tätigkeit des Handelsvertreters aus. Der bloße Aufbau von Geschäftsbeziehungen oder die reine Kontaktpflege bzw. Kundenbetreuung genügen hingegen ebenso wenig, wie eine ausschließliche Werbetätigkeit oder der schlichte Nachweis von Gelegenheiten zu Geschäften. Ist der Handelsvertreter entsprechend bevollmächtigt, umfasst seine Tätigkeit auch den Abschluss von Geschäften im Namen des Unternehmers. Der Vertragsschluss im fremden Namen kennzeichnet dabei einen weiteren wichtigen Unterschied zwischen Handelsvertretervertrag und anderen Formen des Vertriebsvertrags, wie etwa Kommissions- oder Vertragshändlerverträgen, bei welchen die Vertriebsperson die Verträge im eigenen Namen abschließt.

225 Was die Art der zu vermittelnden oder abzuschließenden Geschäfte anbetrifft, so bestehen keine Einschränkungen. Anzumerken ist auch, dass sich das Tätigkeitsfeld eines Handelsvertreters grundsätzlich nicht auf die Position des Absatzmittlers beschränken muss. Er kann über diese Funktion als Vertriebsperson hinaus ebenso als Einkaufsmittler für den Unternehmer fungieren. Diese Variante spielt jedoch in der Praxis eine nur untergeordnete Rolle.

226 Die vertragliche Hauptpflicht des Handelsvertreters wird von verschiedenen Nebenpflichten begleitet. Diese ergeben sich zwar prinzipiell bereits aus der Rechtsnatur des Handelsvertretervertrags als Geschäftsbesorgungsvertrag mit Dienstleistungscharakter selbst, haben aber in § 86 HGB (in Umsetzung des Art. 3 HandelsvertreterRL) eine explizite, wenngleich vornehmlich deklaratorische, Regelung erfahren. So ist der Handelsvertreter verpflichtet, sich um die Vermittlung oder den Abschluss von Geschäften zu bemühen und dabei die Interessen des Unternehmers wahrzunehmen. Zudem trifft ihn die Pflicht, dem Unternehmer alle erforderlichen Nachrichten zukommen zu lassen, was insbesondere die unverzügliche Mitteilung jeder Geschäftsvermittlung bzw. jedes Geschäftsabschlusses beinhaltet. Diese Pflichten sind gem. § 86 Abs. 4 HGB (basierend auf Art. 5 HandelsvertreterRL) zwingend, so dass die Parteien keine Möglichkeit haben, hiervon im konkreten Handelsvertretervertrag abzuweichen.

227 Die Interessenwahrungspflicht beinhaltet ein Wettbewerbsverbot für den Handelsvertreter während der Vertragszeit. Er selbst darf zum Unternehmer nicht in Wettbewerb treten, sofern dadurch dessen Interessen beeinträchtigt würden. (Zur wettbewerbsrechtlichen Relevanz des Wettbewerbsverbots vgl. u. § 4 II 1.d; zum nachvertraglichen Wettbewerbsverbot vgl. § 4 II 1.c.

228 Des Weiteren besteht die Verpflichtung des Handelsvertreters, den angemessenen Weisungen des Unternehmers Folge zu leisten. Auch diese Pflicht ergibt sich bereits aus der Rechtsnatur des Handelsvertretervertrages und ist zudem in Art. 3 Abs. 1 lit. c HandelsvertreterRL normiert.

229 Unabhängig von diesem Weisungsrecht besitzt der Unternehmer gegenüber dem Handelsvertreter die vollständige Hoheit über die Preis- und Vertriebsgestaltung im Rahmen der vermittelten oder abgeschlossenen Geschäfte. Indem er Geschäfte ablehnt, die seinen Vorgaben zu wider laufen, bzw. dem Handelsvertreter eine entsprechend beschränkte Abschlussvollmacht erteilt, kann er ihm gegenüber Preis- und Vertriebsbindungen ohne weiteres durchsetzen. (Auf die wettbewerbsrechtliche Beurteilung derartiger Preis- und Vertriebsbindungen kann an dieser Stelle nicht eingegangen werden). Der Hauptpflicht des Handelsvertreters, Geschäfte zu vermitteln oder für den Unternehmer abzuschließen, entspricht die Pflicht des Unternehmers, den Provisionsanspruch des Handelsvertreters zu erfüllen. Der Provisionsanspruch sowie seine Voraussetzungen sind in den §§ 87 ff. HGB bzw. Artt. 7 ff. HandelsvertreterRL geregelt. Wesentliches Merkmal dieses Anspruchs ist der Umstand, dass es sich hierbei um eine erfolgsbezogene Vergütung handelt. Ohne tatsächlichen Abschluss des fraglichen Geschäfts kommt kein Provisionsanspruch des Handelsvertreters zu Stande. Der bloße

Vertriebs- und Vertriebsorganisationsverträge   Kap. 3 § 4   C

Abschluss des Vertrages reicht indes noch nicht aus. Der Provisionsanspruch steht vielmehr unter der aufschiebenden Bedingung der Geschäftsausführung durch den Unternehmer (§ 87 a Abs. 1 HGB) sowie unter der auflösenden Bedingung der feststehenden Nichtleistung durch den Dritten (§ 87 a Abs. 2 HGB). Zwischen dem Geschäftsabschluss und der Tätigkeit des Handelsvertreters muss eine Verbindung dergestalt bestehen, dass ersterer auf die letztere zurückzuführen ist (§ 87 Abs. 1 HGB; Art. 7 Abs. 1 HandelsvertreterRL). Entbehrlich ist diese Ursächlichkeit allerdings dann, wenn der Handelsvertretervertrag dem Handelsvertreter einen bestimmten Bezirk oder Kundenkreis zuweist und ein Geschäft mit Personen eben dieses Bezirks oder Personenkreises abgeschlossen wird (§ 87 Abs. 2 HGB; Art. 7 Abs. 2 HandelsvertreterRL). In zeitlicher Hinsicht ist zu beachten, dass sich der Provisionsanspruch grundsätzlich auf all diejenigen Geschäftsabschlüsse bezieht, die während der Vertragszeit zu Stande kommen. Ausnahmen sind für den Fall vorgesehen, dass ein Geschäftsabschluss zwar nach Vertragsbeendigung erfolgt, aber ganz wesentlich auf die Tätigkeit des ausscheidenden Handelsvertreters zurückzuführen ist (Vgl. § 87 Abs. 3 HGB; Art. 8 HandelsvertreterRL).

230 Auch für den Unternehmer erwachsen aus dem Handelsvertretervertrag verschiedene Nebenpflichten (Vgl. § 86 a HGB; Art. 4 HandelsvertreterRL). So ist der Unternehmer verpflichtet, den Handelsvertreter, insbesondere durch die Überlassung der erforderlichen Muster, Preislisten, Werbematerialien etc., zu unterstützen. Des Weiteren trifft ihn eine Informationspflicht, aufgrund derer er vor allem zur unverzüglichen Mitteilung über Annahme oder Ablehnung von Geschäften verpflichtet ist. Auch Umstände aus dem Geschäftsbereich, die sich nachteilig für den Handelsvertreter auswirken könnten, hat der Unternehmer diesem zur Kenntnis zu bringen. Die Informationspflichten gelten jedoch nur, soweit sie ein berechtigtes Geheimhaltungsinteresse des Unternehmers nicht beeinträchtigen.

231 Ein grundsätzliches Wettbewerbsverbot des Unternehmers gegenüber dem Handelsvertreter ist dem Handelsvertretervertrag nicht immanent. Ein solches ergibt sich vielmehr aus der jeweiligen Ausgestaltung der einzelnen Verträge, insbesondere etwa im Falle der Zusicherung von Bezirks- oder Kundenschutz. Der Unternehmer darf dem Handelsvertreter dann weder selbst, noch durch die Einschaltung weiterer Handelsvertreter Konkurrenz machen. Entscheidend ist jeweils, als wie stark sich die Vertragstreuepflicht des Unternehmers gegenüber dem Handelsvertreter im speziellen Vertrag darstellt. (Zur wettbewerbsrechtlichen Beurteilung von Wettbewerbsverboten für den Unternehmer vgl. unter d)

232 c) *Pflichten der Parteien des Handelsvertretervertrags nach Vertragsbeendigung.* Nach Beendigung des Handelsvertretervertrags steht der Handelsvertreter unter bestimmten Voraussetzungen ein Ausgleichsanspruch gegen den Unternehmer zu. Gesetzlich geregelt ist dieser Anspruch in § 89 b HGB in Umsetzung der Artt. 17 und 18 HandelsvertreterRL. Es handelt sich hierbei um einen Vergütungsanspruch für erbrachte Leistungen des Handelsvertreters, welche durch die Provisionszahlungen allein noch nicht vollständig abgegolten sind. Entlohnt werden soll die Überlassung des Kundenstamms, den der Handelsvertreter im Verlaufe seiner (immerhin selbständigen) Tätigkeit rekrutiert hat, von der nun der Unternehmer profitiert, indem er eine Gewinnchance erhält, die er ohne den Einsatz des Handelsvertreters nicht gehabt hätte. Der Ausgleichsanspruch stellt damit auch einen Ausgleich für die Nachteile dar, die der Handelsvertreter dadurch erleidet, dass er die von ihm aufgebauten Kundenbeziehungen nach Vertragsbeendigung nicht mehr nutzen kann. Ein wesentliches Element des Ausgleichsanspruchs ist das der Billigkeit. Wenngleich der Rechtsgrund des Anspruchs in dessen Vergütungscharakter nicht aber in Billigkeitserwägungen zu sehen ist, so spielt das Billigkeitselement dennoch eine gewichtige Rolle bei der Entstehung und Bemessung des Ausgleichsanspruchs. Neben den Voraussetzungen, dass der Unternehmer auch nach der Vertragsbeendigung noch erhebliche Vorteile aus den durch den Handelsvertreter geschaffenen Kundenbeziehungen hat (Vgl. § 89 b Abs. 1 Nr. 1 HGB) und dass dem Handelsvertreter infolge der Vertragsbeendigung keine weiteren Provisionsansprüche zuwachsen (§ 89 b Abs. 1 Nr. 2 HGB), muss nämlich die Zahlung eines Ausgleichs der Billigkeit entsprechen (§ 89 b Abs. 1 Nr. 3 HGB). Diese Billigkeitsprüfung bildet das Einfallstor für eine wertende Einbeziehung der jeweiligen Umstände des Einzelfalls, die es ermöglichen soll, den Besonderheiten des jeweiligen Vertragsverhältnisses Rechnung zu tragen. So können z.B. Aspekte wie der Grad der Ursächlichkeit der Tätigkeit des Handelsvertreters für die Kundengewinnung, die Vertragsdauer, die Gründe für die Vertragsbeendigung, etc. Berücksichtigung finden. Der Ausgleichsanspruch ist ausgeschlossen, wenn die Kündigung durch den Handelsvertreter erfolgt, ohne dass der Unternehmer hierzu berechtigten Anlass gegeben hat oder bei Kündigung durch den Unternehmer aufgrund schuldhaften Verhaltens des Handelsvertreters (§ 89 b Abs. 3 HGB).

233 Mit der Beendigung des Handelsvertretervertrages endet auch das Wettbewerbsverbot für den (ehemaligen) Handelsvertreter. Dieser ist nun grundsätzlich völlig frei, dem Unternehmer uneingeschränkt Konkurrenz zu machen. Mithilfe der während seiner Tätigkeit erworbenen Informationen über die Geschäftsmethoden des Unternehmers kann sich ein ehemaliger Handelsvertreter als besonders gefährlicher Konkurrent für diesen erweisen. Um das zu verhindern, ist der Unternehmer vielfach bestrebt, ein nachvertragliches Wettbewerbsverbot in den Handelsvertretervertrag aufzunehmen. Eine derartige Wettbewerbsabrede ist grundsätzlich zulässig. Zum Schutz des Handelsvertreters bestehen jedoch zwingende gesetzliche Beschränkungen (§ 90 a HGB; Art. 20 HandelsvertreterRL). So bedarf die Vereinbarung eines nachvertraglichen Wettbewerbsverbots im Handelsvertretervertrag der Schriftform. In zeitlicher Hinsicht ist die Höchstdauer des Wettbewerbsverbotes auf zwei Jahre nach Vertragsbeendigung beschränkt. Es darf sich zudem ausschließlich auf das dem Handelsvertreter im Vertrag zugewiesene Gebiet bzw. den ihm zugewiesenen Kundenkreis beziehen und nur solche Gegenstände erfassen, hinsichtlich derer er gegenüber dem Unternehmer zu Geschäftsvermittlung oder -abschluss verpflichtet war. Im Gegenzug hat der Unternehmer dem ausgeschiedenen Handelsvertreter für die Geltungsdauer des Wettbewerbsverbots eine angemessene Entschädigung zu zahlen.

234 **d) Wettbewerbsrechtliche Beurteilung von Handelsvertreterverträgen.** Der Handelsvertretervertrag weist neben seiner vertragsrechtlichen auch eine bedeutende wettbewerbsrechtliche Relevanz auf. In diesem Zusammenhang ist infolge der Angleichung des deutschen an das europäische Kartellrecht im Ergebnis auf die Vorschriften des europäischen Kartellrechts (insbesondere Art. 101 AEUV) abzustellen.

235 Als (kartellrechtlich verbotene) wettbewerbsbeschränkende Vereinbarungen kommen dabei vor allem zwei Aspekte des Handelsvertretervertrags in Betracht. Zum einen die Preis- und Vertriebsbindungen durch den Unternehmer und zum anderen alle denkbaren Konstellationen von Wettbewerbsverboten. Diese könnten als Wettbewerbsbeschränkungen anzusehen sein. Als selbständiger Kaufmann ist der Handelsvertreter grundsätzlich Unternehmer i.S.d. Art. 101 AEUV, so dass Vereinbarungen zwischen ihm und dem Unternehmer zunächst dem Anwendungsbereich der Norm unterfallen würden.

236 Art. 101 Abs. 3 AEUV normiert die Möglichkeit der Freistellung vom Verbot des Art. 101 Abs. 1 AEUV. Dafür besteht grundsätzlich die Option der Einzel- oder der Gruppenfreistellung. Die Einzelfreistellung richtet sich nach der Kartellverfahrensverordnung VO 1/2003 (Abl. EG L 1/1 vom 4.1.2003), der zufolge ein Verbot nicht besteht, wenn die betreffende Maßnahme die Freistellungsvoraussetzungen gem. Art. 101 Abs. 3 AEUV erfüllt. Eine derartige Prüfung erübrigt sich jedenfalls dann, wenn die fragliche Maßnahme einer Gruppenfreistellungsverordnung der EU wie etwa der Gruppenfreistellungsverordnung 2790/99 für Vertikale Vereinbarungen unterfällt.

Das Erfordernis der Freistellung insgesamt entfiele nur, wenn Handelsvertreterverträge **237**
aus anderen Gründen vom Verbot des Art. 101 Abs. 1 AEUV ausgenommen wären. An
dieser Stelle sind die Leitlinien der EG-Kommission für vertikale Beschränkungen in
den Blick zu nehmen, die zwar keine Bindungswirkung im Sinne von Rechtssätzen
entfalten, aber den künftigen Entscheidungsmaßstab der Kommission ankündigen.
Eben diesen Leitlinien zufolge, werden Verpflichtungen die einen Handelsvertreter im
Verhältnis zu seinem Prinzipal betreffen (also die Vereinbarungen in einem Handelsvertretervertrag) nicht vom Verbot des Art. 101 AEUV erfasst. Dies gilt jedoch nur für
so genannte „echte" Handelsvertreterverträge. Auf „unechte" Handelsvertreterverträge
hingegen ist Art. 101 AEUV grundsätzlich anwendbar. Vertikale Wettbewerbsbeschränkungen in solchen Verträgen bedürfen daher stets der Freistellung auf die oben
dargestellte Art und Weise. Entscheidendes Kriterium für die Abgrenzung zwischen
„echten" und „unechten" Handelsvertreterverträgen ist die Risikoverteilung. Die formal gewählte Rechtsform ist insoweit unbeachtlich. Es kann also z.B. nicht genügen,
wenn ein Vertriebsvertrag als „Handelsvertretervertrag" bezeichnet wird. Maßgeblich
sind allein die jeweils tatsächlichen wirtschaftlichen Gegebenheiten.

Ein „echter" Handelsvertretervertrag liegt danach vor, wenn der Handelsvertreter **238**
selbst keine oder nur geringe Risiken im Hinblick auf die von ihm vermittelten oder
abgeschlossenen Geschäfte trägt und keine oder nur geringe geschäftsspezifische Investitionen für das betreffende Geschäftsfeld tätigen muss. Ob der Handelsvertreter für
einen oder für mehrere Unternehmer tätig ist (Doppelprägung), ist dabei irrelevant.
Explizit vom Anwendungsbereich des Art. 101 AEUV ausgenommen sind dann den
Leitlinien zufolge insbesondere Gebietsbeschränkungen, Kundenkreisbeschränkungen
sowie Preis- und Konditionenbindungen. Alleinvertreterklauseln, nach denen es dem
Unternehmer untersagt ist, andere Vertreter für bestimmte Geschäftsarten, Gebiete
oder Kundenkreise einzusetzen, werden als lediglich den Intra-brand-Wettbewerb betreffende Maßnahmen für regelmäßig unbedenklich gehalten. Wettbewerbsverbote
hingegen (gleich ob während oder nach Ablauf des Vertrages) sollen, sofern sie zur
Abschottung des relevanten Marktes führen, durchaus unter Art. 101 Abs. 1 AEUV
fallen können, da hierdurch der Inter-brand- Wettbewerb betroffen sei. Bei nachvertraglichen Wettbewerbsverboten dürfte jedoch ein wettbewerbswidriger Charakter regelmäßig ausgeschlossen sein, sofern diese sich im Rahmen des § 90 a HGB halten.

e) **Vor- und Nachteile des Handelsvertretervertrages für den Geschäftsherrn.** Bei einer **239**
Gesamtbetrachtung sind folgende Faktoren in die Überlegung einzubeziehen, ob der
Vertrieb mithilfe von Handelsvertretern erfolgen soll: Der Vorteil für den Geschäftsherrn liegt vor allem in seinen weit reichenden Kontrollmöglichkeiten hinsichtlich der
Preis- und Vertriebsgestaltung gerade auch aufgrund der Tatsache, dass kartellrechtliche Vorschriften hier nicht entgegenstehen. Zudem fällt ihm der durch den Handelsvertreter erworbene Goodwill zu.
Negativ schlägt dagegen insbesondere das wirtschaftliche Risiko zu Buche, welches in
vollem Umfang beim Geschäftsherrn verbleibt.

2. Vertragshändlerverträge

Eine weitere mögliche Form des Vertriebsvertrags stellt der Vertragshändlervertrag dar. **240**
Dieser Vertragstyp hat keine explizite gesetzliche Regelung erfahren. Er gehört vielmehr
zu der Kategorie von Vertriebsverträgen, die sich aus der häufigen Anwendung in der
Praxis heraus zu einer typisierten Vertragsform entwickelt haben.

a) **Gegenstand des Vertragshändlervertrags.** Typisch für eine Vertragshändlerkonstel- **241**
lation ist in Abgrenzung zum Handelsvertretervertrag der Bezug von Produkten unter
Dauervertrag, welche dann im eigenen Namen und auf eigene Rechnung weiterverkauft
werden.

242 Vertragshändler ist, wer mittels eines auf eine gewisse Dauer ausgerichteten Rahmenvertrags dergestalt in die Vertriebs- und Absatzorganisation eines Herstellers (oder dessen Zwischenhändlers) eingebunden wird, dass er die Produkte dieses Lieferanten im eigenen Namen und auf eigene Rechnung vertreibt und ihren Absatz fördert, wobei er die Funktion und Risiken seiner Handelstätigkeit an dieser Absatzförderung auszurichten hat.

243 Wenn der Vertragshändler die Produkte des Lieferanten im eigenen Namen und auf eigene Rechnung vertreiben soll, setzt das voraus, dass er diese, anders als etwa ein Handelsvertreter, zunächst selbst vom Lieferanten erwirbt, um sie dann an Dritte weiterzuveräußern. Dabei kommen hinsichtlich der einzelnen Warenlieferungen jeweils eigenständige Kaufverträge zwischen Vertragshändler und Lieferant zu Stande. Der Vertragshändlervertrag selbst ist also als Rahmenvertrag zu charakterisieren, der die wesentlichen Bedingungen für spätere, auf Grundlage dieses Vertrags zu Stande kommende einzelne Kaufverträge zwischen Vertragshändler und Lieferant festlegt. Letztendlich wird der Vertragshändler zwar in gewisser Weise für den Lieferanten tätig, indem er dessen Warenabsatz unterstützt, das Warenabsatz- und Kreditrisiko aber trägt, anders als etwa der Handelsvertreter, er selbst.

244 **b) Vertragsinhalte im Einzelnen.** Der Sinn und Zweck des Vertragshändlervertrags als Rahmenvertrag liegt in einer Verhaltensabstimmung zwischen Lieferant und Vertragshändler im Hinblick auf den künftigen Warenabsatz. Von Bedeutung sind insoweit vor allem die jeweiligen Pflichten der Vertragsparteien. Wenngleich diese zu weiten Teilen der individuellen Ausgestaltung dieses gesetzlich nicht geregelten Vertragstyps überlassen bleibt, so lassen sich dennoch gewisse Grundlinien aufzeigen, welche dem Vertragshändlervertrag grundsätzlich, wenn auch nicht notwendigerweise kumulativ, immanent sind und im Ergebnis seine Einordnung in diese Vertragskategorie überhaupt erst ermöglichen.

245 Wie bei jedem Vertriebsvertrag liegt das Kernelement auch beim Vertragshändlervertrag in der Förderung des Warenabsatzes. Indem dieses Ziel zu einer (dauerhaften) vertraglichen Verpflichtung des Vertragshändlers zur Absatzförderung gemacht wird, erfolgt eine Eingliederung in das Vertriebssystem des Lieferanten. Sie führt zu einer Bindung und Interessenverknüpfung der Parteien, die über eine gewöhnliche längerfristige Lieferbeziehung hinausgeht. Die Pflicht zur Förderung des Warenabsatzes beinhaltet naturgemäß eine Verpflichtung des Vertragshändlers zum Kauf der Produkte des Lieferanten. Sie setzt folglich auch ein Bemühen um möglichst viele eigene Abnehmer voraus, was die eigene Abnahmerate des Vertragshändlers seinem Lieferanten gegenüber erhöht. So kann etwa eine überzogene Preisgestaltung des Vertragshändlers gegenüber Dritten zu einer Pflichtverletzung führen.

246 Über die Pflicht zur Absatzförderung hinaus bzw. in Überschneidung mit dieser besteht eine Verpflichtung des Vertragshändlers zur Wahrnehmung der Interessen des Lieferanten. Je nach der konkreten Vertragssituation kann diese Pflicht unterschiedliche Ausgestaltungen erfahren. In Betracht kommen etwa Pflichten zur Unterrichtung des Lieferanten über die Vertriebstätigkeit und allgemeine Marktentwicklung, Werbe- oder Lagerhaltungspflichten oder die Verpflichtung zur Unterhaltung eines Kundendienstes für die verkauften Produkte.
Als weitere Pflichten des Vertragshändlers sind z.B. die Pflichten zu einer Mindestabnahme von Waren, zur Übernahme der Erfüllung von Gewährleistungsansprüchen der Kunden und zur Duldung von Kontrollen durch den Lieferanten zu nennen.

247 Den Pflichten des Vertragshändlers stehen sachlogisch Verpflichtungen des Lieferanten gegenüber. Er ist (auch bei Fehlen einer entsprechenden expliziten Vereinbarung) im Zweifel jedenfalls dann zur Belieferung des Vertragshändlers verpflichtet, wenn eine Mindestabnahme und eine Ausschließlichkeitsbindung vereinbart wurden. Mit der Interessenwahrungspflicht des Vertragshändlers korrespondiert eine intensivierte Vertragstreuepflicht des Lieferanten. Diese gebietet etwa die Einhaltung von womöglich bestehenden Gebietsschutzabreden oder Alleinvertriebsrechten zugunsten des Vertragshändlers (zur wettbewerbsrechtlichen Relevanz derartiger Vereinbarungen vgl. unten), die Überlassung der für den Vertrieb erforderlichen Hilfsmittel, die Gewährleistung einer kontinuierlichen Qualität der Produkte, die Durchführung von Werbemaßnahmen sowie die Rücknahme von Warenlagern nach Vertragsende. Vertretbar erscheint auch die Annahme einer Verpflichtung zur Gleichbehandlung aller im Wettbewerb stehenden Vertragshändler, mit denen der Lieferant vertraglich verbunden ist. Abstrakter gefasst obliegt es dem Lieferanten, auf schutzwürdige Belange des Vertragshändlers Rücksicht zu nehmen und die diesem mittels des Vertragshändlervertrags zuteil werdende Gewinnperspektive nicht selbst oder mittelbar durch Dritte zu konterkarieren.

c) **Analoge Anwendung von Handelsvertreterrecht.** Im Hinblick auf die wechselseitigen Verpflichtungen der Vertragsparteien ist es zudem von Interesse, ob und inwieweit die Vorschriften über den Handelsvertretervertrag (also für das deutsche Recht die §§ 84 ff. HGB) auf den Vertragshändlervertrag analog anzuwenden sind. Das gilt vor allem für Regelungen wie den Ausgleichsanspruch nach § 89 b HGB und das nachvertragliche Wettbewerbsverbot nach § 90 a HGB. Für die Beurteilung dieser Frage ist auf die konkrete Ausgestaltung des jeweiligen Vertragshändlervertrags abzustellen. Eine Analogie ist in der Regel dann zu bejahen, wenn der Vertragshändler in einer dem Handelsvertreter vergleichbaren Weise in die Vertriebs- und Absatzorganisation des Lieferanten eingegliedert ist. Dies beurteilt sich im Wege einer Gesamtbetrachtung des Vertragsverhältnisses anhand verschiedener Einzelkriterien, wie z.B. Verkaufsförderungs-, Informations- oder Berichtspflichten des Vertragshändlers und Kontroll-, Überwachungs- und Weisungsrechten des Lieferanten. Für eine analoge Anwendung des § 89 b HGB ist es zudem erforderlich, dass der Lieferant nach der Vertragsbeendigung tatsächlich die Möglichkeit hat, den Kundenstamm des Vertragshändlers für sich zu nutzen bzw. (so die strengere Ansicht der Rechtsprechung), dass eine vertragliche Verpflichtung des Vertragshändlers zur Überlassung des Kundenstamms besteht. Generell ist für die analoge Heranziehung des Handelvertreterrechts bei jeder Vorschrift danach zu fragen, ob ihre Anwendung auf den Vertragshändlervertrag dem jeweiligen Normzweck entspricht.

248

d) **Wettbewerbsrechtliche Beurteilung.** Indem beispielsweise Gebietsschutzabreden und Alleinvertriebsrechte zugunsten des Vertragshändlers und Wettbewerbsverbote des letzteren im Verhältnis zum Lieferanten zu gängigen Vereinbarungen im Rahmen eines Vertragshändlervertrags gehören oder sich gegebenenfalls aus einer analogen Anwendung des Handelsvertreterrechts ergeben, drängt sich die Frage nach der wettbewerbsrechtlichen Beurteilung derartiger Abreden geradezu auf. Da das wirtschaftliche Risiko hinsichtlich des Produktabsatzes allein beim Vertraghändler liegt, kommt eine Ausnahme vom Verbot des Art. 101 AEUV im Gegensatz zum „echten" Handelsvertreter gerade nicht in Betracht (vgl. o.§ 4 II 1.d). Die kartellrechtlichen Vorschriften finden demgemäß vollumfänglich Anwendung. Dementsprechend sind die einzelnen Vertragsvereinbarungen jeweils auf ihre Vereinbarkeit mit den kartellrechtlichen Vorschriften bzw. daraufhin zu überprüfen, ob sie einer Gruppenfreistellung oder aber der Regelung in Art. 101 Abs. 3 AEUV unterfallen.

249

e) **Vor- und Nachteile des Vertragshändlervertrags für den Geschäftsherrn.** Der Vorteil der Vertriebsvariante des Vertragshändlervertrags liegt insbesondere in der Übertragung der Vertriebsrisiken und –kosten auf den Vertragshändler. Dem Geschäftsherrn verbleiben allerdings die Produktionskosten und -risiken. Zudem sind seine Kontrollmöglichkeiten insbesondere im Hinblick auf die Preis- und Vertriebsgestaltung wesentlich geringer als bei Einschaltung eines Handelsvertreters.

250

3. Kommissionsagenturvertrag

251 Der Handelsvertreter handelt für Rechnung und im Falle bestehender Vertretungsmacht auch im Namen des Geschäftsherrn während der Vertragshändler sowohl für eigene Rechnung als auch im eigenen Namen tätig wird. Es liegt damit nahe, dass sich in der Vertriebspraxis eine weitere Variante des Vertriebsvertrags herausgebildet hat, die gewissermaßen in der Schnittmenge dieser Vertragskonstruktionen anzusiedeln ist. Das Handeln für fremde Rechnung im eigenen Namen.

252 a) **Gegenstand des Kommissionsagenturvertrags.** Wer gewerbsmäßig Waren oder Wertpapiere für Rechung eines anderen im eigenen Namen kauft oder verkauft, ist Kommissionär (§ 383 HGB). Da Vertriebsverträge zumeist auf eine gewisse Dauer ausgelegt sind, ist dieses Element auch bei der nun zu betrachtenden Vertragsvariante zu ergänzen. Der ständig mit dem Abschluss von Geschäften im eigenen Namen und auf Rechnung eines anderen Unternehmers befasste, selbständige Absatzmittler wird dann als Kommissionsagent bezeichnet. Der Kommissionsagenturvertrag beinhaltet Elemente des Kommissions- wie auch des Handelsvertretervertrags. Dabei überwiegt im Außenverhältnis die kommissionsrechtliche, im Innenverhältnis hingegen eher die handelsvertreterähnliche Struktur.

253 b) **Vertragsinhalte im Einzelnen.** Der Kommissionsagent ist dem Geschäftsherrn gegenüber verpflichtet, Geschäfte für dessen Rechnung im eigenen Namen abzuschließen. Dabei werden ihm die Preise für die zu veräußernden Produkte regelmäßig vom Geschäftsherrn vorgegeben. Vertragspartner des Kunden ist jedoch (aufgrund des Handelns in eigenem Namen) der Kommissionsagent selbst. Daher treffen ihn, jedenfalls in diesem Außenverhältnis auch die sich aus dem Vertrag ergebenden Pflichten.

Im Innenverhältnis hingegen wird regelmäßig vereinbart, dass der Geschäftsherr den Kommissionsagenten von allen Pflichten entlastet, die mit dessen Vertrag mit dem Dritten in Zusammenhang stehen. Dies betrifft etwa Gewährleistungsansprüche, Kundendienstleistungen, etc. Zudem übernimmt der Geschäftsherr grundsätzlich das Risiko für Transport und Lagerhaltung. Des Weiteren hat er die Provisionsansprüche des Kommissionsagenten zu befriedigen.

254 c) **Analoge Anwendbarkeit von Handelsvertreterrecht.** Die Position des Kommissionsagenten im Verhältnis zum Geschäftsherrn kann derjenigen des Handelsvertreters sehr ähnlich sein. Auch hier ergibt sich aufgrund der Ständigkeit der Betrauung ein bisweilen sehr hohes Maß an Abhängigkeit. Je stärker diese Ähnlichkeit ausfällt, desto eher erweist sich auch hier die analoge Anwendung von Handelsvertreterrecht als möglich und als geboten. Wiederum gilt der Grundsatz, dass nur solche Vorschriften für eine Analogie in Betracht kommen, deren Normzweck eine analoge Anwendung trägt. Anwendbar sind dabei unter anderem die Vorschriften zum Provisionsanspruch und zum Ausgleichsanspruch nach Vertragsbeendigung.

255 d) **Vor- und Nachteile für den Geschäftsherrn.** Der Vertrieb mithilfe von Kommissionsagenten bietet sich an, wenn der Geschäftsherr zwar nicht selbst Vertragspartner der (End-)Abnehmer werden möchte, was beim Handelsvertretervertrieb der Fall wäre, andererseits aber die wettbewerbsrechtlichen Möglichkeiten nutzen möchte, die sich daraus ergeben, dass das wirtschaftliche Risiko im Ergebnis regelmäßig bei ihm selbst liegt. Eben dieses Risiko muss er dann aber auch zu tragen bereit sein.

4. Franchiseverträge

256 Eine weitere, weit verbreitete Form des gesetzlich nicht geregelten Vertriebsvertrags stellt der Franchisevertrag dar. Dieser Oberbegriff erfasst eine Vielzahl unterschiedlichster in der Praxis anzutreffender Ausgestaltungsformen.

a) **Gegenstand der Franchisingvertrags.** Als Grundmuster lässt sich eine Organisation dergestalt ausmachen, dass der Franchisegeber dem Franchisenehmer gegen eine Franchisegebühr ein ausgefeiltes und typisiertes „Absatzkonzept" zur Verfügung stellt. Dieses beinhaltet insbesondere die Überlassung von Unternehmenskennzeichen, Marken, Werbemitteln, Marketing- und Organistionskonzepten, etc. In Betracht kommen dabei vor allem die Formen des Vertriebs- und Dienstleistungsfranchising in jeweils unterschiedlichsten Spielarten. Was das Vertriebsfranchising anbetrifft, so erwirbt der Franchisenehmer die Waren vom Franchisegeber und veräußert diese mit Hilfe des ebenfalls bereitgestellten Absatzkonzepts. Ähnlich gestaltet sich das Dienstleistungsfranchising, bei welchem lediglich Dienstleistungen (wie etwa die Veranstaltung von Reisen) anstelle von Waren vertrieben werden. Typisch ist insgesamt das einheitliche („kettenartige") Auftreten sämtlicher Franchisenehmer auf dem Markt, was unter anderem die vollständige und ausschließliche Ausrichtung des Geschäftsbetriebs des Franchisenehmers auf das Franchisesystem voraussetzt. Nach außen hin dürfte die Unterscheidung zwischen einem Vertrieb über eigene Filialen des Herstellers und demjenigen über ein Franchisesystem damit bisweilen schwer fallen. Insbesondere wird der von einem Franchisenehmer geschaffene Goodwill vor allem zu Gunsten den Franchisegebers zu Buche schlagen, werden aber im umgekehrten Fall auch negative Kundenerlebnisse direkt zu seinen Lasten gehen.

257

Im Innenverhältnis nehmen sich die Unterschiede zu den sonstigen Vertriebsformen indes durchaus beträchtlich aus. So handelt der Franchisenehmer gegenüber seinen Kunden vollständig im eigenen Namen und auf eigene Rechnung, was ihn zudem vom Handelsvertreter unterscheidet. Ein wichtiges Differenzierungsmerkmal zum Vertragshändler bildet demgegenüber die an den Franchisegeber zu entrichtende Franchisegebühr.

258

Der Franchisevertrag zwischen Franchisegeber und Franchisenehmer lässt sich nach alldem als Bestandteil eines umfassenden Franchisesystems beschreiben, in welchem ein Franchisegeber mehreren Franchisenehmern jeweils ein so genanntes „Franchisepaket" zur Verfügung stellt. Dieses beinhaltet ein Beschaffungs-, Absatz- und Organisationskonzept, die Gewährung von Schutzrechten, die Ausbildung des Franchisenehmers sowie die Verpflichtung des Franchisegebers, den Franchisenehmer zu unterstützen und das Konzept stetig weiterzuentwickeln. Der Franchisenehmer entrichtet für das Franchisepaket ein Entgelt. Er handelt im eigenen Namen und für eigene Rechnung und ist zur Nutzung des Pakets nicht nur berechtigt, sondern auch verpflichtet.

259

b) **Vertragsinhalte im Einzelnen.** Der Franchisenehmer ist aufgrund des Franchisevertrags verpflichtet, das Franchisesystem anzuwenden und zu fördern. Dies bedeutet vor allem die Einhaltung der vom Franchisegeber ausgegebenen Systemanwendungsrichtlinien. Die Wesentlichkeit dieser Pflicht begründet sich insbesondere daraus, dass gerade die Gewährleistung eines einheitlichen Standards in allen Franchisefilialen für das Funktionieren und die Werbewirksamkeit des gesamten Franchisesystems maßgebliche Grundlage ist.

260

Eine weitere Pflicht besteht in der Entrichtung von Franchisegebühren. Zumeist handelt es sich dabei um die Zahlung eines einmaligen Fixbetrags zu Vertragsbeginn sowie um laufende Zahlungen in der Folgezeit, welche sich üblicherweise am Umsatz des Franchisenehmers ausrichten.

Für die Vertragdauer besteht ein Wettbewerbsverbot des Franchisenehmers gegenüber dem Franchisegeber. Hinzu treten Kontroll- und Informationsrechte des Franchisegebers sowie bisweilen Mindestabnahmeverpflichtungen.

261

Seitens des Franchisegebers besteht eine Förderungspflicht, die verschiedenste Aspekte wie etwa das Vertrautmachen mit dem Franchisekonzept, Unterstützung und Organisation des Franchisenehmerbetriebs, die Durchführung von Werbemaßnahmen, etc. beinhaltet. Zudem muss der Franchisegeber für die generelle Tauglichkeit des Franchisesystems zur Gewinnerzielung, also für dessen grundsätzliche Funktionsfähigkeit einstehen. Dies umfasst indes nicht die Übernahme einer Gewähr für eine nachhaltige Gewinnerzielungsmöglichkeit des Franchisenehmers. Denkbar sind zudem Gebietsschutzabreden und Alleinvertriebsrechte des Franchisenehmers. (Zur wettbewerbsrechtlichen Dimension vgl. u. § 4 II 2.e)

262 **c) Lizenzvertragliche Inhalte.** Indem dem Franchisenehmer im Franchisepaket Rechte zur Nutzung von Marken, Unternehmenskennzeichen, etc. eingeräumt werden, enthält der Franchisevertrag zwangsläufig lizenzvertragliche Vereinbarungen. Dabei handelt es sich um Verträge, in welchen dem Lizenznehmer das Recht zur Verwertung oder zur Nutzung eines fremden Immaterialgüterrechts eingeräumt wird, ohne dass dabei das Immaterialgüterrecht übertragen wird. Der Lizenznehmer ist dem Lizenzgeber im Gegenzug zur Zahlung einer Lizenzgebühr verpflichtet. Lizenzverträge lassen sich keinem bestimmten Vertragstypus zuordnen. Es sind Dauerschuldverhältnisse eigener Art, bei welchen allerdings zumeist pachtrechtliche Elemente überwiegen.

263 Als Gegenstand eines Lizenzvertrags kommen Nutzungsrechte an Marken, Unternehmenskennzeichen, Patenten, Urheberrechten, Gebrauchsmustern und ähnlichen Rechten in Betracht. Es kann jedoch auch ein Bedarf dafür bestehen, Nutzungsrechte an immateriellen Gegenständen einzuräumen, die keine schutzfähige Leistung in diesem Sinne darstellen und hinsichtlich derer keine ausschließliche Rechtsposition des Inhabers gegeben ist. Zu denken ist etwa an die Überlassung von streng gehüteten Firmengeheimnissen, wie bestimmten Rezepturen o.ä. Der Sache nach werden solche „Knowhow-Verträge" den Lizenzverträgen gleichgestellt. Man bezeichnet sie der Differenzierung halber als lizenzähnliche Verträge.

Die genaue Ausgestaltung des Lizenzvertrags erfolgt nach den Bedürfnissen des jeweiligen Einzelfalls. Ergänzend finden sich verschiedene gesetzliche Regelungen im Zusammenhang mit den jeweiligen Gewerblichen Schutzrechten (in Deutschland etwa in § 38 MarkenG; § 15 PatentG; § 31 ff. UrhG).

264 **d) Analoge Anwendbarkeit von Handelsvertreterrecht.** Auch für den Vertragstyp des Franchisevertrags stellt sich die Frage einer analogen Anwendbarkeit des Handelsvertreterrechts. Die Beurteilung erfolgt dabei im Wesentlichen parallel zu derjenigen beim Vertragshändlervertrag. So ist auch hier maßgeblich, inwieweit eine dem Handelsvertreter vergleichbare Eingliederung in die Vertriebs- und Absatzorganisation des Lieferanten erfolgt. Dies dürfte jedoch infolge der zumeist sehr starken Führung des Franchisenehmers durch den Franchisegeber überwiegend sogar noch eher anzunehmen sein, als beim Vertragshändler. Auch hier gilt, dass eine analoge Anwendung nur für diejenigen Vorschriften möglich ist, die ihrem Regelungsziel nach auf die Situation des Franchisevertrags zutreffen. Dies ist insbesondere für die Vorschriften über nachvertragliche Ausgleichszahlungen sowie Wettbewerbsverbote der Fall.

265 **e) Wettbewerbsrechtliche Beurteilung.** In Franchiseverträgen sind verschiedene Abreden denkbar, die sich aus wettbewerbsrechtlicher Sicht als bedenklich erweisen können. Dies gilt z.B. für Wettbewerbsverbote, Preis- und Konditionenbindungen sowie für Gebietsschutz- und Alleinvertriebsregelungen. Da auch Franchisenehmer aufgrund des von ihnen zu tragenden wirtschaftlichen Risikos (sie handeln als selbständige Unternehmer im eignen Namen und für eigene Rechnung) nicht als „echte Handelsvertreter" anzusehen sind, finden die Regelungen des Kartellrechts auch hier grundsätzlich uneingeschränkt Anwendung. Zu berücksichtigen ist indes die Gruppenfreistellungsverordnung 2790/1999 (Abl. EG vom 29.12.1999 L 336/21).

266 **f) Vor- und Nachteile für den Geschäftsherrn.** Vertreibt der Geschäftsherr seine Produkte über ein Franchisesystem, so behält er eine weitreichende Kontrolle über die Ausgestaltung des Vertriebs, während er die Vertriebskosten- und -risiken auf den Franchisenehmer übertragen kann. Infolge des kettenartigen Auftretens wächst ihm darüber hinaus regelmäßig der vom Franchisenehmer erworbene Goodwill zu.

Er selbst trägt jedoch Produktionskosten und –risiken und muss sich infolge wettbewerbsrechtlicher Regelungen damit abfinden, keinen Einfluss auf die Preisgestaltung des Franchisenehmers gegenüber den (End-)Abnehmern nehmen zu können.

§ 5 Transport- und Speditionsverträge (ohne Seehandelsrecht)

I. Einführung

Der Begriff des Transportrechts umfaßt sowohl das Recht der Personen- wie auch der Güterbeförderungsgeschäfte, in einem weiteren Sinne sogar nicht nur die privatrechtlichen Vorschriften über Beförderungsverträge, sondern auch die öffentlich-rechtlichen Rahmenbedingungen; die folgenden Ausführungen beschränken sich auf das private Güterbeförderungsrecht (Frachtrecht) ohne das Seehandelsrecht, das wiederum gesonderten Vorschriften unterliegt. Das deutsche nationale Frachtrecht ist durch das Gesetz zur Neuregelung des Fracht-, Speditions- und Lagerrechts vom 25.6.1998 stark vereinheitlicht worden. Während vorher das Frachtrecht der unterschiedlichen Verkehrsträger Straße, Schiene, Binnenwasserstraßen und Luft durch einige Vorschriften des HGB über Landtransporte und durch zahlreiche Spezialgesetze und Verordnungen sehr unübersichtlich kodifiziert war, ist nunmehr nur noch das Seefrachtrecht im Fünften Buch des HGB abweichend geregelt (sieht man von einigen Sondervorschriften für multimodale und Umzugstransporte ab).

267

An das Frachtrecht weiter angenähert wurden auch die Nebengeschäfte des Transports: die Spedition und die Lagerhaltung. Von großer Bedeutung werden allerdings weiterhin unterschiedlichste Allgemeine Geschäftsbedingungen bleiben, da das neue Recht gegenüber dem alten weitgehend dispositiver gestaltet worden ist.

268

Da Transportgeschäfte naturgemäß in hohem Maße internationale Bezüge aufweisen, ist hier das Bedürfnis nach internationaler Rechtsvereinheitlichung besonders groß. So gelten hier in Teilbereichen internationale Übereinkommen, insbesondere für den Straßentransport die CMR, für den Eisenbahntransport die COTIF mit Anhängen, für den Lufttransport das WA.

II. Deutsches Transportrecht und Speditionsvertragsrecht

1. Allgemeines Frachtrecht

Die §§ 407–450 HGB enthalten allgemeine Vorschriften über das Frachtgeschäft. Sie sind auf Güterbeförderungen zu Lande (auf der Straße oder auf der Schiene), auf Binnengewässern oder mit Luftfahrzeugen anwendbar, wenn die Beförderung zum Betrieb eines gewerblichen Unternehmens (auch eines mindergewerblichen) gehört. Die Regelungen sind in weiten Teilen dispositiv, insbesondere von den Bestimmungen über die Haftung des Frachtführers jedoch kann im wesentlichen nur durch Individualvereinbarungen, nicht durch Allgemeine Geschäftsbedingungen, abgewichen werden.

269

a) **Inhalt des Frachtvertrags.** Durch den Frachtvertrag wird der Frachtführer verpflichtet, das Gut zum Bestimmungsort zu befördern und dort an den Empfänger abzuliefern, § 407 Abs. 1 HGB; der Absender hat die Fracht (Entgelt für die Tätigkeit des Frachtführers, nicht wie im allgemeinen Sprachgebrauch das beförderte Gut) zu zahlen, § 407 Abs. 2 HGB. Der Frachtvertrag ist als Werkvertrag einzuordnen – geschuldet ist der

270

Beförderungserfolg – mit Elementen des Geschäftsbesorgungsvertrags, so etwa bei Einzug von Nachnahmen.

271 Der Frachtvertrag kann als Stückgutfrachtvertrag abgeschlossen werden, d. h. über die Beförderung bestimmter Güter, oder als Raumfrachtvertrag, bei dem der Frachtführer dem Absender Laderaum oder auch beispielsweise einen kompletten Lkw zur Verfügung stellt. Beim Raumfrachtvertrag kann im Einzelfall die Abgrenzung zu einem bloßen Mietvertrag Schwierigkeiten bereiten, wesentliches Abgrenzungsmerkmal ist das Vorhandensein des werkvertraglichen Erfolgselements.

272 **b) Abschluss des Vertrags und beteiligte Personen.** Der Frachtvertrag wird zwischen dem Frachtführer, der die Beförderung übernimmt, und dem Absender, der das Gut zur Verfügung stellt, geschlossen. Er unterliegt keinem Formzwang. Der Frachtvertrag ist ein Vertrag zugunsten eines Dritten i.S.v. § 328 BGB, nämlich zugunsten des Empfängers. Dieser hat insbesondere Anspruch auf Ablieferung des Guts am Bestimmungsort (§ 421 HGB) und gewisse Weisungsrechte.

273 **c) Transportdokumente.** Wichtigstes Dokument der vom Allgemeinen Frachtrecht betroffenen Transporte ist der Frachtbrief, der kein Wertpapier ist. Der Frachtbrief ist nicht Voraussetzung für das Zustandekommen des Frachtvertrags. Der Frachtführer kann von dem Absender die Ausstellung des Frachtbriefs mit den in § 408 Abs. 1 HGB aufgeführten Angaben verlangen. Verweigert der Absender die Ausstellung oder stellt er den Frachtbrief fehlerhaft aus, verletzt er seine Mitwirkungspflicht, so dass der Frachtführer berechtigt ist, das Gut und gegebenenfalls den fehlerhaften Frachtbrief zurückzuweisen. Außerdem kann den Absender bei unrichtigen oder unvollständigen Frachtbriefangaben eine verschuldensunabhängige (allerdings summenmäßig beschränkte) Haftung treffen, § 414 Abs. 1 Satz 1 Nr. 2 HGB).

274 Der Absender kann verlangen, dass auch der Frachtführer den Frachtbrief unterzeichnet. Dies ist für die Beweiskraft des Frachtbriefs von Bedeutung: Ist er von beiden Parteien unterzeichnet, dient er bis zum Beweis des Gegenteils als Nachweis für Abschluss und Inhalt des Frachtvertrags sowie für die Übernahme des Guts durch den Frachtführer. Er begründet ferner die widerlegliche Vermutung, dass das Gut und seine Verpackung bei der Übernahme durch den Frachtführer in äußerlich gutem Zustand waren und dass die Anzahl der Frachtstücke und ihre Zeichen und Nummern mit den Angaben im Frachtbrief übereinstimmen. Letztere Vermutung kann von dem Frachtführer durch die Eintragung eines begründeten Vorbehalts in den Frachtbrief entkräftet werden.

275 Bei Unterzeichnung des Frachtbriefs durch beide Parteien wirkt dieser auch als Sperrpapier, wenn das im Frachtbrief so vorgeschrieben ist (§ 418 Abs. 4 HGB): Der Absender kann dann sein frachtvertragliches Weisungsrecht gegenüber dem Frachtführer nur gegen Vorlage der Absenderausfertigung des Frachtbriefs ausüben.

Gemäß §§ 444 – 448 kann der Frachtführer auch einen Ladeschein ausstellen. Dieser ist Wertpapier: Zur Geltendmachung des verbrieften Rechts ist die Vorlage des Papiers erforderlich. Der Ladeschein kann an Order ausgestellt werden und ist dann gekorenes Orderpapier (§ 363 Abs. 2 HGB). Er hat ohne weiteres die Funktion eines Sperrpapiers. Bei Landtransporten ist die Ausstellung eines Ladescheins unüblich, Bedeutung haben die Vorschriften vor allem für Binnenschiffs- und kombinierte Transporte.

276 **d) Rechte und Pflichten der Beteiligten.** Die Hauptpflichten der Vertragsparteien sind in § 407 HGB geregelt: Der Frachtführer ist zur Beförderung zum Bestimmungsort und Ablieferung des Guts verpflichtet, der Absender hat die vereinbarte Fracht zu zahlen. Die Fracht wird bei Ablieferung des Guts fällig. Neben der Fracht kann ein weiterer Anspruch auf angemessene Vergütung bestehen, wenn bei der Beförderung eine Verzögerung eintritt, die dem Risikobereich des Absenders zuzurechnen ist. Zur Sicherung seines Frachtanspruchs hat der Frachtführer ein gesetzliches Pfandrecht an dem Gut, das auch nach Ablieferung noch drei Tage als besitzloses (!) Pfandrecht weiterbestehen

Transport- und Speditionsverträge Kap. 3 § 5 C

kann. Der Empfänger kann nach Ankunft des Guts an der Ablieferungsstelle die Ablieferung nur gegen Erfüllung der frachtvertraglichen Verpflichtungen – etwa Zahlung noch ausstehender Fracht – verlangen.

Bei Gefahrguttransporten ist der Absender verpflichtet, dem Frachtführer rechtzeitig schriftlich die genaue Art der Gefahr und eventuell zu treffende Vorsichtsmaßnahmen mitzuteilen. Wann ein gefährliches Gut i. S. v. § 410 HGB vorliegt, richtet sich nicht nach den öffentlich-rechtlichen Vorschriften des Gefahrgutrechts, sondern nach frachtrechtlichen, transportspezifischen Kriterien. Bei unterlassener Mitteilung kann der Frachtführer die Maßnahmen nach § 410 Abs. 2 HGB (z.B. ausladen oder vernichten) ergreifen und dafür Aufwendungsersatz verlangen. Der Absender haftet dann außerdem ohne Verschulden für Schäden des Frachtführers. **277**

Nach § 411 HGB ist der Absender verpflichtet, das Gut – soweit dessen Natur unter Berücksichtigung der vereinbarten Beförderung eine Verpackung erfordert – so zu verpacken, dass es vor Verlust und Beschädigung geschützt ist und dass auch dem Frachtführer keine Schäden entstehen. Der Absender hat auch für die erforderliche Kennzeichnung zu sorgen. Kommt der Absender diesen Pflichten nicht hinreichend nach, haftet er wiederum verschuldensunabhängig. **278**

Die Pflichtenverteilung beim Ver- und Entladen wird durch § 412 HGB geregelt. Danach muss der Absender – soweit sich aus den Umständen oder der Verkehrssitte nichts anderes ergibt – das Gut beförderungssicher laden, stauen und befestigen (so dass es durch normale, vertragskonforme, beförderungsbedingte Einflüsse nicht beschädigt wird) sowie entladen. Der Frachtführer hat für die betriebssichere Verladung zu sorgen, d. h. sicherzustellen, dass das Fahrzeug im Hinblick auf seine individuellen Eigenschaften mit der Ladung jeder Verkehrslage gewachsen ist, mit der auf dem in Aussicht genommenen Weg zu rechnen ist. Für die vereinbarte oder angemessene Lade- und Entladezeit kann keine besondere Vergütung verlangt werden. Wartet der Frachtführer aus Gründen, die nicht seinem Risikobereich zuzuordnen sind, über diese Zeit hinaus, kann er eine angemessene Vergütung – sog. Standgeld – fordern. Der Frachtführer kann auch, wenn das Gut nicht innerhalb der Ladezeit verladen wird, den Vertrag nach Fristsetzung kündigen oder, wenn nur ein Teil verladen wurde, die Beförderung mit der unvollständigen Ladung beginnen (§ 415 und § 416 HGB), wenn nicht die Nichteinhaltung der Ladezeit seinem Risikobereich zuzurechnen ist, § 417 HGB. **279**

Der Absender hat dem Frachtführer die Urkunden (gewöhnlich als Begleitpapiere bezeichnet) zur Verfügung zu stellen und die Auskünfte zu erteilen, die für eine amtliche Behandlung des Guts vor der Ablieferung – insbesondere Zollabfertigung – erforderlich sind. Bei Verletzung dieser Pflichten haftet der Absender wiederum verschuldensunabhängig, aber beschränkt gemäß § 414 HGB. Der Frachtführer haftet für Verlust, Beschädigung und unrichtige Verwendung der Begleitpapiere, wenn die zugrundeliegenden Umstände für ihn nicht unvermeidbar und die Folgen nicht unabwendbar waren. **280**

Der Absender hat ein jederzeitiges Kündigungsrecht, § 415 HGB. Der Frachtführer kann im Falle der Kündigung durch den Absender jedoch entweder die vereinbarte Fracht, Standgeld und Aufwendungen unter Anrechnung dessen, was er infolge der Vertragsaufhebung an Aufwendungen erspart oder erwirbt oder zu erwerben böswillig unterlässt verlangen oder ein Drittel der vereinbarten Fracht (sog. Fautfracht) verlangen. Ist die Kündigung durch Umstände verursacht worden, die dem Risikobereich des Frachtführers zuzurechnen sind, so kann er nur den ersten Anspruch geltend machen und auch nur insoweit, als die Beförderung für den Absender von Interesse ist. Der Absender hat, wenn nur ein Teil der vereinbarten Ladung verladen wird, einen Anspruch auf Teilbeförderung, § 416 Satz 1 HGB. Der Frachtführer kann jedoch trotzdem die volle Fracht verlangen; er muss sich allerdings das anrechnen lassen, was er an Fracht mit statt dessen verladenem Gut verdient. **281**

113

282 § 418 HGB regelt die Weisungsrechte des Absenders und des Empfängers. Die Berechtigung, über das Gut zu verfügen, steht zunächst dem Absender zu. Er kann insbesondere verlangen, dass das Gut nicht weiter- oder an einen anderen Ort befördert oder an einer anderen Ablieferungsstelle oder einen anderen Empfänger abgeliefert wird. Der Frachtführer muss solche Weisungen jedoch nur insoweit befolgen, als deren Ausführung weder Nachteile für den Betrieb seines Unternehmens noch Schäden für die Absender und Empfänger anderer Sendungen mit sich zu bringen droht, und er kann Aufwendungsersatz und angemessene Vergütung, sogar Vorschuss verlangen. Will der Frachtführer eine Weisung nicht befolgen, so hat er den Weisungsgeber unverzüglich zu benachrichtigen. Mit Ankunft des Guts an der Ablieferungsstelle erlischt das Verfügungsrecht des Absenders und steht von da an dem Empfänger zu. Auch von diesem kann der Frachtführer die durch die Weisungen entstehenden Mehraufwendungen ersetzt verlangen. Ordnet der Empfänger die Ablieferung des Guts an einen Dritten an, so ist dieser nicht berechtigt, seinerseits einen anderen Empfänger zu bestimmen. Wenn ein von beiden Parteien unterzeichneter Frachtbrief mit einem entsprechenden Vermerk vorliegt, kann der Absender sein Weisungsrecht nur gegen Vorlage der Absenderausfertigung ausüben; der Frachtführer, der in einem solchen Fall eine Weisung ausführt, ohne sich die Absenderausfertigung vorlegen zu lassen, haftet dem Berechtigten für den daraus entstehenden Schaden ohne Haftungsbeschränkung.

283 Die Folgen von Beförderungs- und Ablieferungshindernissen regelt § 419 HGB. Sobald vor Ablieferung erkennbar wird, dass die Beförderung nicht vertragsgemäß durchgeführt werden kann, oder bestehen Ablieferungshindernisse, muss der Frachtführer Weisungen des nach § 418 HGB Verfügungsberechtigten einholen. Ist dann der verfügungsberechtigte Empfänger nicht zu ermitteln oder verweigert er die Annahme des Guts, ist der Absender weisungsbefugt. Auch in den Fällen von Beförderungs- und Ablieferungshindernissen kann der Frachtführer für die Ausführung von Weisungen Aufwendungsersatz und angemessene Vergütung verlangen, wenn das Hindernis nicht seinem Risikobereich entstammt. Kann der Frachtführer Weisungen nicht rechtzeitig erlangen, so muss er selbst die Maßnahmen ergreifen, die ihm im Interesse des Verfügungsberechtigten die besten zu sein scheinen. Er kann das Gut entladen und verwahren oder einem Dritten zur Verwahrung anvertrauen oder zurückbefördern, verderbliche Ware kann er verkaufen lassen, unverwertbares Gut kann vernichtet werden. Nach der Entladung gilt die Beförderung als beendet und der Frachtführer kann die anteilige Fracht für den zurückgelegten Teil der Beförderung verlangen.

284 Die Parteien können vereinbaren, dass das Gut nur gegen Einziehung einer Nachnahme an den Empfänger abgeliefert werden darf. Ist das Zahlungsmittel nicht vereinbart, ist der Betrag in bar oder in Form eines gleichwertigen Zahlungsmittels einzuziehen. Mit „gleichwertigem Zahlungsmittel" ist das sog. „electronic cash", nicht etwa der Scheck gemeint. Der Frachtführer haftet verschuldensunabhängig, jedoch auf den Nachnahmebetrag beschränkt für Schäden, die aus einer Ablieferung ohne Einziehung der Nachnahme entstehen.

285 e) **Haftung des Frachtführers.** Die §§ 425 – 436 HGB enthalten Vorschriften über die Haftung des Frachtführers. Gemäß § 425 Abs. 1 HGB haftet der Frachtführer für den Schaden, der durch Verlust oder Beschädigung des Guts oder durch Überschreitung der Lieferfrist entsteht. Das schadensursächliche Ereignis muss in die Zeit zwischen der Übernahme des Guts zur Beförderung und der Ablieferung – Zeitraum der Obhut des Frachtführers über das Gut – fallen, die Haftung wird daher als Obhutshaftung bezeichnet. Gemäß § 426 HGB haftet der Frachtführer nicht, wenn der Verlust, die Beschädigung oder die Überschreitung der Lieferfrist auf Umständen beruht, die der Frachtführer auch bei größter Sorgfalt nicht vermeiden und deren Folgen er nicht abwenden konnte.

Transport- und Speditionsverträge   Kap. 3 § 5 C

Ein Verlust ist zu vermuten, wenn das Gut weder innerhalb der Lieferfrist noch innerhalb eines weiteren in § 424 HGB definierten Zeitraums abgeliefert wird. Die Lieferfrist, die auch für Verspätungsschäden relevant ist, ist in § 423 HGB legaldefiniert. Zu den Vermutungswirkungen bei nicht rechtzeitiger Schadensanzeige vgl. § 438 HGB. Die Ansprüche aus § 425 Abs. 1 HGB können auch vom Empfänger geltend gemacht werden, der Absender bleibt jedoch auch befugt, so dass es zu einer Doppellegitimation von Absender und Empfänger kommt; indessen muss der Frachtführer nur einmal zahlen. § 425 Abs. 2 HGB formuliert einen den Rechtsgedanken des § 254 BGB aufgreifenden Schadensteilungsgrundsatz, der für alle Haftungsfälle gilt. **286**

In § 427 HGB finden sich besondere Haftungsausschlussgründe, die den Frachtführer von seiner Haftung befreien, wenn der Schaden auf eine aus ihnen resultierende Gefahr zurückzuführen ist, z. B. Verwendung von offenen, nicht mit Planen gedeckten Fahrzeugen oder Verladung auf Deck, ungenügende Verpackung oder Kennzeichnung durch den Absender, natürliche Beschaffenheit des Guts, die besonders leicht zu Schäden führt. In Fällen, in denen einer der in § 427 Abs. 1 HGB aufgeführten Umstände zu dem aufgetretenen Schaden führen konnte, wird die Kausalität vermutet. Die besonderen Haftungsausschlussgründe des § 427 HGB werden auch als bevorrechtigte Haftungsausschlussgründe bezeichnet, da zugunsten des Frachtführers die Vermutung des § 427 Abs. 2 HGB streitet, während er bei dem Haftungsausschluss des § 426 HGB, der daher auch als nicht bevorrechtigt bezeichnet wird, den vollen Beweis für sein Vorliegen zu erbringen hat. **287**

Für die Höhe des vom Frachtführer zu leistenden Ersatzes gilt das Wertersatzprinzip: Bei gänzlichem oder teilweisem Verlust des Guts ist der Wert am Ort und zur Zeit der Übernahme zu ersetzen. Ist das Gut beschädigt, ist der Unterschied zwischen dem Wert des unbeschädigten Guts am Ort und zur Zeit der Übernahme zur Beförderung und dem Wert zu ersetzen, den das beschädigte Gut am Ort und zur Zeit der Übernahme gehabt hätte. Es wird vermutet, dass die zur Schadensminderung und –behebung aufgewendeten Kosten diesem Betrag entsprechen. Für den Wert des Guts ist dessen Marktpreis erheblich bzw. der gemeine Wert von Gütern gleicher Art und Beschaffenheit; ist das Gut unmittelbar vor der Übernahme zur Beförderung verkauft worden, so wird vermutet, dass der in der Rechnung ausgewiesene Kaufpreis der Marktpreis ist. Der Frachtführer schuldet bei Verlust und Beschädigung über den Wertersatz hinaus noch Ersatz der Schadensfeststellungskosten. **288**

Für die Haftung des Frachtführers bei Verlust und Beschädigung gilt ferner eine summenmäßige Haftungsbeschränkung: Der zu leistende Ersatz ist bei Verlust oder Beschädigung der gesamten Sendung auf einen Betrag von 8,33 Sonderziehungsrechten des Internationalen Währungsfonds (SZR; 1 SZR hat zur Zeit einen Wert von ca. 1,124 € 2.9.2011) pro Kilogramm des Rohgewichts der Sendung beschränkt. Dieser Betrag kann durch Allgemeine Geschäftsbedingungen zu Lasten des Vertragspartners des Verwenders nur in einem Rahmen von 2 und 40 SZR verändert werden (sog. Korridorlösung) und die entsprechende Klausel muss drucktechnisch hervorgehoben werden. Bei Teilverlust oder Teilbeschädigung kommt es auf das Gewicht der gesamten Sendung an, wenn die gesamte Sendung entwertet ist, bei Teilentwertung nur auf das Gewicht des entwerteten Teils. Die Haftung des Frachtführers wegen Überschreitung der Lieferfrist ist auf den dreifachen Betrag der Fracht begrenzt. Über den gemäß §§ 429 bis 431 HGB im Schadensfall zu leistenden Ersatz hinaus muss der Frachtführer die Fracht, öffentliche Abgaben und sonstige Kosten aus Anlass der Beförderung erstatten. **289**

Hat der Frachtführer wegen Verletzung einer mit der Beförderung zusammenhängenden vertraglichen Pflicht für Schäden einzustehen, die nicht aus Verlust, Beschädigung oder Überschreitung der Lieferfrist entstanden sind und die keine Sach- oder Personenschäden sind, also insbesondere Fälle der positiven Vertragsverletzung, so ist seine **290**

115

Haftung auf das Dreifache des Betrags begrenzt, der bei Verlust des Guts zu zahlen wäre.

291 Die Haftungsbefreiungen und -begrenzungen gelten bei den in § 425 Abs. 1 HGB genannten Schadensereignissen auch gegenüber deliktischen Ansprüchen des Absenders oder Empfängers gegen den Frachtführer. Auch gegenüber deliktischen Ansprüchen Dritter wegen Verlusts oder Beschädigung des Guts kann der Frachtführer Haftungsbefreiungen und -begrenzungen unter gewissen Voraussetzungen geltend machen.

292 § 435 HGB sieht einen Wegfall der Haftungsbefreiungen und -begrenzungen vor, wenn der Schaden auf eine Handlung oder Unterlassung des Frachtführers oder seiner Hilfspersonen zurückzuführen ist, die vorsätzlich oder leichtfertig und in dem Bewusstsein, dass ein Schaden mit Wahrscheinlichkeit eintreten werde, begangen wurde. Das leichtfertige Handeln im Bewusstsein der Schadenswahrscheinlichkeit lässt sich am ehesten als bewusste grobe Fahrlässigkeit umschreiben, die Einzelheiten sind umstritten. Der Wortlaut der Vorschrift entspricht Art. 25 WA 1955, § 660 Abs. 3 HGB. Praktische Relevanz wird die Vorschrift vor allem in den Fällen entfalten, in denen der Wert des Guts den in § 431 HGB vorgesehenen oder vertraglich anderweitig vereinbarten Haftungshöchstbetrag übersteigt.

293 Für Handlungen und Unterlassungen seiner Leute und anderer Personen, deren der Frachtführer sich bei Ausführung der Beförderung bedient, hat er in gleichem Umfang einzustehen wie für eigenes Verhalten, § 428 HGB. Die Reichweite der Vorschrift stimmt im wesentlichen mit § 278 BGB überein. Die Leute des Frachtführers ihrerseits können sich, werden außervertragliche Ansprüche gegen sie geltend gemacht, auf die gesetzlichen und vertraglichen Haftungsbefreiungen und -begrenzungen berufen.
Führt ein Dritter die Beförderung ganz oder teilweise aus (ausführender Frachtführer), so haftet jener bei Verlust, Beschädigung und Überschreitung der Lieferfrist während seines Beförderungsabschnitts wie der Frachtführer mit diesem gesamtschuldnerisch.

2. Multimodaler Transport

294 Eine Regelung des multimodalen Transports findet sich nunmehr in §§ 452 – 452 d HGB. Ein Multimodalfrachtvertrag (das Gesetz selbst verzichtet auf diesen Ausdruck ebenso wie auf die verwandten Begriffe Durchfrachtvertrag und kombinierter Frachtvertrag) liegt nach § 452 HGB vor, wenn eine Beförderung aufgrund eines einheitlichen Frachtvertrags mit verschiedenartigen Beförderungsmitteln durchgeführt wird, wenn über jeden Teil der Beförderung mit jeweils einem Beförderungsmittel (Teilstrecke) zwischen den Parteien ein gesonderter Vertrag abgeschlossen worden wäre und wenigstens zwei dieser Verträge unterschiedlichen Rechtsvorschriften unterworfen wären. Das bedeutet für rein innerstaatliche Transporte, dass sie – da das Recht der übrigen Verkehrsträger durch das TRG vereinheitlicht worden ist – nur noch dann multimodal sind, wenn eine Seestrecke eingeschlossen ist.

295 Auf einen solchen Vertrag sind die Vorschriften des Allgemeinen Frachtrechts anzuwenden, soweit die §§ 452 a – 452 d HGB oder anzuwendende internationale Übereinkommen keine abweichenden Bestimmungen enthalten; das gilt auch, wenn ein Teil der Beförderung zur See durchgeführt wird. Die bedeutsamste materielle Besonderheit gegenüber dem Allgemeinen Frachtrecht enthält § 452 a HGB bei bekanntem Schadensort: Ist festgestellt, auf welcher Teilstrecke Verlust, Beschädigung oder das eine Überschreitung der Lieferfrist begründendes Ereignis eingetreten ist, dann unterliegt die Haftung des Frachtführers den Rechtsvorschriften, die auf eine Beförderung auf dieser Teilstrecke anzuwenden wären. Die Beweislast für das Vorkommnis auf einer bestimmten Teilstrecke obliegt demjenigen, der dieses behauptet.

296 Das hier statuierte System der Anwendbarkeit des Allgemeinen Frachtrechts auf Multimodalverträge mit der Rückgriffsmöglichkeit auf das Teilstreckenrecht bei bekanntem Schadensort entspricht dem sog. Network-System mit Einheitshaftung bei unbekanntem Schadensort, das auch den bislang erfolglosen internationalen Bemühungen um Rechtsvereinheitlichung im Bereich multimodaler Transporte zugrundegelegt wurde. Es bietet gegenüber den Rechtsprechungsgrundsätzen des Bundesgerichtshofs zur Rechtslage vor der Transportrechtsreform, wonach der Frachtführer bei unbekanntem Schadensort nach dem Recht der Teilstrecke haftete, das die schärfsten Haftungsmaßstäbe vorsah, ein weitaus höheres Maß an Rechtssicherheit: Während früher alle hypothetischen Teilstreckenrechte zu ermitteln – ein gerade mit Blick auf ausländische Transportrechte mühevolles Unterfangen – und zu vergleichen waren, gilt heute einheitlich das Allgemeine Frachtrecht. Die Parteien können sogar durch vorformulierte Vertragsbedingungen auf den Rückgriff auf das Teilstreckenrecht verzichten, soweit nicht eine Teilstrecke betroffen ist, für die Rechtsvorschriften eines für Deutschland verbindlichen internationalen Übereinkommens zwingende Geltung beanspruchen.

3. Spedition

§§ 453 – 466 HGB regeln das Speditionsgeschäft und sind anwendbar, wenn das Geschäft zum Betrieb eines (auch minder-)gewerblichen Unternehmens gehört. Eine Bezugnahme auf kommissionsrechtliche Vorschriften findet sich im Speditionsrecht nach der Transportrechtsreform nicht mehr; es ist vielmehr eine teilweise Anlehnung an das Frachtgeschäft vorgenommen worden.   **297**

a) **Inhalt des Speditionsvertrags.** Durch den Speditionsvertrag wird der Spediteur verpflichtet, die Versendung des Guts zu besorgen, der Versender hat die vereinbarte Vergütung zu zahlen. Das tatsächliche Erscheinungsbild der Spediteurstätigkeit ist heute außerordentlich vielfältig. Unter den Begriff der Logistik fallen in der Praxis Aufgaben, die mit der Beförderung oder ihrer Besorgung oft wenig zu tun haben. Die zur Organisation der Beförderung erforderlichen Verträge schließt der Spediteur im Regelfall im eigenen Namen ab, eine Bevollmächtigung zum Vertragsschluss im Namen des Versenders ist aber möglich. Die Tätigkeit des Spediteurs erfolgt im Interesse des Versenders. Daraus erschließt sich, dass Vertragsabschlüsse durch den Spediteur regelmäßig für Rechnung des Versenders erfolgen. Aufwendungsersatzanspruch, Rechenschaftspflicht und Pflicht zur Herausgabe des Erlangten ergeben sich dann aus Auftragsrecht, §§ 670, 667, 666 BGB.   **298**

b) **Rechte und Pflichten der Vertragsparteien.** Die Hauptpflichten der Parteien sind in § 453 HGB geregelt: Der Spediteur hat die Versendung des Guts zu besorgen, der Versender ist verpflichtet, die vereinbarte Vergütung zu zahlen.   **299**
Die Besorgung der Versendung umfaßt die Organisation der Beförderung, der Spediteur muss insbesondere Beförderungsmittel und Beförderungsweg bestimmen, die ausführenden Unternehmer auswählen und diesen erforderliche Informationen und Weisungen erteilen, die notwendigen Fracht-, Lager- und Speditionsverträge abschließen und Schadensersatzansprüche des Versenders sichern (Normalpflichten des Spediteurs). Bei besonderer Vereinbarung hat der Spediteur außerdem Pflichten wie Versicherung, Verpackung, Kennzeichnung und Zollbehandlung des Guts.
Die vom Versender zu zahlende Vergütung wird fällig, wenn das Gut dem Frachtführer oder Verfrachter übergeben worden ist, § 456 HGB. Der Spediteur hat wegen seiner Forderungen ein Pfandrecht an dem Gut. Zu den Nebenpflichten des Versenders gehören Verpackung und Kennzeichnung des Guts, Zurverfügungstellung notwendiger Urkunden und Erteilung von Auskünften. Für die Erfüllung dieser Pflichten haftet der Versender in gleicher Weise wie der Absender beim Frachtvertrag, § 455 HGB.   **300**
In bestimmten Fällen hat der Spediteur hinsichtlich der Beförderung die Rechte und Pflichten eines Frachtführers oder Verfrachters, ohne dass er jedoch im Übrigen aus seinen speditionellen Verpflichtungen entlassen wird. Es sind dies der Selbsteintritt   **301**

(§ 458 HGB), die Spedition zu festen Kosten (Fixkostenspedition, § 459 HGB) und die Versendung in Sammelladung (§ 460 HGB). Der Umfang der frachtrechtlichen Rechte und Pflichten in diesen Fällen richtet sich nach der vertraglichen Vereinbarung und dem jeweils anwendbaren Frachtrecht ab. Dieses kann deutsches, ausländisches oder solches eines internationalen Übereinkommens sein.

302 c) **Haftung des Spediteurs.** Haftet der Spediteur als Spediteur – nicht als Frachtführer – so gilt eine Zweiteilung der Haftungsprinzipien. Gemäß § 461 Abs. 1 HGB haftet der Spediteur für einen Schaden, der durch Verlust oder Beschädigung des Guts in seiner Obhut entsteht. Diese Haftung entspricht der frachtrechtlichen Obhutshaftung mit dem gleichen Schutz gegen Abbedingung durch Allgemeine Geschäftsbedingungen. Für den praktisch wichtigen Fall der Fixkostenspedition bedeutet dies, dass eine durchgängige Obhutshaftung des Spediteurs besteht, so dass es nicht darauf ankommt, wo der Schaden entstanden ist (beim Transport, im speditionellen Zwischenlager, etc.). Für andere Schäden haftet der Spediteur, wenn er eine ihm nach § 454 HGB obliegende Pflicht verletzt. Es handelt sich um eine Haftung für vermutetes Verschulden.

Handlungen und Unterlassungen seiner Leute und sonstigen Hilfspersonen, derer er sich in Erfüllung seiner Pflicht, die Versendung zu besorgen, bedient, hat der Spediteur in gleichem Umfang zu vertreten wie eigenes Verhalten.

303 d) **Allgemeine Geschäftsbedingungen – ADSp 2003.** Im Rahmen von Speditionsverträgen wird häufig die Geltung der Allgemeinen Deutschen Spediteur-Bedingungen (ADSp) vereinbart. Es handelt sich dabei um von den Spitzenverbänden der Wirtschaft ausgehandelte Allgemeine Geschäftsbedingungen. Die Reform des Transportrechts machte eine Neufassung der ADSp erforderlich, insbesondere das in den alten ADSp vorgesehene Prinzip der Haftungsersetzung durch Versicherung ist mit dem neuen Recht nicht mehr zu vereinbaren. Zunächst vereinbarte man die ADSp 1998, die jedoch in Teilen auf Bedenken des Bundeskartellamts stießen, so dass man sich schließlich auf die ADSp 1999 einigte. Diese wurden jedoch bereits 2003 in entscheidenden Punkten wieder geändert und erweitert. Besonders hervorzuheben sind dabei folgende Punkte: Der bisherige Versicherungsautomatismus entfällt, es gibt keine Mindestbedingungen für die Speditionsversicherung mehr, und die Haftung des Spediteurs wurde erhöht. Hinzu kommt, dass keine stillschweigende Einbeziehung der ADSp mehr erfolgt.

4. Lagerhaltung

304 §§ 467 – 475h HGB enthalten Vorschriften für das Lagergeschäft. Subsidiär sind die §§ 688 – 700 BGB über die Verwahrung heranzuziehen. Wesentlichste Änderung des Lagerrechts durch das Transportrechtsgesetz ist die Aufhebung der Orderlagerscheinverordnung; damit ist nicht etwa die Möglichkeit entfallen, Orderlagerscheine auszustellen, es bedarf hierzu lediglich keiner besonderen Ermächtigung mehr. Die Vorschriften über das Lagergeschäft sind auch auf mindergewerbliche Lagerhalter anzuwenden.

305 a) **Inhalt des Lagervertrags.** Der Lagervertrag verpflichtet den Lagerhalter, das Gut zu lagern und aufzubewahren; der Einlagerer hat die vereinbarte Vergütung zu bezahlen, § 467 HGB. Sie ist fällig am Ende der Einlagerungszeit. Der Einlagerer schuldet gegebenenfalls auch Aufwendungsersatz. Der Lagerhalter hat zur Sicherung seiner Forderungen ein Pfandrecht an dem Gut.

306 Der Lagerhalter stellt nicht lediglich Lagerraum zur Verfügung – dann würde es sich bloß um einen Mietvertrag handeln –, sondern er übernimmt das Gut in seine Obhut. Er hat daher auch weitergehende Pflichten: So muss der Lagerhalter im Bedarfsfall Schadensersatzansprüche des Einlagerers sichern, bei Veränderungen des Guts, die Schäden des Einlagerers befürchten lassen, diesem Mitteilung machen und Weisungen einholen, notfalls angemessene Maßnahmen ergreifen und das Gut auf Verlangen des Einlagerers versichern. Der Lagerhalter kann das Gut in Sammellagerung verwahren – d. h. es mit anderen Sachen gleicher Art und Güte vermischen –, wenn die beteiligten Einlagerer ausdrücklich einverstanden sind, er muss dann aber die zur Erhaltung des Guts erforderlichen Arbeiten selbst vornehmen.

Der Einlagerer hat das Gut zu verpacken und zu kennzeichnen, Urkunden zur Verfügung zu stellen und die notwendigen Auskünfte zu erteilen, bei Gefahrgut die Gefahr anzuzeigen und zu ergreifende Vorsichtsmaßnahmen mitzuteilen. Für Schäden aus der Verletzung dieser Pflichten haftet der Einlagerer verschuldensunabhängig, aber beschränkt. Der Einlagerer ist berechtigt, während der Geschäftsstunden das Gut zu besichtigen, Proben zu entnehmen und die zur Erhaltung des Guts notwendigen Maßnahmen zu treffen. Er kann das Gut jederzeit herausverlangen, bei Einlagerung auf unbestimmte Zeit gilt jedoch eine Kündigungsfrist von einem Monat. Ist der Einlagerer ein Verbraucher sind insbesondere die Sondervorschriften in § 468 Abs. 2 und 4, § 472 Abs. 1 Satz 2, § 475 h HGB zu beachten. **307**

b) **Lagerschein.** Über die Verpflichtung zur Auslieferung des Guts kann von dem Lagerhalter nach Empfang des Guts ein Lagerschein mit den in § 475 c HGB aufgeführten Angaben ausgestellt werden. Er ist Wertpapier, zur Geltendmachung des verbrieften Rechts ist die Vorlage des Papiers erforderlich. Der Lagerschein kann auch an Order gestellt werden und ist dann gekorenes Orderpapier (§ 363 Abs. 2 HGB) mit der entsprechenden Traditionsfunktion, § 475 g HGB. Der Lagerschein ist für das Rechtsverhältnis zwischen dem Lagerhalter und dem legitimierten Besitzer des Lagerscheins maßgeblich und begründet insbesondere die widerlegliche Vermutung, das Gut und Verpackung in Bezug auf ihren äußerlichen Zustand wie im Lagerschein beschrieben übernommen worden sind. Diese Vermutung wird bei Übertragung des Lagerscheins an einen gutgläubigen Dritten sogar unwiderleglich. **308**

c) **Haftung des Lagerhalters.** Die Haftung des Lagerhalters für Güterschäden ist im Zuge der Transportrechtsreform nicht an die frachtrechtlichen Haftungsgrundsätze angeglichen worden. Es ist vielmehr die Haftung für vermutetes Verschulden beibehalten worden, § 475 Satz 1 HGB. Der Einlagerer muss nur beweisen, dass die Beschädigung oder Verlust in der Obhutszeit – also in der Zeit zwischen Übernahme des Guts zur Lagerung und Auslieferung – eingetreten ist; der Lagerhalter hat zu seiner Entlastung darzulegen, dass er konkret die Sorgfalt eines ordentlichen Kaufmanns eingehalten hat. Der Lagerhalter haftet auch, wenn er das Gut bei einem Dritten eingelagert hat, wozu er nur bei ausdrücklicher Gestattung durch den Einlagerer berechtigt ist. **309**

III. Internationales Transportrecht

1. Allgemeines

Internationale, d. h. grenzüberschreitende Transporte sind in einigen Bereichen durch internationale Übereinkommen geregelt. Es handelt sich dabei um völkerrechtliche Verträge, die nach Ratifikation Bestandteil des innerstaatlichen Rechts werden und größtenteils materiellrechtliche Regelungen privatrechtlichen Inhalts enthalten. Die Umsetzung in das innerstaatliche Recht erfolgt entweder, indem dem Übereinkommen direkt Geltung verschafft wird, oder durch Übertragung des sachlichen Regelungsgehalts des Übereinkommens auf ein nationales Gesetz. **310**

Die Auslegung dieses Rechts folgt einigen Besonderheiten. Wortlaut, Entstehungsgeschichte, Systematik und Teleologie sind zwar auch hier heranzuziehen, doch schon bei der Wortlautauslegung treten erste Schwierigkeiten auf: Oft ist das Übereinkommen in mehreren Sprachen – zu denen die deutsche meist nicht gehört – gleichermaßen verbindlich, so dass Widersprüchlichkeiten vorprogrammiert sind. Auch kann nicht ohne weiteres davon ausgegangen werden, dass die verwendeten Begriffe dem üblichen **311**

Sprachgebrauch der jeweiligen Sprache entsprechen, denn die Übereinkommenstexte sind ja nicht ausschließlich von Angehörigen des jeweiligen Sprachkreises verfasst, sondern beruhen auf langen, oft mühevollen Verhandlungen und Kompromissen durch die Delegationen der beteiligten Staaten. So ergeben sich beispielsweise Schwierigkeiten bei der Beschreibung kontinentaleuropäisch geprägter Rechtsbegriffe durch die englische Sprache, da diese wegen des erheblich andersartigen englischen Rechtssystems derartige Begriffe oft nicht kennt. Die Auslegung internationalen Einheitsrechts hat außerdem gerade dessen einheitsrechtlichen Charakter zu berücksichtigen. Das hat zur Folge, dass im Interesse der Wahrung des Rechtsvereinheitlichungsgedankens der Gesetzesanwender prinzipiell auch die Auslegung des Übereinkommens durch andere Vertragsstaaten, insbesondere deren Gerichte beachten sollte, was in der Praxis nicht selten zu kurz kommen dürfte.

2. Straßentransportrecht (CMR)

312 **a) Anwendungsbereich der CMR.** Für Deutschland gilt im Bereich des internationalen Straßengütertransports die CMR. Sie gilt für jeden Vertrag über die entgeltliche Beförderung von Gütern auf der Straße mittels Fahrzeugen, wenn der Ort der Übernahme des Guts und der für seine Ablieferung vorgesehene in zwei verschiedenen Staaten liegen, von denen mindestens einer ein Vertragsstaat dieses Übereinkommens ist. Auf Wohnsitz und Staatsangehörigkeit der Parteien kommt es dabei nicht an. Wird das mit dem Gut beladene Fahrzeug seinerseits auf einem Teil der Strecke zur See, mit der Eisenbahn, auf Binnenwasserstraßen oder auf dem Luftwege befördert, ohne dass das Gut umgeladen wird, so gilt grundsätzlich die CMR für die gesamte Beförderung. Innerhalb ihres Anwendungsbereichs sind die Vorschriften der CMR praktisch in jeder Hinsicht zwingend, Art. 41 CMR.

313 **b) Inhalt des CMR-Vertrages.** Der Vertragsschluss selbst ist in der CMR nicht geregelt. Insoweit kommt es auf das ergänzend anwendbare nationale Recht an. Da Bestand und Gültigkeit des Beförderungsvertrags nach CMR nicht von einem Frachtbrief und auch nicht von der Übergabe des Guts abhängig sind, kann der CMR-Vertrag als Konsensualvertrag ohne real- oder formalvertragliche Elemente eingeordnet werden. Abzugrenzen ist CMR-Vertrag insbesondere vom reinen Mietvertrag über ein Fahrzeug und vom Speditionsvertrag. Bei letzterem ist allerdings zu beachten, dass die CMR dann anzuwenden ist, wenn der Spediteur die Rechte und Pflichten eines Frachtführers hat.

314 **c) CMR-Frachtbrief.** Der Beförderungsvertrag wird in einem Frachtbrief in drei Originalausfertigungen ausgestellt. Zu den Frachtbriefangaben vgl. Art. 6 CMR. Der Absender haftet verschuldensunabhängig für alle Kosten und Schäden, die dem Frachtführer daraus entstehen, dass gewisse Frachtbriefangaben unrichtig oder unvollständig sind; der Frachtführer haftet in gleicher Weise, wenn der Frachtbrief keinen CMR-Vermerk trägt. Der Frachtbrief hat bis zum Nachweis des Gegenteils Beweiskraft für Abschluss und Inhalt des Beförderungsvertrags sowie für die Übernahme des Guts durch den Frachtführer. Enthält der Frachtbrief keine begründeten Vorbehalte des Frachtführers, erbringt er außerdem die widerlegliche Vermutung, dass das Gut und seine Verpackung bei Übernahme durch den Frachtführer äußerlich in gutem Zustand waren und mit den Angaben im Frachtbrief übereinstimmt.

315 **d) Rechte und Pflichten der Beteiligten.** Den Frachtführer trifft eine Prüfungsobliegenheit – nicht Pflicht, so jedenfalls die herrschende Meinung in Deutschland – dahingehend, bei der Übernahme des Guts die Richtigkeit der Angaben im Frachtbrief über die Anzahl der Frachtstücke, ihre Zeichen und Nummern und den äußeren Zustand des Guts und seiner Verpackung zu prüfen. Hat der Frachtführer Vorbehalte, so hat er diese in den Frachtbrief einzutragen. Versäumt er diese Obliegenheiten, verliert er seinen

Schadensersatzanspruch aus Art. 10 CMR und die Möglichkeit die Beweiskraft des Frachtbriefs zu zerstören.

Der Absender haftet dem Frachtführer verschuldensunabhängig für Schäden und Kosten, die durch mangelhafte Verpackung des Guts entstehen (Art. 10 CMR); eine Verpackungspflicht selbst sieht die CMR für den Absender nicht vor, so dass es wohl zulässig ist, vertraglich den Frachtführer zur Verpackung zu verpflichten und so der Absenderhaftung aus Art. 10 CMR die Grundlage zu entziehen. Der Absender hat ferner dem Frachtbrief die Urkunden beizugeben und Auskünfte zu erteilen, die vor Ablieferung des Guts für dessen amtliche (insbesondere Zoll-)Behandlung notwendig sind. Für Schäden infolge der Unrichtigkeit oder Unvollständigkeit der Urkunden und Auskünfte haftet der Absender dem Frachtführer, während der Frachtführer für die Folgen des Verlusts oder der unrichtigen Verwendung der Urkunden einzustehen hat. Der Absender hat den Frachtführer, wenn gefährliche Güter befördert werden sollen, auf die genaue Art der Gefahr aufmerksam zu machen und ihm zu ergreifende Vorsichtsmaßnahmen mitzuteilen, Art. 22 CMR.

Die Weisungsrechte von Absender und Empfänger sind in Art. 12 CMR geregelt. Zunächst ist der Absender berechtigt, über das Gut zu verfügen. Das Weisungsrecht geht auf den Empfänger über, sobald diesem die zweite Ausfertigung des Frachtbriefs übergeben wird oder er sein Recht bzw. Auslieferungsverlangen geltend macht; bei entsprechendem Absendervermerk im Frachtbrief kann dem Empfänger das Weisungsrecht auch schon von der Ausstellung des Frachtbriefs an zustehen. Kann der Frachtführer Weisungen nicht ausführen, so hat er unverzüglich den Weisungsgeber zu benachrichtigen; bei Nichtausführung von berechtigten Weisungen oder Ausführung von Weisungen, ohne die Vorlage der ersten Frachtbriefausfertigung verlangt zu haben, haftet der Frachtführer dem Berechtigten für den daraus entstehenden Schaden. Treten Beförderungshindernisse auf, so hat der Frachtführer Weisungen des Berechtigten einzuholen und notfalls selbst Maßnahmen zu ergreifen. Bei Ablieferungshindernissen sind Weisungen des Absenders einzuholen. Der Frachtführer hat grundsätzlich Anspruch auf Erstattung der Kosten, die ihm durch Einholung und Ausführung von Weisungen entstehen. Zum Ausladerecht des Frachtführers und Selbsthilfeverkauf vgl. Art. 16 Abs. 2 – 5 CMR.

Der Empfänger ist nach Ankunft des Guts am Ablieferungsort berechtigt, vom Frachtführer gegen Empfangsbestätigung und Tragung der aus dem Frachtbrief hervorgehenden Kosten die Übergabe der zweiten Frachtbriefausfertigung und des Guts zu verlangen sowie Schadensersatzansprüche geltend zu machen. Obgleich die Konvention Ersatzansprüche wegen Beschädigung des Guts nicht ausdrücklich erwähnt, kann der Empfänger nach herrschender Meinung auch solche Ansprüche geltend machen.

e) **Haftung des CMR-Frachtführers.** Der Frachtführer haftet – wie im deutschen Allgemeinen Frachtrecht, das in weiten Teilen den Bestimmungen der CMR nachgebildet ist – für Schäden aus Verlust (vgl. hierzu die Vermutungsregel in Art. 20 CMR) und Beschädigung des Guts während des Obhutszeitraums sowie für Lieferfristüberschreitung (definiert in Art. 19 CMR). Er hat dabei für das Verhalten seiner Bediensteten und anderer Personen, derer er sich zur Ausführung der Beförderung bedient, einzustehen. Nicht bevorrechtigte Haftungsausschlussgründe enthält Art. 17 Abs. 2 CMR. Der Frachtführer ist danach von seiner Haftung befreit, wenn der Schaden aus einem der folgenden von ihm zu beweisenden (Art. 18 Abs. 1 CMR) Umstände entstanden ist: Verschulden des Verfügungsberechtigten, vom Frachtführer nicht verschuldete Weisung, besondere Mängel des Guts sowie Umstände, die der Frachtführer nicht abwenden und deren Folgen er nicht vermeiden konnte. Bevorrechtigte Haftungsausschlüsse finden sich in Art. 17 Abs. 4 CMR, z. B. vereinbarte Verwendung von offenen Fahrzeugen (Buchst. a), Fehlen oder Mängel der Verpackung (Buchst. b). Auch die CMR kennt einen Schadensteilungsgrundsatz.

320 Die Höhe des vom Frachtführer bei Verlust und Beschädigung zu leistenden Ersatzes bestimmt sich grundsätzlich nach dem Wertersatzprinzip und ist beschränkt auf 8,33 SZR pro Kilogramm des Rohgewichts des Guts. Der Haftungshöchstbetrag kann durch Wertdeklaration oder Angabe eines besonderen Interesses im Frachtbrief erhöht werden, es ist dann aber auch ein Frachtzuschlag zu zahlen. Der Frachtführer kann sich auch nicht auf Haftungsausschlüsse und -beschränkungen berufen, wenn er Vorsatz oder ein Verschulden zu vertreten hat, das nach dem Recht des angerufenen Gerichts dem Vorsatz gleichsteht.

321 Auch gegenüber außervertraglichen Ansprüchen können sich sowohl der Frachtführer als auch die Personen, für deren Verhalten er einzustehen hat, auf die haftungsausschließenden und -beschränkenden Bestimmungen der CMR berufen.

Hat der Frachtführer nach dem Beförderungsvertrag eine Nachnahme einzuziehen und liefert er das Gut ab, ohne dieser Pflicht zu genügen, hat er dem Absender bis zum Betrag der Nachnahme Schadensersatz zu leisten.

Wichtige Vorschriften für die Anspruchsdurchsetzung enthalten Artt. 30 – 33 CMR: rechtswahrende Vorbehalte, internationale Gerichtszuständigkeit, Verjährung, Schiedsvereinbarung. Zu Haftung und Regress bei aufeinanderfolgenden Frachtführern vgl. Artt. 34 ff. CMR.

3. Eisenbahntransportrecht

322 Im Bereich der internationalen Eisenbahnbeförderung von Gütern gilt für Deutschland der Anhang B zur COTIF: die Einheitlichen Rechtsvorschriften für den Vertrag über die internationale Eisenbahnbeförderung von Gütern (CIM). Sie sind gemäß Art. 1 § 1 CIM grundsätzlich auf Sendungen von Gütern anwendbar, die mit durchgehendem Frachtbrief zur Beförderung auf einem Weg aufgegeben werden, der die Gebiete mindestens zweier Mitgliedstaaten berührt und ausschließlich gemäß Art. 3, 10 COTIF gelistete Linien umfaßt.

323 a) **Vertragsschluss.** Art. 3 CIM sieht eine Beförderungspflicht im Sinne eines Kontrahierungszwangs für die Eisenbahn vor. Voraussetzung für das Zustandekommen des Frachtvertrags ist die Annahme des Guts mit dem Frachtbrief zur Beförderung durch die Versandbahn. Der Frachtvertrag ist daher sowohl als Realvertrag (Annahme des Guts ist tatsächliche Voraussetzung) als auch als Formalvertrag (Frachtbrief ist formale Voraussetzung) einzuordnen.

324 b) **Frachtbrief.** Der CIM-Frachtbrief ist Voraussetzung für das Zustandekommen des Frachtvertrags. Er ist vom Absender ordnungsgemäß mit bestimmten Angaben ausgefüllt der Eisenbahn vorzulegen. Der Absender haftet – nach h. M. verschuldensunabhängig – für die Richtigkeit der Angaben im Frachtbrief. Der bei Annahme mit Tagesstempel oder maschinellem Buchungsvermerk versehene Frachtbrief dient als Beweis für den Abschluss und den Inhalt des Frachtvertrags.

325 c) **Rechte und Pflichten der Beteiligten.** Der Absender ist grundsätzlich berechtigt, den Beförderungsweg zu bezeichnen. Er hat das Gut so zu verpacken, dass es gegen Verlust und Beschädigung geschützt ist und nicht Personen verletzen oder Betriebsmittel beschädigen kann. Genügt die Verpackung diesen Anforderungen nicht, kann die Eisenbahn die Annahme des Guts verweigern oder einen Eintrag in den Frachtbrief verlangen. Der Absender haftet für Verpackungsmängel, die grundsätzlich von der Eisenbahn nachzuweisen sind. Er hat dem Frachtbrief die für die verwaltungsbehördliche Behandlung erforderlichen Papiere beizugeben. Für Unzulänglichkeiten der Papiere haftet der Absender, während die Eisenbahn für deren Verlust und ihre unrichtige Verwendung einzustehen hat. In Art. 30 CIM sind die Weisungsrechte des Absenders geregelt. Er kann z. B. die Rückgabe des Guts auf dem Versandbahnhof, das Anhalten des Guts oder die Ablieferung an einen anderen Empfänger verlangen. Das Weisungsrecht geht auf

Transport- und Speditionsverträge Kap. 3 § 5 C

den Empfänger über, wenn er den Frachtbrief eingelöst, das Gut angenommen, seine Rechte gemäß Art. 28 CIM § 4 geltend gemacht hat oder gemäß Art. 31 CIM verfügungsberechtigt ist. Kosten einer Verfügung, die die Eisenbahn nicht verschuldet hat, sind von dem Absender oder Empfänger zu tragen, die Eisenbahn haftet bei verschuldeter Nicht- oder Falschausführung. Zu Beförderungs- und Ablieferungshindernissen vgl. Artt. 33, 34 CIM.

Wem die Verladung obliegt, richtet sich in erster Linie nach den für den Versandbahnhof geltenden Vorschriften. Hat der Absender verladen, so haftet er für Schäden aus fehlerhafter Verladung. **326**

Der Eisenbahn obliegt die Zollbehandlung des Guts. Der Empfänger kann, sobald das Gut auf dem Bestimmungsbahnhof angekommen ist, von der Eisenbahn Übergabe des Frachtbriefs und Ablieferung des Guts verlangen und die Rechte aus dem Frachtvertrag im eigenen Namen geltend machen. Die Annahme des Frachtbriefs verpflichtet den Empfänger, der Eisenbahn den Betrag der auf ihn überwiesenen Forderungen der Eisenbahn zu zahlen.

d) **Haftung der Eisenbahn.** Die Eisenbahn, die das Gut zur Beförderung angenommen hat, haftet für deren Ausführung auf der ganzen Strecke bis zur Ablieferung; jede folgende Eisenbahn tritt durch die Übernahme des Guts mit Frachtbrief in den Frachtvertrag ein. Die Eisenbahn haftet – auch bezüglich ihrer Bediensteten und sonstigen Personen, deren sie sich zur Ausführung der Beförderung bedient – für Schäden durch Verlust und Beschädigung in der Zeit von der Annahme zur Beförderung bis zur Ablieferung sowie durch Überschreitung der Lieferfrist. Art. 36 § 2 CIM enthält nicht bevorrechtigte Haftungsausschlussgründe (die also von der Eisenbahn nachzuweisen sind): Verschulden des Berechtigten, nicht von der Eisenbahn verschuldete Weisung, besondere Mängel des Guts und Umstände, die die Eisenbahn nicht vermeiden und deren Folgen sie nicht abwenden konnte. Sog. bevorrechtigte Haftungsausschlussgründe (Schadenskausalität wird vermutet) enthält Art. 36 § 3 CIM: z. B. bestimmungsgemäße oder vereinbarte Beförderung in offenen Wagen, Verpackungsmängel, natürliche Beschaffenheit des Guts. **327**

Bei Verlust und Beschädigung schuldet die Eisenbahn Wertersatz bis zu einer Höchsthaftungssumme von 17 Rechnungseinheiten (SZR des IWF, Art. 7 CIM) sowie Erstattung von Fracht, Zöllen und sonstige aus Anlass der Beförderung gezahlte Beträge; bei Schäden aus Anlass einer Lieferfristüberschreitung – auch Beschädigungen des Guts – so ist die von der Eisenbahn zu leistende Entschädigung auf das Dreifache (Vierfache gemäß Art. 43 i. d. F. des Protokolls 1990) der Fracht begrenzt, Art. 43 CIM. **328**

Bei Vorsatz und grober Fahrlässigkeit schuldet die Eisenbahn vollen Schadensersatz, bei grober Fahrlässigkeit ist der Anspruch auf das Doppelte der sonst vorgesehenen Höchsthaftungsbeträge begrenzt.

Die Eisenbahn und ihre Leute können sich auch gegenüber außervertraglichen Ansprüchen auf die Haftungsausschlüsse und -beschränkungen der CIM berufen.

Zur Geltendmachung und Verjährung der Ansprüche vgl. Artt. 52 ff. CIM. Zum Verhältnis der Eisenbahnen untereinander vgl. Artt. 59 ff. CIM.

4. Lufttransportrecht

Für Deutschland gilt bei internationalen Lufttransporten das Montrealer Abkommen – MA 1999, welches teils die alten Vorschriften des Warschauer Abkommens von 1955 inkorporiert, aber in wesentlichen Punkten modernisiert und ergänzt worden ist. Es ist im wesentlichen dann anwendbar, wenn eine internationale Beförderung (Abgangs- und Bestimmungsort liegen in den Gebieten zweier Vertragsstaaten) von Personen, Reisegepäck oder Gütern durch Luftfahrzeuge gegen Entgelt erfolgt. (Im folgenden werden nur die Bestimmungen über die Güterbeförderung angesprochen.) **329**

330 a) **Vertragsschluss.** Der Luftfrachtvertrag ist Konsensualvertrag und an keine Form gebunden, insbesondere nicht von der Ausstellung eines Luftfrachtbriefes abhängig.

331 b) **Luftfrachtbrief.** Der Luftfrachtführer kann von dem Absender die Ausstellung eines Luftfrachtbriefs oder einer anderen Aufzeichnung verlangen, welche die Angaben über die auszuführende Beförderung enthält. Auf Bestand und Wirksamkeit des Frachtvertrags ist der Luftfrachtbrief ohne Einfluss. Der Luftfrachtbrief wird in drei Ausfertigungen ausgestellt und muss als Angaben enthalten: Abgangs- und Bestimmungsort, unter Umständen Zwischenlandepunkte, die Angabe des Gewichts der Sendung. Der Absender hat für die Richtigkeit der Angaben und Erklärungen über das Gut im Frachtbrief einzustehen. Der Frachtbrief erbringt den widerleglichen Beweis für den Abschluss des Vertrags, den Empfang des Guts und die Beförderungsbedingungen sowie über Gewicht, Maße und Verpackung des Guts und die Anzahl der Frachtstücke.

332 c) **Rechte und Pflichten der Beteiligten.** Der Absender ist, wenn er seine Verpflichtungen aus dem Frachtvertrag erfüllt, berechtigt, Weisungen zu erteilen. Er hat die entstehenden Kosten zu tragen. Der Luftfrachtführer haftet dem rechtmäßigen Besitzer des Luftfrachtbriefs für Schäden, die daraus entstehen, dass er Weisungen ausführt, ohne sich den Frachtbrief vorlegen zu lassen. Das Verfügungsrecht des Absenders erlischt, sobald das Recht des Empfängers gemäß Art. 13 MÜ 1999 entsteht, und lebt wieder auf, wenn der Empfänger die Annahme des Guts oder des Luftfrachtbriefs verweigert oder er nicht erreicht werden kann. Der Absender hat dem Frachtführer die für die verwaltungsbehördliche Behandlung des Guts notwendigen Auskünfte zu erteilen und Begleitpapiere auszuhändigen; erfüllt er diese Verpflichtungen nicht ordnungsgemäß, haftet er dem Frachtführer für alle daraus entstehenden Schäden.
Der Empfänger ist nach Ankunft des Guts am Bestimmungsort berechtigt, vom Luftfrachtführer die Aushändigung des Luftfrachtbriefs und die Ablieferung des Guts gegen Zahlung der geschuldeten Beträge und gegen Erfüllung der aus dem Frachtbrief hervorgehenden Beförderungsbedingungen zu verlangen.

333 d) **Haftung des Luftfrachtführers.** Der Luftfrachtführer hat den Schaden zu ersetzen, der durch Verlust, Zerstörung oder Beschädigung von Gütern entsteht, wenn das schadensursächliche Ereignis während der Luftbeförderung eingetreten ist. Der Frachtführer haftet auch für Verspätungsschäden. Die Haftung des Luftfrachtführers ist strikt, das heißt anders als noch im Warschauer Abkommen haftet er ohne Rücksicht auf Verschulden. Gegebenenfalls ist ein Mitverschulden des Geschädigten zu berücksichtigen. Zum Ausgleich für diese strikte Haftung bleibt die Haftungshöhe nach Art. 22 MÜ anderseits generell auf 17 SZR pro kg des Frachtguts beschränkt. Diese Haftungsbeschränkung bleibt auch bestehen, wenn dem Luftfrachtführer oder seinen Leuten ein besonders gravierendes Verschulden vorzuwerfen ist.

334 Der Unabdingbarkeit des Haftungslimits steht nach Art. 22 IV MÜ auf der anderen Seite eine prinzipiell zwingende Haftung des Luftfrachtführers ausgleichend gegenüber. Dessen Haftung hat, die Ausnahmetatbestände des Art. 18 MÜ ausgenommen, stets einen endgültigen Status. Der Absender hat jedoch die Möglichkeit mit Hilfe einer Wertdeklaration und eines Frachtzuschlags den realen Wert des Guts in den Frachtvertrag einzubringen, so dass er sich im Schadensfall nicht mit der Beschränkung auf 17 SZR pro kg zufrieden geben muss, sondern wertdeckenden Schadensersatz erhält.

5. Binnenschiffstransportrecht

335 Im Bereich der internationalen Binnenschiffahrt gibt es kein Übereinkommen, das internationale Beförderungsverträge regelt; lediglich der Europäische Verein für Binnenschiffahrt und Wasserstraßen hat 1993 den Entwurf eines Übereinkommens über die Güterbeförderung auf Binnenwasserstraßen vorgelegt. Jüngst in Kraft getreten und in das deutsche Recht umgesetzt ist allerdings das Straßburger Übereinkommen über die Beschränkung der Haftung in der Binnenschiffahrt (vom 4.11.1988), das Binnenschiffseignern gegenüber diversen Ansprüchen die Beschränkung ihrer Haftung auf bestimmte Höchstbeträge ermöglicht.

6. Multimodaler Transport

Für multimodale Transporte auf internationaler Ebene liegt das UN-Übereinkommen über den internationalen multimodalen Durchfrachtverkehr vom 24.5.1980 (MT-Übereinkommen) vor, das jedoch bislang nicht in Kraft getreten und von Deutschland auch nicht ratifiziert worden ist. Es folgt hinsichtlich der Haftung dem sog. Network-System mit Einheitshaftung, d. h. bei bekanntem Schadensort wird nach dem einschlägigen Teilstreckenrecht gehaftet, bei unbekanntem Schadensort gilt eine im Übereinkommen festgelegte Einheitshaftung. Regelungen für Einzelbereiche finden sich noch in Art. 2 CMR, Art. 2 § 2, Art. 3 § 3 COTIF, Art. 48 CIM und Art. 38 MÜ. **336**

D Internationales Wirtschaftsvertragsrecht

Klaus Bitterich

Kapitel 1 Einführung

337 Die internationale Verflechtung der Wirtschaft hat in den letzten Jahrzehnten stetig zugenommen. Verträge mit grenzüberschreitendem Bezug gehören angesichts der internationalen Arbeitsteilung heute zum Alltag vieler Unternehmen. Die Internationalisierung des Handels betrifft nicht nur Wirtschaftsverträge im engeren Sinne (business-to-business, „B2B"). Zunehmend wenden sich Unternehmen, nicht zuletzt aufgrund der sich durch das Internet bietenden Möglichkeiten, auch an im Ausland ansässige Privatkunden. Die Scheu vor der Anwendung fremden Rechts lässt innerhalb der Europäischen Union (EU) auf Seiten der Unternehmer wie auch der Verbraucher nach. Grenzüberschreitende business-to-consumer („B2C")-Verträge sind keine Seltenheit mehr. Der internationale Vertrag wirft im Vergleich zu einem reinen Inlandsfall zusätzliche Fragen auf. In welchem Staat kann im Fall einer Vertragsstörung Klage erhoben werden und wird das erstrittene Urteil auch im Ausland anerkannt und ggf. vollstreckt werden? Welches Recht wird das zuständige Gericht anwenden? Aus Sicht der Praxis ist dabei von großer Bedeutung, inwieweit die Vertragspartner diese Punkte selbst durch Vertragsgestaltung beeinflussen können, um Transaktionen zu vereinfachen und die Rechtssicherheit zu erhöhen.

§ 1 Überblick

338 Das internationale Wirtschaftsvertragsrecht umfasst nach dem hier zugrunde gelegten Verständnis drei Teilgebiete: Das internationale Schuldvertragsrecht, das internationale Einheitsrecht für Schuldverträge und das auf Vertragsklagen anwendbare internationale Zivilverfahrensrecht. **Internationales Schuldvertragsrecht** bezeichnet den Ausschnitt des Internationalen Privatrechts (IPR), der sich mit dem auf Wirtschaftsverträge anwendbaren Recht befasst. Dabei sind nicht notwendigerweise die Rechtsquellen international. Entscheidend ist, dass der betreffende Vertrag rechtserhebliche Bezüge zu den Rechtsordnungen zweier oder mehrerer Staaten aufweist. Die Vertragsrechtsordnungen dieser Staaten halten für eine bestimmte Rechtsfrage jeweils eigene Lösungen bereit, weshalb man sagen kann: sie kollidieren. Das IPR bezeichnet man deshalb auch als Kollisionsrecht oder „Recht über Rechte" (s. Kapitel 2). Die parallele Frage, vor den Gerichten welchen Staates oder welcher Staaten eine Vertragsklage erhoben werden kann, regeln die Zuständigkeitsvorschriften des **Internationalen Zivilverfahrensrechts** als „Recht über Gerichte" (s. Kapitel 3). Am Beispiel des Convention on the International Sale of Goods (UN-Kaufrecht, „CISG"[1]) ist auf völkervertragliches **Einheitsrecht** einzugehen, das den Rückgriff auf die Kollisionsnormen des IPR erübrigt, soweit ein Vertrag in seinen Anwendungs- und Regelungsbereich fällt (s. Kapitel 4).

---

1 Eine weitere gebräuchliche Bezeichnung lautet in Anknüpfung an den Umstand, dass das Übereinkommen von der United Nations Commission on International Trade Law UNCITRAL vorbereitet wurde: „UN-Kaufrecht".

Überblick   Kap. 1 § 1 D

Der internationale Wirtschaftsverkehr unterfällt noch zahlreichen weiteren Teildisziplinen, die dem Oberbegriff des Internationalen Wirtschaftsrechts zugeordnet werden können (z.B. Kartellrecht, Wettbewerbsrecht, Materien des öffentlichen Wirtschaftsrechts). Hinzu tritt das Wirtschaftsvölkerrecht, das vor allem im institutionellen Rahmen der WTO (World Trade Organisation) vereinbart wird (z.B. General Agreement on Tariffs and Trade, GATT; Agreement on Trade-Related Aspects of Intellectual Property Rights, TRIPS; Agreement on Government Procurement; GPA). **339**

I. Rechtsquellen

Vorschriften des internationalen Wirtschaftsvertragsrechts findet man in **Staatsverträgen**, im **europäischen Gemeinschaftsrecht** und im Übrigen im **autonomen nationalen Recht** der einzelnen Staaten. Auf die Ermittlung der anwendbaren Rechtsgrundlagen ist größte Sorgfalt zu verwenden.[2] In Deutschland ist das IPR im Einführungsgesetz zum BGB (EGBGB) kodifiziert.[3] Unmittelbar anwendbare Vorschriften des Rechts der Europäischen Union (vgl. Art. 1 EUV) gehen den Kollisionsnormen des EGBGB vor (vgl. Art. 3 Halbs. 1 Nr. 1 EGBGB). Dasselbe gilt für Staatsverträge, die unmittelbar anwendbares innerstaatliches Recht geworden sind (Art. 3 Halbs. 1 Nr. 2 EGBGB). **340**

1. Gemeinschaftsrecht

Das IPR des Wirtschaftsverkehrs wird in den Mitgliedstaaten der Europäischen Union mehr und mehr durch Verordnungen und Richtlinien dominiert. Nachdem sich die Rechtsangleichung lange Zeit auf das materielle Vertragsrecht konzentrierte, besitzt die EU inzwischen weitreichende Kompetenzen auf dem Gebiet der justiziellen Zusammenarbeit in Zivilsachen mit grenzüberschreitendem Bezug. Sie sind niedergelegt in **Art. 81 AEUV**, dessen Absatz 2 die betreffenden Teilgebiete aufzählt.[4] Zu beachten ist, dass Großbritannien, Irland und Dänemark an den Maßnahmen nach Art. 81 AEUV nicht von vornherein teilnehmen, sondern die Möglichkeit haben, nachträglich ihre Teilnahme an einzelnen Rechtsakten zu vereinbaren („opt in"). **341**

a) **Vorbemerkung: Verordnung und Richtlinie. Verordnungen** gelten in allen Mitgliedstaaten unmittelbar. Es bedarf keines Umsetzungsakts auf nationaler Ebene. Dementsprechend verweist Art. 3 S. 1 EGBGB schlicht auf die zum internationalen Vertrags- und Deliktsrecht ergangenen Rechtsakte. Verordnungen sind auf dem Gebiet des IPR das bevorzugte Rechtsetzungsinstrument, da sie sofort mit ihrem Inkrafttreten ohne Weiteres gemeinschaftsweit einheitliches Recht schaffen. **Richtlinien** bedürfen hingegen der Umsetzung in einzelstaatlichen Gesetzen (vgl. zu den Rechtsetzungsinstrumenten Art. 288 AEUV). Sie dienen nicht der Vereinheitlichung, sondern nur der Angleichung des Rechts der Mitgliedstaaten. Zu jeder Richtlinie sind daher 27 Umsetzungsgesetze zu beachten, was z.B. bei der „Binnenmarktklausel" des Art. 3 IV Rom I-VO eine Rolle spielt. **342**

b) **Rom I und Rom II-Verordnung.** Die zentrale Rechtsquelle des internationalen Schuldvertragsrechts ist die **Verordnung (EG) Nr. 593/2008** über das auf vertragliche Schuldverhältnisse anzuwendende Recht (**Rom I-VO**). Sie ist an die Stelle des Europä- **343**

---

2   Hilfreich ist beispielsweise die Sammlung „Internationales Privat- und Verfahrensrecht" von Jayme/Hausmann (15. Aufl. 2010).
3   Abrufbar unter www.gesetze-im-internet.de.
4   Zu Aktivitäten der EU auf dem Gebiet des Privatrechts gibt es mehrere Internetangebote; z.B. https://e-justice.europa.eu oder http://ec.europa.eu/civiljustice/index_de.htm.

D Kap. 1 § 1   Internationales Wirtschaftsvertragsrecht

ischen Schuldvertragsübereinkommens (EVÜ) von 1980 getreten, das seinerzeit in Rom als sog. begleitendes Gemeinschaftsrecht geschlossen wurde. Die Rom I-VO gilt für Verträge, die seit dem 17.12.2009 geschlossen wurden.[5] Das Kollisionsrecht der außervertraglichen Schuldverhältnisse ist in der **Verordnung (EG) Nr. 864/2007** über das auf außervertragliche Schuldverhältnisse anzuwendende Recht (**Rom II-VO**) vereinheitlicht, die seit dem 11.1.2009 gilt. Sie ist beispielsweise mit Blick auf die Anknüpfung vorvertraglicher Schuldverhältnisse oder mit Blick auf die Abwehr missbräuchlicher Allgemeiner Geschäftsbedingungen durch grenzüberschreitende Verbands-Unterlassungsklagen (vgl. BGH, 9.7.2009, Xa ZR 19/08, BGHZ 182, 24; BGH, 11.2.2010, I ZR 178/08, NJW 2010, 2661; BGH, 29.4.2010, Xa ZR 5/09, NJW 2010, 1958; BGH, 20.5.2010, Xa ZR 68/09, NJW 2010, 2719) für das internationale Wirtschaftsvertragsrecht von Interesse.

344   Nach Art. 25 Rom I-VO und Art. 28 Rom II-VO bleiben bestehende Staatsverträge, an denen Nichtmitgliedstaaten beteiligt sind, unberührt. Nur, soweit an einem kollisionsrechtlichen Staatsvertrag ausschließlich Mitgliedstaaten der EU beteiligt sind, beanspruchen die Rom-Verordnungen Vorrang. Neue Abkommen mit Drittstaaten fallen grds. in die Kompetenz der Gemeinschaft, die sie allerdings in Einzelfällen wieder auf einzelne Mitgliedstaaten zurückverlagern kann (Einzelheiten regelt die Verordnung (EG) Nr. 662/2009).

345   c) **Richtlinienkollisionsrecht.** Für das IPR der Schuldverträge relevante Kollisionsnormen finden sich auch in verschiedenen **Richtlinien zum Verbrauchervertragsrecht.** Sie sind dort als Annex zur jeweiligen Sachregelung aufgenommen worden, um den Harmonisierungserfolg und den darin begründeten Verbraucherschutz gegen eine nach dem Grundsatz der Parteiautonomie in der Regel zulässige Rechtswahl zugunsten drittstaatlichen Rechts abzusichern. Weist der betreffende Verbrauchervertrag einen „**engen Zusammenhang**" mit dem Gebiet eines Mitgliedstaats auf, so sind die Umsetzungsvorschriften dieses Mitgliedstaats ungeachtet der Wahl eines drittstaatlichen Rechts gleichwohl anzuwenden. Diesem Regelungskonzept entsprechende eigenständige Kollisionsnormen enthalten die Richtlinien 93/13/EWG (missbräuchliche Klauseln in Verbraucherverträgen), 94/47/EG (Teilzeitnutzungsrechte an Immobilien), 97/7/EG (Fernabsatz), 1999/44/EG (Verbrauchsgüterkauf), 2002/65/EG (Fernabsatz von Finanzdienstleistungen) sowie 2008/48/EG (Verbraucherkreditverträge). Diese Kollisionsnormen bleiben neben der Rom I-VO anwendbar (vgl. Art. 23 Rom I-VO), weshalb insoweit mit Art. 46b EGBGB eine besondere Vorschrift im EGBGB geschaffen werden musste.

346   Soweit rechtsangleichende Richtlinien auf dem Gebiet des Vertragsrechts keine Kollisionsnormen enthalten, kommt die **Durchsetzung ihrer sachrechtlichen Schutzvorschriften nach Maßgabe des „Ingmar"-Urteils des EuGH** in Betracht (EuGH, 9.11.2000, Rs. C-381/98, Slg. 2000, I-9305). Dort hat der EuGH ungeachtet der Wahl kalifornischen Rechts einen in der Handelsvertreterrichtlinie vorgesehenen Ausgleichsanspruch zuerkannt und zur Begründung auf den starken Bezug des Vertrags zur Gemeinschaft (ein kalifornisches Unternehmen hatte einen in England ansässigen Handelsvertreter, die Ingmar GB Ltd., mit dem Vertrieb in Großbritannien und Irland beauftragt) sowie den Schutz des Handelsvertreters und das Erfordernis der Wettbewerbsgleichheit verwiesen.

347   d) **EuGVO.** Auf dem Gebiet des internationalen Zivilverfahrensrecht hat die Gemeinschaft die **Verordnung (EG) Nr. 44/2001** über die gerichtliche Zuständigkeit und die

---

5   Für Dänemark gilt die Rom I-O nicht (s. Erwägungsgrund Nr. 46), so dass die dänischen Gerichte weiterhin das EVÜ anwenden. Umgekehrt wenden die Gerichte der anderen Mitgliedstaaten im Verhältnis zu Dänemark jedoch die Rom I-VO an (str.; a.A.: EVÜ).

Anerkennung und Vollstreckung von Entscheidungen in Zivil- und Handelssachen erlassen (**EuGVO**, auch: Brüssel I-VO). Sie trat an die Stelle des gleichnamigen Brüsseler Übereinkommens (EuGVÜ) von 1968, das wie das EVÜ als begleitendes Gemeinschaftsrecht geschaffen worden war.

e) **Sonstige Rechtsakte.** Hinzu treten Rechtsakte zu verfahrensrechtlichen Fragen wie die Verordnung über die Zustellung gerichtlicher und außergerichtlicher Schriftstücke (Nr. 1393/2007; EuZVO) und über die Zusammenarbeit auf dem Gebiet der Beweisaufnahme (Nr. 1206/2001; EuBVO). Eigenständige europäische Erkenntnisverfahren schaffen die praktisch bereits sehr relevante Verordnung über das europäische Mahnverfahren (Nr. 1896/2006; EuMahnVO) sowie die Verordnung über die Durchsetzung geringfügiger Forderungen (Nr. 861/2007; EuBagatellVO). Im Bereich der Vollstreckung ist mit Blick auf unbestrittene Forderungen die Verordnung Nr. 805/2004 zu beachten.

348

2. Einheitsrecht

International durch Staatsverträge vereinheitlichtes Recht findet man im Bereich des Kollisions- wie auch das Sachrechts. Einen institutionellen Rahmen bieten Einrichtungen wie **UNCITRAL** (United Nations Commission on International Trade Law), die durch den Beitritt der EU im Jahr 2007 nochmals „aufgewertete" **Haager Konferenz für Internationales Privatrecht** (HCCH) oder **UNIDROIT** (International Institute for the Unification of Private Law). Zu den vereinheitlichten handelsrechtlichen Materien gehören beispielsweise das Kaufrecht (vgl. insb. das schon erwähnte UN-Kaufrecht) und der Beförderungsvertrag im internationalen Straßengüterverkehr (CMR).

349

3. Einzelstaatliches Recht

Ist kein Rechtsakt der Europäischen Union und auch kein völkerrechtlicher Vertrag anwendbar, entscheidet das deutsche unvereinheitlichte Recht (autonomes Recht).

350

4. Nichtstaatliches Recht

Neben dem staatlich gesetzten förmlichen Recht existieren zahlreiche in privater Regie geschaffene, zunächst unverbindliche Regelwerke („soft law") auf dem Gebiet des internationalen Handels. Da sich staatliche Gerichte im Anwendungsbereich der Rom I-Verordnung an ein von staatlichem Recht gestelltes Vertragsstatut halten müssen, ist die Berücksichtigung von „soft law" nur als materielle vertragliche Regelung der Parteien möglich, mithin in den Grenzen des Vertragsstatuts (s. unten 2. Kap., § 2 II). In der Schiedsgerichtspraxis besteht hier mehr Flexibilität.

351

II. Wechselwirkung zwischen IPR und Rechtsvereinheitlichung

Die Frage, welche Rechtsordnung das Vertragsstatut stellt, verliert in dem Maße an Bedeutung, in dem die Staaten ihre Rechtsordnungen angleichen. Sieht sowohl das Vertragsrecht eines Staates A als auch dasjenige eines Staates B die Widerruflichkeit von über das Internet geschlossenen Kaufverträgen vor, wobei A eine Frist von einer Woche, B dagegen von zwei Wochen festlegt, so besteht eine hinsichtlich Art und Voraussetzungen des Käuferrechtsbehelfs einheitliche Rechtslage, während der Unterschied in der Frist nach wie vor streitentscheidende Bedeutung haben kann. Erst wenn die beiden Staaten ihr Recht im Wortsinn vereinheitlichen, also auch die Frist identisch regeln,

352

verliert die IPR-Frage ihre Bedeutung vollständig. Ein Beispiel für diese **Wechselwirkung** ist das UN-Kaufrecht. Es verdrängt als Einheitsrecht in seinem Anwendungs- und Regelungsbereich das IPR. Das Vertragsstatut muss nur noch herangezogen werden, soweit eine kaufrechtliche Frage außerhalb des Regelungsbereichs des UN-Kaufrechts liegt oder das UN-Kaufrecht insoweit eine Lücke aufweist (vgl. Art. 7 CISG; s. unten Kap. 4 § 1 IV). Deutlich zu beobachten ist die beschriebene **Wechselwirkung** ferner mit Blick auf die Bemühungen um die Harmonisierung des Rechts der Mitgliedstaaten der EU. Die Gemeinschaft strebt diese Harmonisierung im wirtschaftsrelevanten Bereich zur Vollendung des Binnenmarkts an (Abbau von Handelshemmnissen; vgl. Art. 114 AEUV), längst aber auch darüber hinaus im Rahmen ihrer anderen Ziele wie dem, einen Raum der Freiheit, der Sicherheit und des Rechts zu schaffen (vgl. Art. 67 AEUV). So hat die Gemeinschaft im Bereich des Verbrauchervertragsrechts zahlreiche Richtlinien erlassen, die einen Mindestschutz der Verbraucher festlegen. Die Verbraucher können diesen Mindestschutz – in Gestalt des jeweiligen Umsetzungsgesetzes – in jedem Mitgliedstaat erwarten. Welches Recht zur Anwendung kommt, ist innerhalb der EU sonach von vergleichsweise geringerer Bedeutung als im Verhältnis zu Drittstaaten. Dass die EU aus Sicht des IPR zu einem einheitlichen Rechtsraum zusammenwächst, bringt Art. 3 IV Rom I-VO zum Ausdruck, der die herkömmliche Regelung zum Inlandssachverhalt auf den Wirtschaftsraum der Gemeinschaft überträgt (s. unten Kap. 2, § 3 VI 1.). In Erwägungsgrund 14 wird zudem darauf hingewiesen, die Gemeinschaft könne künftig einen Rechtsakt auf dem Gebiet des materiellen Vertragsrechts schaffen und dort vorsehen, dass dieser Rechtsakt auf den Vertrag anzuwenden ist. Hintergrund sind die seit einiger Zeit laufenden Bemühungen um eine umfassendere Harmonisierung des Vertragsrechts der Mitgliedstaaten. Ein Entwurf für einen **Gemeinsamen Referenzrahmen** (Draft Common Frame of Reference) ist bereits erarbeitet worden. Er könnte nach seiner Verabschiedung zu einem optionalen Regelwerk ausgebaut werden und in fernerer Zukunft möglicherweise in ein gemeinsames Vertrags- oder gar Zivilgesetzbuch der EU münden.

§ 2 Grundlagen des internationalen Privatrechts

353 Die Aufgabe, über kollidierende Regelungsansprüche verschiedener Rechtsordnungen zu entscheiden, kommt im IPR in erster Linie den Kollisionsnormen zu. Sie bestimmen in der Rechtsfolge (Verweisung), welches materielle Recht auf einen bestimmten Sachverhalt mit Auslandsberührung anzuwenden ist. Das zur Anwendung berufene materielle Recht nennt man auch Sachrecht (lex causae). Die Kenntnis der Kollisionsnormen der Rom I-VO allein reicht für die Lösung von Rechtsfragen internationaler Verträge indes nicht aus. Ihre Anwendung baut auf allgemeinen Lehren auf, welche die in der Zuständigkeit der EU geschaffenen Rechtsakte (bisher) nicht umfassend kodifizieren. Die beiden Rom-Verordnungen enthalten nur punktuelle Regelungen, etwa in Art. 20 und Art. 22 Rom I-VO zur Verweisung, in Art. 9 Rom I-VO zur Problematik der Eingriffsnormen und in Art. 21 Rom I-VO zum Vorbehalt der öffentlichen Ordnung („ordre public"). Im Übrigen ist nach wie vor auf die allgemeinen Lehren des IPR, soweit sie für das Schuldvertragsrecht relevant sind, zurückzugreifen.

Grundlagen des internationalen Privatrechts Kap. 1 § 2 D

I. Grundregeln der Anknüpfung

Das IPR versucht, jedes Rechtsverhältnis nach Maßgabe der internationalprivatrechtlich relevanten Interessen am richtigen Ort zu lokalisieren. Der Gesetzgeber bzw., bei entsprechend offen formulierten Kollisionsnormen, der Rechtsanwender sucht nach dem „Sitz des Rechtsverhältnisses". Es muss eine Verbindung der Rechtsfrage bzw. des ihr zugrundeliegenden Sachverhalts (Anknüpfungsgegenstand) mit der Rechtsordnung hergestellt werden, die über die Rechtsfrage entscheiden soll. Zu diesem Zweck muss der Gesetzgeber zunächst festlegen, für welche **Anknüpfungsgegenstände** es einer jeweils eigenen Kollisionsnorm bedarf. Dabei werden Systembegriffe wie Eheschließung, Scheidung, Unterhalt, Abstammung, Rechtsnachfolge von Todes wegen, Verfügung von Todes wegen, unerlaubte Handlung oder – im hier relevanten Bereich – Vertrag bzw. Verbrauchervertrag, Form, Stellvertretung und ungerechtfertigte Bereicherung verwendet. **354**

1. Kollisionsnormen

Jede Kollisionsnorm erklärt ein oder mehrere Elemente (Auslandsbezüge) eines grenzüberschreitenden Sachverhalts für maßgeblich, um den entscheidenden räumlichen Bezug herzustellen. Die betreffenden Sachverhaltselemente nennt man auch **Anknüpfungspunkte** (oder Anknüpfungsmomente). Kollisionsnormen beinhalten sonach in der Regel einen Anknüpfungsgegenstand, einen oder mehrere Anknüpfungspunkte sowie, in der Rechtsfolge, die **Verweisung** auf das Recht des Staates, zu dem der maßgebliche räumliche Bezug besteht. Am Beispiel des Art. 4 I lit. a Rom I-VO: Anknüpfungsgegenstand ist der „Kaufvertrag". Anknüpfungspunkt ist – mangels einer Rechtswahl – im Fall eines Kaufs beweglicher Sachen der „gewöhnliche Aufenthalt" des Verkäufers. Liegt dieser in Frankreich, wird auf das französische Kaufrecht verwiesen. Das so berufene Recht ist das Vertragsstatut. **355**

2. Qualifikation

Der Rechtsanwender muss entscheiden, bei welcher Kollisionsnorm er die sich ihm stellende Rechtsfrage einzuordnen hat. Er muss den sachlichen Anwendungsbereich der Kollisionsnorm bestimmen und prüfen, ob seine Rechtsfrage in den Anwendungsbereich fällt. Die Subsumtion der Rechtsfrage bzw. des ihr zugrundeliegenden Sachverhalts unter die Systembegriffe (Anknüpfungsgegenstände) der Kollisionsnormen wird auch **Qualifikation** genannt. **356**

a) **Beispiel 1: bei Vertragsschluss einzuhaltende Förmlichkeiten.** Beispielsweise können Vorschriften über beim Abschluss von Verträgen einzuhaltende **Förmlichkeiten als Formvorschriften, als materielle Wirksamkeitsvoraussetzungen oder als Beweisvorschriften** zu qualifizieren sein. In der ersten Variante unterfallen sie dem Formstatut gem. Art. 11 Rom I-VO, in der zweiten dem Vertragsstatut gem. Art. 3 ff. Rom I-VO und in der letzten Variante schließlich als Verfahrensrecht dem Recht des angerufenen Gerichts (lex fori). In Zweifelsfällen ist entscheidend, ob die Vorschrift typischen Formzwecken dient, etwa dem Schutz vor Übereilung oder der Beweissicherung. So wird Art. 1341 des französischen Code Civil, wonach für Geschäfte über mehr als eine durch Dekret bestimmte Summe (derzeit 1.500 €) die Errichtung einer privatschriftlichen oder notariellen Urkunde vorgeschrieben und bei Nichtbeachtung der Zeugenbeweis ausgeschlossen ist, als Formvorschrift qualifiziert. Ein anderer Bereich sind Vorschriften über die Vertragssprache. Während etwa § 483 I BGB (Vertragssprache bei Timesharing-Verträgen) die Anforderungen an eine Formvorschrift eindeutig erfüllt, ist **357**

D Kap. 1 § 2　　　　　　　　　　　Internationales Wirtschaftsvertragsrecht

dies bei Regelungen zur Verwendung der Landessprache schwerer zu beurteilen, etwa im Fall des französischen „Loi ñ94-665 relative à l'emploi de la langue française"⁶, das sowohl dem Erhalt der Landessprache als Kulturgut als auch dem Schutz der schwächeren Vertragspartei im Bereich von Verbraucher- und Arbeitsverträgen dient. Hier kommt auch eine Sonderanknüpfung als Eingriffsnorm in Betracht (Art. 9 Rom I-VO), deren Durchsetzung allerdings im Verhältnis zu anderen EU-Mitgliedstaaten wegen Verstoßes gegen die Grundfreiheiten scheitern kann (vgl. EuGH, 12.9.2000, Rs. C-366/98, Slg. 2000, I-.6579).

358 b) **Beispiel 2: Einschränkung der Erfüllungsklage im englischen Recht.** Ein weiteres Beispiel ist die Qualifikation der englischen Common Law-Regel, wonach aus Verträgen regelmäßig nicht auf Erfüllung geklagt werden kann.⁷ Bei englischem Vertragsstatut hängt der Erfolg der Erfüllungsklage davon ab, ob man diese Doktrin materiell-rechtlich (Anwendung des englischen Rechts) oder prozessrechtlich (Anwendung der deutschen lex fori) qualifiziert (vertiefend v. Bar/Mankowski, IPR I, 2. Aufl. 2003, § 5 Rn. 77 ff.).

3. Verweisung

359 Eine Kollisionsnorm verweist als Rechtsfolge auf das Recht des Staates, zu dem die relevante räumliche Beziehung besteht. Diese Verweisung umfasst in der Regel auch die Vorschriften des IPR des betreffenden Staates (vgl. Art. 4 I EGBGB). Man spricht dann von Gesamtnormverweisung.

360 a) **Sachnormverweisung.** Im Internationalen Vertragsrecht sind dagegen **Sachnormverweisungen** der Regelfall. Bisweilen ergibt sich das schon aus der Kollisionsnorm selbst (s. etwa Art. 11 I Rom I-VO: „des nach dieser Verordnung anzuwendenden materiellen Rechts"). Im Übrigen sieht Art. 20 Rom I-VO vor, dass grds. auf die Rechtsnormen der betreffenden Rechtsordnung unter Ausschluss derjenigen des IPR verwiesen wird. Man spricht dann von Sachnormverweisung (vgl. auch Art. 3a I EGBGB). Die Kollisionsnormen der Rom I-VO berufen also, soweit nichts anderes bestimmt ist, stets das interne Vertragsrecht des Staates, dessen Recht Vertragsstatut ist. Da sein Kollisionsrecht nicht geprüft wird, wirkt es sich nicht aus, wenn die betreffende Rechtsfrage dort anders angeknüpft wird. Sachnormverweisungen schließen eine Rück- oder Weiterverweisung (renvoi) aus. Verweisungsziel kann nach dem Prinzip der universellen Anwendung (Art. 2 Rom I-VO) das Recht jedes Staats sein. Es spielt keine Rolle, ob es sich um einen Mitgliedstaat der EU oder einen Drittstaat handelt.

361 b) **Mehrrechtsstaaten.** Verfügt ein Staat über kein einheitliches Vertragsrecht, sondern über mehrere Teilrechtsordnungen für verschiedene Teile seines Staatsgebiets, spricht man von Mehrrechtsstaaten. Hier stellt sich das Problem der Unteranknüpfung, denn mit dem Verweis auf das Recht beispielsweise der USA oder Großbritanniens ist es nicht getan: Es muss auch festgelegt werden, das Recht welchen Einzel- bzw. Bundesstaates zur Anwendung berufen ist. Nach Art. 22 I Rom I-VO gilt in einem solchen Fall für die Zwecke der Verweisung jede Gebietseinheit als Staat. Ist der gewöhnliche Aufenthalt des Verkäufers maßgeblich und befindet sich dieser in London, so ist englisches Recht anzuwenden, befindet er sich in Edinburgh, schottisches Recht.

362 c) **Einseitige und allseitige Kollisionsnormen.** Soweit Kollisionsnormen, wie in aller Regel, zur Anwendung fremden Rechts führen können, spricht man von allseitigen

---

6　Deutsche Übersetzung: www.culture.gouv.fr/culture/dglf/lois/loi-all.htm. Vergleichbare Regelungen bestehen in den baltischen Staaten.
7　Zum „decree of specific performance" als „equitable remedey" s. Zweigert/Kötz, Einführung in die Rechtsvergleichung, 3. Aufl. 1996, § 35 IV, S. 477 ff.

Grundlagen des internationalen Privatrechts Kap. 1 § 2 D

Kollisionsnormen. Das Gegenstück sind einseitige Kollisionsnormen. Sie bestimmen nur, wann auf eine bestimmte Rechtsfrage das inländische Recht (lex fori) anzuwenden ist. Einseitige Kollisionsnormen sind im modernen IPR unerwünscht, unter anderem weil sie keinen internationalen Entscheidungseinklang ermöglichen. Im internationalen Vertragsrecht sind einseitige Kollisionsnormen eine seltene Ausnahme, jedoch finden sich nach wie vor einseitige Elemente, etwa wenn Art. 6 Rom I-VO nur Verbraucher schützt, die ihren gewöhnlichen Aufenthalt in einem Mitgliedstaat der EU haben (dies obwohl der EU-Bezug spezifisch in Art. 3 IV Rom I-VO und im Richtlinienkollisionsrecht, Art. 46b EGBGB, geregelt ist).

4. Auslegung

Die europäischen Rechtsakte auf dem Gebiet des IPR sind autonom und, soweit möglich, einheitlich auszulegen (vgl. Erwägungsgrund Nr. 7, wonach der materielle Anwendungsbereich und die Vorschriften der Rom I-VO in Einklang mit der EuGVO und der Rom II-VO stehen sollen, was insbesondere das Erfordernis einer einheitlichen Auslegung umfasst; vgl. ferner Erwägungsgründe Nr. 15 und Nr. 17 zur Rom I-VO). Bestehen Zweifel über den Inhalt einer Vorschrift des Gemeinschaftsrechts, haben die Gerichte der Mitgliedstaaten die Möglichkeit, letztinstanzlich entscheidende Gerichte die Pflicht, die Frage dem EuGH zur Vorabentscheidung vorzulegen. Die Urteile des EuGH[8] sind bei der Anwendung der Gemeinschaftsvorschriften auf dem Gebiet des IPR von größter Bedeutung, um eine einheitliche Anwendung sicherzustellen. Die **europäisch-autonome Auslegung** ist bei der Qualifikation von besonderer Bedeutung. Wenn die Gerichte verschiedener Mitgliedstaaten Begriffe wie „Zivil- und Handelssache" oder „Vertrag" unterschiedlich auslegen würden, wäre der Harmonisierungserfolg der Rom I-VO erheblich geschmälert. Dasselbe gilt für die in den Kollisionsnormen verwendeten Anknüpfungspunkte. Beispielsweise bietet das Merkmal des „Ausrichtens" einer kommerziellen Tätigkeit auf das Gebiet eines Mitgliedstaats (vgl. Art. 4 I lit. b Rom I-VO, ferner Art. 15 I lit. c EuGVO) einen vergleichsweise großen Interpretationsspielraum. Hier müssen die Gerichte auf die Rechtsprechung anderer Mitgliedstaaten achten und bei Unklarheiten dem EuGH Gelegenheit zur Vorabentscheidung einräumen (was der österreichische Oberste Gerichtshof in den verbundenen Rs. „Pammer" und „Hotel Alpenhof" jüngst auch getan hat, s. unten IV 2 b). Der Grundsatz der autonomen Auslegung gilt im Übrigen selbstverständlich auch für staatsvertraglich vereinheitlichte Kollisionsnormen und internationales Einheitsrecht wie das UN-Kaufrecht (vgl. Art. 7 I CISG; Art. 18 EVÜ).

363

II. Ergänzungen

1. Erstfrage / Vorfrage

Sieht eine Rechtsnorm das Bestehen eines bestimmten Rechtsverhältnisses als ein Merkmal ihres Tatbestands vor, muss zunächst über diese „Vorfrage" entschieden werden. So setzt die Mithaftung des Ehegatten bei Vertragsschlüssen aus dem alltäglichen Lebensbereich gem. § 1357 I BGB das Bestehen einer Ehe voraus. Da Vorfragen in der Regel selbständig (nach dem IPR der lex fori) angeknüpft werden, ist im hier gewählten Beispiel das **vorgreifliche Rechtsverhältnis** der Ehe nach dem Statut der Eheschließung (Art. 13 EGBGB) zu beurteilen. Die Hauptfrage – Bestehen eines An-

364

---

8   Abrufbar unter www.curia.europa.eu.

spruchs gegen den Ehegatten – unterliegt, je nachdem, ob man die Ehegattenmithaftung vertraglich oder eherechtlich qualifiziert, dem Vertragsstatut (Art. 4 Rom I-VO) oder dem Ehewirkungsstatut (Art. 14 EGBGB). Taucht das vorgreifliche Rechtsverhältnis schon im Tatbestand einer Kollisionsnorm auf, handelt es sich um eine sog. Erstfrage. Auch Erstfragen sind regelmäßig selbständig anzuknüpfen.

2. Substitution

365 Rechtsnormen des materiellen Rechts, die – wie z.B. § 311b I BGB (Verträge über Grundstücke) die notarielle Beurkundung – ein bestimmtes Rechtsinstitut als Tatbestandselement voraussetzen, gehen implizit davon aus, dass sich die hierfür notwendigen Schritte im Inland vollziehen. Damit ist allerdings nicht gesagt, dass vergleichbare Vorgänge, die im Ausland vollzogen wurden, unbeachtlich sind. Die Frage, ob **ein Tatbestandselement substituierbar** ist, muss für jede Vorschrift gesondert geprüft werden. Bejaht man die grundsätzliche Substituierbarkeit, ist weiter zu prüfen, ob das fremde Rechtsinstitut nach seiner Funktion und seinen rechtlichen Wirkungen dem zu substituierenden Rechtsinstitut der lex causae im Zusammenhang mit der konkret zu prüfenden Sachnorm gleichwertig ist.

366 Geht es beispielsweise um die Substitution des deutschen Rechtsinstituts der notariellen Beurkundung, ist zu prüfen, ob die ausländische Beurkundungsperson nach dem von ihm zu beachtenden Verfahrensrecht eine vergleichbare Funktion mit vergleichbaren Pflichten wie ein deutschen Notar ausübt, so dass der nach ausländischem Recht erfolgte notarielle Rechtsakt die mit der im deutschen Recht vorgesehenen Beurkundungspflicht verfolgten Zwecke im Wesentlichen genauso erfüllen kann (s. BGH, 16.2.1981, II ZB 8/80, BGHZ 80, 76, 79: Gleichwertigkeit der Beurkundung einer GmbH-Satzungsänderung durch einen schweizerischen Notar bejaht). Problematisch ist dies insbesondere mit Blick auf die Belehrungspflicht, da ausländische Beurkundungspersonen nicht hinreichend über das deutsche Recht werden aufklären können. Substitution ist dann nur möglich, wenn nach der betreffenden Sachnorm die Belehrung verzichtbar ist und in der Beauftragung der ausländischen Beurkundungsperson ein konkludenter Verzicht gesehen werden kann.

3. Teilfragen

367 Bestimmte Rechtsfragen, die sich bei der Beurteilung vertraglicher Schuldverhältnisse stellen können, erfordern **eine eigenständige kollisionsrechtliche Beurteilung**. Sie unterfallen daher nicht dem Vertragsstatut, sondern unterliegen als Teilfragen einer je besonderen Kollisionsnorm. Teilfragen sind die Form des Rechtsgeschäfts, die Rechts-, Geschäfts- und Handlungsfähigkeit sowie die Stellvertretung (dazu unten Kapitel 2, § 10).

III. Korrektur der Verweisung durch den ordre public-Vorbehalt

368 Der IPR-Gesetzgeber lässt es im Ausgangspunkt zu, dass die Anwendung der Vorschriften des Vertragsstatuts zur Ausschaltung seiner intern zwingenden Vorschriften führen kann. Dieses Prinzip unterliegt auf kollisionsrechtlicher Ebene mehreren Einschränkungen, namentlich im Bereich des Inlands- oder Binnenmarktssachverhalts (Art. 3 III, IV Rom I-VO), teilweise auch im Bereich der besonderen Anknüpfungen bestimmter Vertragstypen (Art. 5 bis 8 Rom I-VO, Art. 46b EGBGB). Zwei weitere wichtige Einschränkungen nehmen ihren Ausgangspunkt auf der Ebene des Sachrechts: Die

sogleich anzusprechende Sonderanknüpfung von Eingriffsnormen (Art. 9 Rom I-VO) und der Vorbehalt der öffentlichen Ordnung (französisch: ordre public; Art. 21 Rom I-VO). Da jeder Gesetzgeber im Rahmen seiner verfassungsmäßigen, politischen und religiösen Wertvorstellungen agiert, ist es denkbar, dass **die Anwendung fremden Rechts zu einem Ergebnis führt, dass mit den wesentlichen Grundsätzen des Rechts des angerufenen Gerichts unvereinbar ist.** Das Kollisionsrecht darf ein deutsches Gericht nicht dazu zwingen, solche Grundwertungen sowie insbesondere die eigene Verfassung zu verletzen. Daher ermöglicht der ordre public-Vorbehalt die Korrektur der Verweisung: Sachnormen eines ausländischen Vertragsstatuts, die im Einzelfall zu einem mit der öffentlichen Ordnung des Staates des angerufenen Gerichts in untragbarem Konflikt stehenden Ergebnis führen, bleiben danach unangewendet. Angesichts der dem Kollisionsrecht zugrunde liegenden Prämisse von der **Gleichwertigkeit der Rechtsordnungen** muss es sich jedoch um Ausnahmefälle handeln. Eine zu großzügige Handhabung gefährdet den internationalen Entscheidungseinklang, zudem läuft die hiervon begünstigte Partei Gefahr, dass sich ausländische Staaten weigern, ein auf den ordre public-Vorbehalt gestütztes Urteil anzuerkennen und zu vollstrecken (vgl. auch 2. Kap., § 6).

IV. Eingriffsnormen

Eingriffsnormen dienen, anders als der ordre public-Vorbehalt, nicht der „Abwehr" fremden Rechts im Einzelfall, sondern der generellen **Durchsetzung eigenen zwingenden Rechts mit spezifischem meist wirtschafts- oder sozialpolitischem Gehalt gegen das Vertragsstatut.** Art. 9 I Rom I-VO enthält eine Legaldefinition der Eingriffsnorm. Unter dem Aspekt der Anknüpfungsmethode ist ihr wesentliches Charakteristikum, dass sie ungeachtet des auf den Vertrag nach den Art. 3 ff. Rom I-VO anzuwendenden Rechts auf alle Sachverhalte anzuwenden sind, die in ihren Anwendungsbereich fallen. Eingriffsnormen bestimmen ihren internationalen Geltungsanspruch selbst, ohne Umweg über die Kollisionsnormen der Rom I-Verordnung. Sie unterliegen einer Sonderanknüpfung (weitere Einzelheiten unten 2. Kap., § 7).

369

Kapitel 2 Die Rom I-Verordnung

Die Rom I-Verordnung hat das internationale Schuldvertragsrecht aus dem begleitenden, auf Staatsverträgen der Mitgliedstaaten beruhenden Gemeinschaftsrecht in einen Rechtsakt nach Art. 288 AEUV überführt. Ihre Regelungen basieren auf dem EVÜ, jedoch wurden zahlreiche Bestimmungen zum Teil erheblich überarbeitet (z.B. die Vorschriften zur objektiven Anknüpfung gem. Art. 4 Rom I-VO oder zu den Verbraucherverträgen nach Art. 6 Rom I-VO) bzw. neu geschaffen (z.B. die Regelung der Rechtswahl im „Binnenmarktsachverhalt" gem. Art. 3 IV Rom I-VO). Wie allen Verordnungen ist auch der Rom I-VO eine Präambel vorangestellt, die einige Erwägungsgründe beinhaltet, von denen sich der Gemeinschaftsgesetzgeber hat leiten lassen und die zur Auslegung der Vorschriften des normativen Teils herangezogen werden können. Ferner ergeben sich daraus die übergreifenden Ziele der Verordnung: Förderung der Rechtssicherheit, insbesondere der Vorhersehbarkeit des anzuwendenden Rechts, sowie Förderung des reibungslosen Funktionierens des Binnenmarkts durch einheitliche Kollisionsnormen (Erwägungsgrund Nr. 6 und Nr. 16). Auch inhaltliche Leitlinien werden benannt, etwa die freie Rechtswahl (Erwägungsgrund Nr. 11), der Grundsatz der eng-

370

sten Verbindung (Erwägungsgrund Nr. 19-21) oder der kollisionsrechtliche Schutz des schwächeren Vertragspartners (Erwägungsgrund Nr. 23).

§ 1 Anwendungsbereich

371 Nach Art. 288 II AEUV sind Verordnungen in all ihren Teilen verbindlich und gelten in jedem Mitgliedstaat der EU unmittelbar. Bereits hingewiesen wurde auf die Sonderrolle Großbritanniens, Irlands und Dänemarks im Bereich der justiziellen Zusammenarbeit. Im Wege eines „opt in" ist die Rom I-Verordnung allerdings auch für Irland und Großbritannien verbindlich geworden. Außen vor bleibt Dänemark (vgl. oben Fußn. 5).

I. Sachlicher Anwendungsbereich

372 Gem. Art. 1 I Rom I-VO gilt die Verordnung für vertragliche Schuldverhältnisse in Zivil- und Handelssachen, die eine Verbindung zum Recht verschiedener Staaten aufweisen.

1. Begriff des Vertrags

373 Der Vertragsbegriff soll nach Erwägungsgrund Nr. 7 im Einklang mit der EuGVO ausgelegt werden, so dass auf die EuGVO bzw. zur Vorgängerregelung des EuGVÜ ergangene Rechtsprechung zurückgegriffen werden kann. Zu Schwierigkeiten kam es in letzter Zeit mit Blick auf die Vertriebspraxis der „Gewinnzusagen" (im deutschen Recht § 661a BGB, in Österreich § 5j KSchG). Der EuGH hat sie in einem zuständigkeitsrechtlichen Vorabentscheidungsverfahren zu Art. 15 I lit. c EuGVO als Vertrag eingeordnet, sofern der Urheber der Gewinnmitteilung klar seinen Willen zum Ausdruck bringt, im Fall einer Annahme durch die andere Partei (durch Geltendmachen des Gewinns) an seine Verbindlichkeit gebunden zu sein, indem er sich bedingungslos bereit erklärt hat, den fraglichen Preis an Verbraucher auszuzahlen, die darum ersuchen (vgl. EuGH, 14.5.2009, Rs. C-180/06, Slg. 2009, I-3961). Diese Auslegung, wonach auch einseitige Verpflichtungen ausreichen, ist auf die Rom I-Verordnung übertragbar.

2. Einordnung der culpa in contrahendo

374 Art. 1 II Rom I-VO enthält einen Katalog ausgeschlossener Materien. Nicht unter die Rom I-Verordnung fallen danach u.a. Schuldverhältnisse aus Verhandlungen vor Abschluss eines Vertrags. Sie werden im Einklang mit der vom EuGH zur EuGVO vertretenen Auffassung (EuGH, 17.9.2002, Rs. C-334/00, Slg. 2002, I-7357 Rn. 25: Abbruch der Vertragsverhandlungen fällt unter Art. 5 Nr. 3 EuGVO) auch im Kollisionsrecht außervertraglich qualifiziert und fallen, sofern ein unmittelbarer Zusammenhang mit vertragsspezifischen Pflichten besteht, unter Art. 12 Rom II-VO, im Übrigen unter Art. 4 Rom II-VO (vgl. Erwägungsgrund Nr. 10 zur Rom I-VO sowie Nr. 30 zur Rom II-VO). Art. 12 I Rom II-VO verweist indes auf Art. 3 und Art. 4 Rom I-VO zurück (ob auch Art. 4 III, IV Rom I-VO in Bezug genommen wird oder insoweit Art. 12 II Rom II-VO maßgeblich ist, wird nicht einheitlich beurteilt).

Rechtswahl   Kap. 2 § 2   D

II. Zeitlicher Anwendungsbereich

Der zeitliche Anwendungsbereich geht aus Art. 28 Rom I-VO hervor. Alle Verträge, die **375**
am oder nach dem 17.12.2009 geschlossen wurden, unterfallen der Rom I-Verordnung
(vgl. die Berichtigung des Normtextes in ABl.EU 2009 Nr. L 309, S. 87).

§ 2 Rechtswahl

Im internationalen Vertragsrecht gilt der Grundsatz der freien Rechtswahl (Parteiau- **376**
tonomie). Der Vertrag unterliegt dem von den Parteien gewählten Recht (Art. 3 I 1
Rom I-VO). Nur wenn keine (wirksame) Rechtswahlvereinbarung getroffen wurde, ist
das Vertragsstatut nach den Kollisionsnormen der Art. 4 ff. Rom I-VO objektiv zu
bestimmen.

I. Rechtswahl

1. Rechtswahlvertrag

Die Rechtswahl ist eine vom Hauptvertrag zu unterscheidende Vereinbarung. Sie muss **377**
gem. Art. 3 I 2 Rom I-VO entweder ausdrücklich erfolgen (z.B.: „Für diesen Vertrag gilt
französisches Recht") oder sich eindeutig aus den Umständen des Falles ergeben.

a) Stillschweigende Rechtswahl. Die Variante der **stillschweigenden Rechtswahl** bildet **378**
in der Praxis immer wieder Anlass zu Streit, weil sich die Parteien bzw. zumindest eine
der Parteien möglicherweise nicht bewusst war, dass ihr Verhalten vor Gericht als
stillschweigende Rechtswahl bewertet wird. Das Merkmal „**eindeutig**" ist Ausdruck
des Bestrebens des Gesetzgebers, der vorschnellen Annahme einer stillschweigenden
Rechtswahl durch die Gerichte entgegenzutreten. Es stellt im Vergleich zum alten Art. 3
I EVÜ („mit hinreichender Sicherheit") eine Verschärfung dar. Zu den bei der Würdigung zu beachtenden Einzelfallumständen gehört ausweislich des Erwägungsgrunds
Nr. 12 auch eine **Gerichtsstandsvereinbarung**. Legen die Vertragspartner beispielsweise
einheitlich die ausschließliche Zuständigkeit der deutschen Gerichte bzw. eines bestimmten deutschen Gerichts fest, so kann dies darauf hindeuten, dass auch die Anwendbarkeit deutschen Rechts gewollt ist (vgl. OLG Frankfurt a.M., 18.3.1997, 5 U
229/95, RIW 1998, 477). Grund ist, dass die Parteien vernünftigerweise annehmen
werden, dass ein Gericht „sein" eigenes Recht am besten kennt, so dass ein Rechtsstreit
schneller und billiger durchzuführen sein wird.

Indizien für eine stillschweigende Rechtswahl können ferner u.a. sein: die Bezugnahme **379**
auf Vorschriften einer bestimmten Rechtsordnung (vgl. BGH, 14.1.1999, VII ZR 19/
98, NJW-RR 1999, 813: Bezugnahme auf die Vergabe- und Vertragsordnung Teil B –
VOB/B – in einem Bauvertrag als stillschweigende Wahl deutschen Rechts; vgl. ferner
BGH, 19.1.2000, VIII ZR 275/98, JZ 2000, 1115: Vergleichsvertrag unter der Überschrift: „Vergleich i.S. der Artikel 2044 ff. Code Civil": stillschweigende Wahl französischen Rechts); die Verwendung von Formularen, die ersichtlich auf einer bestimmten
Rechtsordnung aufbauen; die Einbettung eines Einzelvertrags in ein umfassenderes
Vertragsverhältnis, für das eine Rechtswahl getroffen wurde (vgl. OLG Hamburg,
5.10.1998, 12 U 62/97, IPRspr. 1998 Nr. 34: Einzellieferungsvertrag im Verhältnis
zum Rahmenvertrag; BGH, 7.12.2000, VII ZR 404/99, NJW 2001, 1936: Rechtswahl
für einen Bauvertrag gilt stillschweigend auch für den auf das Bauvorhaben bezogenen
Architektenvertrag); Vertragsschluss zwischen im Inland ansässigen Vertragspartnern

in der betreffenden Landessprache im Inland (BGH, 28.1.1997, XI ZR 42/96, RIW 1997, 426; z.B. im Inland abgeschlossene Grundstücksgeschäfte zwischen Inländern über im Ausland belegene Grundstücke, s. OLG Nürnberg, 22.2.1996, 8 U 2932/95, NJW-RR 1997, 1484); ferner, mit geringerem Gewicht, die Vereinbarung eines einheitlichen Erfüllungsorts.

380 Die beiderseitige Bezugnahme auf die lex fori in Schriftsätzen vor Gericht kann auf eine stillschweigende Rechtswahl hindeuten, allerdings ist genau zu prüfen, ob insoweit wirklich ein Erklärungsbewusstsein der Parteien vorliegt (vgl. BGH, 9.12.1998, IV ZR 306/97, BGHZ 140, 167; BGH, 30.10.2008, I ZR 12/06, NJW 2009, 1205). Insbesondere wenn eine oder beide Parteien nicht anwaltlich vertreten sind, ist das zu bezweifeln. Es sei nochmals daran erinnert, dass die Einzelfallumstände insoweit „eindeutig" auf eine stillschweigende Rechtswahl schließen lassen müssen.

381 b) **Rechtswahl für einen Teil des Vertrags.** Die Rechtswahl kann auf einen Teil des Vertrags begrenzt werden (Art. 3 I 3 Rom I-VO; sog. **Spaltung** des Vertragsstatuts), sofern die dadurch gebildeten Teile nicht in einer Wechselbeziehung stehen, die eine Abspaltung unmöglich macht. Beispielsweise lassen sich die gegenseitige Vertragspflichten (Lieferung einer Kaufsache gegen Kaufpreiszahlung) aufgrund ihrer synallagmatischen Verknüpfung nicht sinnvoll trennen (str.). Die Aufteilung des formellen Zustandekommens des Vertrags einerseits und seiner materiellen Wirksamkeit andererseits soll dagegen zulässig sein (OLG Hamm, 13.11.1995, 22 U 170/94, NJW-RR 1996, 1145: Grundstückskauf mit Rechtsspaltung).

382 c) **Nachträgliche Rechtswahl.** Die Rechtswahl kann auch **nachträglich** getroffen oder verändert werden, wobei der dadurch bewirkte Statutenwechsel die Formgültigkeit des Vertrags unberührt lässt (vgl. Art. 3 II Rom I-VO). Das bedeutet z.B., dass ein formwirksamer Vertrag nicht dadurch nachträglich unwirksam wird, dass das nunmehr gewählte Recht strengere Formvorschriften kennt. Umgekehrt kann hingegen eine Formunwirksamkeit dadurch „geheilt" werden, dass man nachträglich ein insoweit großzügigeres Recht wählt. Entsprechendes gilt für Rechte Dritter. Eine nachträgliche Rechtswahl darf die nach dem ursprünglichen Vertragsstatut erworbene Rechtsstellung Dritter nicht verschlechtern. Ob die nachträgliche Rechtswahl ab dem Zeitpunkt der Vereinbarung (ex nunc) oder von Anfang an (ex tunc) wirken soll, ist eine Frage der Auslegung (s. z.B. LG Essen, 20.6.2001, 44 O 144/00, RIW 2001, 943). Als nachträgliche Rechtswahl sind auch sog. „floating choice of law clauses" zulässig (str.). Im Zusammenhang mit alternativen Gerichtsständen bestimmen sie beispielsweise, dass die lex fori des angerufenen Gerichts auf den Vertrag anzuwenden sein soll. Problematisch ist dabei, dass das Vertragsstatut bis zum Eintritt der Bedingung (Anhängigkeit einer Klage) unbestimmt ist.

383 d) **Auf den Rechtswahlvertrag anzuwendendes Recht.** Da die Rechtswahl selbst eine vertragliche Vereinbarung ist, muss auch für sie das Vertragsstatut bestimmt werden. Gem. Art. 3 V, 10 I Rom I-VO beurteilt sich ihr materielles Zustandekommen **nach dem Recht, das auf den Hauptvertrag anzuwenden wäre, wenn die Rechtswahl wirksam wäre,** mithin: nach dem für den Hauptvertrag gewählten Recht. Die Rechtswahl hat insoweit eine **Vorwirkung.** Wird die Rechtswahl in Allgemeinen Geschäftsbedingungen getroffen, sind mit Blick auf (intern) zwingende Vorschriften zur AGB-Kontrolle die besonderen Anknüpfungsregeln für Inlandsachverhalte (Art. 3 III Rom I-VO) sowie für Verbraucherverträge (Art. 6 II Rom I-VO und Art. 46b EGBGB) zu beachten. Eine Besonderheit ergibt sich aus Art. 3 V i.V.m. Art. 10 II Rom I-VO. Danach kann sich die andere Vertragspartei für die Behauptung, sie habe der Rechtswahl nicht zugestimmt, auf das Recht des Staates ihres gewöhnlichen Aufenthalts berufen, wenn sich aus den Umständen ergibt, dass es nicht gerechtfertigt wäre, die Wirkung ihres Verhaltens nach dem gewählten Recht zu beurteilen. Ein Anwendungsfall ist bei deutschem Vertragsstatut das **kaufmännische Bestätigungsschreiben,** wonach das Schwei-

gen auf ein den Inhalt der zwischen Kaufleuten vorausgegangenen Vertragsverhandlungen zusammenfassendes Bestätigungsscheiben die Wirkung einer Zustimmung zum Vertragsschluss hat. Findet sich die Rechtswahl in einem kaufmännischen Bestätigungsschreiben und hat der andere Teil seine Rechtssphäre, die kein vergleichbares Rechtsinstitut geschaffen hat – etwa Belgien –, nicht verlassen, so wird man in kumulativer Anknüpfung an das belgische Recht eine wirksame Rechtswahl verneinen.

II. Wählbare Rechtsordnungen

Aus der Formulierung von Art. 1 I und Art. 3 III, IV Rom I-VO ergibt sich mittelbar, dass sich die Rechtswahl immer auf staatliches Recht beziehen muss. Bestätigt wird das durch die Entstehungsgeschichte: Der Kommissionsvorschlag (Art. 3 II des Vorschlags, vgl. KOM(2005), 650 endg.) sah noch vor, dass die Parteien auch nichtstaatliches Recht wählen können, wurde in diesem Punkt jedoch später fallengelassen. Erwägungsgrund Nr. 13 führt dementsprechend aus, dass die Parteien nicht daran gehindert seien, „in ihrem Vertrag" auf ein nichtstaatliches Regelwerk Bezug zu nehmen. Diese Bezugnahme macht das betreffende Regelwerk (z.B. die UNIDROIT Principles of International Commercial Contracts) als sog. materiell-rechtliche Verweisung „nur" zu Vertragsbedingungen, die sich an den (intern) zwingenden Vorschriften des Vertragsstatuts messen lassen müssen (bei deutschem Vertragsstatut z.B. an den §§ 305 ff. BGB; vgl. ausdrücklich in diesem Sinne Art. 1.4 UNIDROIT-Principles). Ein Gegenbeispiel bildet Art. 9 II der Inter-American Convention on the Law Applicable to International Contracts v. 17.3.1994. Sie lässt die kollisionsrechtliche Wahl sog. „general principles of international commercial contracts" zu (vgl. Michaels, RabelsZ 62 [1998], 580, 594). Schiedsgerichte haben – je nach anwendbarer Verfahrensordnung – einen größeren Spielraum, ihren Schiedssprüchen nicht-staatliche Regelwerke zugrunde zu legen. So gestattet Art. 17 I ICC[9]-Schiedsverfahrensordnung die Anwendung von „Rechtsregeln", was in Abgrenzung von staatlich gesetztem „Recht" zu sehen ist.

384

III. Wirkung der Rechtswahl

Die Rechtswahl führt zu einer kollisionsrechtlichen Verweisung. Die gewählte Rechtsordnung verdrängt auch die (intern) zwingenden Vorschriften des Staates, dessen Recht ohne die Rechtswahl anzuwenden wäre.

385

IV. Schranken der Rechtswahlfreiheit

Ebenso wie im internen Recht die Privatautonomie an Schranken stößt, gewährt auch das Kollisionsrecht indes keine grenzenlose Rechtswahlfreiheit.

386

1. Inlandssachverhalt

Art. 3 III Rom I-VO betrifft den sog. **Inlandssachverhalt** (eine entsprechende Vorschrift enthält Art. 14 II Rom II-VO). Sind alle andere Elemente des Sachverhalts zum Zeit-

387

---

9 International Chamber of Commerce (Internationale Handelskammer) mit Sitz in Paris; s. www.iccwbo.org.

punkt der Rechtswahl in einem anderen Staat als demjenigen belegen, dessen Recht gewählt wurde, so berührt die Rechtswahl nicht die Anwendung der zwingenden Bestimmungen dieses anderen Staats, von denen durch Vereinbarung nicht abgewichen werden kann (vgl. im deutschen Recht z.B. § 312f BGB zu den Haustür- und Fernabsatzverträgen). Man spricht insoweit von den **intern zwingenden Bestimmungen**. Sie sind von Eingriffsnormen (auch „international zwingende Vorschriften" genannt) gem. Art. 9 Rom I-VO streng zu unterscheiden. Welche Auslandsbezüge einen Sachverhalt zu einem internationalen machen, mit der Folge, dass Art. 3 III Rom I-VO nicht eingreift, ist im Detail umstritten. Nach h.M. muss es sich um objektive Umstände handeln, die auch im Rahmen des Art. 4 Rom I-VO beachtlich wären, sich also auf den Leistungsaustausch beziehen. Dazu gehören der gewöhnliche Aufenthalt der Vertragsparteien, der Erfüllungsort vertraglicher Verpflichtungen oder auch der Umstand, dass der Vertragsgegenstand selbst über Staatsgrenzen hinweg geliefert wird. Die Verlagerung des Abschlussorts in das Ausland reicht nicht aus. Der Abschlussort ist manipulierbar, zudem ist er in Zeiten moderner Kommunikationswege (weltweite Verfügbarkeit von Mobiltelefonie und Internet) mehr denn je zufällig.

2. Binnenmarktsachverhalt

388 Die sog. **Binnenmarktklausel** des Art. 3 IV Rom I-VO (entsprechende Vorschrift in Art. 14 III Rom II-VO) überträgt den Gedanken des Inlandssachverhalts auf den europäischen Wirtschaftsraum, wie es der Sache nach auch schon der EuGH in seiner „Ingmar"-Entscheidung getan hat (vgl. oben 1. Kap., § 1 I 1c). Das ist gerechtfertigt, weil die EU aufgrund ihrer zahlreichen Maßnahmen zur Rechtsharmonisierung zunehmend zu einem einheitlichen Rechtsraum zusammenwächst. Sind alle andere Elemente eines Sachverhalts zum Zeitpunkt der Rechtswahl in einem oder mehreren Mitgliedstaaten belegen, so berührt die **Wahl des Rechts eines Drittstaats** nicht die Anwendung der Bestimmungen des Gemeinschaftsrechts, von denen nicht durch Vereinbarung abgewichen werden kann. Es geht hier nicht nur um Vorschriften des sachrechtlichen Schwächerenschutzes, sondern um das **zwingende Gemeinschaftsprivatrecht** insgesamt. Soweit es sich dabei um Verordnungen handelt, die unmittelbar und einheitlich in allen Mitgliedstaaten gelten und die eine abschließende Regelung treffen, hat das angerufene Gericht die betreffende Verordnung anzuwenden. Geht es um eine Richtlinie, muss zusätzlich entschieden werden, welche einzelstaatliche Umsetzung anzuwenden ist. Verweisungsziel ist der Mitgliedstaat, dessen Recht ohne die Rechtswahl gem. Art. 4 Rom I-VO anzuwenden gewesen wäre. Unklar ist insoweit der Einschub: „– gegebenenfalls in der von dem Mitgliedstaat des angerufenen Gerichts umgesetzten Form –." Was bedeutet hier „gegebenenfalls"? Denkbar wäre, dass hiermit der Rückgriff auf die Umsetzung der lex fori als Notanker ermöglicht werden soll, wenn das Vertragsstatut seiner Umsetzungspflicht nicht nachgekommen ist.

389 Die „Ingmar"-Regel hat allerdings weiter ihren Anwendungsbereich, denn sie **lässt einen „engen Zusammenhang" zum Gebiet der Gemeinschaft genügen**, setzt mithin gerade keinen reinen Binnenmarktfall voraus. Der BGH hat sich im Zusammenhang mit einem Kredit einer schweizerischen Bank an einen deutschen Verbraucher mit der „Ingmar"-Rechtsprechung befasst (BGH, 13.12.2005, XI ZR 82/05, BGHZ 165, 248 Rn. 29). Ob die Gerichte aufgrund der „Ingmar"-Entscheidung verpflichtet sind, bei der Wahl eines drittstaatlichen Rechts und bei hinreichendem Gemeinschaftsbezug des Sachverhalts das der Umsetzung der Verbraucherkreditrichtlinie dienende nationale Recht in richtlinienkonformer Auslegung gegen das gewählte Vertragsstatut durchzusetzen, blieb in dieser Entscheidung allerdings offen, weil die streitentscheidende deutsche Vorschrift über den Richtlinienstandard hinausging. Ein international zwingender

Objektives Vertragsstatut   Kap. 2 § 3 **D**

Charakter der Umsetzungsnorm aufgrund der Richtlinie kann nur für den Mindeststandard, nicht aber für etwaige nationale Schutzverstärkungen angenommen werden.

3. Schutz der schwächeren Vertragspartei

a) **Art. 46b EGBGB.** Der Gedanke der Rechtswahlfestigkeit innerhalb der EU harmonisierten Rechts liegt auch Art. 46b EGBGB (ex-Art. 29a EGBGB) zugrunde. Ziel ist, den **Standard des zwingenden europäischen Verbrauchervertragsrechts** verschiedener Richtlinien (vgl. die Aufzählung in Art. 46b IV EGBGB) **gegen eine Abwahl zugunsten drittstaatlichen Rechts abzusichern**, sofern der Vertrag einen „engen Zusammenhang" mit einem Mitgliedstaat der EU (oder einem der EWR-Staaten Island, Liechtenstein, Norwegen) aufweist. Mit Ausnahme der Regelung zu Timesharing-Verträgen gem. Art. 46b III EGBGB beschränkt sich das verbraucherschützende Richtlinienkollisionsrecht und damit einhergehend Art. 46b EGBGB auf die subjektive Anknüpfung: Es trifft keine Vorkehrungen für den Fall, dass das objektive Vertragsstatut vom Recht eines Drittstaats gestellt wird. Liegt keine Rechtswahl vor, ist beispielsweise beim Kaufvertrag gem. Art. 4 I lit. a Rom I-VO an den gewöhnlichen Aufenthalt des Verkäufers anzuknüpfen. Ist der Verkäufer in einem Drittstaat ansässig, beurteilt sich eine Einschränkung der Gewährleistungsrechte nach dem drittstaatlichen Recht, auch wenn dieses ein niedrigeres Schutzniveau bietet als es die Verbrauchsgüterkaufrichtlinie 1999/44/EG vorsieht. Der Verbraucherschutz wird allerdings durch Art. 6 I Rom I-VO, der an den gewöhnlichen Aufenthalt des Verbrauchers anknüpft, sichergestellt, sofern der Vertrag den dort beschriebenen engen Bezug zum gewöhnlichen Aufenthaltsstaat des Verbrauchers hat

390

b) **Besondere Anknüpfungen von Verbraucher- und Individualarbeitsverträgen.** Damit sind die besonderen Anknüpfungsregeln zum Schutz der schwächeren Vertragspartei angesprochen. Verbraucherverträge regelt Art. 6 Rom I-VO, Individualarbeitsverträge Art. 8 Rom I-VO (vgl. unten im 2. Kap., § 3 IV und VI). Die Beschränkung der Wirkungen der Rechtswahl ergibt sich aus Art. 6 II 2 Rom I-VO bzw. Art. 8 I 2 Rom I-VO.

391

§ 3 Objektives Vertragsstatut

Bei weitem nicht jeder internationale Vertrag enthält eine Rechtswahlvereinbarung. In diesen Fällen – und wenn eine Rechtswahl zwar getroffen wurde, sie jedoch unwirksam ist – muss das auf den Vertrag anzuwendende Recht objektiv, das heißt anhand der vom Gesetzgeber in der einschlägigen Kollisionsnorm vorgegebenen Kriterien bestimmt werden.

392

I. Vorbemerkung: gewöhnlicher Aufenthalt

Ein wichtiger Anknüpfungspunkt des internationalen Vertragsrechts ist der **gewöhnliche Aufenthalt** (vgl. u.a. Art. 4 bis 7, 10 II und 11 Rom I-VO). Für den kommerziellen Bereich enthält **Art 19 Rom I-VO** folgende Regelung: Der gewöhnliche Aufenthalt von Gesellschaften, Vereinen und juristischen Personen ist gem. Art. 19 I Unterabs. 1 Rom I-VO der Ort ihrer **Hauptverwaltung**. Das ist der Ort, an dem die maßgebliche Willensbildung bzw. von dem aus die unternehmerische Leitung erfolgt, in der Regel der Sitz der vertretungsberechtigten Organe (vgl. auch Erwägungsgrund Nr. 39). Der gewöhnliche Aufenthalt einer natürlichen Person ist, sofern sie in Ausübung ihrer beruf-

393

lichen Tätigkeit handelt, nach Unterabsatz 2 der Ort der **Hauptniederlassung**, beispielsweise der Ort, an dem ein Kaufmann sein Handelsgeschäft betreibt. Verfügt eine Gesellschaft oder eine beruflich tätige natürliche Person über mehrere Niederlassungen, ist nach Art. 19 II Rom I-VO diejenige maßgeblich, in deren Rahmen der Vertrag geschlossen wurde oder die für die Erfüllung des Vertrags zuständig ist. Der Begriff der Niederlassung ist in Anlehnung an Art. 5 Nr. 5 EuGVO zu verstehen als Einrichtung, die als Unternehmensteil über eine gewisse Selbständigkeit im operativen Bereich gegenüber der Zentrale verfügt.

394 Den gewöhnlichen Aufenthalt einer im nicht-kommerziellen Bereich agierenden natürlichen Person definiert die Verordnung nicht. Die Rechtsprechung verlangt ein nicht nur vorübergehendes Verweilen an einem Ort, an dem der **Schwerpunkt der sozialen Bindungen** liegt. Es kommt auf den Ort an, der gemessen an der Einbindung in familiäre und berufliche Beziehungen der Lebensmittelpunkt ist. Dieser Ort ist anhand einer wertenden Betrachtung zu bestimmen.

395 Art. 19 III Rom I-VO legt fest, dass für die Bestimmung des gewöhnlichen Aufenthalts der Zeitpunkt des Vertragsschlusses maßgeblich ist. Verlegt beispielsweise der Verkäufer seine Hauptverwaltung nach Vertragsschluss in einen anderen Staat, bleibt dies ohne Auswirkung auf das nach Art. 4 I lit. a Rom I-VO zu ermittelnde Vertragsstatut.

II. Objektives Vertragsstatut gem. Art. 4 Rom I-VO

396 Die allgemeine Regelung des objektiven Vertragsstatuts enthält Art. 4 Rom I-VO. Die Vorschrift gilt „unbeschadet der Artikel 5 bis 8", das heißt die dort geregelten besonderen Anknüpfungen sind als speziellere Regelungen vorrangig zu beachten. Die vier Absätze des Art. 4 Rom I-VO stimmen mit der Reihenfolge überein, die der Rechtsanwender bei der Prüfung einhalten sollte.

1. Katalog des Art. 4 I Rom I-VO

397 Art. 4 I Rom I-VO enthält einen Katalog von in der Praxis besonders häufigen Vertragstypen, für die jeweils eine eigene Anknüpfungsregel ausformuliert wird. Diese Vorgehensweise dient dem Ziel der Rechtssicherheit, insbesondere der Vorhersehbarkeit des auf den Vertrag anzuwendenden Rechts. Die sog. **Katalogverträge** umfassen u.a. Kaufverträge über bewegliche Sachen, Dienstleistungsverträge sowie Grundstücksverträge und decken bereits mit diesen drei Fallgruppen einen großen Teil der im grenzüberschreitenden Wirtschaftsverkehr vorkommenden Vertragstypen ab.

398 a) **Warenkauf.** Kaufverträge über bewegliche Sachen werden an den **gewöhnlichen Aufenthalt des Verkäufers** angeknüpft. Es sei allerdings daran erinnert, dass im Bereich der Warenkaufverträge vorab zu prüfen ist, ob das UN-Kaufrecht anwendbar ist und die sich stellende Rechtsfrage in seinen Regelungsbereich fällt (s. unten 4. Kap., § 2).

399 b) **Dienstleistungen.** Dienstleistungsverträge werden an den **gewöhnlichen Aufenthalt des Erbringers der Dienstleistung** angeknüpft. Erwägungsgrund Nr. 17 weist für den **Begriff der Dienstleistung** auf die Parallele zu Art. 5 Nr. 1 lit. b EuGVO hin (vgl. dazu z.B. BGH, 2.3.2006, IX ZR 15/05, NJW 2006, 1806). Wie weit der Dienstleistungsbegriff zu fassen ist, ist noch nicht im Einzelnen abzusehen. Ein identischer Begriffsinhalt mit dem Dienstleistungsbegriff des Primärrechts ist jedenfalls nicht zwingend, denn die Dienstleistungsfreiheit gem. Art. 57 AEUV verfolgt als Konkretisierung des Verbots der Diskriminierung aus Gründen der Staatsangehörigkeit andere, in erster Linie auf die Verwirklichung des Binnenmarkts für möglichst viele wirtschaftliche Tätigkeiten gerichtete Zwecke als die Kollisionsnorm des Art. 4 Rom I-VO. Im Zusammenhang mit

Objektives Vertragsstatut   Kap. 2 § 3   D

Art. 5 Nr. 1 lit. b EuGVO hat der EuGH denn auch einen Lizenzvertrag nicht als Dienstleistungsvertrag eingeordnet (EuGH, 23.4.2009, Rs. C-533/07, Slg. 2009, I-3327). Überhaupt bereitet die Anknüpfung von Verträgen über geistiges Eigentum erhebliche Schwierigkeiten. Eine im Verordnungsentwurf vorgesehene Regelung ist wieder gestrichen worden. Der Reformbedarf besteht weiter. Im „klassischen" Bereich der selbständigen Erbringung einer Tätigkeit gegen Entgelt für einen anderen ist die Norm jedoch umfassend gemeint. Erfasst werden jede Art von gewerblichen oder freiberuflichen Dienstleistungen (jedoch keine abhängige Arbeit; insoweit gilt das Arbeitsvertragsstatut gem. Art. 8 Rom I-VO), unter anderem Beraterverträge, Anwalts- und Notarverträge, Vermittlertätigkeiten für Waren, Dienstleistungen oder Kapitalanlage wie z.B. Maklerverträge, Handelsvertreterverträge (nach a.A. soll es sich um einen Vertriebsvertrag i.S.d. Art. 4 I lit. f Rom I-VO handeln, das Ergebnis bleibt indes gleich: Anknüpfung an den gewöhnlichen Aufenthalt des Handelsvertreters), Kreditverträge, Werkverträge wie z.B. Bau- und Architektenverträge (BGH, 25.2.1999, VII ZR 408/97, NJW 1999, 2442 zum Subunternehmervertrag), Werklieferungsverträge, Beherbergungsverträge u.v.m.

c) **Grundstücksverträge.** Auf schuldrechtliche Grundstücksverträge ist das **Recht am** **400** **Lageort der Immobilie** anzuwenden. Die lex rei sitae gilt nach Art. 4 I lit. c Rom I-VO für Verträge, die ein **dingliches Recht an einem Grundstück zum Gegenstand** haben, ferner die **Miete oder Pacht eines Grundstücks** (zur Problematik der „Timesharing-Verträge", die in schuldrechtlichen, gesellschaftsrechtlichen oder dinglichen Konstruktionen in Erscheinung treten können, s. BGH, 25.6.2008, VIII ZR 103/07, RIW 2008, 633: Vertrag über „Ferien-Tauschwochen" in einer Ferienanlage auf Teneriffa ist keine Miete von unbeweglichen Sachen). Zu beachten ist, dass das von Art. 4 I lit. c Rom I-VO berufene Recht nur über schuldrechtliche Fragen entscheidet. Der **dingliche Vollzug** richtet sich nach dem **Sachenrechtsstatut**. Art. 43 I EGBGB verweist allerdings ebenfalls auf das Recht des Lageorts.

Die Anknüpfung an den Belegenheitsort ist weniger überzeugend, wenn das Benut- **401** zungsverhältnis nur von relativ kurzer Dauer sein soll, so dass eher der Dienstleistungscharakter des Miet- oder Pachtvertrags im Vordergrund steht. Art. 4 I lit. d Rom I-VO enthält daher eine abweichende Anknüpfung. Bei **Miete oder Pacht für maximal sechs aufeinander folgende Monate zum vorübergehenden privaten Gebrauch** ist das Recht des gewöhnlichen Aufenthalts des Vermieters bzw. Verpächters anzuwenden, sofern der Mieter oder Pächter eine natürliche Person ist und seinen gewöhnlichen Aufenthalt in demselben Staat hat wie sein Vertragspartner. Der Sache nach enthält Art. 4 I lit. d Rom I-VO einen Anwendungsfall der Ausweichklausel nach Art. 4 III Rom I-VO. Die Vorschrift stellt zudem das Gegenstück zu Art. 22 Nr. 1 S. 2 EuGVO dar.

d) **Franchiseverträge und Vertriebsverträge.** Art. 4 I lit. e Rom I-VO regelt erstmals die **402** Anknüpfung eines Franchisevertrags. Die oft schwer zu beurteilende Frage, wer die charakteristische Leistung erbringt, erübrigt sich nach der Neuregelung. Maßgeblich ist das Recht des Staates, in dem der Franchisenehmer seinen gewöhnlichen Aufenthalt hat. Dasselbe gilt gem. Art. 4 I lit. f Rom I-VO aus Sicht des Vertriebshändlers.

e) **Versteigerung.** Verträge über den Verkauf beweglicher Sachen durch Versteigerung **403** unterliegen dem Recht des Staates, in dem die Versteigerung abgehalten wird, sofern der Ort der Versteigerung bestimmt werden kann (Art. 4 I lit. g Rom I-VO). Bei Versteigerungen im Internet kann kein Ort bestimmt werden, es bleibt bei Art. 4 I Rom I-VO.

f) **Finanzinstrumente im Sinne des Art. 4 Richtlinie 2004/39/EG.** Art. 4 I lit. h Rom I- **404** VO betrifft Verträge über Finanzinstrumente, die innerhalb eines multilateralen Systems geschlossen werden, das die Interessen einer Vielzahl Dritter am Kauf und Verkauf von Finanzinstrumenten im Sinne von Art. 4 I Nr. 17 der Finanzmarkt-Richtlinie 2004/39/EG nach nicht diskretionären Regeln und nach Maßgabe eines einzigen Rechts (in der Regel dasjenige des aufsichtsführenden Staats) zusammenführt oder das Zusammenführen fördert. Dieses eine Recht ist dann auch auf die einzelnen Verträge anzuwenden (vgl. Einsele, WM 2009, 289 ff.). Ein Beispiel ist das elektronische Handelssystem XETRA.

2. Charakteristische Leistung

405 In der Sache enthalten die im Katalog des Absatzes 1 aufgeführten Anknüpfungsregeln eine Konkretisierung der allgemeineren Anknüpfungsregel gem. Art. 4 II Rom I-VO: Danach unterliegt ein Vertrag, der nicht schon nach Absatz 1 angeknüpft werden kann, dem Recht des Staates, in dem die Vertragspartei, welche **die für den Vertrag charakteristische Leistung** erbringt, ihren gewöhnlichen Aufenthalt hat. Beispiele sind Bürgschaft, Bankgarantie, Patronatserklärung, Schuldanerkenntnis, ferner Schenkung und Rechtskauf. Der Vorteil dieser Anknüpfung liegt darin, dass der maßgebliche Anknüpfungspunkt dem Vertrag selbst entnommen werden kann, was wiederum der Rechtssicherheit dient. Die Vertragspflicht, die den Vertrag prägt, ihn von anderen Vertragstypen unterscheidet, ist ausschlaggebend. Bei entgeltlichen Austauschverträgen ist vertragscharakteristisch somit immer die Vertragsleistung, für die das Entgelt versprochen wird.

3. Engere Verbindung (Ausweichklausel)

406 Art. 4 III Rom I-VO enthält eine sog. **Ausweichklausel** (vgl. Erwägungsgrund Nr. 20). Sie soll den Gerichten das angemessene Maß an Flexibilität einräumen, um besonderen Einzelfallumständen gerecht werden zu können. Ergibt sich aus der Gesamtheit der Umstände, dass der Vertrag eine **offensichtlich engere Verbindung** zu einem anderen als dem nach Absatz 1 oder 2 bestimmten Staat aufweist, so ist das Recht dieses anderen Staats anzuwenden. Das Merkmal „offensichtlich" verdeutlicht, dass von der Ausweichklausel nur zurückhaltend Gebrauch gemacht werden darf. Voraussetzung ist, dass Anknüpfungsgesichtspunkte, die das von den Absätzen 1 oder 2 verwendete Anknüpfungsmoment „an Gewicht deutlich übertreffen, zu einem anderen als dem vermuteten Recht führen und sich ein anderes Zentrum des Leistungsaustauschs eindeutig ermitteln lässt" (BGH, 9.7.2009, Xa ZR 19/08, BGHZ 182, 24 Rn. 35). Kriterien, die sich objektiv auf den vereinbarten Leistungsaustausch beziehen wie z.B. die Orte, an denen die Leistungen zu erbringen sind, der gewöhnliche Aufenthalt der Vertragspartner oder der Lageort des Vertragsgegenstands kommt dabei ein größeres Gewicht zu als „äußeren" Umständen wie dem Abschlussort, der Vertragssprache oder der für die Zahlungspflicht vorgesehenen Währung, da sie auf Zufälligkeiten oder auf Erwägungen beruhen können, die keinen Zusammenhang mit den hinter Art. 4 Rom I-VO stehenden internationalprivatrechtlichen Interessen aufweisen. Erwägungsgrund Nr. 20 nennt als einen Anwendungsfall eine „sehr enge Verbindung zu einem oder mehreren anderen Verträgen". Die **akzessorische Anknüpfung** an das Vertragsstatut eines bzw. mehrerer anderer Verträge kommt etwa in Betracht im Verhältnis des Sicherungsvertrags zum zu sichernden Kreditvertrag oder im Verhältnis von Vorvertrag zum Hauptvertrag. Voraussetzung ist neben dem wirtschaftlichen Zusammenhang, dass beide Verträge zwischen denselben Vertragspartnern geschlossen wurden (vgl. zur Ausweichklausel zusammenfassend BGH, 26.7.2004, VIII ZR 273/03, NJW-RR 2005, 206).

4. Generalklausel (Grundsatz der engsten Verbindung)

407 Liegt kein Katalogvertrag im Sinne des Absatzes 1 vor und kann auch keine vertragscharakteristische Leistung im Sinne des Absatzes 2 ermittelt werden, unterliegt der

Objektives Vertragsstatut   Kap. 2 § 3   D

Vertrag gem. Art. 4 IV Rom I-VO dem Recht des Staates, zu dem er die **engste Verbindung** aufweist. Die Lokalisierung des Vertrags ist anhand der Gesamtheit der leistungsbezogenen Sachverhaltselemente vorzunehmen. Eine **Aufspaltung des Vertrags** (dépeçage) ist – im Gegensatz zu Art. 3 I 3, Alt. 2 Rom I-VO – **nicht vorgesehen.** Ein Beispiel ist der Tauschvertrag, bei dem sich gleichartige Leistungen gegenüberstehen und keiner nach dem Vertrag Entgeltcharakter zukommt. Dass die Generalklausel nur letzter Ausweg sein soll, die engere Verbindung gemäß der Ausweichklausel nur bei „Offensichtlichkeit" den Ausschlag geben soll und auch die Vertragsspaltung nicht in Betracht kommt, steht als den Grundsatz der Rechtssicherheit betonende Lösung im Gegensatz zum US-amerikanischen Kollisionsrecht. Dieses fördert Flexibilität und Einzelfallgerechtigkeit, indem es den Gerichten die Bestimmung der „most significant relationship" überlässt und eine Zerstückelung in einzelne „issues" sogar empfiehlt (vgl. Hay, US-amerikanisches Recht, 4. Aufl. 2008, Rn. 240 f.).

5. Gemischte Verträge

Besteht die Gegenleistung aus einer Geldzahlung und setzt sich die Leistung der anderen Vertragspartei aus Elementen verschiedener Vertragstypen zusammen, so ist das unproblematisch, solange die Anknüpfungsregeln des Art. 4 I Rom I-VO alle auf dasselbe Recht verweisen. So liegt es etwa beim Kauf mit Montageverpflichtung (vgl. Art. 4 I lit. a und lit. b Rom I-VO). Es ist nicht anzunehmen, dass Art. 4 II, Alt. 2 Rom I-VO an diesem Ergebnis etwas ändern will. Die dort für den Fall, dass die Bestandteile eines Vertrags unter mehr als einen der Buchstaben des Absatzes 1 fallen, vorgesehene Anknüpfung an den gewöhnlichen Aufenthalt des charakteristisch Leistenden, ist erst erforderlich, wenn die Anknüpfungsregeln des Absatzes 1 zu verschiedenen Rechtsordnungen führen. Lässt sich in einem solchen Fall keine charakteristische Leistung bestimmen, ist eine Schwerpunktbetrachtung vorzunehmen.   **408**

III. Beförderungsverträge (Art. 5 Rom I-VO)

Zu unterscheiden sind Verträge über die Beförderung von Gütern (Art. 5 I Rom I-VO) und solche über die Beförderung von Personen (Art. 5 II Rom I-VO).   **409**

1. Güterbeförderung

Im Recht der Transportverträge sind mehrere internationale Abkommen zu berücksichtigen, denen gem. Art. 25 Rom I-VO Vorrang vor Art. 5 Rom I-VO zukommt.   **410**

a) CMR. Dazu gehört beispielsweise das Genfer Übereinkommen über den Beförderungsvertrag im **internationalen Straßengüterverkehr** (CMR). Das Übereinkommen ist nach Art. 1 I CMR auf einen Vertrag über die entgeltliche Beförderung von Gütern auf der Straße mittels Fahrzeugen anzuwenden, wenn der Ort der Übernahme des Guts und der für die Ablieferung vorgesehene Ort, wie sie im Vertrag angegeben sind, in zwei verschiedenen Staaten liegen, von denen mindestens einer Vertragsstaat ist. Das CMR regelt den Abschluss und die Ausführung des Transportvertrags, die Haftung des Frachtführers für Verlust oder Beschädigung des Guts sowie für die Überschreitung der Lieferfrist, einschließlich der Haftung für Dritte und der Verjährung. Soweit das CMR keine abschließende Regelung enthält, ist das nach dem IPR des angerufenen Gerichts bestimmte Recht auf den Transportvertrag anzuwenden (vgl. BGH, 24.5.2000, I ZR 80/98, RIW 2001, 370 am Beispiel der Verzugsfolgeregelungen). Art. 31 CMR enthält Vorschriften zur internationalen Zuständigkeit und zum Verfah-   **411**

145

ren. Das Verhältnis solcher völkerrechtlicher Regeln zur EuGVO bestimmt deren Art. 71 (dazu EuGH, 4.5.2010, Rs. 533/08, NJW 2010, 1736).

412 b) **Art. 5 I Rom I-VO.** Nach den Erläuterungen in Erwägungsgrund Nr. 22 sind **Güterbeförderungsverträge** alle Verträge, die in der Hauptsache der Güterbeförderung dienen, auch Charterverträge für eine einzige Reise. Nicht definiert wird indes, wann eine Beförderung des Guts vorliegt. Es reicht nicht aus, wenn bloß ein Transportmittel zur Verfügung gestellt wird (EuGH, 6.10.2009, Rs. C-133/08, Slg. 2009, I-9687). Art. 5 I S. 1 Rom I-VO erklärt, sofern keine wirksame Rechtswahl gem. Art. 3 Rom I-VO vorliegt, das Recht des Staates für auf den Güterbeförderungsvertrag anwendbar, in dem der Beförderer seinen gewöhnlichen Aufenthalt hat, sofern sich in diesem Staat auch der Übernahmeort oder Ablieferungsort oder der gewöhnliche Aufenthalt des Versenders befindet. Liegen diese Voraussetzungen nicht vor, ist nach Art. 5 I S. 3 Rom I-VO das Recht des Staates anzuwenden, in dem das Gut nach dem Vertrag abzuliefern ist. Das **zusätzliche Kriterium des Entlade- oder Verladeorts** bewirkt, dass es (auch im multimodalen Transport, s. BGH, 29.6.2006, I ZR 168/03, NJW-RR 2006, 1694 Rn. 15) nicht zu einer Anknüpfung an das Recht der Hauptverwaltung bzw. Hauptniederlassung von Beförderern aus sog. Billigflaggenstaaten kommt. Art. 5 III Rom I-VO enthält eine Ausweichklausel für den Fall einer „offensichtlich engeren Verbindung" zu dem Recht eines anderen Staats.

413 Besonderheiten sind bei sog. Kabotagetransporten zu beachten. Das sind innerhalb eines Staates stattfindende Transporte, die ein im Ausland niedergelassener Unternehmer durchführt. Solche Transporte sind nach der 1998 eingeführten **Kabotagefreiheit** für EU-ausländische Unternehmen gemeinschaftsweit ohne Weiteres zulässig. Art. 5 I, III Rom I-VO gilt hier nur für das dispositive Transportrecht, denn nach Art. 6 der Verordnung Nr. 3118/93 ist das zwingende Transportrecht des Staates, in dem die Kabotagefahrt durchgeführt wird (Aufnahmestaat), auf den Vertrag anzuwenden.

2. Personenbeförderung

414 Die Anknüpfung von **Personenbeförderungsverträgen** ist in Art. 5 II Rom I-VO geregelt. Anzuwenden ist das Recht des Staates, in dem die zu befördernde Person ihren gewöhnlichen Aufenthalt hat, sofern sich in diesem Staat auch der Abgangsort oder der Bestimmungsort befindet. Sind diese Voraussetzungen nicht erfüllt, ist das Recht des Staates anzuwenden, in dem der Beförderer seinen gewöhnlichen Aufenthalt. Die Rechtswahlfreiheit ist in diesem Bereich eingeschränkt. Unterabsatz 2 nennt abschließend **bestimmte wählbare Rechtsordnungen**. Zu beachten ist, dass der Beförderungsvertrag vom Anwendungsbereich der verbraucherschützenden Kollisionsnorm gem. Art. 6 Rom I-VO ausgenommen ist (vgl. Art. 6 IV lit. b Rom I-VO).

415 Im Bereich der Personenbeförderung sind einige Rechtsakte der EU erlassen worden, die das Recht der Vertragsstörungen teilweise vereinheitlichen. Im Lufttransport gilt die Verordnung (EG) Nr. 2027/97 über die Haftung bei der Beförderung von Fluggästen und deren Gepäck sowie die Verordnung (EG) Nr. 261/2004 betreffend Ausgleichs- und Unterstützungsleistungen bei Nichtbeförderung, Annullierung und größerer Verspätung von Flügen sowie im Eisenbahnverkehr die Verordnung (EG) Nr. 1371/2007. Im Hinblick auf Seereisen ist zu beachten, dass das Athener Übereinkommen über die Unfallhaftung von Beförderern von Reisenden auf See im Jahr 2009 auf die EU erstreckt worden ist.

IV. Verbraucherverträge

Die Rom I-Verordnung hat zu einer angesichts zunehmender Internationalisierung auch der B2C-Verträge durch Wegfall von Handelsschranken innerhalb der EU sowie generell durch das Internet längst fälligen **Modernisierung des kollisionsrechtlichen Verbraucherschutzes** geführt. Art. 6 Rom I-VO dehnt diesen Schutz, der im IPR naheliegender Weise grundsätzlich durch Anknüpfung an den gewöhnlichen Aufenthalt des Verbrauchers erreicht werden kann, aus, verabsolutiert ihn andererseits aber auch nicht. Der Vorschrift liegen zwei Kernaussagen zugrunde: 1. Die **Rechtswahl ist in grenzüberschreitenden Verbraucherverträgen nicht verboten** (im Entwurf der Rom I-VO war noch ein Verbot vorgesehen!); nach wie vor werden nur die Wirkungen der Rechtswahl dadurch eingeschränkt, dass die Anwendung für den Verbraucher günstigerer Schutzvorschriften seines Aufenthaltsstaats unberührt bleibt. 2. In Ermangelung einer Rechtswahl stellt keineswegs immer das gewöhnliche Aufenthaltsrecht des Verbrauchers das objektive Vertragsstatut, sondern nur, wenn eine **hinreichende Nähebeziehung** vorliegt.

416

1. Verbrauchervertrag

Verbraucherverträge sind Verträge, „die eine **Einzelperson zur Deckung ihres Eigenbedarfs beim privaten Verbrauch** schließt und die nicht in Bezug zu einer gegenwärtigen oder zukünftigen beruflichen oder gewerblichen Tätigkeit stehen" (BGH, 30.3.2006, VII ZR 249/04, BGHZ 167, 83 Rn. 18). Weitere Voraussetzung ist, dass der andere Teil spiegelbildlich den Vertrag in seiner Eigenschaft als **Unternehmer**, also gerade in Ausübung seiner beruflichen oder gewerblichen Tätigkeit abschließt. Verbraucher- und Unternehmereigenschaft haften mithin nicht der Person an. Auch ein Kaufmann oder Freiberufler kann Verträge mit privater Zwecksetzung als Verbraucher im Sinne des Art. 6 Rom I-VO schließen. Bei gemischt privat-beruflicher Zwecksetzung liegt ein Verbrauchervertrag nur vor, wenn der kommerzielle Aspekt gänzlich nebensächlich ist (EuGH, 20.1.2005, Rs. C-464/01, Slg. 2005, I-439). In sachlicher Hinsicht ist der Anwendungsbereich mit Blick auf die Vertragstypen bzw. Vertragsgegenstände im Gegensatz zu Art. 5 EVÜ nicht mehr eingeschränkt. So fallen beispielsweise nunmehr auch Verbraucherkreditverträge unter den kollisionsrechtlichen Verbraucherschutz.

417

Allerdings schließt Art. 6 IV Rom I-VO einige Vertragstypen explizit aus, beispielsweise lit. a) Dienstleistungsverträge, wenn die Leistungen vollständig im Ausland erbracht werden, z.B. im Rahmen eines Sprach- oder Skikurses oder eines Hotelaufenthalts, oder lit. b) die Beförderungsverträge. für die allerdings wie gesehen Art. 5 II Unterabs. 2 Rom I-VO einen gewissen Schutz bietet. Aus Erwägungsgrund Nr. 32 ergibt sich, dass für Versicherungsverträge, die unter Art. 7 Rom I-VO fallen, nicht zusätzlich Art. 6 Rom I-VO gilt.

418

2. Räumlicher Bezug

Hinter dem kollisionsrechtlichen Verbraucherschutz steht die Wertung, dass ein Vertrag ungeachtet seines Auslandsbezugs aufgrund der Umstände seiner Vertragsanbahnung aus Sicht des Verbrauchers in die Nähe eines Inlandsgeschäft rücken kann, wenn nämlich der Unternehmer bildlich gesprochen mit seinen dem Absatz von Waren oder Leistungen dienenden Aktivitäten auf den Verbraucher zugeht. Der in diesem Sinne **passive**, in seinem Heimatland angesprochene **Verbraucher** darf mit der Geltung des ihm bekannten Heimatrechts rechnen. Art. 6 I Rom I-VO umschreibt den erfor-

419

derlichen räumlichen Bezug des Verbrauchervertrags zum gewöhnlichen Aufenthalt des Verbrauchers in zwei Varianten:

420 a) **Unternehmerische Tätigkeit im Staat des gewöhnlichen Verbraucheraufenthalts.** Art. 6 I lit. a Rom I-VO setzt voraus, dass der Unternehmer seine berufliche oder gewerbliche Tätigkeit **in dem Staat ausübt**, in dem der Verbraucher seinen gewöhnlichen Aufenthalt hat. Ein Ausüben in diesem Sinne ist gegeben, wenn der Unternehmer sich in dem betreffenden Staat aktiv am Wirtschaftsleben beteiligt. Angebot und Abwicklung von Leistungen genügt, eine Verfestigung der unternehmerischen Aktivität durch eine Niederlassung ist nicht notwendig.

421 b) **Ausrichten der unternehmerischen Tätigkeit auf diesen Staat.** Art. 6 I lit. b Rom I-VO erfasst Konstellationen, in denen der Unternehmer nicht in dem Staat des gewöhnlichen Aufenthalts des Verbrauchers tätig wird, sondern seine unternehmerische Tätigkeit **auf diesen Staat oder auf mehrere Staaten einschließlich dieses Staats ausrichtet**. Die Parallelvorschrift in Art. 15 I lit. c EuGVO hat, angesichts der Weite des Merkmals „ausrichten" nicht überraschend, erhebliche Auslegungsprobleme aufgeworfen. Erwägungsgrund Nr. 24 weist ausdrücklich darauf hin, dass man mit der Verwendung desselben Merkmals in Art. 6 Rom I-VO eine einheitliche Regelung in diesem Punkt wollte und daher auch eine einheitliche Auslegung zu erfolgen hat.

422 In der Praxis wird das Problem häufig anhand von Vertragsschlüssen im „elektronischen Geschäftsverkehr" aufgeworfen (vgl. Mitteilung der Kommission über grenzüberschreitenden elektronischen Handelsverkehr zwischen Unternehmen und Verbrauchern, KOM[2009] 557 endg.; dazu Ultsch, GPR 2010, 54). Als Beispiel sei nur der bekannte Online-Versandhändler „Amazon" genannt, unter dessen Internetadresse zahllose deutsche Verbraucher Verträge mit einem in Luxemburg ansässigen Unternehmen abschließen, ohne sich dieses Umstands und erst recht nicht der Rechtswahl zugunsten des luxemburgischen Rechts überhaupt bewusst zu sein.

423 In einer gemeinsamen Erklärung von Rat und Kommission zu Art. 15 EuGVO (abgedruckt in IPRax 2001, 259), auf die Erwägungsgrund Nr. 24 auch hinweist, ist insoweit an die Unterscheidung zwischen aktivem und passivem Verbraucher anknüpfend festgehalten worden, dass **die Zugänglichkeit einer Website allein noch nicht ausreicht** (so auch BGH, 17.9.2008, III ZR 71/08, NJW 2009, 298 Rn. 9). Die Website müsse vielmehr einen Vertragsschluss im Fernabsatz auch anbieten. Das darf allerdings nicht so verstanden werden, dass passive Websites nie das Merkmal des Ausrichtens erfüllen (so aber wohl die Begründung der Kommission zum Entwurf der EuGVO, KOM[1999] 348 endg., S. 17). In der gemeinsamen Erklärung wird nämlich weiter ausgeführt, dass es zu einem Vertragsschluss gekommen sein muss, und zwar „mit welchem Mittel auch immer". Das bedeutet, dass **auch eine passive Website ein „Ausrichten" darstellen kann,** wenn sie signalisiert, dass der Unternehmer zum Vertragsschluss mit Verbrauchern aus europäischen Staaten, darunter der Staat des gewöhnlichen Aufenthalts des Verbrauchers, bereit ist und die dafür notwendigen Informationen erteilt, damit sich der Verbraucher an den die Website verantwortenden Unternehmer wenden kann. Die Abgrenzung zwischen bloßem Informieren über das Unternehmen und der Vorhaltung einer Website als Instrument des Vertriebs spitzt sich auf den **Aufforderungscharakter** der Website zu.

424 Die Grenze wird bisweilen schwer zu ziehen sein. Die Angabe einer allgemeinen E-Mail Adresse wie „info@..." im Impressum dürfte nicht ausreichen. Weniger eindeutig ist das Ergebnis, wenn diese E-Mail-Adresse im Bereich „Kontakt" angegeben wird (hier wird u.U. die konkrete Handhabung von über diesen Kommunikationsweg getätigten Bestellungen eine Rolle spielen, s. sogleich unter c). Soweit die gemeinsame Erklärung abschließend darauf hinweist, die benutzte Sprache oder die Währung seien nicht von Bedeutung, ist dies missverständlich. Sprache und Währung können nach allgemeinen Grundsätzen unterstützende Indizien für die Lokalisierung von Verträgen sein. Der

Hinweis mag für „Weltsprachen" wie insbesondere Englisch insoweit zutreffend sein, als eine englisch abgefasste Website natürlich nicht zwangsläufig auf alle englischsprachigen Länder zielt. Umgekehrt kann es aber durchaus ein gewichtiges Indiz für ein Ausrichten auf den deutschen Markt sein, wenn z.B. die Website eines australischen Unternehmens (auch) auf deutsch verfügbar ist. Die Übersetzungsmühen wird man kaum aus ideellen, sondern in der Regel aus geschäftlichen Interessen heraus auf sich nehmen.

425

Die Große Kammer des EuGH hatte inzwischen Gelegenheit, in einem Art. 15 I lit. c EuGVO betreffenden Fall zur Bewertung von Internet-Auftritten im Kontext des „Ausrichtens" Stellung zu nehmen (EuGH, 7.12.2010, Rs. C-585/08 u. C-144/09, NJW 2011, 505). Als **Indizien** für ein „Ausrichten" werden genannt: der internationale Charakter der Tätigkeit des Unternehmers, ggf. Anfahrtsbeschreibungen aus dem Ausland, die Verwendung einer anderen Sprache oder Währung als der, die am Sitz des Unternehmers üblich ist, die Angabe internationaler Vorwahlen für die telefonische Kontaktaufnahme, die Verwendung einer Top-Level-Domain des Zielstaats (z.B. „.de" durch einen amerikanischen Anbieter), die Nutzung von Internetreferenzierungsdiensten, die Suchanfragen aus bestimmten Staaten mit dem Erscheinen von Werbung oder eines „Links" des betreffenden Unternehmers verknüpfen. Auch der EuGH hält sonach die Selbstdarstellung eines Unternehmers im Internet noch nicht für ausreichend. Andererseits ist es aber auch nicht erforderlich, dass die Internet-Seite einen Vertragsschluss „online" ermöglicht.

426

c) **Vertrag im Bereich der unternehmerischen Tätigkeit.** Obwohl man den Zusatz „und der Vertrag in den Bereich dieser Tätigkeit fällt" nur in lit. b) findet, bezieht sich diese Voraussetzung auf beide Varianten des in Art. 6 I Rom I-VO beschriebenen qualifizierten Inlandsbezugs. Die Begrenzung auf die Variante b) wäre sinnwidrig. Der Blick auf die Parallelvorschrift gem. Art. 15 I lit. c EuGVO bekräftigt diese Auslegung, denn dort werden die Varianten des Ausübens und des Ausrichtens in einem Absatz behandelt, der mit der Wendung „und der Vertrag in den Bereich dieser Tätigkeit fällt" endet. Nicht zuletzt behandelt auch Erwägungsgrund Nr. 25 zur Rom I-VO beide Varianten gemeinsam.

427

Fraglich ist, wie dieser Bereich zu definieren ist. Man wird diese Frage aus Sicht eines objektiven Betrachters entscheiden müssen und dabei keine zu engen Maßstäbe anlegen dürfen. Die Variante des „Ausrichtens" unternehmerischer Tätigkeit ist Ausdruck des Kompromisses zwischen dem Interesse der Verbraucher an einem hohen Schutzniveau und dem Interesse der Unternehmer, die Frage, ob ihre internationalen Verbraucherverträge der kollisionsrechtlichen Verbraucherschutznorm unterfallen, in einer angemessenen Weise selbst beeinflussen zu können. Diese Einflussnahme erfolgt über ihre Vertriebsstrategie. Entscheidend ist daher, ob die Maßnahmen zum „Ausrichten" der unternehmerischen Tätigkeit auf den Staat des gewöhnlichen Aufenthalts des Verbrauchers objektiv betrachtet in einem **inneren Zusammenhang** (so OLG Karlsruhe, 24.8.2007, 14 U 72/06, NJW 2008, 85) **mit dem Vertragsschluss** stehen. Das ist jedenfalls anzunehmen, wenn der Verbraucher **durch die konkreten Maßnahmen des Ausrichtens zum Vertragsschluss motiviert** worden ist (vgl. auch BGH, 17.9.2008, III ZR 71/08, NJW 2009, 298 Rn. 11 f.). Die tatsächliche Handhabung von Internetbestellungen durch Verbraucher aus Staaten, die der Unternehmer ausweislich eines „Disclaimers" vordergründig nicht ansprechen wollte, kann dabei den objektiven Eindruck, den die Website isoliert betrachtet vermittelt, korrigieren. An der tatsächlichen Handhabung – Entgegennahme von Bestellungen über die Website oder eine dort genannte E-Mail-Adresse – muss sich der Unternehmer dann festhalten lassen, sofern es sich nicht um versehentliche Einzelfälle handelt.

3. Objektives Verbrauchervertragsstatut

428 Liegt der qualifizierte Auslandsbezug vor, ist auf den Vertrag das **Recht des Staates anzuwenden, in dem der Verbraucher seinen gewöhnlichen Aufenthalt hat.** Für den denkbaren Fall, dass das nach Art. 4 Rom I-VO ermittelte Recht einen höheren Verbraucherschutzstandard vorsieht, hat der Gesetzgeber nicht vorgesorgt. Es bleibt auch dann beim Recht des gewöhnlichen Aufenthalts. Dass dieses Recht verbraucherfeindlicher ist als das Recht am Ort der Hauptverwaltung bzw. Niederlassung des Unternehmers, ist auch innerhalb der EU keineswegs ausgeschlossen, denn zum einen verfolgen die Richtlinien zum Verbrauchervertragsrecht (bisher) das Konzept der Mindestharmonisierung: der Umsetzungsgesetzgeber kann strengere Vorschriften (Schutzverstärkungen) vorsehen. Zum anderen enthalten die Richtlinien in wichtigen Punkten Umsetzungsoptionen, die einen erheblichen Unterschied im Schutzniveau nach sich ziehen können. Ein Beispiel aus dem deutsch-italienischen Rechtsverkehr ist Art. 132 II des italienischen Verbrauchergesetzbuchs (Codice del Consumo[10]), mit dem im Gegensatz zum deutschen Recht eine Umsetzungsoption des Art. 5 II der Verbrauchsgüterkaufrichtlinie 1999/44/EG wahrgenommen und eine Rügeobliegenheit des Verbrauchers geschaffen wurde. Ein italienischer Verbraucher stünde demnach in diesem Punkt besser, wenn über Art. 4 I lit. a Rom I-VO deutsches Kaufrecht zur Anwendung kommt als wenn über Art. 6 I Rom I-VO „sein" italienisches Verbraucherkaufrecht angewendet werden muss. Korrigieren könnte dieses Ergebnis nur der Gesetzgeber.

4. Rechtswahlbeschränkung

429 Grundsätzlich darf auch in einem Verbrauchervertrag eine Rechtswahl getroffen werden. Ein im Entwurfsstadium noch vorgesehenes Rechtswahlverbot ist in der Endfassung des Art. 6 II Rom I-VO nicht mehr enthalten. Vertragsstatut ist das gewählte Recht. Art. 6 II 2 Rom I-VO sieht jedoch eine **alternative Anknüpfung an das nach Absatz 1 bestimmte objektive Vertragsstatut**, mithin das Recht des gewöhnlichen Aufenthalts des Verbrauchers vor, soweit dieses (intern) zwingende Bestimmungen zum Schutz des Verbrauchers enthält.

430 a) **Schutzvorschriften.** Zu diesen Bestimmungen gehören alle durch Parteivereinbarung nicht abdingbaren Vorschriften, die geeignet und dazu bestimmt sind, einem Vertragspartner Schutz gegenüber dem anderen zu gewähren. Im deutschen Recht weisen einen auf Verbraucher gerichteten Schutzzweck u.a. auf: Das Recht der Allgemeinen Geschäftsbedingungen (§§ 305 ff. BGB), Bestimmungen über Informations- und Widerrufsrechte bei Haustürgeschäften und im Fernabsatz (§§ 312 ff. BGB), über den Verbrauchsgüterkauf (§§ 474 ff. BGB), über Teilzeitwohnrechte (Timesharing) gem. §§ 481 ff. BGB, über Verbraucherdarlehen (§§ 488 ff. BGB), über bestimmte Wertpapiergeschäfte (§§ 37 d, e WpHG). Auch **richterrechtlich entwickelte Regeln zum Schutz eines Vertragspartners**, z.B. Aufklärungs-, Hinweis- oder Warnpflichten, gehören dazu (BGH, 25.1.2005, XI ZR 78/04, NJW-RR 2005, 1071). Dass der Schutz des einen Vertragspartners alleiniger Zweck ist, wird nicht vorausgesetzt.

431 b) **Günstigkeitsvergleich.** Der in solchen Bestimmungen vorgesehene Schutz darf dem Verbraucher **durch die Rechtswahl nicht entzogen** werden. Das verbraucherfreundlichere Recht setzt sich durch. Der sog. **Günstigkeitsvergleich** muss bezogen auf den jeweiligen Einzelfall durchgeführt werden. Es geht nicht darum, das Verbraucherschutzniveau der in Betracht kommenden Vorschriften abstrakt zu vergleichen. Ent-

---

10 Abrufbar unter www.sviluppoeconomico.gov.it.

Objektives Vertragsstatut   Kap. 2 § 3   D

scheidend ist, ob die sich konkret stellende Rechtsfrage nach dem gewählten Recht oder dem Recht des gewöhnlichen Aufenthalts für den Verbraucher günstiger zu beurteilen ist. Der Günstigkeitsvergleich kann bisweilen Schwierigkeiten bereiten, wenn die beteiligten Rechtsordnungen Verbraucherschutzinstrumente vorsehen, die nicht ohne Weiteres vergleichbar sind.

5. Richtlinienkollisionsrecht (Art. 46b EGBGB)

Nach Art. 23 Rom I-VO bleiben Vorschriften des Gemeinschaftsrechts unberührt, die in **besonderen Bereichen** Kollisionsnormen für vertragliche Schuldverhältnisse enthalten. **432**

a) **Zweispurigkeit des Verbraucherschutzes.** Damit sind in erster Linie Kollisionsnormen gemeint, die in Richtlinien zur Harmonisierung des Verbrauchervertragsrechts enthalten sind. Die erste Richtlinie aus diesem Bereich, die als Annex zur sachrechtlichen Regelung eine Rechtswahlbeschränkung vorsah, war die Richtlinie 93/13/EWG über missbräuchliche Klauseln in Verbraucherverträgen. Obwohl es ein zentraler Kritikpunkt an der Schaffung von Richtlinienkollisionsrecht durch den Gemeinschaftsgesetzgeber war, dass es an einer Abstimmung mit der allgemeinen Kollisionsnorm für Verbraucherverträge gem. Art. 5 EVÜ fehle, beließ es der Gemeinschaftsgesetzgeber bislang bei der **Zweispurigkeit des kollisionsrechtlichen Verbraucherschutzes:** Das Richtlinienkollisionsrecht wurde im Zuge der Reform des EVÜ und seiner Überführung in eine EG-Verordnung nicht in die Rom I-Verordnung eingearbeitet. Das könnte sich allerdings in näherer Zukunft ändern. Der Vorschlag einer Richtlinie über „Rechte der Verbraucher" KOM(2008), 614 endg., der die Haustürwiderruf-, Klausel-, Fernabsatz- und Verbrauchsgüterkaufrichtlinie zusammenfasst und zum Teil auch inhaltlich überarbeitet, enthält keine Kollisionsnorm mehr. Insoweit würden grenzüberschreitende Verbrauchergeschäfte dann nur noch gem. Art. 3 III, IV und Art. 6 Rom I-VO angeknüpft. Die Zweispurigkeit bliebe allerdings hinsichtlich der anderen in Art. 46b IV EGBGB aufgelisteten Richtlinien noch länger bestehen. Die erst kürzlich überarbeitete Timesharing-Richtlinie enthält zudem weiterhin eine eigenständige Kollisionsnorm (vgl. Art. 12 II Richtlinie 2008/122/EG). **433**

b) **Art. 46b EGBGB.** Die Umsetzung von Art. 6 II Richtlinie 93/13/EWG und seiner Parallelvorschriften in anderen Verbraucherschutzrichtlinien war bisher in Art. 29a EGBGB zu finden. Infolge der parallel zur Einführung der Rom I-Verordnung erfolgten Aufhebung der Art. 27 ff. EGBGB war ein neuer Standort festzulegen. Die Umsetzungsnorm findet man nun in Art. 46b EGBGB im Unterabschnitt „Durchführung der Verordnung (EG) Nr. 593/2008". Im Gegensatz zu Art. 6 I Rom I-VO regelt Art. 46b EGBGB nur das subjektive Vertragsstatut („aufgrund einer Rechtswahl"). Die Wirkungen einer **Rechtswahl zugunsten drittstaatlichen Rechts** werden dadurch eingeschränkt, dass die richtlinienäquivalenten Vorschriften „gleichwohl anzuwenden" sind. Während Art. 6 I Rom I-VO die beiden Tatbestände des Ausübens bzw. Ausrichtens der kommerziellen Tätigkeit enthält, verwendet Art. 46b I EGBGB in räumlicher Hinsicht im Einklang mit den Richtlinienkollisionsnormen eine **Generalklausel**, wonach ein **enger Zusammenhang** mit dem Gebiet eines EU-Mitgliedstaats (bzw. EWR-Vertragsstaats, denn die betreffenden Richtlinien sind auch im EWR anzuwenden) bestehen muss. Eine abschließende Konkretisierung des „engen Zusammenhangs" durch den Umsetzungsgesetzgeber, ist nicht zulässig (EuGH, 9.9.2004, Rs. C-70/03, Slg. 2004, I-7999). Der deutsche Gesetzgeber versucht, eine gewisse Abstimmung mit Art. 6 I Rom I-VO dadurch zu erreichen, dass er dessen Absatz lit. a und lit. b in Art. 46b II EGBGB als nicht abschließende („insbesondere") Regelbeispiele aufnimmt. **434**

Eine abweichende Regelung besteht für **Timesharingverträge.** So erfasst Art. 46b III EGBGB sowohl das objektive als auch das subjektive Vertragsstatut und beruft immer **435** die deutschen Umsetzungsvorschriften. Der räumliche Anwendungsbereich wird künftig durch zwei alternative Tatbestände zu umschreiben sein (vgl. Art. 12 II der noch umzusetzenden Änderungs-Richtlinie 2008/122/EG).

V. Versicherungsverträge

436 Das europäische internationale Versicherungsvertragsrecht war bisher, was in der EU belegene Risiken angeht, in Richtlinien geregelt. Dieser Bereich unterfällt künftig Art. 7 Rom I-VO. Art. 23 Rom I-VO, der speziellem Richtlinienkollisionsrecht den Vorrang einräumt, nimmt daher Art. 7 Rom I-VO ausdrücklich aus. Das deutsche Umsetzungsrecht gem. Art. 7 ff. EGVVG konnte dementsprechend aufgehoben werden.

1. Sachlicher Anwendungsbereich

437 Art. 7 Rom I-VO gilt für Versicherungsverträge über Großrisiken im Sinne des Absatzes 2, unabhängig davon, ob das gedeckte Risiko in einem Mitgliedstaat belegen ist, sowie für alle anderen Versicherungsverträge, durch die Risiken gedeckt werden, die im Gebiet der Mitgliedstaaten belegen sind. Nicht erfasst sind nach Art. 7 I 2 Rom I-VO Rückversicherungsverträge. Versicherungsverträge, die nicht unter Art. 7 Rom I-VO fallen, sind abgesehen von der Ausnahme gem. Art. 1 II lit. j Rom I-VO nach den Art. 3 ff. Rom I-VO anzuknüpfen.

2. Versicherungsverträge über Großrisiken

438 Versicherungsverträge, die **Großrisiken** im Sinne von Art. 5 lit. d der Ersten Richtlinie 73/239/EWG decken, unterliegen gem. Art. 7 II 1 Rom I-VO dem von den Parteien nach Art. 3 Rom I-VO gewählten Recht. Was Großrisiken sind, definiert § 210 des Versicherungsvertragsgesetzes (VVG). In Ermangelung einer Rechtswahl ist gem. Art. 7 II 2 Rom I-VO das Recht des Staates anzuwenden, in dem der Versicherer seinen gewöhnlichen Aufenthalt hat. Das entspricht der Anknüpfung an die charakteristische Leistung. Art. 7 II 3 Rom I-VO enthält schließlich die Ausweichklausel für den Fall einer offensichtlich engeren Verbindung zu einem anderen Staat.

3. Versicherungsverträge über Massenrisiken

439 Für Versicherungsverträge, die keine Großrisiken betreffen (sondern **Massenrisiken** wie z.B. die Lebensversicherung), besteht nach Art. 7 III Unterabs. 1 Rom I-VO Rechtswahlfreiheit, wobei allerdings die wählbaren Rechtsordnungen eingegrenzt werden. Objektives Versicherungsvertragsstatut ist nach Art. 7 II Unterabs. 3 Rom I-VO das Recht des Mitgliedstaats, in dem zum Zeitpunkt des Vertragsschlusses das Risiko belegen ist. Art. 7 IV bis VI Rom I-VO enthalten zusätzliche Anknüpfungsregeln, die sich im Wesentlichen an der je nach Art des Versicherungsvertrags näher zu bestimmenden Risikobelegenheit orientieren.

440 Von der nach Art. 7 IV lit. b Rom I-VO bestehenden Möglichkeit, für die Pflichtversicherung eine Sonderregelung einzuführen, hat Deutschland in **Art. 46c EGBGB** Gebrauch gemacht. Danach unterliegen **Pflichtversicherungsverträge**, deren Abschluss auf einer Verpflichtung nach deutschem Recht beruht, dem deutschen Recht (Art. 46c II EGBGB). Art. 46c I EGBGB nimmt für im Ausland angeordnete Versicherungspflichten eine Anknüpfung an das betreffende ausländische Recht vor, sofern dieser Staat insoweit die Anwendung seines Rechts vorschreibt. Art. 7 IV lit. b Rom I-VO soll den

Objektives Vertragsstatut　　　　　　　　　　　　　　　　　　　　Kap. 2 § 3　D

Mitgliedstaaten die Möglichkeit geben, den mit ihren öffentlich-rechtlichen Pflichtversicherungen zusammenhängenden Gemeinwohlbezügen auch im internationalen Sachverhalt Rechnung zu tragen, zumal es die Effektivität der Pflichtversicherung beeinträchtigen kann, wenn insoweit kein einheitliches Recht gilt. Art. 46c EGBGB ist, da die Vorschrift nach dem internationalen Anwendungswillen pflichtversicherungsrechtlicher Sachnormen fragt, eine Sonderanknüpfung, keine „neutrale" Kollisionsnorm.

VI. Individualarbeitsverträge

1. Arbeitsvertrag

Wesentliches Merkmal des Arbeitsvertrags ist, dass jemand während einer bestimmten Zeit einem anderen nach dessen Weisung Leistungen erbringt, für die er als Gegenleistung eine Vergütung erhält (vgl. die Rechtsprechung des EuGH zu Art. 45 AEUV bzw. seinen Vorgängerbestimmungen, etwa Urt. v. 3.7.1986, Rs. 66/85, Slg. 1986, 2121). Aufgrund des Vertrags, so wie er tatsächlich durchgeführt wird, muss eine **abhängige, weisungsgebundene Stellung** desjenigen vorliegen, der die Tätigkeiten für den anderen Teil verrichtet. Man wird darunter beispielsweise auch einen Vertrag zur Anstellung des Geschäftsführers einer GmbH oder vergleichbaren Gesellschaftsform fassen können, da er Weisungen der Gesellschafterversammlung unterliegt (angesichts des Gebots der europäisch-autonomen Auslegung ist der Weg über eine analoge Anwendung des Art. 8 Rom I-VO jedenfalls nicht ohne Weiteres gangbar; so aber, zu ex-Art. 30 EGBGB, OLG Düsseldorf, 4.3.2003, I-6 U 147/02, RIW 2004, 230 Rn. 50, zu § 626 BGB).

441

2. Rechtswahl

Auch für Individualarbeitsverträge wird Rechtswahlfreiheit gewährt, die Wirkung der Rechtswahl jedoch – wie im Verbrauchervertragsrecht – insoweit eingeschränkt, als dem Arbeitnehmer dadurch der **Schutz durch zwingende Vorschriften des objektiven Arbeitsvertragsstatuts nicht entzogen** werden darf (vgl. Art. 8 I 2 Rom I-VO). Ist deutsches Recht objektives Vertragsstatut, bilden insbesondere das Kündigungsschutzgesetz (KSchG), der Bestandsschutz des Arbeitsverhältnisses bei Betriebsübergang (§ 613a BGB) und die betriebliche Altersversorgung nach dem BetrAVG den arbeitsrechtlichen Mindestschutz. Was das KSchG angeht, ist allerdings auf die Rechtsprechung zu § 23 I KSchG (sog. Kleinbetriebsklausel) hinzuweisen, wonach der dort verwandte Begriff „Betrieb" nur in Deutschland gelegene Betriebe erfasst (BAG, 26.3.2009, 2 AZR 883/07, BB 2009, 1924).

442

3. Objektives Arbeitsvertragsstatut

Liegt keine Rechtswahlvereinbarung vor, gilt:
a) **Recht des gewöhnlichen Arbeitsorts.** Der Arbeitsvertrag unterliegt dem Recht des Staates, in dem oder ggf. von dem aus der Arbeitnehmer in Erfüllung seines Vertrags **gewöhnlich seine Arbeit verrichtet** (Art. 8 II 1 Rom I-VO). Das ist der Staat, in dem ein wesentlicher Teil der vertraglich geschuldeten Arbeitsleistung erbracht wird. Art. 8 II 2 Rom I-VO präzisiert, dass eine **vorübergehende Tätigkeit in einem anderen Staat** nicht dazu führt, dass sich der gewöhnliche Arbeitsort dorthin verlagert. Erwägungsgrund Nr. 36 wiederum erläutert das Merkmal „vorübergehend": Es ist erfüllt, wenn von dem Arbeitnehmer erwartet wird, dass er nach seinem Arbeitseinsatz im Ausland seine

443

153

Arbeit im Herkunftsstaat wieder aufnimmt. Entscheidend ist der Zweck der Entsendung. Auch ein mehrjähriger Zeitraum kann vorübergehend im Sinne der Norm sein. Unsicherheiten lassen sich vermeiden, indem die Vertragpartner eine Rechtswahl treffen.

444 b) **Recht der Einstellungsniederlassung.** Ein gewöhnlicher Arbeitsort lässt sich nicht feststellen, wenn ein Arbeitnehmer seinen tatsächlichen Einsatzort ständig über Staatsgrenzen hinweg wechselt – klassisches Beispiel ist der Flugbegleiter, der seine wesentliche Arbeitsleistung während des Flugs ohne Bezug zu einem bestimmten Staat erbringt. Hier ist nach Art. 8 III Rom I-VO das Recht des Staates anzuwenden, in dem sich die Niederlassung befindet, die den Arbeitnehmer eingestellt hat. Im **Luftverkehr** ist das die vertragsschließende Niederlassung, nicht die sog. Einsatzniederlassung („base"), in die der Arbeitnehmer organisatorisch eingegliedert sein kann (str.; offen gelassen von BAG, 13.11.2007, 9 AZR 134/07, RIW 2008, 644 Rn. 45). Eine Parallele zu **Seearbeitsverhältnissen**, die ggf. dem Recht der Flagge unterstehen können, weil gewöhnlicher Arbeitsort das Schiff selbst sei, sieht das Bundesarbeitsgericht nicht (BAG a.a.O., Rn. 40; vgl. aber auch die gesetzliche Auslegungsregel gem. § 21 IV S. 1 des Gesetzes über das Flaggenrecht der Seeschiffe, BGBl. 1994 I, 3140). Eine vergleichbar stetige Beziehung zwischen Flugbesatzung und einem bestimmten Flugzeug bestehe nicht.

445 c) **Ausweichklausel.** Art. 8 IV Rom I-VO enthält die **Ausweichklausel**, allerdings mit der Besonderheit, dass es hier nicht auf eine „offensichtlich" engere Verbindung zu einem anderen Staat ankommt. Gleichwohl müssen die auf den anderen Staat deutenden Anknüpfungsmomente das Gewicht der Regelnanknüpfung gem. Absatz 2 oder 3 deutlich überwiegen. Eine zu großzügige Handhabung der Ausweichklausel würde das mit der Rom I-Verordnung verfolgte Ziel der Rechtssicherheit missachten.

446 d) **Berücksichtigung von Vorschriften des vorübergehenden Arbeitsorts.** Wird ein deutscher Arbeitnehmer für kürzere Zeit ins Ausland entsandt, so ändert das nichts am deutschen Arbeitsvertragsstatut. Man darf allerdings nicht außer Acht lassen, dass die vor Ort geltenden Vorschriften bestimmte **Modalitäten der Erfüllung** einschränken oder sogar verbieten können. Diesem Umstand trägt Art. 12 II Rom I-VO Rechnung. Danach ist in Bezug auf die Art und Weise der Erfüllung das Recht des Staates zu berücksichtigen, in dem die Erfüllung erfolgt. Das umfasst u.a. die vor Ort geltenden Vorschriften zur Arbeitssicherheit, Arbeitszeit oder zu Feiertagen.

4. Eingriffsnormen im Bereich des Arbeitsrechts

447 Arbeitsverträge gehören in vielen Ländern zu den stark regulierten Wirtschaftsverträgen und unterliegen einer **Vielzahl von Schutzvorschriften öffentlich-rechtlicher oder privatrechtlicher Natur**, was in grenzüberschreitenden Konstellationen zu zusätzlichen Problemen führt (vgl. Mankowski, in: Ferrari/Leible [Eds.], Rom I Regulation, 1. Aufl. 2009, S. 171, 202 ff). Grenzüberschreitende Arbeitsverhältnisse sind nicht zuletzt aus diesem Grund auch Gegenstand der Richtlinie 96/71/EG (sog. **Entsenderichtlinie**). Die deutsche Umsetzung ist im **Arbeitnehmer-Entsendegesetz** (AEntG) erfolgt. § 2 AEntG legt für den Fall der Entsendung von Arbeitnehmern nach Deutschland fest, dass – soweit in Rechts- oder Verwaltungsvorschriften geregelt – die sog. allgemeinen Arbeitsbedingungen (u.a. Mindestentgeltsätze, Mindestjahresurlaub, Höchstarbeitszeiten und Mindestruhezeiten) auch auf Arbeitsverhältnisse zwischen einem im Ausland ansässigen Arbeitgeber und seinen im Inland beschäftigten Arbeitnehmern zwingend Anwendung finden. Die betreffenden arbeitsrechtlichen Vorschriften sind Eingriffsnormen im Sinne des Art. 9 I, II Rom I-VO, weil sie ihren sozialen und wettbewerblichen Schutzzweck (vgl. § 1 AEntG) nur verwirklichen können, wenn sie auf alle im Inland tätigen Arbeitnehmer Anwendung finden. Sie unterliegen daher über Art. 9 I, II Rom I-VO in

Verbindung mit § 2 AEntG einer Sonderanknüpfung, „vorbei" an den Kollisionsnormen gem. Art. 3 oder Art. 8 Rom I-VO, was im Übrigen Erwägungsgrund Nr. 34 zur Rom I-VO ausdrücklich bestätigt. Ob **andere arbeitsrechtliche Schutzgesetze** unter Art. 9 I, II Rom I-VO fallen können, ist nach den hierzu allgemein gültigen Regeln (s. unten 2. Kap., § 6) zu prüfen. Die Frage wurde beispielsweise verneint für § 8 Teilzeit- und Befristungsgesetz (TzBfG), der einen Anspruch auf Verringerung der Arbeitszeit aus bestimmten familiären Gründen gibt. Diese Bestimmung diene in erster Linie dem Ausgleich widerstreitender Individualinteressen (BAG, 13.11.2007, 9 AZR 134/07, RIW 2008, 644). Zu bejahen ist sie dagegen beispielsweise für die Bestimmungen des Mutterschutzes.

5. Kollektives Arbeitsrecht

Das Arbeitsvertragsstatut ist nicht maßgeblich für Fragen der **Betriebsverfassung** wie z.B. Bildung eines Betriebsrats, Kündigungsschutz für Betriebsratsmitglieder, Mitwirkungsrechte oder Betriebsvereinbarungen. Insoweit greift das Recht des Betriebssitzes. Generell fällt das **kollektive Arbeitsrecht** (z.B. Tarifvertragsrecht, Recht des Arbeitskampfes) nicht unter Art. 8 Rom I-VO. Das Tarifvertragsstatut kann frei gewählt werden, ansonsten ist das anzuwendende Recht nach Art. 4 Rom I-VO zu ermitteln. Ob ein Tarifvertrag auf einen einzelnen Arbeitsvertrag einwirkt, entscheidet jedoch das Arbeitsvertragsstatut. 448

§ 4 Geltungsbereich des Vertragsstatuts

Der Geltungsbereich des Vertragsstatuts ergibt sich aus Art. 10 und Art. 12 Rom I-VO. 449

1. Zustandekommen und Wirksamkeit (Art. 10 Rom I-VO)

Nach Art. 10 Rom I-VO unterliegen die Einigung und die materielle Wirksamkeit des Vertrags oder einer seiner Bestimmungen **dem Recht, das anzuwenden wäre, wenn der Vertrag wirksam wäre.** Nach dem – in diesem Stadium noch hypothetischen – Vertragsstatut beurteilt sich insbesondere, ob als Angebot und Annahme auszulegende Willenserklärungen vorliegen, die zu einem äußeren Konsens geführt haben, ob Allgemeine Geschäftsbedingungen wirksam einbezogen wurden oder auch die Beachtlichkeit von Willensmängeln einschließlich der Anfechtung. Auch die Frage, ob und ggf. wann ein Angebot bindend ist, gehört hierher (vgl. einerseits §§ 130, 145 BGB: durch Zugang wirksam gewordenes Angebot ist bindend; sowie andererseits die „mailbox rule" des Common Law: das mit der Absendung wirksam gewordene Angebot erzeugt grds. keine Bindungswirkung). 450

Eine Einschränkung ergibt sich aus Art. 10 II Rom I-VO, der bereits im Zusammenhang mit der Rechtswahl erörtert wurde (s. oben 2. Kap., § 2 I 1. d). Wichtig ist, dass Art. 10 II Rom I-VO auf den Erklärungswert eines Verhaltens als „Zustimmung" abzielt. Nicht erfasst sind Vorschriften über Vertragslösungsrechte wie Widerruf, Rücktritt oder Kündigung (vgl. BGH, 19.3.1997, VIII ZR 316/96, BGHZ 135, 124). 451

2. Wirkungen des Vertrags (Art. 12 Rom I-VO)

Das Vertragsstatut bestimmt grds. über alle Fragen der Durchführung des Vertrags. Art. 12 Rom I-VO listet beispielhaft („insbesondere") folgende Punkte auf: 452

453 a) **Auslegung.** Das Vertragsstatut ist maßgebend für die Auslegung des Vertrags (für die Auslegung einer Willenserklärung als Angebot oder Annahme gilt Art. 10 Rom I-VO).

454 b) **Erfüllung.** Das Vertragsstatut ist maßgebend für die Vertragserfüllung, mit der Einschränkung, dass gem. Art. 12 II Rom I-VO Vorschriften über Erfüllungsmodalitäten (Art und Weise der Erfüllung) des Staates, in dem die Erfüllung tatsächlich erfolgt, zu berücksichtigen sind. Dasselbe gilt hinsichtlich von Maßnahmen, die der Gläubiger im Falle mangelhafter Erfüllung zu treffen hat (Untersuchung- und Rügepflichten, ggf. Aufbewahrung der Ware). Erfordert die Erfüllung ein weiteres selbständiges Rechtsgeschäft, ist insoweit nicht das Vertragsstatut (des Grundgeschäfts) maßgeblich, sondern das Statut des betreffenden Rechtsgeschäfts – im Fall einer Übereignung also das Sachstatut.

455 c) **Nichterfüllung, Leistungsstörungen.** Die Folgen der teilweisen oder vollständigen Nichterfüllung (z.B. Verzug und sonstige Leistungsstörungen, aber auch die Haftung für die Verletzung von Nebenpflichten) einschließlich der Schadensbemessung, soweit diese nach Rechtsnormen erfolgt, unterliegen ebenfalls dem auf den Vertrag anzuwendenden Recht. Ein Problemfeld in diesem Zusammenhang ist die Anknüpfung der Zinshöhe, wenn Vertragsstatut eine Rechtsordnung ist, die infolge starker Inflation (Geldentwertung) hohe Verzugszinssätze festlegt, als Vertragswährung jedoch eine starke Währung wie der Euro vereinbart ist (vgl. Rauscher, IPR, 3. Aufl. 2009, § 10 Rn. 1218).

456 d) **Erlöschensgründe.** Ferner unterfallen dem Vertragsstatut nach Art. 12 I lit. d Rom I-VO die verschiedenen Arten des Erlöschens der Verpflichtungen sowie die Verjährung und die Rechtsverluste, die sich aus dem Ablauf einer Frist ergeben. Hierher gehören auch die im anglo-amerikanischen Recht bekannten prozessualen Klagbarkeitsfristen. Sie lassen sich bei funktionaler Betrachtung – Schaffung von Rechtsfrieden, Entlastung der Gerichte – vertragsrechtlich qualifizieren (berühmt ist in diesem Zusammenhang das Fehl-Urteil des Reichsgerichts im „Tennessee-Wechsel-Fall", RGZ 7, 21). In Ermangelung einer Rechtswahl, beurteilt sich auch die Aufrechnung gem. Art. 17 Rom I-VO nach dem Vertragsstatut. Es gilt das Recht, dem die Forderung unterliegt, gegenüber der aufgerechnet werden soll.

457 e) **Nichtigkeitsfolgen.** Das Vertragsstatut ist schließlich auch für die Folgen der Vertragsnichtigkeit maßgeblich, gleichgültig ob diese Folgen vertraglicher oder außervertraglicher Natur sind. Die bereicherungsrechtliche Leistungskondiktion richtet sich nach dem Vertragsstatut und nicht nach dem Bereicherungsstatut gem. Art. 10 I Rom II-VO.

3. Beweislastregeln und gesetzliche Vermutungen (Art. 18 Rom I-VO)

458 Auch Vorschriften über gesetzliche Vermutungen für vertragliche Schuldverhältnisse oder über die Verteilung der Beweislast sind gem. Art. 18 I Rom I-VO als Teil des Vertragsstatuts anzuwenden. Voraussetzung ist, dass die betreffende Vermutungs- oder Beweislastregel **gerade mit Blick auf Vertragsverhältnisse** der in Streit stehenden Art besteht, weil andernfalls der materielle Zusammenhang mit dem Vertragsstatut fehlt. Das sonstige Beweisrecht ohne spezifischen Bezug zum Vertragsrecht unterfällt nach allgemeinen Grundsätzen als Verfahrensrecht der lex fori (z.B. § 287 ZPO zur gerichtlichen Schadensschätzung). Art. 18 II Rom I-VO enthält allerdings eine Sonderregelung, sofern es um den Beweis eines Rechtsgeschäfts geht.

§ 5 Vorbehalt des ordre public

459 Gem. Art. 21 Rom I-VO kann die Anwendung einer Vorschrift des nach den Art. 3 ff. Rom I-VO bezeichneten Rechts **nur** versagt werden, wenn ihre Anwendung mit der öffentlichen Ordnung des Staates des angerufenen Gerichts offensichtlich unvereinbar ist. Der BGH hat im sog. „Iran"-Fall die Inanspruchnahme eines zuvor entschädigungslos seiner Anteile an der Schuldnergesellschaft enteigneten Bürgen durch die von dem enteignenden Staat beherrschte Gläubigergesellschaft mit der Begründung abgelehnt, die Durchsetzung der Forderung gegen den Bürgen würde im wirtschaftlichen Ergebnis die entschädigungslose Enteignung auf das Gebiet der Bundesrepublik erstrecken, was mit Blick auf Art. 14 GG nicht tragbar sei (BGH, 28.4.1988, IX ZR 127/87, BGHZ 104, 240).

460 Vier Aspekte sind hierbei wichtig: Erstens geht es immer um das **im konkreten Einzelfall durch Anwendung der betreffenden ausländischen Rechtsnorm erzielte Ergebnis** der Rechtsanwendung. Zweitens ist festzulegen, was überhaupt zur **öffentlichen Ordnung** gehört. Art. 21 Rom I-VO sagt dazu nichts. Der deutsche Art. 6 EGBGB ist etwas präziser: Er nennt die „wesentlichen Grundsätze des deutschen Rechts", wozu insbesondere die Grundrechte gehören. Es geht also immer um grundlegende Rechtsanschauungen, um elementare Wertungen. Keinesfalls reicht schon aus, dass eine Vorschrift zum intern zwingenden, im Sinne von vertraglich nicht abdingbaren Recht gehört. Drittens muss die **Abweichung offensichtlich** sein. Zweck des ordre public-Vorbehalts ist es zu verhindern, dass ein Gericht gezwungen wird, eine Entscheidung zu treffen, die mit den grundlegenden Rechtsanschauungen des eigenen Rechts in krassem Widerspruch steht. Eine vierte Voraussetzung ergibt sich nicht aus dem Wortlaut, jedoch aus dem Sinn und Zweck des ordre public-Vorbehalts: Die Durchsetzung eigener elementarer Grundsätze ist nur notwendig, wo auch ein hinreichender **Inlandsbezug** gegeben ist (sog. Relativität des ordre public).

461 **Rechtsfolge** einer Verletzung des ordre public ist die Nichtanwendung der ausländischen Vorschrift, die im konkreten Fall das nicht hinnehmbare Ergebnis herbeiführen würde. In der Regel entsteht dadurch eine Lücke, die so weit wie möglich durch Anwendung des ausländischen Rechts zu schließen ist. Erst als letzter Ausweg, wenn der ordre public-Verstoß auf andere Weise nicht ausgeräumt werden kann, ist die Lücke durch Anwendung des Rechts des angerufenen Gerichts (lex fori) als Ersatzrecht zu schließen.

§ 6 Eingriffsnormen

462 Das EVÜ bezog sich unter dem Begriff der „zwingenden Vorschriften" auf zwei ganz unterschiedliche Phänomene des internationalen Vertragsrechts. Er bezeichnete einerseits, z.B. in Art. 5 EVÜ, die Vorschriften einer Rechtsordnung, von denen die Vertragspartner nicht kraft ihrer Privatautonomie abweichen können, also das nicht-dispositive Recht oder auch: die „intern" zwingenden Vorschriften. Sie setzen sich nur durch, wenn sie von einer Kollisionsnorm zur Anwendung berufen werden (namentlich von Art. 3 III, IV, Art. 6 II, Art. 8 I 2 Rom I-VO). Zum anderen sprach Art. 7 EVÜ mit dem Begriff der „zwingenden Vorschriften" diejenigen Normen an, um die es hier geht: Vorschriften, die sich in einem internationalen Sachverhalt stets durchsetzen, weil sie wichtige Gemeinwohlbelange verfolgen, deren Durchsetzung nicht im Einzelfall von der kollisionsrechtlichen Anknüpfung abhängig sein darf.

463 Der Gemeinschaftsgesetzgeber war bestrebt, im Vergleich zur Wortwahl des EVÜ den Unterschied zwischen „intern" zwingenden Vorschriften und international zwingenden, einer Sonderanknüpfung unterliegenden Vorschriften deutlicher zu machen (so explizit Erwägungsgrund Nr. 37). Die bisher von Art. 7 EVÜ erfasste Kategorie zwingender Vorschriften wird in Art. 9 Rom I-VO nunmehr unter der Bezeichnung **Eingriffsnormen** geregelt.

I. Eingriffsnormen

464 Art. 9 Rom I-VO stellt im Gegensatz zur Vorgängernorm des Art. 7 II EVÜ eine Legaldefinition bereit:

1. Definition

465 Eine Eingriffsnorm ist danach „eine zwingende Vorschrift, deren Einhaltung von einem Staat als so entscheidend für die Wahrung seines öffentlichen Interesses, insbesondere seiner politischen, sozialen oder wirtschaftlichen Organisation, angesehen wird, dass sie ungeachtet des nach Maßgabe dieser Verordnung auf den Vertrag anzuwendenden Rechts auf alle Sachverhalte anzuwenden ist, die in ihren Anwendungsbereich fallen". Ob mit dieser **europäisch-autonomen Definition**, die auf eine Formulierung des EuGH in der **Rechtssache „Arblade"** (EuGH, 23.11.1999, Rs. C-369 u. 376/96, Slg. 1999, I-8453 Rn. 30) zurückgeht, eine Vereinheitlichung der Handhabung dieses Instruments in den Mitgliedstaaten einhergehen wird, lässt sich noch nicht absehen. Das „Arblade"-Urteil selbst gibt keine Hilfestellung: Dort ging es um durch belgische Polizei- und Sicherheitsgesetze strafbewehrte Sozialverpflichtungen, mithin nur eine bestimmte Kategorie von Eingriffsnormen. Ferner hatte der EuGH nur zu entscheiden, ob das Primärrecht der Anwendung solcher Vorschriften entgegenstehen kann und vor diesem Hintergrund die betreffende Definition dem belgischen IPR entnommen.

2. Abgrenzungsprobleme bei Sonderprivatrecht

466 Zu Unterschieden kann es in der Praxis der Mitgliedstaaten insbesondere bei **sonderprivatrechtlichen Vorschriften** kommen, die den Vertragspartner schützen oder sonst dem Ausgleich privater Interessen dienen. Der **BGH** verfolgt insoweit eine eher **restriktive Linie** und lässt es nicht ausreichen, dass derartige Bestimmungen überindividuelle Interessen reflexartig mitschützen: Verneint wird der Eingriffsnormcharakter von Vorschriften des Verbraucherkreditrechts (BGH, 13.12.2005, XI ZR 82/05, BGHZ 165, 248 Rn. 27 ff.), während die französische Rechtsprechung zum gegenteiligen Ergebnis gelangte (Cass.civ., 23.5.2006, Rev.crit.dr.i.p. 96 [2007], 85). Ferner ordnet der BGH die Vorschriften zur Inhaltskontrolle Allgemeiner Geschäftsbedingungen nicht als Eingriffsnormen ein (BGH, 9.7.2009, Xa ZR 19/08, NJW 2009, 3371 Rn. 32). Ein hinreichend spezifisches überindividuelles Regelungsziel hat der BGH hingegen bei § 661a BGB (Haftung aus Gewinnmitteilung) in der „– eine Differenzierung nach dem Herkunftsland der Gewinnzusage nicht duldenden – lauterkeitsrechtlichen und sozialpolitischen Zielsetzung" erkennen können (BGH, 1.12.2005, III ZR 191/03, BGHZ 165, 172 Rn. 31).

467 Aufgrund der Weite der Definition dürften sich andererseits die Gerichte der Mitgliedstaaten, die ein eher großzügiges Verständnis der „Eingriffsnorm" zugrunde legen, wohl nicht gezwungen sehen, hiervon Abstand zu nehmen. Zwar unterliegen die Mitgliedstaaten zumindest mit Blick darauf, dass die Vorschrift „entscheidend" für die Wahrung eines öffentlichen Interesses sein muss, bei der Einordnung einer Vorschrift unter Art. 9 I, II Rom I-VO der **Kontrolle durch den EuGH** (str.). Doch macht die aus Sicht des

Eingriffsnormen   Kap. 2 § 6 D

„eingreifenden" Staates erfolgte Formulierung („von einem Staat als so entscheidend ... angesehen wird...") zugleich deutlich, dass die Frage, ob die betreffende Vorschrift im Wege der Sonderanknüpfung zur Erreichung eines im öffentlichen Interesses liegenden Ziels „entscheidend" beiträgt, aus internationalprivatrechtlicher Sicht (zur Kontrolle der Vereinbarkeit mit dem Primärrecht s. nochmals das „Arblade"-Urteil des EuGH) nur einer Vertretbarkeitskontrolle unterliegt. Mit seiner restriktiven Praxis steht der BGH jedenfalls auch unter Geltung des Art. 9 I Rom I-VO auf der sicheren Seite.

3. Ermittlung des internationalen Geltungsanspruchs

Ob eine Vorschrift mit internationalem Geltungsanspruch ausgestattet sein soll, ergibt sich in einigen Fällen **ausdrücklich** aus dem Wortlaut. So ordnet § 130 II GWB die Geltung des deutschen Kartellrechts für alle Wettbewerbsbeschränkungen an, die sich im Geltungsbereich des GWB auswirken, auch wenn sie im Ausland veranlasst wurden (zum europäischen Kartellrecht s. Art. 101 AEUV, bei dem sachrechtliche und kollisionsrechtliche Anwendungsvoraussetzungen ineinander fließen). Ein weiteres Beispiel ist der schon erwähnte § 2 AEntG (s. Kap. 2 § 34). **468**

Meist nimmt der Gesetzgeber zu dieser Frage indes keine Stellung. Dann ist durch **Auslegung**, insbesondere nach dem Sinn und Zweck der Vorschrift zu prüfen, ob die von ihr **verfolgten öffentlichen, oft ordnungspolitischen Zielsetzungen** eine Differenzierung nach internen und grenzüberschreitenden Sachverhalten nicht zulassen (Überblick bei Staudinger/Magnus [2002], Art. 34 EGBGB Rn. 85 ff.). Hingewiesen wurde in diesem Zusammenhang wie gesehen auf lauterkeits- und sozialpolitische Zielsetzungen (§ 661a BGB), auf das öffentliche Interesse an der Begrenzung des Mietanstiegs und der Vermeidung eines ruinösen Preiswettbewerbs zwischen den Architekten und Ingenieuren (§ 4 HOAI, s. BGH, 27.2.2003, VII ZR 169/02, BGHZ 154, 110) oder auf das staatliche Interesse an der Sicherung der Funktion des Anwalts als Organ der Rechtspflege (§ 49b BRAO, s. OLG Frankfurt a.M., 1.3.2000, 9 U 83/99, NJW-RR 2000, 1367). Auf der Hand liegt der internationale Geltungsanspruch bei export- oder importbeschränkenden Bestimmungen des Außenwirtschaftsgesetzes, bei Embargobestimmungen oder bestimmten Vorschriften des Währungs- und Devisenrechts wie Art. VIII Abschnitt 2 b) S. 1 des Übereinkommens von Bretton Woods über den internationalen Währungsfonds[11] (vertragliche Ansprüche sind wegen Verstoßes gegen Devisenkontrollbestimmungen des Staates, dessen Währung von dem Vertrag berührt wird, „unklagbar"; zur prozessualen Behandlung s. BGH, 14.11.1991, IX ZR 250/90, BGHZ 116, 77; zum Vorrang des Bretton Woods-Übereinkommens als völkerrechtlicher Vertrag gegenüber der Rom I-Verordnung vgl. Art. 25 I Rom I-VO). **469**

II. Sonderanknüpfung inländischer Eingriffsnormen

Nach Art. 9 II Rom I-VO berührt die Verordnung nicht die Anwendung der **Eingriffsnormen des Rechts des angerufenen Gerichts** (lex fori). Ein deutsches Gericht wird daher z.B. § 661a BGB anwenden, unabhängig davon, welches Recht nach den Kollisionsnormen der Rom I-Verordnung das Vertragsstatut stellt (wer hier von einem Verbrauchervertrag ausgeht, muss allerdings zunächst auf das umstrittene Verhältnis des Art. 6 Rom I-VO zu Art. 9 Rom I-VO eingehen; vgl. Martiny, ZEuP 2010, 747, 777). Als ungeschriebene Voraussetzung ist zu beachten, dass ein **hinreichender In-** **470**

---

11 In der Fassung von 1976 mit der letzten Änderung aus 2002, BGBl. 2000 II, S. 799; abgedruckt in Jayme/Hausmann, Nr. 130.

landsbezug bestehen muss. Das ergibt sich aus dem Sinn und Zweck der Öffnungsklausel für Eingriffsnormen: In der Regel wird die Durchsetzung einer inländischen Eingriffsnorm nur etwas zur Verwirklichung der von ihr verfolgten Gemeinwohlbelange beitragen können, wenn der Sachverhalt eine Verbindung zum Inland hat. Wie stark der Inlandsbezug sein muss, lässt sich nicht pauschal sagen. Beispielsweise reicht für die internationale Durchsetzung einer Embargobestimmung im Ergebnis schon aus, dass eine Ware in Deutschland beschlagnahmt wurde.

III. Beachtung ausländischer Eingriffsnormen (des Erfüllungsorts)

471 Mit der Durchsetzung aus Sicht des angerufenen Gerichts fremder Eingriffsnormen befasst sich der im Vergleich zur Vorgängerregelung in Art. 7 I EVÜ (gegen die Deutschland einen Vorbehalt erklärt hatte) enger gefasste, nach wie vor viele Fragen offen lassende Art. 9 III Rom I-VO. Danach können die Gerichte **Eingriffsnormen des Staates, in dem die Vertragspflichten erfüllt werden sollen oder erfüllt worden sind, Wirkung verleihen, soweit diese Eingriffsnormen die Erfüllung des Vertrags unrechtmäßig werden lassen.** Zu den noch nicht geklärten Fragen gehört, wie der Erfüllungsort zu bestimmen ist und wann eine Vorschrift die Erfüllung im Sinne der Vorschrift unrechtmäßig werden lässt. Ob der fremden Eingriffsnorm Wirkung verliehen wird, steht im **Ermessen des Gerichts** („kann"). Nach Art. 9 III 2 Rom I-VO hat das Gericht bei der Ausübung des Ermessens Art und Zweck dieser Normen sowie die Folgen zu berücksichtigen, die sich aus ihrer Anwendung oder Nichtanwendung ergeben würden. Ein wesentlicher Aspekt ist, ob der Erfüllungsstaat seine Eingriffsnorm faktisch überhaupt durchsetzen kann. Ein anderes sachliches Kriterium könnte sein, inwieweit die fremde Eingriffsnorm Ziele verfolgt, die mit wesentlichen Wertvorstellungen der lex fori übereinstimmen. Unklarheiten bestehen auch mit Blick auf die **Rechtsfolge**. Während Absatz 2 von der „Anwendung" der Eingriffsnorm spricht, verwendet Absatz 3 die Wendung „Wirkung verleihen". Letztlich dürfte die Art und Weise, wie die fremde Eingriffsnorm ggf. auf die Entscheidung des Rechtsstreits Einfluss nimmt, ebenfalls im Ermessen des angerufenen Gerichts stehen.

472 Nicht geklärt ist, ob Art. 9 III Rom I-VO eine abschließende Regelung ist. Hier wird erst eine Vorabentscheidung des EuGH Klarheit schaffen können, sofern der Gemeinschaftsgesetzgeber im Zuge einer (von Art. 27 Rom I-VO schon ins Auge gefassten) Revision der Rom I-Verordnung nicht selbst tätig wird. Offen ist daher, ob und ggf. unter welchen Voraussetzungen und auf welche Weise **ausländische Eingriffsnormen, die nicht die vertragliche Erfüllung betreffen,** durchgesetzt werden können. Ein Weg, den deutsche Gerichte bisweilen beschritten haben, ist die Berücksichtigung ausländischer Eingriffsnormen auf der Ebene des Sachrechts (z.B. über § 138 BGB oder § 313 BGB).

§ 7 Weitere Vorschriften (Art. 14 bis 16 Rom I-VO)

I. Abtretung

473 Art. 14 Rom I-VO enthält die Anknüpfungsregeln für rechtsgeschäftliche Forderungsübertragungen als **Vollrecht** oder auch nur **zu Sicherungszwecken** (Art. 14 III Rom I-VO). Das **Grundgeschäft** zwischen Alt- und Neugläubiger (Zedent und Zessionar) – das kann etwa ein Forderungskauf, Factoring- oder Sicherungsgeschäft sein – wird gem. Art. 14 I Rom I-VO selbständig angeknüpft. Das **Verhältnis des Zessionars zum Schuld-**

Teilfragen Kap. 2 § 8 D

ner betrifft die Übertragbarkeit der Forderung, die Voraussetzungen, unter denen die Übertragung dem Schuldner entgegengehalten werden kann, sowie die befreiende Wirkung einer Leistung durch den Schuldner unterfallen. Diese Fragen unterfallen gem. Art. 14 II Rom I-VO dem Statut der zu übertragenden Forderung.

Art. 14 Rom I-VO regelt nur die schuldrechtlichen, nicht auch die dinglichen Aspekte (soweit eine Rechtsordnung, wie die deutsche, diese beiden Ebenen trennt) und auch nur die Fragen, die für die Übertragung der Forderung unmittelbar von Bedeutung sind (s. Erwägungsgrund Nr. 38). Diese Beschränkung ist vor dem Hintergrund der **Überprüfungsklausel** des Art. 27 II Rom I-VO zu sehen, wonach eine Überarbeitung der Verordnung mit Blick auf **Drittwirkungs- und Rangfragen** in Erwägung gezogen wird. Bis dahin sind diese Problemkreise durch Auslegung der Rom I-Verordnung zu klären (str., nach a.A. sollen Drittwirkungs- und Rangfragen nicht der Verordnung unterfallen).   474

II. Gesetzlicher Forderungsübergang

Art. 15 Rom I-VO befasst sich mit dem gesetzlich für den Fall, dass ein Dritter verpflichtet ist, den Gläubiger einer Forderung zu befriedigen, angeordneten Forderungsübergang (z.B. im Recht der Bürgschaft gem. § 774 BGB). Das für diese Verpflichtung des Dritten maßgebliche Recht (Zessionsgrundstatut) bestimmt darüber, ob und in welchem Umfang der Dritte die Forderung des Gläubigers gegen den Schuldner nach dem für deren Beziehung maßgebenden Recht geltend zu machen berechtigt ist. Der letzte Halbsatz spricht das Statut der getilgten Forderung (Forderungsstatut) an. Es ist maßgeblich für den Inhalt der Forderung sowie für den praktisch wichtigen Aspekt des Erhalts von Einreden des Schuldners (im Bürgenbeispiel bei deutschem Forderungsstatut gem. §§ 768, 770 BGB).   475

III. Gesamtschuldnerausgleich bei „mehrfacher Haftung"

Art. 16 Rom I-VO betrifft den Gesamtschuldnerausgleich. Das Statut der getilgten Forderung ist maßgebend dafür, ob und inwieweit ein Anspruch auf Gesamtschuldnerausgleich im Innenverhältnis zu den anderen Schuldnern besteht. Ob Verteidigungsmittel, die den anderen Schuldnern gegenüber dem Gläubiger zugestanden haben, gegenüber dem Ausgleich verlangenden Hauptschuldner geltend gemacht werden können, beurteilt sich nach dem Recht, das auf die Forderung des Gläubigers gegenüber dem jeweiligen Schuldner anzuwenden ist.   476

§ 8 Teilfragen

Aus dem Vertragsverhältnis werden drei Aspekte ausgeklammert und einer eigenständigen Anknüpfungsregel unterworfen: 477

1. Form

Der internationale Wirtschaftsverkehr soll mit Blick auf die **Formgültigkeit** des Vertrags durch **alternative Anknüpfungen** erleichtert werden. Daher wird die Formgültigkeit einem eigenen **Formstatut** unterworfen. Nach Art. 11 I Rom I-VO ist ein Vertrag, der   478 von zwei Personen geschlossen wird, die sich bei Vertragsschluss in demselben Staat befinden (Präsenzgeschäft), formgültig, wenn er entweder die Formerfordernisse der lex causae (des als Vertragsstatut zur Anwendung berufenen Rechts; Geschäftsform) oder die Formerfordernisse des Rechts des Staates, in dem der Vertrag geschlossen wird (lex loci actus; Ortsform), erfüllt. Art. 11 II Rom I-VO behandelt das sog. Distanzgeschäft. Hier wird der Vertrag von zwei Personen geschlossen, die sich zum Zeitpunkt des Abschlusses in verschiedenen Staaten befinden. In diesem Fall gibt es noch mehr Anknüpfungsalternativen: Es genügt die Wahrung der Formerfordernisse des auf den Vertrag anzuwendenden Rechts (lex causae) oder des Rechts eines der Staaten, in denen sich eine der Vertragsparteien zum Abschlusszeitpunkt befindet (Ortsform) oder das Recht eines der Staaten, in denen eine der Parteien zum Abschlusszeitpunkt ihren gewöhnlichen Aufenthalt hat. Art. 11 III Rom I-VO enthält eine Regelung für einseitige auf einen Vertrag bezogene Rechtsgeschäfte, für die neben der Geschäfts- und Ortsform auch das Recht des gewöhnlichen Aufenthalts des Erklärenden zugelassen wird.

479 Verträge über dingliche Rechte an Immobilien unterliegen nach Art. 11 V Rom I-VO den Formvorschriften des Staats, in dem die Immobilie belegen ist (lex rei sitae), sofern sie nach dem Recht des Belegenheitsstaats unabhängig vom Vertragsstatut unabdingbar sind. Für § 311b BGB wie z.B. auch für Art. 1350 des italienischen Codice Civile wird ein solcher internationaler Durchsetzungsanspruch verneint. Ein Kaufvertrag über ein deutsches oder italienisches Grundstück kann also nach der Geschäfts- oder der Ortsform gem. Art. 11 I, II Rom I-VO geschlossen werden, selbst wenn diese weniger streng ist. Sinnvoll ist das allerdings nur, wenn man den inländischen Notar nicht doch noch für den Vollzug des Kaufvertrags braucht, weil sich andernfalls weder Zeit noch Kosten sparen lassen werden. Für den dinglichen Vollzug des Geschäfts gilt Art. 11 IV EGBGB i.V.m. Art. 43 I EGBGB: Die Formvorschriften der lex rei sitae müssen beachtet werden, liegt das Grundstück in Deutschland somit insb. §§ 13, 19, 20 GBO (vgl. dazu Brödermann/Rosengarten, IPR/IZVR, 5. Aufl. 2010, Rn. 343).

480 Eine Sonderregelung für Verbraucherverträge gem. Art. 6 Rom I-VO trifft Art. 11 IV Rom I-VO: Formstatut ist das Recht des Staates, in dem der Verbraucher seinen gewöhnlichen Aufenthalt hat. Der Gedanke des kollisionsrechtlichen Verbraucherschutzes setzt sich hier gegen die Tendenz der Absätze 1-3 des Art. 11 Rom I-VO durch, die Formwirksamkeit des Vertrags zu begünstigen. Zwingende Bestimmungen über Förmlichkeiten beim Abschluss von Verbraucherverträgen wie etwa § 312c BGB bezüglich des Fernabsatzes (z.B. über das Internet) setzen sich somit immer durch, unabhängig davon, ob man sie als Formvorschriften dem Formstatut oder als materielle Wirksamkeitsvoraussetzungen dem Vertragsstatut unterstellt.

2. Rechts-, Geschäfts- und Handlungsfähigkeit

481 Diese Fragen fallen, abgesehen von der speziellen Verkehrsschutzregelung gem. Art. 13 Rom I-VO, nicht in den Anwendungsbereich der Verordnung (vgl. Art. 1 II lit. a Rom I-VO). Rechtsfähigkeit ist die Fähigkeit, Träger von Rechten und Pflichten zu sein. Geschäftsfähigkeit bezeichnet die Fähigkeit, seine Rechte und Pflichten durch Rechtsgeschäfte zu gestalten (der Begriff der Handlungsfähigkeit schließt zusätzlich noch die Deliktsfähigkeit mit ein). Rechts- und Geschäftsfähigkeit unterliegen dem Personalstatut, nach Art. 7 I EGBGB dem Recht des Staates, dem die Person angehört. Das Personalstatut bestimmt beispielsweise über das Alter, bei dessen Erreichen Volljährigkeit eintritt, sowie über Zustimmungserfordernisse der gesetzlichen Vertreter. Art. 13 Rom I-VO schützt in diesem Zusammenhang den guten Glauben des Vertragspartners an die Geschäftsfähigkeit des anderen Teils. Bei einem Präsenzgeschäft kann sich eine natürliche Personen, die nach dem Recht des Abschlussorts geschäftsfähig wäre, nur dann auf das sich aus dem Recht eines anderen Staates ergebende Fehlen der Geschäfts-

Teilfragen   Kap. 3   D

fähigkeit berufen, wenn die andere Vertragspartei bei Vertragsschluss diesen Umstand kannte oder infolge von Fahrlässigkeit nicht kannte.

3. Stellvertretung

Im Rahmen der **rechtsgeschäftlichen Stellvertretung** sind drei Rechtsbeziehungen zu unterscheiden: Erstens das der Bevollmächtigung zugrunde liegende Rechtsverhältnis, z.B. ein Auftrag (sog. Grundgeschäft). Es ist selbständig anzuknüpfen, im Fall eines Auftrags nach Art. 3 f. Rom I-VO. Zweitens die Vollmacht selbst und drittens das Rechtsgeschäft, das der Vertreter im Namen des Vertretenen mit einem Dritten vornimmt (sog. Vertretergeschäft). Ob eine Stellvertretung überhaupt zulässig ist, bestimmt sich nach dem Geschäftsstatut des Vertretergeschäfts (in diesem Zusammenhang auch Wirkungsstatut genannt). Im Übrigen wird die Stellvertretung jedoch selbständig angeknüpft. Die Stellvertretung **unterfällt nicht dem Anwendungsbereich der Rom I-Verordnung** (vgl. Art. 1 II lit. g; über eine in Art. 7 des Entwurfs – KOM[2005] 650 endg. – enthaltene Regelung konnte keine Einigung erzielt werden). Auch das EGBGB enthält keine geschriebene Kollisionsregel (für die Form gilt allerdings Art. 11 EGBGB). Nach h.M. wird im Interesse des Schutzes des Rechtsverkehrs die **materielle Wirksamkeit der Vollmacht** (Erteilung, Beendigung, Umfang) an das Recht des Landes angeknüpft, in dem von der Vollmacht bestimmungsgemäß Gebrauch gemacht wird. Das gilt auch für Anscheins- und die Duldungsvollmacht. Entscheidend ist, dass der Vollmachtgeber zurechenbar (zumindest) einen Rechtsschein der Bevollmächtigung zum Handeln des Vertreters im Wirkungsland gesetzt hat. Bei **Vertretung ohne Vertretungsmacht** wiegen die Interessen des Vertretenen dagegen schwerer. Zudem fehlt es an einem Wirkungsland, da kein Rechtsschein gesetzt wurde, der irgendwo „wirken" könnte. In diesen Fällen sollte das Geschäftsstatut des Vertretergeschäfts über die Rechtsfolgen der Vertretung ohne Vertretungsmacht entscheiden. Das betrifft die Haftung gegenüber dem Vertragspartner wie auch die Frage, ob der angeblich Vertretene das Geschäft genehmigen kann (vgl. zum Ganzen BGH, 17.11.1994, III ZR 70/93, BGHZ 128, 41 ff.). Eine abweichende Anknüpfung wird bei kaufmännischen Bevollmächtigten angenommen, die über eine feste Niederlassung verfügen. Hier ist das Recht des Staates anzuwenden, in dem sich die Niederlassung befindet.

482

Von der rechtsgeschäftlichen (gewillkürten) Stellvertretung ist die **gesetzliche Vertretung** zu unterscheiden. Maßgeblich ist die Rechtsbeziehung, aus der die gesetzliche Vertretungsmacht entspringt, zum Beispiel das Eltern-Kind-Verhältnis. Gem. Art. 21 EGBGB ist das Recht des Staates anzuwenden, in dem das Kind seinen gewöhnlichen Aufenthalt hat. Drittens ist noch die **organschaftliche Vertretung** einer juristischen Person, Gesellschaft oder sonstigen rechtsfähigen Personenvereinigung zu beachten. Sie unterliegt dem Gesellschaftsstatut.

483

Kapitel 3 Internationales Zivilverfahrensrecht mit Bezug zum internationalen Vertragsrecht

Bei der Verhandlung und Gestaltung internationaler Verträge ist stets mit zu bedenken, welche Besonderheiten sich bei der Durchsetzung vertraglicher Rechte bzw. der Abwehr unberechtigter Ansprüche ergeben können. Das umfasst die internationale Zuständigkeit einschließlich der Möglichkeiten, sie zu beeinflussen, die spezifischen Verfahrensregeln für Prozesse mit grenzüberschreitenden Bezügen und die Frage, ob ein Urteil in einem oder mehreren anderen Staaten, in denen eine Vollstreckung sinnvoll sein kann,

484

anerkannt und vollstreckt werden wird. Daneben ist die Streitbeilegung im Wege internationaler Schiedsverfahren zu beachten.

§ 1 Internationale Zuständigkeit nach der EuGVO

485 Regeln der internationalen Zuständigkeit können sich aus völkerrechtlichen Verträgen (z.B. Art. 31 CMR), aus europäischen Rechtsakten und, soweit beides ausscheidet, aus dem autonomen einzelstaatlichen Recht ergeben. Die wichtigste Rechtsgrundlage ist die **Verordnung (EG) Nr. 44/2001** über die gerichtliche Zuständigkeit und die Anerkennung und Vollstreckung von Entscheidungen in Zivil- und Handelssachen (**EuGVO**)[12], die allerdings europäischen Rechtsakten für „besondere Rechtsgebiete" gem. Art. 67 EuGVO den Vorrang lässt. Die EuGVO ist an die Stelle des gleichnamigen Übereinkommens von 1968 getreten, dass die Mitgliedstaaten als begleitendes Gemeinschaftsrecht in Brüssel geschlossen hatten (daher wird Verordnung auch als Brüssel I-VO bezeichnet). Die über 150 Urteile des EuGH zum EuGVÜ sind aufgrund des hohen Grades an Übereinstimmung mit der EuGVO weiterhin von Bedeutung. Informationen über alle drei Kategorien von Rechtsquellen erhält man über das Europäische Justizielle Netz für Zivil- und Handelssachen[13] und den Europäischen Gerichtsatlas[14]. Die Europäische Kommission **bereitet derzeit eine Überarbeitung der EuGVO vor.** Sie hat am 21.4.2009 ein Grünbuch vorgelegt (KOM(2009), 175 endg.), das Änderungen in zentralen Bereichen zur Diskussion stellt, u.a. die Ausdehnung des räumlichen Anwendungsbereichs auf Beklagte mit Wohnsitz in einem Drittstaat, den Ausbau der Regelung zur Gerichtsstandsvereinbarung, die Schaffung einer Regelung für Sammelklagen und die Erweiterung der Vorschriften zum einstweiligen Rechtsschutz. Am 14.12.2010 ist der Vorschlag der Kommission für die Neuregelung der EuGVO veröffentlicht worden (KOM(2010) 748 endg.).

I. Anwendungsbereich

1. Räumlicher Anwendungsbereich

486 a) **Beklagtenwohnsitz im Hoheitsgebiet eines Mitgliedstaats.** Der Beklagte muss seinen **Wohnsitz** (vgl. Art. 59 f. EuGVO) **in einem Mitgliedstaat** haben. Ist das nicht der Fall, wird das Gericht gem. Art. 4 I EuGVO sein autonomes internationales Zuständigkeitsrecht anwenden, in Deutschland die §§ 12 ff. ZPO, die neben der örtlichen auch die internationale Zuständigkeit festlegen (Doppelfunktion der ZPO-Vorschriften über die örtliche Zuständigkeit). Der Verweis des Art. 4 I EuGVO schließt, wie Absatz 2 klarstellt, die sog. exorbitanten Gerichtsstände mit ein (z.B. den Gerichtsstand des Vermögens gem. § 23 ZPO oder die an die Staatsangehörigkeit anknüpfende Zuständigkeit nach Art. 14 Code Civil).

487 b) **Vorschriften mit erweitertem räumlichen Anwendungsbereich.** Zu beachten ist, dass die EuGVO einige **Vorschriften mit einem erweiterten räumlichen Anwendungsbereich** kennt. In folgenden Fällen kommt es nicht auf den Beklagtenwohnsitz innerhalb der Gemeinschaft an: Erstens im Rahmen der ausschließlichen Gerichtsstände nach Art. 22

---

12   Mit Blick auf Dänemark und die EFTA-Staaten Norwegen und Schweiz ist das parallele Luganer Übereinkommen vom 30.10.2007 zu beachten (Jayme/Hausmann, Nr. 152); vgl. zum Verhältnis zur EuGVO Art. 54b LugÜ.
13   Abrufbar unter http://ec.europa.eu/civiljustice.
14   Abrufbar unter http://ec.europa.eu/justice_home/judicialatlascivil/html/index_de.htm.

EuGVO, die den erforderlichen räumlichen Bezug zur Gemeinschaft durch abweichende Kriterien bestimmen (z.B. den Lageort eines Grundstücks, Art. 22 Nr. 1 EuGVO). Zweitens lässt es Art. 23 EuGVO im Fall einer Gerichtsstandsvereinbarung ausreichen, wenn nur eine Partei ihren Wohnsitz in einem Mitgliedstaat hat (und die Zuständigkeit eines mitgliedstaatlichen Gerichts vereinbart wird). Desgleichen stellt die Vorschrift zur rügelosen Einlassung (Art. 24 EuGVO) nicht auf den Beklagtenwohnsitz ab. Zu nennen sind außerdem die Vorschriften über die Gerichtsstände mit Schutzfunktion zugunsten der schwächeren Vertragspartei, die es ausreichen lassen, wenn der Beklagte über eine Niederlassung im Gebiet der Gemeinschaft verfügt (Art. 9 II, 15 II, 18 II EuGVO).

c) **EuGVO als Regelung innergemeinschaftlicher Sachverhalte?** Die EuGVO strebt ein einheitliches Zuständigkeitsregime an. Erfasst sind, in den sich aus ihren einzelnen Gerichtsstandsregelungen ergebenden Grenzen, Sachverhalte mit Bezug zum Hoheitsgebiet eines oder mehrerer Mitgliedstaaten. Dagegen gibt es kein räumliches Anwendungskriterium dergestalt, dass ein Bezug zu mindestens zwei Mitgliedstaaten vorliegen muss. Dass der innergemeinschaftliche Handel durch gemeinsame Regeln zu Zuständigkeit, Anerkennung und Vollstreckung erleichtert werden soll, ist eine kompetenzielle Erwägung, die nicht als Tatbestandsmerkmal in die Art. 2 ff. EuGVO hinein interpretiert werden darf. Das ergibt sich auch aus Erwägungsgrund Nr. 8 und entspricht der Rechtsprechung des EuGH (Urt. v. 1.3.2005, Rs. C-281/02, Slg. 2005, I-1383 Rn. 34 ff.). Andererseits folgt aus der Natur einer Regelung der „internationalen" Zuständigkeit, dass die EuGVO reine Inlandssachverhalte nicht erfasst (vgl. östOGH, 21.4.2004, 9 Ob 151/03, ZfRV 2004, 234).

488

2. Sachlicher Anwendungsbereich

Der sachliche Anwendungsbereich deckt nach Art. 1 I EuGVO **Zivil- und Handelssachen** ab. Der Begriff ist **autonom** auszulegen, was sich beispielsweise bei Schadensersatzklagen gegen Amtsträger auswirken kann. Nur wenn ein Amtsträger Aufgaben wahrnimmt, die ihrer Natur nach hoheitlich wahrgenommen werden, scheidet eine Zivilsache aus (z.B. Polizei, Soldaten; s. EuGH, 15.2.2007, Rs. C-292/05, Slg. 2007, I-1519). Soweit das deutsche Recht den hoheitlichen Bereich weiter fasst, ihn etwa auf verbeamtete Lehrer erstreckt, hat das keine Auswirkungen (vgl. EuGH, 21.4.1993, Rs. C-172/91, Slg. 1993, I-1963). Im Übrigen ist der Begriff der Zivilsache weit auszulegen: Auch Verbandsklagen auf Unterlassung der Verwendung von Vertragsbestimmungen, die Vorschriften des Verbrauchervertragsrechts verletzen, fallen darunter (vgl. BGH, 9.7.2009, Xa ZR 19/08, BGHZ 182, 24 – zu Art. 5 Nr. 3 EuGVO), ferner kartellrechtliche Schadensersatzklagen (EuGH, 20.9.2001, Rs. C-453/99, Slg. 2001, I-6297). Einen Katalog ausgeschlossener Materien enthält Art. 1 II EuGVO. Hier hat den EuGH in letzter Zeit häufiger die Abgrenzung zur Verordnung Nr. 1346/2000 über Insolvenzverfahren beschäftigt (s. etwa EuGH, 12.2.2009, Rs. C-339/07, Slg. 2009, I-767).

489

3. Zeitlicher Anwendungsbereich

Die EuGVO ist auf nach dem 1. März 2002 erhobene Klagen anzuwenden (Art. 66 EuGVO).

490

II. Allgemeiner Gerichtsstand

Der allgemeine Gerichtsstand liegt gem. Art. 2 I EuGVO am Wohnsitz bzw. Sitz des Beklagten.

491

1. Wohnsitz natürlicher Personen

492 Art. 59 I EuGVO stellt für den **Wohnsitz natürlicher Personen** eine Kollisionsnorm auf, die auf das Recht des angerufenen Gerichts (lex fori) verweist. Wenn danach kein Wohnsitz im Gerichtsstaat feststellbar ist, muss das Gericht gem. Art. 59 II EuGVO nach dem Recht eines jeweils in Betracht kommenden anderen Mitgliedstaats prüfen, ob dort ein Wohnsitz besteht. Führt auch das nicht zum Erfolg, ist nach Art. 4 I EuGVO das autonome einzelstaatliche Recht anzuwenden.

2. Wohnsitz juristischer Personen

493 Demgegenüber wird der **Wohnsitz von Gesellschaften und juristischen Personen** in Art. 60 I EuGVO **autonom definiert.** Die Vorschrift enthält drei Alternativen: Erstens den satzungsmäßigen Sitz (Ort der Registrierung), zweitens die Hauptverwaltung als der Ort, an dem die zuständigen Gremien ihren Willen bilden und von dem aus dieser Wille in die Tat umgesetzt wird (Leitung des Unternehmens), schließlich drittens der Ort der Hauptniederlassung als der Ort, an dem sich die wesentlichen personellen und sachlichen Ressourcen befinden. Sofern diese Orte nicht übereinstimmen, eröffnet das die Möglichkeit des „forum shopping" (Ausrichtung der Gerichtsstandswahl an prozessualen und/oder materiellen Vorteilen, die ein Gerichtsstand aufgrund der lex fori-Regel hinsichtlich des Verfahrens- und des Kollisionsrechts für den Kläger mit sich bringt), das im Bereich der EuGVO eigentlich zurückgedrängt werden sollte. Art. 60 II EuGVO zielt auf die Staaten des Common Law-Rechtskreises und stellt, da diese keine vergleichbare Definition des Sitzes kennen, hierzu eine eigenständige sachliche Regelung auf. Mit Blick auf Klagen von oder gegen Gesellschaften ist zudem an Art. 22 Nr. 2 EuGVO zu denken, der für Streitigkeiten im Innenverhältnis die ausschließliche Zuständigkeit der Gerichte am Sitz der Gesellschaft anordnet.

III. Besondere Gerichtsstände

494 Besondere Gerichtsstände, die allerdings hinter diejenigen der Art. 8, 15 und 18 EuGVO zurücktreten, ergeben sich aus Art. 5 und 6 EuGVO. Unabhängig von der Streitfrage, ob die Grundregel des Art. 2 I EuGVO (auch) eine Schutzvorschrift für den Beklagten oder doch nur das Ergebnis einer interessengerechten Abwägung ist, bleibt Art. 2 I EuGVO die Regel, von der die besonderen Gerichtsstände bestimmte Ausnahmen zulassen, die nicht erweiternd ausgelegt werden dürfen.

1. Erfüllungsortsgerichtsstand

495 Art. 5 Nr. 1 EuGVO gewährt für Klagen, **die Verträge oder Ansprüche aus Verträgen** zum Gegenstand haben, den zusätzlichen **Gerichtsstand des Erfüllungsorts.** Der Begriff des Vertrags ist autonom auszulegen. Wesensmerkmal ist eine freiwillig eingegangene Verpflichtung zwischen zwei Parteien, die durchaus auch einseitig sein kann. Ein Beispiel ist die Gewinnzusage, die aus Sicht des deutschen Rechts als durch eine geschäftsähnliche Handlung begründetes gesetzliches Schuldverhältnis und damit außervertraglich eingeordnet wird, während der EuGH von einem vertraglichen Anspruch auf Auszahlung des Gewinns ausgeht (zu den Einzelheiten s. BGH, 1.12.2005, III ZR 191/03, BGHZ 165, 172 Rn. 26; EuGH, 14.5.2009, Rs. C-180/06, Slg. 2009, I-3961).

496 a) **Verweis auf die lex causae (lit. a).** Soweit kein Fall des Art. 5 I lit. b EuGVO vorliegt, ist **der Erfüllungsort gem. Art. 5 I lit. a EuGVO** nach dem auf den Vertrag anwendbaren

Recht, der lex causae, zu bestimmen (vgl. auch Art. 5 I lit. c EuGVO). Dass dieser aus dem EuGVÜ bekannte Ansatz – nach dem Urteil in der Rs. 12/76 auch „Tessili"-Regel genannt – insoweit fortgilt, hat der EuGH bestätigt (Urt. v. 23.4.2009, Rs. C-533/07, Slg. 2009, I-3327).

b) **Autonomer und einheitlicher Erfüllungsort (lit. b).** Art. 5 Nr. 1 lit. b EuGVO bestimmt den Erfüllungsort für Verträge über den Kauf beweglicher Sachen und solche über die Erbringung von Dienstleistungen autonom. Erfüllungsort ist der Ort in einem Mitgliedstaat, an die Kaufsachen geliefert worden sind oder hätten geliefert werden müssen, bzw. der Ort, an dem die Dienstleistungen erbracht worden sind bzw. hätten erbracht werden müssen. Der so festgelegte besondere Gerichtsstand **gilt für sämtliche Klagen aus ein und demselben Vertrag** und nicht nur für diejenigen aus der Liefer- bzw. Dienstleistungsverpflichtung. Damit ist zugleich das Problem des Klägergerichtsstands des Verkäufers für Zahlungsklagen bei Anwendbarkeit des UN-Kaufrechts (vgl. Art. 57 CISG) weitgehend erledigt. Liegt der Erfüllungsort in einem Drittstaat, ist Art. 5 I lit. a EuGVO anzuwenden. **497**

Der **Dienstleistungsbegriff** erfasst alle Tätigkeiten, die im Rahmen einer kommerziellen Tätigkeit (vgl. auch Art. 57 Unterabs. 2 AEUV: handwerklich, gewerblich, kaufmännisch oder freiberuflich) für den anderen Vertragspartner erbracht werden. Obwohl auch Art. 57 AEUV den Begriff der Dienstleistung verwenden, kommt aufgrund unterschiedlicher Zielsetzungen dieser Vorschriften keine einheitliche Auslegung in Betracht, so dass beispielsweise **Lizenzverträge nicht** unter Art. 5 I lit. b, 2. Spiegelstrich EuGVO fallen (EuGH, 23.4.2009, Rs. C-533/07, Slg. 2009, I-3327 Rn. 33 ff.). Bei **komplexen Kooperationsverträgen** kann die Abgrenzung von Kauf- und Dienstleistungsvertrag schwierig und zugleich fallentscheidend sein. Im Fall „Car Trim" übernahm ein deutsches Zulieferunternehmen die Produktion von Bauteilen für Airbags, wobei Vorgaben des Auftraggebers, eines italienischen Autozulieferers, zu beachten waren. Die Komponenten waren „frei Werk" beim Auftraggeber in Italien abzuliefern. Der EuGH entschied, für die Abgrenzung sei auf die vertragscharakteristische Leistung abzustellen. Dabei berücksichtigt der EuGH die Einordnung nach Art. 1 IV der Verbrauchsgüterrichtlinie 1999/44/EG, Art. 3 CISG sowie nach Art. 6 II des Haager Verjährungsübereinkommens von 1974, die jeweils – zumindest im Ausgangspunkt – Verträge über erst herzustellende Sachen den Kaufverträgen zuordnen. Auch eine Parallele zum europäischen Vergaberecht zieht das Gericht, denn danach sind Verträge über die Lieferung einer nach Kundenspezifikationen erst noch herzustellenden Sache öffentliche Lieferaufträge, nicht öffentliche Dienstleistungsaufträge. Die Einstufung als Dienstleistungsverträge wäre im Ausgangsfall in Betracht gekommen, hätte der italienische Auftraggeber auch im Wesentlichen die Stoffe bereitgestellt, die zur Herstellung der Airbag-Komponenten erforderlich sind, was indes nicht der Fall war – die Vorgabe von Lieferanten, bei denen Teile zu beziehen sind, reicht nicht aus. Schließlich spricht auch die Tatsache, dass der Vertragspartner für die Vertragsgemäßheit der Ware und nicht (nur) für die ordnungsgemäße Ausführung von Anweisungen zur Herstellung der Ware einstehen muss, für das Vorliegen eines Kaufvertrags (vgl. EuGH, 25.2.2010, Rs. C-381/08, NJW 2010, 1059 Rn. 32 ff.). **498**

Wo der **Lieferort** liegt, muss vorrangig anhand der Bestimmungen des Vertrags ermittelt werden, ohne allerdings dabei auf das Vertragsstatut (nach deutschem Sachrecht §§ 269 f. BGB) zurückzugreifen. Haben die Parteien keinen Lieferort bezeichnet und ist er auch nicht durch Vertragsauslegung zu ermitteln oder ist die Vereinbarung des Erfüllungsorts unwirksam (was nach dem Vertragsstatut zu prüfen ist), ist der tatsächliche und endgültige Lieferort maßgeblich und hierbei auf die vertragscharakteristische Leistung abzustellen. Gibt es **Lieferorte in mehreren Mitgliedstaaten**, so entscheidet der Ort, an dem die Hauptlieferung erfolgt, andernfalls hat der Kläger ein Wahlrecht (EuGH, 3.5.2007, Rs. C-386/05, Slg. 2007, I-3699). Liegt bei deutschem Vertragsstatut **499** ein **Versendungskauf** vor, ist Lieferort i.S.d. Art. 5 Nr. 1 lit. b EuGVO sonach nicht der Ort der Übergabe der Ware an den Transporteur, sondern der endgültige Bestimmungsort (EuGH, 25.2.2010, Rs. C-381/08, NJW 2010, 1059 Rn. 60; EuGH, 9.6.2011, Rs. C-87/10 mit Anm. Mankowski, EWiR Art. 5 EuGWO 3/11, Heft 15/2011, S. 497). Grund ist die Sach- und Beweisnähe des dort begründeten Gerichtsstands, der zudem das Gebot der Vorhersehbarkeit am besten verwirklicht. Nennen die Vertragspartner im Vertrag einen Erfüllungsort, der offenkundig nicht dem tatsächlichen Bestimmungsort der Ware entspricht (**abstrakte Erfüllungsortvereinbarung**), verbirgt sich dahinter eine Gerichtsstandsvereinbarung. Der Vertragsgerichtsstand greift dann nur, wenn zusätzlich die Anforderungen des Art. 23 EuGVO beachtet worden sind (EuGH, 20.2.1997, Rs. C-106/95, Slg. 1997, I-911).

500 Der **Ort der Dienstleistung** liegt ebenfalls dort, wo die charakteristische Leistung tatsächlich erbracht wird. Beispielsweise sind Luftbeförderungsverträge sowohl am Ort des Abflugs als auch an dem der Ankunft zu erfüllen, der Reisende hat ein Wahlrecht (EuGH, 9.7.2009, Rs. C-204/08, Slg. 2009, I-6073 Rn. 36 ff.). Bei Verwendung der FOB-Klausel („free on board") der INCOTERMS kann der Verschiffungshafen Lieferort sein (vgl. BGH, 22.4.2009, VIII ZR 156/07, NJW 2009, 2606 Rn. 19). Verteilt sich die tatsächliche Leistungserbringung auf mehrere Mitgliedstaaten, ist der Ort maßgeblich, an dem die hauptsächliche Leistungserbringung zu lokalisieren ist (EuGH, 11.3.2010 Rs. C-19/09, NJW 2010, 1189 Rn. 36).

2. Gerichtsstand der unerlaubten Handlung (Verschulden bei Vertragsschluss)

501 Wie bereits oben erwähnt erfasst der Gerichtsstand der unerlaubten Handlung nach Art. 5 Nr. 3 EuGVO auch Ansprüche aus **Verschulden bei Vertragsverhandlungen** (culpa in contrahendo). Dabei wird nicht zwischen deliktsnahen und vertragsnahen Fallgruppen unterschieden. Auch die **Haftung wegen Abbruchs von Vertragsverhandlungen** ist hier einzuordnen (EuGH, Urt. v. 17.9.2002, Rs. C-334/00, Slg. 2002, I-7357). Ob die bisher vertretene Einschränkung, eine vertragliche Qualifizierung der vertragsnahen Fallgruppen sei möglich, wenn es letztlich zum Vertragsschluss gekommen ist, aufrechterhalten werden kann oder nunmehr die Handhabung in den beiden Rom-Verordnungen entgegensteht (Art. 12 I Rom II-VO: „... unabhängig davon, ob der Vertrag tatsächlich geschlossen wurde oder nicht..."), ist noch offen. Angeknüpft wird an den Ort, an dem das schädigende Ereignis eingetreten ist oder (im Fall von Unterlassungsklagen) einzutreten droht. Das kann beim sog. Distanzdelikt nach der Ubiquitätsregel der Handlungs- wie auch der Erfolgsort sein. Der Geschädigte hat, sofern diese Orte auseinanderfallen, die Wahl, welches Gericht er anruft. Die Ubiquitätsregel wird jedoch bei reinen Vermögensschäden und Folgeschäden eingeschränkt. Eine Tendenz, den Erfolgsort restriktiv zu bestimmen, ist erkennbar (s. Hess, Europäisches Zivilprozessrecht, 1. Aufl. 2010, § 6 Rn. 72 f.).

3. Gerichtsstand der Niederlassung

502 Art. 5 Nr. 5 EuGVO begründet einen Gerichtsstand am Ort der Zweigniederlassung, Agentur oder sonstigen Niederlassung, sofern der Beklagte einen Wohnsitz/Sitz in einem Mitgliedstaat hat. Voraussetzung ist, dass es sich **um eine Streitigkeit „aus dem Betrieb" der Niederlassung** handelt, der Kläger also beispielsweise mit dieser Niederlassung den Vertrag geschlossen hat, der nun Gegenstand der Klage geworden ist.

4. Besondere Gerichtsstände des Sachzusammenhangs

Art. 6 EuGVO benennt Gerichtsstände, die durch einen **Sachzusammenhang** mit einer anderen Klage begründet werden. Diese Fallgruppen sind abschließend. Einen Gerichtsstand, der den Sachzusammenhang als Generalklausel verwendet und die Konkretisierung den Gerichten überlässt, kennt die EuGVO nicht. Daher scheidet beispielsweise die gemeinsame Erfassung konkurrierender Vertrags- und Deliktsklagen im Rahmen des Art. 5 Nr. 1 respektive Nr. 3 EuGVO aus (EuGH, 27.10.1998, Rs. C-51/97, Slg. 1998, I-6511; anders gem. § 17 II GVG, wenn das deutsche Gericht nach § 32 ZPO international zuständig ist). Art. 6 EuGVO erklärt den Sachzusammenhang in vier Konstellationen für zuständigkeitsbegründend: **503**

Es handelt sich erstens um die **Streitgenossenschaft** (Nr. 1). Mehrere Beklagte können am allgemeinen Gerichtsstand eines der Beklagten (englisch auch „anchor defendant" genannt) verklagt werden, wenn andernfalls die Gefahr divergierender Entscheidungen besteht. Der EuGH verlangt jedoch einen rechtlichen und sachlichen Zusammenhang (Konnexität) zwischen der „Anchor"-Klage und den weiteren Klagen, um einer unangemessenen Überdehnung des Art. 6 Nr. 1 EuGVO entgegenzutreten (vgl. EuGH, 13.7.2006, Rs. C-539/03, Slg. 2006, I-6535). Andererseits fehlt die Konnexität nicht schon deshalb, weil die Klagen auf verschiedenen Anspruchsgrundlagen beruhen (EuGH, 11.10.2007, Rs. C-98/06, Slg. 2007, I-8319). **504**

Zweitens geht es um die dem deutschen Recht in dieser Form unbekannte Zuständigkeit für **Gewährleistungs- und Interventionsklagen**, ein Instrument das aus romanischen Prozessordnungen stammt und dem Beklagten die Möglichkeit gibt, seinerseits einen Dritten als weiteren Beklagten in den Hauptprozess einzubeziehen, etwa um ihn auf Regress in Anspruch zu nehmen (Nr. 2). Die im deutschen Recht vorgesehene Möglichkeit der Streitverkündung wird demgegenüber in Art. 65 EuGVO angesprochen. **505**

Drittens sieht Art. 5 Nr. 3 EuGVO vor, dass der Beklagte eine auf denselben Vertrag gestützte **Widerklage** vor dem Gericht erheben kann, das der Kläger angerufen hat. Auf die Prozessaufrechnung ist die Vorschrift nicht anzuwenden, da sie keine „Klage", sondern bloßes Verteidigungsmittel ist (deren Zulässigkeit sich im Übrigen nach der lex fori bestimmt; vgl. auch BGH, 7.11.2001, VIII ZR 263/00, BGHZ 149, 120: analoge Anwendung des § 33 ZPO). **506**

Viertens erklärt Art. 6 Nr. 4 EuGVO den **Sachzusammenhang mit einer dinglichen Klage** für erheblich. Das nach Art. 22 Nr. 1 EuGVO zuständige Gericht der Belegenheit kann über zugleich erhobene schuldrechtliche Klagen entscheiden. **507**

IV. Gerichtsstände mit Schutzfunktion

Gerichtsstände mit Schutzfunktion bestehen zugunsten der **Versicherungsnehmer** (Art. 8-14 EuGVO), **Verbraucher** (Art. 15-17 EuGVO) und **Arbeitnehmer** (Art. 8-21 EuGVO), wobei letztere hinsichtlich der Mindestarbeitsbedingungen auch durch Art. 6 Entsenderichtlinie 96/71/EG geschützt werden (in Deutschland durch § 15 AEntG umgesetzt). Die Schutzgerichtsstände, die ebenfalls voraussetzen, dass der Beklagte seinen Wohnsitz in einem Mitgliedstaat hat (vgl. den Wortlaut der Art. 8, 15 I, 17 I EuGVO; „unbeschadet des Art. 4"), können **nicht abbedungen** werden (vgl. Art. 23 V EuGVO). Vereinbarungen sind nur nachträglich in bestimmtem Umfang möglich (s. Art. 13, 17, 21 EuGVO). **508**

1. Konkurrenzfragen

509 Die Art. 8-21 EuGVO genießen **Vorrang** auch vor den besonderen Gerichtsständen einschließlich derjenigen des Sachzusammenhangs, wobei Letzteres streitig ist. Für einen Vorrang lässt sich anführen, dass Art. 12 II, 16 III, 20 II EuGVO mit der Widerklage einen Ausschnitt des Art. 6 EuGVO eigenständig regeln. Andererseits sprechen Sinn und Zweck der Schutzgerichtsstände dafür, zugunsten der schwächeren Partei Art. 6 Nr. 1 EuGVO anzuwenden. Dies hat allerdings der EuGH für Arbeitssachen abgelehnt (EuGH, 22.5.2008, Rs. C-462/06, Slg. 2008, I-7403). Ob der Gemeinschaftsgesetzgeber im Zuge der Revision der EuGVO korrigierend eingreift, was im Schrifttum vielfach gefordert wird, bleibt abzuwarten.

2. Schutzmechanismus

510 Die schwächere Vertragspartei erhält einen **zusätzlichen Klägergerichtsstand** an ihrem Wohnsitz (Art. 9 I lit. b, 16 I EuGVO) bzw. am gewöhnlichen Arbeitsort oder hilfsweise am Ort der Einstellungsniederlassung (Art. 19 Nr. 2 EuGVO). Die betreffenden Vorschriften regeln insoweit die örtliche Zuständigkeit mit („vor den Gerichten des Ortes..."). Der räumliche Anwendungsbereich wird im Vergleich zu Art. 5 Nr. 5 EuGVO, der ebenfalls anwendbar bleibt, dadurch ausgedehnt, dass eine Niederlassung im Gebiet der Mitgliedstaaten auch dann ausreicht, wenn der Unternehmer seinen Sitz in einem Drittstaat hat (Art. 9 II, 15 II, 18 II EuGVO). Der Unternehmer kann **die geschützte schwächere Vertragspartei** hingegen nur vor den Gerichten des Staates klagen, in dem sie ihren **Wohnsitz** hat. Aus Sicht des Unternehmers ist der Verbrauchergerichtsstand somit zwingender Natur.

V. Ausschließliche Gerichtsstände

511 Gem. Art. 22 Nr. 1 EuGVO sind die Gerichte des Staates, in dem das Grundstück belegen ist, für **Grundstücksklagen aus dinglichen Rechten sowie aus Miet- und Pachtverhältnissen** ausschließlich zuständig. Hintergrund ist die Beweisnähe dieser Gerichte. Die Vorschrift ist autonom auszulegen, wobei zu berücksichtigen ist, dass Art. 22 EuGVO als Ausnahme von den allgemeinen Regeln der Zuständigkeit nicht weiter auszulegen ist, als es die Zielsetzung der Vorschrift erfordert (EuGH, 18.5.2006, Rs. C-343/04, Slg. 2006, I-4557 Rn. 26). Erfasst sind Rechte, die gegenüber jedermann wirken, die also Umfang oder Bestand einer unbeweglichen Sache, das Eigentum, den Besitz oder das Bestehen anderer dinglicher Rechte hieran bestimmen und den Inhabern dieser Rechte den Schutz der mit ihrer Rechtsstellung verbundenen Vorrechte sichern sollen (EuGH a.a.O. Rn. 30). **Immissionsschutzklagen** gehören **nicht** dazu, denn die dingliche Natur des Eigentumsrechts und die Tatsache, dass es sich um eine unbewegliche Sache handelt, haben in diesem Zusammenhang nur inzident Bedeutung. Generell unterfallen **Schadensersatz-, Beseitigungs- und Unterlassungsansprüche**, da sie die dingliche Rechtslage nur „als Vorfrage" aufwerfen, **nicht** Art. 22 Nr. 1 EuGVO (vgl. BGH, 18.7.2008, V ZR 11/08, NJW 2008, 3502 Rn. 10 f.). Ansprüche, die darauf gerichtet sind, eine dingliche Rechtsänderung erst herbeizuführen, fallen ebenfalls nicht unter Art. 22 Nr. 1 EuGVO. Sie können ggf. unter Rückgriff auf Art. 6 Nr. 4 EuGVO zum Gericht der belegenen Sache gezogen werden.

VI. Gerichtsstandsvereinbarung

Gerichtsstandsvereinbarungen verwirklichen die Parteiautonomie im Bereich der internationalen Zuständigkeit und bringen für die Vertragspartner wichtige **Vorteile** mit sich, sofern sie wirksam und inhaltlich ausgewogen sind. Sie genügen dem Postulat der Vorsehbarkeit und der Rechtssicherheit am besten. Sie vermeiden, dass sich die Zuständigkeit durch Veränderung anknüpfungswesentlicher Umstände – z.B. Verlegung des Wohnsitzes – nachträglich ändert. Auch das „forum shopping" wird auf diese Weise vermieden. 512

1. Vorbemerkung

Art. 23 EuGVO betrachtet die Gerichtsstandsvereinbarung (wie es auch bei der Rechtswahlvereinbarung der Fall ist) als **eigenständigen Vertrag auf dem Gebiet des Prozessrechts**. Da aber Art. 23 EuGVO nicht alle materiellen Fragen selbst regelt, kommt es im Übrigen zum Rückgriff auf das Vertragsstatut. 513

Die Gefahr, dass eine Gerichtsstandsvereinbarung im Ergebnis doch scheitert, ist daher nicht eben klein. Nicht zuletzt daraus erklären sich Versuche, ausschließliche Gerichtsstandsvereinbarungen bzw. Schiedsklauseln zugunsten englischer Gerichte oder Schiedsgerichte durch im Eilrechtsschutz angeordnete Prozessführungsverbote („anti-suit injunctions") englischer Gerichte durchzusetzen, die allerdings bekanntlich vor dem EuGH gescheitert sind (s. EuGH, 10.2.2009, Rs. C-185/07, Slg. 2009, I-663 – West Tankers; vgl. aber Harris, EurLegForum 2008, I-181, 188 f. zu Konstellationen, in denen die englischen Gerichte nach wie vor im Anwendungsbereich der EuGVO „anti-suit injunctions" erlassen). De lege ferenda wird ein Entscheidungsvorrang des prorogierten Gerichts befürwortet (Hess, Europäisches Zivilprozessrecht, 1. Aufl. 2010, § 6 Rn. 144). Eine **Absicherung** kann auch im Wege der Vereinbarung einer Vertragsstrafe versucht werden. Ob die Verletzung einer Gerichtsstandsvereinbarung eine Schadensersatzpflicht begründen kann, wird kontrovers diskutiert. 514

2. Voraussetzungen

a) **Zulässigkeit und räumlicher Bezug.** Die Zulässigkeit der Gerichtsstandsvereinbarung als solche ergibt sich aus Art. 23 EuGVO, wobei die Sonderregeln der Schutzgerichtsstände gem. Art. 8-21 EuGVO und der zwingende Charakter der ausschließlichen Gerichtsstände (Art. 23 V EuGVO) zu beachten sind. Vorausgesetzt wird **in räumlicher Hinsicht** die Prorogation der Zuständigkeit des Gerichts eines Mitgliedstaats. Ferner muss eine der Parteien ihren Wohnsitz in einem Mitgliedstaat haben. Liegen diese Voraussetzungen nicht vor, beurteilt sich die Zulässigkeit der Gerichtsstandsvereinbarung nach der lex fori, im Fall eines deutschen Gerichts mithin nach §§ 38, 40 ZPO. 515

b) **Abschluss und Form der Vereinbarung.** Das Erfordernis einer **Willenseinigung** gehört zu den autonomen Festlegungen des Art. 23 EuGVO. Das hat vor allem für Gerichtsstandsvereinbarungen in Allgemeinen Geschäftsbedingungen Bedeutung. Der EuGH verlangt, dass **im Vertrag auf die Gerichtsstandsklausel hingewiesen wurde**. Das geht über die zwischen Unternehmern geltenden Einbeziehungserfordernisse nach deutschem AGB-Recht hinaus. Die Formerfordernisse legt Art. 23 I EuGVO abschließend fest. In der Regel wird das Schriftformerfordernis nach Art. 23 I lit. a EuGVO (einschließlich der Textform, Art. 23 II EuGVO) eingreifen. 516

c) **Bestimmtheit.** Art. 23 I EuGVO verlangt, dass sich die Vereinbarung **auf ein bestimmtes Rechtsverhältnis bezieht**. Daneben muss auch die Bezeichnung des oder der 517

Gerichte selbst hinreichend bestimmt sein. Infolge des Schriftformerfordernisses müssen sich beide Aspekte aus dem Wortlaut der Vereinbarung ergeben.

518 **d) Zustandekommen und Wirksamkeit im Übrigen.** Die übrigen Fragen des Zustandekommens und der Wirksamkeit der Gerichtsstandsvereinbarung bestimmen sich nach dem **Vertragsstatut**, denn eine rein prozessrechtliche Qualifikation als Verfahrensfrage der lex fori dürfte ausscheiden (str.). Das betrifft etwa die Geschäftsfähigkeit und die Anrechtung wegen Irrtums. In diesem Zusammenhang ist zu beachten, dass Gerichtsstandsvereinbarungen nicht unter die Rom I-Verordnung fallen (vgl. Art. 1 II lit. i Rom I-VO). Allerdings lässt sich die Gerichtsstandsvereinbarung **akzessorisch an das für den Hauptvertrag maßgebliche Vertragsstatut** anknüpfen. Nach Art. 67 EuGVO ist eine in Verbraucherverträgen enthaltene Gerichtsstandsklausel auch an den einzelstaatlichen Umsetzungsnormen zur Richtlinie 93/13/EWG über missbräuchliche Vertragsklauseln zu messen (str.; der EuGH hat dies bisher nur für Gerichtsstandsklauseln entschieden, die nach autonomem Recht zu beurteilen waren; vgl. etwa EuGH, 4.6.2009, Rs. C-243/08, Slg. 2009, I-4713).

3. Rechtsfolge

519 Die wirksame Gerichtsstandsvereinbarung führt zur Derogation aller konkurrierenden Gerichtsstände, da Art. 23 I 3 EuGVO ihren **ausschließlichen Charakter** vermutet. Welche Arten von Ansprüchen erfasst sind sowie generell die inhaltliche Reichweite der Vereinbarung (u.a.: Erstreckung auf konkurrierende Ansprüche, Widerklage, einstweiliger Rechtsschutz?), muss ggf. durch Auslegung geklärt werden.

4. Ausblick

520 Auf völkerrechtlicher Ebene ist das **Haager Übereinkommen über Gerichtsstandsvereinbarungen**[15] vom 30.6.2005 geschaffen worden. Der Rat der Europäischen Union hat am 26.2.2009 die Unterzeichnung des Übereinkommens beschlossen (ABl. EU L 133, S. 1). Dieses Übereinkommen sieht eine umfassendere Regelung vor, die einige der Schwachstellen des Art. 23 EuGVO beseitigt.

VII. Rügelose Einlassung

521 Gerichtsstandsvereinbarungen können sowohl nachträglich getroffen als auch geändert werden. Einen Sonderfall regelt Art. 24 EuGVO. Indem sich der Beklagte **auf das Verfahren einlässt**, ohne die fehlende internationale Zuständigkeit des angerufenen Gerichts zu rügen, kommen die Parteien stillschweigend überein, dass das angerufene Gericht international zuständig sein soll. Die **ausschließlichen Gerichtsstände können so allerdings nicht ausgeschaltet werden**. Dagegen fehlt eine Art. 23 V EuGVO vergleichbare Regelung zu den **Schutzgerichtsständen**, was sich vordergründig damit erklären lässt, dass es bei Art. 24 EuGVO immer um nachträgliche (stillschweigende) Gerichtsstandsvereinbarungen geht, und den EuGH veranlasst hat, Art. 24 EuGVO in einer Versicherungssache zum Nachteil des Versicherungsnehmers anzuwenden (EuGH, 20.5.2010, Rs. C-111/09, RIW 2010, 468 Rn. 33). Gerade bei Beteiligung von Personen, die durch die Art. 8-21 EuGVO geschützt werden, sollte das Gericht

---

15 Abrufbar unter http//www.hcch.net. Der zugehörige Erläuternde Bericht ist abrufbar unter http://www.bmj.bund.de/enid/Internationales_Privat-_und_Zivilverfahrensrecht/Haager_Uebereinkommen_ueber_Gerichtsstandsvereinbar_1hi.html.

jedoch gem. § 139 ZPO rechtzeitig darauf hinweisen, dass Bedenken gegen die internationale Zuständigkeit bestehen. Der EuGH (a.a.O. Rn. 32) stellt dies den Gerichten frei.

Der **räumliche Anwendungsbereich** des Art. 24 EuGVO ist nach dem Wortlaut bereits dadurch hergestellt, dass das Gericht eines Mitgliedstaats mit der Klage befasst wurde. Im Gegensatz zu den übrigen Gerichtsstandsvorschriften verlangt die Vorschrift nicht, dass eine der Parteien ihren Wohnsitz in einem Mitgliedstaat hat. Da Art. 24 EuGVO letztlich ein Spezialfall der Gerichtsstandsvereinbarung ist und kein Sachgrund ersichtlich ist, warum der EuGVO den Drittstaatenbezug ausgerechnet hier viel weiter ausgestalten sollte, ist jedoch **analog Art. 23 I EuGVO** zu fordern, dass zumindest eine Partei einen mitgliedstaatlichen Wohnsitz vorweisen kann. 522

Das Merkmal der **Einlassung auf das Verfahren** ist weiter gefasst als in der autonomen deutschen Parallelvorschrift gem. § 39 ZPO (die ein „Verhandeln zur Hauptsache" voraussetzt). Es umfasst jegliche Stellungnahme zur Zulässigkeit oder Begründetheit der Klage, jedoch (schon angesichts kurzer Fristen) noch nicht die Anzeige der Verteidigungsbereitschaft. Sodann muss die Rüge jedoch so früh wie möglich erfolgen. Hilfsweises Einlassen auf das Verfahren ist unschädlich. Es wäre mit dem Grundsatz rechtlichen Gehörs unvereinbar, wenn sich der Beklagte, der nicht wissen kann, ob das Gericht seiner Rüge folgen wird, bis zum ersten Verhandlungstermin nicht äußern dürfte, ohne in Gefahr eines Rügeverlustes zu geraten. 523

VIII. Prüfung der Zuständigkeit

Nach Art. 25 EuGVO hat ein Gericht von Amts wegen zu prüfen, ob es unter Verletzung einer ausschließlichen Zuständigkeit nach Art. 22 EuGVO angerufen wurde. Ebenfalls von Amts wegen erfolgt die Prüfung der internationalen Zuständigkeit gem. Art. 26 I EuGVO, wenn die Klage nicht im allgemeinen Gerichtsstand erhoben wurde und sich der Beklagte nicht auf das Verfahren eingelassen hat. Wird das bejaht, erklärt sich das angerufene Gericht für unzuständig. Eine Verweisung an das zuständige Gericht eines anderen Mitgliedstaats kommt nicht in Betracht. Im Fall der Säumnis des Beklagten hat das Gericht zu prüfen, ob das verfahrenseinleitende Schriftstück ordnungsgemäß zugestellt wurde (vgl. Art. 26 III EuGVO i.V.m. Art. 19 der Verordnung [EG] Nr. 1393/2007). 524

IX. Rechtshängigkeit und Parallelverfahren

Die Problematik der Koordinierung mehrerer paralleler Verfahren ist in den Art. 27-30 EuGVO geregelt. Es gilt das **Prioritätsprinzip**. Das im Common Law-Rechtskreis vorherrschende Modell, parallele Verfahren zunächst hinzunehmen und mittels der „forum non conveniens"-Doktrin sodann dem sachnächsten Gericht zu überlassen, ist mit der EuGVO nicht vereinbar (zu Beharrungstendenzen englischer Gerichte s. aber Harris, EurLegForum 2008, I-181, 182 ff.). Ziel der EuGVO ist die **Vermeidung paralleler konkurrierender Verfahren und sich widersprechender Entscheidungen.** 525

1. Identität des Klagegegenstands

Ein Konflikt zwischen zwei Verfahren besteht, wenn die Klagen wegen **desselben Anspruchs zwischen denselben Parteien** (Art. 27 I EuGVO) erhoben werden. Die **Identität des Klagegegenstands** beurteilt der EuGH autonom. Ausgangspunkt ist das Klageziel 526 einschließlich der Anspruchsgrundlagen, mit denen dieses Ziel verfolgt wird, und des sie begründenden Tatsachenvortrags. Identität ist anzunehmen, wenn die Gefahr besteht, dass sich zwei Urteile in ihren „Kernpunkten" widersprechen würden. Ein derartiger Kernpunkt kann beispielsweise die Wirksamkeit eines Vertrags sein, auch wenn sie sich nur als Vorfrage stellt. Das Konzept des EuGH weicht damit von demjenigen der ZPO ab (Einzelheiten bei Magnus/Mankowski-Fentiman, 1. Aufl. 2007, Art. 27 Brussels I-Regulation Rn. 8 ff.; Hess, Europäisches Zivilprozessrecht, 1. Aufl. 2010, § 6 Rn. 156 ff.) und führt vergleichsweise häufig zur Bejahung der Identität. Das lädt nicht zuletzt zu sog. „**Torpedo**"-**Klagen** ein, die nur erhoben werden, um die Klärung der Rechtsstreitigkeit zu verzögern. Beispielsweise lässt sich eine Klage auf Erfüllung bzw. Schadensersatz wegen Nicht- oder Schlechterfüllung eines Vertrags dadurch zeitweilig blockieren, dass man mit der Behauptung, der Vertrag sei nicht wirksam zu Stande gekommen, eine negative Feststellungsklage erhebt und am Gericht der Leistungsklage den Einwand der Rechtshängigkeit (die in Art. 30 EuGVO definiert wird) geltend macht (vgl. OLG München, 2.6.1998, 7 W 1461/98, RIW 1998, 631 f.).

2. Gefahr widersprüchlicher Entscheidungen

527 Wenn die **getrennte Behandlung in verschiedenen Verfahren zu widersprüchlichen Entscheidungen führen kann** (Art. 28 III EuGVO), hat das später angerufene Gericht zwei Möglichkeiten. Es kann das Verfahren aussetzen oder es kann sich unter den Voraussetzungen des Abs. 2 sogleich für unzuständig erklären.

§ 2 Internationale Zuständigkeit nach autonomem deutschen Recht

528 Die ZPO kennt nach wie vor keine allgemeinen Vorschriften über die internationale Zuständigkeit. Man behilft sich mit der Lehre von der **Doppelfunktionalität** der Bestimmungen über die örtliche Zuständigkeit. Ein hinreichender Bezug des Rechtsstreits zu Deutschland besteht immer dann, wenn ein deutsches Gericht örtlich zuständig ist. Hinsichtlich einiger Aspekte ergeben sich deutliche Unterschiede zur EuGVO: So lässt § 23 ZPO inländisches Vermögen ausreichen (sog. exorbitanter Gerichtsstand i.S.d. Art. 4 II EuGVO; der BGH verlangt allerdings das Hinzutreten eines Inlandsbezugs des Rechtsstreits). § 29 ZPO enthält keinen einheitlichen Gerichtsstand des Erfüllungsorts und ist für dessen Bestimmung durchweg auf das Vertragsstatut bzw., wo anwendbar, auf Art. 31, 57 CISG, angewiesen. Abweichungen ergeben sich ferner im Recht der Gerichtsstandsvereinbarung (§§ 38, 40 ZPO) und der rügelosen Einlassung (§ 40 ZPO).

§ 3 Anerkennung und Vollstreckung im Überblick

529 Unter Anerkennung im international-verfahrensrechtlichen Sinn wird die **Erstreckung der Wirkungen eines ausländischen Urteils** auf das Inland verstanden. Die praktisch wichtigste dieser Wirkungen ist die Vollstreckbarkeit. Allerdings werden die Parteien internationaler Wirtschaftsverträge möglichst in dem Staat klagen, in dem der Schuldner über Vermögen verfügt. Nur im Gerichtsstaat ist gewährleistet, dass ein erstrittenes Urteil ohne Weiteres vollstreckt wird. Soll es in einem anderen Staat vollstreckt werden,

Anerkennung und Vollstreckung im Überblick   Kap. 3 § 3   D

muss ein inländischer Hoheitsakt – die **Vollstreckbarerklärung** (exequatur) – dazwischengeschaltet werden.

I. Anerkennungsregime der EuGVO

Im europäischen Justizraum verfolgt das Anerkennungsregime der Art. 32 ff. EuGVO das Ziel der möglichst weitgehenden Urteilsfreizügigkeit im europäischen Justizraum.[16] Die Vollstreckbarerklärung ist daher nach der EuGVO bedeutend einfacher zu erhalten als nach autonomem deutschen Recht, das die Anerkennung und Vollstreckung von Urteilen aus Drittstaaten regelt.   **530**

1. Anerkennung

Gegenstand der Anerkennung sind **Entscheidungen** i.S.d. Art. 32 EuGVO. Der Begriff ist autonom auszulegen. Er umfasst richterliche Entscheidungen zur verbindlichen Beilegung eines Rechtsstreits, jedoch keine behördlichen Entscheidungen, keine Schiedssprüche sowie keine Prozessvergleiche, an denen das Gericht nicht als Entscheider des Rechtsstreits teilnimmt (vgl. aber Art. 58 EuGVO). Entscheidungen, die unter Art. 32 EuGVO fallen, werden gem. Art. 33 I EuGVO **in allen Mitgliedstaaten ohne verfahrensrechtlichen Zwischenschritt anerkannt**. Eine Klage auf Feststellung der Anerkennungsfähigkeit ist gem. Art. 33 II EuGVO jedoch möglich. Ein eigenes Verfahren wird ansonsten erst notwendig, wenn eine Vollstreckung erfolgen soll. **Anerkennungshindernisse** regeln die Art. 34-36 EuGVO.   **531**

2. Vollstreckung

Anders als nach den jüngeren europäischen Rechtsakten auf dem Gebiet des Verfahrensrechts (vgl. u.a. die Verordnungen über den europäischen Vollstreckungstitel, das europäische Mahnverfahren, das europäische Verfahren für geringfügige Forderungen) ist nach der EuGVO noch ein Verfahren zur Vollstreckbarerklärung erforderlich (Art. 38 ff. EuGVO). Es handelt sich **im ersten Schritt** um ein **einseitiges**, d.h. ohne Beteiligung des Urteilsschuldners stattfindendes **Verfahren**, das nach § 3 AVAG vom Vorsitzenden der Zivilkammer des Landgerichts durchgeführt wird. Dessen Prüfungsbefugnis beschränkt sich nach Art. 41 EuGVO auf die Prüfung der Anwendbarkeit der EuGVO sowie die Einhaltung der Förmlichkeiten (vgl. Art. 53 EuGVO).   **532**

Anerkennungshindernisse spielen nach Art. 45 I EuGVO **erst im Beschwerdeverfahren** eine Rolle (s. Art. 43 f. EuGVO). Ein wesentlicher Unterschied zur ZPO ist das weitgehende Entfallen der Prüfung der internationalen Anerkennungszuständigkeit (sog. indirekte Zuständigkeit) des Erstgerichts (vgl. Art. 35 III EuGVO), was angesichts der vereinheitlichten Gerichtsstände der EuGVO konsequent ist (allerdings gilt die Vorschrift auch für die Anerkennung von Urteilen, die sich auf Art. 4 EuGVO einschließlich der exorbitanten Gerichtsstände stützen). Ausnahmen bilden die Zuständigkeiten nach Art. 22 EuGVO sowie für Versicherungs- und Verbrauchersachen. Ihre Verletzung führt gem. Art. 35 I EuGVO zu einem Anerkennungshindernis. Die Anerkennung wird im Übrigen nur versagt, wenn sie der **öffentlichen Ordnung** (ordre public) des Aufnahmestaats offensichtlich widersprechen würde (Art. 34 Nr. 1 EuGVO; insoweit darf der Anerkennungsrichter prüfen, ob ein Ausschluss des Beklagten wegen „contempt of   **533**

---

16   Vgl. dazu das Anerkennungs- und VollstreckungsausführungsG (§ 1 I Nr. 2 AVAG).

court" unverhältnismäßig war, vgl. EuGH, 2.4.2009, Rs. C-394/07, Slg. 2009, I-2563), wenn das **verfahrenseinleitende Schriftstück** dem Beklagten, der sich nicht auf das Verfahren eingelassen hat, nicht so rechtzeitig und in einer Weise zugestellt wurde, dass er sich verteidigen konnte (Nr. 2) oder wenn die anzuerkennende Entscheidung mit einer – auch erst später (!) – zwischen denselben Parteien ergangenen inländischen oder einer früher ergangenen anerkennungsfähigen ausländischen Entscheidung **unvereinbar** ist (Nr. 3, 4).

534 Eine Nachprüfung des Ersturteils in der Sache (révision au fond) findet nicht statt (Art. 45 II EuGVO). Inwieweit nachträglich entstandene materiell-rechtliche Einwendungen wie z.B. die Erfüllung des titulierten Anspruchs im Beschwerdeverfahren geltend gemacht werden können, ist derzeit aus Sicht der EuGVO unklar (ein Vorabentscheidungsersuchen des Hoge Raad ist als Rs. C-139/10 beim EuGH anhängig; zur Rechtslage in Deutschland s. § 12 AVAG).

II. Anerkennungsregime der ZPO

535 Die Gründe, die nach **autonomem deutschen Recht** zur Versagung der Anerkennung führen, sind abschließend in § 328 ZPO aufgelistet. Wesentliche Unterschiede zur EuGVO ergeben sich mit Blick auf die indirekte Entscheidungszuständigkeit (Nr. 1) und das Erfordernis der Gegenseitigkeit (der Staat, in dem das Ersturteil erlassen wurde, muss Urteile deutscher Gerichte unter vergleichbaren Voraussetzungen anerkennen und vollstrecken; Nr. 5). Gem. § 722 I ZPO muss eine **Klage auf Vollstreckbarerklärung** erhoben werden. Es handelt sich um ein Erkenntnisverfahren, in dem allerdings das Ersturteil nicht in der Sache überprüft wird (§ 723 I ZPO).

§ 4 Exkurs: Deutsche Gerichtsbarkeit

536 In international-vertragsrechtlichen Fällen können sich im Einzelfall auch Fragen der **Immunität** von Staaten oder staatlicher Repräsentanten stellen. Immunität bedeutet die Befreiung von der inländischen Gerichtsbarkeit aufgrund völkerrechtlicher Verträge[17] oder völkergewohnheitsrechtlicher Grundsätze. Sie ist von Amts wegen zu beachten. Die Nichtbeachtung führt zur Nichtigkeit des Urteils.

I. Staatenimmunität

537 Im **Erkenntnisverfahren** sind Staaten nach der **Lehre von der relativen Staatenimmunität** von der deutschen Gerichtsbarkeit befreit, wenn gegen sie Rechtsfolgen aus einem hoheitlichen Handeln (acta iure imperii) abgeleitet werden sollen. Privatwirtschaftliches Handeln (acta iure gestionis), etwa in Form von Staatsbetrieben, rechtfertigt dagegen keine Befreiung von der Gerichtsbarkeit. Die Abgrenzung richtet sich nach dem objektiven Charakter der Tätigkeit aus Sicht der lex fori. Auch im **Vollstreckungsverfahren** ist die Staatenimmunität zu beachten. Im Vollstreckungsstaat belegene Vermögenswerte, die **nicht hoheitlich genutzt** werden, unterliegen regelmäßig der Zwangs-

---

17 Vgl. etwa das Baseler Europäische Übereinkommen über Staatenimmunität v. 16.5.1972 (Jayme/Hausmann Nr. 142). Das UN-Übereinkommen über die gerichtlichen Immunitäten der Staaten und ihres Eigentums vom 2.12.2004 ist noch nicht in Kraft getreten.

Einführung   Kap. 4 § 1   D

vollstreckung, ohne dass eine Einwilligung oder ein Immunitätsverzicht seitens des Schuldnerstaates erforderlich wäre. Dient ein Vermögenswert **hoheitlichen Zwecken** eines ausländischen Staates, ist die Vollstreckung dagegen ohne die Einwilligung des betreffenden Staates nicht zulässig. Drittens gibt es **hoheitlich genutztes Vermögen mit einem besonderen Schutzstatus**, der sich daraus ableitet, dass der Vermögensgegenstand die Funktionsfähigkeit der diplomatischen und konsularischen Vertretungen (z.B. Bankkonto einer Botschaft) oder im Ausland stattfindende Operationen eines Staates (z.B. Schiffe und Flugzeuge des Staates) garantiert (vgl. BVerfG, 6.12.2006, 2 BvM 9/03, BVerfGE 117, 141).

II. Immunität staatlicher Repräsentanten

Immunitätsregeln für staatliche Repräsentanten sind im Völkerrecht verankert. In Deutschland gilt für Staatsoberhäupter und deren Begleitung ergänzend § 20 GVG. Im Übrigen ist nach § 18 f. GVG auf das Wiener UN-Übereinkommen über diplomatische Beziehungen (WDÜ) und dasjenige über konsularische Beziehungen (WKÜ) zurückzugreifen, die in fast allen Staaten der Welt gelten und eine abgestufte Befreiung von der Gerichtsbarkeit vorsehen.

538

Kapitel 4 Grundzüge des UN-Kaufrechts

§ 1 Einführung

Das Wiener UN-Kaufrecht (Übereinkommen über Verträge über den internationalen Warenkauf v. 11.4.1980; CISG) ist das erfolgreichste internationale Übereinkommen auf dem Gebiet des Schuldrechts mit derzeit 76 Vertragsstaaten, die ca. 2/3 des Welthandels generieren (aus dem Bereich der EU jedoch z.B. nicht Großbritannien und Portugal). Das UN-Kaufrecht kommt daher bei grenzüberschreitenden Transaktionen sehr häufig zur Anwendung, sofern es die Vertragspartner nicht ausdrücklich ausschließen. Ob ein solcher Ausschluss sinnvoll ist, lässt sich nur aufgrund hinreichender Kenntnis des UN-Kaufrechts im Einzelfall entscheiden.

539

I. Einheitsrecht

Das UN-Kaufrecht enthält **materielles Kaufrecht**, das auf der Grundlage umfangreicher rechtsvergleichender Vorarbeiten geschaffen wurde und nicht zuletzt deshalb weltweit eine so hohe Akzeptanz erreicht hat. Ziel ist die Beseitigung von Handelshemmnissen für den internationalen Warenhandel u.a. durch Erhöhung der Rechtssicherheit. Um es zu erreichen, ist das UN-Kaufrecht als **Einheitsrecht** konzipiert worden, das seinen **Anwendungsbereich autonom bestimmt**. Dadurch lassen sich Transaktionskosten sowie Kosten und Aufwand bei der Rechtsdurchsetzung reduzieren, unerwünschte Anreize für ein „forum shopping", „Torpedo"-Klagen oder ein „race to the courthouse" verlieren an Bedeutung.

540

1. Autonome Auslegung

541 Einheitsrecht muss auch **einheitlich ausgelegt** werden. Das kann nur über eine autonome Auslegung bewerkstelligt werden, die sich von den Traditionen und Methoden einzelner Rechtsordnungen sowie insbesondere von ihrem unvereinheitlichten materiellen Kaufrecht löst. Art. 7 I CISG ruft das **Prinzip autonomer und einheitlicher Auslegung** ausdrücklich in Erinnerung (und erwähnt zugleich einen der allgemeinen Grundsätze des CISG, der bei der autonomen Auslegung heranzuziehen ist: Die Wahrung des guten Glaubens im internationalen Handelsverkehr). Ausgangspunkt sind die authentischen Vertragsfassungen, namentlich arabisch, chinesisch, englisch, französisch, russisch und spanisch. Dem Grundgedanken der Rechtsvereinheitlichung entspricht ein Gericht darüber hinaus nur, wenn es bei der Entscheidung über Auslegungsfragen auch die Rechtsprechung der Gerichte anderer Vertragsstaaten einbezieht. Um diese Aufgabe in der Praxis zu erleichtern, haben verschiedene Akteure einen internet-gestützten Informationspool entwickelt. So betreibt UNCITRAL eine frei zugängliche Datenbank unter der Bezeichnung CLOUT („Case Law on UNCITRAL Texts").[18] Dort findet man u.a. in englischer Sprache abgefasste Zusammenfassungen von Urteilen aus verschiedenen Vertragsstaaten.

2. Lückenfüllung

542 Der Grundsatz der autonomen Auslegung ist nach Art. 7 II CISG auch bei der Ausfüllung sog. **interner Lücken** maßgeblich. Das sind Fragen, „die in diesem Übereinkommen geregelte Gegenstände betreffen, aber in diesem Übereinkommen nicht ausdrücklich entschieden werden". Sie sind nach den allgemeinen Grundsätzen, die dem UN-Kaufrecht zugrunde liegen, zu entscheiden (vgl. eingehend Magnus, RabelsZ 59 (1995), 467, 480 ff.). Nur in Ermangelung solcher Grundsätze bzw. wenn sie keine Antwort auf die Auslegungsfrage liefern, ist auf das nach den Regeln des IPR bestimmte **Vertragsstatut** zurückzugreifen. Ein Beispiel aus diesem Bereich ist der gesetzliche Zinssatz bei Zahlungspflichten (Art. 78 CISG), der einer diskretionären Entscheidung eines Gesetzgebers folgt und sich naturgemäß nicht aus dem Übereinkommen ermitteln lässt. Ob eine interne Lücke vorliegt, kann zweifelhaft sein. So ist beispielsweise umstritten, ob die Einbeziehung von Allgemeinen Geschäftsbedingungen in Art. 14 ff. CISG mitgeregelt wird, was unter anderem die Anwendung des Art. 19 CISG auf das Problem sich widersprechender AGB (sog. „battle of forms") nach sich ziehen würde. Ein anderes Beispiel ist die Irrtumsanfechtung. Das UN-Kaufrecht kennt keine Anfechtungsregeln, so dass bei deutschem Vertragsstatut § 119 II BGB anzuwenden ist. Bezieht sich der Irrtum allerdings auf eine Eigenschaft der Ware, die zur Vertragmäßigkeit der Ware im Sinne des Art. 35 CISG gehört, geht die Regelung im UN-Kaufrecht über die Verletzung der Verkäuferpflichten vor (vgl. Staudinger/Magnus, Art. 4 CISG Rn. 48 ff.). Dasselbe gilt mit Blick auf die Solvenz des Vertragspartners, die Art. 71 I lit. a CISG anspricht. Als **externe Lücken** bezeichnet man vom UN-Kaufrecht nicht geregelte Rechtsfragen, etwa die Haftung für Verschulden bei Vertragsverhandlungen oder die Aufrechnung. In beiden Fällen sind nicht die Rechte und Pflichten aus einem Kaufvertrag (vgl. Art. 4 S. 1 CISG) unmittelbar betroffen. Bei externen Lücken ist ebenfalls auf das Vertragsstatut zurückzugreifen.

---

18 Abrufbar unter www.uncitral.org/uncitral/en/case_law.html. Aus Deutschland sind, Stand Januar 2011, 139 Fälle eingereicht worden. Es gibt noch weitere Datenbanken, wie z.B. www.cisg.law.pace.edu oder www.unilex.info.

§ 2 Anwendungs- und Regelungsbereich

Der Anwendungsbereich ergibt sich aus Art. 1-5 CISG sowie in zeitlicher Hinsicht aus Art. 100 CISG (Vertragsschluss nach Inkrafttreten in den Vertragsstaaten, die nach Art. 1 I lit. a oder lit. b CISG maßgeblich sind). Drei Voraussetzungen müssen vorliegen: **543**

I. Internationaler Kaufvertrag über Waren

1. Kaufvertrag über Waren

Es muss sich erstens um einen **Kaufvertrag über Waren** handeln. Dazu gehören nach Art. 3 I CISG auch Verträge über die Lieferung herzustellender oder zu erzeugender Waren, es sei denn, ein wesentlicher Teil der zur Herstellung der Waren notwendigen Stoffe ist vom Besteller selbst bereitzustellen. Die Abgrenzung zu Dienstleistungsverträgen ergibt sich aus Art. 3 II CISG: Besteht der überwiegende Teil der Pflichten derjenigen Vertragspartei, welche die Ware liefert, in der Übernahme von Arbeiten oder anderen Dienstleistungen, ist das UN-Kaufrecht nicht anzuwenden. Das trifft beispielsweise zu, wenn der Schwerpunkt der Leistung in der Erbringung einer geistigen Leistung liegt, die nur zum Zwecke der Dokumentation und Handhabbarkeit in einem Buch oder einem sonstigen Medium verkörpert wird (z.B. ein Gutachten oder individualisierte Software; anders bei Standardsoftware, s. BGH, 22.12.1999, VIII ZR 299/98, BGHZ 144, 307). Da der Vertrag die Lieferung von Waren gegen Geld zum Gegenstand haben muss, unterfallen Rahmenverträge, Barterkontrakte (bargeldlose Verrechnungssysteme[19]) oder Kompensationsgeschäfte (das Entgelt wird ganz oder teilweise wiederum durch Warenlieferungen geleistet) nicht dem UN-Kaufrecht (s. Kindler, Einführung in das neue IPR des Wirtschaftsverkehrs, 1. Aufl. 2009, S. 78). Art. 2 CISG nimmt bestimmte Verträge ausdrücklich aus, u.a. den **Verbraucherkauf** als Kauf von Waren zum persönlichen Gebrauch, wenn dieser Zweck für den anderen Teil erkennbar war. **544**

2. Internationaler Kaufvertrag

Die Vertragsparteien müssen ihre **Niederlassung in verschiedenen Staaten** haben. Die Staatsangehörigkeit spielt keine Rolle, ebensowenig die Qualifikation der Parteien als Kaufleute oder Nichtkaufleute bzw. des Vertrags als handels- oder bürgerlich-rechtlicher Natur (Art. 1 III CISG). Bestehen mehrere Niederlassungen, ist diejenige maßgeblich, welche die engste Verbindung zu dem Vertrag und seiner Ausführung aufweist (Art. 10 CISG). Verträge, deren durch die ausländische Niederlassung eines Vertragspartners begründetes internationales Element nicht erkennbar war, fallen allerdings aus dem Anwendungsbereich heraus (vgl. Art. 1 II CISG). **545**

3. Räumlicher Bezug zu einem Vertragsstaat des CISG

Dritte Voraussetzung ist, dass entweder **die Staaten, in denen sich die Niederlassungen der Vertragspartner befinden**, Vertragsstaaten des UN-Kaufrechts sind (Art. 1 I lit. a CISG: sog. autonome Anwendbarkeit) oder dass **die Regeln des Internationalen Pri-** **546**

---

19   Von „to barter", englisch für „tauschen".

D Kap. 4 § 3   Internationales Wirtschaftsvertragsrecht

vatrechts zur Anwendung des Rechts eines Vertragsstaats führen (Art. 1 I lit. b CISG; zur Möglichkeit eines Vorbehalts gegen diese Bestimmung, von der u.a. die USA und China Gebrauch gemacht haben, s. Art. 95 CISG; nach Art. 1 II des deutschen Zustimmungsgesetzes, Jayme/Hausmann Nr. 77a, ist dieser Vorbehalt von deutschen Gerichten zu beachten). Im Ergebnis unterfallen somit jedenfalls alle Exportgeschäfte in Deutschland ansässiger Verkäufer, die keine Rechtswahlvereinbarung beinhalten, dem UN-Kaufrecht (vgl. Art. 4 I lit. a Rom I-VO).

II. Abdingbarkeit des UN-Kaufrechts

547 Art. 6 CISG belässt den Vertragspartnern die Möglichkeit, **die Anwendung des UN-Kaufrechts auszuschließen** oder einzelne **Bestimmungen abzubedingen** bzw. **zu modifizieren**. Das ist angesichts des Grundsatzes der Partei- und Privatautonomie selbstverständlich und lässt beispielsweise Raum für die „International Commercial Terms" (Incoterms 2010) der Internationalen Handelskammer. Zu beachten ist allerdings, dass das UN-Kaufrecht Bestandteil der nationalen Rechtsordnungen der Vertragsstaaten wird. Eine Vertragsklausel, wonach auf den Vertrag „deutsches Recht" anzuwenden ist, umfasst daher das UN-Kaufrecht.

III. Regelungsbereich

548 Das UN-Kaufrecht regelt ausweislich des Art. 4 I CISG den **Abschluss** des Kaufvertrags („äußerer Konsens") und die aus ihm erwachsenden **Rechte und Pflichten** von Verkäufer und Käufer. Es betrifft, vorbehaltlich ausdrücklich anderer Regelungen nicht die Gültigkeit des Vertrags („innerer Konsens") oder einzelner Vertragsbestimmungen oder die Gültigkeit von Gebräuchen, ferner nicht die Wirkungen, die der Vertrag auf das Eigentum an der verkauften Ware haben kann. Beispielsweise das Vorliegen der Geschäftsfähigkeit, die Wirksamkeit einer Stellvertretung, die Verwirklichung von Nichtigkeitsgründen wie der Sittenwidrigkeit, die Wirksamkeit (Inhaltskontrolle) Allgemeiner Geschäftsbedingungen oder auch die Frage, ob ein Kaufvertrag selbst den Übergang des Eigentums bewirkt (so das französische und das italienische Recht) oder hierfür (wie im deutschen Recht) ein davon zu trennender dinglicher Vertrag notwendig ist, beurteilen sich daher nach dem gemäß den Regeln des IPR anzuwendenden Recht (Vertragsstatut, Personalstatut, Statut der Stellvertretung etc.).

549 Ausgenommen ist nach Art. 5 CISG ferner die Haftung des Verkäufers bei durch die Ware verursachtem **Tod oder Körperverletzung**. Hintergrund dieses Ausschlusses ist, dass manche Rechtsordnungen die Produkthaftung vertragsrechtlich einordnen (Einzelheiten bei Staudinger/Magnus, Art. 5 CISG Rn. 7). Im Übrigen ist noch auf Art. 92 CISG hinzuweisen, wonach die Vertragsstaaten erklären können, dass für sie neben Teil I nur Teil II oder auch nur Teil III des CISG verbindlich ist.

§ 3 Materielles Kaufvertragsrecht

550 Teil I des UN-Kaufrechts stellt in Art. 1-13 CISG neben den schon erwähnten Regelungen zum Anwendungsbereich auch einige materielle Vorschriften bereit (Auslegung von Willenserklärungen, Geltung von Gebräuchen, Formfragen). Teil II enthält die Vorschriften über den Vertragsschluss (Art. 14-24 CISG). Teil III (Art. 25-88) gestaltet

Materielles Kaufvertragsrecht Kap. 4 § 3 D

die Vertragspflichten von Verkäufer und Käufer aus, einschließlich der Rechtsbehelfe bei Leistungsstörungen und des Gefahrübergangs.

I. Vertragsschluss

Der Vertrag kommt durch **Angebot und Annahme** zu Stande (vgl. Art. 14, 18, 23 CISG). Art. 18 I 2 CISG, wonach **Schweigen** allein keine Annahme darstellt, steht der Anwendung der Grundsätze des kaufmännischen Bestätigungsschreibens entgegen (sie können allenfalls als Gebrauch oder Gepflogenheit nach Art. 9 II CISG mittelbar eingreifen). Abweichend vom deutschen Recht (§ 145 BGB) und in Übereinstimmung mit der englischen „mail box-rule" sind **Angebote** nach Art. 16 I CISG bis zur Absendung der Annahmeerklärung **grundsätzlich frei widerruflich**. Die das Angebot inhaltlich **modifizierende „Annahme"** regelt Art. 19 CISG, der – anders als das deutsche Recht (§ 150 II BGB) – an die „Wesentlichkeit" der Abweichung anknüpft. Die **verspätete Annahme** findet man in Art. 21 CISG, der es abweichend von §§ 149, 150 I BGB mit dem Instrument der Verspätungsmitteilung ermöglicht, die Wirksamkeit der Annahme doch noch herbeizuführen. Vorschriften zu **Annahmefrist, Bindungswirkung** sowie **Zugang** finden sich in Art. 15 – 17, 22, 24 CISG. **551**

Art. 29 CISG bringt aus deutscher Perspektive Selbstverständliches zum Ausdruck, wenn er festlegt, dass ein Vertrag durch Vereinbarung geändert oder aufgehoben werden kann. Die Vorschrift ist jedoch vor dem Hintergrund der „consideration"-Doktrin des englischen Rechts plausibel, indem sie verdeutlicht, dass keine „Gegenleistung" für die Änderung oder Aufhebung erforderlich ist. Zu beachten ist ferner, dass Art. 11 CISG etwaige nach unvereinheitlichtem Recht bestehende Schriftform- oder sonstige **Formerfordernisse** durchbricht, auch wenn sie sich in das Gewand einer Beweisvorschrift kleiden. Allerdings belässt Art. 96 CISG auch hier den Vertragsstaaten die Möglichkeit, einen Vorbehalt einzulegen (u.a. die Russische Förderation und China haben hiervon Gebrauch gemacht). **552**

II. Wesentliche Vertragsverletzung

Das UN-Kaufrecht geht noch konsequenter als das deutsche allgemeine Schuldrecht vom einheitlichen Leistungsstörungstatbestand der Verletzung einer Vertragspflicht aus. Für einige Rechtsbehelfe ist das Vorliegen einer **wesentlichen Vertragsverletzung** Voraussetzung, die in Art. 25 CISG definiert wird. Die Vertragsverletzung muss für die andere Partei einen solchen Nachteil mit sich bringen, dass ihr im Wesentlichen entgeht, was sie nach dem Vertrag hätte erwarten dürfen. Desweiteren muss diese Folge für die vertragsbrüchige Partei auch vorhersehbar gewesen sein. Eine Unterscheidung zwischen Haupt- und Nebenpflichten ist nicht notwendig. Sowohl bei Verletzung der Liefer- oder Zahlungs- und Abnahmepflicht als auch bei Verletzung von Nebenpflichten kann eine wesentliche Vertragsverletzung vorliegen. **553**

III. Rechte und Pflichten der Vertragspartner

Die Rechte des Käufers sind in den Art. 45 ff. CISG, die des Verkäufers in den Art. 61 ff. CISG geregelt. **554**

1. Vergleich mit dem deutschen autonomen Kaufrecht

555 In mancher Hinsicht ist das UN-Kaufrecht **verkäuferfreundlich**: So legt es, anders als § 269 BGB, den Erfüllungsort für die Liefer- wie auch für die Zahlungspflicht mangels abweichender Vereinbarung am Ort der Niederlassung des Verkäufers fest (Art. 57 lit. a CISG). Die Lieferung ist gem. Art. 33 lit. c, 52 I CISG innerhalb einer angemessenen Frist nach Vertragsschluss fällig, nicht „sofort", wie es § 271 I BGB anordnet. Auch ist der Verkäufer zu Teilleistungen berechtigt, Art. 51 I CISG, was gem. § 266 BGB nicht der Fall ist. Die Vertragsaufhebung ist nach dem UN-Kaufrecht das letzte Mittel, das nur bei „wesentlicher" Vertragsverletzung oder nach fruchtlosem Ablauf einer Nachfrist (Art. 49 I, 64 I lit. a CISG) eingreift, zumal gerade bei Lieferung vertragswidrig beschaffener Ware betont wird, die – regelmäßig im Interesse des Verkäufers liegende – Aufrechterhaltung des Vertrags stehe gegenüber der Vertragsaufhebung im Vordergrund (vgl. demgegenüber das Regelungskonzept gem. § 323 V 2 BGB i.V.m. § 437 BGB).

556 **Andererseits** setzt das UN-Kaufrecht kein Verschulden voraus (anders §§ 276, 278, 280 I 2 BGB), kennt jedoch bestimmte Befreiungsgründe gem. Art. 79 f. CISG. Auch die Käuferobliegenheiten bei mangelhafter Ware gem. Art. 38 f., 44 CISG – liege innerhalb angemessener Frist mit Möglichkeit der Wahrung bestimmter Rechtsbehelfe bei entschuldigtem Rügeversäumnis – sind im Vergleich zu § 377 HGB – „unverzüglich", keine Entschuldigungsmöglichkeit – weniger streng. Die verspätete Lieferung löst auch ohne Mahnung (§ 286 BGB) eine Vertragsverletzung aus (Art. 33, 58 CISG).

2. Pflichten des Verkäufers

557 Der Schwerpunkt der Entscheidungspraxis liegt auf den Pflichten des Verkäufers und den zugehörigen Rechtsbehelfen des Käufers.

558 a) **Lieferpflicht.** Gem. Art. 30 CISG hat der Verkäufer „die Ware zu liefern, die sie betreffenden Dokumente zu übergeben und das Eigentum an der Ware zu übertragen." Die **Lieferpflicht** erfüllt der Verkäufer auch durch die Lieferung vertragswidriger Ware. Allerdings stellt dies eine Vertragsverletzung dar, die den Anspruch auf Nacherfüllung in Form von Ersatzlieferung oder Nachbesserung (Art. 46 II, III CISG) auslöst, sofern der Käufer seiner Untersuchungs- und Rügeobliegenheit (Art. 38 f. CISG) nachgekommen ist. Daneben (vgl. Art. 45 II CISG) kann Schadensersatz gem. Art. 74-77 CISG verlangt werden. Liegt eine wesentliche Vertragsverletzung vor, kann der Käufer unter den Voraussetzungen des Art. 49 I lit. a CISG die Aufhebung des Vertrags erklären. Die **Fälligkeit** der Lieferpflicht ergibt sich aus dem Vertrag, sonst muss gem. Art. 33 lit. c CISG innerhalb angemessener Frist nach Vertragsabschluss geliefert werden. Den **Erfüllungsort** legt Art. 31 CISG in drei Varianten (Versendungskauf; Bereitstellung an einem bestimmten Ort; Holschuld) fest, die jeweils unterschiedliche Folgen für die Gefahrtragung auslösen. Zu unterscheiden sind die **Leistungsgefahr** als das Risiko, bei zufälligem Untergang der Ware nochmals leisten zu müssen, und die **Preisgefahr** als das Risiko, bei zufälligem Untergang der Ware gleichwohl den Kaufpreis bezahlen zu müssen (vgl. Art. 66, 70 CISG). Ob eine Vertragsklausel die Gefahrtragung ändert, ist oft Auslegungsfrage. Beispielsweise die Klausel „frei Haus" wird in der Regel nur die Transportkosten betreffen. Vertragsklauseln, die auch die Gefahrtragung mit regeln, halten die INCOTERMS 2010 bereit.

559 b) **Vertragsgemäße Beschaffenheit der Ware.** Die Ware ist nach dem **subjektiven Fehlerbegriff** gem. Art. 35 I CISG vertragsgemäß, wenn sie bei Gefahrübergang (vgl. Art. 36 CISG) so beschaffen ist, wie es der Vertrag festlegt. Im Übrigen gelten nach Art. 35 II CISG **objektive Kriterien**: gewöhnlicher Gebrauch von Waren gleicher Art; Tauglichkeit für einen bestimmten Zweck; Übereinstimmung mit einer Probe oder einem Muster; fehlerhafte Verpackung. Der objektive Fehlerbegriff umfasst regelmäßig nicht die Vereinbarkeit mit öffentlich-rechtlichen Verwendungsvorschriften im Bestimmungsland. Die Tatsache, dass dieselbe Ware in einem Staat verkehrsfähig sein kann, in einem anderen aber nicht (vgl. BGH, 8.3.1995, VIII ZR 159/94, BGHZ 129, 75: Cadmium-Belastung von Muscheln), macht deutlich, dass hiervon ihre Tauglichkeit im Sinne von Art. 35 II lit. b CISG nicht abhängen kann, es sei denn, mit Blick auf die Vereinbarung des Verwendungszwecks liegen besondere Umstände vor. Hat der Verkäufer vorzeitig geliefert, gibt ihm Art. 37 CISG die Möglichkeit, eine Vertragswidrigkeit zu beheben, sofern dies beim Käufer keine unzumutbaren Unannehmlichkeiten oder unverhältnismäßige Kosten verursacht (vgl. für die Zeit nach Eintritt des Lieferzeitpunkts Art. 48 CISG).

c) **Obliegenheiten des Käufers.** Von zentraler praktischer Bedeutung ist der **Rechtsverlust** des Käufers, wenn er seinen **Untersuchungs- und Rügeobliegenheiten** für Sachmängel (s. Art. 39 f. CISG) bzw. der Anzeigeobliegenheit für Rechtsmängel (s. Art. 43 CISG) nicht nachkommt. Allerdings behält der Käufer das Recht zur Minderung und auf Schadensersatz (ohne entgangenen Gewinn), wenn er eine vernünftige Entschuldigung für sein Versäumnis der Anzeige der Vertragswidrigkeit der Ware vorweisen kann (Art. 44 CISG). Die Anforderungen an eine solche Entschuldigung sind hoch (BGH, 11.1.2006, VIII ZR 268/04, NJW 2006, 1343 Rn.15). Erfolgversprechender ist der Einwand, die Vertragswidrigkeit beruhe auf Tatsachen, die der Verkäufer kannte oder die ihm hätten bekannt sein müssen und die er dem Käufer nicht offenbart hat. In diesem Fall kann sich der Verkäufer nicht auf eine Verletzung der Rügeobliegenheit berufen (Art. 40 CISG; zu Beweiserleichterungen s. BGH, 30.6.2004, VIII ZR 321/03, NJW 2004, 3183). Die Untersuchungsobliegenheit nach Art. 38 I CISG kann, je nach den Umständen des Einzelfalls, die Entnahme von Stichproben oder auch eine probeweise Verarbeitung des Materials erfordern.

560

Die **Untersuchung** muss **binnen einer kurzen Frist** vorgenommen werden, die in der Regel nur wenige Tage betragen wird. Allerdings knüpft Art. 39 CISG hieran noch eine **angemessene Frist für die Rüge.** Hat die Untersuchung zu lange gedauert, kann der Käufer dies durch eine besonders schnelle Rüge kompensieren. Bei erkennbaren Mängeln schließt sich die Rügefrist unmittelbar an die Untersuchungsfrist an. Nach Ablauf der **Gesamtfrist**, sind Rechtsbehelfe wegen erkennbarer Mängel **präkludiert**. Zunächst verborgene Mängel können naturgemäß erst gerügt werden, wenn der Käufer sie tatsächlich feststellt oder hätte feststellen müssen. Wenngleich auch hier eine Einzelfallbetrachtung geboten ist, legt die Rechtsprechung **Obergrenzen** fest, die man unbedingt beachten sollte. Maximal dürfte ein Monat zur Verfügung stehen (BGH, 3.11.1999, VIII ZR 287/98, RIW 2000, 381, 382), das Risiko, dass ein Gericht die Rüge für verspätet hält, steigt jedoch spätestens nach zwei Wochen deutlich an.

561

Die **Art der Vertragswidrigkeit** muss gem. Art. 39 I CISG genau **bezeichnet** werden, um dem Verkäufer eine Entscheidungsgrundlage dafür zu vermitteln, wie er nun weiter vorgehen soll. Dabei muss der Käufer nicht über Ursachen spekulieren, sondern es reicht aus, wenn er die Mangelsymptome benennt. Pauschale Kritik an der Ware wird meist nicht ausreichen. Wird Ersatzlieferung oder Nachbesserung verlangt, muss dies dem Verkäufer gem. Art. 46 II, III CISG zusammen mit der Rüge oder innerhalb angemessener Frist danach mitgeteilt werden. Wichtig ist, dass die Weiterveräußerung der Ware im Rahmen eines „Streckengeschäfts" nicht von der Rügeobliegenheit entbindet. Der Erstverkäufer muss sich das Verhalten seines Endabnehmers zurechnen lassen.

562

d) **Anspruchsausschluss und Verjährung.** Nach Art. 39 II CISG verliert der Käufer seine Rechte wegen vertragswidriger Beschaffenheit der Ware spätestens zwei Jahre nach deren tatsächlicher Übergabe. Es handelt sich um eine **Ausschlussfrist**. Ist diese Frist gewahrt, muss zudem noch die Verjährung nach dem Vertragsstatut geprüft werden,

563

D Kap. 4 § 3   Internationales Wirtschaftsvertragsrecht

denn das UN-Kaufrecht enthält dazu keine Regelung. In diesem Zusammenhang ist Art. 3 des Zustimmungsgesetzes zum CISG (Jayme/Hausmann, Nr. 77a) zu beachten, wonach § 438 III BGB auch in den Fällen des Art. 40 CISG anzuwenden ist.

564 e) **Rechtsbehelfe des Käufers.** Die Rechtsbehelfe des Käufers sind: bei Lieferung vertragswidriger Ware das **Nacherfüllungsverlangen** (Art. 46 II, III CISG) sowie die **Minderung** (Art. 50 CISG), bei Nichterfüllung sonstiger Vertragspflichten **der allgemeine Erfüllungsanspruch** (Art. 46 I CISG), ferner die **Vertragsaufhebung** (Art. 49 CISG), **Schadensersatz** (Art. 74-77 CISG, auch Verzugsschaden bei Nacherfüllung, s. Art. 37 S. 2, Art. 47 II 2, Art. 48 I 2 CISG) sowie der Zurückbehalt gem. Art. 58, 72 CISG.

565 Hat der Verkäufer eine Rüge gem. Art. 39 CISG erhalten, gibt ihm Art. 48 CISG zunächst das Recht auf Nacherfüllung, wenn dies keine unzumutbare Verzögerung nach sich zieht und dem Käufer keine unzumutbaren Unannehmlichkeiten oder eine Ungewissheit über die Erstattung seiner Auslagen durch den Verkäufer bereitet. Es empfiehlt sich für den Verkäufer, dem Käufer seine Nacherfüllungsbereitschaft gem. Art. 48 III CISG anzuzeigen. Wird der Verkäufer nicht rechtzeitig im Einklang mit Art. 48 CISG aktiv, stehen dem Käufer gem. Art. 45 I CISG, nachdem er dem Verkäufer eine Nachfrist gesetzt hat (Art. 47 CISG), zunächst die Rechtsbehelfe des Erfüllungsverlangens durch Nachlieferung oder Nachbesserung (Art. 46 II, III CISG) zur Verfügung, wobei das Erfüllungsverlangen innerhalb angemessener Frist geäußert werden muss. **Nachlieferung kann nur verlangt werden, wenn die Vertragswidrigkeit der Ware eine wesentliche Vertragverletzung** darstellt, ansonsten wird der Käufer auf die **Nachbesserung** (ggf. nebst Schadensersatz) verwiesen. Wesentlichkeit liegt jedenfalls dann vor, wenn die Ware unbrauchbar und auch nicht nachbesserungsfähig ist. Entscheidend sind die Einzelfallumstände, wobei der Tendenz des UN-Kaufrechts, die Vertragsaufhebung eher in den Hintergrund zu rücken, Rechnung zu tragen ist (vgl. zur Wesentlichkeitsschwelle in diesem Zusammenhang grundlegend BGH, 3.4.1996, VIII ZR 51/05, BGHZ 132, 290). Wird die Nachbesserung verweigert oder misslingt sie, kann die Vertragswidrigkeit dadurch **zu einer wesentlichen Vertragsverletzung werden**.

566 Art. 50 CISG enthält das – nicht fristgebundene – Recht auf **Minderung** des Kaufpreises. Daneben kann der Käufer **Schadensersatz** geltend machen (Art. 45 I lit. b, II CISG). Die **Vertragsaufhebung** kommt – abgesehen von den Spezialfällen der Art. 72 f. CISG – nur unter weiteren Voraussetzungen in Betracht: Zunächst muss der Käufer in der Lage sein, die Ware im Wesentlichen in dem Zustand zurückzugeben, in dem er sie erhalten hat (Art. 82 I CISG). Sodann ist Voraussetzung, dass der Verkäufer eine wesentliche Vertragspflicht verletzt hat (Art. 49 I lit. a CISG) oder dass bei Nichtlieferung die Nachfrist gem. Art. 47 CISG ergebnislos verstrichen ist bzw. der Verkäufer erklärt, er werde nicht innerhalb dieser Frist liefern (Art. 49 I lit. b CISG). Auch für die Erklärung der Vertragsaufhebung kann sich der Käufer nicht beliebig Zeit lassen, Art. 49 II CISG sieht hierfür eine an verschiedene Umstände anknüpfende angemessene Erklärungsfrist vor. Eine **wesentliche Vertragsverletzung** stellt beispielsweise die Nichtlieferung beim Fixgeschäft dar. Handelt es sich nicht um ein Fixgeschäft, ist die Nachfristsetzung regelmäßige Voraussetzung der Vertragsaufhebung. Die Vertragsaufhebung wegen vertragswidriger Beschaffenheit der Ware fällt unter Art. 49 I lit. a CISG und kommt daher unabhängig von einer Nachfristsetzung nur in Betracht, wenn die Vertragswidrigkeit zugleich eine „wesentliche Vertragsverletzung" begründet. Hierin liegt ein Risiko für den Käufer, sollte das Gericht nicht von einer „wesentlichen" Vertragsverletzung des Käufers ausgehen, denn die Erfüllungsverweigerung des Käufers stellt ihrerseits eine wesentliche Vertragsverletzung dar (vgl. Art. 64 I lit. b CISG). Es wird daher empfohlen, im Wege der **Vertragsgestaltung** die Lösung über die Nachfristsetzung nach Art. 49 I lit. b CISG auch auf schlicht vertragswidrige Ware zu erstrecken oder die Einhaltung bestimmter Vertragspflichten als „wesentlich" zu vereinbaren und so Art. 49 I lit. a CISG zu erweitern (Kindler, Einführung in das neue IPR des Wirtschaftsverkehrs. 1. Aufl. 2009, S. 127 f.). Die Rechtsfolgen der Vertragsaufhebung sind: Erlöschen der Leistungspflichten, Rückabwicklung, Verzinsung, Vorteilsausgleich (Art. 81-84 CISG).

3. Pflichten des Käufers

Der Käufer ist zur **Zahlung des Kaufpreises** und zur **Abnahme** der Ware verpflichtet (Art. 53 CISG). Die Einzelheiten ergeben sich aus Art. 54 ff., 60 CISG. Ein wichtiger Unterschied zum deutschen Recht besteht darin, dass die Zahlungspflicht am Ort der Niederlassung des Verkäufers zu erfüllen ist (Art. 57 CISG), was in Verbindung mit § 29 ZPO zu einem Klägergerichtsstand des Verkäufers führt. Ist die EuGVO anwendbar, gilt dagegen die autonome Bestimmung des Erfüllungsorts gem. Art. 5 Nr. 1 lit. b, 1. Spiegelstrich EuGVO. Die Rechtsbehelfe des Verkäufers sind: Zahlungsverlangen (Art. 62 CISG), Nachfristsetzung (Art. 63 CISG), sonach die Aufhebung des Vertrags (Art. 64 CISG), Schadensersatz (Art. 61 CISG). **567**

4. Schadensersatz

Die Bestimmungen über die Verpflichtung zum Schadensersatz gem. Art. 74-77 CISG gelten für Verkäufer und Käufer. **Jede Vertragsverletzung kann eine Schadensersatzpflicht nach sich ziehen**, soweit dem anderen Teil keine **Entlastung** gem. Art. 79 CISG gelingt. Voraussetzung dafür ist, dass der Grund, der einen Vertragspartner an vertragskonformem Verhalten hinderte, außerhalb seiner Einflusssphäre lag und unvermeidbar sowie unüberwindbar war, sowie ferner nicht erwartet werden konnte, dass er diesen Hinderungsgrund schon bei Vertragsschluss in Erwägung zog. Der Anspruch geht auf Ersatz des vollen Schadens einschließlich entgangenen Gewinns, wobei die Grenze der **Vorhersehbarkeit des Schadens** zu beachten ist. Die Haftung für Dritte regelt Art. 79 II CISG. **568**

Literatur:

Hess, Europäisches Zivilprozessrecht, 1. Aufl. 2010
Jayme/Hausmann, Internationales Privat- und Verfahrensrecht, 15. Aufl. 2010 (Textsammlung)
Kadner/Graziano, Europäisches Vertragsrecht, 1. Aufl. 2008
Kindler, Einführung in das neue IPR des Wirtschaftsverkehrs, 1. Aufl. 2009
Koch/Magnus/Winkler von Mohrenfels, IPR und Rechtsvergleichung, 4. Aufl., 2010.
Reithmann/Martiny (Hrsg.), Internationales Vertragsrecht, 7. Aufl. 2010
Staudinger, Kommentar zum Bürgerlichen Gesetzbuch, Einleitung zur Rdn I-VO, Art. 1–10 Rdn I-VO (Neubearbeitung 2011)

E   Recht der Logistik

Wolfgang B. Schünemann

Kapitel 1   Grundlagen

§ 1 Ökonomischer Gegenstandsbereich und Entwicklung des Logistikrechts

569 Der ursprünglich im militärischen Sprachgebrauch beheimatete Begriff der Logistik hat seit Längerem in der Betriebswirtschaftslehre seinen festen Platz. Er bezeichnet dort eine Querschnittsfunktion, die nahezu alle Unternehmensbereiche betrifft. Der Fokus ist dabei in der Produktionslogistik häufig auf den Warenfluss in der Materialbeschaffung und in der Fertigung sowie auf Lagerhaltung und – als Distributionslogistik – auf den Gütertransport gerichtet. Doch wird damit das Spektrum logistischer Felder und Prozesse bei weitem nicht ausgeleuchtet. Denn zum Einen muss auch der Personenverkehr (und damit nicht zuletzt der Gesamtbereich der Touristik!) als logistische Materie begriffen werden. Zum Anderen ergreift die Logistik neben der Versorgung gleichberechtigt auch die Entsorgung sowie das Retourenmanagement, also die Organisation des Rücklaufs etwa von Paletten oder Flaschen, aber auch die Rücknahme überzähliger oder mangelhafter Ware.

570 Einen großen Bedeutungszuwachs haben schließlich über die traditionellen Bereiche von Transport, Spedition und Lager hinaus (weitere) Logistik-Dienstleistungen erlangt. Sie reichen von Prozess-Dokumentation (z. B. Güterzustand bei Absendung, Absendezeitpunkt), Güterumschlag, Warenetikettierung, Verwiegung und Verpackung bis zur sog. Regalpflege (Warenpräsentation, Dekoration, Reinigung), zur Betreuung der Logistik-Software und zur Gestaltung verzweigter, über viele Unternehmen hinweg wirkender (Informations-)Prozesse wie z. B. beim Supply-Chain-Management, um hier nur einiges zu nennen (dazu auch unten Kap. 6). Nicht zuletzt wegen der Globalisierung der Ökonomie und der dadurch bedingten Notwendigkeit, Distanzen ökonomisch zu beherrschen, erscheint manchem die Logistik als die wichtigste und jedenfalls zukunftsträchtigste Teildisziplin der Betriebswirtschaftslehre überhaupt.

571 Dieser Vielfalt und rasanten Entwicklung der Logistik scheint die Rechtsentwicklung zumindest teilweise hinterher zu hinken. Zwar finden sich in den nationalen Rechten seit jeher Rechtsnormen zum Transport und zur Lagerung, doch bildet sich dabei die Bandbreite der logistischen Phänomene nur sehr punktuell ab. Immerhin hat die ja schon seit vielen Jahren einsetzende Internationalisierung der Ökonomie wie das „Zusammenwachsen" der Welt etwa durch den länderübergreifenden Tourismus einen wirksamen Zwang zur Verständigung ausgeübt, der in zahlreichen internationalen Abkommen zum Logistikrecht seine Spuren hinterlassen hat. Zwischen nationalem, z. B. deutschem Recht und internationalen Rechtsabkommen hat sich im Raum der Europäischen Gemeinschaft (EG) als dritte Ebene das supranationale, europäische Logistikrecht etabliert. Zur Logistik hat das europäische Recht geradezu eine besondere Nähe, ist doch eines der wesentlichen Ziele des europäischen Vertragswerkes, grenzüberschreitende Bewegungen von Personen und Gütern im sog. Binnenmarktkonzept so „neutral" wie Inlandsprozesse zu gestalten.

572 Doch gleich, auf welcher Ebene man sich bewegt: Eine Kodifikation des Rechts der Logistik findet sich nicht, und es dürfte über einen Kernbereich hinaus nicht einmal

Einigkeit darüber bestehen, welche Rechtsmaterien nun in diesem Oberbegriff zusammenzufassen sind. Dazu haben sich Wirtschafts- und Rechtswissenschaft insgesamt wohl nicht nur in Deutschland noch zu wenig gegenseitig wahrgenommen. Immerhin taucht mittlerweile der Begriff „Logistikrecht" überhaupt in der deutschen juristischen Fachliteratur auf. Übersehen werden darf auch nicht, dass viele betriebswirtschaftliche (und technische) Fragestellungen in der Logistik keine juristische Fortsetzung finden, weil sie keinen unternehmensübergreifenden Bezug haben. Die innerbetrieblichen logistischen Operationen (sog. Intralogistik) aber werden schlicht auf der Grundlage von arbeitsrechtlichen Weisungen an die Mitarbeiter vorgenommen und bedürfen so keines besonderen juristischen, insbesondere vertragsrechtlichen Vehikels. Insgesamt scheint aber das Recht der Logistik in seiner spezifischen Begrifflichkeit jedenfalls stark privatrechtlich akzentuiert, sodass etwa das Zollrecht nicht Gegenstand diesbezüglicher Überlegungen und Darstellungen ist.

Noch ein Wort zur Terminologie: Die Begriffe „Güter" und „Waren" bezeichnen heute praktisch dasselbe. Ursprünglich stand die Ware im Gegensatz zu „Immobilien" (Grundstücke, Häuser, Wohnungen) für alle beweglichen Sachen im Gegensatz eben zu den unbeweglichen, während als Güter nur die transport- und lagerfähigen Waren galten. Mit den technischen Möglichkeiten (Temperierung in sog. Thermotransporten, Bewässerung, sogar automatische Fütterung etc.) ist der Unterschied zwischen Gütern und Waren aber wohl völlig entfallen. Das Englische kennt ohnehin nur „goods".

573

§ 2 Internationale und nationale (deutsche) Rechtsquellen im europarechtlichen Ordnungsrahmen

Das Bedürfnis nach einem geeigneten einheitlichen rechtlichen Ordnungsrahmen für grenzüberschreitende logistische Aktivitäten hat zum Abschluss zahlreicher multilateraler Abkommen geführt, zu deren Unterzeichnerstaaten auch Deutschland gehört. Im Mittelpunkt steht dabei naturgemäß das Transportrecht. Ihm gilt z.B. das Augenmerk des Übereinkommens über den Beförderungsvertrag im internationalen Straßengüterverkehr (mit Blick auf seine französische Bezeichnung abgekürzt CMR), also namentlich mit Kraftfahrzeugen. Zu nennen ist hier ferner das Übereinkommen über den internationalen Eisenbahnverkehr (COTIF) mit seinem Anhang A, den Einheitlichen Rechtsvorschriften für den Vertrag über die internationale Eisenbahnbeförderung von Personen und deren Gepäck (CIV), sowie seinem Anhang B, den Einheitlichen Rechtsvorschriften für den Vertrag über die internationale Eisenbahnbeförderung von Gütern (CIM).

574

Die Güter- und Personenbeförderung im internationalen Luftverkehr ist Regelungsgegenstand des ursprünglich schon aus dem Jahre 1929 stammenden Warschauer Abkommens (WA, oft auch englisch abgekürzt WAG, novelliert durch das sog. Haager Protokoll von 1955: HP), das zuletzt 1999 durch das Montrealer Abkommen (MA) fortgeschrieben wurde. In Deutschland haben diese Abkommen über Art. 59 Abs. 2 GG den Rang eines Bundesgesetzes, sodass sie unmittelbar Bürger und Unternehmen berechtigen und verpflichten. Dies vermindert im Ergebnis die rechtliche Bedeutung der Allgemeinen Geschäftsbedingungen (AGB) der IATA (International Air Transport Association, weltweiter Dachverband fast aller Linien- Fluggesellschaften mit internationalem Verkehr, aber auch von Betreibern internationaler Flughäfen, weniger einschlägig für reine Charter-Gesellschaften und reine Inland-Fluggesellschaften) für die Verträge über die Beförderung von Personen- und Gütern durch Luftfahrzeuge, da das MA den Inhalt der IATA-AGB vielfach in sich aufgenommen hat.

575

E Kap. 2 § 2 Recht der Logistik

576 Soweit die Regelungen dieser Abkommen nicht anwendbar sind, z. B., weil der Transport ein Land betrifft, das nicht zu den Unterzeichnerstaaten zählt, oder weil bestimmte Rechtsfragen dort nicht entschieden sind, ist mangels hier existenten internationalen Einheitsrechtes, wie es für den internationalen Warenkauf exemplarisch das UN-Kaufrecht (CISG) normiert, auf „gängige" Rechtsnormen zurückzugreifen, namentlich also auf (originäres) nationales Recht nach Maßgabe des jeweils gültigen (nationalen!) Kollisionsrechtes, also des sog. Internationalen Privatrechtes. Für die Mitgliedstaaten der EG ist ferner und sogar vorrangig auf supranationales, europäisches Recht zurückzugreifen, das es nicht nur im materiellen Recht, sondern auch im Bereich des Kollisionsrechtes gibt.

577 Die dabei denkbaren materiellrechtlichen Reibungsflächen schon zwischen nationalem Recht und europäischem Recht sind indes zumindest für Deutschland denkbar gering, weil das deutsche Logistikrecht vollständig angepasst wurde, soweit überhaupt europarechtliche Vorgaben bestehen. Das für Deutschland im Wesentlichen im Handelsgesetzbuch (HGB) enthaltene Recht des Transports, der Spedition und der Lagerung wurde darüber hinaus mit der Novellierung von 1998 so umgestaltet, dass es praktisch vollständig mit den in den internationalen Abkommen statuierten Rechtsvorschriften im Einklang steht. Dies gilt auch für das Luftverkehrsgesetz (LuftVG), soweit es logistische Prozesse berührt. Es bedeutet deshalb keine unzulässige Verengung des Blickwinkels, wenn in Folgendem von den oben genannten Abkommen ausdrücklich nur noch eher beiläufig die Rede sein wird. Denn ihr Regelungsgehalt wird durch das deutsche Recht bereits hinreichend abgebildet. Für die Darstellung weitergehender Einzelheiten ist hier ohnehin nicht der Ort.

578 In gleichem Maße betrifft dieser inhaltliche Gleichlauf von nationalem deutschen Recht und übergeordneten Rechtsquellen auch das Recht des Gütertransportes zur See. So ist das (deutsche) Seefrachtrecht der §§ 476 ff. HGB substantiell an die zahlreichen internationalen Abkommen zum Seehandel angeglichen. Näher auf die diesbezüglichen Einzelheiten dieser Spezialmaterie einzugehen erscheint jedoch im Rahmen dieser auf Grundzüge beschränkten Darstellung nicht angebracht.

579 Außerhalb der logistischen Kerngebiete Transport, Spedition und Lager, also im Bereich der Logistik-Dienstleistungen im weiteren Sinne (vgl. vorstehend Kap. 1, § 1) hat es ersichtlich keine internationale Rechtsvereinheitlichung gegeben. Es bleibt dort also bei den nationalen Regelungen (in Deutschland: namentlich Dienst- und Werkverträge nach §§ 611 ff. BGB bzw. 631 ff. BGB). Über deren Anwendbarkeit bei Auslandsbezug des konkreten Vorgangs (z. B. ein deutscher Käufer beauftragt einen russischen Logistik-Dienstleister mit der Dokumentation des Guts nach Menge, Gewicht und Zustand bei seiner Verladung in St. Petersburg) entscheidet wie auch sonst in solchen Konstellationen das Internationale Privatrecht als Kollisionsrecht. Dieses ist seinerseits freilich keineswegs „international", sondern allenfalls supranational wie auf europarechtlicher Ebene (VO EG Nr. 593/2008: „Rom I") oder eben nationales Recht (in Deutschland geregelt in Artt. 3 ff. des Einführungsgesetzes zum BGB). Die Bedeutung des Kollisionsrechtes ist bezüglich des speziellen Transportmediums Pipeline für Gase (Erdgas!) und Flüssigkeiten (Erdöl!) ähnlich groß, doch kommt als kaufrechtliche Basis diesbezüglicher logistischer Vorgänge durchaus auch das CISG in Betracht (Art. 2 lit. f CISG enthält einen Anwendungsausschluss nur für elektrische Energie).

Kapitel 2 Das „magische Dreieck" logistischer Beziehungen zwischen Absender (Verkäufer), Transporteur und Empfänger (Käufer)

§ 1 Der Distanzkauf als Basis des logistischen Kalküls

I. Versendungskauf und Transportrisiko

Vielfach findet der Kaufvertrag zum Stichwort „Logistikrecht" keine Erwähnung. Vielmehr denkt man sofort an Transportrecht und Ähnliches. Und doch muss man sich darüber im Klaren sein, dass die kaufrechtlichen Beziehungen darüber entscheiden, ob überhaupt Antworten auf unternehmensübergreifende logistikrechtlichen Fragen gegeben werden müssen Denn befinden sich Verkäufer und Käufer buchstäblich an ein und derselben Stelle, fehlt es also wie bei den Bargeschäften des täglichen Lebens im Laden an räumlicher Distanz zwischen beiden, stellen sich die Probleme von vornherein nicht, wo sich denn nun der Leistungsort befindet, wer also das Transportrisiko zu tragen hat und ob getroffene zeitliche Absprachen sich auf den Ort des Verkäufers oder aber auf denjenigen des Käufers beziehen. Wenn aber, wie durchweg im Unternehmensbereich, ein Distanzkauf getätigt wird, ist zu klären, ob die Lieferschuld als sog. Holschuld, als Schickschuld oder als Bringschuld zu begreifen ist. 580

Der Leistungsort wird in der Praxis und leider auch in Gesetzen (vgl. nur § 447 BGB) oft als „Erfüllungsort" bezeichnet, und beim Kauf speziell auch als „Lieferort". Dieser Sprachgebrauch ist die Quelle vieler Missverständnisse und Irrtümer mit oft weitreichenden rechtlichen und wirtschaftlichen Folgen. Denn bei „Lieferort" denkt man (wie entsprechend bei der Lieferzeit) meist ganz einseitig an den Ort der Ablieferung der Ware, also an den räumlichen Zielpunkt der logistischen Bewegung. Dies kann, muss aber nicht zugleich auch der Leistungsort sein, also der Ort, an dem der Verkäufer die Lieferhandlung bei Fälligkeit vorzunehmen hat und auf den es vertragsrechtlich auch sonst entscheidend ankommt: So markiert der Leistungsort namentlich den Punkt des logistischen Gefahrübergangs vom Lieferanten auf den Kunden, ferner den Ort, auf den sich die Leistungszeit bezieht. „Erfüllungsort" bezeichnet sprachlich zutreffend hingegen den Ort, wo der Erfüllungseffekt eintritt, bei der Lieferschuld also die Verschaffung von Besitz und Eigentum an den Käufer. Juristisch eindeutig wird diesbezüglich besser vom Erfolgsort gesprochen, im logistischen Sprachgebrauch vielfach von der „Destination". 581

Nach alledem birgt die Verwendung der Begriffe „Erfüllungsort" und „Lieferort" in Verträgen eine erhebliche Unklarheit darüber, was die Parteien inhaltlich eigentlich wollen. Vorzugswürdig ist es demgegenüber, in der Formulierung klar zwischen dem Leistungsort und einem davon gegebenenfalls abweichenden Erfolgsort, also dem Zielort einer Versendung, der Destination, zu unterscheiden. Vor diesem terminologischen Hintergrund lassen sich die möglichen Vertragsgestaltungen nun besser analysieren: Der Leistungsort kann zunächst einmal beim Lieferschuldner (Verkäufer) liegen, so dass die Überwindung der logistischen Distanz Aufgabe des Liefergläubigers (Käufer) ist. Der Käufer muss sich hier zum Verkäufer begeben, um die gekaufte Sache zu bekommen, der Käufer muss sie auf seine Kosten und Gefahr „holen". Den Gegenpol dazu bildet die sog. Bringschuld, bei welcher der Leistungsort beim Käufer liegt. Auf den Sitz des Verkäufers beziehen sich somit Vereinbarungen über die Lieferzeit als Leistungszeit im Sinne von § 271 Abs. 1 BGB (Fälligkeit der Lieferverpflichtung). Das Risiko von Transportverzögerung, Transportschäden und Transportverlusten liegt hier nicht, wie bei der Holschuld, beim Käufer, sondern beim Verkäufer. 582

583 Die dritte Variante bildet die Schickschuld. Sie ist, obwohl dies sprachlich naheliegt, keine Verwandte der Bringschuld, sondern eine Unterart der Holschuld. Denn auch bei der Schickschuld liegt – wie bei der Holschuld – der Leistungsort beim Verkäufer. Im Gegensatz zur Holschuld muss er aber bei diesem sog. Versendungskauf mehr tun, als sich nur an seinem Ort zur Leistung bereithalten, bis der Käufer erscheint. Der Verkäufer muss vielmehr bei der Schickschuld die Ware „expedieren": Er hat die Ware versandgerecht zu verpacken, ggf. zu verzollen und ihren Transport zum Erfolgsort (Zielort) in die Wege leiten. Der Verkäufer muss also einen Spediteur oder bei einfach gelagerten Transporten gleich einen Transportunternehmer unter Vertrag nehmen, wenn er nicht selber über Transportmedien verfügt. Da der Leistungsort bei der Schickschuld aber beim Verkäufer liegt, ist die Rechtzeitigkeit der Lieferung in diesem Fall in Bezug auf die Absendung, nicht in Bezug auf die Ankunft der Ware zu bestimmen. Da die logistische_Distanz in der Rechtssphäre des Käufers liegt, gehen die Versandkosten grundsätzlich zu seinen Lasten. § 448 Abs. 1 des deutschen BGB sagt dies noch einmal ausdrücklich, obwohl diese Kostentragung bereits aus logischen Gründen folgt. Außerdem hat natürlich der Käufer, nicht etwa der Lieferant, das Transportrisiko zu tragen (vgl. § 447 BGB).

584 Nach § 269 BGB ist zwar die Holschuld der bürgerlichrechtliche Regelfall. Eine anderweitige Bestimmung des Leistungsortes sieht § 269 Abs. 1 BGB freilich selber vor. Dies ist letztlich überflüssig, da § 269 BGB als Schuldrecht ja dispositives Recht darstellt, also ohnedies durch die Parteien als Ausdruck der ihnen in freiheitlich verfassten Staaten grundsätzlich zustehenden Privatautonomie ausgeschlossen, „abbedungen" werden kann. Darüber hinaus existiert ein branchen- und ortsübergreifender, ja internationaler Handelsbrauch, der eine von § 269 Abs. 1 BGB abweichende Regelschuldform für Warenlieferungen ausgebildet hat, nämlich die Schickschuld. Dieser Handelsbrauch ist im Rahmen des § 346 HGB bindend wie dispositives Recht, also dann, wenn beide Vertragsparteien den Rechtsstatus eines „Kaufmanns" (vgl. §§ 1 ff. HGB) haben. Für die meisten international agierenden Unternehmen wird dies zutreffen, in eher seltenen Fällen sogar dann, wenn eine Eintragung im Handelsregister einmal fehlen sollte (eine OHG betreibt ein „musskaufmännisches" Handelsgewerbe nach § 1 Abs. 2 HGB). Dieser Handelsbrauch führt regelmäßig zur Schickschuld, sofern die Parteien nichts anderes vereinbart haben.

585 Die Schickschuld ist auch die Regel beim internationalen Warenkauf, der nach Art. 31 lit. a CISG grundsätzlich (also vorbehaltlich anderer Absprachen) als Versendungskauf ausgestaltet ist. Auch wenn der Verkäufer die Transportkosten übernommen hat, darf allein daraus noch nicht die Begründung einer Bringschuld gefolgert werden (vgl. § 269 Abs. 3 BGB). Es handelt sich dann vielmehr lediglich um eine besonders ausgestaltete („qualifizierte") Schickschuld, die aber bezüglich Leistungsort und Transportrisikotragung dem regulären Muster des Versendungskaufes folgt.

II. Trade terms und „Incoterms"

1. Begriff und praktische Bedeutung von Handelsklauseln im Allgemeinen

586 Bei den kaufvertraglichen Vereinbarungen wird in der Praxis vor allem in schriftlichen Vertragstexten kurzen Formulierungen bis hin zu geläufigen Abkürzungen der Vorzug gegeben. Diese Vorliebe für prägnante Handelsklauseln findet sich namentlich auch bei der weit verbreiteten Verwendung von vorformulierten, standardisierten Texten, von sog. Allgemeinen Geschäftsbedingungen (AGB). Mit einem englischen Wort spricht man hier auch von „trade terms". Einige derartige Klauseln betreffen gerade auch logistische Festsetzungen, so z. B. „(fracht)frei", „ab Werk", „Lieferung auf Abruf" oder „fix". Dieses vereinfachte Verfahren wirft aber zwangsläufig die Frage auf, was inhaltlich denn nun genau gelten soll. Diese Sinngebung der verwendeten Handelsklauseln entscheidet sich dabei nach diesbezüglichem Handelsbrauch.

Nach deutschem Handelsbrauch bedeutet „frei Haus" demnach, dass der Verkäufer im Rahmen einer qualifizierten Schickschuld die Frachtkosten bis zum Käufer trägt, nicht aber (auf Basis einer Bringschuld) auch das Transportrisiko. „Ab Werk" definiert die Lieferpflicht des Verkäufers als Holschuld; Risiko, Organisation und Kosten des Transports sind somit Sache des Käufers. „Lieferung auf Abruf" knüpft die Fälligkeit der Lieferpflicht des Verkäufers an eine jederzeit mögliche Willenserklärung des Käufers, zwingt den Verkäufer also zu aufwändiger, dauernder Lieferbereitschaft. Die „fix"-Klausel schließlich weist einem so bezeichneten Liefertermin eine zentrale Bedeutung für das Geschäft zu, was bei Lieferverzögerungen zu scharfen haftungsrechtlichen Konsequenzen für den Verkäufer führt. Das Zeitmoment hat heutzutage ja oft einen sehr hohen Stellenwert, weil z.B. Transport von Zulieferteilen und Produktion zur Vermeidung von Zwischenlagerung zeitlich ganz genau aufeinander abgestimmt sind. Deshalb werden immer mehr solcher „Fixgeschäfte" geschlossen (dazu sogleich noch unter II. 3.). 587

2. Das kaufvertragliche Pflichtenprogramm nach den „Incoterms" im Besonderen

Besondere Bedeutung haben die Handelsklauseln naturgemäß bei internationalen Geschäftsbeziehungen, weil sie die Kommunikation erleichtern. Dabei spielen namentlich die sog. **Incoterms** (International Commercial Terms) eine große Rolle, die von der Internationalen Handelskammer in Paris zusammengestellt und unter Beachtung der diesbezüglichen aktuellen Handelsbräuche inhaltlich kommentiert werden. Der Sinn von Handelsklauseln ist regelmäßig sehr komplex, wie vor allem und exemplarisch ein Blick in die Incoterms zeigt. Es werden dort gegenwärtig 13 Klauseln in 4 Klauselgruppen dokumentiert, wobei jeder Klausel mit je 10 Pflichtenpositionen für den Verkäufer und weiteren 10 für den Käufer hinterlegt ist. Dabei nehmen von Klauselgruppe zu Klauselgruppe, ja von Klausel zu Klausel die Verkäuferpflichten zu und die Käuferpflichten entsprechend ab. 588

Zur Kurzkennzeichnung wird für jede Klauselgruppe bzw. für die dahinter stehenden Pflichtenkataloge entsprechend den englischen Anfangsbuchstaben der betreffenden Klauseln E-, F-, C- und D-Klauseln unterschieden. Die EXW-Klausel (Ex Works + Ortsangabe), die zugleich die erste Klauselgruppe darstellt, entspricht so z. B. der bereits genannten nationalen deutschen Klausel „ab Werk", bezeichnet damit für die Lieferpflicht eine reine Holschuld und bürdet somit dem Käufer alle logistischen Lasten, Kosten und Risiken des Transports auf. Am anderen Ende der Skala steht die DDP-Klausel (Delivered Duty Paid + Ortsangabe): Die Ware ist somit im Sinne einer Bringschuld vom Verkäufer auf seine Initiative, Kosten (einschließlich Zoll) und Risiko an den näher bezeichneten Ort zu transportieren, sodass der Käufer die Ware nur noch entgegenzunehmen hat. Auf die jeweils angegebenen Orte als die Leistungsorte beziehen sich dann auch die vereinbarten Lieferzeiten. 589

Ohne das an dieser Stelle auf die Einzelheiten der Incoterms eingegangen werden kann, sollen jedoch als markante Beispiele für F- und C-Klauseln (2. und 3. Klauselgruppe) noch die sehr häufig im See-Frachtgeschäft Anwendung findenden FOB- und CIF-Klauseln zur Sprache kommen. FOB (Free On Board + Hafenangabe) meint, dass der Verantwortungsbereich des Verkäufers bezüglich Transportkosten (einschließlich Ausfuhrkosten) und Risikotragung an der Schiffsreeling des benannten Verschiffungshafen endet. CIF + Hafenangabe (Cost, Insurance, Freight, also Kosten, Versicherung, Fracht) 590 gibt dem Verkäufer den Seetransport und dessen Kosten auf, belässt aber das Risiko der Beschädigung und des Verlusts des Transportgutes jedoch beim Käufer. Trotzdem hat der Verkäufer auf seine Kosten das Transportgut gegen eben diese Risiken zu versichern. Rechtstypologisch gesehen handelt es sich nach den F- und C-Klauseln also um jeweils unterschiedlich qualifizierte Schickschulden.

591 Besonderes Augenmerk ist gerade bei den F- und C-Klauseln auf das Zeitmoment zu legen: Absprachen über die Lieferzeit beziehen sich bei den F-Klauseln sicher auf den Absendehafen als den Leistungsort. Bei den C-Klauseln beziehen sich Angaben zu Lieferzeit ebenso sicher nicht auf den benannten Zielhafen; dies wäre mit dem Charakter der Lieferschuld als Schickschuld unvereinbar. Ohne nähere Vereinbarungen wird man ferner für die Fälligkeit von Lieferschulden unter dem Rechtsregime der C-Klauseln eben wegen des Wesens der Schickschuld grundsätzlich auf den Sitz des Lieferanten abstellen müssen.

592 Festzuhalten ist, dass sich die Incoterms nur mit den Rechten und Pflichten von Käufer und Verkäufer vornehmlich beim internationalen Warenkauf befassen, dabei jedoch namentlich die Zahlungsmodalitäten, den Eigentumsübergang an der Ware und die Notwendigkeit einer Wareneingangskontrolle beim Verkäufer nicht behandeln. Die Logistikverträge selber (Speditionsvertrag, Transportvertrag etc.) werden von vornherein nicht von den Incoterms erfasst. Doch stellen die Incoterms wie ja die kaufvertraglichen Vereinbarungen ganz generell die Weichen für die logistikrechtlichen Dispositionen der Beteiligten.

3. Rechtliches Management der Lieferzeit, insbesondere das JIT-Geschäft

593 a) **Grundzüge optimaler Vertragsgestaltung.** Soll das richtige Gut zur richtigen Zeit am richtigen Ort verfügbar sein, so muss die Vertragsgestaltung auch speziell darauf zugeschnitten sein. Aus Sicht der Beschaffungslogistik ist der „richtige Ort" selbstverständlich der Sitz des Bestellers. Kraft branchen- und ortsübergreifenden, ja internationalen Handelsbrauchs sind Lieferschulden aber, wie bereits ausgeführt, grundsätzlich Schickschulden: Der Lieferort, auf den sich auch die (vereinbarten) Lieferzeit beziehen, ist hier der Sitz des Lieferanten Genauso verhält es sich auch beim internationalen Warenkauf nach Art. 31 lit. a CISG. Folglich nützt es dem Besteller wenig, sich größere Gedanken über die optimale Lieferzeit zu machen und diese dann vertraglich durch sog. Konventionalstrafen besonders zu sanktionieren, weil der Lieferant ja vertragsrechtlich rechtzeitig bereits dann tätig geworden ist, wenn er das Gut bei Lieferfälligkeit expediert, also abgesendet hat.

594 Für eine Produktionsweise, die auf dem Konzept der einsatzsynchronen Anlieferung aufbaut (sog. Just In Time, JIT), müsste dies fatale Konsequenzen haben. Denn dort gibt es nun einmal kein nennenswertes Lager, das eine Puffer- oder Vorratsfunktion übernehmen könnte. Auch das Qualitätssicherungsmanagement ist insoweit nicht optimal basiert, weil Transportschäden beim kommerziellen Versendungskauf („B2B", Business to Business) keine Gewährleistungsansprüche auslösen können. Denn im Zeitpunkt der Übergabe an den Transporteur war die Ware ja noch in Ordnung, und nur darauf kommt es bei der Schickschuld im Rahmen des Versendungskaufes gewährleistungsrechtlich an. Trotzdem ist aber (vgl. nur § 447 BGB) der volle Kaufpreis zu zahlen (für den Versendungskauf zwischen einem Unternehmer als Verkäufer und einem Verbraucher als Käufer gilt dies nach europäischem Recht übrigens nicht, vgl. für Deutschland § 474 Abs. 2 BGB). Dass möglicherweise Schadensersatzansprüche gegen den Transporteur bestehen (vgl. unten Kap. 2, § 3), interessiert im Verhältnis zwischen Verkäufer und Käufer nicht.

Der Distanzkauf als Basis des logistischen Kalküls Kap. 2 § 1 E

Das vitale Interesse des Bestellers muss also zunächst darauf gerichtet sein, aus der handelsüblichen Lieferschuld als Schickschuld eine Bringschuld zu machen, also den regulären Versendungskauf durch Vereinbarung abzuwählen. Als Leistungsort (landläufig: „Erfüllungsort") für die Lieferschuld ist also der Unternehmenssitz des Bestellers eigens vertraglich festzulegen, was auch durch vertragliche Vorformulierung und Standardisierung, also im Rahmen von AGB, hier speziell: Allgemeinen Einkaufsbedingungen, festgelegt werden kann. Wie alle AGB, so müssen auch diese allerdings von beiden Vertragsparteien akzeptiert werden (vgl. für das deutsche Recht nur § 305 Abs. 2 BGB am Satzende), um in das Vertragsverhältnis einbezogen zu werden, sofern die AGB nicht lediglich ohnehin geltendes Recht oder Handelsbräuche wiederholen.

595

Bei der Festlegung des Käufersitzes als Leistungsort für die Lieferverpflichtung, also für ihre Ausgestaltung als Bringschuld, ist dies freilich, wie ausgeführt, gerade nicht der Fall. Die Klausel „frei (z.B.) Berlin" (als Sitz des Bestellers) bewirkt dies nämlich noch nicht. Damit übernimmt der Lieferant lediglich die Transportkosten, ohne dass sich an dem Charakter der Lieferschuld als Schickschuld etwas ändert (vgl. § 269 Abs. 3 BGB). Erst im Rahmen einer Bringschuld macht es dann Sinn, die für die JIT-Produktion so wichtige Lieferzeit zu definieren, da diese sich ja als vertragsmäßig geschuldete Leistungszeit logischerweise immer auf den Leistungsort bezieht.

596

Die Lieferzeit, also die Fälligkeit der Lieferschuld, in Form einer kalendermäßigen Terminierung vertraglich festzulegen, hat unter der Geltung deutschen Rechts bereits den Vorteil, dass damit nach § 286 Abs. 2 Nr. 1 BGB bei Überschreiten der Lieferzeit Verzug des Verkäufers auch ohne Mahnung seitens des Käufers eintritt. Damit ist die Grundlage für Schadensersatzansprüche des Käufers gegen den säumigen Verkäufer wegen des Verzögerungsschadens gelegt (vgl. 280 Abs. 2 BGB) Die bloße kalendermäßige Festlegung der Lieferzeit (in Verbindung mit einer Lieferschuld als Bringschuld) führt zwar im beschaffungsseitig erwünschten Sinne eher zum Verzug des Verkäufers, birgt aber immer noch erhebliche Risiken.

597

Insbesondere ist zu beachten, dass ein Schuldner ganz generell nicht nur nach deutschem Recht grundsätzlich bereits vor dem Zeitpunkt, zu dem er leisten muss (Fälligkeit), leisten darf (§ 271 Abs. 2 BGB!). Durch eine solche vorfällige Lieferung kommt es aber zu unvorhergesehenen Materialflussproblemen und es wird Lagerkapazität erforderlich, die beim JIT-Konzept gerade vermieden werden soll. Die Befugnis zu vorfälliger Lieferung muss also vertraglich ausgeschlossen werden. Außerdem gibt der bloße Lieferverzug des Verkäufers dem Käufer immer noch nicht freie Hand, auf andere Lieferanten umzudisponieren, weil viele Rechtsordnungen für den Rücktritt grundsätzlich noch eine Nachfristsetzung fordern, um dem Lieferanten noch eine letzte Chance zur (allerdings verspäteten) Vertragserfüllung zu geben. Ob diese Voraussetzung gegenüber dem Lieferanten durch AGB wirksam abbedungen werden können, erscheint zweifelhaft.

598

Alle diese Probleme stellen sich aber gar nicht erst, wenn der Liefertermin als „fix" bezeichnet wird. Denn nach Handelsbrauch soll mit dieser Fixklausel nämlich ausgedrückt werden, dass das Geschäft mit Einhaltung der Leistungsfälligkeit „steht und fällt". Auch etwa dem anglo-amerikanischen Rechtskreis ist das Fix-Geschäft als „fixed date transaction" bekannt. Die Fixklausel bedeutet zunächst ein Verbot vorfälliger Lieferung (so generell auch ohne Fixklausel bei Lieferterminen nach Art. 52 Abs. 1 CISG), weil damit kurz und bündig ausgedrückt, dass der Gläubiger an Leistungserbringung gerade bei Fälligkeit ein überragendes Interesse hat, der „Fortbestand seines Leistungsinteresses an die Rechtzeitigkeit der Leistung gebunden" ist, wie z. B. für das deutsche Recht § 323 Abs. 2 Nr. 2 BGB formuliert. Deshalb braucht der Käufer dem Lieferanten auch keine (erfolglose) Nachfrist mehr setzen, um ein Recht zum Rücktritt zu haben. Außerdem (vgl. § 325 BGB) kann der Käufer (als Liefer-Gläubiger) vom

599

193

Lieferanten (als Liefer-Schuldner) nun auch nach § 281 Abs. 2 BGB sogleich sogar Schadensersatz statt der Leistung verlangen, weil beim nicht eingehaltenen Fixtermin „besondere Umstände vorliegen, die unter Abwägung der beiderseitigen Interessen die sofortige Geltendmachung des Schadensersatzanspruches rechtfertigen".

600 Voraussetzung für diesen Schadensersatzanspruch ist zwar nicht Verzug (§ 286 BGB), wohl aber, dass der Schuldner die Überschreitung des Fixtermins zu „vertreten" hat, weil § 281 Abs. 1 Satz 1 BGB auch auf § 280 Abs. 1 Satz 2 BGB verweist. Welche Umstände ein Schuldner zu „vertreten", also zu verantworten hat, umschreiben §§ 276, 278 BGB näher (eigenes Verschulden oder Verschulden seiner Erfüllungsgehilfen in Bezug auf die Überschreitung der Fälligkeit, Übernahme eines Beschaffungsrisikos oder Abgabe einer entsprechenden, aber nicht erfüllten Garantiezusage).

601 Wird Schadensersatz statt der Leistung verlangt, verliert der Gläubiger damit gemäß § 281 Abs. 4 BGB allerdings seinen („primären") Anspruch auf die ursprüngliche Leistung. Mit dem Erheben eines Schadensersatzanspruchs auch außerhalb eines gerichtlichen Verfahrens ist deshalb Vorsicht geboten, wenn auf engen Beschaffungsmärkten der Käufer letztlich doch auch diesen Lieferanten angewiesen ist. Im anglo-amerikanischen Rechtskreis stellen sich diese Fragen allerdings nicht, weil dort grundsätzlich nicht auf Erfüllung eines Lieferanspruchs geklagt und bei Prozesserfolg Zwangsvollstreckung betrieben werden kann, sondern nur auf Geld gerichtete Schadensersatzansprüche bei Vertragsverletzung in Betracht kommen. Das Recht des internationalen Warenkaufs (vgl. Art. 46 CISG) kennt hingegen ausdrücklich als „Rechtsbehelf des Käufers wegen Vertragsverletzung durch den Verkäufer" (Überschrift vor Art. 45 ff. CISG) den Erfüllungsanspruch.

602 Sofern – was zumeist der Fall ist – der Lieferant oder der Besteller (oder auch beide) den Kaufmannsstatus nach deutschem Recht haben, handelt es sich bei dem Kauf um einen Handelskauf. Ist die Lieferzeit „fix" gestellt, liegt somit ein Fixhandelskauf vor. Auf solche Geschäfte findet, sofern überhaupt deutsches Recht Anwendung findet, als Sonderregelung § 376 HGB Anwendung. Diese Norm ergänzt und verändert die allgemeinen Regeln über Leistungsstörungen beim Fixgeschäft.

603 Im praktischen Ergebnis heißt dies vor allem, dass der Käufer wegen § 376 Abs. 1 Satz 2 HGB sofort nach Überschreiten der „fix" gestellten Lieferzeit seinen (primären) Lieferanspruch gegenüber dem Lieferanten geltend machen muss, um ihn nicht überhaupt einzubüßen. Außerhalb des § 376 HGB tritt dieser Anspruchsverlust hingegen ja erst ein, wenn der Gläubiger tatsächlich vom Schuldner Schadensersatz statt der Leistung (oder, wie § 376 HGB formuliert: „Schadensersatz wegen Nichterfüllung") verlangt. Als Schuldrecht ist § 376 HGB dispositives Recht, so dass die für den Käufer unangenehme Obliegenheit des § 376 Abs. 1 Satz 2 HGB jedenfalls individualvertraglich und wohl auch durch AGB abbedungen werden kann. Ferner erleichtert § 376 Abs. 2 HGB durch die Möglichkeit einer abstrakten Schadensberechnung die Bezifferung des entstandenen Schadens, der aber auch konkret (und dann höher!) berechnet werden kann.

604 Gerade das JIT-Konzept verlangt gelegentlich eine Flexibilisierung des Materialflusses, so dass Liefertermine nicht schon bei Vertragsschluss und womöglich auch noch „fix" festgelegt werden können. Dann ist Lieferung „auf Abruf" zu vereinbaren. Aus Sicht des Lieferanten empfiehlt sich dabei die Festsetzung einer Frist, innerhalb der dann der Abruf zu erfolgen hat, weil der Lieferant sonst buchstäblich zu unabsehbar dauernder Lieferbereitschaft gezwungen ist. Günstig für den Lieferanten ist ferner, wenn die Lieferung nicht sofort bei Abruf zu erfolgen hat, sondern die Fälligkeit der Lieferung erst nach einer definierten Zeit im Anschluss an den Abruf eintreten soll, weil der Lieferant damit über einen operativ oft nötigen Vorlauf verfügt. Die Abrufklausel nimmt – wie auch die Fixklausel – dem Lieferanten zugleich das grundsätzlich ja bestehende Recht zur vorfälligen Lieferung, ohne dass es einer besonderen diesbezüg-

Der Distanzkauf als Basis des logistischen Kalküls   Kap. 2 § 1   E

lichen Abrede bedürfte. Abruf- und Fixklausel können auch kombiniert werden, so dass dann die Vorteile beider beim Besteller (Käufer) kumulieren.
Auch soweit das Flexibilisierungsbedürfnis nicht zeit-, sondern produktbezogen ist, lässt sich diesem Interesse Rechnung tragen. Denn der genaue Liefergegenstand kann bei Vertragsschluss durchaus noch offen gehalten werden und der späteren Bestimmung durch den Käufer vorbehalten bleiben. Für einen derartigen sog. Spezifikationskauf gilt zunächst § 315 BGB. Demzufolge sind die erforderlichen Festsetzungen „nach billigem Ermessen", also fair und unter Rücksichtnahme auch auf die Interessen des Vertragspartners, zu treffen. Außerdem gilt beim Handelskauf ergänzend § 375 HGB, der sogar zur Spezifikation verpflichtet, sich allerdings zum Zeithorizont nicht äußert. Schon um die nach allgemeinen Regeln wohl sofortige Fälligkeit der Spezifikationspflicht (vgl. § 271 Abs. 1 BGB) zu vermeiden, sind nähere zeitliche Absprachen empfehlenswert. **605**

b) **Sanktionierung verspäteter Belieferung durch Vertragsstrafen.** Besonders wirkungsvoll lässt sich Pünktlichkeit, insbesondere Lieferpünktlichkeit, durch eine sog. Vertrags- oder Konventionalstrafe im Sinne der §§ 339 ff. BGB fördern: Im Falle verzögerter oder gar völlig unterbliebener Lieferung hat der Lieferant dann diese Strafzahlung an den Besteller zu leisten. Etwaige Schadensersatzansprüche können gleichwohl verfolgt werden, wobei die Vertragsstrafe auf den zu leistenden Schadensersatz angerechnet wird. Es handelt sich bei der Vertragsstrafe also um etwas völlig anderes als um die Geldstrafe, die im Strafprozess aufgrund einer Straftat verhängt wird und an die Staatskasse fließt. Je höher die angedrohte Konventionalstrafe ist, desto größeren Einfluss wird sie auf den Lieferanten haben, zumal wenn ein entsprechender Geldbetrag so hinterlegt ist, dass der Lieferant jederzeit, ohne Inspruchnahme der Gerichte, darauf zugreifen kann. Dabei besteht in der Höhe prinzipiell keine Grenze, jedenfalls nicht, wenn der Lieferant wie regelmäßig „Kaufmann" im Sinne des deutschen Rechts ist: Denn eine Herabsetzung der vereinbarten Vertragsstrafe, wie sie an sich durch § 343 BGB vorgesehen ist, scheidet hier gemäß § 348 HGB aus. **606**

Eine gewisse Schwächung des Instruments der Vertragsstrafe, die jedenfalls zwischen Unternehmen auch durch AGB vorgesehen werden kann liegt darin, dass sie nach § 339 Satz. 1 BGB an den Verzug anknüpft, der ja seinerseits wegen § 286 Absatz 4 BGB voraussetzt, dass der Schuldner, hier der Verkäufer als Lieferschuldner, die Lieferverzögerung zu „vertreten", also zu verantworten hat. Mag dies bei der im Beschaffungswesen regelmäßig vorliegenden Gattungsschuld (im Gegensatz zur Stückschuld, bei der der Liefergegenstand nach seiner konkreten Individualität bezeichnet ist) wegen des dabei vom Lieferanten regelmäßig übernommenen Beschaffungs- bzw. Herstellungsrisikos (vgl. § 276 Abs. 1 Satz 1 BGB) auch kein gravierendes Thema sein, so sollte doch versucht werden, die Vertragsstrafe ausdrücklich schon für den Fall bloßer, objektiver Fälligkeitsüberschreitung vorzusehen, um auch die Ausnahmefälle ohne Rücksicht auf eine konkrete Verantwortlichkeit des Lieferanten dem Druck der Vertragsstrafe zu unterwerfen. **607**

4. Eigentumsverhältnisse und Sicherungsrechte

Über die sachenrechtliche Lage, also über die Eigentumsverhältnisse an der verkauften Ware, trifft das CISG keine Festsetzungen (vgl. Art. 4 lit. b CISG). Soweit nach Internationalem Privatrecht nationales Recht Anwendung findet (europäisches Kollisionsrecht existiert insoweit nicht), wird man selbst innerhalb der Mitgliedsstaaten der EG sehr unterschiedliche Modelle finden. Das deutsche Sachenrecht, das aber für zahlreiche Rechtsordnungen bis hin nach Asien als Vorbild gedient hat, hält hier mit dem sog. Abstraktionsprinzip ein Regelungsmuster bereit, das zwar vollkommen unpopulär ist, aber den Vorzug großer logischer Stimmigkeit aufweist, was sich z. B. beim Verkauf von Sachen zeigt, die dem Verkäufer nicht oder noch nicht gehören, oder solchen Sachen, **608**

195

die zum Zeitpunkt des Vertragsschlusses gar nicht existieren (sog. ungedeckte Leerverkäufe).

609 Diesem Prinzip zufolge bewirkt der Kaufvertrag (§§ 433 ff. BGB) lediglich das Entstehen von Pflichten, namentlich von Liefer- und Zahlungspflicht, hat aber auf die Eigentumsverhältnisse keinerlei Einfluss. Der Käufer wird vielmehr durch ein vom Kaufvertrag rechtlich vollkommen getrenntes Rechtsgeschäft, in dem sich die Vertragsparteien nicht über das Entstehen von Verpflichtungen, sondern über den Eigentumswechsel einigen, zum Eigentümer, sofern – im Regelfall – der Käufer auch in den Besitz der Ware gelangt. Während des Transports gehört die Ware also durchweg nicht dem Käufer, sein Eigentumserwerb tritt vielmehr frühestens mit der Ablieferung der Ware an ihn ein. Wegen des Abstraktionsprinzips spielt die Zahlung des Kaufpreises für den Eigentumserwerb grundsätzlich ebenfalls keine Rolle: Weder ist sie notwendige noch hinreichende Bedingung für den Eigentumswechsel.

610 Allerdings besteht die Möglichkeit, eine Lieferung nur „unter Eigentumsvorbehalt bis zur vollständigen Kaufpreiszahlung" extra zu vereinbaren. Trotz Einigung über den Eigentumswechsel (nicht gleichzusetzen mit dem Kaufvertrag!) und Übergabe an den Käufer wird dieser dann doch erst mit Zahlung Eigentümer und ist bis dahin lediglich berechtigter Besitzer, allerdings mit einer rechtlich nicht entziehbaren Erwerbsaussicht, die man Eigentumsanwartschaft nennt: Mag die Sache bis zur Zahlung auch an jemand anderes rechtswirksam verkauft und sogar übereignet werden, so wird doch der Anwartschaftsinhaber mit Zahlung des Kaufpreises in jedem Fall Eigentümer. Mehr noch: Die Pfandrechte, die nach europäischem Recht für die Spediteure, Transporteure und Lagerhalter an der Ware zur Sicherung ihrer Zahlungsansprüche entstehen (vgl. §§ 464, 441, 475b HGB), erlöschen regelmäßig mit dem Eigentumserwerb des Anwartschaftsinhabers (vgl. § 936 BGB: gutgläubig-lastenfreier Eigentumserwerb).

§ 2 Struktur, Abwicklung und Störung des Transportvertrags

I. Rechte und Pflichten des Transporteurs („Frachtführers" im Spiegel des Transportfortschritts

1. Transitorische Pflichten, Entgelte und Aufwendungsersatz

611 Der Transport als physischer Bewegungsvorgang in Raum und Zeit über die logistische Distanz ist Angelegenheit eines dazu beauftragten Unternehmers, der im deutschen Recht Frachtführer heißt. Gemäß § 407 I HGB wird dieser durch den rechtlich nicht notwendig schriftlichen „Frachtvertrag" (Transportvertrag) verpflichtet, das Gut zu Lande (Kraftfahrzeug, Eisenbahn), auf Binnengewässern oder mit Luftfahrzeugen zum Bestimmungsort zu befördern und dort an den Empfänger abzuliefern. Dies ist der Kern des „transitorischen", eben auf physische Bewegung von Gütern gerichteten Pflichtenprogramms, das vertragtypologisch gesehen regelmäßig werkvertraglicher Natur ist (vgl. § 631 Abs. 2 BGB: „Erfolg" ist der durchgeführte Transport). Sollen über eine gewisse Zeit hinweg immer wieder Transporte durchgeführt werden, ist ergänzend zu den §§ 407 ff. HGB indes das Recht des Dienstvertrags (§§ 611 ff. BGB) hinzuzuziehen.

612 Nochmals ist darauf hinzuweisen, dass für alle Beförderungsmittel mit Ausnahme des Gütertransports auf hoher See grundsätzlich der einheitliche Vertragstyp der §§ 407 ff. HGB einschlägig ist. Der multimodale Transport hat so seinen früheren rechtlichen Schrecken verloren. Bei internationalen multimodalen Transporten greifen allerdings

Struktur, Abwicklung und Störung des Transportvertrags   Kap. 2 § 2   E

nach wie vor formell die verschiedenen Transportrechtsordnungen der CMR, COTIV etc. ein. Doch sind sie nicht nur untereinander in ihren Regelungen um Ähnlichkeit bemüht, sondern speziell auch das deutsche Recht ist, wie bereits ausgeführt, an diese internationale Rechtslage weitestgehend angeglichen.

Als Gegenleistung kann der Frachtführer seinerseits das vereinbarte Entgelt (genannt „Fracht": § 407 Abs. 2 HGB) verlangen. Nach Aufhebung der staatlichen Preisreglementierung des Transportgewerbes im Zuge der Schaffung des europäischen Binnenmarktes sind die Vertragsparteien frei, was die Höhe der Fracht anlangt. Der Frachtführer kann ferner eventuell weitere Zahlungen wie etwa angemessenes „Standgeld" nach § 412 Abs. 3 HGB fordern, wenn über die Lade- und Entladezeit hinaus Wartezeiten (etwa an der Grenze, vor allem bei unerwartet schleppender Abfertigung) anfallen. Keinen Anspruch auf Standgeld lösen aber Wartezeiten aus, die in den Risikobereich des Transportunternehmers fallen, also z. B. Liegezeiten bei Motorschäden oder Unfällen, selbst ohne mitwirkendes Verschulden des Transportunternehmers (regelmäßige Fahrzeugwartung) oder des Fahrers bei der Lenkung des Fahrzeugs sowie z. B. bei allseits bekannt schleppender Grenzabfertigung. **613**

Ferner kommt ein gesonderter Aufwendungsersatz in Betracht, z. B. im Falle nachträglicher, aber verbindlicher Weisungen des Absenders an den Frachtführer (§ 418 Abs. 2 HGB) oder bei Beförderungs- bzw. Ablieferungshindernissen (§ 419 HGB, ebenso z. B. Art. 16 CMR). Aufwendungsersatz wird dem Frachtführer auch dann geschuldet, wenn er, ohne entsprechend darüber informiert worden zu sein, Gefahrgut zu transportieren hat und er dieses zur Vermeidung von Schäden auslädt, einlagert, zurückbefördert oder, soweit erforderlich, sogar vernichtet oder sonst wie unschädlich macht (§ 410 Abs. 2 HGB). Diese Ansprüche des Frachtführers sowie Ansprüche aus anderen mit dem Absender geschlossenen Fracht-, Speditions- oder Lagerverträgen sind dabei durch ein gesetzliches Pfandrecht gemäß § 441 HGB gesichert. **614**

Es handelt sich dabei um dispositives, von den Parteien abänderbares bzw. ergänzbares Recht. Während grundsätzlich auch vereinbarte Allgemeine Geschäftsbedingungen (AGB) als vorformulierte, standardisierte Vertragstexte diese Rolle übernehmen können, muss hier (und teilweise auch im Recht des Speditionsvertrags) die europäische Besonderheit beachtet werden: Nur durch Vereinbarungen, die im Einzelnen ausgehandelt wurden (sog. Individualabreden), kann nach § 449 HGB von bestimmten, dort näher bezeichneten Teilen des gesetzlichen Musters eines Frachtvertrags rechtswirksam abgewichen werden. Das hat die rechtliche Bedeutung der früher für die Praxis fundamental bedeutsamen Allgemeinen Deutschen Spediteurbedingungen (ADSp, Fassung von 2003) stark gemindert, was gelegentlich verkannt wird. Unabhängig von dieser Besonderheit sollte aber je nach Interessenlage aktiv von der Vertragsgestaltungsfreiheit in den gesetzlichen Grenzen auch tatsächlich Gebrauch gemacht werden. **615**

Dies gilt nicht nur etwa bezüglich des Entstehens und der Höhe einer „Standgeldes" für den Straßentransport (eine Quelle häufigen Streits, da die in § 412 Abs. 4 HGB genannte Rechtsverordnung nur die Binnenschifffahrt ergreift), sondern ebenso z. B. bezüglich des Ladens einschließlich des Stauens und des Befestigens (insgesamt also des Verladens) sowie bezüglich des Entladens. Diese logistischen Operationen obliegen nach der gesetzlichen Regelung des § 412 Abs. 1 HGB nämlich nicht etwa dem Frachtführer, sondern im Wesentlichen dem Absender (nur auf „betriebssicheres Verladen" hat der Transporteur dabei zu achten). Besonders bezüglich der Entladetätigkeit am ja oft weit entfernten Zielort des Transportes ist dies für den Absender (Verkäufer) kaum zu leisten. Hier sollte, wie gesagt, durch Individualabrede Abhilfe geschaffen werden. Darauf, dass das Gesetz mit seiner Regelung von Laden und Entladen hinter „den Umständen oder der Verkehrssitte" (z. B. vielleicht bei einem auf Klaviertransporte) zurücktreten will, sollte man seine Hoffnung nicht setzen, da deren Feststellung oft aufwändig und Quelle endloser Streitigkeiten ist. Am ehesten kommen solche Fälle **616**

197

wohl bei spezialisierten und damit auch besonders werbenden Unternehmen in Betracht (z. B. „Spezial-Klaviertransporte").

2. Die frachtvertragliche Rechtsstellung des Empfängers

617 Kennzeichnend für das Frachtgeschäft ist ein Dreiecksverhältnis zwischen dem Absender (Verkäufer) und dem Frachtführer als den Partnern des Frachtvertrags, denen noch der Empfänger (Käufer) hinzutritt. Der Empfänger seinerseits ist regelmäßig mit dem Absender, nicht aber mit dem Frachtführer kaufvertraglich verbunden. Dies wurde bereits näher ausgeführt. Der gesamte Frachtvertrag hat dabei kraft Gesetzes die außergewöhnliche Gestalt eines Vertrags zugunsten und zulasten Dritter: Dem Empfänger wachsen – ohne selber Vertragspartner des Frachtführers zu sein! – dessen Rechte gegenüber dem Frachtführer zu, und zwar je nach Transportfortschritt.

618 Maßgeblicher Zeitpunkt ist dabei die Ankunft des Guts am Zielort, an der Destination, an der „Ablieferungsstelle" (vgl. § 421 Abs. 1 HGB). Doch trifft den Empfänger auch die frachtvertragliche Zahlungspflicht nach Maßgabe des § 421 Abs. 2 und 3 HGB (vgl. auch Art. 13 Abs. 2 CMR), und zwar selbstverständlich neben dem Absender (§ 421 Abs. 4 HGB), da dieser ja der Vertragspartner des Frachtführers ist. Vereinfacht gesagt muss der Empfänger die Verpflichtungen aus dem Frachtvertrag dann erfüllen, wenn er von seinem Anspruch gegenüber dem Frachtführer Gebrauch macht, das am Ablieferungsort eingetroffene, für ihn bestimmte Gut herauszugeben. Dies schließt die Entladung freilich, wie bereits ausgeführt, grundsätzlich nicht mit ein (vgl. nochmals § 412 Abs. 1 HGB). Ob der Empfänger so vorgehen will, steht ihm allerdings völlig frei.

619 Mit Eintreffen des Guts am Ablieferungsort geht auch das sog. Verfügungsrecht, also das Recht, in Bezug auf das Gut dem Frachtführer nachträglich Weisungen zu erteilen, vom Absender auf den Empfänger über (vgl. z. B. § 418 Abs. 1 und 2 HGB, Art. 12 CMR). In diesem Fall muss der Empfänger, wie vordem der Absender, dem Frachtführer die Mehraufwendungen für die Ausführung der Weisung erstatten sowie eine angemessene Vergütung für diese Zusatztätigkeit zahlen. Wer das Verfügungsrecht hat, entscheidet gemäß § 419 HGB auf Anfrage des Frachtführers auch, wie im Falle von überraschenden Beförderungs- bzw. Ablieferungs-hindernissen zu verfahren ist (ebenso z. B. Art. 14 CMR). Bei Gefahr für das Transportgut darf und muss der Frachtführer allerdings auch ohne Weisungen des Verfügungsberechtigten handeln (vgl. z. B. § 419 Abs. 3 und Art. 16 Abs. 3 CMR) Bei Ablieferung muss der Frachtführer ferner, sofern dies mit seinem Auftraggeber, dem Absender, vereinbart wurde, den Kaufpreis einziehen, den der Empfänger als Käufer dem Absender schuldet („Lieferung gegen Nachnahme", vgl. § 422 HGB).

3. Informations- und Verpackungspflichten

620 Um den Transport sachgerecht ausführen zu können, also um Schäden an dem Transportgut und durch das Transportgut vermeiden zu können, braucht der Frachtführer in vielen Fällen aussagekräftige güterbezogene Informationen. Dieser Notwendigkeit trägt schon der Grundsatz des § 411 Satz 2 HGB Rechnung (vgl. ferner z. B. Art. 7 CMR). Darüber hinaus werden auch spezielle Informationspflichten normiert.

621 Vor allem beim Transport von Gefahrgut hat der Absender den Frachtführer nach § 410 HGB (im Einklang z. B. mit Art. 22 CMR) unaufgefordert über die damit verbundenen Risiken zu informieren, und zwar in „Textform", weil mündliche und somit naturgemäß „flüchtige" Informationen wegen des Schadenspotentials von Gefahrgut unangemessen erscheinen. Erforderlich ist deshalb gemäß § 126b BGB die aussagekräftigen Informationen über die Gefährlichkeit des Guts in einer „Urkunde", also in verkörperter Gestalt namentlich eines Schriftstücks, oder in einer anderen Weise durch Schriftzeichen, die einer dauerhaften Wiedergabe zugänglich sind (Fax, email mit der Möglichkeit des Ausdrucks). Außerdem muss der Erklärende, hier also der Absender des Transportgutes, bezeichnet sein und ferner erkennbar sein, wo der Erklärungsinhalt endet (z. B. durch Andeutung einer Unterschrift („gezeichnet XY") bei einer email oder durch die Unterschriftskopie bei einem Fax).

Widrigenfalls riskiert der Absender, dass der Frachtführer das Gefahrgut selbst nach Verladung wieder ausladen darf, ohne sich ersatzpflichtig zu machen, ja sogar seinerseits auch ohne Verschulden des Absenders von diesem Aufwendungs- und Schadensersatz verlangen kann (vgl. neben dem bereits erwähnten § 410 Abs. 2 bezüglich des Aufwendungsersatzes noch § 414 Abs. 1, dort insbesondere Nr. 3 HGB wegen eines eventuellen Schadensersatzanspruches des Frachtführers). In diese Richtung umfassender Information des Frachtführers weist auch § 413 HGB. Demzufolge hat der Absender diejenigen Urkunden (sog. Begleitpapiere) zur Verfügung zu stellen und solche Auskünfte zu erteilen, die für eine „amtliche Behandlung, insbesondere eine Zollabfertigung" des Guts erforderlich sind. **622**

Dem gesetzlichen Anliegen, sowohl das Transportgut zu schützen als auch vor Gefahren zu schützen, die von dem Transportgut für die Transportbeteiligten ausgehen, dient auch die grundsätzlich den Absender treffende Pflicht des § 411 Satz 1 HGB zu sachgerechter Verpackung des Guts. Was dies im konkreten Fall bedeutet, ist nicht zuletzt auch unter (nationalen) öffentlichrechtlichen Aspekten zu sehen. So verlangen in Deutschland z. B. §§ 13 ff. des Chemikaliengesetzes (ChemG) speziell für bestimmtes Gefahrgut besondere Verpackungen. Bereits in diesem Zusammenhang müssen aber auch bereits die zahlreichen gesetzlichen Anforderungen an die Entsorgungslogistik in die Überlegungen einbezogen werden. So sind nach § 1 der Verpackungsverordnung (VerpackVO) grundsätzlich Verpackungshersteller und Warenvertreiber aller Handlungsstufen verpflichtet, Transportverpackungen wie Kanister, Paletten, Kartonagen und Schrumpffolien (im Gegensatz zu Verkaufsverpackungen, Umverpackungen, Getränkeverpackungen) nach Gebrauch zurückzunehmen und einer Wiederverwendung oder stofflichen Verwertung (Recycling) außerhalb der öffentlichen Abfallentsorgung zuzuführen. **623**

4. Typische Transportpapiere

a) Der Frachtbrief. Ein wesentlicher informationsrechtlicher Aspekt zeichnet auch den Frachtbrief aus, der in der Transportpraxis eine erhebliche Rolle spielt. Seine Ausstellung durch den Absender ist rechtlich gesehen allerdings nicht zwingend, sondern optional auf Verlangen des Frachtführers (vgl. § 408 HGB „... kann verlangen ...", weniger deutlich z. B. Art. 4 CMR). Wird ein Frachtbrief ausgestellt, was jedenfalls im internationalen Transport die Regel ist, wird er in dreifacher Originalausfertigung verfasst. Sämtliche Ausfertigungen sind vom Absender und vom Frachtführer zu unterzeichnen. Nachbildungen der Unterschriften etwa durch Stempel oder Druck sind grundsätzlich zulässig. Die erste Ausfertigung erhält der Absender, die zweite begleitet das Gut während des Transports, und die Dritte ist zum Verbleib beim Frachtführer bestimmt. **624**

Der Frachtbrief ist grundsätzlich kein Wertpapier, sondern lediglich eine allerdings durch § 409 HGB und die entsprechenden Vorschriften in den internationalen Transportrechtsübereinkommen (vgl. etwa Art. 7 und 9 CMR) mit erheblicher Beweiskraft ausgestattete Urkunde: Er begründet bei beiderseitiger Unterschrift z. B. nicht nur die Rechtsvermutung für Abschluss und Inhalt des Frachtvertrags sowie für die Übernahme des Guts, sondern auch für Anzahl und äußere Integrität der Frachtstücke sowie Ge- **625** wicht, Inhalt und Menge des Frachtgutes. Diese Vermutung wird allerdings außer Kraft gesetzt, wenn der Frachtführer in den Frachtbrief einen mit einer Begründung versehenen Vorbehalt aufnimmt, etwa deshalb, weil ihm, dem Frachtführer, keine angemessenen Mittel oder nicht ausreichend Zeit zur Verfügung stünden, die Richtigkeit der Angaben zu überprüfen.

626 § 408 HGB enthält einen diesbezüglichen, aber nicht abschließend gemeinten Katalog möglicher Angaben, der im internationalen Transportrecht (vgl. z. B. Art. 6 CMR) noch etwas weiter gefasst ist:

627 Regelmäßiger Inhalt des Frachtbriefes sind demnach Ort und Zeit der Ausstellung; Name und Anschrift des Absenders sowie des Empfängers und des Frachtführers; Stelle und Tag der Übernahme des Guts sowie die Ablieferungsstelle und die Ablieferungsfrist; Bezeichnung des Transportgutes im Allgemeinen sowie bei Gefahrgut die nach den diesbezüglichen Rechtsvorschriften offizielle Bezeichnung im Besonderen; Anzahl, Zeichen und Nummern der zum Transport bestimmten Stücke; das Rohgewicht oder die anders angegebene Menge des Transportgutes; die vereinbarte Fracht und die bis zur Ablieferung voraussichtlich anfallenden Kosten sowie gegebenenfalls einen Vermerk über bereits erfolgte Zahlungen seitens des Absenders; der Betrag einer eventuell bei Empfänger einzuziehenden Nachnahme (Kaufpreis) oder sonstiger vom Absender zu erhebender Beträge, Weisungen insbesondere für die zollamtliche Behandlung und Versicherung des Transportgutes, gegebenenfalls eine Vereinbarung über die Zulässigkeit einer bei vielen Gütern sonst unzulässigen Beförderung in offenen Fahrzeugen oder (offen, nicht in Containern) auf Deck von Schiffen auf Binnengewässern (für den See-Frachttransport gelten die §§ 407 ff. HGB ja gar nicht!) sowie ein Verzeichnis der dem Frachtführer übergebenen Urkunden.

628 Neben seiner Informations- und Beweisfunktion kann der Frachtbrief auch auf das Verfügungsrecht bezüglich des Transportgutes Einfluss nehmen: Bei beiderseitiger Unterschrift kann nach § 418 Abs. 4 HGB die Ausübung des Verfügungsrechtes durch entsprechenden Vermerk im Frachtbrief an dessen Vorlage gebunden werden (sog. Sperrfunktion). Bei einer derartig normierten Vorlagepflicht hat der Frachtbrief dann ausnahmsweise den Charakter eines Wertpapiers. Hält sich der Frachtführer nicht an die Bestimmung, das Gut nur gegen Vorlage des Frachtbriefes dem Empfänger auszuhändigen, und erleidet der Absender dadurch einen Schaden, so ist der Frachtführer zum Schadensersatz verpflichtet.

629 b) Der Ladeschein. Während der Frachtbrief vom Absender ausgestellt wird, ist die vor allem in der europäischen Binnenschifffahrt auf Wunsch des Absenders erfolgende Ausstellung des Ladescheins Sache des Frachtführers (vgl. § 444 Abs. HGB). Doch hat der Ladeschein denselben Regelinhalt wie der Frachtbrief und begründet auch dieselben Rechtsvermutungen. § 444 Abs. 3 HGB verweist dazu auf § 409 Abs. 2 und 3 Satz 1 HGB. Nach § 445 HGB ist der Frachtführer jedoch zur Ablieferung des Guts nur gegen Rückgabe des Ladescheins mit Ablieferungsvermerk verpflichtet. Außerdem legitimiert er den Empfänger bezüglich des Verfügungsrechts und der Ablieferungszuständigkeit (§ 446 HGB) und ist überhaupt für das Rechtsverhältnis zwischen Frachtführer und Empfänger maßgeblich (§ 444 Abs. 3 Satz 1 HGB), während sich das Rechtsverhältnis zwischen Frachtführer und Absender gemäß § 444 Abs. 4 HGB nach den Bestimmungen des Frachtvertrags richtet.

630 Schließlich ist der Ladeschein gemäß § 448 HGB Traditionspapier. Dies bedeutet, dass die Übergabe des Ladescheins an den zum Empfang Berechtigten dieselbe sachenrechtliche Wirkung hat wie die Übergabe des Guts selbst. So wird der Empfänger nach deutschem Sachenrecht gemäß § 929 Satz 1 BGB Eigentümer, wenn er sich bei Übergabe des Ladescheins – durch den Frachtführer bzw. dessen Mitarbeiter als Boten – mit dem Absender als bisherigem Eigentümer über den Eigentumswechsel an dem Transportgut einigt. Zwar gibt es auch die Möglichkeit, den neben der Einigung über den

Struktur, Abwicklung und Störung des Transportvertrags　　　Kap. 2 § 2　E

Eigentumswechsel zu diesem Effekt erforderliche Sachübergabe durch ein sog. Besitzkonstitut (vgl. § 930 BGB) oder durch Abtretung des Herausgabeanspruchs gegen den Frachtführer (vgl. § 931 BGB) zu ersetzen. Doch zeigt sich die weiterreichende Wirkung der Traditionswirkung des Ladescheins im Falle des gutgläubigen Erwerbs des Eigentums auf Seiten des Empfängers wenn der Absender in Wahrheit gar nicht Eigentümer ist. Denn in diesem Fall wäre der gutgläubige Erwerb des Empfängers bei gewolltem Eigentumswechsel im Rahmen der §§ 930 oder 931 BGB gar nicht möglich (Umkehrschluss aus §§ 932 ff. BGB).

5. Spezialformen des Transports und ihr Rechtsregime

Bereits eingangs wurde darauf hingewiesen, dass der multimodale Transport im europäischen Rechtsraum grundsätzlich einem einheitlichen frachtvertraglichen Rechtsregime unterliegt, in Deutschland etwa, ohne Rücksicht auf das Transportmittel, den §§ 407 ff. HGB unter Ergänzung durch die §§ 452 ff. HGB. Nach § 452 HGB greifen diese ergänzenden Vorschriften dann ein, wenn aufgrund eines einheitlichen Frachtvertrags unterschiedliche Transportmittel zum Einsatz kommen und für die jeweilige Teilstrecke beim Abschluss mehrerer diesbezüglicher Frachtverträge ein unterschiedliches Rechtsregime gelten würde. Das ist für Transporte innerhalb der EG wegen der Vereinheitlichung des Transportrechtes überhaupt nur noch dann der Fall, wenn der Transportweg eine Strecke zur See einschließt (der Binnenschiffstransport unterliegt wie der Transport zu Lande dem allgemeinen Transportrecht der §§ 407 ff. HGB). **631**

Für den verbleibenden, schmalen Anwendungsbereich ist vor allem § 452a HGB von praktischer Bedeutung: Steht fest, auf welcher Teilstrecke ein Ereignis eingetreten ist, das zu Verlust oder Beschädigung des Transportgutes oder zur Überschreitung der Lieferfrist geführt hat, so unterliegt die Haftung des Frachtführers (dazu sogleich näher) denjenigen Rechtsvorschriften, die beim Abschluss eines gesonderten Frachtvertrags für eben diese Teilstrecke gegolten hätten. **632**

Bei Transporten über die Außengrenzen der EG hinaus fehlen gegenwärtig noch internationale, dem harmonisierten nationalen Recht der EG-Mitgliedsstaaten gegenüber vorrangige Übereinkommen mit einem generellen einheitlichen Rechtsregime für den multimodalen Transport. Eine Ausnahme bilden hier jedoch wiederum Containertransporte, deren Bedeutung in der internationalen Logistikpraxis besonders hoch ist. Auf Einzelheiten kann hier jedoch nicht eingegangen werden. **633**

Vertragstypologisch ohne Besonderheiten sind Transporte im Kurier-, Express- und Paketdienst (sog. KEP-Dienste). Gemeint sind hier Transporte im Kleingutmarkt, also im Versand von kleingewichtigen Sendungen (Dokumente, Wertsendungen, Einzelteile, Medikamente, im Paketdienst jedoch auch Güter bis in den 30 Kilogramm-Bereich und mehr), durchweg im direkten Zielverkehr und jedenfalls mit kürzesten Transportzeiten, auch durch Einsatz vergleichsweise kleiner und schneller Fahrzeuge. **634**

An sich ohne vertragstypologische Eigenheiten zeigt sich auch die Beförderung von Schwerlast, ungeachtet der dabei notwendigen Spezialfahrzeuge und spezieller Ladehilfen wie vor allem Kräne. Doch haben sich auf diesem Transportmarkt besondere AGB etabliert, die den Rechtsrahmen der §§ 407 ff. HGB im Blick auf die Besonderheiten derartiger Transporte näher ausgestalten. **635**

201

§ 3 Das transportrechtliche Haftungssystem

I. Haftung des Frachtführers und seiner Leute

636 Dass das transportvertragsrechtliche Pflichtenprogramm in der Praxis durchaus häufig nicht ungestört abläuft, ist hier ebenso selbstverständlich wie in anderen Rechtsverhältnissen auch. Damit stellen sich Haftungsfragen, die bislang schon gelegentlich gestreift wurden. Nunmehr gilt es aber, die haftungsrechtlichen Leitlinien als solche zu skizzieren. Vorweg ist auch hier daran zu erinnern, dass das deutsche Logistikrecht sich auch in diesem Bereich sehr eng an die Bestimmungen der Internationalen Abkommen anlehnt, ja häufig diese Bestimmungen sogar in ihrem Wortlaut übernimmt, ohne dass dies in Folgendem jeweils detailliert zitiert wird,

637 Die zentralen Leistungsstörungen des Transportvertragsrechtes markieren Transportschäden und -verluste sowie für die Überschreitung der Lieferfrist. Hierfür haftet der Frachtführer nach §§ 425 ff. HGB, sofern rechtzeitig eine qualifizierte, ggf. sogar schriftliche Schadensanzeige nach § 438 HGB erstattet wurde und der Frachtführer nicht den Nachweis beachteter größtmöglicher Sorgfalt – auch seiner Leute und selbständigen Erfüllungsgehilfen, namentlich Unterfrachtführer, vgl. § 428 HGB – führen kann (sog. Exkulpationsbeweis).

638 Diese in ihrer praktischen Wirkung einer Gefährdungshaftung ähnliche, noch durch eine Verlustvermutung (§ 424 HGB) verstärkte Verantwortlichkeit des Frachtführers wird freilich nach § 427 HGB durch besondere Haftungsausschlussgründe durchbrochen, etwa bei der bereits erwähnten ungenügenden Verpackung oder Kennzeichnung (etwa als Glaswaren) durch den Absender (Nr. 2 und 5). Einen derartigen Haftungsgrund normiert § 427 Abs. 1 Nr. 3 HGB ferner z. B. bei Transportschäden durch Manipulationen am Gut durch den Absender oder Empfänger, was sich eigentlich von selbst versteht, sowie bei besonders leicht eintretenden Transportschäden aufgrund der natürlichen Beschaffenheit des Transportgutes durch Bruch (Glas, Eier) Rost, Verderb (Lebensmittel), Austrocknen, Auslaufen, Schwund etc.

639 Für den Regelfall kennt das deutsche Haftungsrecht, wie wohl die allermeisten anderen nationalen Rechtssysteme auch, keine Haftungsbegrenzungen. Wer zum Schadensersatz verpflichtet ist, hat vielmehr dem Gläubiger grundsätzlich dessen gesamten Schaden zu ersetzen (vgl. § 249 Abs. 1 BGB). Dieses Prinzip der „Totalreparation" wird im Transportrecht durch §§ 429, 431-433 HGB wesentlich durchbrochen: Begrenzung auf Wertersatz bei Verlust des Transportguts sowie Haftungshöchstbeträge existieren sowohl für Substanz- als auch für Verspätungs- und allgemeine Vermögensschäden (bei den beiden letzteren maximal die 3-fache Fracht, vgl. §§ 431 Abs. 3, 433 HGB). Die Haftungshöchstbeträge für Substanzschäden sind dabei nicht durch eine absolute ziffernmäßige Obergrenze, sondern nach § 431 Abs. 1 HGB, den internationalen Vorbildern z. B. des Art. 23 Abs. 7 CMR und des Art. 6 § 1 CIV folgend, in sog. Rechnungseinheiten festgelegt, die sich gemäß § 431 Abs. 4 HGB am Sondererziehungsrecht des Internationalen Währungsfonds (IWF) orientieren (aktueller Tageswert dieser virtuellen, aus einem Währungskorb abgeleiteten Währung abrufbar über die entsprechende website des IWF). Die in § 431 Abs. 1 HGB (und Art. 23 Abs. 3 CMR) genannten 8,33 Rechnungseinheiten (pro Kilogramm Rohgewicht) entsprechen dabei gegenwärtig sehr grob gerechnet etwa € 10.

640 Diese Haftungsbesonderheiten gelten jedoch nicht generell. So kommt nach § 418 Abs. 6 HGB dem Frachtführer keine Haftungsbeschränkung zugute, wenn er bei „gesperrtem" Verfügungsrecht des Absenders (vgl. dazu noch einmal § 418 Abs. 4 HGB) Weisungen des Absenders ausgeführt hat, ohne sich die Absenderausfertigung des Frachtbriefes vorlegen zu lassen. Nach § 435 HGB entfallen die an sich bestehenden

Haftungsbeschränkungen im Übrigen auch dann (es gilt also das Prinzip der Totalreparation), wenn der Transportschaden „vorsätzlich oder leichtfertig und in dem Bewusstsein, dass ein Schaden mit Wahrscheinlichkeit eintreten werde", herbeigeführt wurde. Diese Formulierung hat der deutsche Gesetzgeber übrigens nicht dem CMR entnommen, das sonst vielfach als Formulierungsvorlage gedient hat, sondern Art. 42 CIV. Der Sinn dieser sprachlichen Wendung ist, vom Begriff des Vorsatzes (unter Einschluss von sog. Eventualdolus, der „billigenden Inkaufnahme") einmal abgesehen, vor dem Hintergrund der deutschen Rechtsdogmatik alles andere als klar.

Am ehesten wird man in diesen nebulösen Worten wohl die grobe Fahrlässigkeit erkennen können. Für diese Deutung spricht auch die funktionale Parallelvorschrift des Art. 29 CMR, demzufolge der Frachtführer sich auf Haftungsausschlüsse oder Haftungsbegrenzungen nicht berufen kann, „wenn er den Schaden vorsätzlich oder durch ein ihm zur Last fallendes Verschulden verursacht hat, das nach dem Recht des angerufenen Gerichtes dem Vorsatz gleichsteht". Eben dies kennzeichnet die grobe Fahrlässigkeit, die rechtshistorisch aus dem nicht beweisbaren Vorsatz entstanden ist und dem Vorsatz deshalb im Verschuldensgrad durchaus gleichkommt.

641

Bei alledem gelten die Haftungsprivilegierungen gemäß § 434 HGB (ebenso z. B. Art. 28 Abs. 1 CMR und Art. 46 CIV) grundsätzlich auch für konkurrierende außervertragliche Ansprüche gegenüber dem Frachtführer. Dies hat für das deutsche Recht ganz erhebliche Bedeutung, weil dort das Prinzip der Anspruchskumulation (auch Anspruchskonkurrenz genannt) herrscht. Im Gegensatz etwa zum französischen Haftungsrecht findet demnach namentlich Deliktsrecht auch innerhalb von gestörten Vertragsbeziehungen parallel zum vertraglichen Haftungsrecht Anwendung, wobei es erhebliche inhaltliche Unterschiede zwischen beiden Haftungssystemen gibt. Bei Transportschäden findet nun durchweg ja auch eine Verletzung fremden Eigentums, sei es des Absenders, sei es eines Dritten, statt, was gemäß § 823 Abs. 1 BGB als „unerlaubte Handlung" die Weichen für einen diesbezüglichen, deliktsrechtlichen Schadensersatzanspruch stellt. Wegen § 434 HGB gelten aber eben auch für derartige Schadensersatzansprüche gegen den Frachtführer das besondere, eigentlich ja vertragsrechtliche Rechtsregime. Dasselbe gilt nach § 436 HGB auch gegenüber den „Leuten" des Frachtführers, also gegenüber seinen Mitarbeitern und auch selbständigen Subunternehmern des Frachtführers, also Unterfrachtführern, als seinen Erfüllungsgehilfen.

642

Dem Empfänger stehen solche deliktsrechtlich begründeten Ansprüche freilich ebenso wenig zu wie frachtvertragliche Forderungen. Denn vor Ablieferung wird er nicht Eigentümer (Übereignung beweglicher Sachen erfolgt ja regelmäßig nach § 929 S. 1 BGB durch Übergabe bei dinglicher Einigung, hier oft durch Abzeichnung eines vom Absender als Verkäufer ausgestellten Lieferscheins angedeutet), so dass § 823 Abs. 1 BGB ihm nicht hilft, da er zum Zeitpunkt des Transportschadens oder Transportverlustes in aller Regel ja noch nicht Eigentümer war. Und im Verhältnis zu einem Verkäufer trägt der Empfänger als Käufer das Transportrisiko, wenn es sich, wie regelmäßig, bei den Lieferschulden zwischen Unternehmen nach Handelsbrauch um Schickschulden handelt. Denn dann scheiden sowohl Gewährleistungsansprüche (Gefahrübergang im Sinne von § 434 BGB bei Expedierung!) als auch Ansprüche aus Leistungsunmöglichkeit aus, während der Empfänger als Käufer wegen § 447 BGB dem Verkäufer zur Zahlung verpflichtet bleibt. Eben deshalb hat der Absender als Verkäufer aber gar keinen Schaden, den er gegenüber dem Frachtführer geltend machen brauchte.

643

Nach herrschender deutscher juristischer Doktrin besteht hierbei zwar ausnahmsweise die Möglichkeit, dass der Absender (Verkäufer) in seine Schadensersatzansprüche gegen den Frachtführer die Schäden des Käufers einstellt (sog. Drittschadensliquidation) und der Käufer als Empfänger dann nach (eventuell sogar antizipierter) Abtretung diese Schadensersatzansprüche gegen den Frachtführer erhebt. Doch bedarf es der Abtretung

644

E Kap. 3 Rechtsstandschaft im Frachtrecht   Recht der Logistik

praktisch nicht mehr, weil nach § 421 Abs. 1 Satz 2 HGB der Empfänger nunmehr die Schadensersatzansprüche des Absenders im eigenen Namen (mit dem Verlangen der Leistung an sich selber) geltend machen kann, ohne also selber deren Gläubiger zu sein (sog. Rechtsstandschaft). Logisch ist aber auch in diesem Falle eine Drittschadens-Liquidation erforderlich, weil der Empfänger (Käufer) sonst auch nur den inhaltslosen Schadensersatzanspruch des Absenders gegen den Frachtführer im eigenen Namen geltend machen könnte.

645 Die Rechtsstellung der Beteiligten an Ausgangs- und Zielpunkt des Transportes wird noch weiter durch § 437 HGB gestärkt, wenn der vom Absender beauftragte Frachtführer den Transportauftrag intern an einen anderen Transportunternehmer weitergibt, also ein Unterfrachtführer als Subunternehmer faktisch den Transport ausführt. In diesem gerade beim multimodalen und über weite Distanzen praktisch durchaus nicht seltenen Fall haftet der Unterfrachtführer nicht nur intern, seinem Auftraggeber, dem Frachtführer gegenüber für Transportverzögerungen, Transportschäden und Transportverluste, sondern dem Absender und dem Empfänger unmittelbar. Dies ist besonders bemerkenswert, da der Unterfrachtführer ja nicht einmal mit dem Absender in vertraglicher Beziehung steht.

646 Im praktischen Ergebnis profitiert dadurch vor allem der Empfänger, da er regelmäßig ja mangels Eigentum am Transportgut während des Transportes von vornherein keine deliktsrechtlichen Ansprüche hat und somit auf quasi-vertraglich Ansprüche nach dem Vorbild des § 421 Abs. 1 Satz 2 HGB angewiesen ist, und der Empfänger nun nach demselben Muster wegen § 437 HGB gegen den transportausführenden Unterfrachtführer diese quasi-frachtvertraglichen Ansprüche im Wege der Drittschadensliquidation und der Rechtsstandschaft geltend machen kann. Der Empfänger kann, muss aber nicht von dieser Möglichkeit Gebrauch machen. Denn der Frachtführer haftet auch bei Einschaltung eines Unterfrachtführers (natürlich) dem Absender und dem Empfänger neben dem Unterfrachtführer als Gesamtschuldner (vgl. zum Begriff § 421 BGB) weiter (§ 437 Abs. 3 HGB). Der Schadensersatzgläubiger (Absender oder Empfänger) kann also beliebig wählen, ob und in welchem Umfang er Frachtführer oder Unterfrachtführer in Anspruch nimmt.

647 Die ohnehin schon bestehende Komplexität des Frachtrechtes wird noch durch die differenzierten Sonderregelungen hinsichtlich Verjährung (§ 439 HGB), hinsichtlich der in einer mobilen Gesellschaft immer bedeutsameren Beförderung von Umzugsgut (§§ 451 ff. HGB) und schließlich hinsichtlich des bereits erwähnten multimodalen Transports (§§ 452 ff. HGB) unterstrichen. Die Krone setzen dem Ganzen aber §§ 449, 451h HGB auf, die die Grenzen abweichender Vereinbarungen in kaum durchschaubarer Weise festlegen. Solche abweichenden Vereinbarungen erfolgen in der unternehmerischen Praxis sehr häufig durch standardisierte Vorformulierungen, also durch AGB. Eine besondere Bedeutung haben dabei in Deutschland traditionell die Allgemeinen Deutschen Spediteurbedingungen, die bislang letztmals im Jahre 2003 neu gefasst wurden (ADSp 2003). Ob alle dort genannten Klauseln selbst bei ihrer vertraglichen Einbeziehung durch die Parteien wirksam sind, darf bezweifelt werden, schon weil nach § 449 HGB, wie erwähnt, manche transportrechtliche Gesetzesnorm nur durch Individualabrede außer Kraft gesetzt werden kann. Viele Teile der ADSp 2003 dürften allerdings auch nur bestehenden Handelsbrauch abbilden (haben hierbei also von vornherein nur deklaratorische Bedeutung) oder erläutern nur die gesetzlichen Regelungen näher und sollten insoweit keine Wirksamkeitsprobleme aufwerfen.

Kapitel 3 Speditionsrecht

§ 1 Vertragstypik der Spedition

I. Die „Besorgung" des Transports

Zur Auswahl der geeigneten, d. h. sicheren, schnellen und preisgünstigen Transportwege, Transportmittel und Transportunternehmer bedarf es großen Erfahrungswissens, aktueller Informationen über den Stand der Transporttechnik, der Transportmärkte, rechtlicher Rahmenbedingungen und wirtschaftsgeographischer Details. Damit ist der Absender (Verkäufer) vielfach überfordert und überträgt deshalb besser die Organisation des Transportes im Sinne der vorgenannten Aufgaben Unternehmern, die genau darauf spezialisiert sind, eben Spediteuren. Da es bei der Beauftragung eines Spediteurs noch nicht um die Überbrückung der logistischen Distanz selber geht und eine Grenzüberschreitung schon gar nicht diesen Auftrag prägt, fehlt es naturgemäß hier an internationalen Abkommen. Im Folgenden wird somit das deutsche Speditionsrecht in seinen Grundzügen zur Sprache kommen, das aber, wie bereits mehrfach betont, mit den Rechten der anderen Mitgliedsstaaten der EG harmonisiert ist. **648**

Der Spediteur ist als solcher verpflichtet, die Versendung von Gütern gegen Entgelt zu „besorgen" (§ 453 HGB), also zu organisieren. Dies meint (vgl. § 454 HGB) zunächst die gesamte Transportkonzeption und den Abschluss von Lagerverträgen oder auch weiteren Speditionsverträgen mit Spezialspediteuren als Unterspediteuren vor allem aber den Abschluss des Frachtvertrages, der regelmäßig zwischen dem Transporteur als dem „Frachtführer" und dem Spediteur als den Vertragsparteien zu Stande kommt. Der Spediteur übernimmt somit dem Frachtführer gegenüber für seinen Auftraggeber, den Versender, die Rolle des Absenders. Möglich ist aber auch, dass der Spediteur nicht im eigenen Namen handelt, sondern dass er den Frachtvertrag im Namen und mit Vollmacht seines Auftraggebers, des Verkäufers, schließt, sodass Parteien des Frachtvertrags dann, wie auch ohne Einschaltung eines Spediteurs, der Verkäufer als Absender und der Frachtführer werden. In keinem Fall aber führt der Spediteur aus dem genannten begrifflichen Grund entgegen dem Alltagssprachgebrauch also den Transport selbst durch. **649**

Die übliche Verwechslung beruht auf folgendem Sachverhalt: Der Spediteur hat nach § 458 HGB grundsätzlich ein Recht zum Selbsteintritt. Übt er dieses Recht aus und befördert er dieses Gut selber (dies ist dem Versender gemäß den §§ 675, 666 BGB mitzuteilen), so erlangt der Spediteur insoweit die Stellung eines Frachtführers, ist also in dieser Funktion gerade nicht (mehr) Spediteur. Dasselbe gilt bei der Spedition zu festen Kosten nach § 459 HGB (sog, Fixkostenspedition) sowie bei der Sammelladungsspedition nach § 460 Abs. 1 HGB. Bei den Kurier-, Express- und Paketdiensten (KEP-Diensten) ist dies die Regel, soweit nicht, wie bei den kleineren Unternehmen dieses Geschäftsfeldes, ohnehin reine Frachtverträge geschlossen werden. **650**

Der Speditionsvertrag ist begrifflich als Werkvertrag in Form des Geschäfts- besorgungsvertrages einzuordnen (§§ 675, 631 ff. BGB), jedenfalls wenn es sich um die Besorgung einer bestimmten Güterversendung handelt. Sollen über einen gewissen Zeitraum hinweg alle oder eine bestimmte Art von Versendung eines Kunden besorgt werden, so ist Dienstvertragsrecht ergänzend zu den §§ 453 ff. HGB und § 675 BGB (mit den dort genannten Verweisungen) heranzuziehen. Namentlich bei Verträgen zwischen Unternehmern („B2B"-Geschäft), gelegentlich aber auch sonst, bei Speditionsverträgen mit Verbrauchern (im „B2C"-Geschäft), werden im Übrigen oft die Allgemeinen Deutschen Spediteurbedingungen (ADSp 2003) als vertraglicher Rahmen **651** vereinbart. Zu ihrem erheblichen, in der Praxis manchmal verkannten rechtlichen Funktionsverlust wurde schon am Ende von Kapitel 2 kurz Stellung genommen.

652 Schließt der Spediteur wie im Regelfall Transportverträge, etc. zwar im eigenen Namen, aber für Rechnung des Versenders ab, so ähnelt die Interessenlage zwischen Spediteur und Versender derjenigen zwischen Kommissionär und Kommittent. In diesem Fall sind also neben den §§ 453 ff. HGB und den §§ 675, 631 ff. bzw. 611 ff. BGB ergänzend auch noch die §§ 383 ff. HGB entsprechend anzuwenden. Dass das Gesetz auf demselben Standpunkt steht, macht § 457 HGB deutlich, der sich weitgehend mit dem § 392 HGB deckt und insofern nur klarstellende Bedeutung hat.

653 Die Pflicht des Spediteurs, den Transport zu besorgen, umfasst außerdem die Erteilung der notwendigen Informationen und Weisungen für einen sachgerechten Transport sowie für eine gegebenenfalls vorzunehmende (Zwischen-)Lagerung, für Be- und Entladungsvorgänge etc. gegenüber den übrigen logistischen Beteiligten (§ 454 Abs. 1 Nr. 2 HGB). Zu der vom Spediteur geschuldeten Transportbesorgung rechnen darüber hinaus die Maßnahmen, die erforderlich sind, um eventuelle Schadensersatzansprüche gegen die Transportbeteiligten zu sichern (§ 454 Abs. 1 Nr. 3 HGB).

654 Schließlich schuldet der Spediteur, allerdings nur bei entsprechender Vereinbarung (§ 454 Abs. 2 HGB) den Abschluss von Transportversicherungen (im eigenen Namen oder im Namen und mit Vollmacht des Versenders), die Verpackung und die Kennzeichnung des Transportguts sowie dessen Zollbehandlung. Für Art und Umfang der in diesem Bereich angesiedelten Pflichten und für ihre Operationalisierung in der logistischen Praxis spielen die bereits mehrfach genannten ADSp 2003 eine immer noch wichtige Rolle.

II. Vergütung, Aufwendungsersatz und Sonstiges

655 Der Versender schuldet dem Spediteur selbstverständlich die vereinbarte Vergütung (§ 453 Abs. 2 HGB). Sie wird eher missverständlich oft „Provision" genannt, obwohl damit kaum jemals die für die Provision begrifflich kennzeichnende, von einer bestimmten Bemessungsgrundlage abhängige, variable Entgeltberechnung gemeint ist. Variabel ist der vom Versender dem Spediteur insgesamt geschuldete Geldbetrag allerdings insofern, als der Spediteur Ersatz seiner im Vorhinein ja nicht sicher bestimmbaren Aufwendungen verlangen kann, wenn er, wie im Regelfall, im eigenen Namen, aber für Rechnung des Verwenders Verträge schließt oder etwa Verpackungstätigkeiten ausführt. Die Rechtsgrundlage dafür bilden die §§ 675, 670 BGB (Spedition als „Geschäftsbesorgung", dasselbe Ergebnis liefern die bereits angesprochene Analogie zum Kommissionsrecht, hier zu § 396 Abs. 2 HGB).

656 Eine nur scheinbare Ausnahme dazu stellt die sog. Fixkostenspedition dar (vgl. § 459 HGB). Denn hier wird der Spediteur ja gerade als Frachtführer tätig, muss also seine Kosten, seine Aufwendungen, in dem von ihm in Form eines bestimmten Geldbetrags geforderten Entgelt in vollem Umfang kalkulieren. Es handelt sich hier in Wahrheit gar nicht um eine Speditionsvergütung, sondern um „Fracht". Aufwendungsersatz kann bei der Fixkostenspedition deshalb nur die Ausnahme sein (vgl. § 459 Satz 2 HGB). Es empfiehlt sich, einen Anspruch auf Aufwendungsersatz bei der Fixkostenspedition vertraglich von vornherein auszuschließen, um Streitigkeiten zu vermeiden, was nun bereits durch die „Provision" abgedeckt und was eventuell Gegenstand eines zusätzlichen Aufwendungsersatzes ist. Dies ist auch in vorformulierter Weise, also durch AGB, möglich, weil § 466 Abs. 2 Satz 1 HGB das Erfordernis individualvertraglich bestimmter Abweichungen vom Gesetz nur auf die in §§ 461 Abs. 1, 462 und 463 HGB bezieht. Neben den genannten Zahlungspflichten treffen den Versender gegenüber dem Spediteur diverse Informationspflichten, die inhaltlich denen des Absenders gegenüber dem

Frachtführer (vgl. § 455 HGB mit Blick auf §§ 410, 411, 413 HGB) weitgehend gleichen. Die Weitergabe dieser Informationen bzw. die Erteilung von Auskünften in Bezug auf den zu besorgenden Transport sind schon deshalb geboten, weil der Spediteur seinerseits ja den Frachtführer, den er unter Vertrag nimmt, sachgerecht zu instruieren hat. Bei Gefahrgut sind derartige Informationen in besonderem Maße von Bedeutung und haben deshalb nach § 455 Abs. 1 Satz 1 HGB auch hier in Textform zu erfolgen. Die Informationspflichten werden wie im Transportrecht (im engeren Sinne) begleitet von der Pflicht zur Überlassung der zur Transportbesorgung erforderlichen Urkunden. Die genannten Pflichten werden durch die ADSp 2003 (vgl. dort z. B. Nr. 3.3 – 3.5 sowie 17.4) näher spezifiziert, bedeuten also wohl keine echte Erweiterung.

Die im Grundsatz den Versender im Verhältnis zum Spediteur ebenso wie den Absender im Verhältnis zum Frachtführer treffende Verpackungs- und Kennzeichnungspflicht (vgl. § 455 HGB) wird, wie bereits erwähnt, in der logistischen Praxis heute häufig auf den Spediteur übertragen, der sich neben der eigentlichen Transportbesorgung zunehmend umfassenden logistischen Dienstleistungen widmet. Das vertragsrechtliche Tor dazu bildet § 454 Abs. 2 HGB, der die Übernahme solcher Leistungen wie Transportversicherung, Verpackung und Kennzeichnung des Transportgutes ausdrücklich, aber nur beispielhaft nennt

657

§ 2 Das speditionsrechtliche Haftungssystem

I. Haftung des Spediteurs

Da dem Spediteur lediglich die gute Besorgung der Versendung, insbesondere die sorgfältige Wahl des richtigen Frachtführers obliegt, hat er für die von sachgerecht ausgewählten Frachtführern verschuldeten Transportschäden nicht nach § 278 BGB einzustehen. Denn diese Transportunternehmer sind nur dem ersten sprachlichen Anschein nach seine Erfüllungsgehilfen. Innerhalb seines Pflichtenkreises haftet der Spediteur nach § 461 HGB freilich ebenso streng wie Frachtführer, nämlich unter einer Verschuldensvermutung (§ 461 in Verbindung mit § 426 HGB als Parallele zu § 425 HGB). Diese Verschuldensvermutung erstreckt sich gemäß § 462 HGB auch auf „seine Leute" und selbständige Erfüllungsgehilfen des Spediteurs (Subspediteure), für die er ähnlich wie ein Frachtführer haftet (vgl. § 462 HGB einerseits, § 428 HGB andererseits). Die insoweit parallele Haftung auch hinsichtlich der konkreten Haftungsfolgen zeigt sich schon in der Verweisungstechnik des Gesetzes von § 461 Abs. 1 HGB, rechtfertigt darüber hinaus aber auch eine analoge Anwendung frachtrechtlicher Haftungsvorschriften auf den Spediteur jenseits des Verweisungskatalogs. So gilt die Verlustvermutung des § 424 HGB in entsprechender Anwendung auch für die Haftung des Spediteurs.

658

Bei genauer Betrachtung zeigt sich allerdings eine etwas modifizierte Haftung des Spediteurs für Schäden am Transportgut im Vergleich zu derjenigen des Frachtführers, da das Gesetz darauf abstellt, ob das Transportgut in der „Obhut" des Spediteurs steht. Da das Gesetz dazu schweigt, unter welchen Voraussetzungen und in welchem Zeitraum das Transportgut sich in der „Obhut" des Spediteurs befindet, sind die Einzelheiten umstritten. Man wird aber als Faustregel davon ausgehen können, dass das Transportgut in der Obhut des Spediteurs steht, wenn er es beim Versender zum Zwecke der Transportbesorgung abholt, etwa um es auftragsgemäß zu verpacken, zu etikettieren etc. unter Einschluss von Lagerungsvorgängen und von Lade- und Umschlagstätigkeit, nicht aber während der Beförderung als solcher.

659

E Kap. 4 § 1   Recht der Logistik

660 Für Schäden, die sich nicht als Substanzschäden am Transportgut während der Obhutsphase darstellen (insbesondere also „reine" Vermögensschäden), aber gleichwohl aus Pflichtverletzungen des Spediteurs herrühren, haftet der Spediteur aus vermutetem Verschulden im Sinne der Totalreparation grundsätzlich unbegrenzt. Für eine eventuelle Exkulpation ist zu beachten, dass dabei als verschärfter Maßstab die Sorgfalt eines „ordentlichen Kaufmanns" anzulegen ist (vgl. § 347 HGB gegenüber der allgemeinen Definition der Fahrlässigkeit in § 267 Abs. 2 BGB).

661 Die strenge gesetzliche Haftung des Spediteurs lässt sich nur schwer abmildern. Im Prinzip sind zwar auch die §§ 453 ff. HGB dispositives Recht. Allerdings zieht § 466 HGB abweichenden Vereinbarungen recht enge Grenzen. Die Bestimmung dieser Grenzen ist angesichts der verzwickten Formulierungstechnik des § 466 HGB ähnlich schwierig wie im Frachtrecht (vgl. dort § 449 HGB).

II. Keine quasivertragliche Haftung eines Unter-Spediteurs

662 Einen besonderen Hinweis verdient die Tatsache, dass im Speditionsrecht eine dem § 437 HGB entsprechende Norm fehlt. Ein vom Spediteur beauftragter Unterspediteur haftet dem Versender somit allenfalls deliktsrechtlich (§§ 823 ff. BGB), nicht aber quasivertraglich, also speditionsrechtlich.

III. Haftung des Versenders

663 Der Vollständigkeit halber ist an dieser Stelle nochmals darauf hinzuweisen, dass der Versender dem Spediteur haftet, wenn er seine Pflichten namentlich hinsichtlich Information, Kennzeichnung und gegebenenfalls Verpackung des Guts (vor allem eines Gefahrgutes!) verletzt. Es handelt sich hier nach ausdrücklicher gesetzlicher Anordnung des § 455 Abs. 2 HGB um eine Haftung des Versenders unabhängig von seinem Verschulden. Fehlender Vorsatz oder Beachtung auch kaufmännischer Sorgfalt entlasten den Versender insoweit also nicht.

Kapitel 4   Lagerrecht

§ 1 Rechtsbegriff und Rechtstypologie der Lagerung

I. Der Lagervertrag als Verwahrungsvertrag

664 Die Lagerung von Gütern ist im engeren Sinne unproduktiv und dabei teuer, gleichwohl aus vielen Gründen nötig. In der betriebswirtschaftlichen und technischen Logistik wird der Begriff der Lagerung sehr weit gefasst und erstreckt sich z. B. auch auf Förderprozesse. Keine rechtlichen Fragen tauchen in der Lagerlogistik auf, solange das Lagergut dem unternehmerischen Willen kraft Eigentum oder Miete des Lagergrundstücks oder des Lagerraums unterworfen ist. Eine rechtliche Kontur gewinnt erst der das Lagergeschäft selbständig betreibende Unternehmer, der vertraglich für andere, die sog. Einlagerer, als „Lagerhalter" tätig wird.

665 Da es sich bei der Lagertätigkeit um stationäre, nicht jedoch um „transitorische" Vorgänge handelt, tauchen die für das Transportrecht spezifischen Probleme der Grenz-

Rechtsbegriff und Rechtstypologie der Lagerung   Kap. 4 § 1 E

überschreitung naturgemäß nicht auf, sodass es, soweit ersichtlich, diesbezüglich an internationalen Abkommen fehlt. Auslandsberührungen, wie sie überall auftauchen, gibt es natürlich auch im Lagergeschäft (Einlagerer ist Ausländer). Die dabei anstehenden kollisionsrechtlichen Fragen sind dann nach Internationalem Privatrecht (IPR) zu beantworten. Innerhalb der Mitgliedsstaaten der EG ist die Bedeutung selbst des europäischen IPR (VO EG Nr. 593/2008: „Rom I") wegen der Harmonisierung des Logistikrechtes allerdings gering.

Wie § 467 HGB verdeutlicht, hat der Lagerhalter nicht nur die Pflicht, das Gut zu lagern, sondern auch, das Gut aufzubewahren, also für den Schutz des Lagergutes gegen Entwendung, Beschädigung, klimatische Einflüsse etc. Sorge zu tragen. Rechtssystematisch gesehen ist der Lagervertrag also keine Miete (§§ 535 ff. BGB), sondern Verwahrung (§§ 688 ff. BGB). Wegen der grundsätzlichen Geltung der einschlägigen bürgerlichrechtlichen Vorschriften können sich die §§ 467 ff. HGB demnach auf die Regelung von Einzelfragen beschränken. Wie die §§ 688 ff. BGB sind auch die §§ 467 ff. HGB durchweg dispositives Recht (Ausnahme: § 475h HGB). Bei abweichenden Vereinbarungen sind allerdings wie auch sonst die generellen Restriktionen des AGB-Rechts im Recht der Mitgliedsstaaten der EG zu beachten, wenn Vorformulierungen verwendet werden (vgl. für Deutschland §§ 305 ff. BGB).

666

II. Lagergut und Lagerarten

Was als Lagergut überhaupt in Betracht kommt, sagt das deutsche HGB ebenso wenig, wie es sich zum Begriff des Transportgutes äußert. Um diese Begriffe gab es früher durchaus Meinungsverschiedenheiten. Diese sind aber durch die Fortschritte in der Logistiktechnik gegenstandslos geworden, weil heutzutage alles sowohl transportiert als auch gelagert werden kann (vgl. oben § 1). Auch Gase, Gefrorenes, lebende Tiere sind deshalb selbstverständlich Gegenstand von Lagerverträgen. Alle Waren sind deshalb prinzipiell lagerfähig, also potenzielle Lagergüter. Üblicherweise werden jedoch Geld und Wertpapiere nicht unter den Begriff des Lagergutes gefasst, sodass ihre Aufbewahrung nicht auf der Grundlage des handelsrechtlichen Lagerrechtes, sondern des bürgerlichrechtlichen Verwahrungsrechtes erfolgt. Doch kann auch dann die eine oder andere Vorschrift des allgemeinen Handelsrechtes (z. B. § 347 HGB: Sorgfalt eines ordentlichen Kaufmanns als Haftungsmaßstab) anzuwenden sein, aber eben nicht das Lagerrecht der §§ 467 ff. HGB.

667

Die rechtliche Klassifikation der Lagerarten unterscheidet Einzellagerung, Sammellagerung und Summenlagerung. Bei der Einzellagerung werden die eingelagerten Güter jeweils von anderen getrennt gehalten. Der Lagerhalter erwirbt durch die Einlagerung kein Eigentum am Lagergut, sondern lediglich unmittelbaren Besitz (§ 854 BGB). Der Einlagerer wird mittelbarer Besitzer (§ 868 BGB), behält daneben aber auch seine eventuelle Stellung als Eigentümer. Das ist sehr wichtig in krisenhaften Situationen, etwa wenn Gläubiger des Lagerhalters wegen ihrer vollstreckbaren Forderungen das Lagergut pfänden lassen. Das ist zwar zunächst möglich, da der Gerichtsvollzieher bei der Zwangsvollstreckung nur darauf zu achten hat, ob der Vollstreckungsschuldner an den Vollstreckungsobjekten „Gewahrsam" hat, also unmittelbarer Besitzer ist. Doch kann der Einlagerer die Zwangsvollstreckung kraft seines Eigentums im Klagewege für unzulässig erklären lassen (sog. Drittwiderspruchsklage nach § 771 ZPO).

668

Sammellagerung ist bei nur bei vertretbaren Sachen im Sinne des § 91 BGB möglich, also bei Sachen, bei denen für den Rechtsverkehr nicht deren Individualität im Vordergrund steht. Das ist vielfach der Fall, so etwa bei Massengütern wie Getreide, Mineralöl oder Kohle. Hier wird – da kostengünstiger – vielfach Sammellagerung vereinbart. Bei

669

209

der dafür kennzeichnenden Vermischung werden die Einlagerer solcher Güter Miteigentümer bis zur jeweils anteiligen Auslieferung (§§ 948, 947, 1008 ff., 741 ff. BGB, 469 HGB). Dafür ist die Zustimmung der sonstigen Einlagerer als Miteigentümer des Gesamtlagergutes gemäß § 469 Abs. 3 HGB nicht erforderlich. Die lagerrechtliche Grundlage dafür liefert § 469 HGB, der die Sammellagerung nur bei ihrer ausdrücklichen Vereinbarung für zulässig erklärt. Selbst bei vertretbaren Sachen ist also grundsätzlich eine Einzellagerung vorzunehmen.

670 In rechtlicher Hinsicht noch über die Sammellagerung hinaus geht die sog. Summenlagerung. Bei ihr wird der Lagerhalter an den eingelagerten vertretbaren Sachen verabredungsgemäß sogar Eigentümer. Auf diese Lagerart finden die Vorschriften für das Lagergeschäft keine Anwendung, wie das Gesetz in einer früheren Fassung klarstellte (§ 419 Abs. 3 HGB). Denn hier handelt es sich vertragstypologisch gar nicht mehr um eine Aufbewahrung, sondern um eine Variante des Darlehens, des Sachdarlehens (vgl. §§ 700, 607 BGB).

§ 2 Die rechtliche Ausgestaltung des Lagerverhältnisses

I. Rechte und Pflichten der Vertragsparteien

671 Wie bereits gesagt schuldet der Lagerhalter Lagerung und Aufbewahrung des Lagergutes für die Dauer der vereinbarten Lagerzeit, der Einlagerer die Zahlung der vereinbarten Vergütung (gesichert durch ein gesetzliches Pfandrecht am Lagergut, § 475b HGB). Doch kann der Einlagerer gemäß § 473 HGB das Gut auch schon vorher herausverlangen, während der Lagerhalter sich nur unter engen Voraussetzungen von dem Lagergut durch Rücknahme befreien kann. Bei der näheren Ausgestaltung dieses schuldrechtlichen Rechtsverhältnisses spielt dann der sachenrechtliche Hintergrund der Lagerung eine maßgebliche Rolle. Denn grundsätzlich ist die Erhaltung des Lagergutes ja eine Aufgabe des Einlagerers bzw. des Eigentümers als solchen. Der Lagerhalter ist deshalb gemäß § 471 HGB verpflichtet, die Besichtigung des Lagergutes und die Vornahme von Erhaltungshandlungen, wozu auch schon die Entnahme von Proben zählt, an Ort und Stelle zu gestatten. Ferner ist der Lagerhalter verpflichtet, den Einlagerer seinerseits über Gefahren unverzüglich zu informieren, die dem Lagergut drohen. Es handelt sich dabei also um eine zur Nebenleistungspflicht gesteigerte Schutzpflicht (vgl. §§ 241 Abs. 2, 242 BGB). Bei drohendem Schaden für das Lagergutes muss der Lagerhalter den Weisungen des Einlagerers Folge leisten und gegebenenfalls auch aus eigener Initiative Schutzmaßnahmen ergreifen.

672 Im Übrigen ist der Lagerhalter nach § 470 HGB schon bei der Einlagerung verpflichtet, das Lagergut auf Beschädigungen und andere Mängel hin zu untersuchen, den Einlagerer entsprechend zu informieren und Beweise zu sichern, deren der Einlagerer zur Durchsetzung von Schadensersatzansprüchen bedarf. Dabei anfallende Kosten kann er vom Einlagerer neben seinem Vergütungsanspruch nach § 474 HGB ersetzt verlangen. Um dem Lagerhalter die Sorge um das Lagergut zu ermöglichen und von dem Lagergut möglicherweise ausgehenden Einwirkungen und vielleicht sogar Gefahren auf Personen und Sachen rechtzeitig und wirkungsvoll beggenen zu können, hat der Einlagerer nach § 468 HGB sachgerechte Informationen und Auskünfte zu erteilen, die nach Art und Umfang denen des Absenders im Frachtrecht und des Versenders im Speditionsrecht entsprechen.

Die rechtliche Ausgestaltung des Lagerverhältnisses   Kap. 4 § 2 E

II. Haftungsfragen

Wird das eingelagerte Gut beschädigt oder geht es gar verloren, so ist der Lagerhalter gemäß § 475 HGB zum Schadensersatz verpflichtet, wenn ihm nicht der schwer zu führende Nachweis gelingt, dass er – und seine Erfüllungsgehilfen (§ 278 BGB) – die Sorgfalt eines ordentlichen Kaufmanns (vgl. auch § 347 HGB) beachtet haben. Insofern stellt § 475 Satz 2 HGB eine überflüssige Wiederholung dar, da auch ein vom Lagerhalter seinerseits beauftragter Sub-Lagerhalter nichts weiter als ein Erfüllungsgehilfe ist. Die Einschaltung eines Sub-Lagerhalters ist im Übrigen gemäß § 472 Abs. 2 HGB überhaupt nur bei ausdrücklicher Erlaubnis durch den Einlagerer gestattet.   **673**

Auf den ersten Blick reiht sich die Haftung des Lagerhalters in die vom Gesetz vorgesehene Haftung des Frachtführers und des Spediteurs ein (§§ 425, 426 und 461 HGB). Bei genauerer Betrachtung zeigen sich indes wesentliche Unterschiede. So ist der Haftungsmaßstab für die Verantwortlichkeit auf die Sorgfalt eines ordentlichen Kaufmanns bezogen, wie § 347 HGB dies ohnehin vorsieht, während die Exkulpation von Frachtführer und Spediteur nur bei Beachtung „größter Sorgfalt" gelingen kann. Außerdem kennt das Haftungsrecht des Lagerhalters keine speziellen Regelungen für von ihm verursachte Schäden, die weder in Beschädigung noch im Verlust des Lagergutes bestehen. Daraus darf freilich nicht der Schluss gezogen werden, für solche Schäden komme eine Haftung des Lagerhalters überhaupt nicht in Betracht. Nur richtet sich seine Verantwortlichkeit nach den allgemeinen Vorschriften, namentlich nach dem allgemeinen Leistungsstörungsrecht der §§ 280 ff. BGB und nach dem Deliktsrecht (§ 823 ff. BGB). Im Übrigen fehlt ein dem § 427 HGB entsprechender Katalog besonderer Haftungsausschlussgründe.   **674**

Unterschiede existieren nicht nur bei der Haftungsbegründung, sondern auch bei der Ausgestaltung der Haftung des Lagerhalters. So bleibt es mangels besonderer gesetzlicher Regelungen hier bei den für die Abwicklung von Schadensersatzpflicht grundsätzlich geltenden Regeln der §§ 249 ff. BGB. Insbesondere gilt wieder das Prinzip der Totalreparation (Ersatz aller beim Einlagerer entstandener Schäden). Dies wird in der Lagerpraxis verständlicherweise als misslich empfunden. Haftungsbegrenzungen der Höhe nach lassen sich jedoch relativ leicht vereinbaren. Denn die gesetzlichen Haftungsregelungen sind in vollem Umfang dispositives Recht und können nicht nur durch individuelle Abreden, sondern auch durch AGB abbedungen werden.   **675**

Auf der anderen Seite kann sich auch eine Haftung des Einlagerers ergeben, wenn durch das Lagergut der Lagerhalter Schäden erleidet. § 468 Abs. 3 HGB spezifiziert die einschlägigen Haftungstatbestände näher hinsichtlich ungenügender Verpackung oder Kennzeichnung des Lagergutes, hinsichtlich unterlassener Mitteilung über die Gefährlichkeit des Lagergutes und hinsichtlich des Fehlens oder der Unrichtigkeit erforderlicher Urkunden oder Auskünfte. Für den logistischen Regelfall der Einlagerung durch einen Unternehmer ordnet das Gesetz dabei eine sehr strenge, nämlich verschuldensunabhängige Haftung an (anders für einen Verbraucher als Einlagerer, § 468 Abs. 3 HGB). Da es sich auch insoweit um dispositives Recht handelt, steht es den Parteien frei, eine weniger strenge Haftung zu vereinbaren. Auf einen völligen Ausschluss der Haftung des Einlagerers dürfte sich indes kein Lagerhalter einlassen.   **676**

III. Der Lagerschein

Über den Einlagerungsvorgang erhält der Einlagerer vom Lagerhalter jedenfalls ein schriftliches Empfangsbekenntnis zu Beweiszwecken ausgestellt. In der Praxis erhält der Einliefer aber zumeist ein Papier mit weit größerer rechtlicher Bedeutung, näm-   **677**

211

lich einen Lagerschein. Dabei sind drei Verkehrsformen zu unterscheiden, der Rekta-(Namens-)Lagerschein, der Inhaberlagerschein sowie der Orderlagerschein. Alle diese drei Arten von Lagerscheinen sind in ihrem rechtlichen Wesen nur bei genaueren Kenntnissen des Wertpapierrechts verständlich, doch sind hier gleichwohl einige Hinweise möglich und nötig.

678 Seine rechtliche Regelung findet der Lagerschein in den §§ 475c ff. HGB, ergänzt durch die §§ 363 ff. HGB. Inhaltlich drückt sich im Lagerschein ein Empfangsbekenntnis des Lagerhalters einerseits sowie sein Verwahrungs- und Auslieferungsversprechen andererseits aus, und zwar dergestalt, wie sie sich aus dem Lagervertrag, also gegenüber dem Einlagerer als Vertragspartner, ergeben (vgl. § 475d Abs. 3 HGB). Neben dem vertraglichen Auslieferungsanspruch des Einlagerers besteht also kein gleichartiger zweiter Anspruch aus dem Lagerschein als solchem.

679 Die rechtlichen Funktionen des Lagerscheins sind wiederum vielfältig. So ist der Lagerschein zunächst Beweisurkunde über Abschluss und Inhalt des Lagervertrags sowie über Einlagerung und Auslieferung (vgl. zum sog. Abschreibungsvermerk § 475e HGB). Er ist ferner Legitimationspapier zugunsten des Lagerhalters, dem es freisteht, mit befreiender Wirkung insbesondere an einen durch Indossament ausgewiesenen Inhaber des (Order-)Lagerscheins auszuliefern (vgl. § 475f HGB). Der Orderlagerschein wirkt ferner als Legitimationspapier auch zugunsten seines Inhabers, der sich im Falle einer Klageerhebung nur auf den durch die Urkunde vermittelten Rechtsschein einer Berechtigung zu stützen braucht (§ 365 HGB in Verbindung mit Art. 16 Abs. 1 Wechselgesetz, WG).

680 Jedweder Lagerschein ist Voraussetzung für die Geltendmachung der lagervertraglichen Rechte (§ 475e HGB), worin sich der Charakter des Lagerscheins als echtes Wertpapier manifestiert. Der Orderlagerschein zeichnet sich darüber hinaus durch seine sog. Transportwirkung aus, er ist ein Traditionspapier: Durch Einigung über den Eigentumswechsel am Lagergut (§ 929 BGB) und Übergabe des Orderlagerscheins wechselt das Eigentum ohne Transport- und Zeitkosten. Der Orderlagerschein mobilisiert also das Lagergut, weil es einer realen Übergabe zum Eigentumswechsel nicht bedarf (§ 475g HGB). Dabei ist besonders wichtig, dass der Orderlagerschein gutgläubig vom Nichtberechtigten (dies ist der Nichteigentümer des Scheins) erworben werden kann, und zwar selbst bei dessen Abhandenkommen (§ 365 Abs. 1 HGB mit Art. 16 Abs. 2 WG). Gleichwohl ist ein gutgläubiger Erwerb des Lagergutes bei dessen Abhandenkommen wegen § 935 Abs.1 BGB ausgeschlossen. Trotz dieser Einschränkungen geht die Übereignung des Lagergutes im Wege der Eigentumsübertragung am Orderlagerschein weit über das hinaus, was nach § 931 BGB zu erreichen wäre.

681 Kennzeichnend für die zahlreichen rechtlichen Facetten des Lagerscheins ist schließlich die ihm eigene sog. Skripturhaftung nach § 475d Abs. 2 HGB: Der Lagerhalter haftet dem legitimierten Inhaber eines Lagerscheines (§ 475d Abs. 1 HGB) grundsätzlich für die Richtigkeit der im Lagerschein gemachten Angaben über das Lagergut.

Kapitel 5   Logistik und Versicherung

682 Das große Risikopotential der logistischen Prozesse, vor allem im internationalen Transportgeschäft, bedarf keiner näheren Darlegungen. Diese Risiken individuell durch vorsorgliche Rückstellungen abzudecken, käme wirtschaftlich in den allermeisten Fällen viel zu teuer. Daraus folgt die weite Verbreitung des Versicherungswesens in der Logistik, ökonomisch gesehen also die Transformation individueller Risiken in das

Die rechtliche Ausgestaltung des Lagerverhältnisses   Kap. 6   E

kollektive, statistisch beherrschbare Risiko einer Gefahrengemeinschaft homogener Risiken.

Die substanzielle Darstellung dieser Thematik nun würde den Rahmen dieser Darstellung schon deshalb sprengen, weil die Risikostruktur in der Logistik und die daraus resultierende Mischung von Sach-Versicherungen und Haftpflicht- Versicherungen (Absicherung gegenüber Schadensersatzansprüchen) sehr komplex ist. Hinzukommen die spezifischen Schwierigkeiten der Versicherungstechnik und des Versicherungsrechtes. Mehr als einige Hinweise auf das Problemspektrum sind deshalb hier nicht möglich, zumal vieles im Umbruch ist. Doch rechtfertigt das Gewicht dieses Stoffes gliederungstechnisch ein eigenes, wenngleich sehr kurzes Kapitel gleichsam als Statthalter für weitere, dann sehr umfangreiche Ausführungen. **683**

Das HGB spricht die Versicherungsthematik nur vereinzelt an. So verweist § 454 Abs. 2 HGB auf die Möglichkeit einer Vereinbarung, die den Spediteur zum Abschluss einer Sachversicherung bezüglich des Guts auf Rechnung des Versenders (Aufwendungsersatz!) verpflichtet. § 472 HGB verpflichtet auch ohne gesonderte Vereinbarung den Lagerhalter zum Abschluss einer (Sach-)Versicherung des Lagergutes. Die ADSp 2003 beschäftigen sich intensiver mit Versicherungen und der Pflicht des Spediteurs zu ihrem Abschluss. Doch findet sich hier wegen der nunmehr durch AGB nicht abänderbaren gesetzlichen Haftungsregelungen (vgl. §§ 449 Abs. 2 und 466 Abs. 2 HGB) nicht mehr wie früher ein Automatismus zwischen Haftungsausschluss zugunsten des Spediteurs und einer von ihm abgeschlossenen kombinierten Haftpflicht- und Sachversicherung. Nach § 7a des deutschen Güterkraftverkehrsgesetzes (GüKG) besteht in seinem Geltungsbereich für den Frachtführer der Zwang, eine umfassende Haftpflichtversicherung abzuschließen Dies stärkt die Position des Versenders bezüglich eventueller Schadensersatzansprüche. Auch die Incoterms nehmen die (Transport-)Versicherung in den Blick, so z. B. bei der CIF-Klausel. **684**

Bei dem zu versichernden Risiko ist auf Seiten des Versenders insbesondere bei der Transportversicherung für Beschädigung und Verlust des Transportgutes aber die Risikoverteilung beim regelmäßigen Versendungskauf zu beachten (dazu schon oben 2. Kap., § 1, I.), um nur den notwendigen Versicherungsbedarf zu decken. Denn die Ware reist hier kaufrechtlich gesehen ja auf Risiko des Käufers (frachtrechtlich: des Empfängers). Der Verkäufer bzw. sein Spediteur haben hier also gar keine Veranlassung zu einer Transportversicherung auf Rechnung des Verkäufers (Absender, Versender), sondern allenfalls, bei entsprechender Beauftragung durch den Käufer (Empfänger), für dessen Rechnung. **685**

Aufschlussreich für die Zusammenhänge der im engeren Sinne logistischen Rechtsverhältnisse mit dem Versicherungswesen mag schließlich noch ein Blick speziell auf haftungsrechtliche Gegebenheiten und die darauf bezogenen Haftpflichtversicherungen sein. Hier erweist sich das das deutsche Haftungsrecht im Grundsatz beherrschende Prinzip der Totalreparation als großes Hindernis für die Prämienkalkulation, ja macht sie gelegentlich ganz unmöglich. Deshalb sind auch versicherungstechnisch Haftungsobergrenzen sehr wichtig. Dem trägt das Fracht- und das Speditionsrecht weitgehend Rechnung, während das Lagerrecht in seiner gesetzlichen Gestalt am Prinzip der Totalreparation festhält. Doch der dispositive Charakter des Lagerrechtes eröffnet den Zugang zu vereinbarten Haftungshöchst- grenzen. Oft erst auf ihrer Basis wird es dem Lagerhalter möglich sein, zu vertretbaren Prämien Versicherungsschutz bezüglich seines Haftungsrisikos zu erlangen. **686**

213

Kapitel 6   Auf dem Weg zum Logistik-Dienstleister

687 Bereits einleitend wurde darauf hingewiesen, dass die klassische Trias von Transporteur, Spediteur und Lagerhalter heutzutage nur noch die Eckpunkte der logistischen Wirklichkeit beschreibt. Sie ist nicht nur davon geprägt, dass in der Unternehmenspraxis die Übergänge zwischen der Transport, Speditions- und Lagerfunktion fließend sind und schon deshalb die Frage des einschlägigen Rechtsregimes oft schwierig ist. Im Laufe der Zeit haben sich vielmehr eigenständige Tätigkeitsfelder selbst im logistischen Kerngeschäft herausgeschält, an die der Gesetzgeber gar nicht gedacht hat, wie etwa der Güterumschlag, also das Ab- und Verladen, das Stauen von Stückgütern sowie das Trimmen von Schüttgütern. Schließlich geht der Trend, wie gesagt, zum Unternehmer als Anbieter von kompletten kundenbezogenen Logistik-Dienstleistungen (wenig treffend „Kontrakt- Logistik" genannt). Dies bedeutet Konzeption und reale Gestaltung ganzer Wertschöpfungsketten einschließlich der dazugehörigen informationstechnischen Prozesse.

688 Welche vertragsrechtliche Formen hier jeweils einschlägig sind, kann nur von Fall zu Fall entschieden werden. So ist der auf Güterumschlag gerichtete Vertrag im Kern sicher ein Werkvertrag im Sinne der §§ 631 ff. BGB. Wegen der darin eingeschlossenen Überwindung wenngleich auch nur kurzer Distanzen und Zeiträume (das nächste Beförderungsmittel steht noch nicht bereit) ist aber die Einbeziehung fracht- und lagerrechtlicher Elemente zu erwägen.

689 Transportunterbrechungen dieser Art geben zugleich Gelegenheit, das Transportgut zu bearbeiten (z. B. Sortierung, Markierung, Konfektionierung, Montage, Wiegen, Beseitigung von Transportschäden, Containerpflege), was dann häufig zum Gegenstand weiterer werkvertraglicher Verpflichtungen gemacht wird. Werden solche Tätigkeiten nicht güter-, sondern zeitraumbezogen geschuldet, kann es sich begrifflich hingegen um einen Dienstvertrag nach §§ 611 ff. BGB handeln. Ebenso denkbar sind Mischverträge, die verschiedene geschuldete Logistik-Dienstleistungen einem unterschiedlichen gesetzlichen Rechtsregime unterwerfen.

690 Eine ähnliche, noch größere Gemengelage kennzeichnet die Kontrakt-Logistik. Wegen der großen Schwierigkeiten bei der Feststellung des maßgeblichen Rechtsregimes im gesetzlichen Referenzsystem der Vertragtypen empfiehlt es sich hier in besonderem Maße, Rechte und Pflichten der Vertragsparteien durch diese selber zu spezifizieren und schriftlich zu formulieren. Eine gewisse Hilfe können hier AGB leisten, die von den großen Verbänden der Logistikbranche erarbeitet und als vertragliche Plattform empfohlen werden.

691 Wegen der enormen Dynamik der Logistik kann es nicht verwundern, dass einschlägige, speziell auf logistische Tätigkeiten gemünzte gesetzliche Vertragstypen abgesehen von Transport-, Speditions- und Lagerrecht völlig fehlen, und zwar nicht nur in Deutschland. Denn der Gesetzgeber läuft der rasanten Entwicklung auf diesem Gebiet hoffnungslos hinterher. Allerdings werden sich mit der Zeit im Zuge der Konsolidierung der Verhältnisse zumindest in der logistischen Praxis bestimmte, klarer als jetzt strukturierte Vertragstypen herausbilden. Eine ähnliche Entwicklung ließ sich z. B. beim Leasing beobachten. Ob der Gesetzgeber dann entsprechende realtypische Vertragsmuster seinerseits normiert, ist aber eine ganz andere Frage.

Literatur:

W. B. Schünemann, Wirtschaftsprivatrecht, 6. Aufl. 2011
M. Aden, Internationales Privates Wirtschaftsrecht, 2. Aufl. 2009

F Grundzüge des Seehandelsrechts

Marian Paschke / Daniel Bolm

Kapitel 1   Grundlagen

Das Seehandelsgeschäft wird traditionell als ein den besonderen Gefahren der See ausgesetztes Geschehen eingestuft. Den besonderen, auch mit modernen nautisch-technischen Mitteln letztlich nicht beherrschbaren Gefahren sind immer größer werdende und zunehmend höherwertigere Ladungsmengen ausgesetzt, die nicht nur den Wert des Schiffs regelmäßig um ein Vielfaches übersteigen, sondern auch in einem Missverhältnis zu den erzielbaren Frachtraten stehen. Vor diesem spezifisch seewirtschaftlich-technischen Hintergrund hat sich das Seehandelsrecht als eine vom allgemeinen Frachtrecht vielfältig verschiedene Sondermaterie des Frachtgeschäftsrechts entwickelt, das zugleich auf die Gefahren der See und der Seefahrt für die Durchführung des Seefrachtgeschäfts zugeschnitten ist.

692

§ 1 Einführung in die Charakteristika des Seehandelsrechts

I. Konzeption

Bei der Seeschifffahrt mit Handelsschiffen handelt es sich um ein genuin internationales Geschehen. Auch wenn die sich im nationalen Bereich bewegende Küstenschifffahrt nicht zu vernachlässigen ist, so hat sie doch in Ansehung des Seehandels insgesamt nur eine untergeordnete Bedeutung. Der internationale, die äquatorialen Grenzen der Nationalstaaten übersteigende Charakter des Seehandelsgeschäfts lässt sich mit nationalen Regeln nicht sachgerecht erfassen und ordnen. Das Seerecht gehört zu denjenigen Rechtsmaterien, für die wie kaum eine andere internationales Einheitsrecht gefordert und geschaffen worden ist (vgl. insbesondere die unter Kapitel 1 § 4 nachgewiesenen internationalen Übereinkommen). Normen des internationalen Einheitsrechts prägen die Rechtsgrundlagen und deren Anwendung im Seerecht stärker als in vielen anderen Materien. Das nationale Seehandelsrecht vieler Staaten und auch das der Bundesrepublik ist von der Einarbeitung völkerrechtlich verbindlicher Regeln bzw. durch die Anpassung an internationalrechtliche Regeln wesentlich mitbestimmt. Deutschland hat insbesondere das Internationale Übereinkommen zur Vereinheitlichung von Regeln über Konnossemente vom 25. August 1924 (die sog. Haager Regeln) unterzeichnet und in das HGB eingearbeitet. Die Änderungen der Haager Regeln durch die sog. Haag/Visby-Regeln sind in Deutschland völkerrechtlich nicht verbindlich geworden; der deutsche Gesetzgeber hat sie aber inhaltlich im Wesentlichen in das HGB eingearbeitet. Die auf einem UN-Übereinkommen von 1978 beruhenden sog. Hamburg-Regeln sind international bedeutungslos geblieben; sie gelten in Deutschland nicht.

693

Die vielfältigen Bemühungen und Fortschritte der Rechtsvereinheitlichung im Seehandelsgeschehen haben angesichts der fortbestehenden Unterschiede der nationalen Seehandelsrechte das tatsächliche Bedürfnis der Parteien, ein möglichst universelles Seehandelsrecht anzuwenden, nicht verdrängen können. Die Handelspartner des Seehan-

694

delsgeschäfts verständigen sich häufig nicht auf die Geltung einer ihrer Heimatrechtsordnungen für den durchzuführenden Seetransport, sondern sie vereinbaren – auch im Interessen der in das Geschehen mit eingebundenen Geschäftspartner des Waren-, Finanzierungs- oder Versicherungsgeschäfts – die Geltung einer vertrauten Rechtsordnung. Angesichts seiner traditionellen Dominanz ist dies bis heute vor allem das englische Recht. Die im Seefrachtvertrag vereinbarte Rechtswahl führt deshalb nicht selten aus der Heimatrechtsordnung heraus und zur Anwendung insbesondere des englischen Rechts. Fragen der Anwendbarkeit des Rechts (dazu Kapitel 1 § 3 I.) haben deshalb im Seehandelsgeschäft eine erhebliche praktische Bedeutung. Auch bei Beteiligung von Handelspartnern mit Sitz in der Bundesrepublik Deutschland ist es keineswegs typisch, dass das HGB-Seehandelsrecht zur Anwendung kommt.

Die Darstellung des Seehandelsrechts erfolgt anhand des in Deutschland im Fünften Buch des Handelsgesetzbuchs kodifizierten Rechts. Sie kann sich damit – anders als eine Darstellung des englischen Seehandelsrechts – an den in Gesetzesform normierten Rechtsgrundlagen orientieren.

II. Unterschiede zwischen allgemeinem und Seefrachtrecht

1. Rechtsbeziehungen der Beteiligten am Seehandelsgeschäft

695 Der Seefrachtvertrag regelt die vertraglichen Rechtsbeziehungen der Parteien des Seehandelsgeschäfts, das Konnossement begründet einen eigenen Anspruch des legitimierten Wertpapierinhabers auf Auslieferung der Güter. Die jeweiligen Vertragsbeziehungen sind rechtlich selbständig und müssen nicht notwendig identisch sein, § 656 Abs. 1, 4. Begründet beispielsweise ein Versender mit einem Spediteur die Güterversendung zur See, so kommt damit ein Seefrachtvertrag zu Stande, der für das Rechtsverhältnis zwischen beiden Parteien maßgeblich ist (§ 656 Abs. 4). Schließt der Spediteur zur Erfüllung des Vertrags einen Seefrachtvertrag mit einem Verfrachter, der ein Konnossement ausstellt, in dem der Versender als Ablader benannt wird, so wird mit der Begebung des Konnossements an den Ablader ein selbständiges Konnossementsrechtsverhältnis zwischen dem Ablader und dem Verfrachter begründet. Aus diesem Rechtsverhältnis entsteht ein Herausgabeanspruch des legitimierten Konnossementinhabers gegen den Verfrachter, nicht aber ein Beförderungsanspruch des Versenders.

2. Grundlagen der Haftung

696 Die Haftung des Verfrachters für Güterschäden knüpft abweichend von der Obhutshaftung gemäß § 425 an die englischem Rechtsdenken entsprechende Verletzung von bestimmten Pflichten. Der Verfrachter ist verpflichtet, ein zu Beginn der Reise see- und ladungstüchtiges Schiff zu stellen; bei Verletzung einer dieser Pflichten haftet der Verfrachter für sein eigenes Verschulden und das seiner Leute (§ 559). Überdies ist er zur Fürsorge über die Ladung verpflichtet und hat dabei die Sorgfalt eines ordentlichen Verfrachters anzuwenden; im Verletzungsfall haftet er wiederum für eigenes und seiner Leute Verschulden (§§ 606, 607 Abs. 1). Bei der Haftung des Verfrachters für seine Leute und die Schiffsbesatzung besteht eine bedeutende Ausnahme, weil der Verfrachter für ein Fehlverhalten der Schiffsbesatzung bei der Führung und Bedienung des Schiffs (sog. nautisches Verschulden) nicht einstehen muss. Dies gilt nach der Rspr. des BGH selbst in Fällen grob fahrlässigen oder vorsätzlichen Verhaltens. Ist der Schaden durch Feuer verursacht worden, haftet der Verfrachter nach § 607 Abs. 2 nur für eigenes Verschulden.

Einführung in die Charakteristika des Seehandelsrechts Kap. 1 § 1 F

Eine Haftung für Verspätungsschäden kennt das HGB-Seehandelsrecht nicht. Die Bemühungen, entsprechende Haftungsregeln im internationalen Einheitsrecht zu verankern, sind bislang ohne durchgreifenden Erfolg geblieben. Anwendbar sind grundsätzlich die allgemeinen bürgerlich-rechtlichen Regeln zum Schadensersatz wegen Verzuges; sie sind allerdings abdingbar. 697

Die Haftung des Verfrachters ist wie im allgemeinen Frachtrecht (§ 429) auf den Güterwert beschränkt (§ 659); der maßgebliche Wert aber wird anders als im allgemeinen Frachtrecht, das auf den Wert am Ort der Übernahme zur Beförderung abstellt, im Seehandelsrecht als Wert am Bestimmungsort ermittelt. 698

Der Haftungshöchstbetrag für Güterschäden wird im Seehandelsrecht nicht ausschließlich nach dem Gewicht der Güter wie im allgemeinen Frachtrecht (§ 431) berechnet, sondern bemisst sich nach Wahl des Ersatzberechtigten nach dem Gewicht der Güter oder nach Stück bzw. Einheit (§ 660 Abs. 1); er beträgt zwei Sonderziehungsrechte je kg oder 666,67 SZR je Stück oder Einheit. Insbesondere für Container gilt die Sonderregelung, dass die Stücke oder Einheiten in einem Container höchstbetragserweiternd als Stück oder Einheit iS der Berechnungsgrundlage angesehen werden, wenn sie im Konnossement als in dem Container enthalten angegeben werden (§ 660 Abs. 2). Enthält das Konnossement eine solche Angabe nicht, gilt der Container selbst als Stück oder Einheit (§ 660 Abs. 2 S. 3). 699

Neben der wertmäßigen Begrenzung der Ersatzpflicht gewährt das Seehandelsrecht die Einrede der Haftungsbeschränkung nach dem Haftungsbeschränkungsübereinkommen (HBÜ; vgl. Kapitel 1 § 4). Sie besteht darin, dass sich die Haftung des Reeders und der ihm gleich gestellten Personen für alle Ansprüche, die aus einem bestimmten Schadensereignis entstanden sind, auf die im HBÜ festgelegten Haftungshöchstbeträge beschränkt. Ersatzberechtigten kann somit entgegen gehalten werden, dass der Haftungshöchstbetrag nach dem HBÜ für sämtliche aus dem Schadensereignis resultierenden und nach den Regeln des § 660 bereits auf einen Höchstbetrag begrenzten Ansprüche gilt und auf alle Gläubiger aufzuteilen ist; reicht der Betrag nicht zur Befriedigung aller Gläubiger aus, erfolgt eine anspruchsbeschränkende Aufteilung. 700

Geraten Schiff und Ladung in gemeinsame Seegefahr und ergreift der Kapitän Maßnahmen zur Errettung aus dieser Gefahr, die Schiff und Ladung schädigen, ist ein Fall der Großen Haverei gegeben. Dabei werden die entstandenen Schäden sowie die durch die Rettungsmaßnahmen verursachten Kosten von Schiff, Ladung und Fracht gemeinsam getragen (§§ 700 ff.). 701

Die wesentlichen Haftungsvorschriften sind, wenn ein Konnossement ausgestellt ist, nach § 662 grundsätzlich unabdingbar. Dies gilt sowohl für Individualvereinbarungen als auch für Vereinbarungen in AGB. Ausnahmen von der zwingenden Haftung enthält § 663 unter anderem für den Fall der Großen Haverei und die Deckladung. Für Charterverträge sind die Haftungsregeln grundsätzlich ebenfalls nicht zwingend (§ 663 Abs. 2 Nr. 4), es sei denn, unter einem Chartervertrag ist eine Konnossement ausgestellt worden, das an einen Dritten begeben worden ist (§ 663 a). Eine Haftung des ausführenden Verfrachters in Parallele zur Haftung des ausführenden Frachtführers in § 437 kennt das Seehandelsrecht derzeit nicht. 702

3. Wichtige Besonderheiten des Seefrachtrechts

Im Zusammenhang mit dem Vertragsschluss hat das Seehandelsrecht mit dem Ablader eine dem allgemeinen Frachtrecht unbekannte Person neben dem Befrachter eingeführt. Ablader ist derjenige, der dem Verfrachter die Güter tatsächlich zur Beförderung übergibt. Die Bedeutung der Rechtsfigur des Abladers zeigt sich darin, dass dieser für unrichtige Abgaben unmittelbar haftbar gemacht werden kann (§§ 564, 564 b); im allgemeinen Frachtrecht haftet der Absender nicht ohne weiteres für unrichtige Anga- 703

217

ben Dritter. Überdies hat der Ablader im Seehandelsrecht einen gesetzlichen Anspruch auf Ausstellung eines Konnossements, während nach § 444 dem Absender ein solcher Anspruch auf Ausstellung eines Ladescheins nicht zusteht. Der Ablader kann somit, obwohl er nicht Partei des Seefrachtvertrags ist, die Person des Empfängers bestimmen, und nicht zuletzt durch nachträgliche Weisungen (§ 654) für die Erfüllung seiner Ansprüche, etwa als Verkäufer eines Exportgeschäfts, mit dem Empfänger sorgen.
Im Seehandelsrecht trifft die Pflicht zum Ver- und Entladen des Guts den Verfrachter (§§ 561, 593). Sie unterscheidet sich damit von der gesetzlichen Ausgangslage nach § 410.

704 Keine ausdrücklicher Entsprechung in allgemeinen Frachtrecht findet das sog. Deviationsrecht des Verfrachters, in Notfällen vom Reiseweg abweichen zu dürfen (§ 636 a). Bei der Kündigung des (See-)Frachtvertrags durch den Befrachter/Absender hat dieser eine sog. Fautfracht zu entrichten. Nach § 415 hat der Frachtführer die Wahl zwischen einer Abrechnung seiner konkreten Aufwendungen und der Geltendmachung einer pauschalen Summe in Höhe eines Drittels der vereinbarten Fracht; gemäß § 580 gewährt dem Verfrachter pauschal die Hälfte der Fracht.
Besondere Regeln kennt das Seehandelsrecht in Bezug auf die vorzeitige Beendigung des Seefrachtvertrags (§§ 628 ff.). Diese Regeln zum Außerkrafttreten des Vertrags bzw. zum Rücktritt vom Vertrag ohne Entschädigungszahlungen finden im allgemeinen Frachtrecht ebenso keine Parallele wie die darin vorgesehene Zahlung einer Distanzfracht für trotz untergegangenes Schiffs geborgene Güter.

§ 2 Kodifikation des Seehandelsrechts in Deutschland

705 Das Seehandelsrecht im Fünften Buch des HGB ist in elf Abschnitte gegliedert. Die einzelnen Abschnitte enthalten die im Folgenden skizzierten Schwerpunkte zu den jeweiligen Regelungsgegenständen. Kurzerläuterungen finden sich vor den einzelnen Abschnitten.

I. Erster Abschnitt (§§ 476 bis 483)

706 Dieser enthält allgemeine Regelungen zum Schiff, Schiffszubehör und zur Schiffsbesatzung. Aus ihnen geht hervor, dass das Seehandelsrecht des HGB grundsätzlich nur für Handelsschiffe gilt. Über Art. 7 EGHGB sind allerdings bestimmte Regeln auch für Nichterwerbsschiffe anwendbar (vgl. §§ 485, 486 bis 487 d, 734 bis 739). Das die dinglichen Rechte am Schiff regelnde Schiffssachenrecht wird weitgehend außerhalb des HGB im Schiffsregistergesetz (SchRG) und der Schiffsregisterordnung (SchRegO) geregelt.

II. Zweiter Abschnitt (§§ 484 bis 510)

707 Dieser Abschnitt enthält zunächst Vorschriften über Reeder und Reedereien. Der Reeder ist die zentrale Person des Seehandelsrechts; sie wird in § 484 definiert als Eigentümer eines ihm zum Erwerb durch die Seefahrt dienenden Schiffs definiert. Vom Reeder wird in § 510 der sog. Ausrüster unterschieden, der ein ihm nicht gehörendes Schiff zum Erwerb durch Seefahrt verwendet; im Verhältnis zu Dritten steht der Ausrüster dem Reeder gleich (§ 510). Das Seehandelsrecht schafft in § 489 mit der Partenreederei eine eigene, nicht als Handelsgesellschaft verfasste Gesellschaftsform.

Im zweiten Abschnitt findet sich überdies die Regelung der sog. globalen Haftungsbeschränkung nach dem internationalen Haftungsbeschränkungsübereinkommen (HBÜ). Die HBÜ-Regelungen stehen neben den Haftungsbegrenzungsregeln im Seefrachtvertragsrecht des Vierten Abschnitts (vgl Kapitel 1 § 1 II. 2 und Kapitel 1 § 2 IV).

708

III. Dritter Abschnitt (§§ 511 bis 555)

In diesem Abschnitt wird die handelsrechtliche Rechtsstellung des Kapitäns geregelt. Der Kapitän hat als der vom Reeder bestellte Führer des Schiffs (§ 2 SeemG) eine komplexe Rechte- und Pflichtenstellung inne. Sie wird öffentlich-rechtlich vor allem durch das SeemG geregelt; privatrechtlich steht er in einem Dienstverhältnis zum Reeder oder Ausrüster und handelsrechtlich hat er auf der Grundlage der §§ 511 ff. vor allem die Befugnis, den Reeder bei bestimmten Rechtsgeschäften zu vertreten und unter bestimmten Voraussetzungen über die Ladung zu verfügen. Er hat ein Schiffstagebuch zu führen (§ 520) und kann in dem sog. Verklarungsverfahren (§§ 522 bis 525) nach einem Reiseunfall eine Beweisaufnahme durchzuführen. Überdies ist er den Ladungsbeteiligten und der Schiffsbesatzung gegenüber für Vertragsverletzungen verantwortlich (§§ 511 f.).

709

IV. Vierter Abschnitt (§§ 556 bis 663 b)

Der Vierte Abschnitt regelt das Seefrachtgeschäft der Güterbeförderung. Die Regelungen weisen die zahlreichen Besonderheiten im Verhältnis zum allgemeinen Frachtrecht und insbesondere zum frachtrechtlichen Haftungsrecht auf (vgl. Kapitel 1 § 1 II). Die gesetzlichen Regeln beziehen sich auf den Stückgut- und Raumfrachtvertrag; die Klauselpraxis fügt ihnen wesentliche Besonderheiten hinzu. Der Raumfrachtvertrag wird als sog. Chartervertrag geschlossen. Seine wesentlichen Erscheinungsformen sind der Reisechartervertrag und der Zeitchartervertrag. Reisecharterverträge werden regelmäßig nach bestimmten Formularbedingungen abgeschlossen. Auch für Zeitcharterverträge sind vorgefertigte Formularverträge verbreitet.

710

V. Fünfter Abschnitt (§§ 664 bis 678)

Die Regelungen nebst der dazu gehörigen Anlage zu § 664 regeln die Beförderung von Reisenden und ihrem Gepäck; sie betreffen den sog. Personenbeförderungsvertrag. Die Haftungsregeln dieses Abschnitts sind durch das Zweite Seerechtsänderungsgesetz von 1986 geregelt worden. Zentrale Regelung ist dabei § 664, nach der sich die Haftung für Schäden, die Reisende oder ihr Gepäck bei Beförderung auf See erleiden, nach der dem HGB als Anlage beigefügten Bestimmungen bestimmen. Diese Anlage gibt im Wesentlichen die Regeln des Athener Übereinkommens von 1974 wieder. Das Übereinkommen selbst hat die Bundesrepublik Deutschland nicht ratifiziert. Die Anwendung der Regeln der §§ 664 ff. ist abzugrenzen gegenüber den zwingend anwendbaren Bestimmungen des Reisevertragsrechts in §§ 651 a bis 651 k BGB, mit denen der Gesetzgeber in Umsetzung der EG-Richtlinie über Pauschalreisen (90/314/EG) den Besonderheiten eines auf eine Gesamtheit von Reiseleistungen gerichteten Reisevertrags iS des Verbraucherschutzes Rechnung getragen hat. Eine solche Gesamtheit von Reiseleistungen ist insbesondere bei einer Kreuzfahrt und in den Fällen gegeben, in denen das Reiseprogramm neben anderen Leistungen eine Schiffsreise enthält.

711

VI. Sechster Abschnitt (§§ 679 bis 699)

712 Der – inzwischen weggefallene – Abschnitt regelte das Recht der Bodmerei. Dabei handelte es sich gemäß § 680 um ein Darlehensgeschäft, das vom Schiffskapitän unter Zusicherung einer Prämie und unter Verpfändung von Schiff, Fracht und Ladung in der Art eingegangen werden konnte, dass sich der Gläubiger wegen seiner Ansprüche nur an die verpfändeten Gegenstände nach Ankunft des Schiffs am Ankunftsort halten konnte. Das Rechtsinstitut der Bodmerei ist mit dem Ersten Seerechtsänderungsgesetz von 1972 abgeschafft worden.

VII. Siebenter Abschnitt (§§ 700 bis 739)

713 In diesem Abschnitt werden aufgegliedert in zwei Titel zwei besondere seerechtliche Materien geregelt: das Recht der Haverei und das Haftungsrecht für Schäden, die durch den Zusammenstoß von Schiffen entstehen.

VIII. Achter Abschnitt (§§ 740 bis 753 a)

714 Diese Vorschriften regeln die Vergütung, die einem Berger zusteht, der ein Schiff oder auf diesem befindliche Vermögensgegenstände aus Seenot rettet.

IX. Neunter Abschnitt (§§ 754 bis 777)

715 Die Vorschriften dieses Abschnitts betreffen die sog. Schiffsgläubigerrechte. Dabei handelt es sich um kraft Gesetzes entstehende dingliche Rechte, die den Gläubiger zur Befriedigung aus dem Schiff berechtigen. Die durch Schiffsgläubigerrechte gesicherten Ansprüche sind in dem Katalog des § 754 genannt. Die Befriedigung des Schiffsgläubigers erfolgt im Wege der Zwangsvollstreckung (§ 760).

X. Zehnter Abschnitt (§§ 778 bis 900)

716 Der Abschnitt wurde mit Wirkung zum 1. 1. 2008 durch Gesetz vom 23. 11. 2007 (BGBl. I S. 2631) aufgehoben. Gesetzlich umfassend geregelt waren das Recht der Seeversicherung, das aber die deutschen Seeversicherer durch Vereinbarung von Versicherungsbedingungen vollständig verdrängten. Die Seeversicherung unterliegt gemäß § 209 VVG nicht den Bestimmungen des Versicherungsvertragsgesetzes. Die Regeln im HGB sind weitestgehend dispositiv. Vor diesem Hintergrund wird seit je her das Seeversicherungsrecht von einer umfassenden Regelung in AGB dominiert, die das Gesetzesrecht vollständig verdrängt haben. Seit 1919 kommen die seinerzeit neu entwickelten Allgemeinen Deutschen Seeversicherungsbedingungen (ADS) zur Anwendung. Sie wurden verschiedentlich überarbeitet; im Jahr 1973 wurden die Besonderen Bedingungen für die Güterversicherung (ADS-Güterversicherung) geschaffen, die im Jahr 1984 eine Modernisierung erfahren und seither in der Fassung des Jahrs 1984 als Grundlage der Transportversicherung zur Anwendung kommen. Im Jahr 2000 wurden die DTV-Güterversicherungsbedingungen verabschiedet. Sie liegen inzwischen in der überarbeiteten Fassung des Jahrs 2004 vor und werden ihrerseits die ADS verdrängen, wenn sie

sich am Markt durchsetzen. Die Seekaskoversicherung deckt Teilschäden und auch Totalverlust von Passagier- und Frachtschiffen sowie die Kollisionshaftpflicht ab; sie ist in den DTV-Kaskoklauseln 1978/2004 geregelt.

XI. Elfter Abschnitt (§§ 901 bis 904)

Der Abschnitt regelt die Verjährung. Erfasst werden von der kurzen frachtrechtlichen Verjährungsregel des § 612 nicht erfasste Forderungen. Für Ansprüche gegen den Befrachter bestehen keine seehandelsrechtlichen Sonderregeln; solche Ansprüche verjähren nach den allgemeinen Vorschriften des BGB. 717

§ 3 Anwendungsbereich

I. Sachlicher Anwendungsbereich

Das Seehandelsrecht des HGB gilt gem. § 556 für Raumfrachtverträge und Stückgutfrachtverträge, die jeweils in mannigfaltigen Variationen geschlossen werden. Der Stückgutfrachtvertrag ist. gem. § 556 Nr. 2 ein Seefrachtvertrag, der sich auf die Beförderung einzelner Güter (Stückgüter) bezieht. Dabei können auch Partien von Gütern oder Massengüter „einzelne Güter" sein. Der Raumfrachtvertrag bezieht sich dagegen gem. § 556 Nr. 1 auf Schiffsraum, der für Beförderungszwecke verchartert wird. Der Chartervertrag kann sich auf das Schiff im ganzen (Vollcharter), auf einen verhältnismäßigen Teil des Schiffs (Teilcharter) oder auf einen bestimmt bezeichneten Teil des Schiffs (sog. Raumcharter) beziehen. Dabei kann der vercharterte Raum für eine bzw. mehrere Reisen (sog. Reisecharter) oder aber für eine bestimmte Zeit (sog. Zeitcharter) zur Verfügung gestellt werden. Die rechtliche Qualifikation der Zeitcharter variiert je nachdem, ob der Vercharterer einen Transporterfolg wie bei der sog. Frachtcharter, eine bloße Schiffsmiete wie bei der sog. Bareboatcharter oder aber die technisch-nautische Führung des Schiffs durch den Reeder oder Ausrüster schuldet. Eine weitere Variante des Raumfrachtvertrags stellt der Box- oder Slotchartervertrag dar, der die Gelegenheit zur Überlassung eines Containerstellplatzes zum Gegenstand hat, wobei mehrere Reedereien (insbesondere eines Liniendienste betreibenden Konsortiums) vereinbaren können, solche Slots wechselseitig nach Bedarf zu überlassen (sog. Crosscharter). Volumen- oder Mengenkontrakte sind darauf gerichtet, dass eine bestimmte Menge von Gütern in mehreren Sendungen innerhalb vereinbarter Zeit zu befördern sind; ihre Ausgestaltung erfolgt in Anlehnung an den Raum- oder Stückgutfrachtvertrag. 718

II. Internationaler Anwendungsbereich

1. Seefrachtverträge

Gem. Art. 3 EGBGB bestimmt sich das auf Seefrachtverträge anwendbare Recht vorrangig nach den in Deutschland verbindlichen völkerrechtlichen Übereinkommen. Für den von Art. 10 Haager Regeln festgelegten Anwendungsbereich dieser völkerrechtlichen Konvention (vgl. Kapitel 1 § 1 I) hat der deutsche Gesetzgeber in Art. 6 EGHGB die Anwendung der Haager Regeln geregelt. Die Vorschrift erfasst ungeachtet ihres missverständlichen Wortlauts nicht nur das Konnossementsrechtsverhältnis sondern auch den zu Grunde liegenden Seefrachtvertrag. 719

F Kap. 1 § 4   Grundzüge des Seehandelsrechts

720 Im Übrigen kommt für die nach dem 17. Dezember 2009 geschlossenen Seefrachtverträge die Rom I-VO zur Anwendung. Somit können die Parteien des Seefrachtvertrags gem. Art. 3 Rom I-VO eine Rechtswahl treffen. Dies geschieht verbreitet in sog. Paramount-Klauseln, durch die der Seefrachtvertrag den Haager Regeln bzw. den Haag/Visby-Regeln unterstellt werden soll. Nach Art. 3 Rom I-VO können die Vertragsparteien aber nur das Recht eines Staats, nicht aber internationale Übereinkommen als solche wählen, sofern diese nicht im nationalen Recht umgesetzt sind. Weitergehend formulierte Paramount-Klauseln sind gegenstandslos.

721 Sofern keine wirksame Rechtswahl getroffen wurde, hat die Anknüpfung des Seefrachtvertrags objektiv nach Maßgabe des Art. 5 Abs. 1 Rom I-VO zu erfolgen. Nach S. 1 ist das Recht des Staats anzuwenden, in dem der Beförderer seinen gewöhnlichen Aufenthalt hat, wenn darüber hinaus ein von den drei weiteren Voraussetzungen erfüllt ist. Beförderer ist dabei derjenige, der die Beförderung von Gut übernimmt, auch wenn er die Beförderung nicht selbst durchführt. Der Absender ist sein Vertragspartner, nicht aber ein Drittablader. Subsidiär wird an das Recht des Ablieferungsorts angeknüpft, Art. 5 Abs. 1 S. 2 Rom I-VO.

2. Bereichsausnahme für Verpflichtungen aus Konnossementen

722 Für Konnossemente gilt die Rom I-VO ebenfalls; allerdings nimmt Art. 1 Abs. 2 lit. d Rom I-VO Verpflichtungen aus handelbaren Wertpapieren, die aus deren Handelbarkeit entstehen, aus. Zu diesen handelbaren Wertpapieren gehören Konnossemente. Das bedeutet für die Rechtsanwendung in Deutschland, das sich Art. 6 Abs. 1, 2 EGHGB gegenüber der Rom I-VO durchsetzt. Damit gilt im Hinblick auf die erfassten Konnossemente, dass insbesondere die zwingenden Haftungsbestimmungen des § 662 Abs. 1 S. 1 HGB mit den ggf. einschlägigen Modifikationen des Art. 6 Abs. 2 S. 1 Hs. 1 EGHGB über die Haftung des Verfrachters für Ladungsschäden Anwendung finden.

§ 4 Internationale Konventionen

723 Bedingt durch den internationalen Charakter der Beförderungsleistung besteht im Seehandelsrecht ein besonderes Bedürfnis zur Rechtsvereinheitlichung. Vor diesem Hintergrund sind zahlreiche Internationale Konventionen geschlossen worden, welche die Rechtslage nach ihrer Ratifikation in den Konventionsstaaten prägen. Zu den wichtigsten in Deutschland gültigen Übereinkommen gehören die nachfolgend aufgeführten:
   – Übereinkommen von 1910 zur einheitlichen Feststellung von Regeln über den Zusammenstoß (RGBl. 1913 S. 49, 89), ergänzt durch das Übereinkommen von 1952 zur Vereinheitlichung von Regeln über die zivilgerichtliche Zuständigkeit bei Schiffszusammenstößen (BGBl. 1972 II S. 653, 663).
   – Übereinkommen von 1924 zur Vereinheitlichung von Regeln über Konnossemente (RGBl. 1939 II S. 1049). Das Änderungsprotokoll von 1968 (sog. Visby-Regeln) wurde in Deutschland nicht ratifiziert, aber durch das 2. Seerechtsänderungsgesetz in das HGB eingearbeitet. Durch das weitere Änderungsprotokoll von 1979 wurden die Haftungsbeträge auf Sonderziehungsrechte umgestellt.
   – Übereinkommen über die Passagierhaftung von 1974 nebst Protokollen.
   – Übereinkommen von 1976 über die Beschränkung der Haftung für Seeforderungen (BGBl. 1986 II S. 787), ergänzt durch das Protokoll von 1996 (BGBl. 2000 II S. 791).
   – Übereinkommen von 1989 über Bergung (BGBl. 2001 II S. 511).

- Übereinkommen von 1992 über die zivilrechtliche Haftung für Ölverschmutzungsschäden (BGBl. 1996 II S. 670; 2002 II S. 943), nebst Übereinkommen von 1992 über die Errichtung eines Internationalen Fonds zur Entschädigung für Ölverschmutzungsschäden (BGBl. 1996 II S. 685, 686; 2002 II S. 943), nebst Protokoll von 2003 (BGBl. 2004 II S. 1291).
- Übereinkommen von 2001 über die zivilrechtliche Haftung für Bunkerölverschmutzungsschäden (BGBl. 2006 II S. 579).

§ 5 Das deutsche Seehandelsrechts im Reformprozess

Das Seehandelsrecht ist derzeit Gegenstand grundlegender Reformbemühungen auf nationaler und internationaler Ebene. **724**
Am 27. 8. 2009 hat die vom Bundesministerium der Justiz eingesetzte Sachverständigengruppe zur Reform des Seehandelsrechts ihren Abschlussbericht mit weit reichenden Reformvorschlägen zum deutschen Seehandelsrecht vorgelegt. Ein darauf aufbauender Gesetzesentwurf wird im zweiten Halbjahr 2011 erwartet. Das deutsche Seehandelsrecht soll den Gegebenheiten des modernen Seetransports angepasst werden. Vorgesehen ist, dass veraltete Rechtsinstitute – wie die Partenreederei und die hervorgehobene Stellung des Kapitäns – wegfallen; ferner soll das Seehandelsrecht dem Landfrachtrecht angepasst werden, um eine Harmonisierung des gesamten Transportrechts zu erreichen. Die Reform strebt weitere wesentliche Änderungen an: Der Haftungsausschluss aufgrund von nautischem Verschulden soll wegfallen. Die Haftungssummen werden erhöht. Personell wird die Haftung auf die neu geschaffene Person des ausführenden Verfrachters ausgedehnt. Die Haftungsregeln werden grundsätzlich zur Disposition der Parteien des Frachtvertrags gestellt. Diese Änderungen sollen sich nur auf den Stückgutfrachtvertrag beziehen. Für den Reisefrachtvertrag soll lediglich Grundsätzliches geregelt werden. Gleiches gilt für die verschiedenen Formen des Schiffsüberlassungsvertrags, namentlich die Bareboat- und die Zeitcharter. Insgesamt wird die unimodale Beförderung das Leitbild für das deutsche Seehandelsrecht bleiben.
Am 23. September 2009 ist in Rotterdam die von den Vereinten Nationen beschlossene Seefrachtrechtskonvention, die sog. Rotterdam Regeln, den Staaten zur Zeichnung unterbreitet worden. 22 Staaten haben das Übereinkommen bislang unterzeichnet. Deutschland gehört nicht zu ihnen. Für ein Inkrafttreten der Regeln ist eine Ratifikation durch mindestens 20 Staaten notwendig. Die bisher einzige Ratifikation erfolgte durch Spanien Anfang 2011. **725**
Mit den Rotterdam Regeln wird nach den weitgehend erfolglos gebliebenen Hamburg Regeln ein erneuter Versuch unternommen, das Seehandelsrecht zu modernisieren und international zu vereinheitlichen. Die Konvention soll die bisher geltenden Übereinkommen ablösen. Kern der Rotterdamer Regelungen ist das sog. „Maritime Plus"-Konzept, das eine räumliche Ausdehnung des Geltungsbereichs der Regeln unter bestimmten Voraussetzungen auf die dem Seetransport vor- bzw. nachgelagerten Teilstrecken vorsieht („door to door"). Damit soll der im Zuge der sog. Containerisierung des Güterverkehrs fortgeschrittenen tatsächlichen Einbindung des Seehandels in das multimodale Transportgeschehen Rechnung getragen werden. **726**
Die Rotterdam Regeln beschränken sich nicht mehr auf die Regelung von Haftungsfragen; sie enthalten beispielsweise Regelungen zum zuständigen Gericht und zur Wahl eines Schiedsgerichts. Das Übereinkommen geht von der grundsätzlichen Unabdingbarkeit seiner (Haftungs-)Regeln aus, normiert aber den in der Praxis gebräuchlichen Mengenfrachtvertrag („volume contract") und erlaubt darin weitreichende Abweichungen vom zwingenden Konventionsrechts. Die bisher geltenden Regelungen zum **727**

F Kap. 2　　　　　　　　　　　　　　　　　　　　Grundzüge des Seehandelsrechts

　　　　Haftungsausschluss aufgrund nautischen Verschuldens fallen nach den Rotterdam Regeln weg und die Haftungssummen werden angehoben.
728　Die Reformentwürfe bringen inhaltlich grundsätzlich verschiedene Reformvorstellungen zum Ausdruck, bei deren Verwirklichung das Seehandelsrecht auf eine weitgehend neue Rechtsgrundlage gestellt würde. Derzeit ist noch nicht endgültig absehbar, ob und in welcher Form überhaupt eines der Reformprojekte und welches ggf. realisiert wird. Tendenziell zeichnet sich aber eher eine nationale Reformierung des Seehandelsrechts ab.

Kapitel 2　　Wesentliche Akteure im Seehandelsrecht

729　Das Seehandelsrecht des HGB stellt im Zweiten und Dritten Abschnitt des Fünften Buchs die Personen, den Reeder und den Kapitän in das Zentrum der gesetzlichen Regelungen. Der Reeder (§ 484) und die von mehreren Personen getragene (Parten-) Reederei (§ 489) stehen wiederum an der Spitze dieser Regelungen. Der Gesetzgeber geht auch im Seefrachtvertragsrecht von dem Reeder-Verfrachter als Leitbild der gesetzlichen Regelung aus. Diese Vorstellung ist von der Wirklichkeit des Seehandelsgeschehens überholt worden. Die hergebrachten Begrifflichkeiten und Bestimmungen sind gleichwohl für den Rechtsanwender maßgebend; bedeutende Reformwerke sind indes in der Entstehung.

730　Reeder ist gem. § 484 der das Schiff zum Erwerb durch die Seefahrt nutzende Eigentümer des Schiffs. Nichtgewerblich genutzte Schiffe haben keinen Reeder; Art. 7 EGHGB stellt diese Schiffe den Handelsschiffen im Bereich der wichtigsten Haftungsvorschriften gleich. An die Stelle des Reeders tritt dabei der Eigentümer.

731　Der Reeder des Schiffs muss nicht der zur Beförderung verpflichtete Verfrachter unter einem Seefrachtvertrag sein. Verfrachter kann auch ein Ausrüster sein. Ausrüster ist eine Person, die – wie der Bareboat-Charterer – ein ihm nicht gehörendes Schiff zum Erwerb durch die Seefahrt für eigene Rechnung verwendet und den Kapitän stellt; der Ausrüster gilt nach § 510 im Verhältnissen zu Dritten als Reeder.

732　Verfrachter kann ein Non Vessel Owning Carrier (NVOC) sein, ein Zeitcharterer, der das Schiff des Reeders oder Ausrüsters einschließlich der Besatzung chartert. Der NVOC bestimmt selbst den Einsatz des Schiffs. Denkbar ist und praktiziert wird das Seefrachtgeschäft unter Beteiligung von Verfrachter die weder Eigentümer, Ausrüster noch Zeitcharterer sind, die selber gar kein Schiff betreiben oder dauerhaft zur Verfügung haben, aber als Non Vessel Operating Common Carriers (NVOCC) Unterfrachtverträge zur Durchführung der vertraglichen übernommenen Beförderung schließen. Das HGB hält für diese Rechtsfiguren keine speziellen Regelungen vor.

733　Neben dem Verfrachter betreffen die gesetzlichen Regeln den Befrachter. Befrachter ist der Vertragspartner des Verfrachters, der Absender der zu befördernden Güter iS der Terminologie des allgemeinen Frachtrechts. Tatsächlich werden die Güter nicht durchweg vom Befrachter an den Verfrachter zur Beförderung übergeben. Ablader ist derjenige, der die Güter dem Verfrachter tatsächlich zur Beförderung übergibt. Das HGB erwähnt den Ablader beispielsweise in § 642 Abs. 1 und verschafft ihm in dieser Vorschrift das Recht, die Ausstellung des Konnossements zu verlangen.

734　Im Seefrachtvertrag wird regelmäßig ein Empfänger benannt. Dem Empfänger stehen, obwohl er selbst nicht Vertragspartner ist, die Rechte aus dem Frachtvertrag zu, da der Seefrachtvertrag als Vertrag zu Gunsten Dritter konzipiert ist.

735　Die Personen der Schiffsbesatzung sind vom Gesetzgeber in den allgemeinen Vorschriften des Ersten Abschnitts des Fünften Buchs, in § 481 definiert. Es sind dies der

Vertragsschluss im Seefrachtrecht Kap. 3 § 1 F

Kapitän, die Schiffsoffiziere, die Schiffsmannschaft sowie alle übrigen auf dem Schiff angestellten Personen. Eingehende Regelungen über die Rechtsstellung des Kapitäns finden sich im Dritten Abschnitt des Fünften Buchs, in den Vorschriften der §§ 511 – 555. Darin werden Regelungen getroffen, die vom historischen Leitbild des unternehmerähnlichen Kapitäns geprägt sind und mit der inzwischen anzutreffenden Wirklichkeit eines arbeitnehmerähnlich tätigen Kapitäns nicht durchweg in Einklang zu bringen sind. Dies betrifft nicht zuletzt die vertragsähnliche Haftung des Kapitäns gegenüber allen Reiseinteressenten für die Ausführung der vom Reeder abgeschlossenen Verträge gem. §§ 511, 512. Bewährt hat sich die seehandelsrechtliche Regelung über die gesetzliche Vertretungsmacht des Kapitäns für den Reeder; sie ist unterschiedlich gestaltet je nach dem, ob sich das Schiff im Heimathafen (§ 480) oder außerhalb desselben befindet, §§ 526, 527. Ingesamt ist die Rechtsstellung des Kapitäns durch komplexe öffentlich-rechtliche, dienstvertragliche und handelsrechtliche Vorschriften geregelt.

Die Rechtsform der Reederei (Partenreederei) ist ein aus dem Mittelalter stammendes Rechtsinstitut; es verfasst gem. der Regelung des § 489 Abs. 1 die Verwendung eines mehreren Reedern gemeinschaftlich zustehenden Schiffs zum Erwerb durch die Seefahrt für gemeinschaftliche Rechnung. Die Reederei ist – im Unterschied zu den Handelsgesellschaften – auf das Eigentum am Schiff gegründet; ein Gesellschaftsvermögen neben dem Schiff wird nicht gebildet. **736**

Nachdem die Partenreederei nach dem Zweiten Weltkrieg zunächst wegen steuerlicher Erwägungen zunächst verschiedentlich zur Anwendung kam, sind mit der steuerlichen Gleichstellung von Personengesellschaften und Partenreederei seit dem Jahr 2001 keine neuen Partenreedereien mehr gegründet worden. Das Rechtsinstitut hat nur noch Bedeutung für die bestehenden wenigen Alt-Reedereien. Die Sachverständigengruppe zur Reform des deutschen Seehandelsrechts hat deshalb vorgeschlagen, die Partenreederei künftig abzuschaffen. **737**

Kapitel 3 Begründung und Inhalt von Rechtsbeziehungen bei der Güterbeförderung

§ 1 Vertragsschluss im Seefrachtrecht

Das Seefrachtrecht kennt keine Besonderheiten für das Zustandekommen des Seefrachtvertrags. Der Vertrag kann somit formlos und damit auch mündlich geschlossen werden. Die Seerechtspraxis macht davon bei Abschluss von Stückgutverträgen regelmäßig Gebrauch, wenn die Verträge insbesondere im Telefongespräch mit dem Agenten des Verfrachters geschlossen werden. Die Fixierung in einer „Booking Note" hat in diesen Fällen grundsätzlich nur deklaratorische Bedeutung. Bei Abweichungen von den telefonisch vereinbarten Inhalten können die Grundsätze des kaufmännischen Bestätigungsschreibens zur Anwendung kommen. **738**

Bei Abschluss eines Raumfrachtvertrags gibt § 557 jeder Vertragspartei das Recht, dass über den Vertrag eine schriftliche Urkunde errichtet wird. Die Urkundenerrichtung ist in § 557 nicht als Wirksamkeitsvoraussetzung, sondern als Anspruch aus dem bereits wirksam geschlossenen Vertrag formuliert; die Formfreiheit des Raumfrachtvertrags wird durch § 557 nicht berührt. Rechtstatsächlich halten die Parteien des Raumfrachtvertrags die wesentlichen Vertragselemente in einer „Fixing Note" fest; darin wird dann auf ein Charterpartie-Formular verwiesen. Weder Fixing Note noch Charterpartie- **739**

225

Formular dokumentieren den Vertragsinhalt, sie können aber – neben anderen Dokumenten (wie dem Seefrachtbrief oder Konnossement) – herangezogen werden, um den Vertragsinhalt zu beweisen (sog. Beweisurkunde).

§ 2 Das Konnossement als besonderes Rechtsverhältnis

740 Mit dem Abschluss eines Begebungsvertrags über das Konnossement zwischen dem Ablader und dem Verfrachter entsteht ein von Seefrachtvertrag nach deutscher Rechtsvorstellung strikt zu trennendes Konnossementsrechtsverhältnis. Die rechtliche Bedeutung des Konnossements ist nach den allgemeinen Regeln der §§ 363 ff. und der speziellen Konnossementsregeln in §§ 642 ff. abhängig von der Art des Konnossements; mit ihr variieren auch die Entstehung und die Funktion des Konnossements im Seefrachtgeschäft.

I. Unterschiedliche Ausgestaltungen

741 Im Seefrachtgeschäft finden unterschiedliche Ausgestaltungen des Konnossements Anwendung. Nach dem gesetzlichen Regelfall des § 647 Abs. 1 S. 1 wird das Konnossement mit dem Vermerk „an Order" ausgestellt und als Orderkonnossement begeben. Es weist dann entweder eine namentlich genannte Person als Berechtigten für das verbriefte Recht aus und lautet an Order des Empfängers, § 647 Abs. 1 S. 1 Alt. 1; es kann auch die Person, die es entgegen nimmt, also den Ablader, als ersten Indossanten ausweisen (§ 647 Abs. 1 S. 1 Alt. 2, S. 2, der es dann regelmäßig an den Empfänger indossiert). Die Übertragung erfolgt durch Abschluss eines Begebungsvertrags und eines Indossaments.

742 Das Konnossement im Seefrachtgeschäft wird auch als Namens- oder Rektakonnossement verwendet. Es weist dann eine namentlich benannte Person aus, der als Empfänger der Ladung berechtigt sein soll, die Auslieferung der Güter zu verlangen. Soll dieses Recht übertragen werden, erfolgt dies durch Abtretung dieses Rechts nach den Vorschriften des bürgerlichen Rechts.

743 Wird das Konnossement als Inhaberkonnossement ausgestellt ist der jeweilige Inhaber berechtigt, den verbrieften Herausgabeanspruch geltend zu machen. Das Papier kann in diesem Fall wie eine bewegliche Sache übereignet werden.

744 Das Seehandelsrecht unterscheidet in § 642 die Konnossemente weiterhin nach dem Zeitpunkt ihrer Ausstellung. Das Bordkonnossement dokumentiert, dass der Verfrachter die Güter an Bord genommen hat. Der Ablader kann ggf. die Ausstellung eines solchen Bordkonnossements verlangen, § 642 Abs. 1. Bevor die Güter an Borg genommen sind, kann ein sog. Übernahmekonnossement ausgestellt werden; durch einen „An-Bord-Vermerk" kann das Übernahmekonnossement später zu einem Bordkonnossement gemacht werden, § 642 Abs. 5 S. 2.

II. Ausstellung

745 Das Konnossement wird im Seefrachtgeschehen regelmäßig durch den Ablader dadurch vorbereitet, dass die notwendigen Angaben iS des § 643 in das Papier eingetragen werden; das Konnossement ist damit ausgefüllt. Angaben zum Namen des Kapitäns und der Nationalität des Schiffs, die für die Wirksamkeit des Konnossments nicht konstitutiv sind, werden in der Praxis nicht aufgenommen. Dagegen finden sich Anga-

Das Konnossement als besonderes Rechtsverhältnis Kap. 3 § 2 F

ben zur Meldeadresse („notify adress"), mit denen die Kontaktadresse bezeichnet wird, unter der der Kapitän im Ankunftshafen seine Löschbereitschaft anzuzeigen hat. Das ausgefüllte Konnossement wird vom Verfrachter durch seine Unterschrift ausgestellt. Aussteller eines Konnossements können zunächst der Reeder und der Ausrüster sein; in Betracht kommen auch Verfrachter sein, die weder Schiffseigentümer, noch Ausrüster oder Zeitcharterer sind. Das vom Reeder ausgestellte Konnossement wird als Reederkonnossement bezeichnet, ansonsten liegt ein Verfrachterkonnossement vor. Gem. § 642 Abs. 4 hat der Kapitän gesetzliche Vertretungsmacht, Konnossemente für den Verfrachter auszustellen. Stellt der Kapitän oder ein anderer Vertreter des Reeders das Konnossement aus, ohne den Namen des Verfrachters anzugeben, gilt der Reeder gem. § 644 S. 1 als Verfrachter.

Durch Identity of Carrier-Klauseln (IoC-Klauseln) in Konnossementen, die den Namen des Verfrachters ausweisen, aber den Reeder/Ausrüster zum Schuldner gem. den Bedingungen des Konnossements erklären, versucht der Verfrachter seine Verpflichtung auf den Reeder/Ausrüster abzuwälzen. Nach der Rechtsprechung des BGH sind solche Klauseln – im Unterschied zur Rechtsprechung in zahlreichen anderen Staaten – nach deutschem Recht in Anwendung von § 305 b BGB unwirksam.

746

Die Entstehung des Konnossements als ein den Herausgabeanspruch begründendes Wertpapier setzt nach allgemeinen Vorschriften den Abschluss eines Begebungsvertrags voraus. Der Begebungsvertrag wird regelmäßig zwischen dem Ablader und dem Verfrachter geschlossen. Wird das Orderkonnossement an Order des benannten Empfängers ausgestellt, soll das Konnossementsrechtsverhältnis unmittelbar zwischen dem Verfrachter und dem Empfänger entstehen; in diesem Fall schließt der Ablader den Begebungsvertrag als Vertrag zugunsten des Empfängers mit dem Verfrachter. Entsprechend wird beim Rektakonnossement zugunsten des namentlich benannten Empfängers verfahren.

747

III. Wirkungen

Das Konnossement entfaltet im Seefrachtgeschehen in mehrerer Hinsicht besondere Wirkung. Zunächst hat es eine Quittungswirkung. Der Verfrachter bescheinigt, dass er die Güter nach Art, Maß, Zahl und Gewicht sowie in der äußerlichen Verfassung und Beschaffenheit wie im Konnossement angegeben erhalten bzw. an Bord verladen hat. Damit wird die Vermutung begründet, dass der Verfrachter die Güter wie beschrieben übernommen hat, § 656 Abs. 2 S. 1. Die Vermutung ist unwiderleglich, wenn das Konnossement einem gutgläubigen Dritten übertragen wurde, § 656 Abs. 2 S. 2. Die Vermutung gilt nicht, wenn das Konnossement ein Unbekannt- oder Marginal-Vermerk enthält, § 656 Abs. 3. Eine Unbekannt-Klausel (engl. „said to contain") bringt zum Ausdruck, dass die in Verpackung oder geschlossenen Gefäßen übergebenen Güter vom Verfrachter nicht überprüft wurden. Sie machen ein Konnossement im banktechnischen Sinn nicht unrein, gefährden die Akkreditivfinanzierung somit nicht, führen aber dazu, dass der Empfänger die Beweislast für den Zustand der Güter im Zeitpunkt der Übernahme durch den Verfrachter trägt. In einer Marginal-Klausel werden vom Verfrachter Schäden vermerkt, die zum Ausdruck bringt, dass die abgeladenen Güter entgegen den Angaben des Abladers Schäden aufweist, §§ 656 Abs. 3 Nr. 1, 646, 645 Abs. 2. Marginal-Klauseln machen das Konnossement iS des Akkreditivrechts unrein.

748

Das Konnossement verbrieft einen Auslieferungsanspruch des legitimierten Empfängers für die transportierten Güter. Die besondere (wertpapierrechtliche) Bedeutung dieses Anspruchs ergibt sich daraus, dass der Verfrachter gegen den Anspruch nur solche Einwendungen erheben kann, die die Gültigkeit der Erklärung in der Urkunde betreffen oder sich aus dem Inhalt der Konnossementsurkunde ergeben, § 364 Abs. 2.

749

227

750 Als Traditionspapier iS des § 650 erleichtert das Konnossement die Veräußerung von Gütern. Die Übergabe der Urkunde an den durch das Konnossement Legitimierten hat für den Eigentumserwerb an den Gütern dieselbe Wirkung wie die Übergabe des Guts selbst.

Die Konnossementsbedingungen können eine Beweisfunktion für den Vertragsinhalt haben. Sie sind zwar wegen der Trennung von Konnossement und Seefrachtvertrag nicht ohne weiteres als dessen Allgemeine Geschäftsbedingungen anzusehen. Bekannte Bedingungen des Konnossements können aber in den Seefrachtvertrag im Einzelfall (auch stillschweigend) einbezogen werden.

§ 3 Pflichtenkreis der am Seetransport beteiligten Personen

I. Pflichtenkeis des Verfrachters

751 Der Seefrachtvertrag begründet in seinen verschiedenen Erscheinungsformen (vgl. Kapitel 1 § 3 I) Pflichten des Verfrachters gegenüber seinem Vertragspartner, dem Befrachter, und ggf. Drittbegünstigten, insbesondere dem Empfänger. Nach deutschem Recht ist zwischen den Pflichten aus dem Seefrachtvertrag und dem Konnossementsrechtsverhältnis (vgl. Kapitel 1 § 1 II) und zwischen dem Stückgut- und dem Raumfrachtvertrag (vgl. Kapitel 1 § 3 I) zu unterscheiden. Die seefrachtrechtlichen Regeln des HGB sind in erster Linie am Modell des Raumfrachtvertrags orientiert. Die nachfolgende Darstellung geht der heutigen Bedeutung in der Seefrachtpraxis dessen ungeachtet zunächst auf den Stückgutfrachtvertrag ein (Kapitel 3 § 3 I.1); die Besonderheiten des Raumfrachtvertrags werden ergänzend dargestellt (Kapitel 3 § 3 V).

1. Beförderung

752 Hauptpflicht des Verfrachters ist die – im Gesetz nicht ausdrücklich geregelte – Beförderung der Güter über See, nebst der Ablieferung der Güter an den Empfänger (Kapitel 3 § 3 I. 11). Der Verfrachter ist verpflichtet, die Güter vom Ladehafen (port auf loading, in § 561 sog. Abladungshafen) bis zum Löschhafen (port of discharge, in § 561 sog. Bestimmungshafen) zu befördern.

2. Ladungsfürsorge

753 Den Verfrachter trifft die Pflicht zur Ladungsfürsorge während der Zeit, in der sich die Güter in seiner Obhut befinden, § 606 S. 1. Er hat die Güter mit der Sorgfalt eines ordentlichen Verfrachters zu behandeln. Dabei ist ein objektiver Maßstab anzulegen, der aber – anders als in § 426 für das allgemeine Frachtrecht geregelt – nicht die „größte Sorgfalt" fordert. Die Ladungsfürsorgepflicht besteht nach § 606 S. 1 nicht nur während der Beförderung im engeren Sinn, sondern insbesondere schon beim Einladen, Stauen sowie beim Ausladen. Dazu ist der Verfrachter nach den Regelungen der §§ 561, 593 verpflichtet; diese Verpflichtungen sind im Gesetz dispositiv ausgestaltet und können von den Vertragsparteien abbedungen werden. Die Haager Regeln stehen abweichenden Vertragsvereinbarungen über den Umfang der vom Verfrachter zu tragenden Pflichten auch bei Ausstellung eines Konnossements nicht entgegen, die Pflicht zur Ladungsfürsorge ist dagegen nicht abdingbar.

3. See- und ladungstüchtiges Schiff

Der Verfrachter hat gem. § 559 Abs. 1 dafür zu sorgen, dass das Schiff see- und ladungstüchtig ist. Seetüchtig ist das Schiff, wenn es tauglich ist, die Gefahren der Seereise mit der konkreten Ladung auf der vorgesehenen Route zu bestehen; es hat insbesondere gehörig eingerichtet, ausgerüstet und bemannt zu sein sowie genügend Vorräte zu haben. Besonderheiten der Ladung und der vorgenommenen Stauung sind zu berücksichtigen; sie dürfen die Stabilität des Schiffs nicht gefährden. Bei Gefahrgut sind die Gefahrgut- und Unfallverhütungsvorschriften zu beachten. Bei der Personalauswahl darf der Reeder kein für die konkrete Aufgabe der Besatzungsmitglieder unqualifiziertes Personal beschäftigen; grundsätzlich darf er sich aber ohne nähere Überprüfung darauf verlassen, dass der von einem Besatzungsmitglied vorgelegte Befähigungsnachweis eines Flaggenstaats diese Person für die entsprechenden Aufgaben qualifiziert. **754**

Ladungstüchtig ist das Schiff, wenn sich seine Ladungsräume in dem für die Aufnahme, Beförderung und Erhaltung der für die konkrete Beförderung angenommenen Güter erforderlichen Zustand befinden. Entsprechendes gilt für die Kühl- und Gefrierräume. Maßgeblich ist die jeweilige Ladung, so dass bei besonders (geruchs-)empfindlicher Ladung höhere Ansprüche an die Ladungstüchtigkeit zu stellen sind. Die See- und Ladungstüchtigkeit muss – wie aus § 559 Abs. 2 ersichtlich – bei Antritt der Reise gegeben sein. Anerkannt ist, dass wegen der besonderen Gefahren der Lade- und Staumaßnahmen das Schiff bereits bei diesen Vorgängen see- und ladungstüchtig zu sein hat. **755**

§ 559 Abs. 1 verlangt lediglich die anfängliche See- und Ladungstüchtigkeit des Schiffs bei Antritt der Reise. Zwar hat das Schiff während der gesamten Reise in diesem Zustand gehalten zu werden, nachträgliche Veränderungen sind hingegen nach § 606 S. 2 mit den danach geltenden abweichenden Haftungsmaßstäben (Kapitel 3 § 4 I. 2) zu beurteilen. Das Seefrachtrecht verlangt somit eine Abgrenzung der Herstellung (anfänglicher) See- und Ladungstüchtigkeit von der Verpflichtung zu der nach Antritt der Reise bestehenden Ladungsfürsorge und der sorgfältigen Bedienung des Schiffs. Wird die See- und Ladungstüchtigkeit durch ein objektiv berechtigtes erwartetes Verhalten der Schiffsbesatzung hergestellt (Behebung der Übermüdung des Wachpersonals vor Wachantritt), entfällt die anfängliche Ladungstüchtigkeit nicht deswegen, weil dieses Verhalten tatsächlich nicht eingehalten wird. **756**

4. Vorlegung des Schiffes

Das Schiff ist an dem vom Befrachter bezeichneten Platz vorzulegen, § 560 Abs. 1. In Ermangelung einer solchen Anweisung kann der Kapitän die Bestimmung selbst vornehmen und hat dann das Schiff an dem ortsüblichen Ladungsplatz anzulegen, § 560 Abs. 2. Im Stückgutfrachtverkehr wird der Ladehafen regelmäßig im Vertrag vereinbart, der Ladeplatz wird vom Verfrachter bestimmt. Gesetzlich nicht präzise geregelt ist, ob der vom Befrachter angegebene Hafen sicher zu sein hat (sog. safe port). § 560 Abs. 2 regelt lediglich, dass der Kapitän an dem ortsüblichen Liegeplatz anzulegen hat, wenn der vom Befrachter angewiesene Platz – etwa wegen fehlender Wassertiefe – die Anlegung nicht gestattet. Die h.M. entnimmt dieser Regelung eine allgemeine Verpflichtung des Verfrachters. **757**

5. Bereitstellung und Verladung der Güter

Die gesetzliche Pflichtenverteilung für die Ladevorgänge ist gem. der als Kostentragungsregel formulierten Vorschrift des § 561 in der Weise gestaltet, dass der Befrachter **758** für den Transport der Güter bis zum Schiff und für deren Bereitstellung zur Verladung zu sorgen hat, während der Verfrachter die Pflicht hat, die Güter in das Schiff einzuladen. Die Güter sind dem Verfrachter rechtzeitig bereit zu stellen; der Verfrachter ist beim Stückgutfrachtvertrag nicht verpflichtet, auf die Güter zu warten, § 588 Abs. 2. Ersatzgüter muss der Verfrachter nach Maßgabe des § 562 akzeptieren.

759 Die Güter sind grundsätzlich auf das Schiff zu verladen, das im Seefrachtvertrag genannt wird, § 565 Abs. 1 S. 1; eine solche Vereinbarung findet sich in der Praxis der Stückgutfrachtverträge im Liniendienst regelmäßig nicht. Liegt eine entsprechende Vereinbarung vor, kann der Verfrachter die Güter nicht ohne Erlaubnis des Befrachters in ein anderes Schiff verladen, wenn nicht zugleich eine Substitutionsbefugnis vereinbart wurde.

760 Durch vertragliche Sonderregelungen („fio" – free in and out, „fios" – free in and out stowed oder „fiost" – free in and out stowed and trimmed) kann die Pflicht des Verfrachters abbedungen und dem Befrachter/Ablader auferlegt werden; dabei ist jeweils zu prüfen, ob durch die Verwendung dieser Klauseln lediglich eine Kostentragungsregelung getroffen werden sollte.

761 Die Verladung hat gem. § 566 unter Deck zu erfolgen, wenn nicht der Befrachter/Ablader einer Verladung auf Deck zustimmt. Die Unterdeckverladung verlangt die Unterbringung in den Laderäumen unter der Decklinie (Luken) oder in ausreichend geschützten Räumen von Deckaufbauten. Im Containerverkehr geht die Rechtspraxis regelmäßig von einer stillschweigenden Zustimmung des Befrachters/Abladers zur Deckverladung aus, zumal sich in Seefrachtverträgen und Konnossementsbedingungen vielfach Deckladeklauseln finden.

6. Konnossementsausstellung

762 Der Verfrachter hat dem Ablader auf dessen Verlangen ein Konnossement auszustellen, und zwar ein Bordkonnossement, sobald die Güter an Bord genommen sind, § 642 Abs. 1. Zur Bedeutung von IoC-Klauseln bei der Konnossementsausstellung (vgl. Kapitel 3 § 2 II).
Erfolgt die Ausstellung eines Konnossements gegen eine Haftungsfreistellungsvereinbarung (sog. Revers) mit dem Verfrachter, ist zu unterscheiden: Hat der Verfrachter Zweifel, ob Mängel vorliegen, ist die Ausstellung des reinen Konnossements gegen Revers unbedenklich. Die Ausstellung eines falschen Konnossements gegen Revers wird dagegen von der deutschen Rechtsprechung als sittenwidriges Rechtsgeschäft angesehen. Bei der Ausstellung eines bewusst falschen Konnossements gegen Revers kann sich der Verfrachter überdies schadenersatzpflichtig machen.

7. Fürsorge für die Güter

763 Der Verfrachter hat die Güter beim Einladen, Stauen, Befördern und Ausladen mit der Sorgfalt eines ordentlichen Verfrachters zu behandeln, § 606 S. 1. Entsprechende Verpflichtungen treffen die Schiffsbesatzung (Kapitän, Ladungsoffizier), für dessen Verschulden der Verfrachter einzustehen hat. Im Seefrachtvertrag kann die Pflichtenstellung verändert werden; insbesondere im Stückgutfrachtvertrag kann sich der Verfrachter verpflichten, die Güter nicht erst am Schiff zu übernehmen oder nach dem Ausladen an den Empfänger abzuliefern. Dementsprechend verändert sich die Ladungsfürsorgepflicht des Verfrachters.

Pflichtenkreis der am Seetransport beteiligten Personen   Kap. 3 § 3   **F**

8. Einhaltung der Reiseroute

Der Verfrachter ist verpflichtet, die Güter auf der vereinbarten Reiseroute zu befördern. **764**
Eine Abweichung von der Reiseroute ist deshalb nach § 636 a nur ausnahmsweise gerechtfertigt. Wird lediglich eine Vereinbarung über den Lade – und Löschhafen getroffen, ohne dass eine bestimmte Reiseroute vereinbart wird, ist der Verfrachter verpflichtet, die nach den Umständen geeignete Reiseroute zu wählen; im Linienverkehr sind die üblichen Reiserouten einzuhalten. Durch sog. Deviationsklauseln im Konnossement oder anderen Vertragsbedingungen wird dem Verfrachter das Recht eingeräumt, von der vereinbarten oder üblichen Reiseroute abzuweichen. Solche Klauseln unterliegen nach deutschem Recht der Inhaltskontrolle gem. §§ 305 ff., 310 BGB.

9. Direktionsrecht der Ladungsbeteiligten

Das deutsche Seefrachtrecht sieht – anders als § 418 im allgemeinen Frachtrecht – ein **765**
Weisungsrecht der Ladungsbeteiligten gegenüber dem Verfrachter nicht ausdrücklich vor. Dass ein solches Weisungsrecht dennoch besteht, ist anerkannt und wird teils aus dem Kündigungsrecht nach §§ 580, 582, 589, teils aus § 654 Abs. 1 abgeleitet; es wird dementsprechend mal dem Befrachter, nicht aber dem Ablader, mal dem Ablader, nicht aber dem Befrachter zuerkannt. Weisungen sind nur dann verbindlich, wenn ihre Ausführung – nicht anders als in § 418 – voraussehbar weder Nachteile für den Betrieb des Verfrachters noch Schäden für die Ladungsbeteiligten an den Gütern zur Folge haben. Ist ein Konnossement ausgestellt, darf der Kapitän Weisungen auf Auslieferung oder Rückgabe der Güter nur befolgen, wenn ihm sämtliche Konnossemente zurückgegeben werden, § 654.

10. Ausladen im Löschhafen („Löschen")

Der Verfrachter hat die Güter im Löschhafen auszuladen („zu löschen"). Für den **766**
Ort, die Kosten und die Zeit des Löschens der Ladung gelten die Bestimmungen der §§ 592 – 600. Abweichende Vereinbarung sind zulässig und erfolgen insbesondere in fio-, fios-, und fiost-Klauseln (vgl. Kapitel 3 § 3 I.5).

11. Auslieferung im Bestimmungshafen

Die Güter sind an den Empfänger im Bestimmungshafen auszuliefern. Die Ausliefe- **767**
rung ist ein zweiseitiger Rechtsakt, der grundsätzlich die Mitwirkung des Empfängers erfordert, § 604 Abs. 1 S. 1. Zur Empfangnahme ist bei Ausstellung eines (Order-) Konnossements derjenige, der in dem Wertpapier als Empfänger genannt und dem das Papier durch Indossament übertragen wurde, § 648 Abs. 1. Der Verfrachter hat die Güter an denjenigen zu übergeben, der eine Ausfertigung des legitimierenden Konnossements vorlegt, mögen auch mehrere Ausfertigungen ausgestellt worden sein, § 648 Abs. 2. Die Auslieferung der Güter muss nur gegen Rückgabe einer Ausfertigung des Konnossements erfolgen, auf der sich der Verfrachter die Ablieferung bescheinigen lässt. Mit dieser Quittung ist der Verfrachter gegen Auslieferungsansprüche weiterer legitimierter Konnossementsinhaber geschützt. Machen mehrere Konnossementsinhaber Auslieferungsansprüche geltend, muss der Kapitän die Konnossemente zurückweisen, die Güter hinterlegen und die Konnossementsinhaber davon in Kenntnis setzen, § 649 Abs. 1.

II. Pflichtenkreis des Befrachters

1. Zahlung der Beförderungsvergütung (Fracht)

768 Der Befrachter ist zur Zahlung der vereinbarten Fracht verpflichtet. Ist die Höhe der Fracht nicht vereinbart, hat der Befrachter die übliche Fracht zu zahlen, § 619 Abs. 1. Für verloren gegangene Güter ist gem. § 617 Abs. 1 keine Fracht zu zahlen; vorausbezahlte Fracht ist zu erstatten.
Werden die Güter an den Empfänger ausgeliefert, erlischt die Zahlungspflicht des Befrachters, § 625 S. 1; der Befrachter haftet nur noch in den Ausnahmefällen des § 625 S. 2. Die Vereinbarung einer Forthaftung des Befrachters nach Auslieferung der Güter in Allgemeinen Geschäftsbedingungen ist unwirksam.

2. Lieferung der Güter

769 Der Befrachter hat dem Verfrachter die Güter zu liefern, § 585. Dabei handelt es sich im Rechtssinne nicht um eine beförderungsvertragliche Rechtspflicht, sondern um eine Mitwirkungshandlung, ohne die der Anspruch auf Beförderung nicht erfüllt werden kann. Liefert der Befrachter die Güter nicht, gerät er in Annahmeverzug und hat die Fracht und bestimmte Mehrkosten nach Maßgabe des § 578 zu zahlen.
Der Befrachter hat die Güter in einem zur Beförderung geeigneten Zustand bis an das Schiff zu liefern. In Anlehnung an die FAS-INCOTERMS-Klausel wird der Befrachter danach für verpflichtet gehalten, die Güter „längsseits des Schiffes" zu liefern. Abweichende vertragliche Vereinbarungen sind zulässig.

3. Richtige Kennzeichnung der Güter

770 Der Befrachter ist dem Verfrachter gegenüber für die Richtigkeit der Angaben über Maß, Zahl oder Gewicht sowie über Merkzeichen der Güter verantwortlich, § 563 Abs.1 S. 1. Dem entspricht eine – im HGB allerdings nicht ausdrücklich geregelte – (Neben-)Pflicht des Befrachters, entsprechende Angaben erklären zu müssen. Inhalt und Umfang dieser Pflicht sind im Hinblick auf deren Zweck, Schäden des Verfrachters und deren Eigentümer zu vermeiden, zu bestimmen. Gesetzliche Erklärungspflichten ergeben sich aus Sondergesetzen, insbesondere aus dem Gefahrgutrecht.

III. Pflichtenkreis des Abladers

771 Den Ablader treffen als nicht am Beförderungsvertrag beteiligten Dritten keine Vertragspflichten im engeren Sinn. Der Ablader ist aber dem Verfrachter gegenüber für die Richtigkeit der Angaben über Maß, Zahl oder Gewicht sowie über Merkzeichen der Güter verantwortlich, § 563 Abs.1 S. 1. Dem entspricht eine – im HGB allerdings nicht ausdrücklich geregelte – (Neben-)Pflicht des Abladers, entsprechende Angaben erklären zu müssen.
Sofern der Ablader sich nicht selbst zur Zahlung besonders verpflichtet, ist er als nicht am Vertrag beteiligter Drittablader nicht zur Zahlung der Fracht verpflichtet.

IV. Pflichtenkreis des Empfängers

Der Seefrachtvertrag legt als Vertrag zu Gunsten Dritter dem Empfänger grundsätzlich keine Verpflichtungen auf. Werden die Güter an den Empfänger ausgeliefert, ist dieser zur Zahlung der Fracht verpflichtet. Diese Verpflichtung ist dem Umfang nach auf die sich aus dem Konnossement oder dem Frachtvertrag ergebende Summe beschränkt; die in § 614 genannten Nebenkosten kommen hinzu. Ein „freight prepaid"-Vermerk schließt die Zahlungspflicht des Empfängers aus. **772**

Weitere Verpflichtungen des Empfängers können vertraglich vereinbart werden. Damit solche vertraglichen Bindungen wirksam zu Stande kommen, müssen sie aus dem Konnossement oder anderen Seefrachtdokumenten ersichtlich sein und der Empfänger muss ihnen zustimmen. Praktische Bedeutung hat die Übernahme der Verpflichtung zum Löschen der Güter; der Empfänger kann auch verpflichtet werden, die erforderlichen Einfuhrdokumente zu beschaffen. **773**

V. Abweichende Spezifika des Raumfrachtvertrags

Für den Raumfrachtvertrag (zu den Varianten vgl. Kapitel 1 § 3 I) gelten grundsätzlich die vorstehend genannten Pflichten der Vertragsparteien. Ergänzend bzw. teilweise verdrängend sind Besonderheiten zu beachten, die nachfolgend dargestellt werden. **774**

1. Verladung am angewiesenen Platz

Die Verladung findet auf das im Vertrag bezeichnete Schiff an dem vom Befrachter angewiesenen Ladeplatz in dem gleichfalls vom Befrachter angewiesenen Ladehafen statt, § 560 Abs. 1. Anders als im Stückgutfrachtvertrag der Liniendienste wird im Raumfrachtvertrag regelmäßig vereinbart, dass die Beförderung mit einem bestimmten Schiff zu erfolgen hat. Zu den Pflichten des Befrachters gehört es, sowohl einen sicheren Hafen („safe port") als auch einen geeigneten Ladeplatz („safe berth") anzugeben. **775**

2. Dauer und Vergütung der Ladezeit

Beim Raumfrachtvertrag besteht vor allem in der Variante der Reisecharter ein erhebliches Interesse an der Kalkulation der Aufenthaltsdauer im Lade- und Löschhafen. Dem tragen die Vorschriften der §§ 567 ff. über die Ladezeit, die sog. Überliegezeit, und ein ggf. zusätzlich zu zahlendes Liegegeld Rechnung. Sie beruhen darauf, dass die Liegezeit sich aus der Ladezeit und der Überliegezeit zusammensetzt. Ladezeit ist die durch die Fracht abgegoltene Zeit, die für die Dauer des Ladevorgangs angesetzt ist. Sie wird entweder vertraglich vereinbart bzw. durch den Ortsgebrauch bestimmt, oder es gilt eine nach den Umständen angemessene Frist, § 568 Abs. 1. Ihr Beginn bestimmt sich nach § 567. Ist eine Überliegezeit vereinbart, hat der Verfrachter auch nach Überschreiten der Ladezeit auf die Abladung zu warten; dafür erhält der Verfrachter das Liegegeld („demurrage") als zusätzliche Vergütung, § 567 Abs. 4 S. 2, das regelmäßig vertraglich vereinbart oder nach billigem Ermessen zu bestimmen ist, § 572. **776**

3. Ablieferung und Dauer der Löschzeit

Unter einem Raumfrachtvertrag hat der Verfrachter die Güter für den Empfänger zur Übernahme bereit zu stellen. Insofern gelten die Vorschriften der §§ 594 ff. über die **777**

Lösch- und Überliegezeit sowie das Liegegeld, die den Vorschriften über die Ladezeit nachgebildet sind.

4. Vergütung für nicht bereitgestellte Fracht (Leerfracht)

778 Gem. § 578 S. 2 schuldet der Befrachter auch dann die volle Fracht, wenn er nicht die volle Ladung bereitgestellt hat; ferner hat er dem Verfrachter – wegen des geringeren Umfangs des Pfandrechts gem. § 623 Abs. 1 – zusätzliche Sicherheit zu leisten, § 578 S. 2, und eventuelle Mehrkosten zu erstatten, § 578 S. 3. Kann der Befrachter die zu befördernden Güter nicht rechtzeitig bereitstellen, kann der Verfrachter nach Ablauf der als Wartezeit bezeichneten Frist, während der der Verfrachter auf die Abladung zu warten hat (vgl. § 567 Abs. 3), die Reise antreten und die Fracht und weitere Kosten nach Maßgabe des § 578 geltend machen, § 579. Übt dagegen der Befrachter sein Rücktrittsrecht vom Seefrachtvertrag aus, weil er die Güter nicht rechtzeitig bereitstellen kann, schuldet er die Hälfte der vereinbarten Fracht als sog. Fautfracht, § 580 Abs. 1. Er hat dann die Kosten für die Einladung und Wiederausladung sowie ggf. Liegegeld zu zahlen, § 581 Abs. 1 S. 1. Nach Antritt der Reise kann der Befrachter das Rücktrittsrecht nur noch gegen Zahlung der vollen Fracht und den weiteren Maßgaben der §§ 582 – 586 ausüben. Wird nicht das Schiff im Ganzen gechartert, so gelten die §§ 578 ff. mit den in § 587 geregelten Abweichungen.

§ 4 Tatbestände der Haftung für den Verfrachter

I. Kategorien der Haftung

779 Nach dem gesetzlichen Seefrachtrecht haftet der Verfrachter in erster Linie für den Verlust oder die Beschädigung der zu transportierenden Güter (Kapitel 3 § 4 III). Für die Haftung für Verspätungsschäden (Kapitel 3 § 4 VII) und sonstige Vermögensschäden (Kapitel 3 § 4 VIII) bestehen keine speziellen Rechtsgrundlagen im HGB-Seefrachtrecht und sind deshalb nach allgemeinen Rechtsgrundlagen zu behandeln.

1. Bereitstellung eines see- und ladungsuntüchtigen Schiffes

780 Die Haftung des Verfrachters für die Verletzung seiner Pflicht, ein see- und ladungstüchtiges Schiff bereit zu stellen (vgl. Kapitel 3 § 3 I.3), ist gem. § 559 Abs. 2 als Verschuldenshaftung mit vermutetem Verschulden konzipiert. Zur Begründung seines Anspruchs muss der Anspruchsteller die See- und Ladungsuntüchtigkeit des Schiffs darlegen und erforderlichenfalls beweisen. Um sich zu entlasten, muss der Verfrachter darlegen und beweisen, dass er diese nicht verschuldet hat und dass er diese auch unverschuldet bis zum Antritt der Reise nicht entdeckt hat. Im Hinblick darauf, dass die Seeuntüchtigkeit eine Folge unsachgemäßen Stauens sein kann, hat somit der Verfrachter die Stauung selbst dann zu überwachen, wenn er nicht selbst zu laden oder stauen hat.

781 Zur Geltung des Haftungsanspruchs legitimiert sind gem. § 559 Abs. 2 alle durch Vertrag oder Konnossement berechtigten Ladungsbeteiligten. Dies sind aus dem Konnossement der legitimierte Konnossementsinhaber, der Befrachter aus dem Seefrachtvertrag und auch der durch den Seefrachtvertrag drittbegünstigte Empfänger der Güter. Der Verfrachter haftet für eigenes Verschulden sowie für das Verschulden seiner Erfüllungsgehilfen gem. § 278 BGB. § 607 Abs. 1 findet im Rahmen der Verfrachterhaftung nach § 559 Abs. 2 keine Anwendung.

2. Sorge für die Ladung

Gem. § 606 S. 2 haftet der Verfrachter für die Verletzung seiner Verpflichtung zur Ladungsfürsorge nach § 606 S. 1 (vgl. Kapitel 3 § 3 I. 2). Ersatzberechtigt sind – trotz des Fehlens eines § 559 Abs. 2 entsprechenden Tatbestandsmerkmals – alle aus dem Seefrachtvertrag oder Konnossement berechtigten Ladungsbeteiligten. Auch dabei handelt es sich – wie in § 559 Abs. 2 – um eine Haftung für vermutetes Verschulden. **782**

Der Verfrachter haftet für eigenes Verschulden; für Fremdverschulden haftet der Verfrachter im Rahmen des § 606 S. 2 nach Maßgabe der Sondervorschrift des § 607, die sich inhaltlich von der allgemeinen Zurechnungsvorschrift des § 278 BGB unterscheidet. Gem. § 607 Abs. 1 haftet der Verfrachter grundsätzlich für das Verschulden seiner Leute und der Schiffsbesatzung. „Leute" des Verfrachters sind alle in seinem Bereich angestellten Personen, ohne dass es darauf ankommt, ob diese in den konkreten Beförderungsvorgang einbezogen sind. Nicht zu den Leuten gehören selbständige Gewerbetreibende und die von diesen eingesetzten Gehilfen; für deren Verschulden kann der Verfrachter aber nach § 278 BGB einstehen. Außerdem hat der Verfrachter für ein Verschulden der Schiffsbesatzung (vgl. § 481) einzustehen; dem Verfrachter ist somit das Verschulden der Schiffsbesatzung auch dann zuzurechnen, wenn die Besatzung nicht zu seinen, sondern den Leuten eines Unterfrachtführers gehört. **783**

Weitere Besonderheiten der Zurechnungsvorschrift des § 607 bestehen nach Abs. 2. Danach hat der Verfrachter bei Schäden, die durch ein Verschulden bei der Führung oder sonstigen Bedienung des Schiffs oder durch Feuer entstanden sind, nur für eigenes Verschulden einzustehen. Die auf den Haager Regeln von 1924 beruhende Vorschrift entlastet den Verfrachter insbesondere von der Haftung für nautisches Verschulden der Schiffsbesatzung. Dazu gehören insbesondere sämtliche Schiffsmanöver, Ruder- und Maschinenkommandos, das Absetzen des Kurses, die Besetzung des Ausgucks, die Standortbestimmung, das Hinzuziehen von Lotsen, die Beobachtung des Radars, die Signalgebung sowie die Beachtung von Vorschriften des Seestraßenrechts. Die Rechtsprechung bezieht auch das „Nichtführen" des Schiffs (z. B. infolge des Einschlafens des Wachoffiziers) in den Anwendungsbereich des § 607 Abs. 2 S. 1 ein. Ausgenommen von der Zurechnung des Fremdverschuldens ist auch ein Verschulden bei der „sonstigen Bedienung" des Schiffs. Dazu gehört in erster Linie die Bedienung und Wartung der Maschine und anderer Anlagen des Schiffs, soweit sie der Schiffssicherheit dienen. Die Grenze ist im Hinblick auf § 607 Abs. 2 S. 2 und damit zu Maßnahmen zu ziehen, die überwiegend im Interesse der Ladung getroffen werden. Letztere Maßnahmen sind solche, die der Ladungssicherheit dienen (Reinigung der Laderäume, Schließen der Lukendeckel); Ein Verschulden der Schiffsbesatzung und seiner Leute bei diesen Maßnahmen (sog. kommerzielles Verschulden) wird dem Verfrachter nach § 607 Abs. 1 zugerechnet. **784**

II. Ausschluss der Haftung bei besonderen Gefahren

In § 608 Abs. 1 werden zahlreiche besondere Gefahren angeführt, die einen Haftungsausschluss zu Gunsten des Verfrachters bewirken. Da die dort angeführten Gefahren ausnahmslos Umstände betreffen, die außerhalb des Bereichs liegen, für den der Verfrachter nach § 606 S. 1 zu haften hat, liegt die praktische Bedeutung des Haftungsausschlusstatbestands in seiner Beweislastverteilung: Nach § 608 Abs. 2 wird vermutet, dass ein Schaden, der nach den Umständen des Falls aus einer der in § 608 Abs. 1 bezeichneten Gefahren entstehen konnte, aus dieser Gefahr entstanden ist; somit trägt der Anspruchssteller die Beweislast dafür, dass der Eintritt der „Kataloggefahren" auf einem Umstand beruht, den der Verfrachter zu vertreten hat, § 608 Abs. 3. **785**

786 Die Haftungsausschlusstatbestände sind in § 607 Abs. 1 abschließend aufgelistet. Jeweils geht es um Gefahren, die auf Umständen beruhen, bei denen der entstandene Schaden bei Anwendung der gebotenen Sorgfalt nicht vermeidbar war. Nicht eindeutig geklärt ist die Einbeziehung der Piraterie in den Ausschlusstatbestand der Nr. 2. Bei der Anwendung der Nr. 5 stehen Rechtsstreitigkeiten um die Verpackung oder die Geeignetheit des Containers für den Transport im Vordergrund; insofern geht es bei der Rechtsprechung von einer auf die bessere Sachkenntnis bezüglich der Ware gegründeten Pflicht des Befrachters aus, einen ihm zur Verfügung gestellten Container auf seine Beförderungseignung für die zu transportierende Ware zu untersuchen und ggf. zurückzuweisen. In Konnossementen finden sich sog. Containerklauseln, mit denen der Verfrachter seine Haftung für zum Transport ungeeignete Container auszuschließen versucht. Solche Klauseln sind rechtlich auch unter dem Aspekt der Kontrolle von Allgemeinen Geschäftsbedingungen gem. §§ 305 ff., 310 BGB unbedenklich, sofern sie eine Haftung bei fehlendem Verschulden des Verfrachters ausschließen; dagegen dürfte ein Haftungsausschluss in Fällen der vom Befrachter/Ablader nicht bemängelten Ungeeignetheit des Containers für den vorgesehenen Transport bei Vorliegen von Verschulden des Verfrachters unwirksam sein, weil in diesen Fällen nur ein Mitverschulden zu berücksichtigen ist, nicht aber ein vollständiger Haftungsausschluss vorgesehen ist.

Eine Umkehr der Beweislast bezüglich des Verschuldens des Verfrachters kommt gem. § 611 Abs. 3 in Betracht, wenn nämlich die erforderliche Schadensanzeige nicht oder nicht rechtzeitig erfolgt. Nach § 611 Abs. 1 S. 1 sind ein eventueller Verlust oder eine eventuelle Beaschädigung der Güter dem Verfrachter oder seinem Vertreter im Löschhafen spätestens bei der Auslieferung der Güter schriftlich anzuzeigen; bei äußerlich nicht erkennbarem Verlust oder Beschädigung ist es ausreichend, wenn die Anzeige innerhalb von drei Tagen nach der Auslieferung abgesandt wird, § 611 Abs. 1 S. 2. Die Vermutung gem. § 611 Abs. 3 bedeutet nicht nur, dass der Verfrachter die Güter so abgeliefert hat, wie sie im Konnossement beschrieben sind, sondern auch, dass der Schaden auf einem Umstand beruht, den der Verfrachter nicht zu vertreten hat; selbst in den Fällen, in denen der Befrachter einen Verlust oder eine Beschädigung der Güter nachweist, besteht die Vermutung des § 606 S. 2 – ebenso wie die des § 559 Abs. 2 – nicht mehr. Nach der Rechtsprechung des OLG Hamburg kann der Anspruchsteller die Vermutung des § 611 Abs. 3 durch den Nachweis widerlegen, dass der Schaden an Bord eingetreten ist.

III. Haftung für Verlust und Beschädigung der Güter

787 Die Haftung für Verlust und Beschädigung der Güter ist gem. den Vorschriften der §§ 658 – 660 begrenzt. Davon zu unterscheiden ist die Regelung in § 486 Abs. 1, welche die Möglichkeit eröffnet, die Haftung für Seeforderungen nach den Bestimmungen des Londoner Haftungsbeschränkungsübereinkommens von 1976/1996 zu beschränkten (dazu Kapitel 3 § 4 VI).

1. Ersatz des gemeinen Handelswerts der Güter

788 Gem. § 658 Abs. 1 ist für den gänzlichen oder teilweisen Verlust der Güter kein Schadenersatz nach den allgemeinen Vorschriften der §§ 249 ff. BGB zu leisten. Vielmehr ist ihr „gemeiner Handelswert" zu ersetzen. Der Anspruchsteller kann statt dessen auch den „gemeinen Wert" der Güter am Bestimmungsort zum Zeitpunkt des Löschungsbeginns oder zum Zeitpunkt der Ankunft des Schiffs beanspruchen; er muss dann in Abzug bringen, was infolge nicht angefallener Zölle oder sonstiger nicht angefallener Kosten sowie an Fracht erspart wurde. Gemeiner Handelswert ist bei marktgängigen Gütern der Marktpreis; gemeiner Wert ist derjenige, den das Gut nach seiner objektiven Beschaffenheit für jedermann hat. Maßgebend ist – abweichend vom allgemeinen Frachtrecht (vgl. § 429) – der Wert am frachtvertraglich vorgesehenen Bestimmungsort der Güter, § 658 Abs. 1. Kommt das Schiff nicht am Bestimmungsort an, gelten die besonderen Regeln des § 658 Abs. 2.

Im Falle der Beschädigung der Güter ist gem. § 659 der Minderwert der Güter zu ersetzen. Dieser wird als Unterschiedsbetrag zwischen dem Verkaufswert der Güter im beschädigten Zustand und dem gemeinen Handelswert oder dem gemeinen Wert berechnet, den die Güter ohne die Beschädigung haben. Zugrunde zu legen sind wiederum die Werte am Bestimmungsort zur Zeit der Löschung des Schiffs. Ersparnisse infolge der Beschädigung bei Zöllen und Kosten sind in Abzug zu bringen, § 659 Hs. 2. **789**

2. Obergrenzen der Haftung

Die Haftung des Verfrachters ist gem. § 660 grundsätzlich auf die dort festgelegten Höchstbeträge begrenzt. Ausnahmen bestehen in den Fällen des § 660 Abs. 3 (vgl. Kapitel 3 § 4 IV) sowie im Falle einer (in der Seefrachtpraxis ungebräuchlichen) Wertdeklaration gem. § 660 Abs. 1 S. 1. Das Gesetz räumt dem Anspruchsteller ein Wahlrecht ein, seinen Ersatzanspruch entweder nach der Kilogrammalternative (2 Rechnungseinheiten pro Kg) oder nach der Stückalternative (666,67 je Rechnungseinheit) des § 660 Abs. 1 zu berechnen. Zum Begriff der Rechnungseinheit vgl. § 660 Abs. 1 S. 3, 4. Dabei ist im Seefrachtrecht das Rohgewicht der Güter zu Grunde zu legen. **790**

Die Angabe des Gewichts im Konnossement begründet eine für die Berechnung des Ersatzanspruchs heranziehbare Vermutung. Für die Berechnung der Haftungsbeschränkung wird diese Abgabe auch dann herangezogen, wenn das Konnossement einen Unbekannt-Vermerk trägt (§ 656 Abs. 3 Nr. 2); in diesem Fall können beide Seiten den Nachweis eines höheren oder niedrigeren Gewichts führen. **791**

Gem. Art. 6 Abs. 1 S. 1 Nr. 2 EGHGB gilt die Kilogrammalternative auch dann, wenn die Geltung deutschen Rechts für die Beförderung in den Hafen eines Staats vereinbart wird, in dem zwar die Haager Regeln, nicht aber die Haag/Visby-Regeln gelten. Damit findet die Kilogrammalternative, die erst durch die Haag/Visby-Regeln eingeführt wurde, auch in diesen Fällen Anwendung.

Die Schadensberechnung auf der Grundlage der Stückalternative des § 660 Abs. 1 wird der Anspruchsteller bei Gütern mit einem Gewicht von weniger als 333,33 kg vornehmen. Ein „Stück" (frz. „colis", engl. „package") ist jedes Gut, das in irgendeiner Weise verpackt und damit mit einem äußeren Schutz versehen ist, oder aber ein Gut, das seiner Eigenart nach und für die bessere Handhabung während des Transports durch besondere Behandlung mit oder ohne Verwendung von Verpackungsmaterial hergerichtet worden ist. Wegen der damit anerkannten Weite des Stückbegriffs hat der nach früherer Gesetzesfassung wichtigere Begriff der „Einheit" seine praktische Bedeutung verloren. **792**

In § 660 Abs. 2 wird geregelt, dass bei Verwendung eines Containers, einer Palette oder eines ähnlichen Geräts jedes Stück und jede Einheit, die sich darin befinden und im Konnossement genannt sind, als eigenständiges Stück bzw. als eigenständige Einheit gelten, § 660 Abs. 2 S. 1. Enthält das Konnossement keine entsprechenden Angaben, gilt der Behälter, die Palette oder das Gerät selbst als Stück oder Einheit, § 660 Abs. 1 S. 2. Die sog. Containerklausel soll vermeiden, dass in jedem Fall ein Container als Stück oder Einheit anzusehen ist und damit die Haftung nach der Stückalternative auf 666,67 SZR begrenzt ist. Eine weitergehende Haftung setzt voraus, dass im Konnossement angegeben ist, wie viele Stücke (oder Einheiten) der Güter im Container enthalten sind. **793**

IV. Wegfall der Haftungsobergrenzen

794 Gem. § 660 Abs. 3 kommt eine – auch im Allgemeinen Frachtrecht bekannte (vgl. § 435) – Wegfall der Haftungsobergrenzen in Betracht. Ist der Schaden auf eine Handlung oder Unterlassung zurückzuführen, die der Verfrachter mit qualifiziertem Verschulden begangen hat, verliert er das Recht auf die Haftungsbeschränkung nach Abs. 1 sowie nach den §§ 658, 659. Der Anspruchsberechtigte kann dann Schadensersatz nach den allgemeinen Vorschriften der §§ 249 ff. BGB verlangen.
Die Haftungsbeschränkungen entfallen gem. § 660 Abs. 3 nur bei eigenem qualifiziertem Verschulden des Verfrachters; die Vorschrift des § 607 Abs. 1 findet im Rahmen des § 660 Abs. 3 keine Anwendung. Handelt es sich bei dem in Anspruch genommenen Verfrachter um eine juristische Person, erfordert der Verlust des Rechts auf Haftungsbeschränkungen ein qualifiziertes Verschulden der Organe.

795 Die Beweislast für das Vorliegen des erforderlichen qualifizierten Verschuldens liegt grundsätzlich bei dem Anspruchsteller. Allerdings gilt nach einer Grundsatzentscheidung des BGH auch im Rahmen des § 660 Abs. 3 die im Allgemeinen Transportrecht entwickelte Regel zur sekundären Darlegungslast des Frachtführers. Danach wird die den Anspruchsteller treffende Darlegungs- und Beweislast für die besonderen Voraussetzungen der unbeschränkten Haftung des Verfrachters dadurch abgemildert, dass dieser nach Treu und Glauben wegen des unterschiedlichen Informationsstands zu den näheren Umständen aus dem Betriebsbereich des Verfrachters soweit möglich und zumutbar eingehend vorzutragen hat. Voraussetzung dafür ist, dass der Anspruchsteller Anhaltspunkte für das Vorliegen eines qualifizierten Verschuldens darlegt, die sich insbesondere aus der Art und dem Ausmaß des Schadens ergeben können. Dieser für Verlustfälle entwickelte Grundsatz kann nach der Rechtsprechung des BGH auf Fälle der Beschädigung von Transportgut übertragen werden, wenn der entstandene Schaden auf einer unzureichenden Sicherung des Transportguts beruht. Der Verfrachter hat in diesem Fall, soweit es zuzumuten ist, in substantiierter Weise darzulegen, welche auf der Hand liegenden Schadensverhütungsmaßnahmen er getroffen hat. Kommt er dieser sekundären Darlegungslast nicht nach, spricht eine widerlegliche tatsächliche Vermutung dafür, dass ihn in objektiver wie subjektiver Hinsicht ein qualifiziertes Verschulden trifft.

V. Dispositivität der Haftung und ihre Grenzen

796 Die Haftungsvorschriften des Seefrachtrechts sind grundsätzlich dispositiv gestaltet. Dieser Grundsatz erfährt in der Vorschrift des § 662, welche die Haager Regeln und die Haag/Visby-Regeln im deutschen Recht verankern soll, eine bedeutende Einschränkung. Sie beruht auf dem Grundgedanken, dass die aufgeführten Haftungsregeln nicht abbedungen werden können, wenn ein Konnossement ausgestellt wurde. Bei Stückgutverträgen bewirkt gem. § 662 Abs. 1 S. 1 allein die Ausstellung des Konnossements die Unabdingbarkeit der Haftungsregeln; bei Raumfrachtverträgen ist dies gem. § 663 a erst dann der Fall, wenn das Konnossement an einen Dritten begeben worden ist.

797 Ausgenommen von der zwingenden Geltung der Haftungsregeln sind die in § 663 Abs. 2 geregelten aus den Haager Regeln bzw. den Haag/Visby-Regeln übernommenen Fälle. Dazu gehört die Haftung für Deckladung, § 663 Abs. 2 Nr. 1. Voraussetzung für die Abbedingung der gesetzlichen Verfrachterhaftung ist, dass die Güter im Konnossement als Deckladung bezeichnet werden, was eine Zustimmung des Abladers verlangt, und dass die Güter tatsächlich entsprechend befördert werden.

Tatbestände der Haftung für den Verfrachter Kap. 3 § 4 F

Die Haftung für Schäden, die in der Zeit vor der Einladung und nach der Ausladung **798**
eintreten, ist ebenfalls dispositiv gestaltbar, § 656 Abs. 2 Nr. 2. Dementsprechend
werden sog. Landschadensklauseln von der deutschen Rechtsprechung für wirksam
gehalten. Inzwischen wird allerdings zu Recht in Zweifel gezogen, ob diese Rechtsprechung mit den Grundsätzen der AGB-Kontrolle vereinbar ist, da mit der Entlastung von
der Verantwortung für die Obhutspflichten des Verfrachters Kardinalpflichten abbedungen werden.

Die Ausnahmetatbestände des § 556 Abs. 2 Nr. 3 betreffen die zahlenmäßig weniger **799**
bedeutsamen Fälle nicht handelsüblicher Verschiffungen, die insbesondere für Ausstellungen, von Expeditionen und Schwerguttransporte durchgeführt werden. Besondere
Abmachungen sind regelmäßig bei Nachschublieferungen für Bohrinseln oder bei Forschungsreisen erforderlich. Die Ausnahme für Charterpartien in Nr. 4 läuft wegen
§ 663 a praktisch leer.

VI. Beschränkung von Seeforderungen

Die Regelungen der §§ 486 – 487e enthalten Vorschriften über die Haftungsbeschrän **800**
kung nach dem Londoner Haftungsbeschränkungsübereinkommen von 1976 (HBÜ) in
der Fassung des Protokolls von 1996. Die (technische) Umsetzung des von Deutschland
gezeichneten und ratifizierten Übereinkommens ist gem. § 486 in der Weise erfolgt,
dass das Übereinkommen nebst Protokoll auf der Grundlage der Transformationsregeln
als solches Anwendung findet. Im HGB werden nur einzelne ergänzende Regeln getroffen. Der wesentliche Inhalt der Regelungen ergibt sich somit nicht aus dem HGB,
sondern aus dem Übereinkommenstext selbst.

Zur Beschränkung der Haftung sind gem. Art. 1 Abs. 1 HBÜ der Schiffseigentümer, der **801**
Berger und der Retter in Seenotlagen berechtigt. Der Rechtsbegriff des Schiffseigentümers iS des HBÜ umfasst gem. dessen Art. 1 Abs. 2 den Eigentümer, den Charterer, den
Reeder und den Ausrüster eines Seeschiffs. Ob und welche Charterer ggf. neben den
ausdrücklich genannten Zeit- und Reisecharterern beschränkungsberechtigt sind, ist
nicht gesichert.

Nach dem Übereinkommen kann die Haftung für die im Einzelnen erfassten Ansprüche **802**
von dem Beschränkungsberechtigten durch die Errichtung eines Haftungsfonds, in
Deutschland durch die Einleitung eines seerechtlichen Verteilungsverfahrens gem. der
Schiffahrtsrechtlichen Verteilungsordnung (§ 487 e Abs. 1) oder durch die Erhebung
einer entsprechenden Einrede gem. § 487 Abs. 2 beschränkt werden. Die erfassten
Ansprüche werden in Art. 2 HBÜ abschließend aufgeführt; ergänzende Bestimmungen enthalten § 487 – § 487 c. Diese Beschränkungsmöglichkeit kann auch Schadenersatzansprüche der Ladungsbeteiligten gegen den Verfrachter betreffen, wenn der
Verfrachter Reeder oder eine der weiteren beschränkungsberechtigten Personen iS des
Art. 2 HBÜ (Eigentümer, Charterer und Ausrüster) ist. Der Umfang der Haftungsbeschränkung ergibt sich aus der nach Art. 9 HBÜ zu berechnenden Höchstsumme. Die
Errichtung eines Haftungsfonds in einem Vertragsstaat des HBÜ hat zur Folge, dass sich
die Haftung aller Personen für Ansprüche aus demselben Ereignis, für welches die
Haftung beschränkt werden kann, auf die maßgebliche Haftungssumme beschränkt.
Das Recht zur Haftungsbeschränkung entfällt, wenn der Haftpflichtige den Schaden
durch qualifiziertes Verschulden verursacht hat, Art. 4 HBÜ; ergänzend ist § 487 d zu
beachten.

VII. Ansprüche aufgrund der Verspätung von Gütertransporten

803 Das geltende HGB-Seefrachtrecht kennt keine Regelungen für die Verspätung von Gütertransporten. Deshalb ist die Rechtslage nach den allgemeinen Verzugsregeln des Zivilrechts (§§ 286 ff. BGB) zu beurteilen. Die Feststellung eines Verzugssachverhalts wird allerdings nur ausnahmsweise möglich sein, wenn die Vertragsparteien bestimmte Zeiten präzise vorgeben. Selbst im Linienverkehr ist dies nicht der Fall. Mit expected time of sailing- oder ecpected time of arrival-Klauseln wird dem Verfrachter ein Zeitraum für die Dauer der Reise eingeräumt, der regelmäßig kaum die Möglichkeit für einen verzugsgestützten Schadenersatzanspruch bietet. Liegen ausnahmsweise die Voraussetzungen für einen Ersatzanspruch vor, wird dieser weder von den besonderen Haftungsausschluss- oder -beschränkungstatbeständen der §§ 607 f., 658 ff. erfasst; die Haftung ist nicht über § 662 zwingend.

VIII. Ansprüche aufgrund sonstiger Pflichtverletzungen

804 Sonstige Ansprüche wegen Pflichtverletzung (§ 280 ff. BGB) kommen nur außerhalb des Gegenstandsbereichs der Spezialtatbestände des Seetransports in Betracht. Der wichtigste Fall betrifft die Haftung des Verfrachters gegenüber dem Empfänger wegen unrichtiger Konnossementsausstellung. Für diese Tatbestände sind die Haftungsausschluss- und -beschränkungsvorschriften des Seefrachtrechts unanwendbar.

§ 5 Tatbestände der Haftung für den Befrachter und den Ablader

805 Den Befrachter/Ablader trifft nach dem deutschen Seefracht eine verschuldensunabhängige Haftung für die genannten falschen Angaben gegenüber dem Verfrachter, § 563 Abs. 1 S. 1. Dabei handelt es sich um eine der Höhe nach unbegrenzte Schadensersatzhaftung. Befrachter bzw. Ablader haften jeweils nur für die eigenen Angaben, § 563 Abs. 1 S. 2. Für verschuldete Falschangaben wird die Haftung auf die in § 512 Abs. 1 genannten Personen erstreckt, § 563 Abs. 1 S. 3; verschuldet falsche Angaben über die Art und die Beschaffenheit der Güter begründen die Haftung gem. § 564 Abs. 1. Eine verschuldensunabhängige Haftung besteht nach § 564 b, wenn entzündliche, explosive oder sonst gefährliche Güter an Bord gebracht werden, ohne dass der Kapitän informiert wird. Eine Verschuldenshaftung besteht für jeden, der ohne Kenntnis des Kapitäns Güter an Bord bringt, § 564 a.

§ 6 Einstandspflicht des Reeders für die Schiffbesatzung

806 In § 485 findet sich eine besondere Haftungsvorschrift, die eine Einstandspflicht des Reeders für Schäden, die Mitglieder der Schiffsbesatzung Dritten in Ausführung von Dienstverrichtungen schuldhaft zufügen. Die Vorschrift ist sowohl auf Schadensfälle im Bereich der vertraglichen Reederhaftung als auch auf solche im außervertraglichen Bereich anwendbar. Bei der Reederhaftung aus Vertrag stellt sich § 485 als Sonderregelung zu der des § 278 BGB dar, die neben § 485 nicht anwendbar ist. Der Reeder hat insofern für alle Dienstverrichtungen der Schiffsbesatzung einzustehen, ohne dass es darauf ankommt, ob das handelnde Mitglied der Besatzung in Erfüllung eines bestimm-

ten Vertrags eingeschaltet wurde. Die Haftung ist nach § 485 S. 2 dadurch wesentlich beschränkt, dass der Reeder den Ladungsbeteiligten nur soweit haftet, wie der Verfrachter ein Verschulden der Schiffsbesatzung zu vertreten hat. Für Schäden durch Feuer und nautisches Verschulden hat der Reeder somit gem. der Bezugnahme auf § 607 Abs. 2 nicht einzustehen.

Eine vergleichsweise größere Bedeutung hat § 485 im Bereich der außervertraglichen Haftung. Während nach den allgemeinen deliktsrechtlichen Haftungsregeln des § 831 BGB der Geschäftsherr letztlich nur für eigenes Auswahl- und Aufsichtsverschulden einzustehen hat, muss der Reeder nach § 485 S. 1 Ersatz auch für allein von Mitgliedern der Schiffsbesatzung verschuldete Schäden leiten. Immer dann, wenn ein Besatzungsmitglied in Ausführung einer Dienstverrichtung einem Dritten Schaden zufügt und dadurch eine Haftung des Handelnden begründet wird, muss auch der Reeder für den Schaden aufkommen. Er wird durch § 485 zum Gesamtschuldner mit dem Handelnden. Eine Entlastungsmöglichkeit wie in § 831 Abs. 1 S. 2 BGB steht ihm nicht zur Verfügung.

807

Kapitel 4   Transportnotlagen

Der Siebte Abschnitt des Fünften Buchs regelt in zwei Abschnitten die bei Transportnotlagen geltenden Bestimmungen. Dies sind die Vorschriften über die Haverei (dazu unter § 1) und über die Kollision von Schiffen (dazu unter § 2). Die Vorschriften über die Bergung von in Gefahr befindlichen Schiffen finden sich im Achten Abschnitt des Fünften Buchs des HGB.

808

§ 1 Haverei

Die Vorschriften über die Haverei treffen Regeln für die Situation, dass Schiff und Ladung in eine gemeinsame Seegefahr geraten und der Kapitän zur Errettung aus dieser Gefahr Maßnahmen trifft, die Schiff und/oder Ladung Schaden zufügt. Geregelt wird insbesondere wie die Schäden und die durch die Maßnahmen verursachten Kosten von Schiff, Ladung und Fracht getragen werden.

809

Das Gesetz unterscheidet zwischen verschiedenen Varianten der Haverei. Große Haverei sind gem. §§ 700, 706 alle Schäden, die dem Schiff und/oder der Ladung zum Zwecke der Errettung aus einer gemeinsamen Gefahr vorsätzlich zugefügt werden, sowie die Kosten der Rettungsmaßnahmen, in den in § 706 genannten Fällen des Seewurfs von Gütern oder Schiffsteilen (Nr. 1), des Leichterns der Ladung (Nr. 2), des Aufgrundsetzens des Schiffs (Nr. 3), des Anlaufens eines Nothafens (Nr. 4), der Verteidigung gegen Seeräuber und Freikauf (Nr. 5, 6) und der Beschaffung von Geldmitteln zur Deckung der Havereikosten (Nr. 7). Die Große Haverei wird von Schiff, Fracht und Ladung gemeinsam getragen, § 700 Abs. 2.

810

Kleine Haverei sind die Kosten der Schifffahrt, insbesondere Lotsgeld, Hafengebühren und Schlepplohn. Sie wird mangels abweichender Vereinbarung vom Verfrachter allein getragen, § 621 Abs. 2.

Besondere Haverei sind alle durch einen Unfall verursachten Schäden und Kosten, die nicht unter den Begriff der Großen und Kleinen Haverei fallen, § 701 Abs. 1. Sie wird von den Eigentümern von Schiff und Ladung jeweils allein getragen.

811

Die Regeln der Haverei, namentlich der Großen Haverei haben in der Schifffahrtspraxis nur geringe Bedeutung, weil sie durch die Vereinbarung der sog. York-Antwerp-Rules verdrängt werden. Die York-Antwerp-Rules sind internationale Geschäftsbedingungen, die in den Konnossements- oder Charterbedingungen regelmäßig in Bezug genommen werden. Tatsächlich kommen die gesetzlichen Haverei-Regeln nur in dem Ausnahmefall zur Anwendung, dass eine vertragliche Regelung nicht besteht.

812 Kern der gesetzlichen Regelung sind die Vorschriften darüber, welche Güter in der Großen Haverei vergütungsberechtigt sind und welche beitragspflichtig sind. Vergütungsberechtigt sind der Eigentümer des Schiffs (§§ 709, 710), die Eigentümer der Ladung (§§ 708, 711-713) und der Verfrachter wegen der entgangenen Fracht (§ 715). Beitragspflichtig sind der Eigentümer des Schiffs (§ 717), die Eigentümer der Ladung (§§ 718-720) und der Verfrachter (§ 721). Im Umfang der von den Ladungsbeteiligten nach Havereigrundsätzen aufzubringenden Beiträge werden deren Ersatzansprüche geschmälert.

813 Über § 702 haben vertragliche Regelungen Einfluss auf die Große Haverei. Hat ein Beteiligter die Gefahr verschuldet, kann er gem. § 702 Abs. 2 selbst keine Vergütung fordern und ist den anderen Beitragspflichtigen für den Verlust verantwortlich, den sie durch die Verteilung des Schadens als Große Haverei erleiden. Ein Verschulden der Schiffsbesatzung muss sich der Reeder nach Maßgabe des § 485 und damit unter Berücksichtigung des § 607 Abs. 2 zurechnen lassen. Im Verhältnis der Beteiligten der Großen Haverei geltende besondere Haftungsregeln und sind im Rahmen des § 702 zu berücksichtigen. Insbesondere sind deswegen die zwingenden Regeln des Seefrachthaftungsrechts (§ 662) im Rahmen der Großen Haverei zu berücksichtigen. Die Feststellung und Verteilung der Schäden erfolgt in einem Dispacheverfahren (§§ 728 f. iVm §§ 375 ff. FamFG) durch einen amtlich bestellten Sachverständigen, den Dispacheur.

§ 2 Schiffskollision

814 Die Regelungen der §§ 734 – 739 betreffen die Haftung für Schäden, die durch den Zusammenstoß von Schiffen entstehen. Sie beruhen auf den Regelungen des Internationalen Übereinkommens zur einheitlichen Feststellung von Regeln über den Zusammenstoß von Schiffen (IÜZ) aus dem Jahr 1910. Das internationale Übereinkommen über die zivilgerichtliche Zuständigkeit bei Schiffszusammenstößen wurde in die §§ 738 – 738 b eingearbeitet.

815 Der Kern der Regelungen besteht in einer grundsätzlichen Abweichung vom allgemeinen deutschen Deliktsrecht, mit der an die Stelle der gesamtschuldnerischen Haftung für die von mehreren Deliktstätern verursachten Schäden (§§ 830, 840 BGB) eine Haftung nach dem Verhältnis des jeweiligen Verschuldens (sog. pro rata-Haftung) tritt, § 736 Abs. 1. Die Haftung der Reeder ist eine Verschuldenshaftung, § 735. Gehaftet wird auf Ersatz des vollen Sachschadens, der nach allgemeinen Schadensersatzregeln der §§ 249 ff. BGB zu berechnen ist.

816 In Nichtvertragsstaaten des IÜZ wird dieser den Reeder begünstigende Haftungsgrundsatz in der Regel nicht anerkannt. Dort kann der Reeder auch wegen Schäden an der eigenen Ladung über die Grenzen der §§ 736, 485 in Anspruch genommen werden. Auch wenn die Beschränkung der Haftung nach dem Frachtvertrag besteht, kann das andere unfallbeteiligte Schiff von der Ladung als Gesamtschuldner nach Unfalldeliktsrecht auf den vollen Schaden in Anspruch genommen werden und dann beim Reeder des die Ladung befördernden Schiffs Regress nehmen. Dabei entstehende Belastungen des Reeders soll die „both to blame collision-Klausel" vermeiden. Sie verpflichtet zur Freihaltung des Verfrachters von solchen Regressansprüchen des Unfallgegners.

817 Die Regeln der §§ 738 f. beruhen auf dem Übereinkommen über die Zivilgerichtliche Zuständigkeit bei Schiffszusammenstößen von 1952. Sie verfolgen das Ziel, das sog.

Schiffskollision   Kap. 5 § 2   F

forum shopping durch die Wahl eines möglichst günstigen Gerichtsstands einzuschränken. Wegen der zur Verfügung stehenden zahlreichen Gerichtsstände des § 738 ist dieses Ziel indes kaum erreicht werden. Von besonderer Bedeutung ist der aus dem Übereinkommen übernommene Gerichtsstand des Arrests gem. § 738 Abs. 1 Nr. 3, der es ermöglicht, Zusammenstoßverfahren in einem arrestfreundlichen Staat anhängig zu machen. Nach Maßgabe des § 738 a, insbesondere unter der Voraussetzung der gegenseitigen Anerkennung, kommt einem Verfahren im Ausland die Wirkung der Rechtshängigkeit und Rechtskraft zu.

Kapitel 5   Bergung

Der Achte Abschnitt des Fünften Buchs regelt das Recht der Bergung von in Seenot geratenen Schiffen oder auf diesen befindlichen Gütern. Die Regelungen setzen das von Deutschland ratifizierte Internationale Bergungsübereinkommen von 1989 (IÜB) um. Im Mittelpunkt der gesetzlichen Regelung steht der Anspruch auf Bergelohn. Entsprechend dem Grundsatz „no cure – no pay" kann ein Bergelohn nur beansprucht werden, wenn die Bergehandlung einen Erfolg gehabt hat, § 741. Der Begriff des Erfolgs (frz. „résultat utile") wird weit ausgelegt und verlangt lediglich, dass die gefährliche Situation verbessert wurde. Vorausgesetzt wird, dass sich das Schiff oder die geborgenen Gegenstände in Gefahr befunden haben, § 740 Abs. 1. Der Begriff wird in dem Sinn ausgelegt, dass nur Gefahren der Schifffahrt erfasst werden, diese aber nicht notwendig auf See verwirklicht sein müssen. **818**

Die Höhe des Bergelohns ist, wenn keine vertragliche Vereinbarung getroffen wurde, so festzusetzen, das er einen Anreiz für Bergemaßnahmen schafft, § 743 Abs.1 S. 1. Die Kriterien des § 743 Abs. 2 sind zu berücksichtigen. Eine Sondervergütung kann nach § 744 beansprucht werden, wenn die Bergemaßnahme eine umweltgefährdende Notlage betrifft. Die Sondervergütung ist nach § 744 Abs. 2 zu bemessen. Im Falle der Verhütung oder Begrenzung eines Umweltschadens kann die Sondervergütung um bis zu 30 %, in besonderen Ausnahmefällen um bis zu 100 % erhöht werden. **819**

In der Praxis geschlossene Bergungsverträge werden vielfach auf der Grundlage des Llooyd's Standard Form of Salvage Agreement (LOF) geschlossen.

Weiterführendes Schrifttum:

– Deutsches Recht:

Paschke/Graf/Obrisch (Hrsg.), Hamburger Handbuch des Exportrechts, 2009
Rolf Herber, Seehandelsrecht, 2. Auflage (voraussichtlich 2012)
Rabe, Seehandelsrecht, 4. Aufl. 2000
Klaus Ramming, Hamburger Handbuch multimodaler Transport : das Recht des Gütertransports mit unterschiedlichen Beförderungsmitteln einschließlich Seestrecke, 2011
Hartenstein/Reuschle (Hrsg.), Transport- und Speditionsrecht, 2010

– Englisches Recht:

Girvin, Carriage of goods by sea, 2007
Wilson, Carriage of goods by sea, 5th ed. 2004
Schmitthoff (Hrsg.), Schmitthoff's export trade: the law and practice of international trade, 11th ed. 2009

G Gesellschaftsrecht

Sebastian Mock/Alexander Schall

Kapitel 1 Einleitung

§ 1 Personengesellschaften und Kapitalgesellschaften

Das deutsche Gesellschaftsrecht umfasst zwei wesentliche Gesellschaftsformen: Die Personengesellschaften und die Kapitalgesellschaften. Alle Gesellschaftsformen sind Personenvereinigungen, die einem gemeinsamen Zweck dienen. Die Rechtsgrundlagen dieser Gesellschaften finden sich verstreut über das BGB, das HGB sowie in besonderen Spezialgesetzen (AktG, GmbHG, GenG).

Personengesellschaften sind die Gesellschaft bürgerlichen Rechts (GbR, BGB-Gesellschaft), die offene Handelsgesellschaft (oHG), die Kommanditgesellschaft (KG), auch als „GmbH & Co. KG", die Partnerschaftsgesellschaft (eine Sonderform für Freiberufler, z.B. Anwaltssozietäten) und die Europäische Wirtschaftliche Interessenvereinigung (EWiV).

Kapitalgesellschaften sind die Gesellschaft mit beschränkter Haftung (GmbH), die Aktiengesellschaft (AG), die Kommanditgesellschaft auf Aktien (KGaA), die Europäische Aktiengesellschaft (Societas Europaea [SE]) und die Genossenschaft (e.G.).

I. Personengesellschaften

820 Die Grundform der Personengesellschaften ist die **„Gesellschaft bürgerlichen Rechts"** (BGB-Gesellschaft, GbR). Sie ist in den §§ 705 ff. BGB geregelt. Diese Vorschriften regeln unter anderem die Vertretungsmacht für die Gesellschaft, die Verteilung des Vermögens, Kündigungsrechte und Abfindungsansprüche. Wenn die Personengesellschaft dem Zweck dient, ein Handelsgewerbe zu betreiben, wird sie automatisch (ex lege) zur **„offenen Handelsgesellschaft"** (oHG). Dann finden die Spezialvorschriften der §§ 105 ff. HGB Anwendung. Sie ergänzen die allgemeinen Vorschriften des BGB und ändern diese teilweise auch ab (§ 105 Abs. 3 HGB). Eine besondere Form der Handelsgesellschaft ist die **Kommanditgesellschaft** (KG) in §§ 161 ff. HGB. Bei ihr gibt es neben den persönlich haftenden Gesellschaftern noch Kommanditisten, die zwar am Gewinn profitieren, aber (wie Aktionäre) lediglich mit ihrer Einlage haften. Auch die in Deutschland sehr verbreitete **GmbH & Co. KG** ist eine solche KG, also eine Personengesellschaft. Sie hat die Besonderheit, dass persönlich haftende Gesellschafter nur Kapitalgesellschaften mit beschränkter Haftung sind. Das unterläuft zwar die Idee der Personengesellschaft, wird aber trotzdem seit langem für zulässig gehalten (RGZ 105, 101). Allerdings gelten wegen ihrer Besonderheit einige Spezialvorschriften (§ 177a HGB). Vor allem müssen sie anders als „normale" Personengesellschaften ihre Bilanzen publizieren.

Alle Personengesellschaften müssen aus mindestens zwei Personen bestehen und sind im Grundsatz an die Person der Gründer gebunden, d.h. sie erlöschen, wenn ein Mitglied ausscheidet (Tod, Kündigung, vgl. § 131 Abs. 3 HGB). Auch gilt das Einstimmigkeitsprinzip. Allerdings werden diese Regeln bei wirtschaftenden Gesellschaften in der Praxis meist abgedungen. Unabdingbar ist aber der Grundsatz der „Selbstorganschaft".

Personengesellschaften können nur durch beteiligte Gesellschafter vertreten werden. Die Einsetzung außenstehender Geschäftsführer ist nicht möglich, da sie nicht unbeschränkt persönlich haften.
Personengesellschaften werden unterschieden nach Innen- und Außengesellschaften. Außengesellschaften haben Vermögen und treten im Rechtsverkehr nach außen auf. **Außengesellschaften** sind beispielsweise die Handelsgesellschaften (oHG, KG). Alle Außengesellschaften sind „teilrechtsfähig", d.h. sie können im eigenen Namen Geschäfte abschließen, Vermögen erwerben, klagen und verklagt werden. Ihre Mitglieder haften aber daneben unbeschränkt für die Schulden der Gesellschaft. Für die oHG und die KG folgen diese Grundsätze aus §§ 124, 128 HGB. Für die GbR gilt das Gleiche seit einem Grundsatzurteil im Jahr 2001 (BGHZ 146, 341). Damit folgt der BGH im Ergebnis der „Gruppentheorie" von *Werner Flume,* demzufolge die gesamthänderische Vermögensbindung die Teilrechtsfähigkeit der Außen-GbR bedinge. Die persönliche Haftung der Mitglieder kann nach dieser neuen Ansicht grundsätzlich nur durch ausdrückliche Vereinbarung mit dem Gläubiger auf das Gesellschaftsvermögen beschränkt werden, nicht über interne Vereinbarung, die nach außen erkennbar gemacht werden (z.B. „GbR mbH", s. dazu Bayerisches Oberstes Landesgericht, NJW 1999, 257; *Reiff,* ZGR 2003, 550). Von Bedeutung ist die neue Rechtsprechung vor allem für Zusammenschlüsse von „Freiberuflern" (z.B. Ärzte, Apotheker, Rechtsanwälte, Steuerberater), weil diese nach deutschem Verständnis kein Handelsgewerbe mit Gewinnerzielungsabsicht betreiben und keine Personenhandelsgesellschaften (oHG, KG), aber grundsätzlich auch keine Kapitalgesellschaften (GmbH, AG, s. näher *Hüffer,* § 23 AktG Rn. 23) gründen können. Nun gelten für die GbR aus Freiberuflern aber im Wesentlichen die gleichen Vorschriften.
Daneben besteht seit Mitte der Neunziger Jahre die Möglichkeit einer Partnerschaftsgesellschaft nach dem Partnerschaftsgesellschaftsgesetz (PartGG).
Neben den Außengesellschaften gibt es aber auch bloße **Innengesellschaften.** Sie haben kein Gesellschaftsvermögen und treten im Rechtsverkehr nicht nach außen in Erscheinung. Typische Beispiele von Innengesellschaften im Wirtschaftsleben sind die Vorgründungsgesellschaften (s. *Kap. 2 § 1*), Stille Gesellschaften nach §§ 230 ff. HGB sowie Stimmrechtskonsortien zur Bündelung der Stimmmacht in Kapitalgesellschaften (s. dazu *Hüffer,* § 15 AktG Rn 10). Diese Innengesellschaften dienen meist der internen Koordination von Interessen, die nach außen nur bedingt zu erkennen gegeben werden. So können sich etwa Gesellschafter einer GmbH oder Aktiengesellschaft hinsichtlich ihres Abstimmungsverhaltens in der Gesellschafterversammlung zuvor abstimmen, dann aber auf der Gesellschafterversammlung einzeln auftreten.
Das **Gesellschaftsvermögen** von Außengesellschaften ist in besonderer Weise gebunden. Es handelt sich um sog. Gesamthandsvermögen. Das bedeutet, dass nur alle Gesellschafter zusammen über die Vermögensgegenstände der Gesellschaft verfügen können. Der einzelne Gesellschafter kann weder über den gesamten Vermögensgegenstand noch (anders als bei Miteigentum) über seinen rechnerischen Anteil verfügen. Die Gläubiger der Gesellschaft bedürfen daher grundsätzlich eines Titels gegen alle Gesellschafter, um in das Gesellschaftsvermögen vollstrecken zu können (§ 736 ZPO). Das wird aber dadurch erleichtert, dass man jede Außengesellschaft unter ihrem Namen bzw. ihrer Firma (= Name eines Kaufmanns bzw. einer Handelsgesellschaft, §§ 17 ff. HGB) verklagen kann (§§ 124 Abs. 1, 161 Abs. 2 HGB; für GbR BGHZ 146, 341). Die Gläubiger können aber auch jeden Gesellschafter für sich mit seinem Privatvermögen in Anspruch nehmen (§§ 128, 162 Abs. 2 HGB; für GbR BGHZ 146, 341). Damit können sie aber nicht auf das Gesellschaftsvermögen zugreifen, sondern müssen ebenso wie andere private Gläubiger eines einzelnen Gesellschafters den Gesellschaftsanteil pfänden und dann die Auseinandersetzung der Gesellschaft betreiben (§ 725 BGB). Um das zu verhindern, kann ein Ausschluss- und Abfindungsanspruch für den Fall verein-

bart werden, dass ein Gesellschaftsanteil gepfändet wird. Trotz dieser besonderen Vermögensbindung wird das Gesellschaftsvermögen aber den einzelnen Gesellschaftern zugerechnet. Die Gewinne und Verluste der Gesellschaft gelten steuerlich als Gewinne und Verluste des Gesellschafters. Das ist ein wichtiger Vorteil für Anlagen in Kommanditgesellschaften (z.B. geschlossene Immobilienfonds), die deshalb sehr verbreitet waren, auch wenn die Vorteile in den letzten Jahren reduziert wurden, was wiederum zum Bedarf für die Einführung von *Real Estate Investment Trusts* (REITs) in Deutschland ab 2007 geführt hat.

Die Bedeutung von Personenhandelsgesellschaften in der deutschen Wirtschaft ist erheblich. Sie sind vor allem für mittelständische Betriebe interessant, die das Rückgrat der deutschen Wirtschaft ausmachen. Zwar haben sie keine Haftungsbeschränkung. Aber dafür unterliegen sie auch keinen Publizitätspflichten, d.h. sie müssen ihre Bilanzen nicht veröffentlichen. Das galt lange auch für die GmbH & Co KG, so dass man die Vorteile der beschränkten Haftung und der Personengesellschaften miteinander verbinden konnte. Das ist aber durch europäisches Recht geändert worden. Die Bilanzen dürfen nur geheim bleiben, wenn auch eine natürliche Person mithaftet (§ 264a Abs. 1 HGB), was in der Praxis mittelständischer Gesellschaften zur Einsetzung von Familienmitgliedern als Strohmännern führt. Außerdem ist bei Personenhandelsgesellschaften wegen des Prinzips der Selbstorganschaft kein Raum für unternehmerische Mitbestimmung der Arbeitnehmer.

Schließlich spielen Personengesellschaften in Verbindung mit dem Umwandlungsgesetz eine wichtige Rolle bei Unternehmenstransaktionen, weil mit dem Austritt aller Mitgesellschafter das Vermögen automatisch und ohne Liquidation dem letzten Gesellschafter zufällt (Anwachsungsmodell).

II. Kapitalgesellschaften

821 Die wichtigsten deutschen Kapitalgesellschaften sind die **AG** und die **GmbH**. Daneben gibt es seit wenigen Jahren die so genannte Unternehmergesellschaft (**UG**), bei der es sich um eine Unterform der GmbH handelt. Alle börsennotierten Großunternehmen sind als AG organisiert, von denen es ca. 15.000 gibt. Daneben existieren ca. eine Million GmbH. Die meisten kleinen und mittleren Unternehmen des Mittelstandes bedienen sich dieser Rechtsform, um ihr Geschäft direkt oder über die Konstruktion einer GmbH & Co. KG mit Haftungsbeschränkung zu betreiben. In der Rechtswirklichkeit existieren viele verschiedene Gesellschaftstypen in diesen Gesellschaftsformen. Es gibt echte **Mitunternehmergemeinschaften**, in denen die Gesellschafter wie in einer „oHG mbH" miteinander wirtschaften. Dem stehen große **Publikumsgesellschaften** gegenüber, in welchen die Gesellschafter bloße Investoren sind. Das gilt typischerweise für die **börsennotierten Gesellschaften**. Jedoch haben die meisten börsennotierten Gesellschaften in Deutschland nicht nur weiten Streubesitz (wie in den USA und England), sondern daneben auch einen dominanten Mehrheitsgesellschafter (z.B. den Bund oder einen Familienstamm). Zur Börse können nur Aktiengesellschaften zugelassen werden. Aber längst nicht alle Aktiengesellschaften sind an der Börse. Aktiengesellschaften (neben GmbH) treten auch als 100%ige Tochtergesellschaften in **Konzernen** auf. Denn eine Einpersonengründung ist in Deutschland sowohl bei AG als auch bei GmbH möglich. Ein weiterer Gesellschaftstypus sind **Familiengesellschaften**, die oft schon in vierter Generation von einer Familie oder auch von verschiedenen Familien als Nachfahren der Gründer gehalten werden. Für diese Gesellschaften ist die Form der GmbH sehr geeignet. Aber auch börsennotierte Aktiengesellschaften wie etwa BMW oder Porsche befinden sich mehrheitlich in Familienbesitz.

Personengesellschaften und Kapitalgesellschaften   Kap. 1 § 1   G

Die wichtigsten Merkmale deutscher Kapitalgesellschaften im internationalen Vergleich sind das **Mindestkapital** bei GmbH und AG (s. *dazu Kap.* 4) sowie die besondere Organisationsstruktur der deutschen AG mit einem Vorstand und einem Aufsichtsrat („**dual board structure**"; dazu *Hopt/Leyens*, ECFR 2004, 135; *Jungmann*, ECFR 2006, 426 mit einer Vergleichsstudie zur Effizienz von *single board* und *dual board* Systemen). Bei größeren Unternehmen werden im Aufsichtsrat die Arbeitnehmervertreter nach den deutschen Mitbestimmungsgesetzen beteiligt („unternehmerische Mitbestimmung", s. *Kap. 3 § 1*). Sowohl das Mindestkapitalsystem als auch die unternehmerische Mitbestimmung sind durch den Wettbewerb der Rechtsordnungen nach *Inspire Art* (s. *Kap. 1 § 2 IV 3*) unter Druck geraten und zum Gegenstand zahlreicher Reformerwägungen geworden (s. *Kap. 3 § 1 und Kap. 4 § 1 II*).

Die allgemeinen Charakteristika von Kapitalgesellschaften lassen sich mit den Stichworten Körperschaft, eigene Rechtspersönlichkeit/juristische Person, Trennungsprinzip, Haftungsbeschränkung, Fremdorganschaft und Mehrheitsprinzip zusammenfassen.

Kapitalgesellschaften sind eine besondere Form von **Körperschaften**, die für wirtschaftliche Tätigkeit bestimmt sind. Es gibt öffentlich-rechtliche Körperschaften (Staat, Bundesländer, Gemeinden, Rundfunkanstalten, evangelische und katholische Kirche) und privatrechtliche Körperschaften (z.B. Vereine, Stiftungen).

Die Grundform der Körperschaften ist der **eingetragene Verein** nach den §§ 21 ff. BGB. Ein eingetragener Verein darf aber nur ideelle Zwecke verfolgen („Idealverein") und lediglich geringe wirtschaftliche Tätigkeiten zu seiner Finanzierung entfalten („Nebenzweckprivileg", z.B. Verkauf von Speisen und Getränken beim Vereinsfest). Diese Tätigkeit darf aber keinen zu großen Umfang haben. Das zeigt sich z.B. im deutschen Fußball. Alle Fußballclubs sind als gemeinnützige Idealvereine organisiert. In den beiden höchsten deutschen Fußballligen (Erste und Zweite Bundesliga) findet der Spielbetrieb aber nicht, wie sonst, mit Amateuren, sondern mit professionellen Lizenzspielern statt. Die Profi-Abteilungen solcher Fußballvereine betrieben Millionengeschäfte in stetig wachsendem Umfang. Wirtschaftliche Tätigkeit in diesem Umfang konnte *nicht mehr* als bloßer Nebenzweck des Sportvereins angesehen werden. Daher mussten die Profi-Abteilungen der Vereine als Kapitalgesellschaften organisiert werden, die als Tochtergesellschaften von den Vereinen gehalten werden. Das bloße Halten von Beteiligungen ist nämlich auch Idealvereinen erlaubt (ADAC-Urteil, BGHZ 85, 84). Ein Fußballverein (Borussia Dortmund) ist sogar als Aktiengesellschaft an die Börse gegangen, ähnlich wie z.B. Manchester United in England.

Kapitalgesellschaften sind als **juristische Personen** unbeschränkt rechtsfähig. Sie sind eine **eigene Rechtsperson** und haben grundsätzlich die gleichen Rechte, Pflichten und Möglichkeiten wie natürliche Personen. Sie können jeden Vertrag wirksam abschließen, auch wenn dabei ihr Satzungszweck überschritten wird. Das entsprach schon immer deutschem Gesellschaftsrecht, gilt heute aber in ganz Europa unter Art. 9 der Ersten Richtlinie (68/151/EWG). Es weicht von der *Ultra-vires*-Doktrin ab. Nach jener Lehre kann sich eine Gesellschaft als künstliches Rechtsgebilde nur in dem Rahmen verpflichten, den ihre Satzung gezogen hat. Diese Lehre herrschte z.B. früher in England und heute noch im deutschen öffentlichen Recht. Sie gefährdet aber die Transaktionssicherheit, da Beschränkungen der Satzung unbekannt oder schwer auszulegen sein können. Daher hat sich die unbeschränkte Rechtsfähigkeit durchgesetzt. Die Überschreitung des Satzungszwecks führt nur noch in besonderen Missbrauchssituationen zur Unwirksamkeit eines Geschäfts. Allerdings haften die Geschäftsführer der Gesellschaft für Verletzungen des Satzungszwecks.

Das **Trennungsprinzip** besagt, dass Kapitalgesellschaften ihr eigenes Vermögen haben. Dieses ist unabhängig vom Vermögen der Gesellschafter. Die Gesellschaft wird selbst besteuert nach dem Körperschaftssteuergesetz. Ihre Gewinne und Verluste gelten anders als bei der Personengesellschaft nicht unmittelbar als Gewinne und Verluste der Gesellschafter. Dividenden werden bei den Gesellschaftern erneut besteuert, wobei das sog. „Halbeinkünfteverfahren" den Effekt der Doppelbesteuerung vermindert. Eine Ausnahme gilt aber für die REIT-AG als Trägerin eines Immobilienfonds bzw. *Real Estate Investment Trust* nach dem REIT-Gesetz, wo die Gewinne erst bei der Ausschüttung versteuert werden.

Das Trennungsprinzip führt ferner dazu, dass die Gläubiger der Gesellschafter nicht auf die Vermögenswerte der Gesellschaft zugreifen können, sondern lediglich auf deren Anteil an der Gesellschaft. Dieser ist pfändbar nach den §§ 857, 829 ZPO.

Das wichtigste Merkmal der Kapitalgesellschaften ist die **Haftungsbeschränkung**. Sie ist der wesentliche Anreiz für die Gründung einer Kapitalgesellschaft anstelle einer Personengesellschaft. Bei deutschen Gesellschaften ist die Haftungsbeschränkung an die Aufbringung des Mindestkapitals gebunden (s. *näher Kap. 4 § 1*). Mittlerweile kann dieses Erfordernis aber durch Gründung einer ausländischen Briefkastengesellschaft umgangen werden (s. *näher unten § 2 IV 3*).

Schließlich ist bei Kapitalgesellschaften **Fremdorganschaft** möglich, d.h. die Geschäftsleitung braucht nicht bei den Gesellschaftern zu liegen, sondern kann durch außenstehende Dritte erfolgen. Das ist besonders wichtig in großen Aktiengesellschaften, um die Einsetzung einer unabhängigen professionellen Verwaltung zu ermöglichen. Bei kleinen Privatgesellschaften sind Gesellschafter und Geschäftsführer dagegen meist identisch.

§ 2 Die Rechtsquellen des Kapitalgesellschaftsrechts

I. Gesetze

822 Kapitalgesellschaften in Deutschland werden in vielfacher Weise rechtlich geregelt. Die primären Rechtsquellen sind das **GmbH-Gesetz** (GmbHG) und das **Aktiengesetz 1965** (AktG). Daneben finden sich allgemeine Regelungen im Vereinsrecht (§§ 21 ff. BGB). Die Bilanzvorschriften finden sich im Handelsrecht (§§ 242 ff. HGB), ebenso wie das Firmenrecht (§§ 17 ff. HGB). Restrukturierungen wie Verschmelzungen (*mergers*), Auf- bzw. Abspaltung und Ausgliederung (*divisions*, *split offs*) oder Formwechsel (z.B. von AG zu GmbH) sind im **Umwandlungsgesetz** (UmwG) geregelt. Das Kapitalmarktrecht wird im **Börsengesetz** (BörsG) nebst Börsenzulassungsverordnung, im **Wertpapierhandelsgesetz** (WpHG) und im **Wertpapiererwerbs- und Übernahmegesetz** (WpÜG) geregelt. Daneben gibt es eine große Anzahl von Spezialgesetzen zu besonderen Rechtsformen (z.B. Genossenschaftsgesetz) oder Wirtschaftszweigen (z.B. zur Tätigkeit von Banken und Versicherungen oder die Regelungen des Kapitalanlagegesetzes). Zur Aufsicht über den gesamten Finanzsektor ist die Bundesagentur für Finanzdienstleistungen (BaFin) zuständig.

II. Richterrecht

823 Neben den gesetzlichen Grundlagen gilt im deutschen Gesellschaftsrecht aber auch eine erhebliche Menge an Richterrecht. Das ist zulässig, obwohl Deutschland traditionell zu den kontinentaleuropäischen Rechtsordnungen des „Civil Law" gehört, die grundsätzlich durch Kodifikationen geprägt sind, nicht durch Fallrecht wie das „Common Law". Nach der deutschen Verfassung sind die Richter an Recht *und* Gesetz gebunden (Art. 91 GG). Sie dürfen im Einzelfall also auch Recht schaffen oder fortbilden, wo keine gesetzliche Regelung besteht. Das ist im Gesellschaftsrecht häufig der Fall. Wichtige

Die Rechtsquellen des Kapitalgesellschaftsrechts   Kap. 1 § 2   G

Beispiele für Richterrecht sind etwa die Regelungen zur Vorgesellschaft (s. *Kap. 2 § 1*) oder zur Durchgriffshaftung (s. *Kap. 4 § 4*). Auch die amerikanische *business judgement rule* wurde vom BGH schon eingeführt, bevor sie der Gesetzgeber in § 93 AktG aufgenommen hatte.

III. Verhaltensstandards („soft law")

Ein aktueller weltweiter Trend sind Regelungen im Wege des soft law. Dabei macht der Staat keine zwingenden Vorgaben, sondern spricht Empfehlungen aus bzw. verweist auf Empfehlungen von Expertengremien. Beispiele finden sich bei Bilanzierungsstandards oder im Bereich der Corporate Governance. In Deutschland wurde zu diesem Zweck der Deutsche Corporate Governance Kodex (DCGK) geschaffen. Er gibt Empfehlungen und Anregungen und zugleich eine knappe Darstellung des geltenden deutschen Aktienrechts (s. *aber noch IV 1*). Nach § 161 AktG müssen Vorstand und Aufsichtsrat jährlich erklären, ob sie den Empfehlungen des Kodex folgen oder nicht. **824**

IV. Höherrangiges Recht

Bei der Anwendung der primären Rechtsquellen ist aber auch immer **höherrangiges Recht** zu berücksichtigen. Höherrangiges Recht ist zum einen das deutsche **Verfassungsrecht**, zum anderen das **Europarecht**, und zwar sowohl die Grundfreiheiten des EG-Vertrags (Primärrecht) als auch die Richtlinien und Verordnungen (Sekundärrecht). **825**

1. Verfassungsrecht

Als höherrangiges Recht kommt zunächst das Verfassungsrecht nach dem Grundgesetz in Betracht. Das Grundgesetz enthält keine unmittelbaren Regelungen zum Gesellschaftsrecht. Es garantiert aber das Eigentum (Art. 14 GG) und die Freiheit von Berufswahl und -ausübung (Art. 12 GG). Die Anwendung des einfachen Gesetzesrechts darf nicht gegen diese Grundsätze verstoßen. So hat das Bundesverfassungsgericht z.B. aus der Eigentumsgarantie gefolgert, dass Abfindungsansprüche von Minderheitsaktionären in einer börsennotierten AG (z.B. bei einem *squeeze out* nach §§ 327a ff. AktG) grundsätzlich nach dem Börsenwert zu bemessen sind und nicht aufgrund einer (meist viel geringeren) Bewertung nach dem Ertragswert des Unternehmens (BVerfG, NJW 1999, 1699 und 1701, jeweils zu BGHZ 135, 374 – *Guano*).
Einen Verstoß gegen Art. 12 GG erkennen manche Autoren in den Regelungen des Deutschen Corporate Governance Kodex (DCGK). Dieser wird von einer Regierungskommission veröffentlicht. Nach § 161 AktG müssen börsennotierte Gesellschaften in einem Corporate Governance Statement erklären, ob sie den Empfehlungen dieses Kodex folgen oder nicht. Dadurch entsteht mittelbarer Druck, den Regeln zu folgen. Die Kritiker bemängeln, dass durch diesen Mechanismus ohne die erforderliche gesetzliche Grundlage in die Berufsausübung eingegriffen werde (näher zum Ganzen *Hüffer*, § 161 AktG Rn. 3 ff.; *Heintzen*, ZIP 2004, 1933 ff.; *Miles/Goulding/Schall*, ECFR 2005, 20, 40 ff.).

2. Europarecht

Für das Gesellschaftsrecht sind in erster Linie die zahlreichen gesellschaftsrechtlichen Richtlinien zu beachten. Sie betreffen u.a. Publizitätserfordernisse (Erste Richtlinie 68/

249

G Kap. 1 § 2 Gesellschaftsrecht

151/EWG und Elfte Richtlinie, 89/666/EWG), die Kapitalstruktur von Aktiengesellschaften (Zweite Richtlinie, 77/91/EWG), Verschmelzungen und Spaltungen (Dritte, Sechste und Zehnte Richtlinie = 78/555/EWG, 82/891/EWG, COM (2003) 703(01)). Die Vierte Richtlinie (78/660/EWG) und die Siebte Richtlinie (83/349/EWG) regeln die Bilanzierung von Gesellschaften und Konzernen. Sie ordnen europaweit das Vorsichtsprinzip an. Allerdings erlaubt in Abweichung hiervon die Richtlinie 2001/65/EWG die anlegerorientierte *Fair Value* Bilanzierung nach den International Financial Reporting Standards (IFRS) für börsennotierte Gesellschaften. Dazu kommen weitere kapitalmarktrechtliche Richtlinien in zunehmendem Maße.

Dabei haben zwei Verordnungen besondere Bedeutung erlangt. Mit dem SE-Statut wurde die Europäische Aktiengesellschaft (Societas Europaea, SE) eingeführt. Dabei handelt es sich um eine einheitliche Rechtsform, die aber im Detail durch die verschiedenen Mitgliedstaaten unterschiedlich ausgestaltet werden kann. Allerdings sollten die Mitgliedstaaten alternativ sowohl eine *single board structure* als auch eine *dual board structure* zur Verfügung stellen. In Deutschland ist hierzu das SE-Ausführungsgesetz in Kraft getreten. Nach anfänglichem Zögern scheint die SE von der Praxis angenommen zu werden. So wurde die größte deutsche Versicherung, die Allianz, von einer AG in eine SE umgewandelt. Der Attraktivität der SE für deutsche Unternehmen liegt vor allem darin begründet, dass die Mitbestimmungsvorschriften flexibler ausgestaltet sind und z.B. eine Verringerung der Aufsichtsratsgröße erlauben (*s. Kap. 3 § 1 am Ende*). Daneben plant der europäische Gesetzgeber die Einführung einer so genannten Europäischen Privatgesellschaft (Societas Privata Europaea, SPE). Mit dieser bisher noch nicht bestehenden Gesellschaftsform soll neben die Europäische Aktiengesellschaft eine weitere kleinere Rechtsform gestellt werden, die vor allem von mittelständischen Unternehmen genutzt werden soll. Da die Europäische Privatgesellschaft damit aber in direkte Konkurrenz zu den schon bestehenden kleinen Kapitalgesellschaftsformen der einzelnen Mitgliedstaaten tritt, hat sich ein politischer Widerstand gegen diese Gesellschaftsform gebildet, der bisher auf europäische Ebene noch nicht überwunden werden konnte.

Praktisch bedeutend ist auch die Europäische Insolvenzrechtsverordnung (EuInsVO) im Zusammenhang mit der zunehmenden Problematik EU-ausländischer Gesellschaften in Deutschland geworden (*s. unter 3*). Eminente Bedeutung haben auch die Grundfreiheiten in der Rechtsprechung des EuGH erlangt, z.B. die Niederlassungsfreiheit in *Inspire Art* (C-167/01) oder die Kapitalverkehrsfreiheit (*„golden shares"*, z. B. C-483/99; C-98/01). Diese Urteile haben wesentliche Teile der nationalen Gesellschaftsrechte europarechtswidrig werden lassen (zur EuGH-Rechtsprechung *Klinke*, ECFR 2005, 270; *Hirte*, in: *Hirte/Bücker* § 1).

3. Exkurs: Auslandsgesellschaften in Deutschland nach Inspire Art

Eine neue Entwicklung im Gesellschaftsrecht ist die zunehmende Mobilität von Gesellschaften im europäischen Binnenmarkt, die im Wesentlichen auf die Rechtsprechung des EuGH zur Niederlassungsfreiheit zurückzuführen ist und die zur Entstehung der so genannten Scheinauslandsgesellschaften geführt hat. Ausgangspunkt war dabei die so genannte **Sitztheorie**. Nach dieser Theorie kam es für die Bestimmung der „Nationalität" einer Gesellschaft darauf an, wo diese ihren tatsächlichen Schwerpunkt (= Verwaltungssitz) hatte. Danach war es beispielsweise ausgeschlossen, eine ausländische Gesellschaft mit beschränkter Haftung (z.B. englische Limited) als Briefkastengesellschaft im Ausland zu gründen, um dann mit dieser im Inland Geschäfte zu betreiben. Trotz der wirksamen ausländischen Gründung verweigerte die Sitztheorie der Gesellschaft und ihrer Haftungsbeschränkung die Anerkennung, weil es sich in Wahrheit um eine deutsche Gesellschaft handelte, aber die deutschen Gründungsvoraussetzungen nicht eingehalten worden waren. Nach den EuGH-Urteilen *Centros*, *Überseering* und *Inspire Art* darf die Sitztheorie gegenüber EU-Gesellschaften nicht mehr angewendet werden, weil Art. 43, 48 EGV die Anerkennung jeder in einem Mitgliedstaat wirksam gegründeten Gesellschaft durch die anderen Mitgliedsstaaten gebieten (*Hirte*, in: *Hirte/Bücker*, § 1). Daher können jetzt EU-ausländische Briefkastengesellschaften in Deutschland tätig werden. Das hat zu einem „Wettbewerb der Gesellschaftsrechte" (*regulatory competition*) innerhalb der EU geführt (*Eidenmüller*, ZGR 2007, 168 ff.). So wurden seit *Inspire Art* schätzungsweise über 30 000 englische Limiteds als Briefkastengesellschaften mit Tätigkeitsschwerpunkt in Deutschland gegründet (*Westhoff*, GmbHR 2006, 525).

Für ausländische Gesellschaften mit Tätigkeitsschwerpunkt in Deutschland gelten die folgenden Grundsätze: Ihre rechtliche Behandlung richtet sich in vollem Umfang nach dem Gesellschaftsrecht des Ursprungslandes. Das gilt etwa für die Gründungsvoraussetzungen, die eigene Rechtspersönlichkeit, die Haftungsbeschränkung, die Vertretungsregeln, die Organisationsstruktur, die Behandlung von Minderheiten, die Haftung der Direktoren und Gesellschafter und die Firmierung. Wenn solche Gesellschaften in Deutschland tätig sind, müssen sie eine Zweigniederlassung nach den §§ 13 ff. HGB errichten und zum Handelsregister anmelden. Dabei müssen alle Unterlagen auch als Übersetzungen in deutscher Sprache vorgelegt werden. Das gilt auch für die Bilanzen. Diese dürfen zwar nach dem Heimatrecht der Gesellschaft errichtet werden (§ 325a HGB). Für steuerliche Aspekte ist aber eine deutsche Steuerbilanz erforderlich, so dass eine doppelte Buchführung oder eine Überleitungsrechnung nötig ist. Bei Insolvenz einer EU-ausländischen Gesellschaft gilt die Europäische Insolvenzverordnung (EuInsVO). Nach Art. 3 und 4 kommt deutsches Insolvenzrecht zur Anwendung, wenn ihr „CoMI" (= „*center of main interest*") der Gesellschaft in Deutschland liegt. Das ist bei Briefkastengesellschaften der Fall (näher EuGH C-341/04 *Eurofood* = ZIP 2006, 907 ff. m. Anm. *Knof/Mock*).

Über Art. 3 und 4 EuInsVO können auch Haftungsnormen des deutschen Insolvenzrechts (z.B. die Anfechtungsregeln) zur Anwendung auf die ausländische Gesellschaft kommen. Voraussetzung ist allerdings nach bzw. entsprechend Art. 13 EuInsVO, dass eine Haftung auch nach dem Heimatrecht der ausländischen Gesellschaft begründet wäre (*Schall*, DStR 2006, 1229, 1232). Bei der wichtigsten ausländischen Rechtsform in Deutschland, der englischen Limited, ist das aber nicht erforderlich, da das englische Recht ausreichenden Schutz bietet (*Schall*, ZIP 2005, 965 ff. und EBLR 2005, 1543 ff.).

§ 3 Unterschiede zwischen GmbH und AG

Sowohl GmbH als auch AG sind Kapitalgesellschaften und weisen die entsprechenden Gemeinsamkeiten auf (Körperschaft, Trennungsprinzip etc.). Dementsprechend finden sich viele parallelen Regelungen, die in der Folge auch gemeinsam dargestellt werden. So ist sowohl bei AG als auch bei GmbH ein Mindestkapital erforderlich (*Kap. 4 § 1*). In beiden Formen sind Gesellschafter und Verwaltungsorgane organisatorisch getrennt (anders als in vielen US close corporations). Die Gesellschaft wird allein durch das Geschäftsführungsorgan nach außen vertreten (§ 35 GmbHG, § 78 AktG). Allerdings bestehen auch gewichtige Unterschiede (s. *Hirte*, Rn 1.63):

826

– Das Aktienrecht ist weitgehend zwingend (§ 23 Abs. 5 AktG), während in der GmbH grundsätzlich Satzungsfreiheit herrscht.
– Nur Aktiengesellschaften können zum Börsenhandel zugelassen werden. Denn die Übertragung von GmbH-Anteilen bedarf der notariellen Beurkundung (§ 15 GmbHG).

G   Kap. 2 § 1   Gesellschaftsrecht

- In der AG besteht eine „*dual board structure*" mit Vorstand (*management board*) und Aufsichtsrat (*supervisory board*). In der GmbH gibt es dagegen grundsätzlich nur einen oder mehrere Geschäftsführer. Unterliegt ihr Geschäftsbetrieb aber der Mitbestimmung, muss ein Aufsichtsrat vorhanden sein, um die Beteiligung der Arbeitnehmer zu ermöglichen. Dann gilt insoweit das AktG.
- In der AG besteht eine strikte Trennung von Eigentum und Kontrolle. Der Vorstand ist unabhängig (§ 76 AktG). Dagegen unterliegen die Geschäftsführer in der GmbH den Weisungen der Gesellschafter (§ 37 GmbHG).
- Die Kapitalanforderungen des GmbH-Rechts sind geringer als die der AG. Das Mindestkapital beträgt nur die Hälfte und die Ausschüttungssperren reichen weniger weit. Nur für die AG gilt die Zweite europäische Gesellschaftsrichtlinie.

Kapitel 2   Die Gründung der Kapitalgesellschaft

§ 1 Die Stadien der Gründung (Vorgesellschaft, Vorgründungsgesellschaft)

827 Der gesetzliche Regelfall ist die Gründung einer Kapitalgesellschaft durch mehrere Personen (zu Einpersonengesellschaften *s. unten* § 2). Nach deutschem Recht entsteht eine Kapitalgesellschaft in zwei Stufen: Erstens der Gründungsakt und zweitens die Eintragung der Gesellschaft in das Handelsregister. Der Gründungsakt heißt bei GmbH und AG „Gesellschaftsvertrag" (§ 2 AktG; § 2 GmbHG), auch wenn es sich um Einpersonengründungen handelt. Parallel dazu spricht das AktG auch von der Satzung (§§ 2, 23 AktG: „Feststellung der Satzung"). Allerdings hat sich in der Praxis eingebürgert, sowohl bei GmbH als auch bei AG von der „Satzung" zu sprechen.
Die Gesellschaft mit eigener Rechtspersönlichkeit entsteht nicht vor der Eintragung in das Handelsregister (§ 11 Abs. 1 GmbHG, § 41 Abs. 1 AktG). Nach der Vorstellung des Gesetzes soll sie erst dann ihre Geschäftstätigkeit beginnen. Das geht aber an der Realität vorbei. Die meisten Kapitalgesellschaften werden gegründet, um ein bereits bestehendes Geschäft zu übernehmen. Dieses kann in der Schwebephase zwischen den Gründungsverträgen nicht einfach ausgesetzt werden. Es kann aber auch nicht einfach von den bisherigen Eigentümern weiterbetrieben werden, da es schon der in der Entstehung begriffenen Gesellschaft gehört. Daher muss die Übergangszeit geregelt werden. Diese Regelung ist in Deutschland besonders ausgeprägt, da Gründungen wegen des Mindestkapitalerfordernisses längere Zeit (zum Teil mehrere Monate) in Anspruch nehmen können, auch wenn durch mehrere Reformen der jüngeren Zeit dies deutlich beschleunigt wurde. Länder wie England, wo Gründungen in ein bis drei Tagen erfolgen, kennen diese Probleme praktisch nicht. Dort besteht nur die rudimentäre Handelndenhaftung nach Art. 7 der Ersten Richtlinie.
Diese **Handelndenhaftung** ist auch der Ausgangspunkt der deutschen Regelung. Nach § 11 Abs. 2 GmbHG, § 41 Abs. 2 AktG sind Personen, die im Namen einer noch nicht eingetragenen Gesellschaft Geschäfte vornehmen, persönlich haftbar. Damit wird aber nicht verhindert, dass die Gesellschaft nach ihrer Entstehung die getätigten Geschäfte genehmigt und dabei Verluste übernimmt, in deren Folge das tatsächliche Vermögen der Gesellschaft unter das Gründungskapital absinkt (Unterbilanz). Um dies zu verhindern, galt nach früherer Rechtsprechung ein Vorbelastungsverbot, d.h. die Geschäftsleitungsorgane der künftigen Gesellschaft hatten lediglich eingeschränkte Vertretungsmacht für notwendige Hilfsgeschäfte im Zuge der Gründung. Zugleich wurde die Handelndenhaftung über den Wortlaut hinaus auch auf die Gründungsgesellschafter ausgedehnt.

Diese Lösung behinderte aber den notwendigen Betrieb von Geschäften in der Schwebephase erheblich.
Die heute gültige Lösung hat der BGH in einem Grundsatzurteil getroffen (BGHZ 80, 129). Seitdem gelten die folgenden Grundsätze: Mit dem Abschluss des Gesellschaftsvertrags entsteht eine **Vorgesellschaft**. Diese ist ein eigenes Rechtssubjekt, welchem die Rechte und Pflichten der künftigen Gesellschaft zugeordnet sind. Sie wird durch die Geschäftsleitungsorgane der künftigen Gesellschaft vertreten. Sie darf in vollem Umfang Geschäftstätigkeit entfalten. Allerdings sind die Gründer verpflichtet, eine mögliche Unterbilanz (= Gesamtwert der Aktiva liegt unter dem Stammkapital) im Zeitpunkt der Eintragung auszugleichen bzw. (bei Scheitern der Eintragung) entstandene Verluste zu decken, und zwar jeweils entsprechend der Höhe ihrer Anteile. Mit der Eintragung gehen die Rechte und Pflichten der Vorgesellschaft im Wege der Gesamtrechtsnachfolge automatisch auf die neu entstandene Gesellschaft über.
Von der Vorgesellschaft abzugrenzen ist die **Vorgründungsgesellschaft**. Dabei handelt es sich um eine Personengesellschaft, die je nach Lage des Falles eine GbR oder eine OHG ist (vgl. *Hirte*, Rn. 2.5 f.). Sie entsteht mit dem Beschluss mehrerer Personen, eine Kapitalgesellschaft zu gründen. Daraus ergeben sich die Rechte und Pflichten (Mitwirkung, Beiträge) der Gründer im ersten Stadium bis zum Abschluss des Gründungsvertrags. Die Vorgründungsgesellschaft löst sich mit Abschluss des Gesellschaftsvertrags auf (Zweckerreichung, § 726 BGB). Sie ist nicht mit der Vorgesellschaft identisch. Es findet kein automatischer Übergang der Rechte und Pflichten statt.

§ 2 Einpersonengründungen

Nach der Zwölften Richtlinie (89/667/EWG) sind in der gesamten EU Einpersonengesellschaften anzuerkennen. In Deutschland sind Einpersonengründungen heute sowohl bei AG als auch GmbH zulässig. Es besteht also kein Bedarf mehr für den Einsatz von Strohmännern. Allerdings unterliegt die Einpersonengründung bei der GmbH verschärften Anforderungen. Ein höherer Anteil der Bareinlage ist sofort zu erbringen, und für den Rest ist Sicherheit zu stellen (§ 7 Abs. 2 Satz 3 GmbHG; dazu *Hueck/Fastrich*, in: *Baumbach/Hueck*, § 7 GmbHG Rn. 10 f). Das gilt auch, wenn die Anteile erst später in eine Hand gelangen (z.B. Strohmanngründungen).

828

§ 3 Der Inhalt der Satzung

Die Satzung einer Gesellschaft hat eine gespaltene Rechtsnatur. Sie entsteht als einstimmiger Vertrag zwischen den Gründern. Danach, in der entstandenen Gesellschaft, gilt sie aber als eine Rechtsnorm. Sie binden jeden neuen Gesellschafter. Das Einstimmigkeitsprinzip wird durch das Mehrheitsprinzip ersetzt. Satzungsänderungen mit qualifizierter Mehrheit (§ 53 GmbHG: 75% der Stimmen; § 179 AktG: 75% des anwesenden Grundkapitals) möglich. Wegen dieser Besonderheit gilt für die Auslegung von Satzungsklauseln anders als bei privaten Verträgen ein objektiver Maßstab, der vom Willen der Gründer losgelöst ist.

829

I. Zwingende Erfordernisse

Die Gründungssatzung einer Kapitalgesellschaft muss etliche zwingende Angaben enthalten (s. § 3 GmbHG, § 23 AktG; näher *Hirte*, Rn. 2.53 ff. mit Muster).

830

Die **Firma**, also der Name der Gesellschaft, muss angegeben werden. Die allgemeinen Voraussetzungen an eine Firma folgen für Personengesellschaften, Einzelkaufleute und Kapitalgesellschaften aus §§ 17 ff. HGB. Nach § 18 HGB muss die Firma zur Kennzeichnung der Gesellschaft geeignet sein und darf nicht irreführen. Außerdem muss ein Rechtsformzusatz auf die beschränkte Haftung der Gesellschaft hinweisen (§ 4 AktG, § 4 GmbHG), z.B. „X+Y Gesellschaft mbH".

Ebenso muss der **Sitz** der Gesellschaft genannt werden. Dabei muss es sich in der Regel um den Ort handeln, an dem die Gesellschaft einen Betrieb hat oder wo ihre Geschäftsleitung sich befindet (§ 4a GmbHG, § 5 AktG). Briefkastengründungen mit einem bloßen „*registered office*" sind unzulässig.

Die Satzung muss den Gegenstand des von der Gesellschaft betriebenen Unternehmens bestimmen (**Unternehmensgegenstand**). Das steht in engem Zusammenhang mit dem Zweck der Gesellschaft, der intern zwischen den Gesellschaftern vereinbart ist. Es ist aber damit nicht identisch. Vielmehr soll der Unternehmensgegenstand nach h.M. die Mittel beschreiben, mit denen der Gesellschaftszweck verfolgt werden soll (*Hüffer*, § 23 AktG Rn. 22). Beim Unternehmensgegenstand darf es sich nicht um völlig farblose und nichtssagende Beschreibungen handeln.

Die Satzung muss Angaben zur **Kapitalverfassung** enthalten, also zur Höhe des Grundkapitals sowie zur Aufteilung des Kapitals in einzelne Aktien bzw. Geschäftsanteile. Bei Aktiengesellschaften sind dabei infolge der Zweiten Richtlinie (Art. 2 und 3) besonders detaillierte Angaben zu machen. Bei **Stückaktien** ist die Anzahl, bei **Nennbetragsaktien** der Nennbetrag zu nennen. Echte nennwertlose Aktien sind im europäischen Recht gegenwärtig noch nicht möglich, da sie den Mindestkapitalvorschriften widersprechen. Ferner müssen auch besondere Gattungen (z.B. Vorzugsaktien) und deren Umfang sowie die Übertragbarkeit der Aktien (**Inhaber-** oder **Namensaktien**) genannt werden. Weitere Pflichtangaben bestehen bei der AG. Nach der Zweiten Richtlinie sind bei der Aktiengesellschaft auch Bestimmungen über die Form der Veröffentlichungen der Gesellschaft sowie die Zahl der Vorstandsmitglieder oder die Regelungen zu deren Festsetzung in die Gründungssatzung aufzunehmen.

Für die GmbH hat der deutsche Gesetzgeber vor kurzem eine Reihe von Erleichterungen eingeführt, die eine Gründung von GmbH schneller und kostengünstiger machen sollen. Bei diesem so genannten vereinfachten Verfahren kann eine Mustersatzung verwendet werden, die im Anhang des GmbHG enthalten ist. Diese **vereinfachte Gründung** steht allerdings nur Gesellschaften offen, die maximal drei Gesellschafter und einen Geschäftsführer haben und die nicht von den im GmbHG enthaltenen Regelungen abweichen wollen. Mit der Einführung dieses vereinfachten Gründungsverfahrens für die GmbH hat der deutsche Gesetzgeber auf die zunehmende Konkurrenz von Auslandsgesellschaften reagiert, da diese vor allem in England deutlich schneller und einfacher gegründet werden konnten (siehe oben).

II. Nicht-korporative Satzungsbestandteile

831 Häufig werden in Gründungssatzungen aber auch sog. nicht-korporative Elemente aufgenommen, die das Verhältnis der Gründungsgesellschafter zueinander oder zur Gesellschaft regeln (z.B. Name des ersten Geschäftsleiters). Die Aufnahme solcher Regelungen ist zulässig. Sie werden aber nicht Bestandteil der Satzung. Das bedeutet: sie sind nicht zwingend. Sie binden keine späteren Gesellschafter. Ihre Abänderung erfolgt nicht nach dem Verfahren zur Satzungsänderung, sondern nach den Grundsätzen der Vertragsänderung (Einstimmigkeit!). Auch gelten die normalen Auslegungsgrundsätze. Solche Abreden sind also ebenso zu behandeln wie nicht in der Satzung enthaltene Gesellschaftervereinbarungen.

Kapitel 3   Die Organisationsverfassung von AG und GmbH

§ 1 Grundstruktur

Alle deutschen Kapitalgesellschaften weisen die Trennung von Gesellschaftern und Geschäftsleitung auf (*Hirte*, Rn. 3.1 ff.). Die Gesellschafter sind in der Gesellschafterversammlung (§ 48 GmbHG) bzw. in der Hauptversammlung (§ 119 AktG) organisiert. Sie prägen die innere Willensbildung der Gesellschaft.
Die Vertretung der Gesellschaft nach außen obliegt dagegen zwingend der Geschäftsleitung (§ 35 GmbHG, §§ 78, 82 AktG). Das ist anders als etwa in England, wo die Gesellschaftergesamtheit bei geschlossenem Auftreten die Gesellschaft auch nach außen repräsentieren kann.
Im Übrigen ist die Geschäftsleitung allerdings sehr unterschiedlich ausgeprägt. Die GmbH hat einen oder mehrere Geschäftsführer (§ 35 GmbHG). Diese unterliegen den Weisungen der Gesellschafter (§ 37 GmbHG). Die Verwaltung der Aktiengesellschaft ist demgegenüber in zwei Organe aufgespalten („*dual board structure*", s. *Hopt/Leyens*, ECFR 2004, 135). Der Vorstand leitet die Geschäfte der Gesellschaft (§ 76 AktG). Er ist unabhängig und weisungsfrei. Daneben besteht der Aufsichtsrat (§ 84 AktG). Er bestellt, überwacht und entlässt den Vorstand.
Im Aufsichtsrat sitzen Vertreter der Aktionäre (d.h. regelmäßig des Mehrheitsaktionärs) sowie gegebenenfalls Vertreter der Arbeitnehmer nach den deutschen Mitbestimmungsgesetzen. Diese Mitbestimmungsgesetze setzen an der Anzahl der beschäftigten Arbeitnehmer an. Ab 500 Arbeitnehmern muss ein Drittel der Aufsichtsratsmitglieder von Arbeitnehmern gestellt werden (Drittelbeteiligungsgesetz), ab 2 000 Arbeitnehmern bzw. 1 000 Arbeitnehmern in der Eisen- und Stahlherstellung gilt paritätische Mitbestimmung nach dem Mitbestimmungsgesetz bzw. dem Montanmitbestimmungsgesetz. Zur Vermeidung von Umgehungen gelten diese Vorschriften auch für die GmbH. D.h., die GmbH erhält einen „obligatorischen Aufsichtsrat" mit den entsprechenden Kompetenzen. Im Übrigen wird sie aber wie eine GmbH, nicht wie eine AG geleitet. Für die deutsche SE gelten dagegen flexiblere Vorschriften nach dem Gesetz über die Beteiligung der Arbeitnehmer in einer Europäischen Gesellschaft (vgl. § 4 SEBG). Auf ausländische Gesellschaften mit Tätigkeitsschwerpunkt in Deutschland finden die Mitbestimmungsvorschriften nach h.M. keine Anwendung (*Müller-Bonanni*, in: *Hirte/Bücker*, § 14).
Diese Ausweichmöglichkeiten haben dazu geführt, dass die Debatte um die Mitbestimmung in Deutschland neu entbrannt ist (s. dazu die Verhandlungen der arbeitsrechtlichen Abteilung des 66. Deutschen Juristentages 2006 in Stuttgart, insbesondere das vermittelnde Gutachten von *Raiser*). Üblicherweise wird die unternehmerische Mitbestimmung zur Beteiligung der Arbeitnehmer von den Gewerkschaften massiv verteidigt, während die Unternehmerseite bisher überwiegend angab, sich damit arrangieren zu können. Während die Mitbestimmung dem Erfolg der deutschen Wirtschaft bisher offenbar nicht geschadet hat, ist aber nicht klar, ob das auch in Zukunft unter veränderten Bedingungen (z.B. Bedarf nach Zufluss internationalen Kapitals) so bleiben wird.

832

§ 2 Die Verfassung der AG

I. Der Vorstand (§ 76 AktG)

833 Der Vorstand der AG kann aus einer oder mehreren Personen bestehen. Ab einem Grundkapital von über drei Millionen muss er aus mindestens zwei Personen bestehen. In Betracht kommen nur natürliche Personen (keine *„corporate directors"*). Diese müssen voll geschäftsfähig sein und dürfen keinen Tätigkeitsverboten unterliegen. Solche Tätigkeitsverbote ergeben sich in der Regel aus einer Verurteilung wegen Konkursdelikten oder aus öffentlich-rechtlichen Berufs- oder Gewerbeverboten.

Der Vorstand wird vom Aufsichtsrat bestellt und entlassen (§ 84 AktG). Auch die Bedingungen seiner Bestellung (Vergütung, *stock options*) werden vom Aufsichtsrat festgelegt (näher *Hirte*, Rn. 3.11 ff., auch zur Differenzierung zwischen gesellschaftsrechtlicher „Bestellung" und zivilrechtlichem Anstellungsvertrag). Die Aktionäre haben darauf keinen unmittelbaren Einfluss. Die Mitglieder des Vorstands dürfen für eine Periode von maximal fünf Jahren bestellt werden. Wiederholte Bestellungen sind aber möglich.

1. Geschäftsführung (Innenverhältnis)

Der Vorstand ist in umfassender Weise zur Leitung der Geschäfte der AG befugt und verpflichtet (§ 76 AktG). Seine Zuständigkeit umfasst sowohl das Tagesgeschäft als auch die langfristigen strategischen Planungen. Die Angelegenheiten des Tagesgeschäfts werden meist auf einzelne Vorstandsmitglieder delegiert. An der Kompetenz des Gesamtorgans ändert sich dadurch aber nichts. Die Delegation ähnelt übrigens den angloamerikanischen Modellen, wo das Tagesgeschäft auf *managing directors* delegiert wird, während im *management board*, wo auch *non-executive directors* (NED) sitzen, die strategische Planung vorgenommen wird. Freilich hat das *board of directors* dort auch noch die Überwachungsfunktionen des Aufsichtsrates wahrzunehmen.

Der Vorstand übt die Geschäftsleitung in pflichtgemäßem Ermessen aus. Er hat sich dabei am Interesse der Gesellschaft zu orientieren. Während man früher meinte, dieses ergäbe sich aus einer fairen Balance der Interessen von Gesellschaftern (Eigenkapitalgeber), Gläubigern (Fremdkapitalgeber), Arbeitnehmern und der Allgemeinheit, geht man heute davon aus, dass der Vorstand primär verpflichtet ist, die Existenz und die Ertragskraft der Gesellschaft zu erhalten. Die Betonung liegt dabei auf Nachhaltigkeit. Kurzfristige Gewinninteressen einzelner Gesellschafter, z.B. die Ausschlachtung durch einen sog. *vulture fund* (= „Aasgeier-Fond", der sich auf den Aufkauf von Unternehmen in der Krise spezialisiert, um diese gewinnbringend zu zerschlagen), sind unbeachtlich. Der Vorstand unterliegt keinen Weisungen (§ 76 AktG). Aktionäre haften für Schäden aus unzulässiger Einflussnahme auf die Gesellschaft (§ 117 AktG). Der Vorstand entscheidet beispielsweise in freiem Ermessen (unter Mitwirkung des Aufsichtsrats) darüber, wie viel Gewinn ausgeschüttet werden soll (§ 172 AktG). Die Aktionäre sind auf die Verteilung des zur Verfügung gestellten Gewinns reduziert (§§ 57, 58, 174 AktG). Damit besteht rechtlich eine strikte Trennung von (wirtschaftlichem) Eigentum und Herrschaft (§ 119 AktG; s. dazu *Hüffer*, § 119 AktG Rn 1, 11 ff.; *Schall/Miles/Goulding*, Journal of Corporate Law Studies 2006, 299, 306 ff.). Jedoch haben deutsche Aktiengesellschaften (auch börsennotierte) meistens einen Mehrheitsgesellschafter. Dieser kann sich durch die Besetzung der Verwaltung faktischen Einfluss verschaffen. Das gelingt umso leichter, als es in Deutschland keine obligatorische Vertretung der Minderheit gibt. Praktisch wird die Trennung von Eigentum und Herrschaft also durch Konzernstrukturen gefährdet.

Die Verfassung der AG   Kap. 3 § 2   G

2. Exkurs: Konzernrecht

Solche Konzernstrukturen bedürfen der Regelung. Daher stellt das Konzernrecht des Aktiengesetzes in den §§ 291 ff. AktG einerseits Schutzmechanismen auf. So müssen beherrschte Gesellschaften einen Abhängigkeitsbericht verfassen (§§ 312 ff. AktG). Das herrschende Unternehmen muss zugefügte Nachteile ausgleichen (§ 317 AktG). Andererseits bietet es einen Weg an, Konzernstrukturen in legaler Weise zu schaffen, nämlich durch Abschluss eines Beherrschungsvertrags (meist kombiniert mit einem Gewinnabführungsvertrag) nach § 291 AktG. Ein solcher Vertrag führt zu einem Weisungsrecht des Hauptaktionärs (§ 309 AktG). Dafür schuldet dieser den Gläubigern Ausgleich der Verluste (§§ 302, 303 AktG) und den Minderheitsaktionären Abfindung (§ 305 AktG, *buy out*) bzw. Entschädigung des entgangenen Gewinns (§ 304 AktG). Um diese teuren Rechtsfolgen zu umgehen, werden manchmal heimliche Umgehungskonstruktionen gewählt, die im Ergebnis die Beherrschung der Tochtergesellschaft sichern sollen. Auch sie lösen aber die Haftung aus (näher *Hirte/Schall*, Der Konzern 2006, 243 ff.) Der Abschluss eines Gewinnabführungsvertrags ist übrigens Voraussetzung für die Anerkennung steuerlicher Organschaft, d.h. für eine gemeinsame steuerliche Veranlagung von Muttergesellschaft und Tochterunternehmen. Damit ist das deutsche Recht restriktiver als die meisten europäischen Rechte (s. zum englischen Recht EuGH C-446/03 *Marks & Spencer*, dazu *Seer*, ECFR 2006, 237).

3. Vertretungsmacht (Außenverhältnis)

Der Vorstand ist das gesetzliche Vertretungsorgan der Gesellschaft im Rechtsverkehr (§ 78 AktG). Seine gesetzliche Vertretungsmacht ist unbeschränkt und unbeschränkbar. Satzungsvorschriften, die bestimmte Geschäfte von der Zustimmung des Aufsichtsrates abhängig machen (§ 111 Abs. 4 AktG), gelten nur im Innenverhältnis. Ihre Verletzung macht das Geschäft nicht unwirksam. Der Vorstand wird aber schadensersatzpflichtig. Das steht im Einklang mit der europaweiten Abschaffung der *ultra-vires*-Doktrin in der Ersten Richtlinie (Art. 9). Eine Ausnahme von der unbeschränkten Vertretungsmacht besteht nur, wo das Gesetz die Zustimmung der Hauptversammlung verlangt, wie beim Abschluss von Unternehmensverträgen nach § 293 AktG oder von restrukturierenden Verträgen (*mergers*, *divisions* etc.) nach dem Umwandlungsgesetz.
Wenn der Vorstand aus mehreren Personen besteht („mehrgliedriger Vorstand"), ist grundsätzlich nur das Gesamtorgan zur gesetzlichen Vertretung der Gesellschaft befugt (Gesamtvertretung). Anders als in England kann die gesetzliche Vertretungsmacht aber durch die Satzung jedem einzelnen Vorstandsmitglied (Einzelvertretung), gegebenenfalls zusammen mit einem Prokuristen (beschränkte Einzelvertretung) eingeräumt werden (§ 78 Abs. 3 AktG). Zur Entgegennahme von Erklärungen an die Gesellschaft ist ungeachtet dessen jedes Vorstandsmitglied befugt (§ 78 Abs. 2 AktG a.E.). Die praktikable Einzelvertretung ist der Regelfall in Deutschland. Sie ist in das Handelsregister einzutragen und lässt sich so in einfacher Weise nachweisen. In England ist dagegen bei Geschäftsabschlüssen grundsätzlich die Vorlage einer *board resolution* nötig.

4. Pflichten des Vorstandes

Die Pflichten des Vorstandes ergeben sich zum einen aus seiner Stellung als Organ der Gesellschaft (Organpflichten), zum anderen aus seiner Anstellung bei der Gesellschaft (Vertragspflichten; näher *Hirte*, Rn. 3.38 ff.). Ganz allgemein ist der Vorstand natürlich dazu verpflichtet, dass sowohl er selbst als auch die Gesellschaft die allgemeinen Gesetze wahren. Spezifische Organpflichten sind seine Pflichten zur Wahrnehmung der Geschäftsführung und Vertretung (§§ 76, 78 AktG), zur Kontrolle der Gesellschaft

durch Buchführung und Errichtung eines Überwachungssystems (§ 91 Abs. 1 und 2 AktG) sowie seine Berichtspflichten. Diese bestehen gegenüber den Aktionären durch Aufstellung und Vorlage von Jahresabschluss und Lagebericht (§ 264 Abs. 1 HGB, § 175 Abs. 1 AktG) und durch Auskunft in der Hauptversammlung (§ 131 AktG), gegenüber dem Aufsichtsrat betreffs erheblicher Entscheidungen oder der Rentabilität der Gesellschaft (§ 90 AktG) sowie gegenüber dem Kapitalmarkt (§§ 15, 15a WpHG: ad hoc Mitteilungen; § 161 AktG: *corporate governance statement*). Der Vorstand darf keine unzulässigen Kapitalrückzahlungen vornehmen (§ 93 Abs. 3 AktG). Wenn die AG die Hälfte ihres Grundkapitals verloren hat, hat der Vorstand eine außerordentliche Hauptversammlung einzuberufen (§ 92 Abs. 1 AktG). Bei Überschuldung oder Zahlungsunfähigkeit hat er ohne schuldhaftes Zögern, spätestens aber nach drei Wochen Insolvenzantrag zu stellen (§ 92 Abs. 2 AktG). Außerdem darf der Vorstand bei Überschuldung keine Zahlungen mehr vornehmen (§ 92 Abs. 3 AktG). Bei Verstoß hat er sie aus eigener Tasche zurückzuerstatten (§ 93 Abs. 3 Nr. 6 AktG). In Übernahmesituationen hat sich der Vorstand grundsätzlich neutral zu verhalten. Der Aufsichtsrat (Arbeitnehmer!) kann ihn aber zu Abwehrmaßnahmen ermächtigen (§ 33 WpÜG).
Die Vorstandsmitglieder müssen ihre Aufgaben mit der Sorgfalt eines ordentlichen und gewissenhaften Geschäftsleiters wahrnehmen (§ 93 Abs. 1 AktG). Sie haften für die Verletzung ihrer Pflichten nach § 93 Abs. 2 AktG aus Schadensersatz. Bei einer objektiven Pflichtverletzung wird ihr Verschulden vermutet (§ 93 Abs. 2 AktG). Ihre Haftung ist nach § 93 Abs. 1 Satz 2 AktG privilegiert, sofern es sich um eine unternehmerische Entscheidung (*business judgement*) handelt.
Bei § 93 AktG handelt es sich um eine Innenhaftung zugunsten der Gesellschaft. Diese ist grundsätzlich durch den Aufsichtsrat geltend zu machen (§ 112 AktG). Die Aktionäre haben aber seit einigen Jahren ab einem Anteil von 1% des Grundkapitals oder einem anteiligen Nennbetrag von 100.000 € die Möglichkeit, wie in den USA und England (s. *Reisberg*, ECFR 2006, 69) die Klage im Wege einer *derivative action* selbst geltend zu machen (§ 148 AktG). Unter Umständen können auch die Gläubiger direkt gegen die Vorstandsmitglieder vorgehen, wenn sie von der AG keine Befriedigung erlangen können (§ 93 Abs. 5 AktG). Dieses Recht ist in der Insolvenz der Gesellschaft aber gesperrt. Die Verletzung der Insolvenzantragspflicht gilt dagegen als Verletzung eines Schutzgesetzes zugunsten der Gläubiger und führt zu einer direkten Außenhaftung gegenüber den geschädigten Gläubigern nach § 823 Abs. 2 BGB. Zu ersetzen ist der kausale, durch die Verzögerung entstandene Schaden. Bei Altgläubigern ist das nur Quotenschaden, bei Neugläubigern der gesamte Ausfallschaden.
Der Vorstand unterliegt außerdem einer Treuepflicht gegenüber der Gesellschaft. Diese ist aber noch nicht so stark ausgeprägt wie die *fiduciary duties* im angloamerikanischen Recht. Das liegt daran, dass es in Deutschland kein *trust law* gibt. Immerhin werden einzelne Elemente der *fiduciary duties* zunehmend in die Pflichten des Vorstandes interpretiert, z.B. das Verbot, sich Geschäftschancen der Gesellschaft anzueignen (*corporate opportunity doctrine*). Auch die Vermögensbetreuungspflicht des Vorstandes, die bei vorsätzlichen Verstößen nach § 266 StGB eine Strafe und Schadensersatz nach § 823 Abs. 2 BGB auslöst, ist in den Blickpunkt geraten. Der *golden handshake* nach Übernahme von Mannesmann durch Vodafone wurde grundsätzlich für strafbar gehalten (BGH, NZG 2006, 141), auch wenn das Strafverfahren gegen die Beteiligten letztenendes gegen eine hohe Geldzahlung eingestellt worden ist. Wettbewerbsverbote ergeben sich dagegen allenfalls aus dem schuldrechtlichen Anstellungsvertrag.

II. Aufsichtsrat

Der Aufsichtsrat setzt sich aus mindestens drei Personen zusammen (§ 95 AktG; näher *Hirte*, Rn. 3.156 ff.). Die Bestellung der Mitglieder erfolgt durch Wahl der Hauptversammlung (§ 119 Abs. 1 Nr. 1 AktG). Sonderregeln enthalten die Mitbestimmungsgesetze. Bei Aufsichtsratsmitgliedern muss es sich um natürliche, unbeschränkt geschäftsfähige Personen handeln (§ 100 Abs. 1 AktG). § 100 Abs. 2 AktG enthält darüber hinaus Bestellungsverbote bei Kumulationen und Überkreuzverflechtungen.
Der Aufsichtsrat ist zuständig für Bestellung, Überwachung und (gegebenenfalls) Entlassung des Vorstandes. Er wird von diesem umfassend informiert (§ 90 AktG). Ein wichtiges Kontrollmittel sind Zustimmungsvorbehalte nach § 111 Abs. 4 AktG. Satzung oder Aufsichtsrat müssen solche Vorbehalte für bestimmte Arten von (wichtigen) Geschäften aufstellen (§ 11 Abs. 4 Satz 2 AktG). In die Geschäftsführung darf der Aufsichtsrat aber nicht eingreifen, auch nicht in die strategische Planung. Er kann außerordentliche Hauptversammlungen einberufen, wenn das Wohl der Gesellschaft es erfordert. Seine Mitglieder haften für die ordentliche Wahrnehmung ihrer Pflichten nach § 116 AktG.

834

III. Hauptversammlung

Die Hauptversammlung ist das Organ der Aktionäre. Sie ist nach § 119 Abs. 1 AktG zuständig für die Wahl des Aufsichtsrates, die Verwendung des Bilanzgewinns, die Entlastung der Verwaltungsmitglieder, die Bestellung des Abschlussprüfers, Satzungsänderungen, insbesondere Kapitalmaßnahmen, die Einsetzung von Sonderprüfern und die Auflösung der Gesellschaft (näher *Hirte*, Rn. 3.217 ff.). Der Vorstand *kann* ihr nach seinem Ermessen auch Fragen der Geschäftsführung vorlegen (§ 119 Abs. 2 AktG). Nach der sehr wichtigen „Holzmüllerentscheidung" (BGHZ 83, 122; präzisiert in BGHZ 159, 30) *müssen* aber bestimmte grundlegende Entscheidungen der Hauptversammlung vorgelegt werden, wenn sie mindestens 75% des Kapitals oder Umsatzes der AG betreffen, z.B. die Ausgliederung des operativen Geschäfts auf eine Tochtergesellschaft. Auch der Beschluss zum „Delisting" einer börsennotierten AG bedarf der Zustimmung der Hauptversammlung (BGH NJW 2003, 1032). In anderen Rechtsordnungen wie England wird Schutz vor grundlegenden Geschäftsführungsmaßnahmen nur in börsennotierten Gesellschaften gewährt und über das Kapitalmarktrecht (*Listing Rules*), nicht *über das* Gesellschaftsrecht begründet (*Schall*, NZG 2007, 338).
Die Hauptversammlung findet regelmäßig einmal jährlich statt. (Nur) bei dieser Gelegenheit haben die Aktionäre die Möglichkeit, Informationsrechte geltend zu machen (§ 131 AktG). Der gesamte Ablauf der Hauptversammlung von der Einladung, den Fristen, den zur Verfügung zu stellenden Unterlagen bis hin zum tatsächlichen Ablauf und den Fragerechten ist stark reguliert (§§ 121 ff. AktG). Das ist wichtig, da die Teilnahme an der Hauptversammlung entscheidend für den Rechtsschutz der Aktionäre ist. Sie eröffnet das Anfechtungsrecht gegen Beschlüsse der Hauptversammlung (§§ 243 ff. AktG). In diesem Rahmen können formelle und materielle Mängel der Beschlüsse gerügt werden. Wenn z.B. ein Aktionär der Meinung ist, der Vorstand habe sich in einer bestimmten Angelegenheit rechtswidrig verhalten (z.B. keinen Abhängigkeitsbericht erstellt), kann er diesen nicht direkt verklagen. Er kann aber den Entlastungsbeschluss anfechten, da dieser rechtswidrig ist. Eine besondere Rolle bei Anfechtungsklagen spielen Verletzungen des Informationsanspruchs (§ 131 AktG) sowie die Treuepflicht der Aktionäre (s. dazu unten IV).

835

Besonders lästig sind Anfechtungsklagen bei Strukturmaßnahmen (Kapitalerhöhung), da sie diese bis zur gerichtlichen Entscheidung verzögern können. Um die gängigen Erpressungen durch räuberische Aktionäre zu bekämpfen, wurde jetzt in § 246a AktG ein allgemeines Freigabeverfahren eingeführt.

IV. Die Rechtsstellung der Aktionäre

836 Die Aktionäre sind Inhaber ihres Anteilsrechts, der Aktie. Das ist ein Eigentumsrecht. Es ist grundsätzlich frei übertragbar. Vinkulierungen nach § 68 Abs. 2 AktG sind selten. Die Übertragung erfolgt wie eine Forderung (§ 398 BGB) bzw. (bei Verkörperung) wie eine bewegliche Sache (§§ 929 ff. BGB). Die Aktie vermittelt einerseits Vermögensrechte (Dividende, Bezugsrecht, Abfindungsansprüche), andererseits Mitwirkungsrechte (Stimmrecht, Rederecht, Anfechtungsrecht). Diese sind die Gegenleistung für die Einlagepflicht. Grundsätzlich gilt „one share – one vote" (zu dieser Regel *Ferrarini*, ECFR 2006, 147). Ausnahmen durch Mehrfach- oder Höchststimmrechte waren früher verbreitet, sind heute aber weitgehend zurückgedrängt und müssen im Rahmen von Art. 10 der Dreizehnten Richtlinie/Übernahmerichtlinie (2004/25/EG) publiziert werden (*Hirte*, ECFR 2005, 1).

Die Aktionäre sind grundsätzlich anonym. Jedoch sind größere Anteilsinhaber nach §§ 20, 21 AktG bzw. bei börsennotierten Gesellschaften nach § 21 WpHG zu melden. Das gilt auch bei mittelbarer Beteiligung (Treuhandverhältnisse, Strohmänner). Nach dem WpHG gilt die Meldepflicht ab Erreichen bzw. Unterschreiten einer Beteiligung von 5%, 10%, 25%, 50% oder 75% der Stimmrechte. Sie erneuert sich für jede Stufe. Alle Aktionäre gleicher Gattung sind gleich zu behandeln (§ 53a AktG). Sie unterliegen einer wechselseitigen Treuepflicht, die sich aus dem gemeinsamen Gesellschaftszweck herleitet (in den USA und England werden *fiduciary duties* dagegen nur zwischen Verwaltung und Gesellschaft, nicht zwischen den Gesellschaftern anerkannt). Die Treuepflicht schützt sowohl die Minderheit gegen Ausbeutung durch die Mehrheit (BGHZ 65, 15) als auch die Mehrheit gegen Erpressung durch die Minderheit (BGHZ 129, 136). Verletzungen der Treuepflicht führen z.B. zur Anfechtbarkeit von Hauptversammlungsbeschlüssen oder (bei Verschulden) zu Schadensersatzansprüchen.

Das deutsche Recht legt im Einklang mit der Zweiten europarechtlichen Gesellschaftsrechts-Richtlinie besonderen Wert auf den Schutz der Aktionäre durch Bezugsrechte, damit ihre Vermögens- und Herrschaftsrechte bei Kapitalerhöhungen nicht verwässert werden. Der Ausschluss eines Bezugsrechts ist nur ausnahmsweise zulässig und bedarf besonderer Begründung in einem Bericht (§ 186 AktG). Allerdings sind die Voraussetzungen erleichtert, wenn der Vorstand zur Durchführung der Kapitalerhöhung nach den §§ 202 ff. AktG ermächtigt worden ist („Genehmigtes Kapital"). Dann entfällt nach der h.M. seine Verpflichtung zu einem Vorabbericht (BGH, AG 2006, 36 *Commerzbank*). Das macht Schutz gegen mögliche Rechtsverletzungen praktisch fast unmöglich.

Wichtige Aktionärsrechte sind ferner Abfindungsansprüche z.B. beim Ausschluss von Minderheitsaktionären (squeeze out), der bei 95%-Beteiligung möglich ist, oder bei Abschluss eines Beherrschungs- und Gewinnabführungsvertrags (*Kap. 3 § 2 I 2*). In diesem Fällen kommt es auf die richtige Bewertung des Unternehmens an (Ertragswert, Börsenwert). Außerdem gewährt das WpHG den Aktionären in einer börsennotierten Gesellschaft ein Andienungsrecht (*sell out*), wenn ein Aktionär 30% der Stimmrechte erlangt. Es trifft ferner detaillierte Regelungen zum Schutz der Aktionäre vor einem *prisoners dilemma* (Zwang zur Annahme) bei Abgabe eines feindlichen Übernahmeangebots.

§ 3 Die Verfassung der GmbH

Die Organisationsstruktur der GmbH ähnelt im Grundsatz derjenigen der AG. Jedoch spielt die Trennung zwischen Geschäftsführung und Gesellschaftern in der Praxis eine wesentlich geringere Rolle. Die GmbH ist in vielerlei Hinsicht eine „oHG mbH". Die meisten der einen Million deutscher GmbH sind Kleinunternehmen, bei denen Gesellschafter und Geschäftsführer identisch sind. Dort spielt die Gesellschafterversammlung mit ihren Formalien und Beschlüssen keine große Rolle. Nach verbreiteter Ansicht können sich die Gesellschafter über den ausdrücklich geregelten Fall des § 48 Abs. 2 GmbHG hinaus generell formlos einigen (BGHZ 58, 120). Auch die Haftung der Geschäftsführer gegenüber der Gesellschaft (§ 43 GmbHG) oder ihre Pflicht zur Einberufung der Hauptversammlung, insbesondere bei Verlust des halben Stammkapitals (§ 49 Abs. 1, 3 GmbHG) spielen kaum eine Rolle. Viel wichtiger wird dagegen der Schutz der Gläubiger gegenüber Fehlverhalten durch Geschäftsführer/Gesellschafter. Denn die fehlende Trennung von Eigentum und Herrschaft eröffnet große Missbrauchsmöglichkeiten. Daher steht in der GmbH der Gläubigerschutz im Mittelpunkt. Die Organisationsverfassung wird nur kurz gestreift.

I. Geschäftsführer (§ 35 GmbHG)

Die Geschäftsführer vertreten die Gesellschaft nach außen. Ihre Vertretungsmacht ist unbeschränkt und unbeschränkbar (§ 37 Abs. 2 GmbHG). Ihre Geschäftsführungskompetenz im Innenverhältnis findet ihre Schranken aber in der Satzung und – anders als bei der AG – in den Weisungen der Gesellschafterversammlung (§ 37 Abs. 1 GmbHG, *Hirte*, Rn. 3.44 f.). Ihre Pflichten ergeben sich wie beim Vorstand aus ihrer Organstellung und ihrem Anstellungsverhältnis. Eine Besonderheit ist, dass sie anders als der Vorstand jedem Gesellschafter gegenüber auf dessen Verlangen zur unverzüglichen Auskunft über die Angelegenheiten der Gesellschaft verpflichtet sind (§ 51a GmbHG). Im Übrigen sind die Pflichten ähnlich, wenngleich GmbH-spezifisch. Die Geschäftsführer sind der Gesellschaft gegenüber verpflichtet, die Geschäftsführung wahrzunehmen, die Gesellschafterliste zu führen und in aktueller Fassung zum Handelsregister einzureichen (§ 40 GmbHG), die Bücher zu führen (§ 41 GmbHG), den Jahresabschluss vorzubereiten (§ 42a GmbHG) und die Hauptversammlung einzuberufen (§ 49 GmbHG). Bei Wahrnehmung ihrer Pflichten müssen sie die Sorgfalt eines ordentlichen Geschäftsmannes aufwenden (§ 43 Abs. 1 GmbHG). Bei Pflichtverletzungen haften sie aus § 43 Abs. 2 GmbHG auf Schadensersatz. Die Gesellschafterversammlung kann sie aber von der Haftung befreien (§ 46 Nr. 8 GmbHG). Das gilt aber nicht für Verstöße gegen die zwingenden Kapitalerhaltungsvorschriften, soweit der Schadensersatz zur Befriedigung der Gläubiger benötigt wird (§ 43 Abs. 3 GmbHG). Besonders wichtige Pflichten treffen die Geschäftsführer mit Bezug auf die Gläubiger. Bei Überschuldung oder Zahlungsunfähigkeit der Gesellschaft müssen sie unverzüglich, spätestens aber nach drei Wochen, einen Insolvenzantrag stellen (§ 15a Abs. 1 InsO). Außerdem dürfen sie keine Zahlungen mehr vornehmen (§ 64 GmbHG). Diese Pflicht ist besonders wichtig, da die Gläubiger einer Kapitalgesellschaft in Deutschland nur sehr schwer einen Insolvenzantrag stellen können (anders in England, *Schall*, ZIP 2005, 965 f.). Denn sie müssen die Zahlungsunfähigkeit oder Überschuldung ihres Schuldners nachweisen. Dazu ist regelmäßig ein fehlgeschlagener Vollstreckungsversuch nötig. Man muss also grundsätzlich vorher prozessiert haben. Die vorsätzliche Verletzung der Insolvenzantragspflicht ist strafbar (§ 15a Abs. 4 InsO). Doch bereits fahrlässige Verletzungen führen dazu, dass die Geschäftsführer nach § 823 Abs. 2 BGB direkt

837

gegenüber den Gläubigern schadensersatzpflichtig werden. Darin liegt ein Unterschied zum Konzept des *wrongful trading* (England) bzw. der *action en comblement du passif* (Frankreich). Dort kommt die Haftung für Fehlverhalten bei der Insolvenz der Masse zu Gute. Neugläubiger werden dadurch benachteiligt. Allerdings setzt eine Haftung wegen Verstoßes gegen die Insolvenzantragspflicht die genaue Bestimmung des Zeitpunktes der Überschuldung voraus. Das ist schwierig. Dagegen genügt für die Rückerstattungspflicht der Geschäftsführer von verbotenen Zahlungen nach § 64 GmbHG der Nachweis, dass die Gesellschaft jedenfalls im Zeitpunkt der Zahlung insolvent war. § 64 GmbHG ist daher in der Praxis ein beliebtes Mittel für Insolvenzverwalter zur Auffüllung der Insolvenzmasse. Schließlich haften die Geschäftsführer auch für Zahlungen, die sie an die Gesellschafter geleistet haben, wenn diese zur Zahlungsunfähigkeit der Gesellschaft geführt haben (§ 64 Satz 3 GmbHG). Mit dieser im Gegensatz zum reinen Zahlungsverbot schon früher einsetzenden Pflicht will der Gesetzgeber verhindern, dass die Geschäftsführer kurz vor Eintritt der Zahlungsunfähigkeit Gesellschaftsmittel noch an die Gesellschafter ausschütten und damit die Insolvenz der GmbH verursachen.

II. Gesellschafterversammlung

838 Die Gesellschafterversammlung (§ 45 GmbHG) ist das oberste Organ der GmbH (s. *Hirte*, Rn. 3.228 ff.). Anders als die Hauptversammlung hat sie nach dem Gesetz eine umfassende Allzuständigkeit für alle Angelegenheiten der Gesellschaft einschließlich der Geschäftsführung. Allein die Vertretung nach außen ist ihr verwehrt. Die Ausgestaltung ihrer Rechte ergibt sich primär aus dem Gesellschaftsvertrag (§ 45 Abs. 1 GmbHG). Dabei herrscht anders als in der AG umfassende Satzungsfreiheit. So kann z.B. neben den Geschäftsführern ein Überwachungsorgan („Beirat") eingesetzt werden oder außenstehenden Dritten Einfluss auf die Gesellschaft eingeräumt werden. Falls die Gesellschafter nichts besonderes vereinbaren, enthalten die §§ 46 ff. GmbHG aber Auffangregeln zu Zuständigkeiten, Stimmrechten und Verfahrensregeln. § 46 enthält einen Katalog typischer Zuständigkeiten wie der Feststellung des Jahresabschlusses und der Ergebnisverwendung, die Bestellung und Abberufung der Geschäftsführer (in der AG eine Kompetenz des Aufsichtsrates) und die Geltendmachung von Haftungsansprüchen gegen die Geschäftsführer. Nach § 47 Abs. 1 gilt grundsätzlich das Mehrheitsprinzip. Je 50 € eines Geschäftsanteils geben eine Stimme. Aber Sonder-, Mehrfach- und Höchststimmrechte sind unbeschränkt zulässig.

III. Gesellschafter

839 Die Gesellschafter sind Inhaber ihres Anteils, der ihnen Mitwirkungs- und Vermögensrecht in der Gesellschaft sichert (*Hirte*, Rn. 4.1 ff.). Bei dem Anteil handelt es sich um ein Recht, das nach §§ 401, 398, BGB übertragen wird. Die Verpflichtung zur Übertragung sowie die Übertragung selbst bedarf der notariellen Beurkundung (§ 15 Abs. 3 und 4 GmbHG). Darin liegt eine bedeutende Erschwernis etwa gegenüber der englischen Limited. Es trägt der personalistischen Struktur der GmbH als „oHG mbH" Rechnung, indem es die Übertragung von GmbH-Anteilen zum Ausnahmefall macht und freien Handel jenseits der Börse unterbindet. Formfehler beim Verpflichtungsgeschäft werden aber durch formwirksamen Vollzug geheilt. Gutgläubiger Erwerb an Geschäftsanteilen ist nicht möglich, da der Anteil anders als bei Aktien nicht verkörpert ist. Daher bestimmt § 16 GmbHG, dass ein Erwerber erst mit Anmeldung seines Erwerbs und Nachweis des Rechtsübergangs bei der Gesellschaft legitimiert ist. Erst dann können Gesellschafterrechte ausgeübt werden, obwohl die Übertragung vorher schon wirksam ist. Die Gesellschafter werden in der Gesellschafterliste geführt. Diese wird jeweils aktuell zum Handelsregister eingereicht (§ 40 GmbHG). Dort kann sie eingesehen werden. Jedoch ist die Gesellschafterliste „treuhandblind", d.h. Hintermänner sind nicht erkennbar (anders bei den Meldepflichten in der AG).

Kapitel 4 Die Finanzverfassung von AG und GmbH
§ 1 Grundsätzliches

Die Finanzverfassung sowohl von der AG als auch von der GmbH wird durch strenge Anforderungen an Kapitalaufbringung und -erhaltung geprägt. Beide Gesellschaften haben ein Mindestkapitalerfordernis. Bei der GmbH sind es 25.000 €. Allerdings besteht inzwischen die Möglichkeit, eine so genannte Unternehmergesellschaft zu gründen, bei der man kein Grundkapital bzw. ein Kapital von einem Euro benötigt (§ 5a GmbHG). Dieser Vorteil in Form des geringeren Grundkapitals wird allerdings durch eine Beschränkung der Verwendung etwaiger Gewinne kompensiert. Bei der Unternehmergesellschaft muss nämlich in jedem Geschäftsjahr ein Betrag von einem Viertel des Gewinns in die Rücklage eingestellt werden. Nach der Vorstellung des Gesetzgebers erhöht sich – unter der Voraussetzung der Erzielung von Gewinnen – somit in jedem Jahr die Rücklage der Unternehmergesellschaft, so dass diese im Laufe der Zeit ebenfalls einen Gläubigerschutzmechanismus wie die GmbH entwickelt. Soweit die Rücklage den Betrag von 25.000 € erreicht, besteht für die Gesellschafter die Möglichkeit, die Unternehmergesellschaft in einer reguläre GmbH umzuwandeln. Bei der AG sind 50.000 € nötig, wie von der Zweiten Richtlinie gefordert. GmbH- und Aktienrecht verlangen die reale Aufbringung dieses oder eines vereinbarten höheren Kapitals. Außerdem bestehen strenge Kapitalschutzvorschriften, die eine Rückzahlung an die Gesellschafter verhindern sollen. Wenn das Mindestkapital aufgebraucht ist und Überschuldung eintritt, muss die Gesellschaft Insolvenz beantragen oder neues Kapital erhalten („recapitalise or liquidate" – in manchen Ländern der EU gilt diese Regel schon bei Verlust des halben Kapitals).

840

Das Mindestkapitalsystem ist in Deutschland allerdings nicht unumstritten und hat in den vergangenen Jahren zu einer intensiven Debatte über seine Funktionalität und Effizienz geführt. Die Kritiker des Mindestkapitalsystems bemängeln insbesondere dessen mangelnde Wirksamkeit und die hohen Kosten. Der Vorwurf mangelnder Wirksamkeit wird auf leichte Umgehbarkeit und auf mangelnden Schutz gegen Insolvenzen und Gläubigerausfall gestützt. Die hohen Kosten ergeben sich aus der Behinderung von Transaktionen und Unternehmensgründungen sowie aus den Kosten der Überprüfung. Vor allem aber wird das Hauptziel des Gläubigerschutzes nicht zufriedenstellend erreicht. Denn die starren Kapitalvorschriften sind nicht auf den konkreten Kapitalbedarf abgestimmt. Außerdem schützen sie nicht vor Verlusten, weil das Mindestkapital nicht erhalten bleiben muss. Eine Nachschusspflicht besteht nicht. Zwar dürfen bei einer „Unterbilanz" (Vermögenswerte liegen unter dem Stammkapital) keine Ausschüttungen mehr stattfinden. Aber die Gesellschaft darf ihr gesamts Kapital durch Verluste verwirtschaften und muss erst bei Überschuldung Insolvenz beantragen (§ 15a Abs. 1 InsO). Gerade bei der GmbH, wo sich viele kleine Unternehmen finden, bietet das Mindestkapitalsystem daher keinen hinreichenden Schutz für die Gläubiger. Die meisten GmbH-Insolvenzen leiden an Masseaarmut. Richtiger ist es daher, das Mindestkapital als „Solidarbeitrag" sowie als „Seriositätsschwelle" zu verstehen. Es ist die Gegenleistung der Gesellschafter für das Privileg der beschränkten Haftung, das eine einfache oHG oder ein Einzelkaufmann nicht erlangen können. Zugleich soll es den Missbrauch der beschränkten Haftung erschweren. Schließlich ermöglicht das Vorhandensein einer Reservelinie die Aufstellung relativ einfacher Ausschüttungssperren ohne *solvency test* oder ähnliche Erfordernisse, weil man grundsätzlich davon ausgehen kann, dass die Gesellschafter keine ruinösen Ausschüttungen vornehmen werden, um ihren eigenen Kapitaleinsatz nicht zu verlieren. In dieser Hinsicht hat das Mindestkapitalsystem also nach wie vor eine Berechtigung. Zwar erreichen andere Rechtsordnungen ihre Ziele ohne Mindestkapital (z.B. die USA, die englische Limited oder die französische S.A.R.L.), benötigen meist aber mehr öffentliche Aufsicht oder vage Verhaltensstandards (*fiduciary duties*). Richtig ist ferner, dass Gläubigerschutz bei großen Aktiengesellschaften eine geringe Bedeutung hat. Die allgemeinen Pflichten des Managements würden wohl ausreichen. Allerdings haben kontinentaleuropäische Aktiengesellschaften eine ganz andere Struktur als englische oder amerikanische (Mehrheitsgesellschafter statt weitem Streubesitz).

Die langjährige Diskussion über die Reform des Kapitalschutzsystems auf deutscher und europäischer Seite hat am Ende im Wesentlichen zu einem argumentativen Patt geführt. Daher wurde eine vollständige Abkehr von diesem System – letztlich aus Mangel an geeigneten Alternativen – am Ende nicht vollzogen.

§ 2 Kapitalaufbringung

I. Grundsatz

841 Das deutsche Recht erfordert sowohl bei der AG als auch bei der GmbH die reale Aufbringung des Mindestkapitals bzw. eines höheren vereinbarten Kapitals. Es muss zur freien Verfügung der Geschäftsleitung stehen (§ 8 Abs. 2 GmbHG; § 36 Abs. 2 AktG). Bareinlagen sind nur zum Teil (näher § 7 Abs. 2 GmbHG; § 36a AktG), Sacheinlagen sofort in voller Höhe zu erbringen. Dienstleistungen sind keine zulässige Einlage. Sacheinlagen müssen genau auf ihre Werthaltigkeit geprüft werden. Dazu sind Prüfungen und Berichte der Geschäftsleitung notwendig. Außerdem muss bei der AG zwingend ein Gründungsprüfung durch einen Wirtschaftsprüfer erfolgen (§ 33 Abs. 2 Nr. 4 AktG). Bei der GmbH kann das Registergericht im Rahmen seiner Prüfung der Anmeldung ebenfalls einen Wirtschaftsprüfer fordern.

II. Umgehungsschutz

842 Der Grundsatz der realen Kapitalaufbringung und die verschärften Vorschriften zu Sacheinlagen sind strikt einzuhalten und werden zunehmend effizient gegen Umgehungen geschützt. Der Kauf von sog. Vorratsgesellschaften („*shelf companies*") ist zulässig (BGHZ 117, 323). Das Kapital muss bei Inbetriebnahme aber tatsächlich aufgebracht werden (BGHZ 153, 158). Das Gleiche gilt bei Erwerb und Verwendung einer vormals stillgelegten Gesellschaft („Altmantelverwendung", BGHZ 155, 318). „Verdeckte Sacheinlagen" (= formelle Bareinlagen, um mit dem Geld einen Sachgegenstand vom Gesellschafter zu erwerben) waren bisher verboten (BGHZ 125, 141). Eine Umgehungsabsicht war dabei nicht erforderlich. Ausreichend war ein objektiver Zusammenhang zwischen Einlage und Sachgeschäft. Verstöße gegen diese Vorschriften führten

Kapitalerhaltung Kap. 4 § 3 G

bislang dazu, dass die Bareinlagepflicht nicht erlischt und erneut in vollem Umfang (nicht bloß in Höhe der Differenz zum Sachwert) erbracht werden muss. Das war besonders gefährlich in der Insolvenz, wenn der Anspruch auf Rückgewähr der Sachleistung entwertet ist. Das Hin- und Herzahlen der Bareinlage war aber auch dann unzulässig, wenn nicht eine Sacheinlage verdeckt werden sollte, sondern die Einlage als Darlehen an die Gesellschafter zurückfließen sollte (BGH, NZG 2006, 24).
Nach neuem Recht werden aber die Rechtsfolgen der verdeckten Sacheinlage und des Hin- und Herzahlens (§ 27 III AktG, § 19 III GbHG) bei der GmbH und der AktG auf eine Differenzhaftung abgemildert und die Rückzahlung der Einlage als Darlehen bei Bilanzneutralität (= werthaltiger Rückzahlungsanspruch) zugelassen.

§ 3 Kapitalerhaltung

I. AG

Das Kapital der AG ist sehr streng gebunden. Jegliche Rückflüsse an die Gesellschafter aus dem Kapital sind unzulässig (§ 57 Abs. 1 AktG). Allein der Bilanzgewinn darf ausgeschüttet werden (§ 57 Abs. 3 AktG), nachdem die gesetzlichen Rücklagen bedient sind. Die Gesellschaft darf grundsätzlich keine eigenen Aktien erwerben (§ 71 AktG). Sie darf auch keine finanzielle Unterstützung zum Erwerb ihrer Aktien leisten (§ 71a AktG). Kapitalherabsetzungen (§ 222 AktG) sind nur sehr beschränkt zulässig. Die Kapitalerhaltungsvorschriften sind sehr streng und stehen manchmal einem effizienten Management entgegen (z.B. strategischer Erwerb eigener Aktien, finanzielle Unterstützung beim *Leveraged Buy Out*/LBO).

843

II. GmbH

Die Kapitalbindung in der GmbH ist weniger streng. Nicht das Eigenkapital insgesamt, sondern nur das Stammkapital darf nicht an die Gesellschafter zurückfließen. Oberhalb des Stammkapitals sind alle Arten von offenen und verdeckten Ausschüttungen (z.B. Privatentnahmen, verdeckte Gewinnausschüttungen durch überhöhte Gehaltszahlungen) zulässig. Die §§ 30, 31 GmbHG verbieten die Auszahlung an den Gesellschafter erst, wenn sie das zur Erhaltung des Stammkapitals erforderliche Vermögen verringern würde („Unterbilanz"). Solche Leistungen sind in vollem Umfang (nicht bloß hinsichtlich des Fehlbetrags) zurückzuerstatten. Auch bei Unterbilanz bleiben Zahlungen an die Gesellschafter im Zuge von schuldrechtlichen Verträgen (Gehalt, Zins) grundsätzlich zulässig. Sie müssen aber einem Drittvergleich standhalten. Außerdem durften nach neuer Rechtsprechung generell keine Darlehen an Gesellschafter aus dem gebundenem Kapital gewährt werden (BGHZ 157, 72). Diese praxisfeindliche Rechtsprechung (*cash pool*) wurde aber durch den Gesetzgeber aufgehoben und die Maßgeblichkeit der bilanziellen Betrachtung wieder hergestellt werden.
Schließlich werden bestimmte schuldrechtliche Beziehungen des Gesellschafters mit der Gesellschaft als **Eigenkapitalersatz** gewertet. Dabei geht es um Darlehen, die von den Gesellschaftern an die Gesellschaft gewährt werden. Das Problem besteht dabei darin, dass es sich dabei meist um Darlehen handelt, die die Gesellschaft bei einem regulären dritten Geldgeber aufgrund ihrer schlechten finanziellen Verfassung nicht mehr erhalten würde. Da die Gesellschaft dieses Darlehen aber dennoch von dem Gesellschafter erhält, bekommt sie einen Kapitalzufluss, den sie eigentlich nicht erhalten hätte. Da damit der Überlebenskampf der Gesellschaft unnötig verlängert wird, darf sich der

844

265

Gesellschafter bei einer Insolvenz der Gesellschaft nicht als regulärer Gläubiger beteiligen, sondern muss vielmehr so gestellt werden, als hätte er nicht ein Darlehen, sondern echtes Eigenkapital an die Gesellschaft gewährt. Soweit der Gesellschaft das Darlehen in einem Zeitraum von einem Jahr vor der Eröffnung des Insolvenzverfahrens zurückgezahlt bekommen hat, muss er diese Zahlung an die Gesellschaft bzw. die Insolvenzmasse wieder rückgewähren. Durch diese Regelungen soll ein Anreiz geschaffen werden, der Gesellschaft bei einer absehbaren Insolvenz bzw. wirtschaftlichen Krise keine Darlehen mehr zu gewähren, sondern entweder echten Eigenkapital zuzuführen oder durch die Stellung des Insolvenzantrages in ein geordnetes Insolvenzverfahren zu überführen.

§ 4 Haftungsdurchgriff bei „Existenzvernichtung"

845 Die zentrale Schwäche des deutschen Mindestkapitalsystems war bislang, dass es nur eine Insolvenzantragspflicht bei Eintritt von Überschuldung/Zahlungsunfähigkeit, aber keine Regelung gegen die unredliche Herbeiführung der Insolvenz enthielt. Eine Haftung wegen „materieller Unterkapitalisierung" der Gesellschaft (= Geschäftsbetrieb mit zu wenig Eigenkapital) bestand nur ausnahmsweise bei vorsätzlicher und sittenwidriger Schädigung der Gläubiger (§ 826 BGB). Zur Abhilfe hat die Rechtsprechung die Durchgriffshaftung bei „existenzvernichtenden Eingriffen" entwickelt. Sie greift bei sog. „kalter Liquidation", d.h. wenn die Gesellschafter ihrer Gesellschaft in unredlicher Weise ohne Ausgleich Vermögenswerte, den Geschäftsstamm oder den Goodwill entziehen, um den Geschäftsbetrieb mit einer neuen Gesellschaft ohne die alten Schulden fortzuführen (BGHZ 151, 181; BGH, NZG 2005, 177). In diesem Fall verlieren die Gesellschafter ihr Haftungsprivileg nach § 13 Abs. 2 GmbHG und werden persönlich für die Schulden der Gesellschaft haftbar. Damit wurde eine gravierende Lücke des deutschen Gesetzesrechts geschlossen. Allerdings sind die exakten Konturen dieser Haftung längst noch nicht abschließend geklärt. Eine entsprechende Haftung sieht § 64 Satz 3 GmbHG auch für Geschäftsführer bei Auszahlungen vor, welche die Insolvenz der Gesellschaft verursachen. Das zwingt im Übrigen – ebenso wie schon die Existenzvernichtungshaftung – faktisch zur Durchführung von *solvency tests*, ohne diesen aber formell zur Voraussetzung jeder Ausschüttung zu erheben.

Literatur:

Zu **Personen- und Kapitalgesellschaften**: *Karsten Schmidt*, Gesellschaftsrecht, 4. Aufl. 2002.
Zu **Kapitalgesellschaften**: *Heribert Hirte*, Kapitalgesellschaftsrecht, 6. Aufl. 2009 (zitiert Hirte, Rn.).
Zur **AG**: *Uwe Hüffer*, Kommentar zum Aktiengesetz, 9. Aufl. 2010.
Zur **GmbH**: *Adolf Baumbach/Alfred Hueck*, Kommentar zum GmbH-Gesetz, 19. Aufl. 2010.
Zu **OHG** und **KG**: *Klaus Hopt/Hanno Merkt*, Kommentar zum Handelsgesetzbuch, 34. Aufl. 2010.
Zu **Auslandsgesellschaften in Deutschland**: *Heribert Hirte/Thomas Bücker*, Grenzüberschreitende Gesellschaften, 2. Aufl. 2006 (zitiert *Bearbeiter*, in: Hirte/Bücker, §).

Wichtige **Fachzeitschriften** zum deutschen und internationalen Gesellschaftsrecht: Deutsches Steuerrecht (DStR); European Business Law Review (EBLR); European Business Organization Law Review (EBOR): European Company and Financial Law Review (ECFR); Neue Juristische Wochenschrift (NJW); Neue Zeitschrift für Gesellschaftsrecht (NZG); Zeitschrift für Gesellschaftsrecht (ZGR); Zeitschrift für Handelsrecht (ZHR); Zeitschrift für Wirtschaftsrecht (ZIP).

H   Recht der Unternehmensgründung und -finanzierung

Wolfgang B. Schünemann

Kapitel 1   Europarechtliche Rahmenbedingungen

Eine der tragenden Säulen der Europäischen Union (EU) ist die Europäische Gemeinschaft (EG), die wiederum aus der Europäischen Wirtschaftsgemeinschaft (EWG) hervorgegangen ist. Der europäische Einigungsprozess ist also nicht nur historisch im Wesentlichen wirtschaftlich motiviert. Dies wird auch deutlich, wenn man sich den Inhalt des Vertrags über die Europäische Gemeinschaft (EGV), jetzt: Vertrag über die Arbeitsweise der Europäischen Union (AEUV) vor Augen hält. Auch über die Herstellung eines europäischen Binnenmarktes hinaus spielen wirtschaftliche Themen eine herausragende Rolle. **846**

Unter dem Aspekt der Unternehmensgründung und Unternehmensfinanzierung sind von den sog. Grundfreiheiten des AEUV vor allem die europaweite Niederlassungsfreiheit für Unternehmen (Art. 49 ff.), die Freiheit des Kapitalverkehrs (Art. 63 ff.) sowie die für das Funktionieren eines gemeinsamen Marktes notwendige Angleichung der Rechtsvorschriften innerhalb der Mitgliedsstaaten (Art. 114 ff.) von Interesse. Die nähere Ausgestaltung dieses Konzeptes hat zu einer enormen Fülle von sekundärem europäischen Recht und einer ebenso großen Fülle rechtlicher Anpassungsmaßnahmen auf nationaler Ebene der Mitgliedsstaaten geführt. **847**

Ohne hier den Einzelheiten auch nur im Entferntesten nachspüren zu können, lässt sich jedoch Folgendes festhalten: Im Bereich der Rechtsformwahl für Unternehmensgründungen steht sog. Einheitsrecht durchaus schon zur Verfügung. So existiert als unmittelbar im europäischen, „supranationalen" Recht wurzelnde Unternehmensform zunächst die Europäische Aktiengesellschaft, in ihrer offiziellen, latinisierten Bezeichnung die Societas Europaea (SE), die bei genauerer Betrachtung diese Einordnung als europäische Unternehmensrechtsform allerdings kaum verdient. Denn bei der SE handelt es sich in Wahrheit kaum mehr als um einen Rechtsmantel, hinter der sich die Notwendigkeit und Möglichkeit einer nationalen Gesetzgebung versteckt. In Deutschland geschah dies durch das Ausführungsgesetz zur europäischen Verordnung über das Statut der Europäischen Gesellschaft (SEAG), wobei das SEAG seinerseits das deutsche Aktienrecht inkorporiert. Eigenständiger wird sich die SPE darstellen, die Societas Privata Europaea: Diese „Europäische Privatgesellschaft" wäre die Parallele zur deutschen Gesellschaft mit beschränkter Haftung (GmbH) sowie zur Unternehmergesellschaft (UG) mit beschränkter Haftung, auf die noch zurückzukommen ist. Nach gegenwärtigem Beratungsstand soll sie nicht einmal grenzüberschreitende Bezüge voraussetzen, wogegen sich Deutschland sehr zur Wehr setzt. Europarechtlich existent ist jedoch neben der SE ferner schon die Europäische Genossenschaft, die Societas Cooperativa Europaea (SEC) sowie schon seit Langem die Europäische Wirtschaftliche Interessenvereinigung (EWIV). Letztere ist lediglich als grenzüberschreitende Kooperationsform konzipiert, z. B. für eine gemeinsame Entwicklung oder ein gemeinsames Logistikzentrum. **848**

Trotz dieser unmittelbar im supranationalen, also europäischen (sog. Verordnungs-) Recht wurzelnden Unternehmenrechtsformen ist das Recht der Unternehmens-gründung und -finanzierung insoweit nach wie vor nationales Recht der Mitglieds-staaten **849**

H Kap. 1 Recht der Unternehmensgründung und -finanzierung

der EG, allerdings bis zu einem gewissen Grade parallel laufend. So gibt es überall beispielsweise eine Art Gesellschaft mit beschränkter Haftung (GmbH), etwa in Großbritannien die „Ltd", in den Niederlanden die „BV" oder in Frankreich die „S.A.R.L.", doch bestehen in der rechtlichen Feinstruktur doch gravierende Unterschiede. So bedarf es z. B. zur Gründung einer englischen Ltd. keines gesetzlich vorgeschriebenen Mindestkapitals (von dem symbolischen 1 Pfund einmal abgesehen), während das deutsche Recht für eine GmbH-Gründung als sog. Stammkapital grundsätzlich (zur „Unternehmergesellschaft", UG, später) ein Minimum von 25.000 Euro verlangt.

850 Hinzukommt, dass das Stammkapital der deutschen GmbH den Vorschriften über die Kapitalerhaltung unterliegt, also für den laufenden Geschäftsbetrieb der Unternehmung gar nicht herangezogen werden darf. Für einen erfolgreichen Geschäftsstart bedarf es deshalb noch erheblich mehr finanzieller Mittel. Dass bei der GmbH-Gründung statt Geld auch Sachwerte das Stammkapital bilden können (sog. Sachgründung), ist nur auf den ersten Blick eine wirkliche Erleichterung, da in diesen Fällen ein qualifizierter und deshalb wieder kostenträchtiger Sachgründungsbericht vorzulegen ist, der die angemessene Bewertung der Sachleistungen darlegt (vgl. §§ 5 Abs. 4, 8 Abs. 1 Nr. 5 GmbHG). In China hingegen, um einmal nach Asien zu blicken, verlangt das Gesetz für die dortige „GmbH" zwar auch ein (interessanterweise je nach Gesellschaftszweck und auch in den Provinzen unterschiedliches) Mindestkapital, fordert aber keine Kapitalerhaltung, sodass man das „Stammkapital" sofort wieder für den beginnenden Geschäftsbetrieb einsetzen kann. So ist die rechtliche Wirklichkeit hinter ein und demselben Begriff doch sehr unterschiedlich.

851 Diese Rechtslage führt allein schon in Europa in Verbindung mit der Niederlassungsfreiheit zu einer europapolitisch durchaus gewollten Art Wettbewerb der diversen nationalen Unternehmensverfassungen. Ein gutes Beispiel dafür ist die Konkurrenz zwischen der deutschen GmbH und der englischen Ltd., mit vollem Namen: Private Company Limited by Shares. Denn nach der sog. Gründungstheorie, die mittlerweile auch von der Justiz praktiziert wird, können beispielsweise Deutsche eine Ltd. in Großbritannien gründen, doch ist diese Gesellschaft dann ausschließlich in Deutschland geschäftlich aktiv und wird auch von Deutschland aus administriert. So erklärt sich, dass sich die Ltd. auch bei Unternehmensgründungen in Deutschland eine Zeit lang beachtlicher Beliebtheit erfreute. Nachdem sich jedoch herumgesprochen hatte, dass eine solche Ltd. auch große Nachteile vor allem bilanzrechtlicher Art mit sich bringt, ist die Attraktivität ihrer Gründung in Deutschland stark abgeflacht und mittlerweile aus einem weiteren noch zu nennenden Grund (näher Kap. 2, § 1 II. 2.) fast ganz erloschen.

852 Ähnlich komplex ist die Rechtslage auch ansonsten auf dem Feld der Unternehmensfinanzierung. So ist es etwa (auch und sogar primär wegen der Warenverkehrsfreiheit nach Art. 28 f. AEUV) natürlich kein Problem, in Deutschland Waren oder Investitionsgüter aus Großbritannien zu beziehen und bei der Kaufpreisfinanzierung einen Warenkredit einzusetzen, also mit dem Verkäufer ein Zahlungsziel zu vereinbaren, was diesen zur Lieferung (nur) unter Eigentumsvorbehalt veranlassen wird. Dieses Kreditsicherungsmittel kennt selbstverständlich etwa auch das englische oder chinesische Recht. Doch verbirgt sich hinter dem einheitlichen Etikett doch eine jeweils recht unterschiedliche Ausgestaltung dieses Rechtsinstituts, und zwar paradoxerweise gerade im Verhältnis des deutschen zum geographisch so nahen englischen Recht, sodass mit der Beschreibung der Gemeinsamkeit, bei der Lieferung unter Eigentumsvorbehalt werde der Käufer nur Besitzer, aber noch nicht Eigentümer, nur sehr wenig gewonnen ist.

853 Vor diesem Hintergrund wird rasch klar, dass eine Darstellung des internationalen Rechts der Unternehmensgründung und -finanzierung selbst innerhalb der EG vielfach auf eine Darstellung zahlreicher nationaler Rechtsordnungen hinausläuft, die jeweils

nach dem im konkreten Fall geltenden Kollisionsrecht des sog. Internationalen Privatrechts (IPR) Anwendung finden mögen. Ein solcher umfassender Darstellungsansatz verbietet sich in vorliegendem Rahmen von selbst. Vielmehr bedarf es einer mehr oder weniger exemplarischen Darstellung anhand des deutschen Rechts.

Dies rechtfertigt sich auch im Blick auf die Rechtstatsachen. Denn schon wegen des großen deutschen Exportvolumens vor allem bei Investitionsgütern, aber auch wegen der erheblichen Bedeutung deutscher Banken für die grenzüberschreitende Unternehmensfinanzierung wird kollisionsrechtlich nicht selten deutsches Recht Anwendung finden. Grund dafür ist, dass die diesbezügliche Weichenstellung sich wohl weltweit grundsätzlich nach der vertragscharakteristischen Leistung richtet (vgl. für das frühere deutsche IPR Art. 28 Abs. 2 EGBGB = Einführungsgesetzes zum Bürgerlichen Gesetzbuch), die hier der deutsche Lieferant oder Kreditgeber erbringt Hingegen ist die Zahlung die nicht-vertragscharakteristische Gegenleistung des Käufers wie des Kreditnehmers (Zins!), des Mieters etc. Innerhalb Europas, genauer: im Geltungsbereich der VO EG Nr. 593/2008 („Rom I") knüpft Art. 4 Abs. 1 a) dieser VO zwar etwas anders an, nämlich an den gewöhnlichen Aufenthalt des Verkäufers, doch führt dies zu demselben Ergebnis. Allerdings bietet die international-privatrechtlich ebenfalls weit verbreitet im Vertragsstatut ebenfalls zugelassene freie Wahl des Sachrechts (vgl. für das europäische Recht Art. 3 VO EG 593/2008) Spielraum für abweichende Gestaltungen Der Grundsatz freier Rechtswahl eröffnet aber auch ganz generell den Zugang zum deutschen Recht, dessen Vorzüge gegenüber dem oft wenig reflektiert gewählten englischen oder amerikanischen Recht (wesentlich kürzere Vertragstexte, Zurückdämmung von Übervorteilung durch AGB, größere Rechtssicherheit) zunehmend, gestützt durch eine internationale Kampagne für „Law made in Germany", auch in der Praxis immer häufiger gesehen werden. Auch für den Einkauf deutscher Unternehmen kann und sollte deshalb deutsches Recht Anwendung finden.

Noch in anderer Hinsicht scheint eine Verengung des Blickwinkels notwendig. So können die öffentlich-rechtlichen Aspekte insbesondere der Unternehmensgründung allenfalls gestreift werden. Die Fülle gewerberechtlicher, steuerrechtlicher oder planungsrechtlicher Randbedingungen der Unternehmensgründung ist selbst unter dem europaweit geltenden Postulat der Gewerbefreiheit erstaunlich groß.

854

855

Kapitel 2 Privatrechtliche Grundlagen der Unternehmensgründung

§ 1 Die Freiheit der Rechtsformwahl und ihre Grenzen

I. Die Unternehmensgründung als Existenzgründung

Die Gründung von Unternehmen ist, legt man einen weiten Gründungsbegriff zugrunde, von den Erscheinungsformen her sehr unterschiedlich. Das Spektrum reicht von der Existenzgründung bis hin zur Gründung eines Tochterunternehmens oder der Beteiligung an einem Gemeinschaftsunternehmen („joint venture"), vom Kapitaleinsatz her betrachtet dabei von (zunächst) völlig fehlendem Betriebsvermögen bis zu enormen Beträgen, deren Höhe keine Begrenzung kennt. Die damit angesprochenen Szenarien unterscheiden sich so wesentlich, dass es jedenfalls an dieser Stelle keinen Sinn macht, von der Gründung eines Ein-Mann-Unternehmens bis hin zur Gründung einer Aktengesellschaft (AG) alles abhandeln zu wollen.

856

H Kap. 2 § 1 Recht der Unternehmensgründung und -finanzierung

857 Das Augenmerk soll in Folgendem vielmehr ganz gezielt auf die Unternehmensgründungen gelenkt werden, die den Übergang von der unselbständigen Erwerbstätigkeit als Arbeitnehmer in den wirtschaftlich und rechtlich ganz anders gearteten Status des selbständigen Unternehmers bezeichnet. Dies hat nicht nur darstellungspraktische Vorzüge, weil sonst das gesamte Gesellschaftsrecht abgehandelt werden müsste. Vielmehr trägt diese Akzentuierung auch nachdrücklich verfolgten arbeitsmarkt- und wirtschaftspolitischen Zielsetzungen der EG und speziell auch Deutschlands Rechnung. Allein schon vor dem Hintergrund einer hohen Arbeitslosigkeit, die nicht nur: konjunkturell durch die globale Wirtschaftskrise, sondern auch strukturell, z. B. durch ein stark sozialpolitisch motiviertes Arbeitsrecht, bedingt ist, sollen national wie supranational die Unternehmensgründungen bisheriger Arbeitnehmer bzw. arbeitsloser Personen wie überhaupt kleine und mittlere Unternehmen („KMU") besonders unterstützt werden.

858 Auch über die Gründungsfunktion hinaus werden den KMU sehr positive beschäftigungspolitische Effekte sowie ein besonders hohes Innovationspotential bei hoher Flexibilität zugeschrieben. Auch wissenschaftlich findet die Gründung derartiger Unternehmen durch hochmotivierte und mehr oder minder risikofreudige „Entrepreneurs" (ein aus dem Französischen stammendes, unter Anderem auch ins Englische und Deutsche eingegangenes Lehnwort) eine ganz spezifische Aufmerksamkeit. All dies rechtfertigt es, sie in den Mittelpunkt der nachstehenden Ausführungen zu stellen.

II. Der Existenzgründer: Schon „Unternehmer" oder noch „Verbraucher"?

859 Der Existenzgründer bewegt sich in der begrifflichen Grauzone zwischen § 13 BGB (Verbraucher) einerseits, § 14 BGB (Unternehmer) andererseits. Mietet er also Räume für sein (zukünftiges) Unternehmen an, kauft er Einrichtungsgegenstände, Computer und Büromaterial, nimmt er Betriebsmittelkredite auf oder schließt er Franchise-Verträge, kurz: schließt er als ein aktuell „Noch-nicht-Unternehmer" Verträge zu Zwecken seiner künftigen Erwerbstätigkeit, fragt es sich, ob er diesbezüglich tatsächlich noch als Verbraucher oder nicht doch schon als Unternehmer zu behandeln ist. Dies ist angesichts des hochentwickelten Verbraucherschutzes im europäischen und deutschen Recht von großer Wichtigkeit. Für das Kreditrecht einschließlich des Warenkredits durch Lieferung unter Einräumung eines Zahlungsziels, für den Abzahlungskauf oder für sonstige Finanzierungshilfen bis zu einem Nettodarlehensbetrag oder Barzahlungspreis von jetzt 75.000 Euro hat das Gesetz durch § 512 BGB n. F. (§ 507 BGB a. F.) die Frage ausdrücklich, wenngleich nicht unmittelbar einleuchtend im Sinne einer Zuordnung des Existenzgründers zum Lager der Verbraucher entschieden. Darauf wird später noch einzugehen sein. Im Übrigen bleibt die Grundsatzfrage und damit die Rechtslage außerhalb des § 512 BGB nach dem Wortlaut des Gesetzes offen.

860 Während vor allem die Rechtsprechung und weite Teile des wissenschaftlichen Schrifttums (jedenfalls in Deutschland) bislang den Existenzgründer im Gegenschluss zu § 512 BGB grundsätzlich als Unternehmer behandeln, gewinnt in der Literatur eine andere Auffassung an Boden. Sie sieht in § 512 BGB den Ausdruck einer allgemeinen gesetzlichen Wertung, den Existenzgründer in den von § 512 BGB gezogenen Geschäftswertgrenzen (75.000 Euro) ganz grundsätzlich als Verbraucher im Rechtssinne zu behandeln. Dieser Standpunkt hat die weitaus besseren Gründe für sich, was hier nicht vertieft werden kann. Auf dieser Grundlage genießt der Existenzgründer z. B. den vollen Schutz der §§ 305 ff. BGB bezüglich Einbeziehung und Inhaltskontrolle Allgemeiner Geschäftsbedingungen (AGB). Auch die zahlreichen, verbraucherschutzmoti-

vierten Widerrufsrechte, z. B. §§ 312 Abs. 1, 312d Abs. 1 BGB, stehen dem Existenzgründer als Noch-Verbraucher somit zu Gebote.

III. Prinzipielle Aspekte der Rechtsformwahl bei der Unternehmensgründung

1. Einzelperson versus Gesellschaft als Unternehmensträger

Die Geschäftsidee des Unternehmensgründers ist das Eine, die Wahl der Rechtsform, in der diese Idee erfolgreich verwirklicht werden soll, das Andere. Hierbei handelt es sich um eine fundamentale Entscheidung im Rahmen der Existenzgründung, deren Wichtigkeit in der Matrix des gesamten Problemfeldes der Existenzgründung oft unterschätzt wird. Der Unternehmensgründer muss sich zunächst fragen, ob er selbst der Träger des Unternehmens sein will oder seine unternehmerischen Interessen durch eine Gesellschaft als Unternehmensträger verfolgen will, ob er also als Einzelunternehmer wirken will oder ob eine gesellschaftliche Rechtsform in Betracht gezogen werden soll. Letztere zielt zumeist auf einen Zusammenschluss mit Anderen, was eine spezifische Möglichkeit der Arbeitsteilung im Management und der Beteiligungsfinanzierung eröffnet. Aber auch bei einer Gesellschaft mit nur einem Gesellschafter, der sog. Ein-Mann-Gesellschaft, ist die Gesellschaft der Unternehmensträger, nicht etwa ihr einziger Gesellschafter, und sei er auch noch als „Geschäftsführender Allein-Gesellschafter" (so der Aufdruck auf so mancher Visitenkarte) der einzige rechtlich originäre Repräsentant der Gesellschaft. Mit einem Einzelunternehmer hat dies nur dem ersten Eindruck nach zu tun, nicht aber hinsichtlich der rechtlichen Substanz und ihren ganz erheblichen Folgen. 861

Das Einzelunternehmen, dessen Inhaber also schlicht ein Mensch als eine sog. natürliche Person ist, zeichnet sich dabei unbestreitbar durch den geringsten Gründungsaufwand und das Fehlen rechtsformstruktureller Probleme aus: Es gibt weder ein gesetzlich vorgeschriebenes Mindestkapital noch eine obligatorische Gründungsprüfung; die Notwendigkeit, Gewinnentnahmen zu reglementieren, entfällt von vornherein, da es rechtlich gesehen überhaupt nur eine Vermögensmasse gibt, mag der Einzelunternehmer auch Betriebs- und Privatvermögen gedanklich und operativ trennen. Für eine Regelung der der Haftungsbeschränkung oder der Nachschusspflicht fehlt es an jedem gedanklich-rechtlichen Ansatzpunkt, ebenso wie für Überlegungen zu Geschäftsführungs- und Vertretungsbefugnis. 862

Dies alles gilt auch bezüglich des kaufmännischen Einzelunternehmens, für das sein Inhaber unter einem eigenen Handelsnamen, einer Firma (vgl. die Legaldefinition in § 17 HGB), am Markt auftritt. Denn bürgerlicher Name wie Firma individualisieren hier doch immer nur ein und dasselbe Rechtssubjekt. Diese Unkompliziertheit wird freilich eben durch die schon genannte volle persönliche Haftung des Einzelunternehmers für Geschäftsschulden auch mit dem Privatvermögen und den naturgemäß sehr engen Möglichkeiten der Eigenfinanzierung erkauft. 863

Abhilfe leistet hier eine gesellschaftliche Verfassung der Unternehmung, die die Basis für diverse Formen der Beteiligungsfinanzierung bietet. Freilich darf die Wahl der Rechtsform keinesfalls nur unter dem Aspekt der Kapitalbeschaffung getroffen werden. Vielmehr gibt es im Rahmen der Unternehmensgründung eine Fülle von Parametern, die bei der Entscheidung für oder gegen eine bestimmte gesellschaftliche Rechtsform von zentraler Bedeutung sind. 864

Dabei entspricht es dem Ausgangspunkt gerade auch der deutschen Rechtsordnung, nämlich dem Grundsatz der Privatautonomie als der durch Art. 2 Abs. 1 des Grundgesetzes (GG) verfassungsrechtlich gesicherten Selbstbestimmung der Menschen, dass 865 auch in Deutschland dem Existenzgründer zahlreiche, rechtlich sehr unterschiedlich ausgestaltete gesellschaftliche Unternehmensformen zur Verfügung stehen. Die Grundstrukturen dieser Gesellschaftstypen finden sich, wie bereits erwähnt, als Teil des europarechtlichen Binnenmarktkonzeptes in allen Mitgliedsstaaten der Europäischen Union unter anderen Bezeichnungen wieder. Auch weltweit existieren zahlreiche Parallelen, doch bedarf es immer eines genaueren Blicks auf die Feinstrukturen des jeweiligen Rechtsformangebots.

866 Das Spektrum der Gesellschaftstypen ist an sich sehr breit. Dem Namen nach in Deutschland vielen Leuten geläufig sind als gesellschaftsrechtliche Organisationsformen die Offene Handelsgesellschaft (OHG), die Kommanditgesellschaft (KG), die Gesellschaft mit beschränkter Haftung (GmbH) und die Aktiengesellschaft (AG), die aber als Plattform einer Existenzgründung praktisch keine Rolle spielt. Aber auch die Gesellschaft bürgerlichen Rechts (GbR), die, ohne ausdrücklich vom Gesetz so genannt zu werden, im Bürgerlichen Gesetzbuch (BGB) ihre Regelung gefunden hat, gehört durchaus zu den vertrauten Erscheinungen des Alltags.

867 Hinzukommen etwa die noch recht wenig bekannte Unternehmergesellschaft (UG) und die ebenfalls noch nicht wirklich ins öffentliche Bewusstsein gedrungene Partnerschaftsgesellschaft oder auch nur kurz Partnerschaft genannt, die Kommanditgesellschaft auf Aktien (KGaA), der wirtschaftliche Verein, der Versicherungsverein auf Gegenseitigkeit (VVaG) und die Genossenschaft, die stille Gesellschaft und die Stiftung. Für Letztere ist die Rechtslage selbst innerhalb Deutschlands sehr unübersichtlich, weil die einschlägige Gesetzgebung im Wesentlichen Sache der Bundesländer ist und demzufolge jedes Bundesland ein eigenes Stiftungsrecht hat.

868 Der Bundesgesetzgeber hat sich der Stiftung nur in wenigen Vorschriften §§ 80 – 88 BGB) gewidmet und jedenfalls an die Stiftung als Unternehmensträger überhaupt nicht gedacht, sondern sie, wie es auch der Tradition entspricht, wohl allein mit kulturellen, künstlerischen, wissenschaftlichen oder karitativen Zwecken in Verbindung gebracht. Die unmittelbar vom europäischen Recht zur Verfügung gestellten Rechtsformen wurden bereits genannt. Ferner existieren zahllose Rechtsformkombinationen, die ihre Existenz und Zulässigkeit wiederum der Privatautonomie und der Kreativität der Juristen verdanken, welche versuchen, die mit den Grundtypen einhergehenden Vorteile zu verbinden und zugleich deren Nachteile zu vermeiden.

869 Wer sich selbständig machen will, wird nun allerdings nur höchst selten ernsthaft erwägen, z. B. die in Gründungsprozedur und Verwaltung sehr aufwändige, teure und ein Mindestkapital von 50.000 Euro erfordernde AG oder KGaA zu gründen oder komplizierte Konstruktionen wie die GmbH & Co. KG, die Stiftung & Co. KG oder die KGaA womöglich noch mit einer GmbH als persönlich haftendem Gesellschafter zu wählen. Andere Rechtsformen scheiden für den typischen Existenzgründer zumeist schon deshalb aus, weil sie einen grenzüberschreitenden Gesellschafterbestand erfordern (so etwa die EWIV), ihrerseits nur dienende Funktionen übernehmen können (so neben der EWIV namentlich die Genossenschaft, die wegen der rechtlich nötigen Eintragung im Genossenschaftsregister auch „eingetragene Genossenschaft", eG, heißt) oder wie der VVaG nur für ganz bestimmte, praktisch doch existenzgründungsferne Zwecke zu verwenden sind. Speziell der VVaG muss noch dazu wie die das Versicherungsgeschäft betreibende AG äußerst anspruchsvollen Anforderungen der staatlichen Versicherungsaufsicht genügen.

870 Die weitere Betrachtung kann somit Abstand nehmen von den diversen Spielarten der Aktiengesellschaft (AG, KGaA, SE), von der Genossenschaft, dem VVaG und von dem wirtschaftlichen Verein (er bedarf nach § 22 BGB besonderer staatlicher Erlaubnis, die mit Blick auf die übrigen Optionen praktisch nicht erteilt wird) und schließlich von der Stiftung. Die SPE ist noch gar nicht wählbar. Erst recht muss in Folgendem die Typenkombination außer Betracht bleiben.

2. Ausgewählte Entscheidungsparameter bei der gesellschaftlichen Unternehmensgründung

Angeklungen ist bereits die zentrale Frage einer unbeschränkten, beschränkten oder ausgeschlossenen Haftung des Privatvermögens für Geschäftsschulden. Hier ist zwischen den Gesamthandsgesellschaften, insbesondere also zwischen GbR OHG und KG einerseits und der GmbH (sowie der UG) als juristischer Person andererseits zu unterscheiden: Während bei GbR und OHG alle Gesellschafter und bei der KG jedenfalls der Komplementär (oder mehrere) persönlich in vollem Umfang haften (vgl. z. B. für die OHG § 128 HGB, bei der Partnerschaft gelten Besonderheiten), ist dies bei GmbH (sowie UG) wegen der charakteristischen, durch die verschiedenen Rechtssubjekte bedingten strikten Trennung von Gesellschaftsvermögen und Gesellschaftervermögen (vgl. nur § 13 Abs. 2 GmbHG) gerade nicht der Fall. 871

Deshalb bietet sich grundsätzlich die GmbH als Rechtsform an, um bei gesichertem (Privat-) Vermögen des oder der Gesellschafter klar kalkuliertes Risikokapital zu investieren. Sie ist auch als sog. Ein-Mann-GmbH (die vielen Unternehmerinnen sollten dabei aber nicht vergessen werden!), also mit nur einem Gesellschafter, gründungsfähig (vgl. den Wortlaut des § 1 GmbHG), während die Gesamthandsgesellschaften als Minimum zwei Gesellschafter erfordern. Auf der anderen Seite ist der enge Zusammenhang zwischen persönlicher Haftung und Bonität ersichtlich: Gesellschaftsformen mit persönlicher Haftung der Gesellschafter (insbesondere also GbR, OHG und auch KG) haben strukturell eine höhere Bonität. 872

Die Praxis und sogar das Gesetz (z. B. in § 14 BGB) nennen die Gesamthandsgesellschaft übrigens durchweg „Personengesellschaft". Der Aussagegehalt dieser Terminologie ist reichlich unklar und wohl sogar falsch. Denn Gesellschafter von „Personengesellschaften" können unzweifelhaft nicht nur natürliche und juristische Personen, sondern wiederum Gesamthandsgesellschaften sein (z. B. schließen sich eine OHG und eine KG zu einer GbR zusammen). 873

Auch wenn man die Personengesellschaft als begrifflichen Gegensatz zur Kapitalgesellschaft stellt, ist wenig an definitorischer Schärfe gewonnen. So kann namentlich der Gesellschaftsvertrag einer GmbH sehr „personalistisch", aber auch sehr „kapitalistisch" gefasst sein, je nachdem, ob die Gesellschafter die Geschicke der Gesellschaft selber bestimmen oder aber im Wesentlichen nur als Kapitalgeber fungieren. Dass der Wortlaut des § 14 BGB zudem nahelegt, es könne auch nicht rechtsfähige Personengesellschaften geben, verschärft die Unklarheiten noch. Denn ob es tatsächlich sog. Innengesellschaften (als rein schuldrechtliche Abmachungen unter den Beteiligten dann ohne Rechtsfähigkeit) überhaupt gibt, wird in der Wissenschaft bestritten. Nach alledem sollte eben doch besser von Gesamthandsgesellschaften (mit Haftung der Gesellschafter für die Gesellschaftsschulden) gesprochen und ihnen die juristischen Personen mit der für sie kennzeichnenden Trennungsprinzip, also der Nichthaftung der Gesellschafter für Gesellschaftsschulden, gegenübergestellt werden. 874

Das Trennungsprinzip bei der juristischen Person erfährt in der deutschen Rechtsprechung allerdings Ausnahmen, so z. B. bei der (betriebswirtschaftlich gesehen) „strukturellen Unterkapitalisierung" einer GmbH. Zu denken ist hier etwa an die Gründung einer Fluggesellschaft als GmbH nur mit dem gesetzlich vorgeschriebenen Mindestkapital von 25.000 Euro (oder entsprechenden Sachwerten), weil allein die täglichen Betriebskosten diese Größenordnung um ein Vielfaches übersteigen. Im chinesischen Recht etwa wird diesem Aspekt übrigens bereits im Gesetz Rechnung getragen: Dort gibt es für diverse, typisierte Gesellschaftszwecke einer chinesischen „GmbH" verschieden hoch angesetztes Mindest-„Stammkapital", das zudem nach Provinzen unterschiedlich bemessen ist. Ca. 3.000 Euro sind aber wohl das generelle Minimum. 875

H Kap. 2 § 1 Recht der Unternehmensgründung und -finanzierung

876 Außerdem erlaubt die deutsche Rechtsprechung einen Durchgriff der GmbH-Gläubiger auf das (Privat-)Vermögen der Gesellschafter namentlich „Vermögensvermischung", also bei schlecht dokumentierter Bestandserfassung des Vermögens der GmbH in Abgrenzung zum Vermögen der Gesellschafter. Dies ist freilich gar kein genuin gesellschaftsrechtliches Problem, sondern Konsequenz der Tatsache, dass wahrscheinlich überall in der Welt der (unmittelbare) Besitz einer Sache durch den Vollstreckungsschuldner (im deutschen Recht: sein „Gewahrsam") zum Vollstreckungszugriff berechtigt und Rechtsbehelfe des Eigentümers (in Deutschland die sog. Drittwiderspruchsklage nach § 771 der Zivilprozessordnung, ZPO) für ihren Erfolg voraussetzen, dass die wahre Vermögenszuordnung (hier: zum Vermögen des Gesellschafters, nicht der Gesellschaft) bewiesen werden kann.

877 Die Einzelheiten der deutschen Rechtsprechung zum Durchgriff sind schwer fassbar und bergen ein gewisses Risiko, ob sich das Trennungsprinzip im Ernstfall wirklich behaupten und das Privatvermögen schützen wird. Trotzdem führte bislang kein Weg an der GmbH-Gründung vorbei, wenn ohne einen Zusammenschluss mit anderen ein Geschäft betrieben werden sollte und die Gefahr der Existenzvernichtung bei massivem geschäftlichen Misserfolg schreckte, wie dies bei der Einzelunternehmung zur Zeit unvermeidlich ist, weil hier für die Geschäftsschulden auch das Privatvermögen haftet. Dies machte die sog. Ein-Mann-GmbH, bei der dann regelmäßig der einzige Gesellschafter auch noch die Position des Allein-Geschäftsführers innehat, gerade auf neuen Geschäftsfeldern oder bei sonst schwieriger Erfolgsprognose unter erheblichem Risiko und Kapitaleinsatz trotz des erheblichen Gründungsaufwandes (grundsätzlich notarieller und damit teurer Gesellschaftsvertrag, Beibringung zahlreicher Unterlagen, z. B. auch Vorlage eines qualifizierten Sachgründungsberichts als Voraussetzung für die wiederum teure, obligatorische Eintragung im Handelsregister, mit 25.000 Euro recht hohe gesetzlich geforderte Mindestkapitalausstattung oder ihr Sach-Äquivalent) und trotz geringer Flexibilität (Änderungen des Gesellschaftsvertrags bedürfen im Prinzip wiederum der Gründungsprozedur) für die Praxis zu einer attraktiven Gründungsoption.

878 So sehr das haftungsrechtliche Trennungsprinzip für Existenzgründer auch lockt: In der Gründungspraxis hat sich vielfach gerade die Aufbringung (und Erhaltung!) des gesetzlich geforderten Mindest-Stammkapitals von 25.000 Euro oder Sach-Äquivalenten als die eigentliche Barriere für die GmbH-Option erwiesen und etwa an die englische Ltd. denken lassen, wie schon einleitend in Kap. 1 anklang.

879 Hier nun hat der deutsche Gesetzgeber eingegriffen und im Jahre 2009 die „Unternehmergesellschaft" (UG) geschaffen. Schon ihre abschließende Regelung in § 5a GmbHG macht deutlich, dass die UG eng mit der GmbH verwandt ist. In der Tat gleichen sich beide in ihrer Rechtsstruktur vollkommen. Charakteristischer Unterschied ist jedoch, dass das Mindest-Stammkapital der UG die 25.000 Euro-Marke der GmbH beliebig unterschreiten darf (§ 5a Abs. 1 GmbHG). Das ist eine großer Anreiz für eine Existenzgründung, weil durch die Haftungstrennung von Gesellschafts-, also Geschäftsvermögen einerseits und Gesellschafter-, also Privatvermögen andererseits das (geringe!) Risiko kalkulierbar bleibt. Gerade bei der Gründung einer UG wird auch oft das vereinfachte Gründungsverfahren nach § 2 Abs. 1a GmbHG zur Anwendung kommen können: Bei höchstens 3 Gesellschaftern und nur einem Geschäftsführer kann eine Gründung ohne notarielle Mitwirkung nach einem gesetzlichen Musterformular erfolgen.

880 Wie die GmbH ist auch die UG zur Eintragung ins Handelsregister anzumelden, doch ist die Anmeldung im Gegensatz zur GmbH (vgl. dort § 7 Abs. 2 GmbHG) erst zulässig, wenn das Stammkapital in voller Höhe eingezahlt ist. Auch ist eine Sachgründung ausgeschlossen (Abs. 2 S. 2) und Gewinne dürfen nicht beliebig entnommen werden. Sie müssen vielmehr in erheblichem Umfang in eine gesetzliche Rücklage fließen, die

Die Freiheit der Rechtsformwahl und ihre Grenzen Kap. 2 § 1 H

ihrerseits vornehmlich zur Erhöhung des Stammkapitals zu verwenden ist (Abs. 3). Auf diese Weise ist der Weg einer wirtschaftlich erfolgreichen UG zu einer GmbH vorgezeichnet, weil ab einem Stammkapital von 25.000 Euro nur noch eine GmbH rechtlich möglich ist. Das ist es, was § 5a Abs. 5, 1. Halbsatz GmbHG der Sache nach normiert, wenn er bei Erreichung der Überschreitung der 25.000 Euro-Marke des Stammkapitals die Anwendung der ja spezifisch nur für die UG geltenden Abs. 1 bis 4 des § 5a GmbHG ausschließt.

Der rechtspolitisch wenig überzeugende 2. Halbsatz von § 5a Abs. 5 GmbHG verdunkelt dies aber nur, wenn er die Fortführung der UG-Firma auch in diesem Fall gestattet. Denn die Rechtsformbezeichnung als UG und die wahre Rechtsnatur der Gesellschaft jetzt als GmbH decken sich nicht, und es ist auch kein schutzwürdiges Interesse für diese Diskrepanz erkennbar. Wie bei der GmbH muss übrigens nach § 5a Abs. 1 GmbHG auch bei der UG die Firma auf die Haftungsbeschränkung hinweisen, und zwar nach gesetzlicher Maßgabe alternativ nur in streng normierten Varianten: entweder „Unternehmergesellschaft (haftungsbeschränkt)", also ganz ausgeschrieben, oder aber nur halb abgekürzt „UG (haftungsbeschränkt)". Insbesondere eine hinsichtlich der Rechtsform völlig abgekürzte Firmierung als „UGmbH" ist somit nicht erlaubt. **881**

Eine interessante Haftungsvariante liefert die KG, bei der die Kommanditisten im Regelfall gar nicht haften. Wenn nämlich die Leistungen des Kommanditisten in das Gesellschaftsvermögen, seien diese als sog. Pflichteinlage nun geschuldet oder nicht, die von ihm übernommene maximale Haftung für Gesellschaftsschulden, die sog. Hafteinlage, wertmäßig erreichen oder gar übersteigen, ist seine persönliche Haftung gänzlich ausgeschlossen (vgl. § 171 HGB mit leider undurchsichtiger Formulierung). Dies muss weder mit hohem Gründungsaufwand noch mit einem gesetzlich geforderten Mindestkapital erkauft werden. Denn die KG folgt insoweit ganz dem Rechtsregime der OHG und diese wiederum dem der GbR (vgl. die Verweisungskette von § 161 Abs. 2 HGB zu § 105 Abs. 3 HGB und schließlich zu §§ 705 ff. BGB), das nicht einmal Schriftlichkeit des Gesellschaftsvertrags und auch keine Mindestkapitalisierung verlangt (ein gesetzlich vorgeschriebenes Mindestkapital würde wegen der persönlichen Haftung der Gesellschafter in diesen Unternehmensformen ja auch gar keinen Sinn machen). **882**

Der „Haken" besteht allerdings darin, dass eine KG mindestens einen Komplementär braucht. Die Bemühungen auf europarechtlicher Ebene, eine „Handelsgesellschaft auf Einlagen" zu schaffen (faktisch eine KG ohne Komplementäre), sind bislang erfolglos geblieben. Der Komplementär seinerseits kann freilich auch eine juristische Person sein, bevorzugt eine GmbH (dies ist dann die „GmbH & Co. KG"), aber auch eine AG oder eine Stiftung. Auf diese Weise gelangt man mittelbar doch insgesamt zu einer Beschränkung des investiven Risikos. Solche Typenkombinationen liegen aber, wie gesagt, für den typischen Existenzgründer schon weit außerhalb seines Kalküls. **883**

Von großer Wichtigkeit ist die Möglichkeit und das Maß der Einflussnahme des Gründers auf die Willensbildung des Unternehmens, insbesondere also auf die Geschäftspolitik und deren praktischen Vollzug. Rechtlich geht es dabei um Art und Umfang der sog. Geschäftsführungsbefugnis sowie um die Kompetenz, für die Unternehmung nach außen wirksam zu handeln, insbesondere Verträge schließen zu können, also um die sog. Vertretungsmacht. Hier unterscheiden sich die Gesamthandsgesellschaften (GbR, OHG, KG, Partnerschaft) charakteristisch von der GmbH und UG als juristischen Personen. Die genannten Gesamthandsgesellschaften folgen nach fast einhelliger juristischer Doktrin dem Prinzip der Selbstorganschaft. Ihr zufolge muss die Gesellschaft nach Maßgabe des zugrunde liegenden Gesellschaftsvertrags immer in der Lage sein, ihren Willen mindestens durch einen ihrer Gesellschafter zu bilden und nach außen rechtlich durch mindestens einen Gesellschafter repräsentiert zu werden. **884**

Die GmbH (sowie die UG) wird hingegen regelmäßig durch den sog. Geschäftsführer (oder mehrere) vertreten (§ 35 ff. GmbHG). Der Geschäftsführer kann zwar zugleich **885**

275

ebenfalls Gesellschafter sein, muss es aber nicht (Prinzip der Drittorganschaft). Auch obliegt dem Geschäftsführer die Geschäftsführung von vornherein nur für die operativen Vorgänge, während beispielsweise (vgl. den Katalog des § 46 GmbHG) die Bestellung eines Prokuristen, vor allem aber die Feststellung des Jahresabschlusses und die Verwendung des Gewinns Sache der Beschlussfassung durch die Gesellschafter ist. Im Übrigen können die Gesellschafter dem Geschäftsführer sogar im operativen Bereich verbindliche Weisungen erteilen. Bei der Ein-Mann-GmbH oder -UG mit geschäftsführendem Alleingesellschafter ist dies freilich kein Thema.

886 Für die Wahl einer gesellschaftlichen Unternehmensform von erheblichem Gewicht sind ferner z. B. Fragen der Nachschusspflicht, der Bilanzierung und der sonstigen Publizität (Unternehmenstransparenz über die Bilanzangaben hinaus und Mitteilungspflichten gegenüber der Öffentlichkeit etwa in Form von Warnungen vor Gewinneinbrüchen), weiterhin Fragen der teilweise gesetzlich angeordneten Mitbestimmung der Arbeitnehmer in der Geschäftspolitik des Unternehmens sowie Fragen der Besteuerung. Die Antworten können dabei jeweils sehr unterschiedlich ausfallen und bedürfen in jedem Fall der Mitwirkung darauf spezialisierter Anwälte und Steuerberater.

887 Solchen Überlegungen wird anfänglich meist keine große Bedeutung eingeräumt, zumal sie in der Tat erst bei einer gewissen Geschäftsgröße an Bedeutung gewinnen. Dies ist verständlich und in gewissem Maße auch hinnehmbar, weil Umwandlungen der Rechtsform grundsätzlich nach näherer Maßgabe des Umwandlungsgesetzes (UmwG) möglich sind, freilich erhebliche Transaktionskosten und neue Rechtsfragen erzeugen. Deshalb ist der gut beratene Unternehmensgründer nicht der Notwendigkeit enthoben, schon für die Startphase und die sich daran anschließende Zeit der Marktaktivitäten die rechtlichen Weichen bei der Wahl der Unternehmensrechtsform überlegt und sachgerecht zu stellen.

888 Im Zusammenhang mit gesellschaftlichen Unternehmensgründungen wichtig ist ferner, sich Klarheit über die Möglichkeit eines individuellen Zuschnitts der Gesellschaft zu verschaffen, darüber also, inwieweit das jeweils maßgebliche Gesellschaftsrecht dispositiven Charakter trägt. Dabei ist die Zweiteilung in Außenverhältnis (Verhältnis z. B. zu den Vertragspartnern der Gesellschaft) und Innenverhältnis nützlich: Das Spektrum reicht von der gesellschaftsvertraglich praktisch beliebig auszugestaltenden Gesellschaft bürgerlichen Rechts (GbR) über OHG und KG, bei denen nur die Vorschriften über das Außenverhältnis zwingendes Recht darstellen, bis hin zur GmbH und UG (und erst recht AG), bei der gesellschaftsvertragliche Festsetzungen, die von dem Regelungsmodell des GmbHG (bzw. des Aktiengesetzes, AktG) praktisch ausgeschlossen sind.

3. Randbedingungen der Wahlfreiheit: Gewerbe, Handelsgewerbe, „freier" Beruf

889 Trotz der grundsätzlichen Freiheit, die Rechtsform des Unternehmens nach den eigenen Bedürfnissen wählen zu können, existieren über die bereits genannten ausdrücklichen gesetzlichen Schranken hinaus gelegentlich nur schwer durchschaubare Restriktionen, die in der Systematik der Rechtsordnung angelegt sind. Für das deutsche Recht ist dabei die begriffliche Dreiteilung in Gewerbe, Handelsgewerbe und sog. freiberufliche Tätigkeit von großer praktischer Tragweite. Gewerbetreibender ist, wer als Selbständiger, also nicht als Arbeitnehmer, seine Gewinnerzielungsabsicht planmäßig-fortgesetzt betätigt; statt auf die Gewinnerzielungsabsicht wird häufig auf eine Wirtschaftstätigkeit abgestellt. Darauf baut der Begriff des Handelsgewerbes auf, dessen Inhaber als natürliche Person, als Mensch also, „Kaufmann", als Gesellschaft hingegen ohne inhaltlichen Unterschied „Handelsgesellschaft" heißt (vgl. §§ 1 Abs. 1, 6 Abs.1 HGB).

Die Freiheit der Rechtsformwahl und ihre Grenzen Kap. 2 § 1 H

Mit Handel im Sinne von Warendistribution hat das kaum etwas zu tun, da der Begriff des Handelsgewerbes daran anknüpft, ob das Unternehmen eine kaufmännische Innenorganisation benötigt (§ 1 Abs. 2 HGB), also wenn Umsatz, Mitarbeiterzahl, Materialdurchsatz, Lagervolumen etc. eine breite und geordnete, heute in aller Regel informationstechnisch gestützte Administration verlangen. Ist dies der Fall, ist der betreffende Unternehmer, ob er will oder nicht, „Kaufmann" (bzw. eine Gesellschaft als Unternehmer: „Handelsgesellschaft"). Man spricht hier ganz treffend von einem „Muss-Kaufmann" (manche auch von einem „Ist-Kaufmann"). 890

Dies hat zahlreiche Folgen. Denn nur der Kaufmann (bzw. die Handelsgesellschaft) hat beispielsweise eine rechtlich als solche geschützte „Firma" (§§ 17, 37 HGB) und nur eine solche Firma kann im Handelsregister eingetragen sein, nur in einem kaufmännischen Unternehmen kann ein Prokurist oder Handlungsbevollmächtigter wirksam bestellt werden, nur in einem kaufmännischen Unternehmen sind Handelsbücher zu führen und ist eine Handelsbilanz zu erstellen (§§ 238 ff., 242 ff. HGB), nur der kaufmännische Warenkäufer muss gemäß § 377 HGB von Rechts wegen eine Wareneingangskontrolle durchführen, um seine Gewährleistungsrechte gegenüber einem ebenfalls kaufmännischen Verkäufer zu bewahren. Entsprechendes gilt gesellschaftsrechtlich: Wird ein derartiges Gewerbe gemeinschaftlich betrieben, ist es, je nach Haftungsausgestaltung, OHG oder KG, ob die Gesellschafter dies wollen oder nicht, ansonsten GbR, ohne Firma, Buchführungs- und Bilanzierungspflicht etc. 891

Gerade bei Existenzgründungen, aber nicht nur in dieser Unternehmensphase, dürfte es aber nach Art und Umfang der Geschäftstätigkeit freilich an der Notwendigkeit einer kaufmännischen Innenorganisation (noch) fehlen, sodass (von freiberuflichen Zielsetzungen abgesehen) zwar ein Gewerbe, nicht aber ein „musskaufmännisches" Handelsgewerbe vorliegt. In diesen Fällen gibt § 2 HGB (für die Land- und Forstwirtschaft normiert § 3 HGB Besonderheiten) dem Jungunternehmer ein Wahlrecht: Lässt er eine Firma im Handelsregister eintragen, was in seinem völligen Belieben steht, erlangt er mit Eintragung im Handelsregister (nicht vorher!) den Rechtsstatus eines Kaufmanns (sog. Kann-Kaufmann) mit den daran anknüpfenden spezifischen Rechten und Pflichten. Als Kooperationsform stehen dann im Bereich der Gesamthandsgesellschaften auch OHG und KG offen. Ansonsten ist er schlichter Gewerbetreibender, der bei gemeinschaftlicher Verfolgung der Unternehmensidee zusammen mit anderen regelmäßig als Gesellschafter einer GbR tätig wird. 892

Diese gut nachvollziehbare Begrifflichkeit wird kompliziert durch weitere gesetzliche Vorgaben. So gilt die GmbH in jedem Fall als Handelsgesellschaft (§ 13 Abs. 3 GmbHG, ebenso übrigens die Regelung für die AG, SE, SPE, eG, SCE und den VVaG), auch wenn sie nur einen kleinen oder gar keinen Geschäftsbetrieb aufweist. Die GmbH ist Handelsgesellschaft, Kaufmann, allein schon wegen ihrer Rechtsform, sie ist sog. Form-Kaufmann. 893

Eine Merkwürdigkeit stellen die sog. „freien" Berufe dar. Selbständige Ärzte, Rechtsanwälte, Steuerberater, Ingenieure, Architekten, Journalisten, Dolmetscher, Übersetzer, Schriftsteller, Künstler, Lehrer (z. B. Sprach- und Klavierlehrer) und noch andere sollen nach einem in Deutschland tief verwurzelten Mythos keine Gewinnerzielungsabsicht haben bzw. keine Wirtschaftstätigkeit entfalten. Sie sind deshalb keine Gewerbetreibende und schon gar keine Betreiber eines Handelsgewerbes, und ihre Zusammenschlüsse deshalb niemals OHG oder KG (weil diese den gemeinschaftlichen Betrieb eines Handelsgewerbes voraussetzen). Sie können sich jedoch in einer GmbH zusammenschließen, die dann ihrerseits als „Formkaufmann" dem Handelsrecht unterliegt. Außerdem steht den Freiberuflern und nur ihnen (vgl. § 1 des Partnerschaftsgesellschaftsgesetzes, PartGG) eine besondere, freilich wiederum vom Gesamthandsprinzip geprägte, nach § 8 Abs. 2 und 3 PartGG aber haftungsrechtlich stark abgemilderte Gesellschaftsart zur Verfügung, die Partnerschaftsgesellschaft oder kurz Partnerschaft 894

277

genannt: Meist haftet nur der mit der Auftragsbearbeitung befasste Partner persönlich und dann auch nicht in unbeschränkter Höhe, wenn nämlich – wie z. B. für Rechtsanwälte – das Gesetz dieses Haftungsprivileg vorsieht und die gesetzlich dort geforderte Berufshaftpflichtversicherung abgeschlossen wurde.

§ 2 Die Registrierung der Unternehmung

895 Gerade in osteuropäischen, aber z. B. auch in vielen asiatischen Ländern spielt die Frage der Registrierung der Unternehmen eine große Rolle. Denn die Registrierung entscheidet über den legalen Marktzutritt, fehlende Registrierung lässt nicht selten geschäftliche Tätigkeiten als kriminelle Machenschaften erscheinen, denen mit strafrechtlichen Mitteln begegnet wird. In den wirtschaftskulturell anders, nämlich durch Gewerbefreiheit geprägten Regionen Mittel- und Westeuropas und im angelsächsischen Wirtschafts- und Rechtsraum liegen die Dinge prinzipiell anders, und so auch in Deutschland. Zwar hat die Registrierung eines Unternehmens durchaus rechtliche Bedeutung, aber doch prinzipiell andere Funktionen. Insbesondere verschafft sie nicht den legalen Zutritt zum Markt.

896 Wer ein Gewerbe betreiben will, unterliegt in Deutschland gemäß § 14 der Gewerbeordnung (GewO) grundsätzlich einer Anzeigepflicht, bedarf jedoch keiner Erlaubnis. Die gewerberechtliche Registrierung des Unternehmens im Gewerbezentralregister (dazu §§ 149 ff. GewO) verfolgt eben polizeiliche Zwecke, dient also der Gefahrenabwehr, aber auch Zwecken der Wirtschaftsstatistik, nicht jedoch staatlicher Wirtschaftsstrukturpolitik. Aus polizeilichen Interessen erklären sich auch die Ausnahmetatbestände der §§ 29 ff. GewO, die für spezielle Gewerbe, wie z. B. für Privatkrankenhäuser oder für das Bewachungsgewerbe eine Erlaubnispflicht statuieren.

897 Neben der ganz öffentlich-rechtlich aufgestellten gewerberechtlichen Registrierung steht die Führung eines sehr dezentral, merkwürdigerweise immer noch bei den lokalen Amtsgerichten (also auf unterster Instanz) angesiedelten Handelsregisters mit stark privatrechtlichem Einschlag. Es dient der Erfassung von Firmen, also der Handelsnamen im Sinne der Selbstbezeichnung der Kaufleute im Geschäftsverkehr. Jeder Kaufmann (im vorgestellten spezifischen Rechtssinne) ist gemäß § 29 HGB verpflichtet, sich zur Registrierung im Handelsregister mit einer von ihm selber in den Grenzen der §§ 18 ff. HGB frei gewählten Firma anzumelden. Dasselbe gilt schon wegen der Gleichsetzung von „Kaufmann" und „Handelsgesellschaft" durch § 6 Abs. 1 HGB auch für letztere, wird aber gelegentlich (z. B. in § 106 Abs. 1 HGB) für manche Unternehmensformen überflüssigerweise noch einmal extra normiert.

898 Die Erfassung der Firmen im Handelsregister dient im Wesentlichen dem Schutz ihrer Träger und der Publizität, dem tragenden Grund für die Eintragung von Tatsachen (Personen der Gesellschafter, Unternehmenssitz, Geschäftssitz, Geschäftsführer, Vertretungsbefugnis, Stammkapital etc.) in das Handelsregister überhaupt. Wer eine im Handelsregister niedergelegte Firma führt, wird schon von Amts wegen vor der unbefugten Führung derselben Firma durch andere jedenfalls in demselben Gerichtsbezirk geschützt und hat auch eigene privatrechtliche Unterlassungsansprüche (vgl. § 37 HGB). Hinzu kommt ein hier nicht näher darzustellender marktweiter wettbewerbsrechtlicher Schutz der Firma gegenüber verwechslungsfähigen Firmen. Dieser Firmenschutz zielt insgesamt auf die zuverlässige Identifizierbarkeit von Unternehmen am Markt, was für die Entscheidungen der Marktgegenseite ebenso unverzichtbar ist wie für den Aufbau und Erhalt des „good-will" eines Unternehmens.

899 Die Wahl der Firma will also gut überlegt sein. Sie muss ja nicht nur rechtlich zulässig sein (namentlich mit Kennzeichnungs- und Unterscheidungskraft und nicht irreführend,

Spezialfragen der Unternehmungsgründung   Kap. 2 § 3 H

vgl. § 18 HGB, sowie unter Angabe der Rechtsform, vgl. § 19 HGB), sondern soll die Marktteilnehmer auch positiv ansprechen, also einen Beitrag zur erfolgreichen Marktkommunikation leisten, und zwar auf Dauer, also so, dass sie nicht auf Grund des Wachstums der Unternehmung oder seiner sich wandelnden wirtschaftlichen Ausrichtung geändert werden muss, weil dies für die Unternehmensidentifikation am Markt sehr nachteilig ist.

Da nur ein Kaufmann bzw. eine Handelsgesellschaft eine Firma im Rechtssinne mit den genannten Schutzwirkungen hat und nur Firmen im Handelsregister eingetragen werden können, spielt die Frage, ob eine Unternehmung den Kaufmannsstatus hat, eine so große Rolle. Geht man für die typische Unternehmensgründung als Existenzgründung noch einmal davon aus, dass sie einen eher kleinen Zuschnitt hat, also keine kaufmännische Innenorganisation benötigt, kann sie weder als Einzelunternehmen noch als Gemeinschaftsunternehmen in Form einer Gesamthandsgesellschaft (Personengesellschaft) per se den Kaufmannsstatus des § 1 Abs. 2 HGB besitzen. 900

Für deutsche KMU, die auf ausländischen Märkten Osteuropas (namentlich Russland und Belarus), aber auch auf den Märkten Asiens operieren, ist dies besonders misslich, da sie dort oft, selbst von den obersten Wirtschaftgerichten, in Unkenntnis der europäischen, insbesondere deutschen Rechtslage als dubiose, illegale Machenschaften betrachtet und behandelt werden. 901

Die Situation hat sich grundlegend gewandelt, seit der deutsche Gesetzgeber im Zuge der europäischen Rechtsharmonisierung gezwungen war, das bereits erwähnte Rechtsinstitut des sog. Allgemeinen Kann-Kaufmanns einzuführen (vgl. §§ 2 und 105 Abs. 2 HGB; ganz anders hingegen der Spezialfall des Kann-Kaufmanns für Land- und Forstwirtschaft des § 3 Abs. 2 HGB): Wer ein Kleingewerbe allein oder mit anderen betreibt, hat die freie Wahl, weiterhin schlicht ein Gewerbe ohne handelsregisterliche Eintragung, aber auch ohne die spezifischen Rechte und Pflichten eines Kaufmanns zu betreiben oder aber sich mit seiner Firma registrieren zu lassen. Durch diese Eintragung macht er dann mit konstitutiver Wirkung aus seinem Gewerbe ein firmenfähiges Handelsgewerbe. So kann er in manchen Teilen der Welt offenbar erforderlichen Seriositätsnachweis in Gestalt der nachweisbaren staatlichen Registrierung führen. 902

Wer sich unternehmerisch in einem sog. freien Beruf betätigen will, kann von der Option des Kann-Kaufmanns allerdings keinen Gebrauch machen. Denn diese Option setzt ja ein Gewerbe, also auch Gewinnerzielungsabsicht bzw. Wirtschaftstätigkeit voraus, die bei den freien Berufen von Rechts wegen doch fehlen soll. Diese in der Systematik des deutschen Recht wurzelnde Lücke füllt für die Gemeinschaftsunternehmung die Partnerschaft als Unternehmensform insofern, als sie dann mit einer firmenähnlichen Bezeichnung eingetragen werden kann (und muss), freilich mangels Handelsgewerbe nicht in das Handelsregister, sondern in ein besonderes Verzeichnis, das Partnerschaftsregister (vgl. § 6 PartGG). Keine derartige Registrierungsmöglichkeit hat allerdings derjenige, der einzelunternehmerisch einen freien Beruf ergreifen will. 903

§ 3 Spezialfragen der Unternehmungsgründung

I. Besondere Haftungsaspekte bei Gründung von GmbH und UG

Vor Abschluss des notariellen Gesellschaftsvertrags der GmbH, vor ihrer Gründung also, trägt der Zusammenschluss der späteren GmbH-Gesellschafter den Charakter einer GbR: Zweck dieser sog. Vorgründungsgesellschaft ist lediglich die Gründung der GmbH. Ist diese dann erfolgt, so ist der Zweck der GbR erreicht und die Vorgründungsgesellschaft damit aufgelöst (§ 726 BGB). Für etwaige Schulden dieser Vorgrün- 904 dungsgesellschaft haften ihre Mitglieder eben wie Gesellschafter einer GbR, also analog der Rechtslage bei der OHG (beides sind Gesamthandsgesellschaften) persönlich mit dem gesamten (Privat-)Vermögen als Gesamtschuldner, nach Wunsch des Gläubigers sogar bis zur vollen Höhe, nicht etwa nur anteilig (vgl. § 421 BGB). Nach ihrer Gründung ist die GmbH dann zur Eintragung ins Handelsregister mit konstitutiver Wirkung anzumelden (§ 7 GmbHG). Vor Eintragung in das Handelsregister hat die Unternehmung also noch nicht die Rechtsform einer GmbH (vgl. § 11 Abs. 1 GmbHG).

905 Leider sagt das Gesetz aber nicht, welchen Rechtscharakter diese (missverständlich) sog. „GmbH in Gründung" (gegründet ist sie ja schon!) aber nun stattdessen hat. So ist hier, bei der „GmbH i.G.", vor allem auch hinsichtlich der Haftungsverhältnisse immer noch vieles unklar und umstritten. Nur terminologisch herrscht Klarheit: Nach Gründung der GmbH, die aber mangels konstitutiver Eintragung in das Handelsregister als GmbH noch nicht entstanden ist, spricht man vom Stadium einer Vor-GmbH. Nach jetzt wohl herrschender Meinung (h. M.) haftet jedenfalls die Vor-GmbH, wobei deren Schulden zugleich Schulden der späteren GmbH selber sind. Daher wird allerdings die im Stammkapital verkörperte, garantierte Mindestkapitalausstattung ausgehöhlt.

906 Als Kompensation dieser Vorbelastung statuiert die h. M. eine entsprechende anteilige Differenzhaftung der Gründer. Eine ausdrückliche gesetzliche Regelung fehlt insoweit allerdings. Um im Interesse der Gläubiger die Probleme zu entschärfen, sieht § 11 Abs. 2 GmbHG aber eine persönliche, eventuell gesamtschuldnerische Haftung aller Personen vor, die für diese noch gar nicht voll existente Vor-GmbH handeln (sog. Handelndenhaftung). Diese „Handelnden" werden regelmäßig die (späteren) Geschäftsführer sein. Denselben Mechanismus praktiziert übrigens auch § 41 Abs. 1 Satz 2 AktG bei der Gründung einer AG mit demselben Ziel: Die Aktivitäten der am Gründungsprozess einer juristischen Person Beteiligten sollen sich erst einmal darauf konzentrieren, die Eintragung herbeizuführen, um dann dank des Trennungsprinzips dem Risiko persönlicher Haftung zu entgehen.

907 Alles vorstehend Gesagte gilt für die Gründung und Entstehung einer UG entsprechend. Denn UG und GmbH sind ja rechtstrukturell deckungsgleich.

908 Bei der SPE ist ein ähnlicher Mechanismus wie im deutschen Recht mit § 11 Abs. 2 GmbHG vorgesehen. Allerdings soll die Handelndenhaftung davon abhängig sein, dass die SPE die für die Vor-SPE begründeten Verbindlichkeiten nicht übernimmt.

II. Subventionen und Existenzgründungskredite

909 Es wurde bereits darauf hingewiesen, dass die Unternehmensgründung als Existenzgründung wirtschafts- und arbeitsmarktpolitisch in der EG und ihren Mitgliedsstaaten, namentlich auch in Deutschland, politisch hoch erwünscht ist und dementsprechend staatlich gefördert wird. Zahlreiche Institutionen, in Deutschland vor allem auch die Industrie- und Handelskammern, Wirtschaftsförderungs-Gesellschaften der Städte und Gemeinden sowie sog. Technologiezentren in kommunaler Trägerschaft leisten eine aufwändige und weitgehend kostenfreie Gründungsberatung und (immaterielle) Gründungshilfe. Darüber hinaus gibt es zahlreiche Programme mit immer wieder wechselndem Inhalt, die auf finanzielle Unterstützung von Unternehmensgründern zumindest in der Startphase abzielen.

910 Ohne auf diese Programme im Einzelnen eingehen zu können, soll doch auf den gemeinsamen rechtlichen Mechanismus dieser Subventionen hingewiesen werden. Er folgt nicht nur in Deutschland, sondern in der EG weit verbreitet, einem charakteristischen 2-Stufen-Prinzip: Auf der ersten Stufe, auf der über die Bewilligung solcher Subventionen zu entscheiden ist, herrscht öffentliches Recht mit allen besonderen

Spezialfragen der Unternehmungsgründung   Kap. 3 § 3   H

rechtsstaatlichen Bindungen, der auch die öffentliche Leistungsverwaltung (nicht nur die Eingriffsverwaltung) unterliegt. Hier werden die Voraussetzungen einer Anschubfinanzierung für „junge" Unternehmen geprüft und über die Art der finanziellen Förderung (Kredite oder nicht rückzahlbare Zuschüsse) entschieden.

Gegen die Ablehnung von Förderanträgen sind die regulären verwaltungsrechtlichen Rechtsbehelfe, namentlich Widersprüche möglich und daran anschließend der verwaltungsgerichtliche Instanzenzug eröffnet. Wird die Subvention bewilligt, erfolgt die Abwicklung dieser Bewilligung in den Formen privatrechtlicher Verträge, rechtssystematisch gesehen also als Darlehen oder Schenkung. Zur Finanzierung einer Unternehmensgründung wird aber selbstverständlich auch der private Kapitalmarkt herangezogen, auf dem Schenkungen allerdings (leider) unbekannt sind. Es dominiert hier der Bankkredit. 911

Im Zusammenhang mit Existenzgründungskrediten zeigt sich eine auch ansonsten bestehende rechtliche Grauzone, in der sich der Unternehmensgründer bewegt. Trotz der an sich scharfen Kontur des bereits eingangs aufgezeigten juristischen Unternehmerbegriffs sind doch die Grenzen praktisch unscharf und fließend. Denn derjenige, der sich selbständig machen will, befindet sich bei dieser Existenzgründung in einer Phase des Übergangs, rechnet nicht mehr so recht ins Lager der Arbeitnehmer und Verbraucher, ohne schon wirklich bei den Unternehmern angekommen zu sein. 912

Hinsichtlich aufzunehmender Kredite ist die Einordnungsproblematik von Rechts wegen deshalb prekär, weil Kredite an einen Verbraucher zu dessen Schutz den besonderen Vorschriften der §§ 491 ff. BGB unterliegen und insoweit eine in der gesamten EG geltenden verbraucherschützende Regelung abbilden. Der Existenzgründer nimmt aber als solcher einen Kredit mit Blick auf seinen (künftigen) Rechtsstatus als Unternehmer auf. In dieser Grauzone entscheidet sich das Gesetz mit § 512 BGB n. F. (§ 507 BGB. a. F.) wiederum im Einklang mit europäischem Recht für die noch fortbestehende Schutzbedürftigkeit des Existenzgründers, indem es den Existenzgründungskredit grundsätzlich als Verbraucherkredit behandelt. 913

„Grundsätzlich" bedeutet im juristischen Sprachgebrauch: „Ausnahmen vorbehalten". Die Gleichstellung findet so (was durchaus widersinnig erscheinen kann) gerade bei hohem Kreditvolumen nicht statt. Das Gesetz begrenzt den Schutz des Existenzgründers vielmehr auf eine Nettokreditaufnahme, also auf eine Auszahlung, bis jetzt maximal 75.000 Euro (vordem 50.000 Euro). Erfasst sind von dieser Regelung im Übrigen nicht nur die Kreditverträge im üblichen Sinn, sondern alle „Finanzierungshilfen", zu denen schon der bloße Zahlungsaufschub, aber natürlich erst recht das Finanzierungsleasing z. B. bei anzuschaffenden Maschinen oder Fahrzeugen rechnet. Inhaltlich zeigt sich dieser besondere Schutz etwa in der Notwendigkeit schriftlicher Abmachungen, die zudem bestimmte Pflichtangaben enthalten müssen. Auch steht dem Existenzgründer ein besonderes Widerrufsrecht hinsichtlich der kreditvertraglichen Abmachungen zur Seite. 914

Kapitel 3 Rechtsstrukturen der Unternehmensfinanzierung

§ 1 Geldkredit und Warenkredit

I. Ökonomische Funktionen und rechtliche Einkleidung der Finanzierung

915 Finanzierung im allgemeinsten Sinn bedeutet die Verfügbarkeit von geldwerten Mitteln, die zur Erzielung eines wirtschaftlichen Erfolges erforderlich sind. Soweit Eigenmittel vorhanden sind, tauchen spezifische rechtliche Probleme naturgemäß kaum auf, da mit deren Verwendung zur Finanzierung lediglich eine Form jenes Beliebens ausgedrückt wird, die dem Eigentümer auch hinsichtlich seiner Verfügungsmacht über das Geld zukommt. Reichen die Eigenmittel aber nicht aus oder erscheint ihr Einsatz nicht opportun, so bedarf es der Fremdfinanzierung. An einer solchen Finanzierung hat nicht immer nur derjenige Interesse, auf dessen Seite die monetären Mittel knapp sind. Evident ist vielmehr auch das Finanzierungsinteresse dessen, der Geld als Kredit, als Darlehen, überlässt, weil er gerade dadurch, vermittelt durch den Zinsanspruch als Entgelt für die zeitweise Geldhingabe, Gewinne erzielen kann.

916 Nur scheinbar altruistisch ist das Interesse etwa auch des Verkäufers daran, dass sein Kunde die Warenbewegung (fremd-)finanzieren kann. Denn ohne diesen Finanzierungsservice würde in vielen Marktsegmenten (Autos, Haushaltsgroßgeräte, Unterhaltungselektronik) der Absatz nachhaltig stocken. Dies gilt auch und erst recht im Blick auf den Zwischenhandel, dessen häufige Eigenkapitalschwäche ebenfalls eine Fremdfinanzierung der angeschafften Waren erforderlich macht. Im Grundstücks-, Bau- und Anlagensektor sind Fremdfinanzierungen ohnedies die Regel. Gerade hierbei spielen mögliche positive steuerliche Effekte (Absetzung von Kreditzinsen etc.) schon wegen des Volumens eine besondere Rolle. Und auch hier ist der Marktgegenseite nicht selten genuin an der Eröffnung von Fremdfinanzierungen zugunsten der Immobilienkäufer bzw. Bauherren interessiert, weil angesichts eben des Finanzierungsvolumens, aber auch der Geschäftspolitik sonst überhaupt kaum Umsätze möglich wären.

917 Eine Fremdfinanzierung ist nun nicht nur durch den Abschluss eines Kreditvertrags, nicht nur durch die Aufnahme eines Darlehens, möglich. Sieht man einmal von der Vergesellschaftung eines Unternehmens, von der Aufnahme neuer Gesellschafter etwa in eine GbR, OHG, KG oder GmbH und von der Aktienemission (also von Beteiligungsfinanzierungen) sowie von Factoring und vielem anderen mehr zunächst einmal ab, so steht neben dem Darlehen als Grundtypus des sog. Geldkredits (das Gesetz kennt auch das Sachdarlehen, vgl. §§ 607 ff. BGB) vielmehr gleichrangig der Warenkredit: Der Finanzierungsbedarf etwa eines Käufers wird durch eben seinen Vertragspartner, hier den Verkäufer selber, nicht durch einen Dritten als Geldgeber, gedeckt.

918 Der Verkäufer gibt dabei Kredit dadurch, dass er entgegen dem für Austauschverträge eigentlich charakteristischen Prinzips der Gleichzeitigkeit von Leistung und Gegenleistung (vgl. für das deutsche Recht § 320 BGB) abrückt: Der Verkäufer liefert, schiebt aber unter Verzicht auf die Fälligkeit der Kaufpreiszahlung die Durchsetzbarkeit seines Zahlungsanspruches ganz oder zeitlich gestuft („Teilzahlung" oder „Ratenzahlung") auf. Mit dieser Stundung, vielleicht nur bis zur Rechnungstellung, vielleicht aber auch bis zu oft weit entfernten Fälligkeitsterminen („Zahlungszielen") verzichtet der Verkäufer auf Zufluss von Liquidität und damit auf eine (Haben-)Verzinsung und erspart so dem Käufer, sich seinerseits Geldkredite zu beschaffen. Wirtschaftlich-kalkulatorisch ist es letztlich freilich gleichgültig, ob Geld- oder Warenkredit gewährt oder in An-

Geldkredit und Warenkredit   Kap. 3 § 1 H

spruch genommen wird. Dieser Mechanismus funktioniert natürlich nicht nur beim Warenabsatz, sondern z. B. auch bei Dienstleistungen: Der Warenkredit ist lediglich ein typischer Fall der in der Vorleistung beschlossenen Kreditgewährung

II. Der Geldkredit im Allgemeinen

Zentrales rechtliches Vehikel für den unternehmerischen Geldkredit ist – wie gesagt – das Darlehen. Sein Spektrum reicht vom regulären Bankkredit bis zu Anleihen, insbesondere Industrieanleihen, also bis hin zu Darlehen, die sich ein Unternehmen auf dem Kapitalmarkt als sog. Genusskapital beschafft. Häufig sind derartige Anleihen in Teilbeträge zu 100, 1.000 Euro etc. zerlegt und in Wertpapieren, als sog. Teilschuldverschreibungen, verbrieft. Selbst innerhalb der Anleihen sind jeweils wieder vielfältige Varianten zu unterscheiden. Vor allem Industrieanleihen können ohne oder mit Vorzugsrechten versehen sein. Ein solches Vorzugsrecht gewährt etwa die sog. Wandelanleihe oder Wandelschuldverschreibung (convertible bond), die die Befugnis zum Umtausch in eine Aktie gewährt, oder die sog. Optionsanleihe, die den Rückforderungs- und Zinsanspruch aus dem Darlehen z. B. mit Gewinnanteilsrechten von Aktionären (Dividende) in Verbindung bringt (vgl. auch § 221 AktG). 919

Der enormen Bedeutung des Rechtstypus Darlehen wird die vor allem mit den Besonderheiten des Verbraucherkredits befasste deutsche gesetzliche Regelung in den §§ 488 ff. BGB offenkundig nicht gerecht. Demzufolge kommt den Allgemeinen Geschäftsbedingungen des Kreditgewerbes eine besondere rechtsregulative Bedeutung zu. Ihre Grenzen findet diese weitgehende Gestaltungsfreiheit erst in den Vorgaben z. B. des deutschen Kreditwesengesetzes (KWG) und des europäischen Rechts, das aber im Wesentlichen nur der Sicherung und Ausgestaltung der Kapitalmarktfreiheit im europäischen Binnenmarkt dient. 920

Die spärliche deutsche Regelung des Darlehens markiert immerhin die Eckpunkte des harmonisierten privatrechtlichen Kreditrechts jedenfalls im Raum der EG und dürfte auch darüber hinaus die Strukturen dieses Rechtsgebietes international abbilden. Zustandekommen und Wirksamkeit des Darlehensvertrags unterliegen jedenfalls den allgemeinen Regeln des BGB und regelmäßig auch dem HGB, da der (Geld-)Darlehensgeber, meist eine Bank, oft aber auch – bei Betriebsmittelkrediten außerhalb von Existenzgründungskrediten – der Kreditnehmer zu den Kaufleuten im Sinne §§ 1 ff. HGB zu rechnen ist und damit auf das Darlehen die §§ 343 ff. HGB über Handelsgeschäfte Anwendung finden. Ein außerordentliches Kündigungsrecht als Spezialfall der weggefallenen Geschäftsgrundlage gewährt aber § 490 BGB, wenn nach Abschluss des Kreditvertrags sich die Vermögensverhältnisse des Kreditnehmers so wesentlich verschlechtern, dass die Rückzahlung gefährdet wird, oder wenn sich die Werthaltigkeit einer Kreditsicherheit zu verschlechtern droht. Eine im Zeitpunkt des Vertragsschlusses falsch eingeschätzte Bonität des Schuldners und eine Fehlbewertung von Kreditsicherheiten begründen hingegen keine Widerrufsmöglichkeit. 921

Die Valutierung, also des Auszahlens der zugesagten Kreditsumme, ist die Hauptpflicht des Darlehensgebers; der Darlehensnehmer ist immer zur Valutenrückzahlung (zumeist um ein „Disagio" höher als die Auszahlung) und grundsätzlich (vgl. auch § 354 Abs. 2 HGB) zur Zinszahlung verpflichtet (§ 488 Abs. 1 Satz 2 BGB). Etwas versteckt liegt dieser Mechanismus auch dem im Gesetz nicht ausdrücklich erwähnten sog. Vereinbarungsdarlehen zugrunde: Die Parteien vereinbaren hier, dass eine ursprünglich z. B. als Kaufpreis geschuldete Zahlung nunmehr als Kreditrückzahlung qualifiziert werden soll. 922

Die Zinshöhe (berechnet auf der Basis des Nennbetrags des Darlehens, also ohne Disagio!) unterliegt grundsätzlich der Privatautonomie, die aber ihrerseits ihre Grenze 923

283

H Kap. 3 § 1   Recht der Unternehmensgründung und -finanzierung

bei sittenwidrig, insbesondere wucherisch hohem Zins finden soll (vgl. § 138 BGB). Die deutsche Rechtsprechung bejaht einen solchen Zins, im Blick speziell auf § 138 Abs. 2 BGB ein „auffälliges Missverhältnis zwischen Leistung und Gegenleistung", jedenfalls dann, wenn der übliche Marktzins für Darlehen gleicher Art nur etwa die Hälfte beträgt. Der Kreditvertrag ist dann nichtig, also vollkommen wirkungslos. Rechtsdogmatisch ist diese von alters her tradierte Vorschrift allerdings nicht mit dem marktwirtschaftlich zentralen Preisfindungsmechanismus durch die (individuell-konkrete!) Angebots- und Nachfragesituation zu vereinbaren.

924 Statt der Verzinsung kann auch eine Gewinnbeteiligung vereinbart sein („partiarisches" Darlehen). Damit gewinnt speziell der Betriebsmittelkredit den Charakter der spekulativen Kapitalanlage. In der Praxis findet sich diese Variante häufig bei Anleihen, vielfach auch in Kombination mit einem Mindestzins. Bei dieser Vertragsgestaltung ergeben sich allerdings problematische Überschneidungen mit der sog. Stillen Gesellschaft (§ 230 ff. HGB). Bei ihr beteiligt sich jemand an Gewinn und Verlust einer im Rechtssinne kaufmännischen Unternehmung, wobei gesetzlich für den stillen Teilhaber weder Geschäftsführungs- noch Vertretungsbefugnisse vorgesehen sind.

925 Für die gleichartige Beteiligung an einer nichtkaufmännischen Unternehmung, für die das Gesetz keine ausdrückliche Regelung trifft, lassen sich die §§ 230 ff. HGB freilich entsprechend, analog, heranziehen. Dies wird im Existenzgründungsbereich sogar der praktisch häufigste Fall sein. Da es sich bei diesen Normen wiederum um dispositives Recht handelt, sind jedoch abweichende Absprachen, beispielsweise Ausschluss an der Verlusttragung (vgl. dazu ausdrücklich § 230 Abs. 2 HGB) zulässig und wirksam, was dann zu atypischen echten (bei stiller Beteiligung an einer kaufmännischer Unternehmung) oder zu unechten stillen Gesellschaften führt und große Schwierigkeiten bei der Abgrenzung zu partiarischen Darlehen führt.

926 Die Zinsfälligkeit ergibt sich für Deutschland aus § 488 Abs. 2 BGB, der jährliches Zinszahlung vorsieht, aber ausdrücklich andere, die Praxis beherrschende vertragliche Gestaltungen (z. B. Monats- oder Quartalzinsen, aber auch Gesamtzinszahlung bei Fälligkeit der Kreditrückzahlung) zulässt. Dies ist auch durch AGB unproblematisch so zu regeln. Ähnlich verhält es sich mit der Fälligkeit zur Rückzahlung des Kapitals: § 488 Abs. 3 BGB macht nur mangels eines vereinbarten Rückzahlungstermins die Fälligkeit von einer Fälligkeitskündigung einer der beiden Vertragsparteien mit einer Frist von 3 Monaten abhängig. Von alledem zu unterscheiden ist die Frage, ob der Darlehensnehmer das Darlehen schon vor Fälligkeit tilgen darf. Dies ist bei verzinslichen Darlehen grundsätzlich zu verneinen (vgl. § 488 Abs. 3 BGB). Ausnahmen werden durchweg nur vereinbart, wenn sich der Darlehensnehmer zu einer Vorfälligkeitsentschädigung verpflichtet.

927 Von der Fälligkeitskündigung in Bezug auf Zins oder Kapital ist die Kündigung des Kreditvertrags selber streng zu unterscheiden, obwohl spätestens mit Laufzeitende des Kreditvertrags natürlich auch Kapital und Zinsen, soweit noch ausstehend, zur Zahlung fällig sind. Für die (ordentliche) Vertragskündigung durch den Kreditnehmer trifft § 489 BGB eine Regelung, die zulasten des Kreditnehmers auch beim Unternehmenskredit durch Vereinbarung nicht abgeändert werden kann (Abs. 4, sog. halbzwingendes Recht). Den Kreditnehmer schlechter als das Gesetz stellende Abreden sind mithin nichtig, selbst wenn sie in Form einer individuellen Vereinbarung getroffen werden. Kündigung" Selbst bei Krediten mit bestimmter Laufzeit kann der Kreditnehmer demnach unter den Voraussetzungen des § 489 BGB bei Einhaltung gewisser Fristen den Vertrag kündigen. Bei variablem Zinssatz ist eine derartige Kündigung jederzeit bei 3-monatiger Kündigungsfrist möglich (§ 489 Abs. 2 BGB). Bei Festzinskrediten besteht ein Kündigungsrecht des Kreditnehmers nach Ablauf der Zinsbindungsfrist mit einer Kündigungsfrist von einem Monat, in jedem Fall aber 10 Jahre nach vollständiger Kreditauszahlung (§ 489 Abs. 1 Nr. 1 und 3 BGB).

Geldkredit und Warenkredit   Kap. 3 § 1   H

Ein außerordentliches Kündigungsrecht normiert für beide Seiten § 490 BGB. Der   928
Kreditgeber kann sich bei Bonitätsverschlechterung des Kreditnehmers oder bei Gefährdung gestellter Kreditsicherheiten vom Vertrag auch nach Valutierung in der Regel ohne Frist lösen. Dem Kreditnehmer steht ein außerordentliches Kündigungsrecht hingegen nur bei befristetem Festzins zu, und dies auch nur, soweit Grund- (oder auch Schiffs-) Pfandrechte den Kredit absichern. Weitere Voraussetzung ist, dass seine berechtigten Interessen eine anderweitige Verwertung dieser Sicherheiten geradezu erzwingen. Insbesondere die letztgenannte Voraussetzung dürfte schwer darzulegen sein. Im Übrigen ist das außerordentliche Kündigungsrecht des Kreditnehmers noch an die Einhaltung bestimmter Fristen gebunden.

Häufig wird in Abweichung von § 266 BGB für Tilgung und Zinsleistung eine periodische Abrechnung vereinbart, oft auch in gleichbleibenden Beträgen („Annuitäten" bzw. monatliche Teile dieser Jahresbeträge). Dann sind nach § 367 Abs. 1 BGB Zahlungen grundsätzlich zuerst mit etwa zu erstattenden Kosten (gemeint sind insbesondere Kosten der Rechtsverfolgung), dann mit Zinsen und erst zum Schluss mit der zu erbringenden Kapitalrückzahlung zu verrechnen. Tendenziell bleibt die Schuld also bei stagnierenden Zahlungen unverändert, zumal ja nicht nur die regulären Zinsen, sondern auch Verzugs- und vielleicht sogar Fälligkeitszinsen vorrangig zu bedienen sind. Dies macht in Zahlungsrückstand gefallenen Schuldnern die solide Lösung ihrer prekären Situation oft unmöglich, weil ja gleichsam die Quelle immer neuer Zinsbelastungen munter weitersprudelt. Für den recht weit gefassten Bereich des sog. Verbraucherkredits, zu dem ja auch der Existenzgründungskredit zählt, gilt freilich nach § 497 Abs. 3 Satz 1 BGB eine abweichende, den Schuldner zwingend (vgl. § 511 BGB) begünstigende Verrechnungsreihenfolge. Demnach erfolgt die Anrechnung von Zahlungen auf den Kredit zwar ebenfalls zuerst auf erstattungsfähige Kosten der Rechtsverfolgung, dann aber auf die Darlehensschuld im Sinne der Hauptleistung, und erst ganz zuletzt auf die Zinsen.   929

III. Der Geldkredit beim „drittfinanzierten" Geschäft im Besonderen

Bei Einräumung eines Zahlungsziels, speziell beim klassischen Ratenkauf, ist es der   930
Verkäufer, der zugleich die Funktion des (Waren-)Kreditgebers übernimmt. Dazu ist der Verkäufer aus Risiko- oder Liquiditätsgründen aber immer häufiger weder Willens noch in der Lage, so dass die Kreditfunktion von der Verkäuferfunktion abgespalten und ein eigener Kreditgeber eingeschaltet wird. Beim typischen drittfinanzierten Kauf beschafft sich nun nicht etwa der Käufer irgendwoher, z. B. bei seiner Hausbank, Kredit. Vielmehr „hilft" der Verkäufer – regelmäßig im eigenen Absatzinteresse – bei der Finanzierung, indem er als Stellvertreter einer mit ihm kooperierenden Bank mit dem Käufer einen ratenweise Rückzahlung vorsehenden Darlehensvertrag neben dem Kaufvertrag abschließt.

Häufig merkt der Käufer gar nicht, dass es sich rechtlich bei diesem Vorgang um zwei   931
Verträge mit verschiedenen Parteien handelt, weil oft sogar ein einheitlicher Formularsatz verwendet wird. Vielmehr hält der Käufer das Ganze oft wohl für einen Ratenkauf. In diesem Glauben wird der Kunde vielleicht noch dadurch gestärkt, dass Verkäufer und Kreditgeber ähnliche Firmen führen, wie z. B. im Automobilsektor. Dort hat jeder Konzern eine konzerneigene, auf die Absatzfinanzierung spezialisierte Bank.

Die Bank zahlt den Kredit dann direkt an den Verkäufer aus. Damit hat sie ihre Pflicht   932
zur Kreditauszahlung (Valutierung) gegenüber dem Käufer als Kreditnehmer genügt (vgl. für das deutsche Recht §§ 362 Abs. 2, 185 Abs. 1 BGB). Zugleich ist damit gemäß §§ 362 Abs. 1, 267 Abs. 2 BGB Anspruchserfüllung durch einen Nicht-Schuldner der Verkäufer wegen seines Kaufpreisanspruches gegenüber dem Käufer voll befriedigt.

285

Deshalb erfolgt auch eine Übereignung an den Käufer ohne Eigentumsvorbehalt. Die finanzierende Bank ihrerseits deckt ihr Risiko jedoch dadurch, dass sie sich unter Einsatz eines antizipierten Besitzkonstituts die Waren sicherheitshalber übereignen lässt (zur Sicherungsübereignung Näheres weiter unten Kapitel 6, § 2 III). Der Käufer wird also nur für eine juristische, logische „Sekunde" Eigentümer, verliert es dann aber sogleich wieder an die Bank. Nach außen tritt dies allerdings nicht in Erscheinung, weil der Käufer/Kreditnehmer ja im Besitz der gekauften Sache verbleibt.

933 Die Aufspaltung eines vom Käufer als wirtschaftliche Einheit gedachten Geschäftes (Kauf bei Warenkredit) in zwei rechtlich unabhängige Verträge (Kaufvertrag und Kreditvertrag) mit zwei verschiedenen Vertragspartnern (Verkäufer einerseits, finanzierende Bank andererseits) birgt eine Reihe von erheblichen Risiken. So kann z. B. der Käufer/Kreditnehmer nicht etwa der Bank gegenüber die Zahlungen (Kreditrückzahlung und Kreditzinsen) zurückhalten, wenn die Kaufsache Mängel aufweist. Und da der Verkäufer den Kaufpreis seitens der Bank bereits in voller Höhe erhalten hat, fehlt es ihm gegenüber an einem Druckmittel, seine Gewährleistungsverpflichtungen zu erfüllen.

934 Nur wenn der Käufer/Kreditnehmer diese Geschäfte im Rahmen der Existenzgründung vornimmt, ist er zumindest in den Mitgliedsstaaten der EG umfassend gesichert, denn er hat dann (in Deutschland gemäß § 512 BGB n. F., vordem § 507 BGB) bis zu einem Kreditnettobetrag von jetzt 75.000 Euro (vor der Neuregelung immerhin bis 50.000 Euro) teil an den Schutzvorschriften über den Verbraucherkredit. Vor allem bei vertraglicher Innenbindung von Verkäufer und Bank als Konzernunternehmen sind kraft Gesetzes bei derartigen „verbundenen Geschäften" beide dem Käufer gegenüber im Ergebnis nicht nur als wirtschaftliche, sondern weitgehend auch als rechtliche Einheit zu betrachten. (vgl. für Deutschland § 358 Abs. 3 BGB). Somit finden auf den drittfinanzierten (Verbraucher-)Kauf die Vorschriften des Teilzahlungsgeschäftes (§ 507 BGB) entsprechende Anwendung, obwohl strenggenommen kein Teilzahlungskauf (Ratenkauf) vorliegt. Dieser Effekt kann auch nicht durch eine sog. Trennungsklausel, wie sie sich in Allgemeinen Geschäftsbedingungen (AGB) häufig findet, wirksam ausgeschlossen werden (vgl. § 307 Abs. 2 Nr. 1 BGB). Daraus ergeben sich im Einzelnen folgende schwerwiegende Konsequenzen:

935 Aufgrund der wirtschaftlich-rechtlichen Einheit von Kauf und Darlehen besteht etwa seitens des Kunden Schriftformzwang nicht nur für den Kauf, sondern auch für das Darlehen. Der Grundsatz der Formfreiheit von Verträgen ist insoweit also durchbrochen. Die notwendige Belehrung über den vom Gesetz gestatteten Widerruf muss inhaltlich sowohl auf Kauf als auch auf Darlehen bezogen sein. Die Gesamtfälligstellung des Kredits zur Rückzahlung ist nur in den Grenzen des § 498 BGB zulässig. Wenn die Bank aufgrund ihres (Sicherungs-)Eigentums an der Sache diese vom Käufer/Kreditnehmer erlangt oder im Vollstreckungswege die Kaufsache an sich nimmt, dann gilt dies als Rücktrittsfiktion sowohl vom Darlehen als auch vom Kauf (§ 508 Abs. 2 Satz 5 BGB). Gerade diese Konsequenz kann für den Verkäufer, der keinen Grund gesehen hat, den Kauf als Risikogeschäft zu betrachten, eine sehr unliebsame Überraschung bedeuten, weil er die ihm seinerseits zugeflossene Liquidität ja bereits anderweitig eingesetzt, zumindest aber verplant hat.

936 Die gebotene Einheitsbetrachtung von Kauf und Darlehen zeigt sich auch im sog. Einwendungsdurchgriff (§ 359 BGB). Liefert der Verkäufer gar nicht oder ist die gelieferte Ware mangelhaft, hat die Bank den Kaufpreis aber wie im Regelfall gleichwohl schon an den Verkäufer voll ausgezahlt, so kann der Käufer diese Tatbestände prinzipiell auch gegenüber der Rückzahlung verlangenden Bank geltend machen. Mithin kann der Käufer die Kreditrückzahlung gemäß § 320 BGB bis zur Lieferung aussetzen, ohne seinerseits in Zahlungsverzug zu geraten. Kann der Käufer wegen Sachmängeln mindern, so erniedrigt sich dementsprechend der zurückzuzahlende Kredit.

Finanzierungsleasing   Kap. 3 § 2 H

Dies alles gilt auch für Kredite, die zur Finanzierung der Gegenleistung im Rahmen   937
anderer Verträge als Kaufverträge (etwa Dienst- oder Werkverträge) aufgenommen
werden, da § 358 Abs. 1 BGB ausdrücklich auch von der Erbringung einer anderen
Leistung als der Lieferung einer Ware spricht. Die Weiche hierzu wird, wie noch einmal
zu betonen ist, immer dadurch gestellt, dass der Existenzgründer dem Verbraucher
gleichgestellt ist. Darüber hinaus gelten diese Schutzvorschriften bei der Unternehmensfinanzierung nicht.

§ 2 Finanzierungsleasing

Neben dem Warenkredit und dem Darlehen spielt das aus dem anglo-amerikanischen   938
Rechtskreis stammende Finanzierungsleasing eine herausragende Rolle im Finanzie-
rungsbereich, vor allem bei der Investitionsfinanzierung. Trotz des gemeinsamen Eti-
ketts „Leasing" und mancher sachlichen Übereinstimmung besteht letztlich ein sub-
stanzieller Unterschied zum Operating-Leasing, das noch in die Rechtsfigur der modi-
fizierten Miete eingeordnet werden kann. Demgegenüber sind die Vertragsbedingungen
beim Finanzierungsleasing so ausgestaltet, dass dem Leasingnehmer wirtschaftlich,
nicht jedoch rechtlich, eine Käuferrolle zugewiesen wird, während sich der Leasinggeber auf eine reine Finanzierungsfunktion zurückzieht. So wählt der Leasingnehmer
Hersteller und Produkt ganz allein nach seinen Vorstellungen aus. Der Leasinggeber
wird meist überhaupt erst dann kontaktiert, wenn der Erwerb der benötigten Sache
definitiv mit dem Verkäufer vorgeklärt ist. Dann kauft (wie auch beim Operating-
Leasing) nicht derjenige, der das Wirtschaftsgut eigentlich benötigt, also der Leasingnehmer, sondern der Leasinggeber, der die ihm vom Verkäufer zu Eigentum übertragene
Sache dann an den Leasingnehmer weitergibt.

Der Leasingnehmer erlangt aber vereinbarungsgemäß nur Besitz, nicht etwa Eigentum   939
an dem Leasinggegenstand. Trotzdem muss er schuldrechtlich gegenüber dem Leasinggeber alle Lasten tragen, die typischerweise den Eigentümerstatus kennzeichnen. Die
Verlust- und Verschlechterungsgefahr wird auf ihn übergewälzt, er muss für das Leasinggut, das ja im Eigentum des Leasinggebers steht, auf seine Kosten Schadensversicherungen abschließen und das Gut instandhalten. Jede Gewährleistung des Leasinggebers für das Leasinggut wird im Leasingvertrag ausgeschlossen: Denn es war ja der
Leasingnehmer, der Hersteller und Produkt nach seinen Wünschen, Qualitätsvorstel-
lungen etc. ausgewählt hat. Doch zediert der Leasinggeber durchweg die ihm als Käufer
gegenüber seinem Verkäufer zustehenden Gewährleistungsrechte an den Leasingnehmer.

Als Entgelt für die Nutzungsmöglichkeit verpflichtet sich der Leasingnehmer gegenüber   940
dem Leasinggeber zur Zahlung von Leasingraten. Diese Raten, die sofort und vollständig als Betriebsausgaben steuerlich abgesetzt werden können, sind so bemessen, dass
nach Ablauf einer längeren, oft mehrjährigen Frist, der sog. Grundmietzeit oder Grundlaufzeit, die dem Leasinggeber entstandenen Anschaffungskosten sowie ein kalkulierter
Anteil seiner übrigen Kosten voll abgedeckt sind und außerdem ein Gewinn verbleibt,
also die Verzinsung des zur Anschaffung des Leasinggutes eingesetzten Kapitals.

Nach Ablauf dieser Zeit kann der Leasingnehmer den Vertrag zu naturgemäß sehr   941
günstigen Bedingungen fortsetzen oder das Leasinggut zum selbstverständlich äußerst
niedrig kalkulierten Restwert käuflich erwerben. Wenn der Leasinggeber damit rechnet, dass von der Kaufoption kein Gebrauch gemacht wird oder die Leasingraten
„optisch" niedrig erscheinen sollen, wird der vertraglich kalkulierte Restwert oft bewusst hoch angesetzt, um die rechtliche Basis für leidige Nachforderungen mit der
Begründung zu schaffen, der Zeitwert des Leasinggutes liege unter dem kalkulierten
Restwert.

H Kap. 3 § 3 Recht der Unternehmensgründung und -finanzierung

942 Während der Grundlaufzeit ist die Kündigung des Leasingvertrags durch den Leasingnehmer völlig ausgeschlossen. Der Leasingnehmer trägt hier also (anders als beim Operating-Leasing) das volle Investitionsrisiko, das sich aus einem unter Umständen schnellen Wandel von Technik oder Bedarf ergibt. Auch der Leasinggeber hält sich vertraglich gebunden, solange der Leasingnehmer seine Vertragspflichten erfüllt. Allerdings wird für den Fall des Zahlungsverzuges oder der Insolvenz des Leasingnehmers die Gesamtfälligstellung aller noch ausstehenden Leasingraten vorgesehen, ohne dass der Leasinggeber seinen im Eigentum begründeten Rückgabeanspruch einbüßt.

943 Schon aus den genannten Charakteristika des Finanzierungsleasing wird klar, dass es sich gegenüber dem Kauf keineswegs immer um die billigere Lösung einer notwendigen Anschaffung handelt. Kostenpositive Effekte können sich freilich – wie gesagt – aus dem Steuerrecht ergeben, wenn die Leasingraten wie Mietzins behandelt, also abgesetzt werden können. Gerade dies ist aber bei der steuerrechtlich relevanten wirtschaftlichen – nicht rechtlichen – Betrachtungsweise ausgeschlossen, wenn die Grundlaufzeit die gewöhnliche betriebliche Nutzungsdauer erreicht oder gar überschreitet. Deshalb wird die Grundlaufzeit regelmäßig deutlich niedriger angesetzt. Finanzierungsleasing ist auch bei enger innerbetrieblicher oder sonstiger, z. B. konzernbedingter Budgetierung des Erwerbers (Pflicht Gewinnabführung an die Konzernmutter!) eine überlegenswerte Erwerbsmodalität, wenn der Kaufpreis sich nicht in den Budgetrahmen einpassen lässt und Vorträge auf Folgebudgets nicht möglich sind.

944 Eine besondere Variante des Finanzierungsleasing liegt in einer Kombination mit einem vorgeschalteten Verkauf des (späteren) Leasingobjekts durch den (späteren) Leasingnehmer an den (späteren) Leasinggeber (sale-and-lease-back). Durch Verkauf und Übereignung ohne Sachübergabe (aber „Besitzkonstitut", vgl. für das deutsche Recht §§ 930, 868 BGB) verschafft sich der Leasingnehmer unter Aufdeckung stiller Reserven Liquidität.

945 In der formalen Rechtsstruktur unterscheidet sich das Finanzierungsleasing sowohl vom Teilzahlungskauf (Ratenkauf) im Rahmen eines Warenkredits als auch vom drittfinanzierten Kauf. Denn zwischen dem Verkäufer und dem Erwerber fehlt es hier an jeder vertraglichen Beziehung, wenn nicht gerade eigens ein Beratungsvertrag geschlossen wurde, was eine höchst seltene Ausnahme darstellt. Trotzdem ist der wirtschaftliche Status des Leasingnehmers als Erwerber demjenigen des Abzahlungskäufers typischerweise doch sehr ähnlich: Der Leasingnehmer wie der Abzahlungskäufer bezahlen den Substanzwert des Wirtschaftsgutes in Raten, haben die Nutzung, aber nicht das Eigentum, das zur Sicherung des Waren- bzw. Geldkredits dem Kreditgeber zusteht. Vom Effekt her betrachtet handelt es sich also um einen kaschierten Abzahlungskauf.

946 Soweit der Leasingnehmer sich als Existenzgründer betätigt und deshalb nach europäischem Recht noch als Verbraucher gilt (vgl. oben Kap. 2, § 1, II und Kap. 3, § 1), findet auf das Finanzierungsleasing als „sonstige Finanzierungshilfe" in weitem Maße das Verbraucherkreditrecht Anwendung, das dem Leasingnehmer im Vergleich zu den sonst geltenden Regeln dem Leasinggeber gegenüber eine deutlich stärkere Position einräumt. Einzelheiten können aber aus Raumgründen hier nicht dargestellt werden.

§ 3 Factoring

947 Das Factoring knüpft wirtschaftsfunktional oft an den Warenkredit bzw. allgemeiner und auch für Dienstleistungsverträge passend an den durch Vorleistung gewährten Kredit an. Der Gläubiger eines noch nicht fälligen Zahlungsanspruches zediert diese noch nicht durchsetzbare Forderung an den Factor, zumeist an eine Bank. Dafür erhält der ehemalige Gläubiger, der „Anschlusskunde" der Factor-Bank, eine Gutschrift auf seinem dort geführten Konto, deren Höhe sich an dem Nennwert der Forderung,

Factoring   Kap. 3 § 3 H

abzüglich der Factorprovision und bestimmter Kosten des Factor, vor allem auch der Abzinsung der Forderung bis zur Fälligkeit, errechnet. Als Instrument kurz- und mittelfristiger Finanzierung ist das Factoring für den Anschlusskunden wegen seiner Liquiditätswirkung interessant. Darüber hinaus entlastet der Factor regelmäßig von der Debitorenbuchführung und vom noch lästigeren Inkasso, also der notfalls gerichtlichen Forderungsdurchsetzung.

Für das rechtliche Verständnis des Factoring ist im deutschen Recht und in Rechtsordnungen, die ähnlichen dogmatischen Grundsätzen folgen, wegen des hier herrschenden Abstraktionsprinzips (strikte Trennung von verpflichtenden und verfügenden Rechtsgeschäften) zu differenzieren: Die Zession (Abtretung einer Forderung, § 398 BGB) ist als Verfügungsgeschäft nicht gleichzusetzen mit dem Factoring-Vertrag in seiner schuldrechtlichen, Verpflichtungen begründenden Dimension. Dieser Factoring-Vertrag ist vielmehr von der Zession rechtlich abstrakt und lediglich das wirtschaftliche Motiv hierfür sowie der rechtliche Grund der Zession im Sinne des § 812 Abs. 1 Satz 1, 1. Alternative BGB, verhindert also eine Leistungskondiktion. Sonst müsste der Factor die durch Zession erlangte Forderung als ungerechtfertigte Bereicherung wieder „herausgeben", also die Forderung an den Anschlusskunden rückzedieren. 948

Der Factoring-Vertrag selber begründet jedenfalls (relative) Rechte und Pflichten im Verhältnis zwischen Anschlusskunde und Factor. Der Anschlusskunde verpflichtet sich üblicherweise, zumeist alle seine im Geschäftsbetrieb schon entstandenen bzw. zukünftig entstehenden Forderungen zur Zession anzubieten (Abtretung ist Vertrag: vgl. § 398 BGB). Der Factor seinerseits verpflichtet sich, die Zessionsangebote grundsätzlich anzunehmen und nur ausnahmsweise, z. B. bei negativem Ausgang einer Bonitätsprüfung des Schuldners des Anschlusskunden, vom Forderungserwerb abzusehen. Im Erwerbsfall schreibt der Factor dafür dem Anschlusskunden einen bestimmten Betrag nach dem soeben genannten Berechnungsmaßstab gut. Da die Zessionsangebote des Anschlusskunden regelmäßig für alle bestehenden Forderungen erfolgen, also auf eine sog. Globalzession zielen, ergibt sich schon daraus die praktische Notwendigkeit, dass der Factor die Debitorenkonten des Anschlusskunden führt, weil der Factor sonst ja gar nicht wüsste, um welche Forderungen es sich nun konkret handelt. 949

Im Übrigen kann die rechtliche Einordnung des Factoring nach deutschem Recht zweifelhaft sein, weil es ja im Besonderen Schuldrecht (§§ 433 ff. BGB) den Factoring-Vertrag als eigenen Vertragstypus gar nicht gibt. Eine generelle Qualifizierung ist wohl nicht möglich, weil der Factoring-Vertrag über das Gesagte hinaus ganz unterschiedliche Inhaltsvarianten aufweisen kann: 950

Soweit der Factor vertraglich das Risiko trägt, dass der Schuldner des Anschlusskunden auch tatsächlich zahlt, also das sog. Delkredere (Inkasso-Risiko) übernimmt, lässt sich der Factoring-Vertrag als Rechtskauf, speziell als Forderungskauf im Sinne des § 453 BGB klassifizieren. Denn der Rechtsverkäufer haftet im Rahmen des § 311a Abs. 2 BGB ja nur für die Existenz des Rechts („Verität"), nicht auch für seine praktische Durchsetzbarkeit („Bonität"). Diese Spielart des Factoring wird auch echtes Factoring genannt. 951

Teilweise belassen Factoring-Verträge aber das Inkasso-Risiko beim Anschlusskunden. Der Factor bemüht sich zwar um eine Beitreibung der an ihn abgetretenen Forderung. Gelingt dies aber in der vertraglich dafür bestimmten Zeit nicht, so storniert der Factor die Gutschrift auf dem Konto des Anschlusskunden wieder unter Rückübertragung der betreffenden Forderung. Der Factor hat bei Ausübung dieser Option in Wahrheit dem Anschlusskunden den gutgeschriebenen Betrag nur als Kredit gewährt und die zedierte Forderung nur erfüllungshalber, nicht anstelle der Kreditrückzahlung (also nicht an Erfüllungs Statt) akzeptiert. Dieses sog. unechte Factoring ist seiner ökonomischen Substanz nach also eine Kreditgewährung, ein Darlehen. Durch die genannte Options- 952

289

H Kap. 3 § 4   Recht der Unternehmensgründung und -finanzierung

ausübung wandelt sich dementsprechend rechtlich der ursprüngliche Forderungskauf in einen Kreditvertrag um.

953 Relevant ist diese Unterscheidung innerhalb des Factoring-Komplexes möglicherweise auch dann, wenn die Zession der in das Factoring einbezogenen Forderung mit einem sog. verlängerten Eigentumsvorbehalt kollidiert, bei dem der Verkäufer der Vorbehaltsware sich also die Forderung aus dem Weiterverkauf als Ersatz für einen Wegfall seines vorbehaltenen Eigentums antizipiert hat abtreten lassen (Näheres weiter unten Kapitel 6, § 2, I. 2.). Beim echten Factoring gilt jedenfalls das Prioritätsprinzip: Die zeitlich frühere Zession geht vor. Dies begünstigt auf Dauer den Factor. Ob beim unechten Factoring hingegen der Verkäufer der Vorbehaltsware prinzipiell gegenüber dem Factor begünstigt werden soll, wird sehr kontrovers beurteilt. Ausdrückliche gesetzliche Regelungen fehlen.

§ 4 Bartering (multilaterale Kompensationsgeschäfte)

954 Eine Finanzierungsfunktion erfüllt auch das Bartering, indem es Umsatzvorgänge von Liquiditätsengpässen ganz abkoppelt. Im Kern beruht das Bartering auf dem Tauschprinzip, allerdings nicht auf dem bilateralen Leistungsaustausch, sondern auf dem Ringtausch. Damit wird es möglich, auch sehr disparate Bedarfe ohne Einsatz von Liquidität, also ohne Geldleistungen, wechselseitig zu decken.

955 Ein ganz einfaches Beispiel mag die Logik des Bartering verdeutlichen. Es basiert auf folgenden Annahmen: Ein Hotelier braucht für seine Gastronomie Fleischwaren. Ein Großmetzger benötigt zur Fleischwarenfabrikation bestimmte Maschinen, die ein Maschinenhersteller fertigt. Der Maschinenhersteller seinerseits braucht zur Durchführung einer betrieblichen Fortbildungsmaßnahme Hotelkapazität. Auch mit einer Mehrzahl bilateraler Tauschvorgänge ist in diesem Beispiel dem Problem, den jeweiligen Bedarf ohne Einsatz von Liquidität zu decken, nicht beizukommen, wohl aber mit dem Ringtauschverfahren: Der Hotelier stellt dem Maschinenfabrikanten Hotelkapazität zur Verfügung, dafür erhält der Hotelier vom Großmetzger Fleischwaren, der dafür wiederum vom Maschinenfabrikanten mit Maschinen beliefert wird.

956 Bei genauerer Betrachtung zeigt sich schnell, dass die Funktionsfähigkeit und Wirtschaftlichkeit des Systems davon abhängt, dass eine relativ große kritische Masse von Teilnehmern bzw. Sortimenten vorhanden ist und dass die Zusammenführung von Angebot und Nachfrage sowie die Verrechnung der Leistungen eine effiziente Verarbeitung enormer Datenmengen voraussetzt. Dies gelingt nur mit Hilfe moderner Informationstechnik (IT). Sie und die Gesamtorganisation einschließlich der Akquisition neuer Teilnehmer liegt beim Bartering, soweit es in Deutschland Fuß gefasst hat, regelmäßig in den Händen einer GmbH, der die Teilnehmer ihre Angebots- und Nachfragedaten zur Verfügung stellen und die dafür Umsatzprovisionen von den Teilnehmern erhält (die GmbH-Gesellschafter sind dabei nicht etwa mit den Bartering-Teilnehmern identisch!). Diese Provisionen werden gleich auf den von der GmbH geführten Teilnehmerkonten abgebucht.

957 Eine gesetzliche Regelung des Bartering, des IT-gestützten Ringtausches, fehlt, offenkundig nicht nur im deutschen Recht. Der den Tausch betreffende § 480 BGB, der auf Kaufrecht verweist, ist jedenfalls nicht einschlägig, weil er (wie auch der Kauf) am bilateralen, nur zwei Vertragspartner umfassenden Geschäft orientiert ist. Problematisch ist beispielsweise die Handhabung von Gewährleistungen, wenn etwa im vorgenannten Beispiel die vom Maschinenhersteller an den Hotelier gelieferten Fleischwaren mangelhaft sind: Soll dann der Hotelier seine Hotelkapazität zurückhalten dürfen, obwohl die vom Maschinenhersteller an den Großmetzger gelieferten Maschinen

Bartering (multilaterale Kompensationsgeschäfte)   Kap. 4 § 4   **H**

doch in Ordnung sind? Alle diese Fragen müssen beim Bartering sehr sorgfältig bedacht und vertraglich geregelt sein.

Trotz dieser dem Bartering wesenseigenen rechtlichen Schwierigkeiten erfreut es sich vor allem bei der Finanzierung internationaler Transaktionen großer Beliebtheit. Für Unternehmen devisenschwacher Länder namentlich in Afrika oder Südamerika, aber auch in Teilen Asiens (ohne China, Japan und Südkorea und ohne die Öl exportierenden Staaten) ist es oft überhaupt die einzige Möglichkeit der Investitionsfinanzierung. Dabei werden oft weitreichende Ringe installiert. Auf der internationalen Bühne wird freilich oft nicht von Bartering gesprochen, sondern von multilateralen (also viele Parteien einschließenden) Kompensationsgeschäften   **958**

Kapitel 4   Rechtsstrukturen der Kreditsicherung

Der Kreditgeber trägt ein natürliches Risiko, das in der Zukunftsbezogenheit der Kreditablösung durch den Kreditnehmer liegt. Der Kreditgeber vertraut darauf – credere (lat.) = Glauben, Vertrauen –, doch lässt sich die Zukunft nun einmal nicht sicher vorhersagen. Zwar hat der Kreditgeber einen Status rechtlich abgesicherter Hoffnung, denn er kann nach Eintritt der Fälligkeit ja notfalls mit gerichtlicher Hilfe einen dem Rückzahlungsverlangen entgegenstehenden Willen des Kreditnehmers brechen. Doch ob der Schuldner zu diesem Zeitpunkt überhaupt solvent, zahlungsfähig, sein wird, was die Forderung also praktisch „wert" sein wird, ist letztlich ungewiss. Wohl alle Rechtsordnungen haben sich seit alter Zeit diesen Fragen zugewandt. Bei allen nationalen Verschiedenheiten in der Ausgestaltung der Kreditsicherheiten haben sich jedoch durchaus gemeinsame Grundlinien herausgebildet, die auf den involvierten Interessen des Kreditgebers aufbauen.   **959**

Das Risikomanagement des Kreditgebers kann nun neben der unerlässlichen, sorgfältigen Bonitätsprüfung des Kreditnehmers je nach Risikoquelle an zwei Stellen alternativ oder auch kumulativ ansetzen: Besteht die Unsicherheit z B. in der Entwicklung des Geldwertes, müssen die Konditionen des Darlehensvertrags etwa eine kurzfristige Kündigungsmöglichkeit offen halten, um rasch wieder über die Valuta verfügen zu können, bevor die Kredit inflationsbedingt ausgezehrt wird. Damit büßt der Kreditgeber freilich auch zukünftige Zinsgewinne ein. In Betracht kommt aber auch, den Schuldinhalt kaufkraftorientiert so zu definieren, dass inflationäre Entwicklungen mit Hilfe von Wertsicherungsklauseln kompensiert werden. Man kann derartige Mechanismen im Begriff kreditinterner Sicherheiten zusammenfassen.   **960**

Üblicherweise denkt man beim Wort Kreditsicherheiten aber an rechtliche Instrumente, die begrifflich nicht so eng an den Darlehensvertrag selber gebunden sind, beispielsweise also an Bürgschaft, Eigentumsvorbehalt, Pfandrechte, Sicherungsübereignungen und ähnliches mehr. Hier handelt es sich dann um kreditexterne Sicherheiten. In dieser Gruppe sind freilich wieder zwei Untergruppen deutlich zu unterscheiden: Werden durch Heranziehung weiterer, für die Kreditrückzahlung haftender Schuldner die Insolvenzrisiken und sonstigen Durchsetzungsgefahren verteilt, also für den Gläubiger vermindert, so wird von Personalsicherheiten und bezüglich eines so gesicherten Kredits von Personalkredit gesprochen. Dem steht der Realkredit gegenüber, bei dem das Kreditrisiko dadurch aufgefangen werden soll, dass dem Kreditgeber ganz bestimmte Sachwerte (Waren, Grundstücke) oder andere, unkörperliche Gegenstände, namentlich Rechte, zur Verfügung gestellt werden, die der Kreditgeber im Falle des notleidenden Kredits verwerten und sich dadurch, insbesondere aus ihrem Erlös, befriedigen kann.   **961**

962 Neben der Unterscheidung von Personal- und Realsicherheiten steht die Einteilung in akzessorische und nicht akzessorische Sicherheiten. Akzessorische Sicherheiten sind in ihrer rechtlichen Existenz davon abhängig, ob die von ihnen gesicherte Forderung besteht. Nicht akzessorische Sicherheiten sind zwar (regelmäßig) wirtschaftlich und psychologisch auf eine zu sichernde Forderung bezogen, bestehen jedoch rechtlich auch dann, wenn es an einer zu sichernden Forderung fehlt, z. B. weil sie nur vermeintlich, nicht aber von Rechts wegen entstanden ist. Im internationalen Vergleich lässt sich zwar diese Unterscheidung überall abfragen, doch fallen die Antworten selbst für die Prototypen von Kreditsicherheiten, Bürgschaft (für Personalsicherheiten) und Pfandrecht (für Realsicherheiten) ganz verschieden aus.

963 Nur ein Teil der kreditexternen Sicherungsinstrumente sind den Gesetzen unmittelbar zu entnehmen. Vielmehr haben erst die Privatautonomie und die Phantasie der Wirtschaftsjuristen zu der in der Praxis verfügbaren breiten Palette interessengerechter Sicherungsinstrumente geführt. Solche in den Gesetzen allenfalls angedeuteten, aber erst durch Ausschöpfung der Vertragsfreiheit einsetzbar ausgestalteten Kreditsicherungsformen werden kautelarische Sicherheiten genannt.

964 Im Folgenden soll ein kurzer Überblick über den Formenreichtum der gebräuchlichsten internationalen Kreditsicherheiten gegeben werden. Dabei soll die gesetzliche Regelung in Deutschland zur Illustrierung dienen, wo es denn eine solche Regelung überhaupt gibt. Im Übrigen werden verbreitete kautelarjuristische Regelungsmuster im Bereich der Kreditsicherheiten vorgestellt. Man hat dann ein Referenzsystem, auf dessen Grundlage man dann andere Rechtsordnungen nach Übereinstimmungen oder Unterschieden befragen kann. Zunächst soll die Rede von Personalsicherheiten, sodann von Realsicherheiten sein.

Kapitel 5   Interne Kreditsicherheiten

§ 1 Außerordentliches Kündigungsrecht

965 Vorstehend wurde bereits auf die Möglichkeit und Notwendigkeit hingewiesen, im Kreditvertrag für den Kreditgeber ein außerordentliches, fristloses Kündigungsrecht vorzusehen, verbunden mit der sofortigen Fälligkeit des gesamten Kreditvolumens zur Rückzahlung (sog. Gesamtfälligstellung). Es erlaubt dem Kreditgeber, auf einen sich abzeichnenden Vermögensverfall des Kreditnehmers, auf Kaufkraftverfall der Währung oder andere den Kredit gefährdende Entwicklungen schnell zu reagieren. Dies geht über das dem Kreditgeber bereits kraft Gesetzes zustehende, schon angesprochene außerordentliche Kündigungsrecht des Kreditgebers nach § 490 Abs. 1 BGB (vgl. Kapitel 3 § 1 II.) weit hinaus. Dass dabei kalkulierte Zinsgewinne entfallen, ist in solchen Situationen das kleinere Übel. Ein derartiges Kündigungsrecht auch in Allgemeinen Geschäftsbedingungen vorzusehen, stößt grundsätzlich auf keine rechtlichen Bedenken hinsichtlich der Wirksamkeit einer solchen Klausel. Zu beachten ist freilich, dass auf Grund europäischen Rechts derartige Vereinbarungen selbst bei individueller Absprache beim Verbraucherkredit unwirksam sind (vgl. für Deutschland § 498 BGB). Da der Existenzgründer grundsätzlich (noch) als Verbraucher gilt (vgl. wiederum § 512 BGB mit seiner 75.000 Euro-Grenze), scheidet ihm gegenüber diese Kreditsicherheitsoption aus.

§ 2 Wertsicherungsklauseln

Soweit Geldschulden Geldwertschulden sind, stellt sich die Aufgabe der Kaufkraftsicherung, also der kreditinternen Sicherung, von vornherein nicht. Denn der Zahlungsanspruch ist hier bereits seinem Wesen nach auf Kaufkraft abgestellt. Im Bereich vertraglicher Zahlungsansprüche handelt es sich hingegen regelmäßig um bloße Geldsummenschulden, die nicht durch ihre Kaufkraft, sondern durch ihren Nennbetrag betragsmäßig bestimmt sind (sog. Nominalismus statt Valorismus). Im Euro-Währungsraum können Geldschulden beliebig statt in Euro von vornherein in einer anderen Währung, etwa in US-Dollar, ausgedrückt werden (sog. Valutaschulden) oder zwar in Euro beziffert werden, aber mit dem jeweiligen Kurswert einer anderen Währung durch eine sog. Valutaklausel verknüpft sein. Die Möglichkeit der freien Währungswahl ist im internationalen Vergleich alles andere als selbstverständlich und unterstreicht den politischen Willen, das Vertrauen in die Stabilität des Euro zu unterstützen. Weniger weit reicht die Privatautonomie freilich bei den eigentlichen Preisklauseln, deren Sinn und Zweck es ist, den Kaufkraftwert einer Geldsummenschuld anders als durch die Wahl einer bestimmten Währung zu sichern. Denn „der Betrag von Geldschulden darf nicht unmittelbar und selbsttätig durch den Preis oder Wert von anderen Gütern oder Leistungen bestimmt werden, die mit den vereinbarten Gütern oder Leistungen nicht vergleichbar sind", wie § 1 Abs. 1 Preisklauselgesetz (PreisKlG) sagt. „Zahlung von Geld im Wert von 10.000 Zentnern Weizen am Zahlungstag" oder „Erhöht sich zwischenzeitlich der Lebenshaltungskostenindex für die BRD, so erhöht sich der Zahlungsbetrag entsprechend" sind also grundsätzlich unzulässige Klauseln.

966

Von diesem Verbot gibt es allerdings zahlreiche Ausnahmen. Zulässig sind Preisklauseln i. S. von § 1 Abs. 1 PreisKlG zunächst z. B. in Erbbaurechtsverträgen mit einer mindestens 30-jährigen Laufzeit (§ 4 PreisKlG), anderen langfristig angelegten Verträgen (§ 3 PreisKlG) sowie in Verträgen von gebietsansässigen Unternehmern (§ 14 BGB) mit Gebietsfremden (§ 6 PreisKlG) und im Geld- und Kapitalverkehr (§ 5 PreisKlG). Hierbei ist in Verbraucherkreditverträgen (§§ 491, 506 BGB) eine Preisklausel allerdings nur zulässig, wenn sie „im Einzelfall hinreichend bestimmt ist und keine Vertragspartei unangemessen benachteiligt" (§ 2 Abs. 1 PreisKlG), was § 2 IAbs. 2 und 3 PreisKlG präzisieren. Schon diese Normen geben Wertsicherungsklauseln weiten Raum.

967

Darüber hinaus erlaubt § 1 Abs. 2 PreisKlG z. B. in Nr. 1 Klauseln, „die hinsichtlich des Ausmaßes der Änderung des geschuldeten Betrags einen Ermessensspielraum lassen, der es ermöglicht, die neue Höhe der Geldschuld nach Billigkeitsgrundsätzen zu bestimmen (Leistungsvorbehaltsklauseln)", in Nr. 2 ferner Klauseln, „bei denen die in ein Verhältnis zueinander gesetzten Güter oder Leistungen im Wesentlichen gleichartig oder zumindest vergleichbar sind (Spannungsklauseln)", sowie in Nr. 3 Klauseln, „nach denen der geschuldete Betrag insoweit von der Entwicklung der Preise oder Werte für Güter oder Leistungen abhängig gemacht wird, als diese die Selbstkosten des Gläubigers bei der Erbringung der Gegenleistung unmittelbar beeinflussen (Kostenelementeklauseln)". § 1 Abs. 2 PreisKlG bezeichnet auch diese Leistungsvorbehalts-, Spannungs- und Kostenelementeklauseln als Ausnahmen von dem Verbotsgrundsatz des § 1 Abs. 1 PreisKlG. Dies trifft jedoch allenfalls für Kostenelementeklauseln zu. Denn bei Leistungsvorbehaltsklauseln fehlt es an dem in § 1 Abs. 1 PreisKlG genannten Automatismus des Anpassung, und bei Spannungs-klauseln ist die Maßgröße für die Anpassung entgegen den in § 1 I PreisKlG genannten Preisklauseln gleichartig oder vergleichbar. Es handelt sich bei der genannten Enumeration des § 1 Abs. 2 PreisKlG also wohl gar nicht um Ausnahmen, sondern um deklaratorische Hinweise auf Klauseln, die von dem Verbot des § 1 I PreisKlG schon begrifflich gar nicht erfasst und deshalb natürlich zulässig sind. In diesem Zusammenhang ist abschließend auf die

968

Sonderstellung der Betriebsrenten hinzuweisen. Hier besteht auch ohne Vereinbarung einer Wertsicherungsklausel ein Anspruch auf Anpassung an Kaufkraftverluste i. S. eines Ausgleichs für erhöhte Lebenshaltungskosten.

969 Soweit nach alledem Wertsicherungsklauseln überhaupt unzulässig sind, führt dies dennoch nicht zwangsläufig und vor allem nicht sofort zu ihrer Unwirksamkeit. Nach § 8 PreisKlG tritt die Unwirksamkeit der Preisklausel vielmehr erst zum Zeitpunkt des rechtskräftig festgestellten Verstoßes gegen dieses Gesetz ein, soweit nicht eine frühere Unwirksamkeit vereinbart ist. Die Rechtswirkungen der Preisklausel bleiben bis zum Zeitpunkt der Unwirksamkeit unberührt. Wegen grundsätzlich fehlender Rückwirkung der Unwirksamkeit entstehen somit insbesondere auch keine Ansprüche auf Rückzahlung nach § 812 I 1, 1. Alt. BGB (sog. Leistungskondiktion).

Kapitel 6 Externe Kreditsicherheiten

§ 1 Personalsicherheiten

I. Bürgschaft

970 Das Urbild der Personalsicherheit ist weltweit die Bürgschaft. Trotz eines gewissen Bedeutungsrückganges zugunsten anderer, kautelarischer Personalsicherheiten spielt sie auch heute noch im Wirtschaftsleben eine große Rolle, sei es als Bankbürgschaft z. B. gegenüber Lieferanten oder dem Fiskus (Zoll- und Steuerbürgschaft), sei es als Bürgschaft des Staats oder von ihm getragener Unternehmen zum Zwecke der allgemeinen Wirtschaftsförderung (z. B. junger, eine Regionalstruktur verändernder Unternehmen) oder speziell des Exportes, der ein besonders hohes Kreditrisiko trägt (politische Umwälzungen, fremde Rechtssysteme).

971 Die Bürgschaft wird gemäß § 765 BGB nach deutschem Recht nicht durch einseitiges Rechtsgeschäft, sondern durch Vertrag begründet, und zwar regelmäßig mit dem Gläubiger der zu sichernden Hauptschuld. Bürgschaften können auch für noch gar nicht existente Forderungen übernommen werden (vgl. § 765 Abs. 2 BGB) und deshalb auch dann, wenn der Gläubiger noch gar nicht feststeht (sog. Blankobürgschaft). Allerdings muss auch hierbei durch Auslegung zu ermitteln sein, auf welche Forderungen sich die Bürgschaft denn beziehen soll.

972 Die Bürgschaftsschuld, also die Pflicht des Bürgen, für die Erfüllung der Hauptschuld einzustehen, befindet sich nach deutschem Recht in einer charakteristischen, im Wortlaut des § 765 Abs. 1 BGB wenigstens angedeuteten Abhängigkeit zur Hauptschuld: Besteht gar keine wirksame Hauptschuld (z. B. Nichtigkeit wegen nachträglicher, aber rückwirkender Irrtumsanfechtung des Darlehensvertrags; Erlöschen der Hauptschuld durch Aufrechnung), so besteht auch die Bürgschaftsschuld nicht, mögen auch ihre primären Wirksamkeitsvoraussetzungen alle gegeben sein. Die für eine erst zukünftige Verbindlichkeit übernommene Bürgschaft ist deshalb zwar zulässig (so ausdrücklich § 765 Abs. 2 BGB), bis zur Entstehen der verbürgten Hauptschuld aber schwebend unwirksam. Gerade für das Risikoextrem des Kreditgebers, eine von Rechts wegen (auf Dauer) nicht existente Hauptschuld, bietet also die Bürgschaft keine Sicherheit.

973 Diese wesensmäßige sog. Akzessorietät der Bürgschaft, ihre untrennbare rechtliche Verbindung mit der Hauptschuld, kann auch nicht durch Vereinbarung, die notwendig zu Lasten des Bürgen ginge, beseitigt werden. Die Akzessorietät kann andererseits für den Gläubiger durchaus auch vorteilhaft sein. Denn sie erweitert gemäß § 767 BGB grundsätzlich den Umfang der Bürgenschuld über das ursprüngliche Maß hinaus, wenn die Hauptschuld später „wächst". Dieses Wachstum kann etwa durch hinzutretende Verzugszinsen erzeugt werden oder durch die Rechtsverfolgungskosten (für Anwälte und Gerichte), die oft viel höher sind als der eingeklagte Forderungsnennbetrag. Will der Bürge dem entgehen, so muss er seine Bürgschaft ausdrücklich als „Höchstbetragsbürgschaft" bezeichnen.

Grundsätzlich haftet der Bürge nach deutschem Recht schließlich nur subsidiär, nämlich nur dann, wenn der Gläubiger einen vergeblichen Vollstreckungsversuch unternommen hat. Dieses dem Bürgen zustehende, von § 771 BGB sehr verkürzt als „Einrede der Vorausklage" bezeichnete Recht ist der Schlussstein in dem Bemühen des Gesetzgebers, dem Bürgen die Härte vergangener Rechtsepochen zu ersparen („den Bürgen kann man würgen"). Die Subsidiarität der Bürgschaft ist allerdings in einer Reihe von Fällen ausgeschlossen (vgl. den Katalog des § 773 Abs. 1 BGB), z. B. bei Insolvenz des Hauptschuldners oder wenn der Bürge sich als „Selbstschuldner" verbürgt hat (vgl. § 773 Abs. 1 Nr. 1 BGB). An der Akzessorietät der Bürgschaft ändert dies jedoch nichts. Die Notwendigkeit, einen selbstschuldnerischen Bürgen beizubringen, sehen die AGB des Kreditgewerbes für die Person des Bürgen ausnahmslos vor. Schon kraft Gesetzes selbstschuldnerisch ist die betriebsbezogene Bürgschaft eines Kaufmanns (§ 349 HGB), also regelmäßig auch die Bürgschaft einer Bank (in der Regelform der AG ein sog. Formkaufmann!). Doch handelt es sich bei § 349 HGB um dispositives Recht, von dem in der Praxis durch abweichende Vereinbarung oft (und rechtswirksam) abgewichen wird.

974

Auch das deutsche Bürgschaftsrecht ist weitgehend dispositives Recht und hat in der Praxis zu zahlreichen, vom gesetzlichen Muster abweichenden Varianten der Bürgschaft geführt. Auf dieser privatautonomen Gestaltungsfreiheit beruht auch das Gegenstück zur selbstschuldnerischen Bürgschaft, die „Ausfallbürgschaft". Bei ihr haftet der Bürge vereinbarungsgemäß überhaupt nur für ein näher definiertes Ausfallrisiko des Gläubigers. Dieses Ausfallrisiko ist nicht bereits das Risiko der nicht realisierten Forderung, sondern besteht darin, dass der Gläubiger keine (volle) Befriedigung erlangt hat, obwohl er versucht hat, sonstige vorhandene Sicherheiten (z. B. Pfandsachen) zu verwerten.

975

Das Bürgschaftsrecht lässt Spielraum für weitere Varianten, etwa für die im Bankverkehr übliche „echte", zeitlich befristete Zeitbürgschaft, die über die in § 777 BGB normierte, das Zeitmoment aufgreifende Bürgschaftsvariante weit hinaus geht. Eine weitere Sonderform der Bürgschaft ist auch die „Mitbürgschaft" als Regelfall, wenn mehrere sich für ein und dieselbe Forderung verbürgen. Die Mitbürgen haften dem Gläubiger dabei als Gesamtschuldner (§§ 769, 421), nach Belieben des Gläubigers also maximal jeder in voller Höhe. Dagegen haften mehre „Teilbürgen" nur nach Quoten. Wegen der Akzessorietät der Bürgschaft haften aber sowohl Mit- als auch Teilbürgen gegebenenfalls nicht nur in Bezug auf den Nennbetrag der Forderung, sondern auch für Verzugszinsen, Rechtsverfolgungskosten etc. Wollen dies die Mit- oder Teilbürgen nicht, müssen sie ihre Bürgschaften eben ausdrücklich als Höchstbetragsteil- bzw. Höchstbetragsmitbürgschaften definieren. Statt der für den Gläubiger wegen der gesamtschuldnerischen Haftung vorteilhafteren Mitbürgen kommt in der Kreditpraxis als zweitbeste Lösung auch der „Nachbürge" vor. Die Nachbürgschaft sichert den Gläubiger gegen das Risiko ab, dass auch der Bürge zur Leistung nicht imstande ist. Im Verhältnis zum Nachbürgen ist also der Bürge der „Hauptschuldner". Dabei wirkt sich die Akzessorietät der Bürgschaft doppelt aus, sodass bei Fehlen der primär zu sichernden Forderung weder die Bürgschaftsschuld noch in der weiteren Folge die Schuld des Nachbürgen besteht.

976

Je nach Kreditvolumen, Kreditrisiken und Marktverhältnissen entwickelt sich so oft geradezu ein kompliziertes Bürgennetzwerk. Dabei muss man sich noch die enorme Bandbreite der möglichen Kombinationen vor Augen halten. Nicht jeder wird sich

977

H Kap. 6 § 1   Recht der Unternehmensgründung und -finanzierung

sofort ein Bild von der Rechtslage machen können, wenn von einer „selbstschuldnerischen Höchstbetragsteilnachbürgschaft" die Rede ist.

978 Vor allem im internationalen Geschäft hat ferner die sog. Wechselbürgschaft („Aval") Bedeutung: Sie begründet eine neben den übrigen Wechselverpflichtungen bestehende, nicht akzessorische und nicht subsidiäre Haftung (vgl. für Deutschland Artt. 32, 47 Abs. 1 des Wechselgesetzes, WG). Mangels Akzessorietät handelt es sich dabei also aus Sicht des deutschen Rechts gar nicht um eine Bürgschaft, sondern um ein ganz eigenständiges wechselrechtliches Sicherungsmittel.

979 Von Interesse in diesem Zusammenhang ist die Refinanzierung des Bürgen. Sie ist zunächst in dem Vertragsverhältnis zwischen Bürgen und Hauptschuldner, dem sog. Deckungsverhältnis, begründet. Ein Regressanspruch des Bürgen folgt entweder aus einer ausdrücklichen Vereinbarung mit dem Hauptschuldner oder schon aus den gesetzlichen Regelungen des entsprechenden Vertragstyps (vgl. z. B. für Deutschland §§ 675,. 670 BGB). Darüber hinaus sieht das Gesetz oft einen eigenen, im Rechtsinstitut der Bürgschaft selber verankerten Rückgriff vor (vgl. § 774 BGB).

980 Mit dem Regress des Bürgen gegen den Hauptschuldner hängt die „Rückbürgschaft" eng zusammen. Gesichert ist hier der Rückgriffsanspruch des Bürgen gegen den Hauptschuldner. Der Rückbürge nimmt insoweit dieselbe Stellung gegenüber dem Bürgen ein, die der Bürge seinerseits gegenüber dem Gläubiger innehat. Der Rückgriffsanspruch ist also der Hauptschuld bei der „normalen" Bürgschaft vergleichbar. Auch hier gilt das vorstehend zu den Kombinationsmöglichkeiten der verschiedenen Bürgschaftsvarianten Gesagte entsprechend.

981 Abgeschlossen wird diese Kombinierbarkeit durch die Variante einer (wie auch immer gearteten) Bürgschaft „zur Zahlung auf erstes Anfordern" (englisch „at first call"). Diese Klausel, die sich vor allem im internationalen Geschäft großer Beliebtheit erfreut, bedeutet, dass der in Anspruch genommene Bürge zunächst keinerlei Einwendungen machen kann, sich z. B. nicht darauf berufen kann, dass die von ihm verbürgte Schuld ja gar nicht rechtswirksam entstanden oder bereits erfüllt sei, dass er nur subsidiär hafte oder nur als Teilbürge etc. Erst nachdem er seinen Gläubiger befriedigt hat, kann er diese Einwendungen erheben, um seine Leistung vom Gläubiger sodann als ungerechtfertigte Bereicherung (in Deutschland sog. Leistungskondiktion nach § 812 Abs. 1 Satz 1, 1. Alternative BGB) wieder zurückzuverlangen. Dies belastet den Bürgen mit dem Beweisrisiko innerhalb erfahrungsgemäß langwieriger Prozesse mit ungewissem Ausgang, beschert aber dem Gläubiger einen hohen Effektivitätszuwachs seiner Kreditsicherung. Übrigens können auch andere Personalsicherheiten, insbesondere die noch später zu skizzierende Forderungsgarantie, „zur Zahlung auf erstes Anfordern" bestellt werden.

II.   Schuldbeitritt, Forderungsgarantie und Forderungsausfallversicherung

982 Der auf der Basis der Privatautonomie von der Vertragspraxis entwickelte Schuldbeitritt bewirkt ein Gesamtschuldverhältnis zwischen dem Hauptschuldner und demjenigen, der der Schuld beitritt. Er wird deshalb auch Schuldmitübernahme oder kumulative Schuldübernahme genannt, im Gegensatz zur sog. privativen Schuldübernahme, die den ursprünglichen Schuldner befreit (vgl. § 414 BGB). Da der Beitretende zusammen mit dem Schuldner als Gesamtschuldner (§§ 421 ff. BGB) haftet, ist dessen Schuld nicht subsidiär. Der Beitretende hat also niemals die Einrede der Vorausklage wie der – nicht selbstschuldnerische – Bürge. Schließlich besteht nur eine sehr eingeschränkte Akzessorietät: Besteht die Hauptschuld nicht, ist auch der Schuldbeitritt gegenstandslos

Personalsicherheiten   Kap. 6 § 1 **H**

und damit unwirksam, weil man begrifflich einem Nichts nicht beitreten kann. Im Übrigen kann sich jedoch jede Gesamtschuld ganz unterschiedlich entwickeln (vgl. § 425 BGB). Alles in Allem ist der Schuldbeitritt für den Kreditgeber die gegenüber der Bürgschaft zumeist interessantere Kreditsicherheit.

Die Garantie (im deutschen Recht nicht zu verwechseln mit der Gewährleistung, eine Unterscheidung, die z. B. dem anglo-amerikanischen Rechtskreis schon terminologisch fremd ist) ist in Deutschland als allgemeines Rechtsinstitut nicht geregelt, wegen der Privatautonomie aber jedenfalls nicht nur in der gesetzlich ausdrücklich normierten Variante der sachbezogenen Beschaffenheits- und Haltbarkeitsgarantie zulässig. Im Kern geht es immer darum, dass der Garantiegeber ein Risiko übernimmt und dem Garantienehmer eine bestimmte Leistung für den Fall verspricht, dass dieses Risiko sich realisiert. Weil niemand auf ewige Zeiten ein Risiko zu tragen bereit ist, tritt als drittes strukturprägendes Moment neben Garantiefall und Garantieleistung die Garantiezeit hinzu, die die Risikoübernahme auflösend befristet (vgl. §§ 163, 158 Abs. 2 BGB).   **983**

Bei der Forderungsgarantie übernimmt jemand gegen Entgelt für eine gewisse Zeit das Risiko dafür, dass ein anderer eine Leistung nicht erbringt, wofür dann der Garantiegeber seinerseits ersatzweise leisten, regelmäßig: zahlen will. Die Forderungsgarantie umfasst bei überlegter Definition des Risikos auch und vor allem das weder von der Bürgschaft noch vom Schuldbeitritt gedeckte Extremrisiko, dass der vermeintliche Anspruch gar nicht rechtswirksam besteht, es an einem Schuldner im Rechtssinn also ganz fehlt. Die Forderungsgarantie ist also nicht akzessorisch (und auch nicht subsidiär).   **984**

Der Garantiegeber kann die Garantieleistung mithin allenfalls aus Gründen verweigern, die im Garantievertrag selber wurzeln, sei es, dass der Garantievertrag unwirksam ist, sei es, dass der Garantiefall gar nicht eingetreten ist. Sogar dieser Einwand ist dem Garantiegeber jedoch zunächst verwehrt, wenn er eine vor allem im internationalen Geschäft gern praktizierte „Garantie zur Zahlung auf erstes Anfordern" übernommen hat. Über das Wesen der „Zahlung auf erstes Anfordern" wurde bereits im Zusammenhang mit der Bürgschaft das Notwendigste gesagt. In der Effizienz-Skala der Personalsicherheiten steht die Forderungsgarantie zur Zahlung auf erstes Anfordern an allererster Stelle und ist dementsprechend am Finanzmarkt nur zu einem hohen Preis zu haben.   **985**

Ob eine Forderungsgarantie gegeben oder einer Schuld beigetreten oder gar „nur" eine Bürgschaft übernommen wurde, ist im Einzelfall oft schwierig zu entscheiden, weil die Parteien sich über die Unterschiede dieser Kreditsicherheiten oft gar nicht völlig im Klaren sind oder sich nicht terminologisch korrekt äußern. Dies gilt in erhöhtem Maße bei fremdsprachlichen Vereinbarungen. Letztlich maßgebend ist jedenfalls nicht das gewählte Wort (vgl. auch die Auslegungsregel des § 133 BGB im Einklang mit allgemeinen philosophisch-hermeneutischen Prinzipien), sondern es entscheiden Interessenlage und inhaltliche Ausgestaltung der jeweiligen Kreditsicherung. Wenn etwa eine „Garantie" der vertraglichen Substanz nach auf eine akzessorische Sicherheit hinausläuft, dann dürfte trotz der Bezeichnung eine Bürgschaft vorliegen.   **986**

Von der Forderungsgarantie ist die Forderungsausfallversicherung, auch Delkredere-Versicherung oder (Waren-)Kreditversicherung genannt, zu unterscheiden. Bei beiden geht es um das Risiko, eine Forderung nicht realisieren zu können. Doch ist die rechtliche Behandlung sehr verschieden. Wie jede Versicherung beruht auch die Forderungsausfallversicherung auf der Transformation eines individuellen in ein kollektives Risiko: Hier nun werden Gläubiger zu einer Gefahrengemeinschaft zusammengefasst, deren Mitglieder abstrakt betrachtet zwar allesamt vom Risiko einer nicht realisierten Forderung bedroht sind. Doch tritt dieses Ereignis faktisch aber eben nur bei einigen Gläubigern ein.   **987**

Erfahrungswissen im Zusammenwirken mit versicherungsmathematischen Methoden ermöglicht es, das Risiko der Gefahrengemeinschaft insgesamt monetär zu bewerten   **988**

H Kap. 6 § 1　　Recht der Unternehmensgründung und -finanzierung

und es auf die der Gefahrengemeinschaft angehörenden Versicherungsnehmer, hier also auf die Gläubiger, gleich zu verteilen. Dabei sind in der Prämie neben diesem Risikobeitrag zum Deckungsstock, aus dem im Versicherungsfall Leistungen an den vom Forderungsausfall betroffenen Gläubiger erfolgen, natürlich auch noch Verwaltungskosten und die Gewinnmarge des Versicherungsunternehmens kalkuliert. Nur bezüglich der beiden letztgenannten Posten ist übrigens nach richtiger, allerdings sehr bestrittener Ansicht die Prämie ein Preis, ansonsten lediglich umstrukturierter Durchfluss. Wie bei der Forderungsgarantie ist auch bei der Forderungsausfallversicherung genau darauf zu achten, wie der Versicherungsfall definiert ist: Nur wenn auch das Risiko versichert ist, dass die vermeintliche Forderung gar nicht rechtswirksam besteht, ist der Versicherungsnehmer wirklich auf der sicheren Seite. Nicht selten ist die Prämie einer Forderungsausfallversicherung, bedingt durch die versicherungsspezifische Kalkulationsgrundlage, niedriger als der Preis für eine Forderungsgarantie. Doch ist der Markt letztlich unübersichtlich. In Deutschland ist besonders die teil-staatliche Euler-Hermes-Kreditversicherung AG ein bekanntes Unternehmen für Forderungsausfallsversicherungen. Sie ist im Regierungsauftrag vor allem in der deutschen Exportwirtschaft engagiert. Staatliche Subventionen halten dabei die Prämien niedrig und stützen so im nationalen Interesse die exportierenden Unternehmen Deutschlands.

III. Patronage

989 Als Kreditsicherungsmittel bei der Kreditvergabe an Unternehmen, die zwar selbständige Rechtssubjekte darstellen, aber in einen Konzern eingebunden sind, hat die sog. Patronatserklärung national wie international an Bedeutung gewonnen, vor allem bei sehr hohem Kreditvolumen. Eine gesetzliche Regelung der Patronatserklärung existiert auch außerhalb Deutschlands, soweit ersichtlich, nicht. Auch sie ist ein Kind der Vertragspraxis, gründend auf der Privatautonomie.

990 Die Patronatserklärung ist ein Ausstattungsversprechen: Die Konzern-"Mutter" will dafür Sorge tragen, dass ihre kreditaufnehmende „Tochter" über ausreichende Mittel zur Kreditrückzahlung und für den sonstigen Kapitaldienst verfügt. Dies lässt sich etwa durch maßvolle Gewinnabführungsverträge zwischen „Tochter" und „Mutter", notfalls auch durch direkten Kapitalzufluss bewerkstelligen. Bürgschaft, Schuldbeitritt oder Forderungsgarantie gegenüber dem Kreditgeber sollen vermieden werden, beispielsweise um eine Konzernbilanzierung unter den Passiva zu vermeiden. Unter den Voraussetzungen des § 302 AktG ist ein derartiges Ausstattungsversprechen allerdings nicht mehr nötig, weil dann als Ausgleich für den Beherrschungs- und Gewinnabführungsvertrag eine gesetzliche Patronage in Gestalt einer Pflicht zur Verlustübernahme besteht.

991 Die „weiche" Patronatserklärung hat überhaupt keine rechtliche Relevanz. Sie soll eigentlich nur das Klima bei den Kreditverhandlungen zwischen „Tochter" und Kreditgeber positiv beeinflussen und erschöpft sich letztlich in der Darstellung der Geschäftspolitik. Erstaunlicherweise wird sie trotzdem häufig als Kreditsicherheit akzeptiert, zumal dann, wenn die beteiligten Akteure des Top-Managements sich persönlich kennen.

992 Die „harten" Patronatserklärungen begründen rechtlich bindend Handlungspflichten, aber nur gegenüber den Konzerntöchtern. Deren Kreditgeber haben also keine Ansprüche auf die zugesagte Ausstattung. Erwachsen aus mangelnder Kapitalausstattung der kreditaufnehmenden „Tochter" dem Kreditgeber Schäden, so sind solche „harten" Patronatserklärungen aber Grundlage für Schadensersatzansprüche des Kreditgebers gegen die „Mutter". Diese Patronatserklärung, die der Annahme durch den Adressaten bedarf (vgl. § 311 Abs. 1 BGB), hat also rechtssystematisch gesehen den Charakter

Personalsicherheiten   Kap. 6 § 1 H

eines Vertrags mit Schutzwirkung für Dritte. Außerdem wird das Kreditverhältnis selbst betroffen: Denn die „harte" Patronatserklärung der „Mutter" an die „Tochter" ist Geschäftsgrundlage des Darlehensvertrags zwischen „Tochter" und Kreditgeber.

IV. Forderungspfandrecht und Sicherungszession

1. Wirtschaftlicher Funktionszusammenhang, Globalzession und Mantelzession

Rechtssystematisch eine Personalsicherheit, kann ein Pfandrecht nicht nur an Waren und Immobilien (dazu Näheres weiter unten 6. Kapitel, § 2. II.), sondern nach vielen Rechtsordnungen auch an Rechten, namentlich an Forderungen, bestellt werden. Es spielt aber in der Praxis dort keine Rolle, wo wie in Deutschland die Wirksamkeit der Pfandrechtsbestellung an Forderungen nach § 1280 BGB von einer Benachrichtigung des Schuldners dieser Forderung (sog. Drittschuldner) über die Verpfändung der Forderung abhängt. Dies ist dem Gläubiger dieser Forderung, der zur Sicherung seines Gläubigers eine solche Verpfändung in Erwägung zieht, begreiflicherweise ausgesprochen unangenehm, weil er dadurch mit seinem Kreditbedarf ins Gerede kommt. Deshalb wird statt einer Forderungsverpfändung wohl ausnahmslos eine Zession (Abtretung) der betreffenden Forderung zur Kreditsicherung vorgenommen, die als „stille" Zession einer solchen Benachrichtigung nicht bedarf und so eine unerwünschte Publizität vermeidet. Diese Sicherungszession freilich hat in der Kreditsicherungspraxis große Bedeutung.

993

Häufig werden auch künftige Forderungen sicherungshalber abgetreten (antizipierte Zession). Dann taucht das Problem der Bestimmtheit auf (Spezialitätsprinzip), auf welche Forderungen die Sicherungszession denn überhaupt bezieht. Dabei lassen sich verschiedene Individualisierungsstrategien entwickeln, z. B. nach Kunden oder Zeiträumen. Die Kreditpraxis löst dieses Problem freilich nicht selten dadurch, dass sie die Sicherungszession aller Forderungen des Kreditnehmers gegen seine Schuldner durchsetzt (sog. Globalzession). Dann freilich erzeugt dies eigene Probleme. So ist die deutsche Rechtsprechung kritisch gegenüber einer sog. Übersicherung, wenn also die Sicherheiten in keinem vertretbaren Verhältnis zum Kreditvolumen und zum Verwertungsrisiko stehen, wobei durchaus ein großer Spielraum zugestanden wird. Liegt aber im Einzelfall dann doch eine Übersicherung vor, so ist die Bestellung der Sicherheit, hier: die Globalzession, nichtig (§ 138 Abs. 1 BGB). Der Kreditgeber ist also gut beraten, bei dem Verlangen nach Kreditsicherheiten eine gewisse Zurückhaltung zu üben.

994

Von der Globalzession ist die „Mantelzession" zu unterscheiden: Bei ihr werden zur Sicherung der Kreditrückzahlung vom Kreditnehmer laufend Forderungen abgetreten, und zwar im Gesamtwert der vereinbarten Deckungsgrenze. Zugleich wird dem Kreditnehmer Inkassoermächtigung (Einziehungsermächtigung, vgl. §§ 185 Abs. 1, 362 Abs. 2 BGB) erteilt. Der Kreditnehmer kann die von der Mantelzession erfassten Forderungen also durchaus einziehen und die Leistungen sogar behalten. Doch muss er eben dann neue Forderungen zedieren. Streng genommen ist die Mantelzession also gar keine Spielart der Sicherungszession selber, sondern lediglich dasjenige Rechtsgeschäft, durch das sich der Kreditnehmer zur Zession erst verpflichtet. Die Mantelzession ist also eine Variante der sog. Sicherungsabrede.

995

2. Rechtliche Funktionen der Sicherungsabrede

Die Sicherungsabrede hat große rechtliche Bedeutung. In ihr legen die Parteien zunächst die Verpflichtung zur Zession fest. Ohne eine solche Verpflichtung hätte die

996

Zession als Verfügung in Rechtsordnungen, die dem Abstraktionsprinzip folgen, keinen „rechtlichen Grund" und müsste als ungerechtfertigte Bereicherung" wieder rückgängig gemacht werden (§ 812 Abs. 1 Satz 1, 1. Alternative BGB und dazu schon oben 3. Kapitel, § 3). Bei der Sicherungszession künftiger Forderungen werden dabei, wie bereits gesagt, die abzutretenden Forderungen überhaupt erst einmal näher bezeichnet. Da der Kreditgeber mehr erhält, als er wirtschaftlich eigentlich braucht (er erhält die Forderung selber, bräuchte aber lediglich ein Pfandrecht daran), verpflichtet er sich in der Sicherungsabrede ferner, von seinem Forderungsrecht als Gläubiger des Drittschuldners keinen Gebrauch zu machen, solange der Kreditnehmer seinen kreditvertraglichen Pflichten voll nachkommt. Weiterhin wird in der Sicherungsabrede festgelegt, wann und wie die zur Sicherheit abgetretenen Forderungen verwertet werden, da die diesbezüglichen gesetzlichen Vorschriften über das Forderungspfandrecht und seine Verwertung bei der Forderungsabtretung ja nicht gelten. Schließlich verpflichtet sich der Kreditgeber zur Rückabtretung der an ihn zur Sicherheit zedierten Forderung(en), wenn der Kreditnehmer seine kreditvertraglichen Pflichten vollständig erfüllt hat.

997 Schon an dieser Stelle ist darauf hinzuweisen, dass die Sicherungsabrede auch bei anderen Kreditsicherheiten mit dem Rechtscharakter einer Verfügung, insbesondere bei der noch darzustellenden Sicherungsübereignung, von großer Bedeutung ist. Dabei erstaunt vielleicht, dass jedenfalls der deutsche Gesetzgeber diesem Rechtsinstitut keinerlei Beachtung geschenkt und so dessen dogmatische Erfassung ganz der Rechtswissenschaft überlassen hat.

V. Forfaitierung

998 Unter der gerade im Exportgeschäft verbreiteten Fortaitierung (von französisch „á forfait") wird in der Praxis der Kreditsicherung letztlich dasselbe verstanden, was unter dem Aspekt der Finanzierung (echtes) Factoring genannt wird (dazu bereits Kapitel 3, § 3): Der Sicherungsgeber, regelmäßig eine Bank, erwirbt gegen Entgelt die noch nicht fällige Kaufpreisforderung des Waren-Verkäufers gegen seinen Waren-Käufer, an den bereits geliefert wurde. Weil und soweit der Sicherungsgeber, die Bank, dabei nicht über eine Option zur Rückübertragung gegen Entgeltrückzahlung (zuzüglich Verzinsung) verfügt, übernimmt sie voll das Beitreibungsrisiko, das ursprünglich beim Warenverkäufer als Kaufpreisgläubiger lag. Auf diese Weise wird im Ergebnis der vom Waren-Verkäufer dem Waren-Käufer eingeräumte Warenkredit gesichert. Hier ist also nicht, wie beim Factoring, das Bemühen des Warenverkäufers und Kaufpreisgläubigers um Liquidität die treibende Kraft, sondern sein Bedürfnis nach Absicherung des Risikos, nach den im Kaufvertrag getroffenen Abreden seinerseits bereits zur Leistung, der Lieferung, verpflichtet zu sein, ohne gleichzeitig in den Genuss der Gegenleistung, des Kaufpreises, zu kommen.

999 Wer die Differenz trägt, die sich daraus ergibt, dass der Nennwert der Waren-Kaufpreisforderung das vom Sicherungsgeber für den Forderungserwerb an den Waren-Verkäufer gezahlte Entgelt regelmäßig deutlich übersteigt, ist eine Frage der Marktverhältnisse: Auf einem „Verkäufer-Markt" überwälzt der Waren-Verkäufer die Differenz auf den Warenkäufer (aus „optischen" Gründen zumeist schon in der Kaufpreiskalkulation), was auf einem „Käufer-Markt" mangels Marktmacht der Verkäuferseite nur sehr schwer möglich sein wird.

VI. Dokumenten-Akkreditiv

Das Dokumenten-Akkreditiv (englisch „letter of credit") spielt in der Sicherung von Warenkrediten im Außenhandel eine große Rolle. Im Kern geht es dabei um die regelmäßig unwiderrufliche vertragliche Verpflichtung der (oft ausländischen) Bank des importierenden Käufers (sog. eröffnende Bank), in dessen Auftrag und auf dessen Rechnung gegen Übergabe näher bestimmter Dokumente eine in ihrer Höhe dem Kaufpreis entsprechende Zahlung zugunsten des exportierenden Verkäufers zu leisten. Diese Verpflichtung ist rechtlich von dem genannten Kaufvertrag und der aus ihm fließenden Pflicht zur Kaufpreiszahlung vollkommen gelöst, also ein abstraktes Schuldversprechen gemäß § 780 BGB.

Zur Prüfung der vorgelegten Dokumente auf deren Übereinstimmung mit den jeweiligen Vorgaben hat die Bank nach den ERA 600 regelmäßig 7 Tage Zeit. Die ERA 600 (Einheitliche Richtlinien und Gebräuche für Dokumenten-Akkreditive, engl. UCP), die im Übrigen Definitionen enthalten und die Verantwortlichkeit der Beteiligten näher beschreiben, beruhen auf einer immer wieder aktualisierten Sammlung einschlägiger internationaler Gepflogenheiten durch die Internationale Handelskammer in Paris. Die ERA 600 sind für sich gesehen zwar keine Rechtsquellen (ebenso wenig wie etwa die INCOTERMS), werden aber von gesetzlichen Regelungen allenthalben so in Bezug genommen, dass sie in den Wirkungen dispositiven Rechtsnormen gleichkommen (vgl. für Deutschland nur § 346 HGB).

Auf Seiten des exportierenden Verkäufers ist oft eine weitere, regelmäßig inländische Bank eingeschaltet, über die die Kommunikation zwischen dem Verkäufer und der eröffnenden Bank stattfindet. Soweit sie sich auf diese Rolle beschränkt und dem Verkäufer die Eröffnung des Dokumenten-Akkreditivs lediglich mitteilt, liegt ein sog. unbestätigtes (einfaches) Dokumentenakkreditiv vor. Die Bank wird dann „avisierende Bank" genannt. Geht auch diese Bank die abstrakte Verpflichtung ein, gegen Vorlage bestimmter Dokumente zu zahlen, liegt also ein sog. bestätigtes Dokumenten-Akkreditiv vor, fungiert die Bank als „bestätigende Bank". Erst damit erscheint der internationale Warenkredit wirklich hinreichend gesichert, weil er dem Verkäufer prinzipiell die Möglichkeit eröffnet, gegebenenfalls im Inland (und damit viel erfolgversprechender) seinen abstrakten Zahlungsanspruch gerichtlich zu verfolgen.

§ 2 Realsicherheiten

I. Eigentumsvorbehalt

1. Einfacher Eigentumsvorbehalt

Ein weltweit typisches Sicherungsinstrument des Warenkredits ist, unabhängig von sonstigen Sicherheiten wie etwa das soeben skizzierte Dokumenten-Akkreditiv, der Eigentumsvorbehalt (EV). Bei der Lieferung unter EV behält sich der Verkäufer das Eigentum bis zur vollständigen Bezahlung des Kaufpreises vor, übergibt aber schon jetzt die Ware. Der Käufer wird also bereits Besitzer, aber noch nicht Eigentümer. Ob der Verkäufer so verfahren darf, bestimmt sich nach den kaufvertraglichen Abreden. Wird der Eigentumsvorbehalt erst auf Lieferschein oder Rechnung erklärt, so ist dies zwar sachenrechtlich wirksam, aber kaufvertraglich unzulässig. Der Eigentumsvorbehalt spielt also eine doppelte, schuldrechtliche und sachenrechtliche Rolle. Schuldrechtlich trägt bei Lieferung unter Eigentumsvorbehalt der Käufer vor allem das Gegenleistungsrisiko (vgl. für Deutschland § 446 Satz 1 BGB): Auch wenn die Kaufsache eine Verschlechterung erfährt oder gar untergeht, muss der Vorbehaltskäufer dennoch den vollen Kaufpreis bezahlen.

1004 Sachenrechtlich bedeutet der Eigentumsvorbehalt bei genauerer Betrachtung nicht nur, dass der Käufer vorerst noch kein Eigentum erlangt. Aufgrund der kaufvertraglichen Vorbehaltsabrede hat der Vorbehaltskäufer vielmehr ein sachenrechtlich beachtliches Recht zum Besitz der Sache, solange er seinen vertraglichen Zahlungspflichten nachkommt. Der Vorbehaltsverkäufer kann deshalb die Vorbehaltsware als dessen Eigentümer (vgl. §§ 985, 986 Abs. 1 BGB) nicht herausverlangen. Auch ein Rechtsnachfolger des Verkäufers, der das Eigentum an der Vorbehaltsware (vor vollständiger Kaufpreiszahlung des Vorbehaltskäufers) erworben hat, muss dieses Besitzrecht gemäß § 986 Abs. 2 BGB gegen sich gelten lassen.

1005 Verhält sich der Vorbehaltskäufer hingegen nicht vertragstreu, kommt er insbesondere in Zahlungsverzug, so verliert er dennoch allein deshalb noch nicht sein Besitzrecht. Dies ist gemäß § 449 Abs. 2 BGB vielmehr erst der Fall nach einem Rücktritt des Vorbehaltsverkäufers (ein solches Rücktrittsrecht kann sich etwa aus § 323 BGB oder aus einer entsprechenden Vereinbarung ergeben). Das Gesetz will damit verhindern, dass der Vorbehaltsverkäufer als Eigentümer dem Vorbehaltskäufer als Besitzer die Sache entzieht, dieser aber trotzdem weiter den Kaufpreis entrichten muss. Die Rechtslage scheint damit derjenigen des § 508 Abs. 2 Satz 5 BGB angenähert, der aber nur für das Verbraucher-Teilzahlungsgeschäft gilt und deshalb in vorliegendem Zusammenhang nur für einen noch als Verbraucher geltenden Existenzgründer von Bedeutung ist. Doch besteht ein wesentlicher Unterschied insofern, als § 449 Abs. 2 BGB (zumindest individualvertraglich) abbedungen werden kann, § 508 Abs. 2 Satz 5 BGB jedoch wegen § 511 BGB nicht. Diese deutsche Regelung folgt europarechtlichen Vorgaben, findet sich in den nationalen Rechtsordnungen der Mitgliedsstaaten der EG substantiell also überall wieder.

1006 In der weiteren rechtlichen Ausgestaltung des EV ergeben sich jedoch sehr bedeutsame Unterschiede. So hat es der Vorbehaltsverkäufer nach deutschem Recht ohne Rücktritt vom Kaufvertrag nicht mehr in der Hand, den Eigentumserwerb des Vorbehaltskäufers zu verhindern. Er kann zwar – wie gesagt – als Noch-Eigentümer das Eigentum an andere als den Vorbehaltskäufer übertragen (zwar nicht unter Übergabe der Sache, die sich ja nicht mehr bei ihm befindet, wohl aber nach § 931 BGB mit der Zession des Herausgabeanspruchs als Ersatz für die Sachübergabe). Doch im Augenblick vollständiger Kaufpreiszahlung verliert der Zwischeneigentümer sein Recht gemäß § 161 BGB automatisch wieder: Eigentümer ist nunmehr der Vorbehaltskäufer, an den ja schon früher, allerdings aufschiebend bedingt durch vollständige Kaufpreiszahlung (§§ 929 Satz 1, 158 Abs. 1 BGB, vgl. auch die Legaldefinition des EV in § 449 Abs. 1 BGB), übereignet worden war. § 161 BGB bewirkt somit zwar keine Veräußerungssperre, folgt aber letztlich doch dem Prioritätsprinzip.

1007 Die sich in der skizzierten rechtlichen Mechanik ausdrückende, nicht nur schuldrechtliche, sondern „dingliche", Dritten gegenüber wirkende Rechtsposition des Vorbehaltskäufers, die damit wesentlich stärker ist als etwa nach italienischem Recht oder im anglo-amerikanischen Rechtskreis, wird Anwartschaftsrecht genannt. Es gilt als eine Vorstufe des Eigentums, ein dem Eigentum „wesensgleiches minus", das wie das Eigentum selbst geschützt ist (§§ 985, 1004 BGB analog, ein sonstiges Recht im Sinne von § 823 Abs. 1 BGB) und sogar seinerseits analog den §§ 929 ff. BGB übertragen werden kann. Es handelt sich somit um eine sachenrechtliches Derivat.

2. Verlängerter Eigentumsvorbehalt

1008 In der Praxis des Warenkredits sind eine Reihe von Sonderformen des Eigentumsvorbehalts (EV) bekannt, z. B. der sog. verlängerte EV. Ihm liegt eine häufige wirtschaft-

Realsicherheiten   Kap. 6 § 2 H

liche Konstellation zugrunde, die etwa im deutschen Lebensmittelhandel, der von wenigen großen Handelsketten („Aldi", „Lidl" etc.) beherrscht wird, gar nicht wegzudenken ist: So soll im Rahmen „ordnungsgemäßen Geschäftsganges" (also regelmäßig zumindest zu Selbstkosten, ausnahmsweise, z. B. bei drohendem Verderb der Ware, auch darunter) im Interesse aller Beteiligten das ja noch dem Vorbehaltsverkäufer zustehende Eigentum an der Vorbehaltsware durch den weiterverkaufenden Vorbehaltskäufer (der noch gar nicht Eigentümer der Ware ist, sondern nur ihr Besitzer !) an seine Käufer übertragen werden. Dies ist bei entsprechender Ermächtigung durch den Vorbehaltsverkäufer jedenfalls möglich (§ 185 Abs. 1 BGB) und absatzwirtschaftlich häufig sogar nötig, weil der Vorbehaltskäufer die zur Ablösung des EV erforderlichen Mittel überhaupt erst aus der Weiterveräußerung erlangen kann oder aber als marktstarker Wiederverkäufer aus Liquiditätsinteressen erst nach Abverkauf der Ware seinen Vorlieferanten bezahlen will und diesen Wunsch dann auch vertraglich durchsetzen kann.

Mit der Übereignung der Ware an den Kunden des wiederverkaufenden Vorbehaltskäufers verliert der Vorbehaltsverkäufer mit seinem Eigentum freilich auch das Sicherungsmittel hinsichtlich der Erfüllung seines Anspruches gegen den Vorbehaltskäufer auf Zahlung des Kaufpreises. An die Stelle des vorbehaltenen, aber wegfallenden Eigentums soll dann vereinbarungsgemäß der abgetretene Zahlungsanspruch des Vorbehaltskäufers gegenüber dessen Käufer treten. Diese Sicherungszession (vgl. dazu schon oben 6. Kapitel, § 1, IV.) wird regelmäßig bereits bei Abschluss des (ersten) Kaufvertrags unter EV (also antizipiert, als Vorausabtretung vorgenommen Außerdem wird (nach § 185 Abs. 1 BGB analog) dem Vorbehaltskäufer vom Vorbehaltsverkäufer eine Einziehungsermächtigung erteilt. Den vom Kunden des Vorbehaltskäufers von diesem eingezogenen Betrag hat der Vorbehaltskäufer vertrags- und bereicherungsrechtlich (vgl. § 816 Abs. 2 BGB) in Höhe des Kaufpreises und eventueller weiterer Beträge (z. B. Zinsen) an den Vorbehaltsverkäufer abzuführen. **1009**

Problematisch ist die Situation, wenn die Verlängerung des wie erwartet und gewollt wegfallenden Eigentumsvorbehalts durch Abtretung der Zahlungsforderung aus dem Weiterverkauf mit Abtretungen im Rahmen von Factoring-Verträgen (vgl. oben 3. Kapitel, § 3) oder Globalzessionen (vgl. oben 6. Kapitel, § 1, IV.) zur Sicherung von Kreditrückzahlungsansprüchen einer Bank konkurriert. Die klarste und am einfachsten zu handhabende Lösung ist sicher die Anwendung des Prioritätsprinzips: Die früheren Zessionen gehen demgemäß den späteren vor. Mittel- und langfristig setzen sich damit also die (antizipierten) Globalzessionen durch und werden die Geldkreditgeber vor den Warenkreditgebern bevorzugt. Dies empfinden viele als nicht interessengerecht und sozialpolitisch unerwünscht, sodass auch andere Lösungen des Problems diskutiert werden und in der Gerichtspraxis Anwendung finden. Hier wird bevorzugt auf die sog. Vertragsbruchtheorie zurückgegriffen: Nach ihr ist die Globalzession nur mit einer „dinglichen Teilverzichtsklausel" wirksam, womit die im Wege des verlängerten EV abzutretenden Forderungen von der Globalzession ausgenommen werden. Ansonsten soll die ganze Globalzession wegen Sittenwidrigkeit nach § 138 Abs. 1 BGB nichtig sein. **1010**

3. Erweiterter Eigentumsvorbehalt

Von den zahlreichen weiteren Praxisvarianten des Eigentumsvorbehalts (EV) soll nur noch der sog. erweiterte EV angesprochen werden. Er sichert nicht nur den Kaufpreisanspruch bezüglich der Sache, auf den er sich bezieht , sondern alle in den Vorbehalt einbezogenen Forderungen, z. B. auch aus weiteren Lieferungen oder aus einem zwischen den Kaufvertragsparteien zugleich bestehenden Mietverhältnis hinsichtlich der **1011**

303

Mietzinsforderung. Erst wenn alle diese Forderungen vollständig beglichen sind, entfällt der Vorbehalt, und der Käufer wird Eigentümer der Vorbehaltsware.

1012 Begrifflich müsste es sich bei den in die Vorbehaltsabrede einbezogenen Forderungen nicht einmal um solche handeln, die gerade dem Lieferanten der Vorbehaltsware aus anderen Rechtsgründen zustehen. Vielmehr könnte es sich auch um solche Forderungen handeln, die nicht dem Lieferanten, aber anderen mit ihm in ein und demselben Konzern verbundenen Unternehmen zustehen. Möglicherweise sollen auch noch solche Forderungen einbezogen werden, die dem Lieferanten und seinen Konzernpartnern gegen die Konzernunternehmen auf Seiten des Zahlungsschuldners (Vorbehaltskäufers) zustehen. Derartige Konzernvorbehalte sind indes gemäß § 449 Abs. 3 BGB nichtig, können also nicht einmal individualvertraglich statuiert werden. Dieses Verbot entspricht wiederum europarechtlichen Vorgaben, findet sich also in den Rechtsordnungen aller Mitgliedsstaaten der EG.

1013 Eine sehr häufige Variante des erweiterten EV ist der sog. Kontokorrentvorbehalt. Von ihm werden alle Forderungen erfasst, die vereinbarungsgemäß von den Parteien in den der Abrechnungserleichterung und der kurzfristigen Finanzierung dienenden Modus eines periodischen Kontokorrents eingestellt wurden. Der Vorbehaltskäufer wird in diesem Fall erst dann Eigentümer der Vorbehaltsware, wenn am Periodenende eine Saldoforderung zugunsten des Vorbehaltsverkäufers besteht und diese Saldoforderung vollständig beglichen ist.

II. Sachpfandrecht

1. Hypothek und Grundschuld als Grundpfandrechte

1014 a) **Rechtsnatur.** Ihre natürliche Wertbeständigkeit macht Grundstücke überall zu bevorzugten Sicherungsobjekten, insbesondere für Groß- und Langfristkredite. Man spricht bei diesbezüglichen Immobiliarsicherheiten zusammenfassend von Grundpfandrechten. Das deutsche Recht unterscheidet dabei Hypothek (§§ 1113 ff. BGB) und Grundschuld (§§ 1191 ff. BGB) mit der Unterart Rentenschuld (§§ 1199 ff. BGB), wenn nicht eine bestimmte Summe, sondern eine laufende Geldzahlung gesichert werden soll. Das Wesen auch der Grundpfandrechte ist, wie schon der Name andeutet, eine Verwertungsbefugnis: Bei Eintritt der Pfandreife hat der Hypothekar, Grund- oder Rentenschuldinhaber das Recht, durch Verwertung des betreffenden Grundstückes im Wege der Zwangsvollstreckung Befriedigung zu erlangen (§ 1147 BGB). Dies ist der Sinn der merkwürdigen Formulierung in § 1113 BGB, derzufolge Zahlung „aus dem Grundstück" zu leisten ist. Zur Zwangsvollstreckung bedarf es freilich eines Vollstreckungstitels. In der Praxis ist dies durchweg eine Erklärung, mit der sich der Grundstückseigentümer schon in der (notariellen) Bestellung des Grundpfandrechtes bei Pfandreife der sofortigen Zwangsvollstreckung unterwirft (§ 794 Nr. 5 ZPO). Wegen dieser Unterwerfung bedarf es gar keines Urteils mehr, welches den Grundeigentümer zur Duldung der Zwangsvollstreckung zugunsten des Grundpfandrechtsinhabers zwingen würde.

1015 Bei der Grundstücksverwertung kommt es vor allem auf den Rang des Grundpfandrechtes an: Nach § 879 BGB gilt wiederum, wie in solchen Kollisionsfällen durchweg, das Prioritätsprinzip: die früher begründeten Grundpfandrechte gehen den später an demselben Grundstück begründeten vor. Die effektive Sicherheit eines zweitrangigen Grundpfandrechtes ist also schon deutlich herabgesetzt. Kreditgeber sind regelmäßig deshalb nur zur Kreditvergabe gegen erstrangige Grundpfandrechte bereit. Das Ausfallrisiko schon zweitrangiger Immobiliarsicherheiten muss jedenfalls mit höherem Zins bzw. größerem Disagio kompensiert werden. Hinzu kommt noch, dass alle Kre-

Realsicherheiten   Kap. 6 § 2 **H**

ditgeber ja bereits einkalkulieren, auch eventuelle Zinsrückstände und Kosten für möglicherweise durchzuführende Zwangsvollstreckungsmaßnahmen mit abzusichern (vgl. §§ 1115, 1118 BGB). Bedacht werden muss auch, dass im Versteigerungsfall das Grundstück oft nicht zum besten Preis wird veräußert werden können. Die sog. Beleihungsgrenze liegt also deutlich unter dem Marktwert des Grundstücks zum Zeitpunkt der Belastung mit dem Grundpfandrecht.

Spezifisch für die Hypothek ist nach deutschem Recht ihr akzessorischer Charakter: Sie **1016** ist in ihrer Existenz von der durch sie gesicherten Forderung abhängig. Dies folgt schon als Umkehrschluss aus § 1192 BGB, der für die Grundschuld deutlich macht, dass sie gerade nicht akzessorisch ist. Wegen der Akzessorietät ist die Hypothek für ihren Inhaber also riskanter, weil rechtliche Defizite, die der Forderung anhaften, sich auch auf die Hypothek auswirken. Daraus erklärt sich wiederum die Beliebtheit der Grundschuld bei den Kreditgebern. In der deutschen Kreditpraxis hat die Grundschuld jedenfalls die Hypothek, die das Gesetz regelungstechnisch in den Mittelpunkt rückt, völlig verdrängt.

Da niemand gegen sich selbst eine Forderung haben kann, kann auch ein Eigentümer **1017** wegen der Akzessorietät keine Hypothek an seinem Grundstück haben. Eine Eigentümergrundschuld ist jedoch möglich und vom Gesetz sogar selber eingeplant: Wird eine Hypothek bestellt, bevor die zu sichernde Forderung entstanden ist, steht die scheinbare Hypothek als Grundschuld dem Grundstückseigentümer zu (§§ 1163 I, 1177 BGB).

b) Bestellung und Übertragung. Die Belastung eines Grundstücks mit einem Grund- **1018** pfandrecht erfolgt (abgesehen von Maßnahmen im Wege der Zwangsvollstreckung) gemäß § 873 BGB durch notariell zu beurkundende Einigung zwischen künftigem Hypothekar oder Grundschuldinhaber und Eigentümer. Gutgläubiger Erwerb von jemandem, der im Grundbuch als Eigentümer vermerkt ist, ohne es in Wahrheit zu sein, ist hier im Prinzip ebenso möglich wie beim Erwerb des Eigentums (vgl. § 892 BGB). Wegen der Akzessorietät der Hypothek treten hier freilich große Konstruktionsschwierigkeiten auf, wenn die Hypothek deshalb nicht besteht, weil eine zu sichernde Forderung fehlt, obwohl im Grundbuch eine Hypothek vermerkt ist. Die Lösung sucht das Gesetz mit Hilfe einer Forderungsfiktion von sehr beschränkter Reichweite (vgl. § 1138 BGB). So verhält es sich jedenfalls für den Regelfall, für die sog. Verkehrshypothek. Der genannte Vertrauensschutz entfällt hingegen bei der sog. Sicherungshypothek (vgl. § 1184 Abs. 1 BGB). Ebenso gilt das für Verfügungen charakteristische Abstraktionsprinzip: Damit das Grundpfandrecht von seinem Inhaber nicht als ungerechtfertigte Bereicherung nach § 812 Abs. 1 Satz 1, 1. Alternative. BGB wieder aufgegeben werden muss, bedarf es eines „rechtlichen Grundes" für den Erwerb. Dieser ist auch hier die Sicherungsabrede (vgl. dazu oben 6. Kapitel, § 1, IV. 2.). Bei der ja nicht akzessorischen Grundschuld muss die Sicherungsabrede zugleich den Bezug zu der zu sichernden Forderung herstellen.

Die Bestellung eines Grundpfandrechtes wird regelmäßig an einem Grundstück des **1019** Kreditnehmers selber erfolgen, doch ist dies nicht notwendig. Die Verschiedenheit zwischen Kreditnehmer und Eigentümer des mit einem Grundpfandrecht zu belastenden Grundstücks ist im Rahmen eines Konzerns nicht einmal selten. Über das Grundpfandrecht erteilt das Grundbuchamt im gesetzlichen Normalfall einen sog. Hypotheken- bzw. Grundschuldbrief (vgl. §§ 1116 Abs. 1, 1192 BGB). Grundsätzlich erst dann, wenn dieser Brief in den Besitz des zukünftigen Grundpfandrechtsinhabers gelangt, hat dieser dann das Grundpfandrecht erworben (§ 1117 Abs. 1 BGB mit Substitutionsmöglichkeiten für die Briefübergabe; wegen § 1192 BGB gilt dies alles auch für die Grundschuld). Dieser „Brief" muss dann bei der Geltendmachung des Grundpfandrechts vorgelegt werden (§ 1160 BGB). Statt eines sog. Briefgrundpfandrechtes kann auch ein sog. Buchgrundpfandrecht begründet werden, für das dann kein „Brief" erteilt wird (vgl. § 1116 Abs. 2 BGB). Diese Variante ist in der heutigen Kreditpraxis sogar die Regel.

305

1020 Wegen der Akzessorietät der Hypothek erfolgt ihre Übertragung auf einen neuen Hypothekar gemäß § 1153 Abs. 1 BGB durch Zession (§ 398 BGB) der gesicherten Forderung. Ausnahmsweise bedarf diese Abtretung aber der Schriftform und bei Briefhypotheken auch der Briefübergabe. Bei Grundschulden hingegen wird die Grundschuld, also das Grundpfandrecht selber, abgetreten. Wird hier die gesicherte Forderung abgetreten, so geht die Grundschuld mangels Akzessorietät gerade nicht über. Weder bei Briefhypothek noch bei Briefgrundschuld ist zu ihrer Übertragung eine Eintragung des neuen Rechtsträgers im Grundbuch erforderlich. Briefgrundpfandrechte können also „außerhalb des Grundbuchs" übertragen werden, was ihre Umlauffähigkeit erhöht (Eintragungskosten, bis zur Eintragung verstreichende Zeit etc.). Wird der neue Rechtsträger eingetragen, so ist dies lediglich eine Berichtigung des Grundbuchs, kein rechtskonstitutiver Akt.

1021 c) **Verwertungsumfang.** Die Ausübung der im Grundpfandrecht beschlossenen Befugnis erfolgt, wie gesagt, durch Grundstücksverwertung im Wege der Zwangsvollstreckung. Dies muss freilich nicht unbedingt Zwangsversteigerung des Grundstücks nach §§ 15 ff. des Zwangsversteigerungsgesetzes (ZVG) bedeuten. In Betracht kommt vielmehr auch eine bloße Zwangsverwaltung (§§ 146 ff. ZVG), die nur die Grundstückserträge erfasst und bei langfristiger Perspektive gelegentlich die bessere Wahl ist.

Da von dem Grundpfandrecht auch das dem Grundeigentümer gehörende Grundstückszubehör erfasst wird (§§ 1120, 97, 98 BGB), hat der Grundpfandrechtsinhaber ferner die Möglichkeit, im Wege der Mobiliarzwangsvollstreckung also z. B. nach §§ 808 ff. ZPO, gegen den Grundstückseigentümer vorzugehen. Selbst auf bestimmte Versicherungsansprüche kann der Hypothekar bzw. Grundschuldinhaber zugreifen, namentlich auf Ansprüche aus der Gebäudeversicherung, aber auch aus der sonstigen Schadensversicherung (vgl. §§ 1127 ff. BGB).

2. Warenpfandrecht

1022 Zur Sicherung einer Forderung kann selbstverständlich auch an einer beweglichen Sache (und selbst an einer Forderung, vgl. oben 6. Kapitel, § 1, IV.) ein Pfandrecht zugunsten des Forderungsgläubigers bestehen. Dieses Warenpfandrecht (oder mit einem älteren Ausdruck auch Fahrnispfandrecht genannt) ist sogar die rechtshistorische Urform aller Realsicherheiten, wie eingangs schon erwähnt wurde. Sein Inhaltskern ist eine Verwertungsbefugnis in Bezug auf die mit einem Pfandrecht belastete Sache zum Zwecke der Gläubigerbefriedigung.

1023 Das Warenpfandrecht ist im deutschen Recht (wie die Hypothek als Grundpfandrecht und das Forderungspfandrecht sowie die Bürgschaft im Bereich der Personalsicherheiten) als akzessorisches Sicherungsinstrument konstruiert. Forderungsgläubiger und Pfandrechtsinhaber müssen demzufolge immer identisch sein. Deshalb geht mit der zedierten Forderung auch das dafür bestellte Pfandrecht von selbst auf den Neugläubiger über (§ 1250 BGB) und erlischt mit Erlöschen der Forderung (§ 1252 BGB). Wegen dieser engen Verbindung von schuldrechtlicher Gläubigerposition und sachenrechtlicher Pfandrechtsinnehabung spricht das Gesetz deshalb auch ganz zwanglos, allerdings sprachlich etwas missverständlich, vom „Pfandgläubiger".

1024 Die Rechtsstellung des Pfandgläubigers ist selbstverständlich (vgl. aber auch etwa seine Verwahrpflicht gemäß § 1215 BGB) durch seine Verwertungsbefugnis bei Pfandreife geprägt: Mit Fälligkeit der Forderung und damit grundsätzlich einhergehender Pfandreife (§ 1228 Abs. 2 BGB) kann der Pfandgläubiger die Verwertung betreiben, muss diesen Weg aber nicht beschreiten. Vielmehr kann er auch – als Forderungsgläubiger – die Erfüllung der Forderung, notfalls klageweise, anstreben und nach Erhalt eines Vollstreckungstitels dann in alle Gegenstände des Schuldnervermögens vollstrecken.

Realsicherheiten   Kap. 6 § 2 **H**

Die Pfandverwertung wiederum kann sich sehr verschieden gestalten. Der Normalfall ist die Verwertung durch sog. Privatverkauf (§§ 1228 Abs. 1, 1233 Abs. 1 BGB). Der sog. Privatverkauf bedeutet freilich keinen freihändigen Verkauf, weil dadurch ein vielleicht zu geringer Preis erzielt würde, was den Eigentümerinteressen zuwider laufen müsste. Vielmehr wird die Veräußerung im Wege öffentlicher Versteigerung in die Hände des Gerichtsvollziehers gelegt (§§ 1235 Abs. 1, 383 Abs. 3 Satz 1 BGB). Der dort erzielte Versteigerungserlös bringt die Forderung zum Erlöschen, so als ob der Eigentümer der Pfandsache erfüllt hätte. Bleibt noch etwas übrig, wird der bisherige Eigentümer der Pfandsache Eigentümer dieses Überbetrags (§ 1247 BGB). Denselben Effekt hat auch der eventuell zulässige freihändige Verkauf, namentlich durch Handelsmakler (§§ 1221, 1235 Abs. 2 BGB, 93 ff. HGB). In Betracht kommt ferner eine Verwertung nach Zwangsvollstreckungsrecht (§ 1233 Abs. 2 BGB, im Gegensatz eben zum „Privatverkauf") sowie schließlich auch eine Verwertung des Pfandes gemäß besonderer Absprache, was allerdings erst nach Pfandreife ohne Einschränkung möglich ist (§ 1245 BGB). Dies betrifft vor allem auch das sog. Verfallspfand: Vor Pfandreife kann nicht wirksam vereinbart werden, dass der Pfandgläubiger Eigentümer der Pfandsache wird (§ 1229 BGB). **1025**

Warenpfandrechte gründen unmittelbar auf Gesetz oder aber auf vertraglicher Bestellung. Gesetzliche Pfandrechte sind, ohne dass sich die Beteiligten oft dessen bewusst sind, weit verbreitet. Gesetzliche Pfandrechte entstehen so mit dem Einbringen von Sachen des Mieters in die gemieteten Räume (§ 562, 578 BGB), für den „Unternehmer" beim Werkvertrag (§ 647 BGB) sowie im gesamten Bereich der Logistik, namentlich das Pfandrecht des Kommissionärs (§ 397 HGB), des Spediteurs (§ 464 HGB), des Frachtführers (§ 441 HGB) sowie des Lagerhalters (§ 475b HGB). Auch eine Zwangsvollstreckungsmaßnahme, nämlich die Pfändung einer Sache durch den Gerichtsvollzieher, kann ein freilich öffentlich-rechtliches Pfandrecht begründen (vgl. § 804 der Zivilprozessordnung, ZPO). **1026**

Das gesetzliche Leitbild des deutschen Rechts ist jedoch das privatrechtliche und dabei vertraglich bestellte Pfandrecht nach §§ 1204 ff. BGB. Der Bestellungsakt entspricht dabei strukturell den Normaltatbeständen der Übereignung von beweglichen Sachen (vgl. §§ 1205 Abs. 1, 929 S. 1 BGB: Einigung und Sachübergabe), nur dass die genannte Einigung hier über die Pfandrechtsbegründung, nicht über den Eigentumswechsel getroffen wird. Entgegen der gesetzlichen Gewichtung spielt dieses sog. Vertragspfandrecht in der Praxis der Kreditsicherung jedoch etwas überraschend (abgesehen von der Sicherung von Kleinstkrediten und von der Verpfändung von Wertpapieren) keine Rolle, sodass die einschlägigen Vorschriften vor allem deshalb interessant sind, weil sie für das gesetzliche Pfandrecht nach § 1257 BGB entsprechend gelten. **1027**

Grund für diese praktische Bedeutungslosigkeit des vertraglichen Warenpfandrechtes ist, dass das Warenpfandrecht zwingend an den Besitz des Pfandgläubigers an der Pfandsache geknüpft ist. So verliert er das Pfandrecht, wenn er den Besitz an der Pfandsache einbüßt (§ 1253 BGB). Eben dies macht das vertragliche Warenpfandrecht als Kreditsicherheit für beide Seiten völlig unattraktiv wenn Betriebsmittel verpfändet werden sollten, was bei der Unternehmensfinanzierung fast ausnahmslos der Fall sein dürfte: Der Kreditnehmer (und zugleich Sicherungsgeber) könnte nicht mehr mit den verpfändeten Betriebsmitteln wirtschaften, und der Kreditgeber (und Sicherungsnehmer) wüsste nicht mehr, wohin mit all den Pfandsachen, für die ihn ja eine kostspielige Verwahrpflicht treffen würde. **1028**

III. Sicherungsübereignung

1029 Wegen der jedenfalls nach deutschem Recht bestehenden Unmöglichkeit einer Verpfändung beweglicher Sachen ohne Besitzübertragung und der prinzipiell dem entgegengesetzten Interessenlage der Beteiligten ist an die Stelle des vertraglichen Warenpfandrechts in der Kreditsicherung durchweg die Sicherungsübereignung getreten. Denn eine Eigentumsübertragung ist auch ohne Einbuße an faktischer Sachnutzungsmöglichkeit zu bewerkstelligen, nämlich durch Besitzkonstitut, also durch die Begründung eines Rechtsverhältnisses, das den (nur) mittelbaren Besitz vermittelt (vgl. §§ 930, 868 BGB). Damit wird zwar gezielt die gesetzliche Absicht unterlaufen, kein besitzloses vertragliches Warenpfandrecht zuzulassen, doch greifen letztlich Zweifel an der Zulässigkeit der Sicherungsübereignung nicht durch. Denn das Gesetz geht an anderer Stelle (§ 216 Abs. 2 BGB), wenn auch nur beiläufig, selber davon aus, dass zur Sicherung einer Forderung auch ein Vollrecht wie das Eigentum (nicht nur ein beschränktes dingliches Recht wie das Pfandrecht) dienen kann.

1030 Sachenrechtlich gibt es freilich nur das Eigentum schlechthin, nicht ein besonderes Sicherungseigentum. Der Sicherungsnehmer (Kreditgeber) wird also Eigentümer wie jeder andere Eigentümer auch. Er ist aber aufgrund der Sicherungsabrede schuldrechtlich, dem Sicherungsgeber (dem Kreditnehmer) gegenüber, verpflichtet, von seinem Recht, von dem Sicherungsgut als Eigentümer nach Belieben zu verfahren (§ 903 BGB), nur nach Maßgabe der Sicherungsabrede Gerbrauch zu machen. Der Sicherungseigentümer kann zwar jedem Dritten das Eigentum (nach § 931 BGB) wirksam übertragen, ohne dass es auf Gutgläubigkeit dieses Dritten ankäme, denn dieser erwirbt ja vom wahren Eigentümer. Der Kreditgeber als Sicherungseigentümer würde damit aber im Verhältnis zum Sicherungsgeber (Kreditnehmer) die Sicherungsabrede verletzen und sich dadurch schadensersatzpflichtig machen. Der Sicherungseigentümer ist eben nur Treuhänder, wenngleich eigennütziger Treuhänder.

1031 Umgekehrt muss der Kreditnehmer, der sich ja noch im (unmittelbaren) Besitz des Sicherungsgutes befindet, den Sicherungseigentümer (Kreditgeber) informieren, wenn etwa Pfändungen des Gerichtsvollziehers in das Sicherungsgut von anderer Seite im Wege der Zwangsvollstreckung drohen, damit der Sicherungseigentümer dann im Wege der sog. Drittwiderspruchsklage (§ 771 ZPO) die Zwangsvollstreckung in die ja ihm gehörenden Sachen für unzulässig erklären lassen kann.

1032 In der Sicherungsabrede wird ferner festgelegt, wann und wie der Sicherungseigentümer das Gut verwerten darf. Dabei dienen oft die soeben vorgestellten, auf das Warenpfand gemünzten gesetzlichen Regelungen als Vorlage. Damit wird sichergestellt, dass eine vorformulierte Sicherungsabrede der Inhaltskontrolle von Allgemeinen Geschäftsbedingungen nach § 307 BGB standhält. Solange die Verwertungsvoraussetzungen noch nicht erfüllt sind, gleichsam die „Pfandreife" noch nicht eingetreten ist, kann der Kreditgeber trotz seiner Eigentümerposition wegen des sich auf die Sicherungsabrede gründenden Besitzrechtes des Kreditnehmers das Sicherungsgut nicht herausverlangen (§ 986 BGB). Im Verwertungsfall kann er umgekehrt sogar in die ja ihm selber gehörende Sache vollstrecken, wenn er für seine Zahlungsforderung einen Vollstreckungstitel erwirkt hat. Denn der einzige, der die Vollstreckung für unzulässig erklären lassen könnte (Drittwiderspruchsklage nach § 771 ZPO), wäre der vollstreckende Kreditgeber als Eigentümer selber. Der Kreditgeber kann sich jedoch nicht darauf beschränken, das beim Kreditnehmer befindliche Sicherungsgut gemäß § 985 BGB herauszuverlangen und dann dieses Gut wie in der Sicherungsabrede vorgesehen zu verwerten (vgl. § 449 Abs. 2 BGB und dazu schon oben 6. Kapitel, § 2 I. 1.).

1033 Die Sicherungsabrede, die schon bei der Einräumung des Sicherungseigentums eine Rolle spielte, weil sie das Besitzmittlungsverhältnis (§ 868 BGB) im Rahmen des Besitzkonstituts nach § 930 BGB herstellte und auch den „rechtlichen Grund" im Sinne des § 812 Abs. 1 Satz 1, 1. Alternative. BGB für den Eigentumserwerb lieferte, regelt schließlich auch das Ende: Nach vollständiger Ablösung des Kredits einschließlich aller Nebenforderungen ist der Kreditgeber verpflichtet, sein nun nicht mehr zur Sicherung benötigtes Eigentum auf den Kreditnehmer zurückzuübertragen (durch bloße Einigung über den Eigentumswechsel: § 929 Satz 2 BGB, da der Erwerber ja schon im Sachbesitz ist). An sich wäre es auch möglich, ja eigentlich fair, die Sicherungsübereignung insofern akzessorisch auszugestalten, als mit Kreditablösung das Eigentum automatisch, ohne besondere Rückübertragungsakte, auf den Kreditnehmer übergehen könnte. Das rechtliche Instrument dafür wäre, die Sicherungsübereignung unter einer entsprechenden auflösenden Bedingung (§ 158 Abs. 2 BGB) vorzunehmen. Doch macht die Kreditpraxis der Banken – aus ihrer Interessenlage heraus verständlich – davon keinen Gebrauch. Hinzuweisen ist schließlich noch auf eine gewisse Besonderheit, wenn ein Warenlager mit wechselndem Bestand sicherheitshalber übereignet werden soll. Wegen des für Verfügungen geltenden Spezialitätsprinzips (vgl. die Parallelproblematik bei der Sicherungszession, oben 6. Kapitel, § 1, IV. 1.) muss klar definiert sein, auf welche Sachen sich die Sicherungsübereignung konkret beziehen soll.

1034 Im Fall der Sicherungsübereignung eines Warenlagers mit wechselndem Bestand ist das Besitzkonstitut im Rahmen der Sicherungsübereignung also größtenteils antizipiert, weil es sich ja auch und vor allem auf den künftigen Lagerbestand richtet. Bei Abfassung der Sicherungsabrede ist ferner darauf zu achten, dass der Kreditgeber als Eigentümer dem Kreditnehmer eine Verfügungsermächtigung gemäß § 185 Abs. 1 BGB erteilt, damit das Lager überhaupt umgeschlagen werden kann und der Eigentumserwerb des Sicherungsgutes durch den Kunden des Kreditnehmers problemlos erfolgen kann (vgl. dazu bereits oben 6. Kapitel, § 2, I. 2. im Zusammenhang mit dem verlängerten Eigentumsvorbehalt).

1035 An sich wäre auch die Sicherungsübereignung von Grundstücken denkbar. Die Praxis hatte jedoch keinen Anlass, diesen Weg zu beschreiten. Denn in Gestalt der Grundpfandrechte stehen ja Kreditsicherheitsformen zur Verfügung, die nicht an den Besitz des Sicherungsnehmers (des Kreditgebers) geknüpft sind. Die Situation ist hier eben eine substanziell andere als bei der Verpfändung beweglicher Sachen.

Literatur:

W. B. *Schünemann*, Wirtschaftsprivatrecht, 6. Aufl. 2011.
W. B. *Schünemann* / M. *Blomeyer*, Existenzgründer: Unternehmer oder Verbraucher? JZ (Juristenzeitung) 2010, 1056 ff.
M. *Aden*, Internationales Privates Wirtschaftsrecht, 2. Aufl. 2009

I Organisations- und Personalwesen Arbeitsrecht und Handelsvertreterrecht

Achim Schunder

Kapitel 1 Grundlagen und Rechtsquellen des Arbeitsrechts

§ 1 Grundlagen

I. Begriff

1036 Das Arbeitsrecht besteht aus einer Vielzahl unterschiedlicher Gesetze, Verordnungen und zusätzlichen arbeitsvertraglichen gestalterischen Rechtsquellen. Arbeitsrechtliche Normen bezwecken primär den Schutz der Arbeitnehmer im Arbeitsverhältnis und stellen damit ein Sonderrecht der abhängig Beschäftigten dar.

II. Individual- und Kollektivarbeitsrecht

1037 Im Arbeitsrecht unterscheidet man zwischen dem Individual- und dem Kollektivarbeitsrecht. Das **Individualarbeitsrecht** regelt die unmittelbaren Rechtsbeziehungen zwischen Arbeitgeber und Arbeitnehmer. Dazu zählen das Arbeitsvertragsrecht und Teile des Arbeitsschutzrechts, ein Sonderbereich des Arbeitsrechts. Das Arbeitsvertragsrecht wird maßgeblich durch Vorschriften über das Zustandekommen des Arbeitsverhältnisses (§§ 611 ff. BGB, § 105 GewO), die Rechte und Pflichten zwischen Arbeitnehmer und Arbeitgeber sowie die Regelungen zur Beendigung des Arbeitsverhältnisses (maßgeblich das Kündigungsschutzgesetz) geprägt. Das Arbeitsschutzrecht dem gegenüber dient ausschließlich dem Schutz der Arbeitnehmer als solcher bzw. deren Rechtsgüter, insbesondere von Leben, Gesundheit, Eigentum, Einhaltung des technischen Arbeitsschutzes und der Schaffung von adäquaten sozialen Rahmenbedingungen (etwa das Mutterschutzgesetz, das Arbeitszeitgesetz und das Arbeitssicherheitsgesetz).

1038 Das **kollektive** Arbeitsrecht besteht aus dem Tarifvertragsrecht einerseits und den Regelungen zur Beteiligung von Arbeitnehmervertretern (dem Betriebsrat) bei arbeitgeberseitigen Maßnahmen anderseits, dem Betriebsverfassungsrecht. Es bezieht sich damit auf alle arbeitsrechtlichen Fragen, von denen die Arbeitnehmer *als Gruppe* eines Betriebs betroffen sind. Zum Tarifrecht zählen das Koalitionsrecht, also das Recht der Arbeitgeberverbände und der Gewerkschaften, ferner das Tarifvertragsrecht, das Schlichtungs- und das Arbeitskampfrecht (Art. 9 Abs. 3 GG). Dabei stehen die Gewerkschaften den Arbeitgeberverbänden bzw. im Einzelfall auch eine Gewerkschaft einem einzelnen Arbeitgeber als Partner gegenüber.

III. Am Arbeitsleben beteiligte Personen

1. Arbeitnehmer

Der Begriff des Arbeitnehmers hat eine **zentrale Bedeutung,** da an ihn die Geltung zahlreicher arbeitsrechtlicher Bestimmungen geknüpft ist. Allerdings ist dieser Begriff nicht allgemein gültig im Gesetz bzw. in den unterschiedlichen Gesetzen definiert. Aufgrund einer Vielzahl von Entscheidungen des Bundesarbeitsgerichts (*BAG*), des höchsten deutschen Arbeitsgerichts, ist **Arbeitnehmer,** derjenige, der aufgrund eines privatrechtlichen Vertrags (Arbeitsvertrag) von einem anderen (dem Arbeitgeber) gegen Zusage einer Gegenleistung (Gehalt) beschäftigt wird und zu diesem in einem persönlichen Abhängigkeitsverhältnis steht. Die persönliche Abhängigkeit ist dadurch geprägt, dass der zur Dienstleistung Verpflichtete anders als der Freie Mitarbeiter oder etwa der Handelsvertreter nicht im Wesentlichen frei seine Tätigkeit gestalten und seine Arbeitszeit bestimmen kann (Negativabgrenzung aus § 84 Abs. 1 Satz 2 HGB). Der Arbeitnehmer erbringt also seine weisungsgebundene Dienstleistung in einer vom Arbeitgeber bestimmten Arbeitsorganisation, in die er regelmäßig eingegliedert ist. Erfolgt dagegen die Dienstleistung unentgeltlich, handelt es sich zwischen den Parteien um ein Auftrags- nicht jedoch um Arbeitsverhältnis nach § 611 BGB, § 105 GewO.

1039

2. Arbeitgeber

Arbeitgeber im Sinne des Arbeitsrechts ist derjenige, der aufgrund eines Arbeitsvertrags wenigstens einen Arbeitnehmer beschäftigt. Arbeitgeber können alle natürlichen und juristischen Personen des privaten (etwa AG, GmbH, Genossenschaft) oder des öffentlichen Rechts (Stadt, Land, Bund, öffentlich-rechtliche Körperschaft – Rundfunkanstalt) sein. Bei einer Gesellschaft bürgerlichen Rechts sind Arbeitgeber die einzelnen Gesellschafter. Eine Besonderheit befindet sich im Recht der gewerblichen Arbeitnehmerüberlassung (Arbeitnehmerüberlassungsgesetz). Hier verbleibt die Arbeitgeberposition bei dem verleihenden Unternehmen, obwohl es nach dem Arbeitnehmerüberlassungsgesetz zu einer Eingliederung des Leiharbeitnehmers in den Betrieb des Entleihers kommt und dieser auch sodann das Weisungsrecht für die Zeit der Arbeitnehmerüberlassung ausübt.

1040

3. Abgrenzung zu anderen Beschäftigten

Keine Arbeitnehmer sind Richter, Beamte, Soldaten und Zivildienstleistende. Sie fallen nicht unter das Arbeitsrecht, weil sie nicht in einem privatrechtlichen, sondern in einem öffentlich-rechtlichen Dienstverhältnis stehen. Ebenso sind keine Arbeitnehmer Freie Mitarbeiter. Diese Personengruppe steht zu seinem Vertragspartner in keinem persönlichen Abhängigkeitsverhältnis. Tätig wird er vielmehr aufgrund eines schlichten Dienstvertrags nach § 611 BGB. Er ist lediglich verpflichtet, eine bestimmte Dienstleistung zu erbringen. Ebenso nicht zu dem Kreis der Arbeitnehmer zählt der Handelsvertreter. Er steht im Gegensatz zum Arbeitnehmer auch nicht in einem persönlichen Abhängigkeitsverhältnis. Der Handelsvertreter ist vielmehr selbstständiger Gewerbetreibender und vermittelt für seine Auftraggeber Geschäfte, die er entsprechend der überbrachten Vollmacht – auch in dessen Namen – abschließt (§ 84 HGB). Schließlich sind auch Personen keine Arbeitnehmer, die aufgrund Gesetzes-, Satzungs- oder Gesellschaftsvertrag zu Vertretung einer juristischen Person oder Personengesamtheit berufen sind (§ 5 Abs. 2 BetrVG). Hierunter fallen insbesondere Geschäftsführer einer GmbH, Mitglieder des Vorstands einer AG oder einer Genossenschaft, sowie die

1041

Komplementäre (persönlich) haftenden Gesellschafter einer KG bzw. dieselben einer oHG.

IV. Betrieb und Unternehmen

1. Betrieb

1042 Allgemeiner Auffassung zufolge ist der **Betrieb** eine organisatorische Einheit, innerhalb derer ein Arbeitgeber allein oder mit seinen Arbeitnehmern mit Hilfe sächlicher und immaterieller Mittel bestimmte arbeitstechnische Zwecke fortgesetzt verfolgt. Charakteristisch für diesen Begriff ist die einheitliche Organisation, eine einheitliche Leitung, mit Hilfe derer die Verfolgung des arbeitstechnischen Zwecks erfolgt. Hinzu kommt, dass ein Betriebsinhaber existieren muss. Schließlich müssen die gegenständlichen und persönlichen Betriebsmittel zu einem gemeinsamen technischen Zweck durch den Betriebsinhaber verbunden sein. Gerade durch die arbeitstechnische Zielsetzung unterscheidet sich der Betrieb vom Unternehmen, in dem wirtschaftliche oder ideelle Zwecke verfolgt werden. Der Betrieb kann keine juristische Person sein. Es können zwar mehrere rechtlich selbstständige Unternehmen einen gemeinsamen Betrieb haben; Voraussetzung dafür ist aber eine einheitliche Leitungsmacht. Der einzelne Betrieb kann daher weder klagen noch verklagt werden (§ 50 ZPO). Der Betriebsbegriff spielt vor allem im Betriebsverfassungsrecht, auf das ich später noch zu sprechen komme, eine wichtige Rolle. Dies gilt sowohl für die Voraussetzungen im Hinblick auf die Errichtung von Betriebsräten (§ 1 BetrVG) als auch das Wahlverfahren.

2. Unternehmen

1043 Ein **Unternehmen** ist eine organisatorische Einheit, mit der ein Unternehmer seine wirtschaftlichen oder ideellen Zwecke verfolgt. Häufig wird mit dem Begriff Unternehmen auch der Rechtsträger bezeichnet, der das Unternehmen als natürliche oder juristische Person betreibt (etwa die oHG, die KG, die GmbH oder die AG). Unternehmen und Betrieb können identisch sein, wenn das Unternehmen nur aus einem einzigen Betrieb besteht. Ein Unternehmen kann aber auch mehrere Betriebe haben. Umgekehrt ist denkbar, dass mehrere Unternehmen einen gemeinschaftlichen Betrieb besitzen; Letzteres kann im Hinblick auf Personal- und Sachmittel organisatorische und wirtschaftliche Vorteile bieten. Arbeitsrechtlich ist der Unternehmerbegriff von erheblicher Bedeutung. So ist bei einem Unternehmen mit mehreren Betrieben und mehreren Betriebsräten nach § 47 BetrVG zwingend ein Gesamtbetriebsrat zu errichten. Bei Unternehmen mit in der Regel mehr als 100 Arbeitnehmern ist nach § 106 BetrVG ein Wirtschaftsausschuss zu bilden. Schließlich ist für Unternehmen mit einer Größe von mehr als 500 Mitarbeitern vorgesehen, dass Arbeitnehmervertreter in den Aufsichtsrat gewählt werden (§ 7 MitbG).

§ 2 Rechtsquellen des Arbeitsrechts

1044 In der Bundesrepublik Deutschland existiert kein einheitliches Arbeitsvertragsgesetz. Das Recht ist vielmehr auf eine unterschiedliche Zahl von Rechtsquellen zurückzuführen. Die wichtigsten Rechtsquellen im nationalen Recht sind das BGB, das KSchG sowie das BetrVG. Im Verhältnis zu den unterschiedlichen Rechtsquellen gilt im Grundsatz das sog. Rangprinzip, d.h. von der Normenhierarchie setzt sich jeweils die höherrangige Norm bei einem Kollisionsverhältnis durch.

I. EG-Recht

Die Bedeutung des EG-Rechts im Arbeitsrecht hat in jüngster Zeit erheblich zugenommen. Zu unterscheiden ist beim Europarecht das primäre Gemeinschaftsrecht, der EG-Vertrag und das sekundäre EG-Recht, Richtlinien. Im Primärrecht (dieses Recht gilt unmittelbar in allen Mitgliedsstaaten wie die jeweilige Verfassung) ist insbesondere die Lohngleichheitsvorschrift (gleiches Entgelt für Männer und Frauen) des Art. 141 EG von großer Bedeutung. Ferner ist die Arbeitnehmerfreizügigkeit der Art. 39–42 EG von Bedeutung, ebenso wie die Sozialvorschriften der Art. 136–140 EG. Richtlinien gelten in den Mitgliedsstaaten nicht unmittelbar, sie müssen vielmehr von den Mitgliedsstaaten in nationales Recht umgesetzt werden. Die wichtigsten arbeitsrechtlichen Richtlinien sind die Lohngleichheits- und Antidiskriminierungsrichtlinien, die jüngst im August 2006 in das Allgemeine Gleichbehandlungsgesetz (vgl. NZA, 2006, 881) umgesetzt worden sind. Zudem sollen beispielhaft noch folgende Richtlinien erwähnt werden: **1045**

– Richtlinie 75/129/EWG – Massenentlassungs-Richtlinie, umgesetzt durch §§ 17, 18 KSchG;
– Richtlinie 77/187/EWG mit Änderungsrichtlinien – Betriebsübergangsrichtlinie, umgesetzt in § 613a BGB;
– Richtlinie 80/987/EWG – Insolvenzsicherungsrichtlinie, umgesetzt durch §§ 183 ff. SGB III sowie das Betriebsrentengesetz (BetrAVG);
– Richtlinie 96/71/EG – Entsenderichtlinie, umgesetzt durch das Arbeitnehmerentsendegesetz (AEntG).

Darüber hinaus hat der *EuGH* eine Vielzahl von europarechtlichen Grundrechten entwickelt, die dem Primärrecht angehören und damit auch nationales Recht verdrängen.

II. Grundgesetz

Von den verfassungsrechtlichen Normen, dem Grundgesetz, sind die zentralen Vorschriften Art. 9 Abs. 3 GG, der das **Arbeitskampfrecht**, insbesondere den Streik und aus Paritätsgründen auch die Aussperrung legalisiert. Darüber hinaus ist noch das **Grundrecht auf Berufsfreiheit** (Art. 12 GG) und der **allgemeine Gleichheitssatz** (Art. 3 GG) von großer Bedeutung. Daneben können noch die Individualrechte auf **Persönlichkeitsschutz** Art. 1, 2 GG, das Recht auf **freie Religionsausübung** (Art. 4 GG) sowie die **Meinungsfreiheit** (Art. 5 GG) von Relevanz sein. **1046**

III. Bundesgesetze

Wie bereits bemerkt, gibt es kein einheitliches Arbeitsvertragsrecht. Deswegen existiert eine Vielzahl von unterschiedlichen einfach gesetzlichen Regelungen, von denen die wichtigsten bereits vorstehend angesprochen worden sind. Die Verstreutheit dieser Normen und die nicht immer aufeinander abgestimmte Kodifikation machen es in der Praxis häufig schwierig, Rechtsfälle einheitlich zu lösen. Aus diesem Grunde hat **1047** sich vielfach das höchste deutsche Arbeitsgericht, das BAG, als Ersatznormgeber aufschwingen müssen, um verschiedene Streitfragen, für die entweder mehrere Normen mit unterschiedlichem Regelungsinhalt anwendbar waren oder für die keine entsprechende gesetzliche Norm existiert, streit schlichtend zu wirken.

IV. Landesgesetze

1048 Der Landesgesetzgeber hat nur eine eingeschränkte Kodifikationsmöglichkeit im Hinblick auf Gesetze, die das Arbeitsrecht betreffen. Die wichtigsten Regelungskomplexe auf Landesebene sind entsprechende Feiertagsregelungen bzw. die Arbeitnehmerweiterbildungsgesetze, denen zur Folge jedem Arbeitnehmer pro Jahr fünf Tage Weiterbildungsurlaub gegen seinen Arbeitgeber zustehen.

V. Tarifliche Regelungen

1049 Eine große praktische Bedeutung für den Inhalt von Arbeitsverhältnissen, haben Tarifverträge, deren Zustandekommen und Funktionieren im TVG geregelt ist. Tarifverträge werden zwischen Gewerkschaften und Arbeitgeberverbänden oder einzelnen Arbeitgebern zur normativen Regelung der betroffenen Arbeitsverhältnisse abgeschlossen (§ 1 TVG). Durch die Einräumung der Tarifautonomie (Art. 9 Abs. 3 GG) hat der Staat seine eigenen Regelungsanspruch im Bereich der Arbeitsbedingungen stark zurückgenommen, die Normativwirkung der tariflichen Regelung aber auf verbandsangeschlossene Arbeitnehmer und Arbeitgeber beschränkt (§§ 3, 4 TVG, sog. Tarifbindung). In den Tarifverträgen, die branchen- und regionalbezogen vereinbart werden, geht es um wesentliche Inhaltsbestimmungen des Arbeitsverhältnisses, etwa Arbeitslohn, Arbeitszeit, Urlaubsdauer, Freistellungsmöglichkeiten oder Haftungsfragen.

VI. Betriebsvereinbarungen

1050 Betriebsvereinbarungen sind Vereinbarungen zwischen Betriebsrat und Arbeitgeber zur Regelung innerbetrieblicher Angelegenheiten, die nach § 77 Abs. 2 BetrVG schriftlich abgeschlossen werden müssen. Sie wirken unmittelbar auf die Arbeitsverhältnisse der **im Betrieb beschäftigten** Arbeitnehmer ein. Formlose Absprachen zwischen Arbeitgeber und Betriebsrat können allerdings die Wirkung sog. Regelungsabreden oder Betriebsabsprachen haben und damit dann Geltung beanspruchen. Jedoch haben sie keine normative Wirkung, d.h., sie gelten nicht automatisch, sondern müssen vom Arbeitgeber in den privatrechtlichen Arbeitsvertrag umgesetzt werden.

VII. Arbeitsvertrag

1051 Der Arbeitsvertrag ist der privatrechtliche Vertrag nach § 611 BGB, § 105 GewO zwischen einem Arbeitgeber und einem Arbeitnehmer über die leistungsabhängigen Dienste seitens des Arbeitnehmers gegen Zahlung einer vereinbarten Vergütung durch den Arbeitgeber. Ein wesentliches Unterscheidungsmerkmal zum Dienstvertrag ist die persönliche, weisungsgebundene Abhängigkeit des Arbeitnehmers.

VIII. Quasi normative Gestaltungsmittel des Arbeitgebers

Auf der Vertragsebene stehen dem Arbeitgeber als faktisch gestaltende Möglichkeiten zum einen das Direktionsrecht und zum anderen die durch eine ständige Übung erfolgte Betriebsübung zur Verfügung. **1052**

1. Direktionsrecht

Kein Arbeitsvertrag lässt sich in seinen inhaltlichen Ausgestaltungen so konzipieren, dass alle denkbaren konkreten Aufgabenstellungen im Einzelfall erfasst werden. Unter den Voraussetzungen des § 106 GewO hat der Arbeitgeber die Möglichkeit, die konkreten Leistungspflichten im Rahmen seiner Weisungsbefugnis zu konkretisieren. Der Arbeitgeber kann daher in Folge seines Direktionsrechts anordnen, was der Arbeitnehmer im Einzelnen zu erledigen hat und in welcher Weise dies geschehen soll. Das **Direktionsrecht** bezieht sich auf **Art**, **Ort** und **Zeit der Arbeitsleistung** und hat seine Grenzen individualrechtlich durch den Inhalt des Arbeitsvertrags selbst. Mit der Ausübung des Direktionsrechts darf indes der Arbeitgeber nicht gegen Schutzvorschriften, die sich etwa aus den Arbeitsschutzgesetzen, den Tarifverträgen oder einer Betriebsvereinbarung ergeben, verstoßen. **1053**

2. Betriebliche Übung

Im Rahmen der Rechtsquellen ist neben dem Arbeitsvertrag auch die betriebliche Übung zu berücksichtigen. Sie erlangt ihre bindende Wirkung aus einer stillschweigend durch entsprechend schlüssiges Verhalten der Vertragsparteien zu Stande gekommenen Vereinbarung. Diese wird aus einem fortgesetzten, gleichmäßigen Verhalten des Arbeitgebers hergeleitet, das bei den begünstigten Arbeitnehmern den verständigen Eindruck erweckt, der Arbeitgeber wolle sich durch die günstige und vorbehaltlose Leistung auch künftig an einer derartiges Verhalten binden. Hinzu kommt, dass dadurch bei den begünstigten Arbeitnehmern nach Treu und Glauben (§ 242 BGB) die Auffassung entsteht, dass sie auch künftig mit einem solchen Verhalten des Arbeitgebers rechnen können. Insofern wird die betriebliche Übung als ein **Vertrauenstatbestand** qualifiziert. Voraussetzung für das Entstehen einer solchen betrieblichen Übung ist, dass die Leistung seitens des Arbeitgebers ohne vertragliche Verpflichtung **wiederholt** und **vorbehaltlos gewährt** wird. Durch dieses Verhalten gibt der Arbeitgeber konkludent eine entsprechende Willenserklärung zur Ergänzung des Arbeitsvertrags ab, die von den Arbeitnehmern nach § 151 BGB angenommen wird. Allerdings entsteht die betriebliche Übung nur bei **freiwilligen Leistungen**, etwa Sonderzahlungen wie Urlaubs- oder Weihnachtsgeld. Dasselbe kann auch gelten bei freiwilligen Betriebsrentenzusagen. Der Arbeitgeber kann die Entstehung dieses Vertrauenstatbestands nur dadurch vermeiden, dass er die Leistung unter einen sog. **Freiwilligkeitsvorbehalt** stellt oder aber ausdrücklich die Leistung mit einem Widerrufsvorbehalt versieht und dann einen entsprechenden Widerruf ausübt. **1054**

IX. Richterrecht

Keine originäre Rechtsquelle ist das Richterrecht. Wegen Art. 92 GG ist die rechtsprechende Gewalt den Richtern anvertraut und nach Art. 97 GG sind die Richter nur dem Gesetz unterworfen und dürfen im Prinzip keine Gesetzes ersetzenden Entscheidungen treffen. Zwar ergehen sämtliche Entscheidungen jeweils nur im Einzelfall, gleichwohl **1055** können aus höchstrichterlichen Entscheidungen, etwa des *BAG* oder des *BGH*, abstrakte Rechtssätze abgeleitet werden, die für alle künftigen Fälle so gelten. Da im Arbeitsrecht sehr viele unbestimmte Rechtsbegriffe existieren, die einer gerichtlichen Interpretation bedürfen, etwa betriebsbedingte Kündigung nach § 1 Abs. 2 KSchG oder billiges Ermessen i.S.v. § 106 GewO, muss sich das Gericht dieser Herausforderung stellen und durch entsprechende Auslegung zur Konkretisierung dieser Begriffe beizutragen. Das Gleiche gilt etwa für das Arbeitskampfrecht, das nur durch Art. 9 Abs. 3 GG kodifiziert ist. Der Arbeitsrichter kann sich in einem konkreten Fall einer Entscheidung nicht entziehen und hat daher auch einen Rechtsstreit, dem keine konkrete Norm zugeordnet werden kann, zu entscheiden. Insoweit hat der Arbeitsrichter unter strikter Anwendung der juristischen Methoden das Recht in dem nicht kodifizierten Bereich fortzubilden.

Kapitel 2   Bewerbung, Einstellung und Arbeitsvertrag

§ 1 Personalplanung/Stellenausschreibung

1056 Bereits im Vorfeld des Zustandekommens eines Arbeitsvertrags sind zahlreiche arbeitsrechtliche Besonderheiten zu beachten. Jeder Anbahnung eines Arbeitsverhältnisses in einem Betrieb oder einem Unternehmen liegt eine Personalplanung zugrunde. Diese erstreckt sich zum einen auf den gegenwärtigen und künftigen Personalbedarf in qualitativer wie in quantitativer Hinsicht, zum anderen aber auch auf die sich aus dem Personalbedarf ergebenden personellen Maßnahmen, wie etwa Neueinstellungen, Versetzung von Arbeitnehmern oder gar Personalabbau.

1057 In Unternehmen mit einem Betriebsrat hat der Arbeitgeber nach Maßgabe des § 92 BetrVG bei der Personalplanung insbesondere über den gegenwärtigen und künftigen Personalbedarf sowie über die sich daraus ergebenden personellen Maßnahmen den Betriebsrat zu unterrichten. Diese hat rechtzeitig und erschöpfend zu erfolgen. Der Arbeitgeber hat insoweit mit dem Betriebsrat die Art und den Umfang der erforderlichen Maßnahmen, insbesondere zur Vermeidung von Härten (Personalreduzierung) zu beraten. Der Betriebsrat kann dem Arbeitgeber Vorschläge zur Sicherung und Förderung der Beschäftigung machen. Er kann dabei vor allem eine flexible Gestaltung der Arbeitszeit, die Förderung von Teilzeitarbeit und Altersteilzeit sowie neue Formen der Arbeitsorganisation – etwa Veränderungen der Arbeitsverfahren und Abläufe – anregen. Im Rahmen der Ausschreibung von Arbeitsplätzen kann der Betriebsrat vom Arbeitgeber verlangen, dass offene Arbeitsplätze allgemein oder für bestimmte Arten von Tätigkeiten vor ihrer Besetzung innerhalb des Betriebes ausgeschrieben werden (§ 93 BetrVG). Die Ausschreibung im Betrieb kann durch Anschlag am „Schwarzen Brett", durch Rundschreiben oder im Wege einer e-mail an alle Mitarbeiter des Betriebs oder durch eine Aufnahme in das betriebsinterne Intranet erfolgen. Voraussetzung ist dabei, dass der Arbeitgeber auch Angaben zum Aufgabenbereich, zur erforderlichen Qualifikation sowie zur Eingruppierung macht. Bei der Ausschreibung ist es dem Arbeitgeber etwa verboten, einen Arbeitsplatz innerbetrieblich oder öffentlich nur für Männer oder Frauen auszuschreiben (bisher § 611b BGB, jetzt § 1 AGG). Darüber hinaus ist nach dem im August 2006 in Kraft getretenen **Allgemeinen Gleichbehandlungsgesetz** (AGG) dem Arbeitgeber **jegliche Diskriminierung** bei der Ausschreibung **verboten**, d.h. er darf weder aus Gründen der Rasse oder wegen der ethnischen Herkunft, des Geschlechts, der Religion oder Weltanschauung, einer Behinderung, des Alters oder der sexuellen Identität Bewerber benachteiligen (§§ 1, 7, 11 AGG). Nur

Einstellungsgespräch Kap. 2 § 2 I

in Ausnahmefällen, wenn etwa ein bestimmtes Geschlecht unverzichtbare Voraussetzung für die auszuübende Tätigkeit ist, kann von einer geschlechtsneutralen Ausschreibung abgesehen werden. Bei Verstößen gegen diese Vorschriften sieht das Gesetz Sanktionen in Form einer Entschädigung in § 15 AGG sowie einen Schadensersatzanspruch nach derselben Norm vor. Der Schadensersatzanspruch kann im Extremfall dazu führen, dass der benachteiligte Bewerber bis zur ersten Kündigungsmöglichkeit den Verdienst der ausgeschriebenen Stelle erhält und zudem an immateriellem Schaden eine Entschädigung in Höhe von maximal drei Monatsgehältern zugesprochen bekommt.

§ 2 Einstellungsgespräch

I. Offenbarungspflicht des Bewerbers/Fragerecht des Arbeitgebers

Im Rahmen der sog. **vorwirkenden Fürsorgepflicht**, muss der Arbeitgeber zunächst den Bewerber umfänglich über die zu besetzende Stelle unterrichten. Insoweit hat er eine vollständige und zutreffende Arbeitsplatzbeschreibung vorzunehmen und den Bewerber auf alle Umstände hinzuweisen, unter denen er die Arbeitsleistung zu erbringen hat. Darüber hinaus gehört dazu auch eine wahrhaftige Unterrichtung über die Vergütung und die sonstigen Entgeltbestandteile. **1058**

Im Rahmen des Bewerbungsgesprächs hat der Kandidat von sich aus den Arbeitgeber darüber zu informieren, wenn er die Arbeit nicht zu dem vereinbarten Termin aufnehmen kann oder wenn Umstände ihn hindern, die Stelle etwa wegen eines noch existierenden Wettbewerbsverbots, wahrzunehmen. Unter Umständen ist der Bewerber auch gehalten, bei einer körperlich anstrengenden Tätigkeit den Arbeitgeber auf etwaige gesundheitliche Einschränkungen hinzuweisen. **1059**

Der Arbeitgeber ist nach der ständigen Rechtsprechung des *BAG* berechtigt, dem Bewerber solche Fragen zu stellen, an deren Beantwortung er wegen des zu begründenden Arbeitsverhältnisses ein berechtigtes, billigenswertes und schützenswertes Interesse hat. Diese Fragen hat der Bewerber wahrheitsgemäß zu beantworten. Das Interesse des Arbeitgebers muss so groß sein, dass dahinter das Interesse des Arbeitnehmers am Schutz seines Persönlichkeitsrechts und seinem Recht auf Unverletzbarkeit der Individualsphäre zurücktreten muss. Eine generelle Aussage über die Zulässigkeit oder Unzulässigkeit bestimmter Fragen ist nur sehr begrenzt möglich, weil das schützenswerte Interesse des Arbeitgebers jeweils vom Einzelfall der zu verrichtenden Tätigkeit abhängt. **1060**

a) **Uneingeschränkt zulässige Fragen** **1061**
- Nach den beruflichen und fachlichen Fähigkeiten, Kenntnissen und Erfahrungen sowie nach dem bisherigen beruflichen Werdegang, nach Prüfungs- und Zeugnisnoten, darf der Arbeitgeber unbedingt fragen.
- Zulässig ist auch die Frage, ob gegen den Arbeitnehmer derzeit eine Lohn- oder Gehaltspfändung besteht.
- Auch die Frage nach der Vergütung beim bisherigen Arbeitgeber, darf der Arbeitgeber stellen.

b) **Beschränkt zulässige Fragen – vom Einzelfall abhängig** **1062**
- Nach früheren Erkrankungen darf der Arbeitgeber dann fragen, wenn die aufzunehmende Tätigkeit des Bewerbers (etwa in einem Labor) davon abhängig ist, dass ein guter Gesundheitszustand besteht und keine Folgen für den Arbeitsplatz, etwa durch eine labile Gesundheit, existieren.

317

- Nach Vorstrafen darf der Arbeitgeber dann fragen, wenn die künftige Tätigkeit ein besonderes Vertrauen des Arbeitnehmers erfordert, etwa bei einem Buchhalter oder Kassierer (keine Vermögensdelikte begangen zu haben) oder bei einem Kraftfahrer, dass dieser nicht wegen Fahrerflucht oder wegen Alkoholdelikten verurteilt worden ist.

1063 c) **Unzulässige Fragen**
Unzulässig sind Fragen, die insbesondere mit den bereits angesprochenen Diskriminierungsmerkmalen nach dem AGG einhergehen, wie:

- Die Frage nach der **Schwangerschaft** hat eine wechselhafte Geschichte zu verzeichnen. Nach der Rechtsprechung in den 1960er Jahren war sie ursprünglich zulässig, danach unzulässig, wenn sich Männer und Frauen auf dieselbe Stelle bewerben. Nach den heutigen Diskriminierungsverboten ist sie nunmehr ausnahmslos unzulässig.
- Die Frage nach der **Schwerbehinderung** ist aufgrund des Diskriminierungsverbots im AGG sowie § 81 Abs. 2 SGB IX ebenfalls unzulässig.
- Auch unzulässig ist die Frage nach der **Gewerkschaftszugehörigkeit**, denn daraus könnten Rückschlüsse auf die „Weltanschauung" des Arbeitnehmers (§ 1 AGG) gezogen werden.
- Unzulässig ist auch die Frage, ob der Arbeitnehmer beabsichtige, **alsbald eine Ehe zu schließen.**
- Schließlich ist ebenso unzulässig die Frage nach einer **Religions-** oder **Parteizugehörigkeit.**

II. Rechtsfolgen der Falschbeantwortung

1064 Beantwortet der Bewerber in einem Vorstellungsgespräch oder aber in einem ihm vorgelegten Personalfragebogen wider besseres Wissen eine Frage falsch, die er wahrheitsgemäß hätte beantworten müssen, so kann der Arbeitgeber den Arbeitsvertrag wegen arglistiger Täuschung nach § 123 Abs. 1 BGB anfechten, wenn er den Arbeitnehmer ohne die Täuschung nicht eingestellt hätte. Das Arbeitsverhältnis wird dann mit Wirkung für die Zukunft (sog. ex nunc-Wirkung) beendet. Zudem wäre in diesem Fall der Arbeitgeber berechtigt, das Arbeitsverhältnis auch außerordentlich (fristlos) nach § 626 BGB zu kündigen. Wird dem Arbeitnehmer indes eine unzulässige Frage gestellt, so braucht er diese entweder nicht zu beantworten oder hat das Recht „zur Lüge". Er kann diese bewusst wahrheitswidrig beantworten und muss keine Sanktionen für das Arbeitsverhältnis erwarten.

III. Bewerbungs- und Vorstellungskosten

1065 Bewirbt sich ein Arbeitnehmer um einen Arbeitsplatz, so hat der potentielle Arbeitgeber die mit der Vorstellung des Arbeitnehmers verbundenen Kosten in einem bestimmten Umfang zu tragen. Da für den Ersatz der Vorstellungskosten keine ausdrückliche gesetzliche Regelung existiert, geht die Rechtsprechung dahin, dass sie dem Bewerber einen Kostenerstattungsanspruch analog § 670 BGB zugesteht, d.h. er kann die notwendigen Aufwendungen, insbesondere Fahrtkosten zum Bewerbungsgespräch, gegebenenfalls auch Übernachtungskosten vom potenziellen Arbeitgeber ersetzt verlangen.

§ 3 Abschluss und Inhalt des Arbeitsvertrags

Der Arbeitsvertrag ist gesetzlich nicht geregelt. Er ist vielmehr ein Sonderfall des Dienstvertrags nach § 611 BGB. Zwar ist nunmehr in § 105 GewO geregelt, dass der Arbeitgeber und Arbeitnehmer den Abschluss, den Inhalt und die Form des Arbeitsvertrags frei vereinbaren können, soweit nicht zwingende gesetzliche Vorschriften, Bestimmungen eines Tarifvertrags oder einer Betriebsvereinbarung entgegen stehen, gleichwohl enthält das Gesetz keine Legaldefinition des Arbeitsvertrags. Nach der Rechtsprechung ist deswegen prägendes Kriterium für den Arbeitsvertrag die unselbstständige Leistungserbringung in einem persönlichen Abhängigkeitsverhältnis. **1066**

I. Vertragsinhalts- und Abschlussfreiheit

Wie jeder Konsensualvertrag kommt auch der Arbeitsvertrag durch zwei übereinstimmende Willenserklärungen zu Stande, die darauf gerichtet sind, ein Arbeitsverhältnis zu begründen (§§ 145 ff. BGB). **1067**

1. Die **Abschlussfreiheit** gestattet es Arbeitgeber und Arbeitnehmer, frei darüber zu entscheiden, ob sie einen Arbeitsvertrag miteinander schließen wollen oder nicht. Im Hinblick auf die Abschlussfreiheit muss berücksichtigt werden, dass das Arbeitsrecht Beschäftigungsverbote vorsieht, so etwa für Kinder und Jugendliche (§§ 5, 7 JArbSchG) und für Schwangere und werdende Mütter (§§ 3, 4 MuSchG) oder bei fehlender Arbeitserlaubnis von ausländischen Arbeitnehmern aus einem Staat außerhalb der EU (§ 284 Abs. 1 SGB III). Zudem ist der Arbeitgeber verpflichtet, eine bestimmte Anzahl von schwerbehinderten Menschen zu beschäftigen (§ 71 SGB IX), ansonsten ist eine Ausgleichsabgabe zu zahlen.
2. Die **Inhaltsfreiheit** eröffnet den Vertragsparteien die Möglichkeit, den Arbeitsvertrag innerhalb gesetzlicher Grenzen frei zu gestalten. Der Inhalt darf dabei einerseits nicht gegen die guten Sitten (§ 138 BGB) verstoßen und andererseits nicht gegen zwingendes Recht (§ 134 BGB). Letzteres wäre der Fall, wenn etwa Schutzvorschriften nach dem Kündigungsschutzgesetz oder dem Mutterschutzgesetz im Arbeitsvertrag zum Nachteil des Arbeitnehmers eingeschränkt oder abgedungen würden.
3. Nach dem Grundsatz der **Formfreiheit** kann ein Arbeitsvertrag mündlich oder schriftlich abgeschlossen werden. Jedoch ist es aus Rechtssicherheitsgründen immer sinnvoll, alle Vereinbarungen schriftlich zu fixieren, zudem ist aufgrund tarifvertraglicher Vorschriften mitunter eine Schriftform zu wahren.

Auch wenn Arbeitsverträge – in der Praxis eher selten – mündlich abgeschlossen werden können, hat der Arbeitgeber gleichwohl die Verpflichtung zur Dokumentation der getroffenen Vertragsvereinbarungen. Nach § 2 Abs. 2 Nachweisgesetz ist er nämlich verpflichtet, den wesentlichen Vertragsinhalt schriftlich niederzulegen, zu unterschreiben und diese Niederschrift dem Arbeitnehmer spätestens einen Monat nach dem vereinbarten Beginn des Arbeitsverhältnisses auszuhändigen. Diese Verpflichtung gilt auch bei einer nachträglichen Veränderung von Arbeitsbedingungen. **1068**

II. Abschluss des Arbeitsvertrags

Der Arbeitsvertrag kann als Individualabrede, also als einzeln ausgehandelter Arbeitsvertrag zwischen Arbeitnehmer und Arbeitgeber abgeschlossen werden; in der Praxis **1069** wird indes häufig ein **Formulararbeitsvertrag** verwendet, der für eine Vielzahl von gleichartig einzustellenden Arbeitnehmern verwandt wird. Im Falle der Verwendung von Formulararbeitsverträgen (Regelfall), die nur durch individuelle Angaben ergänzt werden, etwa Beginn, Tätigkeit oder Vergütung ist nach §§ 310 Abs. 4, 305c Abs. 2 BGB davon auszugehen, dass Unklarheiten im Vertrag im Zweifel zu Lasten es Verwenders, also des Arbeitgebers gehen. Dies folgt daraus, dass der Arbeitgeber, der die vorformulierten Vertragsbedingungen stellt, es in der Hand hatte, klare und unmissverständliche Formulierungen zu wählen. Überdies unterliegt nach der Schuldrechtsreform zum 1.1.2002 jeder Arbeitsvertrag mit Ausnahme der im Arbeitsrecht geltenden Besonderheiten (§ 310 Abs. 4 BGB) der AGB-Kontrolle.

1070 Ist der Arbeitnehmer **minderjährig**, so bedarf er nach § 107 BGB zum Abschluss des Vertrags grundsätzlich der Einwilligung der gesetzlichen Vertreter, also der Eltern. Ausnahmsweise lässt sich aus § 113 BGB eine entsprechende Legitimation des Minderjährigen für den Abschluss und die Eingehung eines Arbeitsverhältnisses herleiten.

III. Fehler des Arbeitsvertrags

1071 Wird bei Abschluss des Arbeitsvertrags gegen ein Gesetz, einen Tarifvertrag oder eine Betriebsvereinbarung verstoßen, stellt sich sogleich die Frage nach den Konsequenzen dieses Vertragsverstoßes. Im Hinblick auf diese Konsequenzen (Rechtsfolgen) ist dabei zwischen Nichtigkeit, d.h. kompletter Unwirksamkeit des Vertrags, und der Anfechtbarkeit zu einem bestimmten Zeitpunkt zu unterscheiden. Die Fehlerquellen ergeben sich aus der nachstehenden Übersicht.

Fehler des Arbeitsvertrags

Fehler	Anwendungsfälle	Rechtsfolge
Nichtigkeit §§ 105, 134, 138 BGB	Nichtigkeit wegen Geschäftsunfähigkeit, gesetzlichen Verboten, Sittenwidrigkeit	• Vor Arbeitsantritt: Arbeitsvertrag von Anfang an unwirksam. • Nach Arbeitsantritt: Arbeitsvertrag von Anfang an zwar unwirksam, aber Annahme eines faktischen Arbeitsverhältnisses, das für die Zeit des Bestehens als wirksam angesehen wird.
Teilnichtigkeit § 139 BGB	Klauseln des Arbeitsvertrags, die zwingende Arbeitnehmerschutzvorschriften ausschließen, z.B. Mutterschutz, Schwerbehindertenschutz	• Der Grundsatz gem. § 139 BGB ist im Arbeitsverhältnis i. d. R. nicht anwendbar, da dies dem Zweck des Arbeitnehmerschutzes zuwider laufen würde. • Nichtige Klauseln im Arbeitsvertrag werden durch gesetzliche Regelungen ersetzt.
Anfechtung wegen arglistiger Täuschung § 123 BGB	Falsche Beantwortung zulässiger Fragen beim Einstellungsgespräch	• vor Arbeitsantritt: Wirkung von Anfang an (ex tunc) • nach Arbeitsantritt: Beendet das Arbeitsverhältnis nur mit Wirkung für die Zukunft (ex nunc) • Anfechtungsfrist ist ein Jahr nach Kenntnis, § 124 BGB

Abschluss und Inhalt des Arbeitsvertrags   Kap. 2 § 3   I

Fehler	Anwendungsfälle	Rechtsfolge
Anfechtung wegen Irrtum § 119 Abs. 2 BGB	Irrtum des Arbeitgebers über eine verkehrswesentliche Eigenschaft des Bewerbers (z.B. Qualifikation)	• vor Arbeitsantritt: Wirkung von Anfang an (ex tunc) • nach Arbeitsantritt: Beendet das Arbeitsverhältnis nur mit Wirkung für die Zukunft (ex nunc) • Anfechtungsfrist zwei Wochen nach Kenntnis (unverzüglich), §§ 121, 626 Abs. 2 BGB analog
Beschränkte Geschäftsfähigkeit des Arbeitnehmers §§ 106 ff. BGB	Beschränkt Geschäftsfähiger schließt Arbeitsvertrag ohne Genehmigung der Eltern	• Genehmigung des gesetzlichen Vertreters: Arbeitsvertrag ist wirksam. • Ohne Genehmigung ist der Arbeitsvertrag nicht wirksam zu Stande gekommen. Kein faktisches Arbeitsverhältnis bei Minderjährigen, dennoch besteht ein Anspruch auf Lohn, Urlaub etc. für die Zeit des Arbeitsvollzugs. • Der Arbeitgeber kann sich nicht auf die Unwirksamkeit berufen.
Mangelhafte Vollmacht auf Arbeitgeberseite §§ 164 ff. BGB	Angestellter ohne Vollmacht zur Einstellung von Arbeitnehmern stellt einen Bewerber ein	• Genehmigung des Arbeitgebers: Wirksamkeit des Arbeitsvertrags • Ohne Genehmigung: Unwirksamkeit des Arbeitsvertrags von Anfang an; bei Arbeitsaufnahme jedoch Annahme eines faktischen Arbeitsverhältnisses

IV. Inhalt des Arbeitsvertrags

Der Inhalt des Arbeitsvertrags unterliegt – wie ausgeführt – der Vertragsfreiheit. Diese **1072** kann durch zwingendes Recht, zu beachtende Tarifverträge, Betriebsvereinbarungen oder gar Mitbestimmungsrechte des Betriebsrats eingeschränkt werden. **Spätere Änderungen** des Vertrags sind jederzeit einvernehmlich, auch durch schlüssiges Verhalten denkbar. Einen einheitlichen Vertrag für alle Arbeitsverhältnisse gibt es nicht. Vielmehr ist dem Umstand Rechnung zu tragen, dass es innerhalb eines Unternehmens verschiedene Unternehmergruppen und damit unterschiedliche Aufgabenstellungen gibt. Daraus folgt zugleich, dass auch die Ausgestaltung der Arbeitsverträge durchaus entsprechend des Aufgabenfelds und der Stellung des Unternehmens variieren kann. Nachstehend wird ein Muster eines Arbeitsvertrags abgedruckt, das so relativ vollständig in der Praxis oft verwendet wird und das den Anforderungen an das Nachweisgesetz gerecht wird.
Muster: Anstellungsvertrag
Zwischen
der X-AG (i. F. Gesellschaft)
und
Herrn/Frau ...
wird Folgendes vereinbart:

§ 1 Art und Ort der Tätigkeit
(1) Herr/Frau ... wird mit Wirkung vom 2.1.2007 eingestellt.
(2) Sein/Ihr Aufgabenbereich umfasst ... (konkrete Tätigkeitsbeschreibung). Die Gesellschaft behält sich vor, Herrn/Frau ... auch andere seiner/ihrer Vorbildung und seiner/ihrer Fähigkeit entsprechende und zumutbare Aufgaben zu übertragen und/oder ihn/sie an einen anderen Arbeitsplatz oder Tätigkeitsort zu versetzen.
(3) Herr/Frau ... tritt seine/ihre Stelle spätestens am 2.1.2007 an.

§ 2 Arbeitszeit
(1) Die regelmäßige Arbeitszeit beträgt 40 Stunden wöchentlich; ihre Einteilung richtet sich nach den betrieblichen Regelungen unter besonderer Berücksichtigung der Erfordernisse des Betriebs.
(2) Herr/Frau ... wird, seine/ihre ganze Arbeitskraft im Interesse der Gesellschaft einsetzen. Er/Sie ist verpflichtet, Mehrarbeits- und Überstunden bis zu ... Stunden pro Woche sowie Nacht-, Schicht-, Samstags-, Sonn- und Feiertagsarbeit in gesetzlich zulässigem Umfang zu leisten.
(3) Bei Einführung von Kurzarbeit ist Herr/Frau ... damit einverstanden, dass seine/ihre Arbeitszeit vorübergehend entsprechend verkürzt und für die Dauer der Arbeitszeitverkürzung das Gehalt entsprechend reduziert wird.

§ 3 Vergütung
Herr/Frau ... erhält eine monatlich am Monatsschluss zahlbare Bruttovergütung von 2 300.– Euro. Im Falle von Tariferhöhungen oder -ermäßigungen erhöht oder ermäßigt sich die Bruttovergütung um den Prozentsatz, um den sich das Tarifgehalt der Gehaltsgruppe... für Angestellte des ... Tarifvertrags verändert.

§ 4 Gratifikation
(1) Herr/Frau ... erhält ab dem ... Jahr der Betriebszugehörigkeit jedes Jahr am ... eine Weihnachtsgratifikation in Höhe von 1 000.– Euro.
(2) Herr/Frau ... erhält mit der Vergütung nach § 3 jeweils für den Monat ... eine Urlaubsgratifikation von 500.– Euro.
(3) Herr/Frau ... erhält vermögenswirksame Leistungen nach dem 5. Vermögensbildungsgesetz in der Fassung vom 19.2.1987 monatlich ... Euro, sofern er/sie einen entsprechenden Vertrag nachweist.
(4) Herr/Frau ... erhält zusätzlich zur Vergütung einen Zuschuss zu seinen/ihren Aufwendungen für Fahrten zwischen Wohnung und Arbeitsstätte mit öffentlichen Verkehrsmitteln im Linienverkehr bis zur Höhe von Euro... pro Monat, sofern er/sie entsprechende Aufwendungen nachweist.
(5) Zuwendungen nach Abs. 1 und 2 sind freiwillige Leistungen. Auch die wiederholte freiwillige Zahlung begründet keinen Rechtsanspruch auf Leistungsgewährung für die Zukunft.
(6) Mit dieser Vergütungsregelung sind Mehr-, Sonn- und Feiertagsarbeit gem. § 2 Abs. 2 abgegolten. Darüber hinausgehende Mehrarbeit ist durch Freizeit auszugleichen.

§ 5 Verschwiegenheitspflicht
Herr/Frau ... ist verpflichtet, während des Arbeitsverhältnisses und nach seiner Beendigung über alle nicht allgemein bekannten geschäftlichen Angelegenheiten sowohl gegenüber Außenstehenden als auch gegenüber anderen Mitarbeitern, die mit dem betreffenden Sachgebiet nicht unmittelbar befasst sind, Verschwiegenheit zu wahren, erhaltene Anweisungen zur Geheimhaltung zu erfüllen und im Zweifelsfall eine Weisung der Geschäftsleitung zur Vertraulichkeit bestimmter Tatsachen einzuholen.

Abschluss und Inhalt des Arbeitsvertrags   Kap. 2 § 3   **I**

§ 6 Nebentätigkeiten
(1) Die Übernahme jeder auf Erwerb gerichteten Nebentätigkeit, auch die tätige Beteiligung an anderen Unternehmen, die Mitgliedschaft in Organen fremder Gesellschaften sowie die Übernahme von Ehrenämtern in wirtschaftlichen Verbänden oder im öffentlichen Leben bedürfen der schriftlichen Einwilligung der Gesellschaft, soweit sie geeignet sind, die Interessen der Gesellschaft zu beeinträchtigen. Jede Nebentätigkeit ist der Gesellschaft anzuzeigen.

§ 7 Urlaub
Herr/Frau ... erhält kalenderjährlich einen Erholungsurlaub von 25 Arbeitstagen.

§ 8 Reisekosten
Die Reisekosten werden Herrn/Frau ... nach den Reisekostenrichtlinien der Gesellschaft erstattet.

§ 9 Erfindungen, Urheberrechte
Für die Behandlung von Diensterfindungen gelten die Vorschriften des Gesetzes über Arbeitnehmererfindungen in seiner jeweiligen Fassung.

§ 10 Nachvertragliches Wettbewerbsverbot
(1) Herr/Frau ... wird in den zwei Jahren nach Beendigung dieses Anstellungsvertrags weder selbstständig noch unselbstständig oder in sonstiger Weise für ein Unternehmen tätig werden, das mit der Gesellschaft oder einem deutschen mit ihr verbundenen Unternehmen in mittelbarem oder unmittelbarem Wettbewerb steht. Er wird während dieser Zeit ein solches Unternehmen auch nicht errichten, es erwerben oder sich hieran unmittelbar oder mittelbar beteiligen.
(2) Für die Dauer des Verbots erhält Herr/Frau ... eine Entschädigung, die für jedes Jahr des Verbots mindestens die Hälfte der von ihm/ihr zuletzt bezogenen vertragsmäßigen Leistung erreicht.
(3) Im Übrigen gelten die §§ 74 ff. HGB entsprechend.

§ 11 Altersversorgung
Herr/Frau ... hat Anspruch auf betriebliche Altersversorgung im Rahmen der Betriebsvereinbarung vom ..., deren Anwendbarkeit auf das vorliegende Anstellungsverhältnis hiermit vereinbart wird.

§ 12 Dienstverhinderung
(1) Herr/Frau ... ist verpflichtet, der Gesellschaft jede Dienstverhinderung und ihre voraussichtliche Dauer unverzüglich anzuzeigen. Auf Verlangen sind die Gründe der Dienstverhinderung mitzuteilen.
(2) Jede Arbeitsunfähigkeit weist er/sie ferner binnen zwei Tagen durch ärztliche Arbeitsunfähigkeitsbescheinigung nach; dasselbe gilt für Folgebescheinigungen.
(3) Bei Arbeitsunfähigkeit infolge Krankheit erhält Herr/Frau ... Entgeltfortzahlung nach den gesetzlichen Vorschriften.

§ 13 Vertragsstrafe
Im Falle der Nichtaufnahme der Tätigkeit oder der vertragswidrigen Beendigung des Anstellungsverhältnisses durch Herrn/Frau ... oder der von Herrn/Frau ... schuldhaft veranlassten Beendigung des Anstellungsverhältnisses durch den Arbeitgeber, ist die Gesellschaft berechtigt, eine Vertragsstrafe in Höhe von einem Monatsgehalt nach § 3

zu verlangen. Darüber hinaus ist die Gesellschaft berechtigt, auch einen weitergehenden Schaden geltend zu machen.

§ 14 Beendigung des Anstellungsverhältnisses
(1) Während der ersten 6 Monate kann das Anstellungsverhältnis von beiden Seiten mit einer Frist von einem Monat zum Monatsschluss gekündigt werden. Vor der Arbeitsaufnahme kann das Arbeitsverhältnis nicht ordentlich gekündigt werden.
(2) Nach Ablauf von 6 Monaten beträgt die Kündigungsfrist 3 Monate zum Quartal/ Halbjahresschluss/Jahresschluss. Jede gesetzliche Verlängerung der Kündigungsfrist zu Gunsten von Herrn/Frau ... gilt auch zu Gunsten der Gesellschaft.
(3) Ohne dass es einer Kündigung bedarf, endet das Anstellungsverhältnis spätestens mit Ablauf des Monats, in dem Herr/Frau ... sein/ihr 65. Lebensjahr vollendet, sofern er/sie zu diesem Zeitpunkt die Regelaltersrente (§ 35 SGB VI) oder eine gleichwertige andere Altersversorgung beanspruchen kann.

§ 15 Einstellungsfragebogen
Angaben von Herrn/Frau ... im Einstellungsfragebogen sind wesentlicher Bestandteil des Arbeitsvertrags.

§ 16 Ausschlussfristen
(1) Alle Ansprüche aus dem Anstellungsverhältnis und solche, die mit dem Anstellungsverhältnis in Verbindung stehen, sind innerhalb von 6 Monaten nach Fälligkeit, spätestens jedoch innerhalb von 3 Monaten nach Beendigung des Anstellungsverhältnisses schriftlich geltend zu machen. Ansprüche, die nicht innerhalb dieser Frist geltend gemacht werden, sind verwirkt.
(2) Bleibt die Geltendmachung erfolglos, so muss der Anspruch innerhalb einer Frist von 3 Monaten nach schriftlicher Ablehnung durch die Gegenpartei eingeklagt werden, andernfalls ist er ebenfalls verwirkt.

§ 17 Schlussbestimmungen
(1) Änderungen und/oder Ergänzungen zu diesem Vertrag bedürfen der Schriftform.
(2) Sollte eine Bestimmung dieses Vertrags und/oder seiner Änderungen bzw. Ergänzungen unwirksam sein, so wird dadurch die Wirksamkeit des Vertrags im Übrigen nicht berührt. Die unwirksame Bestimmung wird durch eine wirksame ersetzt, die dem wirtschaftlich Gewollten am nächsten kommt.
(3) Für Rechtsstreitigkeiten aus dem Arbeitverhältnis, seiner Beendigung und Abwicklung ist das Arbeitsgericht ... zuständig.

§ 18 Vertragsaushändigung
Der Vertrag wird in zwei Ausfertigungen erstellt, von denen jede Partei eine erhalten hat.

Ort, Datum   Ort, Datum

...   ...
Unterschrift Arbeitgeber   Unterschrift Arbeitnehmer

§ 4 Sonderformen von Arbeitsverhältnissen

I. Probearbeitsverhältnis

Regelmäßig wird ein Arbeitsverhältnis mit einer Probezeit eingeleitet. Diese muss jedoch ausdrücklich vereinbart werden. Im Rahmen des Probearbeitsverhältnisses soll den Vertragsparteien die Möglichkeit eröffnet werden, ohne Risiko zu testen, ob die gegenseitigen Erwartungen erfüllt werden. Bei der Probezeit sind zwei unterschiedliche Fallgestaltungen denkbar: **1073**
- Das zeitlich befristete Probearbeitsverhältnis, das mit Ablauf der Befristung endet, ohne dass es einer Kündigung bedarf, und
- das unbefristete Arbeitsverhältnis, dem eine Probezeit vorgeschaltet ist (so das vorstehende Muster, Regelfall in der Praxis).

Haben die Parteien ein befristetes Probearbeitsverhältnis vereinbart, liegt eine Befristung mit Sachgrund nach § 14 Abs. 1 Nr. 5 TzBfG vor, die der Schriftform bedarf. Dabei muss die Dauer der Befristung dem Erprobungszweck entsprechen und wird in der Regel nicht länger als sechs Monate vorgesehen sein. Grundsätzlich ist eine ordentliche Kündigung während des befristeten Probearbeitsverhältnisses ausgeschlossen. In der Praxis kommt es aber gleichwohl des Öfteren vor und ist auch zu empfehlen, auch während einer Probezeit eine Kündigungsfrist von einem Monat – dies ist rechtlich unbedenklich – zu vereinbaren. Selbstverständlich bleibt das Recht zur außerordentlichen (fristlosen) Kündigung (§ 626 BGB) unberührt. **1074**

II. Befristetes Arbeitsverhältnis

Wie jedes andere Rechtsverhältnis kann auch das Arbeitsverhältnis befristet eingegangen werden. Die Besonderheit besteht hier in der Beendigungsform. Das befristete Arbeitsverhältnis endet nämlich schlicht mit Zeitablauf, ohne dass es einer Kündigung bedarf. Daraus folgt sogleich, dass weder das allgemeine Kündigungsschutzgesetz (KSchG) noch besondere Kündigungsschutzrechte zugunsten des Arbeitnehmers dem vereinbarten Ende des Arbeitsvertrags entgegenstehen (etwa Mutterschutz, Schwerbehindertenschutz etc.). **1075**

1. Formvorschriften

Nach dem Teilzeit- und Befristungsgesetz bedarf die Befristung des Arbeitsvertrags zu ihrer Wirksamkeit der Schriftform (§ 14 Abs. 4 TzBfG). **1076**

2. Befristung mit Sachgrund

Die Befristung eines Arbeitsverhältnisses ist grundsätzlich **nur** zulässig, wenn sie durch einen sachlichen Grund gerechtfertigt ist. Ein solcher liegt insbesondere vor, wenn einer der in § 14 Abs. 1 Nrn. 1–8 TzBfG genannten Sachgründe vorliegt, etwa ein dringender Arbeitskräftebedarf besteht, der Arbeitnehmer zur Vertretung eines anderen Arbeitnehmers beschäftigt wird, die Befristung zur Erprobung erfolgt oder im öffentlichen Dienst haushaltsrechtliche Vorgaben die Befristung rechtfertigen. Die Aufzählung dieser Gründe ist nicht abschließend; gleichwohl ist es in der Praxis kaum denkbar, dass **1077** weitere über die in der vorbezeichneten Vorschrift genannten Sachgründe in Betracht kommen.

3. Sachgrundlose Befristung

1078 Das Gesetz ermöglicht auch Befristungen ohne einen der vorbezeichneten Sachgründe. Allerdings sind hierbei die Beschränkungen in § 14 Abs. 2 TzBfG zu beachten. Danach ist die kalendermäßige Befristung eines Arbeitsvertrags nur bis zur Dauer von **zwei Jahren** ohne sachlichen Grund mit einem neu eingestellten Arbeitnehmer zulässig. Dies hat zur Folge, dass der eingestellte Arbeitnehmer niemals zuvor mit demselben Arbeitgeber, der nun den befristeten Vertrag schließt, ein Arbeitsverhältnis begründet haben dürfte. Innerhalb dieser zweijährigen Höchstbefristungsgrenze darf es zu maximal drei Verlängerungen kommen.

4. Rechtsfolgen der Befristung

1079 Ist die Befristung wirksam vereinbart worden, endet der Arbeitsvertrag mit Ablauf der Befristungszeit. Ein zweckbefristeter oder auflösend bedingter Arbeitsvertrag endet mit Erreichen des Zwecks bzw. Eintritt der auflösenden Bedingung. Ist die Befristung rechtsunwirksam, so gilt der befristete Arbeitsvertrag als auf unbestimmte Zeit geschlossen und kann vom Arbeitgeber frühestens zum vereinbarten Ende ordentlich gekündigt werden (§ 16 TzBfG). Will der Arbeitnehmer geltend machen, dass die Befristung seines Arbeitsvertrags rechtsunwirksam ist, so muss er innerhalb von **drei Wochen** nach dem vereinbarten Ende der Befristung Feststellungsklage beim Arbeitsgericht auf Feststellung der Unwirksamkeit der Befristung erheben (§ 17 TzBfG).

III. Teilzeitarbeitsverhältnis

1. Klassische Variante

1080 Gesetzliche Grundlage des Teilzeitarbeitsverhältnisses ist das Teilzeit- und Befristungsgesetz. Nach § 2 TzBfG ist ein Arbeitnehmer teilzeitbeschäftigt, dessen regelmäßige Wochenarbeitszeit kürzer als die eines vergleichbaren Vollzeitbeschäftigten ist. Ein teilzeitbeschäftigter Arbeitnehmer darf wegen der Teilzeit nicht schlechter behandelt werden, als ein vergleichbarer vollzeitbeschäftigter Arbeitnehmer, es sei denn, dass sachliche Gründe die unterschiedliche Behandlung rechtfertigen. Dies gilt insbesondere auch für die Entlohnung (§ 4 Abs. 1 TzBfG). Nach § 8 TzBfG hat jeder Arbeitnehmer einen Anspruch auf Verringerung seiner Arbeitszeit, wenn folgende Voraussetzungen erfüllt sind:

(1) Das Arbeitsverhältnis länger als sechs Monate besteht;
(2) der Betrieb mehr als 15 Arbeitnehmer beschäftigt;
(3) der Arbeitnehmer unter Angabe des Kürzungsumfangs spätestens drei Monate vor dem gewünschten Termin seinen Anspruch geltend macht und dabei auch die gewünschte Verteilung der Arbeitszeit angibt;
(4) dem Verlangen des Arbeitnehmers auf Teilzeit dürfen keine betrieblichen Gründe entgegenstehen.

Verpflichtungen des Arbeitnehmers Kap. 3 § 1 I

2. Geringfügige Beschäftigungsverhältnisse

Die allgemeine Grenze für eine geringfügige Beschäftigung ist 2003 auf 400.- Euro angehoben worden. Neu ist auch die Möglichkeit, eine solche Beschäftigung in Privathaushalten auszuüben. Die geringfügige Beschäftigung kann auch neben einer Vollzeitbeschäftigung ausgeübt werden, soweit sie nicht bei demselben Arbeitgeber geleistet wird. Der insoweit erzielte Verdienst bleibt für Beschäftigte bis zu einem Betrag von 400.- Euro im Monat abgabenfrei. Entfallen ist die maximale Arbeitsgrenze von 15 Stunden pro Woche. Vielmehr hat der Arbeitgeber auf die Vergütung eine Pauschalabgabe von 25 Prozent zu entrichten. Diese setzt sich zusammen aus: 1081

- 12 Prozent Rentenversicherung,
- 11 Prozent Krankenversicherung mit der Aufstockungsoption für den Arbeitnehmer sowie
- 2 Prozent Pauschalsteuer.

3. Altersteilzeit

Nach dem Altersteilzeitgesetz besteht die Möglichkeit, dass dem Arbeitnehmer durch diese Variante vertraglich einen gleitenden Übergang in den Ruhestand ermöglicht wird. Durch eine Vereinbarung mit dem Arbeitgeber wird die wöchentliche Arbeitszeit für maximal sechs Jahre auf die Hälfte reduziert. In der Praxis am geläufigsten ist das sog. Blockmodell, nach dem in der ersten Hälfte der Altersteilzeit voll gearbeitet wird und die zweite Hälfte als sog. Freistellungsphase mit Übergang in den gesetzlichen Ruhestand konzipiert ist. Durch einen Aufstockungsbetrag der Bundesanstalt für Arbeit erhält der Arbeitnehmer dann in der Freistellungsphase rund 90 Prozent seines ursprünglichen Nettoentgelts. 1082

Kapitel 3 Rechte und Pflichten aus dem Arbeitsverhältnis

Mit dem Abschluss des Arbeitsvertrags werden für Arbeitgeber und Arbeitnehmer wechselseitige Haupt- und Nebenpflichten begründet, die sich zum einen aus dem Arbeitsvertrag, zum anderen aus Gesetzen sowie Tarifverträgen und Betriebsvereinbarungen ergeben. Die im Gegenseitigkeitsverhältnis stehenden Hauptpflichten sind auf Arbeitgeberseite die Leistung des versprochenen Entgelts (Lohn/Gehalt) auf Arbeitnehmerseite die Pflicht zur Erbringung der versprochenen Arbeitsleistung. 1083

§ 1 Verpflichtungen des Arbeitnehmers

I. Hauptpflicht des Arbeitnehmers

Der Arbeitnehmer ist zunächst verpflichtet, die ihm Kraft Arbeitsvertrags obliegende Arbeitsleistung ordnungsgemäß zu erbringen. Im Rahmen des Direktionsrechts hat der Arbeitgeber nach § 106 GewO die Möglichkeit, dies näher zu konkretisieren. 1084

II. Nebenpflichten des Arbeitnehmers

1085 Nebenpflichten des Arbeitnehmers, die vielfach auch als Treuepflichten bezeichnet werden, stehen nicht im Gegenseitigkeitsverhältnis, sondern können vielmehr bei Verletzungen lediglich Schadensersatzansprüche nach §§ 280 ff. BGB auslösen. Es gibt weder in den Gesetzen, noch in den Tarifverträgen eine allgemeine Treuepflicht; diese wird kraft der arbeitsvertraglichen Verbundenheit aus dem allgemeinen Grundsatz von Treu und Glauben (§ 242 BGB) hergeleitet. In der Praxis sind die Nebenpflichten überwiegend durch Richterrecht, d.h. durch Konkretisierung maßgeblich des *BAG* herausgebildet worden.

1086 Beispiele für gesetzliche Nebenpflichten:
- Die Anzeigepflicht nach § 5 Abs. 1 EFZG (Entgeltfortzahlungsgesetz) bezüglich der Arbeitsunfähigkeit und deren voraussichtliche Dauer,
- Verschwiegenheitspflicht über Betriebs- und Geschäftsgeheimnisse,
- § 17 UWG (Gesetz gegen unlauteren Wettbewerb),
- Verbot von Wettbewerbstätigkeiten, an deren Unterbleiben der Arbeitnehmer ein berechtigtes Interesse hat,
- § 60 HGB,
- bestimmungsgemäße Verwendung von Geräten, Maschinen, Werkzeugen und sonstigen im Eigentum des Arbeitgebers stehenden Sachen (§ 15 Arbeitsschutzgesetz).

1087 Beispiele für nicht im Gesetz geregelte Nebenpflichten (Treuepflichten):
- Anzeige drohender Schäden,
- Wahrung des Betriebsfriedens,
- Befolgung der Weisungen des Arbeitgebers,
- Verbot der Annahme von Schmiergeldzahlungen,
- keine Rufschädigung des Arbeitgebers,
- pflegliche Behandlung von Arbeitgebereigentum,
- Vorlage der Arbeitspapiere bei Beginn des Arbeitsverhältnisses, insbesondere Lohnsteuerkarte, Versicherungsnachweis, Bescheinigung über den im laufenden Kalenderjahr gewährten oder abgegoltenen Urlaub, Sozialversicherungsausweis.

§ 2 Verpflichtungen des Arbeitgebers

I. Hauptpflichten des Arbeitgebers

1088 Wie bereits erwähnt, ist die Hauptpflicht des Arbeitgebers die Zahlung der vereinbarten Vergütung nach Maßgabe des Arbeitsvertrags bzw. ergänzender tarifvertraglicher Regelungen. Die Vergütungspflicht besteht nur, wenn der Arbeitnehmer auch tatsächlich gearbeitet hat; es gilt nämlich der Grundsatz: *Kein Lohn ohne Arbeit.*

II. Nebenpflichten des Arbeitgebers

1089 Die Nebenpflichten des Arbeitgebers sind ebenso wie beim Arbeitnehmer teils gesetzlich teils nicht gesetzlich geregelt. Auf Arbeitgeberseite wird insofern von Fürsorgepflicht des Arbeitgebers geredet. Im Einzelnen sollen einige Beispiele für solche Nebenpflichten erwähnt werden.

Verpflichtungen des Arbeitgebers   Kap. 3 § 2   I

1. Arbeitsschutz

Nach § 618 BGB ist der Arbeitgeber verpflichtet, Räume und Gerätschaften zur Verfügung zu stellen, dass die Arbeitnehmer keine Gefahren für Leib und Gesundheit dadurch befürchten müssen. Nähere Ausführungsbestimmungen sind zum Teil in der Arbeitsstättenverordnung, in Unfallverhütungsvorschriften und im Arbeitssicherheitsgesetz geregelt.   **1090**

2. Beschäftigungspflicht

Im Prinzip hat der Arbeitgeber eine Beschäftigungspflicht, die Rechtsprechung hat nämlich dem Arbeitnehmer kraft des Arbeitsvertrags einen ausdrücklichen Beschäftigungsanspruch aus dem Arbeitsvertrag (§ 611 BGB) und dem Persönlichkeitsrecht des Arbeitnehmers (Art. 1, 2 GG) zugestanden. Die Beschäftigungspflicht und damit der Beschäftigungsanspruch des Arbeitnehmers entfallen nur dort, wo eine Weiterbeschäftigung für den Arbeitgeber unzumutbar ist. Ob dies der Fall ist, etwa nach einer Kündigung, ist im Einzelfall durch Abwägung der unterschiedlichen Interessen von Arbeitgeber und Arbeitnehmer zu ermitteln.   **1091**

3. Wahrung von Persönlichkeitsrechten

Der Arbeitgeber hat die Persönlichkeitsrechte des Arbeitnehmers (Art. 1, 2 GG) insbesondere das Recht auf seine freie Entfaltung und zum Schutz der Intimsphäre zu wahren und zu respektieren. Vor allem hat der Arbeitgeber jeden Arbeitnehmer vor unberechtigten Vorwürfen durch Dritte zu schützen und Vorsorge gegen Schikanen von Kollegen zu ergreifen. Dieses als „**Mobbing**" bezeichnete Phänomen ist in letzter Zeit aufgrund der größeren Arbeitsbelastung und den Kampf um die Arbeitsplätze vermehrt aufgetreten und man kann es als klassische Variante von Arbeitsplatzkonflikten bezeichnen. Die Arbeitsgerichte haben hier jeweils im Einzelfall schwierige Entscheidungen zu treffen, sind doch häufig die entsprechenden Fakten von schikanösem Verhalten schwer nachweisbar. Gleichwohl besteht nach dem neuen Allgemeinen Gleichbehandlungsgesetz die Verpflichtung des Arbeitgebers, alle Beschäftigten vor jeglicher Form, etwa sexueller oder sonstiger Belästigung zu schützen. Instruktive Beispiele findet man bei *Benecke*, NZA-RR 2003, 225.   **1092**

4. Sozialversicherungsbeiträge und Steuern

Der Arbeitgeber hat vom Arbeitsentgelt des Arbeitnehmers die Lohnsteuer einzubehalten und abzuführen (§ 38 EStG [Einkommenssteuergesetz]) sowie die Sozialversicherungsbeiträge zu entrichten (§ 28e SGB IV). Ein Verstoß gegen diese Pflicht löst einen Schadensersatzanspruch des Arbeitnehmers nach § 280 Abs. 1 BGB aus.   **1093**

III. Sonstige Arbeitgeberpflichten

1. Urlaub

Das Bundesurlaubsgesetz (BUrlG) begründet für alle Arbeitnehmer einen bezahlten Erholungsurlaub, der nach § 3 BUrlG mindestens 24 Tage betragen muss. Nach wie vor ist es in Deutschland Praxis, dass in den Arbeitsverträgen der Urlaub zwischen 26 und 30 Tagen festgelegt wird. Der Urlaubsanspruch entsteht nach § 4 BUrlG erstmals, wenn   **1094** das Arbeitsverhältnis sechs Monate bestanden hat. Der Arbeitgeber hat den Urlaub unter Fortzahlung der Vergütung zu gewähren. Das Urlaubsentgelt (nicht Urlaubsgeld – dies ist die *Gratifikation*, die der Arbeitgeber *freiwillig* gewähren kann), bemisst sich nach § 11 BUrlG nach dem durchschnittlichen Arbeitsverdienst, den der Arbeitnehmer in den letzten 13 Wochen vor Beginn des Urlaubs erzielt hat.

2. Entgeltfortzahlung bei Krankheit

1095 Der Arbeitnehmer kann die ausgefallene Arbeit grundsätzlich nicht nachholen. Unterbleibt also die Arbeitsleistung etwa wegen Erkrankung, so liegt rechtlich ein Fall einer nicht zu vertretenden Unmöglichkeit vor, was zur Folge hat, dass der Vergütungsanspruch des Arbeitnehmers entfällt, soweit keine gesetzliche Sonderregelung besteht. Diese besteht nun in § 3 EFZG. Danach hat der Arbeitnehmer unter folgenden Voraussetzungen einen Anspruch auf Entgeltfortzahlung:
- Krankheitsbedingte Arbeitsunfähigkeit,
- kein Verschulden des Arbeitnehmers an der Arbeitsunfähigkeit,
- Krankheit alleinige Ursache für die Nichterbringung der Arbeitsleistung,
- Arbeitsverhältnis muss länger als sechs Monate bestehen.

1096 Die **Beweislast** dafür, dass eine krankheitsbedingte Arbeitsunfähigkeit gegeben ist, trifft den Arbeitnehmer. Er hat nach § 5 EFZG dem Arbeitgeber die Arbeitsunfähigkeit und deren voraussichtliche Dauer unverzüglich mitzuteilen und bei einer Dauer von mehr als drei Kalendertagen dem Arbeitgeber eine ärztliche Bescheinigung über das Bestehen der Arbeitsunfähigkeit und deren voraussichtliche Dauer vorzulegen. Mit der Vorlage der ärztlichen Arbeitsunfähigkeitsbescheinigung hat damit der Arbeitnehmer gleichzeitig seinen Beweis geführt. In der Praxis ist es für den Arbeitgeber sehr schwer diesen Beweis zu widerlegen. Deshalb gilt der Grundsatz, solange der Arbeitnehmer eine Arbeitsunfähigkeitsbescheinigung vorlegt, hat der Arbeitgeber Entgeltfortzahlung wegen Krankheit zu zahlen. Allerdings ist diese begrenzt auf sechs Wochen. Nach diesem Zeitraum hat der Arbeitgeber keine Lohnzahlungsverpflichtung mehr, vielmehr tritt dann die Krankenkasse nach Maßgabe der §§ 47ff. SGB V ein; der danach ersetzte Ausfall an Arbeitslohn bemisst sich allerdings nur auf 70 Prozent des Bruttoentgelts.

1097 Beispiele für **verschuldet** herbeigeführte Arbeitsunfähigkeit sind:
- Verkehrsunfälle aufgrund grob fahrlässiger Verletzung von Verkehrsregeln,
- Verkehrsunfall aufgrund Betrunkenheit des Arbeitnehmers,
- Arbeitsunfähigkeit die unter Verstoß gegen Unfallverhütungsvorschriften entstanden ist.

1098 Arbeitsunfähigkeit die durch **Sportunfälle** entsteht, ist in der Regel nicht verschuldet. So hat die Rechtsprechung etwa anerkannt, dass auch gefährliche Sportarten wie Boxen, Drachenfliegen oder Skispringen und ein daraus entstehender Arbeitsunfall nicht als verschuldet im Sinne des EFZG anzusehen sind.

3. Betriebsstörung in Folge eines Betriebsrisikos – Fürsorgepflicht des Arbeitgebers

1099 Der Arbeitnehmer behält seinen Vergütungsanspruch in den Fällen, in denen der Arbeitgeber das Risiko des Arbeitsausfalls zu tragen hat (§ 615 Satz 3 BGB). Ein solcher Fall ist gegeben, wenn Betriebsstörungen, etwa Ausfall von Strom, kaputte Maschinen, die Arbeit unmöglich machen, ohne dass es eine Vertragspartei zu vertreten hat. Gleiches gilt, wenn der Arbeitnehmer etwa in Folge von Rohstoffmangel oder höherer Gewalt (z.B. Brand der Arbeitsstätte, witterungsbedingter Arbeitsausfall im Betrieb

4. Arbeitsverhinderung aus persönlichen Gründen

Nach § 616 Abs. 1 BGB verliert der Arbeitnehmer seinen Vergütungsanspruch nicht dadurch, dass er eine unverhältnismäßig nicht erhebliche Zeit (maximal 3–4 Tage) durch einen in seiner Person liegenden Grund ohne sein Verschulden an der Arbeitsleistung verhindert ist. Ein solches persönliches Leistungshindernis liegt etwa vor bei folgenden Fällen: **1100**

- Eheschließung,
- betriebsbedingter Umzug,
- Niederkunft der Ehefrau,
- Tod eines nahen Angehörigen,
- besonderes Jubiläum eines nahen Angehörigen.

5. Zeugniserteilung

Schließlich hat jeder Arbeitnehmer nach Beendigung des Arbeitsverhältnisses gegen den Arbeitnehmer einen Anspruch auf Erteilung eines Zeugnisses (§ 109 GewO). Hierbei wird zwischen einem einfachen Zeugnis, das lediglich die Grunddaten des Arbeitsverhältnisses wiedergibt und einem qualifizierten Arbeitszeugnis unterschieden, das über die Grundangaben Ausführungen darüber enthält, wie die Leistung und das Verhalten des Arbeitnehmers während seines Arbeitsverhältnisses zu beurteilen gewesen sind. **1101**

§ 3 Pflichtverletzungen der Arbeitsvertragsparteien und Rechtsfolgen

I. Fehlverhalten des Arbeitnehmers

Die Nichterbringung der Arbeitsleistung führt grundsätzlich zum Erlöschen der Arbeitspflicht durch Zeitablauf nach § 275 BGB. Der Arbeitgeber hat einen Anspruch auf Nachholung der ausgefallenen Arbeitszeit nur dann, wenn der Arbeitnehmer die Arbeitszeit schuldhaft versäumt hat und eine entsprechende Vereinbarung existiert. Erbringt der Arbeitnehmer seine Arbeitsleistung nicht, entfällt die Vergütungspflicht des Arbeitgebers. Bei Verletzungen der Arbeitspflicht sind folgende Möglichkeiten des Arbeitgebers eröffnet: **1102**

- Anspruch auf Erfüllung der Arbeitspflicht,
- Anspruch auf Schadensersatz,
- Abmahnung des Arbeitnehmers oder
- Kündigung des Arbeitnehmers.

1. Arbeitnehmerhaftung

Die Haftung des Arbeitnehmers gehört zu den schwierigsten Gebieten des Arbeitsrechts, die prinzipiell nur nach Maßgabe von Einzelfallentscheidungen zu beurteilen **1103** sind. Vom Arbeitnehmer verursachte Schäden können sich beziehen auf Sachschäden, auf Auftragsverluste oder durch Arbeitsfehler entstandene finanzielle Auswirkungen. Anspruchsgrundlage sind §§ 280 ff. BGB. Wegen der besonderen gegenseitigen Treue- und Fürsorgepflichten aus dem Arbeitsverhältnis schränkt die Rechtsprechung jedoch die Haftung des Arbeitnehmers aufgrund der Besonderheit dieses Dauerschuldverhältnisses ein. Danach gilt Folgendes:

(1) **Leichte Fahrlässigkeit:** Vollständige Haftungsfreistellung des Arbeitnehmers, der Arbeitgeber hat den Schaden allein zu tragen.
(2) **Grobe Fahrlässigkeit und Vorsatz:** Der Arbeitnehmer haftet grundsätzlich für den gesamten Schaden, es sei denn, er kann aufgrund der nur begrenzten finanziellen Vergütung dadurch in Existenzschwierigkeiten geraten.
(3) **Mittlere Fahrlässigkeit:** Hier erfolgt eine sog. Schadensquotelung, d.h. die Haftung wird zwischen Arbeitgeber und Arbeitnehmer analog § 254 BGB aufgeteilt.

2. Haftung des Arbeitgebers

1104 Der Arbeitgeber hat dem Arbeitnehmer den durch die Missachtung der ihm obliegenden Verpflichtung entstandenen Schaden nach vertraglichen oder deliktischen (§§ 823 ff. BGB) Grundsätzen zu ersetzen. Dabei muss sich der Arbeitgeber auch das vorwerfbare Fehlverhalten seiner Erfüllungsgehilfen, etwa Betriebsleiter nach § 278 BGB wie eigenes Verschulden zurechnen lassen. Nach § 823 BGB haftet der Arbeitgeber grundsätzlich für jeden Personenschaden, den er schuldhaft verursacht in vollem Umfang. Handelt es sich jedoch bei dem Personenschaden um einen **Arbeitsunfall**, ist die Haftung nach §§ 104 ff. SGB V ausgeschlossen, es sei denn, dass der Arbeitgeber den Arbeitsunfall vorsätzlich verursacht oder auf eine nach § 8 Abs. 2 Nrn. 1–4 SGB VII versicherten Weg herbeigeführt hat. Für diese Schäden tritt automatisch die *Berufsgenossenschaft* ein. Dies ist die Unfallversicherung die jeder Arbeitgeber für seine Arbeitnehmer abzuschließen hat. In der Berufsgenossenschaft hat damit der Arbeitnehmer stets einen solventen Schuldner für Personenschäden.

§ 4 Verjährung, Verwirkung, Verfall

I. Arbeitsrechtliche Ansprüche

1105 Arbeitsrechtliche Ansprüche unterliegen nach allgemeinen Regeln des BGB (§§ 194 ff.) der Verjährung. Die regelmäßige Verjährungsfrist beträgt gem. § 195 BGB drei Jahre. Sie beginnt mit dem Schluss des Jahres, in dem der Anspruch entstanden ist und der Gläubiger Kenntnis von den anspruchsbegründenden Umständen und der Person des Schuldners erlangt hat oder ohne grobe Fahrlässigkeit erlangen musste. Beispiele dafür sind etwa Nachforderungen von Weihnachtsgeld, Vergütung von Überstunden sowie Rückzahlung von Arbeitgeberdarlehen.

II. Verwirkung

1106 Die Verwirkung ist ein Fall der unzulässigen Rechtsausübung (§ 242 BGB). Sie wird bedeutsam, wenn eine Vertragspartei ein ihr zustehendes Recht über eine längere Zeit nicht wahrnimmt und gleichzeitig die andere Vertragspartei aufgrund dieses Verhaltens damit rechnen musste, dass das maßgebliche Recht auch künftig nicht geltend gemacht wird. Denkbar ist so etwa, dass der Arbeitgeber dem Arbeitnehmer kein Zeugnis erteilt und der Arbeitnehmer sich auch über zwei Jahre hinweg nicht um ein Zeugnis bemüht. In diesem Fall musste der Arbeitgeber davon ausgehen, dass der Arbeitnehmer kein Zeugnis beansprucht. Macht er jetzt nach zwei Jahren einen Zeugnisanspruch geltend, so kann dieser verwirkt sein.

III. Verfallfristen

Häufig sind Verfallfristen oder Ausschlussfristen sowohl im Arbeitsvertrag als auch in Tarifverträgen geregelt. Diese führen, wenn der entsprechende Anspruch nicht innerhalb des dort bezeichneten Zeitraums geltend gemacht wird, zum Untergang des Anspruchs. Nach der Rechtsprechung des *BAG* dürfen diese Verfallfristen aber nicht kürzer als drei Monate bemessen sein. Die Gerichte kontrollieren im Übrigen nach der Schuldrechtsreform gem. §§ 305 ff. BGB die Angemessenheit dieser Fristen und soweit die Frist, unangemessen ist, wird sie insgesamt für unwirksam erklärt, so dass der Anspruch nicht verfallen ist.

1107

Kapitel 4   Beendigung von Arbeitsverhältnissen

An Beendigungstatbeständen kommen in Betracht: Zeitablauf, Anfechtung, Kündigung, Aufhebungsvertrag oder Auflösungsurteil. Die Beendigung durch Zeitablauf richtet sich nach Maßgabe des Teilzeit- und Befristungsgesetzes, d.h. wenn die Befristung ausgelaufen ist, ist automatisch das Arbeitsverhältnis beendet. Der Arbeitsvertrag als anfechtbares Rechtsgeschäft kann, wie bereits bemerkt, etwa wegen arglistiger Täuschung nach § 123 BGB angefochten werden. Dies hat zur Konsequenz, dass dann das Arbeitsverhältnis mit gleicher Wirkung wie eine Kündigung, nämlich ex nunc, beendet wird. Die wichtigsten Beendigungstatbestände in der Praxis sind dagegen die Kündigung und der Aufhebungsvertrag.

1108

§ 1 Beendigung des Arbeitsvertrags durch Kündigung

I. Kündigungserklärung

Die Kündigung des Arbeitsverhältnisses als sog. Gestaltungserklärung führt zur Beendigung des Arbeitsverhältnisses. Damit sie wirksam wird, muss sie dem Empfänger, d.h. dem Arbeitnehmer nach § 130 Abs. 1 BGB **zugehen**. Regelmäßig gilt die Kündigung mit Übergabe des Kündigungsschreibens oder durch Einwurf in den Hausbriefkasten des Empfängers als zugegangen. Nach § 623 *BGB* bedarf die Kündigung der **Schriftform**. Wird diese nicht eingehalten, ist die Kündigung automatisch unwirksam und beendet das Arbeitsverhältnis nicht. Unwirksam ist etwa eine Kündigung per e-mail. In dem Kündigungsschreiben ist die ausdrückliche Formulierung als Kündigung nicht erforderlich; vielmehr muss aus dem Schreiben lediglich hervorgehen, dass der Arbeitgeber das Arbeitsverhältnis ordentlich oder außerordentlich beenden will. Nicht notwendig ist, dass der Arbeitgeber in dem Kündigungsschreiben selbst Kündigungsgründe angibt (Umkehrschluss aus § 626 Abs. 2 Satz 3 BGB). Gleichwohl werden in der Praxis in der Regel sowohl bei der außerordentlichen wie auch der ordentlichen ein oder

1109

mehrere Kündigungsgründe angegeben werden. Bedeutsam ist noch, dass der Kündigende auch tatsächlich legitimiert ist die Kündigung auszusprechen. Dies ist unstreitig bei einem Vorstand einer AG oder dem Geschäftsführer einer GmbH. Die Frage kann etwa dann auftauchen, wenn ein Abteilungsleiter ohne Handlungsvollmacht oder Prokura eine Kündigung ausspricht. Hier muss er ausdrücklich eine Vollmacht nachweisen. Weist der Arbeitnehmer nämlich nach § 174 BGB die Kündigung zurück, dann kann dies für den Arbeitgeber, der ohne Vollmacht gekündigt hat, problematisch werden.

II. Kündigungsformen

1. Ordentliche Kündigung

1110 Die ordentliche Kündigung beendet das Arbeitsverhältnis zu dem Termin nach Maßgabe des Arbeitsvertrags oder wenn im Arbeitsvertrag keine Frist zur Kündigung angegeben ist zum gesetzlichen Zeitpunkt nach § 622 BGB. Bei einer Kündigung durch den Arbeitgeber verlängert sich nach § 622 die Kündigungsfrist mit der Dauer der Betriebs- oder Unternehmenszugehörigkeit nach Maßgabe des Absatzes 2 dieser Vorschrift. Bei einer Betriebszugehörigkeit des Arbeitnehmers ab dem 25. Lebensjahr und zwei Jahren Betriebszugehörigkeit beträgt die gesetzliche Kündigungsfrist eine Monat. Diese verlängert sich jeweils in drei Jahresschritten, d.h. 5 Jahre = 2 Monate bis zu 20 Jahren = 7 Monate. Mit steigender Betriebszugehörigkeit genießt der Arbeitnehmer eine längere Kündigungsfrist. Allerdings gibt es in Tarifverträgen die Möglichkeit, dass nach einer bestimmten Betriebszugehörigkeit, etwa 15 oder 20 Jahren, der Arbeitnehmer ordentlich nicht mehr gekündigt werden kann. Dann besteht seitens des Arbeitgebers nur die Möglichkeit eine außerordentliche Kündigung auszusprechen. Wichtig ist aber in jedem Falle, dass der Arbeitnehmer, soweit er eine ausgesprochene Kündigung angreifen will, diese vor dem Arbeitsgericht nach Maßgabe des § *4 KSchG* innerhalb von drei Wochen anbringen muss. Nach Ablauf von den **drei Wochen**, d.h. wenn der Arbeitnehmer nicht rechtzeitig seinen Kündigungsschutzantrag stellt, gilt die Kündigung als wirksam (§ 7 KSchG).

2. Außerordentliche Kündigung

1111 Beide Vertragsparteien, d.h. sowohl Arbeitgeber als auch Arbeitnehmer, haben nach § 626 BGB die Möglichkeit wegen Vorliegens eines **wichtigen Grundes** das Arbeitsverhältnis außerordentlich, d.h. ohne Einhaltung einer Frist, also mit sofortiger Wirkung zu beenden. Für die außerordentliche Kündigung wird häufig auch der Begriff fristlose Kündigung gebraucht. Wie jede Kündigung, d.h. die ordentliche, muss auch die außerordentliche Kündigung die **Schriftform** nach *§ 623 BGB* wahren. Im Hinblick auf außerordentliche Kündigung ist nach der Rechtsprechung immer eine Einzelabwägung vorzunehmen, d.h. es ist festzustellen, ob der Pflichtenverstoß des Arbeitnehmers so schwerwiegend war, dass dem Arbeitgeber nicht zugemutet werden kann, das Arbeitsverhältnis auch nur bis zum Ablauf der ordentlichen Kündigungsfrist fortzusetzen. Deswegen hat sich hier eine Kasuistik herauskristallisiert, d.h. eine Einzelfallrechtsprechung, die maßgeblich durch das *BAG* geprägt ist. **Gründe** für eine außerordentliche Kündigung wegen groben Fehlverhaltens des Arbeitnehmers können etwa sein:

– Beharrliche Arbeitsverweigerung,
– grobe Beleidigung des Arbeitgebers,
– ausländerfeindliche Äußerungen im Betrieb,
– Schmiergeldannahme,

Beendigung des Arbeitsvertrags durch Kündigung Kap. 4 § 1 **I**

- Straftaten gegen den Arbeitgeber, etwa Diebstahl oder Unterschlagung, auch von geringwertigen Sachen (z.b. gab es den Fall, dass in einer Bäckerei ausdrücklich für die Angestelltenverkäufer verboten war, Ware zu verzehren, so das *BAG* bei dem Verzehr eines Stücks Bienenstich im Wert von 2 Euro eine außerordentliche Kündigung als gerechtfertigt betrachtet hat),
- Missbrauch von Stechkarten,
- unerlaubte, ausgedehnte private Telefonate sowie eigenmächtiger Urlaubsantritt.

Im Hinblick auf die außerordentliche Kündigung ist ähnlich wie bei der ordentlichen Kündigung zwischen Fehlverhalten im Verhaltens-/Leistungsbereich und im Vertrauensbereich zu differenzieren. Ist das Fehlverhalten des Arbeitnehmers im Verhaltens-/Leistungsbereich anzusiedeln, so ist eine besonders strenge Interessenabwägung vorzunehmen. Hier kann vor dem Ausspruch einer ordentlichen Kündigung als milderes Mittel erforderlich sein, zunächst den Arbeitnehmer **abzumahnen**, d.h. ihn auf das Fehlverhalten hinzuweisen und ihm damit zu drohen, dass er im Wiederholungsfalle mit einer Kündigung zu rechnen hat (das gesamte Kündigungsrecht unterliegt dem Ultima-Ratio-Prinzip). Darüber hinaus kann auch schlicht eine ordentliche Kündigung als milderes Mittel in Betracht kommen. Dagegen sind bei Verstößen im Vertrauensbereich, die die unmittelbare persönliche Beziehung zwischen Arbeitgeber und Arbeitnehmer nachhaltig verletzen, nicht ganz so strenge Anforderungen an das Fehlverhalten des Arbeitnehmers zu stellen. Hier kann bereits ein kleiner Verstoß, wie der vorstehend genannte Bienenstichfall, dazu ausreichen eine außerordentliche Kündigung zu rechtfertigen. **1112**

III. Änderungskündigung

Die Änderungskündigung zielt auf eine inhaltliche Änderung des Arbeitsverhältnisses, nicht dagegen unmittelbar auf dessen Beendigung. Sie wirkt zwar wie eine Beendigungskündigung, so dass sie nach § 2 KSchG i.V.m. § 1 KSchG einer sozialen Rechtfertigung bedarf. Hierbei sind jedoch die Anforderungen etwas abgesenkt. Rechtsdogmatisch beinhaltet die Änderungskündigung neben der Beendigungserklärung gleichzeitig das Angebot, den Arbeitsvertrag zu geänderten Bedingungen, etwa unter Wegfall von besonderen Vergünstigungen (z.B. einer kostenlosen Beförderung zum Betrieb oder Fahrtkostenzuschüssen) fortzusetzen. Die Beendigung ist lediglich für den Fall erklärt, dass der Kündigungsempfänger das Änderungsangebot des Arbeitgebers nicht rechtzeitig annimmt. Auch in diesem Fall muss sich der Arbeitnehmer, wenn er die Kündigung nicht hinnehmen will, innerhalb der Drei-Wochen-Frist des § 4 KSchG vor dem Arbeitsgericht dagegen zur Wehr setzen. **1113**

IV. Kündigungsschutz

Der Schutz des Arbeitnehmers gegen eine vom Arbeitgeber ausgesprochene Kündigung kann sich ergeben aus: **1114**

- Allgemeinen Unwirksamkeitsgründen, d.h. die Kündigung darf nicht willkürlich oder sittenwidrig sein nach §§ 138, 242 BGB,
- durch Eingreifen des Kündigungsschutzes nach §§ 1 ff. KSchG oder
- durch Vorliegen von Sonderkündigungsschutztatbeständen für besonders geschützte Personengruppen, etwa § 9 MuSchG, § 85 SGB IX oder § 15 KSchG.

1115 Will der Arbeitnehmer sich gegen eine Kündigung wehren, so hat er – wie angesprochen – nach § 4 KSchG Kündigungsschutzklage zum Arbeitsgericht zu erheben, die innerhalb von drei Wochen nach Zugang der schriftlichen Kündigung beim Gericht gestellt werden muss. Hier hat der Arbeitnehmer zu beantragen festzustellen, dass das Arbeitsverhältnis durch die Kündigung nicht aufgelöst worden ist. Diese Frist muss bei **jeder Kündigung** eingehalten werden.

1. Allgemeiner Kündigungsschutz

1116 Der allgemeine Kündigungsschutz leitet sich aus dem Kündigungsschutzgesetz ab. Unter das Kündigungsschutzgesetz fallen jedoch Personen nur dann, wenn sie sowohl den persönlichen wie auch den sachlichen Anwendungsbereich erfüllen. **Persönlich** unterfällt ein Arbeitnehmer dem Kündigungsschutz nach § 1 Abs. 1 KSchG dann, wenn das Arbeitsverhältnis sechs Monate bestanden hat. **Sachlich** ist nach § 23 KSchG erforderlich, dass der Betrieb in der Regel mehr als zehn Arbeitnehmer beschäftigt. Soweit ein Arbeitnehmer unter diese Anwendungsvoraussetzungen fällt, richtet sich der Schutz gegen ordentliche Kündigungen ausschließlich nach dem Kündigungsschutzgesetz. Arbeitnehmer, deren Arbeitgeber nicht die erforderliche Betriebsgröße von zehn und mehr Arbeitnehmern hat, genießen somit Kündigungsschutz nur nach den allgemeinen Regelungen der §§ 138, 242 BGB.

2. Kündigungsgründe einer ordentlichen (fristgerechten) Kündigung im Einzelnen

1117 Eine ordentliche Kündigung des Arbeitgebers ist nach Maßgabe des Kündigungsschutzgesetzes nur dann sozial gerechtfertigt, wenn sie entweder

- personenbedingt,
- verhaltensbedingt oder
- betriebsbedingt

ausgesprochen worden ist.

1118 a) **Personenbedingte Kündigung.** Eine Kündigung die mit in der Person liegenden Gründen des Arbeitnehmers gerechtfertigt wird, muss an persönliche Eigenschaften und Fähigkeiten des Arbeitnehmers anknüpfen. Dies kommt insbesondere dann in Betracht, wenn der Arbeitnehmer etwa nicht die erforderliche Leistungsbereitschaft aufweist. Dies kann sich sowohl infolge von körperlichen und geistigen oder auch sonstigen Mängeln ergeben. Allerdings ist auch hier das **Ultima-Ratio-Prinzip** zu beachten, d.h. die Kündigung darf nur das letzte Mittel sein.

1119 Beispiele für eine personenbedingte Kündigung sind:

- Fehlende Arbeitserlaubnis bei ausländischen Arbeitnehmers,
- Wegfall der Fahrerlaubnis bei einem Berufskraftfahrer (BAG, NZA 1996, 819),
- Arbeitsverhinderung wegen Untersuchungshaft oder
- Nachlassen der Leistungsfähigkeit.

1120 Dieses Phänomen hat in letzter Zeit vielfach Rechtsprechung und Literatur unter dem Stichwort sog. Low Performer (vgl. dazu *Maschmann*, Beilage zu NZA Heft 10/2006, S. 13) beschäftigt. Schwierig ist hier insbesondere zu ermessen, welchen durchschnittlichen Grad an Arbeitsleistung der Arbeitnehmer erbringen kann und wie nun die abgefallene Leistung dazu in das Verhältnis zu setzen ist. Dies wird in der Praxis häufig nur mit Sachverständigengutachten, d.h. medizinischen Gutachten beweisbar sein. Anders mag es sein, wenn der Arbeitnehmer Akkordarbeit zu verrichten hat, hier

Beendigung des Arbeitsvertrags durch Kündigung   Kap. 4 § 1   I

kann klar ein Leistungsabfall festgestellt werden. Ein Sonderfall der personenbedingten Kündigung ist die **krankheitsbedingte Kündigung**. Hier hat die Rechtsprechung, allem voran das BAG (BAG, NZA 1999, 978), eine dreistufige Prüfung erarbeitet:

1. Stufe: Vorliegen einer negativen Gesundheitsprognose hinsichtlich des künftigen Gesundheitszustands des Arbeitnehmers,
2. Stufe: Erhebliche Beeinträchtigung betrieblicher Interessen durch die Fehlzeiten des Arbeitnehmers,
3. Stufe: Klärung der Frage, ob die Beeinträchtigung unter Abwägung der gegenseitigen Interessen von Arbeitnehmer und Arbeitgeber so schwerwiegend ist, dass es dem Arbeitgeber unzumutbar ist, den Arbeitnehmer weiter zu beschäftigen.

b) Verhaltensbedingte Kündigung. Eine verhaltensbedingte Kündigung setzt eine schuldhafte Pflichtverletzung des Arbeitnehmers voraus. Aus dem Grundsatz der Verhältnismäßigkeit ist vor dem Ausspruch der Kündigung grundsätzlich eine **Abmahnung** erforderlich. Ähnlich wie bereits bei der außerordentlichen Kündigung ausgeführt, kann sich eine verhaltensbedingte Kündigung aus dem Verhaltens-/Leistungsbereich oder aus dem Vertrauensbereich heraus ergeben. So kann etwa eine verhaltensbedingte Kündigung rechtfertigen: **1121**

- hartnäckige Arbeitsverweigerung,
- ständiges unentschuldigtes Zuspätkommen,
- Schlechterfüllung der Arbeitspflicht,
- eigenmächtige Urlaubsüberziehung,
- Verstoß gegen ein Alkoholverbot,
- permanente Privatgespräche oder
- übertriebene private Internetnutzung sowie
- Vermögensdelikte, Diebstahl und Betrug.

Verhaltensbedingte Kündigungsgründe und Abmahnung   **1122**

Leistungsbereich	Betriebsbereich	Vertrauensbereich
Verletzung von Hauptpflichten aus dem Arbeitsvertrag, z.B.: • unentschuldigtes Fehlen • Unpünktlichkeit • Arbeitsverweigerung • Schlechtleistung • Selbstbeurlaubung	Verletzung von Nebenpflichten aus dem Arbeitsvertrag und Verstöße gegen die Betriebsordnung, z.B.: • verspätete Krankmeldung • Nichtbenutzung von persönlichen Arbeitsschutzmitteln • Verstöße gegen betriebliche Rauch- und Alkoholverbote • Tätlichkeiten	Mangelnder Glaube an die Gutwilligkeit, Redlichkeit, Loyalität des Arbeitnehmers, z.B.: • Diebstahl • Betrug • Unterschlagung • Urkundenfälschung • Fälschen einer AU-Bescheinigung • Manipulation der Zeiterfassungskarte • Annahme von Schmiergeldern • schwere Beleidigung
Abmahnung grundsätzlich erforderlich	*Abmahnung grundsätzlich erforderlich*	*Abmahnung grundsätzlich nicht erforderlich*

Leistungsbereich	Betriebsbereich	Vertrauensbereich
Ausnahmen: Abmahnung entbehrlich: • wenn AN erklärt, er werde sich auch einer Abmahnung nicht beugen • wenn jeder AN weiß, dass ein verständiger AG ein solches Fehlverhalten nicht akzeptieren wird, da die Verfehlung so schwer ist, dass billigerweise eine vorhergehende Abmahnung nicht erwartet werden kann.	Ausnahmen: Abmahnung entbehrlich: • vgl. Leistungsbereich	Ausnahmen: Abmahnung erforderlich: • wenn AN mit vertretbaren Gründen davon ausgehen konnte, sein Verhalten sei nicht vertragswidrig, z.B. wegen Duldung oder sein Verhalten werde nicht als erhebliches Fehlverhalten angesehen

3. Betriebsbedingte Kündigung

1123 Der in der Praxis häufigste und auch zugleich schwierigste Fall der ordentlichen Kündigung des Arbeitnehmers ist die betriebsbedingte Kündigung. Häufige Fälle sind, dass der Arbeitgeber eine sog. Leistungsverdichtung bezweckt oder eine sog. Reorganisation des Betriebs vornimmt, und dadurch mehrere Arbeitnehmer betriebsbedingt entlassen will. Soweit er eine grundlegende Betriebsänderung vornimmt, ist – bei Existenz eines Betriebsrats – darüber hinaus das besondere Regelungskorsett der §§ 111, 112 BetrVG zu beachten, dass dann nämlich der Arbeitgeber einen Interessenausgleich und einen Sozialplan mit dem Betriebsrat aufstellen muss, um die sozialen Belange der zu kündigenden Arbeitnehmer angemessen zu berücksichtigen.

1124 Betriebsbedingte Kündigungsgründe

Außerbetriebliche Umstände: • Auftragsmangel • Umsatzrückgang ↓	Innerbetriebliche Umstände: • Rationalisierungsmaßnahmen • Organisationsänderungen • Umstellung ohne Einschränkung der Produktion (sog. Restrukturierung) ↓
Tatsachen auf Richtigkeit überprüfbar ↓	Maßnahme auf Zweckmäßigkeit nicht überprüfen, wohl aber auf Willkür (Evidenz) ↓
Wegfall des Arbeitsplatzes unvermeidbar ↓	
Keine Weiterbeschäftigungsmöglichkeit auf anderem Arbeitsplatz, auch nicht nach zumutbarer Umschulung oder Fortbildung ↓ ↓ ↓	

Beendigung des Arbeitsvertrags durch Kündigung　　　　　Kap. 4 § 1　I

| Kein gleichwertiger Arbeitsplatz im Betrieb ↓ | Kein gleichwertiger Arbeitsplatz im Unternehmen ↓ | Kein schlechterer Arbeitsplatz im Betrieb/Unternehmen ↓ |

Soziale Auswahl nach § 1 Abs. 3 KSchG
↓

Kündigung

Wichtig bei der betriebsbedingten Kündigung ist, dass der Unternehmer auch im Falle eines Gerichtsprozesses substanziiert seine Unternehmerentscheidung plausibel darlegen kann, d.h. er muss vor dem Kündigungsentschluss einen Organisationsplan aufgestellt haben, demzufolge er ganz bestimmte strukturelle Änderungen im Betrieb vornehmen will, die zur Folge haben, dass etwa bestimmte Arbeitsplätze wegfallen. So hat die Rechtsprechung anerkannt, dass im Falle eines Betriebes, der eine Organisation durchführen will wonach er sämtliche Beschäftigungsverhältnisse nur noch mit freien Mitarbeitern besetzen will, eine betriebsbedingte Kündigung dann zulässig ist, wenn der Arbeitgeber im Vorfeld einen klaren Strukturplan und einen Zielplan für die Gewinnerwartung bzw. im widrigen Fall für eine mögliche Insolvenz aufgestellt hat (Weigth-Watchers-Fall, BAG, NZA 1996, 1345). Bei der betriebsbedingten Kündigung muss der Arbeitgeber zudem soziale Gesichtspunkte ausreichend berücksichtigen (§ 1 Abs. 3 KSchG). Bei der fehlerhaften **Sozialauswahl** ist die Kündigung trotz Vorliegens eines dringenden betrieblichen Erfordernisses sozial nicht gerechtfertigt. Der Arbeitgeber hat deswegen zu prüfen, ob dem Arbeitnehmer, dem gekündigt werden soll, im Betrieb oder Unternehmen andere Beschäftigungsmöglichkeiten, auch gegebenenfalls zu anderen Bedingungen, angeboten werden können. Sodann hat der Arbeitgeber die Arbeitnehmer zu ermitteln, die in die Sozialauswahl einzubeziehen sind. Darunter fallen diejenigen, deren Arbeitsplatz an sich weggefallen ist, die aufgrund ihrer Kenntnisse und Fähigkeiten aber in der Lage sind, andersartige, gleichartige Arbeiten von anderen, weniger schutzbedürftigen Arbeitnehmern auszuführen. Die Sozialauswahl ist stets betriebsbezogen und nicht unternehmensbezogen vorzunehmen. Die Vergleichbarkeit richtet sich in erster Linie nach arbeitsplatzbezogenen Merkmalen. Entscheidend ist die sich nach dem Arbeitsvertrag ergebende tatsächlich ausgeübte Tätigkeit. Vergleichbarkeit kann deswegen angenommen werden, wenn die Arbeitnehmer sozusagen untereinander austauschbar sind. Im Übrigen richtet sich die Sozialauswahl nach der Betriebszugehörigkeit, dem Lebensalter, den Unterhaltspflichten und einer gegebenenfalls zu berücksichtigenden Behinderung. Nur der sozialschutzwürdigste Arbeitnehmer soll nicht gekündigt werden. Allerdings hat der Arbeitgeber auch die Möglichkeit bestimmte Leistungsträger aus der Sozialauswahl nach Maßgabe des § 1 Abs. 3 Satz 2 KSchG auszunehmen bzw. seine Sozialauswahlentscheidung damit zu rechtfertigen, dass er eine ausgewogene Personalstruktur erhalten will. **1125**

V. Besonders geschützte Personengruppen

1. Werdende Mütter – Mutterschutz

Die Kündigung einer Frau während der Schwangerschaft und bis zum Ablauf von vier Monaten nach der Entbindung ist gem. § 9 MuSchG unzulässig, wenn dem Arbeitgeber im Zeitpunkt der Kündigung die Schwangerschaft bzw. Entbindung bekannt war oder **1126** aber innerhalb von zwei Wochen nach Zugang der Kündigung mitgeteilt wurde. Hält die Frau die Mitteilungsfrist nicht ein, kann sie sich dennoch auf den besonderen Kündigungsschutz berufen, wenn sie hieran kein Verschulden trifft. Die Vorschrift des § 9 MuSchG stellt ein **absolutes** Kündigungsverbot dar, d.h. sie gilt für jede Form der Kündigungen, also die ordentliche, die außerordentliche Kündigung sowie die Änderungskündigung. Allerdings hat der Arbeitgeber unter den besonderen Voraussetzungen des § 9 Abs. 3 MuSchG die Möglichkeit von der zuständigen Verwaltungsbehörde die Kündigung in Ausnahmefällen für zulässig erklären zu lassen. Wenn die Behörde zustimmt, kann ausnahmsweise eine Kündigung in Betracht kommen. Dies ist in der Regel allenfalls bei ganz schwerwiegenden Straftaten, also als Form einer außerordentlichen Kündigung möglich.

2. Elternzeit

1127 Nach § 18 BEEG (Gesetz zum Erziehungsgeld und zur Elternzeit) genießen Mütter und Väter vom Zeitpunkt der Beantragung der Elternzeit an ebenso Kündigungsschutz wie nach dem Mutterschutzgesetz. Die Elternzeit selbst kann maximal 36 Monate, gerechnet ab der Geburt des Kindes, betragen. Dieser Sonderkündigungsschutz besteht neben demjenigen nach § 9 MuSchG.

3. Schwerbehinderte Menschen

1128 Schwerbehinderte Menschen (dies sind Personen, die nach § 2 SGB IX mindestens 50 Prozent in der Erwerbstätigkeit gemindert sind) und ihnen Gleichgestellte (mindestens 30 Prozent Minderung der Erwerbstätigkeit) genießen einen besonderen Kündigungsschutz, wenn das Arbeitsverhältnis länger als sechs Monate bestanden hat (§ 90 Abs. 1 Satz 1 SGB IX). Dieser besondere Schutz greift dann ein, wenn die Kündigung ohne vorherige Zustimmung des Integrationsamts ausgesprochen wurde (§ 85 SGB IX). Die Kündigungsfrist beträgt mindestens vier Wochen nach § 86 SGB IX. Dieser besondere Kündigungsschutz tritt neben dem allgemeinen Kündigungsschutz nach §§ 1 ff. KSchG.

4. Kündigungsschutz für Betriebsratsmitglieder

1129 Während der Zeit der Mitgliedschaft in dem Betriebsrat genießen Betriebsräte nach § 15 Abs. 1 KSchG einen erhöhten Kündigungsschutz, wonach die ordentliche Kündigung während dieser Zeit und ein Jahr nach der Wahrnehmung eines Betriebsratsamts ausgeschlossen ist. Ein Betriebsratsmitglied kann deshalb nur außerordentlich nach § 626 BGB gekündigt werden, und dies nur unter der Voraussetzung, dass der Betriebsrat nach § 103 BetrVG der Kündigung ausdrücklich zustimmt. Hintergrund dieser Regelungen ist, dass betriebsverfassungsrechtliche Fehlhandlungen nicht mit einer ordentlichen Kündigung sanktioniert werden sollen.

VI. Beteiligung des Betriebsrats (§ 102 BetrVG)

1130 In einem Betrieb mit einem Betriebsrat ist vor **jeder Kündigung** der Betriebsrat zu hören. Dies gilt unabhängig davon, ob es sich um eine ordentliche, außerordentliche oder Änderungskündigung handelt. Wird eine Kündigung ohne Anhörung des Betriebsrats ausgesprochen, so ist sie nach § 102 Abs. 1 Satz 3 BetrVG unwirksam. Lediglich bei Abschluss eines Aufhebungsvertrags, dem Auslaufen eines befristeten Arbeitsverhältnisses oder einem Betriebsübergang entfällt dieses Anhörungserfordernis.

Aufhebungsvertrag   Kap. 4 § 2   I

Beteiligungsrechte des Betriebsrats bei arbeitgeberseitiger ordentlicher Kündigung   1131
(AG = Arbeitgeber; AN = Arbeitnehmer; BR = Betriebsrat)

Kündigungsabsicht des AG ↓	Kündigung **ohne** Anhörung des BR unwirksam § 102 Abs. 1 Satz 3 BetrVG ↓		
Mitteilung der Kündigungsgründe an BR § 102 Abs. 1 Satz 2 BetrVG ↓			
Möglichkeiten der Reaktion des BR ↓↓↓↓			
BR stimmt zu? ↓	BR schweigt 1 Woche= Zustimmung § 102 Abs. 2 Satz 2 ↓	BR äußert schriftlich Bedenken ↓	BR widerspricht § 102 Abs. 3 BetrVG ↓
Kündigung ist wirksam ↓		AG kündigt nicht oder AG kündigt trotz Bedenken des BR ↓	AG kündigt nicht oder AG kündigt trotz Widerspruch des BR § 102 Abs. 4 BetrVG ↓
AN nimmt Kündigung hin oder			
AN erhebt Kündigungsschutzklage vor dem Arbeitsgericht innerhalb von 3 Wochen nach § 4 KSchG			
			Zusätzlich: AN verlangt Weiterbeschäftigung nach § 102 Abs. 5 BetrVG

§ 2 Aufhebungsvertrag

Wie bereits erwähnt, kommt als Beendigungstatbestand eines Arbeitsverhältnisses auch   1132
der im gegenseitigen Einvernehmen zwischen Arbeitgeber und Arbeitnehmer geschlossene Aufhebungsvertrag in Betracht. Voraussetzung ist allerdings, dass dieser **schriftlich** geschlossen wird, denn sonst ist er nach §§ 623, 125 BGB nichtig. Wie weiter erwähnt, gelten bei dem Abschluss eines wirksamen Aufhebungsvertrags weder die Bestimmungen des KSchG noch ist ein Mitwirkungsrecht des Betriebsrats nach dem BetrVG vorgesehen. Auch Arbeitnehmer mit Sonderkündigungsschutz, etwa Schwangere, können einen Aufhebungsvertrag schließen, ohne dass es hierdurch ein Verstoß gegen die Sonderschutzvorschriften des MuSchG vorliegen würden.
In der Praxis kommt es allenfalls vor, dass ein Aufhebungsvertrag wegen widerrechtlicher Drohung nach § 123 BGB angefochten wird. So hat etwa das BAG (NJW 1994, 1021) entschieden, dass, wenn der Arbeitgeber dem Arbeitnehmer für den Fall der Nichtannahme seines Angebots für einen Aufhebungsvertrag die Kündigung des Ar-

beitsvertrags in Aussicht stellt, der Anfechtungstatbestand nach § 123 BGB vorliegt. Andererseits ist das Ankündigen einer außerordentlichen Kündigung dann nicht widerrechtlich, wenn der Arbeitnehmer dem Arbeitgeber gefälschte Arbeitsunfähigkeitsbescheinigungen vorgelegt hat (BAG, NZA 1996, 81).

I. Sozialversicherungsrechtliche Folgen

1133 Hat der Arbeitnehmer seine Arbeit durch Kündigung oder Aufhebungsvertrag verloren, so sieht das Arbeitsförderungsrecht diverse Lohnersatzleistungen an den Arbeitnehmer vor. Dazu gehört insbesondere das **Arbeitslosengeld**. Die maßgeblichen Regelungen hierfür finden sich in §§ 117–149 SGB III. Voraussetzung für den Bezug des Arbeitslosengelds ist, dass der Arbeitnehmer

- arbeitslos ist,
- sich beim Arbeitsamt arbeitslos gemeldet hat,
- die Anwartschaftszeit (mindestens einjähriger Bestand eines Arbeitsverhältnisses)

erfüllt hat. Die Dauer des Anspruchs auf Arbeitslosengeld errechnet sich nach der Dauer des Versicherungsverhältnisses (Beschäftigungsverhältnisses) innerhalb der um vier Jahre erweiterten Rahmenfrist und dem Lebensalter, das der Arbeitslose bei der Entstehung des Anspruchs vollendet hat. Die Höchstdauer beträgt 32 Monate, ist jedoch durch neuerliche gesetzliche Änderungen grundsätzlich auf 12 Monate begrenzt worden. Eine Ausnahme gilt noch für Arbeitnehmer, die das 55. Lebensjahr überschritten haben.

1134 Nach § 144 SGB III kann das Arbeitsamt gegenüber einem Arbeitnehmer, der das Beschäftigungsverhältnis selbst aufgelöst hat oder durch arbeitsvertragswidriges Verhalten Anlass zur Lösung des Beschäftigungsverhältnisses gegeben hat und dadurch vorsätzlich oder grob fahrlässig die Arbeitslosigkeit herbei geführt hat, ohne für sein Verhalten einen wichtigen Grund zu haben, eine **Sperrfrist** von maximal 12 Wochen verhängen. Dies bedeutet, dass der Arbeitnehmer sowohl später den Bezug von Arbeitslosengeld beanspruchen kann und darüber hinaus sich grundsätzlich der Bezug der Leistung und die Dauer der Sperrzeit verringern. Dies soll mehr oder weniger eine Bestrafung dafür darstellen, dass der Arbeitnehmer sehr fahrlässig mit der Aufgabe seines Arbeitsverhältnisses umgegangen ist.

Kapitel 5 Kollektives Arbeitsrecht

§ 1 Tarifvertragsrecht

I. Abschluss und Formen der Tarifverträge

1135 Das Tarifvertragsrecht eröffnet in § 2 TVG das Recht zum Abschluss von Tarifverträgen durch Gewerkschaften einerseits und Arbeitgeberverbände bzw. durch den einzelnen Arbeitgeber. Wird der Tarifvertrag für eine bestimmte Region abgeschlossen, redet man von **Flächentarifvertrag**. Soweit der einzelne Arbeitgeber unmittelbar mit einer zuständigen Gewerkschaft (z.B. Automobil-Branche – IG Metall) einen Tarifvertrag abschließt, liegt ein sog. **Haus-, Firmen-** oder **Werkstarifvertrag** vor. Dieser geht einem Flächentarifvertrag auch dann vor, wenn er Regelungen des Flächentarifvertrags zu

Lasten der Arbeitnehmer verdrängt. Die Parteien haben die Möglichkeit, **Mantel-** und **Rahmentarifverträge** zu schließen. Hierin werden regelmäßig allgemeine Arbeitsbedingungen, etwa Arbeitszeit, Kündigungsfristen und Rationalisierungsschutzabkommen geregelt. Die Tarifverträge stehen wie eine Klammer über Regionaltarifverträgen, die inhaltlich nicht gegen die Rahmenvorgaben verstoßen dürfen und haben in der Regel eine längere Laufzeit. Vergütungsregelungen werden meist in kurzfristigen Tarifverträgen (Laufzeit regelmäßig ein Jahr) festgelegt, dies sind die sog. **Lohn-** oder **Gehaltstarifverträge**. Der Geltungsbereich des Tarifvertrags ist mithin entsprechend seiner Art vorgegeben und auf die Arbeitsverhältnisse beschränkt, die in seine Zuständigkeit fallen.

II. Normativer Teil

Mit dem Tarifvertrag werden Rechtsnormen gesetzt, die den Inhalt, den Abschluss, die Beendigung von Arbeitsverhältnissen oder betriebliche und betriebsverfassungsrechtliche Fragen betreffen (§ 1 Abs. 1 TVG). Dieser Teil gilt für alle tarifunterworfenen Arbeitsverhältnisse wie eine gesetzliche Regelung. Er wird deshalb als der normative Teil bezeichnet. **1136**

III. Schuldrechtlicher Teil

Der Tarifvertrag regelt darüber hinaus die Rechte und Pflichten der Tarifvertragsparteien selbst. Hierzu gehören vor allem die Pflicht der Tarifvertragsparteien zur Durchführung des Tarifvertrags, die Einhaltung der Friedenspflicht für die Dauer des Laufs des Tarifvertrags und die Beachtung der Bestimmungen über die Kündigung des Tarifvertrags. Nach den Grundsätzen der **Friedenspflicht** können Tarifvertragsparteien während des Laufs des Tarifvertrags zum einen keine Änderungen der getroffenen Vereinbarungen verlangen und zum anderen hierüber auch keinen Arbeitskampf führen. Die Friedenspflicht endet, wenn der Tarifvertrag entweder ordnungsgemäß gekündigt worden ist oder aber zeitlich abgelaufen ist. Erst danach dürfen die Parteien, d.h. die Gewerkschaften streiken oder aber die Arbeitgeber aussperren. **1137**

§ 2 Betriebsverfassungsrecht

I. Betriebsrat

Auf betrieblicher Ebene steht dem Arbeitgeber als Organ der Betriebsverfassung und Repräsentant der Arbeitnehmerschaft der Betriebsrat gegenüber. Er ist ausschließlich auf der Ebene des Betriebs tätig. Der Betriebsrat übt seine Tätigkeit ehrenamtlich aus (§ 37 Abs. 1 BetrVG). Durch die Tätigkeit dürfen den Mitgliedern weder Vor- noch Nachteile entstehen. Er vertritt ausschließlich die Interessen der Arbeitnehmer gegenüber dem Arbeitgeber. Die Mitglieder des Betriebsrats sind wegen ihrer beruflichen Tätigkeit ohne Minderung des Arbeitsentgelts zu befreien, wenn und soweit es nach Umfang und Art des Betriebs zur ordnungsgemäßen Durchführung ihrer Aufgaben erforderlich ist (§ 37 BetrVG). Zu den **allgemeinen Aufgaben** des Betriebsrats zählen etwa **1138**

- Überwachung der Einhaltung von Rechtsnormen und arbeitsrechtlichen Grundsätzen zugunsten der Arbeitnehmer,
- Beantragung von Maßnahmen, die dem Betrieb und der Belegschaft dienen,
- Beantragung von Maßnahmen zur betrieblichen Gleichstellung von Männern und Frauen,
- Maßnahmen zur Förderung der Vereinbarkeit von Familie und Erwerbstätigkeit,
- Eingliederungsschutz über die Personen,
- Integration ausländischer Arbeitnehmer und Maßnahmen zur Bekämpfung von Diskriminierungen,
- Förderung von Maßnahmen des Arbeitsschutzes und des betrieblichen Umweltschutzes.

1139 Die **Größe** des Betriebsrats ist von der Zahl der beschäftigten Arbeitnehmer abhängig. Dies ist konkret in § 9 BetrVG geregelt. Nur ein Betriebsratsmitglied gibt es in Betrieben in denen 5–20 wahlberechtigte Arbeitnehmer existieren. Die größte Anzahl von Betriebsratsmitgliedern besteht bei Betrieben zwischen 7 001 bis 9 000 Arbeitnehmer, dort sind 35 Betriebsräte zu wählen. Das komplexe Wahlverfahren und der konkrete Wahlvorgang ist in §§ 7 ff. BetrVG mit einer dazu gehörigen Wahlordnung explizit geregelt. Wichtig ist in diesem Zusammenhang noch, dass in Betrieben mit 200–500 Arbeitnehmern ein Betriebsratsmitglied vollständig von seiner Arbeitspflicht entbunden ist und ausschließlich Betriebsratstätigkeit vorzunehmen hat (§ 38 BetrVG). In Betrieben mit mehr als 9 001 Arbeitnehmern bis zu 10 000 Arbeitnehmern sind sogar 12 Mitglieder des Betriebsrats komplett von ihrer Arbeitspflicht befreit und haben nur Betriebsratstätigkeit wahrzunehmen.

1140 Die regelmäßige **Amtszeit** des Betriebsrats beträgt vier Jahre. Während dieser Zeit genießt der mandatierte Betriebsrat einen erhöhten Kündigungsschutz, wie vorstehend ausgeführt. Darüber hinaus haben Betriebsratsmitglieder regelmäßig Anspruch auf Schulung, dies ist in §§ 37 Abs. 6 und 7 BetrVG geregelt.

1141 Die durch die Tätigkeit des Betriebsrats entstehenden **Kosten** hat komplett der Arbeitgeber nach § 40 Abs. 1 BetrVG zu tragen. Dies sind alle im Rahmen des normalen Geschäftsbetriebs anfallenden Aufwendungen des Betriebsrats einschließlich der Sachmittel, d.h. etwa auch juristische Kommentare oder die Zurverfügungstellung eines Internetanschlusses oder aber etwa eines Personalcomputers speziell für die Betriebsratstätigkeit. Darüber hinaus hat der Arbeitgeber dem Betriebsrat auch Beratungskosten für einen Anwalt zu erstatten, wenn etwa komplexe Rechtsfragen zu regeln bzw. zu lösen sind.

II. Betriebsversammlung

1142 Eine weitere wichtige Aufgabe des Betriebsrats besteht darin, einmal in einem Kalendervierteljahr eine Betriebsversammlung einzuberufen und in ihr einen Tätigkeitsbericht zu erstatten (§ 43 Abs. 1 BetrVG). In dieser Betriebsversammlung sind alle Arbeitnehmer des Betriebs berechtigt teilzunehmen. Indes besteht keine Pflicht zur Teilnahme. Die Betriebsversammlung hat die Aufgabe den Kontakt und den Informationsfluss zwischen Belegschaft und Betriebsrat herzustellen. Sie wird regelmäßig vom Vorsitzenden des Betriebsrats einberufen und geleitet. Sie ist nicht öffentlich. Der Arbeitgeber bzw. ein Repräsentant des Arbeitgebers ist zu den Betriebsversammlungen unter Mitteilung der Tagesordnung einzuladen. Er hat ein Rederecht und soll regelmäßig auch aus seiner Sicht den Stand der Dinge innerhalb des Betriebs erörtern. Die Teilnahme an der Betriebsversammlung ist als Arbeitszeit zu qualifizieren und damit entsprechend zu vergüten.

Betriebsverfassungsrecht   Kap. 5 § 2   I

III. Rechte des Betriebsrats

Das Betriebsverfassungsrecht unterscheidet regelmäßig zwischen Mitwirkungs- und Mitbestimmungsrechten des Betriebsrats. Hierzu soll folgende Übersicht dienen: **1143**

Mitwirkungs- und Mitbestimmungsrechte des Betriebsrats nach Intensitätsstufen

Zustimmung
Der Arbeitgeber darf eine Maßnahme nur mit Einverständnis des Betriebsrats durchführen. Der Betriebsrat hat aber kein Recht zur Durchsetzung eines Alternativvorschlags – z.B. § 99 BetrVG.

Mitbestimmung/Initiativrecht
Arbeitgeber und Betriebsrat haben ein gleichberechtigtes Initiativrecht. Sie können Entscheidungen nur gemeinsam treffen. Bei unüberbrückbaren Meinungsverschiedenheiten entscheidet die Einigungsstelle – z.B. § 87 BetrVG.

Anhörung
Der Arbeitgeber teilt dem Betriebsrat seine Ansichten mit, dieser hat die Möglichkeit zur Stellungnahme (Widerspruch) – z.B. § 102 BetrVG.

Beratung
Arbeitgeber und Betriebsrat erörtern eine Angelegenheit in einem gemeinsamen Gespräch – z.B. § 90 BetrVG.

Unterrichtung
Der Arbeitgeber teilt dem Betriebsrat anhand von Unterlagen seine Unternehmenspläne mit (§ 80 Abs. 2 BetrVG).

Unternehmerische Ebene
Keine Mitbestimmung des Betriebsrats.

IV. Betriebsvereinbarungen

Eine wesentliche Aufgabe des Betriebsrats besteht nun darin, freiwillige oder erzwingbare Betriebsvereinbarungen mit dem Arbeitgeber abzuschließen. **1144**

Mitbestimmungspflichtige Regelungen

Die wichtigsten Gegenstände im Rahmen der Mitbestimmung des Betriebsrats sind personelle Einzelmaßnahmen nach § 99 BetrVG und solche der sozialen Angelegenheiten nach § 87 Abs. 1 BetrVG. Im Hinblick auf personelle Einzelmaßnahmen, gemeint ist damit etwa die Einstellung von Arbeitnehmern, hat der Betriebsrat ein Mitbestimmungsrecht. Hier empfiehlt es sich beispielsweise standardisierte Vorgänge im Rahmen einer Betriebsvereinbarung zu regeln. So ist es sinnvoll, etwa eine Betriebsvereinbarung darüber zu treffen, dass jeglicher frei werdender Arbeitsplatz zunächst innerbetrieblich ausgeschrieben wird, dies kann nämlich ohnedies nach § 93 BetrVG der Betriebsrat verlangen. Im gleichen Maße kann auch ein dem einstellenden Arbeitnehmer vorgelegter Personalfragebogen – ebenfalls mitbestimmungspflichtig nach § 94 **1145**

BetrVG – im Rahmen der Betriebsvereinbarung mit aufgenommen werden. Zudem kann man dort etwa die Behandlung der Bewerbungsunterlagen und die erforderlichen Mitteilungen und Vorlagen an den Betriebsrat seitens der Geschäftsleitung regeln.
Auch in den Fällen des § 87 Abs. 1 Nrn. 1–13 BetrVG, in denen dem Betriebsrat ein erzwingbares Mitbestimmungsrecht zusteht, empfiehlt es sich häufig dies mittels einer Betriebsvereinbarung zu regeln. So sollte beispielsweise in einer Betriebsvereinbarung geregelt werden:

a) Fragen der betrieblichen Ordnung nach § 87 Abs. 1 Nr. 1 BetrVG über die Einführung von Zeiterfassungssystemen, Taschenkontrollen oder Rauch- bzw. Alkoholverboten im Betrieb. Dies ist deshalb sinnvoll im Rahmen einer Betriebsvereinbarung zu vereinbaren, um mögliche Streitigkeiten zwischen Arbeitgeber und Betriebsrat zu vermeiden. Ebenfalls empfiehlt es sich, Fragen über die Einführung neuer elektronischer Datenerfassungsgeräte, mit denen das Verhalten und die Leistung der Arbeitnehmer kontrolliert werden kann, im Vorfeld – um Streitigkeiten zu vermeiden – im Rahmen einer Betriebsvereinbarung zu regeln. Hierunter fallen etwa auch die Überwachung mit Videokameras oder das Aufzeichnen von Telefongesprächen. Da die Betriebsvereinbarung keine normative Wirkung wie etwa ein Tarifvertrag oder ein normales Gesetz hat, gilt sie für alle im Betrieb Beschäftigten sozusagen als ergänzende arbeitsvertragliche Regelung. Die Betriebsvereinbarung muss deshalb allen Arbeitnehmern zugänglich gemacht werden und ist aus diesem Grunde entweder am sog. Schwarzen Brett des Betriebsrats auszuhängen oder auf der Intranet-Seite allen Arbeitnehmern zugänglich zu machen.

b) Darüber hinaus können Betriebsvereinbarungen über Umstände geschlossen werden, in denen der Betriebsrat kein Mitbestimmungsrecht hat, sondern lediglich ein Mitspracherecht nach § 88 BetrVG. Hier gehören etwa alle Fälle dazu, die im Rahmen der Unfallverhütung oder des sonstigen Gesundheitsschutzes geregelt werden können, wie auch der Umstand der Errichtung von Sozialeinrichtungen, hiermit ist die Errichtung einer Betriebskantine oder die Einrichtung eines regelmäßigen Catering-Service gemeint.

§ 3 Arbeitskampf

1146 Der Begriff des Arbeitskampfes ist gesetzlich nicht definiert. Zur möglichst vollständigen Erfassung kollektiver Arbeitskonflikte versteht man darunter alle kollektiven Maßnahmen, durch die die Arbeitgeber- oder Arbeitnehmerseite die jeweilige Gegenseite absichtlich unter Druck setzt, um ein bestimmtes Ziel zu erreichen. Parteien des Arbeitskampfes können nur Arbeitnehmer und Arbeitgeber bzw. deren Organisationen sein. Arbeitskämpfe sind gesetzlich nicht geregelt, aber aufgrund der durch Art. 9 Abs. 3 GG verfassungsrechtlich gewährleisteten Tarifautonomie anerkannt. Das Arbeitskampfrecht ist primär Richterrecht und damit gleichsam Bestandteil der Tarifautonomie. Ziel des Arbeitskampfes ist regelmäßig eine Veränderung von tariflichen Bedingungen; in der Praxis geht regelmäßig die Initiative von Seiten der Gewerkschaft aus, d.h. Arbeitskampfmittel ist insoweit der Streik.

I. Streik

1147 Der Arbeitnehmerseite steht als wichtigste Arbeitskampfmaßnahme der Streik zur Verfügung. Bei einem Streik übt eine größere Anzahl von Arbeitnehmern durch eine

Arbeitskampf   Kap. 5 § 3   **I**

gemeinsame planmäßig Arbeitsniederlegung Druck auf die Arbeitgeberseite aus, um dadurch deren Verhandlungsbereitschaft zu beeinflussen. Ein Streik ist nur zulässig, wenn er auf den Abschluss eines Tarifvertrags gerichtet ist. Dies setzt voraus, dass die Streikforderung zulässiger Inhalt eines Tarifvertrags sein kann. Aus diesem Grunde sind Streiks aus politischem Anlass oder nicht von der Gewerkschaft initiierte Streiks unzulässig, sie werden als sog. wilde Streiks bezeichnet. Ein Streik ist nur dann rechtmäßig, wenn folgende Voraussetzungen erfüllt sind:

– Der Streik muss von der zuständigen Gewerkschaft organisiert und ausgerufen sein.
– Der Streik muss auf ein tarifvertraglich regelbares Ziel gerichtet sein (z.B. höhere Löhne, kürzere Arbeitszeiten, mehr Urlaub etc.).
– Der Streik darf die tarifliche Friedenpflicht nicht verletzen.
– Der Streik muss dem Verhältnismäßigkeitsprinzip Rechnung tragen, d.h. er ist nur als sog. Ultima Ratio zulässig, d.h. wenn alle Verhandlungsmöglichkeiten ausgeschöpft sind und die Gewerkschaft die Tarifverhandlungen für gescheitert erklärt hat.

Vom Streik abzugrenzen ist der sog. **Warnstreik**. Er ist bereits zulässig nach Ablauf der **1148** tarifvertraglichen Friedenspflicht aber noch vor Scheitern der Tarifverhandlungen. Es handelt sich um eine von der Gewerkschaft veranlasste kurzfristige Arbeitsniederlegung, um die Kampfbereitschaft zu demonstrieren und Druck auf die Arbeitgeberseite auszuüben, die Verhandlungen wieder aufzunehmen.

II. Aussperrung

Als legitimes Gegenmittel der Arbeitgeber gegen einen Streik ist die Aussperrung **1149** zulässig. Nach der Rechtsprechung des BAG ist die Aussperrung die von einem oder mehreren Arbeitgebern planmäßig erfolgte Arbeitsaussperrung mehrerer Arbeitnehmer unter Verweigerung der Lohnzahlung zur Erreichung eines ganz bestimmten Ziels. Die Aussperrung ist nur dann rechtmäßig, wenn:

– sie von einem Arbeitgeber vorgenommen wird,
– sie nicht gegen die Friedenspflicht verstößt,
– sie sich gegen eine Gewerkschaft richtet,
– sie dem Verhältnismäßigkeitsprinzip Rechnung trägt,

also die Ultima Ratio darstellt.

III. Rechtsfolgen rechtmäßiger Arbeitskämpfe

Ein rechtmäßiger Streik führt zur Suspendierung, d.h. zur vorübergehenden Außer- **1150** kraftsetzung der jeweiligen Hauptleistungspflichten von Arbeitgeber und Arbeitnehmer aus dem Arbeitverhältnis. Der Arbeitnehmer ist daher von seiner vertraglichen Arbeitsleistung befreit, kann dafür aber auch keine Arbeitsvergütung verlangen. Er erhält während der Zeit der Teilnahme an einem rechtmäßigen Streik daher die Vergütung aus der Streikkasse der Gewerkschaft, an die er monatlich seinen Mitgliedsbeitrag von 1–3 Prozent des Bruttomonatsentgelts als regelmäßigen Gewerkschaftsbeitrag zahlt.

Kapitel 6 Arbeitsgerichtsbarkeit

§ 1 Aufbau der Arbeitsgerichtsbarkeit

1151 Die Arbeitsgerichtsbarkeit ist wie in der Regel auch die anderen Gerichtsbarkeiten **dreistufig** aufgebaut. Die Eingangsinstanz sind die **Arbeitsgerichte** (1. Instanz), die Berufungsinstanzen sind die **Landesarbeitsgerichte** (2. Instanz) und schließlich das höchste deutsche Arbeitsgericht, das **BAG** (mit Sitz in Erfurt die Revisionsinstanz). Die Arbeitsgerichte sind Kollegialgerichte, d.h. sie sind besetzt mit einem Berufsrichter (Volljurist) und jeweils einem ehrenamtlichen Richter von Seiten des Arbeitnehmer- und von Seiten des Arbeitgeberlagers. Dies ist detailliert in § 16 ArbGG geregelt.

§ 2 Zuständigkeit der Arbeitsgerichte

1152 Die Arbeitsgerichte sind **sachlich** zuständig für alle Streitigkeiten aus dem Arbeitsleben (§§ 2, 2a ArbGG, § 13 GVG). Hierzu zählen etwa bürgerlich-rechtliche Streitigkeiten zwischen Arbeitnehmern und Arbeitgebern aus dem Arbeitsverhältnis, zwischen Tarifvertragsparteien oder zwischen diesen und Dritten aus einem Tarifvertrag sowie auch Streitigkeiten aus dem Betriebsverfassungsgesetz. **Örtlich** zuständig ist in der Regel das Gericht am Sitz des Arbeitgebers. Soweit das Arbeitsgerichtsgesetz keine ausdrücklich Regelung enthält, ist dann auf die Vorschriften der Zivilprozessordnung nach § 46 Abs. 2 ArbGG zurückzugreifen. Dort ist die Zuständigkeit in §§ 13 ff. ZPO detailliert geregelt. Die Arbeitsgerichte sind überdies ausschließlich für die Beilegung von Arbeitsrechtssachverhalten zuständig, d.h. die Parteien können keine Gerichtsstandsvereinbarung treffen, dass etwa ein Zivilgericht für die Überprüfung des entsprechenden Arbeitsrechtsstreits zuständig ist. Ebenso wie die Arbeitsgerichte entscheidet das Landesarbeitsgericht (LAG) in einer Berufungssache mit einem Vorsitzenden Richter (Berufsrichter, Volljurist) und zwei ehrenamtlichen Richtern aus dem Arbeitnehmer- und dem Arbeitgeberlager. Das Landesarbeitsgericht überprüft sowohl den Sachverhalt als auch die rechtliche Wertung durch das Arbeitsgericht. Das Revisionsgericht, das BAG, ist mit fünf Richtern besetzt, und zwar drei Berufsrichtern und den jeweils ehrenamtlichen Richtern aus Arbeitgeber- und Arbeitnehmerlager. Das BAG überprüft ausschließlich, ob das *LAG* Rechtsfehler begangen hat. Tatsachenüberprüfungen werden in der Revisionsinstanz nicht mehr vorgenommen.

§ 3 Verfahren vor den Arbeitsgerichten

1153 Das Arbeitsgericht entscheidet im sog. Urteilsverfahren durch Urteil über alle individualrechtlichen Streitigkeiten nach § 2 ArbGG, d.h. etwa Ansprüche über Vergütung für Überstunden (Leistungsklage) oder über die Wirksamkeit einer Kündigung des Arbeitgebers (Feststellungsklage nach § 4 KSchG) oder etwa einen Urlaubsanspruch als Leistungsklage.

1154 Im Beschlussverfahren nach §§ 2a, 80 ff. ArbGG entscheiden die Arbeitsgerichte über kollektivrechtliche Streitigkeiten, d.h. insbesondere Streitigkeiten aus dem Betriebsverfassungsgesetz, die regelmäßig zwischen Betriebsrat und Arbeitgeber geführt werden, etwa ob ein bestimmter Sachverhalt mitbestimmungspflichtig gewesen ist oder nicht. Wichtig ist insbesondere im Urteilsverfahren eine Besonderheit, die es so nur im Arbeitsgerichtsverfahren gibt. Jeder Verhandlung geht nämlich eine sog. **Güteverhandlung**

die zwingend in erster Instanz vorgeschrieben ist voraus (§ 54 ArbGG). Diese soll insbesondere bei Kündigungsschutzverfahren aus Beschleunigungsgründen innerhalb von zwei Wochen nach Klageerhebung (§ 61a Abs. 2 ArbGG) durchgeführt werden und wird allein vom Vorsitzenden Richter (Berufsrichter) durchgeführt. Ziel ist insbesondere eine gütliche Beilegung des Rechtsstreits durch einen Prozessvergleich herbeizuführen. Scheitert die Güteverhandlung, kommt es zum Kammertermin, wo aber gleichwohl auch der Vorsitzende wieder auf eine gütliche Beilegung des Rechtsstreits hinwirken soll.

§ 4 Kosten des arbeitsgerichtlichen Verfahrens

Im Urteilsverfahren sind die entstehenden Kosten vom Streitwert, d.h. vom eingeklagten Betrag abhängig. Bei Bestandsschutzstreitigkeiten, d.h. Streitigkeiten über das Bestehen des Arbeitsverhältnisses, wird regelmäßig der dreifache Brutto-Monatsverdienst des Arbeitnehmers genommen. Anders als im normalen Zivilprozess werden im Arbeitsgerichtsprozess in erster Instanz die Kosten der Gegenpartei nicht bei Unterliegen von der anderen übernommen. Hier hat jede Partei ihre Kosten, d.h. insbesondere die Anwaltskosten, selbst zu tragen. Die Gerichtskosten werden nach Obsiegen bzw. Unterliegen entsprechend verteilt. Hinzuweisen ist noch darauf, dass das Beschlussverfahren insgesamt kostenfrei ist. Die entstehenden Gerichtskosten trägt hier die Staatskasse. Die Kosten durch die Inanspruchnahme von Prozessbevollmächtigten (Rechtsanwälten) haben die Beteiligten insoweit selbst zu tragen. Ist der Beteiligte ein Betriebsrat, sind die Kosten – unabhängig vom Ausgang des Verfahrens – nach § 40 BetrVG vom Arbeitgeber zu übernehmen. Allein eine mutwillige und offensichtlich aussichtslose Rechtsverfolgung im Beschlussverfahren würde keine Kostentragungspflicht des Arbeitgebers auslösen. Dies hat also zur Folge, dass etwa der Betriebsrat relativ risikolos und ohne negative Kostenfolge ein Beschlussverfahren anstrengen kann.

1155

Kapitel 7 Handelsvertreterrecht

Kaufmännische Personen	
Unselbstständige Arbeitnehmer: • Handlungsgehilfe • Auszubildender/Volontär	Selbstständige Gewerbetreibende: • Handelsvertreter • Handelsmakler • Franchisenehmer • Kommissionär • Kommissionsagent • Vertragshändler

1156

§ 1 Begriff und Abgrenzung

Nach der Legaldefinition in § 84 Abs. 1 HGB ist der Handelsvertreter als selbstständiger Gewerbetreibender ständig damit betraut, für einen anderen Unternehmer Geschäfte zu vermitteln oder in dessen Namen abzuschließen.

1157

1158 1. **Selbstständiger Gewerbetreibender** ist der Betreffende, wenn er seine Tätigkeit und Arbeitszeit im Wesentlichen frei bestimmen kann (§ 84 Abs. 1 Satz 2 HGB) und ein eigenes Gewerbe mit Unternehmerrisiko betreibt. Im Gegensatz zum Groß- und Einzelhändler sowie zum Handelsmakler ist der Handelsvertreter in die Absatz- und Vertriebsorganisation eines oder mehrerer Unternehmen durch einen auf Dauer und auf eine unbestimmte Vielzahl von Abschlüssen angelegten Geschäftsbesorgungsvertrag (§§ 675, 611 ff. BGB) integriert. Die Tätigkeit des Handelsvertreters besteht nun darin, Geschäfte für einen Unternehmer zu vermitteln oder im Abschluss von Geschäften im fremden Namen. Wer im eigenen Namen handelt, ist kein Handelsvertreter, sondern Kommissionär, Kommissionsagent, Vertragshändler, Franchisenehmer oder Eigenhändler. Vorausgesetzt ist die zumindest mitursächliche Förderung des Geschäftsabschlusses durch eine Einwirkung auf den Dritten. Der bloße Nachweis der Gelegenheit zu einem Vertragsschluss genügt anders als beim Zivilmakler (§ 652 BGB) ebenso wenig wie etwa eine reine Werbetätigkeit als Pharmareferent. Die Tätigkeit des Handelsvertreters ist daher sehr weit gespannt und sein Berufsbild sehr uneinheitlich.

> **Beispiele:** Warenimport- und -export, Reisevermittlung, Tankstellenbetrieb, Konzertkartenvorverkauf, Versicherungsvermittlung, Lottoscheinverkauf, Künstlermanagement.

1159 Als **Merksatz** ist festzuhalten: Der Handelsvertreter ist als selbstständiger Gewerbetreibender ständig damit betraut, für einen anderen Unternehmer Geschäfte zu vermitteln oder in dessen Namen abzuschließen.
2. Der Handelsvertreter ist **Kaufmann**, wenn sein Gewerbe eine kaufmännische Einrichtung erfordert oder er in das Handelsregister eingetragen ist. Die §§ 84 ff. HGB sind nach § 84 Abs. 4 HGB aber auch auf kleingewerbliche Handelsvertreter anwendbar. Bei fehlender Kaufmannseigenschaft kommt im Übrigen aber allenfalls eine analoge Anwendung handelsrechtlicher Bestimmungen in Betracht.

§ 2 Arten

1160 Der Handelsvertreter kann mit der bloßen Vermittlung (**Vermittlungsvertreter**) oder mit dem Abschluss von Geschäften (**Abschlussvertreter**) betraut sein (§§ 86a Abs. 2, 91, 91a HGB). Im **Zweifel** ist der Handelsvertreter lediglich **Vermittlungsvertreter**. Als Abschlussvertreter bedarf er im Innenverhältnis zum Unternehmer eines besonderen Auftrags und im Außenverhältnis einer ggf. konkludent im Abschlussvertretungsvertrag enthaltenen Handelungsvollmacht. Von Bedeutung ist überdies die Unterscheidung zwischen dem Einfirmen- und dem Mehrfirmenvertreter. Der **Einfirmenvertreter** (§ 92a HGB), der nur für ein Unternehmen tätig wird, unterliegt der Gefahr einer übermäßigen wirtschaftlichen Abhängigkeit von seinem einzigen Unternehmer und kann daher gleichsam als arbeitnehmerähnliche Person im Einzelfall arbeitsrechtlichen Bestimmungen unterliegen (§ 5 Abs. 1 und 3 ArbGG). In vielen Fällen ist der Handelsvertreter aber lediglich nebenberuflich tätig (vgl. OLG Karlsruhe, NZA-RR 1998, 463).

1161 Auf die im Handelsvertretervertrag ausdrücklich als Handelsvertreter im Nebenberuf bezeichneten und als solche nach der Verkehrsauffassung Tätigen (§ 92b HGB) finden die nur für die hauptberuflichen Handelsvertreter geltenden §§ 89 (Kündigung) und 89b HGB (Ausgleichsanspruch) keine Anwendung. Sie werden regelmäßig als arbeitnehmerähnliche Personen einzustufen sein und unterliegen deshalb prinzipiell dem Arbeitsrecht.

§ 3 Das Handelsvertreterverhältnis

Der Handelsvertretervertrag begründet ein auf Dauer angelegtes Geschäftsbesorgungsverhältnis (§§ 675, 611 ff. BGB) zwischen dem Handelsvertreter und dem Unternehmer. Der Vertragsschluss ist grundsätzlich formlos und damit auch stillschweigend möglich (Ausnahmen: §§ 85, 86b Abs. 1 Satz 3 und 90a Abs. 1 Satz 1 HGB). Soweit jedoch vom Unternehmer Formulararbeitsverträge für den Abschluss des Handelsvertretervertrags verwendet werden, unterliegen sie der AGB-Kontrolle nach §§ 305 ff. BGB. Die gesetzliche Sonderregelung des Handelsvertreterverhältnisses ist in weiten Teilen zwingend (§§ 86 Abs. 4 und 87c Abs. 5 HGB). Sie beruht im Wesentlichen auf der EG-Richtlinie 86/853/EWG. Der Handelsvertreter hat sich danach insbesondere unter Wahrung der Unternehmerinteressen aktiv um die Vermittlung und den Abschluss von Geschäften zu bemühen und hiervon den Unternehmer zu unterrichten (§ 86 HGB). Dem gegenüber ist der Unternehmer zur Information des Handelsvertreters sowie insbesondere zur Provisionszahlung (§§ 87–87c HGB) verpflichtet. Während der Vertragszeit besteht ein Wettbewerbsverbot, das allerdings gesetzlich nicht gesondert geregelt ist (Ausnahmen: § 90 HGB). Nachvertragliche Wettbewerbsbeschränkungen können nach Maßgabe des § 90a HGB vereinbart werden, unterliegen jedoch auch regelmäßig der AGB-Kontrolle.

1162

§ 4 Ausgleichsanspruch

Das Handelsvertreterverhältnis endet wie jedes andere Dauerschuldverhältnis durch Zeitablauf, durch eine ordentliche fristgebundene Kündigung (§ 89 HGB) oder einer außerordentlichen Kündigung aus wichtigem Grund (§ 89a HGB). Der Handelsvertreter hat nach Beendigung des Vertragsverhältnisses gem. § 89b HGB einen **Ausgleichsanspruch** bis zur Höhe von grundsätzlich einer Jahresprovision; dies kann allerdings vertraglich auch anders geregelt werden. Diese bedeutsame Sondervergütung ist gerechtfertigt, da der Handelsvertreter an der Schaffung eines wirtschaftlich wertvollen Kundenstamms mitgewirkt hat und dies durch die Provisionszahlungen nicht abgegolten wurde. Aufgrund ihrer unbestimmten Voraussetzungen (nachvertragliche, erhebliche Unternehmensvorteile, Provisionsverluste des Handelsvertreters durch die Vertragsbeendigung, Billigkeit des Ausgleichs) ist die Ausgleichszahlung zwischen den Parteien häufig vielfach Gegenstand von Rechtsstreitigkeiten. Der Ausgleichsanspruch kann im Voraus nicht ausgeschlossen werden (BGH, NJW 1996, 2867).

1163

Literatur:

Reichold, Arbeitsrecht, 3. Aufl. 2008.
Junker, Arbeitsrecht, 10. Aufl. 2011.
Brox/Rüthers/Henssler, Arbeitsrecht 2004.
Lipperheide, Arbeitsrecht, 2005.
www.beck.de – Arbeitsrechtsmodul.

J Kap. 1   Kaufmännische Alternativen zu den staatlichen Gerichten

J Kaufmännische Alternativen zu den staatlichen Gerichten – Schiedsgerichtsbarkeit und Wirtschaftsmediation

Christian Graf

Kapitel 1   Einleitung

1164 Die folgende Darstellung hat das Ziel, eine kompakte Zusammenfassung der verschiedenen Instrumente zu geben, die in Deutschland verfahrensrechtlich zur Verfügung stehen, um kaufmännische Streitigkeiten zu lösen. Diese Verfahrensarten sollen darüber hinaus in einen internationalen Zusammenhang gestellt werden.

1165 Das System der staatlichen **Gerichte** hat in Deutschland einen hohen, international anerkannten Standard. Trotzdem besteht eine zunehmende Nachfrage der Wirtschaft an alternativen Instrumenten zur Konfliktlösung, insbesondere im internationalen Geschäftsverkehr. Dabei sind vor allem die Schiedsgerichtsbarkeit und die Wirtschaftsmediation von praktischer Bedeutung.

1166 Die **Schiedsgerichtsbarkeit** hat in Deutschland eine Jahrhunderte alte Tradition. Auch die Industrie- und Handelskammern (IHKs) haben entsprechende Verfahrensordnungen und Angebote entwickelt. Diese Aktivitäten der deutschen IHKs werden heute überwiegend durch die Deutsche Institution für Schiedsgerichtsbarkeit (DIS) wahrgenommen, einem privat-rechtlichen Verein mit Sitz in Köln und Berlin, dem die meisten IHKs angehören. Die Handelskammer Hamburg führt eigenständig Schiedsgerichtsverfahren durch.

1167 Die **Mediation** ist eine Verfahrensart, die ungefähr in den 80er Jahren des vergangenen Jahrhunderts vor allem im angelsächsischen Rechtsraum aufgekommen ist. Sie soll anders als ein Schiedsgerichtsverfahren oder ein staatliches Gerichtsverfahren nicht zu einem Urteil, also einer Entscheidung des Rechtsstreits durch Dritte, führen, sondern zu einer gütlichen Einigung der Parteien, die dabei von einem besonders qualifizierten Moderator, dem Mediator, begleitet werden. In Deutschland hat die Mediation zunächst für familienrechtliche Streitigkeiten Bedeutung erlangt. Für die Lösung kaufmännischer Konflikte wird die Mediation systematisch seit der 2. Hälfte der 1990er Jahre eingesetzt (Wirtschaftsmediation). Mehrere IHKs unterhalten eigene Mediationsstellen. Bei der Handelskammer Hamburg ist seit Februar 2000 die „Hamburger Mediationsstelle für Wirtschaftskonflikte" angesiedelt.

1168 Die folgende Darstellung beschäftigt sich zunächst mit den Grundzügen der staatlichen Gerichtsbarkeit in Deutschland, über die nach wie vor die weit überwiegende Zahl der kaufmännischen Streitigkeiten geregelt wird, soweit die Parteien zu keiner Lösung ohne Einschaltung Dritter gelangen können. Schiedsgerichtsbarkeit und Wirtschaftsmediation werden mit ihren spezifischen Eigenheiten auf der Basis dieses Grundverständnisses der staatlichen Gerichtsbarkeit dargestellt.

Kapitel 2 Kriterien für ein kaufmännisches Konfliktmanagement

Die verschiedenen Instrumente des Konfliktmanagements können alternativ, aber auch in Kombination eingesetzt werden. So kann eine Mediation einem Gerichts- oder Schiedsgerichtsverfahren vorgeschaltet werden Um eine kaufmännisch-rationale Entscheidung über den Einsatz dieser Instrumente treffen zu können, soll im Folgenden der Versuch unternommen werden, einige ökonomische Kriterien zu definieren.

§ 1 Kosten

Die Lösung von kaufmännischen Rechtsstreitigkeiten durch Dritte führt regelmäßig zu Verfahrenskosten. Diese lassen sich grob unterteilen in die Kosten, die für das staatliche Gericht, das Schiedsgericht oder den Wirtschaftsmediator aufzuwenden sind, also für den oder die Beteiligten, die entscheidungs- oder verfahrensmoderierende Funktion haben. Davon zu unterscheiden sind die Kosten der Parteien, die für ihre jeweils eigenen Rechtsanwälte aufgewendet werden. Als dritter Kostenblock ergeben sich die internen Aufwendungen der Parteien für die Vorbereitung und Betreuung der rechtlichen Auseinandersetzung, etwa durch die zeitliche Belastung der eingesetzten Mitarbeiter. 1169

§ 2 Verfahrensdauer

Aus den noch aufzuzeigenden strukturellen Unterschieden zwischen den verschiedenen Konfliktlösungsarten ergeben sich hochgradig unterschiedliche Verfahrensdauern. Aus kaufmännischer Sicht ist bei objektiver Betrachtung eine möglichst kurze Verfahrensdauer anzustreben. In der Praxis darf allerdings nicht übersehen werden, dass häufig eine der Parteien (dann meistens die Beklagte) ein Interesse daran hat, Verfahren aus taktischen Gründen hinauszuzögern. Zur Vermeidung solcher Taktiken müssen ebenfalls Vorkehrungen in den verschiedenen Verfahrensarten möglich sein. 1170

§ 3 Verfahrensqualität

Grundvoraussetzung für jedes qualitativ hochwertige Konfliktlösungsverfahren ist eine hohe Verfahrens- und Sachkompetenz der staatlichen Richter, Schiedsrichter oder Wirtschaftsmediatoren. Beim staatlichen Gerichtsverfahren sind die Richter durch so genannte „Geschäftsverteilungspläne" personell vorgegeben. In der Schiedsgerichtsbarkeit und der Wirtschaftsmediation können die Parteien eine eigenständige Auswahl treffen. 1171

Erhebliche Unterschiede ergeben sich bezüglich der Diskretion der verschiedenen Verfahrensarten. Staatliche Gerichtsverfahren sind prinzipiell öffentlich, d.h. dass jedermann, auch ein wirtschaftlicher Konkurrent der Parteien, an Verhandlungen als Zuhörer teilnehmen kann. Schiedsgerichtsbarkeit und Wirtschaftsmediation sind dagegen prinzipiell diskret. Hier gibt es keinerlei Rechte Dritter auf Zugang zu den Verhandlungen. 1172

Ein besonderer Nachteil von gravierenden Streitigkeiten im Wirtschaftsleben ist die Beeinträchtigung von wertvollen Kundenbeziehungen und Geschäftspartnerschaften. 1173

J Kap. 3 § 1   Kaufmännische Alternativen zu den staatlichen Gerichten

Daher sollte auch eine Regulierung von Streitigkeiten mit einem größtmöglichen Maß an Schonung dieser letztlich zwischenmenschlichen Beziehungen erfolgen. Als optimales Ergebnis ist ein Interessenausgleich anzustreben, der von beiden Seiten als befriedigend und gerecht empfunden wird. Tendenziell ist davon auszugehen, dass dieser Zustand umso eher erreicht wird, je aktiver die Parteien an der Konfliktlösung mitarbeiten.

1174 Die Flexibilität der Verfahrensbedingungen ist ebenfalls bei den verschiedenen Instrumenten des Konfliktmanagements höchst unterschiedlich. So besteht im staatlichen Gerichtsverfahren beispielsweise keine Wahlmöglichkeit hinsichtlich der Sprache. Hier sind die Freiheitsgrade bei Schiedsgerichts- und Mediationsverfahren deutlich größer.

1175 Schließlich müssen Entscheidungen oder Vereinbarungen als Ergebnisse eines Konfliktlösungsprozesses auch durchsetzbar sein. Im nationalen Bereich ergeben sich hier bei einer professionellen Abwicklung im Endeffekt keine qualitativen Unterschiede zwischen den genannten Instrumenten. International hat dagegen die Schiedsgerichtsbarkeit, jedenfalls, soweit es um Geschäftsbeziehungen zu Partnern aus Staaten außerhalb der EU geht, deutliche Vorteile. Die Vollstreckung von Schiedsgerichtsurteilen erfolgt nämlich auf einer weltweit standardisierten völkerrechtlichen Basis, die Vollstreckung staatlicher Urteile ist dagegen von bilateralen Übereinkommen abhängig.
Diese Qualitätskriterien werden im Folgenden bei der Darstellung der einzelnen Verfahrensformen besonders zu berücksichtigen sein.

Kapitel 3   Das Verfahren vor den staatlichen Gerichten

§ 1 Struktur des staatlichen Gerichtssystems

1176 Wesentliche Rechtsgrundlage des Verfahrens vor den deutschen staatlichen Gerichten ist die Zivilprozessordnung (ZPO). Die Organisation der Gerichte ist geregelt im Gerichtsverfassungsgesetz (GVG). Kostenregelungen enthält das Gerichtskostengesetz (GKG). Diese Gesetzestexte sind im Internet gut zugänglich[1].
Es gibt in Deutschland verschiedene Gerichtsarten für das Zivilrecht, das Strafrecht und das öffentliche Recht.
Für das öffentliche Recht sind zuständig die Verwaltungsgerichte für das allgemeine Verwaltungsrecht, die Sozialgerichte für Sozialleistungen und die Finanzgerichte für Steuerfragen.
Im Strafrecht gibt es spezialisierte Strafgerichte.
Im Zivilrecht, also für Fragen, die die Rechtsverhältnisse der Bürger untereinander betreffen, gibt es die Zivilgerichte und spezialisiert für Rechtsfragen aus Arbeitsverhältnissen die Arbeitsgerichte.
Der Begriff der ordentlichen Gerichte gem. §§ 12 und 13 GVG umfasst die Zivilgerichte und die Strafgerichte, die auch organisatorisch miteinander verzahnt sind. Arbeitsgerichte, Verwaltungsgerichte, Sozialgerichte und Finanzgerichte sind die sog. Fachgerichte. Über diesen genannten Gerichtszügen ist das Bundesverfassungsgericht (BVerfG) angesiedelt. Dieses Gericht befasst sich mit Fragen der Anwendung des deutschen Grundgesetzes und hat seinen Sitz in Karlsruhe. Fragen der Anwendung des einfachen Gesetzesrechtes können nur in Ausnahmefällen vor dem BVerfG disku-

---

1   Über Suchmaschinen oder www.bmj.de

Verfahrensbeginn   Kap. 3 § 2 J

tiert werden, nämlich wenn sie das Verfassungsrecht verletzen. Die Darstellung konzentriert sich im Folgenden auf die Arbeit der Zivilgerichte.
Die deutschen **Zivilgerichte** verzeichnen pro Jahr ca. 1,6 bis 1,7 Millionen neue Fälle in der ersten Instanz. Im Bundesland Hamburg sind es ca. 60 000 bis 70 000 Fälle. 1177
Von der **funktionalen Gliederung** in verschiedene Gerichtssparten ist die Gliederung in Instanzenzüge innerhalb dieser funktionalen Sparten zu unterscheiden. Die Zivilgerichte sind gegliedert in Amtsgerichte, Landgerichte, Oberlandesgerichte und den Bundesgerichtshof (BGH). Der BGH hat seinen Sitz ebenfalls in Karlsruhe. 1178
Die **Eingangsinstanzen** für zivilrechtliche Streitigkeiten sind abgesehen von einigen Spezialfällen die Amtsgerichte und die Landgerichte. Die Oberlandesgerichte und der BGH haben im Wesentlichen die Aufgaben von Berufungs- und Revisionsgerichten. Auch das Landgericht hat eine Funktion als Berufungsgericht für Urteile des Amtsgerichts. Die Abgrenzung, ob für einen bestimmten Zivilrechtsfall das Amtsgericht oder das Landgericht in Erster Instanz zuständig ist, richtet sich überwiegend nach dem sog. Streitwert. Dieser bezieht sich auf den Wert einer eingeklagten Forderung. Bei einer Forderung im Wert bis zu 5 000.– Euro ist das Amtsgericht zuständig, § 23 Ziff. 1 GVG. Bei Streitigkeiten mit einem höheren Wert ist das Landgericht zuständig. Die Verfahrensunterschiede zwischen dem Amtsgericht und dem Landgericht sind relativ gering. Die Darstellung orientiert sich daher im Folgenden am Verfahren vor dem Landgericht. Ein wesentlicher Unterschied liegt allerdings darin, dass vor den Amtsrichtern kein Anwaltszwang besteht. Bei Verfahren vor dem Landgericht muss hingegen auf jeden Fall ein Rechtsanwalt beigezogen werden.
Von der Zuständigkeit der Instanz ist zu unterscheiden die **örtliche Zuständigkeit** (Gerichtsstand). Es gibt in Deutschland eine Vielzahl von Amtsgerichten und Landgerichten mit einer jeweils regionalen Zuständigkeit. Die Regelungen zur örtlichen Zuständigkeit finden sich in den §§ 12–40 ZPO. Sie richtet sich grundsätzlich nach dem Wohnsitz des Beklagten, §§ 12, 13 ZPO. Bei beklagten juristischen Personen ist auf den Sitz des Unternehmens abzustellen, § 17 ZPO. Hat ein Unternehmen mehrere gewerbliche Niederlassungen, so können gem. § 21 ZPO auch dort Klagen erhoben werden, wenn der Streitfall Bezug zu dieser Niederlassung hat. Unter Kaufleuten ist ferner eine freie Vereinbarung der örtlichen Zuständigkeit möglich, § 38 ZPO. 1179

§ 2 Verfahrensbeginn

Das Verfahren vor einem Zivilgericht beginnt gem. § 253 ZPO durch die Zustellung der Klageschrift durch das Gericht an den Beklagten. Die Klageschrift muss die Bezeichnung der Parteien und des Gerichts, eine Sachverhaltsschilderung, und einen konkreten Klageantrag wie etwa die Zahlung einer bestimmten Geldsumme enthalten. Sie sollte auch eine Angabe zum Streitwert sowie eventuelle Beweisanträge enthalten. Die voraussichtlichen Verfahrenskosten für das Gericht müssen im Voraus eingezahlt werden, ansonsten wird die Klage nicht zugestellt und das Verfahren kommt nicht in Gang (§ 12 GKG). Bei armen Parteien kann die staatliche Prozesskostenhilfe eingreifen. Die Gerichtskosten werden dann zunächst durch die Staatskasse verauslagt.
Die Zustellung der Klageschrift an den Beklagten hat unter anderem auch eine wesentliche materielle Rechtswirkung, nämlich die Unterbrechung der Verjährung gem. § 204 Abs. 1 Ziff. 1 BGB. 1180

§ 3 Zuständiger gesetzlicher Richter

1181 Bei der Vielzahl der Zivilrechtsfälle haben alle Zivilgerichte mehrere Richter. Die Zuständigkeit unter den Richtern wird für jeden Einzelfall im Vorhinein nach festen Regeln bestimmt. Dies geschieht durch den so genannten Geschäftsverteilungsplan, § 21e GVG. Kriterien sind zum einen bestimmte Sachgebiete, wie etwa Mietsachen oder Wettbewerbsstreitigkeiten. Bei den allgemeinen Zivilfällen wird der Anfangsbuchstabe des Namens des Beklagten als Kriterium verwendet.
Beim Amtsgericht werden die Entscheidungen gem. § 22 GVG durch einen Einzelrichter gefällt, beim Landgericht sind gem. § 75 GVG sog. Kammern mit drei Richtern der Regelfall. In bestimmten Fällen kann auch am Landgericht ein Einzelrichter entscheiden, etwa mit Zustimmung beider Parteien. Diese Fälle sind in der Praxis sehr häufig.

1182 Sonderregelungen gelten für die **Kammern für Handelssachen** gem. §§ 93–114 GVG. Bei ihnen handelt es sich um Spezialkammern für kaufmännische Streitigkeiten bei den Landgerichten. Die Kammern für Handelssachen sind in diesen Fällen zuständig, wenn wenigstens eine Partei dies beantragt. Die Besonderheit der Kammern für Handelssachen ist, dass sie nicht mit drei hauptamtlichen Richtern besetzt sind, sondern mit einem hauptamtlichen Richter und zwei ehrenamtlichen Richtern, die aus der Kaufmannschaft kommen und keine Juristen sein müssen. Die ehrenamtlichen Richter haben dasselbe Stimmrecht wie der hauptamtliche Richter, § 105 Abs. 2 GVG, und können damit im Prinzip den hauptamtlichen Richter überstimmen. Diese Kammern genießen hohes Ansehen bei den Unternehmen, da durch ihre Struktur die praktische Erfahrung der Kaufleute in die Urteilsfindung maßgeblich einfließt.

1183 Die hauptamtlichen Richter haben eine streng geregelte Qualifikation. Sie müssen ein Studium der Rechtswissenschaften an einer Universität abgelegt haben. Dieses Studium wird nach mindestens sieben Semestern (Studienhalbjahre) mit dem ersten Staatsexamen beendet. Daran schließt sich eine zweijährige praktische Ausbildung an, das sog. Referendariat. Dieses wird mit dem zweiten Staatsexamen beendet. Erst danach besteht die Möglichkeit, in das Richteramt berufen zu werden. Der Ausbildungsstandard entspricht demjenigen der Rechtsanwälte.

§ 4 Mündliche Verhandlung

1184 Die mündliche Verhandlung ist das Kernstück des deutschen Zivilgerichtsprozesses. § 272 ZPO regelt, dass der Rechtsstreit in der Regel in einem umfassend vorbereiteten Termin zur mündlichen Verhandlung zu erledigen ist. Bei der mündlichen Verhandlung besteht Anwesenheitspflicht der Parteien, zumindest ihrer Rechtsvertreter. Es gilt der Grundsatz der direkten, persönlichen Verhandlung. Allerdings gibt es einige Ausnahmen, insbesondere dann, wenn die Parteien einem rein schriftlichen Verfahren zustimmen, § 128 Abs. 2 ZPO.
Die mündliche Verhandlung wird durch Schriftsätze vorbereitet. Diese sollen vor allem der Aufklärung offener Fragen dienen. Es gibt insoweit eine Hinweispflicht des Gerichts. Häufig wird auch ein mündlicher **Vortermin** vor der eigentlichen Hauptverhandlung einberufen, der vor allem der Erarbeitung einer gütlichen Einigung dienen soll. Der Ablauf der mündlichen Verhandlung ist in den §§ 137 und 279 ZPO geregelt. Nachdem die Parteien ihre Prozessanträge gestellt haben, erörtert das Gericht mit ihnen die Sach- und Rechtslage. Soweit erforderlich, schließt sich eine Beweisaufnahme an. Ferner können Vergleichsgespräche geführt werden. § 278 Absatz 1 ZPO gibt dem Gericht auf, Vergleiche aktiv zu fördern. Kann kein Vergleich gefunden werden, ergeht gem. § 310 ZPO ein **Urteil**. Dies kann bei einfachen und klaren Sachverhalten sofort im

Das Urteil Kap. 3 § 7 J

Anschluss an die mündliche Verhandlung erfolgen. In der Regel erfolgt die Urteilsverkündung jedoch in einem gesonderten Termin, nach dem das Gericht sich eine endgültige Rechtsmeinung über die Ergebnisse des Prozesses gebildet hat.

§ 5 Öffentlichkeit der Verhandlung

Gem. § 169 GVG sind Verhandlungen und Urteilsverkündungen öffentlich, d.h. für Zuschauer und auch für Journalisten zugänglich. Untersagt sind lediglich Film-, Fernseh- und Tonaufnahmen. Ein Ausschluss der Öffentlichkeit kann gem. § 172 GVG nur in Ausnahmefällen erfolgen, etwa wenn die Staatssicherheit oder eine bestimmte Person gefährdet sind oder wenn, so der in Zivilverfahren vor allem bedeutsame Fall, wichtige Geschäftsgeheimnisse zur Sprache kommen, durch deren öffentliche Erörterung überwiegende schutzwürdige Interessen einer Parteien verletzt würden. Die Verkündung des Urteils ist immer öffentlich, § 173 GVG. Lediglich im Hinblick auf die detaillierte Urteilsbegründung kann ein Diskretionsschutz in den oben genannten Fällen erfolgen. 1185

Die **Verfahrenssprache** ist ausschließlich Deutsch, § 184 GVG. Es gibt keine Möglichkeit der Parteien, eine andere Sprache zu vereinbaren. Schriftsätze sind zu übersetzen. In der mündlichen Verhandlung muss gegebenenfalls der Einsatz eines Dolmetschers erfolgen. 1186

Jede Partei muss vor dem Landgericht und den höheren Gerichten durch einen **deutschen Anwalt** vertreten sein. Ausländische Anwälte können nur beratend unterstützen.

§ 6 Beweisaufnahme

Eine Beweisaufnahme muss prinzipiell von den Parteien beantragt werden. Soweit Sachverhaltspunkte strittig sind, muss diejenige Partei, die eine solche Behauptung für sich in Anspruch nimmt, Beweismittel benennen. Kann eine strittige Behauptung nicht bewiesen werden, bleibt sie unbeachtlich. Das Gericht kann aber auch von sich aus Beweis erheben, insbesondere durch Urkunden, Sachverständige und Ortstermine, §§ 141–144 ZPO. 1187

Die ZPO regelt in den §§ 371–455 ZPO den Beweis durch Augenschein, den Zeugenbeweis, den Sachverständigenbeweis, den Urkundenbeweis und die Parteivernehmung. Beim Zeugenbeweis besteht die Möglichkeit der Vereidigung der Zeugen. Es besteht aber auch die Möglichkeit der Zeugnisverweigerung für Verwandte und bestimmte Berufsgruppen wie Rechtsanwälte, Ärzte und Geistliche. Beim Sachverständigenbeweis spielen die Industrie- und Handelskammern eine wichtige Rolle, in dem sie Sachverständige auf Anforderung des Gerichtes neutral nachweisen.

§ 7 Das Urteil

Soweit die Parteien keine freiwilligen Regelungen ihres Streitfalls durch einen Vergleich im Prozess treffen, endet der Prozess durch ein Urteil. Dessen Bestandteile sind in § 313 ZPO geregelt. 1188

Der zentrale Bestandteil ist die sog. **Urteilsformel** oder **Tenor**. Sie enthält eine direkte Anweisung an die Parteien bezüglich eines Tuns oder Unterlassens oder aber die Feststellung eines Rechtszustandes. Hat der Kläger unrecht, erfolgt die Abweisung der

J Kap. 3 § 7   Kaufmännische Alternativen zu den staatlichen Gerichten

Klage. Kann der Kläger seine Ansprüche nur teilweise durchsetzen, wird die Klage teilweise abgewiesen.

1189 Der **Tatbestand** enthält die Darstellung des für die Urteilsfindung relevanten Vorbringens der Parteien sowie eine Darstellung des Prozessverlaufs. Die **Entscheidungsgründe** enthalten die rechtlichen Ausführungen des Gerichts und die Feststellung des Sachverhaltes inklusive des Ergebnisses der Beweiswürdigung. Das Gericht bewertet dabei das Vorbringen der Parteien und legt fest, welche vorgebrachten Tatsachen es für maßgeblich und korrekt hält.

Ein Sonderfall ist das sog. **Versäumnisurteil** gem. §§ 330–347 ZPO. Es geht dabei um Fälle, bei denen eine Partei unentschuldigt der mündlichen Verhandlung fern bleibt. Fehlt der Kläger, wird die Klage abgewiesen. Fehlt der Beklagte, wird das Vorbringen des Klägers als zugestanden betrachtet und der Fall entsprechend entschieden. Dadurch kann insbesondere eine Beweisaufnahme vollkommen entbehrlich werden. Versäumnisurteile sind allerdings aufgrund der Einseitigkeit des Verfahrens relativ einfach zu beseitigen. Der Säumige kann binnen zwei Wochen ohne Begründung gegen das Versäumnisurteil Einspruch erheben. Dann wird ein neuer Termin zur mündlichen Verhandlung angesetzt. Erscheint der Säumige, hat er keine Nachteile, außer eventuellen Kosten, die durch die Säumnis entstanden sind. Erscheint er nicht, ergeht ein sog.
1190 zweites Versäumnisurteil, gegen das dann kein Einspruch mehr möglich ist.

Das Gericht ist bei seinem Urteil im Hinblick auf den zu beurteilenden Sachverhalt an die **Anträge der Parteien gebunden.** § 322 ZPO regelt den Grundsatz, dass Urteile nur insoweit der Rechtskraft fähig sind, als über den durch die Klage erhobenen Anspruch entschieden wird. Es ergibt sich damit automatisch eine Fokussierung des Prozesses etwa auf einen Zahlungsanspruch, nicht aber auf eine gesamte Geschäftsbeziehung. Über das Umfeld eines solchen Anspruchs kann also nur dann im Prozess wirksam entschieden werden, wenn die Parteien es formal mit einbeziehen. Weiterführende Erkenntnisse oder Einschätzungen des Gerichts, beispielsweise über im Prozessverlauf erkennbare Umstände, die über den Klageantrag hinausgehen, können nicht durch Entscheidung des Gerichts in das Urteil einfließen.
1191

Mit dem Urteil trifft das Gericht auch eine Entscheidung über die Tragung der **Prozesskosten.** Diese bestehen aus den Gerichtskosten nach dem GKG und den Anwaltskosten nach dem Rechtsanwaltsvergütungsgesetz (RVG). Die Höhe der Kosten ist streitwertabhängig. Der Streitwert wird endgültig durch das Gericht festgesetzt, nachdem durch den Prozessverlauf eine Beurteilung des ursprünglich durch die Parteien angegebenen Streitwerts möglich ist. Die Berechnung der Prozesskosten ist im Detail recht kompliziert und wird in der Regel mit spezieller Software vorgenommen. Auch im Internet finden sich recht zuverlässige Kostenrechnungsprogramme[2].
Die entstandenen Kosten werden gem. §§ 91–107 ZPO auf die Parteien verteilt. Der Grundsatz dabei ist, dass die unterliegende Partei die Gerichts- und Anwaltskosten komplett trägt, auch die Anwaltskosten der Gegenseite. Gewinnt eine Partei nur zu einem Teil, werden die Kosten anteilig zugeordnet. Wenn also der Kläger zu 50 % gewinnt, trägt jede Partei die Hälfte der Gerichtskosten und jede Partei ihre eigenen Anwaltskosten. Die Höhe der Anwaltshonorare ist in Deutschland im Grundsatz durch das RVG geregelt. Darüber hinausgehende Honorare sind z.B. auf Stundenbasis zulässig. Sie können jedoch vom Gegner auch dann nicht zurück verlangt werden, wenn er den Prozess verliert.

---

2   Z.B. auf der Website www.allianz-profi.de

Der Vergleich   Kap. 3 § 9 **J**

§ 8 Rechtskraft und Rechtsmittel

Urteile werden mit Ablauf einer Frist, der Rechtsmittelfrist, rechtskräftig. Diese Frist **1192**
beträgt einen Monat nach Zustellung des Urteils. Dann kann das Urteil nicht mehr
durch Berufung oder Revision angegriffen werden. In der gleichen Sache kann auch
nicht erneut geklagt werden. Ausnahmen gibt es nur bei schwersten Fällen der fehlerhaften Besetzung des Gerichts oder bei Täuschungshandlungen des Gegners im Prozess.
Die Rechtskraft erstreckt sich auf die wesentlichen Inhalte des Urteils.

Soll das Urteil innerhalb der Rechtsmittelfrist angegriffen werden, so besteht gegen **1193**
Urteile der Ersten Instanz die Möglichkeit der **Berufung** gem. §§ 511–541 ZPO. Diese
ist zulässig bei einem Streitwert von mehr als 600.– Euro oder wenn das Gericht der
Ersten Instanz die Berufung ausdrücklich zulässt, beispielsweise wegen der grundsätzlichen Bedeutung eines Falles oder zu Zwecken der Rechtsfortbildung. Für Berufungen
gegen Urteile des Amtsgerichtes ist das Landgericht zuständig, bei Urteilen des Landgerichts das Oberlandesgericht. In der Berufung werden Tatsachen- und Rechtsbewertungen der Ersten Instanz überprüft. Das Berufungsgericht entscheidet den Fall in der
Regel durch eigenes Urteil. Eine Zurückverweisung an die Erste Instanz ist in Ausnahmefällen möglich, insbesondere wenn das Verfahren an einem wesentlichen Mangel
leidet und dadurch eine umfangreiche neue Beweisaufnahme erforderlich wird.

Gegen ein Berufungsurteil gibt es das Rechtsmittel der **Revision** gem. §§ 542–566 ZPO. **1194**
Die Revision kann nur mit Zulassung durch das Berufungsgericht oder das Revisionsgericht erfolgen. Die Angelegenheit muss grundsätzliche Bedeutung haben oder für die
Rechtsfortbildung wichtig sein. Eine Revision auf Basis des Streitwerts war bis zum
31.12.2001 stets zulässig bei Streitwerten über 60 000.– DM. Diese Variante wurde
abgeschafft. Zuständiges Gericht ist der BGH (§ 133 GVG). In der Revision werden
nur Rechtsfragen geprüft. Das Revisionsgericht verweist in der Regel an das Berufungsgericht zur erneuten Entscheidung unter der Berücksichtigung der Rechtsauffassung des
Revisionsgerichts zurück. Daraus resultiert ein erheblicher Zeitbedarf.

Kein reguläres Rechtsmittel ist die Einschaltung des BVerfG. Dieses prüft nur die **1195**
Vereinbarkeit von Gesetzen und Maßnahmen der öffentlichen Gewalt mit dem Grundgesetz. Allerdings kann in Zivilprozessen das BVerfG durch ein Zivilgericht eingeschaltet werden, wenn dieses ein verfahrensrelevantes Gesetz für grundgesetzwidrig hält.
Dann wird das Verfahren vor dem Zivilgericht bis zur Entscheidung des BVerfG ausgesetzt und danach unter Berücksichtigung dieser Entscheidung fortgeführt. Im Wege
einer sog. **Verfassungsbeschwerde** kann auch durch eine Partei das BVerfG angerufen
werden. Dazu muss vorgetragen werden, dass ein im konkreten Fall relevantes Gesetz
gegen das Grundgesetz verstößt. Bevor eine Verfassungsbeschwerde zulässig ist, muss
jedoch der ordentliche Rechtsweg über alle Instanzen ausgeschöpft worden sein.

§ 9 Der Vergleich

Vor den staatlichen Gerichten besteht auch im streitigen Verfahren jederzeit die Mög- **1196**
lichkeit, eine gütliche Regelung des Streitfalls zu vereinbaren. Man nennt dies einen
Vergleich. Gem. § 278 Abs. 1 ZPO sollen die Gerichte in jeder Lage des Verfahrens auf
eine gütliche Belegung des Rechtsstreits oder einzelner Streitpunkte bedacht sein. Der
gerichtliche Vergleich hat die Form eines Protokolls einer prozessbeendigenden Vereinbarung der Parteien. Er steht in der Vollstreckung einem Urteil gleich. Die Inhalte eines
Vergleichs können von den Parteien im Rahmen der Rechtsordnung frei gestaltet werden. Es besteht keine Bindung an den Prozessstoff. Es können daher prinzipiell auch

359

J Kap. 3 § 10   Kaufmännische Alternativen zu den staatlichen Gerichten

vollkommen außerhalb des Streites liegende, aber möglicherweise wirtschaftlich bedeutsame Sachverhalte einbezogen werden.

§ 10 Vollstreckung

I. Vollstreckung deutscher Rechtstitel in Deutschland

1197   Wenn sich Parteien nicht an die Urteile der Gerichte halten, müssen diese zwangsweise vollzogen werden. Man spricht dann von der „Zwangsvollstreckung". Diese ist im 8. Buch der ZPO in den §§ 704–945 sehr ausführlich und detailliert geregelt. Zu den Grundzügen lässt sich zunächst zum nationalen Vollstreckungsverfahren folgendes zusammenfassen:

1198   Grundlage für jede Zwangsvollstreckung ist ein sog. **Vollstreckungstitel**. Dabei handelt es sich gem. § 704 ZPO insbesondere um rechtskräftige Gerichtsurteile. Ferner findet gem. § 704 ZPO die Zwangsvollstreckung auch aus vorläufig vollstreckbaren Urteilen gem. §§ 708/709 ZPO statt. Dabei handelt es sich um noch nicht rechtskräftige Urteile, die gegen eine Sicherheitsleistung für vorläufig vollstreckbar erklärt werden, um dem Gläubiger ein zügiges Vorgehen gegen den Schuldner zu ermöglichen.
Die §§ 794–802 ZPO regeln eine Vielzahl von weiteren Vollstreckungstiteln. So kann die Zwangsvollstreckung beispielsweise stattfinden aufgrund von gerichtlichen Vergleichen, von Vergleichen, die von Notaren protokolliert werden oder von Vergleichen, die von Rechtsanwälten für die Parteien in einer bestimmten Form abgeschlossen werden (§ 796a ZPO).

1199   Der **Gang** des Zwangsvollstreckungsverfahrens soll im Folgenden am Beispiel eines rechtskräftigen Urteils dargestellt werden. Der Gläubiger erhält zunächst eine schriftliche Ausfertigung des Urteils. Diese Ausfertigung muss zusätzlich durch das Gericht mit der **Vollstreckungsklausel** versehen werden. Deren Wortlaut ist in § 725 ZPO geregelt und lautet: „Vorstehende Ausfertigung wird (Name der Partei) zum Zwecke der Zwangsvollstreckung erteilt". Dem Schuldner muss gem. § 750 ZPO das Urteil zugestellt worden sein. Der Gläubiger kann unter Übergabe der vollstreckbaren Ausfertigung das Vollstreckungsorgan (Gerichtsvollzieher oder Vollstreckungsgericht, s. unten) mit dem Vollzug beauftragen.

1200   Es gibt mehrere **Arten** der Zwangsvollstreckung. Die ZPO unterscheidet insbesondere folgende Varianten:

1. Bei der **Zwangsvollstreckung in Sachen** gem. § 808–827 ZPO erfolgt zunächst die Sicherstellung der Sache durch den Gerichtsvollzieher. Dies kann beispielsweise in der Wohnung des Schuldners geschehen. Soweit Wertgegenstände sichergestellt werden, werden diese versteigert. Der Gläubiger erhält den Versteigerungserlös. Soweit mehr Geld erzielt wird als vom Schuldner zu zahlen ist, erhält der Schuldner den Restbetrag. Wird Bargeld gepfändet, wird dieses direkt dem Gläubiger übergeben.
2. Erhebliche Bedeutung in der Vollstreckungspraxis hat die **Zwangsvollstreckung in Forderungen** (§§ 828–863 ZPO). Dabei geht es vor allem um die Pfändung von Gehalts- oder Geschäftskonten. Bei dieser Variante ist Vollstreckungsorgan das örtlich zuständige Amtsgericht. Das Amtsgericht erlässt ein Verfügungsverbot an den Schuldner, untersagt ihm also, dass Geld von seinem Konto abzuheben. Ebenso ergeht ein Verbot an die Bank, dem Schuldner Geld auszuzahlen. Der Gläubiger wird ermächtigt, über das Konto zu verfügen.
3. Soweit der Schuldner über Häuser und Grundstücke verfügt, kann auch die **Zwangsvollstreckung in Immobilien** gem. §§ 864–871 ZPO sowie dem Gesetz

Grundlagen   Kap. 4 § 1   J

über die Zwangsversteigerung und die Zwangsverwaltung (ZVG) in Frage kommen. Diese Verfahren sind angesichts der dahinterstehenden erheblichen Werte sehr detailliert geregelt. Im Rahmen dieser Darstellung sei lediglich darauf hingewiesen, dass eine Immobilie entweder versteigert werden kann, um aus dem Erlös den Gläubiger zu bezahlen. Gem. § 867 ZPO kann auch eine Sicherungshypothek eingetragen werden. Diese dient der Absicherung des Gläubigers für den Fall, dass das Grundstück zu einem späteren Zeitpunkt verkauft oder zwangsversteigert wird. Er ist dann im offiziellen Immobilienverzeichnis, dem Grundbuch, als Gläubiger registriert. Ferner kann eine Immobilie auch unter Zwangsverwaltung gestellt werden, um den Gläubiger aus den Erträgen der Immobilie wie etwa Mieteinnahmen zu befriedigen.

II. Vollstreckung ausländischer Urteile in Deutschland

Ausländische Urteile können in Deutschland nicht unmittelbar vollstreckt werden. **1201**
Vielmehr ist dafür ein **zusätzliches, eigenständiges deutsches Vollstreckungsurteil** erforderlich (§§ 722, 723 ZPO). Ein solches Vollstreckungsurteil darf nur ergehen, wenn das ausländische Urteil die Voraussetzungen des § 328 ZPO erfüllt. Diese sind insbesondere, dass bei dem Zustandekommen des ausländischen Urteils kein Verstoß gegen den Grundsatz des rechtlichen Gehörs erfolgt ist und dass auch ansonsten keine Verstöße gegen wesentliche Grundsätze des deutschen Rechts vorliegen, insbesondere nicht gegen die deutschen Grundrechte. Ferner muss die Gegenseitigkeit der Anerkennung von Gerichtsurteilen mit dem Herkunftsland gegeben sein. Dies ist im Einzelfall für jedes Herkunftsland eines ausländischen Urteils festzustellen. Innerhalb der europäischen Union sowie mit der Schweiz, Norwegen und Island gibt es nach dem „Übereinkommen der europäischen Gemeinschaft über die gerichtliche Zuständigkeit und die Vollstreckung gerichtlicher Entscheidung in Zivil und Handelssachen" bzw. nach dem „Lugano-Übereinkommen über die gerichtliche Zuständigkeit und die Vollstreckung gerichtlicher Entscheidungen in Zivil- und Handelssachen" keine Probleme. Mit Russland gibt es z. B. keine entsprechende zwischenstaatliche Vereinbarung.

Kapitel 4   Schiedsgerichtsbarkeit
§ 1 Grundlagen

Schiedsgerichte sind **Privatgerichte** aus einem oder mehreren Schiedsrichtern, denen die **1202**
Entscheidungen bürgerlicher Rechtsstreitigkeiten anstelle staatlicher Gerichte durch privatrechtlichen Vertrag übertragen ist (Zur Definition vgl. *Lionet*, Handbuch der internationalen und nationalen Schiedsgerichtsbarkeit, 2. Aufl. 2000, S. 40).
Die ZPO regelt Schiedsgerichtsverfahren in ihrem 10. Buch in den §§ 1025–1066. **1203**
Diese gesetzlichen Regelungen basieren auf einem Modellgesetz der United Nations Commission on International Trade Law (Uncitral) vom 21. Juni 1985. Diese Empfehlung an die nationalen Gesetzgeber wurde mittlerweile von über 75 Staaten in nationales Recht umgesetzt, neben Deutschland unter anderem von Russland, Japan und einigen Staaten der USA. In diesen Staaten vollziehen sich Schiedsgerichtsverfahren also nach einem weitgehend einheitlichen Grundstandard. Diese internationale Standardisierung findet sich auch bei der unten noch im Detail zu erläuternden Vollstreckung von

Schiedsgerichtsentscheidungen. Das in soweit einschlägige „New Yorker UN-Übereinkommen über die Anerkennung und die Vollstreckung ausländischer Schiedssprüche" (New York Convention) vom 10. Juni 1958 ist mittlerweile weltweit von allen wesentlichen Handels- und Erzeugerländern inklusive Deutschland, Russland, Japan, China und den USA anerkannt.

1204 Da es sich bei Schiedsgerichtsverfahren um private Gerichtsverfahren handelt, können die Parteien die gesetzlichen Verfahrensregeln weitgehend abändern. Dies geschieht in der Praxis häufig durch die Vereinbarung von Regelwerken von Schiedsgerichtsinstitutionen wie etwa dem Schiedsgericht der Handelskammer Hamburg. Diese individuell vereinbarten Regelungen ergänzen und ersetzen dann die meisten gesetzlichen Regelungen der ZPO.

1205 Schiedsgerichte können entweder als sog. Ad-hoc-Schiedsgerichte oder als institutionelle Schiedsgerichte organisiert werden. „**Ad-hoc-Schiedsgerichte**" sind die gesetzliche Grundform der Schiedsgerichtsbarkeit. Es handelt sich dabei um Verfahren, welche die Parteien komplett in Eigenregie allein mit den Schiedsrichtern durchführen. Bei der **institutionellen Schiedsgerichtsbarkeit** werden dagegen zusätzlich spezialisierte Institutionen eingeschaltet, die eigene Verfahrensordnungen anbieten und das Verfahren (im unterschiedlichen Umfang) administrativ betreuen. Eine solche Schiedsgerichtsinstitution ist das Schiedsgericht der Handelskammer Hamburg.

1206 Die folgende Darstellung orientiert sich grundsätzlich anhand der ZPO. Soweit sich abweichende Regelungen ergeben, wird als ein Beispiel für die Verfahrensordnung eines institutionellen Schiedsgerichts das Regulativ der Handelskammer Hamburg (Reg. HH) herangezogen.

§ 2 Die Schiedsvereinbarung

1207 Gemäß § 1029 ZPO hat eine Schiedsvereinbarung den Inhalt, alle oder einzelne Streitigkeiten der Parteien, die in Bezug auf ein bestimmtes Rechtsverhältnis vertraglicher oder nicht vertraglicher Art entstanden sind oder künftig entstehen, der Entscheidung durch ein Schiedsgericht zu unterwerfen.
Solche Vereinbarungen können bei Vertragsschluss oder auch später nach Entstehen einer konkreten Streitigkeit getroffen werden. Letzteres führt allerdings oft zu Schwierigkeiten, da im Streitfall jede Einigung unter den Parteien, auch über formale Verfahrensbedingungen, zumindest erschwert ist. Schiedsvereinbarungen sollten also sinnvoller Weise im ursprünglichen Vertrag geregelt werden.

1208 Die Schiedsvereinbarung ist ein **privatrechtlicher** Vertrag zwischen den Parteien. § 1031 ZPO schreibt bestimmte **Formerfordernisse** vor. Die Schiedsvereinbarung muss entweder in einem von den Parteien unterzeichneten Schriftstück oder in zwischen den Parteien gewechselten Schreiben, Telefaxen oder Telegrammen oder in anderen Formen der Nachrichtenübermittlung, die einen Nachweis sicherstellen, enthalten sein. Bei Letzterem kann es sich beispielsweise um e-mails mit einer entsprechenden technischen Ausgestaltung handeln. Besondere Formvarianten sind unter anderem die Bezugnahme auf allgemeine Geschäftsbedingungen einer Seite.

1209 Die Schiedsvereinbarung muss sich auf ein **eindeutig bestimmbares Rechtsverhältnis** beziehen. In der Praxis werden Schiedsklauseln daher sinnvoller Weise in die betreffenden Vertragstexte integriert. § 1030 ZPO regelt, dass jeder vermögensrechtliche Anspruch Gegenstand einer Schiedsvereinbarung sein kann. Für kaufmännische Verträge sind damit Schiedsklauseln durchweg zulässig.

1210 Die Schiedsvereinbarung muss **eindeutig** regeln, dass die Entscheidung durch ein Schiedsgericht gewollt ist. Damit wird die staatliche Gerichtsbarkeit ausgeschlossen.

Die Schiedsvereinbarung   Kap. 4 § 2 J

Wird trotzdem ein staatliches Gericht angerufen, weist es die Klage als unzulässig ab, sofern der Beklagte die Zuständigkeit des staatlichen Gerichtes vor Beginn der mündlichen Verhandlung rügt. Klagt der Kläger trotz einer Schiedsvereinbarung vor einem staatlichen Gericht und lässt sich der Beklagte darauf ein, ist das staatliche Gericht zuständig, da die Parteien durch ihr Verhalten die Schiedsvereinbarung erkennbar aufgehoben haben. Hin und wieder wird in Verträgen auch ein Wahlrecht zwischen einem Schiedsgericht oder dem staatlichen Gericht vereinbart. Dies ist grundsätzlich zulässig. Der Kläger kann sich dann aussuchen, ob er vor einem staatlichen Gericht oder vor einem Schiedsgericht Klage erhebt.
Die oben genannten Punkte sind die zwingenden Rahmenbedingungen einer Schiedsvereinbarung. Daneben kann eine Vielzahl von zusätzlichen Bestimmungen getroffen werden.

Gem. § 1034 ZPO besteht ein Schiedsgericht normalerweise aus drei **Schiedsrichtern**. **1211**
Die Parteien können aber etwas anderes vereinbaren. Üblich ist bei kleineren Streitwerten die Einsetzung eines Einzelschiedsrichters.
Bei der Auswahl der Personen, die als Schiedsrichter tätig werden sollen, sind die Parteien sehr frei. Grundsätzlich kann jedermann Schiedsrichter werden. Eine juristische oder sonstige fachliche Qualifikation ist gesetzlich nicht vorgeschrieben. Die Parteien können jedoch derartige Anforderungen festlegen. Häufig werden Richter staatlicher Gerichte als Schiedsrichter benannt. Dies ist in einigen Ländern der Welt verboten. Nach deutschem Recht ist es ausdrücklich zulässig, dass staatliche Richter mit einer Genehmigung ihres Gerichtes in ihrer Freizeit als Schiedsrichter tätig sind, sofern sie von beiden Parteien oder einer neutralen Stelle benannt werden (§ 40 Deutsches Richtergesetz). Außerdem dürfen sie nicht in ihrer staatlichen Funktion mit der Sache befasst sein.

Die Parteien können ferner den **Sitz** des Schiedsgerichtes festlegen. Dies ist wichtig für **1212**
die Wahl des anzuwendenden Verfahrensrechts. Die deutsche Zivilprozessordnung gilt z.B. nur dann ohne Weiteres, wenn das Schiedsgerichtsverfahren in Deutschland durchgeführt wird. Treffen die Parteien keine Vereinbarung über den Sitz des Schiedsgerichts, wird dieser von den Schiedsrichtern bestimmt. Vom Ort des Schiedsgerichtsverfahrens zu unterscheiden sind die **Treffpunkte für einzelne Verhandlungen**, die auch an anderen Orten durchgeführt werden können. Denkbar sind insoweit etwa Ortstermine oder Treffen an beliebigen Orten, die aus organisatorischen Gründen vereinbart werden.

Das **anwendbare materielle Recht** kann ebenfalls von den Parteien frei vereinbart **1213**
werden. Fehlt eine Vereinbarung, ist gem. § 1051 Abs. 2 ZPO das Recht des Staats anzuwenden, mit dem der Gegenstand die engsten Verbindungen aufweist. Soweit in dieser Hinsicht Zweifel bestehen, obliegt die Entscheidung dem Schiedsgericht.

Die **Verfahrenssprache** kann anders als bei einem staatlichen Gericht frei vereinbart **1214**
werden. Fehlt eine Vereinbarung, bestimmt gem. § 1045 ZPO das Schiedsgericht die Verfahrenssprache. Beim Schiedsgericht der Handelskammer Hamburg ist gem. § 15 RegHH die Verfahrenssprache Deutsch, sofern die Parteien nichts anderes vereinbaren.

Sonstige in der Praxis anzutreffende Regelungen in Schiedsvereinbarungen beziehen **1215**
sich häufig auf das Beweisverfahren, beispielsweise auf die Einbindung von angelsächsischen Rechtselementen wie etwa dem „Discovery"-Verfahren oder aber die Befristung der Gültigkeit einer Schiedsvereinbarung, wenn es etwa auf die Verfügbarkeit eines bestimmten Experten als Schiedsrichter ankommt.
Anstelle der genannten Einzelregelungen können die Parteien auch das Regelwerk einer Schiedsgerichtsinstitution vereinbaren. Diese Regelwerke enthalten normalerweise die wesentlichen Festlegungen zu den oben genannten Punkten.

§ 3 Bildung des Schiedsgerichts

1216 Ein wesentlicher Unterschied zum staatlichen Gerichtsverfahren ist systembedingt das Vorverfahren zur Bildung des Schiedsgerichts.
Der **Beginn** des schiedsgerichtlichen Verfahrens fällt auf den Tag, an dem der Beklagte den Antrag, die Streitigkeit einem Schiedsgericht vorzulegen, empfangen hat (§ 1044 ZPO). Dieser Zeitpunkt ist deswegen von hoher Bedeutung, da er insbesondere die Hemmung der Verjährung gem. § 204 Abs. 1 Ziff. 11 BGB auslöst. Dieser Antrag wird in der Praxis regelmäßig mit der Klageschrift verbunden.

1217 Die meisten kaufmännischen Schiedsgerichte bestehen aus drei Schiedsrichtern. Gem. § 1034 Abs. 1 ZPO kommen andere Konstellationen nur dann zum Einsatz, wenn die Parteien dies ausdrücklich regeln. Bei einem **Dreierschiedsgericht** benennt jede Partei einen Schiedsrichter, diese berufen dann den Vorsitzenden (§ 1035 Abs. 3 ZPO). Dafür haben der Beklagte und die von den Parteien bestellten Schiedsrichter jeweils einen Monat Zeit. Verstreicht die Monatsfrist, kann ein Parteischiedsrichter oder der Vorsitzende durch das Oberlandesgericht, in dessen Bezirk der Ort des Schiedsverfahrens liegt, bestellt werden (§§ 1035 Abs. 3, 1062 ZPO). Haben die Parteien vereinbart, einen Einzelschiedsrichter zu benennen, kann auch dieser im Falle der Nichteinigung der Parteien durch das Oberlandesgericht ernannt werden. Bei den Verfahren des Schiedsgerichts der Handelskammer Hamburg erfolgen die Schiedsrichterbenennungen durch den Präses der Handelskammer.

1218 Schiedsrichter können in bestimmten Fällen von den Parteien **abgelehnt** werden. § 1036 ZPO regelt zwei Fälle. Eine Variante greift ein, wenn ein Schiedsrichter nicht die von den Parteien im Vorhinein festgelegten Voraussetzungen erfüllt. Haben die Parteien beispielsweise geregelt, dass der Schiedsrichter ein Jurist sein muss, können alle anderen Berufsgruppen abgelehnt werden. Eine wesentlich größere Rolle spielt in der Praxis die Befürchtung der **Befangenheit** eines Schiedsrichters. Alle Mitglieder eines Schiedsgerichtes müssen absolut neutral gegenüber beiden Parteien sein. Dies gilt insbesondere auch für die Schiedsrichter, die von den Parteien selbst benannt werden. Diese sind also nicht etwa Vertreter der sie benennenden Partei. Gründe, die eine Befangenheit indizieren, können verwandtschaftliche Verhältnisse sein, aber auch wirtschaftliche Beziehungen. Häufig ergibt sich ein Problem, wenn ein Schiedsrichter eine Partei bereits früher als Rechtsanwalt vertreten oder sonst beraten hat. Die Ablehnung muss binnen zwei Wochen ab Kenntnis der Bestellung des Schiedsrichters bzw., wenn die Gründe erst später erkennbar werden, binnen zwei Wochen ab Kenntnis dieser Gründe erklärt werden. Der Antrag geht zunächst an das Schiedsgericht, das unter Einbindung des angegriffenen Schiedsrichters entscheidet. Lehnt das Schiedsgericht die Abberufung des Schiedsrichters ab, kann mit Frist von einem Monat eine Entscheidung des Oberlandesgerichts beantragt werden. Während des Verfahrens des Oberlandesgerichts kann das Schiedsgericht das Schiedsverfahren fortsetzen und sogar eine Entscheidung erlassen. Diese würde allerdings gegebenenfalls bei Feststellung eines Ablehnungsgrundes durch das Oberlandesgericht wieder aufgehoben werden. Wird der Schiedsrichter abberufen, wird ein **Ersatzschiedsrichter** nach den oben geschilderten Regeln bestellt. Beim Schiedsgericht der Handelskammer Hamburg entscheidet nicht das Schiedsgericht, sondern die Handelskammer in der ersten Instanz über Befangenheitsanträge.

§ 4 Der Schiedsrichtervertrag

Schiedsrichter sind **durch die Parteien eingesetzte Richter**, keine staatlichen Richter. Die Rechtsbeziehung zu den Parteien ist also privatrechtlicher Natur. Der zwischen Schiedsrichtern und Parteien bestehende Vertrag ist nach deutschem Recht ein **Dienstvertrag**. Im Kern geschuldet ist dabei das Tätigwerden nach bestimmten Regeln, nicht aber ein bestimmtes Ergebnis. Der Schiedsrichtervertrag ist in der ZPO nicht geregelt. Bei den institutionellen Schiedsgerichten gibt es regelmäßig einige Festlegungen, etwa zur Haftungsbegrenzung oder zur Honorierung der Schiedsrichter. Bei ad-hoc-Schiedsgerichten ist das Honorar frei vereinbar.

1219

Der Schiedsrichtervertrag kommt mit der Berufung des Schiedsrichters und dessen Amtsannahme zu Stande. Der Schiedsrichtervertrag kann formfrei geschlossen werden. In der Praxis geschieht dies häufig auch mündlich. Vertragspartner sind jeweils der **Schiedsrichter** und **beide Parteien** (also nicht etwa nur diejenige Partei, die einen Schiedsrichter beruft). Wesentliche Vertragsinhalte sind die Entscheidung des Rechtsstreits, die Verfahrensbetreuung und beim Vorsitzenden des Schiedsgerichts die Verfahrensleitung. Die Parteien verpflichten sich zur Zahlung des Honorars und regelmäßig einer Sicherheitsleistung für die Verfahrenskosten. Die Haftung der Schiedsrichter ist stark eingeschränkt. Sie haften im Wesentlichen für die Verfahrensbetreuung, insbesondere bei einer vorwerfbaren Verschleppung des Verfahrens. Für Fehler in der Urteilsfindung haften Schiedsrichter nach deutschem Recht grundsätzlich nur bei Straftaten, wie etwa Bestechlichkeit. Sie habe insoweit die gleiche Rechtsstellung wie ein staatlicher Richter (§ 839 Abs. 2 BGB).

1220

Der Schiedsrichtervertrag **endet** in der Regel mit der Beendigung des Rechtsstreits durch die Entscheidung des Schiedsgerichtes bzw. durch die Protokollierung eines Vergleichs der Parteien und der vollständigen Abwicklung aller Formalien, wie etwa der Abrechnung der Honorare. Eine Abberufung der Schiedsrichter ist jederzeit durch beide Parteien bei Vertrauensverlust möglich, § 1039 ZPO. Schiedsrichter können ferner gem. § 1039 ZPO jederzeit von ihrem Amt zurücktreten. Ein Schadensersatzanspruch für die Parteien besteht nur dann, wenn der Rücktritt offensichtlich zu erheblichen Nachteilen führt und ein Ersatzschiedsrichter nicht gestellt werden kann. Ist ein Schiedsrichter vorwerfbar untätig oder kann er z.B. aus Krankheitsgründen sein Amt nicht erfüllen, kann er auch durch das örtlich zuständige Oberlandesgericht gem. § 1038 ZPO auf Antrag einer Partei abberufen werden.

1221

§ 5 Das Verfahren vor dem Schiedsgericht

Das Schiedsgerichtsverfahren kann aufgrund seiner privatrechtlichen Natur von den Parteien und den Schiedsrichtern wesentlich flexibler als das staatliche Gerichtsverfahren gestaltet werden.
Es gibt allerdings drei Kerngrundsätze, die auf keinen Fall verletzt werden dürfen. Diese sind in § 1042 ZPO geregelt. Es handelt sich um den Gleichbehandlungsgrundsatz, den Anspruch auf die Gewährung rechtlichen Gehörs und die Zulassung von Rechtsanwälten. Abgesehen von diesen Grundsätzen können die Parteien von den gesetzlichen Regelungen weitestgehend abweichen. Dies kann insbesondere durch die Vereinbarung der Verfahrensordnung einer Schiedsgerichtsinstitution geschehen. Soweit weder die ZPO noch die Vereinbarungen der Parteien einschließlich einer evtl. vereinbarten Verfahrensordnung eine Regelung enthalten, kann das Schiedsgericht nach pflichtgemäßem Ermessen das Verfahren regeln. Die Verfahrensleitung liegt in der Regel beim Vorsitzenden des Schiedsgerichts.

1222

1223 Der **Gleichbehandlungsgrundsatz** beinhaltet das Gebot an das Schiedsgericht, die Verfahrensregeln unparteiisch und gleichmäßig zu handhaben. Insbesondere müssen die Parteien gleichgewichtige Beweismöglichkeiten haben. Das Schiedsgericht darf nicht willkürlich entscheiden. Auch bei Ermessensentscheidungen müssen vernünftige Gründe erkennbar sein.

1224 Nach dem Grundsatz des **rechtlichen Gehörs** sind die Parteien anzuhören, so oft es die Sach- und Prozesslage verlangt. Dies umfasst insbesondere alle Tatsachen und Beweismittel, die das Gericht zur Entscheidungsgrundlage machen will. Zu reinen Rechtsansichten des Gerichts sind die Parteien hingegen nicht unbedingt anzuhören.

1225 **Rechtsanwälte** müssen zugelassen werden. Ein Anwaltszwang wie vor den staatlichen Zivilgerichten (außer Amtsgericht) besteht jedoch nicht.

1226 Die meisten Schiedsgerichtsverfahren werden ähnlich wie staatliche Gerichtsverfahren mit einer **mündlichen Verhandlung** durchgeführt. Diese wird von den Parteien mit Schriftsätzen vorbereitet. Grundsätzlich kann das Verfahren auch insgesamt schriftlich durchgeführt werden, wenn nicht wenigstens eine Partei etwas anderes beantragt, § 1047 ZPO. Insgesamt ist der Verfahrensrahmen bei Schiedsgerichten häufig kooperativer angelegt als bei staatlichen Gerichten. So werden Termine in der Regel möglichst mit den Parteien abgestimmt anstatt vom Gericht angeordnet zu werden.

1227 Die **Beweisaufnahme** ist im Schiedsverfahren auch vom Gesetz her deutlich flexibler geregelt als vor den staatlichen Gerichten. Gem. § 1042 Abs. 4 ZPO ist Durchführung und Würdigung der Beweiserhebung in das freie Ermessen des Gerichts gestellt. So kann auch in einem Verfahren etwa nach deutschem Verfahrensrecht ein Beweisverfahren nach angelsächsischen Grundsätzen integriert werden. Dies sollte allerdings sinnvollerweise mit den Parteien vorher abgestimmt werden. Insoweit sind die IBA Rules of Evidence der International Bar Association zu erwähnen. Diese sind als vermittelnde Lösung zwischen Beweisverfahren des Civil-Law und des angelsächsischen Common-Law gedacht.

1228 Eine besondere Situation ergibt sich, wenn bei der Beweisaufnahme durch ein Schiedsgericht Handlungen gegenüber Personen, wie etwa Zeugen, erforderlich werden, die eine staatliche Autorität voraussetzen. Dies ist insbesondere bei der Vereidigung oder der zwangsweisen Vorführung von Zeugen, Parteien und Sachverständigen der Fall. In diesen Konstellationen kann das Schiedsgericht auf die **Unterstützung der staatlichen Gerichte** nach § 1050 ZPO zurück greifen. Zuständig ist in diesen Fällen nicht das Oberlandesgericht, sondern das örtlich zuständige Amtsgericht, § 1062 Abs. 4 ZPO.

1229 Eine ähnliche Situation ergibt sich im Hinblick auf Maßnahmen des **vorläufigen Rechtsschutzes**, wenn beispielsweise Geldvermögen oder Sachwerte, die durch das Schiedsverfahren betroffen sind, vorläufig festgehalten werden sollen. Solche vorläufigen Maßnahmen können zum einen durch das Schiedsgericht gem. § 1041 ZPO angeordnet werden. Die praktische Vollziehung dieser Anordnung des Schiedsgerichtes muss allerdings zusätzlich durch das örtlich zuständige Oberlandesgericht gem. § 1062 Abs. 1 Ziff. 3 ZPO verfügt werden. Um hier keinen Zeitverlust zu erleiden, ist bei Maßnahmen innerhalb Deutschlands in der Regel der direkte Weg zum staatlichen Gericht gem. § 1033 ZPO anzuraten. Eine Schiedsvereinbarung schließt es nämlich nicht aus, dass ein staatliches Gericht auf Antrag einer Partei vorläufige Sicherungsmaßnahmen direkt anordnet. Der Weg über das Schiedsgericht kann dann Vorteile bieten, wenn es um Sicherungsmaßnahmen im Ausland geht, da dort keine Kompetenz der deutschen staatlichen Gerichte besteht.

1230 Ein ganz wesentlicher Verfahrensgrundsatz der Schiedsgerichtsbarkeit ist die **Nichtöffentlichkeit** des Verfahrens. Dritte Personen oder die allgemeine Öffentlichkeit sind nur dann zum Verfahren zugelassen, wenn beide Parteien dies beschließen. Die Nichtöffentlichkeit des Schiedsverfahrens ist ein allgemeiner Grundsatz, der in der Schiedsvereinbarung nicht gesondert erwähnt werden muss. Darüber hinaus gehen Regelungen

Abschluss des Schiedsverfahrens Kap. 4 § 6 J

zur vertraulichen Behandlung der Verfahrensinhalte durch die Parteien und die Schiedsrichter. Solche Regelungen müssen ausdrücklich vereinbart werden. § 5 RegHH verpflichtet beispielsweise alle Verfahrensbeteiligten zur Verschwiegenheit gegenüber jedermann.

§ 6 Abschluss des Schiedsverfahrens

I. Der Schiedsspruch

Die Schiedsrichter entscheiden das Verfahren durch den sog. Schiedsspruch gem. §§ 1051 ff. ZPO. Der Schiedsspruch hat für die Parteien die Wirkung eines **rechtskräftigen Urteils** staatlicher Gerichte, § 1055 ZPO. Die Entscheidungsfindung erfolgt durch **Mehrheitsentscheid** der Schiedsrichter, § 1052 ZPO. Es gibt kein Doppelstimmrecht des Vorsitzenden. Verweigert ein Schiedsrichter die Mitwirkung an der Abstimmung, kann nach vorheriger Mitteilung an die Parteien ohne ihn entschieden werden. Der Schiedsspruch ist gem. § 1054 ZPO **schriftlich** abzufassen und von den Schiedsrichtern **zu unterzeichnen**. Er ist ferner zu begründen, sofern die Parteien nichts anderes vereinbart haben. Jede Partei erhält eine im Original unterschriebene Ausfertigung des Schiedsspruchs. **1231**

Der Schiedsspruch enthält gem. § 1057 ZPO auch eine **Kostenentscheidung**. Diese umfasst die Schiedsrichterhonorare und Auslagen, eventuelle Sachverständigenhonorare und Auslagen, die eventuellen Gebühren einer Schiedsgerichtsorganisation und die Kosten der Parteien für Anwälte und Auslagen. Die Entscheidung, zu welchem Anteil die Parteien die Kosten zu tragen haben, liegt grundsätzlich im Ermessen des Schiedsgerichts. Üblich ist in Deutschland die Anwendung der Grundsätze der staatlichen Gerichte gem. §§ 91 ff. ZPO.

Ein erheblicher Unterschied zu dem Verfahren vor den staatlichen Gerichten besteht, wenn **eine Partei sich dem Verfahren verweigert**. In diesem Fall kann das Schiedsgericht einen Schiedsspruch nach den vorliegenden Erkenntnissen erlassen, § 1048 ZPO. Anders als beim staatlichen Versäumnisurteil wird das Vorbringen der aktiven Partei nicht als zugestanden betrachtet, sondern muss gegebenenfalls zur Überzeugung des Schiedsgerichts bewiesen werden. In der Auswirkung ist ein solcher Schiedsspruch für die säumige Partei allerdings wesentlich weitergehender als ein erstes Versäumnisurteil der staatlichen Gerichte. Der Schiedsspruch ist nämlich sofort in vollem Umfang gültig. Es gibt anders als beim staatlichen ersten Versäumnisurteil keine Möglichkeit, ihn durch einen einfachen Einspruch problemlos zu beseitigen. **1232**

II. Der „Schiedsspruch mit vereinbartem Wortlaut"

Gem. § 1053 ZPO kann ein Vergleich der Parteien durch das Schiedsgericht in Form eines sog. „Schiedsspruchs mit vereinbartem Wortlaut" protokolliert werden. Dieser hat dieselben rechtlichen Wirkungen wie ein von den Schiedsrichtern erlassener Schiedsspruch. **1233**

III. Sonstige Beendigungsgründe

Gem. § 1056 ZPO kann ein Schiedsverfahren auch aus anderen Gründen enden. Dazu gehören u.a. die Klagerücknahme oder die einvernehmliche Verfahrensbeendigung **1234**

367

J Kap. 4 § 8   Kaufmännische Alternativen zu den staatlichen Gerichten

durch die Parteien, auch wenn diese keine inhaltliche Regelung im Vergleichswege schließen. Ferner kann das Schiedsgericht das Verfahren beenden, wenn beide Parteien es trotz Aufforderung des Schiedsgerichts nicht weiter betreiben.

§ 7 Rechtsmittel gegen einen Schiedsspruch

1235 Schiedsgerichte entscheiden grundsätzlich in einer Instanz. Es gibt **keine Berufung oder Revision** mit erneuter Prüfung der Tatsachenfeststellung bzw. Rechtsanwendung. Nur ganz vereinzelt wird in einigen Schiedsgerichtsordnungen eine Kassation durch einen Oberschiedsgerichtshof vorgesehen.

1236 Reguläres Rechtsmittel gegen Schiedssprüche ist der **Aufhebungsantrag** gem. § 1059 ZPO zum örtlich zuständigen Oberlandesgericht. Dieser ist vor allem auf wenige formale Aspekte beschränkt.
Zum einen können **Mängel der Schiedsvereinbarung** geltend gemacht werden. Hier liegt ein in der Praxis häufig anzutreffendes Problem, wenn Schiedsklauseln diffus formuliert sind und beispielsweise nicht klar ist, welcher Vertrag der Schiedsvereinbarung unterliegen soll oder welche Schiedsgerichtsinstitution zuständig sein soll.
Gerügt werden können auch **Verfahrensfehler des Schiedsgerichts**, wenn gegen zwingende gesetzliche Regelungen oder Vereinbarungen der Parteien bzw. Regelungen einer von den Parteien vereinbarten Schiedsgerichtsordnung verstoßen worden ist. Besondere Bedeutung kommt hier einer eventuellen Verweigerung des rechtlichen Gehörs zu. Der Verstoß gegen die Verfahrensvorschrift darf aber nicht nur rein abstrakter Natur sein, sondern muss sich konkret auf den Schiedsspruch ausgewirkt haben.
Verstöße gegen das materielle Recht können nur ganz eingeschränkt geltend gemacht werden. Gem. § 1059 Abs. 2 Ziffer 2b ZPO sind nur solche Verstöße von Bedeutung, die bei Vollstreckung des Schiedsspruches einen Verstoß gegen die öffentliche Ordnung (ordre public) hervorrufen würden. Dies wäre etwa dann der Fall, wenn ein Schiedsspruch eine Partei zu einem sittenwidrigen Verhalten verpflichten würde. Auch die Verurteilung einer Partei zu „punitive damages" (Schadensersatz mit Strafcharakter) nach angelsächsischem Recht würde in Deutschland zur Aufhebung des Schiedsspruchs führen.

1237 Der Aufhebungsauftrag muss **binnen drei Monaten** nach Empfang des Schiedsspruchs an das örtliche zuständige Oberlandesgericht gestellt werden. Hebt das Oberlandesgericht den Schiedsspruch auf, verweist es das Verfahren zurück an das Schiedsgericht zu einer neuen Entscheidung unter Berücksichtigung der Rechtsansicht des Oberlandesgerichts. Bei ganz grundsätzlichen Fehlern kann der Schiedsspruch komplett aufgehoben werden, so dass ein neues Schiedsverfahren erforderlich ist. Keinesfalls kann jedoch das Oberlandesgericht eine komplett eigene Entscheidung anstelle des Schiedsgerichts treffen.

§ 8 Vollstreckung

I. Vollstreckung deutscher Schiedssprüche im Inland

1238 Gem. § 1060 ZPO müssen inländische Schiedssprüche mit einer **gesonderten Vollstreckbarerklärung durch das Oberlandesgericht** versehen werden. Örtlich zuständig ist das Oberlandesgericht, das im Schiedsvertrag benannt ist oder in dessen Bezirk der Ort des Schiedsverfahrens liegt. Das Oberlandesgericht prüft die formale Korrektheit des Schiedsspruchs sowie die Vereinbarkeit der zu vollstreckenden Inhalte mit der öffentlichen Ordnung nach den oben geschilderten Grundsätzen. Mit dieser Vollstreckbarerklärung wird der Schiedsspruch dann wie ein Urteil staatlicher Gerichte vollstreckt.

II. Vollstreckung ausländischer Schiedssprüche in Deutschland

Gem. § 1061 ZPO werden ausländische Schiedssprüche in einem im Ergebnis ähnlichen Verfahren durch das **Oberlandesgericht am Sitz des Schuldners** für vollstreckbar erklärt. Bei unbekanntem Wohnsitz des Schuldners ist das Oberlandesgericht Berlin („Kammergericht") örtlich zuständig. Alternativ kann auch das Oberlandesgericht angerufen werden, in dessen Bezirk der Schuldner Vermögensgegenstände hat, etwa Immobilien. Bei fremdsprachigen Schiedssprüchen ist eine **beglaubigte Übersetzung** vorzulegen. Die Prüfung erfolgt nicht anhand der deutschen ZPO, sondern direkt anhand des oben erwähnten New Yorker Übereinkommens. Inhaltlich ergeben sich jedoch keine wesentlichen Unterschiede. Wird der Schiedsspruch für vollstreckbar erklärt, vollzieht sich das weitere Verfahren wie bei der Vollstreckung eines deutschen Gerichtsurteils. Dieses Grundprinzip gilt entsprechend in allen Unterzeichnerstaaten des New Yorker Übereinkommens, so dass die Vollstreckung von Schiedssprüchen weltweit einheitlich erfolgt.

1239

§ 9 Abgrenzung zum Schiedsgutachten

Ein vom Begriff verwandtes, rechtlich aber klar abzugrenzendes Instrument der Streitbeilegung ist das sog. Schiedsgutachten. Ein Schiedsgutachten **klärt für beide Parteien verbindlich eine Sachfrage durch einen sachverständigen Experten.** Es entscheidet jedoch anders als beim Schiedsgerichtsverfahren keine Rechtsfragen. Schiedsgutachten sind in § 317 BGB verankert. Die Vorschriften der ZPO zum Schiedsverfahren sind nicht anwendbar. Grundlage für ein Schiedsgutachten ist, insoweit ähnlich wie beim Schiedsgerichtsverfahren, eine Vereinbarung zwischen den Parteien. Diese bestellen einen Experten, der eine Sachfrage verbindlich klären soll. Schiedsgutachten sind vom Charakter her **Beweismittel**, die vor allem in Gerichts- oder Schiedsgerichtsverfahren verwendet werden.

1240

§ 10 Schiedsgerichtsinstitutionen

Die in **Europa** international bekanntesten Schiedsgerichtsinstitutionen dürften das Schiedsgericht der Internationalen Handelskammer (ICC) in Paris, der London Court of International Arbitration (LCIA) in London, das Schiedsgericht der Handelskammer Stockholm, das Schiedsgericht der Wirtschaftskammer Österreich in Wien sowie die gemeinsamen Schiedsgerichte der Industrie- und Handelskammern der Schweiz (Swiss Arbitration) sein.

1241

In **Deutschland** hat die bereits erwähnte Deutsche Institution für Schiedsgerichtsbarkeit (DIS) einen hohen Bekanntheitsgrad.

1242

In **Hamburg** gibt es mehrere Schiedsgerichtsinstitutionen. Das Schiedsgericht der Handelskammer Hamburg betreut nationale und internationale Verfahren mit Streitwerten zwischen einigen zehntausend Euro bis hin zu zweistelligen Millionenbeträgen. Bei den internationalen Verfahren liegt das Schwergewicht im China- und Osteuropageschäft. Eine Besonderheit des Verfahrens ist, dass die Geschäftsstelle der Handelskammer das gesamte Verfahren organisatorisch betreut und dass ein Justitiar der Handelskammer mit beratender Stimme auch inhaltlich am Verfahren beteiligt ist. Auf diese Weise können die organisatorischen und wissenschaftlichen Ressourcen der Handelskammer für die Verfahren nutzbar gemacht werden[3]. Die meisten anderen Schiedsgerichtsorganisationen beschränken sich auf eine Unterstützung der Parteien bei der Einleitung des Verfahrens bis zur Bestellung der Schiedsrichter. Das eigentliche Verfahren findet dann ohne Beteiligung dieser Institutionen statt.

Neben dem Schiedsgericht der Handelskammer Hamburg gibt es ca. zehn bis fünfzehn auf spezielle Warengruppen fokussierte **Verbandsschiedsgerichte**, etwa für den Getreide- und Lebensmittelhandel. Bei der Handelskammer Hamburg ist ein derartiges Spezialschiedsgericht für den internationalen Kaffeehandel angesiedelt. Das Schiedsgericht der Handelskammer hat außerdem einen Fachsenat für Streitfälle in der Logistikbranche. In Hamburg angesiedelt ist auch die German Maritime Arbitration Association (GMAA), eine Vereinigung von Schiedsgerichtsexperten, die auf das Seehandelsrecht spezialisiert sind. Speziell für Streitfälle aus dem China-Geschäft gibt es das Chinese European Arbitration Centre (CEAC).[4]

Insgesamt gibt es in Hamburg ca. 300 bis 400 aktive Schiedsrichter. Bei ihnen handelt es sich zu einem guten Teil um Anwälte, aber auch um Kaufleute, Sachverständige, Unternehmensjustiziare, Richter staatlicher Gerichte und um Hochschullehrer. In Hamburg werden schätzungsweise 200 bis 250 Schiedsgerichtsverfahren pro Jahr durchgeführt. Offizielle Statistiken gibt es aufgrund der Diskretion der Verfahren nicht.

International bekannt ist auch die „Hamburger freundschaftliche Arbitrage". Dabei handelt es sich nicht um eine Schiedsgerichtsinstitution, sondern um eine spezielle Verfahrensform der Ad-Hoc-Schiedsgerichtsbarkeit mit der Besonderheit, dass statt eines Dreierschiedsgerichts zunächst versucht wird, mit zwei Schiedsrichtern eine Entscheidung herbeizuführen.

Kapitel 5   Wirtschaftsmediation

§ 1 Grundlagen

1243 Die Mediation ist anders als die Schiedsgerichtsbarkeit ein **Verfahren zur konsensualen Streitbeilegung**. Die Mediation zielt also ausschließlich auf eine gütliche Einigung. Der Mediator kann kein Urteil über den streitigen Sachverhalt fällen. Der Mediatior ist vielmehr ein neutraler Dritter ohne Entscheidungsgewalt oder Zwangsmittel gegenüber den Parteien, der unter gezielter Nutzung von Moderations- und Kommunikationstechniken den Parteien hilft, ihre Probleme eigenverantwortlich zu lösen.

Die Wirtschaftsmediation beruht auf einem breiten Fundament wissenschaftlicher Erkenntnisse aus der Konflikt- und Kommunikationsforschung. Auf die Details kann im Rahmen dieser Darstellung nicht vertieft eingegangen werden[5].

Die Wirtschaftsmediation ist in Deutschland und weltweit gesetzlich kaum reglementiert, da es sich um ein freiwilliges und unverbindliches Verfahren handelt. Eine wich-

---

3   Nähere Informationen s. www.hk24.de.
4   Nähere Informationen zu Hamburger Schiedsgerichten s. www.dispute-resolution-hamburg.com.
5   Weiter führende Quellen sind z.B.: *Christian Duve/Horst Eidenmüller/Andreas Hacke*, Mediation in der Wirtschaft und *Torsten Schoen*, Konfliktmanagement für Wirtschaftsunternehmen, 2003.

Vertrag mit dem Mediator   Kap. 5 § 4   **J**

tige deutsche Vorschrift im Zusammenhang mit der Mediation ist § 203 BGB. Danach hemmt die Einleitung einer Mediation (oder jeder anderen Form von Verhandlung über einen Anspruch) die Verjährung. Diese Hemmung endet, so bald die Mediation beendet ist. Ein deutsches Mediationsgesetz, das einige Rahmenbedingungen des Verfahrens regelt, tritt voraussichtlich 2012 in Kraft. Es korrespondiert mit einer EU-Richtlinie für grenzüberschreitende Verfahren, die ebenfalls nur eher globale Vorgaben macht.

§ 2 Mediationsvereinbarung

Da es keine gesetzliche Verpflichtung zur Durchführung einer Mediation gibt, beruhen Mediationsverfahren stets auf privat-rechtlichen Vereinbarungen. Mediationsvereinbarungen sollten, ähnlich wie Schiedsgerichtsvereinbarungen, sinnvollerweise bereits bei Abschluss eines Vertrags geschlossen werden. **1244**

Dies kann auch in Kombination mit einer Schiedsvereinbarung geschehen. Dazu wird vereinbart, dass vor Einreichen einer Schiedsklage ein Mediationsverfahren durchgeführt werden soll. Damit ist insbesondere kein Verzögerungsrisiko im Streitfall verbunden, da eine Mediation stets ein für beide Seiten vollkommen freiwilliges Verfahren ist. Stellt sich im Streitfall heraus, dass die Mediation in der konkreten Situation aussichtslos ist, z.B. weil die Parteien zu sehr miteinander zerstritten sind, um noch einen sinnvollen Dialog zu führen, kann durch eine einfache Erklärung einer Seite das Mediationsverfahren für undurchführbar erklärt werden.

§ 3 Auswahl des Mediators

Die Auswahl eines geeigneten Mediators kann problematisch sein, da es eine Vielzahl von Anbietern, aber nur eine geringe Markttransparenz gibt. „Mediator" ist in Deutschland kein geschützter Beruf. Nur bei Rechtsanwälten ist eine gewisse Zusatzschulung standesrechtlich verpflichtend, wenn sie sich als Mediatoren bezeichnen wollen. **1245**

Um eine Orientierungsmöglichkeit für die Wirtschaft zu schaffen, hat die Handelskammer Hamburg seit Februar 2000 gemeinsam mit der Hanseatischen Rechtsanwaltskammer Hamburg und dem Hamburger Institut für Mediation e.V. eine Mediationsstelle für Wirtschaftskonflikte eingerichtet. Diese bietet Informationen zum Mediationsverfahren, eine Verfahrensordnung und eine Liste ausgewählter Mediatorinnen und Mediatoren an. Die bei der Handelskammer Hamburg registrierten Mediatoren sind interdisziplinär. Neben Rechtsanwälten sind auch Unternehmensberater, mittelständische Unternehmer, Architekten, Psychologen und weitere Berufsgruppen vertreten. Die Mediationsstelle berät Parteien bei der Auswahl von Mediatoren. Auf Antrag der Parteien werden auch Mediatoren bestellt. Gemeinsames Merkmal dieser Mediatoren ist neben ihrer jeweiligen beruflichen Qualifikation eine spezifische Zusatzausbildung in Kommunikation, Moderation, Verhandlungsführung und Techniken des Konfliktmanagements. Kurzdarstellungen der Mediatoren und weitere Einzelheiten zum Verfahren sind im Internet unter www.hamburger-mediationsstelle.de abrufbar.

§ 4 Vertrag mit dem Mediator

Der Mediator schließt mit beiden Konfliktparteien einen Dienstvertrag. Er wird für beide Parteien tätig. Seine wesentlichen Pflichten sind die Verfahrensbetreuung, die Neutralität und die Vertraulichkeit. Ein bestimmtes Ergebnis wird nicht geschuldet, da **1246**

371

die Parteien maßgeblich an der Erarbeitung eines Verfahrensresultats beteiligt sind. Wesentliche Pflichten der Parteien sind Mitwirkung am Verfahren, allseitige Vertraulichkeit und die Zahlung des Honorars an den Mediator, üblicherweise auf Zeitbasis. Die Stunden- und Tagessätze der Mediatoren liegen im Rahmen der für Anwälte und Berater üblichen Honorare.

Da die Mediation jederzeit von jeder Partei ohne Begründung beendet werden kann, ist auch der Vertrag mit dem Mediator jederzeit kündbar. Dann werden die bis zur Beendigung angefallenen Zeiten des Mediators vergütet. Bei positivem Abschluss des Verfahrens endet der Vertrag mit der Unterzeichnung einer Vereinbarung der Parteien zum Verfahrensergebnis und der Abwicklung aller eventueller Nachbetreuungserfordernisse wie etwa Dokumentationen, Abrechnungen etc.

§ 5 Das Mediationsverfahren

1247 Da es bei dem Mediationsverfahren vor allem um die Erarbeitung einer eigenverantwortlichen Problemlösung der Parteien geht, werden anders als bei einem Gerichts- oder Schiedsgerichtsverfahren nur ausnahmsweise längere vorbereitende Schriftsätze erstellt. Der Kern des Mediationsverfahrens ist die durch den Mediator betreute, strukturierte Verhandlungssitzung mit den Parteien.

In der Regel wird der Mediator die Mediationssitzung mit einer Einleitung zum Verfahren beginnen. Dabei sollen insbesondere Kommunikationsregeln festgelegt werden, um eine produktive Verhandlungsatmosphäre sicherzustellen.

In der zweiten Phase erhalten die Parteien die Möglichkeit, ihre Positionen darzustellen, also insbesondere ihre Ansprüche und Erwartungen zu schildern. Dabei wird es sich in der Regel um Ansprüche handeln, die ähnlich wie in einem Gerichtsverfahren formuliert werden, also beispielsweise die Zahlung eines Geldbetrags oder die Vornahme bzw. Unterlassung einer bestimmten Handlung.

Im darauffolgenden Verfahrensabschnitt versucht der Mediator, gemeinsam mit den Parteien das gesamte Umfeld der Streitigkeit zu analysieren und begreifbar zu machen. Dabei kommt es insbesondere darauf an, auch sachlich weiter entfernte oder emotionale Hintergründe für die Parteien zu verdeutlichen, die wesentlich für den Konflikt sind. Weiterhin soll der Blick auf mögliche Optionen und Gestaltungsmöglichkeiten gelenkt werden, die möglicherweise über den Streitgegenstand im engeren Sinne hinausgehen.

Nach dieser umfassenden Analyse des gesamten Konfliktumfeldes erarbeiten die Parteien unter Moderation des Mediators Gestaltungsmöglichkeiten zur Lösung des Konflikts. Diese Optionen werden einvernehmlich bewertet. Die beste Lösung wird schließlich in einer abschließenden Phase in einem Vertrag festgehalten.

Das gesamte Umfeld des Verfahrens kann von den Parteien frei gestaltet werden. Dies bezieht sich etwa auf den Verhandlungsort, die Verhandlungssprache und die Beiziehung von Rechtsanwälten der Parteien. Bei einer Mediation besteht kein Anwaltszwang. Die Hinzuziehung der Parteianwälte ist bei Mediationsverfahren in der Wirtschaft allerdings üblich. Auf diese Weise soll insbesondere verhindert werden, dass rechtlich problematische oder gar unwirksame Vergleiche geschlossen werden.

§ 6 Praktische Erfahrungen

1248 Da Mediationsverfahren wie Schiedsgerichtsverfahren absolut diskret ablaufen, gibt es über die Zahl der in Deutschland durchgeführten Mediationsverfahren keine offiziellen

Praktische Erfahrungen   Kap. 7 **J**

Statistiken. Die Mediatoren der Hamburger Mediationsstelle für Wirtschaftskonflikte betreuen pro Jahr ca. 150 bis 200 Wirtschaftsmediationen. Dabei handelt es sich überwiegend um Streitigkeiten mittelständischer Unternehmen. Die häufigsten Inhalte der Streitigkeiten sind Auseinandersetzungen zwischen Gesellschaftern, Nachfolgestreitigkeiten in Familienunternehmen, Streitigkeiten zwischen Arbeitgebern und Arbeitnehmern und sonstige Streitigkeiten in längerfristigen Vertragsbeziehungen. Gemeinsamer Nenner ist, dass es bei diesen Auseinandersetzungen in der Regel um besonders hochwertige, langfristige Vertragsbeziehungen geht, deren Fortbestand oder zumindest gütliche Beendigung einen hohen Stellenwert für die Beteiligten hat. Die Erfolgsquote der Verfahren liegt bei über drei Viertel. Die Verfahrensdauer liegt inklusive Vorbereitung, Terminfindung und Durchführung des Mediationsverfahrens bei wenigen Tagen bis einigen Wochen. Mediationsverfahren, die sich länger als ca. drei Monate hinziehen, haben nach aller Erfahrung nur noch wenig Aussicht auf Erfolg. In dieser im Vergleich zu Schiedsgerichts- und staatlichen Gerichtsverfahren ausgesprochen kurzen Verfahrensdauer liegt einer der wesentlichen Vorzüge des Mediationsverfahrens. Da auf Zeitbasis abgerechnet wird, sind auch die Verfahrenskosten überschaubar und von den Parteien jederzeit kontrollierbar.

Kapitel 6   Schlichtung

Schlichtungsverfahren sind wie die Mediation Verfahren, die auf eine freiwillige Einigung zielen. Der wesentliche Unterschied liegt darin, dass ein Schlichter anders als ein Mediator eher ein von beiden Parteien eingesetzter Fachexperte ist, von dem erwartet wird, dass er einen konkreten, fachlich fundierten Lösungsvorschlag macht. Der Schlichter hat aber genau wie ein Mediator keine Entscheidungsgewalt, er ist also kein Schiedsrichter. **1249**
In Deutschland und international gibt es eine Vielzahl verschiedener Schlichtungsangebote, die überwiegend auf spezielle Zielgruppen ausgerichtet sind. Ein umfassender Überblick ist bei der Fülle des Angebots im Rahmen dieser Darstellung nicht möglich. Nur beispielhaft seien erwähnt die gesetzlichen Schlichtungsstellen bei den deutschen Industrie- und Handelskammern für Streitigkeiten im Wettbewerbsrecht und für Streitigkeiten zwischen Ausbildungsbetrieb und Auszubildenden. In beiden Einrichtungen werden Gremien von Fachexperten eingesetzt, die den Parteien nach Schilderung des Sachverhaltes entsprechende Einigungsvorschläge unterbreiten. Bei den Streitigkeiten in den Berufsausbildungsverhältnissen ist die Durchführung einer solchen Schlichtung Voraussetzung, um im Falle des Scheiterns der Schlichtung eine Klage bei den Arbeitsgerichten zu erheben.

Kapitel 7   Schlussbetrachtungen

Die Kenntnis und Beherrschung der verschiedenen Instrumente des Konfliktmanagements ist heutzutage eine unerlässliche Voraussetzung für Unternehmer und Rechtsanwälte jedenfalls im internationalen Geschäft und zunehmend auch bei nationalen Verträgen. Diese Einsicht setzt sich in den letzten Jahren erfreulicherweise auch in der juristischen Ausbildung durch. Greift man die eingangs erwähnten kaufmännischen Kriterien Kosten, Verfahrensdauer und Verfahrensqualität auf, ergeben sich zusammenfassend folgende wesentlichen Aussagen: **1250**

J Kap. 7   Kaufmännische Alternativen zu den staatlichen Gerichten

§ 1 Kosten

1251 Beim Kostenvergleich zwischen staatlichen Gerichtsverfahren und Schiedsgerichtsverfahren ergibt sich aus der Einstufigkeit des Schiedsgerichtsverfahrens ein systembedingter Effekt:

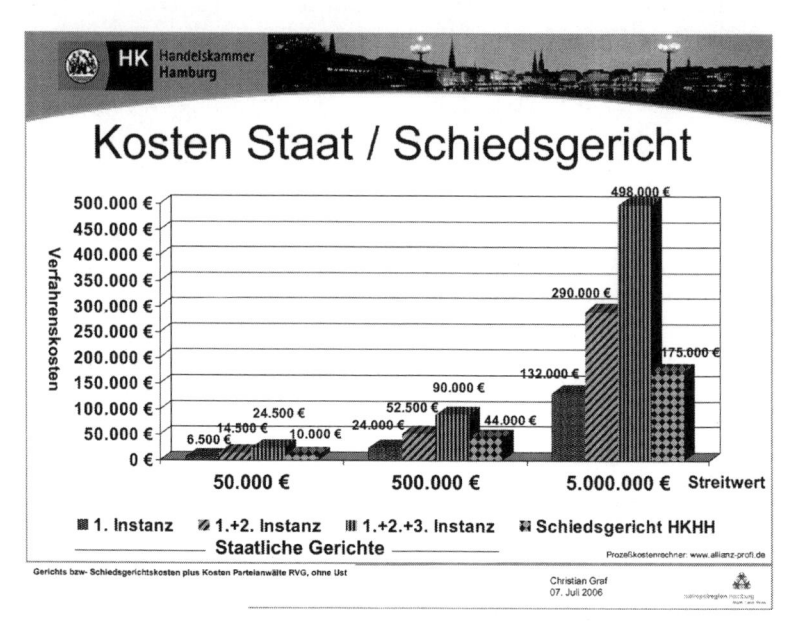

Abb. 1: Kostenvergleich

Die Abb. 1 zeigt die kumulative Entwicklung der Prozesskosten vor den staatlichen Gerichten über mehrere Instanzen bei verschiedenen Streitwerten und im Vergleich zum prinzipiell einstufigen Schiedsgerichtsverfahren, hier anhand der derzeitigen Kostentabelle des Schiedsgerichts der Handelskammer Hamburg. Man erkennt daraus, dass Schiedsgerichtsverfahren etwas teurer als staatliche Verfahren der ersten Instanz sind, aber preiswerter als staatliche Verfahren, die in die zweite oder gar dritte Instanz gehen. Die Kostenansätze der einzelnen Schiedsgerichtsinstitutionen unterscheiden sich übrigens nicht unerheblich. Teilweise werden die Kosten eines staatlichen Verfahrens der ersten plus zweiten Instanz sogar nicht überschritten.

1252 Die Kosten einer Mediation hängen in der Regel von der Dauer des Verfahrens ab, da normalerweise Zeithonorare auf der Basis von Stunden- und Tagessätzen vereinbart werden. Auch insoweit kann die obige Abbildung einen gewissen Anhaltspunkt liefern. Die empfohlenen Tagessätze der Mediatoren der Hamburger Mediationsstelle für Wirtschaftskonflikte liegen derzeit zwischen 1 200.– Euro und 2 800.– Euro. Beim typischen Verlauf einer Wirtschaftsmediation fallen inklusive Vor- und Nachbereitung des Mediators selten mehr als fünf abzurechnende Tagessätze an, häufig deutlich weniger. Die oben geschilderte Gesamtdauer der Verfahren von maximal einigen Wochen beinhaltet natürlich auch Zeiten, in denen der Mediator etwa während der Wartezeit auf einen vereinbarten Mediationstermin nicht ständig für das Verfahren tätig ist. Geht man von diesen Erfahrungswerten aus, können Mediationsverfahren jedenfalls bei höheren Streitwerten deutlich billiger als staatliche Gerichtsverfahren oder als Schiedsgerichte sein.

Verfahrensdauer   Kap. 7 § 2 **J**

§ 2 Verfahrensdauer

Auch im Hinblick auf den Zeitbedarf der verschiedenen Verfahrensarten spielt die **1253**
Mehrinstanzlichkeit des staatlichen Gerichtsverfahrens eine wesentliche Rolle. Im Vergleich zur Schiedsgerichtsbarkeit ergibt sich folgender Effekt:

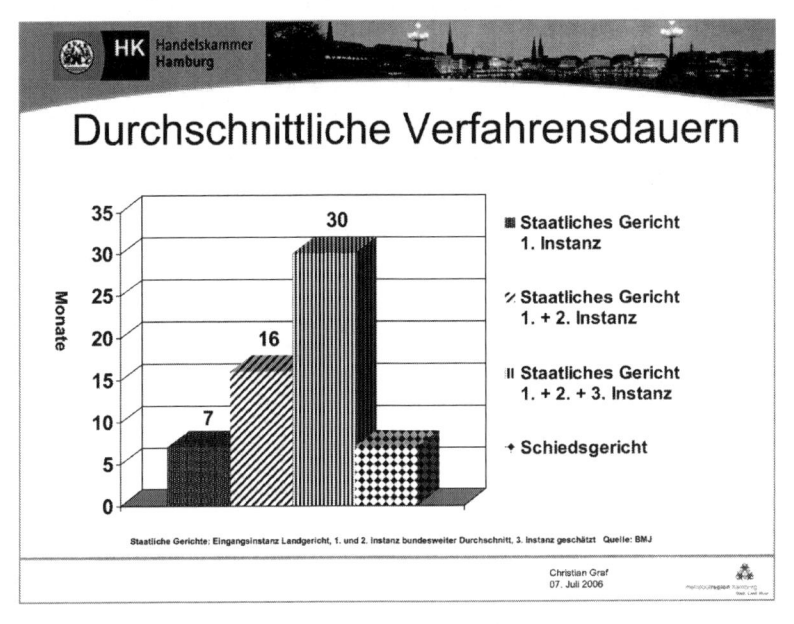

Abb. 2: Vergleich der Verfahrensdauern

Die Abb. 2 zeigt die kumulativen Verfahrensdauern der staatlichen Zivilgerichte über mehrere Instanzen. Es handelt sich dabei um Durchschnittswerte, kompliziertere Verfahren können daher auch in jeder Instanz deutlich länger dauern. Da Schiedsgerichtsverfahren prinzipiell in einer Instanz beendet sind, dauern sie bei professioneller Abwicklung und gleichem Sachverhalt nicht länger als die erste staatliche Instanz. Zusätzlicher Zeitbedarf kann sich ergeben, falls der Schiedsspruch mit einem Aufhebungsantrag angegriffen wird oder durch das Verfahren der Vollstreckbarerklärung (s. oben). In beiden Fällen handelt es sich aber um Verfahren, die einen sehr begrenzten Prüfungsumfang für das staatliche Gericht eröffnen und daher vom Zeitbedarf her nicht mit der zweiten Instanz staatlicher Gerichte vergleichbar sind.
Mediationsverfahren sind mit dem geschilderten Zeitbudget von wenigen Tagen bis hin **1254**
zu einigen Wochen die schnellste der beschriebenen Verfahrensformen.

§ 3 Verfahrensqualität

Alle geschilderten Verfahren können in ihren unterschiedlichen Rahmenbedingungen **1255**
eine hohe juristische Qualität bieten. Die Mediation ist dabei am wenigsten auf eine rechtliche Entscheidung hin orientiert. Juristisch einwandfreie und vollstreckbare Einigungen können jedoch insbesondere durch eine Beteiligung von Anwälten beider Parteien sichergestellt werden.

J Kap. 7 § 3 Kaufmännische Alternativen zu den staatlichen Gerichten

Im Hinblick auf die Schonung von Geschäftsbeziehungen und die Ausarbeitung weiterführender Optionen bietet die Mediation durch ihren freiwilligen, konsensoptimierten Rahmen die besten Voraussetzungen. Auch bei Schiedsgerichtsverfahren ist öfter ein relativ hohes Kooperationsniveau anzutreffen, da die Rahmenbedingungen des Verfahrens durch die Parteien gemeinsam mit den Schiedsrichtern deutlich flexibler und selbstbestimmter gewählt werden können als im staatlichen Gerichtsverfahren. Allerdings sollten auch die Möglichkeiten erfahrener staatlicher Richter bei der Erarbeitung von Vergleichslösungen im Gerichtsverfahren nicht unterbewertet werden.

Die Diskretion und die Flexibilität des Verfahrens, insbesondere hinsichtlich Verfahrenssprache und anwendbaren Rechtsordnungen, sprechen klar für die Schiedsgerichtsbarkeit und die Wirtschaftsmediation. Bei der Schiedsgerichtsbarkeit kann ferner die standardisierte internationale Vollstreckbarkeit der Entscheidungen außerhalb der EU ein erhebliches Plus sein.

All dies soll aber keinesfalls als ein Plädoyer gegen die staatlichen Zivilgerichte missverstanden werden. Diese sind in Deutschland durch ihren gut ausgebildeten und großteils erfahrenen Richterstab sowie durch eine nicht üppige, aber gerade im internationalen Vergleich gut arbeitsfähige Infrastruktur ein zu Recht anerkannter, positiver Standortfaktor. Der für die Wirtschaft optimale Zustand ist daher ein schnell und zuverlässig verfügbares Angebot an allen Instrumenten des Konfliktmanagements, um diese je nach den spezifischen Anforderungen des Einzelfalls gezielt einsetzen zu können.

Öffentliches Wirtschaftsrecht   Kap. 1 § 1   K

Teil II: Öffentliches Wirtschaftsrecht

K   Grundlagen des öffentlichen Wirtschaftsrechts I – der internationale und europarechtliche Rahmen

Sven Eisenmenger

Kapitel 1   Einführung

§ 1 Öffentliches Wirtschaftsrecht als Ausschnitt des Wirtschaftsrechts

Wenn man sich mit dem deutschen und internationalen Wirtschaftsrecht beschäftigt, dann wirken bei genauerer Betrachtung nicht nur Normen des **Wirtschaftsprivatrechts** und des **Wirtschaftsstrafrechts** auf die Wirtschaftsteilnehmer ein, sondern auch die Bedingungen und Anforderungen des **Öffentlichen Wirtschaftsrechts** (s. zu dieser Frage auch *Stober*, Allgemeines Wirtschaftsverwaltungsrecht, § 2 I 8). 1256

Die Bezeichnungen dieser einzelnen Komponenten des Wirtschaftsrechts sind aber nicht festgeschrieben, sodass auch in der Literatur unterschiedliche Terminologien gebraucht werden. Dies zeigt sich etwa an der unterschiedlichen Verwendung der Begriffe „Öffentliches Wirtschaftsrecht", „Wirtschaftsverfassungsrecht" und „Wirtschaftsverwaltungsrecht" (s. vertiefend *Stober*, Allgemeines Wirtschaftsverwaltungsrecht, § 2 III). Insoweit kommt es auch deshalb darauf an, zunächst festzulegen, wie die Bereiche Öffentliches Wirtschaftsrecht, Wirtschaftsprivat- und Wirtschaftsstrafrecht im Sinne dieses Beitrags inhaltlich ausgefüllt und abgegrenzt werden können. Letztlich muss eine Arbeitsgrundlage geschaffen werden. 1257

I. Wirtschaftsprivatrecht

Bei dem **Wirtschaftsprivatrecht** handelt es sich um dasjenige Recht, welches im Verhältnis zwischen **privaten Akteuren** im Wirtschaftsleben gilt, und zwar zwischen Unternehmen/-ern (Business-to-Business), zwischen Unternehmen/-ern und Verbrauchern und im weiteren Sinne auch zwischen Verbrauchern. Teilweise wird auch auf die Regeln des Güter- und Leistungsaustausches zwischen Produzenten, Händlern und Konsumenten abgestellt (*Stober*, Allgemeines Wirtschaftsverwaltungsrecht, § 2 I 8). 1258

Im Übrigen ist ein Unternehmer eine natürliche oder juristische Person oder eine rechtsfähige Personengesellschaft, die bei Abschluss eines Rechtsgeschäfts in Ausübung ihrer gewerblichen oder selbständigen beruflichen Tätigkeit handelt (§ 14 Abs. 1 BGB). Verbraucher ist gem. § 13 BGB jede natürliche Person, die ein Rechtsgeschäft zu einem 1259

377

Zwecke abschließt, der weder ihrer gewerblichen noch ihrer selbständigen beruflichen Tätigkeit zugerechnet werden kann.

II. Öffentliches Wirtschaftsrecht

1260 Gerade die Abgrenzung des Wirtschaftsprivatrechts vom **Öffentlichen Wirtschaftsrecht** ist bei Betrachtung der dazu ergangenen Rechtsprechung und der zahlreichen Systematisierungsansätze in der Literatur kein einfaches Unterfangen. Es sind verschiedene Theorien mit Abgrenzungskriterien entwickelt worden, die die unterschiedlichen Fallgestaltungen abzudecken versuchen. In der Praxis hat sich außerdem eine umfassende Kasuistik herausgebildet, die auch in der einschlägigen Kommentarliteratur wiedergegeben wird. Versucht man losgelöst von diesen Ansätzen eine für diesen Beitrag notwendig anschauliche und handhabbare Abgrenzung zu formulieren, so bietet es sich an, auch hier auf die beteiligten Partner der Rechtsbeziehung abzustellen.

1261 Das Öffentliche Wirtschaftsrecht bezieht sich danach auf das Recht, welches im Verhältnis zwischen dem **Staat und privaten Akteuren** im Rahmen des Wirtschaftslebens Anwendung findet (vgl. auch *Stober,* Allgemeines Wirtschaftsverwaltungsrecht, § 2 I 8). Hierin gehört etwa der Fall, in dem ein Unternehmer bei der Gewerbeordnungsbehörde eine gewerberechtliche Erlaubnis beantragt, um ein Bewachungsgewerbe im Sinne des § 34a GewO ausüben zu dürfen. Auch ist z.B. das Verhältnis zwischen dem Staat und einem Unternehmer betroffen, wenn die zuständige Behörde einem Gewerbetreibenden wegen dessen Unzuverlässigkeit das Gewerbe untersagt (§ 35 GewO). Aber auch Fälle, in denen sich ein privater Unternehmer gegen einen Verdrängungswettbewerb eines konkurrierenden öffentlichen Unternehmens unter Verweis auf die Wettbewerbsfreiheit (Art. 12 Abs. 1 GG) wehrt, sind dem Öffentlichen Wirtschaftsrecht zuzurechnen. Darüber hinaus kann im Verhältnis Staat-Privat auf der Seite des privaten Akteurs aber auch ein Verbraucher beteiligt sein, z.B. wenn dieser als Anspruchsberechtigter bei der Einheitlichen Stelle bzw. dem Einheitlichen Ansprechpartner Auskünfte einholt gem. § 71c Abs. 1, § 71a Abs.1 VwVfG, § 6b GewO (s. dazu noch unten § 4).

1262 Das Öffentliche Wirtschaftsrecht ist aber nicht nur auf die Beziehung zwischen Staat und Privat bezogen, es ist auch dann als Kategorie einschlägig, wenn auf **beiden Seiten** der **Staat** agiert. Bietet z.B. ein kommunales Unternehmen Dienstleistungen nicht nur auf dem eigenen Gemeindegebiet sondern auch auf dem Terrain einer anderen Gemeinde an, die ebenso ein kommunales Unternehmen betreibt, ist die Frage der Zulässigkeit einer solchen Gebietsüberschreitung u.a. an den Normen des kommunalen Wirtschaftsrechtes zu lösen (vgl. z.B. Art. 87 Abs. 2 der Bayerischen Gemeindeordnung).

III. Wirtschaftsstrafrecht

1263 Bei dem **Wirtschafsstrafrecht** stehen sich der **Staat und der private Wirtschaftsakteur** gegenüber, hier aber speziell wegen der Sanktionierung eines Verhaltens des privaten Wirtschaftsteilnehmers, der gegen strafrechtlich relevante Gesetze verstoßen hat. Dabei geht es im Wirtschaftsstrafrecht typischerweise um die Ermittlung von **Wirtschaftsstraftaten** durch Polizei und Staatsanwaltschaft sowie ggf. im Anschluss um die Durchführung eines Gerichtsverfahrens.

1264 An der **Schnittstelle zwischen Öffentlichem Wirtschaftsrecht und Wirtschafsstrafrecht** steht das **Recht der Ordnungswidrigkeiten in Wirtschaftssachen**. So kann ein Gewerbetreibender, der gegen gewerberechtliche Vorschriften verstößt – etwa bei einer gewerblichen Tätigkeit ohne vorherige Gewerbeanzeige – mit einem Bußgeld belegt werden (§§ 144 ff. GewO), ohne dass er sich aber notwendigerweise gleichzeitig strafbar gemacht hat.

§ 2 Die unterschiedlichen Rechtsebenen des Öffentlichen Wirtschaftsrechts

Nach der Eingrenzung und Abgrenzung der Kategorien des Wirtschaftsrechts kann man sich nunmehr dem **Öffentlichen Wirtschaftsrecht** im Besonderen widmen und hier die verschiedenen Rechtsebenen voneinander abschichten. Insoweit ist zwischen dem Internationalen Öffentlichen Wirtschaftsrecht, dem europarechtlichen Rahmen, dem deutschen Wirtschaftsverfassungs- und Wirtschaftsverwaltungsrecht zu unterscheiden. Gegenstand des **Internationalen Öffentlichen Wirtschafsrechts** sind alle rechtlichen Regelungen, die mehrere Staaten geschlossen haben und die in ihrem Regelungscharakter an die Staaten adressiert sind, wie etwa das allgemeine Zoll- und Handelsabkommen 1994 (GATT 1994) als Teilaspekt der Welthandelsorganisation bzw. World Trade Organization (WTO) oder das Seerechtsübereinkommen der Vereinten Nationen. Letztlich handelt es sich um völkerrechtliche Verträge (s. vertiefend *Herrmann/Weiß/Ohler*, Welthandelsrecht, § 4 A I).

1265

Von der Rechtsebene des Internationalen Öffentlichen Wirtschaftsrechts ist der **europarechtliche Rahmen** – hier verstanden als das Recht der Europäischen Union – zu unterscheiden, bei dem es sich streng genommen um einen sich verselbstständigten Teil des Internationalen Öffentlichen Wirtschaftsrechts handelt. Denn zum Recht der Europäischen Union zählen sämtliche direkt zwischen den Mitgliedstaaten der Europäischen Union abgeschlossenen Verträge einschließlich der dazu entwickelten Rechtsgrundsätze und Prinzipien (Primärrecht) sowie alle Rechtsakte, die wiederum von den geschaffenen Unionsorganen erlassen worden sind (Sekundärrecht). Im Übrigen bestehen ergänzende Abkommen mit dritten Staaten.

1266

Das Recht der Europäischen Union wirkt sodann auf das nationale Recht ein. Im nationalen Rechtskreis ist das **deutsche Wirtschaftsverfassungsrecht** zu nennen, zu dem nach der Arbeitsdefinition im hiesigen Sinne das Grundgesetz und die Landesverfassungen der einzelnen Bundesländer zu rechnen sind. Von diesem Bestand der verfassungsrechtlichen Normen ist das darunter gebildete **deutsche Wirtschaftsverwaltungsrecht** zu unterscheiden, mithin das einfachgesetzliche Bundes- und Landesrecht, welches sich z.B. in der Gewerbeordnung mit seinem Pflichtenprogramm für Gewerbetreibende widerspiegelt (vgl. z.B. die Pflicht zur Anzeige des Gewerbes gem. § 14 GewO oder die Erlaubnispflichtigkeit einzelner Gewerbetätigkeiten gem. §§ 30 ff. GewO).

1267

Kapitel 2   Internationales Öffentliches Wirtschaftsrecht

§ 1 Internationales Öffentliches Wirtschaftsrecht als Teil des Wirtschaftsvölkerrechts

Die oben bereits vorgenommene Eingrenzung des Internationalen Öffentlichen Wirtschaftsrechts bedarf noch der Abgrenzung und Erläuterung (s. dazu und zu der folgenden Einteilung *Herrmann/Weiß/Ohler*, Welthandelsrecht, § 4 D).

1268

1269 Der Begriff des Internationalen Öffentlichen Wirtschaftsrechts bezieht sich – wie oben ausgeführt – auf alle Regelungen, die Staaten untereinander geschlossen haben und die an die Staaten selbst adressiert sind (z.B. Zollregelungen). Davon abzugrenzen ist das **Internationale Wirtschaftsprivatrecht**, bei dem es sich ebenso um zwischen einzelnen Staaten geschlossenes Recht handelt. Die Adressaten dieser Normen sind im Ergebnis aber die privaten Wirtschaftssubjekte. Musterbeispiel ist das UN-Kaufrecht (United Nations Convention on Contracts for the International Sale of Goods). Internationales Öffentliches Wirtschaftsrecht und Internationales Wirtschaftsprivatrecht gehören zum **Wirtschaftsvölkerrecht**.

§ 2 Komponenten des Internationalen Öffentlichen Wirtschaftsrechts

1270 Der insoweit herauspräparierte und abgegrenzte internationale Teil des Öffentlichen Wirtschaftsrechts besteht wiederum aus mehreren Bausteinen bzw. Komponenten (vgl. *Herrmann/Weiß/Ohler*, Welthandelsrecht, § 4 D).

1271 Unter dem „**bilateralen**" Internationalen Öffentlichen Wirtschaftsrecht versteht man alle Regelungen, die zwei Staaten untereinander geschlossen haben und die an die Staaten selbst adressiert sind, etwa Verträge zur gegenseitigen Anerkennung und zum Schutz von Investitionen.

1272 Davon zu unterscheiden ist das „**multilaterale**" Internationale Öffentliche Wirtschaftsrecht, das mehr als zwei Staaten untereinander vereinbaren. Hierhin gehört etwa das Übereinkommen zur Errichtung der Welthandelsorganisation (WTO-Ü) nebst der dazugehörigen multilateralen Handelsübereinkommen zwischen den WTO-Mitgliedstaaten oder das Seerechtsübereinkommen der Vereinten Nationen. Am Rande sei erwähnt, dass es auch einzelne Handelsübereinkommen im Rahmen der WTO gibt, die nicht für alle, sondern nur für einzelne Mitglieder verbindlich sind. Diese Abkommen werden abweichend als „Plurilaterale Handelsübereinkommen" bezeichnet (Art. II Abs. 3 WTO-Ü). Ergänzend wirken auf das bi- und multilaterale Internationale Öffentliche Wirtschaftsrecht auch die universell gültigen Regeln des Völkerrechts ein, wie etwa die Regel, dass Verträge einzuhalten sind („pacta sunt servanda").

§ 3 Vertiefung: Das Übereinkommen zur Errichtung der WTO und seine Anhänge

I. Das WTO-Übereinkommen

1273 Eine herausragende Stellung im Rahmen des internationalen Rechts nimmt die WTO ein, der neben anderen internationalen Organisationen – wie etwa dem Internationalen Währungsfonds – eine Schlüsselfunktion im internationalen Handel zukommt (s. auch *Stober*, Allgemeines Wirtschaftsverwaltungsrecht, § 16 VII). Die WTO mit Sitz in Genf wurde am 1. Januar 1995 als Nachfolgerin des „GATT-Sekretariats" von 1947 gegründet. Bei dem GATT (General Agreement on Tariffs and Trade) handelte es sich von 1947 bis 1994 um den zentralen Vertrag für den Welthandel. Das „GATT 1947" ist sodann im Wesentlichen durch das „GATT 1994" Bestandteil des WTO-Rechts geworden.

Vertiefung   Kap. 2 § 3 K

Der WTO gehören über 150 Länder an und das Hauptziel war und ist ausweislich der **1274**
Präambel des WTO-Ü, ein **integriertes, funktionsfähigeres und dauerhafteres sowie
multilaterales Handelssystem zu entwickeln**, welches insbesondere auch das GATT
umfassen sollte. Es ist insoweit beachtenswert, dass aufgrund der GATT-Verhandlungs-
runden zwischen 1947 und 1994 das durchschnittliche Zollniveau von 40,0 % (1947
mit 23 Ländern) auf 4,0 % (1994 mit 123 Ländern) gesenkt werden konnte
(www.bmwi.de).

Bei dem WTO-Ü handelt es sich um das Abkommen, das vor allem die **organisations-** **1275**
rechtlichen Bestimmungen zur WTO trifft. Insoweit bildet die WTO gem. Art. II Abs. 1
WTO-Ü auch den gemeinsamen institutionellen Rahmen für die Wahrnehmung der
Handelsbeziehungen zwischen ihren Mitgliedern. Die WTO erleichtert u.a. die Durchführung, Verwaltung und vor allem die Wirkungsweise der WTO-relevanten Abkommen, d.h. des WTO-Ü und der noch gesondert zu erläuternden multi- und plurilateralen
Handelsübereinkommen der Anlagen 1 bis 4 zum WTO-Ü. Die WTO ist auch ein
„Forum" für Verhandlungen zwischen ihren Mitgliedern über deren multilaterale Han-
delsbeziehungen (vgl. Art. III Abs. 1 und 2 WTO-Ü).

Der Aufbau der WTO ergibt sich aus Art. IV und VI WTO-Ü. Als oberstes Organ tritt **1276**
die **Ministerkonferenz** mindestens einmal alle zwei Jahre zusammen, die sich aus Ver-
tretern der WTO-Mitglieder zusammensetzt (in der Regel Wirtschafts-, Handels- oder
Außenminister). Die Ministerkonferenz nimmt die Aufgaben der WTO wahr und trifft
die dafür erforderlichen Maßnahmen (Art. IV Abs. 1 WTO-Ü). Der **Allgemeine Rat**
nimmt zwischen den Sitzungen der Ministerkonferenz deren Aufgaben wahr und trifft
hier Entscheidungen. Vor allem erledigt er die Tätigkeiten des in der Vereinbarung über
Streitbeilegung vorgesehenen Streitbeilegungsgremiums und ist als Organ bei der Überprüfung der Handelspolitiken tätig (s. Art. IV Abs. 2 bis 4 WTO-Ü). Darüber hinaus
sind nach dem WTO-Ü **weitere Räte** und **Ausschüsse** vorgesehen, die den Rat bei seiner
Arbeit unterstützen (Art. IV Abs. 5 bis 7 WTO-Ü). **Generaldirektor** und **Generalsek-**
retariat führen auf der administrativen Ebene Beschlüsse der anderen Organe aus
(Art. VI WTO-Ü).

II. Multilaterale Handelsübereinkommen, insbesondere das GATT

Die zentralen gerade auch materiell-inhaltlichen Ausgestaltungen des Handelssystems **1277**
ergeben sich aus den multilateralen und plurilateralen Handelsübereinkommen. Gem.
Art. II Abs. 2 WTO-Ü sind die folgenden **multilateralen Handelsübereinkommen** und
die dazugehörigen Rechtsinstrumente Bestandteil des WTO-Ü und für **alle Mitglieder**
verbindlich:

Auswahl aus Anhang 1A des WTO-Ü: Allgemeines Zoll- und Handelsabkommen 1994 **1278**
(GATT 1994), Übereinkommen über die Landwirtschaft, Übereinkommen über die
Anwendung gesundheitspolizeilicher und pflanzenschutzrechtlicher Maßnahmen,
Übereinkommen über Textilwaren und Bekleidung, Übereinkommen über technische
Handelshemmnisse, Übereinkommen über handelsbezogene Investitionsmaßnahmen,
Übereinkommen über Ursprungsregeln, Übereinkommen über Einfuhrlizenzverfahren,
Übereinkommen über Subventionen und Ausgleichsmaßnahmen.

Anhang 1 B des WTO-Ü: Allgemeines Übereinkommen über den Handel mit Dienst- **1279**
leistungen (GATS)

Anhang 1 C des WTO-Ü: Übereinkommen über handelsbezogene Aspekte der Rechte **1280**
des geistigen Eigentums (TRIPS) (...)

1281 Von diesen Abkommen vermittelt gerade das GATT 1994 einen Eindruck über die materielle Tragweite und Bedeutung der WTO-Regelungen. Rechtstechnisch wurden in das GATT 1994 u.a. die entscheidenden Bestimmungen des GATT 1947 durch einen Verweis einbezogen (s. Ziff. Nr. 1a und b GATT 1994). Soweit also im Folgenden auf die „GATT"-Regelungen Bezug genommen wird, sind mit dieser Bezeichnung die GATT-1947-Regelungen als Ausschnitt und zentraler Bestandteil des GATT 1994 gemeint. Mit dem Begriff der Vertragsparteien bzw. Vertragspartner sind damit stets die WTO-Mitglieder erfasst (s. Ziffer 2a GATT 1994).

1282 Die Zielsetzung des GATT lässt sich u.a. aus dessen Präambel erschließen, die auf Vereinbarungen setzt, die auf der Grundlage der **Gegenseitigkeit** auf einen wesentlichen **Abbau der Zölle und anderer Handelsschranken** sowie auf die **Beseitigung von Diskriminierungen** im internationalen Handel abzielen. Beleuchtet man nunmehr die zentralen Bausteine dieses vereinbarten internationalen Handels, so ist festzustellen, dass im GATT ein umfangreiches **Regel-Ausnahmesystem** installiert worden ist. Selbstverständlich können hier nicht sämtliche Regelungen, die in 38 Artikeln niedergelegt sind, ausgebreitet werden. Dennoch ist es aber möglich, Kernregelungen und Kernausnahmen herauszuschälen, wobei die Schwerpunktesetzungen in der Literatur auch divergieren (s. etwa *Stober*, Allgemeines Wirtschaftsverwaltungsrecht, § 16 VII 3). Im Zusammenhang mit diesem Beitrag sind folgende Normen relevant:

1283 – Allgemeine Meistbegünstigung
Art. I Ziff. 1 GATT zielt in Konkretisierung der Beseitigung von Diskriminierungen auf die Allgemeine Meistbegünstigung. Ein Kern der Regelung ist, dass ein Vertragspartner Vorteile, die er für ein Erzeugnis eines anderen Vertragspartners einräumt, auch für entsprechende Erzeugnisse der übrigen Vertragspartner einrichten muss. Es sind mithin gem. Art. I Ziff. 1 GATT alle *Vorteile, Vergünstigungen, Vorrechte oder Befreiungen*, die von einem Vertragspartner für ein Erzeugnis gewährt werden, das aus *irgendeinem anderen Land* stammt (...), sofort und bedingungslos *auch auf jedes gleichartige Erzeugnis auszudehnen*, das aus den Gebieten (...) *anderer Vertragspartner* stammt (...). Diese Bestimmung bezieht sich auf Zölle und andere Abgaben jeder Art, die die Einfuhr oder Ausfuhr belasten oder anlässlich der Einfuhr oder Ausfuhr erhoben werden (...).

1284 – Gleichbehandlung mit Inlandswaren
Die Gleichbehandlung mit Inlandswaren, mithin die erforderliche Gleichbehandlung inländischer und ausländischer Waren, ist in Art. III GATT fixiert. Denn nach dessen Ziff. 1 erkennen die Vertragspartner an, dass die Steuern und andere innere Abgaben, ebenso wie die Gesetzesbestimmungen, Verwaltungsanordnungen und Vorschriften (...) *nicht auf die eingeführten oder inländischen Waren zum Zwecke des Schutzes der inländischen Erzeugung angewendet werden dürfen*. Besonders auf den Punkt gebracht wird dies schließlich für den Bereich der Abgaben in Art. III Ziff. 2 GATT: „Die aus dem Gebiet irgendeines Vertragspartners in das Gebiet irgendeines anderen Vertragspartners eingeführten Erzeugnisse sollen weder direkt noch indirekt mit irgendwie gearteten Steuern oder anderen inneren Abgaben belastet werden, welche *höher* sind als diejenigen, die die gleichartigen Erzeugnisse einheimischen Ursprungs direkt oder indirekt belasten."

1285 – Freiheit der Durchfuhr
Weiteres Kernelement des Übereinkommens ist die in Art. V Ziff. 2 GATT fixierte Freiheit der Durchfuhr. Danach besteht die Freiheit der Durchfuhr durch das Gebiet jedes Vertragspartners für den Durchfuhrverkehr nach und von dem Gebiet der anderen Vertragspartner bei Benutzung der für den internationalen Transit geeigneten Wege.

Vertiefung   Kap. 2 § 3 K

- **Zollwert**   **1286**
Die Vertragspartner erkennen allgemeine Grundsätze hinsichtlich der Begriffsbestimmung des Zollwertes an und verpflichten sich, sie auf alle Erzeugnisse anzuwenden, deren Einfuhr oder Ausfuhr Zöllen, Steuern oder anderen Beschränkungen unterliegen, die auf dem Wert oder der sonstigen Wertmessung beruhen (Art. VII Ziff. 1 GATT).
- **Transparenz von Bestimmungen über den Handel**   **1287**
Für Transparenz von Bestimmungen über den Handel sorgt Art. X Ziff. 1 GATT, der die Vertragspartner verpflichtet, handelsbezogene Bestimmungen der dort bezeichneten Art unverzüglich zu veröffentlichen, und zwar in einer Weise, die es nicht nur den Handeltreibenden sondern auch den Regierungen ermöglicht, davon Kenntnis zu nehmen.
- **Allgemeine Beseitigung mengenmäßiger Beschränkungen**   **1288**
Die allgemeine Beseitigung mengenmäßiger Beschränkungen ist Gegenstand von Art. XI Ziff. 1 GATT. Danach darf kein Vertragspartner „für die Einfuhr eines Erzeugnisses des Gebietes eines anderen Vertragspartners, für die Ausfuhr oder den Verkauf zur Ausfuhr eines für das Gebiet eines anderen Vertragspartners bestimmten Erzeugnisses *andere Verbote oder Beschränkungen als Zölle, Steuern oder andere Abgaben* einführen oder aufrechterhalten". Unzulässig sind z.B. Kontingente, Ein- oder Ausfuhrbewilligungen. Gerade diese Kernbestimmung wird allerdings durch die zahlreichen Ausnahmen in Art. XI Ziff. 2 GATT deutlich relativiert.
- **Regelungen zu Subventionen**   **1289**
Vorschriften zu Subventionen – insbesondere zur Vermeidung einer ernsthaften Schädigung der Interessen einer anderen Vertragspartei – sind in Art. XVI GATT fixiert.
- **Staatliche Handelsunternehmen**   **1290**
Für staatliche Handelsunternehmen besteht die Verpflichtung, die allgemeinen Grundsätze der Nichtdiskriminierung zu achten, und zwar bei Käufen und Verkäufen, die Einfuhren oder Ausfuhren zur Folge haben (Art. XVII Ziff. 1 a GATT).
- **Ausnahmen**   **1291**
Der auch dem GATT zugrunde liegende Abwägungsgedanke zwischen widerstreitenden Rechtsgütern, der in zahlreichen – hier nicht weiter erörterten – speziellen Ausnahmebestimmungen zum Ausdruck kommt, wird schließlich auch in den zentralen allgemeinen Ausnahmebestimmungen deutlich. Art. XX GATT (Allgemeine Ausnahmen) regelt daher, dass (...) keine Bestimmung des vorliegenden Abkommens so ausgelegt werden soll, als ob sie einen Vertragspartner hindern würde u.a. folgende Maßnahmen zu beschließen oder durchzuführen: „*Maßnahmen, die für den Schutz der öffentlichen Moral erforderlich sind, Maßnahmen, die für den Schutz des Lebens und der Gesundheit von Personen und Tieren oder die Erhaltung des Pflanzenwuchses erforderlich sind (...)*". Dies gilt allerdings unter dem Vorbehalt, dass die Maßnahmen nicht in einer Weise durchgeführt werden, dass sie ein Mittel zur willkürlichen oder ungerechtfertigten Diskriminierung zwischen den Ländern (...) oder eine verschleierte Beschränkung im internationalen Handel darstellen. Auch sind gemäß Art. XXI GATT Ausnahmen zur Wahrung der Sicherheit möglich.

Zusammenfassend handelt es sich bei dem GATT um ein Abkommen, dass letztlich auf **1292**
Handelsfreiheit zielt (zum Teil als „Welthandelsfreiheit" bezeichnet; *Stober*, Allgemeines Wirtschaftsverwaltungsrecht, § 16 VII 3), wobei diese Zielsetzung durch spezielle ebenso wie allgemeine Ausnahmen, die auch Ausdruck des Kompromisses der Vertragspartner sind, relativiert wird.

III. Plurilaterale Handelsübereinkommen

1293 Neben den multilateralen Handelsübereinkommen ergeben sich weitere Ausgestaltungen des Handelssystems auch aus plurilateralen Übereinkommen, die in Anlage 4 des WTO-Ü enthalten sind:

1294 **Anhang 4 des WTO-Ü:** Übereinkommen über den Handel mit Zivilluftfahrzeugen, Übereinkommen über das öffentliche Beschaffungswesen, Internationales Übereinkommen über Milcherzeugnisse, Internationales Übereinkommen über Rindfleisch.

1295 Da diese Übereinkommen nur für diejenigen Mitglieder der WTO gelten, die diese Abkommen angenommen haben und für die übrigen Mitglieder weder Pflichten noch Rechte begründen (s. Art. II Abs. 3 WTO-Ü), werden die plurilateralen Handelsübereinkommen im Rahmen dieser Darstellung nicht vertieft.

§ 4 Vertiefung: Das Seerechtsübereinkommen

1296 Aus dem Bereich des (multilateralen) Internationalen Öffentlichen Wirtschaftsrechts ist aber nicht lediglich das WTO-Ü mit seinen Anhängen von zentraler Bedeutung für die Weltwirtschaft. Bedenkt man, dass die Vereinten Nationen mit über 190 Mitgliedstaaten ebenso wirtschaftsrelevante Abkommen geschlossen haben, so erschließt sich bereits daraus, dass dieser Bereich im Rahmen einer Gesamtdarstellung nicht unberücksichtigt bleiben darf. Ein zentrales Abkommen ist hier das **Seerechtsübereinkommen der Vereinten Nationen** vom 10.12.1982 (SRÜ).

1297 Das SRÜ unterteilt die Gewässergebiete in unterschiedliche Zonen mit unterschiedlich abgeschichteten Rechten und Pflichten der Staaten und der die Zonen passierenden Schiffe. Darüber hinaus sind bestimmte Rechte des Küstenstaats zum Festlandsockel fixiert (Art. 76 ff. SRÜ). Teilweise sind in dem Übereinkommen auch Regelungen zum Luftraum festgeschrieben (s. Überflugfreiheit gem. Art. 58 Abs. 1 SRÜ), die aber durch weitere Abkommen flankiert werden. Beleuchtet man die unterschiedlichen Bereiche, so ergibt sich folgendes Bild (nach Zonen I-III aufteilend: *Stober,* Allgemeines Wirtschaftsverwaltungsrecht, § 16 II 2):

1298 – Küstenmeer
In einer ersten Zone wird dasjenige Gebiet abgesteckt, auf das sich die Souveränität eines Küstenstaats erstreckt. Dabei handelt es sich jenseits des Landgebietes und seiner inneren Gewässer (...) um einen angrenzenden Meeresstreifen, der als „Küstenmeer" bezeichnet wird (Art. 2 Abs. 1 SRÜ). Die Breite des Küstenmeeres wird von dem jeweiligen Staat festgelegt; sie darf höchstens 12 Seemeilen von der sog. Basislinie (= Niedrigwasserlinie entlang der Küste) betragen (vgl. Art. 3 und 5 SRÜ).

– Anschlusszone
In der sog. „Anschlusszone", die an das Küstenmeer angrenzt und die sich nicht weiter als 24 Seemeilen über die Basislinie erstrecken darf, kann der Küstenstaat die in Art. 33 SRÜ aufgeführten Befugnisse wahrnehmen. Der Küstenstaat kann danach die erforderliche Kontrolle ausüben, um Verstöße gegen seine Zoll- und sonstigen Finanzgesetze, Einreise- oder Gesundheitsgesetze (...) in seinem Hoheitsgebiet oder in seinem Küstenmeer zu verhindern und um Verstöße zu ahnden.

– Ausschließliche Wirtschaftszone
Bei der „Ausschließlichen Wirtschaftszone" handelt es sich um ein jenseits des Küstenmeeres gelegenes und an dieses angrenzendes Gebiet, das der differenzierten Rechtsordnung des Teils V (Art. 55 ff.) SRÜ unterliegt. Es kann sich teilweise

Die Europäische Union   Kap. 3 § 1 K

mit der „Anschlusszone" überschneiden. Die ausschließliche Wirtschaftszone
darf sich nicht weiter als 200 Seemeilen von den Basislinien erstrecken (Art. 57
SRÜ). In diesem Gebiet bestehen für den Küstenstaat souveräne Rechte u.a. zum
Zwecke der Erforschung und Ausbeutung, Erhaltung und Bewirtschaftung der
natürlichen Ressourcen sowie hinsichtlich anderer Tätigkeiten wie der Energie-
erzeugung aus Wasser, Strömung und Wind (Art. 56 Abs. 1 lit. a SRÜ). In der
ausschließlichen Wirtschaftszone besteht aber im Übrigen für Küsten- und Bin-
nenstaaten grundsätzlich Freiheit der Schifffahrt, des Überflugs und der Verle-
gung unterseeischer Kabel und Rohrleitungen (Art. 58 Abs. 1 SRÜ). Gleichzeitig
gilt ein Gebot der Rücksichtnahme, denn die Staaten müssen gem. Art. 58 Abs. 3
SRÜ bei der Ausübung ihrer Rechte und Pflichten in dieser Zone gebührend die
Rechte und Pflichten des Küstenstaats (...) berücksichtigen (s. ferner auch Art. 59
SRÜ).
– **Hohe See**
Unter die Bestimmungen des Titels VII des SRÜ zur Hohen See fallen schließlich
alle Teile des Meeres, die nicht zur ausschließlichen Wirtschaftszone oder zum
Küstenmeer (...) gehören (Art. 86 S. 1 SRÜ). Die Hohe See steht allen Staaten
offen. Die Freiheit der Hohen See umfasst u.a. die Freiheit der Schifffahrt, des
Überflugs und die grundsätzliche Freiheit, unterseeische Kabel und Rohrleitungen
zu verlegen (s. näher Art. 87 SRÜ). Gleichzeitig gilt auch hier ein Gebot der
Rücksichtnahme, und zwar dahingehend, dass diese Freiheiten von jedem Staat
„unter gebührender Berücksichtigung der Interessen anderer Staaten an der Ausübung der Freiheit der Hohen See (...) ausgeübt" werden (Art. 87 Abs. 2 SRÜ).

Die wirtschaftsrechtliche Bedeutung des SRÜ liegt zusammengenommen und auch   **1299**
ausweislich dessen Präambel darin, dass hier eine **Rechtsordnung für die Meere und
Ozeane** geschaffen worden ist, die auf die Erleichterung des internationalen Verkehrs
zielt. Letztlich soll damit auch ein Beitrag zu einer **gerechten und ausgewogenen internationalen Wirtschaftsordnung** geleistet werden.

Kapitel 3   Europarechtlicher Rahmen

§ 1 Die Europäische Union

I. Grundlagen, Ziele und Grundsätze der Europäischen Union

1. Vertragliche Grundlagen

Legt man sodann den Fokus auf Europa und beschäftigt sich mit dem europarechtlichen   **1300**
Rahmen des Öffentlichen Wirtschaftsrechts, so ist der Blick auf die derzeit 27 Mitgliedstaaten der **Europäischen Union (EU)** zu richten (Stand: 1.4.2010). Unter Berücksichtigung der am 1.12.2009 in Kraft getretenen Änderungen durch den Vertrag von
Lissabon, besitzt die Europäische Union Rechtspersönlichkeit und ist Rechtsnachfol-
gerin der Europäischen Gemeinschaft als Vorgängerorganisation (Art. 1 Abs. 3 S. 3
und Art. 47 des Vertrags über die Europäische Union). Grundlage der Union sind der
genannte **Vertrag über die Europäische Union (EUV)** und der **Vertrag über die Arbeitsweise der Europäischen Union (AEUV)**. Ferner ist die **Charta der Grundrechte der
Europäischen Union (GR-Charta)** mit den genannten Verträgen rechtlich gleichrangig
und gilt in 24 Mitgliedsstaaten uneingeschränkt (s. dazu Art. 6 Abs. 1 EUV).

2. Ziele

1301 Die Ziele der Union sind im Kern in Art. 3 EUV fixiert. Das **allgemeine Ziel der Union, den Frieden, ihre Werte und das Wohlergehen ihrer Völker zu fördern** (Abs. 1), wird im weiteren Verlauf dieser Vorschrift näher konkretisiert:

1302 Kennzeichnend ist der gemeinsame **Binnenmarkt** (Art. 3 Abs. 3 EUV), d.h. – unter Zugrundelegung des Art. 26 Abs. 2 AEUV – ein Raum ohne Binnengrenzen, in dem der freie Verkehr von Waren, Personen, Dienstleistungen und Kapital gemäß den Bestimmungen der Verträge gewährleistet ist. In diesem Zusammenhang wirkt die Union u.a. auch auf eine wettbewerbsfähige soziale Marktwirtschaft hin.

Ferner ist für die Europäische Union eine gemeinsame **Wirtschafts- und Währungsunion** prägend, deren Währung jedenfalls in 17 Mitgliedstaaten der Euro ist (Art. 3 Abs. 4 EUV).

1303 Neben diesen wirtschaftlichen Zielsetzungen bietet die Union aber auch einen **Raum der Freiheit, der Sicherheit und des Rechts ohne Binnengrenzen**, in dem der freie Personenverkehr gewährleistet ist (Art. 3 Abs. 2 EUV). Dies aufgreifend und konkretisierend, gehört dazu die Entwicklung einer gemeinsamen Politik in den Bereichen Grenzkontrollen, Asyl und Einwanderung (Art. 77 ff. AEUV), die justizielle Zusammenarbeit in Zivilsachen mit grenzüberschreitendem Bezug (Art. 81 AEUV) und in Strafsachen (Art. 82 ff. AEUV) sowie die polizeiliche Zusammenarbeit (Art. 87 ff. AEUV).

1304 Auch ist das **Auswärtige Handeln der Union** auf internationaler Ebene im Rahmen der Art. 3 Abs. 5 und Art. 23 ff. EUV und Art. 205 ff. AEUV fixiert.

3. Grundsätze

1305 Von den Zielen der Union sind schließlich die Grundsätze zu unterscheiden, die in Art. 5 EUV zum Ausdruck kommen. Nach dem **Grundsatz der begrenzten Einzelermächtigung** wird die Union nur innerhalb ihrer Zuständigkeiten tätig, die ihr in den Verträgen zur Verwirklichung der darin niedergelegten Ziele übertragen worden sind, im Übrigen sind die Mitgliedstaaten zuständig (Art. 5 Abs. 2 EUV). Nach dem **Grundsatz der Subsidiarität** wird die Union (abgesehen von Bereichen der ausschließlichen Zuständigkeiten) nur tätig, wenn und soweit die Ziele der beabsichtigten Maßnahme weder auf zentraler noch auf regionaler oder lokaler Ebene ausreichend verwirklicht werden können, sondern gerade wegen des Umfangs oder der Wirkungen der Maßnahmen besser auf Unionsebene zu verwirklichen sind (Art. 5 Abs. 3 EUV). Nach dem **Grundsatz der Verhältnismäßigkeit** dürfen die Maßnahmen der Union inhaltlich und formal nicht über das zur Erreichung der Ziele der Verträge erforderliche Maß hinausgehen (Art. 5 Abs. 4 EUV).

II. Organe der Union

Die Organe der Union sind in Art. 13 ff. EUV aufgezählt und beschrieben, weitere Einzelheiten sind in Art. 223 ff. AEUV niedergelegt. Im Überblick bestehende folgende Organe mit Funktionen:

1306 – Europäisches Parlament

Das Europäische Parlament (Art. 14 EUV/Art. 223 ff. AEUV) ist mit dem noch zu erläuternden Rat gemeinsam u.a. als Gesetzgebungsorgan der EU tätig und übt zusammen mit dem Rat die Haushaltsbefugnisse aus (Art. 14 Abs. 1 S. 1 EUV).

Die Europäische Union   Kap. 3 § 1   K

Das Parlament wird alle fünf Jahre von den Unionsbürgern gewählt. Die Zahl der Sitze der gewählten Vertreter darf 750 zuzüglich des Parlamentspräsidenten nicht überschreiten.

– **Europäischer Rat** 1307
Der Europäische Rat (Art. 15 EUV/Art. 235 f. AEUV) setzt sich aus den Staats- und Regierungschefs der Mitgliedstaaten sowie dem Präsidenten des Europäischen Rates und dem Präsidenten der Kommission zusammen und tritt zweimal pro Halbjahr zusammen. Dieses Organ gibt der Union die für die Entwicklung der Union erforderlichen Impulse und legt in diesem Zusammenhang die allgemeinen politischen Zielvorstellungen und Prioritäten fest. Der Europäische Rat ist aber nicht gesetzgeberisch tätig (Art. 15 EUV).

– **Rat** 1308
Vom Europäischen Rat zu unterscheiden ist der **Rat** (Art. 16 EUV/Art. 237 ff. AEUV), der gemeinsam mit dem Europäischen Parlament als Gesetzgeber tätig wird und mit dem Parlament zusammen die Haushaltsbefugnisse ausübt. Das Organ setzt sich je Politikbereich aus jeweils einem Vertreter jedes Mitgliedstaats auf der Ministerebene zusammen, sodass häufig auch von dem „Ministerrat" gesprochen wird. Grundsätzlich rotiert die Präsidentschaft des Rates zwischen den Mitgliedstaaten halbjährlich. In dem speziellen Rat „Auswärtige Angelegenheiten" führt dagegen der gem. Art. 18 EUV ernannte „Hohe Vertreter der Union für Außen- und Sicherheitspolitik" den Vorsitz (s. Art. 18 Abs. 3 EUV).

– **Kommission** 1309
Die Kommission (Art. 17 EUV/Art. 244 ff. AEUV) ist der „Motor" europäischer Gesetzgebung, denn ein Gesetzgebungsakt darf grundsätzlich nur auf Vorschlag der Kommission erlassen werden (Art. 17 Abs. 2 S. 1 EUV). Außerdem hat sie auch Aufgaben einer Exekutive, in dem sie für die Anwendung der Verträge und der von den Organen erlassenen Maßnahmen sorgt, die Anwendung des Unionsrechts überwacht, den Haushaltsplan ausführt und die Programme verwaltet. Darüber hinaus nimmt die Kommission – außer etwa in der Gemeinsamen Außen- und Sicherheitspolitik – die Vertretung der Union wahr (s. zu allem Art. 17 Abs. 1 EUV). Die Amtszeit der Kommission beträgt fünf Jahre (Art. 17 Abs. 3 EUV).

– **Gerichtshof der Europäischen Union** 1310
Der Gerichtshof der Europäischen Union (Art. 19 EUV/Art. 251 ff. AEUV) entscheidet als Judikative ausweislich des Art. 19 Abs. 3 EUV nach Maßgabe der Verträge u.a. über Klagen eines Mitgliedstaats, eines Organs oder natürlicher oder juristischer Personen. Der Gerichtshof – der den Gerichtshof, das Gericht und Fachgerichte umfasst (Art. 19 Abs. 1 EUV) – prüft letztlich die Wahrung des Unionsrechts.

– **Europäische Zentralbank** 1311
Als weiteres Organ ist die Europäische Zentralbank zu nennen (Art. 282 ff. AEUV), die mit den nationalen Zentralbanken das Europäische System der Zentralbanken bildet. Sie ist – neben den nationalen Zentralbanken der Mitgliedstaaten, deren Währung der Euro ist – Institution des Eurosystems und betreibt mit den Zentralbanken zusammen die Währungspolitik der Union.

– **Rechnungshof** 1312
Der Rechnungshof (Art. 285 ff. AEUV) nimmt schließlich die Rechungsprüfung der Union wahr und prüft grundsätzlich auch jede von der Union geschaffene Einrichtung oder sonstige Stelle (Art. 287 Abs. 1 AEUV).

Der Wirtschafts- und Sozialausschuss sowie der Ausschuss der Regionen unterstützen 1313
Parlament, Rat und Kommission (Art. 13 Abs. 4 EUV). Diese Ausschüsse nehmen beratende Aufgaben wahr und sind im Sinne des Art. 13 Abs. 1 EUV nicht als „Orga-

ne" zu qualifizieren. Darüber hinaus bestehen zahlreiche weitere Institutionen, wie etwa die Europäische Investitionsbank und diverse Agenturen.

III. Primär- und Sekundärrecht und das Rangverhältnis zum nationalen Recht

1. Primärrecht

1314 Das Recht der Europäischen Union unterteilt sich in das Primärrecht und das Sekundärrecht. Unter das Primärrecht fallen die Gründungsverträge zwischen den Mitgliedstaaten, d.h. bezogen auf die Europäische Union der EUV und der AEUV mit Protokollen, Anhängen und Erklärungen. Auch wird man die GR-Charta hierzu rechnen können, die gem. Art. 6 Abs. 1 AEUV mit den genannten Verträgen rechtlich gleichrangig ist. Darüber hinaus werden zum Primärrecht auch allgemeine Rechtsgrundsätze (s. auch Art. 6 Abs. 3 EUV) und Prinzipien gezählt (s. Streinz, Europarecht, Rn. 405 ff.).

2. Sekundärrecht der EU-Organe

1315 Unter das Sekundärrecht fällt dasjenige Recht, das von den EU-Organen geschaffen worden ist. Die Formen des Sekundärrechts bzw. „Rechtsakte" sind in Art. 288 Abs. 1 AEUV abschließend aufgezählt: Verordnungen, Richtlinien, Beschlüsse, Empfehlungen und Stellungnahmen.

1316 – Verordnung
Bei der Verordnung handelt es sich um den direkten und intensivsten Eingriff in das Rechtssystem der Mitgliedstaaten, denn die Verordnung hat allgemeine Geltung, ist in allen ihren Teilen verbindlich und gilt unmittelbar in jedem Mitgliedstaat (s. Art. 288 Abs. 2 AEUV). So schreibt etwa die Verordnung (EG) Nr. 852/2004 über Lebensmittelhygiene eine Betriebsregistrierungspflicht für alle Betriebe in sämtlichen Bereichen des Lebensmittelkreislaufs – Produktion, Verarbeitung, Vertrieb – vor.

1317 – Richtlinie
Die Richtlinie ist für jeden Mitgliedstaat, an den sie gerichtet wird, dagegen nur hinsichtlich des zu erreichenden Ziels verbindlich, überlässt jedoch den innerstaatlichen Stellen die Wahl der Form und der Mittel (Art. 288 Abs. 3 AEUV). Die Richtlinie 2005/36/EG über die Anerkennung von Berufsqualifikationen hat z.B. dazu geführt, dass die Mitgliedstaaten neue Vorschriften und Verfahren im nationalen Recht schaffen mussten, um im EU-/EWR-Ausland erworbene Berufsqualifikationen zur umfassenden Anerkennung zu bringen. Ein anderes Beispiel ist die Richtlinie 2006/123/EG über Dienstleistungen im Binnenmarkt, die allgemeine Bestimmungen enthält, die bei gleichzeitiger Gewährleistung einer hohen Qualität der Dienstleistungen die Wahrnehmung der Niederlassungsfreiheit durch Dienstleistungserbringer sowie den freien Dienstleistungsverkehr erleichtern sollen.

1318 – Beschlüsse
Beschlüsse sind gem. Art. 288 Abs. 4 AEUV in allen ihren Teilen verbindlich. Sind sie an bestimmte Adressaten gerichtet, so sind sie nur für diese verbindlich. Diese früher als „Entscheidungen" bezeichneten Akte (Art. 249 Abs. 3 EGV a.F.) sind am ehesten den im deutschen Recht bekannten Verwaltungsakten vergleichbar (vgl. § 35 VwVfG).

– Empfehlungen und Stellungnahmen
Die in Art. 288 Abs. 5 AEUV aufgeführten Empfehlungen und Stellungnahmen sind nicht verbindlich.

1319

3. Rangverhältnis des Unionsrechts zum nationalen Recht

Mit der Darstellung des primären und sekundären Unionsrechts ist noch nicht das Verhältnis zwischen dem Unions- und dem nationalen Recht geklärt. Insoweit ist festzustellen, dass Wissenschaft und Praxis von einem **Vorrang des Unionsrechts vor dem nationalen Recht** ausgehen. Dies hängt auch damit zusammen, dass ansonsten die praktisch wirksame Umsetzung der genannten Unionsziele im Sinne eines „effet utile" nicht möglich wäre (s. auch *Stober*, Allgemeines Wirtschaftsverwaltungsrecht, § 9 III 1).

1320

Bei der Konkretisierung dieses Vorrangs gehen die Meinungen auseinander. Überwiegend vertreten wird hier die **Lehre vom Anwendungsvorrang**. Danach verdrängt das Unionsrecht in einem Kollisionsfall entgegenstehendes nationales Recht nur hinsichtlich der Anwendung, ohne dass das nationale Recht selbst damit als nichtig erkannt wird (s. dazu auch *Streinz*, Europarecht, Rn. 222). Insoweit handelt es sich im Lichte des Verhältnismäßigkeitsprinzips um eine austarierte Lösung zwischen dem Interesse der Union und den Einzelinteressen der Mitgliedstaaten.

1321

§ 2 Grundrechte auf europäischer Ebene

I. Grundrechte im Unionsrecht und ihre Funktionen

1. Die Charta der Grundrechte der Europäischen Union

Nach diesen organisatorisch-institutionellen Ausführungen zur Europäischen Union, kann man sich nunmehr den materiell-inhaltlichen Aussagen und Anforderungen des Unionsrechts widmen. Dazu zählen zunächst die Grundrechte auf europäischer Ebene bzw. im Unionsrecht.

1322

Vor dem 1.12.2009 waren Grundrechte als Gemeinschaftsgrundrechte vom EuGH zwar festgestellt und anerkannt worden, zumal auch Art. 6 Abs. 2 EUV a.F. u.a. auf die Grundrechte der Europäischen Menschenrechtskonvention (EMRK) und auf die gemeinsamen Verfassungsüberlieferungen der Mitgliedstaaten verwies. Gleichwohl fiel es schwer – allein auf dieser Basis – einen entsprechenden Grundrechtskatalog mit konkreten Ausformungen inhaltlicher Art herauszupräparieren. Die **Charta der Grundrechte der Europäischen Union** (GR-Charta) aus dem Jahr 2000 war bis zum 30.11.2009 rechtlich nicht verbindlich. Die Charta hat aber durch den am 1.12.2009 in Kraft getretenen Reformvertrag von Lissabon nunmehr eine deutliche Aufwertung erfahren. Denn nach Art. 6 Abs. 1 EUV erkennt die Union nicht nur die Rechte, Freiheiten und Grundsätze an, die in der GR-Charta niedergelegt sind, sondern die GR-Charta und die Verträge (EUV/AEUV) sind nunmehr auch „rechtlich gleichrangig". Dies gilt jedenfalls uneingeschränkt für 24 der 27 Mitgliedstaaten.

1323

Insoweit ist die GR-Charta jetzt als Rechtsgrundlage direkt anwendbar. Gleichzeitig sind aber auch die Grundrechte, wie sie in der EMRK und in den Grundfreiheiten gewährleistet sind und wie sie sich aus den gemeinsamen Verfassungsüberlieferungen der Mitgliedstaaten ergeben, als allgemeine Grundsätze Teil des Unionsrechts (Art. 6 Abs. 3 EUV).

1324

1325 Die GR-Charta erfasst in ihrer Gesamtheit und unter dem Oberbegriff der Grundrechte die Würde des Menschen (Titel I), Freiheiten (Titel II), Gleichheit (Titel III), Solidaritätsrechte (Titel IV), Bürgerrechte (Titel V) und Justizielle Rechte (Titel VI). Filtert man diejenigen Grundrechte heraus, die für das Öffentliche Wirtschaftsrecht und für die wirtschaftliche Betätigung Privater aus der Praxissicht von besonderer Bedeutung sind, so lassen sich herausschälen:

1326
- Art. 6: Recht auf Freiheit und Sicherheit
- Art. 15: Berufsfreiheit und Recht zu arbeiten
- Art. 16: Unternehmerische Freiheit
- Art. 17: Eigentumsrecht
- Art. 20: Gleichheit vor dem Gesetz
- Art. 21: Nichtdiskriminierung
- Art. 28: Recht auf Kollektivverhandlungen und –maßnahmen
- Art. 45: Freizügigkeit und Aufenthaltsfreiheit
- Art. 47: Recht auf einen wirksamen Rechtsbehelf.

2. Funktionen der Grundrechte

1327 Von den insoweit dargestellten Rechtsgrundlagen der Grundrechte und dem gegebenen Überblick ist die Frage der Funktionen der Grundrechte zu unterscheiden. Die Systematisierungsansätze sind unter Berücksichtigung der Literatur und Rechtsprechung nicht einheitlich. Versucht man, die Grundrechte im Hinblick auf ihre abwehrrechtlichen und leistenden Funktionen zu untersuchen, so ergibt sich für die Grundrechte der Europäischen Union folgendes Bild (s. allgemein zu GR-Funktionen Jarass, in: Jarass/Pieroth, GG-Kommentar, 11. Aufl. 2011, S. 15 ff.):

1328 Die GR-Charta betont unter Berücksichtigung des Art. 52 Abs. 1 S. 1 GR-Charta in erster Linie die **Abwehrdimension** der Rechte und Freiheiten gegenüber „Einschränkungen" bzw. staatlichen Maßnahmen (für Gleichheitsgrundrechte und Diskriminierungsverbote gilt speziell die Gleichbehandlungs- und Nichtdiskriminierungsfunktion). Soweit sich also beeinträchtigende staatliche Maßnahmen als Eingriff in ein Grundrecht – z.B. in die Berufsfreiheit (Art. 15 GR-Charta) – darstellen, ist dies nur dann zulässig, wenn dieser Eingriff gerechtfertigt werden kann (Prüfungsstruktur: Schutzbereich/Eingriff/Rechtfertigung, s. auch Art. 52 GR-Charta). Als „Berechtigte", die sich auf Grundrechte berufen können, kommen dabei grundsätzlich private natürliche und juristische Personen sowie Personenvereinigungen in Betracht; Einzelheiten sind konkret anhand des jeweiligen Grundrechtes zu prüfen.

1329 Die weiteren nachfolgend aufgeführten Funktionen von Grundrechten sind zwar zu den deutschen Grundrechten entwickelt worden (s. Jarass, a.a.O.). Es ist aber denkbar, dass diese Funktionen auch den Grundrechten auf europäischer Ebene zugeschrieben werden, zumal Anknüpfungspunkte in der GR-Charta bestehen und das Werk erst zunehmend in den Fokus der Praxis einschließlich Rechtsprechung rücken wird.

1330 Möglich ist auch eine direkte (= ausdrücklich geregelte) oder indirekte (= ableitbare) **Leistungsdimension** der Grundrechte: Ansprüche können direkt in Grundrechten normiert sind (wie z.B. das Recht auf einen wirksamen Rechtsbehelf, Art. 47 GR-Charta). Leistungsfunktionen können sich aber auch indirekt aus den übrigen Grundrechten ergeben. Dies gilt dann, wenn bestimmte Grundrechtsgüter angesprochen sind, die der Staat nicht nur grundsätzlich nicht beeinträchtigen darf, sondern die er auch schützen muss. Er hat insoweit leistend entsprechende Vorkehrungen zu treffen (*Schutzpflichten*). Solche Schutzpflichten werden in weiten Bereichen als allgemeine Gewährleistungsschutzpflichten aufgefasst (z.B. Bereitstellung von Infrastruktur), wobei der Staat hier nicht notwendiger Weise selbst die Leistungen erbringen muss, sondern auch

Grundrechte auf europäischer Ebene   Kap. 3 § 2 K

private Akteure einschalten kann (z.B. beim Bau von Autobahnen). Ihn trifft dann eine Gewährleistungsverantwortung mit Regulierungs- und Kontrollaufgaben (s. dazu *Stober*, Allgemeines Wirtschaftsverwaltungsrecht, § 17 III 2). Indirekt lassen sich im Rahmen der Leistungsfunktion der Grundrechte unter Umständen auch **Teilhaberechte** (Anspruch auf Benutzung von öffentlichen Einrichtungen) und *Ansprüche auf finanzielle Leistungen* (Existenzminimum) herausarbeiten.

Im Übrigen werden den Grundrechten auch **verfahrensbezogene Funktionen** zugeschrieben (s. dazu sogar ausdrücklich das „Recht auf eine gute Verwaltung", Art. 41 GR-Charta). Grundrechte sind ferner **Auslegungsmaßstab** bei der Anwendung einfachen Rechts und enthalten teilweise **Institutsgarantien**, wie die Eigentumsgarantie (s. *Stober*, Allgemeines Wirtschaftsverwaltungsrecht, § 17 III 1 und 2).   1331

II. Anwendungsbereich der Grundrechte auf europäischer Ebene

Bislang blieb ungeklärt, wie die Grundrechte auf europäischer Ebene von den nationalen Grundrechten abzugrenzen sind. Insoweit gibt Art. 51 Abs. 1 GR-Charta darüber Auskunft. Diese Charta gilt hiernach für die   1332

„*Organe, Einrichtungen und sonstigen Stellen der Union unter Wahrung des Subsidiaritätsprinzips und für die Mitgliedstaaten ausschließlich bei der Durchführung des Rechts der Union.*" Während also für die EU-Organe, Einrichtungen und sonstigen Stellen der Union die GR-Charta durchgängig verpflichtend gilt, sind die Mitgliedstaaten nur dann an die EU-Grundrechte gebunden, wenn ihre Tätigkeit in einem weit verstandenen Sinne die Durchführung des Unionsrechts betrifft. „**Durchführen des Unionsrechts**" ist dabei der Oberbegriff für **Umsetzen und Vollziehen**. Insoweit ist der Mitgliedstaat bei der gesetzgeberischen Umsetzung von Richtlinien im nationalen Recht an die EU-Grundrechte gebunden, außerdem beim Vollzug von Unionsrecht, z.B. von Verordnungen oder von ausnahmsweise direkt anwendbaren Richtlinien.   1333

Abzugrenzen bleibt noch der Anwendungsbereich der Unionsgrundrechte von demjenigen der nationalen Grundrechte (hier z.B. des Grundgesetzes). Soweit die Grundrechte der GR-Charta aufgrund des Art. 51 anwendbar sind, dürften letztlich allein diese Grundrechte anwendbar sein, und zwar wegen des Anwendungsvorrangs des Unionsrechts vor dem nationalen Recht.   1334

Nationale Grundrechte kommen dann außerhalb des Anwendungsbereiches des Art. 51 Abs. 1 GR-Charta als Prüfungsmaßstab in Betracht. Typischerweise ist dies bei einer Beurteilung eines Aktes einer nationalen Behörde in einem nationalen Sachverhalt auf der Basis nationalen Rechts der Fall.   1335

Gleichwohl ist zu beachten, dass es sich bei der Abgrenzung der unionalen von den nationalen Grundrechten um eine bislang nicht in allen Einzelheiten abschließend geklärte Frage handelt, die auch kompetenz- und prozessrechtliche Aspekte erfasst. Überdies bleibt abzuwarten, inwieweit die Abgrenzung zukünftig bezogen auf einzelne Grundrechte konkretisiert werden wird (vgl. vertiefend auch das „Lissabon-Urteil" des BVerfG, NJW 2009, 2267 ff.).   1336

391

§ 3 Die Grundfreiheiten des gemeinsamen Binnenmarktes

I. Überblick und Funktionen der Grundfreiheiten

1337 Herzstück des Binnenmarktes sind die **Grundfreiheiten des gemeinsamen Binnenmarktes**, die im 3. Teil des AEUV geregelt sind. Denn der Binnenmarkt umfasst einen Raum ohne Binnengrenzen, in dem der freie Verkehr von Waren, Personen, Dienstleistungen und Kapital gemäß den Bestimmungen der Verträge gewährleistet ist (Art. 26 Abs. 2 AEUV). Betrachtet man diese Freiheiten im Überblick, so zählen dazu der **freie Warenverkehr** (Art. 28 ff. AEUV), die **Niederlassungsfreiheit** (Art. 49 ff. AEUV), der **freie Dienstleistungsverkehr** (Art. 56 ff. AEUV), die **Freizügigkeit der Arbeitnehmer** (Art. 45 ff. AEUV), der **freie Kapitalverkehr** (Art. 63 Abs. 1 AEUV) und der **freie Zahlungsverkehr** (Art. 63 Abs. 2 AEUV). Zum Teil wird auch die sog. Reisefreiheit als Gewährleistung des freien Personenverkehrs herausgearbeitet (s. Art. 26 Abs. 2 AEUV und Art. 77 AEUV, s. im Einzelnen *Stober*, Allgemeines Wirtschaftsverwaltungsrecht, § 9 X).

1338 Die Grundfreiheiten gelten nur bei einem **grenzüberschreitenden Bezug** und erfassen damit nicht inländische Sachverhalte. Dies kann zwar zu einer Benachteiligung der Inländer im Sinne einer „Inländerdiskriminierung" führen, die verfassungsrechtlich gesehen zweifelhaft ist (Art. 3 und 12 GG). Die Inländerdiskriminierung wird aber nach wohl noch herrschender Auffassung als rechtmäßig angesehen.

1339 Die Grundfreiheiten schützen in erster Linie vor **offenen und versteckten Diskriminierungen**. Damit ist grundsätzlich eine Schlechterstellung eines grenzüberschreitenden gegenüber einem rein inländischen Sachverhalt verboten. Die Grundfreiheiten entfalten aber auch Schutz vor solchen **allgemeinen Beschränkungen**, die gleichermaßen inländische und grenzüberschreitende Sachverhalte erfassen.

1340 Als subjektiv-öffentliche Rechte sind die Grundfreiheiten Abwehrrechte gegenüber den o.g. Maßnahmen und Elemente einer objektiven Rechtsordnung. Sie gelten in bestimmten Fällen – etwa im Falle der Arbeitnehmerfreizügigkeit – auch gegenüber Privatpersonen (Drittwirkung).

II. Dogmatik der Grundfreiheiten

1341 Um die einzelnen Grundfreiheiten im Einzelnen besser erschließen zu können, ist es sinnvoll, deren prinzipielle dogmatische Struktur zu beleuchten, soweit dies in verallgemeinerungsfähiger Form möglich ist. Ähnlich wie bei den Grundrechten erfolgt die Prüfung, ob eine bestimmte Maßnahme – insbesondere staatlicher Art – mit den Grundfreiheiten vereinbar ist, faktisch in den drei Etappen „Schutzbereich", „Beeinträchtigung" und „Rechtfertigung" (s. u.a. auch Schliesky, Öffentliches Wirtschaftsrecht, S. 28 ff.).

1. Schutzbereich

1342 Im ersten Schritt ist zu prüfen, ob mit Blick auf die zu prüfende Maßnahme – z.B. bei einer mitgliedstaatlichen gewerberechtlichen Erlaubnispflicht für sämtliche Versicherungsvertreter – überhaupt der **Schutzbereich einer Grundfreiheit** eröffnet bzw. thematisch einschlägig ist. Insoweit ist zunächst der **sachliche Schutzbereich** zu beleuchten, d.h. die in Rede stehende eingeschränkte Tätigkeit – hier: Versicherungsvertreter – muss von der jeweiligen Grundfreiheit erfasst sein. Ferner muss ein grenzüberschreitender Bezug vorliegen und es darf keine Bereichsausnahme gegeben sein (s. z.B. Art. 45

Abs. 4, Art. 51 und ggf. i.V.m. Art. 62 AEUV sowie „Verkaufsmodalitäten" im Sinne des freien Warenverkehrs).

In den **persönlichen Schutzbereich** fallen grundsätzlich bei dem freien Dienstleistungsverkehr, der Niederlassungsfreiheit sowie der Freizügigkeit der Arbeitnehmer die Staatsangehörigen der Mitgliedstaaten der EU einschließlich gesellschaftsrechtlicher Konstruktionen (Art. 54, ggf. i.V.m. Art. 62 AEUV). Auch sind Angehörige der EWR-Staaten Island, Liechtenstein und Norwegen gleichgestellt. Im Bereich des freien Warenverkehrs wird auf die Staatsangehörigkeit einer Person dagegen nicht abgestellt, vielmehr sind hier spezifische Anforderungen an die Waren gem. Art. 28 Abs. 2 AEUV anzulegen. Im Bereich des freien Kapitalverkehrs muss jedenfalls eine beteiligte Person in einem Mitgliedstaat ansässig sein (vgl. näher *Streinz*, Europarecht, Rn. 785 ff.). **1343**

2. Beeinträchtigung der Grundfreiheit

Wenn der Schutzbereich in den genannten Facetten eröffnet ist, muss die zu prüfende Maßnahme – wie etwa die staatliche Erlaubnispflicht für Versicherungsvertreter – als **Beeinträchtigung des Schutzbereichs** zu qualifizieren sein. Dabei ist zunächst jede belastende Maßnahme erfasst, die von einem **Verpflichteten der Grundfreiheiten** ausgeht, d.h. von einem Mitgliedstaat oder einem Organ oder einer sonstigen Stelle der EU. Ausnahmsweise können im Rahmen der Drittwirkung auch Private Verpflichtete der Grundfreiheiten sein (s.o.). **1344**

Bei der Art der Beeinträchtigung ist sodann zu unterscheiden (s. auch Streinz, Europarecht, Rn. 793 ff.): Es kann sich um eine **offene/unmittelbare Diskriminierung** handeln, bei der z.B. für den Dienstleistungserbringer zur Aufnahme einer Tätigkeit eine bestimmte Staatsangehörigkeit von einem Mitgliedstaat gefordert wird (s. auch Art. 14 Nr. 1 a Dienstleistungsrichtlinie 2006/123/EG, im Folgenden: DLRL). **1345**

Bei der **mittelbaren/versteckten Diskriminierung**, die nicht direkt an dem Staatsangehörigkeitserfordernis anknüpft, verbirgt sich indirekt bzw. faktisch eine Diskriminierung in einer nationalen Regelung. Musterbeispiel ist hier eine nationale Residenzpflicht des Dienstleistungserbringers im betreffenden Hoheitsgebiet, um eine Tätigkeit aufnehmen zu können (s. Art. 14 Nr. 1 b DLRL). Darin liegt eine faktische Benachteiligung für EU-ausländische Staatsangehörige vor, weil eine solche Residenzpflicht mit einem erheblichen Mehraufwand für Ausländer im Vergleich zu den bereits in dem Mitgliedstaat ansässigen Inländern verbunden ist. **1346**

Eine **allgemeine Beschränkung** ist gegeben, wenn eine staatliche Anforderung gleichermaßen für Inländer und Ausländer gilt, aber letztlich keine unterschiedlichen Wirkungen wie bei der mittelbaren/versteckten Diskriminierung erzeugt (z.B. staatliche Erlaubnispflicht für inländische und ausländische Versicherungsvertreter mit der alleinigen Voraussetzung einer nachgewiesenen Berufshaftpflichtversicherung). Die dogmatische Abgrenzung zwischen den allgemeinen Beschränkungen und den mittelbaren/versteckten Diskriminierungen ist im Übrigen umstritten und nicht abschließend gelöst. **1347**

3. Rechtfertigung

Liegt danach auch eine Beeinträchtigung vor, ist die mögliche **Rechtfertigung** der Maßnahme zu untersuchen. Dabei ist zu prüfen, ob die Beeinträchtigung aufgrund der **geschriebenen Schranken** unter den dortigen Aspekten gerechtfertigt werden kann (s. Art. 36, Art. 45 Abs. 3, Art. 52 und ggf. Art. 62, Art. 65 Abs. 1 AEUV). **1348**

Nach der hier vertretenen Auffassung ist es nur im Falle der allgemeinen Beschränkungen zusätzlich möglich, die Maßnahme mit Hilfe der vom EuGH entwickelten und **1349** weitergehenden „**ungeschriebenen Schranken**" zu rechtfertigen, die in unterschiedlicher Weise für die einzelnen Grundfreiheiten entwickelt worden sind. Zusammenfassend können diese Schranken mit den in Art. 4 Nr. 8 DLRL fixierten „**zwingenden Gründen des Allgemeininteresses**" beschrieben werden (s. zu einzelnen Ausnahmen noch die Ausführungen zur Dienstleistungsfreiheit). Bei den zwingenden Gründen des Allgemeininteresses handelt es sich demnach „um Gründe, die der Gerichtshof in ständiger Rechtsprechung als solche anerkannt hat, einschließlich folgender Gründe: öffentliche Ordnung; öffentliche Sicherheit; Sicherheit der Bevölkerung; öffentliche Gesundheit; Erhaltung des finanziellen Gleichgewichts der Systeme der sozialen Sicherung; Schutz der Verbraucher, der Dienstleistungsempfänger und der Arbeitnehmer; Lauterkeit des Handelsverkehrs; Betrugsbekämpfung; Schutz der Umwelt und der städtischen Umwelt; Tierschutz; geistiges Eigentum; Erhaltung des nationalen historischen und künstlerischen Erbes; Ziele der Sozialpolitik und Ziele der Kulturpolitik". Da diese Gründe nun sekundärrechtlich teilweise fixiert sind, lässt sich der Begriff der „ungeschriebenen Schranken" korrekt insoweit aufrechterhalten, wenn man ihn auf das Primärrecht bezieht (= „ungeschriebene Schranken im Primärrecht").

1350 Sind danach die geschriebenen und/oder ungeschriebenen Schranken einschlägig, ist sodann der **Grundsatz der Verhältnismäßigkeit** zu prüfen (s. Art. 5 Abs. 4 EUV), wobei dies im unionsrechtlichen Sinne nur die Frage der Geeignetheit und Erforderlichkeit der Maßnahme betrifft, nicht aber die Angemessenheit im Sinne der deutschen Verhältnismäßigkeitsdogmatik (Abwägung im engeren Sinne). Ebenso ist ein etwaiger Verstoß gegen die **Unionsgrundrechte** auf europäischer Ebene und sonstiges Primärrecht zu untersuchen. Erst wenn der Grundsatz der Verhältnismäßigkeit eingehalten wurde und die staatliche Maßnahme auch nicht gegen sonstiges Primärrecht verstößt, ist die Beeinträchtigung der Grundfreiheit unionsrechtlich nicht zu beanstanden.

III. Die Grundfreiheiten im Einzelnen

1. Freier Warenverkehr

1351 Der freie Warenverkehr im Binnenmarkt setzt sich aus zwei wesentlichen Komponenten zusammen. Zum einen umfasst die Union gem. Art. 28 Abs. 1 und Art. 30 ff. AEUV eine Zollunion, die sich auf den gesamten Warentausch erstreckt und das Verbot umfasst, zwischen den Mitgliedstaaten Ein- und Ausfuhrzölle und Abgaben gleicher Wirkung zu erheben, sowie die Einführung eines Gemeinsamen Zolltarifs gegenüber dritten Ländern.

1352 Als zweite wesentliche Säule des freien Warenverkehrs ist das „Verbot von mengenmäßigen Beschränkungen zwischen den Mitgliedstaaten" zu nennen (Art. 34 ff. AEUV). Es sind nach Art. 34 AEUV „mengenmäßige Einfuhrbeschränkungen" sowie „alle Maßnahmen gleicher Wirkung" zwischen den Mitgliedstaaten verboten. Versucht man nunmehr die Warenverkehrsfreiheit im Sinne dieses Art. 34 AEUV mit ihren Spezifika anhand des oben entwickelten Prüfungsschemas zu entfalten, so ergibt sich folgendes Bild:

1353 Im Rahmen des **Schutzbereichs** der Warenverkehrsfreiheit muss es sich bei der Bestimmung des **sachlichen Schutzbereiches** um eine „Ware" handeln. Waren sind dabei „körperliche Gegenstände, die einen Geldwert haben und daher Gegenstand von Handelsgeschäften sein können", ausgenommen landwirtschaftliche Produkte, Kriegsmaterial, Kohle und Stahlprodukte, Art. 38 ff. und Art. 346 Abs. 1 b AEUV (s. *Stober*, Allgemeines Wirtschaftsverwaltungsrecht, § 9 V 1). Ferner muss – ebenso ein Aspekt des sachlichen Schutzbereiches – ein *grenzüberschreitender Bezug* des Sachverhaltes vorliegen.

Die Grundfreiheiten   Kap. 3 § 3 K

Darüber hinaus dürfen *keine Bereichsausnahmen* eingreifen: Insoweit hat der EuGH im   1354
Fall „Keck" für die Warenverkehrsfreiheit eine Ausnahme für bestimmte nationale
„Verkaufsmodalitäten" formuliert: „Demgegenüber ist (...) die Anwendung nationaler
Bestimmungen, die bestimmte Verkaufsmodalitäten beschränken oder verbieten, auf
Erzeugnisse aus anderen Mitgliedstaaten nicht geeignet, den Handel zwischen den
Mitgliedstaaten (...) unmittelbar oder mittelbar, tatsächlich oder potentiell zu behindern, sofern diese Bestimmungen für alle betroffenen Wirtschaftsteilnehmer gelten, die
ihre Tätigkeit im Inland ausüben, und sofern sie den Absatz der inländischen Erzeugnisse und der Erzeugnisse aus anderen Mitgliedstaaten rechtlich wie tatsächlich in der
gleichen Weise berühren." (EuGH, verb. Rs. C-267/91 und 268/91, Keck und Mithou-
ard, Slg. 1993 I-6097, Rn. 16). Ausgenommen von dem freien Warenverkehr als
Grundfreiheit sind also z.B. nationale Ladenschlussregelungen oder Beschränkungen
der Werbung für ein Produkt, letztlich also Vorschriften für den Vertrieb.

Im Hinblick auf den **persönlichen bzw. hier gegenständlichen Schutzbereich** muss es   1355
sich um eine Ware handeln, die gem. Art. 28 Abs. 2 AEUV entweder aus einem Mitgliedstaat stammt oder aus dritten Ländern und die Ware sich in den Mitgliedstaaten im
freien Verkehr befindet.

Ferner kommt es auf eine **Beeinträchtigung des Schutzbereiches** an. Darunter fallen   1356
ausweislich des Art. 34 AEUV mengenmäßige Einfuhrbeschränkungen und außerdem
Maßnahmen gleicher Wirkung, unter die nach dem EuGH-Urteil in der Sache *Dasson-
ville* „jede Handelsregelung der Mitgliedstaaten (fällt), die geeignet ist, den innerge-
meinschaftlichen Handel unmittelbar oder mittelbar, tatsächlich oder potenziell zu
behindern" (EuGH, Rs. 8/74, Staatsanwaltschaft/Dassonville, Slg. 1974, 837, Rn. 5).
Erfasst sind damit nicht nur offene oder versteckte Diskriminierungen, sondern auch
allgemeine Beschränkungen als beeinträchtigende Maßnahmen.

Im Rahmen der **Rechtfertigung** sind zunächst die geschriebenen Ausnahmen des   1357
Art. 36 AEUV zu prüfen. Danach stehen die Bestimmungen der Artikel 34 und 35
AEUV Einfuhr-, Ausfuhr- und Durchfuhrverboten oder -beschränkungen nicht entge-
gen, „die aus Gründen der öffentlichen Sittlichkeit, Ordnung und Sicherheit, zum
Schutze der Gesundheit und des Lebens von Menschen, Tieren oder Pflanzen, des
nationalen Kulturguts von künstlerischem, geschichtlichem oder archäologischem
Wert oder des gewerblichen und kommerziellen Eigentums gerechtfertigt sind. Diese
Verbote oder Beschränkungen dürfen jedoch weder ein Mittel zur willkürlichen Diskriminierung noch eine verschleierte Beschränkung des Handels zwischen den Mitgliedstaaten darstellen."

Im Falle einer unterschiedslosen Maßnahme bzw. einer allgemeinen Beschränkung   1358
kommen zusätzlich rechtfertigende **ungeschriebene** Schranken in Betracht, die der
EuGH in der *Cassis*-Rechtsprechung als „zwingende Erfordernisse" bezeichnet, „insbesondere (...) Erfordernisse(n) einer wirksamen steuerlichen Kontrolle, des Schutzes
der öffentlichen Gesundheit, der Lauterkeit des Handelsverkehrs und des Verbraucherschutzes." (EuGH, Rs. 120/78, Slg. 1979, 649, Rn. 8, Rewe Central AG ./. Bundesmo-
nopolverwaltung für Branntwein). Auch wenn sich die DLRL auf die Dienstleistungs-
und Niederlassungsfreiheit bezieht, wird man sagen können, dass letztlich die dort
getroffene Formulierung der „**zwingenden Gründe des Allgemeininteresses**" auch im
Bereich der Warenverkehrsfreiheit herangezogen werden kann und letztlich die o.g.
zwingenden Erfordernisse widerspiegelt.

2. Niederlassungsfreiheit

In der EU besteht Niederlassungsfreiheit. Vorbehaltlich des Kapitels über den Kapital-   1359
verkehr umfasst die Niederlassungsfreiheit gem. Art. 49 Abs. 2 AEUV die Aufnahme
und Ausübung selbstständiger Erwerbstätigkeiten sowie die Gründung und Leitung von

K Kap. 3 § 3   Grundlagen des öffentlichen Wirtschaftsrechts I

Unternehmen, insbesondere von Gesellschaften im Sinne des Artikels 54 Abs. 2, nach den Bestimmungen des Aufnahmestaats für seine eigenen Angehörigen. Gem. Art. 49 Abs. 1 AEUV sind Beschränkungen der freien Niederlassung von Staatsangehörigen eines Mitgliedstaats nach Maßgabe der folgenden AEUV-Vorschriften verboten. Bei der Niederlassungsfreiheit handelt es sich nicht nur um ein Diskriminierungs- sondern auch um ein allgemeines Beschränkungsverbot.

1360 In diesem Zusammenhang folgt auch die Prüfung der Niederlassungsfreiheit dem bekanten Schema: Im **Schutzbereich** ist besonders die Bereichsausnahme des Art. 51 AEUV zu beachten, nach der auf Tätigkeiten, die mit der Ausübung öffentlicher Gewalt verbunden sind, das Kapitel zur Niederlassungsfreiheit keine Anwendung findet. Ferner ist die **Beeinträchtigung** zu prüfen. Im Rahmen der **Rechtfertigungsprüfung** kommen als geschriebene Schranken die Rechtfertigungsgründe des Art. 52 Abs. 1 AEUV in Betracht. Die Gründe der öffentlichen Ordnung, Sicherheit und Gesundheit gelten für alle Arten der Beschränkungen, auch wenn der Wortlaut „Sonderregelung für Ausländer" nur auf Diskriminierungen hindeutet.

1361 Im Übrigen sind als „ungeschriebene Schranken" mit Blick auf die allgemeinen Beschränkungen als zusätzliche Rechtfertigungsgründe die „zwingenden Gründe des Allgemeininteresses" anerkannt (s. auch Art. 9 Abs. 1 b DLRL).

1362 Ergänzend sei auf folgende spezielle Konstellation hingewiesen: Im Anwendungsbereich der DLRL gehen die Anforderungen an die mitgliedstaatlichen Regelungen über die primärrechtlichen Normen weit hinaus. Dies belegt Art. 14 Nr. 1 DLRL, nach dem diskriminierende Anforderungen direkter Art (Staatsangehörigkeitserfordernis) oder indirekter Art (Residenzpflicht) unzulässig sind, und zwar ohne dass hier eine Rechtfertigungsmöglichkeit bestünde. Insoweit ist in der DLRL ein absolutes Diskriminierungsverbot fixiert. Dabei ist aber zu berücksichtigen, dass die Richtlinie für zahlreiche Branchen nicht gilt, wie etwa nicht für Finanzdienstleistungen, Versicherungsleistungen, Verkehrsdienstleistungen, Gesundheitsdienstleistungen etc. (Art. 2 Abs. 2 DLRL). Insoweit gilt das über das Primärrecht hinausgehende absolute Diskriminierungsverbot nur teilweise, im Übrigen greifen die primärrechtlichen Grundsätze ein (mit Rechtfertigungsmöglichkeit).

1363 Schließlich kommt in dem Kapitel zur Niederlassungsfreiheit auch das unionsrechtliche **Anerkennungsprinzip** zum Ausdruck (s. zum Begriff *Stober*, Allgemeines Wirtschaftsverwaltungsrecht, § 9 III 3). Denn gem. Art. 53 Abs. 1 AEUV werden Richtlinien erlassen für die gegenseitige Anerkennung der Diplome, Prüfungszeugnisse und sonstigen Befähigungsnachweise sowie für die Koordinierung der Rechts- und Verwaltungsvorschriften der Mitgliedstaaten über die Aufnahme und Ausübung selbstständiger Tätigkeiten (s. auch Art. 53 Abs. 2 AEUV). Dies spiegelt sich konkret in der Richtlinie 2005/36/EG über die Anerkennung von Berufsqualifikationen, aber auch in Art. 10 Abs. 2 DLRL (keine doppelte Anwendung im Wesentlichen vergleichbarer Anforderungen) wider, die von den Mitgliedstaaten umzusetzen waren.

3. Freier Dienstleistungsverkehr

1364 Von der Niederlassungsfreiheit ist der freie Dienstleistungsverkehr gem. Art. 56 ff. AEUV zu unterscheiden. Dienstleistungen sind unter dem Gesichtspunkt des **Schutzbereiches** der Dienstleistungsfreiheit gem. Art. 57 Abs. 1 und 2 AEUV Leistungen, die in der Regel gegen Entgelt erbracht werden, soweit sie nicht den Vorschriften über den freien Waren- und Kapitalverkehr und über die Freizügigkeit der Personen unterliegen. Als Dienstleistungen gelten insbesondere:

– gewerbliche Tätigkeiten,
– kaufmännische Tätigkeiten,

- handwerkliche Tätigkeiten,
- freiberufliche Tätigkeiten.

Ebenso wie bei der Niederlassungsfreiheit schützt die Dienstleistungsfreiheit selbstständige Tätigkeiten. Im Gegensatz zu Sachverhalten, die unter die Niederlassungsfreiheit fallen, setzt die Dienstleistungsfreiheit *den vorübergehenden Charakter der Dienstleistung* voraus: „Unbeschadet des Kapitels über die Niederlassungsfreiheit kann der Leistende zwecks Erbringung seiner Leistungen seine Tätigkeit *vorübergehend* in dem Mitgliedstaat ausüben, in dem die Leistung erbracht wird, und zwar unter den Voraussetzungen, welche dieser Mitgliedstaat für seine eigenen Angehörigen vorschreibt." (Art. 57 Abs. 3 AEUV). **1365**

Die Abgrenzung zwischen Dienstleistungs- und Niederlassungsfreiheit mit Hilfe des Merkmals der „vorübergehenden Tätigkeit" ist kein einfaches Unterfangen. Hilfreich sind hier allerdings die in Erwägungsgrund 77 der DLRL aufgeführten konkretisierenden Rechtsprechungskriterien zur weiteren Abgrenzung: „Nach der ständigen Rechtsprechung des Gerichtshofs sollte der vorübergehende Charakter der betreffenden Tätigkeiten nicht nur unter Berücksichtigung der *Dauer* der Erbringung der Leistung, sondern auch ihrer *Häufigkeit*, ihrer regelmäßigen *Wiederkehr* oder ihrer *Kontinuität* beurteilt werden. Der vorübergehende Charakter der Dienstleistung sollte nicht die Möglichkeit für den Dienstleistungserbringer ausschließen, sich in dem Mitgliedstaat, in dem die Dienstleistung erbracht wird, mit einer bestimmten Infrastruktur, wie etwa Geschäftsräumen, einer Kanzlei oder Praxis auszustatten, soweit diese Infrastruktur für die Erbringung der betreffenden Leistung erforderlich ist." **1366**

Als Ausprägung der Dienstleistungsfreiheit ist es praktisch denkbar und möglich, dass der Dienstleister sich in einen anderen Mitgliedstaat zur Erbringung der Dienstleistung begibt (gerade in Grenzgebieten). Auch kann der Empfänger in einen anderen Mitgliedsstaat reisen und verbleiben, um die Dienstleistung dort in Anspruch zu nehmen. Und schließlich ist es möglich, dass nur die Dienstleistung selbst einen „Grenzübertritt" vollzieht, wie im Bereich des Rundfunks. Die Bereichsausnahme des Art. 51 AEUV (Ausübung öffentlicher Gewalt) gilt über Art. 62 AEUV auch im Bereich der Dienstleistungsfreiheit.

Prinzipiell sind alle Formen der **Beeinträchtigung** möglich, angefangen von offenen über versteckte Diskriminierungen bis hin zu allgemeinen Beschränkungen. Insoweit kann sich auch hier die Frage der **Rechtfertigung** einer beeinträchtigenden staatlichen Maßnahme stellen. Art. 62 AEUV verweist hier u.a. auf Art. 52 Abs. 1 AEUV, sodass auf die obigen Ausführungen zu diesen geschriebenen Schranken verwiesen wird. Im Bereich der allgemeinen Beschränkungen kommen als zusätzliche ungeschriebene Schranken zwingende Gründe des Allgemeininteresses in Betracht. **1367**

Speziell und nur im Anwendungsbereich der DLRL (beachte noch Art. 17 f. DLRL) sind die Rechtfertigungsgründe allerdings stark eingeschränkt worden. Als Rechtfertigungsgründe kommen abschließend nur in Betracht: Gründe der öffentlichen Ordnung, der öffentlichen Sicherheit, der öffentlichen Gesundheit oder des Schutzes der Umwelt, s. Art. 16 Abs. 3 S. 1 DLRL). Ebenso gilt gem. Art. 16 Abs. 1 S. 3 lit. a DLRL ein absolutes Diskriminierungsverbot ohne Rechtfertigungsmöglichkeit. **1368**

Der weiteren Effektuierung der Dienstleistungsfreiheit wurde im Übrigen durch die Berufsanerkennungsrichtlinie ebenso wie durch die DLRL Rechnung getragen (**Anerkennungsprinzip**, Art. 62 i.V.m. Art. 53 AEUV, s.o.). Zusätzlich besteht im Rahmen des freien Dienstleistungsverkehrs das Ziel, Dienstleistungen zu **liberalisieren** (s. Art. 59 ff. AEUV). **1369**

4. Freizügigkeit der Arbeitnehmer

1370 Im Gegensatz zur Dienstleistungs- und Niederlassungsfreiheit schützt die Arbeitnehmerfreizügigkeit nicht die selbstständige Tätigkeit, sondern die Tätigkeit als abhängig Beschäftigter. Gem. Art. 45 Abs. 1 AEUV ist innerhalb der Union insoweit die Freizügigkeit der Arbeitnehmer gewährleistet. **Schutzbereichsrelevant** sind auch die weiteren zentralen Aussagen des Art. 45 AEUV. Denn die Freizügigkeit der Arbeitnehmer umfasst die Abschaffung jeder auf der Staatsangehörigkeit beruhenden unterschiedlichen Behandlung der Arbeitnehmer der Mitgliedstaaten in Bezug auf Beschäftigung, Entlohnung und sonstige Arbeitsbedingungen (Abs. 2). Sie gibt gem. Art. 45 Abs. 3 AEUV den Arbeitnehmern (...) „das Recht, sich um tatsächlich angebotene Stellen zu bewerben, sich zu diesem Zweck im Hoheitsgebiet der Mitgliedstaaten frei zu bewegen, sich in einem Mitgliedstaat aufzuhalten, um dort nach den für die Arbeitnehmer dieses Staats geltenden Rechts- und Verwaltungsvorschriften eine Beschäftigung auszuüben und das Recht, schließlich nach Beendigung einer Beschäftigung im Hoheitsgebiet eines Mitgliedstaats unter bestimmten Bedingungen zu verbleiben (...)". Eine Schutzbereichsrelevante Bereichausnahme enthält Art. 45 Abs. 4 AEUV, nach dem dieser Artikel keine Anwendung auf die Beschäftigung in der öffentlichen Verwaltung findet.

1371 Im Hinblick auf etwaige **Beeinträchtigungen des Schutzbereiches** ist eine **Rechtfertigung** aus den Gründen des Art. 45 Abs. 3 AEUV möglich: öffentliche Ordnung, Sicherheit und Gesundheit. Im Übrigen kommen im Falle allgemeiner Beschränkungen auch zwingende Gründe des Allgemeininteresses in Betracht.

5. Freier Kapital- und Zahlungsverkehr

1372 Der Binnenmarkt wird durch die in Art. 63 ff. AEUV geregelten Grundfreiheiten des Kapital- und Zahlungsverkehrs abgerundet. Der freie Kapitalverkehr (Art. 63 Abs. 1 AEUV) schützt einseitige Wertübertragungen (Sach-/Geldkapital) von einem Mitgliedstaat in einen anderen Mitgliedstaat, insbesondere Vermögensanlagen. Der freie Zahlungsverkehr (Art. 63 Abs. 2 AEUV) ermöglicht die finanzielle Gegenleistung im Zusammenhang mit einem Austauschvertrag. Die Zahlungsverkehrsfreiheit wird daher auch als notwendiges „Gegenstück" zu den übrigen Grundfreiheiten bezeichnet (s. *Schliesky*, Öffentliches Wirtschaftsrecht, S. 51 ff.). Art. 65 Abs. 1 AEUV enthält ausdrückliche Rechtfertigungsmöglichkeiten.

IV. Grundrechte und Grundfreiheiten

1373 Zu klären ist schließlich das Verhältnis der Grundrechte der GR-Charta und der Grundfreiheiten. Die Unionsgrundrechte spielen – wie bereits ausgeführt wurde – als Maßstab in der Rechtfertigungsprüfung einer evtl. Grundfreiheitenverletzung eine Rolle. Denn sie sind neben dem Verhältnismäßigkeitsgrundsatz abschließend an die zu prüfende beeinträchtigende Maßnahme anzulegen (sog. „Schranken-Schranke"). Die Grundrechte können im Einzelfall aber auch bei der Konkretisierung der ungeschriebenen Rechtfertigungsgründe bzw. der „zwingenden Gründe des Allgemeininteresses" relevant werden, weil die Grundrechtsgüter insoweit als zusätzliche Rechtfertigungsgründe in Betracht kommen und unter die Gemeinwohlgründe subsumiert werden können (s. *Streinz*, Europarecht, Rn. 332).

1374 Darüber hinaus bleiben die Unionsgrundrechte als subjektiv-öffentliche Rechte aber – unabhängig von einer möglichen Verzahnungsprüfung im Rahmen der Grundfreiheiten – stets eigenständiger Prüfungsmaßstab im Rahmen ihres Anwendungsbereiches (Art. 51 GR-Charta). Durch die rechtliche Aufwertung der Charta seit dem

Der Einfluss des Europarechts   Kap. 3 § 4   K

1.12.2009 als nunmehr „rechtlich gleichrangig" mit den Verträgen, werden die Grundrechte als eigenständige Prüfungskategorie vermutlich zunehmend in den Fokus der Praxis rücken.

§ 4 Der Einfluss des Europarechts auf die Wirtschaftsverwaltungsorganisation: Das Beispiel „Einheitlicher Ansprechpartner"

Das Europarecht nimmt materiellrechtlich erheblichen Einfluss auf die Mitgliedstaaten, wie etwa Grundrechte und Grundfreiheiten belegen (s.o.), aber auch die Vorschriften zu staatlichen Beihilfen (Art. 107 ff. AEUV, vgl. auch Stober/Eisenmenger, Besonderes Wirtschaftsverwaltungsrecht, 15. Aufl. 2011, S. 300 ff.) oder die Wettbewerbsregeln i.S.d. Art. 101 ff. AEUV (s. dazu den Beitrag „Wettbewerbs- und Kartellrecht", L 33 IV.) verdeutlichen. Über diese materiellrechtlichen Komponenten hinaus bestehen auch Einflüsse auf die **Wirtschaftsverwaltungsorganisation** in den Mitgliedstaaten. Dies wird an dem Beispiel der Schaffung „Einheitlicher Ansprechpartner" deutlich. 1375

Ausgangspunkt der Betrachtung ist die DLRL, die Ende 2006 in Kraft getreten ist und die in den Mitgliedstaaten innerhalb von 3 Jahren umzusetzen war. Prägend und zentral für das Kapitel II „Verwaltungsvereinfachung" der DLRL war die Einführung „Einheitlicher Ansprechpartner" (Art. 6 f. und Art. 11 Abs. 3). EU/EWR-ausländische Dienstleistungserbringer sollen hiernach behördliche Verfahren und Formalitäten, die für die Aufnahme und Ausübung der Dienstleistungstätigkeiten erforderlich sind, über den Einheitlichen Ansprechpartner abwickeln können. Gleichzeitig obliegen dem Einheitlichen Ansprechpartner gegenüber Dienstleistungserbringern und -empfängern Informationsaufgaben. Die hoheitlichen Entscheidungskompetenzen der zuständigen Behörden werden davon nicht tangiert (s. dazu Art. 6 Abs. 2 der Richtlinie). 1376

Die Anforderungen der Richtlinie sind in Deutschland in die neuen §§ 71a ff. VwVfG („Verfahren über eine einheitliche Stelle") eingeflossen, die auf einem Musterentwurf der Verwaltungsverfahrensrechtsreferenten von Bund und Ländern beruhen und Modellvorlage auch für die landesrechtlichen Verwaltungsverfahrensgesetze waren. 1377

§ 71b VwVfG widmet sich im Einzelnen der Verfahrensmittlertätigkeit, angefangen von der Entgegennahme der entscheidenden Dokumente, über die Pflicht zur Weiterleitung an die zuständigen Behörden bis hin zur Bekanntgabe des verfahrensabschließenden Verwaltungsaktes. § 71c Abs. 1 VwVfG regelt die eigentliche Informationsaufgabe der einheitlichen Stelle, die nicht mit einem konkret abzuwickelnden Verfahren im Zusammenhang stehen muss. Danach erteilt die einheitliche Stelle auf Anfrage unverzüglich Auskunft über die maßgeblichen Vorschriften, die zuständigen Behörden, den Zugang zu den öffentlichen Registern und Datenbanken, die zustehenden Verfahrensrechte und die Einrichtungen, die den Antragsteller oder Anzeigepflichtigen bei der Aufnahme oder Ausübung seiner Tätigkeit unterstützen (S. 1). Die einheitliche Stelle ist zusammengefasst im Rahmen dieser Informationsaufgabe also dazu berufen, einen orientierenden Überblick bzw. Einstiegsinformationen zu erteilen. 1378

In Deutschland sind die Aufgaben der Einheitlichen Ansprechpartner – je nach Bundesland – unterschiedlich verortet worden. Z.B. in Hamburg sind mit diesen Aufgaben – jeweils für ihren Zuständigkeitsbereich – die Hamburgische Architektenkammer, die Hamburgische Ingenieurkammer-Bau, die Handwerkskammer Hamburg, die Hanseatische Rechtsanwaltskammer und die Steuerberaterkammer Hamburg und im Übrigen die Handelskammer Hamburg betraut worden, die hierzu zwei gemeinsame Geschäftsstellen errichtet haben (s. dazu das Hamburgische Gesetz über die Durchführung der Aufgaben des Einheitlichen Ansprechpartners v. 10.12.2009). 1379

K Kap. 3 § 4 Grundlagen des öffentlichen Wirtschaftsrechts I

1380 Das Beispiel der Einheitlichen Ansprechpartner belegt den Einfluss des Unionsrechts auf das nationale Recht, auch in organisationsrechtlicher Hinsicht. Nimmt man die materiellrechtlichen Anforderungen – gerade der Grundfreiheiten und der Grundrechte – hinzu, so wird die durchschlagende Bedeutung des Unionsrechts für die Mitgliedstaaten transparent, gestützt durch den Vorrang des Unionsrechts vor dem mitgliedstaatlichen Recht.

Literatur:

Christoph Herrmann/Wolfgang Weiß/Christoph Ohler, Welthandelsrecht, 2. Aufl. 2007
Utz Schliesky, Öffentliches Wirtschaftsrecht, 3. Aufl. 2008
Rolf Stober, Allgemeines Wirtschaftsverwaltungsrecht, 17. Aufl. 2011
Rudolf Streinz, Europarecht, 8. Auflage 2008

Quellen im Internet:

Recht der WTO und allgemeine Informationen: http://www.wto.org
Recht der UN und allgemeine Informationen: http://www.un.org
Portal der EU mit allgemeinen Informationen: http://europa.eu/index_de.htm
Recht der EU einschließlich Rechtsprechung: http://eur-lex.europa.eu

L Grundlagen des Öffentlichen Wirtschaftsrechts II – Deutsches Öffentliches Wirtschaftsrecht

Jörg Philipp Terhechte

Kapitel 1 Einführung

§ 1 Bedeutung und Begriff des Öffentlichen Wirtschaftsrechts

Im modernen Staat kommt der Aufsicht, Lenkung, Förderung und Regulierung der Wirtschaft zentrale Bedeutung zu. Insbesondere die Finanz- und Wirtschaftskrise der letzten Jahre hat einmal mehr vor Augen geführt, dass das Wirtschaftssystem ohne die „ordnende Hand" des Staats nicht unbedingt zu einer Selbststeuerung in der Lage ist bzw. die Marktergebnisse aus der Sicht des Staats nicht immer akzeptabel sind. Insofern nimmt es nicht wunder, dass der Staat seit jeher, wenn auch in unterschiedlichen Formen und Ausprägungen, auf das Wirtschaftsgeschehen Einfluss nimmt. Aus dieser Perspektive kommt dem **Öffentlichen Wirtschaftsrecht** die zentrale Aufgabe zu, einerseits die notwendige Freiheit der Marktakteure zu sichern und andererseits die Rahmenbedingungen für eine funktionierende Wirtschaft zu garantieren. Das Öffentliche Wirtschaftsrecht umfasst so alle verfassungsrechtlichen und einfachgesetzlichen Regelungen, die für den Ablauf und die Organisation des wirtschaftlichen Prozesses von Bedeutung sind. In dieser Definition spiegelt sich das besonders enge Verflechtung von Verfassungs- und Verwaltungsrecht in Deutschland wider, die letztlich zur Folge hat, dass eine Darstellung des deutschen öffentlichen Wirtschaftsrechts beide Ebenen – das Wirtschaftsverfassungs- und das Wirtschaftsverwaltungsrecht – in den Blick zu nehmen hat (eingehend dazu *Badura*, Wirtschaftsverfassung und Wirtschaftsverwaltung, 3. Aufl., 2008; *Huber*, Öffentliches Wirtschaftsrecht, in: Schmidt-Aßmann/Schoch [Hrsg.], Besonderes Verwaltungsrecht, 14. Aufl., 2008, S. 305 ff.; *Schmidt*, in: ders./Vollmöller [Hrsg.], Kompendium Öffentliches Wirtschaftsrecht, 2. Aufl., 2007, § 2 Rn. 1; *Ziekow*, Öffentliches Wirtschaftsrecht, 2. Aufl., 2010).

Entsprechend werden im zweiten Kapitel dieses Abschnitts zunächst die verfassungsrechtlichen Grundlagen des Öffentlichen Wirtschaftsrechts dargestellt, wobei ein besonderer Schwerpunkt auf der Frage liegen muss, ob sich dem GG ein Systementscheid für ein bestimmtes Modell der Wirtschaftsverfassung entnehmen lässt (dazu § 1), welche Staats- und Verfassungsprinzipien für das Öffentliche Wirtschaftsrecht eine besondere Rolle spielen (§ 2) und welche Aufgaben den Grundrechten im Kontext des Öffentlichen Wirtschaftsrechts zukommen (§ 3). Anschließend sollen im dritten Kapitel die Grundzüge des Wirtschaftsverwaltungsrechts als dem einfachgesetzlichen Recht, das den Staat zur Überwachung, Lenkung usw. der Wirtschaft berechtigt bzw. verpflichtet, näher beleuchtet werden. Hier soll auf die verschiedenen staatlichen Aufgaben und Instrumente des Wirtschaftsverwaltungsrechts (insbesondere der Wirtschaftsaufsicht, Lenkung und Förderung sowie der Regulierung bestimmter Sektoren) eingegangen werden (§ 1). Anschließend soll die wirtschaftliche Betätigung der öffentlichen Hand selbst beleuchtet werden (§ 2). Abschließend werden dann die verschiedenen Gebiete des „besonderen Wirtschaftsverwaltungsrechts" exemplarisch dargestellt (§ 3).

§ 2 Wandel durch Europäisierung und Internationalisierung

1383 Das Öffentliche Wirtschaftsrecht ist seit Jahrzehnten einem beständigen Wandel ausgesetzt, der nicht zuletzt auf die Europäisierung und Internationalisierung des deutschen Rechts zurückzuführen ist. Als besonders wirkungsmächtig hat sich hierbei das Phänomen der **Europäisierung des deutschen Öffentlichen Wirtschaftsrechts** erwiesen (dazu *Hatje*, Die gemeinschaftsrechtliche Steuerung der Wirtschaftsverwaltung, 1998). Die zuständigen deutschen Behörden haben in vielen Bereichen die Aufgabe, das europäische (Wirtschafts-)Recht zu vollziehen, was wiederum auf Seiten der Union Rechtsprinzipien erforderlich machte, die eine einheitliche und effektive Anwendung des Unionsrechts sicherstellen. Neben dieser unionsrechtlichen Überformung des Vollzugs sind aber auch neue Rechtsgebiete entstanden, die heute wesentliche Bausteine des Öffentlichen Wirtschaftsrechts verkörpern. Zu nennen ist hier in erster Linie der Bereich des Regulierungsrechts, das seinen Aufschwung zahlreichen Liberalisierung- und Deregulierungsbemühungen seitens der Europäischen Kommission zu verdanken hat. Doch auch das materielle Unionsrecht selbst zwingt das Öffentliche Wirtschaftsrecht in immer neue Bahnen. Hinzuweisen ist hier auf die wichtige Rolle der europäischen Grundfreiheiten und die Gestaltungsmacht, die von verschiedenen Politikfeldern der Union (etwa im Bereich der Rechtsangleichung, des Wettbewerbs- und Kartellrechts oder des Umweltrechts) ausgehen. Aufgrund der überragenden Bedeutung des europäischen Binnenmarktes und den Modi seiner Verwirklichung und Sicherung präsentiert sich das Öffentliche Wirtschaftsrecht heute in wesentlichen Teilen als „europäisiertes Rechtsgebiet". Insofern kann es auch nicht mehr nur aus der nationalen Warte betrachtet werden. Vielmehr verlangt nahezu jeder Sachverhalt in diesem Bereich auch eine Befragung des europäischen Rechts (dazu *Eisenmenger*, i.d.B., S. 385 ff.).

1384 Seit einigen Jahren ist zudem ein erhöhter Einfluss des **Wirtschaftsvölkerrechts bzw. internationalen Wirtschaftsrechts** auf das Öffentliche Wirtschaftsrecht in Deutschland zu verzeichnen. Hier ist zunächst an das WTO-Recht zu denken, das insbesondere der Gestaltungsfreiheit des europäischen bzw. deutschen Gesetzgebers im Bereich des Außenwirtschaftsrechts gewisse Grenzen setzt (dazu etwa *Hilf/Oeter* [Hrsg.], WTO-Recht, 2. Aufl., 2010). Doch auch die Mitgliedschaft Deutschlands in zahlreichen weiteren internationalen Organisationen hat dazu geführt, dass die Ebene des Völkerrechts auch im Bereich des Öffentlichen Wirtschaftsrechts zunehmend an Bedeutung gewinnt.

Kapitel 2   Die Wirtschaftsverfassung des GG

§ 1 Grundlegung

1385 Die Frage, ob das GG einen positiven Systementscheid für ein bestimmtes Wirtschaftsmodell enthält, ist insbesondere in den Anfangsjahren der Bundesrepublik Deutschland intensiv diskutiert worden, ohne dass hieraus jemals besondere praktische Konsequenzen gezogen werden konnten. Die Frage der deutschen Wirtschaftsverfassung war mehr eine Frage über das verfassungsrechtlich zulässige Zusammenspiel von Freiheit und staatlicher Intervention in die Wirtschaft zugunsten eines bestimmten Sozialmodells überhaupt (dazu I.). Interessant ist, dass obwohl diese Debatte schon einige Jahrzehnte zurückliegt, sie heute wieder an Aktualität gewinnt. Dies ist zum einen darauf zurückzuführen, dass sich die Offenheit der deutschen Wirtschaftsverfassung im europäischen Vergleich nicht überall widerspiegelt. Vielmehr gibt es in der Europäischen Union einige Mitgliedstaaten, die verfassungsrechtlich auf ein bestimmtes Wirtschaftsmodell festgelegt sind. So verpflichtet etwa die polnische Verfassung die Republik Polen ausdrücklich auf das Modell der sozialen Marktwirtschaft (Art. 20 pol. Verf.). Zum anderen gibt es auf der Ebene der Union selbst eine vermeintlich „eindeutige" Festlegung auf ein Wirtschaftsmodell, spricht Art. 3 EUV doch ausdrücklich davon, dass das Ziel der Union, eine „im hohen Maße wettbewerbsfähige soziale Marktwirtschaft" ist, ohne dass die europäischen Verträge näher Auskunft darüber geben, was mit diesem Unionsziel genau gemeint ist. Insofern liegt es auf der Hand, dass die Diskussion über die wirtschaftsverfassungsrechtliche Offenheit des GG auch eine unionale bzw. gemeineuropäische Dimension hat. Umgekehrt ist auch danach zu fragen, welchen Einfluss insbesondere das Unionsrecht auf das deutsche Konzept der Wirtschaftsverfassung hat (dazu II.)

I. Soziale Marktwirtschaft – Politisches Programm oder normative Verpflichtung?

Im Zentrum der Diskussion über die Wirtschaftsverfassung des GG stand seit jeher die Frage, ob das Konzept der „sozialen Marktwirtschaft" verfassungsrechtlich vorgeschrieben ist. Das Ziel einer „sozialen Marktwirtschaft" besteht nach einer bekannten Wendung *Alfred Müller-Armacks*, einem der Väter dieses Konzepts, darin, „auf der Basis der Wettbewerbswirtschaft die freie Initiative mit einem gerade durch die wirtschaftliche Leistung gesicherten sozialen Fortschritt zu verbinden" (*Müller-Armack*, Wirtschaftsordnung und Wirtschaftspolitik, 1976, S. 245). Hiermit ist aber zunächst nur ein wirtschaftspolitisches Programm skizziert. Hinsichtlich der Wirtschaftsordnung enthält das GG aber keine ausdrückliche Festlegung in diese Richtung. Dementsprechend wurden in der Vergangenheit ganz unterschiedliche Ansichten darüber vertreten, welchem Wirtschaftsmodell das GG letztlich verpflichtet ist.

1386

Bis heute wirkungsmächtig ist hierbei die Ansicht *Hans Carl Nipperdeys*, dass das GG dem Prinzip der sozialen Marktwirtschaft verpflichtet sei. Die soziale Marktwirtschaft ist aus dieser Warte nicht nur wirtschaftspolitisches Programm, sondern auch verfassungsrechtliches Gebot. Hiernach stellt die soziale Marktwirtschaft eine Wirtschaftsverfassung dar, die auf der Grundlage der Wettbewerbswirtschaft freiheitliche und soziale Komponenten in einer Weise vereint, dass ein Höchstmaß an persönlicher Freiheit bei steter Berücksichtigung der sozialen Notwendigkeiten gewährleistet wird. Diese Auffassung entwickelt *Nipperdey* hierbei insbesondere auf der Grundlage der Grundrechte, namentlich auf der allgemeinen Handlungsfreiheit, die in Art. 2 Abs. 1 GG gewährleistet wird. Aus ihren Teilgarantien der Gewerbe- und Wettbewerbsfreiheit sowie der Vertragsfreiheit folgt für *Nipperdey* auch ein verfassungsrechtliches Bekenntnis zu marktwirtschaftlichen Strukturen, das durch die allgemeine Berufsfreiheit (Art. 12 GG) und die Eigentumsgarantie (Art. 14 GG) in gewisser Weise gestärkt wird. Auf der anderen Seite stehen diverse soziale Komponenten der Grundrechte sowie das Sozialstaatsprinzip. Das Modell der sozialen Marktwirtschaft, so *Nipperdey*, sorge hier für einen Ausgleich der verschiedenen Positionen (*Nipperdey*, Soziale Marktwirtschaft und Grundgesetz, 1961).

1387

1388 Mit diesem Modell legt *Nipperdey* den Gesetzgeber darauf fest, einen Ausgleich zwischen Freiheit und sozialer Absicherung herzustellen. Ob aber eine solche Bindung tatsächlich aus dem GG abgeleitet werden kann, ist mehr als fraglich. Schon aufgrund seines eher (wirtschafts-)politischen Charakters lassen sich aus dem Prinzip der sozialen Marktwirtschaft letztendlich nur wenig konkrete Maßstäbe ableiten. Umgekehrt fragt sich auch, ob der Spielraum des Gesetzgebers durch eine solche Auslegung des GG nicht über Gebühr eingeschränkt würde.

1389 Vor diesem Hintergrund ist verständlich, dass die Thesen *Nipperdeys* eine der wichtigsten verfassungsrechtlichen Debatten in der Frühzeit des GG ausgelöst haben, die aber durch ein Grundsatzurteil des Bundesverfassungsrechts (BVerfG) sehr schnell an Bedeutung verloren hat (dazu II.). Entscheidend ist der Ansatzpunkt der jeweiligen Argumentation: So hat etwa *Krüger* seine These von der wirtschaftspolitischen Neutralität des GG maßgeblich auf das verfassungsrechtliche Demokratieprinzip gestützt. Eine Festlegung des GG auf eine Wirtschaftsform widerspreche – so *Krüger* – dem Relativismus eines demokratischen Systems, das sich nicht einseitig festlegen dürfe (*Krüger*, DVBl. 1951, S. 361 ff.). Ähnlich, wenn auch politisch vor anderem Hintergrund, argumentierte *Abendroth*, dass dem GG durchaus unterschiedliche Vorstellungen über das anzustrebende Wirtschaftsmodell zu Eigen sind; es lasse sowohl liberal wie auch sozialistisch geprägte Wirtschaftsmodelle zu. Letzteres ergebe sich etwa aus der Gemeinwohlbindung des Eigentums (Art. 14 Abs. 2 GG) und der Möglichkeit der Sozialisierungsenteignung, die in Art. 15 GG geregelt ist (*Abendroth*, Das Grundgesetz, 7. Aufl. 1978, S. 65 ff.). Demgegenüber hat *Huber* ein Modell einer gemischten Wirtschaftsverfassung entworfen, wonach die Aufgabe des Gesetzgebers darin bestehe, Wirtschaftsfreiheit und Sozialbindung auszubalancieren (*Huber*, Wirtschaftsverwaltungsrecht I, 2. Aufl., S. 30 f.).

1390 Auch wenn diese Debatte schon lange Zeit zurückliegt, so kann man doch bis heute über die grundsätzlichen Fragen mit einigem Gewinn nachdenken. Der Ausgleich zwischen Wirtschaftsfreiheit und Sozialbindung hat sich nicht zuletzt auf der Ebene des Unionsrechts zu einem wesentlichen Streitpunkt entwickelt (dazu III.). Die Wirtschaftskrise (bzw. Bankenkrise) der letzten Jahre hat erstaunlicherweise auch dazu geführt, dass erstmals wieder intensiver über die Sozialbindung des Eigentums und die Möglichkeit der Sozialisierungsenteignung diskutiert wurde (dazu *Hummel*, JuS 2008, S. 1065 ff.). Dies belegt auch, dass eine einseitige Festlegung auf ein Wirtschaftsmodell – sei es liberal oder sozialistisch eingefärbt – tatsächlich den Spielraum des Gesetzgebers in bestimmten Situationen übermäßig einschränken würde.

II. Rechtsprechung des BVerfG

1391 Folgerichtig hat das BVerfG schon recht früh in seinem Investitionshilfen-Urteil (BVerfGE 4, 7) die Offenheit des GG ausdrücklich hervorgehoben. Dem Urteil lag die Frage zugrunde, ob der Gesetzgeber die gewerbliche Wirtschaft verpflichten darf, über Abgaben zur Deckung eines dringlichen Investitionsbedarfs im Kohlebergbau beizutragen. Das BVerfG führt hier zu Frage der Wirtschaftsverfassung aus: „Das Grundgesetz garantiert weder die wirtschaftspolitische Neutralität der Regierungs- und Gesetzgebungsgewalt, noch eine nur mit marktkonformen Mitteln zu steuernde Marktwirtschaft. [...] Die „wirtschaftspolitische Neutralität" des Grundgesetzes besteht lediglich darin, dass sich der Verfassungsgesetzgeber nicht ausdrücklich für ein bestimmtes Wirtschaftssystem entschieden hat. Dies ermöglicht dem Gesetzgeber die ihm jeweils sachgemäß erscheinende Wirtschaftspolitik zu verfolgen, sofern er dabei das Grundgesetz beachtet". Hier ging es dem BVerfG offensichtlich darum, den Gestaltungsspielraum des Gesetzgebers hinsichtlich der verfolgten Wirtschaftspolitik nicht übermäßig einzugrenzen, wenn auch das BVerfG in nachfolgenden Entscheidungen immer wieder die Bindung des Gesetzgebers an das GG betont hat. Entsprechend war die dem Urteil zugrunde liegende Verfassungsbeschwerde erfolglos (s. dazu auch *Rittner/Dreher*, Europäisches und deutsches Wirtschaftsrecht, 3. Aufl. 2008, § 2 Rn. 59 ff.).

III. Überformung durch das Unionsrecht

Die Diskussion über die Wirtschaftsverfassung des GG wird heute in beträchtlicher Weise durch das Recht der Europäischen Union überformt. Zum einen legt Art. 3 EUV die Union auf das Modell der sozialen Marktwirtschaft fest (s.o.). Zum anderen führen insbesondere die europäischen Grundfreiheiten dazu, dass die „Wirtschaftsfreiheit" im Integrationsprozess seit jeher eine besondere Rolle spielte, was auch dazu führt, dass sozialpolitisch motivierte Maßnahmen der Mitgliedstaaten auf den Prüfstand des Unionsrechts geraten. Interessant ist, dass die Diskussion über die Wirtschaftsverfassung des GG sich seit einigen Jahren in ähnlicher Weise für die Ebene des Unionsrechts wiederholt, sie also eine Art Vorbildwirkung entfalten kann (eingehend dazu *Hatje*, Wirtschaftsverfassung, in: von Bogdandy/Bast [Hrsg.], Europäisches Verfassungsrecht, 2. Aufl., 2009, S. 801 ff.). Auslöser waren hier mehrere Urteile des EuGH, mit denen er gefühlt oder tatsächlich in die „autonome" Sozialgestaltung der Mitgliedstaaten eingriff. Gegenstand der Verfahren waren etwa die Vereinbarkeit von Streikmaßnahmen mit den Grundfreiheiten (EuGH Rs. C-438/05, Slg. 2007, S. I-10779 – *Viking*) oder die unionsrechtliche Zulässigkeit sog. Tariftreueerklärungen im Vergaberecht (EuGH Rs. C-346/06, Slg. 2008, S. I-1989 – *Rüffert*). Dass der Lissabonner Vertrag hier nunmehr ausdrücklich auf das Modell der sozialen Marktwirtschaft zurückgreift, soll den ausgebrochenen Konflikt auch ein wenig befrieden. Analysiert man das europäische Vertragswerk allerdings eingehender, so fällt auf, dass die in Art. 3 EUV postulierte Ausrichtung auf die soziale Marktwirtschaft nur schwer einzulösen sein wird. Zunächst spricht der AEUV nach wie vor an einigen Stellen von einer „offenen Marktwirtschaft mit freiem Wettbewerb" (s. Art. 120 AEUV). Schwerer wiegt aber, dass die Union im Gegensatz zum deutschen Gesetzgeber keineswegs über umfangreiche Kompetenzen im Bereich der Sozialpolitik verfügt, sodass sie selbst gar nicht in der Lage wäre, einen Ausgleich zwischen Wirtschaftsfreiheit und Sozialbindung herzustellen.

1392

Die Überformung des öffentlichen Wirtschaftsrechts durch das Unionsrecht zeigt sich schließlich dort, wo staatliche Maßnahmen zur Aufsicht oder Lenkung der Wirtschaft direkt auf dem Prüfstand des Unionsrechts stehen. Besonders plastisch wird dies etwa im Bereich des Subventionsrechts. Während das nationale Recht dem Staat Beihilfen und Subventionen seit jeher ermöglicht, kennt das Unionsrecht mit Art. 107 Abs. 1 AEUV ein grundsätzliches Verbot solcher Beihilfen, soweit sie den Wettbewerb im Binnenmarkt verzerren. Die Gestaltungsmöglichkeiten der Mitgliedstaaten finden hier also klare Grenzen.

1393

§ 2 Relevante Staats- und Rechtsprinzipien

Wenn auch das GG also nicht auf ein bestimmtes Wirtschaftsmodell festgelegt ist, so bilden doch bestimmte Staats- und Rechtsprinzipien sowie die Grundrechte den Rahmen, an denen sich staatliche Interventionen in die Wirtschaft zu orientieren haben. In einer positiven Lesart kann man aber auch sagen, dass es gerade dieser Rahmen ist, der es dem Staat überhaupt erlaubt, in den Wirtschaftsprozess einzugreifen. Mit dem

1394

Sozialstaatsprinzip (Art. 20 Abs. 1 GG) unterstreicht das GG, dass die verfassungsmäßige Ordnung nicht allein auf die Gewährung von Freiheit bzw. der Absicherung von Freiheit gerichtet ist, sondern für jedermann auch die tatsächlichen Voraussetzungen geschaffen werden sollen, damit diese Freiheit verwirklicht werden kann; der Staat hat so die Chancengleichheit im Wirtschaftsprozess zu schaffen und zu garantieren (dazu *Kingreen*, Das Sozialstaatsprinzip im europäischen Verfassungsverbund, 2003, S. 128 ff.). Umgekehrt folgt aus dem Rechtsstaatsprinzip, aber auch aus dem Grundsatz der Gewaltenteilung und dem Bundesstaatsprinzip, dass der Aktionsradius des Staats hierbei nicht unbegrenzt ist, sondern dass er für Interventionen auf bestimmte Mittel verwiesen ist. Zentrale Fragen sind in diesem Zusammenhang, auf welche rechtliche Grundlagen Instrumente der Aufsicht, Lenkung, Förderung und Regulierung der Wirtschaft zu stützen sind und wem es jeweils obliegt, tätig zu werden.

I. Sozialstaatsprinzip

1395 Gem. Art. 20 Abs. 1 GG ist die Bundesrepublik Deutschland ein demokratischer und sozialer Bundesstaat (vgl. auch Art. 28 GG). Das so niedergelegte Sozialstaatsprinzip ist allerdings bis heute in seinen normativen Wirkungen nur schwer einzuordnen. Dies hängt insbesondere damit zusammen, dass sich aus ihm regelmäßig keine konkreten Ansprüche ableiten lassen und sich seine Wirkung nur in Kombination mit weiteren Rechtsgarantien verwirklichen lässt. Aus dem Prinzip selbst folgt weder, welche positiven Verpflichtungen den Staat zur Herstellung der Sozialstaatlichkeit verpflichten, noch wo die entsprechenden Grenzen liegen. Vor diesem Hintergrund nimmt es auch nicht wunder, dass diesem Prinzip des GG immer wieder eine gewisse Konturlosigkeit bescheinigt wird (dazu etwa *Kingreen*, a.a.O.; *Heinig*, Der Sozialtstaat im Dienste der Freiheit, 2008). Das heißt freilich nicht, dass das Bekenntnis des GG zum Sozialstaat folgenlos wäre. *Rainer Schmidt* weist in diesem Zusammenhang zutreffend darauf hin, dass sich die aus dem Prinzip folgende Pflicht zur sozialen Gestaltung gerade im Öffentlichen Wirtschaftsrecht niederschlägt; die „sozialstaatliche Imprägnierung des öffentlichen Wirtschaftsrechts wird um so intensiver, je weniger die Herstellung sozialer Sicherheit und sozialer Gerechtigkeit dem Markt überlassen wird" (*Schmidt*, in: ders/Vollmöller [Hrsg.], Kompendium Öffentliches Wirtschaftsrecht, S. 62). Tatsächlich sind heute wesentliche Bereiche der Rechtsetzung im öffentlichen Wirtschaftsrecht „sozialstaatlich überformt" bzw. stark sozialgestalterisch motiviert. Zu denken ist hier etwa an Bestimmungen über Ladenschlusszeiten oder Vorschriften zum Schutz der Arbeitnehmer. In gewisser Weise bündelt dieses Prinzip die Vorstellung eines „fürsorgenden Staats", die ihrerseits mit den unabdingbaren Freiheits- und Funktionsgarantien des GG in einer Marktwirtschaft versöhnt werden muss.

II. Rechtsstaatsprinzip

1396 Staatliche Maßnahmen im Bereich der Wirtschaft können vor dem Hintergrund des Rechtsstaatsprinzip (Art. 20 Abs. 3 GG) nicht willkürlich oder nach rein wirtschaftspolitischen Erwägungen erfolgen. Vielmehr muss der Staat hierbei stets die Bindungen des Rechtsstaatsprinzips beachten. Entsprechend haben sich staatliche Maßnahmen an den Teilgarantien dieses Prinzips messen zu lassen. Im Einzelnen sind hier die Grundsätze der Gesetzmäßigkeit der Verwaltung, der Bestimmtheitsgrundsatz, der Grundsatz der Rechtssicherheit und das Übermaßverbot zu respektieren. Das Rechtsstaatsprinzip erfordert etwa, dass der Gesetzesvorbehalt im Subventionsrecht (s.u.) verwirklicht wird

Relevante Staats- und Rechtsprinzipien   Kap. 2 § 2   L

oder dass staatliche Eingriffe in das Wirtschaftsgeschehen stets verhältnismäßig sein müssen (eingehend dazu *Stober*, Allgemeines Wirtschaftsverwaltungsrecht, 15. Aufl., 2006, S. 49 ff.).

III. Gewaltenteilung und Bundesstaatsprinzip

Der Grundsatz der Gewaltenteilung in seiner klassischen Ausprägung bezieht sich zunächst auf die Teilbereiche staatlicher Aufgaben, nämlich die Gesetzgebung (Legislative), die vollziehende Gewalt (Exekutive) und die rechtsprechende Gewalt (Judikative). Das GG spricht diese Teilung in Art. 20 Abs. 2 GG ausdrücklich an: „Alle Gewalt geht vom Volke aus. Sie wird vom Volke in Wahlen und Abstimmungen und durch besondere Organe der Gesetzgebung, der vollziehenden Gewalt und der Rechtsprechung ausgeübt". Durch den Grundsatz der Gewaltenteilung soll gewährleistet werden, dass es nicht zu Machtakkumulationen kommt. So gesehen schützt das Prinzip damit in erster Linie die Freiheit des Einzelnen (BVerfGE 9, 268, 279 f.). Hiermit ist aber lediglich die **horizontale Gewaltenteilung** angesprochen. **1397**

Aufgrund der föderalen Anlage der Bundesrepublik Deutschland (Art. 20 Abs. 1 GG) kann man die Kompetenzverteilung zwischen dem Bund und den Ländern auch als **vertikale Dimension der Gewaltenteilung** deuten (eingehend zur föderalen Ausgestaltung des GG etwa *Oeter*, Integration und Subsidiarität im deutschen Bundesstaatsrecht, 1998). So geht etwa Art. 70 Abs. 1 GG davon aus, dass die Rechtsetzung grundsätzlich eine sog. Residual-Kompetenz der Länder darstellt, d. h. der Bund ist nur aufgrund einer ausdrücklichen verfassungsrechtlichen Regelung zur Rechtsetzung befugt während in den Fällen, in denen eine solche Grundlage nicht vorliegt, grundsätzlich die Länder zuständig sind. Die Austarierung der Befugnisse zwischen dem Bund und den Ländern hat die verfassungsrechtliche Diskussion in den letzten Jahren maßgeblich bestimmt. Unter dem Stichwort „**Föderalismusreform**" wurde eine Neujustierung vorgenommen, die insbesondere für das öffentliche Wirtschaftsrecht von Bedeutung ist. So haben die Länder etwa in wichtigen Bereichen des Wirtschaftsverwaltungsrechts Kompetenzen erhalten, die zuvor beim Bund lagen. Dies betrifft in erster Linie das Ladenschluss- und Gaststättenrecht. Dies hat letztlich zu einer Zersplitterung der jeweiligen Regelungen geführt, weil zahlreiche Bundesländer von den neuen Kompetenzen Gebrauch gemacht haben. So haben etwa einige Bundesländer die Ladenschlusszeiten an Werktagen völlig freigegeben (z. B. Hamburg, Nordrhein-Westfalen und Niedersachsen), während andere Bundesländer immer noch an gesetzlichen Ladenschlusszeiten auch an Werktagen festhalten (zumeist von 22:00-6:00 Uhr). Weitgehend Einigkeit besteht indes nach wie vor darüber, dass an Sonn- und Feiertagen Verkaufsstellen grundsätzlich geschlossen bleiben. Die Übertragung der Kompetenz an die Länder hat so in gewisser Weise zu einem Systemwettbewerb geführt, dessen Ergebnis noch offen erscheint. Die im europäischen Vergleich recht restriktiven deutschen Regelungen hinsichtlich der Sonn- und Feiertage sind in den letzten Jahren aus politischer und religiöser Sicht immer wieder diskutiert worden. Das BVerfG hat mit einer Grundsatzentscheidung im Jahre 2009 bezüglich relativ liberaler Regelungen in Berlin zu erkennen gegeben, dass auch künftig der Sonn- und Feiertagsschutz eine wichtige Rolle spielen wird (BVerfGE 125, 39). Ob dies aber der gesellschaftlichen Wirklichkeit entspricht, steht auf einem anderen Blatt. **1398**

§ 3 Grundrechtsschutz privater Wirtschaftstätigkeit

1399 Der Staat ist bei Interventionen in die Wirtschaft an die Grundrechte gebunden (Art. 1 Abs. 3 GG). Schon vor diesem Hintergrund ist verständlich, dass im Zentrum der Diskussion um die Wirtschaftsverfassung seit jeher die Grundrechte stehen. In dieser Konstellation wirken sie zumeist als klassische Abwehrrechte (sog. *status negativus*), d. h. sie sollen den einzelnen vor staatlichen Eingriffen in die private Wirtschaftstätigkeit schützen. Im Kontext des Öffentlichen Wirtschaftsrechts spielen hier die Berufs- und Unternehmensfreiheit (Art. 12 GG), die Eigentumsgarantie (Art. 14 GG) und die allgemeine Handlungsfreiheit (Art. 2 Abs. 1 GG) eine besondere Rolle. Freilich erschöpft sich die Funktion der Grundrechte nicht nur in der Abwehr von staatlichen Interventionen, sondern die Rechtsprechung und die Lehre haben darüber hinaus weitere Funktionen identifiziert (eingehend dazu *Böckenförde*, NJW 1974, S. 1529 ff.; *Pieroth/Schlink*, Grundrechte – Staatsrecht II, 25. Aufl., 2009, § 4).

I. Berufs- und Unternehmensfreiheit (Art. 12 GG)

1. Schutzbereich

1400 Die Berufs- und Unternehmensfreiheit des Art. 12 GG schützt in sachlicher Hinsicht zunächst die Wahl und Ausübung eines Berufs (Berufsfreiheit) sowie das Recht, ein Unternehmen zu gründen und zu unterhalten und die Betätigung des Unternehmens selbst (Unternehmensfreiheit). Obwohl Art. 12 Abs. 1 GG ausdrücklich zwischen der Berufswahl und der Berufsausübung unterscheidet, geht das BVerfG in ständiger Rechtsprechung davon aus, dass es sich um ein einheitliches Grundrecht der Berufsfreiheit handelt. Diese Sichtweise hat insbesondere für die Frage der Möglichkeit der Beschränkung des Art. 12 GG Konsequenzen (dazu 2.). Unter einem Beruf ist hierbei jede auf gewisse Dauer angelegte Tätigkeit zu verstehen, die auf Schaffung und Erhaltung einer Lebensgrundlage abzielt (*Terhechte*, JuS 2002, S. 551 ff.). Hierbei kommt es nicht darauf an, ob es sich um eine unselbstständige oder selbstständige Tätigkeit handelt.

2. Eingriff

1401 Da nahezu jedes staatliche Handeln in einer modernen Gesellschaft eine Auswirkung auf die Berufsfreiheit haben kann, haben das BVerfG und die Lehre mit der Figur der „berufsregelnden Tendenz" staatlichen Handelns eine Art Filter entwickelt, der helfen soll, nur solche staatlichen Maßnahmen an Art. 12 GG zu messen, die auch darauf zielen in den Schutzbereich der Berufsfreiheit einzugreifen. Dies ist insbesondere der Fall, wenn der Staat zielgerichtet eine bestimmte berufliche Betätigung beeinträchtigt oder unterbindet und sich die betreffende Maßnahme unmittelbar auf die Berufstätigkeit auswirkt. Darüber hinaus kann von dem Vorliegen einer berufsregelnden Tendenz auch ausgegangen werden, wenn eine Maßnahme zwar auf den ersten Blick berufsneutral ist, sie sich aber dennoch unmittelbar auf die Berufsfreiheit auswirkt und die faktischen oder mittelbaren Auswirkungen hierbei einen gewissen Intensitätsgrad aufweisen.

3. Rechtfertigung

1402 Die Auffassung des BVerfG, dass es sich bei Art. 12 GG um ein einheitliches Grundrecht der Berufsfreiheit handelt, hat hinsichtlich der Frage der Rechtfertigung eines

Grundrechtsschutz privater Wirtschaftstätigkeit Kap. 2 § 3 L

Eingriffs in den Schutzbereich besondere Bedeutung. Liest man Art. 12 GG genau, so fällt auf, dass die Vorschrift in Abs. 1 S. 2 scheinbar davon ausgeht, dass nur die Berufsausübungsfreiheit einschränkbar ist. Tatsächlich handelt es sich bei Art. 12 Abs. 1 GG um ein einheitliches Grundrecht der Berufsfreiheit, sodass sowohl Berufsausübungs- als auch Berufswahlregelungen unter einem einfachen Gesetzesvorbehalt stehen. Einschränkungen der Berufsfreiheit unterliegen wie alle Grundrechtseingriffe dem Verhältnismäßigkeitsprinzip, d. h. eine die Berufsfreiheit einschränkende Regelung bzw. Maßnahme muss einem legitimen Zweck dienen sowie geeignet, erforderlich und angemessen sein, um diesen Zweck zu erreichen. Das BVerfG hat für die Verhältnismäßigkeitsprüfung im Rahmen des Art. 12 Abs. 1 GG mit der sog. **Drei-Stufen-Theorie** eine spezielle Ausformung des Verhältnismäßigkeitsgrundsatzes entwickelt. Hiernach ist nach der Qualität des Eingriffs in die Berufsfreiheit wie folgt zu differenzieren:

- 1. Stufe: **Regelungen der Berufausübungsfreiheit** (z. B. Ladenschlusszeiten, Beachtung des Jugendschutzgesetzes etc.). Solche Regelungen sind angemessen, soweit sie vernünftige Erwägungen des Gemeinwohls dienen. **1403**
- 2. Stufe: **Subjektive Berufszulassungsregeln** (z. B. Befähigungsnachweis im Handwerk [s.u.], Qualifikationen, bestimmtes Lebensalter etc.). Subjektive Berufszulassungsregeln sind nur angemessen, soweit sie den Schutz wichtiger Gemeinschaftsgüter verfolgen. **1404**
- 3. Stufe: **Objektive Berufszulassungsregeln** (z. B. staatliche Monopole). Die gravierendste Eingriffsintensität im Rahmen der Berufsfreiheit weisen objektive Berufszulassungsregeln auf. Derartige Regelungen sind nur verhältnismäßig, wenn sie überragend wichtigen Gemeinschaftsgütern dienen. Es muss hier um die Abwehr nachweisbarer oder höchstwahrscheinlicher schwerer Gefahren für ein überragend wichtiges Gemeinschaftsgut gehen. **1405**

Die Drei-Stufen-Theorie darf freilich nicht starr angewendet werden. In seiner neuen Rechtsprechung hat das BVerfG einen flexiblen Ansatz, die sog. **neue Formel** entwickelt. Hiernach ist ein Eingriff in die Berufsfreiheit gerechtfertigt, „wenn die eingreifende Norm durch hinreichende, der Art der betroffenen Betätigung und der Intensität des jeweiligen Eingriffs Rechnung tragende Gründe des Gemeinwohls gerechtfertigt wird und dem Grundsatz der Verhältnismäßigkeit entspricht (BVerfGE 115, 276 [304]; 121, 317 [346]). Aus diesem neuen Ansatz folgt aber nicht, dass die Drei-Stufen-Theorie gegenstandslos geworden wäre. Vielmehr kann die Theorie auch heute noch im Rahmen der Verhältnismäßigkeitsprüfung flexibel eingesetzt werden. Die sich aus dieser „Stufung" ergebende Klassifizierung der Eingriffsintensität spielt im Übrigen bereits bei der Prüfung der Erforderlichkeitsprüfung eine gewisse Rolle: Soweit der Gesetzgeber bzw. die Verwaltung das angestrebte Regelungsziel bereits auf einer unteren Stufe erreichen kann, ist ein Ausweichen auf eine Regelung der höheren Stufe grundsätzlich nicht erforderlich und damit unverhältnismäßig. **1406**

II. Eigentumsfreiheit (Art. 14 GG)

In einem marktwirtschaftlichen System spielt das Eigentum und seine verfassungsrechtliche Absicherung eine zentrale Rolle. Allerdings liegt dem GG keine einseitige Ausrichtung auf die Garantie des Eigentums zugrunde. Eigentum, wie es das GG formuliert, verpflichtet (Art. 14 Abs. 2 GG) und unterliegt so einer Sozialbindung. Die Abwägung der Interessen der Allgemeinheit mit den Interessen des Einzelnen (Eigentümers) sind neben der Garantie des Eigentums als solcher das zentrale Thema des Art. 14 GG. Art. 14 Abs. 1 GG garantiert zunächst das Eigentum als sog. Insti- **1407**

409

tutsgarantie. Abs. 2 der Vorschrift betont die Sozialpflichtigkeit des Eigentums, während Abs. 3 die Voraussetzungen des Entzugs des Eigentums zum Wohle der Allgemeinheit regelt.

1. Schutzbereich

1408 Die Eigentumsfreiheit schützt als Jedermannsrecht das Eigentum sowohl natürlicher als auch juristischer Personen (Art. 19 Abs. 3 GG). Eine abstrakte Definition des Eigentums ist aus der verfassungsrechtlichen Perspektive schwierig; es handelt sich bei der Eigentumsfreiheit um ein stark normgeprägtes Grundrecht, d.h. dem Gesetzgeber kommt die Aufgabe zu, durch entsprechende Regelungen den Inhalt des Grundrechts näher auszugestalten. Dies wird schon anhand des Wortlauts des Art. 14 Abs. 1 S. 2 GG deutlich: „Inhalt und Schranken werden durch Gesetze bestimmt". Dementsprechend fällt unter den Eigentumsbegriff des GG alles, was das einfache Recht zu einem bestimmten Zeitpunkt als Eigentum definiert. Hierzu zählen unzweifelhaft das Eigentum an Grundstücken und Sachen sowie vermögenswerte privatrechtliche Positionen wie z. B. Forderungen, Pfandrechte, Aktien, Urheberrechte und Patente. Allerdings schützt Art. 14 Abs. 1 GG nur das bereits Erworbene, nicht aber in der Zukunft liegende Erwerbschancen.

2. Eingriff

1409 Nach der Rechtsprechung des BVerfG sind zwei Arten von Eingriffen in die Eigentumsfreiheit zu unterscheiden: Einmal die in Art. 14 Abs. 1 S. 2 GG angesprochene **Inhalts- und Schrankenbestimmung** und der Entzug des Eigentums (**Enteignung**) gem. Art. 14 Abs. 3 GG. Während die Konkretisierung des Eigentumsbegriffs durch Inhalts- und Schrankenbestimmungen regelmäßig entschädigungslos hinzunehmen ist (s. aber BVerfGE 58, 137 – *Pflichtexemplarentscheidung*), ist eine Enteignung gem. Art. 14 Abs. 3 GG stets zu entschädigen. Unter einer Enteignung ist hierbei die vollständige oder teilweise Entziehung konkreter subjektiver Rechtspositionen zu verstehen („Eigentum"), die darauf gerichtet sein muss, bestimmte öffentliche Aufgaben zu verwirklichen („*zum Wohle der Allgemeinheit*").

3. Rechtfertigung

1410 Bei der Rechtfertigung von Eingriffen in Art. 14 GG kommt es darauf an, ob eine Inhalts- oder Schrankenbestimmung vorliegt oder eine Enteignung. Inhalts- und Schrankenbestimmungen stehen unter einem einfachen Gesetzesvorbehalt und müssen verhältnismäßig sein sowie die Sozialbindung des Eigentums berücksichtigen. Dagegen verlangt Art. 14 Abs. 3 S. 2 GG, dass eine Enteignung nur durch Gesetz (sog. *Legalenteignung*) oder auf der Grundlage eines Gesetzes (sog. *Administrativenteignung*) erfolgen kann, das Art und Ausmaß der Entschädigung regelt (sog. *Junktimklausel*).

III. Allgemeine Handlungsfreiheit (Art. 2 Abs. 1 GG)

1411 Im Kontext des Öffentlichen Wirtschaftsrechts spielt neben der Berufsfreiheit und der Eigentumsfreiheit die allgemeine Handlungsfreiheit, die in Art. 2 Abs. 1 GG niedergelegt ist und im Kontext des Öffentlichen Wirtschaftsrechts im Sinne einer **wirtschaftlichen Entfaltungsfreiheit** zu verstehen ist, ebenfalls eine wichtige Rolle. In der allgemeinen Handlungsfreiheit bündeln sich verschiedene Teilgarantien, die für eine Markt-

Grundrechtsschutz privater Wirtschaftstätigkeit Kap. 3 § 3 L

wirtschaft unerlässlich sind, so etwa die Vertragsfreiheit, die Wettbewerbsfreiheit, die Werbefreiheit und die Produktionsfreiheit. Die allgemeine Handlungsfreiheit verkörpert zudem ein sog. **Auffanggrundrecht**, d.h. staatliche Maßnahmen, die nicht in den Schutzbereich eines spezielleren Grundrechts fallen, sind grundsätzlich am Maßstab der allgemeinen Handlungsfreiheit zu messen.

1. Schutzbereich

Die allgemeine Handlungsfreiheit ist ein Jedermannsrecht, d.h. jede natürliche und juristische Person kann sich zunächst auf sie berufen, da sie ihrem Wesen nach (Art. 19 Abs. 2 GG) auch auf juristische Personen anwendbar ist. In sachlicher Hinsicht fällt unter die allgemeine Handlungsfreiheit jedes menschliche Verhalten sowie die Freiheit, etwas nicht tun zu müssen. Im Öffentlichen Wirtschaftsrecht kommt der allgemeinen Handlungsfreiheit als **wirtschaftlicher Handlungsfreiheit** eine besondere Bedeutung zu. Aus dieser Perspektive ist auch verständlich, dass z. B. die h.M. die Frage der Zwangsmitgliedschaft in sog. berufsständischen Kammern (Industrie- und Handelskammer, Handwerkskammer, Apothekenkammer usw.) an Art. 2 Abs. 1 GG misst, obwohl andere Grundrechte der Sache nach eher einschlägig sein dürften. Andere Ansichten halten hier Art. 12 Abs. 1 GG bzw. Art. 9 Abs. 1 GG für einschlägig (eingehend dazu *Hatje/Terhechte*, NJW 2002, S. 1849 ff.).

1412

2. Eingriff

Als Eingriffe in Art. 2 Abs. 1 GG kommen sowohl Maßnahmen im Sinne des klassischen Eingriffsbegriffs als auch des modernen Eingriffsbegriffs in Betracht. In den letzten Jahren hat sich die Rechtsprechung insbesondere mit der Frage beschäftigen müssen, inwiefern die allgemeine Handlungsfreiheit eine Ausstrahlung auf Private hat bzw. inwiefern sie die Anwendung privatrechtlicher Vorschriften beeinflussen kann. Zwar schützt Art. 2 Abs. 1 GG grundsätzlich die Vertragsfreiheit, soweit aber einem Vertrag hochgradig asymmetrische Voraussetzungen zugrundeliegen und eine Vertragspartei der anderen die Vertragsbedingungen mehr oder weniger einseitig diktieren kann, kann u. U. in Verbindung mit dem Sozialstaatsprinzip eine Verletzung des ebenfalls in Art. 2 Abs. 1 GG verankerten Selbstbestimmungsprinzips vorliegen. Freilich dürfte es hier um seltene Ausnahmen gehen.

1413

3. Rechtfertigung

Gem. Art. 2 Abs. 1 GG steht die allgemeine Handlungsfreiheit unter dem Vorbehalt, dass durch ihre Ausübung nicht die Rechte anderer verletzt werden und nicht gegen die verfassungsmäßige Ordnung oder das Sittengesetz verstoßen wird. Obgleich diese Formulierung zunächst wie ein recht spezieller Vorbehalt klingt, geht die Rechtsprechung davon aus, dass es sich hierbei um einen sog. einfachen Gesetzesvorbehalt handelt, d. h. in die allgemeine Handlungsfreiheit darf durch oder auf der Grundlage eines Gesetzes eingegriffen werden, soweit dieser Eingriff verhältnismäßig ist. Im Bereich der Unternehmensfreiheit muss beachtet werden, dass ein angemessener Spielraum zur Entfaltung der Unternehmerinitiative erhalten bleibt (BVerfGE 50, 290 [366]).

1414

Kapitel 3 Grundzüge des Wirtschaftsverwaltungsrechts

1415 Das Öffentliche Wirtschaftsrecht hat sich in den letzten Jahren zu einem Motor für neue Entwicklungen auf der Ebene des Verwaltungsrechts entwickelt. Dies lässt sich einmal an der Ausdifferenzierung der Aufgaben und Instrumente des Wirtschaftsverwaltungsrechts i.e.S. (dazu § 1) festmachen. Darüber hinaus haben sich die Vorzeichen für wirtschaftliche Aktivitäten des Staats selbst in den letzten Jahrzehnten grundlegend verändert (dazu § 2). Schließlich zeigen die Entwicklungen in den Referenzgebieten des öffentlichen Wirtschaftsrechts die starken Auswirkungen, die durch die Föderalismusreform und die Europäisierung und Internationalisierung des Öffentlichen Wirtschaftsrechts zu verzeichnen sind (s. dazu § 3).

§ 1 Aufgaben und Instrumente des Wirtschaftsverwaltungsrechts

1416 Die verfassungsrechtliche Perspektive auf das öffentliche Wirtschaftsrecht hat gezeigt, dass das GG überwiegend durch verschiedene Staatsprinzipien und die Grundrechte eine umfangreiche Freiheit der Wirtschaft anstrebt. Wie aber jede Freiheitsgewährung in einem Gemeinwesen, kann auch die Wirtschaftsfreiheit nicht vollkommen losgelöst von der Gesamtrechtsordnung gesehen werden. Vielmehr bedarf es hier eines Korrelats in Form einer Aufsicht, die sicherstellt, dass das Gemeinwohl nicht aus den Augen verloren wird. Zudem hat der Staat seit jeher ein Interesse daran, bestimmte Wirtschaftsprozesse zu steuern, um seiner Gemeinwohlverpflichtung gerecht zu werden. Im Lauf der Zeit haben sich so verschiedene Aufgaben und Instrumente des Wirtschaftsverwaltungsrechts herausgebildet. Im Wesentlichen sind hier die Wirtschaftsaufsicht, die Wirtschaftslenkung, die Wirtschaftsförderung und die Regulierung als neue Felder zu unterscheiden.

I. Wirtschaftsaufsicht

1417 Zentrales Anliegen der Wirtschaftsaufsicht (oder Wirtschaftsüberwachung) ist die **Abwehr von Gefahren** (bzw. die Gefahrenvor- oder -nachsorge), welche durch die wirtschaftliche Betätigung von Marktteilnehmern bei der Ausübung ihrer Wirtschaftsfreiheit entstehen können. Als Gefahr wird eine Sachlage bezeichnet, die bei ungehindertem Geschehensablauf in absehbarer Zeit mit hinreichender Wahrscheinlichkeit zu einem Schaden an Rechts- und Schutzgütern führen kann. Als **Schutzgüter** kommen beispielsweise die öffentliche Ordnung und Sicherheit, die Umwelt, der Wettbewerb, Gesundheit und Leben, Verbraucherschutz, Arbeitnehmerschutz oder der Jugendschutz in Betracht. Die Aufgabe der Wirtschaftsaufsicht wird dem Staat zwar im GG nicht ausdrücklich übertragen, dass er ihr gleichwohl nachkommen muss, lässt sich aber aus Art. 20a, Art. 73 Abs. 1 Nr. 14, Art. 74 Abs. 1 Nr. 19, 20 und 24 GG ableiten. Auch aus den Schutzpflichten, die dem Staat vereinzelt aus den Grundrechten erwachsen, lässt sich seine Verpflichtung zur Aufsicht der Wirtschaft vereinzelt herleiten. Die konkreten Instrumente der Wirtschaftsaufsicht sind in der Regel einfachgesetzlich normiert. Hier lässt sich zwischen der **Aufnahmeüberwachung** (§§ 14 und 15 GewO, § 23 BImSchG, § 19a ChemG), der **Ausübungsüberwachung** (§§ 14 und 38 GewO, §§ 15 und 52a GewO, §§ 16 ff. ChemG) und der **Beendigungsüberwachung** (§ 5

Abs. 3 BImSchG, § 36 KrwAbfG) unterscheiden (weitere Beispiele bei *Stober*, Allgemeines Wirtschaftsverwaltungsrecht, 15. Aufl., 2006, S. 203 ff.). Die Aufnahmeüberwachung soll hierbei regelmäßig sicherstellen, dass bestimmte Standards eingehalten werden und die ggf. notwendige Zuverlässigkeit, Sachkunde und Ausstattung für eine Tätigkeit vorliegt (so z. B. im Gewerbe- und Handwerksrecht). In anderen Gebieten wacht der Staat auch über die Struktur des Marktes bzw. des Wettbewerbs (etwa im Kartellrecht, s.u. § 3 IV). Soweit bestimmte Standards nicht vorliegen (im Falle der Aufnahmeüberwachung) oder nicht eingehalten werden (im Falle der Ausübungsüberwachung) kann die entsprechende Tätigkeit regelmäßig untersagt werden.

II. Wirtschaftslenkung

Unter Wirtschaftslenkung versteht man alle Maßnahmen, welche auf die Wirtschaft einwirken, um einen wirtschafts-, sozial- oder gesellschaftspolitisch erwünschten Zustand oder Ablauf des Wirtschaftsgeschehens herzustellen oder zu erhalten. Ein gutes Beispiel für Maßnahmen der Wirtschaftslenkung sind staatliche (bzw. europäische) **Marktordnungen**, die heute insbesondere im Bereich der Agrarwirtschaft eine wichtige Rolle spielen. Durch die Festsetzungen von Höchst- bzw. Mindestpreisen ersetzt der Staat hier den Mechanismus von Angebot und Nachfrage durch bestimmte Lenkungsabsichten (meist geht es um die Erhaltung eines bestimmten Preisniveaus, das zumeist sozialpolitisch motiviert ist).

1418

III. Wirtschaftsförderung

Im Gegensatz zur Wirtschaftsaufsicht, die tendenziell einen die Freiheit beschränkenden Charakter hat, wirken Maßnahmen der Wirtschaftsförderung zumeist begünstigend, indem sie **staatliche Leistungen** gewähren bzw. von Belastungen verschonen. Das GG enthält einige Hinweise auf diese staatliche Aufgabe der Wirtschaftsförderung (z. B. Art. 74 Abs. 1 Nr. 17 und 91a Abs. 1 GG). In der Realität geht es hier zumeist um staatliche Mittel (Zuschüsse, Bürgschaften, staatliche Garantien), die eingesetzt werden um bestimmte Ziele zu erreichen. Allerdings sind dem Staat bei der Gewährung solcher Mittel Grenzen gesetzt, die sich heute in vielen Fällen aus dem europäischen Beihilfenrecht (Art. 107 ff. AEUV) ergeben (dazu auch § 3 III).

1419

IV. Regulierung

Durch die Liberalisierung vormals staatlicher Monopole ist in den letzten Jahren das Bedürfnis für Regeln zur Sicherung und Schaffung von Wettbewerb in bestimmten Sektoren entstanden (etwa im Telekommunikations-, Energie- und Postsektor). Das Regulierungsrecht verfolgt vor diesem Hintergrund das Ziel, Wettbewerb, Transparenz, Verbraucherschutz und Versorgungssicherheit in diesen Sektoren sicherzustellen (eingehend zum Regulierungsrecht *Fehling/Ruffert*, Regulierungsrecht, 2010). Als Instrumente der Regulierung dienen hier insbesondere **Marktzugangskontrollen** (s. § 6 Abs. 1 TKG, § 5 S. 1 EnWG) und **Marktverhaltenskontrollen** (§ 30 Abs. 1 S. 1 TKG, § 23 Abs. 1 EnWG).

1420

§ 2 Die wirtschaftliche Betätigung der öffentlichen Hand

I. Grundlegung

1421 Der Staat ist in der modernen Gesellschaft nicht nur in der Position des Kontrolleurs oder Regulators, sondern in einem erheblich Maße auch selbst auf dem Markt tätig. Dies gilt etwa, wenn Leistungen der sog. „**Daseinsvorsorge**" (*Ernst Forsthoff*) in privatrechtlicher Handlungs- und Organisationsform erbracht werden oder der Staat auf dem Markt die Position eines nachfragenden Kunden einnimmt. Schließlich kann der Staat auch selbst erwerbswirtschaftlich tätig werden, z. B. wenn er Unternehmen mit Gewinnerzielungsabsicht gründet oder unterhält (II.). Allerdings gibt es für die wirtschaftliche Betätigung der öffentlichen Hand Grenzen (dazu III.).

II. Begriff des öffentlichen Unternehmens

1422 Soweit der Staat selbst durch Unternehmen auf dem Markt agiert, handelt es sich hierbei um sog. „öffentliche Unternehmen" (dazu *Storr*, Der Staat als Unternehmer, 2001). Die Frage, wann ein Unternehmen „öffentlich" ist, ist schon deshalb wichtig, weil hier ggf. andere Rechtsbindungen zu beachten sind, als bei „gewöhnlichen" Unternehmen des Privatrechts. Gleichwohl herrscht keine Einigkeit darüber, wie der Begriff des „öffentlichen Unternehmens" zu definieren ist. Teilweise wird auf die Erfüllung öffentlicher Aufgaben abgestellt, z. B. im Bereich der Daseinvorsorge. Dieses Kriterium ist aber im Lichte der weitgehenden Liberalisierung vieler Sektoren der Wirtschaft und der Unschärfe des Begriffs der „öffentlichen Aufgaben" heute wenig aussagekräftig. Auch, dass sich ein Untermnehmen z. T. oder ganz im Eigentum bzw. Besitz der öffentlichen Hand befindet, muss noch nichts über den Einflussgrad der öffentlichen Hand auf dieses Unternehmen aussagen. Deshalb liegt es nahe, nach den **Kontroll- und Weisungsstrukturen** von Unternehmen zu fragen. Mit anderen Worten: Soweit ein Unternehmen von der öffentlichen Hand beherrscht wird, ist es auch als „öffentlich" zu charakterisieren. Das Unionsrecht geht zumindest bei der Bestimmung des Begriffs des öffentlichen Unternehmens von der Beherrschung aus (s. Art. 2 Abs. 1 lit. b der sog. Transparenzrichtlinie [RL 2006/111/EG]).

1423 Zu unterscheiden von öffentlichen Unternehmen sind „öffentlich-rechtliche" Unternehmen, d.h. Unternehmen, die auf der Grundlage des Öffentlichen Rechts verfasst sind. Hierunter fallen beispielsweise Anstalten, Körperschaften und Stiftungen des Öffentlichen Rechts. Bei ihnen stellt sich die Frage der Bindung an das Öffentliche Recht schon aufgrund ihrer Verfasstheit nicht.

III. Grenzen

1424 Allgemein gilt, dass sich der Staat durch privatrechtliche Organisationsformen der Aufgabenerledigung nicht von seiner Rechtsbindung (Art. 1 Abs. 3, Art. 20 Abs. 3 GG) lossagen kann („keine Flucht ins Privatrecht"). Die Frage ist also, ob öffentliche Unternehmen im Wirtschaftsgeschehen an die Grundrechte und den Verhältnismäßigkeitsgrundsatz gebunden sind. Dies kann etwa die Berufs- und Wettbewerbsfreiheit betreffen, nämlich wenn sich öffentliche Unternehmen in Konkurrenz zu privatwirtschaftlichen Unternehmen begeben. Hier ist zumindest anerkannt, dass der Staat keine Monopolstellung anstreben darf; auch ein sog. **Auszerrungs- und Verdrängungswett-**

bewerb, der sich gegen private Unternehmen richtet, ist auf der Grundlage der Grundrechte ausgeschlossen. Dagegen gewähren die Grundrechte aber keinen generellen Schutz vor Wettbewerb. Das GG erkennt vielmehr an, dass es sowohl private als auch öffentliche Unternehmen geben kann. Dass allerdings öffentliche Unternehmen nur gemeinwohlorientiert operieren dürfen, hat sich bislang nicht durchgesetzt und würde praktisch auch zu enormen Abgrenzungsschwierigkeiten führen. Soweit der Staat Unternehmen besondere Rechte einräumt bzw. mittels öffentlicher Unternehmen auf dem Markt agiert, kann er gleichwohl die unionsrechtlichen Bindungen nicht abstreifen. Aus Art. 106 Abs. 1 AEUV folgt hier zunächst, dass das europäische Wettbewerbsrecht (Art. 101 ff. AEUV) auch auf öffentliche Unternehmen anzuwenden ist.

§ 3 Besonderes Wirtschaftsverwaltungsrecht

Wie bereits angedeutet, konkretisieren sich die abstrakten staatlichen Aufgaben der Wirtschaftsüberwachung, der Wirtschaftslenkung und -föderung sowie der Regulierung in den verschiedenen Referenzgebieten des Wirtschaftsverwaltungsrechts. Diese sind in den letzten Jahren zum Teil grundlegenden Veränderungen unterworfen gewesen, obwohl sie, wie etwa das Gewerberecht, auf eine lange Tradition zurückblicken können (eingehend dazu etwa *Stober/Eisenmenger*, Besonderes Wirtschaftsverwaltungsrecht, 15. Aufl., 2011). **1425**

I. Gewerberecht

Das Gewerberecht, das heute maßgeblich in der Gewerbeordnung (GewO) niedergelegt ist, ist wie kein anderes Referenzgebiet von zwei grundsätzlichen Zielrichtungen geprägt: Auf der einen Seite soll es die grundrechtlich abgesicherte Gewerbefreiheit verwirklichen helfen. Auf der anderen Seite verkörpert es auch einen Bereich des klassischen Gefahrenabwehrrechts und ist so der staatlichen Aufgabe der Wirtschaftsüberwachung zuzuordnen. Nach § 1 GewO ist der Betrieb eines Gewerbes jedermann gestattet, soweit die GewO keine Ausnahmen hiervon festlegt. Das hier zutage tretende Regelungsprinzip ist überdeutlich: Im Vordergrund steht die Verwirklichung der Gewerbefreiheit. Ihre Beschränkung ist nur unter klar definierten Voraussetzungen möglich. Unter einem Gewerbe ist hierbei jede erlaubte und nicht sozial unwertige, auf Gewinnerzielung gerichtete und auf Dauer angelegte selbstständige Tätigkeit zu verstehen. Ausgenommen hiervon sind aber Tätigkeiten der sog. Urproduktion (z. B. Fischerei und Bergbau, freie Berufe (z. B. Rechtsanwalt- und Ärzteschaft) und die bloße Verwaltung und Nutzung eigenen Vermögens. Die GewO differenziert nach verschiedenen Gewerbearten: **1426**

- dem stehenden Gewerbe (§ 14 ff. GewO)
- dem Reisegewerbe (§ 55 ff. GewO)
- den Messen, Ausstellungen und Märkten (§ 64 ff. GewO).

Die Aufnahme eines stehenden Gewerbes bedarf nach § 14 GewO lediglich der Anzeige. Von diesem Grundsatz gibt es aber eine Reihe von Ausnahmen (s. § 29 ff. GewO), so etwa für Privatkrankenanstalten (Konzessionspflicht gem. § 30 Abs. 1 GewO), für die Schaustellungen von Personen (Erlaubnispflicht gem. § 33a Abs. 1 S. 1 GewO), für Spielhallen (Erlaubnispflicht gem. § 33i Abs. 1 S. 1 GewO) usw. Soweit die notwendige Erlaubnis für diese Gewerbe nicht vorliegt, kann die zuständige Behörde die Fortsetzung des Betriebs verhindern (§ 15 Abs. 2 GewO). Bei nicht-genehmigungsbedürftigen **1427**

Gewerben kann die zuständige Behörde die Ausübung des Gewerbes ganz oder teilweise untersagen, wenn der Gewerbetreibende oder einer mit der Leitung des Gewerbebetriebs Beauftragter die notwendige Zuverlässigkeit für den Betrieb des Gewerbes nicht aufweist (§ 35 Abs. 1 S. 1 GewO). Die Untersagung ist aber nur dann möglich, wenn sie zum Schutze der Allgemeinheit oder der im Betrieb Beschäftigten erforderlich ist (§ 35 Abs. 1 S. 1 a. E. GewO). Hier haben sich im Laufe der Zeit verschiedene Fallgruppen herausgebildet, die den Begriff der „Zuverlässigkeit" bzw. „Unzuverlässigkeit" konkretisieren. Hiezu zählen etwa fehlende Sachkunde, fehlende wirtschaftliche Leistungsfähigkeit, die Begehung relevanter Straftaten bzw. Ordnungswidrigkeiten (VGH München, GewArch 1992, 181 [182]) oder die Nichtabführung von Steuern und Sozialversicherungsbeiträgen (ausführlich dazu *Vollmöller*, in: Schmidt/ders. [Hrsg.], Kompendium Öffentliches Wirtschaftsrecht, 3. Aufl., 2007, § 8 Rn. 25).

II. Gaststättenrecht

1428 Das Gaststättenrecht als „besonderes" Gewerberecht war lange Zeit maßgeblich im GastG des Bundes geregelt. Mit der Föderalismusreform ist diese Materie allerdings an die Länder zurückgefallen (s.o.). Inzwischen haben einige Bundesländer von dieser neuen Kompetenz auch Gebrauch gemacht (so etwa Baden-Württemberg, Brandenburg, Bremen und Thüringen). Die anfängliche Befürchtung, dass es hier zu einer Zersplitterung des Gaststättenrechts kommen könnte, die es insbesondere der sog. Kettengastronomie erheblich schwerer machen würde, ihrem Gewerbe nachzugehen, haben sich aber bislang nicht bewahrheitet. Abweichungen gibt es lediglich für den Bereich des gesellschaftspolitisch sensiblen Themas der sog. Rauchverbote. Soweit die Bundesländer von ihrer neuen Kompetenz keinen Gebrauch machen, ist hier auf das GastG des Bundes zurückzugreifen.

1429 Gaststättenrecht ist spezielles Gewerberecht (sog. Gewerbenebenrecht). Dies wird schon anhand des § 31 GastG deutlich, der auf die GewO für den Fall verweist, dass das GastG keine Spezialregelung enthält. Gleichwohl unterscheiden sich die beiden Gesetze. Während die GewO zunächst von der Erlaubnisfreiheit des Gewerbes ausgeht, ist nach dem GastG der Betrieb einer Gaststätte grundsätzlich erlaubnispflichtig (§ 2 Abs. 1 GastG). Dies begründet sich damit, dass das GastG in erster Linie den **Alkoholmissbrauch** verhindern will und dem **Jugendschutz** dienen soll. Diese Zielrichtung hat auch historisch den Anlass dazu gegeben, den Bereich des Gaststättenrechts aus der GewO herauszunehmen und in einem eigenen Gesetz zu regeln. Die Schutzrichtung des GastG wird etwa in § 6 GastG deutlich, der bestimmt, dass in einer Gaststätte, in der alkoholische Getränke verabreicht werden, auf Verlangen auch alkoholfreie Getränke angeboten werden müssen. Eine besondere Regelung enthält hier § 6 S. 2 GastG, wonach mindestens ein alkoholfreies Getränk nicht teurer sein darf als das billigste alkoholische Getränk. Weitere Regelungen in diesem Zusammenhang sind etwa § 19 (Verbot des Ausschanks alkoholischer Getränke bei besonderem Anlass) und § 20 GastG (spezielle Verbote des Alkoholausschanks bzw. für den Vertrieb).

1430 Nach § 1 Abs. 1 GastG ist ein Gaststättengewerbe ein stehendes Gewerbe, bei dessen Betrieb Getränke zum Verzehr vor Ort und Stelle verabreicht werden (sog. Schankwirtschaft) oder zubereitete Speisen zum Verzehr vor Ort und Stelle verabreicht werden (sog. Speisewirtschaft). Der Betrieb ist hier, wie bereits erwähnt, bis auf wenige Ausnahmen (§ 2 Abs. 2 GastG) erlaubnispflichtig (§ 2 Abs. 1 GastG). Eine erteilte Erlaubnis kann nach § 15 Abs. 1 GastG zurückgenommen bzw. nach § 15 Abs. 2 widerrufen werden, soweit die Versagungsgründe des § 4 GastG vorliegen (insbesondere bei Unzuverlässigkeit des Betreibers einer Gaststätte, § 4 Abs. 1 S. 1. Nr. 1 GastG).

Besonderes Wirtschaftsverwaltungsrecht   Kap. 3 § 3   L

III. Handwerksrecht

Auch das Handwerksrecht findet seinen historischen Ursprung im Gewerberecht. Erst **1431**
mit dem Gesetz zur Ordnung des Handwerks von 1953 (HandwO) hat es eine spezialgesetzliche Ausformung erfahren. Der Betrieb eines Handwerks ist grundsätzlich zulassungspflichtig. Die Zulassungspflicht besteht nach § 1 Abs. 1 i.V.m. Abs. 2 HandwO für jeden selbstständigen Betrieb eines stehenden Gewerbes, das handwerksmäßig betrieben wird und das handwerksfähig ist. Über die Handwerksfähigkeit entscheidet die Anlage A der HandwO, die eine Typisierung der jeweiligen handwerklichen Berufsbilder enthält. Ebenfalls typisiert werden in der Anlage A die zulassungsfreien Handwerke (s. § 18 Abs. 2 HandwO). Für die Zulassung ist hier die Handwerkskammer zuständig, die mit der Eintragung in die sog. Handwerksrolle (§ 6 HandwO) die Zulassung dokumentiert.

Im Handwerksrecht steht letztlich der Nachweis der notwendigen Befähigung zu seiner **1432**
Ausübung im Vordergrund und somit die Qualitätssicherung durch die Selbstverwaltung der Kammern. Dies erklärt auch, dass zusätzlich eine Anzeige im Sinne des § 14 Abs. 1 GewO notwendig ist, denn die allgemeine Gewerbeüberwachung ist dagegen staatliche Aufgabe i.e.S (s. § 16 Abs. 1 HandwO). Das Handwerksrecht ist in den letzten Jahren umfassenden Liberalisierungstendenzen ausgesetzt gewesen, so wurde etwa 2004 die Liste der zulassungspflichtigen Handwerke in der Anlage A zur HandwO von 94 auf nunmehr 41 Berufe gekürzt. Die noch aufgeführten Berufe zeichnen sich hierbei dadurch aus, dass sie eine gewisse Gefahrgeneigtheit aufweisen.

Voraussetzung für die Eintragung eines zulassungspflichtigen Handwerks ist zunächst **1433**
das Bestehen der Meisterprüfung (§ 7 Abs. 1a HandwO i.V.m. §§ 45 ff. HandwO). Daneben kennt die HandwO noch weitere Formen der Ausübungsberechtigung eines Handwerksbetriebs (etwa für Personen, die die Gesellenprüfung bestanden haben, und mehrere Jahre in einem Handwerksbetrieb gearbeitet haben, s. § 7b GewO).

Handwerksrecht ist in guten Teilen Selbstverwaltungsrecht. Die Handwerkskammern **1434**
(§ 90ff. HandwO) haben hier die Aufgabe, sowohl die Zulassung zum Handwerk (s.o.) und insbesondere die berufliche Bildung etc. zu sichern (§ 91 HandwO). Die Kammer überprüft zusätzlich, ob die Eintragungsvoraussetzungen dauerhaft vorliegen. Sollte dies nicht der Fall sein, kann die zuständige Behörde die Fortführung des Handwerks untersagen (§ 16 Abs. 3 HandwO).

Das Handwerksrecht ist aufgrund seiner Ausrichtung auf die Sicherstellung von beruf- **1435**
licher Qualifikation häufig dem Vorwurf ausgesetzt gewesen, es wirke im europäischen Binnenmarkt protektionistisch bzw. prohibitiv. Die HandwO sieht hier Ausnahmemöglichkeiten für EU-Bürger vor (§ 9 HandwO). Dennoch lässt sich eine gewisse Sperrwirkung hier nicht leugnen. Die Grundfreiheiten stehen Sachkundenachweisen zwar nicht entgegen, dennoch wird hier ein besonderer Akzent auf die Frage der Verhältnismäßigkeit solcher Regelungen zu legen sein. Insbesondere im Bereich des freien Dienstleistungsverkehrs ist hier auch das Ursprungslandprinzip zu beachten. Letztlich darf in solchen Fällen das Erfordernis der Eintragung in die Handwerksrolle keine Bedeutung mehr haben.

IV. Wettbewerbs- und Kartellrecht

Das Wettbewerbs- und Kartellrecht ist ein weiterer wichtiger Pfeiler des Wirtschafts- **1436**
verwaltungsrechts. Auch hier geht es letztlich um Gefahrenabwehr, wobei das Schutzgut der Wettbewerb als solcher (bzw. die Handlungsfreiheit der Marktakteure) ist. Kaum ein Rechtsgebiet ist so europäisch überlagert wie das Wettbewerbs- und Kartell-

417

recht, so hat das deutsche Kartellrecht, das im Gesetz gegen Wettbewerbsbeschränkungen (GWB) niedergelegt ist, in weiten Teilen die europäischen Regelungen übernommen (vgl. etwa Art. 101 AEUV einerseits und § 1 und 2 GWB andererseits). Wesentliche Instrumente sind hier

- das Kartellverbot (§ 1 GWB bzw. Art. 101 AEUV)
- das Verbot des Missbrauchs einer marktbeherrschenden Stellung (§ 19 GWB bzw. Art. 102 AEUV)
- die Zusammenschlusskontrolle (§ 35 ff. GWB bzw. FusionskontrollVO)

Das europäische Wettbewerbs- und Kartellrecht wird von nationalen Behörden im Verbund mit der europäischen Kommission vollzogen und ist schon deshalb auch zum Wirtschaftsverwaltungsrecht zu zählen. Gerade in diesem Gebiet zeigt sich, dass die Europäisierung des Wirtschaftsverwaltungsrechts dazu führen kann, dass eine breitflächige (spontane) Harmonisierung ganzer Rechtsmaterien erfolgen kann (ausführlich zum Kartellrecht N.N., in diesem Band, S. 463 ff.)

V. Subventionsrecht

Eine besondere Bedeutung erlangt die Europäisierung des Wirtschaftsverwaltungsrechts dort, wo das europäische Recht nicht nur zur Harmonisierung etc. führt, sondern wo es direkte Vorgaben für den Vollzug wirtschaftspolitischer Maßnahmen macht. In keinem Gebiet wird dieser Befund so deutlich wie im Subventionsrecht, das sich im Soge der Europäisierung von anfänglich recht informalen Standards inzwischen zu einem durchgeformten Rechtsgebiet entwickelt hat. Im deutschen Recht ist die Gewährung von Subventionen der staatlichen Aufgabe der Wirtschaftsförderung zuzuordnen (s.o. Kap. 3, § 1 III.). In diesem Bereich der sog. Leistungsverwaltung stellt sich wirtschaftspolitisch die Frage, ob der Staat die Wirtschaft tatsächlich fördert oder ob umgekehrt die Wirtschaft hier den Staat fordert (bisweilen auch „überfordert"). Letztlich werden hier immer wieder Zweifel laut, ob Subventionen in einem marktwirtschaftlichen System überhaupt eine Berechtigung haben. Das Unionsrecht enthält jedenfalls ein grundsätzliches Verbot solcher Subventionen (im unionsrechtlichen Jargon: Beihilfen, s. Art. 107 Abs. 1 AEUV). Aus der deutschen Perspektive ist vor diesem Hintergrund eigentlich erstaunlich, dass bis heute darüber gestritten wird, ob die Vergabe von Subventionen einem Gesetzesvorbehalt unterliegt. Allgemein wird hier vertreten, dass es ausreiche, dass die Mittel im Haushaltsplan und im Haushaltsgesetz bereitgestellt würden (s. BVerwGE 58, 45). Diese Ansicht ist aber wenig überzeugend. Grundsätzlich gilt der verfassungsrechtliche Wesentlichkeitsvorbehalt auch im Bereich der Leistungsverwaltung. Hiernach muss das Parlament wesentliche Entscheidungen selbst treffen. Schon angesichts der enormen jährlichen Subventionshöhen kann eigentlich nicht bezweifelt werden, dass es hier einer gesetzlichen Grundlage bedarf. Dazu kommt, dass die Vergabe von Subventionen von Konkurrenten immer häufiger moniert wird bzw. sie in Grundrechte Dritter eingreift. Diesen Problemen kann nur beigekommen werden, wenn man den Gesetzgeber die wesentlichen Entscheidungen selbst treffen lässt, die dann von der Verwaltung mittels von Bewilligungsbescheiden zu konkretisieren sind.

1437 Nach Art. 107 Abs. 1 AEUV sind staatliche oder aus staatlichen Mitteln gewährte Beihilfen gleich welcher Art, die durch die Begünstigung bestimmter Unternehmen oder Produktionszweige den Wettbewerb verfälschen oder zu verfälschen drohen, mit dem Binnenmarkt unvereinbar, soweit sie den Handel zwischen den Mitgliedstaaten beeinträchtigen. Dieses grundsätzliche Verbot hat zu einer breitflächigen Kontrolle der mitgliedstaatlichen Beihilfenpraxis durch die Europäische Kommission geführt (dazu etwa *Leibrock*, EuR 1990, S. 20 ff.). Der Begriff der Beihilfe ist grundsätzlich weit auszulegen (vgl. Art. 107 Abs. 1 AEUV: „gleich welcher Art"). Hieran muss jeder abschließende Definitionsversuch scheitern, zumal in den letzten Jahren die Formen der Beihilfen immer variabler und umfangreicher geworden sind. Der EuGH hat in einer frühen Entscheidung Beihilfen als Maßnahmen qualifiziert, die speziell als Mittel zur Verfolgung bestimmter Ziele dienen, die in der Regel nicht ohne fremde Hilfe erreicht werden könnten (EuGH Rs. 30/59, Slg. 1961, S. 7 – *Steenkoenmijnen*). Aus der fortwährenden Rechtsprechung des EuGH lassen sich weitere Elemente des Beihilfenbegriffs gewinnen: So muss eine **Leistungsgewährung** oder aber **Belastungsverminderung** vorliegen, die aus staatlichen Mitteln resultiert und die eine Begünstigung bestimmter Unternehmen oder Produktionszweige beinhaltet und so zu einer Verfälschung des Wettbewerbs sowie der Beschränkung des Handels zwischen den Mitgliedstaaten führt. Hierunter fallen z. B. direkte Finanzhilfen durch die öffentliche Hand an einzelne Unternehmen, die Gewährung verbilligter Kredite oder der Verkauf von Grundstücken zu nicht marktgerechten Preisen. Das Merkmal der Wettbewerbverfälschung wird in der Regel von allen staatlichen Beihilfen erfüllt, denn die Unternehmen können durch die Beihilfen eine Wettbewerbsposition erhalten oder festigen, die sie ohne die Beihilfen nicht hätten. Auch im Beihilfenrecht fällt nicht jede mitgliedstaatliche Maßnahme in den Anwendungsbereich des AEUV, sondern nur solche, die zu einer **Beeinträchtigung des Handels zwischen den Mitgliedstaaten** führen. Dies ist insbesondere dann der Fall, wenn die Ein- oder Ausfuhr von Gütern erleichtert oder erschwert wird. Hierbei kommt es grundsätzlich nicht darauf an, dass eine beschränkende Wirkung tatsächlich feststellbar ist, sondern darauf, dass sie potentiell eintreten kann. Schließlich ist zu beachten, dass nicht jede noch so geringe Beihilfe aus vordergründig praktischen Gründen in den Anwendungsbereich des Art. 107 Abs. 1 AEUV fällt. Vielmehr gilt auch hier, dass die von den Beihilfen ausgehenden Wettbewerbsverfälschungen „spürbar" sein müssen, d. h. einen gewissen Beeinträchtigungsgrad aufweisen. Dies ist bei sog. de-minimis-Beihilfen nicht der Fall. Die Kommission hat im Wege einer Freistellungsverordnung die zulässige Höhe dieser Beihilfen auf 100.000 Euro pro Unternehmen für einen Zeitraum von drei Jahren festgelegt.

Art. 107 Abs. 2 AEUV macht vom generellen Verbot des Abs. 1 eine Reihe von Ausnahmen. Die hier festgehaltenen Arten von Beihilfen erfüllen de lege lata den Tatbestand des Art. 107 Abs. 1 AEUV nicht. Darunter fallen Beihilfen sozialer Art an Verbraucher, wenn sie ohne Diskriminierung nach der Herkunft der Ware gewährt werden (Art. 107 Abs. 2 lit. a AEUV), Beihilfen zur Beseitigung von Schäden, die durch Naturkatastrophen (sog. Katastrophenbeihilfen) oder sonstige außergewöhnliche Ereignisse entstanden sind (Art. 107 Abs. 2 lit. b AEUV) und Beihilfen aus Gründen der Teilung Deutschlands (Art. 107 Abs. 2 lit. c AEUV). Des Weiteren benennt Art. 107 Abs. 3 AEUV eine Reihe von Beihilfentypen, die mit dem Gemeinsamen Markt vereinbar sein *können*, wie z. B. sog. Regionalbeihilfen (Art. 107 Abs. 3 lit. a AEUV) oder Kulturbeihilfen (Art. 107 Abs. 3 lit. d AEUV). Die Kommission hat in den letzten Jahren zahlreiche Leitlinien etc. veröffentlicht, die den Mitgliedstaaten helfen sollen, abzuschätzen, wie bestimmte wirtschaftliche Sektoren im Lichte der grundsätzlichen Ausnahmemöglichkeit einzuschätzen sind (so etwa für die Sektoren der Kfz-Industrie, Textilindustrie, für den Verkehrsbereich, die Landwirtschaft, die Fischerei, den Bergbau, der Stahlindustrie und andere). Soweit neue Beihilfen eingeführt werden sollen oder bestehende Beihilfen abgeändert werden, ist dies der Kommission anzuzeigen. Die Kommission kann ggf. die Leistung der Beihilfe untersagen bzw. ihre Rückzahlung anordnen. **1438**

Das Beihilfenverfahren ist seit 1999 sekundärrechtlich im Rahmen der VO 659/1999, die auf ex-Art. 89 EGV (heute Art. 109 AEUV) basiert, geregelt (im Folgenden: Bei- **1439** hilfenVerfO, VO (EWG) Nr. 659 vom 22.3.1999, ABl. 1999 Nr. L 83/1). Bis zu diesem Zeitpunkt kannte das europäische Beihilfenrecht kein eignständiges Verfahren, vielmehr war man auf die nur unzureichende Regelung des ex-Art. 88 EGV (Art. 108 AEUV) angewiesen. Die BeihilfenVerfO sieht eine Anmeldepflicht („**Notifizierungspflicht**") für alle neuen Beihilfen vor (Art. 2 Abs. 1 BeihilfenVerfO). Unter den Begriff der „neuen Beihilfen" fallen alle Beihilfen, also Beihilferegelungen und Einzelbeihilfen, die keine bestehenden Beihilfen sind, einschließlich solcher Änderungen, die bestehende Beihilfen modifizieren (vgl. Art. 1 lit. c BeihilfenVerfO). Eine neue Beihilfe darf nach der BeihilfenVerfO solange nicht vom Staat geleistet werden, wie die Kommission keine Genehmigungsentscheidung getroffen hat. Das Prüfverfahren der Kommission kann gem. Art. 7 BeihilfenVerfO grundsätzlich mit einer positiven Entscheidung (ggf. mit Änderungen) oder mit einer negativen Entscheidung enden. Bei bereits geleisteten Beihilfen, die nicht mit dem Gemeinsamen Markt vereinbar sind, kann die Kommission die Rückforderung durch den betreffenden Mitgliedstaat anordnen (Art. 11 Abs. 2 BeihilfenVerfO). Das nationale Recht, das für die einzelnen Modalitäten der Rückforderung heranzuziehen ist (in Deutschland § 48 f. VwVfG), darf dabei nicht so ausgelegt werden, dass der Vollzug des Unionsrechts behindert wird, etwa hinsichtlich von Verjährungsvorschriften. Ähnlich wie im Kartellverfahrensrecht ist die Kommission seit 1998 auch im Beihilfenrecht durch die sog. **FreistellungsVO** ermächtigt, sog. Gruppenfreistellungsverordnungen zu erlassen (VO (EG) Nr. 994/98 des Rates vom 7.5.1998 über die Anwendung der Art. 92 und 93 [Art. 87, 88 EGV] auf bestimmte Gruppen horizontaler Beihilfen, ABl. 1998 Nr. L 142/1). Diese Ermächtigung stützt sich maßgeblich auf ex-Art. 89 EGV. Die Kommission hat hierauf gestützt GVOen über de-minimis Beihilfen, Beihilfen an kleinere und mittlere Unternehmen (sog. KMU) und über Ausbildungsbeihilfen erlassen.

VI. Regulierungsrecht

1440 Das Regulierungsrecht i. e. S. verstanden als „Privatisierungsfolgenrecht" beschäftigt sich in erster Linie mit den rechtlichen Rahmenbedingungen ehemaliger staats- oder kommunalmonopolisierten Unternehmen (Post, Energie, Telekommunikation etc.). Für diese Bereiche hat der deutsche Gesetzgeber in den letzten Jahrzehnten eine Reihe sektorspezifischer Gesetze erlassen, die jedoch im Wesentlichen eine einheitliche Zielsetzung verfolgen. Hauptziel ist es, in den entsprechenden Sektoren einen **wirksamen Wettbewerb** zu schaffen, hierbei die notwendige Grundversorgung mit den entsprechenden Gütern und Dienstleistungen sicherzustellen und auch die gewerberechtlichen Erfodernisse nicht aus dem Blick zu verlieren (*Stober*, Allgemeines Wirtschaftsverwaltungsrecht, 15. Aufl., 2006, S. 197). Spezielle Regulierungsgesetze sind so etwa

- das Energiewirtschaftsgesetz (EnWG)
- das Telekommunikationsgesetz (TKG)
- das Postgesetz (PostG)
- das Personenbeförderungsgesetz (PBefG)
- das Eisenbahngesetz (AEG)

1441 Mit der Bundesnetzagentur mit Sitz in Bonn wurde eine Behörde geschaffen, die in vielen Bereichen die konkreten Regulierungsaufgaben übernimmt. Sie ist heute für die Bereiche Elektrizität, Gas, Telekommunikation, Post und Eisenbahn zuständig und überwacht die Entwicklungen in den jeweiligen Märkten (www.bundesnetzagentur.de). Aufgrund der Unübersichtlichkeit der einzelnen Gesetze bei im Wesentlichen gleicher Zielsetzung wird immer wieder der Ruf nach einem einheitlichen Regulierungsrecht bzw. Regulierungsgesetz in Deutschland laut. Ein solches Gesetz ist aber derzeit nicht ersichtlich (ausführlich dazu *Masing*, Die Verwaltung 36 [2003], S. 1 ff.).

Kapitel 4   Ausblick

Das Öffentliche Wirtschaftsrecht entwickelt sich immer weiter vom Gefahrenabwehrrecht hin zu einem Recht des „Ebenenmanagements". Angesichts der Bedeutung der wirtschaftlichen Integration Europas vermag dieser Befund nicht zu verwundern. Sicher ist aber, dass das leicht obrigkeitsstaatliche Antlitz hier verloren geht. Dies entspricht aber nicht zuletzt auch der Intention des GG, das die Gewährleistung und Absicherung von Freiheit, insbesondere individueller Freiheit, in den Vordergrund rückt. Nur wo staatliche Leistung zur Voraussetzung der Freiheit wird, vermag der moderne Staat Interventionen in den Wirtschaftsprozess zu rechtfertigen. Dass eigentlich erstaunliche hierbei ist, dass derartige Sachlagen eher zunehmen als sie sich verringern. Dieser Grundkonflikt zwischen sozialer Absicherung und Freiheit der Wirtschaft ist mit der EU auf eine neue Ebene gehoben worden. Ob sie aber dauerhaft diesen Ausgleich herstellen kann, muss angesichts ihrer beschränkten Kompetenzen bezweifelt werden. Darüber hinaus zeigt sich insbesondere im Bereich des Öffentlichen Wirtschaftsrechts, dass durch den Prozess der Globalisierung auch Herausforderungen durch das WTO-Recht und andere Sachbereiche des Wirtschaftsvölkerrechts an das deutsche Recht herangetragen werden, die zukünftig eine eingehende Forschung erfordern. Der Grundkonflikt bleibt gleichwohl immer der gleiche: Wie viel Offenheit und Freiheit kann der Staat riskieren, ohne seine soziale Aufgabe zu vernachlässigen?

1442

Literatur:

Abendroth, Wolfgang, Das Grundgesetz, 7. Aufl., 1978
Badura, Peter, Wirtschaftsverfassung und Wirtschaftsverwaltung, 3. Aufl., Tübingen 2008
Böckenförde, Ernst-Wolfgang, Grundrechtstheorie und Grundrechtsinterpretation, NJW 1974, S. 1529
von Bogdandy, Armin/Bast, Jürgen (Hrsg.), Europäisches Verfassungsrecht, 2. Aufl., Berlin/Heidelberg 2009
Fehling, Michael/Ruffert, Matthias, Regulierungsrecht, Tübingen 2010
Hatje, Armin, Die gemeinschaftsrechtliche Steuerung der Wirtschaftsverwaltung, Baden-Baden 1998
Hatje, Armin/Terhechte, Jörg Philipp, Das Bundesverfassungsgericht und die Pflichtmitgliedschaft, NJW 2002, S. 1849 ff.
Heinig, Hans Michael, Der Sozialstaat im Dienste der Freiheit, Tübingen 2008
Huber, Ernst Rudolf, Wirtschaftsverwaltungsrecht Band I, 2. Aufl., Tübingen 1953
Huber, Peter M., Öffentliches Wirtschaftsrecht, in: E. Schmidt-Aßmann/F. Schoch [Hrsg.], Besonderes Verwaltungsrecht, 14. Aufl., Berlin 2008, S. 305 ff.
Hummel, Lars, Grundfälle zu Art. 15 GG, JuS 2008, S. 1065 ff.
Kingreen, Thorsten, Das Sozialstaatsprinzip im europäischen Verfassungsverbund, Tübingen 2003
Krüger, Herbert, Staatsverfassung und Wirtschaftsverfassung, DVBl. 1951, 361 ff.
Liebrock, Gero, Der Rechtsschutz im Beihilfeaufsichtsverfahren des EWG-Vertrages, EuR 1990, S. 20 ff.
Masing, Johannes, Grundstrukturen eines Regulierungsverwaltungsrechts, Die Verwaltung 36 (2003), S. 1 ff.
Müller-Armack, Alfred, Wirtschaftsordnung und Wirtschaftspolitik, Bern/Stuttgart 1976
Nipperdey, Hans Carl, Soziale Marktwirtschaft und Grundgesetz, Köln 1961
Oeter, Stefan, Integration und Subsidiarität im deutschen Bundesstaatsrecht, Tübingen 1998
Pieroth, Bodo/Schlink, Bernhard, Grundrechte – Staatsrecht II, 25. Aufl., Heidelberg 2009

Schmidt, Rainer/Vollmöller, Thomas (Hrsg.), Kompendium Öffentliches Wirtschaftsrecht, 2. Aufl., Berlin 2007
Stober, Rolf, Allgemeines Wirtschaftsverwaltungsrecht, 15. Aufl., Stuttgart 2006
Stober, Rolf/Eisenmenger, Sven, Besonderes Wirtschaftsverwaltungsrecht, 15. Aufl., Stuttgart 2011
Storr, Stefan, Der Staat als Unternehmer, Tübingen 2001
Terhechte, Jörg Philipp, Der Ladenschluss und die Berufsfreiheit der Apotheker, JuS 2002, S. 551 ff.
ders. (Hrsg.), Verwaltungsrecht der Europäischen Union, Baden-Baden 2011
Ziekow, Jan, Öffentliches Wirtschaftsrecht, 2. Aufl., München 2010

M Grundzüge des Internationalen Steuerrechts

Christoph Goez

Kapitel 1 Einleitung

Im Steuerrecht gewinnen grenzüberschreitende Sachverhalte zunehmend an Bedeutung. **1443** Die Globalisierung, der internationale Rechtsverkehr und der intensive wirtschaftliche Austausch von Unternehmen, Gewerbetreibenden wie auch Verbrauchern verlangen entsprechende Regeln gerade auch im Bereich der steuerlichen Belastungen. Augenscheinlich ist die Steuerbelastung Motivation und Grund – neben anderen Faktoren – für wirtschaftliche Entscheidungen wie insbesondere die Standortentscheidung.

Das internationale Steuerrecht umfasst alle Normen, die solche **grenzüberschreitenden** **1444** **Sachverhalte in steuerlicher Hinsicht regelt.** Insbesondere die Vorschriften zur unbeschränkten und beschränkten Steuerpflicht setzen sich mit dem Spannungsverhältnis zwischen berechtigtem Steueranspruch der Beteiligten verschiedener Staaten auseinander.

Gerade die in den letzten Jahren massiv erfolgte Erweiterung im Rahmen der Europä- **1445** ischen Union belegt die Notwendigkeit entsprechender klarer Vorgaben im Bereich des grenzüberschreitenden Steuerrechtes. Dabei kommen die Vorgaben durch die im EU-Vertrag geregelten Freiheiten – insbesondere die Dienstleistungs-, Niederlassungs- und Kapitalverkehrsfreiheit – besondere Bedeutung zu; nicht zuletzt hat der nationale Gesetzgeber auch im Steuerrecht die auf diesem Gebiet vorgegebenen Europäischen Steuerregeln – insbesondere bei den Regeln zur Umsatzsteuer – zu beachten und in nationales Recht umzusetzen.

Das internationale Steuerrecht hat die Aufgabe, **Mehrfachbelastungen des Steuerpflich- 1446 tigen** durch Besteuerung desselben Sachverhaltes in verschiedenen Staaten **zu minimieren** bzw. zu beseitigen. Gerade für Letzteres sind daher Doppelbesteuerungsabkommen oder nationale Regeln zur Steueranrechnung notwendig. Andererseits ist dem berechtigten Begehren des jeweiligen Staats als Steuergläubiger Rechnung zu tragen, eine „Steuerflucht" zu vermeiden. In der Bundesrepublik wird diese Aufgabe durch das AStG übernommen, soweit nicht zwischenstaatliche Abkommen vorrangig sind.

Kapitel 2 Rechtsquellen

„Internationales Steuerrecht" umfasst die Summe aller be- und entlastenden Normen, **1447** die die Abgrenzung der Steuerhoheit eines Staats gegenüber der Steuerhoheit eines anderen Staats zum Gegenstand haben oder aus dieser Abgrenzung resultieren. Dabei regeln die belastenden Normen den Steueranspruch gegenüber einem „Steuerinländer" – unabhängig von dessen Nationalität – hinsichtlich seines Welteinkommens, hier also auch hinsichtlich der im Ausland realisierten Sachverhalte, sowie gegenüber „Steuerausländern" die Steuerbelastung für die von diesem im Inland realisierten Sachverhalte. Andererseits müssen die entlastenden Normen einen Ausgleich bei grenzüberschreitender Tätigkeit für das Spannungsverhältnis der Steuervorgaben der beteiligten Staaten schaffen.

M Kap. 2   Grundzüge des Internationalen Steuerrechts

1448 Allgemein können die Rechtsgrundlagen des internationalen Steuerrechtes zur Regelung grenzüberschreitender Sachverhalte in der Bundesrepublik in folgende Bereiche unterschieden werden:

- Nationales (unilaterales) Außensteuerrecht
    - Abgrenzung der subjektiven Steuerpflicht zwischen unbeschränkter und beschränkter: § 1 Abs. 1-3 zu Abs. 4 EStG, § 1 zu § 2 KStG, § 2 Abs. 1 Nr. 1 u. 2 zu Abs. 1 Nr. 3 ErbStG.
    - **Unilaterale Maßnahmen** zur Vermeidung bzw. Milderung der Doppelbesteuerung (§ 34c EStG, § 26 KStG, § 21 ErbStG)
    - Vorschriften zur **Begrenzung der Steuerpflicht** auf inländische Verkehrs- und Verbrauchsvorgänge
    - **Erweiterung und Begrenzung des Besteuerungsanspruchs** nach dem AStG
    - **Verfahrensvorschriften** für grenzüberschreitende Sachverhalte (§ 90 Abs. 2 und 3 AO)
- Bilaterale Doppelbesteuerungsabkommen (DBA)
    - DBAs sind **völkerrechtliche Verträge** mit Steuerverzicht zugunsten der Steuerpflichtigen mittels Anrechnungs- oder Freistellungsmethode
    - **Transformation in nationales Recht** gem. Art. 59 Abs. 2 GG
    - **Vorrang gegenüber nationalen Steuergesetzen** (§ 2 AO)
- **Multilaterale Abkommen**
    - Vertrag über die Arbeitsweise der Europäischen Union – AEUV – vom 9.5.2008 (EU-Amtsbl. C 115/47); vormals: Vertrag zur Gründung der Europäischen Gemeinschaft – EGV – (EU-Primärrecht)
    - Europäische Union-Steuerrichtlinien (EU-Sekundärrecht), Beispiele:
        - zu den *indirekten Steuern*: 6. Richtlinie zur Harmonisierung der Vorschriften der Mitgliedstaaten über die Umsatzsteuer sowie die Mehrwertsteuersystemrichtlinie vom 28.11.2006
        - zu den *direkten Steuern*: Mutter-/Tochter-Richtlinie (vgl. § 43b EStG) oder die Fusionsrichtlinie (vgl. § 23 UmwandlungssteuerG)
    - EU-Schiedsverfahrenskonvention zur Beseitigung der Doppelbesteuerung im Fall von Gewinnberichtigungen zwischen verbundenen Unternehmen
- **Sonstige Rechtsquellen**
    - Abkommen über die Amts- und Rechtshilfe auf dem Gebiet der Besteuerung (z.B. EU-AmtshilfeG, Zusammenarbeitsverordnung der EU, Auskunftsklauseln in Doppelbesteuerungsabkommen)
    - Völkerrechtliche Verträge zwischen zwei Staaten (z.B. deutsch-amerikanischer Freundschaftsvertrag von 1954; Vertrag über gute Nachbarschaft, Partnerschaft und Zusammenarbeit zwischen der Bundesrepublik Deutschland und – nach wie vor – der Union der Sozialistischen Sowjetrepubliken vom 9. November 1990)

1449 Zur Bestimmung der anzuwendenden Rechtsgrundlage ist auf die **Person des Steuerpflichtigen** und den zu **besteuernden Sachverhalt** abzustellen. Ist die Person des Steuerpflichtigen durch Wohnsitz und/oder Nationalität im Inland steuerpflichtig, handelt es sich um eine **unbeschränkte Steuerpflicht**. Man spricht – unabhängig von der Nationalität – von einem **Steuerinländer**. Es wird dessen „Welteinkommen" besteuert.

1450 Handelt es sich bei dem Steuerpflichtigen bei grenzüberschreitenden Sachverhalten um einen **nicht unbeschränkt Steuerpflichtigen**, der steuerrelevante Sachverhalte im Inland verwirklicht, ist dieser beschränkt steuerpflichtig (Territorialitäts- oder Quellenprinzip). Dieser wird als **Steuerausländer** – unabhängig von der Nationalität – bezeichnet. Gegenstand der Besteuerung sind nur dessen Einkünfte, die im Inland realisiert werden.

Kapitel 3   Der Auslandsbezug beim Steuerinländer

Die jeweiligen nationalen Einzelsteuergesetze regeln die unbeschränkte Steuerpflicht des Steuerinländers; für die Einkommensteuer ist diese in § 1 Abs. 1–3 EStG, für die Körperschaftsteuer bei juristischen Personen in § 1 KStG und für die Erbschaftsteuer in § 2 Abs. 1 Nr. 1, 2 ErbStG geregelt.   **1451**

§ 1 Die unbeschränkte Einkommensteuerpflicht

Nach § 1 Abs. 1 EStG unterliegt eine Person, die im Inland einen Wohnsitz oder gewöhnlichen Aufenthalt hat, unabhängig von ihrer Staatsangehörigkeit der unbeschränkten inländischen Einkommensteuerpflicht (**Steuerinländer**).   **1452**

Sind diese Voraussetzungen nicht gegeben, so kann regelmäßig nur eine beschränkte Steuerpflicht (**Steuerausländer**) vorliegen (vgl. zu speziellen Ausnahmen: § 1 Abs. 2 und 3 EStG). Die **beschränkte** Steuerpflicht bezieht sich auf inländische Einkünfte gem. § 49 EStG einer natürlichen Person ohne Wohnsitz oder gewöhnlichen Aufenthalt im Inland (**Territorialprinzip**).   **1453**

Demgegenüber unterliegt der Steuerinländer mit seiner unbeschränkten Einkommensteuerpflicht mit seinem gesamten Welteinkommen den nationalen Steuerregeln. Begründet wird dies damit, dass dem Staat als Wohnsitzstaat die Besteuerung zustehen muss, in dem der Steuerpflichtige den Schwerpunkt seiner Lebensführung und damit im Regelfall seiner wirtschaftlichen Tätigkeit unter Ausnutzung der von dem Staat gewährten Leistungen hat.   **1454**

Die Frage des Wohnsitzes oder des gewöhnlichen Aufenthaltes ist in § 8 bzw. § 9 AO geregelt. Der **Wohnsitz** des Steuerpflichtigen ist dort, wo eine Wohnung unter Umständen vorhanden ist, die darauf schließen lassen, dass der Steuerpflichtige diese beibehalten und benutzen wird. Bei **Doppelwohnsitzen** kann sich daher eine mehrfache unbeschränkte Steuerpflicht in verschiedenen Staaten ergeben. Die Verringerung der Mehrfachbelastung des Welteinkommens muss sodann über DBA bzw. über das AStG geregelt werden.   **1455**

Den **gewöhnlichen Aufenthalt** hat ein Steuerpflichtiger dort, wo er sich unter Umständen aufhält und Hinweise vorliegen, die erkennen lassen, dass er an diesem Ort oder in diesem Gebiet nicht nur vorübergehend verweilt; regelmäßig ist dies bei einer Verweildauer von mehr als sechs Monaten der Fall. Somit kann ein Steuerpflichtiger in einem Jahr nur **einen** gewöhnlichen Aufenthalt haben; allerdings ist es möglich, dass er unbeschränkt steuerpflichtig wegen eines anderweitigen Wohnsitzes als dem gewöhnlichen Aufenthalt bleibt. In solchen Fällen wird die Doppelbesteuerung regelmäßig im Wege der Steuerermäßigung zu beseitigen sein (vgl. § 34c Abs. 1–3 EStG).   **1456**

Besteht ein DBA, ist dieses vorrangig zu berücksichtigen (§ 34c Abs. 6 EStG). Kommt – ersatzweise – die Regel nach § 34c Abs. 1 EStG zum Zuge, erfolgt eine Steueranrechnung der im Ausland entrichteten Steuer.   **1457**

Eine **Erweiterung der unbeschränkten Steuerpflicht** enthält § 1 Abs. 2 EStG. Deutsche Staatsangehörige, die in einem Dienstverhältnis zu einer inländischen juristischen Person des öffentlichen Rechts stehen und ihren Arbeitslohn aus öffentlichen Kassen beziehen wie insbesondere Diplomaten, bleiben unbeschränkt steuerpflichtig, auch wenn kein Wohnsitz oder gewöhnlicher Aufenthalt im Inland besteht. Allerdings muss sodann geregelt sein, dass sie aufgrund der Vorgaben in dem Wohnsitzstaat (Ausland) dort nur einer beschränkten Steuerpflicht unterliegen.   **1458**

Auf Antrag können auch **Grenzpendler** unbeschränkt steuerpflichtig werden (§ 1 Abs. 3 EStG). Hintergrund ist, dass ansonsten bei lediglich beschränkter Steuerpflicht   **1459** die persönliche Leistungsfähigkeit nicht genügend berücksichtigt würde. Sodann würden die Sondervorschriften nach §§ 49-50a EStG für diesen Personenkreis zu erheblichen Nachteilen führen. Der im Grenzgebiet im Ausland Wohnende, im Inland somit nur beruflich Tätige, hat weder einen Wohnsitz noch einen gewöhnlichen Aufenthalt im Inland. Mit seinen Inlandseinkünften würde er daher ohne Berücksichtigung von Sonderausgaben oder außergewöhnlichen Belastungen beschränkt steuerpflichtig sein. Diese Konsequenz wurde seinerzeit vom EuGH wegen Verstoßes gegen Art. 39 EGV (heute: Art. 45 AEUV) für rechtswidrig erachtet (Urt. v. 14.2.1995 – *Schumacker*) und führte zur Einführung des § 1 Abs. 3 EStG. Die beschränkte Steuerpflicht kann der Steuerausländer mittels Antrag auf unbeschränkte Versteuerung der inländischen Einkünfte vermeiden, wenn er mindestens zu 90% Einkünfte erzielt, die der deutschen Einkommensteuer unterliegen, bzw. nur der deutschen Einkommensteuer unterliegende Einkünfte innerhalb des Grundfreibetrags gem. § 32 a Abs. 1 S. 2 Nr. 1 EStG (2010: 8.004,00 EUR) erzielt. Er wird dann als Steuerinländer behandelt.

1460 Mit der unbeschränkten Steuerpflicht wird das gesamte Welteinkommen umfasst und der inländischen Besteuerung zugeführt. Dies kann im grenzüberschreitenden Verkehr zu einer steuerlichen Doppelbelastung führen. Eine solche Doppelbelastung soll zur Sicherung und Förderung des Wirtschaftsverkehrs vermieden werden. Dies kann durch die Freistellungsmethode oder durch eine Steueranrechnung gemäß einem Doppelbesteuerungsabkommen erfolgen oder – bei Fehlen eines solchen Abkommens – durch Anrechnung der ausländischen Steuer nach § 34c EStG.

1461 In den von der Bundesrepublik abgeschlossenen DBA wird regelmäßig der **Freistellungsmethode** gefolgt. Die Bundesrepublik (*Wohnsitzstaat*) stellt dabei diejenigen Einkünfte von der Besteuerung frei, die das DBA dem anderen Staat (*Quellenstaat*) als Besteuerungsobjekt zugesteht. Damit entstehen zwei getrennte Einkommen, wobei die steuerlichen Auswirkungen jeweils nach den Rechtsgrundsätzen des betroffenen Staats erfolgen. Im Ergebnis schränkt der Wohnsitzstaat den für ihn geltenden Grundsatz der Welteinkommensbesteuerung zur Vermeidung einer ungerechtfertigten Mehrfachbelastung ein.

1462 Regelmäßig ist in Deutschland dabei zu berücksichtigen, dass hinsichtlich der weiteren, im Inland zu besteuernden Sachverhalte diese dem **Progressionsvorbehalt** (§ 32b Abs. 1 Nr. 3 EStG) unterliegen. Nur bei der Bestimmung des Steuersatzes finden die im Steuerausland erzielten Einkünfte Berücksichtigung (entsprechende Erhöhung des persönlichen Steuersatzes), während sie aber nicht in die Bemessungsgrundlage einbezogen werden.

1463 Ist in dem Doppelbesteuerungsabkommen keine Freistellung, sondern die Steueranrechnung vorgesehen oder besteht kein DBA, gilt § **34c EStG**: Danach hat der Steuerpflichtige zwei Möglichkeiten zur Berücksichtigung der im Ausland gezahlten Steuer, indem er – unter Berücksichtigung einer Höchstbetragsbegrenzung für den Anrechnungsbetrag – die ausländische Steuer auf die inländische Steuer anrechnen lässt (§ 34c Abs. 1 Satz 1, 2 EStG); in entsprechenden Fällen kann sich der Steuerpflichtige aber auch für den Abzug der im Ausland gezahlten Steuer von der Bemessungsgrundlage – wie bei Werbungskosten – entscheiden.

1464 Eine weitere Besonderheit liegt darin, dass eine **Verlustberücksichtigung** der im Ausland (negativ) erzielten Einkünfte nur eingeschränkt erfolgt (§ 2a EStG). Grundsätzlich entspricht es dem Prinzip der Besteuerung nach der Leistungsfähigkeit, im Rahmen der Besteuerung des Welteinkommens nicht nur positive ausländische Einkünfte, sondern auch negative ausländische Einkünfte zu berücksichtigen. Andererseits sollen Steuersparmodelle durch bewusstes Erzielen von Auslandsverlusten verhindert werden, da oder der inländischen Volkswirtschaft keinen Nutzen bringen. Dementsprechend enthält § 2a Abs. 1 EStG einen Katalog von Einkünften mit eingeschränkter Verlustberücksichtigung. Dieser wird von der Rechtsprechung für verfassungskonform erachtet (BVerfGE 78, 214, äußerst str. in der Literatur). Somit erfolgt keine (negative) Steueranrechnung. In den Fällen der Steuerfreistellung – insbesondere bei DBAs – wird der negative Progressionsvorbehalt ausgeschlossen (§ 32b Abs. 1 Nr. 3 EStG). Im Ergebnis können daher Verluste im Jahr ihrer Entstehung oder dem folgenden Veranlagungszeitraum nur mit positiven Einkünften derselben Art und aus demselben Staat verrechnet werden.

§ 2 Die unbeschränkte Körperschaftsteuerpflicht

Juristische Personen des Privatrechtes und des öffentlichen Rechtes sind unbeschränkt körperschaftsteuerpflichtig (§ 1 Abs. 1 Nr. 1–6 KStG). Dasselbe gilt für nicht rechtsfähige Organisationsformen wie insbesondere dem nicht rechtsfähigen Verein. Dabei müssen diese „**Körperschaften**" ihre Geschäftsleitung (§ 10 AO) bzw. ihren Sitz (§ 11 AO) im Inland haben. Der **Sitz** der Gesellschaft ist der Ort, der durch Gesetz, Satzung oder Gesellschaftsvertrag bestimmt ist. Die **Geschäftsleitung** befindet sich dort, wo sich der Mittelpunkt der geschäftlichen Oberleitung befindet, somit dort, wo der für die Geschäftsführung maßgebende Wille gebildet wird und die erforderlichen Entscheidungen getroffen werden. **1465**

In § 1 Abs. 2 KStG ist ausdrücklich geregelt, dass sich die unbeschränkte Körperschaftsteuerpflicht auf sämtliche Einkünfte erstreckt (**Welteinkommensprinzip**). Da alle Kapitalgesellschaften nach den Vorschriften des HGB verpflichtet sind, Bücher zu führen, sind ihre Einkünfte immer als solche aus Gewerbebetrieb zu qualifizieren (§ 8 Abs. 2 KStG). Ansonsten können Körperschaftsteuersubjekte grundsätzlich alle sieben Einkunftsarten des EStG verwirklichen. **1466**

Auch bei der Körperschaftsteuer wird das Welteinkommensprinzip unter Umständen **begrenzt**. Im Anwendungsbereich von DBAs ist deren Regelung – in Deutschland regelmäßig die Freistellung – vorrangig. Dabei werden die Gewinne einer ausländischen Betriebsstätte von der Besteuerung im Inland ausgenommen. Für negative Einkünfte mit Auslandsbezug gilt die Einschränkung nach § 2a EStG, da § 8 Abs. 1 KStG auf diese Norm verweist. Kommt es zur Anrechnung ausländischer Steuern, gilt § 26 Abs. 1 KStG, der dem § 34c Abs. 1 EStG nachgebildet ist (*s.o. Rn. 21*). **1467**

Sondervorschriften für grenzüberschreitende Sachverhalte beziehen sich insbesondere auf die Gesellschafter-Fremdfinanzierung (§ 8a KStG). Danach sollen **Umschichtungen** von Dividenden in Zinsen vermieden werden; solche Zinszahlungen einer Kapitalgesellschaft an ausländische Anteilseigner werden als verdeckte Gewinnausschüttungen qualifiziert, soweit eine übermäßige Fremdkapitalausstattung vorliegt; im Ergebnis werden entsprechende Zinszahlungen wieder wie Dividenden behandelt (sog. „Zinsschranke"). Diese Regel gilt nicht nur für Anteilseigner, sondern auch für nahestehende Personen i.S.v. § 1 Abs. 2 AStG. **1468**

In § 8a Abs. 2 n.F. KStG wird des Weiteren zur Vermeidung von Steuerumgehungen die entsprechende Anwendung von § 4 h Abs. 2 S. 1 b. EStG bestimmt, wenn eine inländische Betriebsstätte oder eine inländische Personengesellschaft bei der Geschäftsabwicklung **zwischengeschaltet** wurde. **1469**

Ausschüttungen einer Kapitalgesellschaft an eine andere Kapitalgesellschaft (vgl. § 20 Abs. 1 Nr. 1 EStG) bleiben bei der Ermittlung des Einkommens außer Ansatz (§ 8b Abs. 1 KStG). Dasselbe gilt nach dem Folgeabsatz auch für die **Gewinne aus der Veräußerung** entsprechender Anteile. Diese Regel ist grundsätzlich auch für Dividenden und Veräußerungsgewinne anzuwenden, die sich auf Anteile an ausländischen Gesellschaften beziehen; dabei ist die Spezialvorschrift des § 8b Abs. 5 KStG mit der ent- **1470**

M Kap. 3 § 3   Grundzüge des Internationalen Steuerrechts

sprechenden Begrenzung zu beachten, wonach 5 % als Ausgaben gelten, die nicht als Betriebsausgaben abgezogen werden dürfen.

1471 Eine Besonderheit gilt nach § 12 KStG bei einer **Verlegung der Geschäftsleitung** ins Ausland. Um eine „Steuerentstrickung" zu vermeiden, erfolgt hier eine **Liquidationsbesteuerung**; in diesem Zusammenhang wird sichergestellt, dass die im Rahmen der unbeschränkten Steuerpflicht der Körperschaft gebildeten stillen Reserven der inländischen Besteuerung unterworfen werden. Insofern ist allerdings eine einschränkende Auslegung von § 12 Abs. 1 KStG notwendig, wonach tatsächlich die Verlegung des Sitzes ins Ausland sowie eine Steuerentstrickung erfolgt sein müssen; ansonsten würde gegen das Recht auf Niederlassungsfreiheit nach Art. 43 EGV (heute: Art. 49 AEUV) verstoßen.

§ 3 Die unbeschränkte Erbschaftsteuerpflicht

1472 Auch im Erbschaftsteuerrecht (respektive Schenkungsteuerrecht) unterscheidet der inländische Gesetzgeber zwischen unbeschränkter (§ 2 Abs. 1 Nr. 1 und Nr. 2 ErbStG) und beschränkter Erbschaftsteuerpflicht (§ 2 Abs. 1 Nr. 3 ErbStG).
Unbeschränkt steuerpflichtig ist der Erblasser, Schenker wie auch der Erwerber, wenn er im Zeitpunkt der Entstehung der Steuer (§ 9 ErbStG) als Steuerinländer zu qualifizieren ist. Sodann unterliegt der gesamte Vermögensanfall der inländischen Besteuerung (Weltvermögensprinzip). Im Ergebnis können daher auch Auslandserbschaften der inländischen Besteuerung unterliegen. Für die **Inländereigenschaft** ist es somit notwendig, dass eine der betroffenen Personen den Wohnsitz oder gewöhnlichen Aufenthalt (§ 8 bzw. § 9 AO) im Inland hat (vgl. bei der Einkommensteuer § 1 Abs. 1 Satz 1 EStG).

1473 Dabei gelten allerdings **Besonderheiten**: Ein deutscher Staatsangehöriger, der sich noch nicht länger als fünf Jahre dauernd im Ausland aufgehalten hat, bleibt auch dann Steuerinländer, wenn er keinen Wohnsitz im Inland mehr hat (§ 2 Abs. 1 Nr. 1 Satz 2b ErbStG). Mit dieser **erweiterten unbeschränkten Erbschaftsteuerpflicht** wird verhindert, dass die deutsche Steuerpflicht durch einen vorübergehenden Wegzug in das Ausland umgangen wird.

1474 Auch Körperschaften und Personenvereinigungen unterliegen der unbeschränkten Erbschaftsteuerpflicht nach § 2 Abs. 1 Nr. 1d und Abs. 2 ErbStG, wenn sie die Geschäftsleitung oder den Sitz (§ 10 bzw. § 11 AO) im Inland haben.

1475 Sodann wird der **gesamte Vermögensanfall** von der unbeschränkten Erbschaftsteuerpflicht umfasst, einschließlich ausländischer Vermögensteile (§ 2 Abs. 1 Satz 1 ErbStG). Eine Doppelbesteuerung wird entweder durch – relativ wenige – Doppelbesteuerungsabkommen im Bereich der Erbschaft- und Schenkungsteuer beseitigt bzw. ansonsten durch die Anrechnungsmöglichkeit nach § 21 ErbStG.

1476 Voraussetzung für die Anrechnung ist dabei, dass die im Ausland gezahlte Steuer der inländischen Erbschaftsteuer entsprechen muss. Es ist nicht erforderlich, dass die im Ausland gezahlte Steuer als **Erbanfallsteuer** wie in Deutschland erhoben wird; auch eine Nachlasssteuer ist anrechenbar (BFH, BStBl. II 1990, S. 786). Gem. § 21 Abs. 1 Satz 1 ErbStG kann die Anrechnung aber nur insoweit erfolgen, als tatsächlich Auslandsvermögen vorliegt; die Definition in § 21 Abs. 2 ErbStG unterscheidet dabei für den Umfang des Auslandsvermögens danach, ob der Erblasser im Zeitpunkt des Todes Inländer war oder nicht.

1477 Eine weitere Grenze ergibt sich aus der **Höchstbetragsbegrenzung** dieser Vorschrift. Notwendig ist eine Verhältnisrechnung der Gesamtsteuerbelastung zwischen dem Auslands- und Inlandsvermögen. Ergibt sich ein ausländischer Erbschaftsteuerbetrag, der

Kapitel 4   Der Inlandsbezug beim Steuerausländer

Bei Steuerausländern bewirkt die beschränkte Steuerpflicht, dass lediglich inländische Einkünfte oder inländisches Vermögen besteuert werden (Territorialprinzip). Somit muss ein entsprechender Inlandsbezug vorliegen. Die beschränkte Steuerpflicht besteht wiederum sowohl im Rahmen der Einkommen-, Körperschaft- wie auch Erbschaftsteuer.   **1478**

§ 1 Die beschränkte Einkommensteuerpflicht

Im Falle einer beschränkten Einkommensteuerpflicht werden **inländische Einkünfte** (§ 49 EStG) in Deutschland besteuert. Dabei setzt die beschränkte Steuerpflicht nach § 1 Abs. 4 EStG voraus, dass der Steuerpflichtige weder Wohnsitz noch gewöhnlichen Aufenthalt im Inland hat. Die tatsächliche Nationalität ist unerheblich, steuerrechtlich gilt diese Person als **Steuerausländer**.   **1479**

Im Einzelnen werden die der beschränkten Steuerpflicht unterliegenden **inländischen Einkünfte** in § 49 Abs. 1 EStG aufgelistet: Insbesondere handelt es sich um Einkünfte aus Gewerbebetrieb, wenn im Inland eine Betriebsstätte unterhalten wird; gleiches gilt für Einkünfte aus selbständiger Arbeit und bei Einkünften aus nicht selbständiger Arbeit dann, wenn diese im Inland ausgeübt wird. Auch entsprechende inländische Einkünfte aus Kapitalvermögen und Vermietung und Verpachtung sind umfasst (vgl. im Übrigen den ausführlichen, zugleich aber auch abschließenden Katalog in § 49 Abs. 1 EStG).   **1480**

Zu berücksichtigen ist nach § 49 Abs. 2 EStG, dass im Ausland gegebene Besteuerungsmerkmale außer Betracht bleiben, soweit aufgrund deren Berücksichtigung inländische Einkünfte im Sinne des Katalogs nach § 49 Abs. 1 EStG nicht angenommen werden könnten (**isolierende Betrachtungsweise**). Hält beispielsweise ein Steuerausländer eine in Deutschland belegene Immobilie im Betriebsvermögen, wäre dies bei einem Steuerinländer unter den Einkünften aus „Gewerbebetrieb" zu subsumieren; aufgrund der isolierenden Betrachtungsweise und des alleinigen Anknüpfungspunkt an die Vermietungstätigkeit im Inland wäre dies hingegen bei einem Steuerausländer als Einkunftsart „Vermietung und Verpachtung" zu bewerten und als solche beschränkt steuerpflichtig. Im Ergebnis führt dies dazu, dass die Subsidiaritätsregeln (Nachrangigkeit beispielsweise von Vermietungs- oder Kapitaleinkünften gegenüber gewerblichen Einkünften) gem. §§ 20 Abs. 8, 21 Abs. 3, 23 Abs. 2 EStG nicht anzuwenden sind.   **1481**

Gem. § 50a Abs. 5 EStG wird die Einkommensteuer bei beschränkt Steuerpflichtigen im Wege des **Steuerabzuges** erhoben. Der Steuerabzug beträgt regelmäßig 15%, bei der Aufsichtsratsteuer 30% (vgl. im Einzelnen § 50a EStG Abs. 2–3 EStG). Sodann tritt in den Fällen des Steuerabzuges eine Abgeltungswirkung ein (§ 50 Abs. 2 S. 1 EStG); Betriebsausgaben oder Werbungskosten können mangels Veranlagung daher im Regelfall (vgl. für Ausnahme § 50a Abs. 2 S. 2) nicht geltend gemacht werden. Damit sind auch **persönliche Verhältnisse** des beschränkt Steuerpflichtigen wie beispielsweise Sonderausgaben oder außergewöhnliche Belastungen regelmäßig **nicht berücksichtigungsfähig** (§ 50 Abs. 1 EStG). Im Ergebnis handelt es sich somit nicht um eine Besteuerung   **1482** nach dem Leistungsfähigkeitsprinzip wie bei unbeschränkt Steuerpflichtigen, sondern um eine Einkommensteuer mit objektsteuerartigem Charakter.

1483 Anzumerken ist, dass bei Bestehen eines DBA zwischen dem Wohnsitzstaat und der Bundesrepublik als Quellenstaat die dortigen Bestimmungen als Spezialvorschriften dem nationalen Recht vorgehen; dies gilt auch für die Regeln nach §§ 49 ff. EStG.

1484 Nach § 1 Abs. 4 EStG müssen zwei **Voraussetzungen** für eine beschränkte Steuerpflicht vorliegen: Es darf sich nicht um einen Fall einer unbeschränkten Steuerpflicht (vgl. §§ 1 Abs. 1–3, 1a EStG) handeln, zudem müssen inländische Einkünfte (§ 49 EStG) erzielt worden sein.

1485 Eine Besonderheit ergab sich bis 2008 im Rahmen der Versteuerung nach dem **Halbeinkünfteverfahren**. seit 2009 gilt das **Teileinkünfteverfahren**. Beispielsweise sind Gewinne aus der Veräußerung von Anteilen an einer Kapitalgesellschaft nach §§ 3 Nr. 40c, 17 Abs. 2 EStG nur zu 60 % (vorher zur Hälfte) zu erfassen. Dies gilt auch für beschränkt Steuerpflichtige, so dass im Ergebnis nur 60 % der Betriebsvermögensminderung (auch in Bezug auf die Anschaffungskosten) in die Berechnung des Veräußerungsgewinnes einfließt.

1486 Bei **Einkünften aus selbständiger und nichtselbständiger Arbeit** verlangt § 49 Abs. 1 Nr. 3 bzw. Nr. 4a EStG, dass diese im Inland ausgeübt oder verwertet wird. Bei der Ausübung wird die persönliche Tätigkeit im Inland vorausgesetzt; bei der Verwertung erfolgt ein über die Arbeitsleistung hinausgehender Vorgang in Gestalt eines körperlichen oder geistigen Arbeitsproduktes, welches vom Steuerpflichtigen selbst im Inland ausgeführt wird.

1487 Bei **Einkünften aus Kapitalvermögen** (§ 49 Abs. 1 Nr. 5 EStG) sind die wichtigsten Anknüpfungspunkte die inländische Ansässigkeit des Schuldners (z.B. Bankinstitut) sowie die dingliche Sicherung des Kapitalvermögens.

1488 Für die **Einkünfte aus Vermietung und Verpachtung** nach § 49 Abs. 1 Nr. 6 EStG gilt vor allen Dingen das sog. **Belegenheitsprinzip** als Maßstab für den Inlandsbezug. Vermietungsobjekt kann neben Immobilien auch ein Recht oder ein Sachinbegriff sein. Auch kommt es nicht darauf an, ob eine lediglich zeitlich begrenzte Überlassung vorliegt.

1489 Des Weiteren sind „**sonstige Einkünfte**" erfasst (vgl. § 49 Abs. 1 Nr. 7–10 EStG). Zur Zeit kommen dabei nur Einkünfte nach § 22 Nr. 2–4 EStG in Betracht, somit vorrangig Veräußerungsgeschäfte innerhalb der genannten Fristen.

1490 Zu beachten sind des weiteren auch Sonderregelungen für die **Besteuerung beschränkt Steuerpflichtiger**. Insbesondere aufgrund der EuGH-Rechtsprechung sind diese im Einzelfall kritisch zu prüfen. So gilt nach § 50 Abs. 1 Satz 4 EStG eine Einschränkung beim Abzug von Sonderausgaben und außergewöhnlichen Belastungen. Bei Arbeitslohn, bestimmten Kapitalerträgen (§ 43 EStG) und beschränkter Steuerpflicht gem. § 50a EStG unterliegen die Einkunftsarten dem Steuerabzug (**Quellensteuer**). Durch diesen wird die Steuerschuld endgültig abgegolten (§ 50 Abs. 2 Satz 1 EStG). Die Berücksichtigung dieser Einkünfte im Rahmen einer Veranlagung wird damit ausgeschlossen. Somit bleiben tatsächliche Aufwendungen auch im Zusammenhang mit dieser Einkunftsart unberücksichtigt. Rechtfertigen lässt sich diese Vorgabe mit der Absicherung einer tatsächlichen Besteuerung und Praktikabilitätserwägungen.

§ 2 Die beschränkte Körperschaftsteuerpflicht

1491 Nach § 2 Nr. 1 und Nr. 2 KStG werden sowohl Körperschaften, Personenvereinigungen und Vermögensmassen wie auch Vereine und Stiftungen als beschränkt körperschaftsteuerpflichtig behandelt, wenn **weder die Geschäftsleitung noch der Sitz** (§ 10 bzw. § 11 AO) **im Inland** befindlich ist, aber **inländische Einkünfte erzielt werden**. Dies gilt auch für sonstige, nicht unbeschränkt steuerpflichtige Körperschaften in Bezug auf inländische Einkünfte, von denen ein Steuerabzug vorzunehmen ist. Ist fraglich, ob eine Körperschaft eine Geschäftsleitung im Inland hat, muss dieses danach entschieden werden, wo der für die laufende Geschäftsführung maßgebliche Wille gebildet wird und die für den laufenden Geschäftsverkehr erforderlichen Entscheidungen von einigem Gewicht getroffen werden (BFH, BStBl. II 1999, S. 437). Beispielsweise kann dies der Wohnsitz des Geschäftsführers sein.

Auch bei der Bestimmung der inländischen Einkünfte ist die bei der beschränkten Einkommensteuerpflicht nach § 49 Abs. 2 EStG in § 1 dargestellte **isolierende Betrachtungsweise** zu Grunde zulegen. Daher kann auch eine ausländische Körperschaft im Inland Einkünfte aus Vermietung und Verpachtung beziehen, wenn zwar keine Betriebsstätte im Inland unterhalten wird, dort aber ein Vermietungsobjekt befindlich ist. Eine isolierende Betrachtungsweise kann aber nicht angelegt werden, wenn Einkunftsarten betroffen sind, die – wie beispielsweise Einkünfte aus selbständiger Arbeit – ihrer Art nach nicht von einer Körperschaft erzielt werden können; dann verbleibt es bei der Einkunftsart Gewerbebetrieb.

Auch für Körperschaften besteht die Alternative zwischen Veranlagung und Steuerabzug an der Quelle; es gelten ergänzend die Vorschriften des EStG, soweit im KStG keine Spezialregelungen vorgesehen sind (vgl. z.B. § 32 KStG für den Steuerabzug) und soweit diese Regeln auf Körperschaften anwendbar sind.

§ 3 Die beschränkte Erbschaftsteuerpflicht

§ 2 Abs. 1 Nr. 3 ErbStG regelt die beschränkte Erbschaftsteuerpflicht. Der **Anwendungsbereich** ist allerdings gering, da die unbeschränkte Erbschaftsteuerpflicht nicht nur an den Erblasser oder Schenker, sondern auch an den Erwerber anknüpft (vgl. § 2 Abs. 1 Nr. 1, 2 ErbStG). Somit ist von der beschränkten Erbschaftsteuerpflicht nur der Vermögensanfall erfasst, der sich auf **Inlandsvermögen** i.S.v. § 121 BewG bezieht.

Beschränkt Steuerpflichtige haben lediglich einen **Freibetrag** in Höhe von 2.000,00 Euro (§ 16 Abs. 2 ErbStG). Dies wird damit begründet, dass für die Berücksichtigung der persönlichen Verhältnisse des Steuerpflichtigen allein der Wohnsitzstaat zuständig sei. Auch Schulden und Lasten können nur beschränkt abgezogen werden (§ 10 Abs. 6 Satz 2 ErbStG) und sind nur dann abzugsfähig, wenn sie in einem wirtschaftlichen Zusammenhang mit dem Inlandsvermögen stehen.

Der Umfang des Inlandsvermögens ist nach § 121 BewG festzulegen. Die dort aufgelisteten Vermögensarten sind abschließend.

Kapitel 5 Vermeidung der Doppelbesteuerung

Die wirtschaftlich belastende – und grenzüberschreitende Aktivitäten damit beeinträchtigende – Doppelbesteuerung wird durch entsprechende **nationale Maßnahmen** oder durch **zweiseitige völkerrechtliche Verträge** (ganz oder teilweise) vermieden. Soweit keine bilateralen Maßnahmen wie insbesondere die Doppelbesteuerungsabkommen (DBA's) getroffen sind, muss durch unilaterale Maßnahmen, somit entsprechende Vorgaben im inländischen Steuerrecht, die unerwünschte Doppelbesteuerung unterbunden werden.

M Kap. 5 § 1   Grundzüge des Internationalen Steuerrechts

§ 1 Doppelbesteuerungsabkommen

1498 In der Regel sind Doppelbesteuerungsabkommen zweiseitige völkerrechtliche Verträge zur **Vermeidung der Doppelbesteuerung**. In diesen Abkommen verpflichten sich die Vertragsstaaten wechselseitig, diejenigen Steuern nicht oder nur in begrenzter Höhe zu erheben, die das Abkommen dem jeweils anderen Vertragsstaat zur ausschließlichen oder primären Nutzung zuweist. Im Ergebnis verzichtet daher ganz oder teilweise einer der beiden Vertragsstaaten auf die Durchsetzung des sich aus seinem nationalen Recht ergebenden Steueranspruches.

1499 Die Bundesrepublik hat Anfang 2010 mit 104 Staaten DBAs auf dem Gebiet der Steuern von Einkommen und Vermögen abgeschlossen (BMF-Schreiben vom 12.1.2010, BStBl. I 2010, S. 35 ff.). Nicht nur mit sämtlichen wichtigen Industrienationen bestehen entsprechende Abkommen; darüber hinaus sind mit allen EU-Ländern entsprechende Abkommen geschlossen worden. Mit anderen Ländern wie insbesondere auch Drittstaaten, mit denen keine engen politischen Kontakte bestehen, sind dagegen nur teilweise solche Abkommen vorhanden.

1500 Auf dem Gebiet des Erbschaftsteuerrechtes hingegen gibt es nur wenige Doppelbesteuerungsabkommen, zur Zeit lediglich mit sechs Staaten (Dänemark, Frankreich, Griechenland, Schweden, Schweiz und USA). Im Hinblick auf den dortigen Verzicht auf die Erhebung der Erbschaftsteuer wurde mit Wirkung zu 2009 das entsprechende DBA mit Österreich von der Bundesrepublik aufgekündigt.

1501 Auf dem Gebiet der Steuern von Einkommen und Vermögen wird regelmäßig das „**OECD-Musterabkommen**" (OECD-MA) zugrunde gelegt. Dieses Musterabkommen wird laufend von der OECD überarbeitet; die aktuelle Fassung stammt aus dem Jahre 2010. Das Musterabkommen wurde von der Bundesrepublik bei sämtlichen seit 1963 abgeschlossenen DBA's zugrunde gelegt. Das OECD-MA besteht aus **sieben Abschnitten**:

– **Abschnitt I:** Geltungsbereich des Abkommens (Benennung der Personen und Steuern, die das Abkommen betrifft)
– **Abschnitt II:** Begriffsbestimmungen (z.B. Personen/Gesellschaft/ Unternehmen/ Ansässige Personen/Betriebsstätte)
– **Abschnitt III:** Regeln zur Besteuerung der Einkommensteuer (sog. Verteilungsnormen: Aufteilung der nach nationalem Recht bestehenden Besteuerungsrechte der Mitgliedstaaten)
– **Abschnitt IV:** Verteilungsnorm hinsichtlich der Besteuerung des Vermögens
– **Abschnitt V:** Methoden zur Vermeidung der Doppelbesteuerung:Art. 23 OECD-MA sieht **zwei Alternativen** vor:
  A. Befreiungsmethode (Freistellung der ausländischen Einkünfte, für die der andere Staat das Besteuerungsrecht hat, von der inländischen Besteuerungsgrundlage); regelmäßig vorgesehen bei DBAs mit deutscher Beteiligung
  B. Anrechnungsmethode (die im Ausland bezahlten Steuern werden beim Steuerinländer auf die inländische Steuer angerechnet); dieser Methode folgt beispielsweise die USA regelmäßig in ihren DBAs
– **Abschnitt VI:** Besondere Bestimmungen (Gleichbehandlung/Verständigungsverfahren/Informationsaustausch und Amtshilfe bei der Vollstreckung von Steueransprüchen)
– **Abschnitt VII:** Schlussbestimmungen (Räumlicher Geltungsbereich/Inkrafttreten/ Kündigung)

1502 Doppelbesteuerungsabkommen müssen als bilaterale Verträge **in nationales Recht transformiert** werden (Art. 59 GG); dies erfolgt durch Zustimmungsgesetz und Ratifi-

Doppelbesteuerungsabkommen   Kap. 5 § 1   M

zierung. Sie gehen sodann als Spezialnormen den Vorschriften der Einzelsteuergesetze vor (vgl. auch § 2 AO).
Dieser Vorrang kann aber in besonderen Fällen durch das sog. **treaty overriding** mittels spezieller inländischer Regelungen ersetzt oder verdrängt werden; in der Bundesrepublik ist dies beispielsweise in § 50d Abs. 1 Satz 1 EStG für bestimmte nicht erfasste Kapitalerträge oder in § 20 Abs. 1 AStG insbesondere bei sog. Zwischeneinkünften in ausländischen Betriebsstätten erfolgt. **1503**

Zweck der DBAs ist es zunächst, eine gerechte Verteilung der Steuergüter unter den Vertragsstaaten zu erreichen und eine übermäßige Belastung des Steuerpflichtigen zu vermeiden. Soweit somit eine Vertragsregelung dem Quellenstaat das Besteuerungsrecht zuweist, ist das Besteuerungsrecht des Wohnsitzstaates eingeschränkt. Im Ergebnis entfaltet daher ein DBA Schrankenwirkung; hingegen kann sich eine Erweiterung der inländischen Besteuerung nicht aus einem DBA ergeben (BFH, BStBl. II 1980, S. 531). **1504**

Die **Beschränkung** des Besteuerungsrechtes des Wohnsitzstaats erfolgt in zwei Stufen: Zum einen kann eine Verteilungsnorm schon eine abschließende Verteilung des Besteuerungsgutes (*1. Stufe*) vornehmen (z.B. Art. 8 Abs. 1, 2 oder Art. 12 Abs. 1 OECD-MA). Enthält die Verteilungsnorm keine abschließende Regelung, erfolgt entweder die Freistellung nach Art. 23 A OECD-MA oder die Anrechnung der ausländischen Steuer nach Art. 23 B OECD-MA (*2. Stufe*). **1505**

Soweit eine Freistellung zugunsten des Quellenstaats – wie in der Bundesrepublik regelmäßig – erfolgt, ist zu berücksichtigen, dass ein **Progressionsvorbehalt** vorgesehen ist (Art. 23 A Abs. 3 OECD-MA, § 32b Abs. 1 Nr. 3 EStG). Dabei wird der Steuersatz unter Berücksichtigung der Auslandseinkünfte berechnet und sodann auf die Inlandseinkünfte – somit ohne die Einkünfte, die nach dem DBA nicht zu berücksichtigen sind – angewandt. Die Inlandseinkünfte werden daher entsprechend höher besteuert (s.o. Rn. 20). **1506**

Art. 22 OECD-MA enthält eine Verteilungsnorm für die Zuordnung der Besteuerungsrechte, die sich auf die laufende **Besteuerung von Vermögen** beziehen. Inzwischen ist diese Vermögensbesteuerung allerdings in Deutschland wegen Verfassungswidrigkeit der Erhebungsnorm nicht mehr relevant; darüber hinaus kennen viele Staaten eine solche Vermögensbesteuerung nicht. Art. 22 OECD-MA ist daher zur Zeit ohne besondere Bedeutung. **1507**

Abschnitt VI des OECD-MA enthält **Verfahrensvorschriften** (Art. 24–26); diese betreffen zum einen eine Verbesserung der grenzüberschreitenden Sachverhaltsaufklärung und zum anderen Rechtsbehelfsfragen. So werden die vertragsschließenden Staaten zum Informationsaustausch verpflichtet, um die Durchführung des Abkommens sicherzustellen. Auch ist ein Verständigungsverfahren vorgesehen zur bilateralen Streiterledigung. Beispielsweise bei unterschiedlicher Auslegung der Abkommensbegriffe oder bei Lücken der Abkommensregelungen kann ein solches Verständigungsverfahren eingeleitet werden; auch der Steuerpflichtige selbst kann ein solches Verständigungsverfahren beantragen. Eine Verpflichtung zur Einigung besteht allerdings für die Vertragsstaaten nicht. **1508**

Als Besonderheit ist anzumerken, dass im Regelfall in DBAs **Rückfallklauseln** vorgesehen sind. Die Freistellung oder Steueranrechnung wird nur dann von dem Wohnsitzstaat gewährt, wenn auch tatsächlich eine entsprechende Besteuerung im Quellenstaat erfolgt. Verhindert werden damit die sog. „weißen" Einkünfte, somit Einkünfte, die in keinem Staat besteuert werden. Steuerumgehungen werden hierdurch unterbunden. **1509**

Eine weitere Besonderheit enthalten vielfach DBA's zwischen Deutschland und Entwicklungsländern; hier erfolgt bei Vorliegen der entsprechenden Voraussetzungen eine **fiktive Steueranrechnung**. Danach werden höhere als die tatsächlich im Ausland gezahlten Steuern bei dem Steuerpflichtigen angerechnet, um zu verhindern, dass trotz **1510**

433

staatlicher Wirtschaftsförderungsmaßnahmen in dem Quellenstaat (Entwicklungsland) mit der Wirkung der dort sinkenden Steuerbelastung dieses – wegen geringerer Freistellung – zu einer Erhöhung der Steuereinnahmen im Wohnsitzstaat (Deutschland) führt. Damit aber würden entsprechende Fördermaßnahmen in dem betroffenen Entwicklungsland konterkariert.

§ 2 Das Außensteuergesetz

1511 So nicht ein vorrangig zu berücksichtigendes DBA zwischen den beteiligten Ländern abgeschlossen ist, greift das 1972 in Deutschland eingeführte AStG ein. Dieses soll eine Steuerflucht verhindern. Es sollen Gestaltungen vermieden werden, bei denen Vorteile aus den Systemunterschieden oder den unterschiedlichen Steuertarifen zwischen verschiedenen Staaten gezogen werden. Die wesentlichen Regelungen des AStG beziehen sich auf die Berichtigung von Einkünften, die erweiterte beschränkte Steuerpflicht, die Wegzugsbesteuerung und die Hinzurechnungsbesteuerung.

1512 § 1 AStG sieht die **Berichtigung von Einkünften** für Fälle vor, in denen im Verhältnis zum Ausland unangemessene Bedingungen vereinbart wurden. Eine Verlagerung von Gewinnen in das Ausland soll verhindert werden. Dabei handelt es sich regelmäßig um Geschäftsbeziehungen zum Ausland zwischen nahestehenden Personen i.S.v. § 1 Abs. 2 AStG (z.B. Vereinbarung unangemessener Verrechnungspreise). Solche steuerlich nicht anzuerkennende Gewinnverlagerungen führen zu verdeckten Gewinnausschüttungen (§ 8 Abs. 3 Satz 2 KStG), verdeckten Einlagen oder zur fehlenden Anerkennung wegen Gestaltungsmissbrauches (§ 42 AO). Für die Bewertung als unangemessene Bedingung ist der sog. **Fremdvergleich** heranzuziehen. Mittels Preisvergleichs-, Wiederverkaufspreis- oder Kostenaufschlagsmethode wird der Fremdvergleich konkretisiert (vgl. die Verwaltungsgrundsätze des BMF, BStBl. I 1983, S. 218, Tz. 2.2). Kann eine Aufklärung nicht vollständig erfolgen, wird der Korrekturbetrag geschätzt (§ 1 Abs. 3 AStG, § 162 AO).

1513 Die §§ 2–5 AStG regeln die **erweiterte beschränkte Steuerpflicht**. Durch diese Erweiterung soll der steuerliche Vorteil begrenzt werden, den ein Steuerpflichtiger durch die Verlagerung seines Wohnsitzes oder gewöhnlichen Aufenthaltes (§ 8 bzw. § 9 AO) in ein niedrig besteuerndes anderes Land erreichen will. Daher sind auch nur natürliche Personen erfasst. Neben der Einkommensteuer gilt diese Regelung auch für die Erbschaftsteuer (§ 4 AStG). In § 5 AStG ist sodann dieser Grundsatz umgesetzt, wenn ausländische Gesellschaften zwischengeschaltet werden.

1514 Die Belastungswirkung der erweiterten beschränkten Steuerpflicht soll aber nur dann erfolgen, wenn der Steuerpflichtige **erhebliche wirtschaftliche Interessen** im Inland behält und in ein **Niedrigsteuergebiet** verzieht. Sind diese Voraussetzungen gegeben, werden die um die Auslandseinkünfte erweiterten Inlandseinkünfte mit besteuert. Besteuerungstechnisch ergibt sich sodann aus § 2 Abs. 5 AStG, dass bei der erweiterten beschränkten Steuerpflicht ein Progressionsvorbehalt (vgl. § 32 b EStG) gilt und für die Ermittlung des Steuersatzes auch alle ausländischen Einkünfte berücksichtigt werden, somit auf Basis der Welteinkünfte. Die nach § 50 Abs. 2 S. 1 EStG mögliche Abgeltungswirkung ist für die erweiterte beschränkte Steuerpflicht aufgehoben.

1515 § 6 AStG regelt die **Wegzugsbesteuerung**. Dabei handelt es sich um einen besonderen Tatbestand der Steuerentstrickung. Der Wertzuwachs von Anteilen an inländischen Kapitalgesellschaften (§ 17 EStG) wird im Zeitpunkt der Aufgabe der unbeschränkten Steuerpflicht einer natürlichen Person durch Wegzug aus dem Inland erfasst. Sind Sonderregeln vorhanden wie insbesondere nach § 21 UmwandlungssteuerG, gehen diese der Wegzugsbesteuerung vor (BFH, BStBl. II 1990, S. 615; Anwendungserlass zum AStG des BMF, BStBl. I 2004, Sondernummer 1 unter Tz. 6.0.1). Somit verhindert diese Regelung, dass eine Besteuerung der im Laufe der Zeit gebildeten stillen Reserven durch Wohnsitzverlagerung verhindert wird. Voraussetzung ist, dass der Steuerpflichtige als natürliche Person insgesamt mindestens zehn Jahre unbeschränkt steuerpflichtig war und die Beendigung der unbeschränkten Steuerpflicht auch in Bezug auf Anteile i.S.v. § 17 EStG an einer inländischen Kapitalgesellschaft erfolgt.

In den §§ 7–14 AStG ist die **Hinzurechnungsbesteuerung** geregelt. Diese soll verhindern, dass die inländische Besteuerung durch Zwischenschaltung ausländischer Gesellschaften ganz, teilweise oder auch nur für einen gewissen Zeitraum unterbleibt. Die Hinzurechnungsbesteuerung bewirkt die Beseitigung der Abschirmwirkung ausländischer Gesellschaften durch die Annahme einer Ausschüttungsfiktion. Eine Besonderheit bietet insofern § 20 Abs. 1 AStG: Danach haben die Vorschriften der Hinzurechnungsbesteuerung grundsätzlich Vorrang vor einem bestehenden DBA. **1516**

Als persönliche Voraussetzung für die Hinzurechnungsbesteuerung nach § 7 AStG wird verlangt, dass es sich um einen unbeschränkt Steuerpflichtigen mit Beherrschung einer ausländischen Gesellschaft handelt (**Beherrschungsbeteiligung**). Sachlich wird nach § 8 AStG sodann verlangt, dass die ausländische Gesellschaft einer niedrigen Besteuerung unterliegt und diese Einkünfte aus sog. passiven Tätigkeiten bezieht. § 8 Abs. 1 AStG enthält insofern einen abschließenden Katalog. Die Einzelheiten können dem sog. Anwendungserlass zum AStG des BMF, BStBl. I 2004, Sondernummer 1, unter Tz. 8.0.1., entnommen werden. **1517**

Der **Hinzurechnungsbetrag** wird nach § 10 AStG bestimmt. Auf Antrag kann der Abzug der im Ausland gezahlten Steuern bei Vorliegen weiterer Voraussetzungen auf die inländische Steuer erlangt werden (vgl. § 12 AStG, § 34c Abs. 1 und 2 EStG, § 26 KStG). **1518**

Zu beachten sind die besonderen **Mitwirkungs-** und **Informationspflichten des Antragstellers** (§§ 16 und 17 AStG). Dieser hat umfangreich Auskunft zu erteilen und bspw. Geschäftsbeziehungen zu offenbaren, Unterlagen mit Prüfungsvermerk einer behördlich anerkannten Wirtschaftsprüfungsstelle vorzulegen sowie den Vertragspartner zur Erlangung eines Schuldenabzuges genau zu benennen. **1519**

Kapitel 6 Besonderheiten des europäischen Steuerrechts

Begrifflich handelt es sich bei dem europäischen Steuerrecht um das **Recht der EU**, das Steuern zum Gegenstand hat. Es umfasst daher das eigene, allerdings sehr begrenzte Steuerrecht der EU, die Normen des primären Gemeinschaftsrechtes, insbesondere die Grundfreiheiten und die Diskriminierungsverbote (insbesondere Art. 18 AEUV), soweit diese sich auf nationale Steuern und nationale Steuerrechtstatbestände auswirken, sowie das sekundäre Gemeinschaftsrecht. **1520**

Grundsätzlich bleibt das Steuerrecht nationales Recht. Erst mit Aufgabe der nationalen Steuersouveränität würde die Steuergesetzgebungskompetenz ganz auf die EU übergehen. Nach dem **Prinzip der begrenzten Einzelermächtigung** (Art. 5 Abs. 1, 7 Abs. 1 Satz 2, 202, 211, 249 Abs. 1 EGV; heute: Art. 5 Abs. 1, 7, 237, 244 und 288 AEUV) darf die Gemeinschaft nur innerhalb der Grenzen der ihr zugewiesenen Befugnisse tätig werden. Diese hat das **Subsidiaritätsprinzip** gem. Art. 5 Abs. 2 AEUV zu beachten, wonach eine Gemeinschaftsmaßnahme voraussetzt, dass sie höhere Effektivität aufweist als vergleichbare nationale Maßnahmen. **1521**

M Kap. 6 Grundzüge des Internationalen Steuerrechts

1522 Da die EU keine Steuerrechtsunion ist (vgl. Art. 114 Abs. 2 AEUV), hat diese nur im Ausnahmefall eine Zuständigkeit im Bereich der direkten Steuern (vgl. Art. 112 AEUV). Ausnahmen bestehen im Bereich der Befugnisse zur Besteuerung des eigenen Personals der EU und hinsichtlich der Umweltpolitik (Art. 192 Abs. 2.a AEUV).
Aber auch wenn in dem Bereich der **direkten Steuer** keine unmittelbare Steuergesetzgebungskompetenz der EG vorliegt, hat diese durchaus Möglichkeiten zur **Harmonisierung** (vgl. Art. 115 AEUV). Zur Harmonisierung können vom Rat auf Vorschlag der Kommission und nach Anhörung des europäischen Parlamentes Richtlinien für die Angleichung derjenigen Rechts- und Verwaltungsvorschriften der Mitgliedstaaten, die sich unmittelbar auf die Errichtung und das Funktionieren des gemeinsamen Marktes auswirken, erlassen werden. Dabei ist eine Erforderlichkeitsprüfung für den Erlass von Richtlinien vorzunehmen.

1523 Solche Richtlinien hat die EU insbesondere auf dem Gebiet der Unternehmensbesteuerung und zur Beseitigung von Doppelbesteuerungen bei verbundenen Unternehmen wie auch im Bereich der Zinsbesteuerung erlassen. Erwähnt seien hier die Fusionsrichtlinie (Möglichkeit zur steuerneutralen grenzüberschreitenden Verschmelzung und Spaltung von Kapitalgesellschaften bzw. die grenzüberschreitende Einbringung von Betrieben und Anteilen an Kapitalgesellschaften ohne Aufdeckung stiller Reserven), die Mutter-Tochter-Richtlinie (Beseitigung steuerlicher Mehrbelastungen von Dividendenausschüttungen einer Tochtergesellschaft an ihre Muttergesellschaft in einem anderen Mitgliedstaat), das sog. Schiedsübereinkommen (Vermeidung von Doppelbesteuerung, die durch Preisberichtigung der verschiedenen Finanzbehörden der Mitgliedstaaten im internationalen Verrechnungsverkehr von verbundenen Unternehmen verursacht werden) und die Zinsrichtlinie vom 3.6.2003 (Sicherstellung der Besteuerung von Kapitalzinsen im Wohnsitzstaat, gegenseitiger Austausch von Kontrollmitteilungen zwischen den EU-Ländern ab 2005 – allerdings mit Ausnahmeregelungen für Belgien, Luxemburg und Österreich, dort Quellenbesteuerung von derzeit 20 %, ab dem 1.7.2011 35 %; gleiches gilt im Verhältnis zur Schweiz).

1524 Im Bereich der **indirekten Steuern** besteht nach Art. 113 AEUV (vormals: Art. 93 EGV) eine Ermächtigung und in entsprechenden Fällen auch Verpflichtung des Rates, Bestimmungen zur Harmonisierung zu erlassen. Instrumente der Harmonisierung sind die EG-Verordnung und – für den Regelfall – der Erlass von Richtlinien (Art. 288 AEUV). Auf der Grundlage von Art. 113 AEUV sind zwischenzeitlich die Umsatzsteuer, die Mineralölsteuer, die Tabaksteuer und Steuern auf Alkohol harmonisiert worden.

1525 Damit die Gemeinschaft Eigenmittel erhält, regelt Art. 311 AEUV die **Ertragshoheit**. Der Haushalt wird vollständig aus Eigenmitteln finanziert. Dabei handelt es sich um Erträge aus Agrarabschöpfungen, aus Zöllen, aus entsprechenden Anteilen an der Umsatzsteuer und an sonstigen Abgaben, die im Rahmen der Vorgaben des EGV eingeführt wurden (z.B. Ökosteuer gem. Art. 192 Abs. 2a AEUV).

1526 Für den Steuerpflichtigen ist des Weiteren zu beachten, dass dieser bei **diskriminierenden Vorschriften** (vgl. Art. 18 AEUV) im inländischen Steuerrecht die Möglichkeit hat, den Europäischen Gerichtshof anzurufen. Wird der freie Warenverkehr (Art. 28 AEUV), die Freizügigkeit der Arbeitnehmer (Art. 45 AEUV), die Niederlassungsfreiheit (Art. 49 AEUV), die Dienstleistungsfreiheit (Art. 56, 57 AEUV) oder die Kapitalverkehrsfreiheit (Art. 63 AEUV) verletzt, ist die Anrufung dieses Gerichtes möglich.

1527 Der Gerichtsspruch hat verbindlichen Charakter für das beteiligte Mitgliedsland und ist von diesem umzusetzen. Ein Paradebeispiel für eine entsprechende Durchsetzung und damit für die Auswirkung auf entsprechende Regelungen der nationalen Steuerrechtsordnung bietet der *Schuhmacker*-Fall (EuGH vom 14.2.1995), in dem ein Belgier, der in Deutschland arbeitet, als beschränkt Steuerpflichtiger behandelt wurde. Eine Berücksichtigung der persönlichen Situation des Steuerpflichtigen fand nicht statt, obwohl er nur Einkünfte in Deutschland erzielte. Dies wurde als diskriminierend im Vergleich zu

Das Außensteuergesetz	Kap. 6 M

Steuerinländern und als Verletzung von Art. 39 EGV (heute: Art. 45 AEUV) angesehen. Im nationalen Recht führte das Urteil des EuGH dazu, dass die Bundesrepublik in § 1 Abs. 3 EStG die Grenzpendlerregelung aufgenommen hat (*s.o. Rn. 17*).
Nicht nur die entsprechenden Vorschriften des EG-Vertrages, sondern auch die Rechtsprechung des EuGH beeinflussen daher massiv das inländische Steuerrecht im Interesse einer EU-weiten Harmonisierung der Steuervorschriften.

Literatur: 1528

Birk, Steuerrecht, 13. Aufl. 2010.
Debatin/Wassermeier, Kommentar Doppelbesteuerung, Loseblattsammlung (Stand: 5/2010).
Goez, Die Quellenbesteuerung als Erhebungsform der Einkommensteuer, 1993.
Herrmann/Heuer/Raupach, Einkommensteuer- und Körperschaftsteuergesetz, Loseblattkommentar, 21. Aufl. (Stand: April 2006).
Kirchhof/Söhn, Kommentar zum EStG, Loseblattsammlung (Stand: 8/2010).
Kluge, Das internationale Steuerrecht, 4. Aufl. 2000.
Schmidt, Kommentar zum EStG, 29. Aufl. 2010.
Tipke/Lang, Steuerrecht, 20. Aufl. 2009
Vogel/Lehner, DBA – Doppelbesteuerungsabkommen, Kommentar zum OECD-MA, 5. Aufl. 2008.
Weber-Grellet, Europäisches Steuerrecht, 2005.

N Grundzüge des deutschen und internationalen Wirtschaftsstrafrechts

Rainer Keller/Ronen Steinke

Kapitel 1 Was ist Wirtschaftsstrafrecht?

1529 Das Wirtschaftsstrafrecht regelt, dass auf bestimmte rechtswidrige Handlungen im innerstaatlichen und im internationalen Wirtschaftsverkehr staatliche oder überstaatliche Strafen zu verhängen sind. Unter Wirtschaftsverkehr werden hier die Interaktionen zwischen Unternehmen und ihrer Umwelt verstanden.

1530 Strafen sind nicht wie Schadensersatz darauf gerichtet, einen Schaden an einem einzelnen Gut materiell zu kompensieren. Sie sollen vielmehr die Geltung des allgemeinen Rechts sicherstellen. Sie enthalten einen moralischen Vorwurf. Zugleich sollen Personen durch die Androhung der Strafen davon abgehalten werden, künftig Straftaten zu begehen. – Von Strafen sind Geldbußen zu unterscheiden, die von Verwaltungsbehörden verhängt werden können und also nicht die Durchführung eines Strafprozesses voraussetzen. Sie enthalten nicht in gleichem Maß wie Strafen einen moralischen Vorwurf. Primär haben sie abschreckende Funktion. Da sie aber den Strafen ähneln, werden sie im Folgenden mit berücksichtigt.

1531 Zu beachten ist weiter, dass keineswegs alle rechtswidrigen Handlungen im Wirtschaftsverkehr unter Strafe gestellt werden. Vielmehr sind die meisten rechtswidrigen Handlungen – Beispiel: Zahlungsverzug – straflos. Die Rechtswidrigkeit hat dann nur zivil- oder verwaltungsrechtliche Folgen, z.B. Verpflichtung zum Schadensersatz oder zur Unterlassung. Unter Strafe gestellt werden nur solche rechtswidrigen Handlungen, die die staatlichen Gesetzgeber als besonders schädlich oder gefährlich einschätzen (*ultima ratio*-Prinzip). Diese Einschätzung differiert freilich zwischen den verschiedenen Staaten. Beispielsweise werden in Großbritannien, Frankreich und den USA bestimmte Handlungen als Betrug eingestuft, die nach deutschem Strafrecht nicht bestraft werden können. Ein anderes Beispiel ist die Geldwäsche: Das Delikt ist in den USA seit langem strafbar, in Deutschland wurde es erst 1992 (u.a. auf Druck der USA) ins Strafgesetzbuch aufgenommen. Das russische Wirtschaftsstrafrecht setzt in den meisten Tatbeständen die Herbeiführung eines „großen Schadens" voraus; mit diesem unbestimmten Kriterium wird den Richtern Flexibilität im Einzelfall ermöglicht, jedoch auf eine präzise Begrenzung der Strafgewalt verzichtet, auf die in westlichen Staaten Wert gelegt wird. Weitere erhebliche Unterschiede zwischen den Staaten gibt es bei der Schwere der Strafen und der Intensität der Strafverfolgung. Alle diese Differenzen zeigen, wie wichtig in der Praxis die Frage sein kann, welcher Staat oder welche überstaatliche Organisation nach welchem Recht die Strafverfolgung betreiben kann. Dies ist Gegenstand des *Internationalen Strafrechts,* das in Kap. 7, 8. behandelt wird.

Kapitel 2 Zur historischen Entwicklung

1532 Das Wirtschaftsstrafrecht entwickelte sich historisch mit der Wirtschaft, auf die es bezogen ist, und mit dem Staat, der es setzt. Je weiter die Wirtschaft innerhalb der Gesellschaft sich ausdifferenzierte, spezifische Verkehrsformen entwickelte und an Bedeutung gewann, desto deutlicher wurde das definiert, was heute Wirtschaftsstrafrecht ist (zum Folgenden s.a. *Tiedemann*, Rn 48 ff.). Beispielsweise wurde, was gegenwärtig im deutschen Strafrecht als Betrug definiert ist (Schädigung des Vermögens durch Täuschung) im römischen Recht, im Mittelalter und in der frühen Neuzeit teilweise mit Diebstahl (Wegnahme von Eigentum), teilweise auch mit Urkundenfälschung vermengt in dem diffusen *delictum falsi*. Erst als im 19. Jahrhundert das liberale Bürgertum mit seinem Interesse an rechtsstaatlich präzisen Bedingungen des Wirtschaftens gesellschaftlich mächtig wurde, setzte sich die präzise Unterscheidung und Definition von Diebstahl, Betrug und Urkundenfälschung durch. Im angloamerikanischen Strafrecht werden Diebstahl und Betrug neuerdings, um Strafbarkeitslücken zu vermeiden, wieder zusammengefasst.

Daneben erlangte zeitweise das staatliche Interesse an strafrechtlicher Kontrolle des Wirtschaftsverkehrs erheblichen Einfluss. In Krisensituationen, wie beispielsweise in Kriegs- oder Nachkriegszeiten, intervenierten die Staaten häufig in die Wirtschaft, etwa um Geld für militärische Zwecke zu beschaffen oder um die Spekulation mit Verbrauchsgütern zu verhindern und die Versorgung der Bevölkerung zu gewährleisten. Dass die Akteure des Wirtschaftsverkehrs die interventionistischen Regelungen befolgten, versuchten die Staaten durch Strafdrohungen sicher zu stellen. Exemplarisch zeigte sich dies in der wirtschaftlich angespannten Situation Deutschlands während des 1. Weltkriegs. Um hier die wirtschaftliche Versorgung der Bevölkerung zu gewährleisten, stellte der Staat Handlungen weitreichend unter Strafe, die in der Privatwirtschaft ansonsten erlaubt sind, wie etwa Preisgestaltung entsprechend einem äußerst verknappten Angebot, Speichern größerer Mengen von Lebensmitteln u.ä. Die dabei entstandenen Tatbestände waren in der Folgezeit Grundlage für die weitere Entwicklung von interventionistischem Strafrecht.

1533

Kapitel 3   Sozioökonomische Bedeutung

§ 1 Auswirkungen auf das Wirtschaftssystem

Wirtschaftsstrafrechtliche Normen haben sozioökonomisch grundsätzlich die gleichen positiven oder negativen Effekte, wie die wirtschaftsrechtlichen Regelungen, deren Geltung sie jeweils verstärken sollen. Wenn beispielsweise im Gesellschaftsrecht die Befugnisse des GmbH-Geschäftsführers angemessen ausgestaltet sind, so ist grundsätzlich auch die Bestrafung der schädlichen Überschreitung jener Befugnisse ökonomisch angemessen. Wenn andererseits die tatsächliche Wirkung einer rechtlichen Intervention ins Wirtschaftssystem mehr Schaden als Nutzen zu erzeugen droht (Beispiel: die umfassende staatliche Kontrolle von Wohnungsmietpreisen droht eine für die Bevölkerung inakzeptable Verminderung des Angebots von Mietwohnungen zu bewirken), so sind die Strafen, die die Durchsetzung der interventionistischen Regelung verstärken sollen, problematisch.

1534

Ob das Strafrecht allerdings auch ein taugliches Instrument für eine *interventionistische* Wirtschaftspolitik darstellt, darf bezweifelt werden. Mit interventionistischem Wirtschaftsrecht sollen bei den Akteuren des Wirtschaftssystems Präferenzen erzeugt werden, die ansonsten nicht gegeben sind. Um eine solche Steuerung mittels abschreckender Strafen zu erreichen, müssten Strafen für Taten, die als einzelne wenig gefährlich sind (etwa die Umgehung einer staatlichen Kontrolle), unter Umständen extrem erhöht werden, um im Wirtschaftssystem die Bereitschaft zur Normbefolgung zu erzeugen. Andererseits müssten bei schweren Verbrechen u.U. geringe Strafen verhängt oder auf Strafen verzichtet werden, wenn der Abschreckungsbedarf gering oder der Ermittlungs-

1535

aufwand hoch ist. Damit aber würde die verfassungsrechtlich gebotene Verhältnismäßigkeit zwischen der Schwere der Tat und der Schwere der Strafe aufgegeben.

1536 Auch jenseits von Kriegs- und Krisenzeiten ist die Einführung von Wirtschaftsstrafrecht anfällig für Missbrauch durch die Politik: Wenn in der Bevölkerung Angst und Unzufriedenheit über die wirtschaftliche Lage eskalieren, so erzeugt der Einsatz von Strafdrohungen, auch wenn deren proklamierte Wirkung tatsächlich wenig wahrscheinlich ist, zuweilen den Eindruck von entschlossenem sozialem Engagement der Gesetzgeber. Derart können politische Akteure durch bloß symbolischen Aktivismus die Zustimmung des Wahlvolkes für sich stimulieren. Das *ultima ratio*-Prinzip (s.o.) verlangt dagegen einen möglichst zurückhaltenden Einsatz der strafrechtlichen Steuerung.

§ 2 Wirtschaftskriminalität und Strafverfolgung

1537 Polizeiliche Statistiken zum tatsächlichen Ausmaß der Wirtschaftskriminalität sind mit Vorsicht zu lesen, denn das Dunkelfeld, d.h. die polizeilich nicht registrierten Taten, ist bei der Wirtschaftskriminalität groß. Während beispielsweise bei Diebstahl angenommen wird, dass in Deutschland auf eine entdeckte Tat etwa drei nicht entdeckte kommen, wird die Entdeckungswahrscheinlichkeit bei Wirtschaftsdelikten als weitaus geringer (1:10) eingeschätzt. (Diebstahl wird hier nicht als Wirtschaftsdelikt eingestuft, weil er nicht spezifisch im Verhältnis von Unternehmen und ihrer Umwelt begangen wird.)

1538 Unter den polizeilich registrierten Wirtschaftsdelikten dominiert in allen westlichen Staaten eindeutig der Betrug, gefolgt von Unterschlagung und Untreue. Geldwäsche, Korruption, Umwelt- und Wettbewerbsdelikte haben quantitativ nur geringe Bedeutung. Die Anzahl aller genannten Wirtschaftsdelikte bleibt allerdings weit zurück hinter der Anzahl der polizeilich registrierten Diebstahlsdelikte: 38,8 % aller registrierten Straftaten in Deutschland im Jahr 2010 waren Diebstahlsdelikte, 16,3 % Betrugsdelikte, 0,1 % Wettbewerbs- und Korruptionsdelikte. Auch hinsichtlich der verursachten Schäden dominiert unter den registrierten Wirtschaftsdelikten der Betrug.

1539 Die Strafen gegen Wirtschaftsdelikte fielen in Deutschland deutlich milder aus als diejenigen gegen Diebstahl: Von den Wirtschaftsstraftätern erhielten im Jahr 2002 7,32 % eine Freiheitsstrafe (Diebstahlstäter 19,4 %); 81,2 % der Strafen für Wirtschaftsstraftaten wurden zur Bewährung ausgesetzt (bei Diebstahl 62,01%). Auch kommt es, wenn Personen von der Polizei verdächtigt werden, ein Wirtschaftsdelikt begangen zu haben, weitaus seltener zur gerichtlichen Verurteilung (14,28 % bei Betrugsverdacht) als bei Diebstahlsverdacht (28,4 %). Die Wirtschaftskriminalität verursacht jedoch nach verbreiteter Schätzung mehr finanziellen Schaden als die Diebstahlskriminalität.

1540 Über die Gründe für das relativ große Dunkelfeld bei Wirtschaftskriminalität lassen sich keine sicheren Angaben machen. Relevant sein könnten folgende Umstände: Wirtschaftsdelikte sind (verglichen mit Diebstahl, Körperverletzung und ähnlichen Delikten) schwierig wahrzunehmen, denn sie werden äußerlich konform begangen, meist als Teil ansonsten legaler Berufsausübung. Die Täter sind oft sozial integriert, also ebenfalls unauffällig. Die Taten sind teilweise nicht so eindeutig sozial diskriminiert wie Diebstahl. Infolge dessen werden sie seltener angezeigt. Von Betrug betroffene Unternehmen verzichten zuweilen auf Anzeigen, um Prestigeverlust zu vermeiden. Des Weiteren ist es oft schwierig, im Vermögensverkehr eines Unternehmens einen Schaden nachzuweisen sowie einen festgestellten Schaden einer bestimmten Person zuzurechnen, denn in Unternehmen herrscht Arbeits- und Verantwortungsteilung. – Auch die relativ niedrigen Verurteilungsquoten könnten ihren Grund in den typischen Erscheinungsformen von Wirtschaftskriminalität haben.

Kausalität

Schließlich entfaltet unter den Bedingungen der Konkurrenz auch die Wirtschaftskriminalität selber eine Sogwirkung zugunsten ihrer eigenen Verstärkung: Wenn ein Wettbewerber sich illegal einen Vorteil verschafft hat, so legt dies seinen Konkurrenten nahe gleichzuziehen.

Bei international organisierten Wirtschaftsdelikten wird die Ermittlungsarbeit der Behörden dadurch erschwert, dass die Beweismittel sich oft in den Territorien verschiedener Staaten befinden. Die Behörde eines Staats darf aber nicht selbst im Territorium eines anderen Staats ermitteln. Sie ist auf die Kooperation der Behörden des anderen Staats angewiesen, die praktisch oft umständlich ist.

Kapitel 4   Allgemeine Normen des Wirtschaftsstrafrechts

Im Wirtschaftsstrafrecht gelten grundsätzlich die allgemeinen Regeln des Strafrechts, etwa betreffend den Vorsatz, die Fahrlässigkeit, die Rechtfertigung oder die Schuldfähigkeit. Daneben sind aber auch einige wirtschaftsstrafrechtliche Besonderheiten zu berücksichtigen. Diese werden im Folgenden dargestellt. Ausgegangen wird zunächst vom deutschen Recht; wichtige Abweichungen des Rechts anderer westlicher Staaten werden ergänzend berücksichtigt.

1541

§ 1 Kausalität

Fall 1: Ein Unternehmen brachte Ledersprays für die Schuhpflege auf den Markt. Alsbald meldeten sich zahlreiche Verbraucher, bei denen nach der Verwendung des Sprays Lungenödeme aufgetreten waren. Das Unternehmen nahm die Sprays vom Markt, ließ sie aber wissenschaftlich untersuchen. Dass durch sie Lungenödeme entstehen könnten, ließ sich nicht feststellen. Nach sieben Monaten und nachdem beständig weitere Schadensmeldungen eingegangen waren, beschlossen die Geschäftsführer, die Sprays ohne Warnhinweise weiter zu verkaufen. Sie wurden wegen Körperverletzung angeklagt. Im Strafprozess wurden zum Nachweis der Kausalität mehrere naturwissenschaftliche Sachverständige vernommen. Zwischen ihnen war jedoch umstritten, ob es ein Kausalgesetz gebe, aufgrund dessen die Verwendung der Sprays zu Lungenödemen führen kann. Sind die Geschäftsführer dennoch strafrechtlich wegen Körperverletzung zu verurteilen? (BGHSt 37, 106)

1542

Die Strafbarkeit wegen Körperverletzung setzt voraus, dass die im Unternehmen Verantwortlichen durch ihre Handlungen die Gesundheitsschädigung der Verbraucher *verursacht* haben. Wenn die wissenschaftlichen Sachverständigen sich aber über die Ursachen bestimmter Symptome uneinig sind, könnte man argumentieren, dass die Geschäftsführer nach dem Grundsatz *in dubio pro reo* freizusprechen sind. Der deutsche Bundesgerichtshof hat die Kausalität dennoch aus zwei Gründen bejaht: (1.) Strafrichter könnten zwar nicht klüger sein als wissenschaftliche Sachverständige. Der Dissens zwischen diesen über die Kausalität schließe aber nicht aus, dass sich Strafrichter dem die Kausalität bejahenden Sachverständigen anschließen, wenn sie dessen Stellungnahme für überzeugender halten als die der anderen. (2.) Kausalität im Sinn des Strafrechts kann angenommen werden, auch wenn ein Kausalgesetz, das den Zusammenhang zwischen Handlung und Schaden vermittelt, nicht bekannt ist. Rechtlich entscheidend ist nämlich nicht, *wie* sondern nur *ob* ein Schaden verursacht wurde. Für den Nachweis der Kausalität genügt deshalb, dass andere Verursachungen des Schadens als die dem Täter vorgeworfene im jeweiligen Fall nicht ernsthaft möglich erscheinen. So war es im Ledersprayfall.

1543

1544 Um solche Schwierigkeiten beim Kausalitätsnachweis zu vermeiden, ist in zahlreichen Wirtschaftsstrafgesetzen nicht nur das Verursachen eines Schadens unter Strafe gestellt, sondern auch das bloße gefährliche Handeln. So ist dies beispielsweise in Deutschland hinsichtlich der täuschenden Werbung für Lebensmittel und für Kapitalanlagen: Strafbar ist hier schon die Täuschungshandlung; ein Schaden muss noch nicht eingetreten sein.

§ 2 Zulässige und unzulässige Gefährdung

1545 Wäre im Fall 1 die strafrechtliche Verantwortung der Produzenten des Ledersprays ausgeschlossen, wenn sie einen Warnhinweis auf der Verpackung angebracht hätten? – Es ist nicht so, dass die bloße Kausalität in jedem Fall für eine strafrechtliche Verantwortung genügt. Nicht jede Form der Schädigung eines Verbrauchers durch ein Produkt führt bereits zur Strafbarkeit des Produzenten. Das moderne soziale Leben wäre unmöglich, wenn dem Einzelnen nicht in einem Mindestmaß die Gefährdung und damit auch die Schädigung anderer erlaubt wäre. Dies gilt auch für Unternehmen. Das Wirtschaftsstrafrecht hat also die Frage zu beantworten, wie viel Risiko die Verbraucher oder andere Geschäftspartner des Unternehmens selbstverantwortlich zu tragen haben und in welchem Ausmaß von Unternehmen verlangt werden kann, präventiv Maßnahmen zu ergreifen, um von ihrer Tätigkeit ausgehende Gefahren zu vermeiden.

1546 Sofern dies nicht gesetzlich definiert ist, muss das Maß des dem Verbraucher zumutbaren Risikos und die Sicherungspflicht des Unternehmens im Einzelfall durch eine Abwägung verschiedener Umstände gefunden werden. Dabei kommt es vor allem auf die folgenden Faktoren an: der Grad der Gefahr und die Größe der möglichen Schädigungen für den Verbraucher, der zur Gefahrbegrenzung notwendige Aufwand für das Unternehmen, der Verantwortungsbereich anderer involvierter Unternehmen und Personen, die Selbstverantwortung der von der Gefahr betroffenen Personen (handelt es sich etwa um Kinder oder typischerweise unerfahrene Verbraucher?). – Für unseren Fall 1 bedeutet dies: Wenn die von dem Lederspray ausgehende Gesundheitsgefahr nicht groß ist und es den Verbrauchern zugemutet werden kann, auf der Grundlage von Informationen in einem Warnhinweis zu entscheiden, ob sie das Gesundheitsrisiko selbstverantwortlich eingehen möchten, kann der Produzent seine eigene strafrechtliche Verantwortung durch den Warnhinweis ausschließen.

§ 3 Business judgement und Strafrecht

1547 Fall 2: Die Aktiengesellschaft M-AG steht vor der Übernahme durch ihren Konkurrenten V. In dieser Situation gewährt der Aufsichtsrat der M-AG verschiedenen Vorstandsmitgliedern, die teils bereits aus dem Unternehmen ausgeschieden sind, teils in nächster Zeit ausscheiden sollen, sog. Anerkennungsprämien in Millionenhöhe. Der Aufsichtsrat bezeichnet diese freiwillig gewährten Prämien als Würdigung der Arbeit, die die Vorstände in der zurück liegenden Zeit des Übernahmekampfes geleistet haben. Das Unternehmen V, das nach der Übernahme mehr als 98 % der Aktien der M-AG hält, erklärt sich mit den freiwilligen Prämienzahlungen einverstanden. Dennoch erhebt die Staatsanwaltschaft Anklage wegen Untreue (Erläuterung der Untreue s.u. Kap. 5 § 3) gegen die Aufsichtsratsmitglieder von M-AG. Die Staatsanwaltschaft führt aus, die freiwilligen Zahlungen an ohnehin ausscheidende Manager hätten keinen wirtschaftlichen Vorteil für das Unternehmen gebracht und die Genehmigung dieser Prämien habe damit die Vermögensinteressen der Aktionäre geschädigt. Die Aufsichtsräte entgegnen jedoch, über den wirtschaftlichen Sinn ihres

Arbeitsteilung und Aufsichtspflicht Kap. 4 § 4 N

> Handelns habe kein Strafgericht zu urteilen; wenn über eine betriebswirtschaftliche Frage Zweifel bestünden, so müsse jedenfalls *in dubio pro reo* entschieden werden. Wer hat Recht? (BGHSt 47, 187)

Grundsätzlich haben Unternehmensleitungen einen weiten, durch die Gerichte nicht nachprüfbaren Beurteilungsspielraum, wenn sie wirtschaftlich tätig werden. So stellt z.B. § 93 Abs. 1 S. 2 Aktiengesetz (AktG) klar, dass Vorstandsmitglieder einer Aktiengesellschaft keine Pflichtverletzung begehen, wenn sie auf der Grundlage angemessener Informationen bei einer unternehmerischen Entscheidung vernünftigerweise davon ausgehen durften, zum Wohle der Gesellschaft zu handeln. Der Gesetzgeber hat hier die freie wirtschaftliche Entscheidungsfindung, das sog. *business judgement,* respektiert, jedoch nicht unbegrenzt. **1548**

Ein Unternehmer kann sich im Strafprozess jedenfalls dann nicht mehr auf sein zu respektierendes *business judgement* berufen, wenn es evident nicht mehr vertretbar ist, von einem Handeln im Interesse des Unternehmens auszugehen. Wann dies genau der Fall ist, ist in Deutschland umstritten. Manche Juristen meinen, ein Pflichtverstoß liege nur dann vor, wenn alle betriebswirtschaftlichen Theorien zu dem Ergebnis kommen, dass das in Rede stehende Verhalten schlechthin unvertretbar sei. Der Bundesgerichtshof sieht die Bestimmung der Unvertretbarkeit einer Entscheidung aber als Gegenstand der richterlichen Beweiswürdigung an; er möchte die Bestimmung also nicht endgültig den Wirtschaftswissenschaften überlassen (ähnlich wie bei der Bestimmung der Kausalität in Fall 1, vgl. Kap. 4 § 1). Insoweit besteht bei betriebswirtschaftlich stark umstrittenen Entscheidungen in der Praxis oft das Restrisiko einer Strafbarkeit wegen Untreue, weil es letztlich dem Richter überlassen bleibt, zu beurteilen, ob ein Verhalten betriebswirtschaftlich noch zu rechtfertigen ist. **1549**

In Fall 2 ist insbesondere problematisch, dass die Manager kurz vor dem Ausscheiden aus dem Unternehmen standen. Zu welchem Nutzen wurden also die Prämien an sie gezahlt? Jedenfalls können die Prämien nicht mehr als Ansporn für zukünftiges Verhalten gesehen werden. In Frage kommt aber z.B. die Förderung des Image der M-AG als „fürsorglicher" und großzügiger Arbeitgeber. Allerdings wurde die M-AG ja komplett in V integriert und hörte damit auf zu existieren. Die M-AG als juristische Person konnte also nicht mehr profitieren. Das Gericht ließ diese Fragen letztlich offen und stellte das Strafverfahren gegen Zahlung einer hohen Geldbuße ein. Leider ist in diesem Bereich strafrechtlich noch einiges ungeklärt. **1550**

§ 4 Arbeitsteilung und Aufsichtspflicht

> **Fall 3:** Der Geschäftsführer eines Unternehmens hat Kreditgeber getäuscht und geschädigt. Seine Sekretärin, die seine Korrespondenz mit den Kreditgebern abgewickelt hat, hat die Betrügereien bemerkt, aber dazu geschwiegen. Sie unterstützt und berät den Geschäftsführer ansonsten häufig bei seinen Entscheidungen. Ist auch die Sekretärin wegen des Betruges zu Lasten der Kreditgeber strafbar? **1551**

a) Mit der Feststellung, dass ein Unternehmen für einen bestimmten Schaden verantwortlich ist, ist noch nicht geklärt, welche Personen im Unternehmen deswegen strafbar sind. Hierfür kommt es auf die innerbetriebliche Arbeitsteilung an. Wenn in einem Unternehmen mehrere Personen für die Entstehung eines Schadens ursächlich waren, so wird die Verantwortung der Beteiligten u.U. entsprechend der Arbeitsteilung im Betrieb begrenzt. In Fall 1 war die Betriebsleitung dafür verantwortlich, das erwähnte Lederspray auf Gefährlichkeit zu überprüfen und eventuell vom Markt zu nehmen, nicht hingegen die Arbeiter, die das Spray produzierten. **1552**

1553 Auch in Fall 3 kommt es auf die innerbetriebliche Verteilung der Verantwortung an: Viele Juristen meinen, die Sekretärin sei zwar nicht Täterin der Betrügereien, sie hafte aber wegen Beihilfe. Meines Erachtens sollte differenziert werden: Wenn einem Mitarbeiter unselbständige Hilfeleistungen für einen selbständig Entscheidenden zugewiesen sind, so kann das Strafrecht nicht verlangen, dass der Mitarbeiter solle selbständige Funktionen übernehmen und die betrügerische Handlung korrigieren. Wenn einem Mitarbeiter aber partielle Selbstständigkeit zugewiesen ist (wie etwa die Unterstützung und Beratung des Geschäftsführers bei dessen Entscheidungen), so kann er teilweise verantwortlich und wegen Beihilfe strafbar sein, wenn er die Betrügereien unterstützt. Da die Sekretärin in Fall 3 nicht lediglich als Hilfskraft die Anweisungen des Geschäftsführers ausführte, sondern durch ihre gleichzeitige Rolle als Beraterin auch eine partielle Verantwortung für die Handlungen des Geschäftsführers trug, ist sie für ihre Hilfeleistung wegen Beihilfe zum Betrug strafbar.

1554 Eine andere Frage stellt sich, wenn die Sekretärin einen Betrug des Geschäftsführers in einem geschäftlichen Zusammenhang bemerkt, an dem sie nicht selbst aktiv mitgewirkt hat. Ein Mitarbeiter muss gegen rechtswidrige Aktivitäten eines anderen Mitarbeiters betriebsintern einschreiten, wenn er eine Aufsichtspflicht hat oder für die Abwicklung der von dem anderen Mitarbeiter ausgeführten Geschäfte mitverantwortlich ist. Das ist bei der Sekretärin nicht der Fall, wenn sie mit ihrer Beratung in die betrügerische Tätigkeit des Geschäftsführers nicht einbezogen worden ist. – Alle Mitarbeiter sind jedoch zum Einschreiten (notfalls auch zur Verständigung der Polizei) verpflichtet, wenn durch rechtswidrigen Aktivitäten im Betrieb die gegenwärtige Gefahr besteht, dass Menschen erheblich an der Gesundheit geschädigt werden (§ 323c StGB).
b) Auch für die Bestimmung des Verantwortungsbereichs der Leiter von Unternehmen ist die Arbeitsteilung relevant: Sie dürfen darauf vertrauen, dass Untergebene die ihnen übertragenen Aufgaben sorgfältig erfüllen, sofern sie die Aufgabenbereiche sachgemäß bestimmt, die Aufgaben kompetenten Personen übertragen und diese hinreichend beaufsichtigt haben. Begehen die Mitarbeiter dann dennoch Fehler, ist der Leiter des Betriebes dafür nicht verantwortlich. Hat der Leiter des Betriebes jedoch die dargestellte Organisations- und Aufsichtspflicht verletzt, so haftet er für das infolgedessen begangene Delikt des Untergebenen u.U. mit – wegen vorsätzlicher Beihilfe oder fahrlässiger Mitverursachung. Wenn die von dem Untergebenen begangene Tat nur bei Vorsatz strafbar ist, kann gegen den Vorgesetzten, der seine Aufsichtspflicht verletzte, aber keinen Vorsatz hatte, eine Geldbuße wegen Ordnungswidrigkeit (§ 130 OWiG) festgesetzt werden. Diese Möglichkeit ist praktisch sehr wichtig, weil es oft schwierig ist, den Vorsatz des Vorgesetzten nachzuweisen.

§ 5 Entscheidung in Gremien, Verabredung, conspiracy

1555 Fall 4: Nachdem bei Tests eines neu entwickelten Proteinpräparates erhebliche Gesundheitsgefahren entdeckt wurden, berät der Vorstand des produzierenden Unternehmens, ob das Präparat dennoch ohne Warnhinweis ausgeliefert werden soll. Der Vorstand besteht aus fünf Mitgliedern. Sie führen entsprechend der Satzung des Unternehmens eine Abstimmung durch. Jedes Mitglied des Gremiums hat eine Stimme. Alle Mitglieder bis auf den Gesellschafter G stimmen der Auslieferung zu. In der Folge kommt es bei zahlreichen Verbrauchern des Präparates zu den vorhergesagten Gesundheitsschädigungen. Haben sich alle Mitglieder des Vorstandes wegen Körperverletzung strafbar gemacht – also auch G? (BGHSt 37, 106, 131; 48, 77, 87)

Strafbarkeit von juristischen Personen　　　　　　　　Kap. 4 § 6

Wenn bei der Verursachung eines Schadens mehrere Personen zusammenwirken, so wird dieses Verhalten im Strafrecht der meisten Staaten als *eine* Tat bewertet, für die alle Beteiligten gleichermaßen die volle Verantwortung tragen. Die zustimmenden Mitglieder des Vorstandes sind also gemeinsam für die Körperverletzungen verantwortlich. Verurteilt wird jeder Einzelne für die Verursachung des gesamten Schadens. **1556**

Trägt auch G als Vorstandsmitglied die Verantwortung für die Gesundheitsschädigungen durch das Unternehmen? Wenn in einem Gremium bei der Abstimmung über ein rechtswidriges Verhalten einzelne Mitglieder des Gremiums – wie G – dagegen votieren und von der Mehrheit überstimmt werden, so werden die Überstimmten strafrechtlich nur dann verantwortlich gemacht, wenn sie nicht zuvor in der Beratung versucht haben, die anderen Mitglieder von der Entscheidung für das rechtswidrige Verhalten abzubringen. Von den Überstimmten wird nicht verlangt, dass sie die Entscheidung etwa durch Abwesenheit hätten blockieren sollen (sofern dies möglich gewesen wäre) oder dass sie gar die Polizei hätten einschalten sollen, denn derartiges gehöre nicht zu ihrer Kompetenz. Bei gegenwärtiger Gefahr von Gesundheitsschäden jedoch müssen die Gremienmitglieder, wie erwähnt, notfalls auch die Polizei einschalten. **1557**

Wenn mehrere Personen eine Straftat verabreden, werden sie, auch wenn noch kein Versuch begangen wurde, nach US-amerikanischem Recht wegen *conspiracy* bestraft – ähnlich nach deutschem Recht (§ 30 StGB), wenn eine schwere Straftat verabredet wurde. Die Bildung einer auf die Begehung von Straftaten gerichteten, dauerhaften Vereinigung ist strafbar, auch wenn die Begehung einer Straftat noch nicht konkret verabredet wurde (§ 129 StGB). **1558**

§ 6 Strafbarkeit von juristischen Personen, insbesondere Unternehmen

Nach dem Recht der meisten Staaten können juristische Personen (vor allem Unternehmen) bestraft werden. Das erleichtert die Bestrafung von Wirtschaftskriminalität, wenn in großen Unternehmen nicht zu ermitteln ist, welche natürliche Person für ein fehlerhaftes Geschehen verantwortlich ist; im US-amerikanischen Recht wird allerdings teilweise der Nachweis vorausgesetzt, dass ein leitender Mitarbeiter das Delikt begangen hat. Auch die EU-Kommission hat gefordert, die Mitgliedstaaten sollten die strafrechtliche Verantwortlichkeit von Unternehmen regeln. – In Deutschland und wenigen anderen Staaten wird die Strafbarkeit von juristischen Personen hingegen abgelehnt (kritisch *Tiedemann*, Rn 242 ff.); nur Geldbußen werden gegen Unternehmen verhängt (§ 30 OWiG). Zur Begründung wird auf die spezifische Bedeutung der Strafe hingewiesen. Sie enthält einen Vorwurf gegen ein Subjekt, das Bewusstsein hat und das bei der Tat und bei der Strafe dasselbe ist. Diese Identität ist bei der juristischen Person oft nicht gegeben, denn die natürlichen Personen, aus denen sie zusammengesetzt ist, sind austauschbar. Allerdings entsteht und wirkt in jedem Unternehmen eine spezifische Unternehmenskultur, die den Austausch einzelner Mitarbeiter überdauert und das Verhalten der Mitarbeiter beeinflusst. Die Kultur eines Wirtschaftsunternehmens hat jedoch bei weitem nicht die gleiche Vielfalt wie das Bewusstsein eines Menschen. Wenn bei der Bestrafung den Menschen die wirtschaftlichen Unternehmen gleichgestellt werden, so verliert die Strafe ihren besonderen sittlichen Ernst. Im Übrigen trifft die Bestrafung von Unternehmen faktisch (auch) Mitarbeiter, die an der Straftat nicht schuld sind. Es gibt also durchaus gute Gründe dafür, Strafen nur gegen natürliche Personen gemäß deren persönlicher Schuld zu verhängen. **1559**

§ 7 Subjektive Voraussetzungen der Haftung

1560 Hinsichtlich Vorsatz und Fahrlässigkeit gelten die allgemeinen Regeln. Im angloamerikanischen Recht wird teilweise *recklessness* besonders berücksichtigt. Bei Wirtschaftsdelikten wird in den USA teilweise auf den Nachweis des Verschuldens verzichtet: *strict liability*. Jedoch wird dann dem Beschuldigten der Entlastungsbeweis gestattet, dass ihm die Vermeidung des Delikts nicht zumutbar war. Der Beschuldigte trägt für diese *defense* die Beweislast.

§ 8 Sanktionen

1561 Neben Freiheitsstrafen, Geldstrafen und Geldbußen können bei Wirtschaftskriminalität in zahlreichen Staaten noch andere Sanktionen verhängt werden: Entziehung des gesamten Vermögens oder des durch eine Straftat erlangten Gewinns oder der Mittel der Straftat, ferner Berufsverbot, Betriebsschließung.

Kapitel 5   Einzelne Wirtschaftsstraftaten

Im Folgenden wird ein Überblick über diejenigen Delikte gegeben, die primär im Wirtschaftsverkehr begangen werden.

§ 1 Betrug

1562 Betrug liegt vor, wenn jemand, um sich oder einem Dritten einen Vermögensvorteil zu verschaffen, vorsätzlich einen anderen über Tatsachen täuscht und in Irrtum versetzt, so dass der Irrende über sein Vermögen oder das eines anderen verfügt und infolge dessen ein Schaden entsteht (§ 263 StGB).

> **Fall 5:** Der Handelsvertreter H preist ein „Frischzellenextrakt" mit der Behauptung an, man werde schon nach der ersten, zehn Minuten dauernden Anwendung mindestens fünf Jahre jünger. Zahlreiche Verbraucher kaufen es. Tatsächlich ist das Mittel wirkungslos. Ist H strafbar wegen Betruges? (BGHSt 34, 199)

1563 Hier ist problematisch, ob in der Behauptung des Handelsvertreters eine betrügerische Täuschung gesehen werden kann, da die Unwahrheit der aufgestellten Behauptung leicht zu durchschauen ist. Nach deutschem Recht ist gleichwohl Betrug grundsätzlich anzunehmen. Der Handelsvertreter hat schließlich wahrheitswidrig eine Tatsache behauptet und die Verbraucher damit in einen Irrtum versetzt, woraufhin diese Geld für ein wertloses Produkt ausgegeben und also einen wirtschaftlichen Schaden erlitten haben. – Wenn H allerdings von einem anderen Staat der Europäischen Union (EU) aus agiert hätte, der Fall also einen grenzüberschreitenden Bezug hätte, wäre der Vertrag über die Arbeitsweise der EU (AEUV) zu berücksichtigen. Danach darf der Warenverkehr zum Schutz der Verbraucher nur beschränkt werden, wenn die Gefahr besteht, dass ein aufmerksamer und verständiger Verbraucher getäuscht wird (*Hecker*, S. 334). Dass ein solcher Verbraucher hier den Behauptungen des H geglaubt hätte, lässt sich bezweifeln. Eine Strafbarkeit des H wegen Betruges wäre dann also nach EU-Recht ausgeschlossen. Und auch nach deutschem Recht liegt kein Betrug vor, wenn bei

Betrug Kap. 5 § 1 N

marktschreierischer, unangemessen positiver Reklame (Beispiel: „Der beste Sportschuh aller Zeiten") die Aussage primär wertende Bedeutung hat, denn die unangemessene Bewertung gilt nicht als Täuschung über Tatsachen.

Fall 6: Bei Verhandlungen über ein Darlehen macht der Unternehmer U gegenüber der Bank falsche Angaben über seine Bilanz. Der Bankangestellte hat Zweifel an der Richtigkeit der Angaben, zahlt aber dennoch das Darlehen aus. Letztlich kann das Darlehen nicht zurückgezahlt werden, so dass der Bank ein finanzieller Schaden entsteht. Ist U strafbar wegen Betruges? 1564
Problematisch ist hier, ob die Täuschung des U zu einem Irrtum geführt hat. Dies ist eine Voraussetzung der Strafbarkeit. Der Bankangestellte ließ sich von der Behauptung des U nicht restlos überzeugen, er zweifelte. Nach Ansicht der deutschen Rechtsprechung ist hier dennoch ein Betrug gegeben, da der Bankangestellte letztlich der Behauptung des U folgte. Kritiker wenden ein, der Getäuschte sei nicht schutzwürdig, wenn er trotz Zweifeln Geld auszahle.

Fall 7: Der Einzelhändler E bietet nach den Weihnachtsfeiertagen Christbaumkugeln zum Preis von „3 Euro statt sonst 10 Euro" an. Tatsächlich handelt es sich um ein taiwanesisches Produkt, das einen Marktwert von 3 Euro hat. Zahlreiche Verbraucher kaufen die Christbaumkugeln im Vertrauen auf die Behauptungen des E. Ist E strafbar wegen Betruges? 1565
Die Strafbarkeit wegen Betruges setzt voraus, dass dem Getäuschten ein wirtschaftlicher Schaden entstanden ist. Zur Klärung der Frage, ob ein wirtschaftlicher Schaden vorliegt, ist der Vermögensstand vor und nach der Verfügung des Getäuschten zu vergleichen. Hier hatten die Verbraucher vor dem Kauf einer Christbaumkugel den Geldbetrag von 3 Euro in ihrem Vermögen. Nach dem Kauf hatten sie stattdessen einen Gegenstand im Wert von 3 Euro in ihrem Vermögen. Wirtschaftlich betrachtet ist ihnen also kein Schaden entstanden. Dass sich die Verbraucher dennoch geschädigt fühlen, genügt nicht für eine Strafbarkeit des E wegen Betruges, ansonsten würde mit dem Betrugstatbestand jede Lüge im Geschäftsverkehr bestraft werden können. Auch kommt es nicht darauf an, dass die Verbraucher darüber getäuscht wurden, sie könnten 7 Euro sparen. Denn der Betrugstatbestand schützt die Verbraucher lediglich vor Vermögensschäden (dem „Ärmer-werden"), nicht aber vor falschen Gewinnerwartungen. E ist also nicht strafbar wegen Betruges. Auch eine Strafbarkeit wegen unlauteren Wettbewerbs kommt nicht in Frage; s.u. Kap. 5 § 2.

Fall 8: Das Ehepaar V bucht im Reisebüro des R eine Pauschalreise nach Lagos zum Preis von 600 Euro. Aufgrund der Erklärungen des R gehen Herr und Frau V davon aus, dass Lagos in Spanien liegt. Tatsächlich liegt Lagos aber in Portugal. Als Herr und Frau V dies bemerken, sind sie enttäuscht, weil sie eine Gelegenheit gesucht hatten, ihr Spanisch zu erproben. Ist R strafbar wegen Betruges? 1566
Auch hier ist fraglich, ob das Ehepaar V einen Schaden erlitten hat. Zwar ist die erhaltene Leistung hier objektiv „ihren Preis wert". Allerdings kann trotzdem ein Schaden gegeben sein, wenn die erhaltene Leistung für den Verbraucher subjektiv weniger brauchbar ist als ihm vorgespiegelt wurde. Ein solcher individueller Schadenseinschlag stellt die Ausnahme vom Grundsatz der rein wirtschaftlichen Schadensberechnung dar. Wenn also für R erkennbar war, dass es dem Ehepaar V nicht nur auf einen beliebigen „Urlaub in der Sonne" ankam, sondern sie gerade auch einen Urlaubszweck verfolgten, der nur in Spanien erreicht werden konnte, dann ist die Täuschung des R als Betrug strafbar.

1567 Der Schaden wird von der deutschen Rechtsprechung primär anhand wirtschaftlicher Maßstäbe bestimmt, kann also auch gegeben sein, wenn illegal erworbenes Vermögen geschädigt wurde. Forderungen, deren Erfüllung rechtswidrig wäre (Beispiel: verbotene Waffenlieferung), werden allerdings nicht strafrechtlich geschützt, auch wenn sie wirtschaftlich wertvoll sind.

1568 In den USA wird der Tatbestand des Betruges beschränkt auf das Erlangen von Eigentum. Ist dies nicht gegeben, kommt Strafbarkeit nach dem umfassenden Tatbestand des Diebstahls in Frage.

§ 2 Betrugsähnliche Delikte, unlauterer Wettbewerb

1569 Nach deutschem und französischem Recht muss beim Betrug der Schaden durch die Täuschung bewirkt worden sein. Diese Kausalität nachzuweisen, ist oft schwierig, z.B. wenn nicht auszuschließen ist, dass der Adressat der Täuschung diese durchschaute (siehe Fall 6) oder dass er auch ohne den Irrtum eine das Vermögen mindernde Verfügung durchgeführt hätte. Insbesondere bei der Vergabe von Subventionen kann es sein, dass die getäuschte Behörde auch ohne die Täuschung die Subvention ausgezahlt hätte. Um die Schwierigkeit des Kausalitätsnachweis zu vermeiden, ist im Strafrecht mehrerer Staaten für bestimmte Konstellationen die Strafbarkeit des Betruges erweitert – so (nach deutschem Recht) bei Kapitalanlagebetrug, Subventionsbetrug, Kreditbetrug (§§ 264, 264a, 265b StGB). Bestraft wird in diesen Konstellationen die Täuschung, auch wenn der Adressat derselben nicht in Irrtum versetzt wurde und kein Schaden entstand. Der Subventionsbetrug ist auch strafbar, wenn der Täter nicht vorsätzlich, sondern lediglich grob fahrlässig falsche Angaben machte; auch damit werden Beweisschwierigkeiten vermieden. Beim Kreditbetrug ist bereits die Bilanzmanipulation strafbar. Um Verbraucher zu schützen, wird die öffentliche irreführende Werbung (unabhängig vom Nachweis eines Schadens) bestraft gemäß § 16 UWG. Der Handelsvertreter in Fall 5 wäre also auch strafbar gewesen, wenn er seine Werbung veröffentlicht hätte und nicht nachzuweisen gewesen wäre, ob jemand seine Waren gekauft hatte. Der Einzelhändler im Fall 7 ist nicht strafbar gem. § 16 UWG, denn dieser setzt konkrete unwahre Angaben voraus. Die Bedeutung der Worte „sonst 10 Euro" ist vage und lässt offen, auf welche anderen Angebote sie verweisen.

1570 Separat bestraft wird auch die Beschädigung von eigenen oder fremden Sachen, die darauf gerichtet ist, Leistungen von Versicherungen zu erhalten. Erweitert wurde der Tatbestand des Betruges schließlich auf Fälle, in denen anstelle der Täuschung eines Menschen ein Automat (z.B. durch eine gefälschte Bankkarte) so manipuliert wird, dass er Geld auszahlt.

§ 3 Untreue, Unterschlagung

1571 Im deutschen Strafrecht ist die Untreue (§ 266 StGB) wie folgt definiert: Der Täter hat die Pflicht, selbstständig für das Vermögen eines anderen (Individuums oder Unternehmens) zu sorgen; er verletzt diese Pflicht vorsätzlich und fügt dadurch dem zu betreuenden Vermögen Schaden zu. – Damit werden vor allem leitende Mitarbeiter von Unternehmen bestraft, die das in sie gesetzte Vertrauen verletzen. Verhaltensweisen, die zu einem Schaden bei dem Unternehmen führen, sind nur strafbar, wenn sie pflichtwidrig waren, d.h. wenn sie den Standards korrekten Umgangs mit fremden Vermögen widersprachen, die in dem jeweiligen Bereich der Wirtschaft gelten. Diesbezügliche Vereinbarungen, die mit Vorgesetzen getroffen wurden, sind zu berücksichtigen. Auch sind riskante Investitionen, die letztlich erfolglos blieben und zu einem Verlust führten,

Untreue, Unterschlagung   Kap. 5 § 3   N

nicht strafbar, wenn das Risiko sich im Bereich dessen hielt, was zu sorgfältiger Unternehmertätigkeit gehört (s.a. Fall 2).

Fall 9: Der Geschäftsführer G einer GmbH entnimmt aus deren Vermögen große Teile für seine privaten Zwecke. Die Entnahme widerspricht den Regeln korrekter Geschäftsführung. Die Gesellschafter, die mit dem Geschäftsführer verwandt sind, sind jedoch mit seinem Verhalten einverstanden. Ist G strafbar wegen Untreue? Nach allgemeinen Regeln des Strafrechts ist eine Vermögensschädigung nicht rechtswidrig, wenn sich der Geschädigte vorher damit einverstanden erklärt hat. So war es hier. Nach der deutschen Rechtsprechung (BGHSt 35, 333) rechtfertigt das Einverständnis der Gesellschafter die Tat allerdings nicht, wenn das Stammkapital der GmbH gemindert und damit deren Existenz gefährdet wurde, denn die Gesellschaft hat eine eigene Rechtspersönlichkeit, deren Existenz von den Gesellschaftern nicht willkürlich beeinträchtigt werden darf. G ist also nur strafbar, wenn das Stammkapital der GmbH beeinträchtigt wurde.   1572

Fall 10: Bei der S-AG war K direkt unterhalb des Vorstandes als Bereichsleiter zuständig für Buchführung und Controlling und befugt, Zahlungen in unbegrenzter Höhe anzuweisen. In den neunziger Jahren übernahm er die Verwaltung von Konten der S-AG, auf denen Geld bereit gehalten wurde für Bestechungen, durch die gegebenenfalls Aufträge für die S-AG erlangt werden sollten. Bei den genannten Konten handelte es sich um so genannte schwarze Kassen – die Vorstandsmitglieder der S-AG wussten von ihnen nichts. In den Jahren 1999 und 2000 ließ K von den Konten Bestechungsgelder in Höhe von rund 6 Millionen DM an Mitarbeiter einer italienischen Firma überweisen, von der die S-AG infolgedessen Aufträge erhielt und damit Gewinn in Höhe von etwa 100 Millionen DM erzielte (BGH NJW 2009, 89). Ist K strafbar?
Nach gegenwärtiger Rechtslage wäre K strafbar wegen Bestechung im geschäftlichen Verkehr (§ 299 StGB). Zur Tatzeit war jedoch die Bestechung von Unternehmensmitarbeitern im ausländischen Wettbewerb noch nicht vom deutschen § 299 StGB erfasst. Erst 2002 wurde dieser Tatbestand entsprechend erweitert (Abs. 3 des § 299 StGB). – Untreue könnte K begangen haben zu Lasten der S-AG durch die Überweisungen aus den schwarzen Kassen und schon vorher durch das Unterhalten der schwarzen Kassen. K hatte eine Pflicht zu selbstständiger und finanziell gewichtiger Vermögensbetreuung. Diese Pflicht verletzte er durch die Führung der schwarzen Kassen, denn damit verstieß er gegen die Regeln ordnungsgemäßer Buchführung. Ein Vermögensschaden ist schon dadurch entstanden, dass K dem Vorstand der AG die Möglichkeit der Verfügung über Vermögen vorenthielt, das der AG zustand und das mithin für den Vorstand der AG hätte verfügbar sein müssen. Diese Verfügbarkeit war ausgeschlossen, weil der Vorstand von den schwarzen Kassen nicht informiert wurde. Das Geld war der beliebigen – hier kriminellen – Verfügung K's ausgesetzt. Deshalb ist schon mit dem Vorenthalten des Geldes gegenüber dem Vorstand ein Schaden eingetreten. Dies entspricht auch der wirtschaftlichen Schadensbestimmung, denn der wirtschaftliche Wert eines Unternehmens wird gemindert, wenn es über Teile seines Vermögens nicht verfügen kann und beispielsweise auch nicht verhindern kann, dass dieses zu kriminellen und letztlich gravierend imageschädigenden Zwecken eingesetzt wird. K hat daher strafbare Untreue begangen.   1573

Wegen Unterschlagung (246 StGB) ist nach deutschem Recht strafbar, wer sich eine Sache (d. i. ein körperlicher Gegenstand), die einem anderen gehört, zueignet. Damit werden auch Mitarbeiter in untergeordneter Stellung erfasst, die beispielsweise geliehene Arbeitskleidung nicht zurückgeben. K eignete sich das Geld der AG nicht zu, beging also keine Unterschlagung. Im französischen Recht sind die Definitionen von   1574

Untreue und Unterschlagung zu einem Straftatbestand zusammengefasst (Art. 314 code pénale). Im angloamerikanischen Recht sind beide mit Diebstahl zu einem einzigen Tatbestand zusammengefasst.

§ 4 Hehlerei, Geldwäsche

1575 Wer eine Sache, die ein anderer durch Betrug, Diebstahl oder ein ähnliches Delikt erlangt hat, sich vorsätzlich verschafft oder an andere Personen absetzt, wird wegen Hehlerei bestraft (§ 259 StGB).

1576 Der Tatbestand ist (nach deutschem Recht) nicht erfüllt, wenn die Tat unkörperliche Vermögensrechte betrifft oder wenn die Sache nur indirekt durch eine Straftat erlangt wurde. Auch ist es oft schwierig nachzuweisen, dass der Verdächtige von der kriminellen Herkunft der Sache wusste, also vorsätzlich handelte. Im Hinblick darauf bringt die Strafbarkeit der Geldwäsche erhebliche Ausweitungen der Strafbarkeit (§ 261 StGB):

1577 Geldwäsche begeht, wer einen körperlichen oder immateriellen Gegenstand (z.B. Vermögensrecht), der unmittelbar oder mittelbar aus einer Straftat stammt, aufbewahrt, verbirgt oder verwendet (z.B. wirtschaftlich verwertet, investiert). Damit gerät die wirtschaftliche Betätigung z.B. von Banken unter strafrechtliche Kontrolle, zumal hier der Nachweis des Vorsatzes nicht erforderlich ist, sondern auch grobe Fahrlässigkeit strafbar ist. Allerdings wird Geldwäsche nach deutschem Recht nur bestraft, wenn der Gegenstand aus einer besonders schweren Straftat stammt oder aus einer Tat, die von einer Bande oder gewerbsmäßig begangen wurde.

§ 5 Kapitalmarktdelikte

1578 Dass die Teilnehmer des Kapitalmarktes auf dessen zuverlässiges und rationales Funktionieren vertrauen können, wird durch mehrere Strafgesetze gefördert. Die schon erwähnte Strafbarkeit des Kapitalanlagebetruges richtet sich gegen falsche Informationen über wertbildende Faktoren beim Vertrieb von Wertpapieren und Kapitalbeteiligungen. Die rationale Bildung des Preises von Wertpapieren wird geschützt durch die Verhängung von Geldbußen gegen Kurs- und Marktpreismanipulation (§§ 20a, 39 Wertpapierhandelsgesetz (WpHG)). Gemeint sind damit vor allem unrichtige Angaben über Umstände, die geeignet sind, den Preis eines Wertpapiers auf dem Markt eines EG-Staats zu beeinflussen. Wenn es tatsächlich zur Beeinflussung kommt, ist die Manipulation strafbar (§ 38 WpHG).

1579 Der Wahrung der Chancengleichheit auf dem Kapitalmarkt dient die Strafbarkeit des Insiderhandels (§§ 14, 38 WpHG). Täter können Personen sein, die aufgrund ihrer Stellung besonderen Zugang zu nicht öffentlich bekannten Informationen über das Unternehmen haben, das Wertpapiere emittiert. Strafbar sind sie, wenn sie Wertpapiere unter Ausnutzung dieser Informationen kaufen oder verkaufen, zum Kauf oder Verkauf empfehlen oder wenn sie die Informationen verraten. Strafbar können also auch Journalisten sein. Auch der Verstoß gegen ein ausländisches Verbot des Insiderhandels ist nach deutschem Recht strafbar.

1580 Die Transparenz von Kapitalgesellschaften wird gefördert, indem bestraft wird, wer in verantwortlicher Position bei der Gründung einer Kapitalgesellschaft oder danach bei der Bilanzierung falsche Angaben macht (§§ 399, 400 AktG) sowie wer gegen die Pflicht zur Bilanzerstellung verstößt (§§ 331-334 HGB).

§ 6 Verstöße gegen das Kartellrecht

In Deutschland verbietet das Gesetz gegen Wettbewerbsbeschränkungen (GWB) sowohl horizontale Kartelle als auch vertikale Absprachen und den Missbrauch von Marktmacht. Die Einzelheiten werden im Beitrag über das Kartellrecht dargestellt. Bei Verstößen gegen Bestimmungen des Kartellrechts können unter anderem Geldbußen (§ 81 GWB) durch Behörden verhängt werden. Dies ist auch möglich, wenn ein Unternehmen gegen eine Anordnung der zuständigen Aufsichtsbehörde (Bundeskartellamt) verstoßen hat. Die Geldbußen können sowohl gegen natürliche Personen als auch gegen Unternehmen bei vorsätzlichem und fahrlässigem Handeln verhängt werden. Bei leichten Verstößen können die behördlichen Geldbußen bis zu 25.000 € erreichen, bei schweren Verstößen bis 500.000 € und darüber hinaus bis zur dreifachen Höhe des durch den Verstoß erlangten Mehrerlöses. Vom Bundeskartellamt wurden im Jahr 1999 Geldbußen von insgesamt 287 Millionen DM verhängt, im Jahr 2003 gegen ein Unternehmen der Zementindustrie eine Geldbuße von 252 Millionen €. Strafe kann nur verhängt werden, wenn bei Ausschreibungen die Bewerber unzulässige Absprachen getroffen haben (§ 298 StGB). Das deutsche Kartellrecht wird oft als zu milde kritisiert, weil es im Allgemeinen gegen Verstöße nur Geldbußen androht. Im amerikanischen Antitrust-Recht werden auch gerichtliche Strafen angedroht. Neben dem deutschen gilt das europäische Kartellrecht (dazu unten Kap. 8 § 1).

1581

§ 7 Preisüberhöhung, Wucher und ähnliche Delikte

Unmittelbar dem Schutz der Verbraucher dient das Verbot, behördlich festgesetzte Preisgrenzen zu überschreiten, sowie das Verbot, für lebenswichtige Gegenstände, insbesondere Mietwohnungen, unter Ausnutzung wirtschaftlicher Macht überhöhte Preise zu fordern. Verstöße gegen diese Verbote werden mit Geldbußen geahndet (§§ 3, 4 Wirtschaftsstrafgesetz). Wer die Unerfahrenheit, Zwangslage oder Willensschwäche eines anderen ausnutzt, um für eine Leistung eine unangemessene Gegenleistung zu erlangen, wird wegen Wucher bestraft (§ 291 StGB). Auch das unerlaubte Veranstalten von Glücksspielen und Wetten (§ 284 StGB) ist strafbar.

1582

§ 8 Verletzung von Geschäfts- und Betriebsgeheimnissen, Produktpiraterie

Wer ein Geschäfts- oder Betriebsgeheimnis, das ihm als Mitarbeiter eines Unternehmens oder als Wirtschaftsprüfer bei einem solchen bekannt geworden ist, offenbart, wird gemäß § 17 UWG, § 333 HGB bestraft. Auch das Ausspähen von gesicherten Daten sowie die unbefugte wirtschaftliche Nutzung von fremden Geschäfts- und Betriebsgeheimnissen sind strafbar (§§ 202a, 204 StGB, § 18 UWG). Gegenwärtig besonders wichtig ist der Schutz von gewerblichen Marken (d.h. Namen von Produkten oder Dienstleistungen, die auf dem Markt Unterscheidungen und Zuordnungen ermöglichen), Patenten (d.h. Rechten an technischen Erfindungen) sowie Rechten der geistigen Urheber von Werken der Literatur, Wissenschaft und Kunst. Diese Rechte werden strafrechtlich in verschiedenen Spezialgesetzen geschützt.

1583

§ 9 Insolvenzdelikte

1584 Mit der Insolvenz eines Unternehmens verlieren dessen Inhaber und Geschäftsführer die Befugnis, über das Vermögen des Unternehmens zu verfügen. Dadurch soll eine gleichmäßige, meist begrenzte Befriedigung der Gesamtheit der Gläubiger ermöglicht werden. Mit der Bestrafung der Insolvenzdelikte soll verhindert werden, dass diese Befriedigung von dem Unternehmer oder seinem Geschäftsführer beeinträchtigt wird. Deshalb sind die genannten Personen strafbar, wenn sie bei drohender oder eingetretener Insolvenz Vermögen des Unternehmens beiseite schaffen, durch Bilanzmanipulation verheimlichen oder in ähnlicher Weise den Zugriff auf das Vermögen erschweren (§ 283 StGB). Auch die Begünstigung einzelner Gläubiger oder Schuldner ist strafbar.

§ 10 Korruption

1585 Im Staat ist Korruption inakzeptabel, weil sie dazu führt, dass Personen in amtlicher Funktion private Zwecke verfolgen. Dementsprechend umfassend wird die Korruption unter Strafe gestellt. Bestraft werden gemäß § 331-338 StGB sowohl der Amtsträger, der sich von einem Privaten einen Vorteil für eine Diensthandlung versprechen lässt oder annimmt, als auch der Private, der den Vorteil verspricht oder gewährt. Es ist unerheblich, ob der Vorteil vor der Vornahme der Diensthandlung oder erst später und gleichsam als Belohnung gewährt wird. Auch wenn der Beamte zur Diensthandlung ohnehin verpflichtet war, ist deren Verkoppelung mit einem Vorteil strafbar. Und auch wenn ein Privater einem Beamten einen Vorteil gewährt, mit dem nicht eine bestimmte Diensthandlung vergütet, sondern lediglich ein allgemeines Wohlwollen des Beamten erreicht werden soll, ist dies strafbar. – Im geschäftlichen Verkehr zwischen privaten Unternehmen wird die Korruption von Mitarbeitern ebenfalls bestraft, aber weniger schwer als im Verkehr mit Beamten (§ 299 StGB; s.o. Fall 10).

§ 11 Steuer- und Zollhinterziehung

1586 Bestraft wird gemäß § 370 Abgabenordnung (AO), wer den Finanzbehörden über steuerlich erhebliche Tatsachen unvollständige oder unrichtige Angaben macht, so dass die Einnahmen des Staats geschmälert werden. Geschützt wird auch das Vermögen der EU. Auch Einkünfte aus verbotenen Geschäften sind steuerpflichtig, diesbezüglich müssen also Angaben gemacht werden; allerdings ist zu berücksichtigen, dass die Bürger nicht verpflichtet sind, sich selbst der Strafverfolgung auszusetzen. Unrichtig oder unvollständig können Angaben beispielsweise sein, wenn falsche Bilanzen vorgelegt, Scheingeschäfte vollzogen, Gewinne verdeckt ausgeschüttet werden oder wenn die Steuerpflicht durch Errichtung einer ausländischen Basisgesellschaft umgangen werden soll. – Bei vorsätzlichem Handeln wird Strafe verhängt, ansonsten Geldbuße. Zeigt sich jemand rechtzeitig selbst an, wird er straffrei.

§ 12 Gefährdung und Schädigung durch Produkte, Umweltdelikte

1587 Wird ein Verbraucher durch ein fehlerhaftes Produkt gesundheitlich geschädigt, so sind die Verursacher bereits nach allgemeinem Strafrecht wegen vorsätzlicher oder fahrlässiger Körperverletzung (§§ 223-230 StGB) strafbar, sofern, wie oben gezeigt, die Kausalität, die Schaffung einer unzulässigen Gefahr und die innerbetriebliche Verantwortlichkeit nachgewiesen werden können. In diversen Gesetzen wird darüber hinaus verboten, bestimmte Lebensmittel, Arzneimittel und ähnlich gefahrträchtige Gegenstände ohne präventive Sicherungsmaßnahmen in Verkehr zu bringen, unabhängig davon, ob eine Schädigung von Verbrauchern tatsächlich eintritt. Gravierende Verstöße hiergegen sind strafbar, in weniger gravierenden Fällen wird nur Geldbuße angedroht.

Zum Schutz der Umwelt werden vor allem Gewässer-, Luft- und Bodenverunreinigung sowie unbefugte Abfallbeseitigung unter Strafe gestellt (§§ 324-330b StGB). Ob das Strafrecht eingreift, hängt allerdings weitgehend von der zuständigen Behörde ab, die – etwa um Arbeitsplätze zu erhalten – Schadstoffemissionen eines Unternehmens unter Umständen genehmigen kann. Ein genehmigtes Verhalten kann grundsätzlich nicht bestraft werden, selbst wenn die Genehmigung rechtswidrig erteilt wurde. Dann kommt allerdings die Bestrafung des genehmigenden Beamten in Frage. Im Übrigen ist es bei Umweltschädigungen oft schwierig festzustellen, ob gerade die Emissionen eines bestimmten Unternehmens dafür ursächlich sind. **1588**

Kapitel 6 Besonderheiten des Strafprozesses bei Wirtschaftskriminalität

Wirtschaftsstraftaten sind, wie erwähnt, oft schwerer wahrzunehmen als sonstige Delikte. Auch sind die Geschädigten meist weniger motiviert, Anzeige zu erstatten, zum einen um Ansehensverlust zu vermeiden, zum anderen weil sie eine innerbetriebliche Erledigung bevorzugen. Um dem entgegenzuwirken, sind in mehreren Staaten Unternehmen, die oft mit organisierter Wirtschaftskriminalität in Kontakt geraten (z.B. Banken), verpflichtet, Anzeige zu erstatten, wenn ihnen verdächtige Umstände (z.B. Einzahlung großer Bargeldmengen) bekannt werden. **1589**

Die Ermittlung der Taten durch die Polizei und die Beweisführung im Prozess sind bei Wirtschaftsstraftaten besonders kompliziert und aufwändig, weil die Taten und die Täter oft integriert sind in legale Wirtschaftstätigkeit, sowie weil die Angeklagten häufig mehrere aktive Strafverteidiger bezahlen können. Die Staatsanwaltschaften sind daher in Wirtschaftsstrafprozessen mehr als in anderen Prozessen geneigt, das Verfahren – eventuell gegen Zahlung einer Geldbuße – ohne Erhebung einer Anklage einzustellen. In den vom angloamerikanischen *common law* geprägten Strafverfahren kann der Angeklagte, wenn er sich am Anfang schuldig bekennt (*guilty plea*), eine Beschränkung der Anklage erwarten. Häufig wird dies von Anklage und Verteidigung vereinbart (*plea bargaining*). Auch in den kontinentaleuropäischen Staaten finden derartige Absprachen in aufwändigen Wirtschaftsstrafverfahren zunehmend oft statt. In Deutschland wurden sie 2009 in Grenzen gesetzlich zugelassen (§ 257c StPO); die Praxis der Absprachen geht über die gesetzlichen Grenzen hinaus. Es besteht die Gefahr, dass dadurch die gebotene Gerechtigkeit der Strafe sowie die Gleichbehandlung aller Angeklagten beeinträchtigt wird. **1590**

Kapitel 7 Internationales Wirtschaftsstrafrecht

§ 1 Grundlagen

Fall 11: Der Geschäftsführer T eines Unternehmens mit Sitz in Frankreich ist türkischer Staatsangehöriger. Auf dem Flughafen von Istanbul lässt er sich von einem

> türkischen Unternehmer Geld, das dieser dem französischen Unternehmen schuldet, bar auszahlen und verwendet es in der Türkei für private Zwecke. Die Tat des T ist nach türkischem und auch nach französischem Recht (Art. 157 t StGB, Art. 314-1 code pénal) mit unterschiedlich schwerer Strafe bedroht. In welchem Land droht T eine Bestrafung? Welches Recht ist anzuwenden?

1591 Eine einfache Lösung wäre es, wenn für die Tat des T ein international gültiger Straftatbestand heran gezogen werden könnte. International gültige Strafvorschriften für den Wirtschaftsverkehr und entsprechende überstaatliche Strafverfolgungsbehörden gibt es derzeit aber nicht. Diesbezügliche Ansätze entwickeln sich allerdings in der Europäischen Union (dazu Kap. 8 §§ 1, 4). Wirtschaftsdelikte, die mehrere Staaten tangieren, können gegenwärtig nur von den Strafverfolgungsbehörden der einzelnen Staaten und nur aufgrund des Strafrechts der einzelnen Staaten geahndet werden. Die Staaten regeln in ihren Gesetzen daher, ob und inwieweit ihr Strafrecht auf Fälle mit internationalem Bezug anwendbar ist. Die Reichweite dieser Regelungen ist von Staat zu Staat verschieden.

1592 Das Völkerrecht verlangt von den Staaten lediglich, dass sie die Anwendung ihres Strafrechts auf solche Sachverhalte beschränken, zu denen sie eine „hinreichende Verbindung" haben. Diese Verbindung kann darin bestehen, dass die Tat auf dem Territorium des Staats (Territorialprinzip) oder auf einem bei ihm registrierten Schiff oder Flugzeug (Flaggenprinzip) begangen wurde. Außerdem darf ein Staat daran anknüpfen, dass gegebenenfalls der Täter (aktives Personalprinzip) oder das Opfer (passives Personalprinzip) sein Staatsangehöriger ist. Wenn ein Rechtsgut des Staats selbst geschädigt wurde, etwa durch Korruption, so darf der Staat die Tat in jedem Fall nach seinem Recht beurteilen (Schutzprinzip). Schließlich darf der Staat in bestimmten Fällen auch ohne Verbindung zur Tat sein Recht darauf anwenden, wenn der Tatortstaat an der Verfolgung gehindert ist (Prinzip der stellvertretenden Strafrechtspflege) oder wenn es sich bei der Tat um eine international geächtete Tat handelt (Universalprinzip).

1593 Das Völkerrecht lässt also die Erstreckung staatlichen Strafrechts über Grenzen hinweg in verschiedener Weise zu. Ob die Staaten diese Befugnisse allerdings mit ihrem Strafrecht ausschöpfen, ist ihnen in der Regel freigestellt (anders teilweise in der EU, s.u. Kap. 8 § 3). Die Staaten des angloamerikanischen Rechtskreises beispielsweise konzentrieren ihre Strafrechtsanwendung in der Regel auf ihr Territorium und den Schutz ihrer staatlichen Rechtsgüter. Von den darüber hinaus reichenden völkerrechtlichen Befugnissen machen sie nur ausnahmsweise Gebrauch. Die kontinentaleuropäischen Staaten hingegen wenden häufig auch das aktive und das passive Personalprinzip an (z.B. § 7 StGB, Art. 113-6, 7 code pénal).

1594 Zu beachten ist, dass diese Prinzipien den Staaten keineswegs gestatten, ihr Strafrecht im Territorium eines anderen Staats zwangsweise durchzusetzen, etwa indem sie ihre Polizei über die Grenzen schicken, um Verdächtige in anderen Staaten festzunehmen oder Beweismittel zu beschlagnahmen. Entsprechende Maßnahmen sind nur im Wege der Rechtshilfe, insbesondere der Auslieferung, und nur im Einvernehmen der beteiligten Staaten möglich. Für die betroffenen Täter kann freilich die Überschneidung verschiedener Strafrechtsordnungen dennoch relevant werden, beispielsweise für die Frage, in welches Land sie noch „gefahrlos" einreisen können. Das sind Staaten, die im je gegebenen Fall weder ihr eigenes Strafrecht anwenden, noch verdächtige Täter an Staaten ausliefern, die ihr Strafrecht anwenden würden. Bei Verdacht einer Wirtschaftsstraftat in einem EU-Staat ist in allen anderen EU-Staaten Auslieferung zu befürchten, wenn ein zur Bestrafung völkerrechtlich befugter Staat einen Europäischen Haftbefehl erlässt (s.u. Kap. 8 § 4). – Im Folgenden werden einzelne Probleme dargestellt, die sich aus dem Zusammenspiel verschiedener Strafrechtsordnungen in wirtschaftsstrafrechtlichen Fällen ergeben können.

§ 2 Territorialprinzip, Wirkungsprinzip, Flaggenprinzip

a) **Tatort, Ort der Handlung, Ort des Schadens.** Kann im Fall 11 der T, der in der Türkei gehandelt hat, auf Grund des Territorialprinzips nach türkischem oder französischem Strafrecht bestraft werden? – Bei grenzüberschreitenden Delikten kann es mehrere Tatorte geben: der Ort, an dem Täter gehandelt hat, und der Ort, in dessen Territorium der Schaden eingetreten ist. Beide Orte begründen die Strafbefugnis der Staaten. Wenn ein Unternehmen geschädigt wird, ist der Ort des Schadens der Sitz des Unternehmens. T kann also in der Türkei, wo er handelte, nach türkischem Strafrecht und in Frankreich, wo das geschädigte Unternehmen seinen Sitz hat, nach französischem Strafrecht bestraft werden. 1595

Was passiert nun, wenn T in der Türkei für sein Verhalten bestraft wurde und daraufhin nach Frankreich einreist – droht ihm dann in Frankreich eine abermalige Verurteilung und Bestrafung? Das Verbot der Doppelbestrafung ist zwar ein Menschenrecht, gilt aber nach allgemeinem Völkerrecht nicht im Verhältnis verschiedener Staaten. Allerdings erkennen einige Staaten in ihrem Recht (zum Teil auf Grund zwischenstaatlicher Vereinbarungen) ausländische Strafurteile an. Die Staaten der EU tun dies untereinander (s.u. Kap. 8 § 4). Frankreich erkennt zwar nach Art. 113-9 code pénal die Strafurteile auch von Nicht-EU-Staaten an, jedoch nur wenn sie im Ausland begangene Handlungen betreffen. Die Tat des T hat, wie gezeigt, ihren Tatort auch in Frankreich, ist also aus französischer Sicht nicht „im Ausland" begangen. Auch das Recht der EU steht der zusätzlichen Bestrafung in Frankreich nicht entgegen, denn die Türkei ist nicht Mitglied der EU. Wenn also T, nachdem er in der Türkei eine Strafe verbüßt hat, nach Frankreich reist, muss er damit rechnen, dort nochmals bestraft zu werden. Allerdings wird nach dem Recht mehrerer Staaten bei der Strafzumessung eine zuvor im Ausland wegen derselben Tat verbüßte Strafe angerechnet. 1596

Gehörte das durch T geschädigte französische Unternehmen zu einem Konzern mit Sitz in Deutschland, so kann T nach dem Territorialprinzip eventuell auch von der deutschen Justiz nach deutschem Recht bestraft werden. Denn wenn die Schädigung des französischen Unternehmens dessen Wert erheblich mindert, so ist dies zugleich als Schädigung des Konzerns zu bewerten. Jedoch hat für derartige Fälle der deutsche Gesetzgeber die völkerrechtliche Strafbefugnis nicht genutzt: Nach deutschem Strafrecht (Untreue, § 266 StGB) wird die mittelbare Schädigung des Konzerns nicht berücksichtigt. Im Übrigen gilt im Verhältnis zwischen Deutschland und Frankreich das Doppelbestrafungsverbot des EU-Rechts (s.u. Kap. 8 § 4). Auch dies stünde einer Bestrafung des Geschäftsführers in Deutschland entgegen, sofern er zuvor in Frankreich bestraft worden war. 1597

b) **Grenzüberschreitende Umweltdelikte**

Fall 12: Ein Chemieunternehmen hat seinen Sitz in der Schweiz nahe der österreichischen Grenze. Der Geschäftsführer G des Unternehmens lässt chemische Substanzen in einen Fluss leiten, der nach Österreich fließt, so dass dort das Wasser verunreinigt wird. Gewässerverunreinigung ist in Österreich strafbar (§§ 180, 181 öStGB). Kann G nach österreichischem Recht bestraft werden, obwohl er Staatsangehöriger der Schweiz ist und dort handelte?

Nach dem zum Tatort Gesagten erscheint die Antwort zunächst einfach: Da der Schaden in Österreich eingetreten ist, ist auch Österreich Tatort und darf nach dem Territorialprinzip sein Strafrecht anwenden. Allerdings muss Österreich gemäß der völkerrechtlichen Gleichheit aller Staaten auch die Interessen der Schweiz an eigener wirtschaftlicher Entwicklung respektieren. Mit dieser aber ist in einem Mindestmaß die Belastung der natürlichen Umwelt verbunden. Grenzüberschreitende ökologische Auswirkungen von Wirtschaftstätigkeit sind nirgends vollständig auszuschlie- 1598 ßen. Verboten und bestraft werden darf daher nur eine erhebliche grenzüberschreitende Schädigung. Wie die „Erheblichkeit" näher bestimmt werden soll, ist im Völkerrecht nicht geklärt. Manche Juristen postulieren, die ökologische Belastung müsse „spürbar" sein; damit wird jedoch die Gefahr zukünftiger kumulativer Effekte vernachlässigt. Auch wird die Üblichkeit als Kriterium vorgeschlagen. Diese ist durchaus relevant, kann jedoch nicht allein entscheidend sein, denn wenn rücksichtslose Belastungen der Umwelt üblich sind, darf dies nicht zur Norm werden. Als ein wichtiges Kriterium erscheint auch, welches Maß an Emissionsvermeidung dem emittierenden Staat nach dem Stand der Technik und seiner wirtschaftlichen Entwicklung zumutbar ist. Wenn man sich an diesem Kriterium orientiert, kommt es für die Frage, ob in Österreich ein völkerrechtlich relevanter Schaden eintrat, darauf an, ob der schweizerischen Wirtschaft zugemutet werden kann, Schadstoffemissionen wie die im Fall 12 geschehenen zu vermeiden.

1599 Ist in Österreich ein völkerrechtlich relevanter Schaden eingetreten, so ist weiter zu klären, ob Österreich dafür den G bestrafen darf. Das ist nicht zu bezweifeln, wenn die Emission auch in der Schweiz strafbar war, denn dann ist keine Einmischung in die schweizerische Strafbefugnis gegeben. Probleme entstehen, wenn die Emission in der Schweiz erlaubt war. Zwar ist die österreichische Bestrafung auch in diesem Fall kein völkerrechtswidriger Eingriff in die ökologischen Befugnisse der Schweiz, sofern die Schädigung der österreichischen Umwelt wie gezeigt völkerrechtswidrig war. Aber die Unternehmer in einem Staat dürfen sich im Allgemeinen an dessen Rechtsordnung – hier an der Emissionserlaubnis – orientieren. Andererseits kann von Unternehmern verlangt werden, dass sie nicht nur das Recht des Staats, in welchem ihr Unternehmen seinen Sitz hat, respektieren, sondern auch die ihnen bekannten grenzüberschreitenden Auswirkungen von Emissionen und deren Bewertung durch betroffene Staaten berücksichtigen, sofern die Schädigungen erheblich sind. Das entspricht auch dem Schutzprinzip (s.u. Kap. 7 § 3). Demgemäß wäre die Bestrafung G's durch österreichische Gerichte unter Umständen zulässig. – Nach dem Recht der EU ist bei grenzüberschreitenden Umweltdelikten jeweils der Staat strafbefugt, in welchem der Täter handelte.

1600 c) **Grenzüberschreitende Wettbewerbsdelikte.** Bei grenzüberschreitenden Wettbewerbsdelikten stellt sich ein ähnliches Problem wie bei den grenzüberschreitenden Umweltdelikten. Wenn Unternehmen im Staat A wettbewerbsbeschränkende Absprachen getroffen haben, die sich im Staat B wirtschaftlich nachteilig auswirken, kann dann der Staat B sein Strafrecht hierauf erstrecken? Problematisch ist hier wiederum die Bedeutung der wirtschaftspolitischen Eigenständigkeit des Staats A. Der betroffene Staat B muss respektieren, dass der Staat A ein legitimes Interesse an der eigenständigen Regelung der Wirtschaftstätigkeit in seinem Territorium hat. Mit diesem legitimen Interesse muss er das Schutzinteresse seiner eigenen Wirtschaft abwägen. Er darf also – wiederum – nur auf erhebliche grenzüberschreitende Wirkungen mit Strafe oder Geldbuße reagieren. Diese Abwägung wird von verschiedenen Staaten unterschiedlich vorgenommen. Die USA beispielsweise erstrecken ihr Strafrecht seit 1965 auf ausländische Unternehmen, die die amerikanische Wirtschaft schädigen, unabhängig davon, ob deren Tätigkeit dort erlaubt ist, wo sie ihren Sitz haben. In Europa wurde dies teilweise abgelehnt. Jedoch regelt nun § 130 GWB die Reichweite der deutschen Befugnis, Geldbußen gegen Wettbewerbsbeschränkungen zu verhängen, ebenso. Gleiches gilt für die Befugnisse der Kommission der EU.

d) **Grenzüberschreitende Internetdelikte**

Fall 13: Ein Unternehmen mit Sitz in Großbritannien veranstaltet im Internet Sportwetten und Glücksspiele mit Genehmigung des britischen Staats. Unter anderem in

Territorialprinzip, Wirkungsprinzip, Flaggenprinzip   Kap. 7 § 2 N

Deutschland können Internetnutzer an den Glücksspielen teilnehmen. In Deutschland ist die Veranstaltung von Glücksspielen strafbar, wenn sie ohne staatliche Genehmigung erfolgt (§ 284 StGB). Der Unternehmer U hat keine solche Genehmigung des deutschen Staats. Als er zu geschäftlichen Verhandlungen nach Deutschland eingereist ist, will die örtliche Justiz ihn nach § 284 StGB verurteilen. Die Anwendung deutschen Strafrechts gegen U stützt sie auf das Territorialprinzip. Zu Recht?

Wie bereits dargestellt, gestattet das Territorialprinzip einem Staat die Anwendung seines Strafrechts auch dann, wenn nur der Schaden im Territorium des Staats eingetreten ist. Aber worin besteht beim unerlaubten Veranstalten eines Glücksspiels (§ 284 StGB) der Schaden? Um zu klären, was in diesem Zusammenhang ein Schaden sein könnte, muss berücksichtigt werden, was die Staaten verhindern wollen, wenn sie festlegen, ein Glücksspiel dürfe nur nach staatlicher Genehmigung veranstaltet werden. Zweck solcher Regelungen ist es, die Gefahr der Ausbeutung der Spielleidenschaft der Bürger zu begrenzen und Gefahren von Betrug, Geldwäsche und anderen Delikten abzuwenden, die bei Glücksspielen oft vorkommen. Es geht um die präventive Abwehr von Gefahren durch staatliche Kontrolle, also eine weit vorverlagerte strafrechtliche „Vorsichtsmaßnahme". Es erscheint problematisch, ob Staaten derart vorverlagerte Strafen auch auf abstrakt gefährliches Verhalten im Ausland erstrecken dürfen. Zwar ist den Staaten im Hinblick auf ihre Souveränität nicht zuzumuten, dass sie jede durch das weltweite Internet vermittelte Einwirkung auf das Leben der Bürger in ihrem Territorium hinnehmen. Aber sie würden ihre Souveränität überziehen, wenn sie beanspruchten, all ihre präventiven internen Kontrollregelungen müssten weltweit die Kommunikation im Internet beschränken.

Nach der Rechtsprechung des Europäischen Gerichtshofs (EuGH) ist es den Staaten der EU daher zwar grundsätzlich erlaubt, ihr Strafrecht im Interesse präventiver Kontrolle auf Glücksspiele, die in anderen Staaten der EU veranstaltet und im Internet verbreitet werden, auszudehnen (NJW 2004, 139). Dieser präventive Verbraucherschutz greift nach Ansicht des EuGH jedoch unverhältnismäßig in die Niederlassungs- und Dienstleistungsfreiheit (Art. 49 ff., 56 ff. AEUV) ein, wenn die Behörden des strafenden Staats zugleich für die Teilnahme an erlaubten Glücksspielen werben und wenn die Anbieter der Glücksspiele in dem Staat, in welchem sie handeln, ohnehin präventiv kontrolliert werden s.a. BVerfGE 115, 276. Die Einzelheiten sind umstritten.

1601

e) **Beteiligung mehrerer Personen, Transitdelikte.** Zahlreiche Staaten wenden ihr Strafrecht auch auf im Ausland begangene Anstiftung und Beihilfe an, wenn die eigentliche Tat im Inland begangen wurde. Beispiel: Ein französischer Unternehmer hat in Frankreich einen Betrug begangen, zu welchem er telefonisch aus Spanien von einem dortigen Geschäftspartner angestiftet wurde. Der Geschäftspartner kann (auch) in Frankreich bestraft werden. Nach dem Recht einiger Staaten (z.B. Frankreich) wird die Strafgewalt nur dann auf ausländische Anstiftung und Beihilfehandlungen ausgedehnt, wenn sie auch an dem Ort strafbar sind, wo der Anstifter bzw. Helfer handelte.

1602

Wenn das Objekt oder das Mittel der Straftat auf dem Weg vom Ort der Tathandlung zum Ort des Schadenserfolges das Territorium eines dritten Staats durchquert, so darf auch dieser sein Strafrecht anwenden, wenn ein legitimierender Anknüpfungspunkt gegeben ist – z.B. wenn der Transport (etwa von Sprengstoff) gefährlich ist oder wenn die Verbindungswege der international organisierten Kriminalität dienen.

1603

f) **Reichweite des Territorialprinzips auf See, Flaggenprinzip.** Nach dem Territorialprinzip (zum Folgenden s.a. *Ambos*, S. 33 f.) dürfen die Staaten ihr Strafrecht auf ihrem Staatsgebiet anwenden und – gegebenenfalls – in einem 12 Seemeilen (sm) breiten Streifen des Meeres vor ihrer Küste (so genanntes Küstengewässer) sowie im Luftraum über dem Festland und dem Küstengewässer. Wenn also im Küstengewässer eines Staats der Kapitän eines ausländischen Frachtschiffs Ölabfälle ins Meer leiten lässt, so kann

1604

457

der Staat, dem das Küstengewässer zugehört, ihn wegen Gewässerverunreinigung und unerlaubter Abfallbeseitigung bestrafen. Die Einzelheiten sind im Seerechtsübereinkommen (SRÜ) geregelt. Nach Art. 230 SRÜ darf der Staat, dem das Küstengewässer zugehört, allerdings nur Geldstrafen verhängen, sofern es sich nicht um eine schwere vorsätzliche Verunreinigung handelt. Dadurch wird die Wirksamkeit des ökologischen Schutzes der Meere erheblich geschwächt.

1605 Bei Straftaten auf Schiffen und Flugzeugen darf der Staat, bei dem das Fahrzeug registriert ist, sein Strafrecht anwenden (Flaggenprinzip). Bei Gewässerverunreinigung im Küstengewässer kann sich diese Strafbefugnis mit der erwähnten Strafbefugnis des Küstenstaats nach dem Territorial- oder dem Schutzprinzip überschneiden. In solchen Fällen hat nach dem SRÜ das Flaggenprinzip grundsätzlich Vorrang, der Küstenstaat darf sein Strafrecht also nur in engen Grenzen zwangsweise durchsetzen.

§ 3 Schutzprinzip, Strafrechtsanwendung zugunsten anderer Staaten und der EU

1606 Das Schutzprinzip betrifft den Schutz der Rechtsgüter, die einem Staat als Hoheitsträger zustehen (z.B. Steueraufkommen), gegen im Ausland begangene Straftaten. Nach dem Schutzprinzip darf gegen solche Straftaten jeder Staat sein Strafrecht anwenden. Beispiele solcher Straftaten sind die Bestechung eines staatlichen Beamten im Ausland (Rechtsgut: Integrität der staatlichen Verwaltung), die im Ausland organisierte Hinterziehung von dem Staat zustehenden Steuern (Rechtsgut: Steueraufkommen).

1607 Die Rechtsgüter anderer Staaten schützen die Staaten im Allgemeinen nicht. Es wird davon ausgegangen, dass jeder Staat für den Schutz seiner Rechtsgüter selbst zuständig ist. Allerdings können Staaten auf Grund vertraglicher Vereinbarung oder auch einseitig die Rechtsgüter anderer Staaten strafrechtlich schützen. Demgemäß bestrafen zahlreiche Staaten die Geldfälschung und das Inverkehrbringen von gefälschtem Geld, auch wenn das Geld anderer Staaten betroffen ist, und zwar selbst dann, wenn die Tat im Ausland begangen wurde (§ 152 StGB; Art. 442-1, 113-10 code pénal). Daher kann beispielsweise ein US-Bürger, der in den USA französisches Geld fälscht, dort nach US-Bundesrecht bestraft werden.

1608 Weit fortgeschritten ist diese Entwicklung innerhalb der EU (s.u. Kap. 8 §§ 2, 3). Deren Mitgliedstaaten haben sich verpflichtet, die finanziellen Interessen der EU strafrechtlich ebenso zu schützen wie die eigenen (Art. 325 AEUV). Subventionsbetrug zu Lasten der EU kann also von jedem EU-Staat bestraft werden, auch wenn die Tat außerhalb seines Territoriums begangen wurde. Entsprechendes gilt für die Bestechung von EU-Mitarbeitern. Ferner wird nach deutschem Strafrecht die Hinterziehung von in der EU einheitlich geregelten Zöllen, Umsatz- und Verbrauchsteuern, die ein anderer EU-Staat einzuziehen hätte, bestraft.

§ 4 Aktives und passives Personalprinzip, Universalprinzip

1609 Von der völkerrechtlichen Befugnis der Staaten, ihr Strafrecht auf Taten zu beziehen, die ihre Bürger im Ausland begangen haben (aktives Personalprinzip), machen die kontinentaleuropäischen Staaten weitgehend (zum Beispiel Frankreich in Art. 113-6,7 code pénal) Gebrauch – am weitesten gehend Deutschland (§7 Abs. 2 Nr.1 StGB). Einer der Gründe dafür ist, dass es in den kontinentaleuropäischen Staaten im Allgemeinen intern verboten ist, eigene Staatsbürger an andere Staaten auszuliefern (anders im Verhältnis zu EU-Staaten, dazu Kap. 8 § 4). Um zu vermeiden, dass ihre Bürger infolgedessen straflos bleiben, erstrecken die genannten Staaten ihr Strafrecht auf die im Ausland begangenen Taten. Davon ist auch die Wirtschaftskriminalität erfasst. Teilweise wenden Staaten ihr Strafrecht nur dann gemäß dem aktiven Personalprinzip an, wenn die Tat auch am ausländischen Tatort mit Strafe bedroht ist. Das französische Strafrecht verzichtet auf diese Voraussetzung bei schweren Straftaten, das deutsche u.a. bei unerlaubtem Handel mit menschlichen Organen, unerlaubtem Export von Kriegswaffen und anderen Waren, Technologien und Dienstleistungen (§ 5 StGB). – Die USA wenden das aktive Personalprinzip entsprechend der Tradition des *common law* nur ausnahmsweise an – u.a. bei Geldwäsche.

Ob die Staaten befugt sind, ihr Strafrecht auf ausländische Straftaten anzuwenden, durch die ihre Bürger oder Unternehmen geschädigt wurden (passives Personalprinzip), ist im Völkerrecht umstritten. Denn damit wird die Souveränität der Staaten, in denen der ausländische Täter handelte, weit reichend beeinträchtigt: Die Unternehmen können sich dann nicht auf die Geltung der Rechtsordnung des Ortes ihrer Tätigkeit verlassen. Teilweise wird die Ausweitung des staatlichen Strafrechts gemäß dem passiven Personalprinzip zugelassen, wenn die Tat auch am Tatort strafbar war oder wenn die Interessen des strafenden Staats erheblich beeinträchtigt wurden (§7 Abs. 1 StGB, Art. 113-7,10 code pénal). – Praktisch ist das passive Personalitätsprinzip bei der Bestrafung von Wirtschaftskriminalität gegenwärtig wenig relevant, wenn sich der Täter in seinem Heimatstaat befindet und nicht ausgeliefert wird. Das ändert sich in der EU, weil die Staaten bei der Verfolgung von Wirtschaftskriminalität ihre Kooperation intensivieren und auch eigene Staatsbürger ausliefern.

1610

Ihr Strafrecht unabhängig von der Zugehörigkeit von Tatort, Täter und Geschädigtem weltweit auszudehnen, ist den Staaten völkerrechtlich nur bezogen auf bestimmte Taten erlaubt (Universalprinzip). Einige davon sind für die Wirtschaftstätigkeit wichtig: die Herstellung und Verbreitung von gefälschtem Geld, gefälschten Wertpapieren, Zahlkarten und Euroscheckvordrucken (§§ 149-152a StGB); ferner die Hinterziehung von Zöllen, die der EU zustehen, sowie die wettbewerbswidrige Korruption (§ 299 StGB). Demgemäß wurde ein US-Bürger, der Diamanten im Wert von 1,5 Millionen Euro aus den USA nach Italien geschmuggelt hatte, von einem deutschen Gericht bestraft (wistra 2001,62). Auch Straftaten, die den internationalen Terrorismus wirtschaftlich unterstützen, können gemäß dem Universalprinzip weltweit bestraft werden (Konvention über Terrorismusfinanzierung). Gleiches gilt für Geldwäsche und Korruption, wenn sie im Zusammenhang der organisierten Kriminalität begangen werden. Ob auch der Vertrieb von Betäubungsmitteln hierher gehört, ist umstritten. Nach dem deutschen Recht soll auch die betrügerische Beschaffung von Subventionen nach dem Universalprinzip bestraft werden. Dies dürfte innerhalb der EU akzeptabel sein, jenseits derselben fehlt die völkerrechtliche Legitimation.

1611

Kapitel 8   Europäisches Wirtschaftsstrafrecht

§ 1 Grundlagen

Ein Schwerpunkt der Entwicklung der Europäischen Union liegt im Bereich der Wirtschaft. Die EU setzt selbstständig Wirtschaftsrecht und beeinflusst auf vielfältige Weise das Wirtschafts*straf*recht der Mitgliedstaaten (zum Folgenden s.a. *Ambos*, S. 341 ff.; *Hecker*; *Satzger*, S. 90 ff.; *Tiedemann*, Rn 82 ff.). Die rechtliche Grundlage der EU wurde 2009 durch den Lissabon-Vertrag umgestaltet. Nach wie vor gibt es jedoch kein

1612

N Kap. 8 § 2   Grundzüge d. deutschen u. intern. Wirtschaftsstrafrechts

systematisch geschlossenes System des europäischen Wirtschaftsstrafrechts, erstens weil die EU die Wirtschaft nicht umfassend, sondern nur in einzelnen Bereichen zu regeln hat, zweitens weil die EU nur in engen Grenzen die Kompetenz hat, selbst Strafrecht zu setzen. Weiter reicht neuerdings ihre Kompetenz, die Mitgliedstaaten zur Strafrechtssetzung zu verpflichten (dazu Kap. 8 § 3).

1613 Sie hat allerdings die Befugnis, durch eigene Normen die Verhängung von Geldbußen zu regeln. Davon macht sie insbesondere im Wettbewerbsrecht Gebrauch (Art. 103 AEUV; ex-Art. 83 EGV), indem gegen Vereinbarungen, die den Wettbewerb behindern, und gegen den Missbrauch einer den Markt beherrschenden Stellung Bußgelder verhängt werden – z.B. gegen Aufzughersteller in Höhe von 992 Millionen €, ferner gegen das Pharmaunternehmen Hoffmann-La Roche in Höhe von 462 Millionen € (*Satzger*, S. 91). Auch gegen landwirtschaftliche Unternehmen, die mit falschen Angaben Agrarbeihilfen erlangen, werden oft Bußgelder verhängt. – Europäisches und staatliches Wettbewerbsrecht sind nebeneinander anwendbar. Allerdings gilt das Doppelbestrafungsverbot (dazu Kap. 8 § 4).

§ 2 Europäischer Einfluss auf nationales Wirtschaftsstrafrecht

1614 Wie das Strafrecht der Mitgliedsstaaten durch das EU-Recht begrenzt werden kann, haben wir bereits oben in den Fällen 5 und 13 gesehen: Unter Umständen verstößt die Bestrafung nach nationalem Wirtschaftsstrafrecht gegen die EU-Normen der Warenverkehrs-, Niederlassungs- oder Dienstleistungsfreiheit (Art. 28 ff., 49 ff., 56 ff. AEUV; ex-Art. 23, 43, 49 EGV) und ist deshalb unzulässig. Das EU-Recht kann jedoch, wie schon im Zusammenhang des Schutzprinzips angedeutet, auch eine Erweiterung oder Verstärkung des nationalen Strafrechts bewirken. Dazu:

Fall 14: Ein Unternehmen führte zwei Schiffsladungen Mais aus griechischen Häfen nach Belgien aus. Der Mais wurde von den zuständigen griechischen Behörden als griechischer Mais deklariert, obwohl er tatsächlich zuvor aus Mazedonien (nicht Mitglied der EU) eingeführt worden war und deshalb in Griechenland oder Belgien hätte zu Gunsten der EU (früher EG genannt) verzollt werden müssen. Als öffentlich bekannt wurde, dass die griechischen Beamten auf diese Weise an der Hinterziehung des der EU zustehenden Zolls mitgewirkt hatten, weigerte sich der griechische Staat, die Beamten anzuklagen. Die griechische Justiz stellte sich auf den Standpunkt, Zollhinterziehung sei in Griechenland nur strafbar, wenn die finanziellen Interessen des griechischen Staats betroffen seien. Die Entscheidung über die Anwendung nationalen Strafrechts sei einem jeden souveränen Staat selbst überlassen. Ist das richtig?

1615 Nach Ansicht des EuGH (EuGHE 1989, 2965; *Hecker*, S. 248 ff.) widersprach das Verhalten des griechischen Staats der Pflicht der Mitgliedstaaten zur Gemeinschaftstreue (Art. 4 EUV; ex-Art. 10 EGV). Wenn Unternehmen das Recht der EU (hier: die Pflicht, Zoll der EU zu zahlen) verletzten, seien die Staaten verpflichtet, die gleichen Sanktionen zu verhängen wie gegen eine gleichartige Verletzung des eigenen staatlichen Rechts. Zumindest aber müssten die Staaten zum Schutz der Interessen der EU Sanktionen verhängen, die wirksam, abschreckend und verhältnismäßig sind. Ob Strafen, Geldbußen oder sonstige Verwaltungssanktionen verhängt werden müssen, ließ der EuGH im Jahr 1989 noch offen.

1616 Nach der Entscheidung im Mais-Fall verlangte die EU auch in anderen Bereichen Sanktionen, die ähnlich wirksam wie Strafen sind. Beispielsweise reagierte sie mit einer

Verordnung über den Umgang mit Abfällen darauf, dass der grenzüberschreitende Transport von Abfällen zu kostengünstigen Deponien ohne angemessene Entsorgung zu einem profitablen Geschäft geworden war. Die Staaten wurden verpflichtet, ungenehmigte Abfallbeförderung mit geeigneten rechtlichen Maßnahmen zu ahnden. Ob strafrechtliche – so in Deutschland (§ 326 StGB) – oder andere Sanktionen angedroht werden, wurde den Staaten überlassen. Auch wurde eine Definition des Abfalls vorgegeben. – Ein weiteres Beispiel: In einer Richtlinie wurde den Mitgliedsstaaten aufgegeben, den Insiderhandel mit Sanktionen zu ahnden.

§ 3 Strafrechtssetzung durch die EU, Verpflichtung der Staaten zur Strafrechtssetzung

a) Mit dem Inkrafttreten des Vertrags von Lissabon im Jahr 2009 wurden die Einflussmöglichkeiten der EU erweitert. Gemäß Art. 325 Abs. 4 AEUV kann sie nun selbstständig Strafrecht setzen, wenn dies erforderlich ist, um Betrügereien, die sich gegen die finanziellen Interessen der EU richten, wirksam zu verhüten und zu bekämpfen; zu den Einzelheiten vgl. Zimmermann, Jura 2009, 844 (846). Wären also im Fall 14 „Betrügereien" begangen worden und würden solche sich häufen, könnte nach gegenwärtigem Recht u.U. die EU selbstständig Strafrecht zur Verhütung der Taten setzen.

1617

b) Ferner hat die EU nun gemäß Art. 83 AEUV die Kompetenz, durch Richtlinien, die Mindeststandards enthalten, die Staaten zum Erlass von Strafnormen zu verpflichten, wenn dies zur effektiven Bekämpfung schwerer grenzüberschreitender Straftaten (insbesondere Drogen- und Waffenhandel, Geldwäsche, Korruption, Computerkriminalität, organisierte Kriminalität) notwendig ist, oder wenn die Verpflichtung notwendig ist, um bestimmte Politiken der EU durchzusetzen. Dementsprechend wurden die Staaten zur Strafrechtssetzung verpflichtet, um die Umweltschutzpolitik der EU durchzusetzen.

1618

Das Bundesverfassungsgericht (E 123, 267) hat diese neuen Kompetenzen der EU für Deutschland nur unter Vorbehalten akzeptiert und dafür u.a. folgende Gründe angegeben: Da mit staatlichen Strafen gravierende sozialethische Vorwürfe der Allgemeinheit gegen einzelne Menschen geltend gemacht werden, bedarf die Strafgesetzgebung vollständiger demokratischer Legitimation. Diese ist im Verfahren der Rechtsetzung der EU aber nur unzulänglich gegeben, denn das Parlament der EU ist nicht repräsentativ zusammengesetzt und hat bei der Rechtsetzung nur begrenzte Befugnisse; zu den Einzelheiten vgl. Zimmermann, a.a.O., S. 844 ff.

1619

§ 4 Europäisierung der Strafverfolgung, Doppelbestrafungsverbot, Europäischer Haftbefehl

Nach dem EU-Vertrag soll die Kooperation der Polizei- und Justizbehörden bei der Verfolgung unter anderem von Betrug und Korruption intensiviert werden. Dafür und für die Bekämpfung der Delikte gegen die finanziellen Interessen der EU wurden europäische Behörden (Europol, Eurojust, OLAF) mit eigenen Informationssystemen eingerichtet. Damit wurde der Druck auf die Wirtschaftskriminalität in der EU erhöht. Zugleich ist nun festgelegt, dass jeder Staat die Strafurteile aller anderen Staaten der EU anerkennen muss. Es darf in der EU also keine Doppelbestrafung mehr stattfinden. Indessen: Was ist eine Doppelbestrafung? – Dazu:

1620

Fall 15: 1988 führten deutsche Kaufleute mehrere Schiffsladungen Stahl aus Jugoslawien nach Belgien ein, ohne den der EU (damals noch EG genannt) zustehenden Zoll (umgerechnet 1,4 Millionen Euro) zu zahlen. Als die belgische Ermittlungsbehörde dies entdeckte, traf sie mit den Kaufleuten eine Vereinbarung, wonach diese (umgerechnet) 1,45 Millionen Euro (Zoll plus Strafe) zahlen sollten. Im Gegenzug sollte das Ermittlungsverfahren endgültig eingestellt werden. Nachdem die Vereinbarung beiderseits erfüllt war, wurden die Kaufleute vor einem deutschen Gericht wegen der Zollhinterziehung angeklagt. – War das, weil auf eine Doppelbestrafung gerichtet, unzulässig?

1621 Die deutsche Justiz (BGH NStZ 1998, 149; 1999, 250) sah in der beantragten Strafe keine Doppelbestrafung, denn die Vereinbarung mit einer Ermittlungsbehörde sei keine gerichtliche Bestrafung (auch hatten die Kaufleute kaum mehr als die Geldsumme bezahlt, die sie ohnehin als Zoll zu entrichten hatten). Der EuGH (NStZ 2003, 332) hingegen wies darauf hin, dass derartige Vereinbarungen in Belgien gerichtlichen Verurteilungen gleichgestellt werden. Dies müssten die deutschen Gerichte anerkennen, da innerhalb der EU jeder Staat das Gerichtssystem der anderen Staaten wie das eigene anerkennen müsse. Die Anklage in Fall 15 war demnach unzulässig.

1622 Eine erhebliche Erleichterung europaweiter Verfolgung von Wirtschaftskriminalität (u.a. Korruption, Umweltschädigung, Produktpiraterie, Betrug, Geldwäsche) entsteht auch mit dem im Jahr 2002 eingeführten Europäischen Haftbefehl, der zu einer Vereinfachung der Auslieferung führt. Die wichtigsten Besonderheiten sind:

– Gegenüber einem Europäischen Haftbefehl der Strafverfolgungsbehörde eines Staats sind die anderen EU-Staaten grundsätzlich verpflichtet, die verdächtige Person auszuliefern. Das führt zu einer erheblichen Intensivierung der Kooperation, denn nach bisheriger Rechtslage und im Verhältnis von Staaten, die an der Regelung des Europäischen Haftbefehls nicht teilnehmen, konnte bzw. kann jeder Staat frei entscheiden, ob er einem Auslieferungsersuchen nachkommt, sofern nicht ein spezifischer Rechtshilfevertrag besteht.

– Unter Umständen müssen auch eigene Staatsangehörige ausgeliefert werden.

– Die Staaten dürfen bei wichtigen Straftaten – insbesondere Betrug, Geldwäsche, Produktpiraterie, Umweltdelikte, Korruption – die Auslieferung nicht davon abhängig machen, dass die Tat, derentwegen ausgeliefert werden soll, auch nach ihrem eigenen Recht strafbar ist. Eben dies gilt außerhalb des Europäischen Haftbefehls in vielen Staaten als Voraussetzung der Auslieferung, und die entsprechende Überprüfung in jedem Verfahren ist bei komplizierten Tatvorwürfen wegen der Differenzen zwischen den staatlichen Strafgesetzen oft sehr umständlich und führt bei Zweifeln zur Verweigerung der Auslieferung.

Literatur:

– *Achenbach/Ransiek*, Handbuch Wirtschaftsstrafrecht, 2. Aufl. 2008
– *Ambos*, Internationales Strafrecht, 2. Aufl. 2008
– *Ashworth*, Principles of Criminal Law, 1995
– *Hecker*, Europäisches Strafrecht, 2. Aufl. 2007
– *Satzger*, Internationales und Europäisches Strafrecht, 2. Aufl. 2009
– *Schmid*, Strafverfahren und Strafrecht in den Vereinigten Staaten, 1993
– *Tiedemann*, Wirtschaftsstrafrecht, Einführung und Allgemeiner Teil, 2004
– *Wabnitz/Janovsky*, Handbuch des Wirtschafts- und Steuerstrafrechts, 3. Aufl. 2007
– *Zimmermann*, Die Auslegung künftiger EU-Strafrechtskompetenzen nach dem Lissabon-Urteil des Bundesverfassungsgerichts, Jura 2009, 844 ff.

O Wettbewerbs- und Kartellrecht

Søren Pietzcker/Stefan Bretthauer

Kapitel 1 Einführung

§ 1 Der Begriff „Wettbewerb"

Wettbewerb ist das Verhalten mehrerer Personen, das dadurch gekennzeichnet ist, dass der eine das zu gewinnen strebt, was ein anderer zu gleicher Zeit zu gewinnen strebt. Die Erscheinungsformen sind vielfältig. Wettbewerb gibt es im Bereich des Sports, der Kunst, des Berufs, der Politik und der Wirtschaft. **1623**

Der Kern des **wirtschaftlichen Wettbewerbs** ist das Verhalten selbstständiger Unternehmen, zu einem Geschäftsabschluss mit Dritten zu gelangen. Die Bedingung für Wettbewerb ist somit ein Wettbewerbsverhältnis. Ein Wettbewerbsverhältnis kann erst entstehen, wenn mindestens zwei Wettbewerber vorhanden sind, also kein Monopol besteht. **1624**

Grundvoraussetzung für ein Wettbewerbsverhältnis ist die **Wettbewerbsfreiheit**. Sie besteht aus folgenden Komponenten:

– freier Zugang zu einem bestimmten Markt,
– freie wirtschaftliche Betätigung auf diesem Markt.

Der Wettbewerb erfüllt in der Marktwirtschaft elementare **Funktionen**: Durch seine Antriebsfunktion treibt er die Unternehmen zu ständigen Leistungsverbesserungen an. Mit Hilfe seiner Steuerungsfunktion lenkt der Wettbewerb den Wirtschaftsablauf auf der Grundlage des freien Spiels von Angebot und Nachfrage ohne behördliche Vorgaben. Seine Kontrollfunktion führt zu einer Kontrolle des Verhaltens der Unternehmen. Seine Auslesefunktion hat zur Folge, dass ineffiziente Unternehmen ausgesondert werden und Platz für effektivere machen. Schließlich sorgt die Verteilungsfunktion für eine Verteilung des Einkommens nach Leistung, wobei die Leistung nicht nach sozialen Gesichtspunkten bemessen wird, sondern nach ihrer Durchsetzung im Marktgeschehen. **1625**

Dem Wettbewerb kommt demzufolge eine große **Bedeutung** zu. Dies zeigt sich schon daran, dass es ohne den Wettbewerb mehrerer voneinander unabhängiger Anbieter keine Alternative mehr für die Marktgegenseite gibt, unter der sie entsprechend ihrer Präferenz auswählen kann. Dies hätte zur Folge, dass sich die Anbieter nicht mehr darum bemühen müssten, die von ihnen hergestellten oder vertriebenen Wirtschaftsgüter den Wünschen ihrer Kunden entsprechend fortzuentwickeln und dass sie ihre Preise grundsätzlich beliebig hoch festsetzen könnten. **1626**

Durch einen **funktionierenden Wettbewerb** kann daher ein leistungsfähiges und der allgemeinen Wohlstandsförderung am ehesten dienendes Wirtschaftssystem am besten geschaffen und sichergestellt werden. Dadurch besteht die Chance, eine Ausbeutung der Gegenseite einerseits und eine Behinderung der Entfaltungsmöglichkeiten der Wettbewerber in nichtleistungsgerechter Weise andererseits zu verhindern. Auf diese Weise soll auch der wirtschaftliche und technische Fortschritt geschützt bzw. gefördert werden. Über diese ökonomische Aufgabe hinaus hat der deutsche Gesetzgeber dem Wettbewerb durch das Normieren einer Fülle von **Beschränkungen** in einigen Wirtschaftsbereichen eine soziale Komponente verliehen. Die Grundkonzeption des marktwirtschaft- **1627** lichen Wirtschaftssystems wird dadurch aber nicht berührt, solange die Freiheit der unternehmerischen Einzelentscheidungen im Markt unangetastet bleibt. Dies versucht der Staat dadurch zu erreichen, dass er nur dort eingreift, wo dies unter dem Aspekt des Gemeinwohls notwendig und gerechtfertigt ist (sog. **soziale Marktwirtschaft**).

1628 Der so verstandene Wettbewerb umschreibt damit ein **Ordnungsprinzip**. Dies ist dadurch gekennzeichnet, dass einerseits die Motivation zur Leistungssteigerung gefördert und andererseits die Notwendigkeit eines Regulators der wirtschaftlichen Gesamtprozesse sichergestellt wird.

§ 2 Gegenstand des Wettbewerbs- und Kartellrechts

1629 Aus den unterschiedlichen Ansätzen, mit denen ein Wettbewerber in rechtspolitisch unerwünschter Weise versucht, das Ziel vor seinen Konkurrenten zu erreichen, ergeben sich die Zielrichtungen des **Kartellrechts** und des **Rechts des unlauteren Wettbewerbs**:

- Die Einen versuchen, durch Vereinbarungen mit Wettbewerbern den Wettbewerb auszuschalten bzw. zu verdrängen;
- die anderen versuchen, durch unlautere Methoden, also unter Verstoß gegen die „Spielregeln" des Wettbewerbs, einen Vorsprung vor seinen Wettbewerbern zu erhalten.

1630 Um diesen Bestrebungen entgegen zu wirken, muss eine Rechtsordnung im Hinblick auf das Verhalten der Marktteilnehmer im Wettbewerb zwei wichtige Aufgaben erfüllen: Die erste betrifft den **Schutz des Wettbewerbs** (**Schutz vor Wettbewerbsbeschränkungen**). Das ist die **Aufgabe des Kartellrechts**. Es soll Beschränkungen des Wettbewerbs durch entsprechende Vereinbarungen, Beschlüsse und abgestimmte Verhaltensweisen verhindern. Der Wettbewerb soll gegen willkürliche Beschränkungen der an ihm teilnehmenden Unternehmen gesichert werden. Wettbewerb kann aufgrund besonderer Leistungen einzelner Unternehmen aber auch dazu führen, dass diese Unternehmen starke Marktpositionen und damit die Möglichkeit erlangen, ihr Verhalten unabhängig von ihren Wettbewerbern zu bestimmen und sich der Kontrolle des Wettbewerbs zu entziehen. Hier muss das Kartellrecht machtbedingten Verhaltensweisen entgegenwirken. Gleiches gilt auch in den Fällen, in denen durch den Zusammenschluss von mindestens zwei Unternehmen eine marktbeherrschende Stellung zu entstehen droht. Die zweite Aufgabe betrifft den **Schutz der Wettbewerbsqualität** (**Schutz vor unlauterem Wettbewerb**). Dadurch soll ein faires Verhalten im Wettbewerb um Kunden erreicht werden. Das ist die Aufgabe des Wettbewerbsrechts.

§ 3 Regelwerke

I. Wettbewerbsrecht

1631 Beim Wettbewerbsrecht geht es um die **Lauterkeit** des Wettbewerbs, d.h. die Abgrenzung des lauteren vom unlauteren Wettbewerb. Diese Aufgabe übernimmt in Deutschland allgemein das **Gesetz gegen den unlauteren Wettbewerb** (UWG). Daneben sind weitere **spezielle Regelungen** vor allem in der Preisangabenverordnung, dem Heilmittelwerbegesetz, dem Arzneimittelgesetz und dem Telemediengesetz enthalten.

II. Kartellrecht

Dagegen steht beim Kartellrecht die **Freiheit des Wettbewerbs** im Vordergrund. Zielrichtung ist hier sowohl eine wirtschafts- als auch eine gesellschaftspolitische: Zum einen wird der freie Wettbewerb staatlich geschützt. Zum anderen wird eine freiheitliche Ordnung für alle Marktteilnehmer geschaffen. Dies erfordert ein Eingreifen des Staats immer dann, wenn wirtschaftliche Macht die Wirksamkeit des Wettbewerbs und damit die Motivation zur Leistungssteigerung beeinträchtigt. Die Regelungen des Kartellrechts sind im **Gesetz gegen Wettbewerbsbeschränkungen** (GWB) festgeschrieben. **1632**

§ 4 Verhältnis von Wettbewerbs- und Kartellrecht

Sowohl das Wettbewerbs- als auch das Kartellrecht schützen den Wettbewerb. Kein Gesetz schützt vor Wettbewerb. Allerdings gibt es wegen des gemeinsamen Bezugspunktes von Wettbewerbsrecht und Kartellrecht **Überschneidungen**, insbesondere im Bereich der unbilligen Behinderung, beim Verkauf unter Einstandspreis und beim Boykott. Im Einzelfall ist dann jeweils zu prüfen, nach welcher Vorschrift der Schutz des Wettbewerbs herbeigeführt werden kann. **1633**

Zwischen dem Kartellrecht und dem Wettbewerbsrecht bestehen **Wechselwirkungen**. Das Kartellrecht soll eine Wirtschaftsordnung mit wettbewerblichen Strukturen sichern. Die dadurch gewährte Wettbewerbsfreiheit braucht aber ihrerseits Schranken. Dies wird durch das Wettbewerbsrecht sichergestellt. Beides sind jeweils das Pendant des anderen. Sie bedingen und ergänzen sich. **1634**

Beispielsweise kann sich ein Wettbewerber grundsätzlich kartellrechtlich gegen einen Boykott wehren. Ausnahmsweise ist ihm dies aber verwehrt, wenn er selbst unlauter handelt und sich der Boykott hiergegen richtet. Deshalb ist z.B. die Verweigerung des Abdrucks einer unlauteren Anzeige nicht kartellrechtswidrig. **1635**

Umgekehrt liegt nur dann keine Unlauterkeit vor, wenn auch die Anforderungen des Kartellrechts eingehalten worden sind. So kann ein Vertriebsbindungssystems z. B. nur dann als lauter angesehen werden, wenn es zudem den Anforderungen des Kartellrechts entspricht. **1636**

Kapitel 2 Wettbewerbsrecht

§ 1 Entwicklung des Wettbewerbsrechts

Die gewandelten Lebensverhältnisse im **19. Jahrhundert** – insbesondere infolge der Aufhebung der Zunftverfassungen und fürstlichen Privilegien sowie die mit dem Erlass der Reichsgewerbeordnung 1869 verbundene Einführung der Gewerbefreiheit im gesamten Reichsgebiet – führten zu einer verstärkten wirtschaftlichen Entwicklung. Dem Wettbewerb waren kaum noch Schranken gesetzt. Jeder war darauf bedacht, die bestehenden Freiheiten zu seinen Gunsten auszunutzen (*Pursuit of happiness*). Dabei wurden die Grenzen dessen, was heute unter dem Begriff des unlauteren Wettbewerbs verstanden wird, häufig überschritten. **1637**

Das oberste deutsche Zivilgericht, das Reichsgericht, vertrat seinerzeit ebenfalls eine liberale Sichtweise. So ging es beispielsweise davon aus, dass mit dem schon vorhan- **1638** denen Warenzeichengesetz ein ausreichender Schutz vor Irreführung gegeben war. Auch gegen Kartelle wurde nichts unternommen. Anders als im angelsächsischen Bereich hielt man ein Eingreifen des Staats hier erst sehr viel später für erforderlich.

1639 Erst 1896 wurde das erste **Gesetz zur Bekämpfung unlauteren Wettbewerbs** erlassen. Es enthielt jedoch lediglich Einzelverbote zum Schutz vor ganz bestimmten Verhaltensweisen wie beispielsweise Irreführung, Anschwärzung und Geheimnisverrat. Eine umfassende oder gar abschließende Regelung des Wettbewerbsrechts erfolgte damit noch nicht. Zur Schließung der dadurch entstandenen Lücken behalf sich die Rechtsprechung dadurch, dass sie nach Inkrafttreten des BGB im Jahre 1900 die in §§ 826, 823 i.V.m. 1004 BGB enthaltenen Generalklauseln zum Schutz des Mittelstands und der Allgemeinheit vor unlauteren Verhaltensweisen anwandte. Dies führte jedoch nicht immer zum gewünschten Schutz, da § 826 BGB den Nachweis vorsätzlichen sittenwidrigen Verhaltens erfordert.

1640 Dieser unbefriedigende Rechtszustand wurde 1909 durch den Erlass des **Gesetzes gegen den unlauteren Wettbewerb** (UWG) abgeändert. Darin wurde erstmals eine sog. große Generalklausel festgeschrieben, die bis 2004 gültig war:

„*§ 1 UWG – Verbot sittenwidrigen Wettbewerbsverhaltens*
Wer im geschäftlichen Verkehre zu Zwecken des Wettbewerbes Handlungen vornimmt, die gegen die guten Sitten verstoßen, kann auf Unterlassung und Schadensersatz in Anspruch genommen werden."

1641 Wenngleich diese Generalklausel von der Rechtsprechung zunächst nur zögerlich angewandt wurde, so nahm ihre Bedeutung ab den 1920er Jahren rasant zu. Die Rechtsprechung versuchte, die Fülle der darunter zu fassenden Fälle unlauteren Verhaltens durch die Bildung der folgenden **fünf Fallgruppen** sittenwidrigen Verhaltens zu systematisieren: Kundenfang, Behinderung, Ausbeutung, Rechtsbruch und Marktstörung. Für alle diese Fallgruppen gab es jeweils weitere Untergruppen. Mit diesen ließ es sich gut arbeiten, da damit die meisten sittenwidrigen Verhaltensweisen eines Marktteilnehmers erfasst wurden. Gleichzeitig war Raum für weitere Fallgruppen, um mit der Phantasie der Marktteilnehmer mithalten zu können.

1642 In den 90er Jahren des letzten Jahrhunderts begann der Gesetzgeber der **Europäischen Union**, vereinzelt Teile des Wettbewerbsrechts zu harmonisieren. Er bediente sich dazu verschiedener Richtlinien, die in das nationale Recht umgesetzt werden mussten, soweit das UWG nicht bereits entsprechende Regelungen, beispielsweise durch die Generalklausel, bereit hielt (z. B. Richtlinie über irreführende Werbung vom 10.9.1984 (84/450/EWG); Richtlinie über vergleichende Werbung vom 6.10.1997 (97/55/EG); Richtlinie über den elektronischen Geschäftsverkehr vom 5.4.2000 (200/31/EG)).

1643 Nachdem Nebengesetze zum UWG, wie etwa das 100 Jahre alte Rabattgesetz und die ebenso alte Zugabeverordnung nach langer Kritik im Jahr 2001 endlich abgeschafft worden waren, musste auch das damit zusammenhängende Recht der Sonderveranstaltungen neu konzipiert werden. Dies und die damals schon absehbare Notwendigkeit der Umsetzung einer weiteren Richtlinie (Richtlinie über unlautere Geschäftspraktiken vom 11.5.2005 (2005/29/EG)) sowie das Ziel der Stärkung des Verbraucherschutzes im Lauterkeitsrecht veranlassten den deutschen Gesetzgeber dazu, das für modernisierungsbedürftig gehaltene UWG komplett zu überarbeiten. Durch diese **UWG-Novelle 2004** wurde das UWG grundlegend europäisiert und liberalisiert, wobei das bewährte Zusammenspiel von Generalklausel (§ 3 UWG) und offener Fallgruppensystematik (§§ 4 – 7 UWG) beibehalten wurde. Nach etwas über 100 Jahren trat dann das neue UWG am 8. Juli 2004 in Kraft[1].

---

1 Text: http://www.gesetze-im-internet.de/uwg_2004/.

Schutzzweck des UWG　　　　　　　　　　　　　　　　Kap. 2 § 3　O

In der Folgezeit ist dieses bereits mehrfach geändert worden. Von grundsätzlicher **1644**
Bedeutung ist hier die durch das **Erste Gesetz zur Änderung des UWG 2008** erfolgte
strukturelle Neuerung. Dadurch ist der Tatbestand der unzumutbaren Belästigung, der
durch die UWG-Novelle 2004 explizit als Unlauterkeitstatbestand in § 7 UWG festgeschrieben wurde, nun als eigenständiger Unzulässigkeitstatbestand normiert worden.
Von den anderen, allein Einzelpunkte betreffenden Gesetzesänderungen soll auf Grund
der in der Praxis herausgehobenen Stellung der Telefonwerbung lediglich auf die durch
das **Gesetz zur Bekämpfung unerlaubter Telefonwerbung und zur Verbesserung des
Verbraucherschutzes bei besonderen Vertriebsformen** bewirkten Änderungen hingewiesen werden. Dadurch wurden sowohl die Anforderungen an die nur ausnahmsweise
gegebene Zulässigkeit der Telefonwerbung verschärft als auch im Verletzungsfall ein
Bußgeldtatbestand (§ 20 UWG) eingeführt.

§ 2 Systematik des UWG

Das UWG gliedert sich in vier Kapitel: **1645**
Das **Erste Kapitel** beinhaltet die „Allgemeinen Bestimmungen". Ausgehend von der
Schutzzweckbestimmung (§ 1 UWG) folgen sodann die Definitionen der zentralen
Begriffe (§ 2 UWG). Die materiellrechtlichen Bestimmungen sind in den §§ 3 – 7
UWG und dem Anhang zu § 3 Abs. 3 UWG (sog. schwarze Liste) enthalten. Eine
herausgehobene Stellung kommt dabei den Generalklauseln – § 3 UWG und § 7 UWG
– zu. Dadurch ist eine Zweiteilung eingetreten: Die wettbewerbsrechtliche Unzulässigkeit kann sich entweder aus der allgemeinen Generalklausel des § 3 UWG – zumeist,
aber nicht zwingend i.V.m. den das Tatbestandsmerkmal der Unlauterkeit konkretisierenden §§ 4 – 6 UWG – oder der speziell die unzumutbare Belästigung betreffenden
Generalklausel des § 7 UWG ergeben.
Im **Zweiten Kapitel** sind die Rechtsfolgen geregelt. Danach bestehen Ansprüche auf **1646**
Beseitigung, Unterlassung, Schadensersatz und Gewinnherausgabe (§§ 8 – 10 UWG).
In diesem Zusammenhang ist ebenfalls die Verjährung geregelt (§ 11 UWG).
Das **Dritte Kapitel** beinhaltet verfahrensrechtliche Regelungen (§§ 12 – 15 UWG).
Im **Vierten Kapitel** sind Straf- und Bußgeldvorschriften normiert, die ein besonders
verwerfliches Verhalten sanktionieren (§§ 16 – 20 UWG).

§ 3 Schutzzweck des UWG

Seit der UWG-Novelle 2004 ist im UWG in § 1 UWG eine ausdrückliche Schutzzweck- **1647**
bestimmung enthalten. Darin wird in S. 1 sowohl der **Schutz der Mitbewerber** als auch
der Schutz der **Verbraucher** und der **sonstigen Marktteilnehmer** vor unlauterem Wettbewerb genannt. Dies soll die Funktion der Wettbewerbsordnung im Sinne der sozialen
Marktwirtschaft gewährleisten. Nach S. 2 wird zugleich auch das **Allgemeininteresse**
als Schutzzweck festgeschrieben. Dieses wird jedoch nicht vollumfänglich, sondern nur
im Hinblick auf einen unverfälschten Wettbewerb geschützt. Sonstige Allgemeininteressen, wie beispielsweise Umweltschutz, Schutz der Rechtspflege, Gesundheitsschutz,
gehören nicht zu den Aufgaben des Wettbewerbsrechts.

§ 4 Wettbewerbsrechtliche Unzulässigkeit

1648 In welchen Fällen eine geschäftliche Handlung unzulässig ist, bestimmt sich – ggf. i.V.m. speziellen Regelungen in Nebengesetzen – nach § 3 UWG und § 7 UWG. Beide Unzulässigkeitsnormen stehen dabei eigenständig nebeneinander. Sie sind nach der Art des Wettbewerbsverstoßes abzugrenzen: Bei einer belästigenden Wirkung ist die Unzulässigkeit nach § 7 UWG; in den sonstigen Fällen nach § 3 UWG zu beurteilen.

1649 § 3 UWG enthält drei Absätze. Dabei ist in § 3 Abs. 1 UWG die generelle, für alle Marktteilnehmer geltende Regelung hinsichtlich der Unzulässigkeit infolge unlauteren Verhaltens festgeschrieben. Die § 3 Abs. 2 und Abs. 3 UWG gelten hingegen nur für geschäftliche Handlungen gegenüber Verbrauchern. Abs. 2 beinhaltet dabei ergänzend und konkretisierend zu § 3 Abs. 1 UWG die allgemeine, sog. Verbrauchergeneralklausel. In Abs. 3 UWG werden geschäftliche Handlungen gegenüber Verbrauchern, die mindestens einen der explizit und abschließend aufgezählten Fälle des UWG-Anhangs (sog. schwarze Liste) erfüllen, für „stets unzulässig" erklärt.

1650 § 7 UWG normiert in § 7 Abs. 1 S. 1 UWG das grundsätzliche Verbot unzumutbar belästigender Werbung und nennt einen Beispielstatbestand in § 7 Abs. 1 S. 2 UWG. § 7 Abs. 2 UWG enthält die Fallgruppen, in denen stets Unzumutbarkeit der Belästigung vorliegt, wobei § 7 Abs. 3 UWG einen Ausschlussgrund für § 7 Abs. 2 Nr. 3 UWG festschreibt.

1651 Obwohl in den §§ 3 – 7 UWG eine Vielzahl unlauterer Verhaltensweisen aufgezeigt wird, die die Möglichkeit des freien Betätigens am Markt einschränken, so darf nicht verkannt werden, dass **Wettbewerb ausdrücklich erwünscht** ist. Es ist weiterhin die Zielsetzung des UWG, die Grenzen des zulässigen Verhaltens in einem bestehenden Wettbewerb aufzuzeigen. Die Normierung wettbewerbswidrigen Verhaltens im UWG ist letztlich nur die Reaktion auf die Phantasie der Marktteilnehmer beim Bestreben, Kunden für ihre Produkte oder Dienstleistungen zu gewinnen.

1652 In jedem Fall ist aber zu berücksichtigen, dass die Regelungen des UWG zwar nicht alle, aber doch weitgehend auf gemeinschaftsrechtliches Richtlinienrecht zurückzuführen sind. In diesen Fällen ist das deutsche UWG nicht nur **verfassungs-**, sondern insbesondere auch **gemeinschaftskonform** auszulegen. Neben dem generell zu berücksichtigenden Primärrecht ist von den in den letzten Jahren im wettbewerbsrechtlichen Bereich erlassenen sekundärrechtlichen Regelungen vor allem die Richtlinie über unlautere Geschäftspraktiken (2005/29/EG) von herausragender Bedeutung (vgl. Kap. 2 § 1). Insofern eine solche Richtlinienregelung nicht ausnahmsweise wörtlich in das deutsche UWG aufgenommen wurde, ist für das Verständnis des entsprechenden deutschen Gesetzestexts die jeweils umzusetzende Richtlinienregelung bestimmend. Dies gilt jedoch nur, soweit der in Rede stehende Sachverhalt in den Anwendungsbereich einer lauterkeitsrechtlichen Richtlinie fällt. So ist beispielsweise die angesprochene Richtlinie über unlautere Geschäftspraktiken nach deren Art. 3 Abs. 1 nur für unlautere Geschäftspraktiken zwischen Unternehmen und Verbrauchern – also im B2C-Bereich – anwendbar. Dies bedeutet, dass in den Fällen, in denen der B2B-Bereich betroffen ist, die deutsche Vorschrift – vorbehaltlich anderer höherrangiger Regelungen – allein maßgeblich ist.

1653 Bevor nachfolgend näher auf die Unzulässigkeit nach § 3 UWG und § 7 UWG eingegangen wird, sei zudem darauf hingewiesen, dass, soweit der **Begriff des Verbrauchers** in Rede steht, der des durchschnittlich informierten, aufmerksamen und verständigen Durchschnittsverbrauchers maßgeblich ist.

Wettbewerbsrechtliche Unzulässigkeit Kap. 2 § 4 O

I. Unzulässigkeit nach § 3 Abs. 1 UWG

§ 3 Abs. 1 UWG lautet: **1654**
„*Unlautere geschäftliche Handlungen sind unzulässig, wenn sie geeignet sind, die Interessen von Mitbewerbern, Verbrauchern oder sonstigen Marktteilnehmern spürbar zu beeinträchtigen.*"
Für die Unzulässigkeit sind demnach die folgenden Voraussetzungen erforderlich:

1. Geschäftliche Handlung

Eine solche ist nach § 2 Abs. 1 Nr. 1 UWG „jedes Verhalten einer Person zugunsten des **1655** eigenen oder eines fremden Unternehmens vor, bei oder nach einem Geschäftsabschluss, das mit der Förderung des Absatzes oder des Bezugs von Waren oder Dienstleistungen oder mit dem Abschluss oder der Durchführung eines Vertrags über Waren oder Dienstleistungen objektiv zusammenhängt".

2. Geeignetheit zur Beeinträchtigung der Marktteilnehmerinteressen

Durch dieses Erfordernis kommt der deliktische Charakter des UWG zum Ausdruck. Es **1656** geht nicht allein um eine Bewertung des unternehmerischen Verhaltens. Voraussetzung ist vielmehr, dass durch das Verhalten der Wettbewerb zum Nachteil eines anderen überhaupt tangiert werden kann. Nach dem klaren Gesetzeswortlaut ist die bloße Eignung zur Interessenbeeinträchtigung ausreichend; einer tatsächlichen Beeinträchtigung bedarf es hingegen nicht.

3. Spürbarkeit

Nach dem ausdrücklichen Spürbarkeitserfordernis des § 3 Abs. 1 UWG soll nicht jedes **1657** Verhalten im Wettbewerb ausreichen, um einen Verstoß gegen das UWG zu begründen. Vielmehr soll nur dann eine Zuwiderhandlung vorliegen, wenn **unter Berücksichtigung aller Umstände des Einzelfalls** sowie des **Schutzzwecks** des UWG eine erhebliche Beeinträchtigung möglich ist. Mit der sog. **Bagatellklausel** soll verhindert werden, dass auch unbedeutende Fälle der Unlauterkeit verfolgt werden.
Die Spürbarkeit stellt damit grundsätzlich ein eigenständiges Merkmal dar, ohne das **1658** eine Zuwiderhandlung nicht gegeben ist. Allerdings gilt dies dann nicht, wenn die Erheblichkeit bereits für sich genommen ein Tatbestandsmerkmal der Unlauterkeit ist (z.B. im Regelfall des § 4 Nr. 1 und 2 UWG). In welchen Fällen der einzelnen Beispieltatbestände der §§ 4 – 6 UWG dies zu bejahen ist, ist im Wege der Auslegung jedes Mal gesondert zu prüfen.
Bei der Beurteilung der Spürbarkeit kommt es **insbesondere** auf die **Art, Schwere, 1659 Häufigkeit oder Dauer des Wettbewerbsverstoßes** an. Zu berücksichtigen sind zudem auch die **Marktmacht**, die Anzahl der Betroffenen und die **Nachahmungsgefahr**.

4. Unlauterkeit

Das wichtigste Tatbestandsmerkmal des § 3 Abs. 1 UWG ist die Unlauterkeit (früher: **1660** Sittenwidrigkeit). Dieser Begriff ist zwar durch den Gesetzgeber nicht definiert worden, hat aber insbesondere durch die §§ 4 – 6 UWG eine weitgehende Konkretisierung durch den Gesetzgeber erfahren. In den davon nicht erfassten Fällen kann das Verhalten auf Grund einer Gesamtwürdigung direkt nach § 3 Abs. 1 UWG unlauter sein.

Kap. 2 § 4 Wettbewerbs- und Kartellrecht

1661 a) §§ 4 – 6 UWG als konkretisierende Normen. In der Vergangenheit ist die Auslegung des Begriffs der Unlauterkeit zur Schaffung der verschiedenen Fallgruppen der Sittenwidrigkeit durch die Rechtsprechung erfolgt (*vgl. oben Kap. 2*). Diese Fallgruppen sind nunmehr in den §§ 4 – 6 UWG kodifiziert worden. Es handelt sich dabei um **Beispielstatbestände**, die stets als Konkretisierung der Generalklausel des § 3 UWG – also nicht abschließend – zu verstehen sind. Da die §§ 4 – 6 UWG allein die Unlauterkeit und damit nur eine der nach § 3 Abs. 1 UWG erforderlichen Voraussetzungen betreffen, ist beim Zitieren des wettbewerbsrechtlichen Tatbestands daher immer § 3 UWG in Verbindung mit dem jeweiligen Beispieltatbestand anzuführen.

1662 aa) Beispielkatalog des § 4 UWG. § 4 UWG enthält elf durchnummerierte Beispieltatbestände unlauteren Wettbewerbsverhaltens. Im Mittelpunkt steht der Schutz der Entscheidungsfreiheit der Marktpartner, aber auch derjenige der Mitbewerber. Im Einzelnen:

1663 (1) § 4 Nr. 1 UWG. Nach § 4 Nr. 1 UWG ist es wettbewerbswidrig, **Verbraucher unangemessen und unsachlich zu beeinflussen**. Anlass für einen Kaufentschluss soll eine möglichst rational motivierte Nachfrageentscheidung sein. Diese ist beispielsweise durch physischen oder psychischen Zwang, durch Drohungen, den Missbrauch von bestehender Autorität (insbesondere bei wettbewerbsrelevanten Tätigkeiten der öffentlichen Hand) oder durch wirtschaftlichen Druck gefährdet. Hier setzt § 4 Nr. 1 UWG an.

1664 Selten ist dabei der Fall der Ausübung **physischen Zwangs** gegenüber Verbrauchern. In so einem Fall ist meist auch ein strafrechtlich relevantes Verhalten gegeben.
Häufiger sind **rechtswidrige Drohungen** oder die **Ausübung von moralischem Druck**, beispielsweise durch ein direktes oder indirektes in Aussicht stellen von Nachteilen für den Fall, dass der Kunde sich nicht entsprechend dem Wunsch des Unternehmers verhält.

1665 Der typische Fall ist jedoch die **Ausübung eines unangemessenen und unsachlichen Einflusses auf den Kunden ohne eine Druckausübung**.

1666 In Betracht kommt hier beispielsweise die Anwendung **psychischen Kaufzwangs**. Er liegt vor, wenn der Verbraucher durch das Verhalten des Unternehmers mit unsachlichen Mitteln in eine Lage versetzt wird, bei der er zumindest meint, **anstandshalber** das Angebot nicht ausschlagen zu können. Der Verbraucher verspürt beispielsweise dann einen psychischen Kaufzwang, wenn er zuvor vom Unternehmer eine Zuwendung erhalten hat, ohne dafür zu bezahlen. Kauft der Kunde die Ware dann, so geschieht dies nicht wegen der Güte und Preiswürdigkeit der Ware, sondern lediglich, um die als unangenehm verspürte Lage zu vermeiden.

1667 Eine rationale Kaufentscheidung liegt auch dann nicht vor, wenn der Verbraucher durch das **in Aussicht Stellen besonderer Vergünstigungen** eine Ware kauft, mit anderen Worten, wenn die Werbemaßnahme von dem Preis und der Qualität des Produktes ablenkt und der Verbraucher die Ware aufgrund anderer Kriterien kauft, die nichts mehr unmittelbar mit der Ware zu tun haben.

1668 Ebenso wie der psychische Kaufzwang ist die Fallgruppe des **übertriebenen Anlockens** mit Zurückhaltung anzuwenden. Lediglich dann, wenn eine rationale Nachfrageentscheidung durch die Werbemaßnahme ausgeschaltet wird, kann ein derartiger Fall vorliegen. Dies ist jedoch nicht bereits dann der Fall, wenn besondere Verkaufsförderungsmaßnahmen wie beispielsweise Rabattaktionen, Preisausschreiben und Gewinnspiele sowie Wertreklame (Werbegaben) durchgeführt werden. Es müssen hierzu vielmehr **weitere Umstände** hinzukommen, die den Verbraucher dazu veranlassen, **sich von den Werbemaßnahmen ablenken zu lassen**, statt auf die Preiswürdigkeit und Qualität der Ware oder Dienstleistung zu schauen.

1669 Werbemaßnahmen dürfen ferner nicht **menschenverachtend** oder **übertrieben gefühlsbezogen** wirken. So kann Werbung, die gegen die Menschenwürde verstößt (vgl. dazu

Wettbewerbsrechtliche Unzulässigkeit   Kap. 2 § 4   O

insbesondere BVerfG, GRUR 2003, 442 – *Benetton Werbung II*), unlauter sein, wenn dadurch zugleich die Entscheidungsfreiheit der Verbraucher beeinträchtigt wird. Das bloße Vorliegen sog. *Schock-* oder auch reiner *Aufmerksamkeitswerbung* ist hingegen noch nicht per se unlauter. Mit bestimmten Darstellungen gezielt Aufmerksamkeit für ein Produkt zu erregen, ist für sich genommen zulässig, solange nicht die konkrete Gestaltung selbst einen eigenen Wettbewerbsverstoß begründet.

(2) § 4 Nr. 2 UWG. § 4 Nr. 2 UWG klassifiziert das **Ausnutzen geschäftlicher Unerfahrenheit, von Angst oder Zwangslagen der Verbraucher** als unlauter und schützt damit wiederum die wirtschaftliche Entscheidungsfreiheit. Dies gilt insbesondere, wenn sich Wettbewerbshandlungen **gezielt an Kinder und Jugendliche richten**, da diese in der Regel besonders unerfahren und schutzbedürftig sind. Unter den Begriff der **Zwangslage** fallen insbesondere psychische Ausnahmesituationen, wie Trauer oder wirtschaftliche Bedrängnis. Die eingeschränkte Entscheidungsfreiheit **besonders unerfahrener** oder **in einer Notsituation** stehender Verbraucher soll durch § 4 Nr. 2 UWG geschützt werden. Als Unterfall der geschäftlichen Unerfahrenheit zählt auch **Rechtsunkenntnis**. Diese kann vorliegen, wenn der Kunde nicht ordnungsgemäß über etwaige Widerrufsrechte belehrt wird.   **1670**

(3) § 4 Nr. 3 UWG. § 4 Nr. 3 UWG enthält ein **Transparenzangebot**. Die Vorschrift richtet sich gegen die Verschleierung von Wettbewerbshandlungen. Auch der aufgeklärte und verständige Verbraucher soll wissen und entscheiden können, wann er Werbung wahrnimmt und ob er diese wahrnehmen will. So sind beispielsweise als Privatpost getarnte Werbebriefe unlauter (BGH, GRUR 1973, 552 – *Briefwerbung*). Unter verschleierte Werbung fallen auch die Fälle des Product Placements bzw. der sog. **Schleichwerbung in Rundfunk oder Spielfilmen**, wobei im Rundfunk die strengeren Maßstäbe anzusetzen sind (Es gilt das rundfunkrechtliche Trennungsgebot von Werbung und Inhalten, § 7 Rundfunkstaatsvertrag.). Auch in Spielfilmen kann die Grenze des nach § 4 Nr. 3 UWG Zulässigen jedoch überschritten sein, wenn der Zuschauer von Art und Umfang der eingebundenen Werbung überzogen wird, wobei sich ein gewisses Maß an Werbeaussagen – sei es gewollt oder ungewollt – schon durch die Handlung und Ausstattung des Films nicht vermeiden lässt und zulässig bleibt.   **1671**

Die Veranstaltung von sog. **Kaffeefahrten** ist ein weiterer Fall von § 4 Nr. 3 UWG. Diese Verkaufsreisen zeichnen sich häufig dadurch aus, dass unter Vorspiegelung einer günstigen oder kostenlosen Ausflugsfahrt tatsächlich eine Werbeveranstaltung mit den Teilnehmern durchgeführt wird. Gleichfalls verschleiernd wirken unzutreffende Vorwände bei der **Adressgewinnung** von Verbrauchern zum Zwecke des Wettbewerbs oder das Anrufen potentieller Kunden, ohne sogleich auf den Zweck des Anrufs – Werbemaßnahme – hinzuweisen. Auch die **Tarnung von Werbung** als scheinbar wissenschaftliche Äußerungen fällt unter § 4 Nr. 3 UWG.   **1672**

Das neuerdings häufig praktizierte Setzen von **Cookies** im Internet, das dem Anbieter das Sammeln von Informationen ermöglicht, gehört hingegen nicht hierher, da es insoweit mangels offensichtlicher Erkennbarkeit des Vorgangs an einem „Verschleiern" fehlt.   **1673**

(4) § 4 Nr. 4 und 5 UWG. § 4 Nr. 4 und Nr. 5 UWG erklären jeweils **mangelnde Transparenz** bei Werbemaßnahmen für unlauter.   **1674**

Nr. 4 verbietet **unklare Bedingungen** für die Inanspruchnahme von **Verkaufsförderungsmaßnahmen** wie z.B. Preisnachlässen, Zugaben oder Geschenken.   **1675**

Nach Nr. 5 sind **Preisausschreiben** oder **ähnliche werbende Gewinnspiele** unlauter, wenn deren Teilnahmebedingungen nicht klar genug formuliert sind. Darunter fällt insbesondere die unklare Angabe der Kosten, die durch die Teilnahme anfallen. Sinn und Zweck dieser Regelungen ist es, der besonderen Missbrauchsgefahr von Wertreklame mittels Gewinnspielen zu begegnen, da insoweit die Nachfrageentscheidung der Verbraucher wegen des Gewinnanreizes besonders manipulationsanfällig ist.   **1676**

1677 (5) § 4 Nr. 6 UWG. Auf **Preisausschreiben** oder **Gewinnspiele** zielt auch § 4 Nr. 6 UWG ab. Dem Wortlaut nach darf die **Teilnahme** an einem Preisausschreiben grundsätzlich **nicht an einen Warenbezug gekoppelt** werden. Allerdings ist zu berücksichtigen, dass § 4 Nr. 6 UWG durch den Europäischen Gerichtshof für gemeinschaftswidrig erklärt worden ist, da bei dieser Regelung die besonderen Umstände des Einzelfalls nicht in ausreichendem Maße berücksichtigt werden. (EuGH, Urteil vom 14.1.2010 – Rs. C-304/08, GRUR Int. 2010, 221 – Millionenchance). Dies hat zur Folge, dass § 4 Nr. 6 UWG in Fällen mit Binnenmarktbezug nicht mehr angewandt werden darf (sog. Anwendungsvorrang des Gemeinschaftsrechts). Deshalb gilt § 4 Nr. 6 UWG nur noch in den Ausnahmefällen eines rein deutschen Sachverhalts.

1678 Soweit § 4 Nr. 6 UWG anwendbar ist, kann auch bereits ein solches Preisausschreiben unlauter sein, an dem der Verbraucher nur teilnehmen kann, wenn er das Geschäftslokal des Werbenden betreten hat und damit wiederum einem psychischen Kaufzwang ausgesetzt wird. Das Gleiche gilt, wenn die Teilnahmekarte auf der Produktverpackung abgedruckt oder die Gewinnauszahlung von einer Bestellung abhängig gemacht wird. Eine Abhängigkeit ist auch dann bereits gegeben, wenn das Bestehen oder auch nur die Höhe einer Gewinnchance **vom Bezug einer Ware** oder **Dienstleistung abhängig** gemacht wird. Auch hier kommt es, wie immer, auf die Umstände des Einzelfalls an.

1679 Das Kopplungsverbot gilt dann **nicht**, wenn das Preisausschreiben oder Gewinnspiel **naturgemäß mit der Ware oder Dienstleistung verbunden** ist. Damit sind diejenigen Fälle gemeint, in denen Preisausschreiben oder Gewinnspiele Bestandteil eines Presseproduktes wie beispielsweise einer Zeitschrift sind. Denn zum üblichen Inhalt einer Zeitschrift gehört in vielen Fällen auch ein Rätsel mit Gewinnmöglichkeit.

1680 (6) § 4 Nr. 7 UWG. Nach § 4 Nr. 7 UWG ist es unlauter, **Kennzeichen, Waren, Dienstleistungen, Tätigkeiten** oder **persönliche** oder **geschäftliche Verhältnisse eines Mitbewerbers herabzusetzen** oder zu **verunglimpfen**. Die Norm bietet zahlreiche Überschneidungspunkte sowohl mit dem allgemeinen Deliktsrecht (§§ 823, 824, 826 BGB) als auch mit dem Markenrecht. Im Verhältnis von Lauterkeits- und Markenrecht gilt, dass beide grundsätzlich nebeneinander eingreifen können (vgl. § 2 MarkenG). Im Einzelfall ist zu unterscheiden: Soweit eine Verletzungshandlung in den Anwendungsbereich des Markengesetzes fällt, wird der lauterkeitsrechtliche verdrängt. Soweit das Verhalten aber unter einem anderen Gesichtspunkt, d.h. unabhängig von der Erkennbarkeit und Verwendung der Marke, gewürdigt werden kann oder besondere Umstände hinzutreten, besteht kein Vorrang des Markengesetzes vor den allgemeinen wettbewerbsrechtlichen Regelungen und das Lauterkeits- und Markenrecht sind nebeneinander anwendbar. (BGH, GRUR 2008, 628, Rn. 14 – Imitationswerbung; BGH, GRUR 2005, 163, 165 – Aluminiumräder).

1681 Das Vorliegen einer Herbsetzung oder Verunglimpfung i.S.v. § 4 Nr. 7 UWG hängt vom jeweiligen **Verkehrsverständnis** ab, nicht vom Verständnis des betroffenen Wettbewerbers. Herabsetzend oder verunglimpfend können dabei verschiedene Handlungen wirken, angefangen bei Äußerungen, über Abbildungen bis hin zu Tathandlungen. Stets unzulässig nach § 4 Nr. 7 UWG ist das **Verbreiten unwahrer Tatsachenbehauptungen**. Zurückhaltung ist hingegen geboten bei der Bewertung von – zunehmend üblicher werdender – **pointierter** oder im Hinblick auf den Wettbewerber **ironischer** bzw. **satirischer Werbedarstellungen**. Hier sind sowohl die Meinungsäußerungsfreiheit (Art. 5 GG), als auch das gewandelte Verbraucherleitbild und die Verbrauchergewöhnung an die geänderte Werbelandschaft zu berücksichtigen. Die Grenze des Zulässigen ist jedenfalls bei Vorliegen von **Schmähkritik** oder anderweitiger unangemessener oder abfälliger Darstellungen oder **Beleidigungen** erreicht. Sachliche Kritik am Mitbewerber ist dagegen zulässig, solange die behaupteten Tatsachen wahr sind.

1682 (7) § 4 Nr. 8 UWG. Im Gegensatz zu § 4 Nr. 7 UWG richtet sich § 4 Nr. 8 UWG ausschließlich gegen **unwahre** oder zumindest **nicht erweislich wahre Tatsachenbe-**

hauptungen über die Waren, Dienstleistungen oder das Unternehmer eines Mitbewerbers oder über den Unternehmer oder ein Mitglied der Unternehmensleitung. **Werturteile** werden daher – anders als bei Nr. 7 – nicht erfasst. Die Verbreitung einer derartigen nicht erweislich wahren Tatsache ist dann unzulässig, wenn sie geeignet ist, den Betrieb des Unternehmens oder den Kredit des Unternehmers zu schädigen.

(8) **§ 4 Nr. 9 UWG.** § 4 Nr. 9 UWG regelt den sog. **ergänzenden wettbewerbsrechtlichen Leistungsschutz.** Dieser bezweckt primär den Schutz der Mitbewerber vor **unlauterer Nachahmung**, darüber hinaus aber auch den Schutz der sonstigen Marktteilnehmer vor **Irreführung über die Produktherkunft.** Da der ergänzende wettbewerbsrechtliche Leistungsschutz neben die sondergesetzlich geregelten Schutzrechte tritt, ist zunächst die Reichweite eines etwa bestehenden Sonderrechtsschutzes (beispielsweise nach dem Patent-, Marken-, Geschmacksmuster- oder Urheberrechtsgesetz) maßgebend für die Anwendbarkeit von § 4 Nr. 9 UWG. Denn grundsätzlich gilt außerhalb des Sonderrechtsschutzes die Nachahmungsfreiheit. Ein dennoch über die Spezialgesetze hinausgehender wettbewerbsrechtlicher Schutz ist daher nur unter bestimmten Voraussetzungen möglich und sinnvoll, um nicht unerwünscht wettbewerbs- und innovationshemmend zu wirken. **1683**

Zunächst kommt schon nach allgemeinen Anwendungsvoraussetzungen des UWG ein ergänzender wettbewerbsrechtlicher Schutz nur dann in Betracht, wenn es um eine **konkrete Wettbewerbshandlung** geht, die zu einer nicht unerheblichen Wettbewerbsbeeinträchtigung führt. **1684**

Weiter einschränkend hat die Rechtsprechung das Kriterium der wettbewerblichen Eigenart entwickelt. Danach kommt Leistungsschutz nach § 4 Nr. 9 UWG nur solchen Leistungsergebnissen zu Gute, die **wettbewerblich eigenartig**, d.h. geeignet sind, die angesprochenen Verkehrskreise auf die betriebliche Herkunft der jeweiligen Leistung hinzuweisen (BGH, GRUR 2007, 984, 986 – Gartenliege; BGH, GRUR 2007, 795, 797 – Handtaschen). Geschützt werden sollen nur **besonders schutzwürdige Erzeugnisse,** mithin gerade nicht „Allerweltsprodukte". Es genügt insoweit, dass der Verkehr auf Grund der Ausgestaltung oder der Merkmale des Produkts die Vorstellung hat, es könne wohl nur von seinem bestimmten Anbieter oder einem mit ihm verbundenen Unternehmen stammen (vgl. BGH, GRUR 2007, 984, 986 – Gartenliege). Nicht zwingend erforderlich ist jedoch auch die Neuheit des Produktes (BGH, WRP 2005, 878 – *Handtuchklemmen*). **1685**

Die **wettbewerbliche Eigenart** ist dabei stets anhand der Umstände im Einzelfall festzustellen. Sie kann sich aufgrund besonderer ästhetischer Gestaltungen (BGH, GRUR 1984, 453 – *Hemdblusenkleid*) ebenso ergeben, wie aufgrund technischer Merkmale (BGH, GRUR 1999, 751 – *Güllepumpen*). Mögliche Indizien für die wettbewerbliche Eigenart können z.B. der Kostenaufwand der Herstellung, der Bekanntheitsgrad oder die Neuheit sein. **1686**

Zeitlich bestehen keine starren Grenzen des ergänzenden wettbewerbsrechtlichen Leistungsschutzes. Der Schutz dauert grundsätzlich so lange an, wie die wettbewerbliche Eigenart im Markt fortbesteht. Im Bereich der Modeneuheiten hat sich hier eine begrenzte Schutzdauer von einer Saison etabliert. Ein weitergehender Schutz ist aufgrund der Schnelllebigkeit der Modebranche und der wechselnden Trends im Regelfall nicht erforderlich. In Ausnahmefällen kann der Schutz auch länger andauern. **1687**

Die Norm des § 4 Nr. 9 UWG gliedert sich in **drei Varianten.** Unzulässig ist die Nachahmung einer Ware oder Dienstleistung eines Mitbewerbers, wenn dadurch a) eine vermeidbare Herkunftstäuschung begangen wird, b) die Wertschätzung der nachgeahmten Waren oder Dienstleistungen unangemessen ausgenutzt oder beeinträchtigt wird oder c) die für die Nachahmung erforderlichen Kenntnisse oder Unterlagen unredlich erlangt wurde. **1688**

1689 Das Vorliegen einer **herkunftstäuschenden Nachahmung** (§ 4 Nr. 9 lit. a UWG) ist stets anhand eines Vergleichs des jeweiligen Gesamteindrucks von Original und Nachahmung festzustellen. Dabei wird es regelmäßig auf diejenigen Bestandteile des nachgeahmten Erzeugnisses ankommen, die im Verkehr eine wettbewerbliche Eigenart besitzen. Darüber hinaus muss die Herkunftstäuschung auch vermeidbar sein, d.h. es muss die Möglichkeit bestehen, durch geeignete und zumutbare Maßnahmen die Gefahr einer Täuschung über die betriebliche Herkunft zu vermeiden. Insbesondere bei ästhetisch wettbewerblich eigenartigen Erzeugnissen sind an die Vermeidbarkeit gesteigerte Anforderungen zu stellen. Anders als bei technischen Erzeugnissen gibt es hier in der Regel eine Vielzahl möglicher Maßnahmen, um den erforderlichen Abstand zum Original zu wahren.

1690 Die Beeinträchtigung des **guten Rufs des Originals** (§ 4 Nr. 9 lit. b UWG) liegt vor, wenn durch die Nachahmung die Qualitätserwartung an das Original beeinträchtigt wird – was in der Regel der Fall sein wird, wenn es sich um minderwertige Nachahmungen handelt (BGH, GRUR 1987, 903 – *Le Corbusier Möbel*). Die Beeinträchtigung kann ferner auch auf einer bestehenden **Exklusivität** des Originals beruhen, die durch massenhafte Nachahmungen gefährdet wird. In diesem Fall kann zugleich auch ein Fall der unlauteren Behinderung als unbenannte Fallgruppe der unlauteren Nachahmung vorliegen, wenn nämlich dem Originalhersteller die Möglichkeit genommen wird, sein Produkt rentabel zu vermarkten (vgl. BGH, GRUR 1987, 903 – *Le Corbusier Möbel*). Schließlich kann eine Nachahmung auch unlauter wegen der Art und Weise der **Kenntniserlangung** sein (§ 4 Nr. 9 lit. c UWG). Dies schließt zunächst alle Formen der strafbaren Erlangung von für die Nachahmung erforderlichen Kenntnissen ein. Darüber hinaus fallen darunter aber auch täuschende Verhaltensweisen oder Vertrauensbrüche, wenn diese erst die Nachahmung in der konkreten Form ermöglicht haben.

1691 (9) **§ 4 Nr. 10 UWG.** Das Behinderungsverbot des § 4 Nr. 10 UWG richtet sich gegen **zielgerichtet herbeigeführte Beeinträchtigungen eines Mitbewerbers**. Insofern kann auch zugleich § 823 Abs. 1 BGB im Rahmen eines zielgerichteten Eingriffs in den eingerichteten und ausgeübten Geschäftsbetrieb einschlägig sein.

1692 Eine **gezielte Behinderung** liegt immer vor, wenn die Handlung auch subjektiv von einer **Verdrängungsabsicht** getragen ist. Ausreichend ist es aber auch, wenn die Maßnahme von der Art und Weise her darauf gerichtet ist, die wettbewerbliche Tätigkeit des Mitbewerbers einzuschränken oder auszuschalten. **Klassische Begehungsformen** der Behinderung sind die Anwendung von Gewalt, das Ausüben von Druck, der Boykott, die Herabsetzung (auch § 4 Nr. 7 UWG) oder das Anschwärzen von Mitbewerbern (auch § 4 Nr. 8 UWG).

1693 Zu beachten ist, dass eine unlautere Behinderung nicht schon dann vorliegt, wenn dem Wettbewerber gezielt **Kunden ausgespannt** werden. Dies ist gerade das Wesen des Wettbewerbs. Ein Anspruch auf Fortbestand eines Kundenstamms besteht aus wettbewerbsrechtlicher Sicht gerade nicht (BGH, GRUR 2004, 704 – *Verabschiedungsschreiben*). Anderes kann jedoch gelten, wenn Kunden oder Mitarbeiter des Wettbewerbers in Situationen kontaktiert werden, die eine Abwerbung besonders unlauter erscheinen lassen. Dies kann dann der Fall sein, wenn die Abwerbung in unmittelbarer örtlicher Nähe zum Geschäftslokal des Wettbewerbers erfolgt oder bei Vorspiegelung einer bestehenden Anstellung oder anderweitigen Verbundenheit mit dem Wettbewerber gegenüber dem Kunden.

1694 Auch die **Verleitung** eines Kunden oder Mitarbeiters des Wettbewerbers **zum Bruch eines bestehenden Vertrages** mit dem Wettbewerber unterfällt in der Regel § 4 Nr. 10 UWG. Abzugrenzen hiervon ist jedoch die bloße Hilfe bei der Durchführung einer Vertragskündigung, sofern keine anderweitige Täuschung oder unlautere Beeinflussung des Kunden vorliegt. Hierbei handelt es sich noch um eine grundsätzlich zulässige Wettbewerbsmaßnahme.

Wettbewerbsrechtliche Unzulässigkeit   Kap. 2 § 4   O

Wettbewerbswidrige Behinderungen können sich sowohl gegen die Nachfrageseite (gezielte Beeinflussung eines Marktes, um den Wettbewerber zu behindern), gegen die Anbieterseite (systematische oder gezielte Preisunterbietung eines Wettbewerbers in Verdrängungsabsicht), als auch gegen die Beeinträchtigung fremder Werbung (durch deren Manipulation oder Zerstörung) richten. **1695**

Einen Sonderfall der unlauteren Behinderung stellt der **Erwerb sog. Sperrzeichen** dar, um damit die Nutzung eines Kennzeichens durch den Wettbewerber zu verhindern. Gleiches kann im Falle des Domain-Grabbings gelten, d.h. der gezielten Blockade und einer nicht für eigene Zwecke benötigten Internet-Domain. **1696**

Auch eine **bewusst unberechtigt ausgesprochene Abmahnung** wegen eines Wettbewerbsverstoßes oder wegen einer Schutzrechtsverletzung kann unlauter i.S.v. § 4 Nr. 10 UWG sein. **1697**

(10) **§ 4 Nr. 11 UWG.** Der Rechtsbruchtatbestand des § 4 Nr. 11 UWG erfasst Wettbewerbshandlungen, die gegen eine solche **gesetzliche Vorschrift** verstoßen, die jedenfalls auch dazu bestimmt ist, im Interesse der Marktteilnehmer das Marktverhalten zu regeln. Gesetzliche Vorschriften sind dabei alle Rechtsnormen mit Geltung in Deutschland, mithin auch primäres und sekundäres Gemeinschaftsrecht. Nr. 11 ist im Zusammenhang mit der Schutzzweckbestimmung in § 1 UWG zu sehen. Sinn und Zweck von Nr. 11 ist es daher, das Marktverhalten der Wettbewerber zum Schutze der Verbraucher, Mitbewerber und sonstigen Marktbeteiligten zu regeln. Über Nr. 11 halten somit zahlreiche weitere Rechtsnormen Einzug in das Wettbewerbsrecht und können die entsprechenden wettbewerbsrechtlichen Sanktionsmöglichkeiten auslösen. Dies ist erforderlich, da wettbewerblich relevante Regelungen nicht abschließend im UWG zusammengefasst, sondern in einer Vielzahl verschiedener Normen zu finden sind. **1698**

Ausgeschlossen für den Rechtsbruchtatbestand sind Regelungen ohne Marktbezug und reine Marktzutrittsregelungen, wie beispielsweise kommunalrechtliche Vorschriften zur Regelung der erwerbswirtschaftlichen Betätigung von Gemeinden (vgl. BGH, GRUR 2003, 164 – *Altautoverwertung*). **1699**

Ein – nach früherer Rechtslage noch erforderliches – planmäßiges Handeln gegen die Norm, um einen wettbewerblichen Vorteil zu erlangen, ist nicht notwendig. Der Verstoß gegen eine Norm i.S.d. Nr. 11 genügt bereits für die Begründung der wettbewerbsrechtlichen Unlauterkeit. **1700**

Als häufig relevante Normen für den Rechtsbruchtatbestand kommen insbesondere berufsrechtliche oder berufsbezogene Vorschriften, aber auch produktspezifische (speziell auch lebens- und arzneimittelrechtliche) oder absatzregelnde Normen (z.B. Preisangabenverordnung, Ladenschlussgesetz) in Betracht. **1701**

bb) **Irreführende Werbung i.S.v. §§ 5, 5a UWG.** Das Irreführungsverbot des § 5 UWG bezweckt den umfassenden Schutz aller Marktteilnehmer vor irreführender Werbung (anders noch vor der UWG Reform 2004). Daraus folgen aber nicht auch individuelle Ansprüche aller Marktteilnehmer wegen Verstoßes gegen § 5 UWG. Anspruchsberechtigt sind auch hier ausschließlich die nach § 8 Abs. 3 UWG Berechtigten. **1702**

Der Begriff der **Werbung** wird im UWG selbst nicht definiert. Es gilt mithin die Definition des Art. 2 a) der Irreführungsrichtlinie 2006/114/EG, wonach Werbung *„jede Äußerung bei der Ausübung eines Handels, Gewerbes, Handwerks oder freien Berufs mit dem Ziel, den Absatz von Waren oder die Erbringung von Dienstleistungen, einschließlich unbeweglicher Sachen, Rechte und Verpflichtungen, zu fördern"*, ist. **1703**

Eine Irreführung i.S.v. § 5 UWG kann in den verschiedensten Bereichen vorkommen. Die Aufzählung der Irreführungstatbestände in den Abs. 2 – 5 ist nicht abschließend. Sie gibt aber einen guten Überblick über die verschiedenen Ansatzpunkte. **1704**

Eine Angabe ist dann irreführend, wenn sie bei dem Adressaten **eine von der Wirklichkeit abweichende Vorstellung hervorruft**. Ob eine Irreführung vorliegt, entscheidet sich nicht nach dem objektiven Wortsinn und auch nicht danach, wie der Werbende seine **1705**

475

Aussage verstanden wissen will. Entscheidend ist vielmehr die Auffassung der **Verkehrskreise**, an die sich die Werbung richtet. Beispielsweise kann eine Werbung objektiv richtig sein, während sie beim Verkehr trotzdem eine irrige Vorstellung hervorruft. Es ist somit auf den **objektiven Empfängerhorizont der Werbung** abzustellen. Dabei ist das europäische Verbraucherleitbild zugrunde zu legen. Das bedeutet, dass als Maßstab auf den durchschnittlich informierten und verständigen Verbraucher abzustellen ist, der mit einer der Situation angemessenen Aufmerksamkeit die Werbung betrachtet. Dabei gelten unterschiedliche Maßstäbe für die verschiedenen angesprochenen Verkehrskreise. Beispielsweise kann sich eine Werbung an die Allgemeinheit richten oder nur an bestimmte Verkehrskreise, unter Umständen sogar nur an Fachleute. Auch regionale Unterschiede können von Bedeutung sein. Für jede dieser Empfängergruppen ist die Auffassung des durchschnittlich informierten und verständigen Verbrauchers gesondert zu bestimmen.

1706 Steht nach einer Prüfung fest, dass die beanstandete Werbung zu einer Fehlvorstellung führt, so muss in einem nächsten Schritt geprüft werden, ob und gegebenenfalls in welchem Umfang der Verbraucher durch die Irreführung **in seinem Marktverhalten beeinflusst** wird. Es kommt auf die **Relevanz der Irreführung** an.

1707 Hat die Fehlvorstellung keine Auswirkungen auf die Entscheidung, so fehlt es an einer relevanten Irreführung und damit an einem Verstoß gegen § 5 UWG. Für die Frage der Relevanz der Irreführung kommt es wiederum nicht auf den Einzelnen an. Vielmehr verlangt die Rechtsprechung die Irreführung eines nicht unbeachtlichen Teil der angesprochenen Verkehrskreise, um von einer relevanten Irreführung zu sprechen. Wie hoch diese Quote ist, kann nicht genau gesagt werden. Die Rechtsprechung hat es stets abgelehnt, eine feste Quote zu verlangen. Im Regelfall wird man jedoch davon ausgehen können, dass eine relevante Irreführung nur dann gegeben ist, wenn sie geeignet ist, bei etwa einem Viertel bis Drittel der angesprochenen Verkehrskreise eine auf der Täuschung beruhende Entscheidung hervorzurufen.

1708 Ist die Schwelle der Relevanz erst einmal überschritten, so kommt es nicht mehr auf das in § 3 UWG enthaltene Merkmal der nicht unerheblichen Beeinträchtigung an. Denn die Bagatellschwelle des § 3 UWG ist bereits dann überschritten, wenn eine relevante Irreführung vorliegt.

1709 Irreführendes Verhalten kann dabei nicht nur durch positives Handeln, sondern auch **durch Unterlassen** erfolgen. Dies normiert § 5 a UWG seit einer Gesetzesänderung 2008 nun ausdrücklich.

1710 cc) **Vergleichende Werbung i.S.v. § 6 UWG.** Anders als noch nach früherem wettbewerbsrechtlichen Verständnis ist vergleichende Werbung nach dem heutigen UWG grundsätzlich zulässig. Lediglich die Grenzen der Zulässigkeit werden festgelegt. § 6 UWG regelt den **Umfang der Zulässigkeit.** Diese Liberalisierung beruht auf der Richtlinie 97/55/EG über irreführende Werbung zwecks Einbeziehung der vergleichenden Werbung vom 6.10.1997, die mittlerweile durch die Richtlinie 2006/114/EG über irreführende und vergleichende Werbung vom 27.12.2006 neu verkündet worden ist. § 6 Abs. 1 UWG definiert **vergleichende Werbung** als *„jede Werbung, die unmittelbar oder mittelbar einen Mitbewerber oder die von einem Mitbewerber angebotenen Waren oder Dienstleistungen erkennbar macht".* Abs. 2 enthält einen Katalog von Maßnahmen im Rahmen des Vergleichs, die den Vergleich unlauter machen.

1711 Zusätzlich zu den in § 6 Abs. 1 UWG genannten Tatbestandsmerkmalen wird das **Vorliegen eines Vergleichs** zwischen beworbenen Waren oder Dienstleistungen und Konkurrenzerzeugnissen gefordert. Ohne einen derartigen Vergleich handelt es sich nicht um vergleichende Werbung i.S.d. § 6 UWG. Die Werbung kann aber – so im Falle der bloßen Kritik an einem Mitbewerber – nach allgemeinen wettbewerbsrechtlichen Grundsätzen unlauter sein (vgl. z.B. § 4 Nr. 7, 8, § 5 Abs. 3 UWG).

Wettbewerbsrechtliche Unzulässigkeit　　　　　　　　　　Kap. 2 § 4　O

Entscheidend für das Vorliegen vergleichender Werbung ist ferner die **Erkennbarkeit** **1712**
des Mitbewerbers bzw. dessen Waren oder Dienstleistungen. Er muss jedenfalls mittelbar vom angesprochenen Verbraucher identifizierbar sein.
Die Anforderungen des § 6 Abs. 2 UWG dienen dazu, dem Verbraucher ein möglichst **1713**
objektives Bild von den verglichenen Waren zu verschaffen und ihm die Möglichkeit zu geben, anhand nachprüfbarer Kriterien den Vergleich selbst durchzuführen bzw. zu überprüfen. Liegt auch nur einer der in § 6 Abs. 2 UWG genannten Umstände vor, so ist die Werbung unlauter.
Erforderlich ist zunächst, dass nur solche Angebote einem zulässigen werbenden Ver- **1714**
gleich unterzogen werden, die auch tatsächlich aufgrund der Art des Angebotes und des Bedarfs **vergleichbar** sind (Nr. 1). Insoweit müssen die verglichenen Positionen aus Sicht des angesprochenen Verbrauchers gegeneinander austauschbar sein.
Auch die Vergleichsbasis muss auf **konkret nachprüfbare Daten** bezogen sein (Nr. 2). **1715**
Stets ist daher die Objektivität des Vergleichs zu gewährleisten. Dies heißt jedoch nicht, dass keine über die Tatsachen hinausgehenden Wertungen eingebracht werden dürfen, solange die Nachprüfbarkeit erhalten bleibt. Besonders relevant ist der Aspekt der Nachprüfbarkeit auch bei **Werbung mit Testergebnissen**, die ihrerseits konkurrierende Produkte vergleichen. Auch dieser Fall soll nach § 6 UWG zulässig sein. In derartigen Fällen sind jedenfalls exakte Angaben zu den Fundstellen der Vergleichstests zu machen. Bei einem **Preisvergleich** schließlich müssen die Preisangaben sowohl wahr sein, als auch aktuell gefordert werden. Hier obliegt dem Werbenden eine Marktbeobachtungspflicht hinsichtlich des Preisniveaus bzw. der verglichenen Preise.
Der Vergleich zum Zwecke der Werbung darf ferner auch nicht zu **Verwechslungen** **1716**
zwischen den Wettbewerbern führen (Nr. 3) oder den **Ruf des Konkurrenzproduktes** ausnutzen bzw. beeinträchtigen (Nr. 4). Hiermit soll einem unerwünschten Imagetransfer von bestimmten Eigenschaften des Konkurrenzproduktes auf das eigene Produkt begegnet werden. Die Rufausnutzung muss aber stets ihrerseits in unlauterer Weise erfolgen, ist demnach nicht per se unzulässig. So ist z.B. die Angabe von Hersteller- oder Artikelnummern eines Konkurrenzproduktes im Vergleich zulässig, nicht hingegen die vollständige Übernahme der fremden Bestellnummern in die eigene Produktlinie (BGH, GRUR 2005, 348 – *Bestellnummernübernahme*).
Eine Selbstverständlichkeit ist, dass auch in vergleichender Werbung der Mitbewerber **1717**
und dessen Produkte **nicht verunglimpft** oder **herabgesetzt** werden dürfen (Nr. 5) und die beworbenen Leistungen **nicht als Nachahmungen** von kennzeichenrechtlich geschützten Konkurrenzprodukten **angeboten** werden (Nr. 6).
b) **Gesamtabwägung.** Auch wenn keine der die Unlauterkeit nach § 3 Abs. 1 UWG **1718**
konkretisierenden Fallgestaltungen i.S.v. §§ 4 – 6 UWG vorliegt, kann das Verhalten direkt unter den Unlauterkeitsbegriff des § 3 Abs. 1 UWG zu fassen sein. Diesem kommt damit nur noch eine **Auffangfunktion zu**.
Regelmäßig ist bei einer derartigen Beurteilung eine **Gesamtwürdigung** der Handlung **1719**
nach Inhalt, Zweck, Motiv und Auswirkung vorzunehmen. Diese muss **wettbewerbsbezogen** erfolgen. Es ist also zu fragen, ob das jeweilige Verhalten im konkreten Einzelfall eine unlautere Störung des Wettbewerbs darstellt. Es kommt dabei nicht darauf an, ob das Verhalten allgemein als unlauter angesehen werden kann.
Unlauter kann ein Verhalten darüber hinaus auch dann sein, wenn es zwar für sich **1720**
genommen im Einzelfall nicht als unlauter anzusehen wäre, aber eine Nachahmungsgefahr besteht. Eine solche ist dann gegeben, wenn damit zu rechnen ist, dass sich Wettbewerber gezwungen sehen, ebenfalls in dieser Weise zu handeln.

II. Unzulässigkeit nach § 3 Abs. 2 UWG

1721 Nach § 3 Abs. 2 S. 1 UWG sind geschäftliche Handlungen **gegenüber Verbrauchern** „jedenfalls dann unzulässig, wenn sie nicht der für den Unternehmer geltenden fachlichen Sorgfalt entsprechen und dazu geeignet sind, die Fähigkeit des Verbrauchers, sich auf Grund von Informationen zu entscheiden, spürbar zu beeinträchtigen und ihn damit zu einer geschäftlichen Entscheidung zu veranlassen, die er andernfalls nicht getroffen hätte."

1722 Wie aus dem Wort „jedenfalls" deutlich wird, normiert Absatz 2 damit einen speziellen Fall der Unzulässigkeit für Verbraucher nach § 3 Abs. 1 UWG.

III. Unzulässigkeit nach § 3 Abs. 3 UWG

1723 § 3 Abs. 3 UWG nimmt Bezug auf die im Anhang zum UWG (**sog. schwarze Liste**) festgeschriebenen Fallgruppen und erklärt diese für „stets unzulässig".

1724 Ohne auf die **Listentatbestände** im Detail eingehen zu können, sei im Allgemeinen gesagt, dass darin 30 Nummern aufgelistet werden. Diese stimmen zwar nicht wörtlich, aber doch weitestgehend mit denen im Anhang der Richtlinie über unlautere Geschäftspraktiken normierten überein. Lediglich Nr. 26 des Anhangs der Richtlinie über unlautere Geschäftspraktiken fehlt im deutschen UWG-Anhang gänzlich. Eine vergleichbare Regelung ist aber in § 7 Abs. 2 UWG zu finden, womit den Richtlinienvorgaben ausreichend Rechnung getragen wird.

1725 Mit der Rechtsfolge **„stets unzulässig"** ist gemeint, dass die in der Liste aufgezählten Fälle ohne Prüfung der nach § 3 Abs. 1 und 2 UWG erforderlichen Spürbarkeit, allein unter Beachtung des Verhältnismäßigkeitsgrundsatzes unzulässig sind. Sie werden deshalb auch als „Verbote ohne Wertungsvorbehalt" bezeichnet.

IV. Unzulässigkeit nach § 7 UWG

1726 § 7 UWG enthält einen eigenen Verbotstatbestand für die Fälle einer unzumutbaren Belästigung. Ein Rückgriff auf die Regelung des § 3 UWG ist nicht erforderlich (vgl. Kap. 2 § 2). Die Anwendbarkeit ist nicht auf Werbung beschränkt, sondern umfasst alle Wettbewerbsmaßnahmen.

1727 Die Generalklausel befindet sich in § 7 Abs. 1 S. 1 UWG. Ein **Beispielstatbestand** der erkennbar unerwünschten Werbung wird in § 7 Abs. 1 S. 2 UWG beschrieben und § 7 Abs. 2 UWG bestimmt die Fälle, in denen **„stets" eine unzumutbare Belästigung** anzunehmen ist. In Abs. 3 ist eine Ausnahme der in § 7 Abs. 2 Nr. 3 UWG normierten Telefonwerbung enthalten.

1. § 7 Abs. 1 UWG

1728 Unzulässig ist nach § 7 Abs. 1 S. 1 UWG jede „geschäftliche Handlung, durch die ein Marktteilnehmer in unzumutbarer Weise belästigt wird. Erforderlich sind damit zwei Voraussetzungen, die kumulativ vorliegen müssen:

1729 a) **Belästigung.** Unter den Begriff der **Belästigung** fallen solche Wettbewerbsmaßnahmen, die schon wegen ihrer Art und Weise – unabhängig vom Inhalt – als Beeinträchtigung der privaten bzw. beruflichen Sphäre empfunden werden. Die Beeinträchtigung ergibt sich daraus, dass der Empfänger sich der Maßnahme nicht entziehen kann oder

Wettbewerbsrechtliche Unzulässigkeit   Kap. 2 § 4 O

er sich zumindest ohne seinen Willen damit auseinandersetzen muss. Oft handelt sich in diesen Fällen um Werbung.

Keinen Schutz gewährt die Vorschrift vor einer **Wettbewerbsmaßnahme als solcher, insbesondere deren inhaltlicher Ausgestaltung.** Wird lediglich der Inhalt der Werbung als störend empfunden, so kommt ein Schutz allein nach § 3 UWG, nicht jedoch nach § 7 UWG in Betracht. Denn letztgenannte Vorschrift dient nicht der Inhaltskontrolle von Werbemaßnahmen. Stattdessen soll die Vorschrift die Marktteilnehmer vor unerwünschten Eingriffen in die Privat- und/oder Berufssphäre schützen. Häufig liegt in den Fällen des § 7 UWG daher zugleich auch ein Eingriff in das allgemeine Persönlichkeitsrecht oder in den eingerichteten und ausgeübten Gewerbebetrieb vor, so dass Schutz nach allgemeinem Deliktsrecht (§ 823 Abs. 1 BGB) besteht.   1730

b) Unzumutbarkeit. Für die Unzulässigkeit genügt nicht jede Art der Belästigung. Erforderlich ist vielmehr, dass sie in **unzumutbarer Weise** erfolgt. Weil jede Werbemaßnahme mit einer Belästigung für den Adressaten verbunden ist, wäre andernfalls überhaupt keine Werbung mehr möglich. Dabei sind nicht die subjektiven Überempfindlichkeiten eines Einzelnen entscheidend. Vielmehr ist auch hier auf den durchschnittlich informierten, aufmerksamen und verständigen Durchschnittsverbraucher und damit auf dessen durchschnittliche Empfindlichkeit abzustellen.   1731

Für die Beurteilung der Unzumutbarkeit ist je nach den konkreten **Gesamtumständen des Einzelfalls** eine Interessenabwägung erforderlich, bei der auch die sich aus der rechtlichen Beurteilung anderer belästigender Wettbewerbshandlungen ergebenden Wertungen zu berücksichtigen sind.   1732

Als ein **Beispiel** für unzumutbare Belästigung wird gem. § 7 Abs. 1 S. 2 UWG der Fall angesehen, dass Werbung erfolgt, obwohl erkennbar ist, dass der **Empfänger** diese **Werbung nicht wünscht.** Dies gilt z.B. für **Briefkastenwerbung,** die trotz eines entgegenstehenden Vermerks am Briefkasten eingeworfen wird.   1733

Weitere Fälle, die unter § 7 Abs. 1 UWG je nach den Umständen des Einzelfalls zu beurteilen sind, sind insbesondere die **Haustürwerbung,** das **Ansprechen in der Öffentlichkeit** und das **Zusenden unbestellter Waren.**   1734

2. § 7 Abs. 2 UWG

§ 7 Abs. 2 UWG enthält mit den **Regelungen über Fernkommunikationsmittel** in Nr. 1 – 3 und der Regelung über **anonyme elektronische Werbung** vier Fälle belästigender Werbung, in denen ohne Wertungsmöglichkeit von der Unzumutbarkeit und folglich Unzulässigkeit auszugehen ist.   1735

So schränkt beispielsweise § 7 Abs. 2 Nr. 2 UWG die wettbewerbsrechtliche Zulässigkeit von **Telefonwerbung** gegenüber **Verbrauchern** ein, wenn diese nicht vorher ausdrücklich eingewilligt haben. Bei **anderen Marktteilnehmern** genügt hingegen eine mutmaßliche Einwilligung. Diese erfordert jedenfalls, dass aufgrund konkreter Umstände ein sachliches Interesse des Anzurufenden am Anruf durch den Anrufer vermutet werden kann. (BGH, GRUR 2007, 607 Rn. 21 – Telefonwerbung für „Individualverträge; BGH, GRUR 2008, 189 Rn. 15, 17 – Suchmaschineneintrag). Im jeweiligen Einzelfall können darüber hinaus im gewerblichen Verkehr durchaus weitere Anhaltspunkte für die Annahme einer mutmaßlichen Einwilligung sprechen, wie bestehende Geschäftsverbindungen oder auch eine bestimmte Branchenüblichkeit (BGH, GRUR 2008, 189 Rn. 18 – Suchmaschineneintrag; BGH, GRUR 2001, 1181).   1736

Unerwünschte **E-Mail-Werbung** unterfällt § 7 Abs. 2 Nr. 3 UWG. E-Mail-Werbung ist nur wettbewerbsrechtlich zulässig, wenn dafür eine vorherige ausdrückliche Einwilligung des jeweiligen Empfängers vorliegt. Hierbei wird – anders als bei der Telefonwerbung – nicht zwischen den verschiedenen Marktteilnehmern unterschieden. Wie auch im Falle der Telefonwerbung werden hohe Anforderungen an das Vorliegen einer   1737

479

Einwilligung gestellt. Nicht ausreichend ist jedenfalls eine Generaleinwilligung in jeglichen Versand, erforderlich bleibt eine konkrete Einwilligung im Einzelfall. Gleiches gilt für Werbung mittels **automatischen Anrufmaschinen**, **Fax** und Mobilfunk über **SMS** oder **MMS**.

1738 Eine **Ausnahme** vom Einwilligungserfordernis nach § 7 Abs. 2 Nr. 3 normiert schließlich § 7 Abs. 3 UWG. Danach ist die Einwilligung verzichtbar, wenn ein Unternehmer die E-Mail-Adresse eines Kunden im Zusammenhang mit einem Geschäft von diesem erlangt hat, er des Weiteren Werbung in eigener Sache für ähnliche, wie die bereits vom Kunden erworbenen Waren macht und kein Widerspruch des Kunden vorliegt. Zudem muss der Unternehmer den Kunden bei jedem Versand auf die bestehende Widerspruchsmöglichkeit gesondert hinweisen.

1739 Ausdrücklich erklärt § 7 Abs. 2 Nr. 4 UWG zudem solche **elektronische Werbung** für unzulässig, die den **Absender nicht erkennen lässt** oder **keine Absenderadresse beinhaltet**, an die der Werbungsempfänger eine Aufforderung zur Unterlassung weiterer Werbung richten kann. Eine solche Rückäußerung an die anzugebende Adresse darf ferner keine Kosten verursachen, welche die regelmäßigen Übermittlungskosten nach üblichen Basistarifen überschreiten. Dies wird insbesondere in Fällen relevant, in denen teure Mehrwertrufnummern als einzige Rückäußerungsmöglichkeit angegeben werden.

V. Einzelfallbetrachtung

1740 In allen Fällen der Beurteilung eines Verhaltens unter wettbewerbsrechtlichen Gesichtspunkten ist stets auf die besonderen Umstände des Einzelfalls abzustellen.

§ 5 Rechtsfolgen

1741 Welche Folgen sich aus der Unzulässigkeit einer geschäftlichen Handlung nach § 3 oder/und § 7 UWG ergeben, ist insbesondere in den §§ 8 – 10 UWG geregelt.

I. Beseitigungsanspruch und Unterlassungsanspruch

1742 Gem. § 8 UWG kann derjenige, der wettbewerbswidrig i.S.d. § 3 oder/und § 7 UWG handelt, auf Beseitigung eines störenden Zustandes und für die Zukunft auf Unterlassung in Anspruch genommen werden.
Bei einer bereits eingetretenen Verletzungshandlung kann also mit dem **Beseitigungsanspruch** verlangt werden, dass die fortdauernde Störung beendet und ausgeräumt wird.
Der **Unterlassungsanspruch** dient hingegen der Abwehr künftiger Beeinträchtigungen. Eine Verletzung kann, muss aber noch nicht eingetreten sein. Es ist jedoch jedenfalls das Vorliegen einer Erstbegehungs- oder Wiederholungsgefahr erforderlich. Erstere ist bereits vor einer Verletzung gegeben, wenn ein Wettbewerbsverstoß hinreichend konkret unmittelbar droht. Der Unterlassungsanspruch kann also bereits **vorbeugend** geltend gemacht werden. Hat bereits ein erster Verstoß stattgefunden, so wird die Wiederholungsgefahr regelmäßig durch diesen indiziert.

1743 Die Ansprüche auf Beseitigung und Unterlassung können nicht von jedermann geltend gemacht werden. Hierzu befugt sind nach § 8 Abs. 3 UWG lediglich die **Mitbewerber** (vgl. § 2 Abs. 1 Nr. 3 UWG), rechtsfähige **Verbände zur Förderung gewerblicher oder**

selbstständiger beruflicher Interessen sowie Verbraucherschutzverbände. Daneben sind auch die **Industrie- und Handelskammern** sowie die **Handwerkskammern** berechtigt, die Ansprüche geltend zu machen.

II. Schadensersatzanspruch

Gem. § 9 UWG besteht ein Anspruch auf Schadensersatz, wenn jemand den Wettbewerbsverstoß fahrlässig oder vorsätzlich begangen hat und daraus einem Mitbewerber ein Schaden entstanden ist. Der Schadensersatzanspruch steht jedoch **nur** dem **Mitbewerber** zu. **1744**

III. Gewinnabschöpfungsanspruch

Nach § 10 UWG besteht bei einem Wettbewerbsverstoß in den Fällen, in denen bei vorsätzlichem Handeln zu Lasten einer Vielzahl von Abnehmern ein Gewinn erzielt worden ist, auch ein Gewinnabschöpfungsanspruch. Dieser Anspruch kann allerdings nicht von Mitbewerbern, sondern **lediglich** von den **in § 8 Abs. 3 Nr. 2 – 4 UWG genannten Verbänden und Kammern** geltend gemacht werden. Dem erstmals in das neue UWG 2004 eingefügten Gewinnabschöpfungsanspruch ist bisher **keine besondere Bedeutung** zu Teil geworden. Ein Hauptgrund dafür ist in dem geringen Anreiz für die Geltendmachung zu sehen, da die zur Geltendmachung Berechtigten einerseits das volle Prozess- und Kostenrisiko tragen müssen, aber andererseits im Erfolgsfall den Gewinn nach Abzug ihrer Aufwendungen an die Staatskasse abführen müssen. **1745**

IV. Verjährung

Die Verjährungsregeln sind in § 11 UWG zu finden. Es ist je nach der Art des geltend gemachten Anspruchs zu unterscheiden. **1746**

1. Ansprüche auf Beseitigung, Unterlassung und Schadensersatz

Die Ansprüche auf Beseitigung, Unterlassung und Schadensersatz verjähren in **sechs Monaten**. Die Verjährungsfrist beginnt an dem Tag, an dem der Anspruch entstanden ist und der Gläubiger von den den Anspruch begründenden Umständen und der Person des Schuldners Kenntnis erlangt hat oder ohne grobe Fahrlässigkeit hätte erlangen müssen. Die Ansprüche müssen also regelmäßig schnell geltend gemacht werden. Denn andernfalls läuft der Gläubiger Gefahr, dass sein Anspruch nicht mehr durchsetzbar ist. In den folgenden **speziellen Fallgestaltungen** sind die folgenden Besonderheiten zu beachten: **1747**

Im Fall der **Dauerhandlung** – wenn also eine Verletzungshandlung einen fortwährenden Störungszustand hervorruft (z.B. bei der Anbringung eines Firmenschildes an einer Hauswand) – beginnt die Verjährung eines Unterlassungsanspruchs erst mit der Beendigung der Dauerhandlung. Für Schadensersatzansprüche ist die Gesamthandlung in Teilakte (d.h. in Tage) aufzuspalten, da mit dieser Handlung ständig neue Schäden und damit Schadensersatzansprüche entstehen. Es läuft dann jeweils eine eigenständige Verjährungsfrist. Bei einem mehrere Jahre dauernden Wettbewerbsverstoß kann ein solcher jedoch nur für den nicht verjährten Zeitraum, also längstens für die zurückliegenden sechs Monate, geltend gemacht werden. **1748**

Bei einer **fortgesetzten (wiederholten) Handlung**, die auf einem Willensentschluss beruht (z.B. bei der wiederholten Schaltung eines Anzeigentextes), ist sowohl für den Unterlassungs- wie den Schadensersatzanspruch jeder einzelne Teilakt maßgeblich.

2. Sonstige Ansprüche

1749 Die Verjährungsfrist sonstiger Ansprüche – insbesondere für den Gewinnherausgabeanspruch – beträgt ohne Rücksicht auf die Kenntnis oder grob fahrlässige Unkenntnis drei Jahren von der Entstehung an.

§ 6 Durchsetzung der wettbewerbsrechtlichen Ansprüche

1750 Die Durchsetzung der wettbewerbsrechtlichen Ansprüche geschieht regelmäßig auf Initiative der jeweils anspruchsberechtigten Personen im Zivilrechtsweg.

I. Hauptsacheverfahren

1751 Zunächst hat ein Anspruchsberechtigter die Möglichkeit, in einem normalen Hauptsacheverfahren (§§ 253 ff. ZPO) die ihm zustehenden Ansprüche geltend zu machen. Dies empfiehlt sich insbesondere dann, wenn ein Schadensersatzanspruch geltend gemacht werden soll, denn dieser kann ausschließlich im Hauptsacheverfahren durchgesetzt werden.

II. Einstweiliges Verfügungsverfahren

1752 Da Hauptsacheverfahren langwierig sind (sie können bis zur letzten Instanz mehrere Jahre dauern), bietet sich stattdessen das einstweilige Verfügungsverfahren (§§ 12 Abs. 2 UWG i.V.m. 935 ff. i.V.m. 916 ff. ZPO) an. Hier kann allerdings **nur der Unterlassungsanspruch** geltend gemacht werden. Denn es handelt sich „bloß" um ein vorläufiges Verfahren, an dessen Ende noch nicht feststeht, ob im Ergebnis der Anspruch tatsächlich besteht. Ob im konkreten Fall tatsächlich ein Wettbewerbsverstoß vorliegt, kann nur im Hauptsacheverfahren ermittelt werden. Dieses kann auch noch nach Durchführung des einstweiligen Verfügungsverfahrens erfolgen und bietet sich insbesondere in den Fällen an, in denen zusätzlich zum Unterlassungsanspruch auch ein Schadensersatzanspruch geltend gemacht wird.

1753 Das einstweilige Verfügungsverfahren ist gegenüber dem Hauptsacheverfahren mit einer erheblichen **Erleichterung** ausgestattet: Die anspruchsbegründenden Tatsachen müssen nicht bewiesen werden. Eine Glaubhaftmachung der dem Verstoß zugrundeliegenden Tatsachen ist ausreichend (§ 920 Abs. 2 ZPO). Dies bedeutet, dass ein Zeugenbeweis nicht erforderlich ist. Vielmehr können bestimmte Tatsachen beispielsweise auch durch den Geschäftsführer oder Vorstand eines Unternehmens mittels einer eidesstattlichen Versicherung glaubhaft gemacht werden. Darüber hinaus ist die Vorlage von Dokumenten, die keine Urkunden sind, wie z.B. ein Ausdruck aus dem Internet ebenfalls im Einzelfall zur Glaubhaftmachung bestimmter Tatsachen geeignet.

1754 Der größte Vorteil liegt jedoch darin, dass eine **Entscheidung binnen kürzester Zeit** vorliegt. Üblicherweise vergeht in Deutschland vom Tag der Antragstellung bis hin zum

Vorliegen der einstweiligen Verfügung (sofern sie erlassen wird) ein Zeitraum von zwei bis fünf Tagen.

Ein weiterer Vorteil liegt aus der Sicht des Antragstellers natürlich darin, dass häufig die Gegenseite, also der **unlauter Werbende**, zunächst **oftmals keine Gelegenheit zur Stellungnahme** erhält. Das Gericht kann in den dringenden Fällen ohne mündliche Verhandlung entscheiden (§ 937 Abs. 2 ZPO). Außer in den Fällen, in denen der unlauter Werbende eine sog. Schutzschrift beim angerufenen Gericht hinterlegt hat, erfolgt die Entscheidung damit allein auf der Grundlage der vom Antragsteller vorgetragenen Tatsachen. 1755

Allerdings darf dies nicht dazu verleiten, dem Gericht gegenüber unwahren Tatsachenvortrag vorzutragen. Denn der Antragsgegner hat die Möglichkeit, nach Zustellung der einstweiligen Verfügung **Widerspruch** dagegen einzulegen (§ 924 ZPO). Ergibt sich aus der Widerspruchsbegründung ein anderer Tatsachenvortrag, so wird das Gericht anhand der vorgelegten Glaubhaftmachungsmittel entscheiden, auf welcher Tatsachengrundlage die Entscheidung zu ergehen hat. Ändert das Gericht daraufhin seine Entscheidung, hebt es die einstweilige Verfügung wieder auf. In diesem Fall hat der Antragsteller den gesamten **Schaden** des Antragsgegners zu ersetzen, der diesem durch den Vollzug der einstweiligen Verfügung entstanden ist (§ 945 ZPO). 1756

Obwohl es sich bei dem einstweiligen Verfügungsverfahren nur um ein vorläufiges Verfahren handelt, ist es **das in Wettbewerbsangelegenheit am weitesten verbreitete Verfahren**. Denn mit seiner Hilfe kann schnell der erforderliche Rechtsschutz herbeigeführt werden, um die in wettbewerbsrechtlichen Angelegenheiten meist einschneidenden Maßnahmen des Mitbewerbers zu stoppen. 1757

III. Abschlusserklärung

Nach Durchführung eines einstweiligen Verfügungsverfahrens verzichtet der Antragsteller wegen des selten entstehenden oder nachweisbaren Schadens **üblicherweise** auf die Durchführung eines Hauptsacheverfahrens. Damit gleichwohl die einstweilige Verfügung als nur vorläufiger Titel eine endgültige Wirkung zwischen den Parteien entfaltet, verlangt der Antragsteller regelmäßig die Abgabe einer sog. Abschlusserklärung vom Antragsgegner. Darin erklärt dieser, dass er **die einstweilige Verfügung als zwischen den Parteien endgültige Regelung gleich einem Hauptsacheurteil anerkennt** und **auf Rechtsmittel** dagegen **verzichtet**. 1758

Ausnahmsweise kann aber statt der Abgabe einer Abschlusserklärung die Durchführung eines Hauptsacheverfahrens dann vorteilhaft sein, wenn die einstweilige Verfügung im Wesentlichen wegen der Beweiserleichterung (Glaubhaftmachung statt Beweis) erlassen worden ist. Denkbar sind nämlich Situationen, in denen zwar eine Glaubhaftmachung durch eine eidesstattliche Versicherung erfolgen kann, während der im Hauptsacheverfahren erforderliche entsprechende Tatsachenbeweis jedoch nicht gelingen kann. So kann z.B. ein Geschäftsführer zwar eine eidesstattliche Versicherung abgeben, den erforderlichen Beweis im Hauptsacheverfahren hingegen nicht als Zeuge erbringen, da er als vertretungsberechtigter Geschäftsführer Partei ist und deshalb nicht Zeuge sein kann. Aus **taktischen Gründen** ist es daher manchmal für die im einstweiligen Verfügungsverfahren unterlegene Partei vorteilhaft, die obsiegende Partei zu zwingen, auch das Hauptsacheverfahren noch durchzuführen. In diesem Fall darf die Abschlusserklärung selbstverständlich nicht abgegeben werden. Vielmehr muss im Gericht beantragt werden, **der Gegenseite eine Frist zur Erhebung der Hauptsacheklage zu setzen** (§ 926 ZPO). Wird die Frist versäumt, so wird die einstweilige Verfügung auf Antrag der unterlegenen Partei wieder aufgehoben. 1759

IV. Abmahnung

1760 Vor Beantragung einer einstweiligen Verfügung oder Erhebung einer Klage auf Unterlassung ist es in Wettbewerbsangelegenheiten üblich, die Gegenseite zuvor abzumahnen. Nach § 12 Abs. 1 UWG ist eine derartige Abmahnung ausdrücklich **erwünscht und** zur Vermeidung der nachteiligen Kostenfolge bei sofortigem Anerkenntnis durch den unlauter Werbenden nach § 93 ZPO **dringend anzuraten.**

1761 Mit einer Abmahnung wird der **Gegner aufgefordert,** das **wettbewerbswidrige Verhalten zu unterlassen** sowie eine Unterlassungsverpflichtungserklärung abzugeben. Zur Sicherung dieser Erklärung wird er ferner aufgefordert, für jeden Fall der Zuwiderhandlung gegen die Unterlassungsverpflichtungserklärung eine bestimmte Vertragsstrafe zu zahlen. Deshalb spricht man auch von einer **strafbewehrten Unterlassungsverpflichtungserklärung.**

1762 Das Abmahnverfahren dient der **Vermeidung einer gerichtlichen Auseinandersetzung.** Üblicherweise ist eine strafbewehrte Unterlassungsverpflichtungserklärung ausreichend, um den Unterlassungsanspruch des Gläubigers zu sichern. Sie lässt die für eine gerichtliche Geltendmachung erforderliche Erstbegehungs- oder Wiederholungsgefahr (vgl. Kap. 2 § 5 I.) entfallen.

1763 Sollte der Schuldner gleichwohl **gegen die Unterlassungsverpflichtungserklärung verstoßen,** so kann der Gläubiger die vereinbarte Vertragsstrafe beanspruchen. Da mit der Zuwiderhandlung ein neuer (gesetzlicher) Unterlassungsanspruch entsteht und dadurch zugleich eine neue Wiederholungsgefahr begründet wird, kann der Gläubiger im Hinblick auf den erneuten Verstoß zudem einen Unterlassungsanspruch auch gerichtlich, entweder im einstweiligen Verfügungsverfahren oder im Hauptsacheverfahren, geltend machen.

V. Zusammenfassung

1764 Auch wenn für die Ansprüche auf Beseitigung und Unterlassung (§ 8 UWG) sowie Gewinnabschöpfung (§ 10 UWG) neben den Mitbewerbern die rechtsfähigen Unternehmerverbände, qualifizierten Einrichtungen zum Verbraucherschutz, Industrie- und Handelskammern sowie Handwerkskammern zur Geltendmachung berechtigt sind, so kommt dem **unmittelbar betroffenen Unternehmen** in der Praxis **bei der Anspruchsgeltendmachung** eine **herausgehobene Stellung** zu.

1765 Durch die jedem Wettbewerber zur Verfügung stehenden Möglichkeiten der Durchsetzung der ihm nach dem UWG zustehenden Ansprüche findet eine **Regulierung des Marktverhaltens zwischen den Mitbewerbern** statt. Es bleibt dabei jedem Einzelnen überlassen, ob er die Durchsetzung des Anspruchs für erforderlich hält oder nicht. Auf diese Weise werden die staatlichen Ressourcen, insbesondere die Gerichte, nur dann in Anspruch genommen, wenn der betroffene Mitbewerber dies für erforderlich hält.

1766 Sowohl die **Eigeninitiative der betroffenen Mitbewerber** als auch das **effektive Rechtssystem** mit einem hervorragend funktionierenden einstweiligen Rechtsschutz führen damit zu einem sich selbst regulierenden Wettbewerbsverhalten. Unlauteres Verhalten im Wettbewerb kann schnell, effektiv und, im Vergleich zu anderen Rechtsordnungen, meist kostengünstig gestoppt werden.

Kapitel 3 Kartellrecht

§ 1 Entstehungsgeschichte des europäischen und des deutschen Kartellrechts

I. Europäisches Kartellrecht

Schon der am 23.7.2002 durch Zeitablauf außer Kraft getretene *Vertrag über die Gründung der Europäischen Gemeinschaft für Kohle und Stahl* vom 18.4.1951 enthielt ein Verbot wettbewerbsbeschränkender Vereinbarungen sowie Bestimmungen zur vorbeugenden Fusionskontrolle. Der *Vertrag zur Gründung der Europäischen Wirtschaftsgemeinschaft* (EWG) – seit 1993 *Vertrag zur Gründung der Europäischen Gemeinschaft* (EG) genannt – und mit ihm die heute noch gültigen Regelungen zum Verbot wettbewerbsbeschränkender Vereinbarungen in Art. 85 EG und zum Verbot des Missbrauchs marktbeherrschender Stellungen in Art. 86 EG (heute Ar. 81 und 82 EG) ist am 1.1.1958 in Kraft getreten[2].

1767

Einen Meilenstein in der Geschichte des europäischen Kartellrechts stellte die *Verordnung Nummer 17 des Rates* zur Durchführung der Art. 85 und 86 des Vertrags vom 6.2.1962 (VO 17/62) dar. Sie enthielt insbesondere erstmals Regeln über die unmittelbare Anwendbarkeit der heutigen Art. 81 und 82 EG und über die Anmeldung von unter den heutigen Art. 81 Abs. 1 EG fallenden Vereinbarungen. Außerdem gab sie der Kommission bei der Durchsetzung des europäischen Kartellrechts ein Verfahrensrecht vor.

1768

Ein weiterer Meilenstein war die *Fusionskontrollverordnung* (FKVO) vom 21.12.1989, mit der erstmals eine allgemeine Fusionskontrolle durch die Kommission eingeführt wurde.

1769

Eine Zäsur erfolgte durch die *Verordnung (EG) Nummer 1/2003* vom 16.12.2002 zur Durchführung der in den Art. 81 und 82 des Vertrags niedergelegten Wettbewerbsregeln (VO 1/2003[3]), die am 1.5.2004 in Kraft trat. Entgegen dem Wortlaut von Art. 81 Abs. 3 EG führte sie das sog. Prinzip der Legalausnahme ein, wonach Art. 81 Abs. 3 EG als unmittelbar anwendbar gilt, so dass eine Anmeldung und Freistellung durch die Kommission entfallen kann. Die VO 17/62 wurde durch die VO 1/2003 außer Kraft gesetzt.

1770

II. Deutsches Kartellrecht

Die Geschichte des deutschen Kartellrechts beginnt mit der *Verordnung gegen Missbrauch wirtschaftlicher Machtstellungen* vom 2.11.1923. Diese Kartellverordnung des Deutschen Reiches zielte auf die Bekämpfung „schädlicher Auswüchse des Kartellwesens" ab. Kartelle sollten durch „Reinigung" dazu befähigt werden, „der Anbahnung einer laufenden Geschäftsgebarung, der Verbreitung rationeller Produktionsmethoden und einer Vereinheitlichung der Preisbildung zu dienen". Danach waren Kartelle nicht einmal grundsätzlich verboten, vielmehr bestand lediglich eine Missbrauchsaufsicht des Reichswirtschaftsministers im Falle einer Gefährdung der Gesamtwirtschaft oder des Gemeinwohls.

1771

---
2 Text der Art. 81 bis 86 EG: http://ec.europa.eu/comm/competition/antitrust/articles.html
3 Text: http://ec.europa.eu/comm/competition/antitrust/legislation/regulations.html

1772 Nach der Machtergreifung durch die Nationalsozialisten entstand im Jahr 1933 das *Gesetz über die Errichtung von Zwangskartellen*. Danach wurden Kartelle sogar gefördert, wenn sie im Rahmen der Wirtschaftsordnung als nützlich erschienen, andernfalls waren sie zu ändern oder gänzlich zu beseitigen.

1773 Ein wesentlicher Schritt in Richtung eines modernen deutschen Kartellrechts erfolgte 1947 durch die *Alliierten Dekartellierungsgesetze* in den Westzonen. Nach diesen waren sämtliche wettbewerbsbeschränkenden Abmachungen verboten. Zudem konnten übermäßig konzentrierte Unternehmungen aufgelöst werden.

1774 Das heutige *GWB* trat – wie der EG – am 1.1.1958 in Kraft. Es wurde beherrscht von drei Grundprinzipien: Dem Verbotsprinzip für horizontale Kartelle, der differenzierten Behandlung von vertikalen wettbewerbsbeschränkenden Vereinbarungen sowie der Missbrauchsaufsicht über marktbeherrschende Unternehmen. Eine Fusionskontrolle gab es nach dem GWB zunächst noch nicht.

1775 Das GWB ist seither in sieben teilweise tiefgreifenden Gesetzesnovellen maßgeblich geändert worden. Hervorzuheben sind an dieser Stelle die Einführung der vorbeugenden materiellen Fusionskontrolle durch die zweite GWB-Novelle vom 3.8.1973 sowie die weitgehende Anpassung des Verbots der Wettbewerbschränkungen an das europäische Kartellrecht durch die siebte GWB-Novelle vom 15.7.2005. Aufgegeben wurde dadurch die für das deutsche Kartellrecht bis dahin charakteristische grundsätzliche Unterscheidung zwischen horizontalen und vertikalen Vereinbarungen.

§ 2 Die drei Instrumente des Kartellrechts

1776 Das Kartellrecht bedient sich dreier Instrumente: Des Verbots wettbewerbsbeschränkender Vereinbarungen, der Missbrauchskontrolle über marktbeherrschende Unternehmen sowie der Fusionskontrolle. Vor einer genaueren Auseinandersetzung mit diesen drei Instrumenten sollen diese vorab kurz vorgestellt werden.

I. Verbot wettbewerbsbeschränkender Vereinbarungen

1777 Das Verbot wettbewerbsbeschränkender Vereinbarungen impliziert zunächst das **Kartellverbot im engeren Sinne**. Unter einem Kartell sind mehrere Unternehmen zu verstehen, die im Wettbewerb miteinander stehen, und durch einen Vertrag ihr Verhalten auf dem Markt koordinieren, um dadurch den Wettbewerb untereinander auszuschließen.

Beispiele für derartige Absprachen: Preis-, Mengen- oder Gebietsabsprachen. Derartige Kartellvereinbarungen sind verboten, weil sie den Wettbewerb auf den jeweiligen Märkten ausschließen.

1778 Das Verbot wettbewerbsbeschränkender Vereinbarungen geht jedoch über ein reines Kartellverbot hinaus. Verboten sind nicht nur wettbewerbsbeschränkende Vereinbarungen zwischen Wettbewerbern (**horizontale Vereinbarungen**) sondern grundsätzlich auch wettbewerbsbeschränkende Vereinbarungen zwischen Nichtwettbewerbern (**vertikale Vereinbarungen**), z.B. Vertriebsvereinbarungen. Diese sind grundsätzlich ebenfalls verboten, werden aber im Ergebnis großzügiger beurteilt als horizontale Vereinbarungen.

II. Missbrauchskontrolle über marktbeherrschende Unternehmen

Die Missbrauchskontrolle über marktbeherrschende Unternehmen will verhindern, **1779**
dass marktbeherrschende Unternehmen ihre herausgehobene Position auf einem Markt
dazu missbrauchen, sich einen wettbewerbswidrigen Vorteil – d.h. einen Vorteil, den sie
ohne ihre marktbeherrschende Position nicht erhalten hätten – zu verschaffen. Zu
betonen ist, dass das Erreichen einer marktbeherrschenden Stellung durch internes
Unternehmenswachstum – d.h. durch den Erfolg eines Unternehmens am Markt –
kartellrechtlich unbedenklich und zulässig ist. Verboten ist lediglich der **Missbrauch**
einer solchen Stellung.

III. Fusionskontrolle

In der Fusionskontrolle werden Unternehmenszusammenschlüsse (**externes Unternehmenswachstum**) daraufhin überprüft, ob durch sie wirksamer Wettbewerb auf dem
betroffenen Markt beeinträchtigt wird. Hiervon wird in der Regel ausgegangen, wenn
durch den Zusammenschluss marktbeherrschende Stellungen begründet oder verstärkt
werden. Während das zuletzt genannte Kriterium in der europäischen Fusionskontrolle
lediglich ein Regelbeispiel für das eigentlich zu prüfende Kriterium der erheblichen
Behinderung des wirksamen Wettbewerbs darstellt, bildet es in der deutschen Fusionskontrolle den Kern der Prüfung.

§ 3 Das Verbot wettbewerbsbeschränkender Vereinbarungen

I. Europäisches Kartellrecht

1. Art. 101 Abs. 1 AEUV

Nach Art. 101 Abs. 1 AEUV sind mit dem Binnenmarkt unvereinbar und verboten **1780**
„*alle Vereinbarungen zwischen Unternehmen, Beschlüsse von Unternehmensvereinigungen und aufeinander abgestimmte Verhaltensweisen, welche den Handel zwischen
den Mitgliedsstaaten zu beeinträchtigen geeignet sind und eine Verhinderung, Einschränkung oder Verfälschung des Wettbewerbs innerhalb des Binnenmarktes bezwecken oder bewirken*". Art. 101 Abs. 1 AEUV führt zudem einen Katalog von Regelbeispielen auf, bei deren Vorliegen in der Regel eine wettbewerbsbeschränkende Vereinbarung vorliegt.

Das Verbot des Art. 101 Abs. 1 AEUV richtet sich an Unternehmen und Unternehmensvereinigungen. Nach dem funktionalen Unternehmensbegriff des EuGH ist unter **1781**
einem **Unternehmen** jede eine **wirtschaftliche Tätigkeit ausübende Einheit** zu verstehen,
unabhängig von deren Rechtsform und Art ihrer Finanzierung.

Auch Staaten, ihre Behörden und Einrichtungen können grundsätzlich Unternehmen in
diesem Sinne sein, soweit diese nicht hoheitlich handeln. Staatliche Organe sind immer
dann Unternehmen, wenn sich ihre Tätigkeit nicht von der Tätigkeit anderer Unternehmen unterscheidet, mag diese Tätigkeit nach innerstaatlichem Recht auch nicht
privatwirtschaftlich, sondern hoheitlich ausgestaltet sein.

Beispiel: Die Organisation als öffentlich-rechtliche Anstalt, der eine Vermittlungstätigkeit für
Arbeitslose übertragen ist, führt nicht dazu, die von ihr ausgeübte Vermittlungstätigkeit als

hoheitlich zu qualifizieren. Entscheidend ist vielmehr, dass die fragliche Tätigkeit auch von privaten Anbietern ausgeübt wird.

1782 Unter **Unternehmensvereinigungen** sind Vereinigungen von Unternehmen zu verstehen. Gemeint sind hiermit insbesondere Wirtschaftsverbände, Berufsorganisationen oder Arbeitgeberverbände.

1783 Eine nach Art. 101 Abs. 1 AEUV verbotene Wettbewerbsbeschränkung kann auf der Grundlage einer Vereinbarung, eines Beschlusses einer Unternehmensvereinigung oder einer abgestimmten Verhaltensweise erfolgen.

1784 Unter einer **Vereinbarung** ist jede **rechtliche oder wirtschaftliche Übereinkunft** zu verstehen, unabhängig von ihrer Form und dem Rechtsbindungswillen der Parteien. So können auch mündliche Absprachen eine Vereinbarung darstellen. Gleiches gilt für ohne Rechtsbindungswillen abgeschlossene sog. Gentlemens Agreements, die nach dem Parteiwillen nicht gerichtlich durchsetzbar sein sollen. Vereinbarungen in diesem Sinne umfassen sowohl **horizontale** als auch **vertikale** Vereinbarungen.

1785 Unter einem **Beschluss von Unternehmensvereinigungen** ist ein Rechtsakt zu verstehen, der von dem **zuständigen** Organ getroffen wird, um das Verhalten des oder der Unternehmen auf der Grundlage der jeweils maßgeblichen Gesellschaftsverträge, Satzungen oder Geschäftsordnungen zu regeln. Das Tatbestandsmerkmal dient dazu, eine Umgehung des sich auf eine Vereinbarung beziehenden Kartellverbots zu vermeiden.

1786 Das Verbot **abgestimmter Verhaltensweisen** stellt im Rahmen des Art. 101 Abs. 1 AEUV einen **Auffangtatbestand** dar. Es kann nur zwischen Wettbewerbern eine Rolle spielen. Erfasst werden Maßnahmen, die zwar **nicht vertraglich vereinbart** oder **formell beschlossen** wurden, die aber dennoch von den Parteien **koordiniert werden**, um **unternehmerische Risiken auszuschalten**. Abzugrenzen ist das als abgestimmte Verhaltensweisen zu qualifizierende bewusste Zusammenarbeiten vom sog. **faktischen Parallelverhalten**. Insoweit gilt das kartellrechtliche Selbstständigkeitspostulat: Danach hat jeder Unternehmer selbstständig zu bestimmten, welche Politik er auf dem Markt zu betreiben gedenkt. Zwar beseitigt das Selbstständigkeitspostulat nicht das Recht der Unternehmen, sich dem festgestellten oder erwarteten Verhalten ihrer Wettbewerber mit wachem Sinn anzupassen; es steht jedoch strikt jeder unmittelbaren oder mittelbaren Fühlungnahme zwischen Unternehmen entgegen, die bezweckt oder bewirkt, entweder das Marktverhalten eines Wettbewerbers zu beeinflussen oder einen solchen Wettbewerber über das Marktverhalten ins Bild zu setzen, dass man selbst an den Tag zu legen entschlossen ist. Eine abgestimmte Verhaltensweise kann beispielsweise durch den Austausch wettbewerbsrelevanter Informationen wie z.B. Preislisten erfolgen.

> **Beispiel:** In der deutschen Öffentlichkeit wird der Vorwurf einer abgestimmten Verhaltensweise regelmäßig erhoben, wenn die Tankstellen zur Hauptpreiszeit ihre Benzinpreise anheben. Hier wird offenbar, dass sich beim Verbot abgestimmter Verhaltensweisen insbesondere das Problem der Beweisbarkeit eines Verstoßes stellt. Dieser Beweis lässt sich in der Regel allenfalls als Indizienbeweis führen.

1787 Art. 101 Abs. 1 AEUV verbietet die **Verhinderung, Einschränkung oder Verfälschung des Wettbewerbs**. Von der herrschenden Meinung werden diese Verhaltensweisen unter dem Begriff der **Wettbewerbsbeschränkung** zusammengefasst. Dieser Begriff soll auch der folgenden Darstellung zugrunde gelegt werden.

1788 Eine Wettbewerbsbeschränkung liegt in der Einschränkung der wirtschaftlichen Handlungsfreiheit. Eingeschränkt werden kann sowohl die Handlungsfreiheit der Beteiligten als auch die wirtschaftliche Handlungsfreiheit Dritter.

> **Beispiele:** Miteinander konkurrierende Lieferanten von Transportbeton treffen eine **Preisabsprache**. Eingeschränkt wird hier die Handlungsfreiheit der Beteiligten. – Ein Vertragshändler wird in einem **Rahmenliefervertrag** verpflichtet, die Vertragsprodukte **exklusiv** beim **Lieferanten** zu beziehen. Damit wird nicht nur die Handlungsfreiheit des Vertragshändlers eingeschränkt,

Das Verbot wettbewerbsbeschränkender Vereinbarungen   Kap. 3 § 3   O

sondern auch die Handlungsfreiheit der Wettbewerber des Lieferanten, die den Vertragshändler ebenfalls beliefern wollen.

Reine Austauschverträge (beispielsweise ein reiner Kaufvertrag) sind nicht wettbewerbsbeschränkend, soweit sie keine Ausschließlichkeit vorsehen und keine weiteren Einschränkungen enthalten. Dass der Verkäufer die Kaufsache nur an den Käufer übereignen darf und dies zu einem Wettbewerbsnachteil für andere Kaufinteressenten führen kann, ist unerheblich. Austauschverträge sind jedoch wettbewerbsbeschränkend, wenn sie Bestandteil einer weitergehenden wettbewerbsbeschränkenden Abstimmung sind oder wettbewerbsbeschränkende Klauseln enthalten. 1789

Beispiel: Ein Rahmenliefervertrag regelt primär die Lieferung von Vertragsprodukten (reines Austauschverhältnis). Daneben enthält er aber auch eine sog. **Preisbindung der zweiten Hand**, wonach der Lieferant dem Käufer seine Wiederverkaufspreise vorgibt.

In der Praxis der Kommission und des EuGH haben sich Fallgruppen von Tatbestandsrestriktionen herausgebildet, bei denen zwar begrifflich eine Wettbewerbsbeschränkung im Sinne der oben genannten Definition vorliegt, ein **Verstoß** gegen Art. 101 Abs. 1 AEUV jedoch letztlich **zu verneinen** ist, weil die fraglichen Klauseln zur Erreichung des kartellrechtsneutralen Hauptzwecks einer Vereinbarung erforderlich sind. Teilweise ist bei näherer Betrachtung auch eine Wettbewerbsbeschränkung zu verneinen. Die dogmatischen Begründungen für diese Tatbestandsrestriktionen sind strittig. Arbeitsgemeinschaften zwischen Wettbewerbern werden für vereinbar mit Art. 101 Abs. 1 AEUV gehalten, wenn die beteiligten Unternehmen erst durch die Bildung der Arbeitsgemeinschaft in die Lage versetzt werden, ein erfolgversprechendes Angebot für ein konkretes Projekt abzugeben. Hier lässt sich argumentieren, dass im Hinblick auf das konkrete Projekt kein Wettbewerb zwischen den beteiligten Unternehmen besteht, der zu beschränken wäre. 1790

An einer Wettbewerbsbeschränkung zwischen Unternehmen i.S.v. Art. 101 Abs. 1 AEUV fehlt es auch bei Wettbewerbsbeschränkungen zwischen miteinander verbundenen Unternehmen, soweit zwischen diesen eine wirtschaftliche Einheit besteht (sog. Konzernprivileg). Von einer solchen wirtschaftlichen Einheit ist auszugehen, wenn eine beherrschte Gesellschaft ihr Marktverhalten nicht autonom bestimmen kann, sondern Weisungen der beherrschenden Gesellschaft unterliegt. In diesem Fall könnte die Wettbewerbsbeschränkung auch durch eine Weisung der beherrschenden Gesellschaft ersetzt werden. 1791

Wettbewerbsverbote zu Lasten des Veräußerers in Unternehmenskaufverträgen werden als wettbewerbsfördernd und mit Art. 101 Abs. 1 AEUV vereinbar angesehen, wenn sie die Übertragung des vollen Werts des Unternehmens einschließlich seines Good-will und des vorhandenen Know-hows sichern. Dies gilt nur, soweit das Verbot sachlich, räumlich und zeitlich auf das Erforderliche beschränkt bleibt. Je nach den Umständen des Einzelfalls werden Wettbewerbsverbote von maximal drei Jahren als gerechtfertigt angesehen. Die Kommission hat ihre Auffassung zur Zulässigkeit derartiger Wettbewerbsverbote in der Bekanntmachung vom 5.3.2005 über Einschränkungen des Wettbewerbs, die mit der Durchführung von Unternehmenszusammenschlüssen unmittelbar verbunden sind und für diese notwendig sind, veröffentlicht[4]. 1792

Nach der Auffassung der Kommission fallen Beschränkungen von Handelsvertretern im Hinblick auf Gebiet, Kundenkreis sowie Preise und Bedingungen in echten Handelsvertreterverträgen nicht unter Art. 101 Abs. 1 AEUV, da diese Beschränkungen die Befugnis des Auftraggebers beträfen, die Tätigkeiten des Handelsvertreters in Bezug auf 1793

---

4   Text: http://ec.europa.eu/competition/mergers/legislation/notices_on_substance.html#restraints

die Vertragswaren oder -dienstleistungen festzulegen, was unerlässlich sei, wenn der Auftraggeber die Risiken übernehmen und in der Lage sein soll, die Geschäftsstrategie festzulegen. Ein Handelsvertretervertrag soll als echter Handelsvertretervertrag zu qualifizieren sein, wenn der Vertreter keine oder nur unbedeutende Risiken in Bezug auf die im Auftrag geschlossenen und/oder ausgehandelten Verträge und in Bezug auf die geschäftsspezifischen Investitionen für das betreffende Geschäftsfeld trage. In einem solchen Fall seien die Verkaufs- und die Kauffunktion Bestandteil der Tätigkeiten des Auftraggebers, obwohl es sich bei dem Handelsvertreter um ein eigenständiges Unternehmen handele (s. *Randnummern 12–20 der Leitlinien der Kommission für vertikale Beschränkungen vom 19.5.2010[5]*).

1794 Die Vereinbarung, der Beschluss oder die abgestimmte Verhaltensweise muss die Wettbewerbsbeschränkung **bezwecken oder bewirken**. Das **Bezwecken** einer Wettbewerbsbeschränkung ist anzunehmen, wenn eine Maßnahme **objektiv geeignet** ist, eine **Beeinträchtigung** des Wettbewerbs **herbeizuführen**. Steht der wettbewerbsbeschränkende Zweck fest, erübrigt sich die Prüfung der tatsächlichen Auswirkungen auf den Wettbewerb.

> **Beispiele** für bezweckte Wettbewerbsbeschränkungen: Vereinbarungen, die sich **gerade** auf das wettbewerbliche Verhalten beziehen, wie Exportverbote oder Preisabsprachen.

1795 Kann einer Maßnahme kein wettbewerbsbeschränkender Zweck beigemessen werden, ist anhand eines Vergleichs der tatsächlichen Wettbewerbsverhältnisse und der hypothetischen Wettbewerbsverhältnisse ohne die Maßnahme weiter zu prüfen, ob sie eine Wettbewerbsbeschränkung **bewirkt**.

1796 Wettbewerbsbeschränkende Vereinbarungen, Beschlüsse oder abgestimmte Verhaltensweisen müssen nach Art. 101 Abs. 1 AEUV geeignet sein, den Handel zwischen den Mitgliedsstaaten zu beeinträchtigen. Diese sog. Zwischenstaatlichkeitsklausel wird weit ausgelegt: Nach der ständigen Rechtsprechung des EuGH muss sich mit hinreichender Wahrscheinlichkeit voraussagen lassen, dass die Vereinbarung unmittelbar oder mittelbar, tatsächlich oder der Möglichkeit nach den Warenverkehr zwischen Mitgliedsstaaten in einem der Erreichung der Ziele eines einheitlichen zwischenstaatlichen Marktes nachteiligen Sinne beeinflussen kann. Die Kommission hat ihre Auslegung der Zwischenstaatlichkeitsklausel in den Leitlinien über den Begriff der Beeinträchtigung des zwischenstaatlichen Handels in den Art. 81 und 82 des Vertrags vom 27.4.2004 zusammengefasst[6].

1797 Der Zwischenstaatlichkeitsklausel kommt die Aufgabe einer Abgrenzung des europäischen vom mitgliedsstaatlichen Kartellrecht zu. Konkretisiert wird diese Abgrenzung durch Art. 3 VO 1/2003. Nach dessen Abs. 1 müssen Mitgliedsstaaten Art. 101 AEUV auf Vereinbarungen zwischen Unternehmen, Beschlüsse von Unternehmensvereinigungen und aufeinander abgestimmte Verhaltensweisen anwenden, welche den Handel zwischen den Mitgliedsstaaten i.S.v. Art. 101 Abs. 1 AEUV zu beeinträchtigen geeignet sind, wenn sie das nationale Kartellrecht auf solche Vereinbarungen, Beschlüsse und aufeinander abgestimmte Verhaltensweisen anwenden. Dies bedeutet, dass das nationale Kartellrecht nicht mehr isoliert angewendet werden darf, wenn das europäische Kartellrecht anwendbar ist, insbesondere die Zwischenstaatlichkeitsklausel erfüllt ist. Nach Art. 3 Abs. 2 VO 1/2003 darf die Anwendung des nationalen Kartellrechts nicht zum Verbot von Vereinbarungen zwischen Unternehmen, Beschlüssen von Unternehmensvereinigungen und aufeinander abgestimmten Verhaltensweisen führen, welche den Handel zwischen den Mitgliedsstaaten zu beeinträchtigen geeignet sind, aber keine

---

5   Text: http://ec.europa.eu/competition/antitrust/legislation/vertical.html
6   Text: http://ec.europa.eu/competition/antitrust/legislation/trade.html

Wettbewerbsbeschränkung i.S.v. Art. 101 Abs. 1 AEUV enthalten, die Voraussetzungen von Art. 101 Abs. 3 AEUV erfüllen oder durch eine Gruppenfreistellungsverordnung erfasst sind. Dies bedeutet, dass nationales Kartellrecht bei Erfüllung der Zwischenstaatlichkeitsklausel nicht zum Verbot von nach Art. 101 Abs. 1 oder Abs. 3 AEUV erlaubtem Verhalten führen darf. Den Vorrang des europäischen Kartellrechts gegenüber nationalem Kartellrecht, soweit ersteres ein Verhalten verbietet, das letzteres erlaubt, ergibt sich dagegen nicht aus Art. 3 VO 1/2003, sondern aus dem allgemeinen Vorrang des Gemeinschaftsrechts gegenüber dem nationalen Recht.

Nach der Praxis der Kommission und des EuGH enthält Art. 101 Abs. 1 AEUV als ungeschriebenes Tatbestandsmerkmal das Erfordernis, dass eine Wettbewerbsbeschränkung spürbar sein muss. Es handelt sich um eine Bagatell-Regel, die dazu dient, quantitativ und qualitativ unbedeutende Sachverhalte auszuklammern. Die Kommission hat ihr Verständnis der Spürbarkeit veröffentlicht in der Bekanntmachung vom 22.12.2001 über Vereinbarungen von geringer Bedeutung, die den Wettbewerb gem. Art. 81 des Vertrags zur Gründung der Europäischen Gemeinschaft nicht spürbar beschränken (de minimis-Bekanntmachung)[7]. Danach mangelt es an der Spürbarkeit einer Wettbewerbsbeschränkung, wenn im Fall einer Vereinbarung zwischen Wettbewerbern der gemeinsame Marktanteil der an der Vereinbarung beteiligten Unternehmen insgesamt auf keinem der von der Vereinbarung betroffenen relevanten Märkte 10% überschreitet. Bei einer Vereinbarung zwischen Nichtwettbewerbern soll die Spürbarkeit dagegen zu verneinen sein, wenn der von jedem der beteiligten Unternehmen gehaltene Marktanteil auf keinem der von der Vereinbarung betroffenen relevanten Märkte 15% überschreitet. In allen Fällen ist Voraussetzung, dass es sich bei der Wettbewerbsbeschränkung nicht um eine besonders gravierende und in der de minimis-Bekanntmachung aufgezählte sog. Kernbeschränkung wie beispielsweise eine Preisbindung handelt.

1798

2. Art. 101 Abs. 3 AEUV

Mit der Feststellung, dass der Tatbestand des Art. 101 Abs. 1 AEUV erfüllt ist, ist die Prüfung von Art. 101 AEUV noch nicht beendet, denn der Verstoß **kann nach Art. 101 Abs. 3 AEUV gerechtfertigt** und damit im Ergebnis **zulässig** sein. Danach können die Bestimmungen des Abs. 1 für nicht anwendbar erklärt werden auf Vereinbarungen oder Gruppen von Vereinbarungen zwischen Unternehmen, Beschlüsse oder Gruppen von Beschlüssen von Unternehmensvereinigungen und aufeinander abgestimmte Verhaltensweisen oder Gruppen von solchen, die unter **angemessener Beteiligung der Verbraucher** an dem entstehenden Gewinn zur Verbesserung der Warenerzeugung oder -verteilung oder zur Förderung des technischen oder wirtschaftlichen Fortschritts beitragen, ohne dass den beteiligten Unternehmen Beschränkungen auferlegt werden, die für die Verwirklichung dieser Ziele unerlässlich sind, oder Möglichkeiten eröffnet werden, für einen wesentlichen Teil der betreffenden Waren den Wettbewerb auszuschalten.

1799

Die VO 1/2003 hat im Hinblick auf die Anwendung des Art. 101 Abs. 3 AEUV für einen Paradigmenwechsel gesorgt. Der Wortlaut der Vorschrift spricht eindeutig davon, dass „die Bestimmungen des Abs. 1 für nicht anwendbar erklärt werden" können, also eine konstitutive Freistellungsentscheidung erforderlich ist. Dementsprechend bestimmte die VO 17/62, dass Vereinbarungen, Beschlüsse und aufeinander abgestimmte Verhaltensweisen der in Art. 101 Abs. 1 AEUV bezeichneten Art, für welche die Beteiligten Art. 101 Abs. 3 AEUV in Anspruch nehmen wollen, bei der Kommission anzumelden sind, die ausschließlich zuständig war, Art. 101 Abs. 1 AEUV nach

1800

---

[7] Text: http://ec.europa.eu/competition/antitrust/legislation/deminimis.html

Art. 101 Abs. 3 AEUV für nicht anwendbar zu erklären. Stattdessen bestimmt Art. 1 Abs. 2 VO 1/2003 nun, dass Vereinbarungen, Beschlüsse von Unternehmensvereinigungen und aufeinander abgestimmte Verhaltensweisen i.S.v. Art. 101 Abs. 1 AEUV, die die Voraussetzungen des von Art. 101 Abs. 3 AEUV erfüllen, ohne weiteres zulässig sind, ohne dass dies einer vorherigen Entscheidung bedarf. Art. 101 Abs. 3 AEUV ist damit nicht länger als ein Verbot mit Erlaubnisvorbehalt zu verstehen, sondern als unmittelbar anwendbare Legalausnahme zum Kartellverbot des Art. 101 Abs. 1 AEUV. Erforderlich ist daher eine Selbsteinschätzung der betroffenen Unternehmen, inwieweit sich ihr nach Art. 101 Abs. 1 AEUV verbotenes Verhalten nach Art. 101 Abs. 3 AEUV gerechtfertigt sein kann. Nach Art. 2, Satz 2 VO 1/2003 trifft die Unternehmen die Beweislast für das Vorliegen der Voraussetzungen des Art. 101 Abs. 3 AEUV.

1801 Die Kommission hat am 27.4.2004 Leitlinien zur Anwendbarkeit von Art. 81 Abs. 3 EG veröffentlicht, denen sich Anhaltspunkte für eine Auslegung entnehmen lassen[8]. Generell lässt sich sagen, dass für eine Freistellung nach Art. 101 Abs. 3 AEUV hohe Marktanteile und gravierende Wettbewerbsbeschränkungen immer problematisch sind. In vielen Fällen ist die schwierige Auseinandersetzung mit den Kriterien des Art. 101 Abs. 3 AEUV nicht erforderlich, weil eine Maßnahme unter eine sog. Gruppenfreistellungsverordnung der Kommission fällt. Damit macht die Kommission von ihrer Ermächtigung nach Art. 101 Abs. 3 AEUV Gebrauch, Gruppen von Vereinbarungen, Beschlüssen oder abgestimmten Verhaltensweisen von den Bestimmungen des Art. 101 Abs. 1 AEUV für nicht anwendbar zu erklären. Bei der Erfüllung der Voraussetzungen einer Gruppenfreistellungsverordnung ist eine Maßnahme zulässig, die sonst nach Art. 101 Abs. 1 AEUV verboten wäre. Gruppenfreistellungsverordnungen gibt es für vertikale Vereinbarungen und aufeinander abgestimmte Verhaltensweisen, für vertikale Vereinbarungen und aufeinander abgestimmte Verhaltensweisen im Kraftfahrzeugsektor, für Technologietransfer-Vereinbarungen, für Spezialisierungsvereinbarungen, für Vereinbarungen über Forschung und Entwicklung sowie für Vereinbarungen, Beschlüsse und aufeinander abgestimmte Verhaltensweisen im Versicherungssektor. Als Richtlinie für die Auslegung ihrer Gruppenfreistellungsverordnungen hat die Kommission teilweise Leitlinien veröffentlicht[9]. Eine Freistellung nach den Gruppenfreistellungsverordnungen setzt insbesondere voraus, dass bestimmte dort genannte Marktanteilsschwellen nicht überschritten werden und keine Klauseln mit Kernbeschränkungen vereinbart sind.

3. Rechtsfolgen eines Verstoßes gegen Art. 101 AEUV

1802 Nach Art. 101 Abs. 2 AEUV sind die nach Art. 101 AEUV verbotenen Vereinbarungen und Beschlüsse nichtig. Diese Nichtigkeit betrifft zunächst nur den gegen Art. 101 AEUV verstoßenden Teil einer Vereinbarung. Inwieweit der verbleibende Teil einer Vereinbarung wirksam bleibt, ist eine Frage des jeweils anwendbaren nationalen Rechts.

Beispiel: Ist auf eine gegen Art. 101 AEUV verstoßende Vereinbarung deutsches Recht anwendbar, ist nach § 139 BGB grundsätzlich von der Gesamtnichtigkeit einer Vereinbarung auszugehen, wenn nicht anzunehmen ist, dass die Vereinbarung auch ohne den nichtigen Teil vorgenommen sein würde. In der Praxis wird § 139 BGB jedoch in der Regel durch sog. salvatorische Klauseln ausgeschlossen, die die Restwirksamkeit im Falle einer Teilnichtigkeit anordnen und die Wirkung einer Beweislastumkehr für die Restwirksamkeit haben.

---

8 Text: http://ec.europa.eu/competition/antitrust/legislation/art81_3.html
9 Texte: http://ec.europa.eu/competition/antitrust/legislation/legislation.html

Das Verbot wettbewerbsbeschränkender Vereinbarungen   Kap. 3 § 3   O

Nach Art. 23 Abs. 2 VO 1/2003 kann die Kommission gegen Unternehmen und Unternehmensvereinigungen für vorsätzliche oder fahrlässige Verstöße gegen Art. 101 AEUV **Geldbußen** in Höhe von maximal 10% ihres jeweiligen im vorausgegangenen Geschäftsjahr erzielten Gesamtumsatzes verhängen. Die Kommission hat hierzu im Jahr 2006 **Leitlinien für das Verfahren zur Festsetzung von Geldbußen** veröffentlicht[10]. Von erheblicher praktischer Bedeutung ist die Mitteilung der Kommission über den Erlass und die Ermäßigung von Geldbußen in Kartellsachen vom 8.12.2006 (sog. **Kronzeugenregelung**[11]), nach der die Kommission die Geldbuße gegenüber Unternehmen verringern und sogar aufheben kann, wenn diese aktiv an der Aufdeckung und Aufklärung eines Kartells mitwirken.

1803

4. Vollzug des Art. 101 AEUV

Die VO 1/2003 hat für den Vollzug des Art. 101 AEUV ein System der parallelen Zuständigkeiten geschaffen: Grundsätzlich ist die Kommission für den Vollzug des Art. 101 AEUV zuständig (Art. 4, Art. 7 folgende VO 1/2003). In Einzelfällen sind allerdings die Behörden der Mitgliedsstaaten zuständig (Art. 5 VO 1/2003). Leitet die Kommission ein Verfahren zum Erlass einer Entscheidung nach Kapitel III VO 1/2003 ein, so entfällt damit die Zuständigkeit der Mitgliedsstaaten für die Anwendung von Art. 101 AEUV (Art. 11 Abs. 6 VO 1/2003). Diese Grundsätze gelten auch für den Vollzug des Art. 102 AEUV.

1804

II. Deutsches Kartellrecht

Das deutsche Recht der wettbewerbsbeschränkenden Vereinbarungen wurde durch die 7. GWB-Novelle vom 15.7.2005 erheblich verändert und an das europäische Kartellrecht angepasst[12]. Während bis dahin unterschiedliche Regelungen für horizontale Vereinbarungen in den §§ 1–13 GWB alte Fassung einerseits und für vertikale Vereinbarungen in den §§ 14–18 GWB alte Fassung andererseits galten, gelten die neuen §§ 1–3 GWB gleichermaßen für horizontale wie für vertikale Vereinbarungen. § 1 GWB entspricht mit Ausnahme der freilich fehlenden Zwischenstaatlichkeitsklausel sowie der fehlenden Regelbeispiele fast wörtlich Art. 101 Abs. 1 AEUV. § 2 Abs. 1 GWB entspricht fast wörtlich Art. 101 Abs. 3 AEUV. Der hier gewählte Wortlaut lässt allerdings – anders als Art. 101 Abs. 3 AEUV – keinen Zweifel an der unmittelbaren Anwendbarkeit des § 2 Abs. 1 GWB („Vom Verbot ... freigestellt sind"). § 2 Abs. 2 GWB erklärt die Gruppenfreistellungsverordnungen der Kommission bei der Anwendung von § 1 GWB für entsprechend anwendbar. § 3 GWB nennt Voraussetzungen, unter denen sog. Mittelstandskartelle zulässig sein können. Dies gilt freilich nur in den Fällen, in denen es an einem zwischenstaatlichen Bezug fehlt, da anderenfalls die Bewertung nach Art. 101 AEUV vorgeht.

1805

---

10 Text: http://ec.europa.eu/competition/antitrust/legislation/fines.html
11 Text: http://ec.europa.eu/competition/cartels/legislation/leniency_legislation.html
12 Text: http://www.gesetze-im-internet.de/bundesrecht/gwb/gesamt.pdf

§ 4 Missbrauchskontrolle über marktbeherrschende Unternehmen

I. Europäisches Kartellrecht

1. Vorbemerkung

1806 Nach Art. 102 AEUV ist mit dem Binnenmarkt unvereinbar und verboten die missbräuchliche Ausnutzung einer beherrschenden Stellung auf dem Binnenmarkt oder auf einem wesentlichen Teil desselben durch ein oder mehrere Unternehmen, soweit dies dazu führen kann, den Handel zwischen den Mitgliedstaaten zu beeinträchtigen. Ergänzt wird die Vorschrift durch einen Katalog von Regelbeispielen.

1807 Das Verhältnis des europäischen und des nationalen Kartellrechts ist im Bereich der Missbrauchskontrolle anders geregelt als im Bereich des Verbots wettbewerbsbeschränkender Vereinbarungen: Zwar müssen die Wettbewerbsbehörden der Mitgliedstaaten oder einzelstaatlichen Gerichte nach Art. 3 Abs. 1 Satz 2 VO 1/2003 auch Art. 102 AEUV anwenden, wenn sie das einzelstaatliche Wettbewerbsrecht auf nach Art. 102 AEUV verbotene Missbräuche anwenden. Das Abgrenzungskriterium bildet auch insoweit die Zwischenstaatlichkeitsklausel. Den Mitgliedstaaten wird nach Art. 3 Abs. 2 Satz 2 VO 1/2003 aber nicht verwehrt, in ihrem Hoheitsgebiet strengere innerstaatliche Vorschriften zur Unterbindung oder Ahndung einseitiger Handlungen von Unternehmen zu erlassen oder anzuwenden. Vor diesem Hintergrund ist es zu verstehen, dass das deutsche Kartellrecht Regeln zur Missbrauchskontrolle enthält (§§ 19 folgende GWB), die teilweise strenger sind als Art. 102 AEUV.

2. Relevanter Markt

1808 Die Feststellung, dass ein Unternehmen einen Markt beherrscht, verlangt vorab die Definition des relevanten Marktes in sachlicher und räumlicher Hinsicht. Der sachlich relevante Markt umfasst all jene Erzeugnisse und/oder Dienstleistungen, die vom Verbraucher hinsichtlich ihrer Eigenschaften, Preise und ihres vorgesehenen Verwendungszwecks als austauschbar oder substituierbar angesehen werden (sog. Bedarfsmarktkonzept). Wenn Kunden auch bei einer kleinen, bleibenden Erhöhung der relativen Preise (5–10%) für die betroffenen Produkte und Gebiete nicht auf leicht verfügbare Substitute ausweichen würden, stellt dies einen Anhaltspunkt dafür dar, dass die betroffenen Produkte und die Substitute nicht demselben sachlich relevanten Markt angehören (sog. Kreuzpreiselastizität). Neben der Nachfragesubstituierbarkeit in diesem Sinne kann für die Abgrenzung des sachlich relevanten Marktes auch die Angebotssubstituierbarkeit eine Rolle spielen, also die Möglichkeit der Wettbewerber eines Herstellers, ihre Produktion kurzfristig auf die relevanten Erzeugnisse umstellen zu können.

> **Beispiel:** Kaffee und Tee sowie Bananen und anderes Frischobst sind nach der Praxis von Kommission und EuGH nicht austauschbar und stellen daher jeweils eigene sachlich relevante Märkte dar.

1809 Der räumlich relevante Markt ist das Gebiet, in dem die beteiligten Unternehmen Produkte oder Dienstleistungen anbieten, in dem die Wettbewerbsbedingungen hinreichend homogen sind und das sich von benachbarten Gebieten, insbesondere aufgrund merklich unterschiedlicher Wettbewerbsbedingungen, die in diesen Gebieten herrschen, abgrenzt. Kriterien für die Homogenität der Wettbewerbsbedingungen sind beispielsweise unterschiedliche Preise oder Marktanteile, nationale oder regionale Präferenzen der Kunden, eine Produkt- und Markendifferenzierung des Herstellers, sprachliche Barrieren, unterschiedliche technische Normen oder regulatorische Anforderungen sowie die Transportkosten. Die Kommission hat ihre Auffassung zur Abgrenzung des relevanten Marktes in ihrer Bekanntmachung über die Definition des relevanten Marktes vom 9.12.1997 veröffentlicht[13].

Der räumlich relevante Markt muss nach Art. 102 AEUV entweder dem Binnenmarkt oder einem wesentlichen Teil desselben entsprechen. Dieses Merkmal wird weit ausgelegt. Es ist nur bei einer lediglich lokalen oder regionalen Bedeutung auszuschließen. Wenn die Präsenz oder das Verhalten des Marktbeherrschers auf einem kleinen Markt dazu führen kann, den zwischenstaatlichen Handel zu beeinträchtigen, ist es aber nicht erforderlich, dass sich die Marktstellung auf den Binnenmarkt insgesamt erstreckt. Ein Markt, der das gesamte Gebiet eines Mitgliedstaats umfasst, bildet immer einen wesentlichen Teil des Binnenmarktes.

Beispiele: Flughäfen und maritime Häfen sind als einem wesentlichen Teil des Binnenmarktes entsprechend angesehen worden. Abgelehnt wurde das Merkmal im Fall von lokalen Altersheimmärkten in Großbritannien.

Mit der richtigen Abgrenzung des relevanten Marktes wird der jeweilige Fall in einem wesentlichen Teil entschieden. Je enger der Markt definiert wird, desto höher ist in der Regel der Marktanteil und desto wahrscheinlicher ist eine marktbeherrschende Stellung. Bei der Marktabgrenzung ist daher besondere Sorgfalt geboten. Praktisch ist die einschlägige Entscheidungspraxis von Kommission und EuGH zur Abgrenzung denkbarer sachlicher und räumlich relevanter Märkte zu berücksichtigen.

3. Marktbeherrschung

Nach der Rechtsprechung des EuGH ist unter einer marktbeherrschenden Stellung die wirtschaftliche Machtstellung eines Unternehmens zu verstehen, die dieses in die Lage versetzt, die Aufrechterhaltung eines wirksamen Wettbewerbs auf dem relevanten Markt zu verhindern, indem sie ihm die Möglichkeit verschafft, sich seinen Wettbewerbern, seinen Abnehmern und letztlich den Verbrauchern gegenüber in einem nennenswerten Umfang unabhängig zu verhalten. Eine solche Stellung soll einen gewissen Wettbewerb nicht zwangsläufig ausschließen, aber die begünstigte Firma in die Lage versetzen, die Bedingungen, unter denen sich dieser Wettbewerb entwickeln kann, zu bestimmen oder wesentlich merklich zu beeinflussen, jedenfalls aber weitgehend in ihrem Verhalten hierauf keine Rücksicht nehmen zu müssen, ohne dass ihr dies zum Schaden gereichte. Beherrschende Stellungen sind nicht nur auf der Anbieterseite, sondern auch auf Nachfragerseite denkbar.

Die Marktbeherrschung ergibt sich letztlich aus dem Zusammentreffen mehrerer Faktoren, die für sich genommen nicht ausschlaggebend sein müssen. Als wichtigstes Indiz sind die Marktanteile des potentiellen Marktbeherrschers zu nennen. Hierbei sind die Marktanteile sämtlicher Konzernunternehmen zusammenzurechnen. Allerdings gibt es im europäischen Kartellrecht keine gesetzliche Marktbeherrschungsvermutung aufgrund bestimmter Marktanteile. Nach der Praxis von Kommission und EuGH ist aber bei einem Marktanteil von mehr als 50% grundsätzlich eine Marktbeherrschung anzunehmen. Umgekehrt ist eine Marktbeherrschung bei einem Marktanteil von weniger als 25% grundsätzlich auszuschließen. Bei Marktanteilen zwischen 25 und 40% müssen gewichtige Umstände hinzutreten, um eine Marktbeherrschung annehmen zu können. Bei einem Marktanteil von mehr als 40% ist häufig von einer Marktbeherrschung auszugehen. Weitere Indizien bilden die Marktzutrittschancen für Newcomer, das Fehlen wesentlichen Wettbewerbs, die Finanzkraft des potenziellen Marktbeherrschers sowie die Struktur auf dem relevanten Markt, hierbei insbesondere das Verhältnis der Marktanteile der Verfolger gegenüber jenen des potentiellen Marktbeherrschers.

---

13 Text: http://ec.europa.eu/competition/antitrust/legislation/market.html

Neben der Beherrschung eines Marktes durch ein einzelnes Unternehmen ist auch eine kollektive Marktbeherrschung durch mehrere Unternehmen gemeinsam möglich. Diese ist gegeben, wenn zwischen mehreren Unternehmen kein wesentlicher Wettbewerb besteht und diese Unternehmen im Verhältnis zu Dritten marktbeherrschend sind. Dies kann beispielsweise nach Art. 101 Abs. 3 AEUV erlaubten Kartellen oder bei Konzerngesellschaften der Fall sein. Eine kollektive Marktbeherrschung kann auch bei einer großen Reaktionsverbundenheit der Oligopolunternehmen in einem engen Oligopol vorliegen. Die Anforderungen an eine kollektive Marktbeherrschung sind in diesem Zusammenhang allerdings sehr hoch. Von einem Oligopol ist auszugehen, wenn die Oligopolunternehmen zwar nicht kollusiv i.S.v. Art. 101 AEUV zusammenwirken, aber ihr Marktverhalten in dem Bewusstsein angleichen, dass vorstoßender Wettbewerb nicht lohnt, weil er erfahrungsgemäß entsprechende Reaktionen der anderen Oligopolunternehmen hervorruft.

4. Missbrauch der marktbeherrschenden Stellung

1814 Der Missbrauch nach Art. 102 AEUV erfasst nach der ständigen Rechtsprechung des EuGH die Verhaltensweisen eines Unternehmens in beherrschender Stellung, die die Struktur eines Marktes beeinflussen können, auf dem der Wettbewerb gerade wegen der Anwesenheit des fraglichen Unternehmens bereits geschwächt ist, und die die Aufrechterhaltung des auf dem Markt noch bestehenden Wettbewerbs oder dessen Entwicklung durch die Verwendung von Mitteln behindern, welche von den Mitteln eines normalen Produkt- oder Dienstleistungswettbewerbs auf der Grundlage der Leistungen der Marktbürger abweichen. Auch ein Marktbeherrscher darf seine wirtschaftlichen Interessen verfolgen, allerdings nur in angemessenem Verhältnis zu seiner Marktstellung, da er eine besondere Verantwortung dafür trägt, dass der wirksame und unverfälschte Wettbewerb auf dem Gemeinsamen Markt durch sein Verhalten nicht beeinträchtigt wird.

1815 Die Generalklausel des Art. 102 AEUV lässt sich durch Fallgruppen aufgrund der Praxis von EuGH und Kommission konkretisieren. Zu nennen sind in diesem Zusammenhang der Ausbeutungsmissbrauch, insbesondere der Preismissbrauch, sowie der Behinderungsmissbrauch in Gestalt von Kampfpreisunterbietungen, Ausschließlichkeitsbindungen, Wettbewerbsverboten, Koppelungsgeschäften, Rabattsystemen, Geschäfts- und Lieferverweigerungen, der Verweigerung des Zugangs zu wesentlichen Einrichtungen (Essential Facilities) sowie der Diskriminierung.

1816 Exemplarisch sei die Fallgruppe der Koppelungsgeschäfte näher ausgeführt, die in Art. 102 lit. d AEUV als Regelbeispiel genannt ist. Danach stellt es einen Missbrauch dar, wenn das marktbeherrschende Unternehmen seinen Abnehmer verpflichtet, zusätzliche Leistungen anzunehmen, die weder sachlich noch nach Handelsbrauch in Beziehung zum Vertragsgegenstand stehen. Eine unzulässige Koppelung liegt vor, wenn die gekoppelten Produkte unterschiedlichen sachlich relevanten Märkten angehören.

> **Beispiel:** Ein Unternehmen missbraucht seine marktbeherrschende Stellung auf den Märkten für Verpackungsanlagen sowie für die dazu gehörigen Kartons dadurch, dass es seinen Kunden die doppelte Verpflichtung auferlegt, nur von dem Unternehmen gelieferte Kartons auf den von dem Unternehmen gelieferten Anlagen abzufüllen sowie diese Kartons ausschließlich von dem Unternehmen zu beziehen.

II. Deutsches Kartellrecht

1817 Die deutsche Missbrauchskontrolle ist in den §§ 19 und 20 GWB sehr differenziert geregelt. Es ergeben sich einige wesentliche Unterschiede gegenüber der europäischen Missbrauchskontrolle, auf die sich die folgende Darstellung beschränken soll.

Das GWB enthält in § 19 Abs. 2 Satz 1 GWB eine Legaldefinition der Einzelmarktbeherrschung. Von einer solchen ist auszugehen, wenn ein Unternehmen auf einem Markt ohne Wettbewerber ist oder keinem wesentlichen Wettbewerb ausgesetzt ist (Nr. 1) oder eine im Verhältnis zu seinen Wettbewerbern überragende Marktstellung hat (Nr. 2). Für letzteres werden eine Reihe von Indizien wie beispielsweise der Marktanteil und die Finanzkraft eines Unternehmens genannt. Nach § 19 Abs. 2 Satz 2 GWB ist von einer kollektiven Marktbeherrschung auszugehen, soweit zwischen mehreren Unternehmen auf einem bestimmten Markt kein wesentlicher Wettbewerb besteht und sie in ihrer Gesamtheit die Voraussetzungen des Satzes 1 erfüllen. 1818

Nach § 19 Abs. 3 Satz 1 GWB ist in Zweifelsfällen bei einem Marktanteil von mindestens einem Drittel von einer Einzelmarktbeherrschung auszugehen. Die nach dieser Legaldefinition für eine Marktbeherrschung erforderlichen Marktanteile liegen also niedriger als bei der Missbrauchskontrolle nach Art. 102 AEUV. 1819

Neben der Generalklausel in § 19 Abs. 1 GWB enthält § 19 Abs. 4 GWB einen Beispielskatalog für missbräuchliches Verhalten. In diesem Zusammenhang wird die Verweigerung des Zugangs zu Infrastruktureinrichtungen ausdrücklich genannt (Nr. 4). 1820

Das Verbot der unbilligen Behinderung und der Diskriminierung ist ausdrücklich in § 20 Abs. 1 GWB geregelt. Von besonderer Bedeutung ist, dass sich dieses Verbot nicht nur – wie in Art. 102 AEUV – an marktbeherrschende Unternehmen richtet, sondern gem. § 20 Abs. 2 Satz 1 GWB auch an sog. marktstarke Unternehmen. Diese sind dadurch gekennzeichnet, dass kleine oder mittlere Unternehmen als Anbieter oder Nachfrager einer bestimmten Art von Waren oder gewerblichen Leistungen in der Weise abhängig sind, dass keine ausreichenden und zumutbaren Möglichkeiten bestehen, auf andere Unternehmen auszuweichen. Eine solche Abhängigkeit kann sortimentsbedingt, mangelbedingt, unternehmensbedingt oder nachfragebedingt (§ 20 Abs. 2 Satz 2 GWB) sein. 1821

Eine Besonderheit stellt auch das gem. § 20 Abs. 4 GWB an im Verhältnis zu kleinen und mittleren Wettbewerber marktstarke Unternehmen gerichtete Verbot dar, diese Wettbewerber unbillig zu behindern, wobei bei einem nicht nur gelegentlichem Verkauf unter Einstandspreis ohne sachlichen Grund von einer solchen unbilligen Behinderung auszugehen ist. 1822

§ 5 Fusionskontrolle

I. Vorbemerkung

Weder das europäische noch das deutsche Kartellrecht kennen eine Begrenzung der durch internes Wachstum erlangten Marktstellung. Sowohl nach deutschem als auch nach europäischem Kartellrecht ist allein die missbräuchliche Ausnutzung einer besonderen Markt- und Machtposition untersagt. Bei externem Wachstum durch Unternehmenskäufe oder -zusammenschlüsse greift hingegen die Fusionskontrolle. 1823

II. Europäisches Kartellrecht

1. Verhältnis zwischen nationaler und europäischer Fusionskontrolle

Das Verhältnis zwischen der europäischen und der nationalen Fusionskontrolle der Mitgliedstaaten ist im Grundsatz in Art. 21 FKVO geregelt: Danach dürfen die Mitgliedstaaten ihr innerstaatliches Wettbewerbsrecht nicht auf Zusammenschlüsse von 1824 gemeinschaftsweiter Bedeutung anwenden (Abs. 3, damit korrespondierend § 35 Abs. 3 GWB). Ausschließlich zuständig für Entscheidungen nach der FKVO ist – vorbehaltlich der Nachprüfung durch den EuGH – die Kommission (Abs. 2). Bei Zusammenschlüssen von gemeinschaftsweiter Bedeutung gilt also eine Sperrwirkung für die mitgliedsstaatliche Fusionskontrolle. Dieses Prinzip des sog. one-stop-shopping dient der Vermeidung einer fusionskontrollrechtlichen Doppelkontrolle.

1825 In besonderen Ausnahmefällen können Mitgliedstaaten nach Abs. 4 zwar unter Berufung auf außerwettbewerbliche berechtigte Interessen einen von der Kommission genehmigten Zusammenschluss wirksam verbieten, wobei andere berechtigte Interessen als die öffentliche Sicherheit, die Medienvielfalt und Aufsichtsregeln der Zustimmung der Kommission bedürfen. Umgekehrt können Mitgliedstaaten aber keinen von der Kommission verbotenen Zusammenschluss wirksam genehmigen.

1826 Nicht beseitigt ist bei dieser Regelung des Zusammenspiels zwischen der Kommission und den mitgliedsstaatlichen Kartellbehörden das Problem, dass bei Zusammenschlüssen ohne gemeinschaftsweite Bedeutung Mehrfachanmeldungen in unterschiedlichen mitgliedsstaatlichen Jurisdiktionen erforderlich sein können. Die Durchführung von mehreren Fusionskontrollverfahren in verschiedenen Mitgliedstaaten (sog. multi-jurisdictional-filings) kann zeit- und kostenintensiv sein und birgt zudem die Gefahr divergierender Entscheidungen. Allerdings ermöglicht Art. 22 FKVO auf Antrag eines oder mehrerer Mitgliedstaaten die Verweisung eines Zusammenschlusses ohne gemeinschaftsweite Bedeutung an die Kommission, wenn der Zusammenschluss den Handel zwischen den Mitgliedstaaten beeinträchtigt und den Wettbewerb in dem antragstellenden Mitgliedstaat oder den antragstellenden Mitgliedstaaten erheblich zu beeinträchtigen droht. Nach Art. 4 Abs. 5 FKVO können auch Zusammenschlussbeteiligte beantragen, dass ein Zusammenschluss ohne gemeinschaftsweite Bedeutung von der Kommission geprüft wird, wenn der Zusammenschluss nach dem Wettbewerbsrecht mindestens dreier Mitgliedstaaten geprüft werden könnte. Hier kann allerdings jeder Mitgliedstaat, der nach seinem Wettbewerbsrecht für die Prüfung des Zusammenschlusses zuständig ist, sein Veto gegen die beantragte Verweisung einlegen.

1827 Umgekehrt kann die Kommission nach Art. 9 FKVO unter bestimmten Voraussetzungen auf Initiative eines Mitgliedstaats einen Zusammenschluss mit gemeinschaftsweiter Bedeutung an die zuständige Kartellbehörde eines Mitgliedstaats verweisen, wenn der Zusammenschluss in einem gesonderten Markt in einem Mitgliedstaat zu einer Verschlechterung der Wettbewerbsbedingungen führt. Unter ähnlichen Voraussetzungen können nach Art. 4 Abs. 4 FKVO auch Zusammenschlussbeteiligte beantragen, dass ein Zusammenschluss mit gemeinschaftsweiter Bedeutung von einem Mitgliedstaat geprüft wird.

2. Tatbestand des Zusammenschlusses

1828 Die Anwendbarkeit der FKVO setzt nach deren Art. 1 Abs. 1 zunächst das Vorliegen eines Zusammenschlusses i.S.v. Art. 3 Abs. 1 FKVO voraus. Das Verständnis der Kommission von dem Zusammenschlussbegriff ist in der Mitteilung der Kommission über den Begriff des Zusammenschlusses vom 2.3.1998 zusammengefasst[14].

1829 Zusammenschlüsse sind nach Art. 3 Abs. 1 FKVO entweder in Form einer Fusion (lit. a) oder eines Kontrollerwerbs (lit. b) möglich. Eine Fusion ist gegeben, wenn ein Unternehmen in einem anderen Unternehmen aufgeht, wobei das letztere seine Rechtspersönlichkeit erhält, während das erstere als juristische Person untergeht (Verschmelzung, Umwandlung). Darüber hinaus liegt eine Fusion im Fall jeder anderen Vereinbarung vor, aufgrund derer eine wirtschaftliche Einheit entsteht. Dies ist gegeben, wenn

---

14 Text: http://ec.europa.eu/competition/mergers/legislation/draft_jn.html

Fusionskontrolle Kap. 3 § 5 O

zwei oder mehr Unternehmen vertraglich vereinbaren, sich dauerhaft einer gemeinsamen wirtschaftlichen Leitung zu unterstellen, ohne ihre Rechtspersönlichkeit aufzugeben.
Beispiel: Gründung eines Gleichordnungskonzerns.

Praktisch häufiger kommt der Kontrollerwerb vor. Kontrolle setzt nach Art. 3 Abs. 2 FKVO die Möglichkeit voraus, einen bestimmenden Einfluss auf die Tätigkeit eines Unternehmens auszuüben. Erforderlich sind daher beständige und umfassende Einwirkungsmöglichkeiten des kontrollierenden Unternehmens auf das kontrollierte Unternehmen, sei es konstruktiv durch die Möglichkeit der Durchsetzung von Entscheidungen oder negativ durch die Möglichkeit der Blockierung von wesentlichen Entscheidungen. Für letzteres sind allerdings gewöhnliche Rechte von Minderheitsgesellschaftern wie Zustimmungserfordernisse bei Satzungsänderungen, Kapitalerhöhungen oder Unternehmensauflösungen nicht ausreichend. **1830**

Den wichtigsten Fall des Erwerbs der alleinigen Kontrolle stellt der Erwerb einer Mehrheitsbeteiligung an einem Unternehmen dar. Eine solche liegt vor allem bei einer formalen Stimmenmehrheit vor, wenn die Minderheitsgesellschafter keine Einflussmöglichkeiten haben, die über den üblichen Schutz von Minderheitsgesellschaftern hinausgehen. Ausreichend ist aber auch eine qualifizierte Stimmenmehrheit, die gegeben ist, wenn aufgrund des Streubesitzes der Gesellschaftsanteile faktisch eine Hauptversammlungsmehrheit besteht, obwohl dem Erwerber formal keine Stimmenmehrheit zusteht. Die Betriebspacht oder sonstige Formen der Betriebsüberlassung fallen unter Art. 3 Abs. 2 lit. a FKVO, wonach auch Nutzungsrechte an der Gesamtheit oder an Teilen des Vermögens eines Unternehmens eine Kontrolle begründen können. Die Kontrolle kann nach Art. 3 Abs. 2 lit. b FKVO auch durch besondere Einflussmöglichkeiten auf die Zusammensetzung, die Beratungen oder Beschlüsse von Organen begründet werden, etwa durch Entsendungsrechte, Zustimmungsvorbehalte oder Vetorechte. Inwieweit bereits die Einräumung von Put- oder Call-Optionen eine Kontrolle begründen können, hängt von der Wahrscheinlichkeit ihrer praktischen Ausübung ab. **1831**

Die Kontrolle kann nach Art. 3 Abs. 1 lit. b FKVO sowohl unmittelbar als auch mittelbar erworben werden. Eine mittelbare Kontrolle ist etwa im Fall eines Strohmanngeschäfts anzunehmen. Gleiches gilt, wenn ein Gemeinschaftsunternehmen als Erwerbsvehikel der Muttergesellschaften eingesetzt wird. Da nach Art. 3 Abs. 1 lit. b FKVO der Erwerb der Kontrolle sowohl über die Gesamtheit als auch über Teile eines oder mehrerer anderer Unternehmen erfasst wird, genügt auch der Kontrollerwerb über Unternehmensteile oder Betriebe ohne eigene Rechtspersönlichkeit. Dies kann sogar schon im Fall des Erwerbs von Marken- oder Lizenzrechten von einem anderen Unternehmen gegeben sein. Das Erfordernis des Erwerbs von einem anderen Unternehmen impliziert, dass die beteiligten Unternehmen vor dem Zusammenschluss unabhängig gewesen sein müssen. Zusammenschlüsse von Konzernunternehmen oder sonst voneinander abhängigen Unternehmen unterliegen daher nicht der Fusionskontrolle. Ebenso wenig erfasst wird auch der Erwerb einer 100%-Beteiligung anlässlich der Gründung eines Unternehmens. **1832**

Neben dem Erwerb der alleinigen Kontrolle ist auch der Erwerb der gemeinsamen Kontrolle möglich. Eine gemeinsame Kontrolle kann auf zwei verschiedene Arten begründet werden: Entweder verfügt jedes mitkontrollierende Unternehmen einzeln über Einflussmöglichkeiten, die die Kontrolle kennzeichnen. **1833**

Beispiel: In einer Gesellschaft können wesentliche Entscheidungen weder ohne den Gesellschafter A noch ohne den Gesellschafter B getroffen werden.

Oder mehrere Unternehmen bündeln (poolen) ihre Einflussmöglichkeiten, um die Kontrolle zu erlangen. **1834**

Beispiel: In einer Gesellschaft können keine wesentlichen Entscheidungen gegen den gemeinsamen Willen der Gesellschafter A und B getroffen werden.

1835 In beiden Fällen ist erforderlich, dass im Hinblick auf geschäftspolitische Entscheidungen strategischer Natur (z.B. Budget, Geschäftsplan, größere Investitionen, Besetzung der Unternehmensleitung) ein Zwang zur Einigung besteht. Den Paradefall für eine gemeinsame Kontrolle stellt die Stimmrechtsparität zweier Gesellschafter dar (50/50-Gemeinschaftsunternehmen). Dagegen fehlt es an einer gemeinsamen Kontrolle, wenn wechselnde Mehrheiten möglich sind. Dies kann aufgrund verbindlicher Gesellschaftervereinbarungen, im Einzelfall aber auch aufgrund gemeinsamer Interessen der Gesellschafter ausgeschlossen sein, was etwa beim gemeinsamem Erwerb von Anteilen grundsätzlich anzunehmen sein soll.

3. Gemeinschaftsunternehmen

1836 Nach Art. 3 Abs. 4 FKVO stellt die Gründung eines Gemeinschaftsunternehmens, das auf Dauer alle Funktionen einer selbstständigen wirtschaftlichen Einheit erfüllt – ein sog. Vollfunktionsgemeinschaftsunternehmen – einen Zusammenschluss dar. Die Kommission hat die nach ihrer Auffassung insoweit zu erfüllenden Voraussetzungen in der Mitteilung vom 2.3.1998 über den Begriff des Vollfunktionsgemeinschaftsunternehmens veröffentlicht[15]. Danach wird ein Vollfunktionsgemeinschaftsunternehmen dadurch charakterisiert, dass es auf Dauer alle Funktionen ausübt, die auch von anderen auf dem Markt tätigen Unternehmen ausgeübt werden, und über ausreichende organisatorische, finanzielle und personelle Ressourcen verfügt, um diese Funktionen auszuüben. Dagegen darf das Gemeinschaftsunternehmen nicht auf bestimmte Funktionen begrenzt sein wie beispielsweise auf die Forschung und Entwicklung für die Muttergesellschaften.

1837 Während die Gründung von Vollfunktionsgemeinschaftsunternehmen also Gegenstand der Fusionskontrolle ist, unterliegen Gemeinschaftsunternehmen, die die Kriterien des Vollfunktionsgemeinschaftsunternehmens nicht erfüllen – sog. Teilfunktionsgemeinschaftsunternehmen – lediglich den Schranken des Art. 101 AEUV.

1838 Neben der üblichen Prüfung des Zusammenschlusses nach der FKVO (Strukturkontrolle) wird bei Vollfunktionsgemeinschaftsunternehmen nach Art. 2 Abs. 4 und 5 FKVO im Rahmen des Fusionskontrollverfahrens durch die Kommission zusätzlich die Koordinierung des Wettbewerbsverhaltens am Maßstab von Art. 101 AEUV geprüft (Verhaltenskontrolle), wenn die Gründung des Gemeinschaftsunternehmens die Koordinierung des Wettbewerbsverhaltens zwischen den Muttergesellschaften bezweckt oder bewirkt (sog. kooperatives Gemeinschaftsunternehmen im Gegensatz zu einem nicht unter Art. 2 Abs. 4 FKVO unterfallenden und damit ausschließlich der üblichen Zusammenschlusskontrolle unterliegenden sog. konzentrativen Vollfunktionsgemeinschaftsunternehmen). Eine Koordinierung der Muttergesellschaften ist grundsätzlich nicht anzunehmen, wenn höchstens eine einzige Muttergesellschaft in einem gegenüber dem Markt des Gemeinschaftsunternehmens vor- oder nachgelagerten, benachbarten oder eng verknüpften Markt tätig ist.

4. Ausnahmen

1839 Um Banken das Geschäft und den Handel mit Wertpapieren nicht zu erschweren, wird nach Art. 3 Abs. 5 lit. a FKVO trotz des Vorliegens der Kriterien des Art. 3 Abs. 1–4 FKVO fingiert, dass unter engen Voraussetzungen kein Zusammenschluss bewirkt

---

15 Text: http://ec.europa.eu/competition/mergers/legislation/draft_jn.html

wird, wenn Banken vorübergehend Anteile an einem anderen Unternehmen erwerben. Nicht von dieser Ausnahme erfasst ist der Zusammenschluss im Rahmen der späteren Weiterveräußerung der Anteile an einen Dritten. Art. 3 Abs. 5 lit. b FKVO trifft eine ähnliche Regelung für den Kontrollerwerb durch Träger eines öffentlichen Mandats (vor allem Insolvenzverwalter). Nach Art. 3 Abs. 5 lit. c FKVO schließlich liegt unter engen Voraussetzungen bei einem Kontrollerwerb durch Beteiligungsgesellschaften kein Zusammenschluss vor.

5. Gemeinschaftsweite Bedeutung des Zusammenschlusses

Nach Art. 1 Abs. 1 FKVO gilt die FKVO für alle Zusammenschlüsse von gemeinschaftsweiter Bedeutung. Der Begriff der gemeinschaftsweiten Bedeutung wird in einem differenzierten Katalog gem. Art. 1 Abs. 2 und 3 FKVO anhand der Umsatzschwellen der beteiligten Unternehmen definiert. Als Faustregel kann man sich merken, dass die gemeinschaftsweite Bedeutung jedenfalls ausgeschlossen ist, wenn der weltweite Umsatz aller beteiligten Unternehmen zusammen weniger als 2,5 Milliarden Euro beträgt (Art. 1 Abs. 3 lit. a FKVO). Eine Ausnahme gilt trotz Überschreitens der maßgeblichen Umsatzschwellen, wenn die beteiligten Unternehmen jeweils mehr als zwei Drittel ihres gemeinschaftsweiten Umsatzes in ein und demselben Mitgliedstaat erzielen (Art. 1 Abs. 2 und 3 FKVO, jeweils am Ende). **1840**

Für die Umsatzschwellen stellt die FKVO auf die beteiligten Unternehmen ab. Hierzu hat die Kommission am 2.3.1998 ihre Mitteilung zum Begriff der beteiligten Unternehmen veröffentlicht[16]. Bei einer Fusion sind beteiligte Unternehmen die fusionierenden Unternehmen, beim Kontrollerwerb die Unternehmen, die an der Kontrolle teilhaben, also das kontrollierende und das kontrollierte Unternehmen. Zu betonen ist, dass der Veräußerer kein beteiligtes Unternehmen ist. **1841**

Die Umsatzberechnung ist ausführlich in Art. 5 FKVO geregelt. Die Kommission hat hierzu ihre Mitteilung über die Berechnung des Umsatzes vom 2.3.1998 veröffentlicht[17]. Nach Art. 5 Abs. 1 Satz 1 FKVO ist für die Umsatzberechnung auf die Umsätze im letzten Geschäftsjahr abzustellen. Innenumsätze zwischen verbundenen Unternehmen i.S.v. Art. 5 Abs. 4 FKVO finden nach Art. 5 Abs. 1 Satz 2 FKVO keine Berücksichtigung. Sonderregeln gelten nach Art. 5 Abs. 3 FKVO für Banken und Versicherungsunternehmen. Von erheblicher praktischer Bedeutung ist, dass in die Umsätze der unmittelbar beteiligten Unternehmen auch die Umsätze der mit diesen nach Art. 5 Abs. 4 FKVO verbundenen Unternehmen einzubeziehen sind. **1842**

Beispiel: Beim Erwerb eines Unternehmens durch ein umsatzmäßig unbedeutendes Tochterunternehmen eines Konzerns sind auf der Erwerberseite nicht nur die Umsätze des Tochterunternehmens, sondern auch die Umsätze sämtlicher Konzernunternehmen zu berücksichtigen.

Auf der Seite des Erwerbsobjekts einzubeziehen sind die Umsätze der unmittelbar zu erwerbenden Gesellschaft sowie der Unternehmen, die nach Durchführung des Zusammenschlusses weiter mit diesem i.S.v. Art. 5 Abs. 4 FKVO verbunden sind. **1843**

6. Erhebliche Behinderung wirksamen Wettbewerbs

Art. 2 FKVO enthält in den Abs. 2 und 3 den materiellen Prüfungsmaßstab für die Fusionskontrolle durch die Kommission: Nach Absatz 2 sind Zusammenschlüsse, durch die wirksamer Wettbewerb im Gemeinsamen Markt oder in einem wesentlichen **1844**

---
16 Text: http://ec.europa.eu/competition/mergers/legislation/draft_jn.html
17 Text: http://ec.europa.eu/competition/mergers/legislation/draft_jn.html

Teil desselben nicht erheblich behindert würde, insbesondere durch Begründung oder Verstärkung einer marktbeherrschenden Stellung, für mit dem Gemeinsamen Markt vereinbar zu erklären. Ist dies nicht gewährleistet, sind Zusammenschlüsse nach Absatz 3 für mit dem Gemeinsamen Markt unvereinbar zu erklären.

1845 Schon die Vorgängerverordnung zur aktuellen FKVO, die Verordnung (EWG) Nr. 4064/89 vom 21.12.1989, enthielt den Begriff der erheblichen Behinderung wirksamen Wettbewerbs, indem dort die Vereinbarkeit eines Zusammenschlusses mit dem Gemeinsamen Markt davon abhängig gemacht wurde, dass dieser keine marktbeherrschende Stellung begründete oder verstärkte, durch die wirksamer Wettbewerb im Gemeinsamen Markt oder einem wesentlichen Teil desselben behindert würde. Von der Rechtsprechung wurde die Wettbewerbsbehinderung als eigenständiges Tatbestandsmerkmal aufgefasst. Nach dem Wortlaut von Art. 2 Abs. 2 und 3 FKVO stellt der Marktbeherrschungstest jedoch nunmehr lediglich einen Beispielstatbestand für den Regeltatbestand der erheblichen Behinderung des wirksamen Wettbewerbs dar. Entgegen dem genannten Wortlaut ergibt sich aus dem Erwägungsgrund 25 der FKVO aber, dass in der Regel der Marktbeherrschungstest angewandt werden soll, während sich der Wettbewerbsbehinderungstest „ausschließlich auf alle diejenigen wettbewerbsschädigenden Auswirkungen eines Zusammenschlusses erstreckt, die sich aus dem nicht-koordinierten Verhalten von Unternehmen ergeben, die auf dem jeweiligen Markt keine beherrschende Stellung haben würden". Danach zielt der Wettbewerbsbehinderungstest lediglich darauf ab, den Sonderfall der nicht-koordinierten Effekte in einem Oligopol zu erfassen.

1846 Das genaue Verhältnis des Wettbewerbsbehinderungs- und des Marktbeherrschungstest ist daher zwar noch nicht abschließend geklärt. Praktisch wird in der großen Mehrzahl der Fälle die Prüfung der erheblichen Behinderung des wirksamen Wettbewerbs aber durch die Auseinandersetzung mit der Frage der Marktbeherrschung entschieden. Zur Feststellung, ob durch einen Zusammenschluss wirksamer Wettbewerb erheblich behindert würde, sind zunächst die sachlich und räumlich relevanten Märkte zu bestimmen. Anschließend ist die Wettbewerbssituation auf diesen Märkten zu untersuchen und insbesondere zu prüfen, ob durch den Zusammenschluss marktbeherrschende Stellungen begründet oder verstärkt werden können. Für die Abgrenzung des sachlich und räumlich relevanten Marktes sowie die Feststellung einer Marktbeherrschung kann auf die Ausführungen oben unter § 4 I 2 und 3 verwiesen werden.

7. Fusionskontrollverfahren nach der FKVO

1847 Das Fusionskontrollverfahren ist neben der FKVO ausführlich in der Verordnung (EG) Nummer 802/2004 vom 7.4.2004 zur Durchführung der Fusionskontrollverordnung[18] geregelt. Insbesondere ist die Verwendung des sog. Formblatts CO (Anhang I der Durchführungsverordnung) oder des vereinfachten Formblatts CO (Anhang II der Durchführungsverordnung) vorgeschrieben.

1848 Zusammenschlüsse von gemeinschaftsweiter Bedeutung sind nach Art. 4 Abs. 1 FKVO vor ihrem Vollzug bei der Kommission anzumelden. Ergänzt wird die Anmeldepflicht durch ein umfassendes Vollzugsverbot nach Art. 7 Abs. 1 FKVO: Danach darf ein Zusammenschluss von gemeinschaftsweiter Bedeutung nicht vollzogen werden, bevor er angemeldet wurde und bevor die Kommission im Vorverfahren mitgeteilt hat, keine ernsthaften Bedenken zu haben (Entscheidung nach Art. 6 Abs. 1 lit. b FKVO), bevor die Kommission den Zusammenschluss freigegeben hat (Art. 8 Abs. 1 oder Abs. 2 FKVO) oder bevor die Freigabe nach Art. 10 Abs. 6 FKVO fingiert worden ist. Aus-

---

18 Text: http://ec.europa.eu/competition/mergers/legislation/regulations.html

Fusionskontrolle Kap. 3 § 5 O

nahmen vom Vollzugsverbot gelten nach Art. 7 Abs. 2 FKVO sowie auf Antrag nach Art. 7 Abs. 3 FKVO. Unter Vollzug in diesem Sinne sind alle vorzeitigen Handlungen zu verstehen, die auf die Vollendung des Zusammenschlusses gerichtet sind, insbesondere die Anteilsübertragung, Registereintragung, Ausübung von Weisungen oder die Einräumung von Optionsrechten, wenn die Ausübung hinreichend wahrscheinlich ist. Dagegen fallen bloße Vorbereitungshandlungen wie Kaufpreiszahlungen, obligatorische Vereinbarungen oder dingliche Verfügungen unter der aufschiebenden Bedingung der Freigabe des Zusammenschlusses nicht hierunter.

Verstöße gegen das Vollzugsverbot haben nach Art. 7 Abs. 4 FKVO bis zur Freigabe die schwebende Unwirksamkeit des betreffenden Rechtsgeschäfts zur Folge. Im Fall der Unvereinbarkeit mit dem Gemeinsamen Markt kann die Kommission nach Art. 8 Abs. 4 FKVO die Entflechtung eines vollzogenen Zusammenschlusses anordnen. Die Missachtung der Anmeldepflicht vor dem Vollzug kann für die beteiligten Unternehmen nach Art. 14 Abs. 2 lit. a FKVO ein Bußgeld in Höhe von maximal 10% des jeweiligen Gesamtumsatzes nach sich ziehen. Gleiches gilt nach Art. 14 Abs. 2 lit. b FKVO für sonstige Verstöße gegen Vollzugsverbot. Vor diesem Hintergrund kann nur dringend davon abgeraten werden, Verstöße gegen das Vollzugsverbot in Kauf zu nehmen. **1849**

Das Fusionskontrollverfahren nach der FKVO ist in ein Vorverfahren (Phase 1) sowie in ein Hauptprüfverfahren (Phase 2) unterteilt. Im Vorverfahren hat die Kommission nach Art. 6 Abs. 1 FKVO die folgenden Entscheidungsmöglichkeiten: Sie kann erstens feststellen, dass der Zusammenschluss schon nicht in den Anwendungsbereich der FKVO fällt. Sie kann zweitens die Entscheidung treffen, keine Einwände zu erheben und den Zusammenschluss für vereinbar mit dem Gemeinsamem Markt zu erklären, wenn der Zusammenschluss nach ihrer Auffassung in den Anwendungsbereich der FKVO fällt, aber keine ernsthaften Bedenken hinsichtlich der Vereinbarkeit mit Gemeinsamem Markt bestehen. Drittens kann sie aufgrund ernsthafter Bedenken hinsichtlich der Vereinbarkeit des Zusammenschlusses mit dem Gemeinsamen Markt die Entscheidung treffen, das Hauptprüfverfahren einzuleiten. Die genannten Entscheidungen müssen nach Art. 10 Abs. 1 FKVO grundsätzlich innerhalb von höchstens 25 Arbeitstagen nach der Anmeldung ergehen. **1850**

Im Hauptprüfverfahren prüft die Kommission ausführlich die Vereinbarkeit des Zusammenschlusses mit dem Gemeinsamen Markt nach Art. 2 Abs. 2 FKVO. Die Kommission hat folgende Entscheidungsmöglichkeiten: Sie kann erstens nach Art. 8 Abs. 1 Unterabs. 1, Abs. 2 Unterabs. 1 FKVO den Zusammenschluss für vereinbar mit dem Gemeinsamen Markt erklären. Sie kann zweitens nach Art. 8 Abs. 2 Unterabs. 2 FKVO die Freigabe mit Bedingungen und Auflagen verknüpfen, und sie kann drittens nach Art. 8 Abs. 3 FKVO den Zusammenschluss für unvereinbar mit dem Gemeinsamen Markt erklären Eine Entscheidung hat hier nach Art. 10 Abs. 3 FKVO 90 Arbeitstage nach Einleitung des Hauptprüfverfahrens zu ergehen. **1851**

Sofern die Fristen des Art. 10 Abs. 1 oder 3 FKVO nicht durch die Kommission eingehalten werden, wird nach Art. 10 Abs. 6 FKVO die Freigabe des Zusammenschlusses fingiert. **1852**

III. Deutsches Kartellrecht

Die folgende Darstellung der deutschen Fusionskontrolle soll sich auf die wesentlichen Unterschiede zur FKVO beschränken. **1853**

Die maßgeblichen **Umsatzschwellen** sind in § 35 Abs. 1 und 2 GWB enthalten. Zu nennen sind insbesondere die Umsatzschwellen des § 35 Abs. 1 GWB, wonach die **1854** beteiligten Unternehmen insgesamt weltweite Umsatzerlöse von mehr als 500 Millionen Euro und im Inland mindestens ein beteiligtes Unternehmen Umsatzerlöse von mehr als 25 Millionen Euro und ein anderes beteiligtes Unternehmen Umsatzerlöse von mehr als 5 Millionen Euro erzielt haben müssen. § 35 Abs. 2 GWB enthält Ausnahmen für Bagatellfälle.

1855 Der **Zusammenschlussbegriff** ist in § 37 GWB differenzierter geregelt und zugleich weiter als in Art. 3 FKVO. Es fehlt der Begriff der Fusion, dafür ist der Kontrollerwerb in § 37 Abs. 1 Nr. 2 GWB enthalten. Bemerkenswert ist in diesem Zusammenhang, dass nach § 37 Abs. 1 Nr. 4 GWB auch bei einer Beteiligung von weniger als 25% bereits jede sonstige Verbindung von Unternehmen, aufgrund deren ein oder mehrere Unternehmen unmittelbar oder mittelbar einen wettbewerblich erheblich Einfluss auf ein anderes Unternehmen ausüben können, einen Zusammenschluss begründet.

1856 Die **Umsatzerlöse** werden nach § 38 GWB ähnlich wie in Art. 5 FKVO berechnet. Allerdings gelten hier nach den Absätzen 2 und 3 besondere Regeln für die Berechnung von Handelsumsätzen sowie für Umsätze mit Presseerzeugnissen und Rundfunkprogrammen.

1857 Das Bundeskartellamt hat nach § 41 Abs. 1 GWB in einem **Vorverfahren** innerhalb **eines Monats** seit Eingang der vollständigen Anmeldung über die Einleitung eines Hauptprüfverfahrens entscheiden. Die Untersagung eines Zusammenschlusses im **Hauptprüfverfahren** hat nach § 41 Abs. 2 Satz 2 GWB innerhalb von **vier Monaten** seit Eingang der vollständigen Anmeldung zu erfolgen, anderenfalls tritt eine Freigabefiktion ein.

1858 **Prüfungsmaßstab** für das Bundeskartellamt ist nach § 36 Abs. 1 GWB, ob zu erwarten ist, dass der Zusammenschluss eine marktbeherrschende Stellung begründet oder verstärkt. Eine Ausnahme gilt, wenn die beteiligten Unternehmen nachweisen, dass durch den Zusammenschluss auch Verbesserungen der Wettbewerbsbedingungen eintreten und dass diese Verbesserungen die Nachteile der Marktbeherrschung überwiegen. Charakteristisch für die deutsche Fusionskontrolle ist schließlich die **Möglichkeit einer Erlaubnis des Bundesministers für Wirtschaft und Arbeit** (sog. **Ministererlaubnis**), die dieser nach § 42 GWB auf Antrag bei einem vom Bundeskartellamt untersagten Zusammenschluss erteilen kann, wenn im Einzelfall die Wettbewerbsbeschränkung von gesamtwirtschaftlichen Vorteilen des Zusammenschlusses aufgewogen wird oder der Zusammenschluss durch ein überragendes Interesse der Allgemeinheit gerechtfertigt ist.

Beispiel: Zusammenschluss der Unternehmen E.ON und Ruhrgas im Jahr 2002.

Weiterführende Literatur zum Wettbewerbsrecht:

Köhler/Bornkamm, Gesetz gegen den unlauteren Wettbewerb, 28. Aufl. 2010.
Nordemann, Wettbewerbsrecht/Markenrecht, 10. Aufl. 2004.
Emmerich, Unlauterer Wettbewerb, 8. Aufl. 2009.
Teplitzky, Wettbewerbsrechtliche Ansprüche und Verfahren, 9. Aufl. 2007.

Weiterführende Literatur zum Kartellrecht:

Bechthold, GWB, 6.Aufl. 2010.
Bechtold/Bosch/Brinker/Hirsbrunner, EG-Kartellrecht, 2. Aufl. 2009.
Wiedemann (Hrsg.), Handbuch des Kartellrechts, 2. Aufl. 2008.

P Recht der Finanzdienstleistungen

Eckhardt Moltrecht

Kapitel 1 Das Bankensystem in Deutschland

Das deutsche Bankensystem ist **zweistufig**. Auf der oberen **2. Stufe** des Bankensystems steht die **Deutsche Bundesbank als Zentralbank**, integriert in das europäische System der Zentralbanken. Auf der unteren **1. Stufe** stehen die **Geschäftsbanken (Kreditinstitute)**, die sich wiederum in drei sog. Säulen gliedern.

§ 1 Die Deutsche Bundesbank im System der Zentralbanken

Das **europäische System der Zentralbanken** besteht aus der Europäischen Zentralbank (EZB) und den nationalen Zentralbanken aller EU-Mitgliedstaaten. Der Begriff **Eurosystem** bezeichnet die **EZB und die nationalen Zentralbanken der Mitgliedstaaten, die den Euro eingeführt** haben. Die nationalen Zentralbanken der Mitgliedstaaten, die nicht am Euro-Währungsgebiet teilnehmen, sind jedoch Mitglieder des europäischen Systems der Zentralbanken mit einem besonderen Status. Es ist ihnen nämlich gestattet, ihre jeweilige nationale Geldpolitik durchzuführen; sie sind aber nicht am Entscheidungsprozess hinsichtlich der einheitlichen Geldpolitik für das Euro-Währungsgebiet und an der Umsetzung dieser Entscheidungen beteiligt.

Die **Deutsche Bundesbank** ist die Zentralbank der Bundesrepublik Deutschland. Sie ist Notenbank, Bank der Banken, Bank des Staats und Verwalterin der Währungsreserven. Als Zentralbank der Bundesrepublik Deutschland ist die Bundesbank integraler Bestandteil des europäischen Systems der Zentralbanken und erfüllt die ihr im Rahmen des Euro-Systems zugewiesenen Aufgaben.

Die Bundesbank wurde 1957 als einheitliche Notenbank errichtet. Sitz der Zentrale der Bundesbank ist Frankfurt am Main. Die rechtliche Grundlage stellt heutzutage das Gesetz über die Deutsche Bundesbank vom 22.10.1992 mit zahlreichen Änderungen (BBankG) dar. Ziel der Bundesbank ist es, durch die Regelung des Geldumlaufs und der Kreditversorgung der Wirtschaft die Währung zu sichern.

§ 3 BBankG definiert die Aufgabe der Bundesbank: *„Die Deutsche Bundesbank ist als Zentralbank der Bundesrepublik Deutschland integraler Bestandteil des europäischen Systems der Zentralbank. Sie wirkt an der Erfüllung seiner Aufgaben mit dem vorrangigen Ziel mit, die Preisstabilität zu gewährleisten, hält und verwaltet die Währungsreserven der Bundesrepublik Deutschland, sorgt für die bankmäßige Abwicklung des Zahlungsverkehrs im Inland und mit dem Ausland...“*

Das **oberste Organ** der Bundesbank ist der **Vorstand** (§ 7 BBankG). Er besteht aus dem Präsidenten und dem Vizepräsidenten und sechs weiteren Mitgliedern. Seine Aufgabe ist es, die Bundesbank zu leiten und zu verwalten. Die Mitglieder des Vorstandes werden vom Bundespräsidenten bestellt. Die Bestellung des Präsidenten und des Vizepräsidenten sowie von zwei weiteren Mitgliedern erfolgt auf Vorschlag der Bundesregierung, die der übrigen vier Mitglieder auf Vorschlag des Bundesrates im Einvernehmen mit der Bundesregierung.

1865 Die **Grundlagen der Zusammenarbeit** zwischen der Bundesregierung und der Bundesbank werden in dritten Abschnitt des BBankG geregelt. Die Bundesbank ist bei der Ausübung der Befugnisse, die ihr nach dem Gesetz zustehen, von Weisungen der Bundesregierung unabhängig (§ 12 BBankG). Soweit dies unter Wahrung ihrer Aufgabe als Bestandteil des europäischen Systems der Zentralbanken möglich ist, unterstützt sie die allgemeine Wirtschaftspolitik der Bundesregierung. Die Bundesbank hat die Bundesregierung in Angelegenheiten von wesentlicher währungspolitischer Bedeutung zu beraten und ihr auf Verlangen Auskunft zu geben.

§ 2 Die Geschäftsbanken (Kreditinstitute)

1866 Der besondere Charakter des deutschen Bankwesens ergibt sich im Vergleich zu den meisten anderen industrialisierten Ländern aus der Dominanz universell tätiger Kreditinstitute. Trotz aller Unterschiede hinsichtlich Rechtsform, Eigentumsverhältnisse, Betriebsgröße, betrieblicher Organisation und Geschäftsstruktur betreiben die meisten Bankinstitute alle banküblichen Geschäfte unter einem Dach. Die **Universalbanken** lassen sich in drei große Gruppen teilen; man spricht auch von den drei Säulen des deutschen Bankensystems:

– Die **privaten Geschäftsbanken**, zu denen die Großbanken, die Regionalbanken und sonstigen Kreditbanken, die Privatbankiers sowie die Niederlassungen ausländischer Geschäftsbanken gezählt werden,
– die **öffentlich-rechtlichen Sparkassen** und **Landesbanken** (Girozentralen),
– die **genossenschaftlichen Volksbanken** und **Raiffeisenbanken** und ihre Zentralbanken.

1867 Obgleich die privaten Banken, die öffentlich rechtlichen Sparkassen und die genossenschaftlichen Bankinstitute ihre geschäftspolitischen Schwerpunkte unterschiedlich setzen, besteht keine Arbeitsteilung. Auch hinsichtlich ihres Verhaltens am Markt sind keine wesentlichen Unterschiede zwischen den drei Institutsgruppen erkennbar, obgleich Sparkassen und Genossenschaftsbanken zumindest formell nicht wie die privaten Banken Gewinnmaximierung, sondern einen angemessenen Überschuss bzw. die Förderung ihrer Mitglieder anstreben. Alle Institute sind aber zur langfristigen Sicherung ihrer Existenz auf Gewinnerzielung angewiesen, die deshalb auch zusammen mit Sicherheit und Liquidität das oberste Unternehmensziel darstellt. Allerdings sind heute nicht mehr alle Landesbanken im ausschließlichen Eigentum von Bundesländern, Kommunen und Sparkassen. In der nächsten Zeit wird es im Landesbankensektor, nicht nur aufgrund der Finanzkrise, weitere Veränderungen geben.

1868 Neben den universell tätigen Geschäftsbanken gibt es in Deutschland eine Vielzahl von **Spezialbanken**, die nur in bestimmten Geschäftsbereichen tätig sind. Dazu zählen z.B. **Hypothekenbanken** und sonstige **Realkreditinstitute**. Diese Banken haben sich auf die Vergabe von vor allem langfristigen Krediten zum Bau oder Kauf von Immobilien spezialisiert. Daneben gibt es Institute mit **Sonderaufgaben** (z.B. die Kreditanstalt für Wiederaufbau) und die Bausparkassen.

1869 Der Begriff der **Großbanken** dient heutzutage nicht mehr als taugliches Abgrenzungskriterium, da Übernahmen und Fusionen in letzter Zeit das Bild der Bankenlandschaft bestimmen. Jedenfalls gehören traditionell zu dieser Gruppe vor allem die Deutsche Bank, die Dresdner Bank, die Commerzbank, die Hypovereinsbank und die Postbank. Die Großbanken bedienen alle Zielgruppen, Geschäfte und Regionen und verfügen über ein großes Filialnetz.

Die Geschäftsbanken (Kreditinstitute)   Kap. 2   P

Bei den **Privatbankiers** ist das hervorstehende Merkmal die Existenz eines oder mehrerer persönlich **haftender Gesellschafter**. Viele dieser Bankhäuser entstanden im 18. und 19. Jahrhundert. Durch die Emigration jüdischer Bankiers in den 30er Jahren wurde ein starker Rückgang der Privatbankiers in Deutschland beobachtet. Charakteristisch für diese Banken ist eine starke Spezialisierung auf bestimmte Zielgruppen, z.B. die vermögenden Privatkunden.   **1870**

Eigentümer der **Sparkassen** und **Girozentralen** sind Bund und Länder. Freie Sparkassen haben zusätzlich Gesellschafter neben Bund und Ländern als Eigentümer. Zu den Zielen ihrer Tätigkeit gehört es, jedem Bürger die Möglichkeit zu schaffen, Spareinlagen zu tätigen und Kredite zu erhalten. **Sparkassen** sind **Regionalbanken mit Gebietsschutz**, d.h. dass keine zweite Sparkasse in der Stadt oder der Region aufgebaut werden darf. Der erzielte Gewinn geht z.T. an die Kommunen und fließt in die Rücklagenbildung, da Sparkassen über kein Eigenkapital verfügen. **Girozentralen** (Landesbanken) existieren auf Landesebene und decken Geschäftsbereiche ab, die für einzelne Sparkassen aufgrund ihrer Größe nicht möglich sind.   **1871**

Die **Volks-** und **Genossenschaftsbanken** wurden ursprünglich auf Grundlage einer Selbsthilfeorganisation gegründet. Aus den Selbsthilfeorganisationen sind die Volks- und Raiffeisenbanken entstanden. Das Eigenkapital setzt sich aus dem Geschäftsguthaben (Anteilen) der Kunden und Rücklagen zusammen. Genossen als Eigentümer haften mit ihrem Geschäftsvermögen. Volks- und Genossenschaftsbanken decken vielfach die gleichen Geschäftsfelder ab wie die Sparkassen.   **1872**

Die **Hypothekenbanken** üben das Kreditgeschäft gegen Verpfändung von Grund und Boden bzw. Immobilien aus. Die rechtliche Grundlage stellt neben dem KWG auch das HypBG dar.   **1873**

Die **Bausparkassen** finanzieren Bauinvestitionen. Sie sammeln die Sparbeiträge von Bauwilligen und gewähren aus diesen Einlagen Bauspardarlehen an Bausparer, die bereits ein vertraglich vereinbartes Bausparguthaben angespart haben. Produkte sind die Spareinlage und der Kredit, wobei ein niedriger Zins in der Ansparphase mit einem langfristigen Kredit zu relativ niedrigen Zinsen belohnt wird.   **1874**

Kapitel 2   Bankenaufsicht in Deutschland

Die Notwendigkeit der Existenz einer Bankenaufsicht ergibt sich daraus, dass Banken einen großen Teil des Volksvermögens verwalten. In Folge der Informationsasymmetrie und hoher Kosten der Informationsbeschaffung können Handlungen einer Bank von Gläubigern und Kunden nur schwer bewertet oder kontrolliert werden. Bereits vorübergehende Liquiditätsschwierigkeiten können wegen einer hohen Vertrauensempfindlichkeit des Geldmarktes dazu führen, dass Einlagen abgezogen und das Bankensystem destabilisiert wird. Um solche Situationen zu vermeiden, müssen Banken seitens des Staats beaufsichtigt werden.   **1875**

Der **Gläubigerschutz** sowie der **Funktions-** und **Systemschutz** sind die Hauptziele der Bankenaufsicht. Mit dem Gläubigerschutz sollen die Gläubiger vor schädigenden Geschäftspraktiken und Insolvenzen von Banken geschützt werden. Die Aufgaben des Funktions- und Systemschutzes bestehen darin, das Vertrauen gegenüber den Banken zu stärken und damit die Stabilität des Bankensektors zu gewährleisten.   **1876**

Seit Jahren existiert in Deutschland eine **allgemeine staatliche Bankenaufsicht**, deren rechtliche Grundlage das KWG ist. Ziel der Bankenaufsicht besteht darin, die Funktion des Finanzsektors durch Gläubigerschutz zu sichern. Um dieses Ziel zu erreichen, wird die Tätigkeit der Kreditinstitute durch qualitative und quantitative Rahmenbestim-   **1877**

P Kap. 2   Recht der Finanzdienstleistungen

mungen eingeschränkt. Ein direkter Eingriff in einzelne Geschäfte der Institute durch die Bankenaufsicht erfolgt nicht.

Das **zentrale bankaufsichtliche Organ** ist die **Bundesanstalt für Finanzdienstleistungsaufsicht** (BAFiN) mit dem Sitz in Bonn, die ihre Aufgaben unter **aktiver Mitwirkung der Bundesbank** ausübt, und zwar wirkt die Bundesbank nach Maßgabe von § 7 KWG an der laufenden Bankenaufsicht mit. Die **Bundesbank** übernimmt zum großen Teil die operative Aufsicht. Der Bundesbank obliegen in laufenden Überwachung vor allem die Auswertungen der von den Bankinstituten eingereichten Unterlagen, Meldungen, Jahresabschlüssen und Prüfungsberichte. Die Bundesbank prüft, ob die Eigenkapitalausstattung der Institute und die Risikosteuerungsverfahren angemessen sind.

1878 Die **BAFiN** übernimmt die Verantwortung für alle hoheitlichen Maßnahmen. Das Betreiben der Bankgeschäfte bedarf einer Erlaubnis der BAFiN; und zwar ist eine der Voraussetzungen für ihre Erteilung das Vorhandensein der zum Geschäftsbetrieb einer Bank erforderlichen Mittel. Kreditinstitute, die Einlagen von Kunden entgegennehmen, müssen über ein Mindestkapital von 5 Mio. Euro verfügen. Die Erlaubnis zum Betreiben des Bankgeschäftes ist nicht zeitbegrenzt, kann aber in bestimmten Fällen (z.B. Eröffnung eines Insolvenzverfahrens, Gesetzesverstöße) aufgehoben werden.

1879 Die zugelassenen Institute müssen sich an die bankaufsichtlichen Normen und Vorschriften halten. Auf der Basis der Empfehlungen des **Baseler Kommitees** werden in Deutschland quantitative Eigenkapital- und Liquiditätsanforderungen an die Banken gestellt. Ihr Ziel ist, die Sicherheit der den Banken anvertrauten Vermögenswerte zu gewährleisten. Der **Solvabilitätsgrundsatz** (Grundsatz I) dient der Sicherung eines Mindestbestandes an Eigenmitteln zur Abdeckung der Ausfallrisiken. Die quantifizierten Risiken müssten mit mindestens 8% der Eigenmittel unterlegt werden. Anhand des **Liquiditätsgrundsatzes** (Grundsatz II) werden die Liquiditätsposition und die Zahlungsbereitschaft einer Bank überwacht. Weitere Aufsichtsnormen betreffen die Begrenzung des einzelnen Großkredites auf 25% des haftenden Eigenkapitals bzw. der Eigenmittel. Dabei werden Millionenkredite (größer als 1,5 Mio. Euro) gesondert beaufsichtigt.

1880 Seit der Errichtung der BAFiN am 1. Mai 2002 besteht in Deutschland eine **einheitliche staatliche Aufsicht** über Kreditinstitute, Finanzdienstleistungsinstitute, Versicherungsunternehmen und den Wertpapierhandel. Die BAFiN vereinigt die drei ehemaligen Bundesaufsichtsämter für das Kreditwesen, das Versicherungswesen und für den Wertpapierhandel. Die BAFiN beaufsichtigt etwa 2.000 Kreditinstitute, 700 Finanzdienstleistungsinstitute und über 600 Versicherungsunternehmen.

1881 Mit der Schaffung einer **integrierten Finanzaufsicht** hat der deutsche Gesetzgeber auf den Wandel auf den Geld- und Kapitalmärkten reagiert. Auch andere Länder folgen der Tendenz, eine integrierte Finanzaufsicht einzurichten. Seitdem Banken, Finanzdienstleistungsinstitute und Versicherungen mit ähnlichen und sogar identischen Produkten konkurrieren, ist eine sektorübergreifende Aufsicht nach einem vereinheitlichten Aufsichtskonzept angebracht. Die Risiken, die durch Kapitalverflechtungen und Transaktionen innerhalb dieser Gruppen von Finanzdienstleistern entstehen, erfordern einen umfassenden Aufsichtsansatz.

1882 § 7 KWG regelt die **Zusammenarbeit** zwischen der **BAFiN** und der **Deutschen Bundesbank** in der Bankenaufsicht. Die Überwachungspflichten der BAFiN überschneiden sich mit den Überwachungspflichten der Deutschen Bundesbank. Schlagwortartig und etwas vereinfachend lässt sich sagen, dass die Aufsicht der Bundesbank quantitativer Natur und die Aufsicht der BAFiN qualitativer Natur ist. Ziel der Bankenaufsicht ist der Schutz der Gläubiger generell, allerdings nicht der Schutz einzelner Gläubiger oder der Verbraucherschutz. Die vorbeugende Überwachung wird durch Informationsverpflichtungen der Institute (Monatsausweise/Jahresabschlüsse) ermöglicht.

Der BAFiN stehen als Maßnahmen gegenüber einzelnen Instituten Verwaltungsakte (bzw. Allgemeinverfügungen für eine Vielzahl von Instituten) zu Verfügung. Darüber hinaus gibt die BAFiN Verlautbarungen als Richtschnur für die ordnungsgemäße Geschäftsführung der Kreditinstitute heraus (z.B. im Bereich der Geldwäsche oder zu Fragen von Bankgeschäften mit Minderjährigen).

Ein wichtiges Steuerungsinstrument im Rahmen der Bankenaufsicht ist die erforderliche **Geschäftsleiterqualifikation** für Bankenvorstände. Neben praktischen Erfahrungen im Kreditgeschäft werden banktheoretische Kenntnisse und eine Leitungserfahrung von mindestens drei Jahren gefordert (s. § 33 KWG).

Aus Sicht des Bankkunden ist die **Sicherung seiner Bankeinlagen** von zentraler Bedeutung. Nach § 33 KWG ist ein Anfangskapital von mindestens 5 Mio. Euro erforderlich, wenn eine Bank beabsichtigt, Einlagen oder andere rückzahlbare Gelder entgegenzunehmen und Kreditgeschäft zu betreiben. Das KWG macht hingegen nicht zur Auflage, dass die Bank darüber hinaus einem **Einlagensicherungsfonds** (z.B. dem Einlagensicherungsfonds des Bundesverbands deutscher Banken) angeschlossen sein muss. Allerdings sind nahezu alle privaten Banken diesem Einlagerungsfonds angeschlossen. Dieser Fonds hat die Aufgabe, bei drohenden finanziellen Schwierigkeiten von Banken, insbesondere bei drohender Zahlungseinstellung, im Interesse der Gläubiger für den Ausfall einer Bank einzustehen und das Vertrauen in das private Kreditwesen aufrechtzuerhalten.

Der freiwillige Einlegerschutz der Banken ist damit viel weitreichender als der gesetzliche Schutz. Der gesetzliche Einlagenschutz sichert Guthaben auf Girokonten, Sparbüchern, Termin- und Festgeldkonten bis maximal EUR 50.000 pro Kunde. Ab dem 31.12.2010 ist eine Anhebung der gesetzlichen Deckungssumme auf EUR 100.000 vorgesehen.

Kapitel 3   Die Rechtsbeziehung zwischen den Banken und ihren Kunden

§ 1 Der Bankvertrag

Grundlage der **privatrechtlichen** Beziehung zwischen der Bank und ihren Kunden ist der Bankvertrag. Der Bankvertrag ist ein **Rahmenvertrag**, durch den die Geschäftsverbindung zwischen Bank und Kunde begründet wird. Im Rahmen dieses Vertrags werden in der Regel weitere Einzelverträge vereinbart, z.B. der Girovertrag, der Einlagenvertrag, Kreditverträge, Effektenverträge, Depot- oder Garantiegeschäfte. Hauptbestandteil dieses Bankvertrags ist in aller Regel die Vereinbarung der allgemeinen Geschäftsbedingungen der Banken bzw. der Sparkassen als Grundlage zukünftiger Einzelverträge. Darüber hinaus entstehen bestimmte nebenvertragliche Schutzpflichten wie z.B. Verschwiegenheits-, Aufklärungs-, Auskunfts- oder Beratungspflichten.

Durch die Vereinbarung der allgemeinen Geschäftsbedingungen wird ein gegenseitiges besonderes Vertrauensverhältnis begründet und der Kunde zugleich zum Abschluss weiterer Einzelverträge aufgefordert (sog. Invitatio ad Offerendum). Grundsätzlich werden allgemeine Geschäftsbedingungen nur dann Vertragsbestandteil, wenn die Bank den Kunden ausdrücklich auf die AGB hinweist und dem Kunden die Möglichkeit verschafft, in zumutbarer Weise von ihrem Inhalt Kenntnis zu nehmen und der Kunde mit ihrer Geltung einverstanden ist.

§ 2 Das Konto/die Kontoarten

1888 Dreh- und Angelpunkt der Geschäftsbeziehung zwischen Bank und Kunden ist das Konto. Das Konto ist die Voraussetzung für die Durchführung aller Bankgeschäfte. Es gibt verschiedene Kontoarten:

I. Einzelkonto und Gemeinschaftskonto

1889 Das **Einzelkonto** ist der Normalfall. Es entsteht auch, wenn nicht deutlich erkennbar wird, dass ein Gemeinschaftskonto errichtet werden soll. Beim **Fremdkonto** fallen die Inhaberschaft des Kontos und die Verfügungsbefugnis auseinander, z.B. der minderjährige Kontoinhaber wird hinsichtlich der Verfügung über sein Konto durch den Vormund vertreten.

1890 Das **Gemeinschaftskonto** kann als „oder-Konto" oder als „und-Konto" eingerichtet werden, je nachdem, ob alle Kontoinhaber allein verfügen sollen (dann handelt es sich um ein oder-Konto) oder nur gemeinsam (und-Konto). Bei einem und-Konto sind im Außenverhältnis die Kontoinhaber nur gemeinschaftlich Gläubiger der Bank; die Bank kann daher auch nur an alle gemeinsam mit befreiender Wirkung leisten. Im Innenverhältnis dagegen richtet sich beim und-Konto die interne Berechtigung nach den jeweiligen vertraglichen oder gesetzlichen Beziehungen (z.B. oHG, KG, Erbengemeinschaft oder Bruchteilsgemeinschaft).

II. Sonderkonto

1891 Sonderkonten sind Konten, die **einem bestimmten Zweck dienen** (z.B. Baukonto, Grundstücksverwaltungskonto). Im Gegensatz zu Fremdkonten verbleibt beim Sonderkonto die Verfügungsbefugnis beim Kontoinhaber. Dieser kann das Kontoguthaben aber für Dritte treuhänderisch halten. Das Fremdkonto ist vom **treuhänderisch gehaltenen Sonderkonto** also so zu unterscheiden, dass beim Fremdkonto der Kontoinhaber hinsichtlich seines eigenen Guthabens nicht verfügungsbefugt ist, beim treuhänderisch gehaltenen Sonderkonto kann der Kontoinhaber allerdings über fremdes Vermögen begrenzt verfügen.

III. Anderkonto

1892 Anderkonten sind **offene Treuhandkonten**, die für bestimmte Berufsgruppen geführt werden, denen aufgrund ihres Standesrechts häufig fremde Vermögenswerte anvertraut werden. Anderkonten werden z.B. von Rechtsanwälten, Notaren, Wirtschaftsprüfern und Patentanwälten geführt. Die Trennung der Anderkonten von den Eigenkonten dieser Berufsträger bewirkt z.B., dass die Bank mit eigenen Forderungen gegen den Kunden nicht gegen Verbindlichkeiten aus dem Anderkonto aufrechnen kann.

IV. Sperrkonto

1893 Sperrkonten sind Konten, über die der Kontoinhaber **befristet**, bis zu einem **bestimmten Ereignis** oder **ohne Zustimmung Dritter nicht** oder **nur beschränkt** verfügen kann. Diese

Das Einlagengeschäft　　　　　　　　　　　　　　　　　Kap. 3 § 3　P

Sperrung kann gesetzlich oder rechtsgeschäftlich erfolgen (z.B. Mieterdarlehen). Die Sperrung muss durch den Kontoinhaber selbst erfolgen, wobei die Bank, falls sie von dem Kontoinhaber einen entsprechenden Auftrag erhalten hat, dem Begünstigten der Sperrung den Vollzug bestätigt.

V. Kontokorrentkonto

Kontokorrentkonten sind **Girokonten mit einer Kontokorrentabrede** i.S.d. § 355 HGB. Nach den allgemeinen Bedingungen der Banken führen Banken Girokonten ausschließlich als Kontokorrentkonten. Sie dienen der Abwicklung aller Bankgeschäfte, einschließlich des Überweisungsverkehrs und der Verbuchung von Sichteinlagen. **1894**

Gem. § 355 Abs. 1 HGB besteht ein Kontokorrent darin, dass die aus einer Geschäftsbeziehung entstehenden beiderseitigen Ansprüche nebst Zinsen in Rechnung gestellt und in regelmäßigen Zeitabschnitten durch Verrechnung und Feststellung des für den einen oder anderen Teil sich ergebenden Überschusses ausgeglichen werden.

Mit der Einstellung in das Kontokorrent verlieren wechselseitige Einzelansprüche zwischen Bank und Kunden ihre rechtliche Selbstständigkeit und werden laufend saldiert. Dabei dient der Tagessaldo lediglich der laufenden Kontrolle des Kontostandes; erst die Saldierung am Ende einer Rechnungsperiode (das ist am Ende eines jeden Quartals) schafft die Anerkennung einer Schuld. Ein Beispiel soll dies illustrieren: Ein Gläubiger erhält Kenntnis davon, dass sein Schuldner eine Gutschrift auf seinem Girokonto erhält. Das Girokonto selbst befindet sich im Minus: Eine Vollstreckung in die Gutschrift selbst ist nicht möglich. Eine Vollstreckung kann allenfalls in den festgestellten Saldo – falls dieser positiv ist – erfolgen. **1895**

Ergibt sich zum Abschluss einer Rechnungsperiode ein Debitsaldo zulasten des Kunden (sog. Überziehungskredit), dann wird dieser Saldo von der Bank verzinst und zusammen mit den Zinsen in die neue Rechnungsperiode eingestellt. **1896**

VI. Sparkonto

Spareinlagen werden nach außen durch Ausgabe eines **Sparbuches** gekennzeichnet. Das Sparbuch selbst ist kein Wertpapier, sondern lediglich ein Namenspapier i.S.d. § 952 Abs. 2 BGB. Die Bank ist allerdings nur verpflichtet, gegen Vorlage des Sparbuches zu zahlen (§ 808 Abs. 2 BGB). Bei einem Sparbuch **mit Inhaberklausel** kann die Bank auch an den Inhaber befreiend leisten, ohne dass allerdings der Inhaber, da das Sparbuch kein Wertpapier ist, allein aufgrund dieses Papiers Zahlung verlangen kann (§ 808 Abs. 1 BGB qualifiziertes Legitimationspapier). Fehlt dagegen eine Inhaberklausel, handelt es sich um ein **reines Namenspapier**. Dann hat die Bank stets zu prüfen, ob derjenige, der das Sparbuch vorlegt, mit dem Inhaber des Sparkontos identisch ist. **1897**

§ 3 Das Einlagengeschäft

Das Einlagengeschäft ist die **Annahme fremder Gelder als Einlagen**, und zwar ohne Rücksicht darauf, ob Zinsen vergütet werden oder nicht. **Sichteinlagen** (sog. **Tagesgelder**) sind täglich fällige Gelder auf Girokonten oder Kontokorrentkonten. Für Sichteinlagen besteht eine sog. **unregelmäßige Verwahrung**, für die grundsätzlich die Vorschriften über das Darlehen Anwendung finden. Lediglich Zeit und Ort der Rückgabe **1898** bestimmt sich nach den Vorschriften über den Verwahrungsvertrag (§ 695, § 697 BGB), d.h. die Gelder sind jederzeit rückzahlbar.

1899 **Termineinlagen** sind Gelder, die erst zu einem bestimmten vertraglich vereinbarten Zeitpunkt in Zukunft fällig werden. (Sog. **Festgelder** oder Gelder, für die eine Kündigungsfrist vereinbart wurde). Für diese Einlagen gelten die Vorschriften über das Darlehen (§§ 488 ff. BGB) direkt.

Spareinlagen sind **Termineinlagen**, die durch Ausfertigung einer Urkunde, insbesondere eines Sparbuches, gekennzeichnet sind. Sie sind daher ebenfalls Darlehen des Kunden an die Bank. Spareinlagen gibt es in verschiedenen Variationen, die aber an der rechtlichen Qualität als Darlehen nichts ändern.

§ 4 Der Kreditvertrag

1900 Der Kreditvertrag besteht in seinem Kern aus der Verpflichtung der Bank, ihrem Kunden zu einem bestimmten Zinssatz – und gegebenenfalls gegen Stellung von Sicherheiten – für eine bestimmte Zeit ein **Darlehen** in einer bestimmten Höhe zur Verfügung zu stellen. Für den Kunden der Bank besteht die Verpflichtung, dieses Darlehen bei Fälligkeit zurückzuzahlen. Das Darlehen ist in den §§ 488 ff. BGB geregelt. Im BGB geregelt sind die vertragstypischen Pflichten des Darlehensvertrags, das ordentliche und das außerordentliche Kündigungsrecht sowie insbesondere Vorschriften über den Verbraucherdarlehensvertrag. Die Vorschriften zum **Verbraucherdarlehensvertrag** (§§ 491 ff. BGB) dienen dem Verbraucherschutz: So ist z.B. für das Verbraucherdarlehen die Schriftform vorgeschrieben, und aus Gründen der Transparenz müssen Angaben über den effektiven Jahreszins erfolgen. (Der effektive Jahreszins ist die in einer Prozentzahl des Nettodarlehensbetrags anzugebende Gesamtbelastung, in die neben dem Nominalzins auch weitere Kosten, die der Darlehensnehmer zu tragen hat, einfließen.) Diese Bestimmungen gelten allerdings nicht für den sog. **Überziehungskredit**, d.h. das Recht eines Bankkunden, sein laufendes Girokonto in bestimmter Höhe zu überziehen.

1901 Im Kreditvertrag gibt es unter Umständen Regelungsbedarf für eine Vielzahl von anderen Vertragselementen, wie z.B.

- Zinsanpassung bei variablen Zinsen,
- Festlaufzeit/Kündigungsfristen,
- vorzeitige Rückzahlbarkeit,
- Bereitstellungsprovision,
- Sicherheitenvereinbarung,
- Kreditkosten,
- Schadensersatz bei Nichtabnahme.

1902 Die Bankpraxis unterscheidet Darlehen – je nachdem, wie sie eingeräumt werden und welche Rückzahlungsmodalitäten vereinbart werden – in Kontokorrentkredite, Annuitäten-, Fest- und Tilgungsdarlehen sowie Avalkredite.

§ 5 Kreditsicherheiten

1903 Vielfach verlangen Banken zur Sicherung ihres Kredites bankübliche Sicherheiten. Unter Kreditsicherung versteht man die Einräumung eines Rechtes für den Gläubiger einer Forderung mit dem Ziel, die Wahrscheinlichkeit zu erhöhen, dass die Forderung erfüllt wird. Man unterscheidet zwischen Personensicherheiten und Sachsicherheiten.

Kreditsicherheiten   Kap. 3 § 5 P

I. Bürgschaft

Der wichtigste Fall der Personensicherheit ist die Bürgschaft nach § 765 BGB. Die **1904**
Bürgschaft ist ein einseitig verpflichtender, unentgeltlicher Vertrag, durch den sich der
Bürge gegenüber dem Gläubiger eines Dritten verpflichtet, für dessen Verbindlichkeit
einzustehen. Die Bürgschaft kann aber auch zwischen Bürge und Hauptschuldner
zugunsten des Gläubigers begründet werden. Für die Verpflichtung des Bürgen ist
grundsätzlich der jeweilige Bestand der Hauptverbindlichkeit **maßgebend**; sie ist daher
akzessorisch (§ 767 BGB). Demnach kann der Bürge auch sämtliche Einreden und
Einwendungen geltend machen, die dem Hauptschuldner zustehen; es sei denn, der
Bürge hat – z.B. auf die Einrede der Vorausklage – verzichtet. Die Bürgschaftsverpflichtung bedarf grundsätzlich der **Schriftform**, d.h. sie muss vom Bürgen eigenhändig
unterschrieben werden. Das Schriftformerfordernis gilt nicht für die Bürgschaft eines
Vollkaufmannes im Sinne des HGB; in der Bankpraxis wird man allerdings schon aus
Beweisgründen nicht auf die Schriftform verzichten wollen.
Allerdings kann die Vereinbarung einer Bürgschaft unter Umständen **sittenwidrig** i.S.d. **1905**
§ 138 BGB sein. In der jüngeren Vergangenheit hat es in der Rechtssprechung zahlreiche Fälle gegeben, in denen eine Bürgschaft für unwirksam angesehen wurde. Eine
Bürgschaft kann **unwirksam** sein, wenn die Bank unter Ausnutzung ihrer wirtschaftlichen Stellung eine im Wirtschaftsleben unerfahrene oder nur mit relativ geringem
Vermögen ausgestattete Person zu einer Bürgschaftsverpflichtung gedrängt hat. Dies
gilt insbesondere für Bürgen, die ein enges Verwandtschaftsverhältnis zum Hauptschuldner aufweisen. Hier liegt der Schluss nahe, dass die Bürgschaft aus familiären
Gründen und unter moralischem Druck übernommen wurde.
Der Bürge, der den Gläubiger befriedigt hat, hat gegen den Hauptschuldner im Innen- **1906**
verhältnis einen Rückgriffsanspruch. Daneben geht nach § 774 BGB die Hauptforderung kraft Gesetzes auf ihn über. Die Bürgschaft, die eine Bank im Auftrag ihres Kunden
gegenüber dessen Kunden abgibt, wird als Aval bezeichnet. Das Avalgeschäft gehört
zum typischen Bankgeschäft (§ 1 Abs. 1 S. 2 Nr. 8 KWG).

II. Garantie

Eine weitere Personensicherheit ist die Garantie. Die Garantie ist **gesetzlich nicht** **1907**
geregelt. Die Garantie ist ein einseitig verpflichtender Schuldvertrag, durch den der
Garantiegeber (Garant) gegenüber dem Garantienehmer die **selbstständige Verpflichtung** übernimmt, für einen bestimmten wirtschaftlichen Erfolg oder ein zukünftiges
Risiko einzustehen. Im Gegensatz zur Bürgschaft ist ein wichtiges Merkmal der Garantie, dass eine von der Hauptschuld abstrakte Verpflichtung begründet wird, dass die
Garantie also nicht akzessorisch ist. Die Garantie bedarf **keiner Schriftform** und ist im
Regelfall nicht subsidiär, d.h. im Garantiefall kann sich der Garantienehmer sofort an
den Garanten halten. Ist der Garantiefall nicht eingetreten und hat der Garant dennoch
gezahlt, findet ein Bereicherungsausgleich gem. § 812 BGB statt.
Bestehen Zweifel daran, ob nach dem Willen der Parteien eine Garantie oder eine **1908**
Bürgschaft vereinbart werden sollte, entscheidet primär das Eigeninteresse des Garanten an der Erfüllung der Hauptverbindlichkeit. Hat er ein solches eigenes Interesse,
dann ist von einer Garantie auszugehen. Möchte der Dritte nur für den Hauptschuldner
einstehen, spricht dies eher für eine Bürgschaft.

III. Patronatserklärung

1909 Eine weitere Personensicherheit ist die Patronatserklärung. Patronatserklärungen haben nur dann den Charakter einer durchsetzbaren Kreditsicherheit, wenn es sich um **harte** Patronatserklärungen, d.h. verbindliche Erklärungen handelt. Mit einer solchen Patronatserklärung übernimmt die Muttergesellschaft hinsichtlich der Kredite, die eine Tochtergesellschaft in Anspruch genommen hat, die uneingeschränkte Verpflichtung, dafür zu sorgen, dass die Tochtergesellschaft finanziell so ausgestattet ist, dass sie ihre Verbindlichkeiten erfüllen kann. Außerdem gibt es sog. **weiche** Patronatserklärungen. Eine solche weiche Patronatserklärung liegt vor, wenn die Muttergesellschaft lediglich versichert, die Tochtergesellschaft anzuhalten, ihren Verbindlichkeiten nachzukommen. Eine solche weiche Patronatserklärung ist als Kreditsicherheit nicht geeignet.

IV. Sachsicherheiten

1910 Es gibt eine Reihe von Sachsicherheiten, die der Bank eine vorzugsweise Befriedigung ermöglichen. Man unterscheidet im Einzelnen:

1. Pfandrecht

1911 Gegenstand des Pfandrechts können **bewegliche Sachen** oder **Rechte** sein. Das Pfandrecht ist ein dingliches Recht an einer fremden Sache, das dem Pfandgläubiger die Möglichkeit einräumt, sich wegen einer Forderung aus der Sache zu befriedigen. Neben dem Bestehen einer zugrunde liegenden Forderung (**Akzessorietät**) ist erforderlich, dass der Pfandgläubiger im Besitz der verpfändeten Sache sein muss (§ 1205 BGB). Dieses Erfordernis macht das Pfandrecht vielfach uninteressant.

2. Sicherungsübereignung

1912 Bei der Sicherungsübereignung ist die Übertragung des Besitzes nicht erforderlich. Dies ist für den Sicherungsgeber vorteilhaft, weil er das Sicherungsgut (z.B. Kraftfahrzeuge, Maschinen, Rohstoffe) unter bestimmten Voraussetzungen weiter verwenden darf. Die Sicherungsübereignung ist, anders als das Pfandrecht, auch **nicht akzessorisch**. In rechtlicher Hinsicht ist für die Sicherungsübereignung wie für das Pfandrecht zunächst eine **Sicherungszweckvereinbarung** zwischen Bank und Kreditnehmer erforderlich. Das Sicherungsgut soll als Sicherheit z.B. für alle gegenwärtigen und künftigen Forderungen der Bank aus der Geschäftsbeziehung mit dem Kunden dienen.

3. Sicherungsabtretung (Zession)

1913 Nach § 398 BGB kann eine Forderung des Kunden durch Vertrag mit der Bank auf diese übertragen werden. Diese Abtretung kann sich auf Einzelforderungen (**Einzelzession**) oder auf eine Mehrzahl, nach bestimmten Merkmalen umschriebenen Forderungen (**Globalzession**) beziehen. Bei der Einzelzession erlischt die Kreditsicherheit, sobald der Schuldner die Forderung erfüllt hat. Die Abtretung mehrerer Forderungen hat demgegenüber den Vorteil, dass der Bestand an Sicherheiten breiter gestreut ist und laufend ergänzt werden kann.

1914 Im Privatkundenbereich ist eine **Lohn- und Gehaltsabtretung** meistens Teil der Kreditverträge. Häufig werden auch **Ansprüche aus Versicherungsleistungen** abgetreten. Außerdem wird zur Absicherung eines Kredites häufig eine Restschuldversicherung vereinbart und abgetreten, die das Risiko von Tod, Krankheit und eventuell auch Arbeitslosigkeit abdeckt.

4. Grundpfandrechte

Das Grundpfandrecht ist ein dingliches Recht an einem Grundstück. Es ist die klassische Kreditsicherheit. Man unterscheidet insbesondere die Hypothek (§§ 1113 ff. BGB) und die Grundschuld (§§ 1191 ff. BGB). 1915
Im Regelfall werden **Grundschulden** zur Sicherung von Krediten verwandt. Gem. § 1191 BGB ist die Grundschuld die Belastung eines Grundstücks in der Weise, dass an denjenigen, zu dessen Gunsten die Belastung eingetragen ist, eine bestimmte Geldsumme aus dem Grundstück zu zahlen ist. Im Gegensatz zur **Hypothek** ist die Grundschuld nicht vom Bestehen einer zugrunde liegenden Forderung abhängig, sondern eine **abstrakte Grundstücksbelastung**. In der Praxis wird die Grundschuld in terminologischer Anlehnung an die Sicherungsübereignung bzw. die Sicherungsabtretung auch als Sicherungsgrundschuld bezeichnet.

5. (Exkurs) Exportkreditgarantien der Bundesrepublik Deutschland

Mit den Exportkreditgarantien des Bundes (Hermes-Deckungen) schützen Exporteure und Banken ihre Exportforderungen gegen das Ausfallrisiko aus wirtschaftlichen und politischen Gründen. Der Staat bietet hier einen **Versicherungsschutz** an, da die private Versicherungswirtschaft für viele Exporte insbesondere in Entwicklungs- und Schwellenländer keine ausreichende Absicherung ermöglicht. 1916
Das Angebot der privaten Ausfuhrkreditversicherer ist in einigen Bereichen deutlich beschränkt. Gerade Exporte in Märkte mit erhöhten Risiken – und hier vor allem Investitionsgeschäfte mit längeren Kreditlaufzeiten – lassen sich oft nur mit Hilfe der staatlichen Exportkreditversicherung realisieren. Der Staat tritt also dort ein, wo die private Versicherungswirtschaft keinen ausreichenden Versicherungsschutz anbietet. Deshalb haben alle westlichen Industrieländer ähnliche Systeme zur Förderung ihrer einheimischen Exportwirtschaft aufgebaut. 1917
Exportkreditgarantien schützen **vor politisch und wirtschaftlich bedingten Zahlungsausfällen**. **Politische** Risiken können unmittelbar Einfluss auf die gedeckte Forderung haben, z.B. durch 1918

– Zahlungsverbot oder Moratorium,
– Nicht-Konvertierung und Nicht-Transfer von Devisen,
– Kriegerische Ereignisse, Aufruhr oder Revolution.

Wirtschaftliche Risiken sind die Nichtzahlung des Kunden über einen Zeitraum von mindestens sechs Monaten oder die Insolvenztatbestände wie Konkurs, Vergleich oder erfolglose Zwangsvollstreckung, die eine Zahlungseinstellung zur Folge haben. 1919
Eine positive Entscheidung zugunsten der Deckung einer Exportforderung setzt voraus, dass der Export förderungswürdig, risikomäßig vertretbar ist und die Vertragsbedingungen internationalen Gepflogenheiten entsprechen. 1920
Die Übernahme einer Deckung zugunsten eines Exporteurs verlangt eine risikogerechte Prämie, die insbesondere von der Laufzeit der Forderung und dem politischen Risiko im Bestellerland abhängig ist. Die staatliche Exportkreditversicherung ist zwar eine staatliche Leistung, nach den Regeln, die international in supranationalen Organisationen (WTO [World Trade Organisation], OECD [Organisation für Wirtschaftliche Zusammenarbeit und Entwicklung]) für die staatliche Exportkreditversicherung aufgestellt 1921

worden sind, darf die staatliche Deckung allerdings keine unzulässige Subvention beinhalten. Deshalb müssen die Prämien risikogerecht sein, und die nationalen Exportkreditversicherungssysteme müssen sich selbst tragen, d.h. die Schadenszahlungen müssen durch Prämieneinnahmen und Rückflüsse gedeckt sein.

§ 6 Girogeschäft und Zahlungsverkehr

1922 Das Girogeschäft ist die Durchführung des bargeldlosen Zahlungsverkehrs und des Abrechnungsverkehrs. Bei der **bargeldlosen Zahlung** wird Buchgeld – d.h. eine Forderung des Zahlenden gegenüber seinem Kreditinstitut – auf den Zahlungsempfänger übertragen und zwar so, dass für ihn eine Forderung gegen sein Kreditinstitut begründet wird.

1923 Der bargeldlose Zahlungsverkehr kann verschiedene Formen annehmen. Bei der Überweisung beauftragt der Zahlende sein Kreditinstitut. Die Initiative kann aber auch vom Zahlungsbegünstigten ausgehen, wenn er sein Kreditinstitut veranlasst, zu Lasten des Kontos des Zahlenden einen Betrag einzuziehen und seinem eigenen Konto gutzuschreiben. Das setzt allerdings voraus, dass der Zahlende der Belastung seines Kontos zugestimmt hat, sei es durch einen ausgestellten **Scheck** (Scheckvertrag und Scheckinkasso), einen **Abbuchungsauftrag** bzw. eine **Einzugsermächtigung** im Lastschriftverfahren. Weitere Formen des bargeldlosen Zahlungsverkehrs sind die **Kreditkartenzahlung**, die Zahlung mit einer **Geldkarte** oder **Electronic Cash**. Bei einer Zahlung entsteht üblicherweise – wenn es sich nicht um eine einfache Übergabe von Bargeld handelt – ein Mehrpersonenverhältnis. An den meisten Zahlungsverfahren sind mindestens drei Parteien beteiligt, zwischen denen besondere vertragliche Beziehungen bestehen, die voneinander strikt zu unterscheiden sind. Im Verhältnis zwischen Zahlungsdienstleister (Bank) und Zahlungsdienstnutzer (Bankkunde) handelt es sich um Zahlungsdienste, deren Inhalt in den Grundzügen durch §§ 675 c ff. BGB geregelt ist, aber vielfach durch standardisierte Vereinbarungen (AGB) ergänzt wird. Sind mehrere Zahlungsdienstleister beteiligt, ist ihr Verhältnis untereinander in der Regel durch Interbankabkommen geregelt.

§ 7 Effektengeschäft

1924 Das Kreditwesengesetz definiert das Effektengeschäft bzw. Finanzkommissionsgeschäft als die Anschaffung und die Veräußerung von Finanzinstrumenten im eigenen Namen für fremde Rechnung. Es handelt sich um die Anschaffung und Veräußerung von Wertpapieren, die übertragbar sind sowie einen Markt haben. Der aus Sicht des Bankkunden wichtigste Fall ist der Ankauf und Verkauf von Aktien.

§ 8 Depotgeschäft

1925 Das Depotgeschäft ist die **Verwahrung** und **Verwaltung von Wertpapieren für andere**. Maßgeblich für die Abwicklung des Depotgeschäfts ist das Gesetz über die Verwahrung und Anschaffung von Wertpapieren (Depotgesetz). Das Depotgeschäft betrifft nur die Verwahrung von Wertpapieren und unter der Obhut der Bank. Wenn der Bankkunde Wertpapiere in einem bei der Bank angemieteten Schließfach verwahrt, ist dies kein Depotgeschäft, sondern ein reines Mietverhältnis.

Der Depotvertrag setzt sich aus zwei Elementen zusammen: Verwahrung und Verwaltung. Zur **Verwaltung** gehört z.B. die Einziehung des Gegenwertes von Zinsen und Dividenden. Bei der **Verwahrung** unterscheidet das Gesetz zwischen Sonder- und Sammelverwahrung. Die Sonderverwahrung (die äußerlich erkennbare getrennte Verwahrung der Wertpapiere) ist zwar der gesetzliche Regelfall; in der Praxis erfolgt die Verwahrung von Wertpapieren allerdings in Form der Girosammelverwahrung. D.h. die Geschäftsbank lässt die Wertpapiere bei einer spezialisierten Wertpapiersammelbank aufbewahren.

§ 9 Emissionsgeschäft

Emission ist die Ausgabe von Wertpapieren und ihre Unterbringung auf dem Kapitalmarkt. Zweck einer Emission ist die Beschaffung von Eigenkapital und Fremdkapital durch die Ausgabe von Wertpapieren. Das Emissionsgeschäft gehört zu den Kerngeschäften einer Bank (Investment Banking). Man unterscheidet zwei Emissionsmärkte: **1926**
- Eigenkapitalmarkt (equity capital market),
- Fremdkapitalmarkt (debt capital market).

§ 10 Akkreditivgeschäft

Das Akkreditivgeschäft ist ein Instrument, um wirtschaftliche und politische Risiken im **Außenhandel abzusichern**. Ein **Akkreditiv** ist ein unwiderrufliches Zahlungsversprechen der Bank des Importeurs, gegen Vorlage der darin angegebenen Dokumente und Einhaltung der Akkreditivbedingungen Zahlung zugunsten des Exporteurs zu leisten. Es sichert in erster Linie den Exporteur gegen Zahlungsunfähigkeit oder Zahlungsunwilligkeit des Exporteurs ab. Ein Akkreditiv ist abstrakt, ist also vom zugrunde liegenden Warengeschäft **unabhängig**. **1927**

Die Grundform des Akkreditivs besteht aus **drei Beteiligten**, und zwar **1928**
- dem Importeur (Akkreditivauftraggeber),
- Hausbank des Importeurs (eröffnende Bank)
- dem Exporteur (Begünstigter).

In der Praxis allerdings nimmt die Hausbank des Importeurs nur in seltenen Fällen eine direkte Eröffnung bzw. Auszahlung des Akkreditivs an den Exporteur vor. Häufig wird nämlich eine weitere Bank (Zweitbank) im Land des Exporteurs eingeschaltet. **1929**

Die Vereinbarung eines Akkreditivs zwischen Importeur und Exporteur bietet eine Reihe von Vorteilen: Die Kaufpreiszahlung erfolgt bargeldlos. Der Exporteur erhält ein von der kaufvertraglichen Zahlungsverpflichtung abstraktes Leistungsversprechen, falls das Akkreditiv der Hausbank des Importeurs unwiderruflich ist und/oder die Zweitbank dieses bestätigt. Außerdem bringt das Akkreditivgeschäft einen Liquiditätsvorteil für den Importeur. **1930**

Kapitel 4 Grundzüge des Versicherungswesens und des Versicherungsrechts

§ 1 Grundprinzip der Versicherung

1931 Als Versicherung wird das Grundprinzip der **kollektiven Risikoübernahme** bezeichnet. Eine Mehrzahl von Versicherten zahlt Beiträge in eine „Versicherung" ein, um beim Eintritt des Versicherungsfalles einen Schadensausgleich zu erhalten. Da der Versicherungsfall voraussichtlich nur bei wenigen Versicherten eintreten wird, ist anzunehmen, dass die Gesamtheit der Beiträge (bei einem bezahlbaren Beitrag zu den einzelnen) für die Schadensregulierung ausreicht. Voraussetzung ist allerdings, dass der Umfang der Schäden statistisch absehbar ist und demnach mit versicherungsmathematischen Methoden der von jedem Mitglied des Kollektivs benötigte Beitrag bestimmbar ist.

1932 Die Rechtsordnung trennt das Versicherungsrecht in das immer umfangreicher werdende **Sozialversicherungsrecht** und das **Privatversicherungsrecht**, das wiederum Versicherungsunternehmensrecht, Versicherungsaufsichtsrecht und Versicherungsvertragsrecht umfasst. Das Versicherungsvertragsrecht ist besonderes Schuldvertragsrecht und ist im Versicherungsvertragsgesetz (VVG) geregelt.

1933 Die versicherbaren Risiken sind vielfältig, lassen sich aber auf wenige Risikogruppen reduzieren, die allerdings nicht immer klar voneinander abgrenzbar sind. Die Sozialversicherung soll an dieser Stelle nicht behandelt werden, da sie nur eingeschränkt zu den Versicherungen gezählt werden kann. Es handelt sich um staatlich organisierte Pflichtversicherungen, sei es anlagefinanziert (Kapitaldeckungsverfahren) oder umlagefinanziert (Umlageverfahren).

1934 Allgemein werden Versicherungen anhand von zwei Kriterien in Gruppen eingeteilt:
- **Personen-** und **Nicht-Personen-Versicherungen**, und zwar gliedert sich die Personenversicherung in die Lebens-, die Kranken- und die Unfallversicherung. Zur Nicht-Personen-Versicherung werden alle Sach-, Haftpflicht- und sonstige Vermögensversicherungen gerechnet.
- **Schadens-** und **Summenversicherungen**, und zwar deckt die Schadensversicherung im Versicherungsfall den konkreten Schadensbedarf. Eine vereinbarte Versicherungssumme beschreibt bei dieser Versicherungsart lediglich die maximale Versicherungsleistung. Typische Schadensversicherungen sind die Kranken-, die Hausrat-, die Haftpflicht- und die Rückversicherung sowie die Autoversicherung. Die Summenversicherung leistet im Versicherungsfall eine vorbestimmte Versicherungssumme. Summenversicherungen sind immer Personenversicherungen, bekanntestes Beispiel ist die Lebensversicherung und die Unfallversicherung.

§ 2 Versicherungsaufsicht

1935 Die Versicherungsaufsicht wird von der Bundesanstalt für Finanzdienstleistungsaufsicht (BAFiN) und von den Länderaufsichtsbehörden ausgeübt. Die geltende Rechtsgrundlage der Versicherungsaufsicht ist das Gesetz über die Beaufsichtigung der Versicherungsunternehmen (VAG). Die Aufgabe der Versicherungsaufsicht ist es, die Interessen der Versicherten sowie die Erfüllbarkeit der Versicherungsverträge zu gewährleisten. Die Aufsichtsbehörde prüft die Voraussetzungen für die Aufnahme eines Geschäftsbetriebes, prüft die laufende Geschäftstätigkeit, nimmt ordentliche und außerordentliche Prüfungen vor, bearbeitet die Beschwerden der Kunden und Vertragspartner, prüft im Nachhinein die Versicherungsbedingungen und achtet darauf, dass alle die Versicherer betreffenden gesetzlichen Vorgaben eingehalten werden.

§ 3 Versicherungsunternehmen

Eine Versicherung kann in der Rechtsform einer Aktiengesellschaft oder einer GmbH betreiben werden. Daneben steht mit dem Versicherungsverein auf Gegenseitigkeit (VVaG) eine Rechtsform zur Verfügung, die nur Versicherungsunternehmen vorbehalten ist. Für die Rechtsform des VVaG gibt es kein eigenes Gesetz; die rechtlichen Rahmenbedingungen für den VVaG werden im Versicherungsaufsichtsgesetz (VAG) geregelt. **1936**

Versicherungsvereine auf Gegenseitigkeit sind die Urformen der heutigen Versicherungsunternehmen. Sie basieren auf dem Prinzip der Selbsthilfe. Das besondere an den Versicherungsvereinen ist, dass die Versicherten gleichzeitig Eigentümer des Unternehmens sind. Der VVaG folgt dem Prinzip, dass sich eine Vielzahl von Personen zur gemeinschaftlichen Risikoübernahme und Hilfeleistung (für Risiken wie z.B. Tod, Brand, Schiffbruch) zusammentun. Ähnlich wie bei den genossenschaftlichen Banken existieren keine ausschließlich kapitalgebenden Eigentümer. Der Nachteil der VVaG ist, dass ihm die Möglichkeit fehlt, Eigenkapital über den Kapitalmarkt aufzunehmen. Vorteilhaft ist, dass erwirtschaftete Überschüsse im Unternehmen verbleiben, da keine fremden Eigentümer Ansprüche auf eine Ausschüttung der Gewinne haben. **1937**

§ 4 Versicherungsvertragsrecht

I. Abschluss des Versicherungsvertrags

Durch den Versicherungsvertrag übernimmt der Versicherer gegen ein bestimmtes Entgelt (**Prämie**) gegenüber dem Versicherungsnehmer die Gefahr eines möglicherweise eintretenden Personen- oder Sachschadens. Wesentlicher Inhalt des Versicherungsvertrags ist also ein **Leistungsversprechen des Versicherers für den Versicherungsfall**. Bei dem Versicherungsvertrag handelt es sich um einen privatrechtlichen gegenseitigen Vertrag, der einem Garantievertrag oder einer Bürgschaft ähnelt, aber bestimmten Sonderregelungen nach dem Gesetz über den Versicherungsvertrag (VVG) unterliegt. Auch wenn ausnahmsweise eine Pflicht zum Abschluss eines Versicherungsvertrags besteht (z.B. Kraftfahrzeughaftpflichtversicherung als Pflichtversicherung) ist der abgeschlossene Vertrag privatrechtlich und untersteht den Regeln des VVG. **1938**

Der Versicherungsvertrag kommt wie jeder privatrechtliche Vertrag durch Angebot (zumeist „Antrag" genannt) und Annahme des Angebotes zu Stande. Das **Angebot zum Abschluss** eines Versicherungsvertrags geht zumeist vom **Versicherungsnehmer** aus, zumal in aller Regel dafür ein Vordruck des jeweiligen Versicherers existiert, welcher ausgefüllt werden muss. **1939**

Der Abschluss des Versicherungsvertrags ist an keine besondere Form gebunden; er wird oftmals durch einen Versicherungsagenten oder einen Versicherungsmakler vermittelt oder abgeschlossen. Diese Personen sind, auch wenn sie keine Abschlussvollmacht haben, regelmäßig berechtigt, bereits eine vorläufige Deckungszusage abzugeben. Die Deckungszusage begründet ein selbstständiges Versicherungsverhältnis, aufgrund dessen sofort eine Haftung des Versicherers eintritt. Es endet mit dem Abschluss des endgültigen Versicherungsvertrags oder mit dem Scheitern der Vertragsverhandlungen. Seit der Reform des Versicherungsvertragsgesetzes zum 1.1.2008 hat der Versicherungsnehmer ein generelles Widerrufsrecht von zwei Wochen (§ 8 VVG) bzw. 30 Tagen bei Lebensversicherungen (§ 152 VVG).

II. Inhalt des Versicherungsvertrags

1940 Nach § 7 VVG hat der Versicherer alle Vertragsbestimmungen rechtzeitig vor der Vertragserklärung (also der Antragstellung) dem Versicherungsnehmer auszuhändigen. Der Versicherungsnehmer muss also alle Unterlagen vorab erhalten haben. Vor Abschluss des Vertrags ist der Versicherungsnehmer umfassend zu beraten (§ 6 VVG). Dies ist vom Versicherer zu dokumentieren.

1941 Der Inhalt des Versicherungsvertrags richtet sich nach dem VVG, den allgemeinen Versicherungsbedingungen (falls vorhanden auch nach den besonderen Versicherungsbedingungen) und dem Versicherungsvertrag mit eventuellen Individualvereinbarungen. **Allgemeine Versicherungsbedingungen** sind die einer Vielzahl von Versicherungsverträgen zugrunde gelegten von BAFiN vor Benutzung zu genehmigenden allgemeinen Geschäftsbedingungen des Versicherers.

1942 Neben der Pflicht zur Zahlung der Prämien hat der **Versicherungsnehmer** eine Reihe von **Verhaltenspflichten (Obliegenheiten)**, deren Verletzung zum Verlust des vereinbarten Risikoschutzes führen kann und den Versicherer zur Beendigung des Versicherungsvertrags berechtigt, es sei denn, die Verletzung beruht nicht auf Vorsatz oder grober Fahrlässigkeit. Man unterscheidet zwischen Obliegenheiten vor Abschluss des Versicherungsvertrags, vor Eintritt des Versicherungsfalles und nach dem Versicherungsfall. Als Beispiel für eine Obliegenheit vor Eintritt des Versicherungsfalles ist z.B. die sichere Aufbewahrung von Wertgegenständen in der Reisegepäckversicherung zu nennen. Eine Obliegenheit nach Eintritt des Versicherungsfalles ist z.B. die Pflicht zur unverzüglichen Schadensmeldung beim Versicherer und bei der Polizei im Rahmen der Sachschadenversicherung. Die Verletzung von Obliegenheiten nach Eintritt des Versicherungsfalles setzt allerdings ein vorsätzliches oder fahrlässiges Verhalten des Versicherungsnehmers und die Ursächlichkeit der Obliegenheitsverletzung für den Schaden vor.

1943 Eine weitere wichtige Pflicht des Versicherungsnehmers besteht darin, dem Versicherer unverzüglich Anzeige zu machen, wenn nach Abschluss des Versicherungsvertrags eine **Gefahrerhöhung** stattfindet (§ 23 VVG). Unter Gefahrerhöhung wird eine nachträgliche Änderung der beim Vertragsschluss tatsächlich vorhandenen gefahrerheblichen Umstände verstanden. Diese Gefahrerhöhung muss den Eintritt des Versicherungsfalles wahrscheinlicher machen. Nicht anzeigepflichtig sind allerdings Umstände, die der Versicherer bei Vertragsabschluss kannte, die die Wahrscheinlichkeit des Schadenseintritts nur unerheblich steigern oder allgemein üblich sind. (So ist z.B. bei der Hausratsversicherung ein mehrwöchiger Urlaub durchaus üblich; der Versicherungsnehmer hat nicht anzuzeigen, dass das versicherte Haus mehrere Wochen lang unbewohnt ist.)

1944 Mit der Reform des VVG vom 1.1.2008 wurde das „Alles-oder-Nichts-Prinzip" abgeschafft. Das VVG sieht jetzt bei der Verletzung einer vertraglichen Obliegenheit (§ 28 VVG) und bei Gefahrerhöhung (§ 26 VVG) ein abgestuftes Modell nach dem Grad des Verschuldens vor, also eine Quotenregelung. Bei vorsätzlichen Verstößen bleibt der Versicherer leistungsfrei. Bei grob fahrlässigen Verstößen des Versicherungsnehmers wird die Leistung entsprechend der Schwere des Verschuldens gekürzt. Die Beweislast dafür, dass keine grobe Fahrlässigkeit vorliegt, trägt der Versicherungsnehmer. Einfache Fahrlässigkeit führt nicht zur Leistungsfreiheit.

III. Ende des Versicherungsvertrags

Das Versicherungsverhältnis endet automatisch mit dem vertraglich bestimmten Ablauf der Versicherung, sofern der Vertrag keine Verlängerungsklausel enthält. Beim **Tod des Versicherungsnehmers** sind die Rechtsfolgen unterschiedlich. Bei einer **Sachversicherung** gehen die Rechte und Pflichten aus der Versicherung mangels anderweitiger vertraglicher Regelungen im Zweifel **auf die Erben über**. Die Versicherung gegen Haftpflicht aus persönlichen Eigenschaften oder Tätigkeiten (z.B. Privat- oder Berufshaftpflicht) erlischt dagegen mit dem Tod des Versicherungsnehmers. **1945**

Der Versicherer kann das Versicherungsverhältnis einseitig durch **Rücktritt** oder **Kündigung** beenden, wenn der Versicherungsnehmer seine Obliegenheiten verletzt. **1946**

Außerdem ist die Kündigung unbefristeter Versicherungsverträge möglich. Ist ein Versicherungsverhältnis auf unbestimmte Zeit abgeschlossen, so kann es nach § 11 Abs. 2 VVG von beiden Vertragsteilen für den Schluss der laufenden Versicherungsperiode gekündigt werden. Die Kündigungsfrist muss für beide Teile gleich sein und darf nicht weniger als ein Monat und nicht mehr als drei Monate betragen. Durch Vereinbarung können die Parteien auf das Kündigungsrecht bis zur Dauer von maximal zwei Jahren verzichten.

Q   Öffentliche Aufträge

Martin Schellenberg

Kapitel 1   Einführung

1. Wirtschaftliche Bedeutung

1947 Die wirtschaftliche Bedeutung öffentlicher Aufträge ist immens: In der Europäischen Union werden öffentliche Aufträge in Höhe von 1.500 Mrd. € vergeben – das sind ca. 16 % des Bruttosozialproduktes der EU. In Deutschland ist der Anteil sogar noch leicht höher. Mit 17 % oder 352 Mrd. € stellen öffentliche Auftraggeber einen wesentlichen Wirtschaftsfaktor dar. Allein das IT-Budget der öffentlichen Hand beträgt ca. 18 Mrd. €. Die gleiche Summe hat der deutsche Staat in 2010 im Rahmen des Konjunkturpakets zur Stimulierung der Wirtschaft ausgegeben.

1948 Nach Ansicht der OECD ist dies bei weitem nicht genug, um eine effiziente und moderne Infrastruktur in Europa vorzuhalten. Bis zum Jahr 2030 schätzt die OECD den Finanzbedarf auf 53 Billionen US-Dollar. Eine effiziente und moderne öffentliche Infrastruktur ist aus Sicht der OECD wesentliche Voraussetzung für die wirtschaftliche und soziale Entwicklung einer Gesellschaft. Sie bildet zugleich einen wesentlichen Standortvorteil im Wettbewerb der Regionen (vgl. OECD, Infrastructure to 2030, Paris 2007).

1949 Mit eigenen Mitarbeitern kann die öffentliche Hand dieses Ziel nicht erreichen. In weiten Bereichen ist sie darauf angewiesen, öffentliche Aufträge zur Errichtung und Instandhaltung von öffentlicher Infrastruktur zu vergeben.

1950 Vor diesem Hintergrund stellt sich die Frage, welchen Regeln die öffentliche Hand unterworfen ist, wenn sie öffentliche Aufträge an Private vergibt. Offensichtlich ist zunächst, dass es spezifischer Regeln für die öffentliche Auftragsvergabe bedarf. Wäre die öffentliche Hand – wie ein Privater – frei, Aufträge nach Belieben zu vergeben, würde sich schnell ein System von Hoflieferanten herausbilden. In diesem System würde nur ein kleiner Kreis von Marktteilnehmern berücksichtigt. Die Gefahr wäre groß, dass Lieferungen und Leistungen ineffizient und teuer eingekauft werden. Steuermittel würden verschwendet und stünden für notwendige Infrastrukturmaßnahmen nicht zur Verfügung. Allgemein werden daher besondere rechtliche Vorgaben für die Auftragsvergabe für erforderlich gehalten (vgl. Pietzcker, Der Staatsauftrag, 1978, S. 246 ff.).

1951 Regeln zur öffentlichen Auftragsvergabe haben also die Aufgabe, den Beschaffungsprozess so effizient zu gestalten, dass hierdurch eine effiziente und moderne öffentliche Infrastruktur bereitgestellt werden kann.

1952 Hinzu kommt: Die Waren-, Verkehrs- und Dienstleistungsfreiheit aus Art. 28 ff. AEUV gilt auch für öffentliche Aufträge. Es bedarf daher einheitlicher Regelungen, wie diese Aufträge so vergeben werden können, dass Bieter aus einem Mitgliedstaat bei öffentlichen Aufträgen anderer Mitgliedstaaten anbieten und zum Zug kommen können.

1953 Spezifischer Regeln zur Vergabe öffentlicher Aufträge bedarf es jedoch auch, weil die Gefahr sonst groß wäre, dass die immensen dafür bereitstehenden Mittel nicht nur ineffizient, sondern auch treuwidrig verwendet würden. Nur wenn die Vergabe nach zuvor festgelegten, transparenten, diskriminierungsfreien und objektiven Kriterien erfolgen muss, kann der Korruption wirksam vorgebeugt werden. Zwischen Korruptionsfreiheit und der Qualität der öffentlichen Infrastruktur besteht ein direkter Zusam-

Einführung   Kap. 1 Q

menhang: Im Korruptionswahrnehmungsindex von Transparency International 2010 (www.transparency.org/policy-research) belegen Singapur, Dänemark und Neuseeland gemeinsam den ersten Platz: Alle genannten Länder verfügen gleichzeitig über eine hervorragende öffentliche Infrastruktur.

2. Wettbewerb als Grundprinzip des Vergaberechts

Als wirksames Instrument zur Verfolgung der oben genannten Regelungsziele hat sich die Organisation von Wettbewerben um öffentliche Aufträge erwiesen. Ebenso wie der Wettbewerb im privaten Bereich ein wirksames Mittel ist, um Angebot und Nachfrage bestmöglich zusammenzuführen, ist der Wettbewerb bei der Vergabe öffentlicher Aufträge geeignet, den Nachfragestaat mit passenden Waren und Dienstleistungen zu versorgen. 1954

Das Vergaberecht besteht dementsprechend zum einen Teil aus Regeln zur Organisation von Wettbewerben. Hierzu gehören auch Bestimmungen, wann ausnahmsweise kein Wettbewerb erforderlich ist sowie für Fälle, in denen die Wettbewerbsregeln von der einen oder anderen Seite verletzt werden. Außerdem sind Bestimmungen erforderlich, die der Abgrenzung zwischen staatlicher Beschaffung einerseits und sonstiger staatlicher Tätigkeit sowie privater Beschaffung andererseits dienen. 1955

Damit präsentiert sich das Vergaberecht – ebenso wie das Wirtschaftsprivatrecht – als hybride Rechtsmaterie (vgl. Paschke C, S. 74). Denn neben den Verfahrensregeln enthält das Vergaberecht Bestimmungen zu dem zwischen öffentlichen Auftraggebern und privaten Auftragnehmern abzuschließenden Vertrag. Dieser Vertrag ist – jedenfalls in Deutschland – „fiskalischer", d. h. privatrechtlicher und nicht öffentlich-rechtlicher Natur (vgl. BVerfG vom 13.6.2006, Az.: 1 BVR 1160/03). 1956

Wesentliche Grundprinzipien für die Durchführung von Vergabeverfahren sind die Grundsätze der **Transparenz** (vgl. § 97 Abs. 1 GWB) und der **Diskriminierungsfreiheit** (vgl. § 97 Abs. 2 GWB). 1957

Der Transparenzgrundsatz erfordert zum einen eine **Offenlegung der Entscheidungsgrundlagen** gegenüber den Bietern sowie eine **Dokumentation** der Entscheidung selbst für den Fall einer gerichtlichen Nachprüfung. 1958

Der Grundsatz der Diskriminierungsfreiheit verlangt von der Vergabestelle die **Gleichbehandlung** aller Bieter im Verfahren sowohl im Hinblick auf die Bereitstellung von Informationen zur Durchführung als auch bei der Bewertung der Angebote. 1959

Daneben versuchen öffentliche Auftraggeber immer wieder weitere Regelungsziele ihrer Beschaffungstätigkeit zugrunde zu legen. In Deutschland gesetzlich verankert ist das Ziel der **Mittelstandsförderung** (vgl. § 97 Abs. 3 GWB). Außerdem können soziale, umweltbezogene oder innovative Aspekte als Auswahlkriterien zugrunde gelegt werden (vgl. § 97 Abs. 4 GWB). 1960

Damit ist die öffentliche Auftragsvergabe auch industriepolitischen Zielsetzungen geöffnet. Davon erhofft man sich, dass aufgrund des erheblichen Wirtschaftsvolumens bestimmte industrie- oder gesellschaftspolitische Zielsetzungen gesamtwirtschaftlich durchgesetzt werden können. 1961

Es ist unschwer erkennbar, dass die beschriebenen Zielsetzungen bei der Umsetzung miteinander kollidieren können. So kann z. B. der Grundsatz der Wirtschaftlichkeit mit dem Wettbewerbsprinzip kollidieren, wenn die Durchführung eines wettbewerblichen Vergabeverfahrens sowohl bei Bietern als auch Auftraggebern erheblich höhere Aufwände erfordert als eine Direktvergabe. 1962

Die Orientierung der Auftragsvergabe an ökologischen und sozialen Kriterien kann – muss aber nicht – für die öffentliche Hand unwirtschaftlich sein. Maximale Transparenz der Vergabe steht im Widerspruch zu dem Vertraulichkeitsgebot und Prinzip des 1963

Geheimwettbewerbs (zu den Einzelheiten vgl. Fehling in: Pünder/Schellenberg, Vergaberecht, 2011, § 97, Rn 49 ff.).

3. Historie

1964 Die heutigen Rechtsregeln für die Beschaffung der öffentlichen Hand in Deutschland gehen bis in die 20er Jahre des letzten Jahrhunderts zurück. Seinerzeit haben sich sogenannte Verdingungsausschüsse gebildet. Zusammengesetzt waren diese Ausschüsse aus Repräsentanten verschiedener Ministerien sowie der privaten Verbandslandschaft. Diese Ausschüsse erarbeiteten zum einen allgemeine Vertragsbedingungen für öffentliche Bauaufträge. Zum anderen haben sich die Beteiligten in diesem Rahmen auf Regeln geeinigt, wie diese Aufträge von der öffentlichen Hand an Private zu vergeben sind.

1965 Hieraus ist zunächst die **Verdingungsordnung für Bauleistungen (VOB)** entstanden. Mit ihrem Verfahrensteil VOB/A und dem Vertragsteil VOB/B sowie technischen Regeln VOB/C bildet sie heute das Fundament für öffentliche Bauaufträge. Der Vertragsteil hat sich auch im privaten Bauwesen durchgesetzt und wird dementsprechend für Verträge zwischen privaten Bauherren und Auftragnehmern eingesetzt.

1966 In den 60er Jahren des 20. Jahrhunderts wurde eine entsprechende **Verdingungsordnung für Lieferungen und Leistungen** konzipiert. Dieses VOL genannte Regelwerk unterteilt sich in VOL/A mit den Verfahrensregeln und VOL/B mit Vertragsbestimmungen. Etwas später kam noch eine eigenständige Verdingungsordnung für **freiberufliche Aufträge**, VOF genannt, dazu. Sie enthielt allerdings nur Verfahrens- und keine Vertragsregeln.

1967 Diese von den Verdingungsausschüssen entwickelten Verfahrensregeln haben die öffentlichen Auftraggeber in Bund, Ländern und Gemeinden sowie in von der öffentlichen Hand beherrschten Einrichtungen in Haushaltsordnungen, Vergabegesetzen und Richtlinien für verbindlich erklärt.

1968 Ausschlaggebend war die **haushaltsrechtliche Betrachtung**. Aus Sicht des Haushaltsrechts dienten die Regelungen der öffentlichen Auftragsvergabe ausschließlich den Grundsätzen der Wirtschaftlichkeit und Sparsamkeit. Die Verfahrensregeln mussten also so gestaltet sein, dass die öffentliche Hand Waren, Dienstleistungen und Bauleistungen effizient und günstig beschaffen konnte. Hierfür hatte sie sich die notwendige Marktkenntnis zu verschaffen, um Leistung und Preise beurteilen zu können. Sie hatte die Leistungen sachgerecht zu beschreiben und in entsprechender Form mit dem Auftragnehmer zu vereinbaren.

1969 Wichtiger Bestandteil bereits in diesem System war der Wettbewerb zwischen verschiedenen Angeboten. Von Bedeutung ist dabei allerdings, dass das System kaum Bieterschutz entfaltete. Hat es die öffentliche Hand unterlassen, überhaupt einen Wettbewerb zu veranstalten oder hat sie die selbst gesetzten Regeln dabei verletzt, so konnte in Deutschland bis zum Jahr 1999 ein unterlegener Bieter nicht erzwingen, dass ihm der Auftrag statt einem Wettbewerber erteilt wird. Denkbar war lediglich eine Klage auf Schadensersatz. Dann hatte der unterlegene Bieter allerdings nachzuweisen, dass ihm der Auftrag hätte erteilt werden müssen. Dies war jedoch nur in den seltensten Fällen möglich.

1970 Die Situation änderte sich entscheidend, als 1999 die Frist zur Umsetzung der EG-Richtlinien über die Vergabe öffentlicher Aufträge ablief (heute relevant: **Richtlinien 2004/18/EG, 2004/17/EG und 89/665/EWG**). In diesen Richtlinien waren ebenfalls Verfahrensregelungen für die Vergabe öffentlicher Aufträge im Bereich des Baus, der Lieferungen und Dienstleistungen enthalten.

1971 Anders als im deutschen Recht zielen die EU-Richtlinien jedoch nicht auf das haushaltsrechtliche Wirtschaftlichkeitsgebot. Sie dienen vielmehr der Umsetzung des einheitlichen **Binnenmarktes** und dem freien Fluss von Waren und Dienstleistungen zwi-

Das Vergabeverfahren im Überblick   Kap. 2   Q

schen den Mitgliedstaaten. Da die Wirtschaft der Mitgliedstaaten zu einem erheblichen Bestandteil aus Beschaffungen der öffentlichen Hand besteht, war es nur konsequent, einheitliche Regelungen hierfür vorzusehen. Unternehmen aus einem Mitgliedstaat, die sich in einem anderen Mitgliedstaat auf öffentliche Aufträge bewerben wollten, sollten hiervon nicht durch unterschiedliche Verfahrensregeln abgehalten werden.

Weiterer Bestandteil der Marktöffnung für öffentliche Aufträge ist die in den Richtlinien verankerte Pflicht, die Vergabeabsicht europaweit zu veröffentlichen. Hierfür hat die EU eine einheitliche Plattform zunächst im EU-Amtsblatt und sodann auf elektronischer Basis bereitgestellt. 1972

Am wichtigsten vielleicht war die Richtlinienbestimmung, dass öffentliche Auftraggeber verpflichtet sind, die am Verfahren beteiligten Bieter **vor** Zuschlag darüber zu informieren, welcher Bieter den Zuschlag erhalten soll und hierfür eine Begründung anzugeben. Damit einher geht die Pflicht der Mitgliedstaaten, einen wirksamen **Rechtsschutz** bereitzustellen, den unterlegene Bieter nutzen können, um eine rechtswidrige Vergabeentscheidung zu verhindern. 1973

Damit nur Aufträge von einer gewissen wirtschaftlichen Bedeutung von diesem System erfasst werden, legt die EU regelmäßig durch Verordnung **Schwellenwerte** fest, ab deren Erreichen eine EU-weite Ausschreibung erforderlich und die Einhaltung der Vergaberegeln geboten ist sowie der entsprechende Rechtsschutz bereitgestellt werden muss. 1974

Die Höhe dieser Schwellenwerte wird auf der Basis von sogenannten Sonderziehungsrechten ermittelt. Hintergrund hierfür ist, dass sich die EU im **Government Procurement Agreement** (GPA) von 1996 verpflichtet hat, entsprechende Regelungen ihren Mitgliedstaaten aufzuerlegen. Um die Schwellenwerte in die beteiligten Währungssysteme umsetzen zu können, wird mit „Sonderziehungsrechten" gearbeitet. 1975

2011 beträgt der Schwellenwert für Bauaufträge 4,845 Mio. €, für Liefer- und Dienstleistungsaufträge dagegen 193.000 € (VO/EG/Nr.1177/2009 vom 30.11.2009). Daneben sind Sonderschwellenwerte für sogenannte Sektorenauftraggeber, also Aufträge im Bereich Trinkwasser, Energieversorgung oder Verkehr vorgesehen sowie dann, wenn der Auftrag von einer obersten oder oberen Bundesbehörde ausgeschrieben wird. 1976

Kapitel 2   Das Vergabeverfahren im Überblick

1. Bedarfsdefinition

Vor der Einleitung eines Vergabeverfahrens muss der öffentliche Auftraggeber wissen, **was** er beschaffen möchte. Da er hierzu entsprechende Haushaltsmittel binden muss, genügt es nicht, wenn er den Bedarf mit „Polizeifahrzeuge", „Rathaus-Anbau" oder „Telekommunikationssystem" bezeichnet. Bekanntlich gibt es für alle Leistungen und Güter höchst unterschiedliche Qualitäten und Ausführungen. Wesentliche Auswirkungen hat auch die vertragliche Gestaltung der Pflichten und Rechte von Auftraggeber und Auftragnehmer. 1977

Die Vergabestelle hat also nicht nur zur Beschaffenheit der Leistung Vorstellungen zu entwickeln. Sie wird sich auch Gedanken über die Art der Lieferung z. B. durch einen Rahmen- oder Einmalliefervertrag machen. Außerdem wird sie bei der Lieferung Garantieleistungen und möglicherweise Wartungspflichten definieren. 1978

Die Bedarfsdefinition geht oftmals einher mit einer Markterkundung. Die Vergabestelle kann hierfür ein formalisiertes **Interessebekundungsverfahren** durchführen oder informelle Anfragen bei bekannten Marktteilnehmern tätigen. 1979

525

2. Vergabeunterlagen

1980 Nachdem die Bedarfsdefinition erfolgt ist, hat die Vergabestelle eine **Leistungsbeschreibung** zu erstellen. Eine Leistungsbeschreibung erfüllt die oben genannten Anforderungen an Transparenz und Diskriminierungsfreiheit, wenn sie aus Sicht eines typischen Bieters zum einen die Leistungen so **eindeutig** und **erschöpfend** beschreibt, dass alle Bewerber sie im gleichen Sinne verstehen müssen und zu erwarten ist, dass daraus vergleichbare Angebote erstellt werden (vgl. § 8 EG Abs. 1 VOL/A, § 7 Abs. 1 VOB/A).

1981 Hierzu ist es zum anderen erforderlich, dass sich die Vergabestelle bei der Beschreibung der technischen Anforderungen weitestgehend europäischer Normen bedient. Dies soll verhindern, dass Anforderungen gestellt werden, die auf einzelne Bieter zugeschnitten sind und diese dadurch im Wettbewerb bevorzugen (vgl. sogleich).

1982 Mit der Beschreibung der Leistungen hat die Vergabestelle auch die vertraglichen Grundlagen zu fixieren. Handelt es sich dabei um einen Auftrag aus dem Hoch- oder Tiefbau, so kommen regelmäßig Vertragsbedingungen zur Anwendung, die vorformuliert sind (vgl. VOB/B sowie Bedingungen, die das Bundesministerium für Verkehr im Rahmen eines Handbuchs vorgibt).

1983 Im Bereich Lieferungen und Leistungen, wie z. B. Fahrzeuge, Reinigung oder Bewachung, ist die Standardisierung weniger ausgeprägt. Hier kommen in der Regel für unterschiedliche Auftraggeber unterschiedliche Vertragsbedingungen zum Einsatz. Bei der IT-Beschaffung dagegen hat das Bundesministerium des Inneren in Zusammenarbeit mit Branchenverbänden eine Reihe von Standardverträgen erarbeitet (vgl. EVB IT, http://www.evb-it.de/pages/frame[a].html).

1984 Außerdem hat die Vergabestelle festzulegen, wie sie die Angebote werten wird. Sie hat hierbei zum einen das **Verhältnis zwischen Preis und Leistung** zu fixieren. Zum anderen hat sie zu bestimmen, nach welchen **Unterkriterien** die Leistung gemessen wird.

1985 Des Weiteren hat die Vergabestelle Regeln für die Durchführung des Verfahrens vorzugeben. Hierzu gehören Angebotsfristen, Vorgaben für vorzulegende Unterlagen, die Zulässigkeit sogenannter Nebenangebote sowie gesetzlich vorgeschriebene Informationen z. B. zu der Zuständigkeit von Nachprüfungsbehörden. Zwar ergeben sich Informationen über den Ablauf des Verfahrens aus den einschlägigen Regelwerken VOL/A und VOB/A. Gerade bei komplexen Infrastrukturbeschaffungen besteht bei der Nutzung dieser Regelungen jedoch ein erheblicher Spielraum, der durch spezifische Verfahrensregeln konkretisiert werden muss.

1986 Alle genannten Dokumente werden sodann in den „**Vergabeunterlagen**" zusammengefasst.

3. Dokumentation

1987 In dieser Phase des Verfahrens muss die Vergabestelle die sogenannte **Vergabeakte** anlegen. Dort hat sie alle wesentlichen Entscheidungen des gesamten Verfahrens so zu dokumentieren, dass sie für einen externen Prüfer nachvollziehbar sind. Die Dokumentation ist kein Selbstzweck, sondern dient im Falle einer Nachprüfung des Verfahrens dazu, festzustellen, ob die Vergabestelle ihre Entscheidungen auf der Basis objektiver transparenter und diskriminierungsfreier Kriterien getroffen hat (vgl. Art. 43 VKR).

1988 Im Nachprüfungsverfahren festgestellte Mängel der Dokumentation führen dazu, dass das Verfahren ab dem Zeitpunkt, zu dem der Mangel vorliegt, zu wiederholen ist (OLG Celle vom 11.2.2010, Az.: 13 Verg 16/09). Eine Nachholung der Dokumentation zu einem späteren Zeitpunkt ist nicht zulässig (vgl. OLG München vom 19.12.2007, Az.: Verg 12/07).

Das Vergabeverfahren im Überblick   Kap. 2   Q

4. Verfahrenswahl

Bevor die Ausschreibung veröffentlicht werden kann, muss die Vergabestelle die **Ver-**   **1989**
fahrensart festlegen: Hierzu ist zunächst zu prüfen, ob der voraussichtliche Auftrags-
wert die Schwelle überschreitet, ab der eine **europaweite Veröffentlichung** erforderlich
ist.

Unterteilt die Vergabestelle den Auftrag in unterschiedliche **Lose,** wie dies in § 97   **1990**
Abs. 4 GWB vorgesehen ist, so wird der Schwellenwert nicht auf jedes Los einzeln,
sondern auf alle Lose gemeinsam berechnet. Eine künstliche Unterteilung des Auftrages
in Einzelaufträge ist verboten, wenn dies dazu dient, den Schwellenwert zu unterschreiten (vgl. § 3 Abs. 2 VgV).

Außerdem wird die Vergabestelle noch prüfen, ob einer der **Ausnahmetatbestände**   **1991**
vorliegt, nach denen eine Ausschreibung entweder vollständig entbehrlich oder nur in
reduziertem Umfang erforderlich ist. Dies kann z. B. der Fall sein, wenn ein Sicherheit-
stelekommunikationsnetz (vgl. § 100 Abs. 2 d) GWB) für Polizei oder Armee beschafft
werden soll oder die Leistung aus technischen Gründen nur von einem Anbieter erbracht werden kann (vgl. § 3 EG Abs. 4 c) VOL/A, zu den Einzelheiten der Ausnah-
mebereiche vergleiche sogleich Kapitel 2.3).

Grundsätzlich stehen der Vergabestelle **vier Verfahrensarten** zur Verfügung. Es handelt   **1992**
sich dabei um das „**offenes Verfahren**", das „**nicht offene Verfahren**", das „**Verhand-**
lungsverfahren" und den „**wettbewerblichen Dialog**" (vgl. § 101 GWB).

Die Vergabestelle ist jedoch nicht frei bei der Auswahl der Verfahrensart. Grundsätzlich   **1993**
hat sie das offene Verfahren anzuwenden. Diese Verfahrensart sieht vor, dass die
Vergabestelle die gesamten Verdingungsunterlagen allen Interessenten zur Verfügung
stellt und nach Eingang der Angebote sowohl die Eignung der Bieter als auch die
Qualität und den Preis der Angebote prüft und ohne weitere Zwischenschritte den
Zuschlag erteilt (vgl. § 101 Abs. 2 GWB). Dieses Verfahren sieht das deutsche Vergaberecht als Regelverfahren vor. Die anderen Verfahrenstypen dürfen nur in Ausnahmefällen gewählt werden (vgl. § 3 EG Abs. 1 VOL/A).

Das nicht offene Verfahren unterscheidet sich vom offenen Verfahren dadurch, dass es   **1994**
zweistufig ausgestaltet ist: Zunächst wird eine Präqualifikation, „**Teilnahmewettbe-**
werb" genannt, durchgeführt. Bewerber, die diese Eignungsprüfung bestanden haben,
werden aufgefordert, ein Angebot abzugeben. Nur dieser beschränkte Kreis erhält auch
die gesamten Vergabeunterlagen.

Die Hürden für die Zulässigkeit dieses Verfahren sind verhältnismäßig gering: Das nicht   **1995**
offene Verfahren ist zulässig, wenn von vornherein feststeht, dass nur ein beschränkter
Kreis den Auftrag erfüllen kann oder wenn für die Erstellung des Angebots ein unverhältnismäßig großer Aufwand erforderlich ist. Diese Voraussetzungen werden bei jeder
Art komplexer Aufgabenstellung erfüllt sein. Große Bauvorhaben oder komplexe IT-
Projekte können in der Regel nur von einem begrenzten Kreis von Unternehmen
bewältigt werden. Außerdem wird zur Erstellung eines qualifizierten Angebotes ein
ganz erheblicher Aufwand erforderlich sein. Um zu verhindern, dass Unternehmen, die
ohnehin nicht für die Auftragserfüllung in Betracht kommen, in derartige Angebotser-
stellungsaufwände getrieben werden, wird die Präqualifikation vorgeschaltet.

Eine nennenswerte Einschränkung des Wettbewerbs ist damit nicht verbunden. Auch   **1996**
das nicht offene Verfahren erfordert eine europaweite Bekanntmachung des Auftrages
und gibt allen Interessierten die Möglichkeit, sich auf die Durchführung zu bewerben.
Durch die Zweistufigkeit wird sowohl den Bietern als auch der Vergabestelle unnötiger
Aufwand durch Angebotserstellung und Prüfung bei solchen Bietern erspart, die bereits
aufgrund ihrer Qualifikation keine Chance auf den Zuschlag haben.

Demgegenüber ist das Verhandlungsverfahren (vgl. § 101 Abs. 5 GWB) tatsächlich nur   **1997**
in Ausnahmefällen zulässig. Das Verhandlungsverfahren ist zum einen dann zulässig,

wenn es sich um Aufträge handelt, die ihrer Natur nach oder wegen der damit verbundenen Risiken die vorherige Festlegung eines Gesamtpreises nicht zulassen (vgl. § 3 EG Abs. 3 b) VOL/A). Zum anderen kann dieses Verfahren angewandt werden, wenn die Vergabestelle nicht in der Lage ist, vertragliche Spezifikationen im Rahmen der Leistungsbeschreibung so genau festzulegen, dass darauf die Bieter vergleichbare Angebote legen können (vgl. § 3 EG Abs. 3 c) VOL/A). Mit beiden genannten Ausnahmetatbeständen ist im Grunde das Gleiche gemeint: Der Auftrag ist derart komplex, dass es der Vergabestelle trotz bestmöglichem Bemühen nicht gelingt, eine eindeutige und vollständige Leistungsbeschreibung zu erstellen. Sie ist vielmehr darauf angewiesen, gemeinsam mit den Bietern die Leistungsbeschreibung so weiter zu entwickeln, dass darauf Angebote erstellt und bepreist werden können.

1998 Die Rechtsprechung stellt hohe Anforderungen an die Zulässigkeit des Verhandlungsverfahrens nach den genannten Bestimmungen: Der Vergabestelle ist es durchaus zuzumuten, sich externe Unterstützung bei der Konkretisierung und Detaillierung der Leistungsbeschreibung zu bedienen. Erst wenn sie auch dann nicht in der Lage ist, dem Eindeutigkeits- und Vollständigkeitsgebot Rechnung zu tragen, darf sie das Verhandlungsverfahren wählen (vgl. OLG Hamburg vom 24.9.2010, Az.: 1 Verg 2/10).

1999 Schließlich ist das Verhandlungsverfahren dann zulässig, wenn ein offenes oder nicht offenes Verfahren oder ein wettbewerblicher Dialog aufgehoben werde musste, weil keine wertbaren Angebote eingegangen sind (vgl. § 3 EG Abs. 3 a) VOL/A).

2000 Der wettbewerbliche Dialog schließlich ist im Kern eine stärker strukturierte Ausprägung des Verhandlungsverfahrens. Auch er dient der Vergabe besonders komplexer Aufträge (vgl. § 101 Abs. 4 GWB) und ist nur zulässig, wenn die Vergabestelle objektiv nicht in der Lage ist, entweder den Auftrag in technischer Hinsicht oder in rechtlich bzw. finanzieller Hinsicht abschließend zu beschreiben (vgl. § 3 EG Abs. 7 VOL/A). Die Zulässigkeitsvoraussetzungen sind also im Wesentlichen dieselben wie bei dem Verhandlungsverfahren.

5. Veröffentlichung

2001 Hat die Vergabestelle das Verfahren gewählt und die entsprechenden Unterlagen vorbereitet, kann die Ausschreibung veröffentlicht werden. Bei europaweiten Ausschreibungen bedient sie sich hierzu eines Formulars der Europäischen Kommission und deren **elektronischer Ausschreibungsplattform** (http://ted.europa.eu/TED/main/HomePage.do).

2002 Das Formular enthält zunächst Angaben über die Vergabestelle sowie über den zu vergebenden Auftrag. Um die Übersetzung zu erleichtern, muss der Auftragsgegenstand in ein System von „**CPV-Codes**" (Common Procurement Vocabulary) eingruppiert werden.

2003 Außerdem müssen die Anforderungen an den Bewerber und das Angebot in das Formular eingetragen werden. Handelt es sich um eine Ausschreibung im nicht offenen Verfahren, so genügt es, die Eignungskriterien zu nennen. Bei dem offenen Verfahren sind auch die Zuschlagskriterien und deren Gewichtung anzugeben. In der Praxis wird hierfür regelmäßig auf eine separat abzurufende Unterlage verwiesen. Diese Unterlage enthält im offenen Verfahren die gesamten oben genannten Vergabeunterlagen einschließlich Leistungsbeschreibung, Vertrag, Eignungs- und Zuschlagskriterien sowie die Verfahrensbestimmungen. Im nicht offenen Verfahren kann sich der Auftraggeber darauf beschränken, Verfahrensregeln sowie Eignungskriterien zu definieren (vgl. hierzu sogleich).

2004 Das Verhandlungsverfahren und der wettbewerbliche Dialog werden in diesem Stadium wie das nicht offene Verfahren behandelt: Mit einem Teilnahmewettbewerb wird zunächst die Eignung des Bewerbers geprüft. In einem separaten, dann nicht mehr euro-

Das Vergabeverfahren im Überblick Kap. 2 Q

paweit veröffentlichten Schritt erhalten die ausgewählten Bewerber sodann die übrigen Vergabeunterlagen.
Außerdem enthält die Veröffentlichung die einschlägige Frist zur Abgabe des Teilnahmeantrages bzw. des Angebotes. Grundsätzlich sind hierfür 52 Tage vorgesehen (vgl. § 12 EG Abs. 2 VOL/A). In Ausnahmefällen ist eine Reduzierung möglich. **2005**
Schließlich ist in der Veröffentlichung anzugeben, welche Stelle für den vergaberechtlichen **Rechtsschutz** zuständig ist. Nur wenn dies der Fall ist, beginnen die entsprechenden Fristen für die Einreichung von Rechtsbehelfen (den sogenannten Nachprüfungsanträgen) zu laufen. **2006**

6. Bieterfragen

In der Praxis ergeben sich häufig bereits in der ersten Phase der Erstellung der Teilnahmeanträge oder der Angebote (je nachdem, ob es sich um ein offenes Verfahren handelt) erste Zweifelsfragen auf Bieterseite. Die Vergabestelle ist gut beraten, derartige Fragen zeitnah zu beantworten, um qualitativ hochwertige Teilnahmeanträge bzw. Angebote zu erhalten. **2007**
Aus Gleichbehandlungs- und Transparenzgründen müssen Fragen und Antworten allen Interessenten zur Verfügung gestellt werden. Um eine erneute Veröffentlichung zu vermeiden, empfiehlt es sich, in der Erstveröffentlichung zu einer Registrierung der an der Vergabe interessierten Personenunternehmen aufzufordern. Bieterfragen und Antworten darauf können sodann über einen E-Mail-Verteiler oder eine entsprechende Internetplattform zirkuliert werden. **2008**
Nach Ablauf der Frist und Eingang der Teilnahmeanträge bzw. Angebote tritt die Vergabestelle in die Wertungsphase ein. Dies gilt jedenfalls, wenn es sich um ein offenes oder nicht offenes Verfahren handelt. Im Falle eines Verhandlungsverfahrens oder wettbewerblichen Dialogs beginnt nun die gemeinsam mit den Bietern durchzuführende Weiterentwicklung der Leistungsbeschreibung auf der Basis von strukturierten Verhandlungsrunden. Nach Abschluss dieser Verhandlungsrunden und Überarbeitung der Vergabeunterlagen durch die Vergabestelle werden die Bieter zu einem letztverbindlichen Angebot aufgefordert. **2009**

7. Wertung der Angebote

Die Wertung der Angebote muss auf der Grundlage der bekannt gegebenen **Zuschlagskriterien** erfolgen. Eine nachträgliche Änderung ist nicht mehr zulässig (vgl. EuGH vom 9.12.2010, Rs. C-568/08). Der Bewertungsvorgang ist im Einzelnen im Vergabevermerk zu dokumentieren. **2010**
Steht auf dieser Basis fest, wer den Zuschlag erhalten soll, so informiert die Vergabestelle die übrigen Bieter darüber, wem sie den Zuschlag erteilen möchte und welche Gründe hierfür ausschlaggebend sind (vgl. § 101 a) GWB). **2011**
Nach Absendung dieser Mitteilung haben unterlegene Bieter fünfzehn, bei elektronischer Übermittlung der Mitteilung zehn Tage Zeit, um gegen die Vergabeentscheidung vorzugehen (vgl. § 101 a) S. 2 GWB). Erteilt die Vergabestelle den Zuschlag vor diesem Zeitpunkt, so ist der Vertrag **unwirksam** (vgl. § 101 b) Abs. 1 Nr. 1 GWB). **2012**
Geht kein Bieter gegen die Vergabeentscheidung vor oder wird ein derartiger Vorstoß bei der zuständigen Vergabekammer als unzulässig zurückgewiesen, kann der Zuschlag erteilt werden. **2013**

8. Rügepflicht

2014 Bieter, die der Meinung sind, die Vergabestelle verstoße gegen geltendes Recht und benachteilige sie dadurch, sind verpflichtet, diesen Vorgang zunächst formal gegenüber der Vergabestelle zu rügen (vgl. § 107 Abs. 3 GWB). Eine solche Rüge ist nur dann wirksam, wenn sie den Verstoß benennt und die Vergabestelle zur Abhilfe auffordert. Eine Rüge muss nicht schriftlich erfolgen, sie kann auch mündlich übermittelt werden.

2015 Sinn der Rügepflicht ist es, der Vergabestelle die Möglichkeit zu geben, Vergabefehler rechtzeitig so zu korrigieren, dass das Verfahren effizient fortgeführt werden kann. Daher sieht das deutsche Recht vor, die Rüge unverzüglich nach Erkennen des Verstoßes zu erheben, spätestens aber zum Zeitpunkt der Angebotsabgabe. Dies setzt allerdings voraus, dass der Verstoß überhaupt erkennbar ist. Das wird z. B. dann nicht der Fall sein, wenn die Vergabestelle das Angebot des Bieters fehlerhaft gewertet hat, dies jedoch erst mit Einsicht in den Vergabevermerk für den Bieter erkennbar wird.

2016 Durch eine EuGH-Entscheidung (vgl. EuGH vom 28.1.2010, Rs. C-406/08) ist zweifelhaft geworden, ob das im deutschen Recht enthaltene Erfordernis „unverzüglich" zu rügen, ausreichend konkret ist. Die Entscheidung des EuGH betraf einen ähnlich formulierten Paragraphen des irischen Rechts. Daraus hat ein Teil der deutschen Rechtsprechung den Schluss gezogen, dass das Unverzüglichkeitsanfordernis bis auf weiteres nicht mehr anwendbar ist (vgl. OLG Celle vom 26.4.2010, Az.: 13 Verg 4/10, anders: VK Bund vom 5.3.2010, Az.: VK 1-16/10; OLG Dresden vom 5.7.2010, Az.: W Verg 6/10; OLG Rostock vom 20.10.2010, Az.: 17 Verg 5/10).

2017 Weist die Vergabestelle die Rüge zurück, so hat der betroffene Bieter 15 Tage Zeit, einen Nachprüfungsantrag bei der Vergabekammer einzureichen (vgl. § 107 Abs. 3 Nr. 4 GWB). Dies gilt allerdings nicht, wenn er die Mitteilung bereits erhalten hat, dass der Zuschlag an einen anderen Bieter erteilt werden soll. Dann muss er den Nachprüfungsantrag innerhalb der Zehn- bzw. Fünfzehntagesfrist einreichen, gerechnet ab Mitteilung der Vergabestelle, wer den Zuschlag erhalten soll (vgl. § 101 a) GWB).

9. Nachprüfungsverfahren

2018 Die Vergabekammer ist zwar rechtlich gesehen nicht der Gerichtsbarkeit zuzuordnen, sondern Teil der Verwaltung. Dessen ungeachtet ist sie **rechtlich unabhängig** (vgl. § 105 Abs. 1 GWB). Auch faktisch gesehen haben sich die Vergabekammern zu unabhängigen Instanzen entwickelt, die verwaltungsinternem Druck in der Regel stand halten. Hierzu trägt auch bei, dass die meisten deutschen Bundesländer in den letzten Jahren die Vergabekammern zentralisiert haben. So ist z. B. für alle Vergaben des Bundes das Bundeskartellamt zuständig. Die früher oft vorhandene räumliche Nähe der Vergabestelle zur zuständigen Vergabekammer ist damit entfallen. Damit sind in der Praxis auch Versuche der Einflussnahme durch die Vergabestelle bei den Vergabekammern wesentlich reduziert worden.

2019 Die Vergabekammer besteht aus einem vorsitzenden Volljuristen und zwei Beisitzern. Während der erste Beisitzer in der Regel ebenfalls Volljurist ist, entstammt der zweite Beisitzer häufig dem Fachbereich, der gerade zur Verhandlung ansteht. Wird z. B. also über einen Reinigungsauftrag verhandelt, so wird als zweiter Beisitzer das Mitglied einer Handwerkskammer mit einschlägigen Vorkenntnissen hinzugezogen.

2020 Das Verfahren bei der Vergabekammer ist ein **Eilverfahren**. In der Regel hat die Kammer ihre Entscheidung innerhalb von fünf Wochen nach Eingang des Nachprüfungsantrages zu treffen (vgl. § 113 Abs. 1 S. 1 GWB). Bei besonderer Komplexität kann sie diese Frist allerdings verlängern.

2021 Nach Eingang des Antrages prüft sie zunächst, ob der Antrag offensichtlich unzulässig oder unbegründet ist. Dies kann z. B. der Fall sein, wenn sich bereits aus dem Antrag

Das Vergabeverfahren im Überblick   Kap. 2 Q

ergibt, dass der Bieter den Vergabefehler zuvor nicht gerügt hat oder wenn er offensichtlich ins Blaue hinein behauptet, die Vergabe sei fehlerhaft, etwa weil es gar nicht sein könne, dass ein anderer Bieter günstigere Preise habe als er.

Ergibt die Prüfung der Vergabekammer, dass der Antrag nicht offensichtlich unzulässig oder unbegründet ist, so stellt sie den Antrag der Vergabestelle zu. Mit der **Zustellung** bei der Vergabestelle tritt ein **Zuschlagsverbot** in Kraft (vgl. § 115 Abs. 1 GWB). Gleichzeitig fordert die Kammer bei der Vergabestelle die Vergabeakte an. Um zu verhindern, dass die Vergabestelle Nachbesserungen in der Akte vornimmt, sieht das Gesetz vor, dass die Vergabeakten der Kammer „**sofort**" zur Verfügung zu stellen sind (vgl. § 110 Abs. 2 S. 5 GWB). Hierfür steht ihr maximal ein Zeitraum von **24 Stunden** zur Verfügung. Diese Bestimmung bestätigt den oben bereits erwähnten hohen Stellenwert der Dokumentation im Verfahren. **2022**

Die Vergabekammer gibt nun den Beteiligten Gelegenheit, **Akteneinsicht** zu nehmen. Dies betrifft nicht nur den Antragsteller, sondern auch „Unternehmen, deren Interessen durch die Entscheidung schwerwiegend berührt werden" (vgl. § 109 S. 1 GWB). Hierbei handelt es sich in der Regel um denjenigen Bieter, der aufgrund einer Entscheidung der Vergabestelle den Zuschlag erhalten soll. Die Akteneinsicht wird nicht unbeschränkt gewährt. Betriebsgeheimnisse der Bieter sind zu respektieren. Hierzu müssen die Bieter in ihren Angeboten mitteilen, welche Informationen sie als vertraulich qualifizieren. Sie werden dann bei der Akteneinsicht geschwärzt oder aus der zugänglich gemachten Kopie entfernt. **2023**

Dessen ungeachtet kommt es nicht selten vor, dass ein Bieter, der mit einer nur wenig konkreten Behauptung in das Nachprüfungsverfahren gekommen ist, in der Vergabeakte weitere Indizien für Rechtsverletzungen erkennt und diese jetzt erst geltend macht. Mit diesem Vorbringen ist er nicht etwa „**präkludiert**", d. h. aufgrund fehlender Rüge ausgeschlossen. Da der Verstoß erst aus der Akteneinsicht erkennbar ist, konnte er zuvor nicht gerügt werden. Dementsprechend bestand auch keine Rügepflicht. **2024**

Auf Basis der Akteneinsicht haben die Beteiligten nochmals Gelegenheit, ihre Rechtsauffassung in einem Schriftsatz darzulegen. **2025**

Die Vergabekammer lädt sodann die Beteiligten zu einer **mündlichen Verhandlung** ein (vgl. § 112 GWB). Dort wird der Fall in einer häufig mehrstündigen Verhandlung im Einzelnen durchgesprochen und die Beteiligten erhalten gegebenenfalls danach nochmals Gelegenheit, ihren Rechtsstandpunkt schriftlich zu präzisieren. **2026**

Dies führt dann allerdings meist dazu, dass das Verfahren nicht wie vorgesehen (§ 13 Abs. 1 GWB) innerhalb von fünf Wochen abgeschlossen werden kann. Die Vergabekammern machen vielmehr mittlerweile oftmals von der Möglichkeit Gebrauch, die Entscheidungsfrist um zwei Wochen zu verlängern (vgl. § 113 Abs. 1 S. 3 GWB). **2027**

Die sodann ergehende Entscheidung hat die Kammer schriftlich abzufassen und zu begründen. Sie kann dort entweder den Antrag als unzulässig oder unbegründet zurückweisen. Hält sie den Antrag dagegen für zulässig und begründet, so kann sie gleichzeitig Maßnahmen für das Verfahren treffen. Hierbei ist sie nicht an den Antrag des Bieters gebunden. Sie kann z. B. anordnen, dass das Verfahren ab dem Zeitpunkt der Verletzung wiederholt werden muss. Sie kann jedoch auch das Verfahren insgesamt aufheben. **2028**

Nicht zulässig ist es dagegen, der Vergabestelle die Erteilung des Zuschlages vorzugeben. Hierzu kann eine Vergabestelle grundsätzlich nicht gezwungen werden. Ob sie einen Vertrag schließt muss ihr, ebenso wie im privaten Bereich, selbst überlassen bleiben. Auch die Zahlung von Schadensersatz kann die Vergabekammer nicht anordnen (vgl. § 114 GWB). Sie kann allerdings – soweit sich das Verfahren erledigt hat – feststellen, dass eine Rechtsverletzung eingetreten ist. Dies kann der Antragsteller bei einem späteren Schadensersatzprozess vor den Zivilgerichten in das Verfahren einführen. **2029**

2030 Alle am Vergabenachprüfungsverfahren beteiligten Parteien, also sowohl Antragsteller als auch Antragsgegner und Beigeladene können die Entscheidung der Vergabekammer bei dem zuständigen **Oberlandesgericht (OLG)** mit einer „**sofortigen Beschwerde**" anfechten (vgl. § 116 Abs. 1 GWB). Dies muss allerdings innerhalb einer Zweiwochenfrist nach Zustellung der Vergabekammer-Entscheidung erfolgen (vgl. § 17 Abs. 1 GWB). Auch das OLG-Verfahren muss innerhalb von fünf Wochen abgeschlossen sein (vgl. § 121 Abs. 3 GWB).

2031 Mit Einlegung der „sofortigen Beschwerde" bei dem OLG bleibt das Zuschlagsverbot bestehen (vgl. § 118 Abs. 1 S. 1 GWB). Die aufschiebende Wirkung der Beschwerde und damit auch das Zuschlagsverbot enden jedoch zwei Wochen nach Ablauf der Beschwerdefrist, soweit das OLG auf Antrag des Beschwerdeführers die Fortgeltung der aufschiebenden Wirkung und damit des Zuschlagsverbotes bis zum Abschluss des Beschwerdeverfahrens anordnet (vgl. § 118 Abs. 1 S. 2 und 3 GWB).

2032 Mit der Durchführung des OLG-Verfahrens ist der Rechtsweg erschöpft. Eine weitere Instanz gibt es im Vergaberecht für Bieter nicht.

2033 Es bleibt den Bietern allerdings unbenommen, sich direkt an die **EU-Kommission** zu wenden und zu versuchen, diese davon zu überzeugen, ein Vertragsverletzungsverfahren gegen Deutschland einzuleiten. Hierdurch kann jedoch nicht verhindert werden, dass die Vergabestelle den Zuschlag erteilt. Derartige Vertragsverletzungsverfahren werden regelmäßig gegen die Mitgliedstaaten der Europäischen Union eingeleitet. Hilft der entsprechende Mitgliedstaat nicht ab, so kann die EU-Kommission bei dem **Europäischen Gerichtshof (EuGH)** Klage erheben.

2034 Auf diesem Weg erhält der EuGH die Möglichkeit, über vergaberechtliche Sachverhalte zu entscheiden. Der EuGH beurteilt den Sachverhalt allerdings nicht anhand nationaler Rechtsnormen, sondern auf der Basis der EU-Vergaberichtlinien vor dem Hintergrund der europäischen Grundfreiheiten, Art. 28 ff. und 56 ff. AEUV.

2035 Die überwiegende Anzahl der Entscheidungen des EuGH zum Vergaberecht beruht allerdings auf Vorlagen nationaler Gerichte wegen Zweifeln an der Vereinbarkeit nationalen Rechts mit dem AEUV (vgl. Art. 267, 2. UA AEUV). Hierbei ist zu beachten, dass nicht nur Oberlandesgerichte, sondern auch die Vergabekammern, obwohl nicht der Gerichtsbarkeit zuzurechnen, berechtigt sind, dem EuGH vorzulegen (vgl. Reith/Stickler/Glahs, VergabeR, 2010, § 124, Rn 19).

Kapitel 3 Einzelfragen

1. Öffentliche Auftraggeber

2036 In einem modernen Staatswesen tritt der Staat in unterschiedlicher Form auf: Er kann durch seine **Gebietskörperschaften** handeln. In Deutschland sind dies Bund, Länder und Kommunen. Er kann jedoch auch in anderen bzw. ausgegliederten öffentlichen, öffentlich-rechtlichen Organisationsformen oder privatrechtlichen Gesellschaften auftreten. Er handelt dann in Form von Personal-, Real- und Verbandskörperschaften, Anstalten oder Stiftungen oder auch privatrechtlichen Gesellschaften (vgl. hierzu Schall, Gesellschaftsrecht, S. 244).

2037 Vor dem Hintergrund der Vielfalt der privaten und öffentlich-rechtlichen Organisationsformen stellt sich die Frage, wann eine Einrichtung den gegenüber der Privatwirtschaft vergleichsweise strengen Regeln des Vergaberechts unterliegen soll. Ziel: Die öffentliche Hand soll sich diesen Regeln nicht durch eine „**Flucht ins Privatrecht**" entziehen können.

Dementsprechend sind auch privatrechtliche Gesellschaften an das Vergaberecht gebunden, wenn sie von der öffentlichen Hand **beherrscht** sind. Wann dies der Fall ist, ergibt sich aus spezifischen vergaberechtlichen Zurechnungsregeln (§ 98 GWB). Danach kann die Beherrschung entweder durch eine **überwiegende Finanzierung** oder eine Beherrschung bzw. mehrheitliche Besetzung der **Aufsichtsgremien** vermittelt werden. Außerdem ist Voraussetzung für die Anwendung des Vergaberechts, dass die privatrechtliche Organisation im **Allgemeininteresse** liegende Aufgaben nicht gewerblicher Art erfüllt (vgl. § 98 Nr. 2 GWB). **2038**

Mögliche Zweifelsfälle für die Anwendung des Vergaberechts sind also solche Unternehmen, die entweder gemischtwirtschaftlich betrieben sind, d. h. als **Public Private Partnerships** private und öffentliche Gesellschafter haben. Zum anderen gibt es eine Reihe von Körperschaften und Anstalten, die nicht direkt durch den Staat, sondern durch die Nutzer finanziert sind. Hierzu gehören z. B. öffentlich-rechtliche Rundfunkanstalten (vgl. hierzu Stefan Engels, Medienwirtschaftsrecht, § 3), Krankenkassen, Religionsgemeinschaften, öffentlich-rechtliche Sparkassen. Zudem stellt sich die Frage der Anwendbarkeit des Vergaberechts auch bei Messegesellschaften sowie ehemalige Monopolunternehmen wie Post, Telekom und Bahn. Im Einzelnen: **2039**

Öffentlich-rechtliche Rundfunkanstalten werden in Deutschland nicht durch Steuermittel, sondern durch die Rundfunkgebühr finanziert (vgl. Stefan Engels, Medienwirtschaftsrecht). Ihre Aufsichtsgremien sind aus verfassungsrechtlichen Gründen mit „gesellschaftlich relevanten Gruppen" und nicht durch Staatsvertreter besetzt. **2040**

Der EuGH hat entschieden (Urteil vom 13.12.2007, Rs. C-337/06), dass der öffentlich-rechtliche Rundfunk ungeachtet dieser spezifischen Finanzierung und Aufsichtskonstellation dem Vergaberecht unterliegt. Aufsicht und Finanzierung seien lediglich nationalen verfassungsrechtlichen Erwägungen geschuldet. Dies ändere nichts daran, dass bei materieller Betrachtung eine staatliche Finanzierung vorliege. **2041**

Allerdings ist der öffentlich-rechtliche Rundfunk aufgrund der verfassungsrechtlichen Bedeutung der Medienfreiheit im Kernbereich der Programmgestaltung von der Pflicht zur Anwendung des Vergaberechts befreit (vgl. § 100 Abs. 2 j) GWB – hierzu sogleich unter Kapitel 3 Ziff. 3). **2042**

Gesetzliche Krankenkassen sind öffentlich-rechtliche Körperschaften. Zweifel an der Anwendung des Vergaberechts könnten sich daraus ergeben, dass sie nicht durch staatliche Zuschüsse, sondern durch Beiträge ihrer Mitglieder finanziert sind. Diese Beiträge werden durch die gesetzlichen Krankenkassen selbst festgelegt. **2043**

Allerdings hat auch hier die Rechtsprechung entschieden, dass diese besondere Finanzierungsart einer Finanzierung durch den Staat in vergaberechtlicher Hinsicht gleichzusetzen sei und daher das Vergaberecht Anwendung findet (OLG Düsseldorf vom 23.5.2007, Az.: VII Verg 50/06; EuGH vom 11.6.2009, Rs. C-300/07). Reichen die Mitgliedsbeiträge zur Finanzierung der gesetzlichen Krankenkassen nicht aus, so ist der Staat im Zweifel verpflichtet, für Ausfälle einzustehen. Dies ergibt sich bereits aus der Tatsache, dass es sich um Körperschaften des öffentlichen Rechts handelt. **2044**

Nicht dagegen dem Vergaberecht unterliegen **Religionsgemeinschaften**. Sie sind zwar in Deutschland ebenfalls zum Teil als öffentlich-rechtliche Körperschaften verfasst. Ihre Einnahmen werden mit der Steuer erhoben. Allerdings dienen sie nicht dem Allgemeininteresse, sondern lediglich ihren Mitgliedern. Finanziert werden sie auch nicht aus staatlichen Mitteln. Der Staat fungiert lediglich als Einzugsstelle (vgl. VK Baden-Württemberg vom 16.1.2009, Az.: 1 VK 65/08). **2045**

Für **Messegesellschaften** gilt, dass sie zwar durchaus Gewinnerzielungsabsicht bei ihrer Tätigkeit haben. Letztlich seien sie jedoch ein Mittel zur Standortstärkung und genießen vor diesem Hintergrund regelmäßig eine entsprechende Ausfallsicherung durch die Kommune (vgl. EuGH vom 10.5.2001, Rs. C-223/99). Aus diesem Grund ist das Vergaberecht anwendbar. **2046**

2047 Deutsche Post und Deutsche Telekom AG sind bereits seit geraumer Zeit auf vollständig geöffneten Märkten aktiv. Ungeachtet einer nach wie vor bestehenden Beteiligung des Bundes am Aktienkapital scheitert die Anwendung des Vergaberechts an dem Merkmal der Tätigkeit im Allgemeininteresse.

2048 Nach wie vor dem Vergaberecht unterliegt allerdings die Deutsche Bahn AG. Alle Aktien befinden sich im Besitz des Bundes und jedenfalls in den meisten Bereichen ist anerkannt, dass die Tätigkeit im Allgemeininteresse erfolgt.

2049 Sonderregeln unterliegen die sogenannten **Sektorenauftraggeber** (vgl. § 98 Nr. 4 GWB). Danach sind Trinkwasserversorgung, Energieversorgung und Verkehr zwar grundsätzlich dem Vergaberecht unterworfen. Gegenüber den „klassischen Auftraggebern" genießen sie jedoch bei der Beschaffung erweiterte Spielräume. So können sie z. B. stets das Verhandlungsverfahren zur Anwendung bringen und sind nicht an die oben beschriebene gesetzliche Vorrangstellung des offenen Verfahrens gebunden.

2050 Schließlich ist das Vergaberecht dann auf private Unternehmen anwendbar, wenn diese Bauvorhaben durchführen, die **überwiegend öffentlich finanziert** sind (vgl. § 98 Nr. 5 GWB).

2. Öffentlicher Auftrag

2051 Zur Anwendbarkeit des Vergaberechts bedarf es jedoch nicht nur eines öffentlichen Auftraggebers, sondern auch eines öffentlichen Auftrags. Nicht alle Tätigkeiten öffentlicher Auftraggeber unterliegen dem Vergaberecht. Stellt der Staat z. B. neue Mitarbeiter ein, so müssen diese nicht nach Vergaberecht ausgeschrieben werden (vgl. § 100 Abs. 2 1. Alternative GWB).

2052 Erforderlich ist vielmehr ein **Staatseinkauf**. Veräußert die öffentliche Hand dagegen Grundstücke (vgl. EuGH vom 25.3.2010, Rs. C-451/08), Waren oder Leistungen, so ist sie nicht an das Vergaberecht gebunden.

2053 Gleiches gilt für den Fall, dass sie einem Privaten die Möglichkeit gibt, auf der Basis eines ausschließlichen Rechts Erlöse bei Dritten zu generieren („**Dienstleistungskonzession**"). Dies kann z. B. bei der Bereitstellung öffentlicher Flächen für einen Fahrradverleih der Fall sein.

2054 Der EuGH hat jedoch gefordert, dass für die Vergabe von Dienstleistungskonzessionen ebenfalls ein Verfahren vorzusehen ist, das den Grundregeln der Transparenz und Diskriminierungsfreiheit entspricht (vgl. EuGH vom 13.10.2005, Rs. C-485/03).

2055 Zur Abgrenzung zwischen einem Dienstleistungsauftrag und einer Dienstleistungskonzession, so der EuGH, ist lediglich darauf abzustellen, ob die öffentliche Hand dem Dienstleistungskonzessionär ermöglicht, Entgelte bei Dritten zu generieren. Darauf, ob er dem Konzessionär das wirtschaftliche Risiko des Geschäfts weitgehend abnimmt, kommt es nach neuer Rechtsprechung nicht an (vgl. EuGH vom 10.9.2009, Rs. C-206/08).

2056 Handelt es sich dagegen um die Möglichkeit, im Rahmen eines von der öffentlichen Hand vorgegebenen Bauwerks Erlöse bei Dritten zu generieren, so handelt es sich um eine **Baukonzession**, die vollumfänglich dem Vergaberecht unterliegt (vgl. § 99 Abs. 6 GWB).

2057 Schwierig ist die Abgrenzung dann, wenn die Beauftragung innerhalb der öffentlichen Hand erfolgt („**In-House-Vergabe**"). Zweifellos nicht dem Vergaberecht unterliegen Vorgänge, die innerhalb derselben juristischen Person „beauftragt" werden. So kann ein öffentlicher Auftrag z. B. nicht vorliegen, wenn ein Bundesministerium ein anderes Ministerium veranlasst, gewisse Tätigkeiten oder Lieferungen auszuführen.

2058 Anders liegt der Fall, wenn z. B. eine Kommune eine andere Kommune mit der Abfallentsorgung „beauftragt". Gründen die beiden Kommunen hierfür einen gemeinsamen Zweckverband, so ist bereits seit langem anerkannt, dass die Beauftragung des

Einzelfragen   Kap. 3   Q

Zweckverbandes mit der Durchführung der Abfallentsorgung keinen vergaberechtlich
relevanten Vorgang auslöst (vgl. EuGH vom 19.4.2007, Rs. C-295/05).
Erst durch eine jüngere Entscheidung des EuGH (EuGH vom 9.6.2009, Rs. C-480/06)   **2059**
ist klargestellt worden, dass die **interkommunale Zusammenarbeit** im Bereich der
Daseinsvorsorge zwischen Kommunen nicht dem Vergaberecht unterliegt. Eine Kommune muss also keine Ausschreibung durchführen, wenn sie beabsichtigt, mit der
Nachbarkommune Aufgaben wie die Abfallentsorgung gemeinsam zu erfüllen.

3. Ausnahmen von der Ausschreibungspflicht

Auch dann, wenn ein öffentlicher Auftraggeber einen öffentlichen Auftrag im Sinne der   **2060**
vorgenannten Ausführungen vergibt, kann es Ausnahmen von der Ausschreibungspflicht geben.
Dies kann z. B. aus Gründen des **Staatssicherheitsrechts** der Fall sein (vgl. § 100 Abs. 2   **2061**
d) GWB). Danach müssen öffentliche Aufträge dann nicht ausgeschrieben werden,
wenn sie nach Staatssicherheitsvorschriften „klassifiziert" sind. In Deutschland einschlägig hierfür ist das **Sicherheitsüberprüfungsgesetz** (SÜG). Ab dem Geheimhaltungsgrad VS-VERTRAULICH kann auf eine Ausschreibung nach klassischem Kartellvergaberecht verzichtet werden (vgl. OLG Düsseldorf vom 20.12.2004, Az.: Verg 101/04).
Lässt sich allerdings nicht genau zuordnen, ob die Beschaffung für einen geheimhaltungsbedürftigen militärischen oder den nicht vergleichbarer Vertraulichkeit unterliegenden zivilen Bereich erfolgt („**Dual-Use-Güter**"), so ist eine vergaberechtliche Ausnahme nicht gerechtfertigt, so der EuGH bei der Beschaffung von Hubschraubern   **2062**
durch die italienische Regierung (EuGH vom 8.4.2008, Rs. C-337/05).
Die Beschaffung von Verteidigungsgütern unterliegt im Übrigen generell dem Vergaberecht, wenn nicht Güter aus einer entsprechenden Sperrliste betroffen sind (vgl. § 100   **2063**
Abs. 2 lit. e) GWB, Art. 346 Abs. 1 b) AEUV). Die EU hat mittlerweile allerdings
spezifische Regeln für den Bereich der Beschaffung, für Verteidigungs- und Sicherheitsgüter erlassen (RL 2009/81/EG). Dort ist z. B. vorgesehen, dass, ebenso wie im Sektorenbereich, das Verhandlungsverfahren zum Regelfall erklärt wird (vgl. Art. 25 RL
2009/81/EG).
Weniger praxisrelevant sind Ausnahmeregelungen, die für den Fall gelten, dass der   **2064**
Auftrag im Anwendungsbereich eines internationalen Truppenstationierungsabkommens, auf der Basis einer anderen internationalen Vereinbarung oder durch eine internationale Organisation vergeben wird. Jedenfalls wenn deutsche Vergabestellen in
eigenem Namen tätig werden und nur im Auftrag der internationalen Organisation
handeln, findet das Vergaberecht vollumfänglich Anwendung (vgl. VK Bund vom
20.12.2005, Az.: VK 2-159/05).
Eine sektorenspezifische Ausnahme ist darüber hinaus für **öffentlich-rechtliche Rund-**   **2065**
funkanstalten (vgl. § 100 Abs. 2 lit. j) GWB) vorgesehen. Sie gilt jedoch nur für den
Kauf, die Entwicklung, die Produktion oder Co-Produktion von Programmen sowie für
Verträge über die Ausstrahlung von Sendungen. Öffentlich-rechtliche Rundfunkanstalten sollen in diesen Bereichen frei von den ökonomisch und wettbewerblich orientierten
Beschaffungsregeln agieren können, um ihren verfassungsrechtlich ausgerichteten Programmauftrag wahrnehmen zu können (vgl. Stefan Engels, Medienwirtschaftsrecht,
§ 3). In den Bereichen der Verwaltungsorganisation wie Beschaffung von Büromaterial
etc. bleiben sie jedoch dem Vergaberecht unterworfen.
Eine weitere sektorspezifische Ausnahme besteht für **Finanzdienstleistungen** (vgl. § 100   **2066**
Abs. 2 lit. m) GWB). Sie gilt allerdings nicht generell für die Tätigkeit von Banken für
öffentliche Auftraggeber, sondern nur für die Darlehensvergabe und das Wertpapiergeschäft. Nimmt ein öffentlicher Auftraggeber dagegen Beratungsleistungen von Ban-

ken z. B. für eine Privatisierung oder eine strategische Finanzplanung in Anspruch, so muss diese Leistung ausgeschrieben werden.

2067 Schließlich bedarf es für die Inanspruchnahme von **Schiedsgerichts- und Schlichtungsleistungen** (vgl. hierzu im Einzelnen Graf, Kaufmännische Alternativen zu den staatlichen Gerichten – Schiedsgerichtsbarkeit und Wirtschaftsmediation –) einer Ausnahme von der Ausschreibungspflicht. Diese Ausnahme ergibt sich aus § 100 Abs. 2 lit. l) GWB.

2068 Beauftragt die öffentliche Hand **Forschungs- und Entwicklungsleistungen**, so kommt es für die Ausschreibungspflicht darauf an, ob der öffentliche Auftraggeber die Ergebnisse dieser Entwicklung für den eigenen Bedarf benötigt. Lässt er z. B. ein IT-System für die Abwicklung von Sozialdienstleistungen entwickeln, so ist dies ausschreibungspflichtig. Handelt es sich dagegen um eine reine Forschungsförderungsmaßnahme, entfällt die Ausschreibungspflicht (vgl. § 100 Abs. 2 lit. n) GWB).

2069 Daneben gibt es eine Reihe von Ausnahmen, die an keine bestimmten Sektoren oder Berufszweige gebunden sind: Eine freihändige Vergabe ohne Ausschreibung ist z. B. zulässig für **Ersatzbeschaffungen**, **Zubehör** und **Ergänzungslieferungen** (vgl. § 3 EG Abs. 4 lit. e) f. und g) VOL/A), soweit damit nicht mehr als 50 % der ursprünglichen Beschaffung beauftragt werden.

2070 Ebenfalls ohne Ausschreibung darf beschafft werden, wenn von vornherein feststeht, dass es für die entsprechenden Leistungen nur einen einzigen Anbieter gibt (vgl. § 3 EG Abs. 4 lit. c) VOL/A). Vor dem Hintergrund der oben beschriebenen vergaberechtlichen Regelungsziele versteht es sich von selbst, dass die Rechtsprechung an das Vorliegen eines solchen Falles hohe Anforderungen stellt.

2071 Gleiches gilt für die Ausnahme aus **Dringlichkeitsgründen** (vgl. § 3 EG Abs. 4 lit. d) VOL/A). Hier ergibt sich bereits aus der Norm, dass eine freihändige Beschaffung aus Dringlichkeitsgründen nur erfolgen darf „soweit dies unbedingt erforderlich ist" und wenn aus „zwingenden Gründen" die vorgesehenen Fristen nicht eingehalten werden können. In der Rechtsprechung wird dies z. B. bei Naturkatastrophen angenommen (vgl. OLG Dresden vom 25.1.2008, Az.: WVerg 10/07).

4. Leistungsbeschreibung

2072 Kernstück der Vergabe ist die Leistungsbeschreibung. Sie besitzt eine Doppelnatur: Zum einen bildet sie die Grundlage für die **Durchführung des Vergabeverfahrens**. Dort dient sie den Bietern zur Erstellung des Angebotes und der Vergabestelle zu dessen Bewertung. Zum anderen ist sie Grundlage der **Vertragsdurchführung** und bestimmt die gegenseitigen Rechte und Pflichten bei Leistungsstörungen.

2073 Vertrag und Leistungsbeschreibung bilden dabei eine Einheit: Ob der Inhalt der geschuldeten Leistung und die Konsequenzen einer Schlechtleistung in einem Vertragsdokument oder in einem anliegenden Leistungsverzeichnis beschrieben werden, folgt keiner juristischen Notwendigkeit, sondern Erwägungen der Übersichtlichkeit bei der Darstellung. So kann z. B. bei der Beauftragung von IT-Wartungsleistungen das geschuldete Leistungsniveau (Servicelevel) sowohl in dem Vertrag selbst als auch in dem Leistungsverzeichnis enthalten sein.

2074 Idealtypisch lässt sich eine zu beauftragende Leistung, z. B. die Erstellung eines Verwaltungsgebäudes oder eines IT-Systems, auf zwei unterschiedliche Weisen beschreiben: Zum einen kann der Auftraggeber die **Planung** selbst durchführen bzw. durchführen lassen und dem Auftragnehmer im Einzelnen vorgeben, wie er bei der Durchführung des Auftrages vorzugehen hat. Im Baubereich führt er so z. B. die gesetzlich vorgegebenen Planungsphasen durch und gibt dem Auftragnehmer so Einzelanweisungen für die Errichtung des Gebäudes an die Hand. In entsprechender Form kann im IT-

Bereich eine Planung erfolgen. Allerdings sind dort die Planungsschritte in erheblich geringerem Umfang standardisiert bzw. standardisierbar.
Eine Ausschreibung auf der Grundlage derart umfangreicher Planungsvorgaben wird als „konstruktive Beschreibung" bezeichnet. **2075**
Das Gegenstück dazu ist die **„funktionale Beschreibung"**. Dort wird, zugespitzt formuliert, nicht der Weg zum Leistungsergebnis vorgegeben, sondern nur das Ergebnis selbst. Dies bedingt, dass die Bieter eigene Planungen durchführen müssen, bevor sie ein Angebot abgeben können. Nur wenn sie die erforderlichen Arbeitsschritte und Materialien selbst absehen können, sind sie in der Lage, diese betriebswirtschaftlich zu kalkulieren und anzubieten. **2076**
Der Auftraggeber kann sich von einer funktional geprägten Ausschreibung eine **Risikoverlagerung** auf den Auftragnehmer versprechen. Im Fall von Planungsmängeln kann sich der Auftragnehmer nicht mehr darauf zurückziehen, er habe diese Planungsvorgabe vom Auftraggeber erhalten. Vielmehr ist der Auftragnehmer, da es sich um seine eigene Planung handelt, selbst dafür verantwortlich. **2077**
Rein funktionale Leistungsbeschreibungen gibt es allerdings in der Praxis nicht. Der Auftraggeber kann sich nicht darauf beschränken, als Ergebnis die Erstellung eines Verwaltungsgebäudes mittlerer Art und Güte oder die Programmierung eines IT-Systems vorzugeben. In beiden Beispielen gibt es eine Vielzahl von Schnittstellen, die der Auftraggeber konstruktiv beschreiben muss, um ein passendes Leistungsergebnis zu erhalten. Bei der Erstellung des Bauwerkes gilt dies bereits für die Bestimmung des in der Regel vom Auftraggeber bereitgestellten Grundstücks. Im IT-Bereich sind Kompatibilitäten mit bestehenden Systemvoraussetzungen zu gewährleisten. **2078**
Im Ergebnis wird auch bei einer „funktionalen Ausschreibung" in der Regel ein Gemisch aus funktionalen und konstruktiven Anforderungen Eingang in die Leistungsbeschreibung finden. Die Kunst besteht darin, so viel konstruktive Anforderungen wie nötig festzuschreiben und den Bietern so viel funktionalen Freiraum zu belassen, dass ausreichend Raum für die Umsetzung kreativer Ansätze aus dem Markt bleibt, die dem Auftraggeber bisher unbekannt waren. **2079**
Funktional geprägte Ausschreibungen finden sich häufig in **Public Private Partnership** Projekten. In Zusammenarbeit mit einem privaten Partner soll dort ein möglichst effizientes und damit wirtschaftliches Modell für die Leistungserbringung entwickelt werden. **2080**
Als geeignetes Vergabeverfahren bietet sich hierbei das Verhandlungsverfahren oder der wettbewerbliche Dialog an (vgl. hierzu oben Kapitel 2). Auf der Basis einer funktionalen, ergebnisorientierten oder auch „output-orientierten" Beschreibung der Leistung erstellen die Bieter in den verschiedenen Stadien des Verfahrens konstruktive Planungen und stellen diese dem Auftraggeber in den Verhandlungen zur Diskussion. Auf dieser Basis verfeinert der Auftraggeber seine Anforderungen sowohl in konstruktiver als auch funktionaler Hinsicht und fordert von den Bietern dann ein letztverbindliches Angebot. Die Leistungsbeschreibung wird also innerhalb des Verfahrens sukzessive weiterentwickelt. Wichtig ist hierbei, dass sie Leistungen letztendlich nicht so genau vorgibt, dass sich die Bieter nur noch in preislicher Hinsicht voneinander unterscheiden können. Auch in dem Endergebnis eines Verhandlungsprozesses über die Leistungsbeschreibung muss noch ausreichend funktionaler Freiraum verbleiben, um den Bietern unterschiedliche Leistungsvarianten im Rahmen ihrer Angebote zu ermöglichen. **2081**
Bei der Bewertung ist es von Bedeutung, dass der konstruktive Umsetzungsvorschlag aus der funktionalen Leistungsbeschreibung im Vertrag festgeschrieben wird. Nur so kann die Vergabestelle unterschiedliche Durchführungsvorschläge durch Leistungspunkte honorieren. **2082**
Eine wesentliche Rolle bei der Leistungsbeschreibung spielen **technische Normen**. Durch die Vorgabe, die Leistung in Konformität mit technischen Normen anzubieten, **2083**

entfällt die Notwendigkeit der konstruktiven Beschreibung im Einzelnen. Die Bezugnahme auf Normen trägt zur Standardisierung der geforderten Leistung bei und erhöht die Transparenz gegenüber den Bietern.

2084 Dies gilt auf europäischer Ebene jedoch nur, wenn die entsprechende Norm entweder europäisch verabschiedet wird oder wenn sie mit einer europäischen Norm kompatibel ist. Dementsprechend enthält das Vergaberecht Anforderungen an die Verwendung von Normen, die einen grundsätzlichen Vorrang europäischer Regelungswerke vorsieht (vgl. § 8 EG Abs. 3 VOL/A).

2085 Die Beschreibung durch Bezugnahme auf Normen schützt die Bieter zugleich davor, dass der Auftraggeber die Leistung so ausschreibt, dass lediglich ein Anbieter oder eine bestimmte Gruppe von Anbietern in Frage kommt. Eine derartige **produktspezifische Ausschreibung ist verboten** (vgl. § 8 EG Abs. 7 VOL/A). Generell sind Produktbezeichnungen zu vermeiden.

2086 Verboten ist es also, eine Ausschreibung für Mercedes-Limousinen oder HP-Server durchzuführen. Lediglich in von der Rechtsprechung eng gefassten Ausnahmebereichen, z. B. bei der Beschaffung von Klimamessgeräten, die zu dem bisherigen Gerätepark passen müssen (vgl. OLG Düsseldorf vom 3.3.2010, Az.: Verg 46/09), ist eine produktspezifische Ausschreibung anerkannt worden.

2087 Lieferungen und Leistungen können die Verwaltung sowohl für einen Einmalbedarf als auch für wiederkehrende Fälle beschaffen. Im letztgenannten Fall kann sie hierfür zu der Ausschreibung von **Rahmenvereinbarungen** greifen. Hierunter versteht man zum einen solche Verträge, die sämtliche Leistungs- und Preisparameter im Vertrag festlegen, dem Auftraggeber jedoch die Freiheit belassen, aus diesem Vertrag Leistungen abzurufen. So können z. B. Rahmenverträge über die Lieferung von IT-Hardware geschlossen werden. Der Auftragnehmer ist dann auf Abruf verpflichtet, die Geräte in der ausgeschriebenen und vereinbarten Form zu liefern. Auch bei Dienstleistungen wie Reinigung, Umzug oder Bewachung wird häufig zu dem Mittel des Rahmenvertrags gegriffen, um bei schwankenden Bedarfen nicht ständig neue Ausschreibungen initiieren zu müssen.

2088 Neben dem Abschluss einer Rahmenvereinbarung mit einem Auftragnehmer ist es auch zulässig, Rahmenverträge mit mehreren Auftragnehmern für dieselbe Leistung zu schließen (vgl. § 4 EG VOL/A). In diesem Fall ist der Auftraggeber verpflichtet, vor Abruf einer Leistung erneut einen „Miniwettbewerb" um den Preis oder einzelne Leistungsbedingungen durchzuführen. Anzumerken ist, dass Rahmenverträge weder bei Bauleistungen (mit Ausnahme im Sektorenbereich) noch bei freiberuflichen Leistungen nach VOF zulässig sind.

2089 Die zulässige Laufzeit von Rahmenvereinbarungen darf in der Regel vier Jahre nicht überschreiten (vgl. § 4 EG Abs. 7 VOL/A). Ausnahmsweise ist dann eine längere Laufzeit zulässig, wenn z. B. zur Ingangsetzung der Leistung erhebliche Vorinvestitionen des Auftragnehmers erforderlich sind (z. B. die Errichtung von Telekommunikationsinfrastrukturen), die in einer Laufzeit von vier Jahren nicht amortisierbar sind.

2090 Auch außerhalb von Rahmenverträgen können sich öffentliche Auftraggeber bei der Ausschreibung Flexibilität vorbehalten. Im Rahmen von **„Alternativausschreibungen"** können sie vorsehen, erst bei Zuschlag über Leistungsvarianten zu entscheiden.

2091 So kann bei **PPP-Ausschreibungen** z. B. der Kauf oder die Miete von Schulgebäuden alternativ in den Markt gegeben werden. Je nachdem welche Variante auf der Basis eines den Barwert errechnenden Wirtschaftlichkeitsvergleichs vorteilhafter ist, kann der Zuschlag auf die eine oder andere Variante erteilt werden.

2092 Von der Alternativausschreibung zu unterscheiden ist die Ausschreibung von „Optionen" oder „Bedarfspositionen". Hier entscheidet der Auftraggeber erst nach Zuschlag bei Auftragsdurchführung darüber, ob er eine Leistungskomponente in Anspruch nehmen möchte. Z. B. lässt er sich neben der Lieferung von Hardware deren Wartung anbieten. Er behält sich jedoch vor, zunächst nur die Geräte zu kaufen und über die Inanspruchnahme der Wartungsleistung nach Ablauf der Garantiefrist zu entscheiden. Bei der Verlagerung von Risiken der Auftragsdurchführung auf private Auftragnehmer ist die öffentliche Hand nicht völlig frei. Sie ist nicht berechtigt, „ungewöhnliche Wagnisse" auf den Auftragnehmer zu verlagern, wenn er auf diese Umstände und Ereignisse keinen Einfluss hat und die Auswirkungen auf die Preise nicht schätzen kann (vgl. § 7 Abs. 1 Nr. 3 VOB/A).

Zwar ist es durchaus zulässig, für den Auftragnehmer riskante Aufgaben wie z. B. die Munitionsräumung zu vergeben. Doch setzt die Rechtsprechung dort eine Grenze, wo das finanzielle Einkalkulieren des Risikos zu unsinnig hohen Preisen führen würde. Dies ist z. B. dann der Fall, wenn der Vergabestelle grundsätzliche Informationen zur Kalkulation zur Verfügung stehen, sie diese jedoch den Bietern nicht zur Verfügung stellt. Entsprechendes wurde z. B. für die Gebäudewerte bei der Ausschreibung von Gebäudeversicherungen angenommen (vgl. OLG Celle vom 15.12.2005, Az.: 13 Verg 14/05).

Weitere Flexibilität erhält der Auftraggeber durch die vertragliche Verankerung von **Vertragsverlängerungsoptionen.** So kann z. B. ein Vertrag über Reinigungsdienstleistungen über vier Jahre fest sowie eine weitere optionale Vertragslaufzeit von zwei Jahren abgeschlossen werden.

Kapitel 4   Fair Play

Wettbewerb ist, wie gezeigt, ein wesentlicher Erfolgsfaktor für eine moderne und effiziente öffentliche Infrastruktur. Doch der Wettbewerb kann seine Wirkung als Erfolgsfaktor nur entfalten, wenn er fair ist und nicht als Scheinwettbewerb durchgeführt wird.

1. Verstöße öffentlicher Auftraggeber

Sowohl für den öffentlichen Auftraggeber als auch für private Bieter besteht die Gefahr, dass durch Unachtsamkeit oder Absicht Wettbewerbsregeln bei der Vergabe öffentlicher Aufträge verletzt werden. **Bestechung** und **Bestechlichkeit** ist eine, jedoch nicht die einzige Ursache für Regelverletzungen bei der öffentlichen Auftragsvergabe (vgl. die Nachweise unter www.transparency-international.de). Doch auch unterhalb der Kriminalitätsschwelle führen absichtliche oder fahrlässige Verstöße gegen die oben beschriebenen Regeln dazu, dass Verfahren in Schieflage geraten können. Vergabestellen können beispielsweise einzelne Bieter gezielt dadurch bevorzugen, dass sie ihnen Informationen zur Vorbereitung ihres Angebotes übermitteln, die anderen Bietern nicht zur Verfügung stehen.

Sie können auch die gesamte Ausschreibung bereits so gestalten, dass nur einer, nämlich der gewollte Bieter zum Zug kommen kann. Sie müssen dabei nicht unbedingt gegen das oben beschriebene Gebot der produktneutralen Ausschreibung verstoßen.

Die Rechtsprechung hat anerkannt, dass es dem öffentlichen Auftraggeber frei steht, selbst zu bestimmen, **was** er beschaffen will. Im Rahmen dieser **Beschaffungsautonomie** ist er also grundsätzlich berechtigt, das Bewerberfeld einzuschränken (vgl. OLG Düsseldorf v. 3.3.2010, Az.: Verg 46/09; OLG Düsseldorf v. 17.2.2010, Az.: Verg 42/09; OLG Düsseldorf v. 14.4.2005, Az.: VII-Verg 93/04). Geschieht dies allerdings aus sachfremden Gründen, d. h. zur gezielten Bevorzugung eines Bieters, so handelt es sich um eine rechtswidrige Verfälschung des Wettbewerbers und kann – den Nachweis vorausgesetzt – zur Aufhebung des Verfahrens führen.

2100 Ebenfalls in der Praxis bereits vorgekommen ist, dass Vergabestellen Bieter vom Verfahren aus Gründen ausschließen, die diesen Ausschluss vergaberechtlich nicht rechtfertigen (vgl. VK Bund v. 17.8.2010, Az.: VK 1 – 70/10). Außerdem können Vergabestellen gezielt Wertungskriterien ändern oder zusätzliche Unterkriterien schaffen, um die Vergabe in eine bestimmte Richtung zu lenken (vgl. EuGH v. 9.12.2010, Rs. C-568/08, VK Schleswig v. 9.7.2010, Az.: VK-SH 11/10).

2101 Den gröbsten Verstoß bildet allerdings die rechtswidrige direkte Beauftragung ohne ein eigentlich erforderliches Verfahren durchzuführen, die sogenannte **De-facto-Vergabe**. Auch hiergegen können am Auftrag interessierte Unternehmen im Wege des Nachprüfungsverfahrens vorgehen (vgl. § 101 b Abs. 1 Nr. 2 GWB).

2. Verstöße von Bietern

2102 Bieter können den Wettbewerb verfälschen, indem sie sich im Verfahren absprechen. Eine solche Absprache ist verboten und führt zum Ausschluss des Angebots (vgl. § 19 Abs. 3 lit. f VOL/A). Hierzu ist kein Nachweis der Absprache erforderlich. Es genügt, wenn nachgewiesen werden kann, dass mehrere Bieter Kenntnis von den Angebotsinhalten besitzen. Nicht ausreichend ist allerdings, wenn sich zwei Bieter wechselseitig als Nachunternehmer benennen (vgl. OLG Celle v. 2.12.2010, Az.: 13 Verg 12/10).

2103 Problematisch ist es auch, wenn sich Bieter im Vorfeld der Ausschreibung der Vergabestelle als **Berater** andienen und an der Erstellung der Leistungsbeschreibung mitwirken (**„Projektant"**). Hier besteht die Gefahr, dass die Leistungsbeschreibung auf den entsprechenden Bieter derart ausgerichtet wird, dass er einen Wettbewerbsvorteil erhält.

2104 Allerdings ist es nicht zwingend erforderlich, Bieter vom Verfahren auszuschließen, die bei der Erstellung der Leistungsbeschreibung mitgewirkt haben. Die Vergabestelle kann den **Informationsvorteil** des Bieters **ausgleichen**. Dies kann dadurch erfolgen, dass allen Bietern sämtliche von dem im Vorfeld beratend tätig gewordenen Bieter erstellten Unterlagen zugänglich gemacht werden (vgl. § 6 EG Abs. 7 VOL/A).

2105 Lässt sich bei einem Bieter rechtswidriges Verhalten nachweisen, so hat dies nicht nur strafrechtliche Konsequenzen sowie den Ausschluss aus dem Verfahren zur Folge. Die Vergabestelle kann zusätzlich auch eine „**Vergabesperre**" verhängen. Dies bedeutet, dass der Bieter für einen Zeitraum bis zu drei Jahren nicht mehr an Verfahren der entsprechenden Behörde teilnehmen darf. Einige Bundesländer in Deutschland verfügen darüber hinaus über ein „**Korruptionsregister**" (vgl. z. B. Korruptionsgesetz Berlin in der Fassung vom 1.12.2010, Gesetzblatt Berlin vom 10.12.2010, S. 535). Personen und Unternehmen, die entsprechende Verfehlungen begangen haben werden dort eingetragen.

2106 Für betroffene Unternehmen besteht die Möglichkeit, durch „**Selbstreinigungsmaßnahmen**" wieder die Voraussetzungen zur Teilnahme an öffentlichen Vergabeverfahren herzustellen. Hierzu müssen sie nachweisen, dass interne Mechanismen etabliert wurden, die entsprechende Verfehlungen für die Zukunft ausschließen. Dazu gehören beispielsweise die Bestellung eines unabhängigen Compliance-Beauftragten und die Selbstverpflichtung der betroffenen Mitarbeiter.

Kapitel 5 Compliance-Anforderungen an große Infrastrukturprojekte

Große Infrastrukturvorhaben der öffentlichen Hand stehen meist unter einem großen Erfolgsdruck. In der Regel sind erhebliche Haushaltsmittel für die Errichtung gebunden. Bei einem PPP-Projekt kommen noch die Betriebskosten hinzu. Dies führt dazu, dass sich der Auftraggeber auf lange Zeit an einen privaten Partner bindet. All dies ruft in der Regel sowohl politische Gremien als auch die Öffentlichkeit auf den Plan. Schnell werden Vorwürfe erhoben, öffentliche Mittel würden verschwendet und Unregelmäßigkeiten im Verfahrensablauf seien zu beklagen. 2107

All dies führt zu der Frage, ob es an der Zeit ist, für Infrastrukturprojekte der öffentlichen Hand über spezifische Compliance-Regeln nachzudenken. In Deutschland gibt es in den betroffenen Branchen jeweils eigene Vorschriften. Dies gilt beispielsweise für das „Wertemanagement" der Deutschen Bauindustrie. Auch die finanzierenden Banken verfügen über ein umfangreiches Compliance-Regelwerk. Schließlich ist die öffentliche Hand selbst mit dem Public-Corporate-Government-Codex mit entsprechenden Vorschriften ausgestattet. Darüber hinaus lässt sich argumentieren, dass das öffentliche Vergaberecht mit seinen teils sehr komplexen Vorschriften und den scharfen Rechtsmittelinstrumenten über ausreichende Vorkehrungen verfügt, um zusätzliche spezifische Regelungen überflüssig zu machen. 2108

Andererseits ist folgendes nicht zu verkennen: Das Vergaberecht enthält zwar eine Reihe strenger Vorkehrungen für die Durchführung von Verfahren. Diese Regeln sind oberhalb der EU-Schwellenwerte auch justiziabel und begründen damit subjektive Rechte von Bietern. Andererseits wird in Deutschland seit langem bemängelt, dass komplexe Infrastrukturvorhaben, bei denen Verhandlungen mit Bietern unumgänglich sind, um die Leistung im Einzelnen zu spezifizieren, nicht ausreichend vergaberechtlich geregelt sind. 2109

Insbesondere fehlen detaillierte Ablaufregeln für das Verhandlungsverfahren sowie den wettbewerblichen Dialog. Dies hat zur Folge, dass zuweilen erhebliche Unsicherheit besteht, wie das Verfahren auszugestalten ist. 2110

Auch besteht Unsicherheit darüber, welchen Umfang an Transparenz gegenüber der Öffentlichkeit und den politischen Gremien das Verfahren besitzen muss. Hier spielt insbesondere das Verhältnis zwischen Informationsfreiheitsgesetzen und dem Geheimhaltungsgebot des Vergaberechts eine Rolle. 2111

Schließlich ist mit der Wirtschaftskrise in Deutschland auch eine Gruppe von Kritikern großer Infrastrukturprojekte wie z. B. Stuttgart 21 auf den Plan getreten. Deren Protest resultiert zum einen aus dem Misstrauen, das aufgrund zurückgehaltener Informationen von Verfahrens- und Vertragsdetails entstanden ist. Die Kritik richtet sich zum anderen darauf, dass aufgrund der Komplexität der Vorhaben eine demokratische Kontrolle möglicherweise nicht ausreichend gewährleistet sein könnte. 2112

Vor diesem Hintergrund erscheint es angebracht darüber nachzudenken, ob spezifische Compliance-Regeln für PPP und andere große Infrastruktur-Projekte erforderlich sind. Aufgrund der Bedeutung eines großen Infrastrukturprojektes für die Öffentlichkeit erscheint es erforderlich, diese regelmäßig über den Projektstand zu informieren und die Bevölkerung in den Entscheidungsprozess zu integrieren. Dies bedeutet nicht, dass im Verfahren sämtliche Unterlagen der Öffentlichkeit zugänglich gemacht werden müssten. Dies verbietet bereits die vergaberechtliche Geheimhaltungspflicht, ohne die ein effektiver Wettbewerb nicht gewährleistet werden kann. Es muss also ein geeigneter Mittelweg gefunden werden, der einerseits sicherstellt, dass die Öffentlichkeit in das Projekt eingebunden ist, andererseits der vergaberechtlich erforderliche Wettbewerb nicht gefährdet wird. 2113

2114 Ratsmitglieder und Parlamentsabgeordnete sind die Organe des Auftraggebers. Ebenso wie in einer privaten Kapitalgesellschaft haben sie selbstverständlich das Recht, in alle Unterlagen Einsicht zu nehmen, wenn sie wesentliche Angelegenheiten der Körperschaft betreffen. Dementsprechend erscheint es nicht akzeptabel, ihnen mit dem Argument Zugang zu Informationen zu verweigern, damit sei die Gefahr einer Weitergabe an unbefugte Dritte zu befürchten. Allerdings bedarf es möglicherweise der Unterzeichnung einer expliziten Vertraulichkeitserklärung, wenn entsprechende Unterlagen einem größeren Kreis zugänglich gemacht werden sollen. Außerdem ist es zumutbar, dass diese Einsichtnahme nicht durch Aushändigung von Unterlagen, sondern durch Vorortkenntnisnahme erfolgt.

2115 Es empfiehlt sich, zu Beginn eines Projektes Verfahrensordnungen zu verabschieden, die die interne sowie die externe Kommunikation regeln. Die interne Verfahrensordnung richtet sich dabei an Mitglieder des Projektteams und die Organe des Auftraggebers. Die externe Verfahrensordnung richtet sich dagegen an die Bieter und möglicherweise involvierte Nachunternehmer sowie Berater. In den Verfahrensordnungen ist festzulegen, dass jede betroffene Person verpflichtet ist, Kommunikation mit der Gegenseite nur in vorgesehenen Verhandlungsrunden zu führen. Jegliche Einflussnahmeversuche sind sofort der Projektleitung zu melden und diese ist verpflichtet, entsprechende Sanktionen zu ergreifen. Sinn dieser Regelungen ist es, der spezifischen Verhandlungssituation Rechnung zu tragen.

2116 Für den Regelfall schließt das Vergaberecht Verhandlungen deshalb aus, weil dadurch unzulässige Einflussnahme auf den Entscheidungsprozess verhindert werden soll. Sind derartige Verhandlungen jedoch erforderlich, um die Projekteffizienz zu sichern, so müssen diese in streng regulierten Bahnen verlaufen und dürfen nicht dazu führen, dass das vergaberechtliche Gebot der Wettbewerbsneutralität und Transparenz verletzt ist. Da das geltende Vergaberecht spezifische Bestimmungen diesbezüglich nicht vorsieht, könnten die genannten Compliance-Regeln diese Lücke füllen.

2117 Für die Umsetzung kommen verschiedene Gestaltungsvarianten in Betracht. Zum einen werden in Deutschland derzeit gute Erfahrungen mit einem „Integrity Pact" gemacht, den alle Beteiligten bei Beginn des Projekts abschließen. Ein derartiger „Integrity Pact" wird von Transparency International initiiert. Er sieht neben den entsprechenden Verhaltensregeln auch die Einsetzung eines „Monitors" vor, der Zugang zu allen verfahrensrechtlichen Dokumenten hat und bei Unregelmäßigkeiten Ermittlungen aufnimmt. Der Pakt sieht zum anderen Sanktionen bei Verstoß gegen entsprechende Regeln vor.

2118 Die Involvierung von Transparency International ist allerdings nur eine Möglichkeit, um das Regelwerk zu verabschieden. Denkbar wäre auch eine Auflistung geeigneter Regeln in einem „Code of Conduct". Dieser könnte dann von den Projektverantwortlichen für das konkrete Projekt zugrunde gelegt werden. Wichtig erscheint in diesem Zusammenhang, dass sich die Regeln jeweils an die einzelnen Beteiligten und nicht an Körperschaften richten. Nur im Rahmen der Selbstverpflichtung von Personen kann die Integrität und Transparenz der Verfahren sichergestellt werden.

Hinweise zu den Verfassern

Bitterich, Dr. Klaus, Rechtsanwalt, Heidelberg (*Int. Wirtschaftsvertragsrecht*)
Bolm, Daniel, LL.M., wiss. Mitarbeiter, Hamburg (*Seehandelsrecht*)
Bretthauer, Dr. Stefan, LL.M., Rechtsanwalt, Hamburg (*Kartellrecht*)
Eisenmenger, Dr. Sven, Geschäftsbereich Recht und Fair Play, Handelskammer Hamburg (*Öffentliches Wirtschaftsrecht*)
Goez, Dr. Christoph, Rechtsanwalt, Fachanwalt für Steuerrecht und Erbrecht, Münster, Lehrbeauftragter an der Universität Hamburg (*Grundzüge des Internationalen Steuerrechts*)
Graf, Christian, Leiter des Geschäftsbereichs Recht und Fair Play, Handelskammer Hamburg, Lehrbeauftragter an der Universität Hamburg (*Kaufmännische Alternativen zu den staatlichen Gerichten: Schiedsgerichtsbarkeit und Wirtschaftsmediation*)
Keller, Prof. Dr. Rainer, Universität Hamburg (*Grundzüge des deutschen und internationalen Wirtschaftsstrafrechts*)
Mock, Dr. Sebastian, LL.M., wiss. Mitarbeiter, Hamburg (*Gesellschaftsrecht*)
Moltrecht, Dr. Eckhardt, Mitglied der Direktion der Euler-Hermes Kreditversicherungs AG, Hamburg (*Recht der Finanzdienstleistungen*)
Paschke, Prof. Dr. Dr. h.c. Marian, Universität Hamburg (*Privates Wirtschaftsvertragsrecht*)
Pietzcker, Dr. Søren, LL.M., Rechtsanwalt, Hamburg (*Wettbewerbsrecht*)
Plate, Dr. Jürgen, Vorsitzender Richter am Landgericht Hamburg, Richterdozent an der Universität Hamburg (*Grundlagen des Wirtschaftsprivatrechts*)
Schall, Dr. Alexander, M. Jur (Oxford), Universität Hamburg (*Gesellschaftsrecht*)
Schellenberg, Dr. Martin, Rechtsanwalt, Hamburg (*Öffentliche Aufträge*)
Schmidt-Trenz, Prof. Dr. Hans-Jörg, Hauptgeschäftsführer der Handelskammer Hamburg, apl. Professor an der Universität des Saarlandes (*Recht der Ökonomie: Über die grundlegenden Institutionen und die Funktionsweise einer Marktwirtschaft*)
Schünemann, Prof. Dr. Wolfgang B., Universität Dortmund (*Recht der Logistik; Recht der Unternehmensgründung und -finanzierung*)
Schunder, Prof. Dr. Achim, Frankfurt Verlag C.H. Beck, Honorarprofessor an der Universität Mannheim (*Organisation und Personalwesen: Arbeitsrecht und Handelsvertreterrecht*)
Steinke, Ron, Universität Hamburg (*Grundzüge des deutschen und internationalen Wirtschaftsstrafrechts*)
Steinke, Ronen, wiss. Mitarbeiter Hamburg (*Grundzüge des deutschen und Int. Wirtschaftsstrafrechts*)
Stober, Prof. Dr. Dr. h.c. mult. Rolf, Geschäftsführender Direktor des Instituts für Recht der Wirtschaft, Universität Hamburg (*Grundlagen des Wirtschaftsverwaltungs- und Wirtschaftsverfassungsrechts. Wirtschaftsgrundrechte und Wirtschaftsfreiheiten. Wirtschaftsförderungsrecht*)
Terhechte, Dr. Jörg Ph., Professor, Hamburg/Lüneburg (*Öffentliches Wirtschaftsrecht II*)

Stichwortverzeichnis

Das Stichwortverzeichnis verweist auf die Randnummern

A

Abgelehnt 1218
Abhandenkommen 680
Ablader 695 ff., 771, 806
Ablieferung 276
Ablieferungshindernisse 283
Abmahnung 1760
Abnahme 197
Abruf 593
Absatzverträge 135 ff.
Abschlussfreiheit 102
Abschlussvertreter 1160
Abschreibungsvermerk 679
Absender 270, 325, 332, 617
Absenderhaftung 316
Absicherungsinstrumente 209
Abstraktionsprinzip 81
Abtretung 1913
Ad-hoc-Schiedsgerichte 1205
Akkreditiv 204, 1927
Akkreditivbank 204
Akteneinsicht 2023
Aktiengesellschaft 56
Aktiengesellschaft (AG)) 866
aktives Personalprinzip 1592
aktives und passives Personalprinzip 1609
Akzeptkredit 210
Akzessorische Anknüpfung 406
Allgemeine Deutsche Spediteur-Bedingungen 303
Allgemeine Deutschen Seeversicherungsbedingungen (ADS)) 716
Allgemeine Geschäftsbedingungen 118
Allgemeine Meistbegünstigung 1283
Allseitige Kollisionsnormen 362
Alternativausschreibungen 2090
Alternative Anknüpfungen 478
Alternative Streiterledigungsmechanismen 13
Altersteilzeit 1082
Anarchie 3
Änderungskündigung 1113
Anerkennung 531

Anerkennungsprinzip 1363
Anerkennungshindernisse 531
Angebot 74
Angewiesener Ladeplatz 775
Anknüpfungspunkte 355
Anknüpfungsgegenstände 354
Anleihetypen 919
Annahme 74
Annahmeverzug 159
Anrechnungsmethode 1501
Anstellungsvertrag 1072
anti-suit injunctions 514
Arbeitgeber 1040
Arbeitgeberverbände 1049
Arbeitgeberpflichten 1094
Arbeitnehmer 508, 1039
Arbeitnehmer-Entsendegesetz 447
Arbeitnehmerhaftung 1103
Arbeitnehmerfreizügigkeit 1370
Arbeitsgerichte 1151, 1152
Arbeitsgerichtsbarkeit 1151
Arbeitskampf 1146
Arbeitsrecht 1036
Arbeitsschutz 1090
Arbeitsteilung 1551
Arbeitsvertrag 1051, 1066
Arbeitsverhinderung 1100
Auffanggrundrecht 1411
Aufhebungsvertrag 1132
Aufsichtspflicht 1551-1554
Ausfallbürgschaft 975
Ausgleichsanspruch 232
Auslieferung 767, 1594
Auslieferungsanspruch 749
Ausnahmetatbestände 1991
Ausrüster 731
Außenhandelskaufvertrag 203
Außensteuergesetz 1511
Außensteuerrecht 1448
Außerordentliche Kündigung 125, 1111
Aussperrung 1149
Ausstellung 745
Ausübung Kaufoption Leasing 940
Ausweichklausel 406

Stichwortverzeichnis

Auswirkungen auf das Wirtschaftssystem 1534

B

B2B-Geschäft 651
B2C-Geschäft 651
Bankdienstleistungen 198
Bankenaufsicht 1877
Bareboatcharter 718
Bartering 954
Baukonzession 2056
Bausparkassen 1874
Bedarfspositionen 2092
Befangenheit 1218
Beförderung 276, 752
Beförderungserfolg 270
Beförderungshindernisse 283
Beförderungsmittel 294
Beförderungsvergütung 768
Befrachter 733, 805
Befreiungsmethode 1501
Befristetes Arbeitsverhältnis 1075
Begebungsvertrag 747
Begleitpapiere 280
Behinderung wirksamen Wettbewerbs 1844
Beihilfe 1553
Belästigung 1729
Belegenheitsprinzip 1488
Bergelohn 819
Berger 714
Bergung 818
Berufs- und Unternehmensfreiheit 1400
Berufung 1193
Beschädigung 285, 327 ff., 787 ff.
Beschaffungsautonomie 2099
Beschäftigungspflicht 1091
Beschränkte Einkommensteuerpflicht 1479
Beschränkte Erbschaftsteuerpflicht 1479, 1494
Beschränkte Körperschaftsteuerpflicht 1491
Beschränkte Steuerpflicht 1453, 1478
Beseitigungsanspruch 1742
Besitzkonstitut 1029
Besondere Gefahren 785
Besondere Haverei 811
Besonderheiten 93
Bestechlichkeit 2097
Bestechung 2097
Besteller 195
Bestimmungshafen 767
Beteiligungsrechte 1131
Betrieb 1042
Betriebliche Übung 1054
Betriebsbedingte Kündigung 1123
Betriebsrat 1130, 1138
Betriebsratsmitglieder 1129
Betriebsrenten 968
Betriebsstörung 1099
Betriebsverfassung 448
Betriebsversammlung 1142
Betriebsvereinbarungen 1050, 1144
Betriebsverfassungsrecht 1138
Betrug 1532-1538, 1562, 1622
Betrugsähnliche Delikte 1569
Beweisaufnahme 1187
Beweisfunktion 110, 750
Beweiskraft des Frachtbriefs 274
Beweislastumkehr 154
Binnenmarkt 1302, 1971
Binnenmarktklausel 388
Binnenschiffstransportrecht 335
Bodmerei 712
Booking Note 738
Bordkonnossement 744
Bretton Wood 26
Bringschuld 582, 595
Bundesanstalt für Finanzdienstleistungsaufsicht (BAFiN)) 1877
Bundesbetriebe 51
Bundesstaatsprinzip 1397
Bürgerliches Gesetzbuch 38
Bürgschaft 970, 1904
Business judgement 1547–1550

C

Charakteristische Leistung 405
Charta der Grundrechte der Europäischen Union 1323
Charterverträge 702
Chinese European Arbitration Centre (CEAC 1242
CIM 322, 574
CISG 161, 338
CIV 574
CMR 312, 411, 574
CMR-Frachtbrief 314
CMR-Frachtführer 319
CMR-Vertrag 313
Code of Conduct 2118

545

Stichwortverzeichnis

Compliance-Regeln 2108
conspiracy 1555-1558
COTIF 322, 574
CPV-Codes 2002
Crosscharter 718

D

Darlehen 919, 1900
Daseinsfürsorge 106
Daseinsvorsorge 1421
De-facto-Vergabe 2101
Deckladung 702, 797
Demurrage 776
Deutsche Bahn AG 2048
Deutsche Bundesbank 1859
Deutsche Institution für Schiedsgerichtsbarkeit (DIS)) 1166
Deutsche Post 2047
Deutsche Telekom AG 2047
Deutsches Kartellrecht 1771
Deviationsklauseln 764
Deviationsrecht 704
Diebstahl 1532
Dienstherr 192
Dienstleistungsfreiheit 1365
Dienstleistungsfranchising 257
Dienstleistungskonzession 2053
Dienstverhältnis 194
Dienstverpflichtete 192
Dienstvertrag 188, 651
Dienstverträge 188
Diktatur 6
Direkte Steuern 1448
Direktionsrecht 765, 1053
Direktvertrieb 216
Disagio 922, 1015
Diskretion 1172
Diskriminierung 1526
Diskriminierungsfreiheit 1957
Dispositivität 796
Distanzfracht 704
Distanzkauf 580
Dokumentation 1958, 1988
Dokumenteninkasso 201
Dokumentenstrenge 203
Dokumentenakkreditiv 202, 1000
Door to door 726
Doppelbesteuerung 1497
Doppelbesteuerungsabkommen 1448, 1498
Doppelbestrafungsverbot 1620

Dringlichkeitsgründen 2071
Drittfinanzierter Kauf 930
Drittschadensliquidation 644
Dual-Use-Güter 2062
Durchführung des Vergabeverfahrens 2072
Durchgriff 876
Durchsetzung 5

E

E-Mail-Werbung 1737
Effizienz 12
Ehrbares Verhalten 20
Eigenbetriebe 51
Eigentum 4
Eigentumsfreiheit 1407
Eigentumsverschaffung 141
Eigentumsvorbehalt 84, 1003
Eilverfahren 2020
eindeutig 1980
Einfacher Eigentumsvorbehalt 1003
Eingriffsnormen 369
Einheit 793
Einheitliche Ansprechpartner 1379
Einheitsrecht 311, 338
Einkaufsbedingungen 595
Einlagengeschäft 1898
Einlagensicherungsfonds 1885
Einlagerer 305 ff.
Einnahmen in der Justiz 11
Einseitige Kollisionsnormen 362
Einstellungsgespräch 1058
Einzelfreistellung 236
Einzelkonto 1889
Einzelschiedsrichter 1211
Einzelunternehmen 862
Einzugsermächtigung 1923
Eisenbahntransportrecht 322
Eigentumsfreiheit 409
Elektronische Ausschreibungsplattform 2001
Elektronische Form 112
Elternzeit 1127
Emission 1926
Empfänger 270, 318, 617, 734, 772
Enteignung 1409
Entfaltungsfreiheit 1411
Entgeltfortzahlung 1095
Entlastung der Justiz 13
ERA 600 1001
Erbanfallsteuer 1476

Erfüllungsgarantie 205
Erfüllungsgehilfe 637, 658, 673
Erfüllungsort 495, 581
Erfüllungsortvereinbarung 499
Ergänzungslieferungen 2069
Ersatzbeschaffungen 2069
Ersatzlieferung 149
Ersatzschiedsrichter 1218
erschöpfend 1980
Erstfrage 364
Erweiterte beschränkte Steuerpflicht 1513
Erweiterter Eigentumsvorbehalt 1011
Erwerb: gutgläubig 680
Essentialia negotii 74
EU-Kommission 2033
EU-Verordnungen 31
EuGVO 347
Euler-Hermes-Kreditversicherung 988
Eurojust 1620
Europäisch-autonome Auslegung 363
Europäische Aktiengesellschaft 57
Europäische Union 1300
Europäische Wirtschaftliche Interessen-
 vereinigung 67
Europäischer Gerichtshof (EuGH) 2033
Europäischer Haftbefehl 1620-1622
Europäisches (Kauf)Vertragsrecht 169
Europäisches Kartellrecht 1767
Europäisches Steuerrecht 1520
Europäisches Wirtschaftsstrafrecht 1612
Europaweite Veröffentlichung 1989
Europol 1620
EWIV 869
Existenzgründer 859
Existenzgründung 856
Existenzgründungskredite 912
Expedierung 583, 643
Exportfactoring 213
Exportkreditgarantien des Bundes
 (Hermes-Deckungen)) 1916

F

Factoring 85, 947
Fautfracht 704
Festlegung der Lieferzeit 597
Feuer 696, 784
Finanzdienstleistungen 198, 214
Finanzierung 198
Finanzierungsleasing 183, 938
Finanzierungsverträge 132

Fixer Liefertermin 599
Fixgeschäft 593
Fixhandelskauf 159, 602
Fixing Note 739
Fixklausel 599
Fixkostenspedition 301
Flächentarifvertrag 1135
Flaggenprinzip 1592–1595, 1604
Forderungsgarantie 984
Forderungskauf 85
Forderungsausfallversicherung 987
Forfaitierung 212
Formerfordernisse 1208
Formfreiheit 110
Formulararbeitsvertrag 1069
Forschungs- und Entwicklungsleistungen 2068
Fortaitierung 998
Forum shopping 512
Fracht 270, 613, 768
Frachtbrief 273, 324, 624 ff.
Frachtführer 270, 611, 617, 649
Frachtrecht 267
Frachtvertrag 270, 611, 649
Franchisegeber 257
Franchisenehmer 257
Franchisesystem 260
Franchisevertrag 256
Franchiseverträge 256
Freiberufliche Aufträge 1966
Freiberufliche Tätigkeit 889
Freistellungsmethode 1461
Fremdkonto 1889
Funktionale Beschreibung 2076
Funktionale Leistungsbeschreibung 2082
Funktionale Selbstverwaltung 9
Fusionskontrolle 1779, 1823
Fusionskontrollverfahren 1847

G

Garantie 152, 983, 1907
Garantiebank 205
Garantiegeschäfte 205
Gaststättenrecht 1428
Gattungsschuld 607
Gebietskörperschaften 2036
Gebrauchsüberlassungsverträge 170
Gefährdung 1545
Gefährdungshaftung 638
Gefahrerhöhung 1943
Gefahrguttransporte 277

547

Stichwortverzeichnis

Gefahrübergang 146
Gegenleistungspflichten 144
Geld 15
Geld: Geldsummenschuld 966
Geldbußen 1530, 1803
Geldkredit 919
Geldschuld 966
Geldwäsche 1575, 1609, 1622
Geldwertschulden 966
Gemeiner Handelswert 788
Gemeiner Wert 288, 788
Gemeinschaftskonto 1890
Gemeinschaftsrecht 29
Gemeinschaftsverträge 30
Gemeinschaftsprivatrecht 388
Gemeinschaftsunternehmen 1836
Genossenschaft 867
Gerichte 5
Gerichtlicher Rechtsschutz 8
Gerichtskosten 1191
Gerichtsstandsvereinbarung 378
Gerichtsverfassungsgesetz 1176
Gerichtsvollzieher 1199
Geringfügige Beschäftigungsverhältnisse 1081
German Maritime Arbitration Association (GMAA 1242
Geschäftliche Handlung 1655
Geschäftsbanken 1859
Geschäftsbedingungen 118
Geschäftsbesorgungsvertrag 651
Gesellschaft bürgerlichen Rechts 62
Gesellschaft bürgerlichen Rechts (GbR)) 866
Gesellschaft mit beschränkter Haftung (GmbH)) 866
Gesellschaftstypen 866
Gesellschaftsvertrag 3
Gesetz gegen den unlauteren Wettbewerb 38
Gesetz gegen den unlauteren Wettbewerb (UWG)) 1631
Gesetz gegen Wettbewerbsbeschränkungen 38
Gesetzesauslegung 41
Gesetzliche Krankenkassen 2043
Gesetzliche Vertretungsmacht 75
Gestaltungsfreiheit 115
Gewährleistungshaftung 146
Gewährleistungsrechte 152
Gewährung rechtlichen Gehörs 1222
Gewaltenteilung 1397

Gewaltmonopol 5
Gewerbe 889
Gewerberecht 1426
Gewerkschaften 1049
Gewinnbeteiligung 924
Gewohnheitsrecht 39
Gewöhnlicher Arbeitsort 444
Gewöhnlicher Aufenthalt 393
Girokonten 1894
Gleichbehandlung 1284, 1959
Gleichbehandlungsgrundsatz 1222
GmbH 58
GmbH Gründungsstufen 904
GmbH in Gründung 905
Government Procurement Agreement (GPA)) 1975
Grenzpendler 1459
Grenzüberschreitendes Steuerrecht 1445
Große Haverei 701, 810
Grundbuch 1018
Grundbuchamt 1019
Grundfreiheiten des gemeinsamen Binnenmarktes 1337
Grundfreiheiten des Kapital- und Zahlungsverkehrs 1372
Grundgesetz 37
Grundpfandrecht 1019
Grundrechtsschutz 1399
Grundsatz der begrenzten Einzelermächtigung 1305
Grundsatz der Subsidiarität 1305
Grundsatz der Verhältnismäßigkeit 1305
Grundschuld 1014, 1915
Grundstücksverwertung 1015, 1021
Gruppenfreistellung 236
Günstigkeitsvergleich 431
Güterschäden 696

H

Haag/Visby-Regeln 693
Haager Regeln 693
Haftung 779
Haftung des Arbeitgebers 1104
Haftung des Frachtführers 636
Haftung des Lagerhalters 674
Haftung des Privatvermögens 871
Haftung des Spediteurs 658
Haftung des Versenders 663
Haftung eines Unter-Spediteurs 662
Haftungsausschlussgründe 287, 327
Haftungsbefreiungen 291

Stichwortverzeichnis

Haftungsbegrenzungen 291
Haftungsbeschränkung 289, 700, 708, 802
Haftungsbeschränkungsübereinkommen 700
Haftungsbeschränkungsübereinkommen (HBÜ)) 708
Haftungsdurchgriff 50
Haftungsfonds 802
Haftungshöchstbetrag 320, 699
Haftungslimit 334
Haftungsobergrenzen 794
Haftungsprivilegierungen 642
Haftungsverschärfung nach 435 HGB 640
Hamburg Regeln 726
Hamburger freundschaftliche Arbitrage 1242
Handelsbrauch 40, 584, 593 ff.
Handelsgesellschaft 889
Handelsgesetzbuch 38
Handelsgewerbe 889
Handelskammer Hamburg 1166
Handelskauf 86, 157
Handelsordnung 3
Handelsregister 14
Handelsvertreter 219, 1157
Handelsvertreterrecht 248 ff., 264, 1036, 1156
Handelsvertreterverträge 219
Handlungsvollmacht 75
Handwerksrecht 1431
Haushaltsrechtliche Betrachtung 1968
Haverei 713, 809 ff.
Hehlerei 1575
Herstellerleasing 185
Hierarchien 16
Hinzurechnungsbesteuerung 1516
Höchstbeträge 790
Höchsthaftungssumme 328
Holschuld 584
Homo oeconomicus 7
Horizontale Vereinbarungen 1778
Hypothek 1014, 1915
Hypothekenbanken 1873

I

IATA 575
ICC-Rules 214
Identity of Carrier-Klauseln 746
Immaterialgüterrecht 262

Immobilienleasing 185
Immunität 536
In-House-Vergabe 2057
Incoterms 89, 120, 586 ff.
Incoterms 2010 547
Indirekte Steuern 1448, 1524
Indirekter Vertrieb 216
Individualarbeitsrecht 1037
Indossament 679
Industrie- und Handelskammern 1166
Inhaberkonnossement 743
Inhaltsfreiheit 115
Inhaltskontrolle 119
Inkassoermächtigung 995
Inlandsbezug 460
Inlandssachverhalt 387
Innerbetriebliche Arbeitsteilung 1552
Insiderhandel 1579
Insolvenzdelikte 1584
Insolvenzordnung 38
Institutionen 1
Integrity Pact 2117
Interessebekundungsverfahren 1979
Interkommunale Zusammenarbeit 2059
Internationale Konventionen 723
Internationale Transaktionen 13
Internationalen Handelskammer (ICC)) 1241
Internationaler Anwendungsbereich 719
Internationaler Handelskauf 88
Internationaler Warenkauf 585, 593
Internationales Einheitsrecht 693
Internationales Öffentliches Wirtschaftsrecht 1265
Internationales Privatrecht 45
Internationales Schuldvertragsrecht 338
Internationales Steuerrecht 1447
Internationales Transportrecht 310
Internationales Wirtschaftsrecht 1384
Internationales Wirtschaftsstrafrecht 1591
Internationales Zivilverfahrensrecht 338
Internetdelikte 1600
Irreführende Werbung 1702
Irrtum 1564
Istbeschaffenheit 146

J

Juristische Personen 55

Stichwortverzeichnis

K

Kabotagefreiheit 413
Kammern für Handelssachen 1182
Kapitalanlagebetrug 1569
Kapitalgesellschaft 874
Kapitalmarktdelikte 1578
Kapitalmarktfreiheit 920
Kapitän 709, 735
Kartellrecht 17, 109
Kartellverbot im engeren Sinne 1777
Kauf 82
Käufer 139
Kaufmann 889
Kaufvertrag 137
Kausalität 1542
Kautelarische Sicherheiten 963
Kennzeichnung 270, 770
Kilogrammalternative 790
Klageerhebung 679
Kleine Haverei 810
KMU 857
Kollektivarbeitsrecht 1037
Kollektives Arbeitsrecht 1135
Kollisionsnormen 353
Kollisionsrechtlicher Verbraucherschutz 416
Kommanditgesellschaft 64
Kommanditgesellschaft (KG)) 866
Kommanditgesellschaft auf Aktien (KGaA)) 867
Kommissionär 252
Kommissionsagent 252
Kommissionsagenturvertrag 251
Konfliktmanagement 21
Konnossement 695, 740 ff.
Konnossemente 722
Konnossementsausstellung 762
Konnossementsrechtsverhältnis 695
Konsensprinzip 114
Konsensualverträge 114
Konsequenz des Prioritätsprinzip 953
Konstruktive Leistungsbeschreibung 2075
Kontokorrentkredit 210
Kontokorrentvorbehalt 1013
Kontrahierungszwang 106
Kontrolle 1832
Korruption 1585, 1611, 1622
Korruptionsregister 2105
Kosten der Justiz 8
Kostendeckung 12

Kreditbetrug 1569
Kreditkartenzahlung 1923
Kreditsicherheiten 959
Kreditsicherung 959
Kreditwesengesetz (KWG)) 920
Kündigung 1109
Kündigungsfreiheit 128
Kündigungsgründe 1117
Kündigungsrecht 281
Kündigungsschutz 1114
Kündigungserklärung 1109
Kurs- und Marktpreismanipulation 1578

L

Ladenangestellte 75
Ladeschein 275, 629
Ladezeit 776
Ladungsfürsorge 753, 782
Ladungsfürsorgepflicht 753, 763
Ladungsplatz 757
Ladungstüchtig 755
Ladungsuntüchtigkeit 780
Lagerarten 668
Lagerarten: Einzellagerung 668
Lagerarten: Sammellagerung 669
Lagerarten: Summenlagerung 670
Lagergut 667
Lagerhalter 305 ff., 671
Lagerhaltung 268, 304
Lagerrecht 664
Lagerschein 308, 677
Lagerschein: Beweisurkunde 679
Lagerschein: echtes Wertpapier 680
Lagerschein: Legitimationspapier 679
Lagerschein: Skripturhaftung 681
Lagervertrag 305, 664
Lagervertrag: Schutzpflichten 671
Landesbetriebe 51
Landschadensklauseln 798
Leasinggeber 181
Leasingnehmer 181
Leasingvertrag 180
Leerfracht 778
Legitimationspapier 679
Leistungsbeschreibung 1980, 2072
Leistungsgarantie 205
Leistungsgefahr 558
Leistungsort 581
Leistungspflichten 144
Letter of credit 1000
Leute 783

lex causae 496
lex mercatoria 19, 35
Lieferfrist 285
Lieferort 499, 581, 593
Lieferung 769
Lieferung auf Abruf 604
Lieferzeit 593
Liegegeld 776
Liegeplatz 757
Liegezeit 776
Limited 59
Liquidationsbesteuerung; 1471
Lissabon-Vertrag 1612
Lizenznehmer 262
Lizenzverträge 262
Logistik 569
Logistik-Dienstleister 687
Logistische Distanz 583
London Court of International Arbitration (LCIA)) 1241
Löschen 766
Löschzeit 777
Luftfrachtbrief 331
Luftfrachtführer 332
Luftfrachtvertrag 330
Lufttransportrecht 329
LuftVG 577

M

Mahnung 597
Mail box-rule 551
Mangelfolgeschäden 150
Mangelhaftigkeit 147
Mangelschäden 150
Mantelzession 995
Marginal-Klausel 748
Maritime Plus 726
Marketingverträge 132
Marktbeherrschung 1812
Marktöffnung 101
Marktpreis 288
Marktwirtschaftliche Ordnung 97
Marktwirtschaftliche Wettbewerbsordnung 99
Mediation 13, 1167
Meist unseriöse 373
Mengenfrachtvertrag 727
Messegesellschaften 2046
Mieter 171
Mietobjekt 173
Mietsache 171

Mietvertrag 171
Mietzeit 171
Minderung 150, 566
Ministererlaubnis 1858
Missbrauch 1814
Missbrauchskontrolle 1779, 1807
Miteigentümer 669
Mittelstandsförderung 1960
Montrealer Abkommen 329
Multilaterales Handelsübereinkommen 1277
Multimodaler Transport 294, 336
Multimodalfrachtvertrag 294
Mündliche Verhandlung 1184, 2026
Mutterschutz 1126

N

Nachbesserung 149
Nacherfüllung 147, 196, 565
Nacherfüllungsfrist 196
Nachfristsetzung 598
Nachlieferung 565
Nachnahme 284
Nachprüfungsverfahren 2018
Namenskonnosement 742
Nationaler Handelskauf 87
Naturzustand 7
Nautisches Verschulden 696, 784
Network-System 296
New York Convention 1203
Nicht offene Verfahren 1992
Nicht typisierte Verträge 74
Nichtstaatliches Einheitsrecht 35
Niederlassung 502
Niederlassungsfreiheit 1359
Niedrigsteuergebiet 1514
Nominalprinzip 966
Non Vessel Owning Carrier (NVOC)) 732
Normkollisionen 18
Null-Leasing 185

O

Obhutshaftung 285, 302, 696
Obliegenheiten 560
OECD-Musterabkommen 1501
Offene Handelsgesellschaft 63
Offene Handelsgesellschaft (OHG)) 866
Offene Verfahren 1992

Stichwortverzeichnis

Offenlegung der Entscheidungsgrundlagen 1958
Öffentlich-rechtliche Rundfunkanstalten 2040
Öffentliche Unternehmen 1422
Öffentliche Wirtschaftsrecht 1260
Öffentlichen Wirtschaftsrecht 1381
Öffentliches Wirtschaftsrecht 22
Öffentlichkeit 1185
Operatingleasing 184
Opportunismus 5
Optimaler Rechtsraum 18
Optimaler Wirtschaftsraum 18
Ordentliche Kündigung 124, 1110
Orderkonnossement 741
Orderlagerschein 677 ff.
Orderpapier 308
ordre public 353, 1236
Organisationsverträge 132
Örtliche Zuständigkeit 1179

P

Pächter 177
Pachtvertrag 176
Paramount-Klauseln 720
Partenreederei 707, 736
Partnerschaftsgesellschaft 65
Passives Personalprinzip 1592
Patentgesetz 38
Patronatserklärung 989, 1909
Personalabbau 1056
Personalplanung 1056
Personalsicherheiten 961
Personenbedingte Kündigung 1118
Personenbeförderungsvertrag 711
Personengesellschaft 61, 874
Pfandrecht 614
Pfandrechts 1911
Plurilaterale Handelsübereinkommen 1293
Politische Risiken 1918
Positive Vertragsverletzung 290
PPP-Ausschreibungen 2091
präkludiert 2024
Preisgefahr 558
Preissignale 1
Preisüberhöhung 1582
Primäre Gemeinschaftsrecht 29
Primärrecht 1314
Prinzip der begrenzten Einzelermächtigung 1521

Prioritätsprinzip 1010
Privatautonomie 20, 71, 94
Private Geschäftsbanken 1866
Private Schutzvorkehrungen 8
Privates Wirtschaftsvertragsrecht 91
Privatversicherungsrecht 1932
Probearbeitsverhältnis 1073
Produktpiraterie 1583, 1622
Produktspezifische Ausschreibung 2085
Progressionsvorbehalt 1462, 1506
Projektant 2103
Prokura 75
Protektiver Staat 5
Provisionsanspruch 229
Prozesskosten 1191
Public Private Partnership 2080
Public Private Partnerships 2039

Q

Qualifikation 356
Qualifiziertes Verschulden 794
Qualitätssicherung 594
Qualitätssicherungsmanagement 594
Quellenstaat 1461
Quellensteuer 1490
Quittungswirkung 748

R

Rahmentarifverträge 1135
Rahmenvereinbarungen 2087
Ratenkauf 930
Raumcharter 718
Raumfrachtvertrag 271, 710, 774
Realsicherheiten 962, 1003
Recht: dispositives 584, 661 ff.
rechtlich unabhängig 2018
Rechtsbindungswillen 74
Rechtsformwahl 861
Rechtshilfe 1594
Rechtskraft 1192
Rechtsmittel 1192
Rechtsordnung 2
Rechtsordnungsfremde 5
Rechtsordnungsgenossen 5
Rechtsprechung 42
Rechtsschutz 1973, 2006
Rechtsstaat 8
Rechtsstaatsprinzip 1396
Rechtsstandsschaft 644

Stichwortverzeichnis

Rechtsvereinheitlichung 723
Rechtswahl 376
Rechtswahlfreiheit 386
Rechtswahlvereinbarung 376
Rechtswissenschaft 42
Reeder 707, 730
Reederei 736
Reedereien 707
Reederhaftung 806
Reederkonnossement 745
Refinanzierungsinstrumente 209
Reform des Seehandelsrechts 724
Regeln 1
Registrierung 895
Reisechartervertrag 710
Reiseroute 764
Rektakonnosement 742
Relevanter Markt 1808
Religionsgemeinschaften 2045
Rembourskredit 211
Rentenschuld 1014
Revision 1194
Richterliche Rechtsfortbildung 41
Richtlinien 32
Richtlinien 2004/18/EG, 2004/17/EG und 89/665/EWG)) 1970
Richtlinienkollisionsrecht 345
Risiko der logistischen Distanz 583
Risikomanagement 960
Risikoverlagerung 2077
Rom I-VO 343, 722
Rom II-VO 343
Rotterdam Regeln 725
Rückgriffsansprüche 155
Rücktritt 150
Rücktrittsfiktion 935
Rüge 2014
Rügeobliegenheit 157

S

Sachen: vertretbare 669
Sachkauf 83
Sachmangel 146
Sachnormverweisung 360
Sammelladung 301
Sammelladungsspeditions. *Spedition* 650
Schaden 1566
Schadensanzeige 786
Schadensberechnung 792
Schadensersatz 566, 1530, 2029
Schadensersatzanspruch 1744

Schadensort 295
Schickschuld 583, 593, 643
Schickschuld als Handelsbrauch 584, 611
Schiedsgerichte 1202
Schiedsgerichts- und Schlichtungsleistungen 2067
Schiedsgerichtsbarkeit 13, 1166
Schiedsgutachten 1240
Schiedsrichter 1218
Schiedsrichtervertrag 1219
Schiedsspruch 1231
Schiedsspruch mit vereinbartem Wortlaut 1233
Schiedsvereinbarung 1207
Schiff 706
Schiffsbesatzung 706, 735
Schiffsgläubigerrechte 715
Schiffskollision 814
Schiffszubehör 706
Schlichtung 13, 1249
Schriftform 112
Schuldbeitritt 982
Schutzprinzip 1606
Schutzvorkehrungen 8
Schwellenwerte 1974
Schwerbehinderte Menschen 1128
SE 870
Seeforderungen 800
Seefrachtrecht 695
Seefrachtvertrag 695
Seehandelsrecht 267, 692
Seenot 714
Seerechtsübereinkommen 1604
Seerechtsübereinkommen der Vereinten Nationen 1296
Seetüchtig 754
Seeuntüchtigkeit 780
Seeversicherung 716
Sektorenauftraggeber 2049
Sekundäre Darlegungslast 795
Sekundäres Gemeinschaftsrecht 29
Sekundärrecht 1315
Selbsteintritt 301
Selbstverwaltung 14
Selbstverwaltungseinrichtungen 14
Sicherheitsüberprüfungsgesetz (SÜG)) 2061
Sicherungsabrede 996, 1032
Sicherungsrechte 608
Sicherungszession 993
Sicherungsinstrumente 201

553

Stichwortverzeichnis

Sicherungsübereignung 1029, 1912
Sitz des Schiedsgerichtes 1212
Skripturhaftung 681
Societas Europae 57
sofort 2022
sofortige Beschwerde 2030
Soft law 351
Sollbeschaffenheit 146
Sonderanknüpfung 463
Sonderkonten 1891
Sonderprivatrecht 38
Sonderziehungsrechte 699
Soziale Marktwirtschaft 1386, 1627
Sozialstaatsprinzip 1395
Sozialversicherungsbeiträge 1093
Sozialvertrag 3
Sparkassen 1866
Sparkonto 1897
SPE 870
Spediteur 298, 649
Spedition 267, 297, 648
Spedition: Selbsteintritt 650
Spedition: zu festen Kosten 650
Speditionsrecht 648
Speditionsvertrag 298
Speditionsverträge 132
Speditionsvertragsrecht 269
Sperrkonten 1893
Sperrpapier 275
Spezifikationskauf 605
Spontane Ordnung 1
Spürbarkeit 1657
Staat als Unternehmer 50
Staatenimmunität 27, 50
Staatensukzession 27
Staatliche Gerichte 1165
Staatliches Einheitsrecht 34, 37
Staatseinkauf 2052
Staatsnotstand 50
Staatssicherheitsrecht 2061
Standgeld 279, 613
Steuerausländer 1478
Steuerausländern 1447
Steuerbelastung 1443
Steuerflucht 1446
Steuerhinterziehung 1586
Steuerinländer 1451
Steuern 1093
Stiftung 60, 867
Stille Gesellschaft 66, 867
Stille Sicherungszession 993

Strafbarkeit von juristischen Personen 1559
Strafen 1530
Strafprozess 1589
Straßentransportrecht 312
Streik 1147
Streitwert 1191
strict liability 1560
Stück 793
Stückalternative 790 ff.
Stückgutfrachtvertrag 271, 718
Stückgutvertrag 710
Subsidiaritätsprinzip 1521
Subsidiaritätsgrundsatz 14
Substitution 366
Substitutionsbefugnis 759
Subventionen 910
Subventionsbetrug 1569
Subventionsrecht 1436
Supply-Chain-Management 570
Swiss Arbitration 1241

T

Tarifvertrag 1135
Tarifverträge 1049
Tarifvertragsrecht 1135
Täuschung 1563
Technischer Fortschritt 18
Teilbeförderung 281
Teilbeschädigung 289
Teilcharter 718
Teileinkünfteverfahren 1485
Teilfragen 367
Teilstrecke 294
Teilstreckenrecht 296
Teilverlust 289
Teilzeitarbeitsverhältnis 1080
Telefonwerbung 1736
Territorialprinzip 1453, 1592-1595
Territorialprinzips auf See 1604
Torpedo-Klagen 526
Totalreparation 639
Trade terms 586
Traditionspapier 680, 750
Transaktionskosten 18
Transitdelikte 1602
Transparenz 1957
Transport: Begleitpapiere 622
Transport: Exkulpation 637
Transport: Gefahrgut 622
Transport: Haftungshöchstbeträge 639

Stichwortverzeichnis

Transport: Kosten 596
Transport: Risiko 643
Transport: Schadensanzeige 637
Transport: Transportschäden 594, 637, 658
Transport: Verlust 637
Transport: Verpackung 623
Transport: Verlustvermutung 638
Transportdokumente 273
Transportkosten 585
Transportnotlagen 808
Transportrecht 269
Transportrisiko 587
Transportvertrag 611
Transportverträge 132
treaty overriding 1503
Trennungsprinzip 80, 875
Treuhandkonten 1892
Typisierte Verträge 74

U

Übereignung 79, 139
Übergabe 139
Überliegezeit 776
Übernahmekonnossement 744
ultima ratio-Prinzip 1531, 1536
Umkehr der Beweislast 786
Umweltdelikte 1587, 1598
UN-Kaufrecht 38, 162, 338
Unabdingbarkeit 796
Unbekannt-Klausel 748
Unbeschränkte Einkommensteuerpflicht 1452
Unbeschränkte Erbschaftsteuerpflicht 1472
Unbeschränkte Körperschaftsteuerpflicht 1465
Unbeschränkte Steuerpflicht 1449
Uncitral 1203
Ungewöhnliche Wagnisse 2093
Universalprinzip 1592, 1609
Unlauterer Wettbewerb 1569
Unlauterkeit 1660
Unterkriterien 1984
Unterlassungsanspruch 1742
Unternehmen 48, 1043
Unternehmensgründung 847
Unternehmenskauf 86
Unternehmensfinanzierung 847, 915
Unternehmer 48, 417
Unternehmergesellschaft (UG)) 867, 879

Unternehmung 16
Unterschlagung 1571-1574
Untreue 1571
Unverzüglichkeitsanforderis 2016
unwirksam 2012
Urkunde 625, 679
Urkundenerrichtung 739
Urkundenfälschung 1532
Urlaub 1094
Urteil 1188

V

Valorismus 966
Valuta: Valutaklauseln 966
Valutierung 932
Verbraucher 416, 508
Verbraucherdarlehensvertrag 1900
Verbrauchsgüterkauf 153
Verbrauchsgüterkauf-Richtlinie 169
Verdingungsordnung für Bauleistungen (VOB)) 1965
Verdingungsordnung für Lieferungen und Leistungen 1966
Verfahrensart 1989
Verfahrensdauern 1170
Verfahrenskosten 1169
Verfahrensqualität 1171
Verfahrenssprache 1186, 1214
Verfahrensordnungen 2115
Verfassungsbeschwerde 1195
Verfrachter 695, 732
Verfrachterkonnossement 745
Verfügende Verträge 79
Verfügungsrechte 2
Vergabeakte 1987
Vergabekammer 2019
Vergabesperre 2105
Vergabeunterlagen 1986
Vergleich 1196
Vergleichende Werbung 1710
Verhaltensbedingte Kündigung 1121
Verhaltenspflichten (Obliegenheiten)) 1942
Verhältnis zwischen Preis und Leistung 1984
Verhältnismäßigkeit 1535
Verhandlungsverfahren 1992
Verjährung 717, 1180
Verjährungsfristen 154
Verkäufer 139 f.
Verladung 279, 326, 758 ff.

555

Stichwortverzeichnis

Verlängerter Eigentumsvorbehalt 1008
Verletzung von Geschäfts- und Betriebsgeheimnissen 1583
Verlust 285 f., 327 ff., 787
Verlustberücksichtigung 1464
Vermieter 171
Vermischung 669
Vermittlungsvertreter 1160
Verpackung 278
Verpflichtende Verträge 78
Versandkosten 583
Versäumnisurteil 1189
Verschulden 622
Verschulden: Verschuldensvermutung 658
Versender 298
Versendungskauf 499, 594
Versendungskauf und Transportrisiko 643
Versendungskauf und Transportrisiko 594
Versicherung 682
Versicherungsaufsicht 1935
Versicherungsnehmer 508
Versicherungsverein auf Gegenseitigkeit (VVaG)) 867
Versicherungsvereine auf Gegenseitigkeit 1937
Verspätung 803
Verspätungsschäden 697
Verstöße gegen das Kartellrecht 1581
Vertikale Vereinbarungen 1778
Vertrag 72
Vertrag beendet 76
Vertrag von Lissabon 1617
Vertrag zu Gunsten Dritter 772
Vertrag zugunsten eines Dritten 272
Vertrag: Konventionalstrafes. Vertragsstrafe 606
Vertrag: Vertragsstrafe 606
Vertraglicher Leistungszeitpunkt 597
Vertragsaufhebung 566
Vertragsbeendigung 123
Vertragsbedingungen 1982
Vertragsbeendigungsfreiheit 123
Vertragsdurchführung 2072
Vertragsfreiheit 20, 94
Vertragshändlervertrag 240
Vertragsrecht 4
Vertragsschluss 323, 738
Vertragsstatut 352
Vertragsverlängerungsoptionen 2095

Vertrauen 20
Vertretenmüssen 607
Vertretungsmacht 75
Vertriebsfranchising 257
Vertriebsverträge 132, 218
Verweisung 355
Verwertungsbefugnis 1024
Verzug 597
Vier Verfahrensarten 1992
Völkergewohnheitsrecht 27
Völkerrechtliche Verträge 1497
Volksbanken 1866
Vollcharter 718
Vollmacht 75
Vollstreckung 1175
Vollstreckungsgericht 1199
Vollstreckungsklausel 1199
Vollstreckungsorgan 1199
Vollstreckungstitel 532, 1198
Vollstreckbarerklärung 529
Vorfrage 364
Vorgründungsgesellschaft 904

W

WA 575
Währung 15
Warenkredit 918
Warenpfandrecht 1022
Warenverkehrsfreiheit 1353
Warnfunktion 110
Warschauer Abkommen 329
Wechselbürgschaft (Aval)) 978
Wegzugsbesteuerung 1515
Weisungsrechte 282, 317
Welteinkommen 1460
Welteinkommensprinzip 1466
Welthandelsorganisation 1272
Werkvertrag 188 ff., 270, 651
Werkverträge 195
Werkvertragsrecht 196
Wertersatz 328
Wertersatzprinzip 288, 320
Wertpapier 625
Wertpapiere: Transportwirkung 680
Wertsicherungsklauseln 966
Wesentliche Vertragsverletzung 553
Wettbewerb 1623
Wettbewerbs- und Kartellrecht 1436
Wettbewerbsdelikte 1600
Wettbewerbsfreiheit 1624
Wettbewerbsqualität 1630

Wettbewerbsrecht 97, 1631
Wettbewerbsverbot 261
Wettbewerbsverbote 249, 265
Wettbewerbsbeschränkung 1787
Wettbewerbsbeschränkungen 1581, 1630
wettbewerblicher Dialog 1992
Widerruf 127
Wiederbegegnungswahrscheinlichkeit 19
Wirksamkeitshindernisse 76
Wirtschafsstrafrecht 1263
Wirtschafts- und Währungsunion 1302
Wirtschaftsaufsicht 1417
Wirtschaftslenkung 1418
Wirtschaftsrecht 21
Wirtschaftsförderung 1419
Wirtschaftskammer Österreich 1241
Wirtschaftskriminalität 1537
Wirtschaftsprivatrecht 21 f., 1258
Wirtschaftssanktionsrecht 24, 47
Wirtschaftsstrafrecht 1529
Wirtschaftsverfassung 1385
Wirtschaftsverfassungsrecht 22
Wirtschaftsverwaltungsrecht 22, 46, 1415
Wirtschaftsverwaltungsorganisation 1375
Wirtschaftsvölkerrecht 23, 1384
Wirtschaftlichkeitsgebot 1971
Wirtschaftliche Risiken 1919
Wirtschaftlicher Schaden 1565-1567
Wohnsitzstaat 1461
Wucher 1582

Y
York-Antwerp-Rules 811

Z
Zahlungsanspruch 966
Zahlungsinstrumente 199
Zahlungspflicht 618
Zahlungsverkehr 1923
Zeitchartervertrag 710
Zentralverwaltungswirtschaft 1
Zerstörung 333
Zession 79
Zeugniserteilung 1101
Zins 923
Zinsfälligkeit 926
Zivilprozessordnung 38, 1176
Zollhinterziehung 1586
Zubehör 2069
Zugang 74
Zulieferverträge 132
Zusammenschlussbegriff 1828, 1855
Zusammenstoß von Schiffen 713
Zuschlagskriterien 2010
Zuschlagsverbot 2022
Zustellung 2022
Zwangsversteigerungsgesetz (ZVG)) 1021
Zwangsvollstreckung 1021, 1197
Zwangsweise Forderungsverwertung 1025

2012. XXXI, 396 Seiten. Kart.
€ 29,90
ISBN 978-3-17-020950-3
Studienreihe Rechtswissenschaften

Jochen Glöckner

Kartellrecht – Recht gegen Wettbewerbsbeschränkungen

Das Werk behandelt schwerpunktmäßig die Grundlagen und Strukturen des Europäischen und deutschen Kartellrechts. Die Grundtatbestände des Kartellrechts sind anhand der jüngeren Praxis der Gerichte und Kartellbehörden erläutert. Die Anwendung des Kartellrechts im Verhältnis zu dem durch Immaterialgüterrechte gewährten Schutz sowie im Verhältnis zu der sektorspezifischen Regulierung auf durch Netzwerkstrukturen geprägten Märkten sind ebenfalls dargestellt. Mit Rücksicht auf die Regelungsstrukturen des Gesetzes gegen Wettbewerbsbeschränkungen (GWB) wird schließlich ein Überblick über das Kartellvergaberecht vermittelt.

Das Werk ist gleichermaßen zur Einführung in das Kartellrecht wie zur Begleitung der universitären Schwerpunktausbildung geeignet. Im Anhang sind Prüfungsschemata, Übersichten und Definitionen aufgenommen, welche den Zugang zur Materie erleichtern.

Der Autor: **Prof. Dr. Jochen Glöckner, LL.M (USA)**, ist Inhaber des Lehrstuhls für deutsches und Europäisches Privat- und Wirtschaftsrecht an der Universität Konstanz und Richter am Oberlandesgericht Karlsruhe.

W. Kohlhammer GmbH · 70549 Stuttgart
Tel. 0711/7863 - 7280 · Fax 0711/7863 - 8430 · www.kohlhammer.de

2. Auflage 2009
XXX, 268 Seiten. Kart. € 28,80
ISBN 978-3-17-021087-5

Friedrich Schade

Wirtschaftsprivatrecht
Grundlagen des Bürgerlichen Rechts sowie des Handels- und Wirtschaftsrechts

Das Wirtschaftsprivatrecht umfasst die wesentlichen wirtschaftsrelevanten Rechtsgebiete, mit denen sich Studierende und Praktiker täglich auseinanderzusetzen haben. Schwerpunkte des Buches bilden die Rechtsgebiete Bürgerliches Recht, Handels- und Gesellschaftsrecht.

Die 2. Auflage ist umfassend überarbeitet; insbesondere neue Rechtsentwicklungen, z. B. die gesetzlichen Regelungen über das elektronische Handels- und Unternehmensregister (EHUG), das Allgemeine Gleichbehandlungsgesetz (AGG) sowie das Gesetz zur Modernisierung des GmbH-Rechts und zur Bekämpfung von Missbräuchen (MoMiG) sind berücksichtigt. Beispielsfälle und Schaubilder ergänzen das verständliche, prägnante und praxisorientierte Werk.

Der Autor: **Prof. Dr. Friedrich Schade** MBA lehrt seit 2001 an der privaten Hochschule BiTS Business and Information Technology School in Iserlohn.

W. Kohlhammer GmbH · 70549 Stuttgart
Tel. 0711/7863 - 7280 · Fax 0711/7863 - 8430 · www.kohlhammer.de

Rolf Stober

Allgemeines Wirtschaftsverwaltungsrecht

Grundlagen des deutschen, europäischen und internationalen öffentlichen Wirtschaftsrechts

17. Auflage 2011
XXXIII, 330 Seiten. Kart. € 29,80
ISBN 978-3-17-021847-5

Die Neuauflage berücksichtigt insbesondere die jüngsten Entscheidungen des Unionsrechts (Vertrag von Lissabon, Dienstleistungsrecht, Berufsrecht und Beihilferecht einschließlich der Umsetzung in das deutsche Wirtschaftsverwaltungsrecht). Die Überarbeitung befasst sich ferner mit der Novellierung des Außenwirtschaftsrechts, der Modernisierung des Vergaberechts sowie der krisenbedingten Finanzmarktregulierung. Zusammen mit dem weiterführenden Band „Besonderes Wirtschaftsverwaltungsrecht" liegt ein umfassendes Lehrbuch zum Wirtschaftsverwaltungsrecht vor, welches den Anforderungen von Studium, Wissenschaft und Praxis gerecht wird.

Stober/Eisenmenger

Besonderes Wirtschaftsverwaltungsrecht

Gewerbe- und Regulierungsrecht, Produkt- und Subventionsrecht

15. Auflage 2011
XXVIII, 340 Seiten. Kart. € 29,90
ISBN 978-3-17-021708-9

Das Studienbuch behandelt ausgewählte Teile des Besonderen Wirtschaftsverwaltungsrechts einschließlich der binnenmarktrechtlichen und weltwirtschaftlichen Bezüge.

- Gewerbeordnungs- und Anlagenrecht
- Handwerksrecht
- Ladenöffnungsrecht
- Medienwirtschaftsrecht
- Lebens- und Futtermittelrecht
- Subventionsrecht
- Gaststättenrecht
- Verkehrsgewerberecht
- Regulierungswirtschaftsrecht
- Abfallwirtschaftsrecht
- Produktsicherheitsrecht

W. Kohlhammer GmbH · 70549 Stuttgart
Tel. 0711/7863 - 7280 · Fax 0711/7863 - 8430 · www.kohlhammer.de